Εἰσαγωγή εἰς τήν Ἐκκλησιαστικήν Ἱστορίαν

Κατασκευή Εξωφύλλου: Εκδόσεις Μέθεξις
Επιμ. Έκδοσης: Εκδόσεις Μέθεξις

© Copyright Εκδόσεις Μέθεξις 2010
Καρόλου Ντηλ 27, Θεσσαλονίκη ΤΚ 546 23
Τηλ. - Fax: 2310-278301
e-mail: info@metheksis.gr
www.metheksis.gr

ISBN: 978-960-6796-18-0
Απαγορεύεται η ολική ή, μερική ή περιληπτική αναδημοσίευση, αναπαραγωγή ή διασκευή του περιεχομένου του παρόντος βιβλίου με οποιονδήποτε τρόπο χωρίς γραπτή άδεια του εκδότη.

Αριθμ. Έκδ. 26

Φιλόθεου Βρυέννιου

Εἰσαγωγή εἰς τήν Ἐκκλησιαστικήν Ἱστορίαν

Μεταγραφή χειρογράφου, επιστημονική επιμέλεια
Ευαγγελία Αμοιρίδου

Θεσσαλονίκη 2010

ΠΕΡΙΕΧΟΜΕΝΑ

Περιεχόμενα	5
Εἰσαγωγή	7
I) Ἡ ἐκκλησιαστικὴ ἱστοριογραφία τὸν 19ο αἰ.	7
Ἱερὰ Ἱστορία	8
Ἐκκλησιαστικὴ Ἱστορία	10
Μεταφράσεις	14
II) Τὸ χειρόγραφο	15
Περιγραφὴ τοῦ χειρογράφου	15
Ὁ συγγραφέας	17
Ἐσωτερικὴ περιγραφή	20
Περιεχόμενο	22
1ἢ 2 τόμοι Ἐκκλησιαστικῆς Ἱστορίας;	23
Ἡ παροῦσα ἔκδοση	24
Κείμενο	25
Πίναξ τῶν ἐμπεριεχομένων (Περιεχόμενα Πρωτοτύπου)	415

ΕΙΣΑΓΩΓΗ

Ι. Η ΕΚΚΛΗΣΙΑΣΤΙΚΗ ΙΣΤΟΡΙΟΓΡΑΦΙΑ ΤΟΝ 19ΟΥ ΑΙΩΝΑ

Ὁ 19ος αἰώνας παρουσιάζει γιά τά ἑλληνικά πράγματα γενικῶς ἐξαιρετικό καί πολύπλευρο ἐνδιαφέρον. Ἄρχισε μέ τόν Ἑλληνισμό σχεδόν στό σύνολό του ὑπόδουλο ἀκόμα καί, ἐξ αἰτίας αὐτοῦ, διοικητικά ἑνιαῖο. Τελείωσε μέ ἕνα κομμάτι τοῦ Ἑλληνισμοῦ ἐλεύθερο καί αὐτοδιοίκητο καί τό ὑπόλοιπο νά παραμένει στό προηγούμενο καθεστώς. Ἡ καινούργια αὐτή πραγματικότητα, μαζί μέ τήν γενικότερη ἀλλαγή πού ἐπέφερε στόν τρόπο ἀντίληψης καί συμπεριφορᾶς ὁ Διαφωτισμός, διαμόρφωσε, ὅπως ἦταν φυσικό, καινούργια δεδομένα, ἐπί τῶν ὁποίων ἄρχισε πλέον νά οἰκοδομεῖται δειλά-δειλά ἕνας νέος προσανατολισμός καί -ἐπιτέλους- μία νέα πορεία.

Γιά τήν ἐκκλησιαστική ἱστοριογραφία[1] ὁ 19ος αἰώνας εἶναι ἀναμφίβολα ὁ αἰώνας τῆς ἀναγέννησής της. Μετά τούς δύο πρώτους αἰῶνες ἀπό τήν ἐμφάνισή της (4ος-6ος αἰ.), ὁπότε καί διαμορφώθηκε ὡς γραμματειακό εἶδος, πέρασε σάν σέ λήθαργο γιά δεκατρεῖς καί πλέον αἰῶνες, κατά τήν διάρκεια τῶν ὁποίων δέν εἶχε νά παρουσιάσει παρά μόνο τρία ἔργα: τήν Ἐκκλησιαστική Ἱστορία τοῦ Νικηφόρου Καλλίστου Ξανθόπουλου, αὐτήν τοῦ Μελετίου Ἀθηνῶν καί τήν Δωδεκάβιβλο τοῦ Δοσιθέου Ἱεροσολύμων.

Ἀπό τούς σημαντικότερους παράγοντες, πού οὐσιαστικά ἐπέβαλαν αὐτήν τήν ἐποχή τήν συγγραφή ἐκκλησιαστικῶν ἱστοριῶν, ἦταν τά καινούργια δεδομένα στόν τομέα τῆς ἐκπαίδευσης. Τώρα πιά λειτουργοῦν σχολεῖα διαφόρων βαθμίδων στό νεότευκτο ἑλληνικό κράτος, ἀλλά καί ἐπίσημα σχολεῖα τῶν ἑλληνικῶν κοινοτήτων ἐντός τῆς ὀθωμανικῆς αὐτοκρατορίας. Οἱ καινούργιες καί συγκριτικά αὐξημένες διδακτικές λοιπόν ἀνάγκες ἀφενός, καί ἡ παντελής ἔλλειψη ἀνάλογων ἔργων, ἤ ἔργων πού θά μποροῦσαν ν' ἀνταποκριθοῦν στοιχειωδῶς σ' αὐτές, εἶναι πού ἐπέβαλαν ἀρχικά τήν συγγραφή τόσο τῶν διδακτικῶν ἐγχειριδίων, ὅσο καί τῶν ἐξειδικευμένων συγγραμμάτων Ἐκκλησια-

---

[1] Εἶναι αἰσθητό τό κενό ἀπό τήν ἔλλειψη ἐνδελεχοῦς καί διεξοδικῆς μελέτης γιά τήν μεταβυζαντινή καί νεώτερη ἱστοριογραφία. Τό κενό αὐτό ἀγγίζει καί τήν ἐκκλησιαστική ἱστοριογραφία, γιά τήν ὁποία ἐλάχιστα ἔχουν γραφεῖ. Μεταξύ αὐτῶν, ἐνδεικτικά: Μ.Γεδεών, «Ἡ Ἐκκλησιαστική Ἱστορία», Ἐκκλησιαστική Ἀλήθεια 36(1912), 212-214, 236-237. Βασ. Κουκουσᾶς, Ἡ πορεία τῶν σπουδῶν τοῦ κλάδου τῆς Ἐκκλησιαστικῆς Ἱστορίας στήν Ἑλλάδα ἀπό τῆς παλιγγενεσίας μέχρι σήμερα, Θεσσαλονίκη 2002, Δημ. Μόσχος, «Ἡ Ἱστορία τῆς Ἐκκλησίας στό τοπίο τῆς σύγχρονης ἱστοριογραφίας - Προκλήσεις καί δυνατότητες», Ἐκκλησιαστικός Κήρυκας ΙΔ (2008), σ. 123-147.

στικής Ἱστορίας. Ἕνας δεύτερος, μή παραβλέψιμος, παράγοντας πρέπει νά θεωρηθεῖ προφανῶς καί ἡ ἀναγκαιότητα, μέσα στόν κόσμο πού μποροῦσε πλέον νά ἐπικοινωνεῖ πιό εὔκολα καί πιό συχνά, ἡ Ὀρθόδοξη Ἐκκλησία νά ἔχει τήν ἱστορία της γραμμένη ἀπό τήν ἴδια καί σύμφωνα πλέον μέ τά πιό πρόσφατα ἐπιστημονικά δεδομένα, πού θά τήν κρατοῦν σέ διάλογο ἐπί ἴσοις ὅροις μέ τόν ὑπόλοιπο χριστιανικό, ἀλλά καί ἐπιστημονικό κόσμο. Οἱ δύο παράγοντες αὐτοί καθόρισαν σέ μεγάλο μέτρο καί τό περιεχόμενο τῶν ἐκκλησιαστικῶν ἱστοριῶν, πού γράφτηκαν κατά τήν διάρκεια αὐτοῦ τοῦ αἰῶνα. Ὁ ἀριθμός δέ τῶν τυπογραφείων, πού λειτουργοῦσαν πλέον ἐπί ἑλληνικοῦ ἐδάφους, ἀσφαλῶς συνετέλεσε καί στόν -συγκριτικά μέ προηγούμενες ἐποχές- αὐξημένο ἀριθμό ἐκδόσεων.

Ἀπό μιά πρώτη διερεύνηση καί μέ βάση τά σχετικά ἔργα πού ἔχουν δημοσιευθεῖ, θά μποροῦσε νά εἰπωθεῖ, ὅτι γράφονται δύο τ ύ π ο ι σχετικῶν ἱστοριῶν, *ἱερά* καί *ἐκκλησιαστική* [2].

Ἱερά Ἱστορία

Ἡ ἀπουσία ἐνδελεχοῦς καί συνολικῆς ἐξέτασης τῆς μεταβυζαντινῆς καί νεώτερης ἱστοριογραφίας - συνεπῶς καί τῆς ἐκκλησιαστικῆς - καθιστᾶ στό σημεῖο αὐτό ἀναγκαία τήν ἀκόλουθη διευκρίνιση.

Ὁ ὅρος «Ἱερά Ἱστορία» φαίνεται πώς δέν ἔχει μονοσήμαντο σημαινόμενο. Πέραν αὐτοῦ, μέ τό ὁποῖο ἀναφέρεται στά σχολικά προγράμματα (τοῦ 19ου κυρίως αἰῶνα) καί περιλαμβάνει κατά κύριο λόγο τήν παρουσίαση τῶν γεγονότων καί τῆς διδασκαλίας τῆς Παλαιᾶς καί Καινῆς Διαθήκης, ἔχει καί ἄλλα περιεχόμενα. Σύμφωνα μέ τόν Κων. Σαρρῆ, στήν Ἰταλία (μέσα 16ου -μέσα 17ου αἰ.) ἡ *Historia Sacra* καλύπτει ἕνα εὐρύ γραμματειακό πεδίο, στό ὁποῖο «ἐντάσσονται ποικίλα γραμματειακά εἴδη: ὄχι μόνο ἡ ἐκκλησιαστική ἱστορία, ἀλλά καί μαρτυρολόγια, βίοι ἁγίων, ἱστορίες Λειτουργικῆς καί ἁγιοποιήσεων, καθώς καί μελέτες παλαιοχριστιανικῆς ἀρχαιολογίας»[3]. Τό δεδομένο αὐτό προϊδεάζει καί ὑποβάλλει, ὅπως ἄλλωστε καί στίς περισσότερες τῶν περιπτώσεων προκειμένου περί ὁρολογίας, τήν ἀναζήτηση τυχόν μεταφορᾶς ἑνός τυπικοῦ μοντέλου ἀπό τήν Ἑσπερία στά καθ' ἡμᾶς. Γιά νά διαπιστωθεῖ αὐτό μέ ἀσφάλεια, πρέπει νά συγκεντρωθοῦν ὅλες οἱ «ἱερές ἱστορίες», ἀπό τό περιεχόμενο τῶν ὁποίων θά προκύψουν καί οἱ κατηγορίες τῆς χρήσης τοῦ ὅρου.

«Ἱερά Ἱστορία καλεῖται ἡ ἔκθεσις τῆς ἀμέσου ἐνεργείας τοῦ Θεοῦ πρός σωτηρίαν τοῦ ἀνθρωπίνου γένους ἐκ τῆς ἁμαρτίας... Ἡ ἰδιαιτέρα δ' αὕτη πρόνοια τοῦ Θεοῦ ὑπέρ τοῦ ἀνθρωπίνου γένους καλεῖται Οἰκονομία, ἥτις καί διαιρεῖται εἰς τήν τῆς Παλαιᾶς καί τήν τῆς Καινῆς Διαθήκης. Ἀλλά πρός κατανόησιν τῆς οἰκονομίας ταύτης ἀναγκαίως ἀνατρέχει ἡ Ἱερά Ἱστορία εἰς τήν πηγήν τοῦ παντός τόν Θεόν, ἵνα δειχθῇ πόθεν τό κακόν, δι' ὅ ἦν ἀνάγκη τῆς ἰδιαιτέρας ταύτης οἰκονομίας τοῦ Θεοῦ... Διαιρεῖται ἡ Ἱερά Ἱστορία εἰς τρία μέρη· εἰς τήν πρό τοῦ Νόμου Οἰκονομίαν τοῦ Θεοῦ, ἥτις ἐστί προπαρασκευή εἰς τόν

---

[2] Οἱ καινούργιες συνθῆκες, πού διαμορφώθηκαν κατά τόν 19ο αἰῶνα καί ἀφοροῦσαν καί τήν Ἐκκλησία, ὅπως εἶναι φυσικό, ἀποτυπώθηκαν καί σέ ἰδιαίτερες ἱστορικές καταγραφές (λ.χ., τά περί τοῦ Αὐτοκεφάλου τῆς Ἐκκλησίας τῆς Ἑλλάδος, κ.ἄ.). Ἡ ἐδῶ γενική ἀναφορά στήν ἐκκλησιαστική ἱστοριογραφία ἐπικεντρώνεται στήν « Γενική Ἐκκλησιαστική Ἱστορία».

[3] Κων. Σαρρῆς, *Ἱερή Historia. Οἱ ἀποκλίνουσες διαδρομές ἑνός εἴδους μεταξύ Δύσης καί Ἀνατολῆς: ἀπό τήν Δωδεκάβιβλο τοῦ Δοσιθέου Ἱεροσολύμων στήν Ἐκκλησιαστική Ἱστορία τοῦ Μελέτιου Ἀθηνῶν*, Θεσσαλονίκη 2010, ἰδιαίτερα τό κεφ. «ΙΣΤΟΡΙΑ ΙΕΡΑ ἤ ἀλλιῶς, Historia Sacra», σ. 490-494, ἀπ' ὅπου καί τό παράθεμα.

Νόμον· δεύτερον εἰς τήν ὑπό Νόμον Οἰκονομίαν τοῦ Θεοῦ, τόν παιδαγωγόν εἰς Χριστόν· καί τρίτον εἰς τήν Οἰκονομίαν τῆς Χάριτος, ὅπου πληροῦται ὁ νόμος ὑπό Χριστοῦ. Ἕκαστον δέ τῶν μερῶν τούτων ὑποδιαιρεῖται εἰς Περιόδους τινάς… Τό δέ τρίτον μέρος, ὅσον ἀφορᾷ τήν Ἱεράν Ἱστορίαν, μίαν μόνην Περίοδον ἔχει, ἥτις ὅμως ἐστί τό προοίμιον τῆς Ἐκκλησιαστικῆς Ἱστορίας τῆς ἀρχομένης κυρίως ἀπό τῆς καθιδρύσεως τῆς Ἐκκλησίας κατά τήν ἡμέραν τῆς Πεντηκοστῆς καί διηκούσης μέχρις ἡμῶν…»[4].

Στά παραπάνω ἀποτυπώνεται ὁ τρόπος, μέ τόν ὁποῖο γινόταν ἀντιληπτή ἡ Ἱερά Ἱστορία ὡς ἰδιαίτερη μέν ἱστορία ἀλλά καί συνάμα ἀναπόσπαστο κομμάτι τῆς Ἐκκλησιαστικῆς Ἱστορίας. Τό μοντέλο αὐτῆς τῆς σχέσης εἶναι σαφέστερα ἐμφανές στήν περίπτωση τῶν ἔργων τοῦ Σ. Κελαρτζῆ καί τοῦ Ἀλέξανδρου Λάσκαρι.

Τό 1851, στήν Κωνσταντινούπολη, σύμφωνα μέ τόν Κοντογόνη, ὁ «Ι.ΠΠ. Σ. Κελαρτζῆς ἔγραψεν ἱστορίαν ἐκκλησιαστικήν, διῃρημένην εἰς τόμους τρεῖς. Μόνον ὁ πρῶτος τόμος αὐτῆς ἐξεδόθη ὑπό τοῦ βιβλιοπώλου Νικολάου Ἀδαμίδου, περιέχων τήν πρώτην περίοδον, ἤτοι ἀπό Ἀδάμ μέχρι τῆς ἐν Νικαίᾳ α΄ ἁγίας οἰκουμενικῆς Συνόδου.»[5]

Λίγο ἀργότερα, τό 1863, ὁ καθηγητής στήν Μεγάλη τοῦ Γένους Σχολή καί κατόπιν μητροπολίτης Σισανίου (+1870) Ἀλέξανδρος Λάσκαρις ἐξέδωσε δίτομη *Ἐπίτομον Ἐκκλησιαστικήν Ἱστορίαν*, ὅπως τήν ὀνομάζει. Τό ἰδιαίτερο καί ἐδῶ βρίσκεται στήν σύνθεσή της, ἀφοῦ ὁ πρῶτος τόμος περιέχει τήν «Ἱστορίαν τῆς Ἐκκλησίας τῆς Παλαιᾶς Διαθήκης» (σ. 5-113) καί τήν «Ἱστορίαν τῆς Ἐκκλησίας τῆς Καινῆς Διαθήκης» (σ. 114-200) πυρήνας της δέ φαίνεται νά εἶναι ἡ μετάφραση τῆς Ἱερᾶς Ἱστορίας, πού ἐκπόνησε ὁ ἴδιος καί ἐκδόθηκε τό 1856[6]. Ὡς δεύτερο τόμο ἐξέδωσε «τήν Ἱστορίαν τῆς Ἐκκλησίας ἀπ' ἀρχῆς τοῦ Β[ου] μετά Χριστόν αἰῶνος μέχρι τέλους τοῦ ΙΖ[ου]», κατά τίς παραδόσεις τῶν μαθημάτων του στήν Μεγάλη τοῦ Γένους Σχολή. Ὅπως πληροφορεῖ ὁ ἴδιος, ἀπευθυνόμενος τῷ εὐσεβεῖ Ἀναγνώστῃ, ἀνέλαβε «τήν συρραφήν καί ἔκδοσιν ἐπιτόμου Ἐκκλησιαστικῆς Ἱστορίας… ὅπως ἡ Ὀρθόδοξος ἡμῶν Νεολαία ἀνατρέφηται ἐν πάσῃ εὐσεβείᾳ καί σεμνότητι,…, καί ἀπό βρέφους γινώσκῃ τά ἱερά γράμματα»[7]. Ὁ Λάσκαρις δέν αἰτιολογεῖ τήν «σύνθεση» Ἱερᾶς καί Ἐκκλησιαστικῆς Ἱστορίας, οὔτε μνημονεύει τά ἔργα, ἀπό τά ὁποῖα ἄντλησε τό ὑλικό του. Τό ἔργο του ἔτυχε οὐδέτερης[8] ἀλλά καί ἀρνητικῆς κριτικῆς[9].

Τήν ἴδια ἐποχή περίπου (1859) ἐκδίδεται στήν Ἀθήνα ἡ *Ἱερά Ἱστορία κατ' ἔκτασιν*, πού συνέγραψε ὁ πρωτοπρεσβύτερος καί καθηγητής τῆς Θεολογικῆς Σχολῆς στό Πα-

---

4 Π. Ρομπότου, *Ἱερά Ἱστορία, συντμηθεῖσα ὑπό Ἰω. Ε. Μεσολωρᾶ, πρός χρῆσιν τῶν Διδασκαλείων*, Ἐν Ἀθήναις 1884, σ. 8-9.
5 Κων. Κοντογόνης, *Ἐκκλησιαστική Ἱστορία ἀπό Χριστοῦ Γεννήσεως μέχρι τῶν καθ' ἡμᾶς χρόνων*, τόμος πρῶτος, Ἐν Ἀθήναις [2]1876, σ. 21. Καί συμπληρώνει: «Τό δ' ἔργον, ὡς ἐκ τοῦ ἐκδοθέντος τόμου εἰκάζεται, ἔμελλε νά ἦναι μικρᾶς ἀξίας, ἤ καί ὅλως ἀδόκιμον».
6 *Ἐπίτομος Ἐκκλησιαστική Ἱστορία τῆς Παλαιᾶς καί Καινῆς Διαθήκης, ἐρανισθεῖσα ὑπό τοῦ Ἀρχιμανδρίτου Ἀλεξάνδρου Λασκάρεως*. Τεῦχος Α[ον]. Περιέχον τήν Ἱστορίαν ἀπό Κτίσεως Κόσμου μέχρι τέλους τοῦ Α[ου] μετά Χριστόν Αἰῶνος. Ἐν Κωνσταντινουπόλει, 1863. Τεῦχος Β[ον]. Περιέχον τήν Ἱστορίαν τῆς Ἐκκλησίας ἀπ' ἀρχῆς τοῦ Β[ου] μετά Χριστόν αἰῶνος μέχρι τέλους τοῦ ΙΖ[ου]. Ἐν Κωνσταντινουπόλει, 1863.
7 Βλ. τήν ἐπιστολή «Τῷ εὐσεβεῖ Ἀναγνώστῃ χαίρειν ἐν Κυρίῳ!», ὅ.π., στό χωρίς σελιδαρίθμηση φ. πρίν ἀπό τήν σ. 1.
8 «…Τό ἐράνισμα φαίνεται ἡμῖν ἐπιτομώτερον τοῦ δέοντος καί χρήσιμον ἴσως μόνον εἰς τήν ἐν γυμνασίοις διδασκαλίαν.», σημειώνει ὁ Κων. Κοντογόνης, *Ἐκκλησιαστική Ἱστορία…*, σ. 21. Ὁ Βρυέννιος τόν συγκαταλέγει ἁπλῶς μεταξύ αὐτῶν ἐξέδοσαν «Ἐγχειρίδια Ἐκκλησιαστικῆς Ἱστορίας εἴτε ἐκ μεταφράσεως εἴτε ἐξ ἐπιτομῆς», βλ. σ. 17 τοῦ χειρογράφου του.
9 «Συνέγραψεν ἐλλιπεστάτην ἐπιτομήν τῆς ἱστορίας τῆς ἐκκλησίας ἀρχομένην ἀπό κτίσεως κόσμου», κατά τόν Ἀ. Διομήδη Κυριακό, *Ἐκκλησιαστική Ἱστορία ἀπό τῆς ἱδρύσεως τῆς Ἐκκλησίας μέχρι τῶν καθ' ἡμᾶς χρόνων ἐκ διαφόρων πηγῶν ἐρανισθεῖσα*, Ἐν Ἀθήναις [2]1897, σ. 21.

νεπιστήμιο τῆς Ἀθήνας Π. Ρομπότης[10]. Εἰκοσιπέντε χρόνια ἀργότερα (1884) κυκλοφορεῖ ἡ πιό σύντομη μορφή της, τήν ὁποία ἐπεξεργάστηκε ὁ Ἰω. Μεσολωρᾶς. Τήν νέα μορφή της ὑπέβαλε ὁ Μεσολωρᾶς στήν Ἐπιτροπή τοῦ Ὑπουργείου τῶν Ἐκκλησιαστικῶν καί τῆς Δημοσίας Ἐκπαιδεύσεως, προκειμένου νά κριθεῖ καί νά ἐγκριθεῖ ὡς διδακτικό ἐγχειρίδιο. Ἡ Ἐπιτροπή ἀποφάνθηκε ὅτι «Ἡ ἱστορία αὕτη, λίαν ἐκτεταμένη οὖσα, ..., εἶνε ἡ μόνη ἱστορία ἐν τῇ ἡμετέρᾳ γλώσσῃ, ἥτις ἐξαιρέτως διακρίνεται διά τε τήν καθαρεύουσαν γλῶσσαν, τήν ἐπιστημονικήν μέθοδον καί πρό πάντων τό ἐποικοδομητικόν αὐτῆς.... Τοιαύτας ἐμπνέον εὐσεβεῖς ἀρχάς τό βιβλίον ἀποκαθίσταται διδακτικώτατον, διό συνιστῶμεν αὐτό ὡς τό μόνον κατάλληλον τοῖς διδασκαλείοις,...»[11].

Ἐκκλησιαστική Ἱστορία

Ἡ συγγραφική, ἤ καλύτερα ἡ ἐκδοτική παραγωγή ἐκκλησιαστικῶν ἱστοριῶν ἐμφανίζεται, σχεδόν στό σύνολό της, στό β΄ μισό τοῦ 19ου αἰώνα. Προηγουμένως, οἱ ἀνάγκες, διδακτικές ἀλλά καί γενικότερες ἀναγνωστικές, ἄν καί δέν ἔχει ἐρευνηθεῖ ἰδιαίτερα, φαίνεται ὅτι καλύπτονταν ἀπό τήν Ἐκκλησιαστική Ἱστορία τοῦ Μελετίου Ἀθηνῶν.

Ἡ ἐκκλησιαστική ἱστοριογραφία κατά τό χρονικό αὐτό διάστημα ἐκδοτικά ἐμφανίζεται μέ διάφορους χαρακτηρισμούς: *Ἐκκλησιαστική Ἱστορία, Δοκίμιον Ἐκκλησιαστικῆς Ἱστορίας, Ἐπίτομος Ἐκκλησιαστική Ἱστορία*. Ὡστόσο, τό ἔργο μέ τίτλο *Δοκίμιον Ἐκκλησιαστικῆς Ἱστορίας*, εἶναι κι αὐτό μία ἐπιτομή, ἀφοῦ μέ βάση τό περιεχόμενο ἀλλά καί τήν ἐπεξήγηση τοῦ ἴδιου τοῦ συγγραφέα του, τοῦ καθηγητῆ Α. Διομήδη Κυριακοῦ, δέν εἶναι παρά «ἐπίτομόν τι κείμενον αὐτῆς (ἐνν. ἐκκλησιαστικῆς ἱστορίας), ὅπως χρησιμεύῃ μοι ὡς βάσις τῶν παραδόσεών μου»[12]. Πρέπει ὅμως νά διευκρινισθεῖ, ὅτι ἐπειδή δέν ὑπάρχει συστηματική μελέτη τῆς ἐκκλησιαστικῆς ἱστοριογραφίας καθώς καί ἀποτύπωση τῆς τυπολογίας της, δέν εἶναι ἐφικτή καί ἡ ἀκριβής κατηγοριοποίηση τῶν σχετικῶν ἔργων. Γιά παράδειγμα, τί ὀφείλει νά χαρακτηρίζεται ὡς «ἐπιτομή»: ἡ περιληπτική ἀπόδοση ἑνός ἐκτενοῦς ἔργου (Κομμητᾶς), μία ἁπλή σύνοψη ἀπό διάφορα ἔργα (Ζιγαβηνός, ὁ ὁποῖος ὅμως δέν θεωρεῖ τό ἔργο του ὡς ἐπιτομή) ἤ μία ὄχι τόσο ἀναλυτική στό περιεχόμενο σύνθεση (Κυριακός, Βαφείδης). Ἀφοῦ λοιπόν αὐτοῦ τοῦ εἴδους τά ζητήματα δέν ἔχουν ἀκόμη διευθετηθεῖ ἐπιστημονικά, ἡ παράθεση τῶν ἔργων ἐδῶ δέν μπορεῖ παρά νά περιορισθεῖ στήν ἁπλούστερη ἀναφορά τους, τήν κατά βάση χρονολογική. Τέλος, ἡ ἐκκλησιαστική ἱστοριογραφία κατά τό ἴδιο διάστημα ἐμπλουτίστηκε καί μέ ἑλληνικές μεταφράσεις ξενόγλωσσων ἀντίστοιχων ἔργων.

---

10 Βλ. ἐνδεικτικά: Δημ. Σ. Μπαλάνος, *Ἑκατονταετηρίς 1837-1937. Α΄. Ἱστορία τῆς Θεολογικῆς Σχολῆς*, Ἀθῆναι 1937, σ. 42.
11 «Συνέγραψεν ἐλλιπεστάτην ἐπιτομήν τῆς ἱστορίας τῆς ἐκκλησίας ἀρχομένην ἀπό κτίσεως κόσμου», κατά τόν Α. Διομήδη Κυριακό, *Ἐκκλησιαστική Ἱστορία ἀπό τῆς ἱδρύσεως τῆς Ἐκκλησίας μέχρι τῶν καθ' ἡμᾶς χρόνων ἐκ διαφόρων πηγῶν ἐρανισθεῖσα*, Ἐν Ἀθήναις ²1897, σ. 21.
12 *Δοκίμιον Ἐκκλησιαστικῆς Ἱστορίας χάριν τῶν περί τήν Θεολογίαν σπουδαζόντων ὑπό Α. Διομήδους Κυριακοῦ*, Ἀθῆναι 1872, σ. 3. Τήν «μεγίστην ἔλλειψιν τοιούτου διδακτικοῦ ἐγχειριδίου» ἐπεξηγεῖ παρακάτω ὡς ἑξῆς: «Ὑπάρχουσι μέν παρ' ἡμῖν ἔργα τινά ἐκκλησιαστικῆς ἱστορίας, ἀλλά τά μέν αὐτῶν ἕνεκα τῆς ἐκτάσεως αὐτῶν δέν δύνανται νά χρησιμεύσωσιν ὡς διδακτικά βιβλία, οὐδέ εἶχον ἀπ' ἀρχῆς τόν προορισμόν τοῦτον· τοιαῦται εἶναι αἱ ἀξιόλογοι ἐκκλησιαστικαί ἱστορίαι, ἡ τοῦ Μελετίου..., καί ἡ τοῦ σεβαστοῦ ἡμῶν Κοντογόνου..., τά δέ εἶναι ἀμέθοδοι καί ἐλλιπεῖς ἐπιτομαί ἐκκλησιαστικῆς ἱστορίας (Κομμητᾶ ὑπό Χίωτου ... καί Λασκάρεως...).

Φιλόθεου Βρυέννιου Ἐκκλησιαστική Ἱστορία

Ἡ ἀρχή γίνεται μέ τήν ἐπιτομή τῆς τρίτομης Ἐκκλησιαστικῆς Ἱστορίας τοῦ Μελετίου Ἀθηνῶν, πού φιλοπόνησε ὁ Στέφανος Κομμητᾶς[13] καί πρωτοεκδόθηκε στήν Πέστη, τό 1827. Ἡ συγκεκριμένη ἐπιτομή συνέχισε τήν ἐκδοτική της πορεία, μέ τρεῖς ἀκόμη ἐκδόσεις. Πρῶτα ἐκδόθηκε ὡς *Ἱστορία Ἐκκλησιαστική ὑπό Σ. Κ.*, στήν Κωνσταντινούπολη τό 1847[14]. Ἄν καί δέν ἀναφέρεται πουθενά, ἀπό τήν ἀντιπαραβολή μέ τήν ἐπόμενη ἔκδοση τοῦ Χιώτη (1861), προκύπτει ὅτι δέν εἶναι ἄλλη ἀπό τήν γνωστή μας *Ἐπιτομή τοῦ Κομμητᾶ*[15]. Ἀκολούθησαν δύο ἀκόμη ἐπανεκδόσεις της, οἱ ὁποῖες ἔγιναν τήν ἴδια χρονιά, σέ δύο διαφορετικές πόλεις, ἀπό διαφορετικά πρόσωπα, τά ὁποῖα ἐπαύξησαν καί ἐμπλούτισαν τήν ἀρχική ἔκδοση. Συγκεκριμένα, ἡ *Ἐπιτομή τοῦ Κομμητᾶ* ἐκδόθηκε τό 1861, ἀπό τόν ἱεροδιάκονο Γεννάδιο Σχολάριο στήν Σμύρνη, «ἐπηυξημένη ἐν πολλοῖς καί κατ' αἰῶνας διῃρημένη»[16], ἀλλά καί στήν Ζάκυνθο, ἀπό τόν Π. Χιώτη[17]. Ὁ Χιώτης «ἔκρινεν εὔλογον» νά ἐπεξεργαστεῖ ὁ ἴδιος καί νά συμπληρώσει τήν ἐπιτομή τοῦ Κομμητᾶ μέ τό τμῆμα τῆς ἱστορίας ἀπό τόν Κύριλλο Λούκαρη καί ἐντεῦθεν, μέχρι τό 1848, ἀκολουθώντας τήν ἀνά αἰῶνες ἔκθεση τῶν γεγονότων, ὅπως ἄλλωστε καί ὁ Μελέτιος.

Ὁ κύκλος τῶν σχετικῶν μέ τήν Ἐκκλησιαστική Ἱστορία τοῦ Μελετίου ἐκδόσεων περιλαμβάνει καί τήν πρόθεση νά ἐπανεκδοθεῖ καί νά ἀποκατασταθεῖ, στό μέτρο τοῦ δυνατοῦ, ἐπί τό καθαρώτερον ὕφος ἡ «χυδαϊστί τό πρῶτον» ἔκδοσή της[18]. Τό ἐγχείρημα ἀνατέθηκε στόν Κ. Εὐθυβούλη καί τό 1855 ἐκδόθηκε ὁ πρῶτος -καί μόνος, λόγω θανάτου τοῦ Εὐθυβούλη - τόμος[19].

---

13 *Ἐπίτομος Ἐκκλησιαστική Ἱστορία συντεθεῖσα παρά Στεφάνου Κομμητᾶ τοῦ ἐκ Φθίας, ἐκ χωραρχίας μέν Κοκοσίου, Κώμης δέ Κωφῶν, Περιέχουσα τά ἀναγκαιότατα συμβεβηκότα εἰς τήν Ἱεράν Ἐκκλησίαν· οἷον, τό κήρυγμα τῆς πίστεως, τούς Διωγμούς, τάς αἱρέσεις, τάς Συνόδους, κτλ. Ἐν Πέστῃ 1827.* Ὅπως ὁ ἴδιος διευκρινίζει στό *Προοίμιον*, «Καί πάντα μέν ἐξ ἐκείνης (ἐνν. τῆς Ἱστορίας τοῦ Μελετίου) εἴληπται τά ἄλλα· ὅσα δέ ἀναφέρονται περί καταστροφῆς τῆς Ἱερουσαλήμ, καί ἐπιστροφῆς τινῶν ἐθνῶν εἰς τήν εἰς Χριστόν πίστιν, καί τῶν ἐκστρατιῶν (sic) Λουδοβίκου τοῦ θ', καί τινων κατασφαγῶν εἰς τήν Εὐρώπην διά θρησκευτικάς αἰτίας, τῶν ὁποίων ἅπτεται ἀκριθῶς ὁ Μελέτιος, ταῦτα ἐλήφθησαν ἀπό διαφόρους ἄλλας ἱστορίας. Καί οὕτω συνετέθη ἡ ἐπιτομή αὕτη».
14 *Ἱστορία Ἐκκλησιαστική ὑπό Σ. Κ. περιέχουσα τά ἀναγκαιότατα συμβεβηκότα εἰς τήν ἱεράν Ἐκκλησίαν· οἷον· τό κήρυγμα τῆς πίστεως, τούς διωγμούς, τάς αἱρέσεις, τάς συνόδους, καί κτλ. Ἐπιθεωρηθεῖσα δέ μετ' ἀκριβοῦς ἐπιστασίας καί ἀναπληρώσεως τοῦ καταλόγου τῶν Πατριαρχῶν, Παπῶν, Σουλτάνων, καί αὐτοκρατόρων δυτικῶν, ἐκδίδοται τό δεύτερον ὑπό Γ.Β.Μ. Κατ' ἔγκρισιν τῆς Ἐκκλησιαστικῆς Πατριαρχικῆς Ἐπιτροπῆς, Κωνσταντινουπόλις 1847,* σ. 1-184, τό *Προοίμιον* στό πρῶτο, χωρίς ἀρίθμηση, φύλλο.
15 Τήν ἔκδοση αὐτή δέν μνημονεύει ὁ Κοντογόνης, *Ἐκκλησιαστική Ἱστορία…*, σ. 18-20, ὁ ὁποῖος καταγράφει ἀρκετά ἀναλυτικά στήν «ἱστορία» τῆς Ἐκκλησιαστικῆς Ἱστορίας τοῦ Μελετίου. Ἡ ψηφιακή βιβλιοθήκη τοῦ Πανεπιστημίου Κρήτης «Ἀνέμη» ἔχει καταχωρίσει τήν ἐν λόγῳ ἔκδοση, προφανῶς ἀπό παραδρομή, στό ὄνομα τοῦ Σ. Κελαρτζῆ. Γιά τήν *Ἐκκλησιαστική Ἱστορία* τοῦ Κελαρτζῆ βλ. σχετικά πιό πάνω καί ὑποσ.5.
16 Κοντογόνης, *Ἐκκλησιαστική Ἱστορία…*, σ. 20. Ἀντίτυπο αὐτῆς τῆς ἐκδόσεως δέν κατάφερα νά ἐντοπίσω.
17 *Ἐπίτομος Ἐκκλησιαστική Ἱστορία συντεθεῖσα παρά Στεφάνου Κομμητᾶ τοῦ ἐκ Φθίας, ἐκ χωραρχίας μέν Κοκοσίου, Κώμης δέ Κωφῶν, Περιέχουσα τά ἀναγκαιότατα συμβεβηκότα εἰς τήν Ἱεράν Ἐκκλησίαν,..... - Ἔκδοσις Β΄. Ὑπό Σεργίου Χ. Ραφτάνη Ἠπειρώτου ἐπαυξηθεῖσα Διά προεισαγωγῆς καί ἀναπληρώσεως ὑπό Π. Χιώτου, Διδασκάλου τῆς Ἐκκλησιαστικῆς Ἱστορίας κτλ. ἐν τῷ Λυκείῳ τῆς Ζακύνθου, Ἐν Ζακύνθῳ ΑΩΞΑ΄,* σ. α΄- ιζ΄+ 1-460. Ἀπό αὐτές τό κείμενο τοῦ Κομμητᾶ στίς σ. α΄-ιζ΄ καί 1-214 καί ἡ *Ἀναπλήρωσις* τοῦ Χιώτου στίς σ. 216-460, καί σ. 215, οἱ ἱστορικές πηγές», πού χρησιμοποίησε.
18 Βλ. ἀναλυτικά Κοντογόνη, ὅ.π., σ. 18-20, ἀλλά καί τήν ἐπόμενη ὑποσημ., *Προλεγόμενα.* σ. α΄-μζ΄·
19 *Ἐκκλησιαστικη Ἱστορία Μελετίου Ἀθηνῶν Μητροπολίτου Συγγραφεῖσα μέν Ἑλληνιστί, μετά δέ τήν τελευτήν τοῦ Συγγραφέως ἐκδοθεῖσα χυδαϊστί τό πρῶτον εἰς τρεῖς τόμους, ἐπαυξηθεῖσα δέ καί τετάρτῳ ὑπό τοῦ Γ. Βενδότου, ἤδη τό δεύτερον Διασκευασθεῖσα ἐπί τό καθαρώτερον ὕφος, καί τισιν ἀναγκαίαις ἐπιστασίαις καί διορθώσεσι πλουτισθεῖσα Ὑπό Κ. Εὐθυβούλου. Καθηγητοῦ τῆς Φιλοσοφίας ἐν τῇ Μ. τοῦ Γένους Σχολῇ, ἐκδίδοται διῃρημένη ὡσαύτως εἰς Τέσσαρας Τόμους…, Ἐν Κωνσταντινουπόλει, 1855,* σ. 1-428 (τά *Προλεγόμενα* τοῦ Εὐθυβούλη σ. α΄-μζ΄).

Ευαγγελία Αμοιρίδου

Στό β' μισό τοῦ 19ου αἰῶνα ἡ ἑλληνόγλωσση ἐκκλησιαστική ἱστοριογραφία ἀρχίζει πλέον σιγά - σιγά νά συντονίζεται καί ἀκολουθεῖ, στό μεγαλύτερό της μέρος, τά διεθνῆ ἐπιστημονικά στερεότυπα. Ἡ ἀλλαγή αὐτή διαμορφώθηκε κυρίως μέσα στό ἀκαδημαϊκό περιβάλλον, τόσο τῶν Ἀθηνῶν ὅσο καί τῆς Κωνσταντινούπολης. Λόγω τῶν γνωστῶν μέχρι τότε συνθηκῶν, ὅσοι μετά τίς σπουδές στήν Εὐρώπη ἀνέλαβαν καθηγετικές θέσεις στίς νεότευκτες θεολογικές σχολές Ἀθήνας καί Χάλκης, ἐκτός τῶν ἄλλων εἶχαν νά ἀντιμετωπίσουν καί τήν παντελῆ ἔλλειψη ἐπιστημονικῶν συγγραμμάτων. Εἶναι γνωστό, ὅτι γιά πολύ καιρό ἡ γνώση περνοῦσε ἀπό τόν καθηγητή στόν φοιτητή μέσω τῆς διδασκαλίας ἀπό τίς προσωπικές σημειώσεις τῶν πρώτων καθηγητῶν, τίς ὁποῖες οἱ φοιτητές ἔπρεπε νά ἀντιγράφουν[20]. Οἱ ἀκαδημαϊκές λοιπόν διδακτικές ἀνάγκες κατά βάση, ἀλλά καί τό δεδομένο γενικότερο ἐνδιαφέρον, σύμφωνα μέ τούς περισσότερους προλόγους τῶν ἔργων, ἔδωσαν τό κίνητρο, συνάμα δέ προσδιόρισαν τό ἐπίπεδο καί τόν χαρακτῆρα τῶν περισσότερων, ἤ τουλάχιστον τῶν σημαντικότερων ἔργων ἐκκλησιαστικῆς ἱστορίας, πού γράφτηκαν τότε.

Παρατηρώντας τήν σχετική συγγραφική παραγωγή αὐτοῦ τοῦ χρονικοῦ διαστήματος, διαπιστώνει κανείς, ὅτι αὐτή ἐμφανίζεται ἀναπτυσσόμενη ἰσόρροπα, χρονικά καί ποσοτικά, μεταξύ Ἀθηνῶν (Κοντογόνης, Κυριακός) καί Χάλκης (Βρυέννιος, Βαφείδης).

Τήν πρώτη «γενιά» τῶν δημιουργῶν αὐτοῦ τοῦ εἴδους τῆς ἐκκλησιαστικῆς ἱστοριογραφίας ἀποτελοῦν οἱ Κων. Κοντογόνης καί Φιλόθεος Βρυέννιος. Ὁ πρῶτος, «ταχθείς πρό τριάκοντα ἐτῶν (1836), ἀπό τῆς ἱδρύσεως τοῦ ἡμετέρου πανεπιστημίου», νά διδάσκει τό «ἱστορικόν μέρος τῆς ἱερᾶς θεολογίας», σύμφωνα μέ τά προλεγόμενά του ἐπιχείρησε ἀμέσως νά συντάξει ἐκκλησιαστική ἱστορία, γιά τίς ἀνάγκες τῆς διδασκαλίας του. Τό σύγγραμμά του ὅμως δημοσιεύθηκε μόλις τό 1867[21]. Ἄν καί στά περιεχόμενα τοῦ πρώτου -καί μόνου- τόμου ἀναγγέλλεται ἡ ἐξέταση καί τῆς Δευτέρας περιόδου τῆς ἐκκλησιαστικῆς ἱστορίας (313-726), ἡ ὕλη τοῦ τόμου φθάνει μέχρι λίγο μετά τήν Β' Οἰκουμενική Σύνοδο. Μερικά χρόνια ἀργότερα, τό 1876, ἐπανεκδίδεται ὁ πρῶτος καί πάλι τόμος «ἐπαυξηθείς καί μεταρρυθμισθείς»[22]. Καί σ' αὐτήν τήν ἔκδοση, ἄν καί τό χρονικό πλαίσιο, πού ἀναγγέλλεται, διερύνει τήν Δεύτερη περίοδο τῆς ἐκκλησιαστικῆς ἱστορίας κατά ἕναν καί πλέον αἰῶνα (προσ-θέτει δηλαδή τό χρονικό διάστημα ἀπό τόν Λέοντα Ἀρμένιο ὥς τόν Φώτιο, 726-857), αὐτό δέν φαίνεται καί στήν ἀνάπτυξη τῆς ὕλης, στήν ὁποία: προστίθενται περισσότερα στό εἰσαγωγικό κεφάλαιο, τό σχετικό μέ τούς ἐκκλησιαστικούς ἱστοριογράφους, ἀλλάζει ἡ σειρά δύο κεφαλαίων καί προστίθεται ἐπιπλέον κεφάλαιο γιά τό «Πολίτευμα τῆς τοῦ Χριστοῦ Ἐκκλησίας»[23].

---

20 Ὁ καθηγητής Α. Διομήδης Κυριακός γράφει χαρακτηριστικά: «... Τοῦτο τό *Δοκίμιον ἐκκλησιαστικῆς ἱστορίας* ἔγνων νά ἐκδώσω εἰς τύπον τό μέν ἵνα ἀπαλλάξω τούς μαθητάς τοῦ ὀχληροῦ ἔργου τῆς ἀντιγραφῆς, τό δέ ἐλπίζων, ὅτι χρῆσις αὐτοῦ δύναται νά γίνῃ καί παρ' ἄλλοις ἐν τῇ διδασκαλίᾳ τῆς ἐκκλησιαστικῆς ἱστορίας, διότι ὑπάρχει μεγίστη ἔλλειψις τοιούτου διδακτικοῦ ἐγχειριδίου.», Δοκίμιον Ἐκκλησιαστικῆς Ἱστορίας..., σ. 3.
21 Κωνστ. Κοντογόνου, *Ἐκκλησιαστική Ἱστορία, ἀπό τῆς θείας συστάσεως τῆς Ἐκκλησίας μέχρι τῶν καθ' ἡμᾶς χρόνων, ἐν τόμοις τρισίν*, τόμος πρῶτος, Ἐν Ἀθήναις 1866, σ. 1-610, (+σ. 611-627 Κατάλογος συνδρομητῶν). Ἄν καί στά περιεχόμενα ἀναγγέλλεται ἡ ἐξέταση καί τῆς Δευτέρας περιόδου (313-428), ὁ τόμος σταματάει μετά τήν Β' Οἰκουμενική Σύνοδο.
22 Κωνστ. Κοντογόνου, *Ἐκκλησιαστική Ἱστορία, ἀπό Χριστοῦ γεννήσεως μέχρι τῶν καθ' ἡμᾶς χρόνων*, τόμος πρῶτος (ἐν δυτέρᾳ ἐκδόσει ἐπαυξηθείς καί μεταρρυθμισθείς), Ἐν Ἀθήναις 1876, σ. α'-β' +1-700.
23 Πρβλ. τήν §6, σ. 4-11 (α' ἔκδ.) καί τήν ἴδια §6 σ. 4-22 (β' ἔκδ.)· σ. 448-598 (α' ἔκδ.) καί 481-640 (β' ἔκδ.). Κεφ. Ε', σ. 641-682 (β' ἔκδ.).

Φιλόθεου Βρυέννιου Εκκλησιαστική Ιστορία

Ὁ Βρυέννιος, ὅταν κλήθηκε ἀπό τήν Γερμανία γιά νά διδάξει ἐκκλησιαστική ἱστορία στήν Χάλκη (1861-1863)[24], συνέταξε καί αὐτός σύγγραμμα γιά τίς ἀνάγκες τῆς δικῆς του διδασκαλίας, ἡ ἔκδοση τοῦ ὁποίου ἀκολουθεῖ στίς ἑπόμενες σελίδες.

Ἀπό τήν πρόχειρη παράλληλη ἀνάγνωση τῶν δύο πρώτων «ἀκαδημαϊκῶν» ἔργων ἐκκλησιαστικῆς ἱστορίας, διαπιστώνονται ἀρκετά μεγάλες ὁμοιότητες καί ἀναλογίες. Κατ' ἀρχήν, τό εἰσαγωγικό τμῆμα καί τῶν δύο εἶναι τό αὐτό, μέ ἄλλες λέξεις[25]. Ἡ διάταξη τῆς ὕλης, ἐπίσης, παρουσιάζει σέ κάποια μέρη ὁμοιότητα καί σέ ἄλλα ἀναλογία. Δέν θά μπορούσε ὅμως, ἀκόμα καί ἀπό τήν πρόχειρη αὐτή ματιά, νά θεωρηθεῖ ἡ μία Ἱστορία ὡς ἀντιγραφή τῆς ἄλλης. Ἄν καί χρειάζεται ἰδιαίτερη διερεύνηση, ἐνδέχεται ἡ ἐξήγηση νά εἶναι τελείως ἁπλή: ἡ χρήση τῆς ἴδιας βιβλιογραφίας. Φαίνεται λοιπόν, πώς γιά τά οὐδέτερα σημεῖα, ὅπως αὐτό τῶν τετριμμένων μιᾶς εἰσαγωγῆς, αὐτοί οἱ «πρωτοπόροι» τῆς ἐπιστημονικῆς ἐκκλησιαστικῆς ἱστοριογραφίας δέν διστάζουν νά παραθέσουν, σχεδόν αὐτολεξεί, τήν ἤδη ὑπάρχουσα ἔρευνα. Πέραν τούτου ὅμως, ὁ καθένας ἐπικεντρώνεται καί δίνει βαρύτητα στά προσωπικά του ἐνδιαφέροντα. Ὁ Κοντογόνης, λόγου χάρη καί στήν Ἱστορία του εἶναι περισσότερο γραμματολόγος[26], ἐνῶ ὁ Βρυέννιος ἐνδιαφέρεται καί ἐστιάζει περισσότερο στήν διαμόρφωση τῆς λατρείας καί τῶν θεσμῶν τῆς Ἐκκλησίας τῶν πρώτων αἰώνων. Ἔτσι, μετά τήν «κοινή» εἰσαγωγή, τό ἔργο τοῦ καθενός φέρει τήν προσωπική του σφραγίδα.

Τήν δεύτερη «γενιά» τῶν συγγραφέων τῆς ἀκαδημαϊκῆς ἐκκλησιαστικῆς ἱστοριογραφίας ἀποτελοῦν τά συγγράμματα τῶν Ἀ. Διομήδη Κυριακοῦ (Θεολογική Σχολή τῆς Ἀθήνας) καί Φιλάρετου Βαφείδη (Θεολογική Σχολή τῆς Χάλκης). Καί οἱ δύο συγγράφουν καί ἐκδίδουν δύο τύπους ἐκκλησιαστικῆς ἱστορίας, ἐπίτομη ἀρχικά καί ἀναλυτική στήν συνέχεια. Τό ἀξιοσημείωτο εἶναι, ὅτι οἱ ἐπιτομές καί τῶν δύο αὐτῶν συγγραφέων δέν εἶναι ἁπλή περίληψη τῆς ὕλης, ὡς συνήθως, ἀλλά περιληπτικότερη, πλήν καθ' ὅλα ἐπιστημονική, ἔκθεσή της. Συγκεκριμένα, ὁ Ἀναστάσιος Διομήδης Κυριακός, καθηγητής στήν Θεολογική Σχολή τοῦ Πανεπιστημίου Ἀθηνῶν καί στήν Ριζάρειο Ἐκκλησιαστική Σχολή, ἐκδίδει τό 1872 σέ α' καί τό 1874 σέ β' ἐπαυξημένη ἔκδοση *Δοκίμιον Ἐκκλησιαστικῆς Ἱστορίας*[27]. Λίγο ἀργότερα, τό 1881, ἐκδίδει τρίτομη *Ἐκκλησιαστική Ἱστορία*[28]. Ἡ μέν δομή τῶν δύο τύπων συγγραμμάτων του, τοῦ *Δοκιμίου* καί τῆς *Ἐκκλησιασιστικῆς Ἱστορίας*, εἶναι ἀκριβῶς ἡ ἴδια, μέ τήν διαφορά τους νά βρίσκεται στήν ἔκταση τῆς ὕλης, μέ τήν *Ἱστορίαν* «πλατύτερον τά πράγματα ἐκθέ-

---

[24] Οἱ περισσότεροι ἀναφέρουν τόν Βρυέννιο νά διδάσκει στήν Χάλκη μέχρι τό 1867, πού ἀνέλαβε τήν σχολαρχία τῆς Μεγάλης τοῦ Γένους Σχολῆς. Ἡ χρονολογία, πού ἀναφέρεται ἐδῶ, προκύπτει ἀπό τά γραφόμενα τοῦ ἴδιου τοῦ Βρυεννίου στήν ἐπιστολή του πρός τόν Schaff, πού δημοσιεύεται παρακάτω, στό ὑποκεφ. «Ὁ συγγραφέας».
[25] Ἡ ὁμοιότητα εἶναι τέτοια, πού ἀμέσως φέρνει στόν νοῦ κοινή πηγή, πού μεταφράζεται ἀπό τόν καθένα μέ τόν τρόπο του.
[26] Σημαντικό εἶναι ἐπίσης καί τό ἄλλο ἔργο τοῦ Κοντογόνη, *Φιλολογική καί κριτική ἱστορία τῶν ἀπό τῆς α' μέχρι τῆς η' ἑκατονταετηρίδος ἀκμασάντων ἁγίων τῆς Ἐκκλησίας πατέρων, καί τῶν συγγραμμάτων αὐτῶν*, Ἐν Ἀθήναις 1853.
[27] Ἀ. Διομήδης Κυριακός, *Δοκίμιον Ἐκκλησιαστικῆς Ἱστορίας χάριν τῶν περί τήν Θεολογίαν σπουδαζόντων*, ἔκδοσις πρώτη, Ἀθῆναι, 1872, σ. 1ἑξ. Τοῦ ἴδιου, *Δοκίμιον...*, Ἔκδοσις δευτέρα ἐπηυξημένη, Ἐν Ἀθήναις 1874, σ. 1ἑξ.. Περί αὐτοῦ ὁ Κοντογόνης, *Ἐκκλησιαστική Ἱστορία...*, σ. 22, σημειώνει: «Ἀναστάσιος Διομήδης Κυριακός,..., συνέταξεν εὐμέθοδον Δοκίμιον ἐκκλησιαστικῆς ἱστορίας,...». Βλ. καί Β. Κουκουσᾶ, *Ἡ πορεία τῶν σπουδῶν...*, σ. 34-53.
[28] Ἀ. Διομήδης Κυριακός, *Ἐκκλησιαστική Ἱστορία ἀπό τῆς ἱδρύσεως μέχρι τῶν καθ' ἡμᾶς χρόνων ἐκ διαφόρων πηγῶν ἐρανισθεῖσα*, Ἐν Ἀθήναις 1881 (Τήν ἔκδοση αὐτή δέν τήν εἶδα). Τοῦ ἴδιου, *Ἐκκλησιαστική Ἱστορία...*, ἔκδοσις δευτέρα ἐπηυξημένη..., τόμοι 1-3, Ἐν Ἀθήναις 1897.

Ευαγγελία Αμοιρίδου

τουσαν καί ἱκανοποιοῦσαν πλειότερον τήν φιλομάθειαν τῶν ἀναγνωστῶν ἤ ὅσον δύναται νά ποιήσῃ τοῦτο σύντομον ἐγχειρίδιον»[29].

Τελείως ἀνάλογα κινεῖται καί ὁ καθηγητής στήν Θεολογική Σχολή τῆς Χάλκης, ἀρχιμανδρίτης Φιλάρετος Βαφείδης. Ὅπως ὁ ἴδιος ἀποκαλύπτει, «πρός ἀκριβῆ καί εἰλικρινῆ τοῦ καθήκοντός μου ἐκπλήρωσιν… ἐργαζόμενος ἐπί ἐννεαετίαν κατήρτιζον τό κείμενον τῆς Ἐκκλησιαστικῆς Ἱστορίας…». Ἀπό τήν προεργασία του αὐτή προῆλθαν μία *Ἐπίτομος Ἐκκλησιαστική Ἱστορία*[30] καί ἡ γνωστή τετράτομη *Ἐκκλησιαστική Ἱστορία* του[31]. Δέν παραλείπει νά διευκρίσει, ὅτι, ὅπου χρειάσθηκε, ἀναθεώρησε ἤ προσάρμοσε τό κείμενό του σύμφωνα μέ τά πιό πρόσφατα ἐρευνητικά δεδομένα[32].

Ἱστορία Ἐκκλησιαστική συγγράφει καί ἐκδίδει, σέ τρεῖς τόμους, καί ὁ Γρηγόριος Ζιγαβηνός[33]. Αὐτή ἀπό μιά πρώτη ματιά θά μπορoῦσε νά χαρακτηρισθεῖ ὡς ἕνας ἐνδιάμεσος τύπος ἐκκλησιασιαστικῆς ἱστορίας, πληρέστερη μέν ἀπό τίς ἐπιτομές τύπου Κομμητᾶ, ἁπλούστερη ὅμως καί λιγότερο μεθοδική τίς «ἀκαδημαϊκές», πού ἀναφέρθηκαν πιό πάνω.

***

Μεταφράσεις

Δύο μεταφράσεις ἔργων ἐκκλησιαστικῆς ἱστορίας ἐκδόθηκαν τό χρονικό διάστημα, πού μᾶς ἀφορᾶ. Ἡ πρώτη, τοῦ Κ. Βάρθ[34], ἐκδόθηκε στήν Σμύρνη τό 1848, τό δέ περιεχόμενό της ἀρχίζοντας ἀπό τήν Πεντηκοστή φθάνει μέχρι τό 1835. Δέν ἀναφέρεται ὁ μεταφραστής, οὔτε περιέχεται κανενός εἴδους πληροφορία σχετικά μέ τό κριτήριο ἐπιλογῆς τοῦ συγκεκριμένου ἔργου πρός μετάφραση. Ἡ ἔκδοσή του *ἐκ τῆς τυπογραφίας Γ. Γριφφίττου* ὅμως παραπέμπει περισσότερο σέ ἐπιλογή μέ κριτήρια ἄσχετα ἀπό τίς ἀνάγκες τῆς ὀρθόδοξης κοινότητας. Ὁ Κωνστ. Κοντογόνης ἀποτιμᾶ τό συγκεκριμένο

---

29 Ὅ.π., Πρόλογος, σ. ε΄. Λεπτομέρειες γιά τόν συγγραφέα βλ. τό βιογραφικό σχεδίασμα, πού συνέταξε ὁ διάδοχός του στήν Θεολογική Σχολή Χρυσ. Παπαδόπουλος, «Ἡ δράσις τοῦ Α. Διομήδους Κυριακοῦ», στό: Ἐθνικόν καί Καποδιστριακόν Πανεπιστήμιον, *Ἀναστάσιος Διομ. Κυριακός 1866-1914*, [Ἀθῆναι] 1915, σ. 14-31.
30 Ἀρχιμ. Φιλάρετος Βαφείδης, *Ἐπίτομος Ἐκκλησιαστική Ἱστορία Ἀπό τοῦ Κυρίου ἡμῶν Ἰησοῦ Χριστοῦ μέχρις ἁλώσεως τῆς Κωνσταντινουπόλεως (1-1453) πρός χρῆσιν τῶν σχολείων…*, Ἐν Κωνσταντινουπόλει 1884, σ. α΄-ιστ΄+1-283. Σύμφωνα μέ τόν Πρόλογο τῆς ἑπόμενης (τρίτης) ἔκδοσης, πρέπει νά ἐπανεκδόθηκε καί δεύτερη φορά, μέ τήν ἴδια μορφή. Ἡ τρίτη ἔκδοση διευρύνεται καί περιλαμβάνει πλέον καί τούς αἰῶνες ἀπό τήν Ἅλωση μέχρι τό 1900: Μητροπ. Διδυμοτείχου Φιλάρετος Βαφείδης, *Ἐπίτομος Ἐκκλησιαστική Ἱστορία ἀπό τοῦ Κυρίου ἡμῶν Ἰησοῦ Χριστοῦ μέχρι τῶν καθ' ἡμᾶς χρόνων (1-1900 μ.Χ.). Πρός χρῆσιν τῶν Ὀρθοδόξων ἑλληνικῶν Ἐκπαιδευτηρίων*, Ἐν Κωνσταντινουπόλει 1902, σ. α΄- ιδ΄+1-247.
31 Ἀρχιμ. Φιλαρετος Βαφείδης, *Ἐκκλησιαστική Ἱστορία ἀπό τοῦ Κυρίου ἡμῶν Ἰησοῦ Χριστοῦ μέχρι τῶν καθ' ἡμᾶς χρόνων*, τόμος πρῶτος. *Ἀρχαία Ἐκκλησιαστική Ἱστορία (1-700 μ.Χ.)*, Ἐν Κωνσταντινουπόλει 1884, σ. α΄-ιδ΄+1-380 (εἶναι ὁ τόμος, τόν ὁποῖον ὁ σ. ἀφιερώνει στόν θεῖο του Φιλόθεο Βρυέννιο) Τόμος δεύτερος. *Μέση Ἐκκλησιαστική Ἱστορία (700-1453 μ. Χρ.)*, Ἐν Κωνσταντινουπόλει 1886, σ. α΄- ια΄+1-460. Τόμος τρίτος *Νέα Ἐκκλησιαστική Ἱστορία (1453-1908). Μέρος Α΄. Ἀπό Ἁλώσεως τῆς Κωνσταντινουπόλεως (1453) μέχρι τοῦ τέλους τοῦ 17ου αἰῶνος (1700)*, Ἐν Κωνσταντινουπόλει 1912, σ. α΄- ια΄+1--384. Τόμος τρίτος, Μέρος Β΄. *Ἀπό τῶν ἀρχῶν τοῦ ΙΗ΄ αἰῶνος (1700) μέχρι τῶν ἡμερῶν ἡμῶν (1908)*. Ἐν Ἀλεξανδρείᾳ 1928, σ. (4 χ. ἀ.)+α΄-δ΄+1-863, +α΄-κη΄, Κατάλογος ὀνομάτων καί πραγμάτων. Βλ. καί Β. Κουκουσᾶς, *Ἡ πορεία τῶν σπουδῶν…*, σ. 53-80.
32 Ὅ.π., τόμος α΄, σ. στ΄.
33 Ἀρχιμ. Γρηγ. Ζιγαβηνός, *Ἱστορία Ἐκκλησιαστική*, τόμ.Ι-ΙΙ, Ἐν Μασσαλίᾳ 1894, τόμ. ΙΙΙ, 1896.
34 *Συνοπτική Ἱστορία τῆς τοῦ Χριστοῦ Ἐκκλησίας μεταφρασθεῖσα ἐκ τῆς ἀγγλικῆς μεταφράσεως τοῦ γερμανικοῦ πρωτοτύπου συνταχθέντος ὑπό τοῦ αἰδ. Κ.Γ. Βάρθ τοῦ ἐκ Μοίτλιγκεν τῆς Οὐιρτεμβέργας*. Ἐν Σμύρνῃ, Ἐκ τῆς τυπογραφίας Γ. Γριφφίττου, 1848, σ. 1-350.

Φιλόθεου Βρυεννίου Ἐκκλησιαστική Ἱστορία

ἔργο ὡς ἑξῆς: «Ἐν τῷ βιβλιαρίῳ τούτῳ, πλήν ὅτι στενότατα εἶναι τά ὅρια τῆς ἱστορικῆς ἀφηγήσεως, ἐπικρατεῖ καθόλου τό πνεῦμα τῆς διαμαρτυρομένης Ἐκκλησίας, ἧς μέλος ὑπάρχει ὁ συγγραφεύς»[35].

Ἡ δεύτερη μετάφραση ἐκδόθηκε στήν Κωνσταντινούπολη τρεῖς δεκαετίες ἀργότερα, τό 1877, μέ πρωτοβουλία τῆς «Ἀγγλο-ἠπειρωτικῆς Ἐταιρίας»[36]. Πρόκειται γιά τήν ἐπίσης ἀνώνυμη μετάφραση τοῦ ἔργου τοῦ Γουλιέλμου Πάλμερ, πού πρωτοκυκλοφόρησε στά ἀγγλικά τό 1855, μέ περιεχόμενο τά διαδραματισθέντα ἀπό τό 30 μέχρι τό 1839. Στό μᾶλλον σιβυλλικό καί μέ «οἰκουμενική» χροιά συντομότατο *Προοίμιον* τῆς ἑλληνικῆς ἔκδοσης, τό ὁποῖο «ὑπογράφεται» μέ τά ἀρχικά C. G. C., σημειώνεται χαρακτηριστικά: «Τό ἀνά χεῖρας πόνημα μ' ὅλον ὅτι δέν παριστάνει ὡς εἰκός τήν σημερινήν τῆς καθόλου Ἐκκλησίας κατάστασιν, ἐνθυμίζον ὅμως τούς λόγους καί τάς πράξεις τῶν ἐν διαφόροις αἰῶσι καί ἐν διεστώσαις χώραις πολιτευομένων χριστιανῶν, ἀποδεικνύει ὑπάρχουσαν τήν αὐτήν εἰς Χριστόν πίστιν· καί τήν αὐτήν εἰς Χριστόν ἀγάπην, τρέφει δέ τήν ἐλπίδα τῶν ποθούντων ὅπως εὐαρεστηθείς ὁ Δημιουργός καί Πατήρ πάντων Θεός διά τοῦ ἐν τοῖς ἀποχωρισθεῖσι τοῦ σώματος μέλεσιν ἐνοικοῦντος καί ἐνεργοῦντος Ἁγίου Αὐτοῦ Πνεύματος «συναγάγῃ εἰς ἕν» τά «διεσκορπισμένα τέκνα Αὐτοῦ»[37].

ΙΙ. ΤΟ ΧΕΙΡΟΓΡΑΦΟ

Περιγραφή

Τό χειρόγραφο ἀντίγραφο τῆς *Ἐκκλησιαστικῆς Ἱστορίας* τοῦ Φιλόθεου Βρυεννίου τῆς Βιβλιοθήκης τοῦ Πατριαρχικοῦ Ἱδρύματος Πατερικῶν Μελετῶν εἶναι δεμένο χαρτόδετα σέ μορφή βιβλίου, μέ διαστάσεις 0,24Χ0,17. Ὁ τίτλος, ΕΚΚΛΗΣΙΑΣΤ ΙΣΤΟΡΙΑ (sic) εἶναι τυπωμένος μέ χρυσά γράμματα στήν δερμάτινη ράχη του, στήν βάση τῆς ὁποίας σημειώνεται: ΤΟΜΟΣ Ι (sic). Ὁ χάρτωος αὐτός κώδικας εἶναι καταχωρημένος στό ὡς *χειρόγραφον* στό Βιβλίο Εἰσαγωγῆς τῆς Βιβλιοθήκης τοῦ Πατριαρχικοῦ Ἱδρύματος Πατερικῶν Μελετῶν (*Καταχώρησις βιβλίων*), τόμ. 1, μέ ἡμερομηνία καταγραφῆς 12.5.1971 καί αὔξοντα ἀριθμό 4414. Στήν ἔνδειξη «προέλευσις» σημειώνεται: Μ. Βλατάδων, ἀριθμ. βιβλίου III Β΄ Α 8 καί ὡς συγγραφέας ὁ Φιλόθεος Βρυέννιος. Ὁ ἀριθμ. εἰσαγωγῆς σφραγίσθηκε μέ κόκκινη μελάνη στό πάνω ἀριστερό μέρος τῆς 1ης σελίδας του, καί ἡ σφραγίδα τῆς Βιβλιοθήκης τοῦ Ἱδρύματος Πατερικῶν Μελετῶν, ἐπίσης μέ κόκκινη μελάνη, στίς σ. 1, 47, 108, 187, 355. Ὡς γνωστόν, στήν βιβλιοθήκη τοῦ Πατριαρχικοῦ Ἱδρύματος Πατερικῶν Μελετῶν ἐνσωματώθηκε ἡ βιβλιοθήκη τῆς Μονῆς Βλατάδων. Μέ τά ὑπάρχοντα δεδομένα ὅμως δέν εἶναι δυνατόν νά διευκρινισθεῖ, ἄν τό χειρόγραφό μας ἀνῆκε σέ κάποιον ἀπό τούς μοναχούς τῆς Μονῆς, πού σπούδασε στήν Χάλκη ἤ στήν βιβλιοθήκη τοῦ Φιλάρετου Βαφείδη, πού βρέθηκε στήν Μονή. Ὁ ἀποβιώσας

---
35 Κωνστ. Κοντογόνης, *Ἐκκλησιαστική Ἱστορία*..., σ. 20. Ὁ Κυριακός, *Ἐκκλησιαστική Ἱστορία*..., σ. 21, τήν ἀναφέρει ἁπλῶς.
36 *Ἐπίτομος Ἐκκλησιαστική Ἱστορία, ὑπό τοῦ αἰδεσίμου Γουλιέλμου Πάλμερ, Προλύτου τοῦ Γυμνασίου τῆς Οὐϊγορνίας ἐν τῇ Ὀξονίᾳ τῆς Ἀγγλίας.* (Ἀδείᾳ τοῦ Ὑπουργείου τῆς Δημοσίας Ἐκπαιδεύσεως) Ἐν Κωνσταντινουπόλει 1877, σ. 1-416.
37 Ὄ.π., φ. 1, ἐκτός ἀριθμήσεως. Τήν μετάφραση αὐτή ἀναφέρει ὁ Ἀ. Διομήδης Κυριακός, *Ἐκκλησιαστική Ἱστορία*..., σ. 22: «Ἐκ τοῦ ἀγγλικοῦ μετεφράσθησαν ἐπιτομαί τῆς ἐκκλησιαστικῆς ἱστορίας τοῦ ΒΑΡΘ (ἐν Σμύρνῃ 1848) καί τοῦ ΠΑΛΜΕΡ (ἐν Κωνσταντινουπόλει 1877)».

στήν Θεσσαλονίκη (11.10.1933) μητροπολίτης Ἡρακλείας Φιλάρετος Βαφείδης μέ τήν διαθήκη του κληροδότησε τήν βιβλιοθήκη του (ἔντυπα καί χειρόγραφα) στήν Θεολογική Σχολή τῆς Χάλκης. Αὐτή παραδόθηκε μέν ἀπό τούς ἐκτελεστές τῆς διαθήκης στήν Μονή Βλατάδων, ἀλλά ἄγνωστο γιατί, δέν στάλθηκε στήν Χάλκη[38].

Ἡ ἀρίθμηση στό χειρόγραφο ἀρχίζει μέ τόν ἀριθμό 1 ἀπό τό δεύτερο φύλλο, μέ τό πρῶτο κενό καί χωρίς ἀρίθμηση. Τήν τελευταία ἀριθμημένη σελίδα (424) ἀκολουθοῦν δύο φύλλα κενά καί χωρίς ἀρίθμηση. Ἀπό τό χειρόγραφο φαίνεται νά ἔχουν ἀφαιρεθεῖ δύο φύλλα, ἕνα μετά τήν σ. 220 καί ἕνα μετά τήν σ. 230, προφανῶς πρίν τήν τελική ἀρίθμηση τῶν σελίδων, ἡ ὁποία δέν ἔχει ἐπηρεασθεῖ. Οἱ σελίδες 297-299 εἶναι ἀριθμημένες μέν ἀλλά κενές. Ἐπειδή λείπουν οἱ παραπομπές, τίς ὁποῖες ὁ σ. παραθέτει στό τέλος τοῦ κεφαλαίου, ἐνδέχεται οἱ σελίδες αὐτές νά ἀφέθηκαν κενές, προκειμένου νά προστεθοῦν εἴτε οἱ σχετικές παραπομπές εἴτε κάποιο προσωπικό σχόλιο τοῦ συγγραφέα μέ τήν μορφή σημείωσης, κατά τήν συνήθη τακτική του. Διατηρεῖται γενικῶς σέ καλή κατάσταση, μέ ἀποκολλημένα τό ἐμπροσθόφυλλο, καί δύο ἀκόμη φύλλα (σ. 17-18 καί 19-20) καί ἐλαφρά κατεστραμμένο τό κάτω ἄκρο τῶν σελίδων 129-132.

Στήν ἀρχή τῆς σ. 1 καί στήν μέση περίπου εἶναι γραμμένη ἀπό ἄλλο χέρι ἡ σημείωση Ἔργον Νικομηδείας Φιλοθέου Βρυεννίου. Ἡ σημείωση αὐτή ἀποτελεῖ καί τήν μοναδική μνεία τοῦ συγγραφέα τοῦ χειρογράφου. Σέ κανένα ἄλλο σημεῖο του δέν ἐντοπίζεται κάποια σχετική ἄμεση ἤ ἔμμεση ἀναφορά ἤ ἔνδειξη. Θεωρώντας τήν σημείωση αὐτή ὡς ἀνταποκρινόμενη στήν πραγματικότητα καί βάσει τοῦ προσωπικοῦ δείγματος γραφῆς τοῦ συγγραφέα πού ἔχουμε στήν διάθεσή μας (ἐπιστολή τοῦ Βρυεννίου πρός τόν Schaff), εἶναι βέβαιο ὅτι δέν πρόκειται γιά αὐτόγραφο τοῦ Βρυεννίου. Βάσει ἐπίσης τοῦ δείγματος γραφῆς πού διαθέτουμε, δέν εἶναι οὔτε τοῦ Φιλαρέτου Βαφείδη, ἀνεψιοῦ τοῦ Βρυεννίου. Συνεπῶς, ἄν δέν ταυτισθεῖ ἡ γραφή ἤ δέν προκύψει κάτι σχετικό ἀπό ἀσφαλεῖς ἔμμεσες μαρτυρίες, δέν εἶναι εὔκολη ἡ ἀκριβής χρονολόγησή του. Προφανῶς πρόκειται γιά κάποιο ἀπό τά «φερόμενα καί νῦν (1885) ἐν χερσί τῶν πολυαρίθμων αὐτοῦ μαθητῶν ἐν πολλοῖς ἀντιγράφοις», ὅπως ὁ ἴδιος γράφει[39], ἀπό τήν ἐποχή τῆς Χάλκης (1861-1863) ἤ τῆς Μεγάλης τοῦ Γένους Σχολῆς (1868-1875). Δεδομένης τῆς ἐλλείψεως ἀνάλογων ἔργων ἤ ἐγχειριδίων μπορεῖ νά ὑποτεθεῖ, ὅτι τό συγκεκριμένο ἔργο ἐξακολουθοῦσε νά εἶναι χρήσιμο καί νά ἀντιγράφεται καί μετά τήν ἀποχώρησή του ἀπό τήν Χάλκη, τουλάχιστον μέχρι τήν ἔκδοση τῆς *Ἐκκλησιαστικῆς Ἱστορίας* τοῦ Φιλαρέτου Βαφείδη, τό 1884[40]. Ὑπάρχουν ὡστόσο κάποια στοιχεῖα, τά ὁποῖα θά μποροῦσαν νά θεωρηθοῦν ὡς ἐνδείξεις ἄμεσης σύνδεσης τοῦ χειρογράφου μέ τόν συγγραφέα του κι αὐτά εἶναι τά ἑξῆς: α) οἱ κενές σελίδες του, οἱ ὁποῖες, στό σημεῖο πού βρίσκονται δέν δικαιολογοῦνται· ἄν κάποιος ἁπλῶς ἀντιγράφει ἕνα κείμενο, τίς κενές σελίδες τίς παραλείπει. β) οἱ διαγραφές πού ὑπάρχουν στό χειρόγραφο, πού ἐπίσης δέν δικαιο-

---

[38] Πληροφορίες σχετικά μέ τό ὅλο ζήτημα θά βρεῖ κανείς στό ἄρθρο τοῦ Γεωργ. Γκαβαρδίνα, *Κατάλογος ἐκδεδομένων καί ἀνεκδότων ἔργων τῶν ἀδελφῶν Κωνσταντίνου καί Φιλαρέτου Βαφείδου, Μητροπολιτῶν τοῦ Οἰκουμενικοῦ Πατριαρχείου, σωζομένων εἰς τό ἀρχεῖον τῆς Ἱερᾶς Μονῆς Βλατάδων*, Θεσσαλονίκη 1990 (ἀνάτυπο ἀπό τό περιοδικό *Γρηγόριος ὁ Παλαμᾶς* 728(1990), σ. 1-30).
[39] Βλ. τήν ἰδιόχειρη ἐπιστολή του πρός τόν Schaff παρακάτω, στό ὑποκεφ. «Ὁ συγγραφέας».
[40] *Ἐκκλησιαστική Ἱστορία ἀπό τοῦ Κυρίου ἡμῶν Ἰησοῦ Χριστοῦ μέχρι τῶν καθ' ἡμᾶς χρόνων ὑπό Φιλαρέτου Βαφείδου Ἀρχιμανδρίτου Δ.Φ. καί καθηγητοῦ τῆς Θεολογίας ἐν τῇ ἐν Χάλκῃ Θεολογικῇ Σχολῇ. Τόμος πρῶτος. Ἀρχαία Ἐκκλησιαστική Ἱστορία (1-700 μ.Χ.). Ἐν Κωνσταντινουπόλει 1884*, μέ τήν ἑξῆς ἀφιέρωση: *Φιλοθέῳ Βρυεννίῳ Μητροπολίτῃ Νικομηδείας, ἀνθ' ὧν ποιήσας, διδάξας καί γράψας τήν ὀρθόδοξον ἀνατολικήν Ἐκκλησίαν ἠγλάϊσε, τήν βίβλον τήν δέ εὐσεβάστως ἀνατίθησιν ὁ πονήσας*.

λογοῦνται γιά τόν ἁπλό ἀντιγραφέα, ὁ ὁποῖος θά μποροῦσε ἁπλῶς νά τίς παραλείψει, ἄν ὑπῆρχαν στό πρωτότυπο. Ἡ πρώτη μάλιστα διαγραφή ἐμφανίζεται ἤδη στήν §1 καί ἀπαλείφει τίς ἀναφορές σέ «δεύτερο μέρος» τῆς εἰσαγωγῆς[41], παρέμβαση πού, λογικά, ἔχει λόγο νά τήν κάνει αὐτός πού ἔχει κατά νοῦ τήν ὕλη καί τήν διάταξή της. Τέλος, γ) ἡ ἀνακατάταξη τοῦ περιεχομένου τῆς §1, ὅπου ἀναφέρονται οἱ τίτλοι τῶν περιεχομένων τῆς Εἰσαγωγῆς. Ἕνα ἄλλο χέρι ὡστόσο, μέ μικρογράμματη ἀρίθμηση πάνω ἀπό τίς λέξεις ἀλλάζει τήν σειρά τῆς παράθεσής τους. Οὔτε αὐτό εἶχε λόγο νά τό κάνει κάποιος, πού ἁπλῶς ἀντιγράφει τό κείμενο· ἄν εἶχε πρόθεση μέ τήν ἀλλαγή νά ἐπιφέρει κάποια τροποποίηση, θά μποροῦσε νά τό κάνει προτοῦ τό ἀντιγράψει[42]. Ἔτσι, τόσο ἡ διάταξη τῶν κεφαλαίων στό κείμενο ἀκολουθεῖ τήν πρίν τήν διόρθωση παράθεση, ὅσο καί τά σημεῖα πού ἔχουν διαγραφεῖ ὑποβάλλουν τήν σκέψη, ὅτι τό συγκεκριμένο χειρόγραφο ἴσως νά βρισκόταν ὑπό τήν ἄμεση ἐποπτεία τοῦ συγγραφέα του, ὁ ὁποῖος ξαναδιαβάζοντάς το ἐπέφερε βελτιώσεις. Σημειωτέον, ὅτι ὅλες οἱ διαγραφές καί οἱ διορθώσεις φαίνεται νά εἶναι μέ διαφορετική γραφική ὕλη καί πιό σκουρόχρωμη μελάνη.

Στό χειρόγραφο ἐμφανίζονται συνολικά τρεῖς γραφικοί χαρακτῆρες: τοῦ γραφέα, τῆς ἀναφορᾶς τοῦ συγγραφέα στήν πρώτη σελίδα, καί ἕνας τρίτος, πού ἔχει προσθέσει στό περιθώριο διαφόρων σελίδων ἤσσονος σημασίας σημειώσεις[43]. Αὐτός τοῦ γραφέα εἶναι μᾶλλον λιτός, εὐανάγνωστος, ἐλαφρῶς πλάγιος πρός τά δεξιά. Ὁ ἀριθμός τῆς σελίδας σημειώνεται μέ ἀριθμούς στήν μέση τοῦ ἄνω μέρους τῆς σελίδας, πάντοτε μέ τήν ἴδια μορφή: =1=. Ὁ πίνακας τῶν Ἐμπεριεχομένων βρίσκεται στό τέλος, στίς σ. 417 - 424, ἐντός δίστηλου πλαισίου, ὅπου σημειώνεται ὁ τίτλος τοῦ κεφαλαίου στήν κεντρική στήλη καί ὁ ἀριθμός τῆς σελίδας δεξιά, στήν δεύτερη, λεπτή στήλη. Ὁ αὔξων ἀριθμός τῆς παραγράφου παρατίθεται ἐκτός πλαισίου, στά ἀριστερά τοῦ πλαισίου.

Ὁ συγγραφέας

«Φιλόθεος Βρυέννιος, μητροπολίτης Νικομηδείας, γεννηθείς τό 1833 ἐν Κωνσταντινουπόλει ἐκ γονέων πτωχοτάτων, ἐξεπαιδεύθη τήν πρώτην ἐγκύκλιον παίδευσιν ἐν τοῖς διδασκαλείοις Ταταούλων - ἔστι δέ τά Ταταοῦλα ἤ Ταταῦλα προάστειον τῆς Κωνσταντινουπόλεως ὑπό 10-12 χιλιάδων ὀρθοδόξων ἑλλήνων οἰκούμενον. Πτωχός ὤν καί τῶν πρός ἐκπαίδευσιν ἀναγκαίων ὑστερούμενος ἐπορίζετο ταῦτα κανοναρχῶν καί ψάλλων ἐν τῷ αὐτόθι ἱερῷ ναῷ τοῦ ἁγίου Δημητρίου, ἕως οὗ τυχών τῆς προστασίας καί βοηθείας τοῦ τότε μητροπολίτου Κυζίκου, ὕστερον δέ πατριάρχου Κωνσταντινουπόλεως, Ἰωακείμ,

---

41 Στήν πρόταση «Ἡ ἀναγκαιότης τῆς εἰσαγωγῆς ταύτης καθίσταται προφανής ἐκ τοῦ περιεχομένου αὐτῆς. [Διαιρεῖται δέ τό περιεχόμενον εἰς δύο μέρη ἐξ ὧν ἐν τῷ πρώτῳ] μανθάνομεν...», διαγράφεται τό ἐντός τῶν ἀγκυλῶν τμῆμα τῆς πρότασης, τό ὁποῖο ἀντικαθίσταται μέ: «διότι δι' αὐτῆς». Καί λίγο παρακάτω διαγράφεται: «ἐν δέ τῷ δευτέρῳ μέρει σκιαγραφεῖται συντόμως ἡ κατάστασις τοῦ κόσμου ἐπί τῆς ἐμφανίσεως τοῦ Χριστιανισμοῦ».
42 Τό κείμενο ἔχει ὡς ἐξῆς: « Δι' αὐτῆς μανθάνομεν ὁποία τις νοεῖται ἤ πῶς ὁρίζεται ἡ ἐκκλησία, τίς ἡ ὑπόθεσις τῆς Ἐκκλησιαστικῆς Ἱστορίας, ὁποῖαι αἱ πηγαί ἐξ ὧν τήν ὕλην ἀρύεται, τίνες αἱ βοηθητικαί ἐπιστῆμαι, ποία ἡ διαίρεσις..., ποῖον τό κριτήριον αὐτῆς, τίνες οἱ χαρακτῆρες οὕς ὀφείλει νά φέρει ὡς ἐπιστήμη, τίς ἡ ἀξία αὐτῆς..». Μέ τίς διορθώσεις διαμορφώνεται ὡς ἐξῆς: «Δι' αὐτῆς μανθάνομεν τίνες οἱ χαρακτῆρες οὕς ὀφείλει νά φέρει ὡς ἐπιστήμη, τίνες αἱ βοηθητικαί ἐπιστῆμαι, ποῖον τό κριτήριον αὐτῆς, ποία ἡ διαίρεσις.., τίς ἡ ἀξία αὐτῆς..., ὁποία τις νοεῖται ἤ πῶς ὁρίζεται ἡ ἐκκλησία, τίς ἡ ὑπόθεσις <καί ὁ σκοπός> τῆς Ἐκκλησιαστικῆς Ἱστορίας, ὁποῖαι αἱ πηγαί ...».
43 Ἄν καί παρασελίδες σημειώσεις βρίσκονται στίς σ. 42, 48, 52, 55, 64, 73, 206, 213, 217, 219, 245, 246, 248 καί θά ἀναφερθοῦν στό ἀντίστοιχο σημεῖο τοῦ κειμένου, αὐτές τῶν τριῶν τελευταίων σελίδων εἶναι μέ μολύβι καί ἀπό ἄλλο χέρι.

εἰσήχθη εἰς τό οὐ μακράν τοῦ Βυζαντίου ἐπί τῆς μικρᾶς νήσου Χάλκης κείμενον καί νῦν ἔτι ἀκμάζον πατριαρχικόν Σεμινάριον - "Ἡ ἐν Χάλκῃ θεολογική Σχολή τῆς τοῦ Χριστοῦ Μεγάλης ἐκκλησίας". Ἐνταῦθα διάκονος μετά τό πέρας τῶν μαθημάτων ἐχειροτονήθη, καί «διδάσκαλος τῆς ὀρθοδόξου θεολογίας» ὑπό τῆς εἰρημένης Σχολῆς ἀναγορευθείς, τῇ προστασίᾳ καί αὖθις τοῦ μητροπολίτου Κυζίκου, ἀναλώμασι δέ τοῦ ἐν Κωνσταντινουπόλει ἕλληνος τραπεζίτου Γεωργίου Ζαρίβη (sic) εἰς Γερμανίαν ἀπεστάλη τελευτῶντος τοῦ 1856 πρός τελειοτέραν ἐν τοῖς μαθήμασι κατάρτισιν. Διήκουσε δέ θεολογικῶν μάλιστα καί φιλοσοφικῶν μαθημάτων ἐν τοῖς πανεπιστημίοις Λειψίας, Βερολίνου καί Μονάχου (München). Ἀρχομένου δέ τοῦ 1861 προσεκλήθη εἰς Κωνσταντινούπολιν ὑπό τοῦ προστάτου αὐτοῦ Ἰωακείμ τοῦ Β΄, ἀρτίως τότε ἀπό τῆς μητροπόλεως Κυζίκου εἰς τόν πατριαρχικόν θρόνον Κωνσταντινουπόλεως μετατεθέντος, καί εἰς τήν ἐν Χάλκῃ θεολογικήν Σχολήν εἰσάγεται ὡς καθηγητής τῆς ἐκκλησιαστικῆς ἱστορίας, τῆς ἐξηγητικῆς καί ἄλλων μαθημάτων. Τό 1863 χειροτονηθείς πρεσβύτερος καί τῷ τιμητικῷ τίτλῳ τοῦ ἀρχιμανδρίτου τοῦ οἰκουμενικοῦ θρόνου Κωνσταντινουπόλεως τιμηθείς, διαδέχεται ἐν τῇ σχολαρχίᾳ καί διευθύνσει τῆς ῥηθείσης Σχολῆς τόν ἑαυτοῦ διδάσκαλον Κωνσταντῖνον τόν Τυπάλδον παραιτησάμενον τήν σχολαρχίαν γήρως ἕνεκεν. Ἀλλά μετ' οὐ πολύ ἐκβληθέντος τοῦ πατριαρχικοῦ θρόνου Ἰωακείμ τοῦ Β΄, παρῃτήσατο καί αὐτός τήν σχολαρχίαν, οὐ μήν δέ καί τήν ἕδραν τῶν εἰρημένων θεολογικῶν μαθημάτων. Ἐπί πατριάρχου Γρηγορίου τοῦ στ΄ προσκληθείς εἰς Κωνσταντινούπολιν κατεστάθη κατά τόν Δεκέμβριον τοῦ 1867 σχολάρχης καί καθηγητής τῆς αὐτόθι ἐν Φαναρίῳ εὑρισκομένης ἑτέρας μεγάλης πατριαρχικῆς Σχολῆς - "Μεγάλη τοῦ Γένους Σχολή" -, ἥτις ἐστί τό τελειότερον ἐν Κωνσταντινουπόλει ἑλληνικόν γυμνάσιον, ἀνακαινισθεῖσα μικρόν μετά τήν ἅλωσιν ἐπί πατριάρχου Γενναδίου τοῦ Σχολαρίου ἐν ἔτει 1457, καί ἔκ τοτε ἐπί τό τελειότερον ἑκάστοτε συγκροτουμένη καί πολλά τῷ ταλαιπώρῳ τῶν ἑλλήνων ἔθνει κατά τήν Ἀνατολήν καρποφοροῦσα καί παραμυθουμένη. Τῆς Σχολῆς ταύτης προέστη ὁ Βρυέννιος ἑπτά ὅλα ἔτη, ἔχων ὑπ' αὐτῷ περί τούς 600 νέους διδασκομένους ὑπ' αὐτοῦ τε καί ἑτέρων 12 καθηγητῶν τά ἱερά μαθήματα, τά ἑλληνικά, τήν ῥητορικήν, στοιχεῖα φιλοσοφίας, πειραματικῆς φυσικῆς, χημείας καί φυσικῆς ἱστορίας, γενικήν ἱστορίαν, μαθηματικά καί τάς γλώσσας λατινικήν, γαλλικήν καί τουρκικήν.

Κατά τόν Αὔγουστον τοῦ 1875 ἀνέβη τό δεύτερον εἰς Γερμανίαν ἀποσταλείς ὑπό τῆς ἐν Κωνσταντινουπόλει περί τόν πατριάρχην ἱερᾶς Συνόδου τῶν μητροπολιτῶν, καί παρέστη τῇ τηνικαῦτα ἐν Βόννῃ γενομένῃ Conference τῶν Παλαιοκαθολικῶν, ἔχων μεθ' ἑαυτοῦ τόν ἀρχιμανδρίτην Ἰωάννην, καθηγητήν τότε τῆς θεολογικῆς Σχολῆς τῆς Χάλκης, νῦν δέ μητροπολίτην Καισαρείας Καππαδοκίας. Ἐν Βόννῃ ἔνθα γνώριμος ἐγένετο πολλοῖς τῶν λογίων ἄγγλων καί τοῖς ἡγουμένοις τῶν Παλαιοκαθολικῶν, γράμματα πατριαρχικά τήν ἀγγελίαν ἐκόμισαν αὐτῷ ὅτι μητροπολίτης ἐξελέγη Σερρῶν (ἐν Μακεδονίᾳ) καί παρεκελεύετο ἀνυπερθέτως ἅψασθαι τῆς εἰς Κωνσταντινούπολιν ἀγούσης· ὅθεν καί διά Παρισίων καί Βιέννης εἰς τά ἴδια ἐπανακάμψας καί ἐπίσκοπος μητροπολίτης Σερρῶν χειροτονηθείς, εἰς Σέρρας ἀπῆρεν τόν Δεκέμβρ. τοῦ 1875.

Τό 1877 μετετέθη εἰς τήν μητρόπολιν Νικομηδείας καί διετέλεσεν ἀπό τοῦ Ὀκτωβρίου τοῦ 1877 - τοῦ Ὀκτωβρίου τοῦ 1884 μέλος τακτικόν τῆς ἐν Κωνσταντινουπόλει πατριαρχικῆς Συνόδου, μετασχών τῶν σπουδαιοτέρων ζητημάτων καί ὑποθέσεων αὐτῆς. Τό 1880 ἦλθεν εἰς Βουκορέστιον ὡς ἐπίτροπος τῶν ἐν Ἀνατολῇ ὀρθοδόξων πατριαρχικῶν καί λοιπῶν αὐτοκεφάλων ἐκκλησιῶν πρός διευθέτησιν τοῦ μεταξύ τῆς ῥουμουνικῆς Κυβερνήσεως καί τῶν εἰρημένων ἐκκλησιῶν πρός πολλοῦ ἀναφυέντος ζητήματος περί

Φιλόθεου Βρυεννίου Εκκλησιαστική Ιστορία

τῶν ἐπί ἡγεμόνος Κούζα κατά τήν Μολδαβίαν καί Βλαχίαν διαρπαγέντων ἑλληνικῶν μοναστηρίων. Κατά τό αὐτό δέ ἔτος ἀνηγορεύθη ὑπό τοῦ ἐν Ἀθήναις ἐθνικοῦ τῆς Ἑλλάδος πανεπιστημίου διδάκτωρ τῆς θεολογίας, τό δέ 1884 ἀπένειμεν αὐτῷ τιμητικῶς τόν τίτλον τοῦτον καί τό ἐν Ἐδιμβούργῳ πανεπιστήμιον.

Ὁ Βρυέννιος ἐγένετο γνωστός τῇ Δύσει διά τῆς ἐκδόσεως δύο ἀξιολογωτάτων μνημείων τῆς χριστιανικῆς ἀρχαιότητος, ἅπερ εἰσί 1) "Τοῦ ἐν ἁγίοις πατρός ἡμῶν Κλήμεντος ἐπισκόπου Ῥώμης αἱ δύο πρός Κορινθίους ἐπιστολαί, ἐκ χειρογράφου τῆς ἐν Φαναρίῳ Κωνσταντινουπόλεως βιβλιοθήκης τοῦ παναγίου Τάφου, νῦν πρῶτον ἐκδιδόμεναι πλήρεις μετά προλεγομένων καί σημειώσεων ὑπό Φιλοθέου Βρυεννίου μητροπολίτου Σερρῶν. Ἐν Κωνσταντινουπόλει 1875." 2) "Διαδαχή τῶν δώδεκα ἀποστόλων ἐκ τοῦ ἱεροσολυμιτικοῦ χειρογράφου νῦν πρῶτον ἐκδιδομένη μετά προλεγομένων καί σημειώσεων, ἐν οἷς καί τῆς Συνόψεως τῆς Π.Δ., τῆς ὑπό Ἰωάννου τοῦ Χρυσοστόμου, σύγκρισις καί μέρος ἀνέκδοτον ἀπό τοῦ αὐτοῦ χειρογράφου, ὑπό Φιλοθέου Βρυεννίου μητροπολίτου Νικομηδείας. Ἐν Κωνσταντινουπόλει 1883." - Τό 1882 ἀνετέθη αὐτῷ ὑπό τῆς ἐν Κωνσταντινουπόλει ἱερᾶς Συνόδου τῶν μητροπολιτῶν καί τοῦ τότε πατριάρχου Ἰωακείμ τοῦ Γ΄ ἀπαντῆσαι πρός τήν ἐγκύκλιον τοῦ πάπα Λέοντος τοῦ ΙΓ΄΄ περί Μεθοδίου καί Κυρίλλου τῶν ἀποστόλων τῶν Σλαύων, ὅ καί ἐποίησε γράψας σειράν ἄρθρων ἐν τῷ ἐν Κωνσταντινουπόλει ἐκδιδομένῳ θεολογικῷ περιοδικῷ συγγράμματι "Ἐκκλησιαστική Ἀλήθεια". Τά ἄρθρα ταῦτα ἐξεδόθησαν ὕστερον ἐγκρίσει καί δαπάνῃ τῆς ἱερᾶς Συνόδου καί ἐν ἰδίῳ φυλλαδίῳ φέροντι ἐπιγραφήν "Πάπα Λέοντος ΙΓ΄ ἐγκυκλίου ἐπιστολῆς ἔλεγχος ὑπό Φιλοθέου Βρυεννίου μητροπολίτου Νικομηδείας, δημοσιευθείς τό πρῶτον ἐν τῇ "Ἐκκλ. Ἀληθείᾳ", νῦν δέ ἀναθεωρηθείς καί ἐν μέρει διασκευασθείς ὑπ' αὐτοῦ ἐκδίδοται αὖθις ἐγκρίσει καί δαπάνῃ τῆς ἱερᾶς Συνόδου τῆς τοῦ Χριστοῦ Μεγάλης ἐκκλησίας. Ἐν Κωνσταντινουπόλει 1882." εἰς μέγ. ὄγδοον σελ. 1-174.

Ὁ αὐτός ἔγραψεν ἐν διαφόροις περιοδικοῖς καί ἐν ἐφημερίσι τῆς Κωνσταντινουπόλεως καί πολλάς ἄλλας βραχυτέρας διατριβάς, ἐπιστολάς καί λόγους ἐκφωνηθέντας ὑπ' αὐτοῦ κατά διαφόρους καιρούς. Ἰδίᾳ ἐξεδόθησαν αἱ τούτου "ἐκθέσεις περί τῆς καταστάσεως τῆς Μεγάλης τοῦ Γένους Σχολῆς 1867-1875, ὑπό Φιλοθέου Βρυεννίου ἀρχιμανδρίτου καί σχολάρχου. Ἐν Κωνσταντινουπόλει.". Ἀνέκδοτον μένει εἰσέτι τό χειρόγραφον τῆς ἐκκλησιαστικῆς αὐτοῦ ἱστορίας, φερόμενον καί νῦν ἐν χερσί τῶν πολυαρίθμων αὐτοῦ μαθητῶν ἐν πολλοῖς ἀντιγράφοις.»[44] -

---

[44] Τό αὐτοβιογραφικό αὐτό σημείωμα παρατίθεται στό τέλος τοῦ βιβλίου Ph. Schaff, *The Oldest Church Manual called Teaching of the Twelve Apostles Διδαχή τῶν Δώδεκα Ἀποστόλων The Didachè and kindred documents in the original with translations and discussions of post- Apostolic teaching Baptism Worship and Discipline*, New York 1885, μεταφρασμένο στά ἀγγλικά ἀπό τόν Howard Crosby, «εἰδήμονα στά ἀρχαῖα ἀλλά καί τά νέα ἑλληνικά», σύμφωνα μέ τόν συγγραφέα καί παραλήπτη του. Ὁ Schaff διευκρινίζει, ὅτι εἶχε ἤδη ἑτοιμάσει ὁ ἴδιος τό σύντομο βιογραφικό σχεδίασμα τοῦ Βρυεννίου, πού βρίσκεται στίς σ. 8-9 τοῦ βιβλίου, ὅταν ἔλαβε τήν συγκεκριμένη ἐπιστολή του, τήν ὁποία ἔκρινε πώς πρέπει νά συμπεριλάβει. Ἀριστερά τῆς ἐσωτερικῆς σελίδας τίτλου παρατίθεται πορτραῖτο τοῦ Βρυεννίου, ἀπό παλαιότερη φωτογραφία, πρίν ἀκόμα ἀκόμα ἐκλεγεῖ μητροπολίτης, τραβηγμένη ἀπό τόν «φωτογράφο τοῦ σουλτάνου», τήν ὁποία τοῦ ἔστειλε ὁ ἴδιος. Τό σημείωμα συνόδευε ἡ ἀκόλουθη ἰδιόχειρη ἐπιστολή, ἡ ὁποία παρατίθεται σέ φωτογραφία: «Ἐλλόγιμε ἄνερ, Ἄσμενος ἐκομισάμην τῶν σῶν γραμμάτων τόν φάκελλον καί εὐγνωμόνως ἀνέγνων πάντα. Ἐν τῷδε συνημμένως ἔχεις τό ζητηθέν. Ἴσως πολλά τά σημειωθέντα· ἀλλά σύ εἴτι μέν λόγου ἄξιον καί χρήσιμον ἐν τούτοις δέξαι, εἴ τι δέ περιττόν καί ἄχρηστον ἐξοβελίσας ἄφες. Ἐν Νικομηδείᾳ 10/22 Φεβρουαρίου 1885. Ὁ Νικομηδείας Φιλόθεος.» Τό αὐτοβιογραφικό σημείωμα σ. 292-295 τοῦ βιβλίου, ἡ ἐπιστολή ἀπευθύνεται πρός τόν *Rev. Dr Philip (sic) Schaff. New York*, στήν σ. 296. Τό συγκεκριμένο βιβλίο ὁ συγγραφέας του, τό ἀφιέρωσε στόν Βρυέννιο, μέ τήν ἑξῆς ἀφιέρωση: «Domino reverentissimo ac doctissimo Philotheo Bryennio, S.T.D. Metrpolitano Nicodemienci viro de litteris christianis optime merito codicis hierosolymitani atque eius librii

Τό αὐτοβιογραφικό αὐτό σημείωμα, μέ συνοδευτική ἰδιόχειρη ἐπιστολή καί φωτογραφία, ἀπέστειλε ὁ ἴδιος ὁ Βρυέννιος στόν Philippe Schaff, γνωστό συγγραφέα πολύτομης Ἐκκλησιαστικῆς Ἱστορίας. Ἄν καί σ' αὐτό περιέχεται σχεδόν μόνον ἡ ἀρχή τῆς μακρόχρονης καί πολύπλευρα σημαντικῆς δραστηριότητάς του, ἐπιλέχθηκε νά παρατεθεῖ ἐδῶ αὐτούσιο, ἔναντι ὁποιασδήποτε ἄλλης παρουσίασής του[45]. Ἄλλωστε, συγγραφικά -πού μᾶς ἐνδιαφέρει κυρίως ἐδῶ- δραστηριοποιήθηκε σέ ἄλλους, πέραν τῆς ἐκκλησιαστικῆς ἱστορίας τομεῖς.

Ἐσωτερική περιγραφή τοῦ χειρογράφου

Ἡ βασική διάταξη τῆς ὕλης τοῦ χειρογράφου γίνεται σέ παραγράφους μέ συνεχόμενη ἀρίθμηση (§1-§102), οἱ ὁποῖες ἐπέχουν τήν θέση ὑποκεφαλαίων[46]. Πέραν τῶν παραγράφων, ἡ ὕλη χωρίζεται σέ τρία Τμήματα[47], καί κάθε Τμῆμα σέ κεφάλαια[48]. Ὑπάρχει Εἰσαγωγή στήν ἀρχή τοῦ ἔργου, ἀλλά καί στήν ἀρχή τοῦ Α' Τμήματος, πρίν τό 1ο κεφάλαιό του. Ἀναντιστοιχία παρατηρεῖται στήν θέση κάποιων ὑποκεφαλαίων στήν παράθεσή τους στά Περιεχόμενα, ἐν σχέσει μέ τήν θέση τους στό σῶμα τοῦ κειμένου. Κρίνοντας μεταξύ τῶν δύο, ὀρθότερη εἶναι ἡ διάταξη τοῦ κειμένου. Συνεπῶς, αὐτή τῶν Περιεχομένων θά μποροῦσε περισσότερο νά ὀφείλεται σέ ἀντιγραφικό μᾶλλον λάθος, παρά σέ ἐκ τῶν ὑστέρων πρόθεση μετακίνησης κεφαλαίου[49].

Ὅλοι οἱ τ ί τ λ ο ι, ἀνεξαιρέτως, εἶναι γραμμένοι μικρογράμματοι, μέ γράμματα λίγο μεγαλύτερα καί λίγο πιό ἀραιά ἤ παχειά ἀπό τά ὑπόλοιπα τοῦ κειμένου.

---

pretiossissimi qui inscriptus est Διδαχή τῶν δώδεκα Ἀποστόλων inventori editori explanatory hoc opus dedicate Phillippus Schaff theologus Americanus - Occidens Orienti S.D. - Εἷς Κύριος μία πίστις ἕν βάπτισμα εἷς Θεός καί Πατήρ πάντων ὁ ἐπί πάντων καί διά πάντων καί ἐν πᾶσιν.
«He is probably the most learned prelate of the Greek Church at the present day... He is well versed in the patristic, especially Greek, and in modern German literature. He freely quotes, in his two books on the Clementine Epistles, and on the *Didache*, the writings of Bingham. Schröckh, Neander, Gieseler, Hefele, von Drey, Krabbe, Bumsen, Dressel, Schliemann, Bickell, Tischendorf, Hingenfeld, Lagarde, Ueltzen, Funk, Probst, Kraus, Uhlhorn,... He was cordially welcomed by the scholars of the West, Catholic and Evangelical, to a permanent seat of honor in the republic of Christian learning. He may be called the Tischendorf of the Greek Church. .. Bryennios is described as a tall, dignified, courteous Eastern prelate, in the prime of manhood, with a fine, intelligent and winning face, high forehead, black hair, long mustache and beard, dark and expressive eyes, great conversational power and personal magnetism. He was a prominent, though passive candidate for the vacant patriarchal chair, wich, however, has been recently filled (1884) by a different man.», γράφει ὁ παραλήπτης τοῦ σημειώματος καί γνωστός συγγραφέας Ph. Schaff, *The Oldest Church Manual called Teaching of the Twelve Apostles Διδαχή τῶν Δώδεκα Ἀποστόλων The Didachè and kindred documents in the original with translations and discussions of post- Apostolic teaching Baptism Worship and Discipline*, New York 1885, σ. 8-9.
45 Ἐπεξεργάζομαι ἤδη τό ὑλικό πού συγκέντρωσα, προκειμένου νά συντάξω, προσεχῶς, τήν βιογραφία του.
46 Τό περιεχόμενο τοῦ συμβόλου «§» φαίνεται πώς ἔχει διαφοροποιηθεῖ στήν χρήση του. Γι' αὐτό κρίνεται προτιμότερο νά χρησιμοποιεῖται ἡ ἰσοδύναμη τρέχουσα ἐννοιά του, τό δέ σημαινόμενο μέ τό σύμβολο § νά ἀποκαλεῖται ὡς ὑποκεφάλαιο.
47 Γιά τήν ἀκρίβεια Α' καί Β' Τμήματα, καί Γ' Μέρος. Τόν ἴδιο ἀκριβῶς χαρακτηρισμό ἀντιγράφει καί στόν Κατάλογο περιεχομένων.
48 Τά Τμήματα Α' καί Β' σέ τρία κεφάλαια, τό Γ' Μέρος σέ τέσσερα κεφάλαια.
49 Στό κείμενο τό κεφ. Γ' «Περί τῆς ἐσωτερικῆς μορφῆς καί καταστάσεως τῆς Ἐκκλησίας ἐπί τῶν Ἀποστόλων» τελειώνει μέ τό ὑποκεφ. «Δογματικαί καί ἠθικαί πλάναι ἐπί τῶν Ἀποστόλων». Στά Περιεχόμενα τό ὑποκεφ. αὐτό φαίνεται ὡς τό 1ο τοῦ ἐπόμενου κεφ. «Σχέσεις τῆς Ἐκκλησίας πρός τούς ἔξω. Διωγμοί καί ἀντενέργειαι κατά τῆς Ἐκκλησίας παρά τῶν ἐντός τοῦ περιβόλου αὐτῆς διατελούντων Ἰουδαίων καί ἐθνικῶν. Ἐξωτερική κατάστασις τῆς Ἐκκλησίας». Βέβαια, μεταξύ τῶν δύο ὑποκεφ. ὑπάρχουν στό περιθώριο δύο «σημάδια προσθήκης», ἀλλά δέν ἀρκοῦν γιά ἀσφαλές συμπέρασμα.

Κενές σελίδες ὑπάρχουν σέ δύο σημεῖα τοῦ χειρογράφου: οἱ σελίδες 87-89, οἱ ὁποῖες φαίνεται ὅτι προορίζονταν γιά τήν ἀνάπτυξη τῆς «§30. Τρόπος καί Μέθοδος τῆς διδασκαλίας τῶν Ἀποστόλων», ὅπως ἀναγγέλλεται στήν σ. 87, καί οἱ σελίδες 297-299, ὅπου μᾶλλον προβλεπόταν νά συνεχισθεῖ ἡ «§84. Ἡ Ἐκκλησία ἐπί τῶν Καισάρων τῶν αὐτοκρατορησάντων ἀπό τοῦ 249-324», ἴσως γιά τό Διάταγμα τῶν Μεδιολάνων. Τίς φορές, πού ὁ σ. θέλει νά παραπέμψει σέ ἄλλο σημεῖο τοῦ κειμένου, βάζει ἐντός παρενθέσεως τό σύμβολο τῆς παραγράφου § ἀφήνοντας κενό χῶρο, ὥστε νά συμπληρωθεῖ ὁ ἀκριβής, τελικός ἀριθμός της. Αὐτό παρατηρεῖται σέ ὁλόκληρο τό κείμενο.

Στό κείμενο υ π ο γ ρ α μ μ ί ζ ο ν τ α ι αὐτά, στά ὁποῖα ὁ σ. θέλει κατά περίπτωση νά δώσει ἔμφαση: ἕνα ὄνομα, ἕνας ὅρος, κάποιες λέξεις - κλειδιά σέ μία συνάφεια, μία ὁλόκληρη πρόταση.

Ὁ σ. μεταχειρίζεται δύο τρόπους π α ρ α π ο μ π ῆ ς: α) μέ ἄμεση ἀναφορά τῆς βιβλιογραφικῆς ἐνδείξεως ἐντός παρενθέσεως μέσα στήν πρόταση, καί β) μέ ἀριθμητικό ἤ ἀλφαβητικό δείκτη μέσα στήν πρόταση καί τό κείμενο τῆς σημείωσης (Σημ. 1 ἤ α΄, ἀνάλογα) στό τέλος τοῦ κεφαλαίου. Ὁ πρῶτος τρόπος συνήθως χρησιμοποιεῖται γιά μία βιβλιογραφική ἀναφορά. Ἀρκετά συχνά ὅμως ἐμφανίζονται καί περισσότερες βιβλιογραφικές ἀναφορές γιά τό ἴδιο θέμα, σπάνια δέ σχόλια. Ὁ δεύτερος τρόπος παραπομπῆς εἶναι αὐτός, πού σημειώνεται μέ τήν λέξη Σημ. ἤ Σημείωσις, εἶναι δέ πιό σύνθετος, μέ βιβλιογραφικές ἐνδείξεις καί σχολιασμούς, ἄλλοτε ἐκτενεῖς κι ἄλλοτε σύντομους. Ὁ σ. ὡστόσο χρησιμοποιεῖ τήν λέξη Σημείωσις καί γιά ἕναν ἄλλο σκοπό. Συγκεκριμένα, ὅταν ἐπιθυμεῖ νά παραθέσει ἕνα γενικό σχόλιο ἤ, κυρίως, τήν προσωπική του γνώμη ἐπί τοῦ θέματος τοῦ κεφαλαίου, στό τέλος του. Οἱ Σημειώσεις αὐτές συνήθως εἶναι ἀξιοπρόσεκτες. Οἱ β ι β λ ι ο γ ρ α φ ι κ έ ς ἀναφορές του ἄλλοτε εἶναι πληρέστατες καί ἄλλοτε μέ συντμήσεις τέτοιες, πού γιά τόν εἰδήμονα μέν εἶναι σχεδόν πάντα ἀναγνωρίσιμες, ὄχι ὅμως καί γιά τόν κοινό ἀναγνώστη.

Ὁ Βρυέννιος ἀγαπᾶ τίς ξένες γλῶσσες καί τό δείχνει, τόσο μέ τήν ξενόγλωσση βιβλιογραφία, πού χρησιμοποιεῖ, ὅσο καί μέ τά παραθέματα, πού ἐνσωματώνει στό ἔργο του. Παραπέμπει κυρίως σέ γερμανικά καί δευτερευόντως σέ γαλλικά συγγράμματα. Παραθέτει, ὅποτε χρειάζεται, ἑβραϊκές λέξεις. Χρησιμοποιεῖ ἐκτενῶς καί σχεδόν ἐξίσου συχνά μέ τίς ἑλληνικές πηγές καί τίς λατινικές. Μάλιστα, εἶναι σχεδόν βέβαιο, πώς ἄν μία λατινική πηγή εἶναι μεταφρασμένη καί στά ἑλληνικά, ὁ Βρυέννιος θά προτιμήσει τό λατινικό κείμενο, τό ὁποῖο στήν συνέχεια θά μεταφράσει ὁ ἴδιος[50].

Στό χειρόγραφο παρατηροῦνται σχετικά λίγα λ ά θ η, τά περισσότερα ὀρθογραφικά, ἐλάχιστα δέ συντακτικά[51] καί γραμματικά[52]. Μέ βεβαιότητα μπορεῖ νά εἰπωθεῖ, ὅτι πρόκειται γιά λάθη ἐκ παραδρομῆς καί ὄχι γιά λάθη ἀγνοίας[53]. Τέλος, τό πιό ἐπανα-

---

50 Αὐτό ἰσχύει ἄν κάποιος περιοριστεῖ στήν περιγραφή τοῦ χειρογράφου καί μόνον. Ὅπως ὅμως θά παρουσιασθεῖ ἀναλυτικότερα παρακάτω, ὅπου θά γίνει λόγος γιά τίς πηγές καί τήν πρωτοτυπία τοῦ ἔργου, ἐνδέχεται ἀρκετά ἀπό αὐτά νά μήν ἰσχύουν ἐν μέρει ἤ στό σύνολό τους, στήν περίπτωση πού ὁ σ. τῆς παρούσης Ἐ. Ἱ. βασίζεται σέ προϋπάρχον ἔργο.
51 Π.χ., «Ἐν γένει δέ θεωρούμενοι οἱ Ἐσσαῖοι ἦσαν οἱ περισσότερον θρησκευτικήν (sic) αἴσθημα ἔχοντες...» (σ. 28), «... ἐστέρησεν αὐτόν τάς σωματικάς ὄψις (sic)» (σ. 55), «καί ἕν Εὐαγγέλιον εἰς 4 διηρημένον φέρων (sic) τήν ἐπιγραφήν...» (σ. 97), «Τό βάπτισμα ἐγίνοντο διά τριῶν καταδύσεων...» (σ. 202).
52 Π.χ., ὅτι ἀντί ὅ,τι (σ. 34), ἱστορίσαντος (σ. 91), οὗτος ἀντί οὕτως (σ. 115), αἷμα (σ. 121), «ἦτο ἀρκούντως πεπληροφορημένως (sic)» (σ. 150) κ.ἄ..
53 Ὅπως, π.χ., χρισίμου (σ. 24), ἀναμίξεως (σ. 25), ὑποκόων (σ. 32), προσύλητοι (σ. 32), ἱστορίσαντος (σ. 91), ἐφένετο (σ. 102), βαθμιδῶν (ἀντί βαθμιδόν, σ. 115), ἀπανειλυμέναι (σ. 161), κ. ἄ. Τήν λέξη ὅμως «ἐπιρρεάζει» (σ. 33) τήν γράφει περισσότερες ἀπό μία φορές ἔτσι.

λαμβανόμενο καί ἀξιοσημείωτο χαρακτηριστικό τοῦ χειρογράφου ἔχει νά κάνει μέ τά ἐγκλιτικά: σέ λίγες περιπτώσεις τηρεῖ τούς σχετικούς κανόνες, καί ποτέ δέν μεταφέρει τόν τόνο τῶν μονοσύλλαβων τύπων προσωπικῆς ἤ κτητικῆς ἀντωνυμίας στήν λήγουσα τῆς προηγούμενης προπαροξύτονης λέξης[54].

Ὡς πρός τήν σ τ ί ξ η δέν ὑπάρχουν ἰδιαίτερες καί ἄξιες λόγου περιπτώσεις, πλήν τῆς «κατάχρησης» τῆς διπλῆς τελείας, τήν ὁποία χρησιμοποιεῖ γιά νά σταματήσει μία λέξη πρίν τήν εὐνόητη κατάληξή της, προφανῶς χάριν συντομίας. Γράφει, δηλαδή, «βλ: Μελετ: Μητροπολιτ: Ἀθην: Ἐκκλησ: Ἱστορ: τόμ:», ἤ «τῆς Παλ: Διαθ:»[55]

Περιεχόμενο

Τό ὅλο ἔργο καλύπτει τήν π ρ ώ τ η περίοδο τῆς Ἐκκλησιαστικῆς Ἱστορίας, *Ἀπό τῆς γεννήσεως τοῦ Ἰησοῦ Χριστοῦ μέχρι τοῦ Μεγάλου Κωνσταντίνου*, τουτέστι μέχρι τῆς καταστροφῆς τοῦ Λικινίου καί τῆς ἐξαπλώσεως τῆς χριστιανικῆς ἐκκλησίας ἔνδον τῆς ῥωμαϊκῆς αὐτοκρατορίας. Ἡ εἰσαγωγή του, *Εἰσαγωγή εἰς τήν Ἐκκλησιαστικήν Ἱστορίαν*, ἐξετάζει τήν ἀναγκαιότητα καί τό περιεχόμενο τῆς εἰσαγωγῆς στήν Ε.Ἱ., τήν ἔννοια τῆς χριστιανικῆς Ἐκκλησίας, τό περιεχόμενο καί τόν σκοπό της, τίς πηγές καί τίς βοηθητικές της ἐπιστήμης, τό κριτήριο καί τήν ἀξία τῆς Ε.Ἱ.. Μετά μία σύντομη ἀναφορά στήν Ἱστορία τῆς Ε.Ἱ., ὁλοκληρώνει τήν Εἰσαγωγή μέ τήν ἐπεξήγηση τοῦ τρόπου ἐξέτασης καί παράθεσης τῆς ὕλης γιά τήν συγκεκριμένη περίοδο.

Στό Τμῆμα Α´ καλύπτεται ἡ περίοδος *Ἀπό τοῦ Ἰησοῦ Χριστοῦ μέχρι τοῦ θανάτου τῶν περισσοτέρων Ἀποστόλων, ἤτοι μέχρι τῆς καταστροφῆς τῆς Ἱερουσαλήμ* (1-70). Προτάσσεται Εἰσαγωγή μέ περιεχόμενο *Κατάστασις τοῦ κόσμου ἐπί τῆς γεννήσεως τοῦ Κυρίου ἡμῶν Ἰησοῦ Χριστοῦ καί ἐπί τῆς πρώτης ἑκατονταετηρίδος*. Ἐξετάζονται: ἡ κατάσταση τοῦ ἐθνικοῦ κόσμου (§13), καί ἡ κατάσταση τῶν Ἰουδαίων (§14-16). Ἡ Εἰσαγωγή τοῦ Α´ Τμήματος ὁλοκληρώνεται μέ ἀναφορά στόν χαρακτήρα καί τίς σχετικές πηγές καί τά βοηθήματα γιά τήν συγκεκριμένη περίοδο, πού ἐξετάζει. Τό Α´ κεφ. (§18) τοῦ Α´ Τμ. περιέχει τά περί τοῦ *Βίου τοῦ Ἰησοῦ Χριστοῦ καί τῆς προπαρασκευῆς τῆς βασιλείας τοῦ Θεοῦ ἐπί τῆς γῆς ἤγουν τῆς Ἐκκλησίας*. Τό Β´ κεφ. (§19-34) *ἀσχολεῖται μέ τήν τελείαν σύστασιν τῆς Ἐκκλησίας*. Σ᾽ αὐτό, ἐκτός ἀπό τά τῆς Πεντηκοστῆς καί τοῦ κηρύγματος τῶν Ἀποστόλων, περιέχονται καί οἱ πρῶτες ἀντιδράσεις ἐναντίον τῶν χριστιανῶν, τόσο ἀπό τούς Ἰουδαίους καί τόν Νέρωνα, ὅσο καί «παρά τῶν ἐκτός τῆς Ἐκκλησίας διατελούντων» (Δοσίθεος, Σίμων ὁ Μάγος, Μένανδρος, Ἡμεροβαπτιστές). Τό Γ´ κεφ., πού ὁλοκληρώνει τό Α´ Τμῆμα, ἀσχολεῖται μέ τήν «ἐσωτερικήν μορφήν καί κατάστασιν τῆς Ἐκκλησίας ἐπί τῶν Ἀποστόλων» (§35-38).

Τό Β´ Τμῆμα καλύπτει τήν περίοδο *Ἀπό τοῦ θανάτου τῶν περισσοτέρων ἀποστόλων καί τῆς καταστροφῆς τῆς Ἱερουσαλήμ μέχρι τοῦ θανάτου τοῦ αὐτοκράτορος Μάρκου Αὐρηλίου* (70-180), καί ἀναπτύσσεται ἐπίσης σέ τρία κεφάλαια. Στό Α´ κεφ. ἐξετάζονται τά παθήματα τῆς Ἐκκλησίας ἐκ μέρους τῶν Ἰουδαίων (§39-40), καί ἐκ μέρους τῶν ἐθνικῶν (§41-46), ἡ ἀντιρρητική τῶν ἐθνικῶν λογίων κατά τῆς Χριστιανικῆς θρησκείας (§47) καί ἡ ἐξάπλωση τοῦ Χριστιανισμοῦ (§48). Στό Β´ κεφ. ἀναπτύσσονται *Τά παθήματα τῆς Ἐκκλησίας ἐκ μέρους τῶν ἐν τῷ περιβόλῳ αὐτῆς εἰσελθόντων ἰουδαίων καί*

---

54 Λ.χ., αὐτό πού μέχρι καί σήμερα εἶναι τόσο εὐδιάκριτο καί στόν προφορικό λόγο τοῦ Κωνσταντινουπολίτη: διατάγματος μου, κ.ἄ.
55 Βλ. σ. 2, κ.ἄ..

ἐθνικῶν, ἤγουν ἱστορία αἱρέσεων καί σχισμάτων. Ἐξετάζονται οἱ ἰουδαΐζουσες αἱρέσεις (§50-52), οἱ αἱρέσεις τῶν Γνωστικῶν (§53-59) καί οἱ Σύροι γνωστικοί (§60-63), ἐνῶ στό Γ΄ κεφ. ἐκτίθενται οἱ ἱερές τελετές τῶν Χριστιανῶν, (ἀσκητισμός, χριστιανικά ἔθιμα καί σύμβολα, ἀλλά καί ὁ Μοντανισμός, §64-74), καί τά θεολογικά γράμματα (§75-80).

Τό Γ΄ Μέρος (sic) καλύπτει τήν περίοδο *Ἀπό Κομμόδου μέχρι Κωνσταντίνου τοῦ Μεγάλου (180-324)* καί ἀναπτύσσεται σέ τέσσερα κεφάλαια. Ἐξ αὐτῶν στό Α΄ κεφ. ἐξετάζεται ἡ *Ἐξωτερική κατάστασις τῆς Ἐκκλησίας*, συγκεκριμένα, ἡ θρησκευτική κατάσταση τοῦ ἐθνικοῦ κόσμου (§81) καί ἡ διαγωγή τῶν ρωμαίων αὐτοκρατόρων καί λαοῦ ἔναντι τῶν Χριστιανῶν (§82-85). Στό Β΄ Κεφ. ἐκτίθενται οἱ *τελευταῖες φάσεις τοῦ Γνωστικισμοῦ* (§86-89), στό Γ΄ κεφ. ἀναφέρονται ἡ *πρώτη τάξις τῶν πολεμίων τῆς περί τῆς Ἁγίας Τριάδος διδασκαλίας* (§90-96) καθώς καί τά Σχίσματα, πού προέκυψαν ἐκ τῆς διαφόρου πρός τούς μετανοοῦντας πράξεως (§97-99). Τό ἔργο - καί τό χειρόγραφο - ὁλοκληρώνεται μέ τό Δ΄ κεφ., στό ὁποῖο παρουσιάζονται οἱ ἀμφισβητήσεις, πού ἀνεφύησαν τήν ὑπό ἐξέταση περίοδο: ὁ Χιλιασμός, ἡ ἀμφισβήτηση τοῦ βαπτίσματος τῶν σχισματικῶν καί αἱρετικῶν, οἱ διαφορές ὡς πρός τόν ἑορτασμό τοῦ Πάσχα (§100-102).

1ἤ 2 τόμοι Ἐκκλησιαστικῆς Ἱστορίας;

Ὁ ἀρχιμ. Γρηγόριος Ζιγαβηνός, στήν Εἰσαγωγή τῆς Ἐκκλησιαστικῆς Ἱστορίας, πού συνέγραψε ὁ ἴδιος, καί στήν § Στ΄, ὅπου κάνει λόγο γιά τούς ἐκκλησιαστικούς ἱστοριογράφους, σημειώνει: «Β ρ υ έ ν ν ι ο ς, ὁ νῦν Μητροπολίτης Νικομηδείας, συνέγραψεν δίτομον ἐκκλησιαστικήν Ἱστορίαν μετά πολλῆς ἐπιστημονικῆς ἀκριβείας, ὡς ἐνθυμούμεθα, τήν ὁποίαν παρέδιδεν ἐν τῇ κατά Χάλκην Θεολογικῇ καί ἐν τῇ τοῦ Γένους Σχολῇ, μένουσαν ἀνέκδοτον εἰσέτι»[56]. Δυστυχῶς, ἐνῶ γιά τούς ὑπολοίπους σύγχρονους συγγραφεῖς ὁ Ζιγαβηνός δίνει καί τήν χρονική περίοδο, πού καλύπτει ἡ κάθε Ἱστορία, γιά αὐτήν τοῦ Βρυεννίου δέν ἀναφέρει τίποτα σχετικό. Ἐπίσης, δέν ἐντόπισα μέχρι στιγμῆς καμία σχετική μνεία στίς ὅποιες ἄλλες ἀναφορές, κυρίως μαθητῶν του[57], στό συγκεκριμένο ἔργο τοῦ Βρυεννίου. Ἡ ἀναγραφή TOMOS 1 στήν ράχη τοῦ κώδικα θά μποροῦσε νά ὑπαινίσσεται τήν ὕπαρξη «τόμου 2», ἀλλά πάντως μέ κάθε ἐπιφύλαξη.

Δυστυχῶς, οὔτε ἐσωτερικές ἀποδείξεις ἤ ἔστω ἐνδείξεις τέτοιες ὑπάρχουν, ὥστε νά εἶναι σέ θέση κάποιος νά ἀποφανθεῖ σχετικά. Ρητή ἀναφορά σέ ἄλλο τόμο δέν ὑπάρχει. Ὁ ἐν λόγῳ τόμος κλείνει μέ τόν κατάλογο περιεχομένων, πού ἀντιστοιχεῖ στίς ὑπάρχουσες σελίδες του. Ἀναγγέλεται ἡ πρώτη περίοδος τῆς Ἐκκλησιαστικῆς Ἱστορίας καί περιέχεται ὁλοκληρωμένη. Γενικά, δέν ὑπάρχουν προαναγγελίες ὕλης τέτοιες (π.χ., βλ. παρακάτω, κ.τ.τ.), πού νά βεβαιώνουν ἤ νά προδιαθέτουν γιά τήν ὕπαρξη συνέχειας. Ἐπίσης, σέ πολλά σημεῖα στό ἤδη ὑπάρχον κείμενο ὑπάρχει ἐντός παρενθέσεως κενό, προκειμένου νά προστεθεῖ ὁ ἀριθμός τῆς παραγράφου ἀναφορᾶς, σέ περιπτώσεις παραπομπῶν σέ ἄλλες παραγράφους· οὔτε ἀπό τήν συνάφεια αὐτῶν τῶν κενῶν μπορεῖ νά βεβαιωθεῖ ἡ παραπομπή σέ ἄλλο τόμο, χωρίς αὐτό φυσικά νά σημαίνει καί ὅτι ἀποκλείεται.

---

56 Ἀρχιμ. Γρηγ. Ζιγαβηνός, *Ἱστορία Ἐκκλησιαστική*, τόμος πρῶτος, Ἐν Μασσαλίᾳ 1894, σ. κ΄.
57 Πρβλ. ἐνδεικτικά: Γεώργ. Παπαδόπουλος, *Ἡ σύγχρονος ἱεραρχία τῆς Ὀρθοδόξου Ἀνατολικῆς Ἐκκλησίας*, τόμος πρῶτος, Ἐν Ἀθήναις 1895, σ. 591-600. Μαν. Γεδεών, *Ἀποσημειώματα χρονογράφου 1800-1913*, Ἐν Ἀθήναις 1932, κυρίως σ. 87-88.

Ἡ παροῦσα ἔκδοση

Γιά τήν κατά τό δυνατόν ἀρτιότερη παρουσίαση τοῦ περιεχομένου τοῦ χειρογράφου, σύμφωνα μέν μέ τά σύγχρονα δεδομένα ἀλλά σέ ἰσορροπία μέ τήν πρακτική τῆς ἐποχῆς τοῦ συγγραφέα, κρίθηκαν χρήσιμες οἱ παρακάτω παρεμβάσεις:

α) Διατηροῦνται ὁ καταμερισμός τῶν κεφαλαίων καί ἡ ἀρίθμηση τῶν ὑποκεφαλαίων μαζί μέ τό σύμβολο § -σύνηθες τήν ἐποχή τῆς συγγραφῆς τοῦ ἔργου, ὅπως στό πρωτότυπο. Γιά λόγους συνέχειας διορθώνεται ὁ τίτλος «Μέρος Τρίτον» σέ «Τμῆμα Τρίτον», σύμφωνα μέ τά προηγούμενα.

β) Διορθώνονται σιωπηρά τά ὀρθογραφικά, γραμματικά κ.λπ., λάθη. Παραμένει ὡς ἔχει ὁ τονισμός τῆς προπαροξύτονης λέξης, στίς περιπτώσεις πού ἀκολουθεῖ μονοσύλλαβος τύπος προσωπικῆς ἀντωνυμίας, διότι θεωρεῖται προσωπικός χαρακτηριστικός τύπος ἔκφρασης τοῦ συγγραφέα.

γ) Οἱ ὑπογραμμισμένες λέξεις, προτάσεις, ὀνόματα κ.λπ. στό χειρόγραφο μεταφέρονται ἀραιογραμμένες.

δ) Ἀφαιροῦνται οἱ ἐντός τοῦ κειμένου παρενθέσεις μέ τό σύμβολο § ἀκολουθούμενο ἀπό κενό (§)· ἡ παραπομπή στό ἀντίστοιχο σημεῖο, πού θά διευκολυνόταν μέ τόν τρόπο αὐτό, θά γίνεται εὐκολότερα μέσῳ τοῦ Καταλόγου ὀνομάτων καί πραγμάτων, πού θά προστεθεῖ.

ε) Οἱ διαγραφές καί τά κενά στό κείμενο θά δηλώνονται μέ ἰδιαίτερη ἀναφορά στό ἀντίστοιχο σημεῖο.

στ) Γιά νά γίνει τό κείμενο πιό εὐανάγνωστο, χρειάζεται νά «τακτοποιηθοῦν» πιό πρακτικά οἱ παραπομπές καί οἱ σημειώσεις του. Γι' αὐτό, σέ παρενθέσεις ἐντός τοῦ κειμένου θά παραμείνουν μόνο οἱ ἁγιογραφικές παραπομπές· οἱ ὑπόλοιπες θά παρατεθοῦν ὡς ὑποσελίδιες παραπομπές.

ζ) Οἱ διάφορες Σημειώσεις τοῦ συγγραφέα θά παρατίθενται στό τέλος τοῦ ὑποκεφαλαίου, στό ὁποῖο ἀναφέρονται, μέ διαφορετικό μέγεθος γραμματοσειρᾶς καί τήν ἔνδειξη «Σημ. τοῦ συγγραφέα».

η) Οἱ συντμήσεις στήν ἀναφορά τῶν βιβλιογραφικῶν ἐνδείξεων θά ἀναπτύσσονται μέ τρόπο, πού νά ἀντιστοιχοῦν μέ τόν πλήρη Κατάλογο πηγῶν καί βιβλιογραφίας.

θ) Οἱ διαφορετικοί τρόποι παραθέσεις πηγῶν καί βιβλιογραφίας ἀντικαταθίστανται ἀπό ἕναν ἑνιαῖο. Ἐπίσης καταρτίζεται Κατάλογος πηγῶν καί βιβλιογραφίας.

Εἰσαγωγή εἰς τήν Ἐκκλησιαστικήν Ἱστορίαν

§ 1. Ἀναγκαιότης καί περιεχόμενον τῆς εἰσαγωγῆς εἰς τήν Ἐκκλησιαστικήν Ἱστορίαν.

Τῆς Ἐκκλησιαστικῆς Ἱστορίας προτάσεται συνήθως Εἰσαγωγή ἤ Προδιοίκησις, καθώς καί εἰς πάντα ἄλλον κλάδον τῆς θεολογικῆς ἐπιστήμης. Ἡ ἀναγκαιότης τῆς εἰσαγωγῆς ταύτης καθίσταται προφανής ἐκ τοῦ περιεχομένου αὐτῆς. Διότι δι' αὐτῆς μανθάνομεν ὁποία τις νοεῖται ἤ πῶς ὁρίζεται ἡ Ἐκκλησία, τίς ἡ ὑπόθεσις καί ὁ σκοπός τῆς Ἐκκλησιαστικῆς Ἱστορίας, ὁποῖαι αἱ πηγαί ἐξ ὧν τήν ὕλην ἀρύεται, τίνες οἱ χαρακτῆρες οὕς ὀφείλει νά φέρῃ ὡς ἐπιστήμη, τίνες αἱ βοηθητικαί αὐτῆς ἐπιστῆμαι καί, ποῖον τό κριτήριον αὐτῆς, ποία ἡ διαίρεσις ὑπό τήν ὁποίαν ὑποβάλλει τήν ὕλην αὐτῆς καί ἐτίς ἡ ἀξία αὐτῆς καί ἡ ὠφέλεια καί ὁ σκοπός τῆς σπουδῆς αὐτῆς, καί τίνες οἱ μέχρις ἡμῶν ἐκκλησιαστικήν ἱστορίαν συγγράψαντες.

§ 2. Ἔννοια τῆς Χριστιανικῆς Ἐκκλησίας.

Ἐκκλησία Χριστιανική εἶναι καί λέγεται ἡ ὑπό τοῦ Κυρίου ἡμῶν Ἰησοῦ Χριστοῦ ἐπί γῆς συστᾶσα θρησκευτική κοινωνία, ἤγουν τό ἄθροισμα τῶν ὀρθῶς καί ἀληθῶς εἰς αὐτόν πιστευόντων, ἐξ ὧν ἕκαστος κατά τήν κλῆσιν καί τό μέτρον τῆς χάριτος ὧν ἔτυχε παρά Θεοῦ, ἀγωνίζεται οὐ μόνον εἰς τήν ἑαυτοῦ καί τήν τῶν ἀδελφῶν αὐτοῦ σωτηρίαν, προκόπτων πάντοτε ἐν τῇ πίστει καί τῇ ἀγάπῃ τοῦ Χριστοῦ καί ταῦτα ὅσον καί ὅπως δύναται ἐν τοῖς ἀδελφοῖς αὐτοῦ προάγων, ἀλλά καί εἰς τήν ἐν ἀγάπῃ σωτηρίαν τῶν ἄλλων ἀνθρώπων, τουτέστιν εἰς τήν χωρίς βίας διάδοσιν τοῦ ἱεροῦ Εὐαγγελίου εἰς πάντα τά ἔθνη[1]. Τῆς θρησκευτικῆς ταύτης κοινωνίας *ἀρχηγός καί δομήτωρ καί κεφαλή αὐτός μόνος ὑπάρχει ὁ θεάνθρωπος Κύριος ἡμῶν Ἰησοῦς Χριστός ὁ νῦν ἐκ δεξιῶν τῆς δυνάμεως καί τῆς μεγαλωσύνης τοῦ Θεοῦ καί Πατρός καθήμενος*[2]· *ὁδηγός δέ καί παρήγορος τό Πνεῦμα τό ἅγιον, ὁ παρά τοῦ Κυρίου ἀποσταλείς Παράκλητος ἵνα μένῃ μετ' αὐτῆς ὡς τόν /(2) αἰῶνα, ποδηγετῶν αὐτήν εἰς πᾶσαν τήν ἀλήθειαν καί ἐνισχύων εἰς τήν τελειοποίησιν καί εἰς τήν ἐπίτευξιν τοῦ σκοποῦ καί τῆς ἀποστολῆς αὐτῆς, ἤγουν τήν σωτηρίαν αὐτῆς καί σύμπαντος τοῦ ἀνθρωπίνου γένους*[3]. Τακτικά δέ μέσα, δι' ὧν τό Πνεῦμα τό ἅγιον ἐνεργεῖ ἐν αὐτῇ, ἐπ' αὐτήν καί δι' αὐτῆς εἶναι *ὁ λόγος τοῦ Θεοῦ καί τά ὑπό τοῦ λόγου τοῦ Θεοῦ διοριζόμενα ἅγια μυστήρια*, ὧν οἰκονόμος καί διανομεύς αὐτῇ ἰδίως ὑπάρχει ἡ ὑπό τοῦ θεμελιωτοῦ καί τῶν ἀμέσων αὐτοῦ μαθητῶν καί ἀποστόλων ἐγκατασταθεῖσα ἱεραρχία[4].

Σημείωσις: Ὁ λόγος ἐνταῦθά ἐστι περί τῆς Ἐκκλησίας τοῦ Χριστοῦ, περί τῆς ἐν χάριτι Ἐκκλησίας, οὐχί περί τῆς πρό νόμου καί ἐν νόμῳ Ἐκκλησίας. Διότι ἡ λέξις Ἐκκλησία λέγεται καί κατ' εὐρυτέραν ἔννοιαν συμπεριλαμβάνουσα καί τούς ἀπό Ἀδάμ μέχρι τοῦ Ἰησοῦ Χριστοῦ πιστούς τοῦ Θεοῦ θεράποντας (βλ. Μελετίου Μητροπολίτου Ἀθηνῶν, Ἐκκλησιαστική Ἱστορία, τόμ. Α΄, σελ. 3, κεφ. τ, ἔκδ. Κ. Εὐθυβ. ἐν Κωνσταντινουπόλει 1853)· καίτοι κατά ταύτην τήν ἔννοιαν οὐδαμοῦ ἐχρήσαντο τῇ λέξει οἱ ἅγιοι τῆς Καινῆς Διαθήκης συγγραφεῖς. Εἰς δέ τάς ἁγίας γραφάς τῆς Παλαιᾶς Διαθήκης ἡ λεγομένη ἐν νόμῳ ἐκκλησία ὀνομάζεται συνήθως Συναγωγή, λαός τοῦ Θεοῦ, λαός, Ἰσραήλ. Ἐκκλησία ὀνομάζεται ὁ ἰσραηλιτικός λαός ἐν τῇ μεταφράσει τῶν Ο΄, ἔνθα οὗτοι τάς ἐν τῷ Δευτερονομίῳ 23,1 ἑβραϊκάς λέξεις κεχάλ Ἰεχοβά, «Ἐκκλησία Κυρίου» μετεγλώττισσαν· ἀλλά τάς ἑβραϊκάς λέξεις μετέφρασαν οἱ Ο΄ ἀλλαχοῦ (Ἀριθμ. 20,4) «Συναγωγή Κυρίου», βλ. τά παράλληλα χωρία ἐν τῇ Abrahami Tromii Concordane graec. Versionis LXX interprotum ἐν λέξει Ἐκκλησία.

---
1 Ἐφεσ. 4,15 καί Κολασσ. 1,10. Β΄Κορινθ. 10,15. Ματθ. 18,19. Λουκ. 9,54.
2 Ἐφεσ. 1,22· 4,15· Κολασσ. 1,18.
3 Ἰωάν. 14,16 καί 16,13.
4 Πράξ. 14,23. 20,17 κ. τπ. Α΄ Τιμοθ. 5,19. Ἑβρ. 13,17.

§ 3. Ἐκκλησιαστικὴ Ἱστορία. Ὑπόθεσις καὶ σκοπὸς αὐτῆς.

Ἐπειδὴ ἡ Ἐκκλησία τοῦ Χριστοῦ εἶναι κοινωνία ἐξ ἀνθρώπων συνισταμένη καὶ πολλαχῶς κατὰ καιροὺς διεμορφώθη εἶναι ἑπόμενον νὰ ἔχῃ καὶ ἱστορίαν. Ἡ ἱστορία αὕτη, Ἐκκλησιαστικὴ Ἱστορία λεγομένη, ὑπόθεσιν ἔχει τὰς ἐνεργείας, τὰς σχέσεις καὶ ἐν γένει τὴν πορείαν καὶ κατάστασιν τοῦ βίου τῆς Ἐκκλησίας καθὸ τοιαύτης, οὐδόλως ἁπτομένη τῶν ἄλλων ἐν τῷ κόσμῳ τούτῳ ἐνεργειῶν καὶ σχέσεων αὐτῆς, εἰ μή που ἀναφορὰν τινὰ πρὸς αὐτὴν καθὸ τοιαύτην ἔχουσι. Κατὰ ταῦτα ἡ Ἐκκλησιαστικὴ Ἱστορία διδάσκει ἡμᾶς α) πῶς κατ᾽ /(3) ὀλίγον ἐξηπλώθη καὶ ηὔξησεν ἢ ἠλαττώθη ἡ ἐκκλησία τοῦ Χριστοῦ ἐπὶ τῆς γῆς, ἀγωνιζομένη κατὰ τοῦ διώκοντος αὐτὴν κόσμου· β) πῶς ἀνέπτυξε καὶ διετύπωσε τὴν γνῶσιν τῆς ἐν αὐτῇ ἐνοικούσης ἀληθείας καὶ ἀπήτρισε τὴν ἐκκλησιαστικὴν διδασκαλίαν καὶ ἐπιστήμην, καὶ τίνες αἱ περὶ τὴν πίστιν ἀναφυεῖσαι αἱρέσεις· γ) πῶς ἡ ἐνδόμυχος πρὸς τὸν Θεὸν τάσις καὶ ὁ θεῖος πόθος ἐδημιούργησε καὶ διέπλασε κατ᾽ ὀλίγον τὴν λαμπρότητα τῆς ἐξωτερικῆς αὐτῆς λατρείας καὶ ποῖα τὰ περὶ αὐτὴν γενόμενα σχίσματα· δ) πῶς ἐκ τῆς ἐμφύτου αὐτῇ πρὸς τὴν διοργάνωσιν καὶ τὴν τάξιν ῥοπῆς συνέστη κατ᾽ ὀλίγον τὸ πολίτευμα αὐτῆς καὶ τίνες αἱ κατὰ καιροὺς πρὸς τὴν πολιτείαν σχέσεις αὐτῆς· ε) ποία ἡ κατάστασις τῶν ἠθῶν κατὰ τοὺς διαφόρους καιροὺς καὶ πῶς ἡ ἐσωτερικὴ πρὸς τὴν ἁμαρτίαν ἀποστροφὴ παρήγαγε τὰ ἱερὰ ἔθιμα καὶ τὸ ἐκκλησιαστικὸν ποινικὸν σύστημα καὶ ποῖα τὰ ἐνταῦθα ἀναφανέντα σχίσματα· στ΄) τίς ἡ πορεία καὶ ἡ κατάστασις τῆς θεολογικῆς ἐπιστήμης καὶ τίνες οἱ ἐν αὐτῇ διαπρέψαντες ἄνδρες καὶ εἴ τι ἄλλο τοιοῦτον. Ἐν ἄλλαις λέξεσιν ἡ Ἐκκλησιαστικὴ Ἱστορία διατρέχει ὅλον τὸν ἀπ᾽ ἀρχῆς μέχρις ἡμῶν ἐπὶ γῆς βίον τῆς Ἐκκλησίας καὶ θεωρεῖ αὐτὴν α) καθ᾽ ἑαυτὴν ὑπὸ πάσας τὰς ὄψεις αὐτῆς, καὶ β) πρὸς τὰς ἐκτὸς αὐτῆς καὶ ἰδίως πρὸς τὰς ἄλλας χριστιανικὰς ὁμάδας, τὰς αἱρετικὰς δηλονότι καὶ σχισματικάς, περὶ ὧν ὀφείλει νὰ παρέχῃ εἰδήσεις ἐφ᾽ ὅσον χρόνον ἡ ζωὴ αὐτῶν παρατείνεται, ἤτοι ἐφ᾽ ὅσον ὑπάρχουσιν ὡς ἴδιαι καὶ χριστιανικαὶ κοινότητες. Ἡ τοιαύτη δὲ Ἐκκλησιαστικὴ Ἱστορία ἡ θεωροῦσα τὴν Ἐκκλησίαν καθ᾽ ὅλας αὐτῆς τὰς ὄψεις καὶ τὰς σχέσεις παρὰ πᾶσι τοῖς λαοῖς καὶ τοῖς ἔθνεσι καθ᾽ ἅπαντας τοὺς χρόνους ἀπὸ τῆς συστάσεως αὐτῆς μέχρι τῶν ἡμερῶν ἐν αἷς συντάσσεται, καὶ εἰς ἓν ὅλον τὰ πάντα συναρμολογοῦσα ἐστὶ καὶ λέγεται κ α θ ό λ ο υ ἢ γ ε ν ι κ ή, ἀντιδιαστελλομένη πρὸς τὰς μ ε ρ ι κ ὰ ς ἐκκλησιαστικὰς ἱστορίας· ὧν ἀντικείμενόν ἐστιν ὁ βίος τῆς ἐκκλησίας ἑνός ἔθνους, μιᾶς ἐπικρατείας, ἑνός Πατριαρχείου, ἢ μία μόνον ὄψις ἢ σχέσις τῆς ἐκκλησίας, οἷον μόνον τά περί διαδόσεως τοῦ Χριστιανισμοῦ εἰς τά ἔθνη ἢ μόνον τά περί τῆς ἐξωτερικῆς λατρείας, τά περί αἱρέσεων κτλ.. Παραλαμβάνει δέ ἡ Ἐκκλησιαστική Ἱστορία οὐχί πᾶν οἷον δηποτοῦν συμβεβηκός ἐλάχιστον καί μέγιστον, σημαντικόν καί ἀσήμαντον, ἀλλά τοιαῦτα οἷα δύνανται νά συντελέσωσι πρός χαρακτηρισμόν ταύτης ἢ ἐκείνης τῆς καταστάσεως τῆς ἐκκλησίας κατά μίαν τινα ὡρισμένην ἐποχήν. Κύριος δέ καί πρώτιστος σκοπός τῆς Ἐκκλησιαστικῆς Ἱστορίας ἐστίν, ἵνα διά τῆς γνώσεως τοῦ βίου τῆς ἐπί τῆς γῆς βασιλείας τοῦ Θεοῦ διευκολύνῃ τήν ὁδόν τήν ἄγουσαν εἰς τήν βασιλείαν τῶν οὐρανῶν.

§ 4. Πηγαί τῆς Ἐκκλησιαστικῆς Ἱστορίας

Τήν ὕλην αὐτῆς ἀρύεται ἡ Ἐκκλησιαστική Ἱστορία ἀφ' ἁπάντων ἐκείνων ὅσα ἀπό /(4) τῆς συστάσεως τῆς Ἐκκλησίας μέχρι τῶν καθ' ἡμᾶς χρόνων εἰδήσεις περί ταύτης προσφέρουσι, καί τά ὁποῖα διά τοῦτο *Πηγαί* τῆς ἐκκλησιαστικῆς ἱστορίας καλοῦνται· ὑπάρχουσι δέ τοιαῦται πηγαί πολλαί καί διαιροῦνται. Κατ' εἶδος μέν εἰς πηγάς *γραπτάς* καί *μνημεῖα* καί εἰς *παραδόσεις*. Κατά δέ τήν πρός τά συμβάντα σχέσιν αὐτῶν, εἰς *ἀμέσους* καί *ἐμμέσους*. Κατά δέ τήν ἐκκλησιαστικήν ἢ πολιτικήν θέσιν τῶν πατέρων αὐτῶν εἰς πηγάς *ἀξιωματικάς* ἢ *ἐπισήμους* καί εἰς πηγάς *ἰδιωτικάς*. Κατά δέ τήν θρησκείαν τῶν συγγραφέων εἰς πηγάς *οἰκείας*, τουτέστι τοιαύτας αἵτινες τυγχάνουσι ἔργα χριστιανῶν καί χριστιανῶν ἀνηκόντων εἰς τήν Ἐκκλησίαν καί εἰς *ἀλλοτρίας* ἢ *ξένας*. Ἐκ τῶν διαιρέσεων ὅμως τούτων ἡ κυριωτέρα ἐστίν ἡ εἰς *ἀμέσους* καί *ἐμμέσους* πηγάς. Δῆλον δέ ὅτι ἀξιολογώτεραί εἰσι αἱ ἄμεσοι λεγόμεναι πηγαί, εἰς τάς ὁποίας ἀνήκουσιν ἐξαιρέτως 1) αἱ ἅγιαι γραφαί τῆς Καινῆς Διαθήκης 2) τά πρακτικά καί αἱ ἀποφάσεις τῶν συνόδων 3) τά πρακτικά τῶν Πατριαρχείων καί τά ἐπίσημα ἔγγραφα τῶν Πατριαρχῶν καί τῶν ἐπισκόπων 4) οἱ ἐκκλησιαστικά πράγματα ἀφορῶντες πολιτικοί νόμοι, αἱ διατάξεις καί ἄλλα αὐτοκρατορικά ἔγγραφα, οἷον Χρυσόβουλα 5) οἱ Κανόνες οἱ ῥυθμίζοντες τόν βίον τῶν μοναχῶν 6) αἱ λειτουργίαι 7) αἱ ἐπίσημοι ὁμολογίαι καί τά σύμβολα τῆς πίστεως 8) αἱ ἐπιστολαί ἐκκλησιαστικῶν ἢ πολιτικῶν ἀνδρῶν μεγάλην ἐπιρροήν ἐξασκησάντων ἐν τῷ χριστιανικῷ κόσμῳ 9) οἱ λόγοι καί αἱ πράξεις τῶν ἁγίων Μαρτύρων, οἱ βίοι τῶν μεγάλων τῆς Ἐκκλησίας Πατέρων, ἄλλων ἐπισήμων ἐκκλησιαστικῶν ἀνδρῶν καί τῶν εἰς τό κήρυγμα τοῦ Εὐαγγελίου ἀφιερωθέντων 10) αἱ ὁμιλίαι, οἱ λόγοι, αἱ πραγματεῖαι καί ἐν γένει τά συγγράμματα τῶν ἁγίων Πατέρων καί τῶν ἐκκλησιαστικῶν συγγραφέων καί τέλος 11) τά μνημεῖα τοὐτέστιν οἱ ναοί, οἱ τάφοι, οἱ ἀνδριάντες, αἱ εἰκόνες, τά ἱερά σκεύη, τά νομίσματα καί ἄλλα τοιαῦτα, ἅπερ καί *σιγῶσαι πηγαί* ὀνομάζονται καί τά ὁποῖα κατά τό πλεῖστον ἔχουσι δευτερεύουσαν ἀξίαν ἐν τῇ Ἐκκλησιαστικῇ Ἱστορίᾳ.

Σημείωσις. Ἡ πληρεστέρα καί μᾶλλον ἐν χρήσει συλλογή τῶν πρακτικῶν τῶν Συνόδων εἶναι ἡ ὑπό τοῦ Λατίνου ἀρχιεπισκόπου Μανσίου γενομένη, ἥτις διήκει μέχρι τοῦ ἔτους 1439 καί ἐπιγράφεται J. Dom. Mansi, Sanctorum conciliorum nova et amplissima collection, acced. not. et dissertt. Florent. et Venet. 1759-1790, 31voll. fol.

§ Ἐκ τῶν ἡμετέρων συλλογήν τῶν πρακτικῶν τῶν συνόδων (τῶν καθ' ἡμᾶς μόνον οἰκουμενικῶν τε καί τοπικῶν) ἐξέδωκεν ὁ ἀρχιμανδρίτης τῆς Μεγάλης Ἐκκλησίας Σπυρίδων Μήλιας, ἧς ἡ ἐπιγραφή «*Τῶν ἁγίων συνόδων τῆς Καθολικῆς Ἐκκλησίας τῶν ἀνά πᾶ /(5) σαν τήν οἰκουμένην συναθροισθεισῶν οἰκουμενικῶν τε καί τοπικῶν νέα καί δαψιλεστάτη συνάθροισις, ἐν ᾗ περιλαμβάνονται καί οἱ κανόνες τῶν θείων Ἀποστόλων καί αἱ Διαταγαί τῶν αὐτῶν διά Κλήμεντος τοῦ Ῥωμαίου, ἔτι δέ αἱ κανονικαί ἐπιστολαί τῶν κατά μέρος ἁγίων Πατέρων καί τό σύνταγμα Γελασίου τοῦ Κυζικινοῦ τῶν κατά τήν ἐν Νικαίᾳ σύνοδον πραχθέντων ... σπουδῇ καί πόνῳ ... Σπυρίδωνος Μήλια εἰς δύο τόμους ἐν ἔτεσιν αψξα΄*».

§ Τῶν ἱερῶν δέ κανόνων συλλογαί ἐγένοντο πολλαί παρά πολλῶν, εὐχρηστοτέρα δέ παρ' ἡμῖν ἡ ὑπό Ἀγαπίου Ἱερομονάχου καί Νικοδήμου Μοναχοῦ, ἐπιγραφομένη «*Πηδάλιον τῆς νοητῆς νηός τῆς μιᾶς ἁγίας Καθολικῆς καί ἀποστολικῆς τῶν ὀρθοδόξων Ἐκκλησίας*» ἔκδ. Β΄ ὑπό Κ. Γκαρπολᾶ τοῦ Ὀλυμπίου ἐν Ἀθήναις 1841· ἔκδοσις νεωτέρα ἐν Ζακύνθῳ 1864 – καί τό «*Σύνταγμα τῶν θείων καί ἱερῶν Κανόνων τῶν τε Ἁγίων Ἀποστόλων καί τῶν ἱερῶν οἰκουμενικῶν συνόδων καί τῶν κατά μέρος ἁγίων Πατέρων μετά τῶν ἀρχαίων ἐξηγητῶν*» ὑπό Γ. Α. Ῥάλλη καί Μ. Ποτλῆ εἰς 6 τόμους ἐν Ἀθήναις 1852-1859.

§ Ἀρχαιότεραι συλλογαί κανόνων σημειοῦνται ἐν τῇ *Νεοελληνικῇ Φιλολογίᾳ* τῇ συντεθήσῃ καί ἐκδοθῆσῃ ὑπό Α. Π. Βρετοῦ ἐν Ἀθήναις 1854-1857, Μέρ. Α΄ καί Β΄. Ἄλλας ἐκδόσεις τῶν τε πρακτικῶν τῶν συνόδων καί τῶν συνοδικῶν κανόνων ἀξίας σημειώσεως εὑρίσκει ὁ βουλόμενος ἐν τῇ Ἐκκλησιαστικῇ Ἱστορίᾳ τοῦ Γερμανοῦ Kurtz, Handbuch der allgemeinen Kirchengeschichte von Dr. J. H. Kurtz, 3. Aufl. Mitau 1853, Band Abt. 5. 3.

§ Τά πρακτικά τῶν Πατριαρχείων τῶν καθ' ἡμᾶς ὀρθοδόξων Ἐκκλησιῶν ἀπωλέσθησαν σχεδόν πάντα. Μέρος τῶν πρακτικῶν τῆς ἐν Κωνσταντινουπόλει Μ. Ἐκκλησίας μετά καί ἄλλων διαφόρων ἐγγράφων ἐξεδόθη ἐσχάτως ὑπό τόν τίτλον Acta et diplomata medii aevi sacra et profana collecta ediderunt Franciscus Miklosish et Josephus Mueller. Vindobonae tomus prior – 1860 tomus posterior 1862 – volumen tertium 1865· ὁ πρῶτος καί ὁ δεύτερος τόμοι περιέχουσιν «Acta Patriarchatus Constantinopolitani MCCCXV - MCCCCII· ὁ δέ τρίτος «Acta et diplomata res graecas italasque illustrantia». Κώδηκες δέ τινες περιέχοντες πρακτικά τῆς ἐν Κωνσταντινουπόλει Μεγ. Ἐκκλησίας ἐκ τῶν νεωτάτων χρόνων σώζονται ἐν χειρογράφοις ἔν τε τῷ Πατριαρχείῳ τῆς Μ. Ἐκκλησίας καί παρ' ἰδιώταις καί ἐν ταῖς βιβλιοθήκαις τοῦ Ἁγίου Τάφου, ὅπου φυλάττονται ὀλίγα τινά ἐκ τῶν καθ' ἡμᾶς χρόνων πρακτικά καί τῆς ἐν Ἱερουσαλήμ Ἐκκλησίας. Ὀλίγα εἰσίν ἐπίσης καί ταῦτα ἐκ τῶν ἐγγυτάτων ἡμῖν χρόνων καί τά παρασωζόμενα πατριαρχικά γράμματα οἷον Πιττάκια καί ἄλλα τοιαῦτα. /(6) § Ἐξ ἐναντίας οἱ ἐν τῷ Βατικανῷ ἔτι καί νῦν σωζόμενοι κώδηκες τῶν Παπῶν, τά λεγόμενα Regesta ἤ Registra εἶναι 2016 τόν ἀριθμόν εἰς φύλλα μέγα καί περιέχουσι κατά σειρά ἀδιάκοπον τά ἀπό τοῦ ἔτους 1198 μέχρι τοῦ 1572 ἐπίσημα ἔγγραφα τῆς ῥωμαϊκῆς ἐκκλησίας. Ἀλλά καί οἱ κώδηκες οὗτοι ἀπόκεινται ἄγνωστοι εἰσέτι καί ἀκατέργαστοι· διότι εἰς ὀλίγους ἱστοριογράφους καί σχεδόν εἰς μόνους τούς ἄγαν παπίζοντας ἔξεστι τό ἅπτεσθαι τῶν κωδήκων τούτων καί ἐπωφελεῖσθαι ἐξ αὐτῶν.

§ Πάμπολλαι ὡσαύτως εἶναι καί αἱ ἐπιστολαί τῶν Παπῶν καί αἱ βοῦλαι, (Epistolae ἤ litterae decretales, Bullae, Brevi. Ἐκείνων συλλογάς ἐξέδωκεν ὁ J. H. Boehmer Hallae 1747, 2 voll.). Τούτων δέ ἡ καλλίστη καί πληρεστέρα εἶναι ἡ τοῦ Charles Cocquelines, Bullarum privilegiorum ac diplomatum Romanorum pontificium ampliss. collat. Rom 1739, 28 voll. fol., ἧς συνέχειαν ἐξέδοτο ὁ A. Spetia, Bullari Romani continuatis, Rom 1835-1844, 8 voll. fol.

§ Οἱ ἀρχαιότεροι πολιτικοί νόμοι, οἱ ἀναφερόμενοι εἰς πράγματα τῆς ἐκκλησίας, εὕρηνται ἐν τοῖς κώδηξιν τοῦ Θεοδοσίου καί τοῦ Ἰουστινιανοῦ.

§ Τούς κανόνας τῶν μοναχικῶν ταγμάτων ἐδημοσίευσεν ὁ Λουκᾶς Ὀλστένιος Luc Holstenii Codex regularum monastic. et canonic. 4 voll., Rom 1661, auctus a Mar. Brockie 6 vols. fol. Aug. Vind. 1759.

Τῶν λειτουργιῶν ἡ ἀρίστη, ἀλλὰ κατὰ δυστυχίαν ἀτελὴς διαμείνασα συλλογὴ εἶναι ἡ τοῦ J. A. Assemani, Codex liturgicus Ecclesiae Universae, Roma 1749, 13 vols.

§ *Βιογραφίαι* τῶν ἁγίων ἰδίως τῶν ἀρχαιοτέρων ἐξεδόθησαν ἐν συλλογαῖς αἱ ἑξῆς: *Acta sanctorum quotquot toto orbe coluntur*, Antw. 1643-1845, 54 voll. – *Acta SS ordinis S. Benedicti* collegit Lucas. d' Achery, ediderunt J. Mabillon et Theodor. Ruinart, Paris 1668-1701, 9 voll. fol.. Τὰς συλλογὰς τῶν βίων τῶν ἁγίων καὶ τῶν μαρτύρων ὅπως οἱ ἡμέτεροι κατὰ καιροὺς ἐξέδωκαν ὅρα ἐν τῇ *Νεοελληνικῇ Φιλολογίᾳ* τοῦ Βρετοῦ.

§ Ἡ νεωτέρα *Βιβλιοθήκη τῶν Πατέρων* εἶναι ἡ ὑπὸ τοῦ J. P. Migne φιλοπονηθεῖσα Patrologiae cursus completus seu biblioth. universalis ss.Patr. scriptorumque ecclesiastic., ἧς ἡ ἐκτύπωσις ἤρξατο ἀπὸ τοῦ 1844. /(7)

§ 5. Χαρακτῆρες τῆς Ἐκκλησιαστικῆς Ἱστορίας

Ἡ Ἐκκλησιαστικὴ Ἱστορία ὡς ἐπιστήμη δέον νὰ ἔχῃ τὰς ἑξῆς ἰδιότητας, ἤγουν νὰ ἦναι α) π η γ α ί α τουτέστιν ἐκ τῶν πηγῶν ἐξηγμένη, καὶ κριτική. Διότι ὅστις τὰς περὶ τοῦ παρελθόντος τῆς χριστιανικῆς ἐκκλησίας γνώσεις δὲν ἀρύεται ἐκ τῶν πηγῶν, ἀλλ' ἀκολουθεῖ μόνον τοὺς ἄλλους τυφλῶς ἢ ὅστις λαμβάνει μὲν ἀναχεῖρας τὰς πηγὰς τῆς Ἐκκλησιαστικῆς Ἱστορίας δὲν δοκιμάζει ὅμως αὐτὰς οὔτε διακρίνει τὰς γνησίας τῶν νόθων, οὔτε εἰς τὴν ἀξιοπιστίαν αὐτῶν προσέχει, οὔτε ἀντιπαρεξετάζει τὰς τυχὸν ἐν αὐταῖς ἀπαντωμένας διαφορὰς καὶ ἀντιλογίας, οὗτος οὐδὲ κἂν μετρίαν εἰς τὰς ἱστορικάς του γνώσεις ἀσφάλειαν καὶ βεβαιότητα δύναται νὰ ἔχῃ, οὗτος συμφύρει ἀναποφεύκτως ἀλήθειαν καὶ ψεῦδος καὶ ὁμοιάζει πρὸς ἐκεῖνον, ὅστις φέρων παρατίθησιν εἰς τὴν ἀγορὰν τὰς κριθὰς μετὰ τοῦ σίτου· β) ἀ μ ε ρ ό λ η π τ ο ς, ἔστι δὲ τοιαύτη ἡ Ἐκκλησιαστικὴ Ἱστορία ἐὰν ὁ ἱστορικὸς μήτε τὴν ἀλήθειαν κρύπτει μήτε τὸ ψεῦδος λέγει ἐκ προθέσεως γ) φ ι λ ο σ ο φ ι κ ὴ ἢ ὡς ἄλλως λέγουσι π ρ α γ μ α τ ι κ ή, τουτέστιν ὁ ἱστορικὸς ὀφείλει νὰ ἰχνηλατῇ καὶ διερευνᾷ πανταχοῦ τὴν ἐσωτερικὴν συνάφειαν καὶ ἀλληλουχίαν τῶν γεγονότων, νὰ ἐξιχνιάζῃ τὰς ἀληθεῖς αὐτῶν αἰτίας, τὰς ἀφορμὰς καὶ τὸν σκοπόν, τὰς συνεπείας καὶ τὰ ἀποτελέσματα, τὴν ἐπιρροὴν καὶ ἐπενέργειαν αὐτῶν καὶ ἐν πᾶσι νὰ καταδεικνύῃ ἐν τῇ ἱστορίᾳ αὐτοῦ τὴν τοιαύτην τῶν πραγμάτων σχέσιν. Νὰ ἐνορᾷ δέ τις ἐν τῇ σχέσει ταύτῃ ἐνεργοῦντας καὶ τὸν Θεὸν καὶ τὸν ἄνθρωπον· διότι καθώς εἶναι ἀδόκιμος ἡ ἀρχή καθ' ἥν μόνος ὁ ἄνθρωπος ἐν τῇ ἱστορίᾳ ἐνεργεῖ· οὕτως εἶναι σαθρόν καί τό πνεῦμα τῶν ἱστορικῶν ἐκείνων, καί τοιοῦτοί εἰσιν οἱ καλούμενοι *Πιετίσται* ἤγουν *Εὐσεβεῖς* (Pietist), οἱ ὁποῖοι οὐδέν ἄλλο ποιοῦσιν εἰμή πανταχοῦ καί ἐν πᾶσι τήν θείαν πρόνοιαν, ὡς θεόν ἐκ μηχανῆς εἰς μέσον νά παράγωσι, περικρύπτοντες ὑπό εὐσεβῆ φρασεολογίαν τήν σαθρότητα τῶν ἰδεῶν αὐτῶν καί ὡς ὕψιστον αὐτῶν σκοπόν προτιθέμενοι οὐχί τήν ἀλήθειαν ἀλλά τήν οἰκοδομήν δῆθεν τοῦ πλησίον. Ἐν τῇ ἱστορίᾳ δέον νά καταφαίνηται ἡ ἐσωτερική καί ζωοπάροχος σχέσις τῶν θείων πρός τά ἀνθρώπινα, τῆς θείας προνοίας πρός τά δι' αὐτῆς καί ἐν αὐτῇ ὑπάρχοντα λογικά πλάσματα *«ἐν αὐτῷ γάρ (τῷ Θεῷ) ζῶμεν καί κινούμεθα καί ἐσμέν»* λέγει ὁ θεῖος ἀπόστολος (Πραξ. 17,28), ἄνευ ὅμως τῆς καταστροφῆς τῆς ἐλευθέρας καί ἠθικῆς φύσεως τοῦ ἐν χειρί διαβουλίου αὐτοῦ ἀφέντος ἀνθρώπου· δ) ἡ Ἐκκλησιαστική Ἱστορία δέον ἵνα ἡ θρησκευτική καί τοιαύτη καθίσταται ὅταν ὁ συγγραφεύς αὐτῆς ὑπάρχῃ καί λόγῳ καί ἔργῳ καί στόματι καί καρδίᾳ χριστιανός. Διότι μόνον τό ἀληθῶς χριστιανικόν πνεῦμα καί ἡ κατά Χριστόν διαπεπλασμένη καρδία δύνανται νά συναισθάνωνται, διαγιγνώσκωσι καί τιμῶσιν, ὅ,τι ἐν τῇ πορείᾳ τῆς Χριστιανικῆς Ἐκκλησίας ἀ /(8) παντῶσι καί ὅ,τι πρός αὐτήν ἔχει σχέσιν. Ἡ Ἐκκλησιαστική Ἱστορία, ἥτις δέν εἶναι προϊόν τοιαύτης ψυχῆς, στερεῖται ἑνός τῶν τά μάλιστα εἰς αὐτήν ἰδιαζόντων χαρακτήρων, ἀμβλυωπεῖ εἰς τά φαινόμενα τῆς ἐπί τῆς γῆς βασιλείας τοῦ Θεοῦ καί παρίστησιν αὐτά ὑπό διάφορον ὅλως ὄψιν καί μορφήν, ὅπως δηλονότι ἀντελήφθη αὐτά ὁ ἐκτός τῆς βασιλείας ταύτης ζῶν συγγραφεύς αὐτῆς. Τέλος καθό, ἐπιστήμη ἡ Ἐκκλησιαστική Ἱστορία ἀνάγκη νά ἦναι οὐ μόνον πηγαία, ἀμερόληπτος ἐμφιλόσοφος καί θρησκευτική, ἀλλά ε) καί σ υ σ τ η μ α τ ι κ ή κ α ί ε ὔ λ η π τ ο ς, ἔχουσα καί συναρμολόγησιν ἐν τῇ ὕλῃ αὐτῆς καί τάξιν εἰς τήν ἔκθεσιν καί σαφήνειαν ἐν πᾶσιν ἐπανθοῦσαν.

§ 6. Βοηθητικαί ἐπιστῆμαι τῆς Ἐκκλησιαστικῆς Ἱστορίας

Πρός ὀρθήν κατανόησιν καί ἀσφαλῆ χρῆσιν τῶν πηγῶν τῆς Ἐκκλησιαστικῆς Ἱστορίας, καθώς προσέτι καί διά τήν σχέσιν αὐτῆς πρός τήν γενικήν ἱστορίαν τῶν ἀνθρωπίνων ἐνεργειῶν καί πράξεων ἀπαιτεῖται ἡ γνῶσις πολλῶν ἐπιστημῶν, αἵτινες διά τοῦτο καί βοηθητικαί ἐπιστῆμαι αὐτῆς καλοῦνται· εἶναι δέ αὗται ἄ μ ε σ ο ι κ α ί ἔ μ μ ε σ ο ι. Καί ἄμεσοι μέν εἶναι 1) ἡ *φιλολογία* ἡ θύραθεν καί ἡ ἐκκλησιαστική, δι' ἧς φθάνει ὁ ἱστορικός εἰς τήν κατανόησιν τῶν γλωσσῶν, ἐν αἷς εἶναι γεγραμμέναι αἱ πηγαί, καί εἰς τήν διάγνωσιν τῶν μνημείων 2) ἡ *Διπλωματική καί ἡ Κριτική* δι' ὧν μανθάνει τις νά ἐξετάζῃ καί νά κρίνῃ περί τῆς γνησιότητος, ἀκεραιότητος, καί ἀξιοπιστίας τῶν πηγῶν[5] καί 3) ἡ *Γεωγραφία καί ἡ Χρονολογία* ἐξ ὧν ἡ μέν τόν τόπον ἡ δέ τόν χρόνον ὁρίζει τῶν ἐν ταῖς πηγαῖς ἀναφερομένων προσώπων ἤ πραγμάτων[6]. Εἰς δέ τάς ἐμμέσους βοηθητικάς ἐπιστήμας τῆς Ἐκκλησιαστικῆς Ἱστορίας ἀνάγονται ἐξόχως ἡ *πολιτική ἱστορία*, *ἡ ἱστορία τῆς φιλοσοφίας καί τῶν διαφόρων θρησκειῶν* καί ἡ *ἱστορία τῆς τέχνης*.

§ 7. Κριτήριον τῆς Ἐκκλησιαστικῆς Ἱστορίας.

Ἡ ἱστορία εἶναι, ὡς λέγουσι, τό δικαστήριον τοῦ κόσμου, οὐχί ὅμως κατ' ἔννοιαν ἀπόλυτον ἀλλά σχετική. Κατ' ἔννοιαν ἀπόλυτον κριτής τοῦ ἀνθρωπίνου γένους καί τῶν πράξεων αὐτοῦ εἶναι μόνος ὁ Θεός, ἐνώπιον τοῦ ὁποίου κεῖται πλήρης καί ἀνεῳγμένος /(9) ὁ κῶδηξ τῶν πρακτικῶν τῆς ἀνθρωπότητός. Τήν κρίσιν λοιπόν ὀφείλει νά ἐνεργεῖ ὁ ἱστορικός μετά μετριότητος. Ἐάν δέ ἐρωτήσωμεν ποῖον εἶναι τό πρώτιστον μέτρον πρός ὅ ὀφείλει νά μετρᾷ καί κρίνῃ ὁ ἱστοριογράφος ἕκαστον ἐν τῷ βίῳ τῆς Ἐκκλησίας φαινόμενον ἀναφερόμενον ἤ εἰς τήν πίστιν ἤ εἰς τήν λατρείαν ἤ εἰς τόν διοργανισμόν καί τό πολίτευμα τῆς Ἐκκλησίας κτλ, ἀπαντῶμεν ὅτι τοῦτό ἐστιν ὁ λόγος τοῦ Θεοῦ. Ταῦτα δέ λέγοντες δέν ἐννοοῦμεν ὅτι ἑκάστη μορφή καί πᾶσα διάπλασις τοῦ χριστιανικοῦ βίου μή οὖσα ἀπαράλλακτος καί ἐν πᾶσι ὁμοία πρός τήν Εὐαγγελικήν καί Ἀποστολικήν Ἐκκλησίαν εἶναι ἀδόκιμος καί ἀπορριπτέα· ὄχι· διότι τοῦτο θά ἦτον ὁ θάνατος πάσης ἱστορίας, ὁ θάνατος τῆς ἀνθρωπότητος, τῆς ὁποίας χαρακτήρ ἐστιν ἡ ἀνάπτυξις καί ἐπί τά κρείττω διαμόρφωσις ἑαυτῆς τε καί τῶν περί αὐτήν πραγμάτων. Ὁ ἀνεπτυγμένος ὅμως βίος ἐν τῇ Ἐκκλησίᾳ τοῦ Χριστοῦ ὀφείλει νά ἔχῃ τόν αὐτόν λόγον πρός τόν ἀρχικόν καί πρωτόγονον καί συνεπτυγμένον, ὅν λόγον ἔχει τό φυτόν πρός τόν βλαστόν ἤ νά ἔγκηται ἐν αὐτῷ ὅπως ὁ καρπός ἐν τῷ δένδρῳ..

---

5 Διπλωματικήν συνέγραψαν ὁ J. Mabillon, *De re diplomatica* ed2 Paris 1709 fol. καί ἐκ τῶν νεωτέρων Schoenemann, Vollstendg. System der allgem. Diplomatik, Hamb. 1801, 2. Bd.
6 Τήν ἐν τῇ ἱστορίᾳ ἀνάγκην τῆς Γεωγραφίας καί τῆς Χρονολογίας συναισθάνεται κάλλιστα Διόδωρος ἤδη ὁ Σικελιώτης, βλ. τῆς τούτου «*βιβλιοθήκης ἱστορικῆς*» βίβλον πρώτην ἐν τόμ. Α΄ σελ. 9 κεφ. 4 καί σελ. 11 κεφ. 5 ἔκδ. στερεότ. τῆς Λειψ. 1829.

Οὐχ ἧττον δέ ἀναγκαία ὑπάρχει πρός διάγνωσιν καί διάκρισιν τῆς χριστιανικῆς ἀληθείας καί τῶν διαφόρων αὐτῆς ἐπιχρώσεων, ὅσας ἐν τῇ πορείᾳ τῆς ἀναπτύξεως τῆς Ἐκκλησίας ἔλαβε, καθώς καί τοῦ βαθμοῦ τῆς σχέσεως τῶν ἐπιχρώσεων τούτων πρός τήν χριστιανικήν ἀλήθειαν καί ἡ φωνή τῆς Καθολικῆς Ἐκκλησίας.

§ 8. Ἀξία τῆς Ἐκκλησιαστικῆς Ἱστορίας, ὠφέλεια καί σκοπός τῆς σπουδῆς αὐτῆς.

Τήν ἀξίαν ἑκάστης ἐπιστήμης ὁρίζει ἡ φύσις αὐτῆς, τήν δέ ὠφέλειαν τό ὑπ' αὐτῆς κατορθούμενον. Ἡ Ἐκκλησιαστική Ἱστορία, περί ἧς ἐνταῦθα ὁ λόγος, εἶναι ἡ ἐπιστημονική ἔκθεσις τοῦ βίου τῆς Ἐκκλησίας, ὅ ἐστί τῆς ἐκλεκτῆς ἐκείνης μερίδος τῆς ἀνθρωπότητος τῆς ἐλευθερωθείσης καί ἀνορθωθείσης πνευματικῶς καί ἠθικῶς διά τῆς θείας χάριτος καί ἐνεργείας. Ἡ Ἐκκλησιαστική λοιπόν Ἱστορία ἔχει ὑπόθεσιν τό ὑψηλότερον καί σημαντικώτερον μέρος τῆς καθόλου ἱστορίας τοῦ ἀνθρωπίνου γένους, ἀνάλογον ἑπομένως καί τήν ἀξίαν. Ἔπειτα μετά τοῦ Χριστιανισμοῦ ἐγεννήθη νέα διά τόν ἄνθρωπον ἐν γένει ἐποχή ἀναπτύξεως καί πολιτισμοῦ, ἡ ἱστορία ἄρα αὐτοῦ (τοῦ Χριστιανισμοῦ) ἔχει μεγίστην ἀξίαν· τέλος, ἐν τῇ Ἐκκλησιαστικῇ Ἱστορίᾳ ὡς μέλος τῆς Ἐκκλησίας εὑρίσκει ὁ χριστιανός τήν ἑαυτοῦ ἱστορίαν, ὅσον δέ μᾶλλον μανθάνει ἐν αὐτῇ τήν μεγάλην ἐπιρροήν τοῦ Χριστιανισμοῦ ἐπί τῆς ἐξημερώσεως τῶν ἠθῶν καί τῆς ἐξαγνίσεως τοῦ ἀνθρωπίνου γένους τοσοῦτο μᾶλλον πιστεύει καί ἀγαπᾷ τήν Ἐκκλησίαν καί τήν διδασκαλίαν αὐτῆς. Τά σκάνδαλα τά ἐκ διαλειμμάτων /(10) διαταράττοντα τήν ἐκκλησίαν οὐδόλως μεταβάλλουσιν εἰς τούς ὀφθαλμούς τοῦ πιστοῦ τήν ἀξίαν τῆς ἱστορίας ταύτης· διότι καθώς ὀρθῶς παρατηρεῖ σοφός τις τῶν καθ' ἡμᾶς χρόνων «Πᾶσα ἱστορία τήν ἀθλιότητα τοῦ ἀνθρώπου δεικνύει καί τήν πάλην τῆς θείας Προνοίας μετά τῆς κακίας. Ἐάν δέ ἡ ἰσχύς τῆς κακίας ἐν τῇ ἐκκλησιαστικῇ πρό πάντων ἱστορίᾳ καταφαίνηται, τοῦτο εἶναι συνέπεια αὐτῆς τῆς φύσεως τῶν πραγμάτων.»

Ὡς πρός τήν ὠφέλειαν δέ αὐτῆς ἡ Ἐκκλησιαστική Ἱστορία προμηθεύει εἰς ἡμᾶς ἐν πρώτοις ἅπαντα τά ὠφελήματα τῆς ἱστορίας ἐν γένει, ἀναπτύσσουσα ἐν ἡμῖν πρακτικάς γνώσεις, ὅπως αἱ θεωρητικαί ἐπιστῆμαι μορφοῦσι τό πνεῦμα εἰς τό σκέπτεσθαι. Περιπλέον δέ γεννᾷ καί τά μάλιστα διεγείρει τά αἰσθήματα τῆς θρησκείας καί τῆς εὐσεβείας, καταδεικνύουσα τήν θειότητα καί τήν δύναμιν τοῦ Εὐαγγελίου ἐν τῷ μεγαλείῳ καί ἐν τῇ καλλονῇ τῶν χαρακτήρων οὓς περιγράφει. Εἰς δέ τόν λειτουργόν τῆς Ἐκκλησίας παρέχει ἡ Ἐκκλησιαστική Ἱστορία τήν ἱκανότητα νά ὑπολογίζη τό βάδισμα καί τάς προόδους τῆς Ἐκκλησίας, διδάσκει αὐτόν πῶς δύναται ὡς ἰατρός τῶν ψυχῶν, ἐνεργῶν ἐπ' αὐτῶν ἐπιτυχῶς, νά συντελέσῃ εἰς τήν εὐημερίαν αὐτῆς καί, τέλος, καθίσταται δι' αὐτόν ἡ βάσις τῶν ἄλλων κλάδων τῆς θεολογίας, οἷον τοῦ Ἐκκλησιαστικοῦ Δικαίου, τῆς Ἐξηγητικῆς, τῆς Δογματικῆς καί τῆς Ἠθικῆς· διότι ὡς πρός τάς ὑπαρχούσας σχέσεις μεταξύ τῶν θεολογικῶν ἐπιστημῶν καί τῆς ἐκκλησιαστικῆς ἱστορίας σημειωτέον καλῶς, ὅτι μόνη αὕτη ἐκτίθησιν ἐν ἀρχῇ αὐτοῦ τῇ ἀκολουθείᾳ καί τῇ πλήρῃ ἀναπτύξει αὐτοῦ τό ἔργον τῆς ἀπολυτρώσεως, ὅ εἰργάσατό ὁ Κύριος ἡμῶν καί διά τῶν Ἀποστόλων αὐτοῦ καί τῶν τούτων διαδόχων εἰς τόν κόσμον ἅπαντα ἐξήγαγε· μόνη αὕτη γνωστοποιεῖ εἰς ἡμᾶς τήν ἐνέργειαν τῆς ἀπολυτρώσεως ἐπί τῆς ἀνθρωπότητος. Ἐπειδή δέ εἰς τήν ἱστορίαν ἀνήκει κατά μέγα μέρος καί ἡ Χριστιανική ἀποκάλυψις, ἐναργῶς ἀποδεικνύεται ὅτι ἡ Ἐκκλησιαστική Ἱστορία δέν εἶναι ποσῶς ἐπιστήμη βοηθητική τῆς δογματικῆς, ἀλλ' ἡ μήτηρ ἐπιστήμη καί τό θεμέλιον πασῶν τῶν ἄλλων θεολογικῶν ἐπιστημῶν.

Ἡ ὠφέλεια τῆς Ἐκκλησιαστικῆς Ἱστορίας ἐπεκτείνεται καί περαιτέρω. Ὁ θύραθεν ἱστορικός, ὁ νομικός, ὁ πολιτικός, ὁ περί τήν ἱστορίαν τῆς φιλολογίας σπουδάζων, ὁ φιλόσοφος ἅπαντες οὗτοι δέν δύνανται νά ὑπερπηδήσωσι τήν Ἐκκλησιαστικήν Ἱστορίαν. Εἰς τήν σπουδήν λοιπόν τῆς Ἐκκλησιαστικῆς Ἱστορίας οὐ μόνον διά τήν μεγάλην αὐτῆς ἀξίας, ἀλλά καί δι' ἅς ὑπόσχεται ἡμῖν πολλάς καί μεγάλας ὠφελείας ὀφείλομεν νά προσερχώμεθα μετά προθυμίας καί ζήλου. Σκοπός δέ ἡμῶν πρώτιστος ἐν τῇ σπουδῇ αὐτῆς ὀφείλει νά ἦναι τό καταστῆσαι καί εἰς ἡμᾶς αὐτούς καί εἰς τούς ἄλλους ὅσον οἷόν τε ὁμαλωτέραν καί εὐμαρεστέραν τήν πρός τόν οὐράνιον ἡμῶν /(11) πατέρα ἄγουσαν ὁδόν. Σημείωσις. Περί τῆς ὠφελείας τῆς ἱστορίας ἐν γένει ἀνάγνωθι Διοδώρου τοῦ Σικελιώτου βιβλιοθ. ἱστορ. Βιβλ. Α' προοίμ. Περί δέ τῆς ὑπεροχῆς τῆς Ἐκκλησιαστικῆς Ἱστορίας ἐπί τῆς κοσμικῆς, *Βιβλιοθηκη Ἱστορική, Εὐσεβίου, Ἐκκλησιαστική Ἱστορία*. βιβλ. Ε', προοίμιον.

§ 9. Ἱστορία τῆς Ἐκκλησιαστικῆς Ἱστορίας.

Τήν ἀρχήν τῆς Ἐκκλησιαστικῆς Ἱστοριογραφίας εὑρίσκομεν εἰς τά ἱερά Εὐαγγέλια καί εἰς τάς Πράξεις τῶν Ἀποστόλων. Οἱ ἐκκλησιαστικοί συγγραφεῖς τῆς 2^{ας} καί 3^{ης}

ἑκατονταετηρίδος τό μέν ἕνεκα τῶν διωγμῶν, οὕς ὑφίστατο τηνικαῦτα ἡ ἐκκλησία, τό δέ διότι ἐνησχολοῦντο ἰδίως περί τήν ἀπολογίαν καί ὑπεράσπισιν τοῦ Χριστιανισμοῦ, οὐδόλως σχεδόν ἐνέκυψαν εἰς τήν ἱστοριογραφίαν. Εἷς μόνος ἱστορικός ἐμφανίζεται περί περί τά μέσα τῆς 2ας ἑκατονταετηρίδος[7], Ἡγήσιππος ὁ ἐξ ἰουδαίων χριστιανός, ὅστις ἔγραψεν Ὑπομνήματα τῶν Ἐκκλησιαστικῶν πράξεων[8]. Ἀλλά τά Ὑπομνήματα τοῦ Ἡγησίππου δέν πρέπει νά θεωρηθῶσιν ὡς τελεία τις καί ἀκριβής ἱστορική ἔκθεσις τῶν ἐκκλησιαστικῶν πραγμάτων· διότι ὁ μετ' αὐτόν ἐρχόμενος Εὐσέβιος ὁ Παμφίλου προοιμιαζόμενος ἐν τῇ Ἐκκλησιαστικῇ αὐτοῦ Ἱστορίᾳ λέγει ὅτι πρῶτος ἐπεχείρησε να συγγράψῃ τοιαύτην ἱστορίαν καί ὅτι οὐδέν ἄλλο εὗρε παρά τοῖς πρό αὐτοῦ εἰμή *σμικράς μόνον προφάσεις καί μερικάς διηγήσεις.*

Ὡς πατήρ τῆς Ἐκκλησιαστικῆς Ἱστορίας θεωρεῖται ἐντεῦθεν ὁ Εὐσέβιος, ὁ ἐπίσκοπος τῆς ἐν Παλαιστίνῃ Καισαρείας, οὗ τό ἐπώνυμον ὁ *Παμφίλου*· οὗτος ἔχων ἀνά χεῖρας ἅπαντας σχεδόν τούς φιλολογικούς θησαυρούς τῆς Ἐκκλησίας καί τοῦ Ῥωμαϊκοῦ κράτους, οὕς ἠνέῳξεν αὐτῷ ἡ μεγάλη εὔνοια, ἥν ἔχαιρε παρά τῷ Μεγάλῳ Κωνσταντίνῳ, συνέταξε τήν πρώτην Ἐκκλησιαστικήν Ἱστορίαν, τήν ὄντως πολυτιμοτάτην καί χρησιμωτάτην· διότι ἐν αὐτῇ διέσωσεν ἡμῖν ὁλόκληρον ὡς εἰπεῖν τόν βίον τῆς Ἐκκλησίας τῶν τριῶν πρώτων ἑκατονταετηρίδων. Ἡ Ἐκκλησιαστική Ἱστορία τοῦ Εὐσεβίου διαιρεῖται εἰς λόγους ἤ βιβλία 10, ἐξ ὧν ἕκαστον ὑποδιαιρεῖται εἰς κεφάλαια καί φθάνει μέχρι τοῦ 324 σωτηρίου ἔτους· ὡς συνέχεια ταύτης δύναται νά θεωρηθῇ ὁ Βίος τοῦ Μεγάλου Κωνσταντίνου ὁ παρά τοῦ αὐτοῦ Εὐσεβίου συνταχθείς εἰς βιβλία 4, καίτοι τό ὕφος τούτου ὑπάρχει πανηγυρικώτερον. /(12)

Μετά τόν Εὐσέβιον ἔρχεται ὁ περί τά τέλη τῆς 4ης ἑκατονταετηρίδος ἀνθήσας ἱεράρχης τῆς Κύπρου, ὁ ἅγιος Ἐπιφάνιος, οὕτινος ἡ πολυμαθεστάτη πραγματεία κατά πασῶν τῶν αἱρέσεων καί σχισμάτων, ἡ ἐπιγραφομένη Κατά αἱρέσεων ὀγδοήκοντα καί ἐπικαλουμένη Πανάριον ἔχει οὐ μικράν ἱστορικήν ἀξίαν. Κατά τούς αὐτούς δέ περίπου χρόνους ἐκκλησιαστικάς ἱστορίας μή ὑπαρχούσας πλέον σήμερον ἐξεπόνησαν καί Φίλιππος τις διάκονος ἐκ Σίδης καί Φιλοστόργιος ὁ Καππαδόκης, ὁ τό δόγμα ἀρειανός.

---

[7] Κατά τόν Εὐσέβιον, Ἐκκλησιαστική Ἱστορία, 4,8, ἐπί Ἀδριανοῦ τοῦ αὐτοκράτορος ἀπό τοῦ 117-138, κατά τόν Ἱερώνυμον, De viris illustribus cap. 11 καί 12, ἐπί Μάρκου Αὐρηλίου (161-180).
[8] Ἡ ἐπιγραφή αὕτη ἐδόθη ὑπό τῶν νεωτέρων εἰς τήν συγγραφήν τοῦ Ἡγησίππου.

Τοῦ πρώτου ἡ Ἐκκλησιαστικὴ Ἱστορία ἐπεγράφετο Χριστιανικὴ Ἱστορία, ἀρχομένη δέ ἀπό τῆς δημιουργίας τοῦ κόσμου συνέκειτο δέ εἰς 36 βιβλία καὶ χιλίων περίπου τόμων ἤ ὡς ἄν εἴπη τις κεφαλαίων[9]· τοῦ δευτέρου διηρημένη εἰς 12 βιβλία, περιελάμβανε τά ἀπό τοῦ 300-423 ἐν τῇ Ἐκκλησίᾳ συμβάντα. Ἐκ τῆς τελευταίας ταύτης ὀλίγα τεμάχια σώζονται παρά τῷ ἱερῷ Φωτίῳ.

Περί τά μέσα τῆς πέμπτης ἑκατονταετηρίδος παρῆλθον εἰς τό μέσον συγχρόνως σχεδὸν τρεῖς ἄξιοι διάδοχοι τοῦ Εὐσεβίου, Σωκράτης ὁ σχολαστικός ἐν Κωνσταντινουπόλει, Ἑρμείας ὁ Σωζόμενος καί οὗτος δικηγόρος ἐν Κωνσταντινουπόλει καί ὁ ἱερός Θεοδώρητος ἐπίσκοπος Κύρου, οἵτινες συνεχίσαντες τὴν ἱστορίαν αὐτοῦ ἐγκατέλιπον ἡμῖν ἱκανήν καί πολύτιμον ἐκκλησιαστικῆς ἱστορίας ὕλην. Ὁ πρῶτος ἄρχεται τῆς ἱστορίας αὐτοῦ ἀπό τοῦ 305 καί καταλήγει εἰς τὸ 439 διαιρῶν αὐτήν εἰς ἑπτά βιβλία, ὁ δεύτερος πραγματευόμενος τὴν ἱστορίαν αὐτοῦ εἰς 9 βιβλία περιλαμβάνει ἐν αὐτῇ μιᾶς περίπου ἑκατονταετηρίδος γεγονότα (324-423)· ὁ δέ ἱερός Θεοδώρητος διαιρῶν τήν συγγραφὴν αὐτοῦ, τὴν συντομωτέραν μέν, ἀλλά περιεκτικωτέρα τῶν ἄλλων δύο εἰς βιβλία 5 συγκαταλέγει ἐν αὐτῇ τά ἀπό τοῦ 320-428 ἐκκλησιαστικά συμβάντα. Πρός τούτοις δέν πρέπει νά παραλείψωμεν ἐνταῦθα ὅτι ὡς πρός τὴν ἀκρίβειαν, τὴν κρίσιν καί τὴν ἀμεροληψίαν ὑπερέχει πολύ τόν Σωζόμενον ὁ Σωκράτης.

Ἐκ τῶν δύο καθαρῶς ἐκκλησιαστικῶν ἱστοριογράφων τῆς 6[ης] ἑκατονταετηρίδος ὁ μέν εἰς Θεόδωρος ὁ Ἀναγνώστης τῆς ἐν Κωνσταντινουπόλει Ἐκκλησίας συνέταξεν ἐπιτομήν τῶν τριῶν τοῦ Εὐσεβίου διαδόχων περιελθουσῶν μέχρις ἡμῶν, ἀλλ' οὐδεμίαν ἀξίαν ἔχουσαν καί συνέχειαν μέχρι τοῦ 518 πολλοῦ μέν λόγου ἀξίαν ὡς μανθάνομεν παρ' ἄλλων ἀπωλεσθεῖσαν ὅμως δυστυχῶς ἐκτός ὀλιγίστων τεμαχίων διασωθέντων παρά Νικηφόρῳ τῷ Καλλίστῳ· ὁ ἕτερος, ὁ Εὐάγριος ὅστις ἦν σχολαστικός ἐν Ἀντιοχείᾳ εἶναι ὁ τελευταῖος ἕλλην ἱστορικός τῆς περιόδου ταύτης. Ἡ ἱστορία αὐτοῦ ἀρχομένη ἀπό τοῦ 431 καί φθάνουσα ἐν 6 βιβλίῳ μέχρι τοῦ 594 εἶναι πλήρης πολυμαθείας καί οὐχί ἄμοιρος ἱστοριογραφικῆς τέχνης, καίτοι ὁ μέγας θρησκευτικός ζῆλος αὐτοῦ καθίστησιν αὐτόν λίαν εὔπιστον καί ἀταλαιπώρως οὕτως εἰπεῖν τὴν ἀλήθειαν εἰσδεχόμενον.

---

9 (Σωκράτους, Ἐκκλησιαστική Ἱστορία 7,27 καί Φωτίου, Μυριόβιβλος, 35)

Ἡ Ἑλλάς, ἡ χορηγήσασα εἰς τόν κόσμον τόν πρῶτον τύπον τῆς καθόλου ἱστοριογραφίας ἐν τῷ Ἡροδότῳ καί τῷ Θουκιδίδῃ, δωρήσασα εἰς τόν Χριστιανισμόν καί τῆς ἐκκλησιαστικῆς ἱστορίας τήν μέθοδον καί ἐν μέρει τήν φρασεολογίαν ἐν τῷ Εὐσεβίῳ, τῷ Σωκράτει, τῷ Εὐαγρίῳ κτλ. ἀνερρίπισεν πρώτη πάλιν αὐτή καί τόν πρός τήν ἱεράν ἱστοριογραφίαν ἔρωτα τῶν ἄλλων ἐθνῶν, τά ὁποῖα ὅμως καί κατά ταύτην ὡς καί κατά τήν ἐπομένην περίοδον οὐδέν ὡς πρός τοῦτο ἄξιον λόγου ἔργον προήγαγον εἰς φῶς.

Οἱ Λατίνοι ἐκκλησιαστικοί ἱστορικοί τῆς παρούσης περιόδου παραβαλλόμενοι πρός τούς Ἕλληνας καί κατά τόν ἀριθμόν εἶναι ὀλίγιστοι καί κατά τό εἶδος μεταφρασταί τό πλεῖστον καί ἀντιγραφεῖς τῶν ἑλληνικῶν πρωτοτύπων.

Ὁ κατά πρῶτον Ἐκκλησιαστικήν Ἱστορίαν εἰς τήν Λατινικήν ἢ Δυτικήν Ἐκκλησίαν δούς εἶναι ὁ Ρουφῖνος ὁ πρεσβύτερος τῆς ἐν Ἀκυληΐᾳ ἐκκλησίας, ὅστις μεθερμηνεύσας (περί τό 400) τήν Ἐκκλησιαστικήν Ἱστορίαν τοῦ Εὐσεβίου εἰς τήν λατινικήν γλῶσσαν ἐξέτεινεν αὐτήν μέχρι Θεοδοσίου τοῦ Μεγάλου (395). Ἀλλά τόσον ἡ μετάφρασις ὅσον καί αἱ γενόμεναι προσθῆκαι θεωροῦνται παρά πάντων ὡς ἄθλια καί ἄχρηστα.

Μετά τοῦτον συνέγραψεν ἐκκλησιαστικήν ἱστορίαν *ἱεράν* αὐτήν ὀνομάσας (*historia sacra*) ὁ Σουλπίκιος ὁ Σαυῆρος, εἷς ἐκ τῶν κατά τήν Ἀφρικήν ἱερέων ἀρξάμενος ἀπό τῆς δημιουργίας καί καταπαύσας μέχρι τῶν ἡμερῶν αὐτοῦ (ὅ ἐστι μέχρι τοῦ 393)· οὗτός ἐστιν ὁ διά τήν στενολεσχίαν, σαφήνειαν καί γλαφυρότητα τοῦ ὕφους αὐτοῦ *χριστιανός Σαλλούστιος* ἐπωνομασθείς, ἡ Ἐκκλησιαστική ὅμως Ἱστορία του ὀλίγα παρέχει εἰς ἡμᾶς ἄγνωστα.

Τελευταῖον δέ ἐφάνη εἰς τήν Δύσιν ἐπιτομή τις ἐκ τῶν ἱστοριῶν τοῦ Σωκράτους, τοῦ Σωζομένου καί τοῦ Θεοδωρήτου λατινιστί, γενομένη προτροπῇ Μάγνου Αὐρηλίου Κασσιοδώρου (+ μετά τό 562) ὑπό τινος Σχολαστικοῦ ὀνόματι Ἐπιφανίου, ἥτις διά τοῦτο καί *τριμερής ἱστορία* (*historia tripartita*). Ἡ ἱστορία αὕτη μετά τῆς τοῦ Ρουφίνου ἦτο καθ' ὅλον τόν μεσαίωνα μέχρι τῆς Ἀναμορφώσεως (μέχρι τῆς 16ης ἑκατονταετηρίδος) ἡ πηγή ἐξ ἧς ἠρύετο καί ἐμάνθανε τάς περί τῆς ἀρχαίας Ἐκκλησίας ἱστορικάς γνώσεις αὐτῆς ἡ Λατινική Ἐκκλησία· διότι ἕνεκα τῆς ἐπιπολαζούσης ἐν αὐτῇ ἀγνοίας τῆς ἑλληνικῆς γλώσσης οὐδόλως ἠδύνατο νά ὠφεληθῇ ἐκ τῶν ἑλλήνων ἐκκλησιαστικῶν ἱστοριογράφων[10]. /(14)

---
10 Ἡ καλλιτέρα ἔκδοσις τῆς τοῦ Ρουφίνου Ἐκκλησιαστικῆς Ἱστορίας εἶναι ἡ ὑπό Petr. Thom. Cacciari, Rufini Historiae eccles. Libr. XI, 2 tomi, Romae 1740. Suplicii Severi Presbyt. Opera omnia cum comment. Accurante Geor-

§ 10. Συνέχεια (ἀπό τῆς 7ης -15ης ἑκατονταετηρίδος)

Ἀντί προϊόντος τοῦ χρόνου νά αὐξάνῃ ἡ πρός τήν ἐκκλησιαστικήν ἱστοριογραφίαν σπουδή καί τάσις, βλέπομεν αὐτήν ἐξ ἐναντίας ἐλείπουσαν σχεδόν παντελῶς κατά τήν περίοδον ταύτην, καί ἐν μέν τῇ Ἀνατολῇ ἐκπολιτιζομένην οὕτως εἰπεῖν εἰς τάς χεῖρας τῶν βυζαντινῶν ἱστοριογράφων, οἵτινες τοσοῦτον μόνον ἅπτονται τῶν ἐκκλησιαστικῶν πραγμάτων ὅσον ταῦτα ἐμφανίζονται εἰς τήν αὐλήν τῆς βυζαντινῆς αὐτοκρατορίας· Ἐν δέ τῇ Δύσει περιοριζομένην εἰς μερικάς ἐκκλησιαστικάς ἱστορίας, εἰς χρονικά καί ἐξαιρέτως εἰς βιογραφίας παπῶν. Τά αἴτια τῆς ἐλλείψεως ταύτης κεῖνται ἀναμφιβόλως ἔνθεν μέν εἰς τάς θυελλώδεις τῶν βαρβάρων ἐπιδρομάς, ἐκεῖθεν δέ εἰς τάς ἀναστατώσεις τῶν εἰκονοκλαστῶν, εἰς τόν πόλεμον κατά τῶν παπικῶν /(15) ἀξιώσεων καί εἰς τήν πρός τήν δογματικήν καί τήν φιλοσοφίαν τάσιν τῶν σχολαστικῶν.

Ἡ Ἀνατολική Ἐκκλησία παρουσιάζει καθ᾽ ὅλον τοῦτο τό χρονικόν διάστημα ἕν μόνον ἐπίσημον καί γενικόν εἰς τό εἶδος τοῦτο ἔργον, ἤγουν τήν Ἐκκλησιαστικήν Ἱστορίαν Νικηφόρου τοῦ Καλλίστου, πρεσβυτέρου τῆς ἐν Κωνσταντινουπόλει Ἐκκλησίας, ἀκμάσαντος περί τά μέσα τῆς 14ης ἑκατονταετηρίδος. Ὁ Κάλλιστος ἀνεδίφησεν ἐπιμελῶς τούς ἀρχαίους ἱστορικούς τῆς Ἐκκλησίας καί πλεῖστα ἄλλα χειρόγραφα τά ὁποῖα προσέφερεν αὐτῷ ἡ βιβλιοθήκη τῆς Ἁγίας Σοφίας· ἡ ἱστορία ὅμως αὐτοῦ οὐκ ἔστιν ἐν πᾶσιν ἀξιόπιστος, πρό πάντων δέ ἐπαισθητή καθίσταται ἐν αὐτῇ ἡ ἔλλειψις κριτικοῦ πνεύματος. Ἐκ τῶν 23 βιβλίων τῆς Ἐκκλησιαστικῆς αὐτοῦ Ἱστορίας, ἥτις ἀρχομένη ἀπό Χριστοῦ κατήρχετο μέχρι τοῦ 911, σώζονται τά 18 μόνον, ἐν οἷς ἡ Ἐκκλησιαστική Ἱστορία ἀφικνεῖται μέχρι τοῦ 610.

Ἡ ἱστορία τοῦ ἐν Ἀλεξανδρείᾳ πατριάρχου τῶν Μελχιτῶν Εὐτυχῆ (ζῶντος ἐν ἔτει 950), ἥτις φθάνει μέχρι τοῦ 940 ἐκτεθεῖσα εἰς γλῶσσαν ἀραβικήν τά κατά τήν Ἀλεξάνδρειαν γεγονότα, ἀξίαν ἔχει κατά τοσοῦτον μόνον καθόσον παρέχει εἰδήσεις τινάς περί τῶν Μωαμεθανῶν.

Περισσότερον ὑλικόν εἰς τήν ἐκκλησιαστικήν ἱστορίαν τῆς Ἀνατολῆς παρέχουσιν οἱ Β υ ζ α ν τ ι ν ο ί λεγόμενοι συγγραφεῖς, οἵτινες παρουσιάζονται εἰς τήν σκηνήν ἀπό τοῦ

gio Hornis, Lugd. Bat. 1654 καί ἐν τῇ βίβλ. τοῦ Γαλλανδίου tom. VIII. Historiae tripartitae libr. XII ed. I. Gaterius Rothomagi 1679 Vevet. 1729 fol..

500-1500· καί ἐν οἷς ἄξιον σημειώσεώς ἐστιν ἰδίως τό οὕτω καλούμενον Ἀλεξανδρινόν χρονικό¹¹.

Καί ἐν τῇ Δύσει ἓν ἐπίσης λόγου ἄξιον ἱστορικόν ἔργον ἐνεφανίσθη κατά τό διάστημα τοῦτο, τό βιβλίον τῶν Ποντιφίκων λεγόμενον, ἤτοι οἱ βίοι τῶν Παπῶν, ὅπερ φέρει συνήθως τό ὄνομα Ἀναστασίου τοῦ βιβλιοθηκαρίου (+886). Οἱ λοιποί τῆς Δύσεως ἐκκλησιαστικοί ἱστορικοί εἶναι ὁ Γρηγόριος ὁ Τουρόνων ἐπίσκοπος (+595), ὁ συγγραφεύς τῆς ἱστορίας τῶν Φράγκων, Βέδας ὁ Σεβαστός λεγόμενος (+735), ὁ συγγραφεύς τῆς ἱστορίας τῶν Ἄγγλων καί ἄλλοι, ὧν οὐδέν ἀξιόλογον φέρουσι τά ἔργα¹².

§ 11. Συνέχεια (ἀπό τῆς 15ης ἑκατονταετηρίδος μέχρι τῶν ἡμερῶν ἡμῶν)

Καί κατά ταύτην τήν περίοδον ἡ Ἐκκλησιαστική Ἱστορία Μελετίου Μητροπολίτου Ἀθηνῶν εἶναι ἡ μόνη γενική ἐκκλησιαστική ἱστορία ἥτις ἐνεφανίσθη ἐν τῇ ἡμετέρᾳ Ἐκκλησίᾳ. Ἀλλά καί αὕτη δέν ἐξεδόθη εἰσέτι δυστυχῶς, εἰς ἥν ἐγράφη ἀρχαίαν καί καθαράν ἑλληνικήν γλῶσσαν ὑπό τοῦ μακαρίου Μελετίου. Ταύτης μετάφρασιν εἰς τήν χυδαίαν ἑλληνικήν γλῶσσαν ἐφιλοπόνησε καί ἐξέδωκεν ἐν Βιέννῃ τῷ 1783-1784 εἰς τόμους τρεῖς ὁ ἀοίδιμος Γεώργιος Βενδότης ὁ Ζακύνθιος, προσθείς καί 4ον τόμον, ἐκδοθέντα ὡσαύτως ἐν Βιέννῃ τῷ 1795. Αἱ δειναί περιστάσεις, ἐν αἷς περιέπεσε κατά τήν περίοδον ταύτην ἡ καθ' ἡμᾶς Ἐκκλησία, δικαιολογοῦσιν ἐν μέρει τήν ἔλλειψιν ταύτην, ἀλλά δυστυχῶς οὔτε παρά τοῖς ὁμοδόξοις Ρώσοις ἐφάνη μέχρι τοῦδε γενική τις ἐκκλησιαστική ἱστορία ἀξία λόγου. Ἐγχειρίδια καί μερικαί ἐκκλησιαστικαί ἱστορίαι ἐγράφησαν καί ἐξεδόθησαν πολλαί καί παρ' ἡμῖν[13] καί παρ' αὐτοῖς. Ἀξία δέ σημειώσεως εἶναι ἐκ τῶν ἡμετέρων ἡ Ἑκατονταετηρίς Εὐγενίου τοῦ Βουλγάρεως καί ἡ Ἱστορία τῶν νεωτάτων χρόνων τῆς Ἐκκλησίας τῆς Ἑλλάδος, συγγραφεῖσα ὑπό τοῦ πρεσβυτέρου Κωνσταντίνου Οἰκονόμου τοῦ ἐξ Οἰκονόμων.

---

11 Τῆς Ἐκκλησιαστικῆς Ἱστορίας τοῦ Καλλίστου ἡ μόνη ἑλληνολατινική ἔκδοσίς ἐστιν ἡ ὑπό τοῦ Ἰησουΐτου Φροντοδουκαίου ἐν Παρισίοις γενομένη εἰς τόμους 2, εἰς μεγάλα φύλλα (Frontonle Duc, Paris 1630, voll. 2 fol.). Νεωτάτη δέ ἔκδοσις τῶν βυζαντινῶν ἱστορικῶν εἶναι ἡ τῆς Βόννας, Corpus scriptor. histories Byzant. Ed. Niebuht, Bonn 1828.
12 Περί πάντων τούτων βλ. Alzog. /(16)
13 Ἐγχειρίδια Ἐκκλησιαστικῆς Ἱστορίας εἴτε ἐκ μεταφράσεως εἴτε ἐξ ἐπιτομῆς ἐξέδωκαν παρ' ἡμῖν ὁ Κομμητᾶς, ὁ Κανταρτζῆς, Ἀλέξανδρος ὁ Λάσκαρις καί εἴτις ἄλλος.

Παρά τοῖς ἑτεροδόξοις παπισταῖς καί διαμαρτυρομένοις ἐποίησεν ἡ ἐκκλησιαστική ἱστοριογραφία τάς μεγίστας προόδους κατά τήν περίοδον ταύτην. Ἡ μεταξύ τῶν δύο τούτων χριστιανικῶν διαμορφώσεων ἀναφυεῖσα θρησκευτική πάλη ἐζωογόνησε καί ἐθέρμανε τήν σπουδήν, καθώς πρός πάντας ἐν γένει τῆς θεολογικῆς ἐπιστήμης τούς κλάδους οὕτω καί πρός τήν ἱεράν ἱστοριογραφίαν καί παρήγαγε πλεῖστα ὅσα λόγου ἄξια ἔργα ἱστορικά, γεγραμμένα ὅμως πάντα ὑπό τό δογματικόν πρῖσμα τῶν πατέρων αὐτῶν.

Ἐν τῷ μέσῳ τοῦ Παπικοῦ κόσμου πρώτη κατά τούς χρόνους τούτους ἀνεφάνη ἡ ἐκκλησιαστική ἱστορία τοῦ Βαρονίου (γεν. τῷ 1538+1607) εἰς 12 τόμους εἰς μέγα φύλλον, ἑκάστου τόμου συμπεριλαμβάνοντος τήν ἱστορίαν μιᾶς ἑκατονταετηρίδος. Ἡ ἱστορία αὕτη, ἥτις ἐπιγράφετο «Χρονικά τῆς Ἐκκλησίας» (*Annales ecclesiastici*) καί περιέχει πολλά ἕως τότε ἀνέκδοτα ἔγγραφα, γράμματα καί πραγματείας σχεδόν ὁλοκλήρους, συνεπληρώθη ὕστερον ὑπό διαφόρων ἄλλων ἀνδρῶν εἰς τήν αὐτήν ἐκκλησίαν ἀνηκόντων καί εἶναι καθ' ὅλην τῆς λέξεως τήν σημασίαν παπική· (ἡ νεωτέρα ἔκδοσις μετά τῶν συμπληρωμάτων εἶναι ἡ ὑπό τοῦ J.D. Mansi Luccae, 1738-1759, 38 tom., fol.).

Μετά τόν Βαρόνιον ἐκκλησιαστικάς ἱστορίας ἐπί τό ἐλευθεροφρονέστερον καί ἐν πολλοῖς /(17) καί ἀντιπαπικώτερον συνέγραψαν πολλοί ἐν Γαλλίᾳ, ὡς ὁ Ἀντώνιος Γοδεαῦος, ὁ Βοσσουέτος, ὁ Νατάλιος Ἀλέξανδρος, ὁ Τιλλεμόντιος, ὁ Φλευρῆς, ὁ Φραγκίσκος Τιμολέων (de Choisy), ὁ Δουκρέ, ὁ Ῥακίνας καί ὁ Βερῶλτος Βερκαστάλ.[14] Ἐκ δέ τῶν ἐν Γερμανίᾳ παπιστῶν ἐκκλησιαστικοί ἱστορικοί ἀνεφάνησαν κατά τήν ἐνεστῶσαν ἑκατονταετηρίδα, διότι πρότερον ἠρκοῦντο εἰς περιλήψεις τοῦ Βαρονίου καί εἰς μεταφράσεις τῶν γάλλων ἐκκλησιαστικῶν ἱστοριο-

---

14 Antoine Godeau, Histoire de l' Église depuis la naissance de Jesus Chr. jusq' au ix. siècle, 3 tom. fol., Paris 1653, corrig. et augmentée par l' auteur, Paris 1672-1678, 4 voll.. J. B. Bossuet, Discours sur l' histoire univers, Paris 1681 (ταύτης ὑπάρχει καί ἑλληνική μετάφρασις). Natalis Alexandri, Historia ecclesiastica V. et N. Test., Paris 1699, 8 voll. fol., ἐκδ. νεωτέρα Bingen 1785-91, 18 voll. εἰς τέταρτον. Sebastian le Nain de Tillemont, Memoires pour servir à l' histoire écclesiastique, Paris 1693-1712, 16 voll., εἰς 4ον. Claud Fleury, Histoire écclesiastique, Paris 1691-1720, 20 voll. εἰς 4ον, (μέχρι τοῦ ἔτους 1414), συμπληρωθεῖσα ὕστερον παρ' ἄλλων ἐξεδόθη τῷ 1758-1787 εἰς τόμ. 77, εἰς 8ον, ἡ ὑπό τοῦ συγγραφέως γενομένη συνέχεια ἀπό τοῦ 1414-1517, ἐξεδόθη ἐν Παρισίοις τῷ 1840, εἰς τόμους 6, εἰς 8ον. Fr. Timoleon de Choisy, Histoire de l' église, Paris 1706- 1723, 11 voll.. (Bonaventura) Racina, Abrégé de l' histoire écclesiastique, nouvelle edition à Cologne, 1748-1754, 15 voll. εἰς 8ον. Berault- Bercastel, Histoire de l' église, Paris 1830, 12 tom., εἰς 8ον, φθάνει μέχρι τοῦ 1720· συνέχειαν αὐτῆς ἐξέδωσεν ὁ Abbé Comte de Robiano, Paris 1836, 8 tom., ἥτις φθάνει μέχρι τοῦ 1829.

γράφων. Ὀνομαστότεροι δέ εἶναι ἐν αὐτοῖς ὁ Λεοπόλδος Στολβέργιος, ὁ Δοιλίγγερος, ὁ Ἀλλόγιος καί ὁ Ρίττερος.[15]

Πολλῷ περισσότεροι εἰσίν οἱ Διαμαρτυρόμενοι ἐκκλησιαστικοί ἱστοριογράφοι τῆς περιόδου ταύτης. Τήν πρώτην ἐκκλησιαστικήν ἱστορίαν, ἥτις σήμερον γνωρίζεται ὑπό τό ὄνομα Μαγδεμβουργικαί ἑκατονταετηρίδες, ἐξέδωκε παρ' αὐτοῖς τῇ βοηθείᾳ καί ἄλλων λογίων ἀνδρῶν Ματθίας Φλάκιος ὁ Ἰλλυρικός εἰς 13 τόμους, εἰς μέγα φύλλον, καθ' οὗ ἔγραψε καί ὁ Βαρόνιος τά *Χρονικά* του. (*Ecclesiastica historia congesta per aliquot studiosos et pios viros in urbe Magdeburgicae.* Basileae 1559-1573, 13 voll., fol.). Μετά τόν Φλάκιον ἐπῆλθον πολλοί μέχρις οὗ ἐνεφανίσθη Ἰωάννης Λορέντος ὁ Μοσχέμιος (+1755), ὅστις θεωρεῖται ὁ πατήρ τῆς νεωτέρας ἐπιστημονικῆς καί πραγματικῆς λεγομένης ἐκκλησιαστικῆς ἱστορίας. Ἐκ δέ τῆς ἐνεστώσης ἑκατονταετηρίδος οἱ διασημότεροι εἶναι ὁ Γισελέριος, ὁ Νέανδρος, ὁ Γουερῖκος, ὁ Ἄσιος (Hase), ὁ Κούρτζ καί ἄλλοι[16].

12. Συναρμολόγησις τῆς Ἐκκλησιαστικῆς Ἱστορίας

Διά τε τό ποικίλον τῆς ὕλης καί διά τάς ἐν τῷ χρόνῳ ἐνθεωρουμένας διαφόρους καταστάσεις τοῦ βίου τῆς ἐκκλησίας δαιρεῖται ἡ Ἐκκλησιαστική Ἱστορία κατά πλάτος τε καί μῆκος· τουτέστι καθ' ὕλην τε καί κατά χρονικά διαστήματα. Εἰς ἀμφοτέρας ὅμως τάς διαιρέσεις ταύτας ἐπικρατοῦσι καί σήμερον ἔτι διάφοροι μέθοδοι. Διότι ἄλλοι μέν ἐξιστοροῦσι τά γεγονότα κατά τήν χρονικήν σειράν καί ἀκολουθίαν, καθ' ἥν συνέβησαν· ἄλλοι δέ διακρίνουσι καί συνεπάγουσιν ὑπό ἕν τμῆμα ἤ κεφάλαιον τά ὁμοειδῆ, ἤγουν πάντα ἐκεῖνα ὅσα ἀποβλέπουσιν ἤ ἀναφέρονται εἰς μίαν τινά ἐνέργειαν ἤ σχέσιν τῆς Ἐκκλησίας. Καί πάλιν ἄλλοι μέν προτιμῶσι τήν κατά ἑκατονταετηρίδας χρονικήν διαίρεσιν, οἱ δέ τήν κατά περιόδους. Ὅσον ἀφορᾷ τήν κατά ἑκατονταετηρίδας

---

15 Leopold von Holderg, Geschichte der Religion Jesu, Hamburg 1806-18, 15 Bd., ἀφικνεῖται μέχρι τοῦ 430, συνέχεια ὑπό τῶν Lerz καί Brischar, Mainz 1825, μέχρι τοῦδε 48 τόμ., οἵτινες φθάνουν μέχρι τῆς 14ης ἑκατονταετηρίδος. Doellinger, Lehrbuch der Kirchengeschichte, Regensburg 1836. Johannes Alzog, Universalgeschichte der christlicher Kirche, Mainz 1850, ἔκδ. 5η, (ταύτης ὑπάρχει καί γαλλική μετάφρασις). S. J. Ritter, Handbuch der Kirchengeschichte, 2 Bd., Bonn 1854, ἔκδ. 5η.

16 J. C. Ludw. Gieseler, Lehrbuch der Kirchengeschichte, Bonn 1844, 11 Bd.. A. Neander, Allgemeine Geschichte der christlicher Religion und Kirche, Gotha 1856, 2 Bd., εἰς 8ον, φθάνει μέχρι τῆς 14ης ἑκατονταετηρίδος. H. E. Ferd. Guericke, Handbuch der allgemeine Kirchengeschichte, 2 Bd., 8η ἔκδ. 1857. Karle Hase, Kirchengech. Lehrbuch, Leipz 1848, 6η ἔκδ.. J. H. Kurtz, Lehrbuch der Kirchengeschichte, fuer Studirende, Mitau und Leipz 1860, ἔκδ. 4η. τοῦ αὐτοῦ, Handbuch der allgemeine Kirchengeschichte, Mitau 1853, ἔκδ. 3η, 4 τόμοι (ἀτελής).

χρονικὴν διαίρεσιν τῆς /(19) Ἐκκλησιαστικῆς Ἱστορίας εἶναι ἀληθές ὅτι εἶναι εὐχερεστάτη καὶ ἀπονωτέρα, εἶναι ὅμως καὶ ἡ μᾶλλον ἀταλαίπωρος, μηχανικὴ καὶ ὅλως ἀνεπιστήμων, διὸ καὶ ἡμεῖς προτιμῶμεν μετὰ τῶν περισσοτέρων ἱστορικῶν τὴν κατὰ περιόδους. Ὅσον δὲ ἀποβλέπει τὴν καθ' ὕλην διαίρεσιν, ἔχει καὶ ἡ μία καὶ ἡ ἑτέρα μέθοδος τὰ ἑαυτῆς προτερήματα καὶ ἐλαττώματα· διότι διὰ μὲν τῆς συνεχοῦς χρονολογικῆς ἐκθέσεως τῶν πραγμάτων καθίσταται μὲν προσιτωτέρα καὶ ζωηροτέρα καὶ ἡ ἐξιστόρησις τῶν γεγονότων καὶ ἡ αἰτιώδης σχέσις καὶ ἀλληλουχία αὐτῶν, συμφύρονται ὅμως τὰ πράγματα οὕτω, ὥστε καθίσταται δυσευσύνοπτον τὸ ὅλον μιᾶς τινος ἐνεργείας ἢ σχέσεως τῆς Ἐκκλησίας κατὰ μίαν τινὰ ὡρισμένην ἐποχήν. Ἡ δὲ ἑτέρα μέθοδος, καθ' ἥν διακρίνονται ἀπ' ἀλλήλων τὰ γεγονότα τῶν διαφόρων ἐνεργειῶν καὶ σχέσεων τῆς Ἐκκλησίας καὶ ἐξαγόμενα ἐκ τῆς ἱστορικῆς αὐτῶν σειρᾶς ἐκτίθενται πάντα χωριστὰ ὑπὸ ἰδιαίτερα τμήματα ἢ κεφάλαια, στερεῖται μὲν τοῦ πλεονεκτήματος τῆς πρώτης μεθόδου, δὲν ἔχει ὅμως καὶ τὸ ἐλάττωμα αὐτῆς. Καὶ ἐνταῦθα προτιμῶμεν τὴν δευτέραν μέθοδον· διότι τὸ ἐλάττωμα αὐτῆς αἴρεται ἐν μέρει διὰ τῆς εἰς ἐποχὰς ὑποδιαιρέσεως τῶν περιόδων, ἥτις ὑποδιαίρεσις, ὡς καὶ ἡ εἰς περιόδους δὲν εἶναι αὐθαίρετος, ἀλλ' ἔχει τὸν λόγον αὐτῆς ἐν αὐτῇ τῇ ζωῇ καὶ καταστάσει τῆς Ἐκκλησίας.

Εἰς τὴν κατὰ πλάτος διαίρεσιν ἀνάγεται οὐ μόνον ἡ καθ' ὕλην ἀλλὰ καὶ κατὰ Ἐκκλησίας διαφόρων ἐθνῶν διαίρεσις· λαμβάνει δὲ χώραν ἡ τελευταία αὕτη διαίρεσις· α) ὅταν ὁ βίος τῆς Ἐκκλησίας ἑνὸς ἔθνους διακρίνεται κατὰ τὴν ἐσωτερικὴν ἢ πνευματικὴν ἀνάπτυξιν καὶ τὰς ἐξωτερικὰς αὐτοῦ σχέσεις, ἢ ὡς ἐκ τοῦ χαρακτῆρος τοῦ ἔθνους ἢ ἕνεκα τῶν περιστάσεων β) ὅταν ἡ Ἐκκλησία ἑνὸς ἔθνους ἀφίσταται ἢ κατὰ τὸ δόγμα ἢ κατὰ τὴν ἐξωτερικὴν λατρείαν ἢ κατά τι ἄλλο, ἀπὸ τῆς ἀληθοῦς Ἐκκλησίας τοῦ Χριστοῦ. Εἰς τὴν καθ' ὕλην διαίρεσιν ἀνήκει ὡσαύτως καὶ ἡ κατὰ Ἐκκλησίας διαίρεσις, ἥτις δύναται νὰ λαμβάνει χώραν δι' οὕς καὶ ἡ κατὰ Ἐκκλησίας ἐθνῶν διαίρεσις.

Καθ' ὕλην διαιρεῖται ἡ Ἐκκλησιαστικὴ ἡμῶν Ἱστορία ὡς ἀκολούθως:

α) εἰς τὴν ἱστορίαν τῆς διαδόσεως καὶ ἐξαπλώσεως τῆς Ἐκκλησίας ἢ τῆς συστολῆς καὶ ἐλαττώσεως τῶν ὁρίων αὐτῆς καὶ ἐν γένει τῶν σχέσεων αὐτῆς πρὸς τοὺς ἐκτὸς αὐτῆς διατελοῦντας.

β) εἰς τὴν ἱστορίαν τῶν σχέσεων αὐτῆς πρὸς τὴν πολιτείαν.

γ) εἰς τήν ἱστορίαν τῆς ἐσωτερικῆς διοργανώσεως καί τοῦ πολιτεύματος αὐτῆς, ὅπου ἀνήκει καί ἡ ἱστορία ἐκείνων τῶν Ἐκκλησιαστικῶν σχισμάτων, εἰς ὅσα ἀφορμή ἐγένετο διάφορός τις θεωρία ἤ δόξα περί τοῦ πολιτεύματος τῆς Ἐκκλησίας.

δ) εἰς τήν ἱστορίαν τῆς ἀναπτύξεως τῆς πίστεως, ἤτοι τῶν δογμάτων τῆς Ἐκκλησίας καί τῶν ἐν αὐτῇ ὑπαγομένων αἱρέσεων

ε) εἰς τήν ἱστορίαν τῆς ἐξωτερικῆς αὐτῆς λατρείας καί τῶν εἰς αὐτήν ἀνηκόντων σχισμάτων

στ) εἰς τήν ἱστορίαν τῶν θεολογικῶν σχολῶν καί ἐπιστημῶν καί τῶν ἐπ' ἁγιότητι βίου καί ἔργῳ καί λόγῳ ἤ ἐν θατέρῳ τούτων διαπρεψάντων ἐν τῇ Ἐκκλησίᾳ ἀνδρῶν.

Ἡ τάξις ἤ σειρά, καθ' ἥν πρέπει νά κατατάσσονται ἐν τῇ Ἐκκλησιαστικῇ Ἱστορίᾳ τά διάφορα ταῦτα μέρη τοῦ βίου τῆς Ἐκκλησίας, δέον νά ὁρίζηται οὐχί ἐκ τῶν προτέρων, μηδ' ἡ αὐτή τάξις ἡ πρός τήν ἀκολουθίαν αὐτῶν πρέπει νά φυλάττηται καθ' ὅλας τάς περιόδους καί ἐποχάς· ἀλλ' ἐκεῖνο τό μέρος τοῦ ἐκκλησιαστικοῦ βίου νά ἐκτίθεται πρῶτον, ὅπερ κατά μίαν τινα περίοδον ἤ ἐποχήν ἐξέχει καί ἐπενεργεῖ ἐπί πάντων τῶν ἄλλων. Πρός τούτοις τά ἀνωτέρω καταγραφέντα συστηματικά μέρη τῆς Ἐκκλησιαστικῆς Ἱστορίας ἔχουσι τοσαύτην σημαντικότητα καί ἀξίαν, ὥστε δύναται νά διαπραγματεύωνται καί χωριστά ἕν ἕκαστον καί πραγματικῶς διεπραγματεύθησαν οὕτω ὑπό πολλῶν νεωτέρων.

Ἐν τῇ κατά μῆκος ἐπιστημονικῇ διαιρέσει τῆς Ἐκκλησιαστικῆς Ἱστορίας, τουτέστιν ἐν τῇ κατά περιόδους καί ἐποχάς, ἀπαντῶνται ἐπίσης οὐκ ὀλίγαι διαφοραί μεταξύ τῶν ἱστορικῶν. Ἀλλ' ἡμεῖς ὁρμώμενοι ἐκ τῆς ἱστορίας τῆς Ἀνατολικῆς ὀρθοδόξου Ἐκκλησίας διαιροῦμεν αὐτήν εἰς τέσσαρας περιόδους.

Ἡ πρώτη ἄρχεται ἀπό τοῦ Κυρίου ἡμῶν Ἰησοῦ Χριστοῦ καί τελευτᾷ εἰς τόν Μέγαν Κωνσταντῖνον, 1-324.

Ἡ δευτέρα ἄρχεται ἀπό τοῦ Μ. Κωνσταντίνου καί τελευτᾷ εἰς τήν ἐν Τρούλλῳ ἕκτην ἤ πενθέκτην λεγομένην Σύνοδον, 324-692.

Ἡ τρίτη ἀρχομένη ἀπό τοῦ 692 κατέρχεται μέχρι τῆς ἁλώσεως τῆς Κωνσταντινουπόλεως, 692-1453.

Ἡ τετάρτη ἄρχεται ἀπό τῆς πτώσεως τῆς Κωνσταντινουπόλεως καί φθάνει μέχρι τῶν ἡμερῶν ἡμῶν.

ΠΕΡΙΟΔΟΣ ΠΡΩΤΗ

Ἀπό τῆς γεννήσεως τοῦ Ἰησοῦ Χριστοῦ μέχρι τοῦ Μεγάλου Κωνσταντίνου, τοῦτ' ἔστι μέχρι τῆς καταστροφῆς τοῦ Λικινίου καί τῆς ἐξασφαλήσεως τῆς χριστιανικῆς ἐκκλησίας ἔνδον τῆς Ῥωμαϊκῆς αὐτοκρατορίας

Τμῆμα πρῶτον

Ἀπό τοῦ Ἰησοῦ Χριστοῦ μέχρι τοῦ θανάτου τῶν περισσοτέρων ἀποστόλων, ἤτοι μέχρι τῆς καταστροφῆς τῆς πόλεως Ἰερουσαλήμ, 1-70 ἔτη.

ΕΙΣΑΓΩΓΗ

Κατάστασις τοῦ κόσμου ἐπί τῆς γεννήσεως τοῦ Κυρίου ἡμῶν Ἰησοῦ Χριστοῦ καί ἐπί τῆς πρώτης ἑκατονταετηρίδος.

13. Κατάστασις τοῦ ἐθνικοῦ κόσμου[17].

Διά νά ἐκτιμήσωμεν δικαίως τάς ἐνεργείας τοῦ Χριστιανισμοῦ, δέον νά γινώσκωμεν τήν κατάστασιν, εἰς τήν ὁποίαν εὑρίσκετο ἡ ἀνθρωπότης ἰδίως ἐν τῇ Ῥωμαϊκῇ ἐπικρατείᾳ κατά τούς χρόνους τῆς ἐμφανίσεως αὐτοῦ.

Τόν τότε γνωστόν κόσμον ἐξουσίαζον τρία ἔθνη οἱ Ῥωμαῖοι, οἱ Πάρθοι καί οἱ Γερμανοί. Ἡ Ῥωμαϊκή ἐπικράτεια περικλείουσα ἐν ἑαυτῇ τήν μεσόγειον θάλασσαν ἐξετείνετο πρός δυσμάς μέχρι τοῦ Ἀτλαντικοῦ ὠκεανοῦ, πρός βορρᾶν δέ μέχρι τοῦ Ῥήνου καί τοῦ Δουνάβεως, πρός Ἀνατολάς εἶχεν ὅριον τόν Εὐφράτην καί πρός μεσημβρίαν τάς ἀμμώδεις ἐρήμους τῆς Ἀραβίας καί Ἀφρικῆς. Οἱ Πάρθοι εἶχον ὑπό τήν κυριαρχίαν αὐτῶν τάς ἐπαρχίας τοῦ πρότερον Ἀσσυριακοῦ, Μηδικοῦ καί Βαβυλωνιακοῦ βασιλείου, τάς πρός τό ἀνατολικόν μέρος τοῦ Εὐφράτου κειμένας. Οἱ δέ Γερμανοί κατῴκουν τά πρός Ἀνατολάς τοῦ Ῥήνου καί πρός Βορρᾶν τοῦ Δουνάβεως, ἐφαπλούμενοι ἐπί τῆς Γερμανίας καί Πολωνίας. Πολιτισμός κατά τήν πλατυτάτην σημασίαν τῆς λέξεως, τέ-

---
17 Βλ. τήν βιβλ. παρά τῷ Ritter K-g. τόμ. α΄, σελ. 26 καί Giesel K-g. τόμ. Α΄ σελ. 25.

χναι καί ἐπιστῆμαι εὑρίσκοντο ἔνδον τῆς Ῥωμαϊκῆς μόνον ἐπικρατείας, ἴχνη δέ τούτων ἐσώζοντο ἔτι καί εἰς τά ἐνδότερα τῆς Ἀσίας, ὅπου ὁ Μέγας Ἀλέξανδρος καί οἱ διάδοχοι αὐτοῦ μετεφύτευσαν τόν ἑλληνισμόν. Ἡ Ῥώμη, τό κέντρον τοῦ μεγάλου ὅλου, συγκοινωνοῦσα εὐκόλως μέ πάντα τά μέρη τοῦ κράτους διά λαμπρῶν τεχνιτῶν ὁδῶν συνέκλειεν /(22) ἐν ἑαυτῇ πᾶν ὅ,τι ὡραῖον καί μέγα ἐφαντάσθη, ἐφεῦρε καί ἐξειργάσθη ὁ ἀρχαῖος κόσμος. Ἐξ αὐτῆς ἐστέλλοντο εἰς τάς ἐπαρχίας ὑπό διάφορα ὀνόματα οἱ τοπάρχαι, εἰς αὐτήν συνέρρεον ἐκ τῶν ἐπαρχιῶν τά ἀγαθά καί τά κακά. Πολυάριθμοι στρατοί ἐφύλαττον τάς ὑπό τήν αὐτοκρατορίαν χώρας διατελοῦντες ὑπό πειθαρχίαν καί τάξιν, διότι, ὡς πρός τήν τέχνην τοῦ ἄρχειν, οἱ Ῥωμαῖοι ἐπρώτευον ἐν τῷ ἀρχαίῳ κόσμῳ. Ἐπί τῆς κεφαλῆς τοῦ ὅλου ἴστατο εἷς αὐτοκράτωρ καί τοιοῦτος ἦτο, ὅτε ὁ Κύριος ἡμῶν Ἰησοῦς Χριστός ἐγεννήθη, ὁ Ὀκταβιανός Αὔγουστος, ἀναβάς τόν Ῥωμαϊκόν θρόνον μετά τήν δολοφονίαν τοῦ υἱοθετήσαντος αὐτόν (καί πρώτου αὐτοκράτορος τῆς Ῥώμης) Ἰουλίου Καίσαρος καί ἔχων παρ' ἑαυτῷ καί ὑφ' ἑαυτόν τήν Γερουσίαν, εἰκονίζουσαν ἔτι τήν ἀρχαίαν δημοκρατίαν.

Τό σκῆπτρον τοῦ πνεύματος καί τῆς καρδίας ἐβάσταζον ἡ Ἑλλάς, ἡ Μήτηρ τῶν ποιητῶν τῶν φιλοσόφων καί τῶν ῥητόρων, τῆς τέχνης καί ἐπιστήμης. Τέχναι καί ἐπιστῆμαι εἶχον διαδοθῆ ἀπό τῆς Ἑλλάδος εἰς τά βάθη τῆς Ἀσίας καί τῆς Αἰγύπτου ἤδη ἀπό τοῦ 300 π. Χρ. διά τῶν ὅπλων καί τῆς κυριαρχίας τῶν Μακεδόνων, ἔτι δέ πρωϊμώτερον εἰς τήν Ἰταλίαν καί τήν μεσημβρινήν Γαλλίαν. Ἐπί τῆς κυριαρχίας τῶν Ῥωμαίων, οἵτινες ὡς πρός τάς τέχνας καί ἐπιστήμας ἦσαν μαθηταί τῶν Ἑλλήνων, μετεδόθησαν καί εἰς τήν Ἀφρικήν καί εἰς τά δυτικά μέρη τῆς Εὐρώπης. Ἡ Ἀλεξάνδρεια, ἡ Ἀντιόχεια καί ἡ Ταρσός ἡμιλλῶντο πρός τήν Ἔφεσον καί τάς Ἀθήνας καί ὡς πρός τήν ποικιλίαν τοῦ πνευματικοῦ βίου ὑπερτέρουν μάλιστα αὐτάς. Ἐν Καρχηδόνι (Καρθαγένη) καί εἰς ἄλλας πόλεις τῆς Ἀφρικῆς, ἐν ταῖς Γαλλίαις, παρά τάς ὄχθας τοῦ Ῥοδανοῦ, ἐν Ἱσπανίᾳ καί Λυσιτανίᾳ παρά τόν ποταμόν Τάγον (σημ. Tajo), παρά τόν Ῥῆνον καί ἐν τῇ ἄνω Ἰταλίᾳ ἤνθουν δημόσιαι σχολαί τῆς ῥητορικῆς καί τῆς φιλοσοφίας. Καθώς εἰς τά ἀνατολικά μέρη τῆς Ῥωμαϊκῆς Αὐτοκρατορίας μέχρι καί τῶν ὀχθῶν τοῦ Τίγρεως ὡμιλεῖτο ἡ Ἑλληνική γλῶσσα· οὕτω εἰς τά δυτικά ἡ γλῶσσα ὅλων τῶν λογίων καί κατά μέγα μέρος τοῦ λαοῦ ἦτον ἡ Λατινική. Αἱ ἀνώτεραι ὅμως τάξεις τῶν Ῥωμαίων ἠδύναντο νά μεταχειρίζωνται ἐπίσης ἀμφοτέρας, ἐπί δέ τῶν αὐτοκρατόρων καθίσταται ἡ Ἑλληνική γλῶσσα ἑκάστοτε κοινοτέρα καί ἐν αὐτῇ τῇ Ῥώμῃ. Ἐπί πᾶσι δέ τούτοις ἤκμαζε τό ἐμπόριον, διότι οἱ φραγμοί ὅλων τῶν τόπων τῶν ὑπό τούς Ῥωμαίους διατελούντων εἶχον καταπέση καί ἡ ἀσφάλεια τῆς θαλασσοπλοΐας εἶχεν ἀποκατασταθῆ.

Ἀλλ' ἐνῶ οὕτω λαμπρά ὑπῆρχεν ἡ ἐξωτερική ὄψις τοῦ Ῥωμαϊκοῦ κράτους, /(23) ἡ θρησκεία καί ἡ ἠθική εὑρίσκοντο εἰς οἰκτράν κατάστασιν. Ὁ Πολυθεϊσμός, ὅστις ἦτο ἡ θρησκεία ὅλων τῶν λαῶν καί τῶν ἐθνῶν αὐτοῦ (τοῦ Ῥωμαϊκοῦ κράτους), ἐξαιρουμένων τῶν Ἰουδαίων, ἔβαινεν ἀκαταπαύστως ἐπί τά χείρω καί ἀπέβαλλε τήν ἀρχαίαν αὐτοῦ ἐπί τῶν καρδιῶν καί τῶν πνευμάτων δύναμιν. Τά πλήθη, τόν ὄχλον ἐκυρίευε δεισιδαιμονία αἰσχύνην καί ἀτιμίαν ἐμποιοῦσα, τούς δ' ὁπωσοῦν διανοητικῶς μεμορφωμένους ἀπιστία ἀπελπιστική. Καί ἐκείνην μέν ὑπηρέτουν αἱ τέχναι, δι' ὧν ἐπολλαπλασιάζετο ὁ ἀριθμός τῶν θεῶν καί προέκοπτεν ἡ τούτων λατρεία. Ταύτης δέ, τῆς ἀπιστίας δηλονότι, ηὔξανε τήν κυριαρχίαν ἡ φιλοσοφία. Ἀναλόγως δέ τῆς θρησκευτικῆς διαφθορᾶς καί ἐξαχρειώσεως παρέλυον καί οἱ δεσμοί τῆς ἠθικῆς καί οὐδείς ἄλλος φραγμός ὑπῆρχε πλέον εἰς τήν ἀκολασίαν, τήν ἐπιορκίαν, τήν μοιχείαν, τήν δηλητηρίασιν, τόν φόνον, εἰμή ὁ ὑπό τῶν πολιτικῶν νόμων πρός συντήρησιν τοῦ ὅλου ἐπιβαλλόμενος. Ἄλλως τε ἡ ἀσέλγεια καί ἡ ἀσωτία ἦσαν ἐν μέρει λατρεία ὀφειλομένη εἰς τούς θεούς. Πρός τούτοις ἡ ἀξία τοῦ ἀνθρώπου ὑπελογίζετο ὡς ἐκ τῆς πολιτικῆς αὐτοῦ θέσεως, ἐντεῦθεν ἡ οἰκτρά θέσις τῆς πολυαριθμοτάτης τάξεως τῶν ἀνθρώπων ἐκείνων, τῶν δούλων, οἵτινες, ἐστερημένοι τῶν ἀνθρωπίνων δικαιωμάτων, ἐφαίνοντο ὅτι ἐγεννήθησαν κυρίως διά τούς πλουσίους μόνον, διά νά χρησιμεύωσιν ὡς ὄργανα τῆς ἀναπαύσεως, τῆς πολυτελείας τῆς ἀσωτίας καί τῆς ἀπανθρωπείας των· ἐντεῦθεν δέ καί ἡ παραγνώρισις τοῦ θήλεος, τοῦ γυναικείου φύλου, ὅπερ παρά τοῖς πλείστοις ἐθεωρεῖτο ὡς δοῦλον τοῦ ἀνδρός, καί ἐν τῇ Ἀνατολῇ, ὅπου ἐπεκράτει ἡ πολυγαμία, τά μάλιστα κατεφρονεῖτο. Ἐν γένει ἡ ἠθική κατάστασις τῶν χρόνων ἐκείνων εἶναι ἐπίσης ἀξία οἴκτου ὡς καί ἡ ἀναισθησία μεθ' ἧς ἐκυλίοντο εἰς αὐτήν. Ἀμφοτέρων τούτων, τῆς τε ἠθικῆς διαφθορᾶς καί τῆς ἀναισθησίας μεθ' ἧς διεπράττετο πᾶσα κακία, εἰκόνα καταπληκτικήν, πλήν οὐχί καί ὑπερβολικήν διέσωσεν εἰς ἡμᾶς ὁ Σενέκας «Πάντα, λέγει ὁ διδάσκαλος τοῦ Νέρωνος, ἀνοσιουργίας καί κακίας ἔμπλεα τυγχάνουσι, καί οὐκ ἔστιν ἴασις τοῦ κακοῦ ἐπί τό χεῖρον ἀεί χωροῦντος. Οἱ ἄνθρωποι ἁμιλλῶνται περί τοῦ τίς ἂν ὑπερβάλη τόν ἕτερον φαυλότητι καί ἀσελγεία. Καί τοῦ μέν ἁμαρτάνειν ἡ ἐπιθυμία καθ' ἡμέραν αὐξάνει, τοῦ δέ σωφρονεῖν ἐλαττοῦται. Τό σέβας πρός τήν ἀγαθοσύνην καί ἁγιότητα ἐξέλιπεν, ἡ δέ ὄρεξις φέρεται ὅποι ἂν αὐτή ἀρέση. Τά ἀνοσιουργήματα δέν διαπράττονται ἐν τῷ κρυπτῷ, ἀλλά φανερά, ἐνώπιον πάντων. Τοσοῦτον δέ κοινή καί δημοσία κατέστη ἡ ἀκολασία καί τόσον ἐκυρίευσε τάς ψυχάς ἁπάντων, ὥστε ἡ ἀθωότης δεν εἶναι πλέον σπανία, ἀλλά ἄφαντος. Μή γάρ εἷς ἤ ὀλίγοι ἠθέτησαν /(24) νόμους; Πανταχόθεν ὡς ἐξ ἑνός σημείου, ὥρμησαν εἰς τήν σύγχυσιν θεμιτῶν καί ἀθεμίτων» (*[18]). Ἐντεῦθεν ἡ τοσοῦτον συχνή ἐν Ῥώμῃ ἀηδίασις τῆς ζωῆς καί ὁ αὐτοχειρισμός ἀφ' ἑνός, ἀλλ' ἀφ' ἑτέρου καί ἡ παρά τισι πρόθυμος ἀποδοχή Αἰγυπτιακῶν καί ἄλλων θεοτήτων καί ἡ κλίσις πρός τόν Ἰουδαϊσμόν· διότι εἶναι δύσκολον πραγματικῶς εἰς τόν ἄνθρωπον να ἐμμείνη ἐντελῶς καί ἐπί πολύ ἀσεβής καί ἀντίθεος. Ἡ διαφθορά τῶν ἠθῶν καί τῆς θρησκείας δέν ἧτο πρόσφατος οὔτε ἐν Ἑλλάδι, οὔτε ἐν Ῥώμῃ, ἀλλ' εἶχεν ἀρχίσει ἐκεῖ μέν ἀπό τοῦ Πελοποννησιακοῦ ἤδη πολέμου, ἐνταῦθα δέ ἀπό τῆς καταστροφῆς τῆς Καρχηδόνος καί τῆς Κορίνθου· οἱ εἰς Ῥώμην συρρέοντες θησαυροί, ἡ εἰσκομάζουσα ἀσιατική τρυφή καί χλιδή καί ἡ διάδοσις τῆς Ἑλληνικῆς μυθολογίας καί τέχνης κατέπνιξαν ἐπί τέλους τόν ἀρχαῖον ῥωμαϊκόν χαρακτῆρα καί ὕψωσαν εἰς τόν κολοφῶνα αὐτῆς τήν ἠθικήν καί θρησκευτικήν παραλυσίαν, Ἕλληνες δέ καί Ῥωμαῖοι μετέδωκαν εἰς τά ἄλλα καθώς τάς τέχνας οὕτω καί τάς κακίας αὐτῶν.

Ψυχικήν τινα παραμυθίαν καί ἀνέγερσιν εὕρισκον τινες τῶν λογίων εἰς τήν σπουδήν τῆς φιλοσοφίας, ἰδίως τῆς Πλατωνικῆς καί τῆς Στωϊκῆς. Ἡ φιλοσοφία τοῦ Πλάτωνος ἔτρεφε τόν πόθον καί τήν ἐπιθυμίαν αὐτῶν εἰς μέλλοντά τινα κόσμον, προσέφερεν αὐτοῖς καθαροτέρας καί εὐγενεστέρας περί τοῦ ὑψίστου ὄντος ἰδέας καί ἐπρόβαλλεν αὐτοῖς ἐν τῷ Σωκράτει ἰσχυρόν προσωπικόν παράδειγμα τῆς ἀγάπης πρός τήν ἀρετήν καί τῆς ὑποταγῆς εἰς τούς νόμους. Ἡ φιλοσοφία πάλιν τῶν Στωϊκῶν ἐδίδασκε τήν αὐταπάρνησιν καί τό σέβας πρός τήν ἀρετήν καί διέδιδε διά πολλῶν συγγραμμάτων της πολλάς ὠφελίμους καί χρησίμους εἰς τόν πρακτικόν βίον διδα-

---

18 Ἔτσι στι κείμενο, προφανῶς για να προστεθεῖ η βιβλιογραφική παραπομπή.

σκαλίας. Ἀμφότεραι δέ αὗται αἱ φιλοσοφίαι σχετικῶς πρός τόν μετ' οὐ πολύ ἀναφαινόμενον Χριστιανισμόν κατεῖχον τόπον παιδαγωγείου, καθόσον διήγειρον ἐν τῷ πνεύματι τοῦ ἀνθρώπου ἀνάγκας, τάς ὁποίας ἐκεῖνος μόνος νά ἀναπαύσῃ ἠδύνατο. Ἐξεναντίως αἱ φιλοσοφίαι τοῦ Ἐπικούρου καί τοῦ Ἀριστίππου ἀφήρουν πᾶν ὑποστήριγμα ἀπό τήν θρησκείαν καί ἀπό τήν ἠθικήν καί διήνοιγον τήν ὁδόν εἰς πᾶν εἶδος ἀκολασίας. Ἀλλά καθώς αἱ δύο πρῶται οὕτω καί αὗται ἐπί καταστροφῇ τῆς θρησκευτικῆς πίστεως τοῦ λαοῦ εἰργάζοντο.

Ὅσον ἀποβλέπει εἰς τάς ἐπαρχίας τῆς Ἀσίας, ἐφ' ὧν ἦρχον οἱ Πάρθοι, δέν εἶχεν βεβαίως σβεσθῆ ὁ πρός τάς ἐπιστήμας καί τέχνας ἔρως· διότι ἡ μακεδονική δυναστεία καί οἱ Ἑλληνικοί στρατοί εἶχον παρατείνει τήν ἐξουσίαν αὐτῶν ἐπί τῶν ὀχθῶν τοῦ Εὐ / (25) φράτου καί τοῦ Τίγρεως μέχρι καί τῶν πέραν τοῦ Ἰνδοῦ ἐπί τοσοῦτον χρόνον, ὥστε ἦτο ἀδύνατον νά ἐξαλειφθῇ ταχέως ἡ ἐπί τῶν τόπων ἐκείνων ἐπιρροή τῆς λατρείας καί τῶν ἠθῶν των. Μετά τοῦ πολυθεϊσμοῦ ὅμως καί τῶν ἀρχαίων θρησκευμάτων τῶν λαῶν ἐπεκράτουν ἐνταῦθα ἄν ὄχι ἐν τῷ φανερῷ καί αἱ περί δύο ἀρχῶν, τοῦ ἀγαθοῦ καί τοῦ κακοῦ θεοῦ, ἰδέαι τοῦ Ζωροάστρου, ἐξ ὧν ἀνέβρασαν δι' ἀναμύξεως καί ἄλλων τοιούτων ἰδεῶν καί ἐξεχύθησαν καί εἰς τά ἀνατολικά μέρη τῆς Ῥωμαϊκῆς αὐτοκρατορίας πολλά καί ποικίλα θεοσοφήματα, τά ὁποῖα θέλομεν γνωρίσει ἐν τῇ ἱστορίᾳ τῶν γνωστικῶν αἱρέσεων.

Παρατρέχομεν τήν κατάστασιν τῶν ἐθνῶν καί τῶν λαῶν τῶν πέραν τοῦ Ἰνδοῦ μέχρι τοῦ μεγάλου ὠκεανοῦ, οἷον τῶν Ἰνδῶν, τῶν Θιβετίων, τῶν Μογγόλων, τῶν Σινῶν, καθώς καί τήν κατάστασιν τῶν εἰς τά ἐνδότερα τῆς Ἀφρικῆς· διότι τό φῶς τῆς Χριστιανικῆς θρησκείας δέν ἐπέλαμψεν εἰς αὐτά καί μέχρι δέ τῆς σήμερον δυνάμεθα νά εἴπωμεν περί αὐτῶν ὅτι καθεύδουσιν ἐν τῇ σκιᾷ τοῦ θανάτου. Ἐπίσης εἶχον καί ἐλάτρευον τά εἴδωλά των καί τά γερμανικά φῦλα, παρά τοῖς ὁποίοις ἦσαν ἐν χρήσει καί αἱ ἀνθρώπειαι θυσίαι· ἀλλ' ἡ εἰδωλολατρεία αὐτῶν δέν εἶχε καταντήσει εἰς σχολεῖον ἠθικῆς διαφθορᾶς καί ἐξαχρειώσεως· τοὐναντίον οἱ λαοί οὗτοι διεκρίνοντο κατά τήν ἐγκράτειαν καί τήν εἰλικρίνειαν. Μεγίστη ἀρετή ἐλογίζετο παρ' αὐτοῖς ἡ ἀνδρεία, μέγιστον δέ ἔγκλημα καί ἀτιμώτατον ἡ νωθρότης, πότοι δέ καί παίγνια ἦσαν αἱ ἐξοχώτεραι τῶν ἀπολαύσεών των.

Ευαγγελία Αμοιρίδου

Κατάστασις τῶν Ἰουδαίων

14. Θρησκευτική κατάστασις τῶν Ἰουδαίων ἐν Παλαιστίνῃ·
Φαρισαῖοι Σαδδουκαῖοι καί Ἐσσαῖοι.

Εἰς καλητέραν κατάστασιν εὑρίσκοντο θρησκευτικῶς οἱ Ἰουδαῖοι. Τό πολυτιμότατον ἀγαθόν, τήν λατρείαν τοῦ ἑνός ἀληθινοῦ θεοῦ δέν εἶχον πλέον ἀνταλλάξῃ πρός τήν εἰδωλολατρείαν, ἀφ' ὅτου ἐπανῆλθον ἀπό τῆς ἐν Βαβυλῶνι αἰχμαλωσίας, ἀλλ' ἐνέμειναν εἰς αὐτήν σταθεροί, ὥστε οὔτε ὁ ἐπί Ἀντιόχου τοῦ Ἐπιφανοῦς, βασιλέως τῆς Συρίας, (ἀπό τοῦ 176-164 π. Χρ.) διωγμός, οὔτε ἡ περιφρόνησις, τήν ὁποίαν εὕρισκον μεταξύ τῶν ἐθνῶν, ἕνεκα τῶν θρησκευτικῶν αὐτῶν ἐθίμων, ἠδυνήθησαν νά ἀποσπάσωσιν αὐτούς ἀπό τῆς πίστεως τῶν πατέρων αὐτῶν. Ἔκτοτε μάλιστα ἀπέφευγον τήν μετά τῶν ἐθνῶν ἐπιμιξίαν ὡς ἀκάθαρτον, καί ὁ νόμος καί οἱ προφῆται ἀνεγινώσκοντο καί ἡρμηνεύοντο /(26) ἐπιμελῶς εἰς τάς συναγωγάς, τάς ὁποίας εἶχον πανταχοῦ σχεδόν τῆς οἰκουμένης. Δυστυχῶς ὅμως ἡ πίστις αὕτη δέν παρῆγε τούς ὡραίους καρπούς τῆς πρός τόν Θεόν καί τόν πλησίον ἀγάπης, ἀλλά νεκρά καί ἀνωφελῆ ἔργα, περιοριζομένη εἰς ἐκπλήρωσιν τῶν τήν ἐξωτερικήν μόνον λατρείαν ἀποβλεπόντων παραγγελμάτων τοῦ νόμου, οἷον εἰς τήν τήρησιν τῶν τελετῶν καί τῶν νουμηνιῶν καί τῶν τοιούτων. Εἶναι ἀληθές, ὅτι ὑπῆρχον καί οἱ ἀληθῶς τόν Θεόν φοβούμενοι, ὡς μαρτυροῦσι τά ἱερά εὐαγγέλια, ἀλλά τό πλῆθος, οἱ πολλοί ἦσαν διεφθαρμένοι. Τῆς διαφθορᾶς ταύτης τῆς ἀληθοῦς θρησκείας μάρτυρες ἐν γένει εἶναι καί αἱ διάφοροι αἱρέσεις αἱ μεταξύ τῶν Ἰουδαίων, ὁποῖαι ἦσαν ἡ τῶν Φαρισαίων, τῶν Σαδδουκαίων καί τῶν Ἐσσαίων. Οἱ Φαρισαῖοι ἦσαν οἱ ὀρθόδοξοι, οἱ νομιμόφρονες, οἱ Τόρυς· οἱ Σαδδουκαῖοι ἀπετέλουν τούς ἀντίποδας οὕτως εἰπεῖν αὐτῶν, ἦσαν οἱ ἐλευθερόφρονες, οἱ κατά τῶν καθεστώτων διαμαρτυρόμενοι. Ἡ δέ αἵρεσις τῶν Ἐσσαίων ἵστατο μεταξύ τοῦ Φαρισαϊσμοῦ καί τοῦ Σαδδουκαϊσμοῦ, τήν μέσην ὡς εἰπεῖν ὁδόν τέμνουσα καί ἀποφεύγουσα τάς ὑπερβολικάς ἀρχάς τάς τε πολιτικάς καί τάς θρησκευτικάς, ὧν οὗτοι προΐσταντο.

Οἱ Φαρισαῖοι, τῶν ὁποίων τήν ἀρχήν καί τήν σημασίαν τοῦ ὀνόματος δέν δυνάμεθα νά ὁρίσωμεν μετά βεβαιότητος, παρεδέχοντο ὡς πηγήν θρησκευτικῆς γνώσεως οὐ μόνον τόν Μωσαϊκόν νόμον, ἀλλά καί μίαν παράδοσιν διά στόματος κατερχομένην ἀπό τοῦ ὄρους δῆθεν Σινᾶ καί ἐν πολλοῖς ἐξασθενοῦσαι καί παραλύουσαι τόν νόμον τόν Μωσαϊκόν· ἀπέδιδον τήν πορείαν τῶν γηίνων πραγμάτων εἰς θεῖόν τινα προορισμόν, προορισμόν ὅμως μή καταστρέφοντα τήν τοῦ ἀνθρώπου ἐλευθερίαν· ἐδίδασκον τήν ἀθανασίαν τῆς ψυχῆς καί ἀμοιβάς ἤ κολάσεις μετά θάνατον. Ἀμφίβολον εἶναι μόνον ἄν ἐπίστευον καί ἀνάστασιν σαρκός κατά τήν χριστιανικήν ἔννοιαν ἤ εἰς εἶδός τι μετεμψυχώσεως, ἀλλά τό πρῶτον εἶναι πιθανώτερον. Ἐν τῇ διαίτῃ αὐτῶν ἦσαν μετριώτατοι, ἐφύλαττον αὐστηρότατα τά παραγγέλματα τοῦ νόμου, ὄχι ὅμως κατά τό πνεῦμα, ἀλλά κατά τό γράμμα, ἀπέδιδον μεγίστην σημασίαν καί ἀξίαν εἰς τάς ἑκουσίας νηστείας, εἰς τάς πολλάς καί μακράς προσευχάς, εἰς τάς σωματικάς λούσεις καί τούς βαπτισμούς, ὡς ἐάν ὁ ἄνθρωπος δύναται νά εὐαρεστῇ εἰς τόν Θεόν διά τῶν ἐξωτερικῶν ἔργων καί ὄχι διά τοῦ εὐσεβοῦς φρονήματος, μεθ' οὗ ταῦτα δέον νά γίνωνται. Ἐντεῦθεν ἡ ἀλαζονία, ἡ περιφρόνησις τῶν μή ἀνηκόντων εἰς τήν αἵρεσιν αὐτῶν, ὁ τυφλός ζῆλος καί ἡ ὑπόκρισις αὐτῶν, ἥτις ἥλκυε τόν λαόν ὄπισθεν αὐτῶν. Ἐπί Ἡρώδου τοῦ Μεγάλου ὁ ἀριθμός /(27) αὐτῶν ὑπερέβαινε τάς ἕξ χιλιάδας, διηροῦντο δέ μεταξύ αὐτῶν οἱ φαρισαῖοι εἰς ἑπτά ἰδιαιτέρας φατρίας, καί δέν ἦσαν πάντες ὑποκριταί· διότι ὑπῆρχον ἐν αὐτοῖς καί τινες ἀληθῶς εὐσεβεῖς ἄνδρες, οἷοι ὁ Νικόδημος, ὁ Γαμαλιήλ καί ἄλλοι.

Οἱ Σαδδουκαῖοι ἀμφιβάλλεται ἄν ἔλαβον τό ὄνομα αὐτῶν ἐκ τοῦ Σαδόκ, ὅπερ σημαίνει δίκαιος, ἤ ἀπό τοῦ Σαδόκ, μαθητοῦ Ἀντιγόνου τοῦ Σοχαίου, ἀκμάσαντος περί τό 240. Οὗτοι ἀπέρριπτον τήν παράδοσιν καί ἐδέχοντο μόνον τοῦ Μωϋσέως καί τούς προφήτας, ἠρνοῦντο δέ τήν ὕπαρξιν τῶν ἀγγέλων καί τήν ἀθανασίαν τῆς ψυχῆς καί τήν ἐνέργειαν τῆς θείας Προνοίας ἐπί τοῦ ἀνθρωπίνου γένους, θεωροῦντες ἁπάσας τάς μεταβολάς τῆς ἐν τῷδε τῷ κόσμῳ ζωῆς ὡς συνεπείας τῆς ἀξίας ἤ ἀπαξίας τῶν ἀνθρώπων. Ἡ αἵρεσις αὕτη συνεκροτεῖτο κατά τό πλεῖστον ἐκ πλουσίων καί ἐπιφανῶν Ἰουδαίων, ἑπομένως καί ὁ ἀριθμός τῶν ὀπαδῶν αὐτῶν αὐτῆς δέν ἦτο μέγας.

Οἱ Ἐσσαῖοι ἤ Ἐσσηνοί (πιθανῶς ἐκ τῆς συριακῆς λέξεως ἔσε = θεραπεύειν σωματικάς καί πνευματικάς ἀσθενείας) ὡς πρός τά δόγματα τῆς πίστεως κατ' οὐσίαν ἦσαν σύμφωνοι μέ τούς Φαρισαίους, διέφερον μόνον αὐτῶν καθ' ὅσον οὗτοι παρεδέχοντο ἀπόλυτον θεῖον προορισμόν καί ἀπέρριπτον τάς φαρισαϊκάς τοῦ νόμου ἐξηγήσεις, ἀντικαθιστῶντες αὐτάς διά μυστικῶν ἐννοιῶν. Ἀπετέλουν δέ οἱ Ἐσσαῖοι εἶδος τι ἱεροῦ τάγματος συνισταμένου κατά τό πλεῖστον ἐξ ἀγάμων ἀνδρῶν, ἀλλά καί γυναῖκες δέν ἀπεκλείοντο τοῦ τάγματος αὐτῶν. Συνήθως δέ ἐγίνοντο παρ' αὐτοῖς δεκτοί τοιοῦτοι, οἵτινες εἶχον ὑποστῇ ἤδη ἐν τῷ βίῳ σκληράς δοκιμασίας καί παῖδες ὀρφανοί καί παρά πάντων ἐγκαταλελειμμένοι, οὕς καί ἀνέτρεφον οἱ ἴδιοι. Περιουσίαν καί δίαιταν εἶχον κοινά, ἐξ ὧν ἡ τελευταία ἦτο λιτωτάτη. Κατεφρόνουν συνήθως τόν γάμον διά τό ἄστατον τῶν γυναικῶν. Ἡ παραδοχή νέων μελῶν εἰς τό τάγμα αὐτῶν ἐγίνετο μετά μακράν ἐξέτασιν καί δοκιμασίαν καί διά πομπωδῶν τελετῶν καί συμβολικῶν πράξεων. Εἰς τάς συνάξεις των, τόσον τάς πρός ἀπόλαυσιν τροφῆς ὅσον καί τάς ἐπί προσευχῇ γενομένας, ἐπεκράτει τάξις καί ὡς ἐπί τό πλεῖστον ἄκρα σιωπή· ἡ δέ ἐνδυμασία αὐτῶν ἦτο λευκή. Ἐν τῇ τηρήσει τοῦ Σαββάτου, ὅπερ καθηγίαζον διά τῆς ἀναγνώσεως τῶν Ἁγίων Γραφῶν καί τινων ἰδιαιτέρων ἀρχαίων παραδόσεων καί δι' ἀσμάτων καί πνευματικῶν θεωριῶν, ἦσαν αὐστηρότεροι τῶν Φαρισαίων· οὔτε τόν ναόν ὅμως ἐπεσκέπτοντο οὔτε θυσίας ἀπέστελλον· διότι, καθά οὗτοι ἐφρόνουν, ὁ ἐπικρατῶν τρόπος τοῦ θύειν ἐστηρίζετο ἐπί παρεξηγήσεως τῶν ἀρχαίων διατάξεων· ἔδιδον ὅμως εἰς τό ἱερατεῖον τάς νενομισμένας προσφοράς. Ὁ ὅρκος ἦτο ἀπηγορευμένος εἰς αὐτούς ἐκτός μόνον εἰς ἐκείνους, ὅσοι κατά πρῶτον ἔμελλον νά εἰσέλθωσι καί νά /(28) πολιτογραφηθῶσιν εἰς τήν κοινωνίαν αὐτῶν. Οἱ Ἐσσαῖοι ἦσαν περί τούς τετρακισχιλίους καί κατῴκουν εἰς διαφόρους πόλεις, ἀλλ' ὅπως ἡ ἀρχή οὕτω καί τό τέλος αὐτῶν ὑπάρχει ἄγνωστον (ἡ ἕνωσις αὐτῶν ἐγένετο πιθανῶς ἐπί τοῦ διωγμοῦ τοῦ τῆς Συρίας). Ἐν γένει δέ θεωρούμενοι οἱ Ἐσσαῖοι ἦσαν περισσότερον θρησκευτικό αἴσθημα ἔχοντες καί οἱ καθαρώτερον βίον διάγοντες, ἄν καί δέν ἦσαν καί αὐτοί ἀπηλλαγμένοι παραφορῶν καί ὑπερβολῶν καί πνευματικῆς ἀλαζονίας. Συγγενεῖς αὐτῶν ἦσαν οἱ ἐν Αἰγύπτῳ Θεραπευταί.

Ἰδιαιτέραν ὅλως αἵρεσιν ἀπετέλουν οἱ Σαμαρεῖται. Μεταξύ αὐτῶν καί πάντων τῶν ἄλλων ἰουδαίων ἐπεκράτει τοσαύτη ἀμοιβαία ἀποστροφή καί μῖσος τοσοῦτον, ὥστε οὐδόλως συνεκοινώνουν, καί ἐθεώρουν ἀλλήλους ὡς σχισματικούς, ἐνῶ αἱ λοιπαί αἱρέσεις τῶν Ἰουδαίων διέκειντο μέν πολεμίως πρός ἀλλήλας οὐχ οὕτως ὅμως ὥστε καί νά καταδικάζωσιν καί νά ἀποστρέφωνται ἀλλήλους μέχρι τοιούτου βαθμοῦ. Οἱ Σαμαρεῖται ὑπό τῶν Ἰουδαίων καλούμενοι *Κονταῖοι* ἦσαν ἀπόγονοι τῶν ὑπό τοῦ Σαλμανασάρ εἰς τήν Παλαιστίνην ἀποσταλέντων ἐθνικῶν ἀποίκων καί τῶν ἐκεῖ ἐναπολειφθέντων ἰσραηλιτῶν· διά τοῦτο ἡ θρησκεία αὐτῶν ἦτο κατ' ἀρχάς μίγμα Ἰουδαϊκῆς καί ἐθνικῆς θρησκείας, ἀλλ' ἐπί τέλους ἐξενίκησεν ἐπ' αὐτῶν ἡ λατρεία τοῦ Ἰεχοβᾶ· διότι ἀποστάτης τις ἱερεύς Μανασσῆς καλούμενος ἔδωκεν εἰς αὐτούς περί τούς χρόνους τοῦ Μεγάλου Ἀλεξάνδρου καί ναόν ἐπί τοῦ ὄρους Γαριζίμ καί λευιτικήν λατρείαν, ἐξ ὧν ὁ μέν ναός ἐσώζετο μέχρι τῶν χρόνων τοῦ βασιλέως τῶν Ἰουδαίων Ἰρκανοῦ, ὅστις κατέστρεψεν αὐτόν τῷ 109 πρ. Χρ., ἡ δέ λατρεία παρετάθη μέχρι τοῦ Ἰησοῦ Χριστοῦ καί ἔτι περαιτέρω. Ἐκ τῶν Ἁγίων Γραφῶν παρεδέχοντο οἱ Σαμαρεῖται μόνον τήν Πεντάτευχον, προσεδόκουν καί αὐτοί τόν ὑπό τοῦ Μωυσέως ἐπαγγελθέντα Μεσσίαν, εἶχον ὅμως καθαρωτέραν ἢ οἱ Ἰουδαῖοι περί τούτου ἰδέαν, ὡς φαίνεται ἐκ τῆς συνδιαλέξεως τοῦ Κυρίου ἡμῶν Ἰησοῦ Χριστοῦ μετά τῆς Σαμαρείτιδος γυναικός.

§ 15. Πολιτική κατάστασις τῶν Ἰουδαίων ἐν Παλαιστίνῃ.

Ἡ πολιτική κατάστασις τῶν Ἰουδαίων δέν ἦτο μᾶλλον εὐχάριστος παρά τήν θρησκευτικοηθικήν. Ἐπί Μακκαβαίων (167 π. Χ.) εἶχον ἀνακτήσει καί πάλιν τήν ἀνεξαρτησίαν αὐτῶν οἱ Ἰουδαῖοι καί διετήρησαν αὐτήν ἐπί μίαν ἑκατονταετίαν συμμαχοῦντες μετά τῶν Ῥωμαίων (Ἰωσήπου, Ἀρχαιολογία, βιβλίον ια΄ κεφ. 7 § 2, κεφ. 8 § 2.4. καί 6). Ἀλλ' ἡ σπουδαρχία ἡ ἀναφυεῖσα μεταξύ τῶν δύο ἀδελφῶν Ὑρκανοῦ τοῦ Β΄ καί Ἀριστοβούλου τοῦ Β΄ παρέσχεν ἀφορμήν καί εὐκαιρίαν εἰς τόν στρατηγόν τῶν Ῥωμαίων Πομπήϊον (ἐν ἔτει /(29) 63 π. Χ.) ὅπως ἀναμιχθῇ εἰς τά ἐσωτερικά πράγματα τῆς Ἰουδαϊκῆς πολιτείας. Ὁ Πομπήϊος ἐπιδραμών μετά πολλήν αἱματοχυσίαν κατέλαβεν τήν Ἱερουσαλήμ καί τόν ναόν, εἰσήλασε καί εἰς αὐτά τά ἅγια τῶν Ἁγίων, ἀπεγύμνωσε τόν Ἀριστόβουλον τῆς ἀρχῆς καί ἤγαγεν αὐτόν αἰχμάλωτον μετά τῶν υἱῶν του εἰς τήν Ῥώμην, εἰς δέ τόν Ὑρκανόν ἔδωκεν τό ἀξίωμα τοῦ Ἀρχιερέως καί τόν τίτλον τοῦ Ἐθνάρχου. Ἐπειδή δέ οὗτος ἠγάπα τήν ἡσυχίαν καί τήν ἀνάπαυσιν διεχειρίζετο τήν ἐξουσίαν κυρίως Ἀντίπατρός τις, Ἰδουμαῖος τό γένος, καί ἀπό τοῦδε ἐγένετο ἡ Παλαιστίνη τό θέατρον διηνεκῶν σχεδόν πολέμων καί βιαιοπραγιῶν. Ἐν ἔτει 57 καί 56 π. Χρ. οἱ υἱοί τοῦ Ἀριστοβούλου Ἀλέξανδρος καί Ἀντίγονος, οἱ κατά τήν εἰς Ῥώμην μετάβασιν ἀποδράντες, ἠγέρθησαν ζητοῦντες νά περιποιήσωσιν εἰς ἑαυτούς τήν ἐξουσίαν τῆς χώρας καί ἐπί τινα χρόνον ἐφαίνοντο ὅτι ἔμελλον νά ἐπιτύχωσι. Μετ' ὀλίγον ἐρχόμενος ὁ Κράσσος κατά τῶν Πάρθων ἐπεσκέφθη τήν Ἱερουσαλήμ καί ἔλαβε τόν θησαυρόν τοῦ ναοῦ, συμποσούμενον εἰς 40-50 ἑκατομύρια δραχμῶν. Εἰς δέ τόν ἀγῶνα τοῦ Κασσίου καί τοῦ Βρούτου τόν ὑπέρ τῆς ἐλευθερίας ὑπεχρεώθη νά προσφέρῃ ἡ πτωχή χώρα 700 ἀργυρᾶ τάλαντα καί πρός ἀπότισιν τοῦ φόρου τούτου ἐπωλήθησαν τέσσαρες πόλεις μετά τῶν κατοίκων αὐτῶν. Μετά τινα ἔτη κατεπλημμύρησαν ἐν τῇ χώρᾳ οἱ Πάρθοι, προσέλαβον τόν στρατόν τοῦ Ὑρκανοῦ, ᾐχμαλώτισαν αὐτόν, ἀπήγαγον εἰς Σελεύκειαν καί ἐδῄωσαν τήν Ἱερουσαλήμ καί τά περίχωρα αὐτῆς. Ἀντί δέ τοῦ Ὑρκανοῦ διώρισαν τόν Ἀντίγονον τόν υἱόν τοῦ Ἀριστοβούλου. Τό γεγονός τοῦτο ἐπετάχυνε τήν πτῶσιν καί τόν ὄλεθρον τῶν ἡγουμένων τοῦ οἴκου τῶν Μακκαβαίων. Ὁ Ἡρώδης, ὁ υἱός τοῦ εἰρημένου Ἀντιπάτρου, σωθείς διά τῆς φυγῆς ἔσπευσεν εἰς Ῥώμην, προσῆλθεν εἰς τόν Ἀντώνιον, ὅστις ἦτο τότε μέλος τῆς ἐν Ῥώμῃ Τριανδρίας καί φίλος τοῦ πατρός του καί διά τῆς προστασίας αὐτοῦ κατώρθωσε νά ἀναγορευθῇ βασιλεύς τῆς Ἰουδαίας ἐν ἔτει 37 π. Χρ. ἐφοδιασθείς δέ διά ῥωμαϊκῶν λεγεώνων ἦλθεν εἰς τήν Ἰουδαίαν καί μετά τριετῆ αἱματηρόν καί καταστρεπτικόν πόλεμον εἰσέβαλεν εἰς τήν Ἱερουσαλήμ, ἐξέωσε τους Μακκαβαίους καί κατέλαβε τόν θρόνον. Ἔκτοτε κατέπαυσαν οἱ πόλεμοι, τά στίφη τῶν λῃστῶν ἐξεῤῥιζώθησαν, τό βασίλειον ἐπεξετάθη πρός βοῤῥάν καί πρός μεσημβρίαν διά τῆς εὐνοίας τοῦ Ὀκταβιανοῦ, αἱ πόλεις ἀνηγέρθησαν καί ἐκαλλωπίσθησαν καί αὐτός ὁ ναός ὅλος ἐκ νέου ἀνωρθώθη· πλήν ἡ σκανδαλώδης τοῦ νέου βασιλέως διαγωγή, ἡ μνησικακία, τό ἐκδικητικόν πνεῦμα καί ἡ σκληρότης αὐτοῦ, τά βαρύτιμα δῶρα τά ὁποῖα προσέφερεν εἰς τούς ἐν Ῥώμῃ ἀρχηγούς τῶν κομμάτων, καί ἡ ἀκόρεστος οἰκοδομο /(30) μανία αὐτοῦ ἐπλήγωναν καθ' ἑκάστην βαθύτερον τά σπλάχνα τῆς χώρας. Πρός τούτοις ἐπῆλθον σεισμοί, λιμοί καί λοιμοί, καί συνωμοσίαι, ἐξαιρέτως δέ ἐξηγριώθη τό ἐθνικόν φρόνημα τῶν Ἰουδαίων ἕνεκα τῆς εἰσαγωγῆς ξένων ἐθίμων καί θεαμάτων. Εὐθύς μετ' ὀλίγων, ἀφοῦ ἐγένετο κύριος τῶν Ἱεροσολύμων ὁ Ἡρώδης, πνέων ἐκδίκησιν διέταξε νά θανατωθῶσι πάντες οἱ τό συνέδριον συγκροτοῦντες, ἐκτός δύο μόνον, διότι τό συνέδριον εἶχεν τολμήσει ἐπί τῆς κυβερνήσεως τοῦ Ὑρκανοῦ νά σύρῃ αὐτόν ἐνώπιον τοῦ δικαστηρίου του. Κατ' ὀλίγον δέ ἐξωλόθρευσε καί πάντας τούς βλαστούς τῶν Ἀσμοναίων· διότι καί αὐτή ἡ σύζυγος τοῦ Ὑρκανοῦ, ἡ εὐγενής Μαριάμνη καί οἱ ἀμφότεροι υἱοί αὐτῆς Ἀλέξανδρος καί Ἀριστόβουλος ἐγένοντο θύματα τῆς ζηλοτυπίας αὐτοῦ. Ταῦτα πράττων ὁ Ἡρώδης οὐδόλως ἠγνόει ἡλίκον μῖσος ἔτρεφον κατ' αὐτοῦ οἱ Ἰουδαῖοι καί ὁποίαν χαράν θα ἐπροξένει ἐν γένει εἰς τούς ὑπηκόους αὐτοῦ ὁ θάνατός του. Ἐντεῦθεν ἵνα ματαιώσῃ τήν χαράν ταύτην νοσήσας βαρέως διέταξε νά συναθροισθῶσι πάντες οἱ ἐπιφανέστεροι τῶν ὑπηκόων αὐτοῦ εἰς τήν Ἰεριχώ καί νά κλεισθῶσιν εἰς τό ἱπποδρόμιον, μετά δέ τόν θάνατόν του νά κατασφαγῶσιν πάντες, ὅπως εἰ μή δι' αὐτόν, τουλάχιστον δι' αὐτούς πενθήσωσιν οἱ πάντες. Εὐτυχῶς ὅμως οἱ λαβόντες τήν ἐντολήν ταύτην δέν εὗρον τοῦτο σύμφωνον μέ τά συμφέροντά των καί οὕτω ἐματαιώθη ἡ ἀπάνθρωπος τοῦ τυράννου διαταγή.

Τελευτήσαντος δέ τοῦ Ἡρώδου ἐπανῆλθεν εἰς τά πράγματα ἡ προτέρα ἀναρχία. Ἐνῷ ἅπαντα τά μέλη τῆς οἰκογενείας αὐτοῦ εὑρίσκοντο ἐν Ῥώμῃ, ὅπως ὑποστηρίξωσι παρά τῷ Αὐγούστῳ τά κληρονομικά δικαιώματά των, οἱ ἐν Ἰερουσαλήμ πολιορκήσαντες τόν ῥωμαῖον στρατηγόν Σαβῖνον κατεστενοχώρουν αὐτόν μέχρις ἀπελπισίας, ἕως οὗ φθάς ἐκ τῆς Συρίας ὁ Οὐάρων ἀπεκατέστησε τήν τάξιν καί τήν ἡσυχίαν. Ἐν Γαλιλαίᾳ δέ περί τήν Ἰεριχώ καί εἰς αὐτά τά πέριξ τῶν Ἰεροσολύμων ἐπολλαπλασιάζοντο αἱ ληστρικαί συμμορίαι, ηὔξανον εἰς στρατούς ὁλοκλήρους καί οἱ ἀρχηγοί αὐτῶν ἐτιτλοφοροῦντο μέ τόν τίτλον τοῦ βασιλέως. Κατά τάς ἡμέρας ταύτας πρεσβεία τις ἐκ 50 Ἰουδαίων συγκειμένη μεταβᾶσα εἰς Ῥώμην, ἐξητήσατο ὅπως ἡ Παλαιστίνη καθυπαχθῇ ὑπό τήν διοίκησιν τῆς Συρίας· ἀλλ' ἡ μνήμη τοῦ Ἡρώδου ἦτον εἰς τόν Αὔγουστον τοσοῦτον πολύτιμος, ὥστε δέν ἠδυνήθη νά στερήσῃ τούς υἱούς αὐτοῦ τῆς πατρικῆς κληρονομίας· ἑπομένως τόν μέν Ἀρχέλαον ἀνηγόρευσεν ἐθνάρχην τοῦ ἡμίσους τῆς Παλαιστίνης, μέ τήν ὑπόσχεσιν νά στέψῃ αὐτόν βασιλέα ἅμα φανῇ ἄξιος τοῦ ἀξιώματος τούτου· εἰς δέ τούς ἀδελφούς του Ἀντίππαν καί Φίλιππον διένειμε τό ἕτερον /(31) ἥμισυ· καί ἐκεῖνος μέν ἔλαβε τήν Περαίαν καί τήν Γαλιαλίαν, οὗτοι δέ τήν Βατανεάδα, τήν Γαυλονίτιδα, Τραχωνίτιδα, Πανεάδα, Αὐρανίτιδα καί τήν Ἰτουραίαν, ἀλλ' ἐννέα μόνον ἔτη ἐκυβέρνησεν ὁ Ἀρχέλαος ἐπί τῆς κυρίως Ἰουδαίας, Ἰδουμαίας καί Σαμαρείας· διότι ἕνεκα τῆς σκληρότητός του καταμηνυθείς εἰς Ῥώμην ὑπό τῶν Ἰουδαίων ἀνεκλήθη καί ἐξωρίσθη εἰς Βιέννην τῶν Γαλλιῶν, ἡ δέ ὑπό τήν δικαιοδοσίαν του χώρα μετεβλήθη εἰς ῥωμαϊκήν ἐπαρχίαν καί ἡνώθη μετά τῆς Συρίας. Νῦν δέ γενική τις ἀπογραφή διά τοῦ ἐπάρχου Κυρηνίου ἐνεργουμένη ἔλεγεν εἰς τούς Ἰουδαίους ὅτι ὁ ζυγός αὐτῶν συνεπληρώθη κατά πάντα, διό καί ἐσχηματίσθη ἤδη νέα τις φατρία ἀνθρώπων, Ζηλωτῶν καλουμένων, ὑπό τήν ἀρχηγίαν τοῦ Γαυλονίτου Ἰούδα καί τοῦ Φαρισαίου Σαδόκ, ὅπως ἀποτινάξωσι τόν ῥωμαϊκόν ζυγόν καί ἀποκαταστήσωσι τήν ἀρχαίαν θεοκρατίαν. Πρός τούτοις ὑπό τούς ῥωμαίους τοπάρχας ἐλάμβανον χώραν οἱ μᾶλλον αὐθαίρετοι ἀναβιβασμοί καί καταβιβασμοί τῶν ἀρχιερέων, ὥστε ἡ τῆς ἐξουσίας ῥάβδος ἐξέλιπεν παντελῶς ἀπό τοῦ Ἰούδα καί ὁ χρόνος ἐπληρώθη, καθ᾽ ὅν, ὡς οἱ ἅγιοι Προφῆται προεῖπον, ἔμελλε νά φανῇ ὁ βλαστός τοῦ Ἰεσαί, τό φῶς πρός φωτισμόν τῶν ἐθνῶν καί πρός δόξαν τοῦ λαοῦ Ἰσραήλ. Καί πραγματικῶς προσεδοκεῖτο ἤδη ὑπό τῶν Ἰουδαίων ὁ Μεσσίας, ἀλλ᾽ ὑπό τῶν πλείστων ὄχι ὡς θεμελιωτής τῆς βασιλείας τοῦ Θεοῦ, ἀλλ᾽ ὡς πρόσκαιρος βασιλεύς καί ἐλευθερωτής τοῦ Ἰσραήλ.

§ 16. Κατάστασις τῶν Ἰουδαίων ἐκτός τῆς Παλαιστίνης.

Πολλῷ πλέον εὐτυχέστεροι ἦσαν οἱ ἐκτός τῆς Παλαιστίνης, ἐν τῇ διασπορᾷ ζῶντες Ἰουδαῖοι. Ὁ ἀριθμός αὐτῶν ἦτο μέγας. Πολλαί χιλιάδες κατῴκουν εἰς τήν Βαβυλῶνα καί εἰς τήν Μηδίαν, ἔνθα εἶχον διαμείνει ἐπί τοῦ Κύρου οἱ πρόγονοι αὐτῶν μή θελήσαντες νά ἐπανακάμψωσιν εἰς τήν ἑαυτῶν πατρίδα (Ἰώσηπος, Ἀρχαιολογία, βιβλ. ιε', κεφ. 3 § 1). Ἑτέρα ἀποικία εἶχεν ἐγκατασταθῆ ἐπί Ἀλεξάνδρου τοῦ Μεγάλου εἰς τήν Αἴγυπτον καί ἔχαιρεν ἐν Ἀλεξανδρείᾳ ἴσα με τούς Ἕλληνας δικαιώματα (αὐτόθι βιβλ. ιβ' κεφ. 1 καί Ἰουδαϊκός πόλεμος, βιβλ. β', κεφ. 18). Ἔτι δέ μᾶλλον ηὔξησεν ὁ ἀριθμός τῶν Ἰουδαίων ἐν Ἀλεξανδρείᾳ ἐπί Πτολεμαίου τοῦ Λάγου (Ἰώσηπος, Ἀρχαιολογία, βιβλ. ιβ', κεφ. 1). Ἐν τῇ Συρίᾳ πάλιν ηὐνόει αὐτούς Σέλευκος ὁ Νικάτωρ (βασιλεύσας ἀπό τοῦ 301-281 π. Χ.) ὅστις ἐχάρισεν εἰς αὐτούς ἴσα δικαιώματα με τούς ἐν Ἀντιοχείᾳ εὑρισκομένους Μακεδόνας. Εἰς τήν Φρυγίαν καί Λυδίαν πρός φύλαξιν αὐτῶν ἀπέστειλεν Ἀντίοχος ὁ Μέγας ὑπό ὠφελιμωτάτους ὅρους δύο χιλιάδας οἰκογενείας, παραλαβών αὐτούς ἐκ τῆς Μεσοπο /(32) ταμίας, ἐντεῦθεν ἦλθον οἱ Ἰουδαῖοι εἰς τήν λοιπήν Μικρασίαν καί εἰς τήν Ἑλλάδα (Ἰώσηπος, Ἀρχαιολογία, βιβλ. ιβ', κεφ. 3). Ἐν Ἀραβίᾳ ἠσπάσθη τόν Ἰουδαϊσμόν περί τό 100 π. Χ. ὁ βασιλεύς τῶν Ὁμεριτῶν. Εἰς τήν Ῥώμην ἐστάλησαν κατά πρῶτον Ἰουδαῖοι ὡς αἰχμάλωτοι ὑπό τοῦ Πομπηΐου, ἀλλ᾽ ὕστερον ἔλαβον τήν ἐλευθερίαν αὐτῶν καί ἐπληθύνθησαν τοσοῦτον, ὥστε μέγα μέρος τῆς συνοικίας τῆς πέραν τοῦ Τιβέρεως κατεῖχον αὐτοί. Ἰούλιος ὁ Καῖσαρ ἔδωκεν εἰς αὐτούς τήν ἄδειαν νά κτίσωσι συναγωγάς

(Φίλων, *Πρεσβευτικὸς πρὸς Γάϊον*, § 23. Ἰώσηπος, *Ἀρχαιολογία*, βιβλ. ιδ΄, κεφ. 10 § 8). Ἀλλ' ἵνα μὴ μακρυγορῶμεν περὶ τὸ 40 π. Χρ. οὐδεμία χώρα τῆς γῆς ὑπῆρχεν, καθὰ Φίλων ὁ Ἰουδαῖος ἱστορεῖ, ἡ ὁποία νὰ μὴ κατοικῆται ὑπὸ πολυαρίθμων Ἰουδαίων (Φίλων, *Πρεσβ.* § 36, παραβ. *Πράξεις τῶν Ἀποστόλων* 2,9 καὶ ἑξῆς). Ἀλλὰ καὶ ἐν τῇ μεγίστῃ ἀπὸ τῆς Παλαιστίνης ἀποστάσει διέμενον οἱ Ἰουδαῖοι πιστοὶ εἴς τε τὴν θρησκείαν καὶ εἰς τὰ ἔθιμα τῶν πατέρων αὐτῶν. Τὴν Ἱερουσαλὴμ ἐθεώρουν ὡς τὸ κέντρον αὐτῶν καὶ καθ' ἕκαστον σχεδὸν ἐνιαυτὸν ἤρχοντο εἰς αὐτὴν κατὰ τὴν ἑορτὴν τοῦ Πάσχα κομίζοντες δῶρα. Ἀντὶ δὲ τοῦ ἑβραϊκοῦ κειμένου τῶν Ἁγίων Γραφῶν μετεχειρίζοντο τὴν ἐπὶ Πτολεμαίου τοῦ Φιλαδέλφου γενομένην ἑλληνικὴν μετάφρασιν τῶν Ο΄ ἑρμηνευτῶν. Τὴν μεγίστην ταύτην ἐξάπλωσιν αὐτῶν πανταχοῦ σχεδὸν τῆς τότε οἰκουμένης καὶ τὴν ἐλευθέραν ἐξάσκησιν τῆς θρησκείας αὐτῶν ὤφειλον οἱ Ἰουδαῖοι κατὰ τὸ πλεῖστον εἰς τὴν πολιτικὴν τῶν ἡγεμόνων καὶ βασιλέων τῶν χρόνων ἐκείνων, οἵτινες ἐφρόντιζον ἢ περὶ τῆς προαγωγῆς τῆς βιομηχανίας καὶ τοῦ ἐμπορίου ἢ περὶ πιστῶν ὑπηκόων. Εἰς τὸν μονοθεϊσμὸν αὐτῶν ὀλίγον ἐσκανδαλίζοντο οἱ τῶν πόλεων ἄρχοντες ἕνεκα τῆς ἐπὶ τῶν χρόνων ἐκείνων ἐπικρατούσης θρησκευτικῆς ἀδιαφορίας ἢ ἀθεΐας, οὐδ' ἀπῄτουν ἀπὸ τῶν Ἰουδαίων ἄλλο τι εἰμὴ μόνον τὸ νὰ μὴ περιφρονῶσι καὶ ἀτιμάζωσι τὴν εἰδωλολατρείαν τῶν ἄλλων ἐθνῶν. Παρὰ τοῖς Ῥωμαίοις ἐσύστησεν τοὺς Ἰουδαίους καὶ αἱ ἐκδουλεύσεις, τὰς ὁποίας προσήνεγκεν εἰς τοὺς ἀρχηγοὺς τῶν ἐπικρατουσῶν τότε μερίδων, Ἡρώδης ὁ Μέγας λεγόμενος· δὲν ἦτον ὅμως λίαν εὐνοϊκὴ πρὸς αὐτοὺς καὶ ἡ τοῦ λαοῦ τῶν Ῥωμαίων διάθεσις· διότι ὁ χωρισμὸς αὐτῶν ἀπὸ πάσης βιωτικῆς συγκοινωνίας καὶ μάλιστα ἡ ἀποστροφὴ καὶ τὸ μῖσος αὐτῶν πρὸς πᾶν ἐθνικὸν καὶ ἀλλότριον τοῦ Ἰουδαϊσμοῦ καθίστων αὐτοὺς ἐν Ῥώμῃ μισητούς, γελοῖα δὲ τὰ ἔθιμα αὐτῶν, οἷον τὴν τήρησιν τοῦ Σαββάτου, τὴν περιτομὴν καὶ τὰ τοιαῦτα. Τὰ δὲ πλούτη αὐτῶν, ἅπερ προσεκτῶντο διὰ τοῦ λίαν ἐκτεταμένου αὐτῶν ἐμπορίου, ἀπέσυρον τὸν φθόνον. Καὶ μεθ' ὅλα ὅμως ταῦτα δὲν ἔλειπον εἰς τοὺς Ἰουδαίους προσήλυτοι ἐξόχως μεταξὺ τῶν γυναικῶν, ὅπερ καθίστατο πάλιν /(33) νέα πηγὴ καὶ αἰτία μίσους καὶ ἀπεχθείας πρὸς τοὺς Ἰουδαίους (Tacit. *Hist.* 5, 5. Senec. *Superstitione.* παρὰ τῷ ἱερῷ Αὐγουστίνῳ ἐν τῷ *de civitate Dei* 6,11. Horat. *Sat.*, 67 καὶ Juvenal *Satir.* 6.541).

Ἂν δὲ πολλοὺς ἐκ τῶν ἐθνικῶν προσείλκυον οἱ Ἰουδαῖοι εἰς τὴν ἀσυγκρίτῳ τῷ λόγῳ καθαρωτέραν καὶ ἱερωτέραν αὐτῶν θρησκείαν, οὐχ ἧττον ὅμως ἐπιρρεάσθη σημαντικῶς καί ή θεολογία αὐτῶν ἐξαιρέτως ἐν τῇ Ἀλεξανδρείᾳ, τῇ ἑστίᾳ οὕτως εἰπεῖν τοῦ ἐμπορίου ἁπάντων τῶν ὑλικῶν καί πνευματικῶν ἀγαθῶν τοῦ τότε κόσμου. Τό πλεῖστον μέρος τῶν Ἰουδαίων τῶν ἐν Αἰγύπτῳ εἶχον μετοικήσει ἐκεῖ πρίν ἤ μορφωθῶσιν ἐν Παλαιστίνῃ αἱ ἐκ διαμέτρου ἀντίθεται αἱρέσεις τῶν Φαρισαίων καί Σαδδουκαίων, τῆς τυφλῆς δηλονότι καί ψευδοῦς ὀρθοδοξίας, καί τῆς ὁμοιοτρόπου ἐλευθεροφροσύνης· διό καί ἡ μετά τῶν Ἑλλήνων ἐπιμιξία τῶν Ἰουδαίων ἐν Ἀλεξανδρείᾳ ἦτο πολλῷ εὐκολωτέρα ὡς μή ἐπιῤῥεαζομένη ὑπ' αὐτῶν. Ἐκ τῆς ἐπιμιξίας ταύτης ἔμαθον κατ' ὀλίγον οἱ Ἰουδαῖοι καί τούς πνευματικούς θησαυρούς τῶν Ἑλλήνων καί μαθόντες ἤρξαντο νά ἐκτιμῶσιν αὐτούς καί μάλιστα τήν Πλατωνικήν καί Πυθαγόρειον φιλοσοφίαν, ἕνεκα τῆς προσεγγίσεως αὐτῶν εἰς τήν ἰουδαϊκήν θεολογίαν. Τάς φιλοσοφίας δέ ταύτας σπουδάζοντες ἐμάνθανον οἱ Ἰουδαῖοι καί νά φιλοσοφῶσιν ἐπί τῶν ἁγίων αὐτῶν Γραφῶν, ἐντεῦθεν ἐγεννήθη καί ἐμορφώθη μεταξύ τῶν ἐν Ἀλεξανδρείᾳ Ἰουδαίων εἶδος τι φιλοσοφίας ἤ θεοσοφίας, ἧς ὁ διασημότερος ἀντιπρόσωπος ἐγένετο Φίλων ὁ Ἰουδαῖος. Ἡ φιλοσοφία αὕτη βάσιν εἶχεν εἶδος τι ἑρμηνείας τῶν Ἁγίων Γραφῶν, ἱστάμενον μεταξύ τῆς αὐστηρᾶς κατά γράμμα ἑρμηνείας καί τῆς ὅλως ἐκπνευματιζούσης καί ἐκμηδενιζούσης τό γράμμα, τουτέστι τήν ἀλληγορικήν λεγομένην ἑρμηνείαν καί τινας πλατωνικάς ἰδέας, καί ἐπενήργησεν ἔπειτα οὐκ ὀλίγον, ὡς φαίνεται, ἐπί τῆς ἐπιστημονικῆς διαπλάσεως τῆς Χριστιανικῆς διδασκαλίας.

Σημείωσις. Ἐπειδή τό ἐπιβάλλειν χεῖρα ἐπί τῶν Ἁγίων Γραφῶν καί διαφθείρειν ἤ ἀκρωτηριάζειν αὐτάς ὁπωσδήποτε ἐθεώρουν ἀσέβειαν μεγίστην οἱ Ἰουδαῖοι, κατέφυγον εἰς τό μέτρον τοῦτο, ὅπερ ἐστίν ἔνθεν μέν νά ὑποβάλωσιν ὑπό τήν γραμματικήν ἔννοιαν τῶν Ἁγίων Γραφῶν καί ἑτέραν ἔννοιαν πνευματικωτέραν, ἐκεῖθεν δέ νά προσλάβωσιν ἰδέας τινάς ἐκ τοῦ Πλάτωνος. Περί τοῦ Φίλωνος καί τῆς Ἀλεξανδρινῆς Ἰουδαϊκῆς φιλοσοφίας βλ. ἐκ τῶν νεωτέρων τόν A. F. H(?)roerer, *Philo und die Alexandrinische Theosophie*, Stuttgart 1851. /(34)

§ 17. Χαρακτήρ, πηγαί καί βοηθήματα τῆς Ἱστορίας τοῦ πρώτου τμήματος.

Ἡ Ἱστορία τῆς ὑπό τοῦ Κυρίου ἡμῶν Ἰησοῦ Χριστοῦ καί τῶν ἁγίων αὐτοῦ Ἀποστόλων ἐγκαθιδρύσεως καί διαμορφώσεως τῆς Ἐκκλησίας ἀποτελεῖ ἐν τῇ ἱστορίᾳ τῆς Χριστιανικῆς Ἐκκλησίας ἴδιον μέρος, ἤγουν διακρίνεται ἀπό τῆς ἱστορίας τῆς Χριστιανικής Ἐκκλησίας καί πραγματεύεται ἰδιαιτέρως· ὁ δέ λόγος τῆς διακρίσεως ταύτης καί τῆς χωριστῆς διαπραγματεύσεως ἔγκειται εἰς τόν ἰδιάζοντα τῆς ἱστορίας ταύτης χαρακτῆρα, ὅστις προκύπτει ἐκ τοῦ μοναδικοῦ χαρακτῆρος τοῦ Θεανθρώπου Κυρίου ἡμῶν Ἰησοῦ Χριστοῦ καί ἐκ τῆς ἰδιαζούσης ἀποστολῆς τῶν ἁγίων αὐτοῦ μαθητῶν καί Ἀποστόλων. Ὁ Κύριος ἡμῶν Ἰησοῦς Χριστός ἐστιν ὁ Σωτήρ τοῦ κόσμου, τό φῶς τοῦ κόσμου, ἡ πηγή τῆς ζωῆς ἡ ζωογονοῦσα τόν κόσμον· ἡ εἰδική δέ πάλιν θέσις τῶν ἱερῶν Ἀποστόλων καί ἡ εἰδική αὐτῶν ἱκάνωσις δι' ἀμέσου θείας ἐλλάμψεως καί ἐνισχύσεως καθίστησι τά προϊόντα τῆς ἐνεργείας αὐτῶν ζῶσαν πηγήν καί θεμέλιον πάσης ἐν τῷ μέλλοντι ἐκκλησιαστικῆς ἀναπτύξεως· ἐντεῦθεν ὅ,τι ἐποίησεν καί ὅ,τι ἐδίδαξεν ὁ Κύριος ἡμῶν καί οἱ θεοφώτιστοι ἀπόστολοι κανόνα καί γνώμονα ἐκτός αὐτοῦ πρός δοκιμήν καί ἐπαλήθευσιν δέν ἔχει, ἔστι δέ αὐτό τοῦτο θεῖος κανών πρός δοκιμήν τῆς ἀληθείας, τῆς γνησιότητος καί τῆς κανονικότητος πασῶν τῶν ἐπερχομένων Ἐκκλησιαστικῶν διαμορφώσεων καί ἐξελιγμῶν. Ἄλλως δέ τό πρᾶγμα ἔχει ἐπί τῆς μετά ταῦτα Καθολικῆς τοῦ Χριστοῦ Ἐκκλησίας. Αὕτη ἀντέχεται ἀείποτε τῆς ἀποστολικῆς διδασκαλίας καί πράξεως, πρός αὐτό ἀποβλέπει καί πρός αὐτά δοκιμάζει πάντοτε καί τήν διδασκαλίαν καί τήν πρᾶξιν αὐτῆς. Ταύτης τά θεόλεκτα καί πνευματέμφορα ὄργανά εἰσι κεκλημένα ὅπως φυλάττωσιν τήν θείαν παρακαταθήκην ἀκεραίαν καί ἀμόλυντον ἐν πᾶσι καί καλλιεργῶσι τούς θεοφυτεύτους ἐκείνους βλαστούς τῆς ἀρχεγόνου καί πρωτοτύπου Ἀποστολικῆς Ἐκκλησίας καί καθαρίζωσιν αὐτούς ἀπό πάσης ἀγρίας παραφυάδος καί ἀπό παντός ζιζανίου.

Πηγαί τῆς ἱστορίας τοῦ τμήματος τούτου εἰσίν ἡ Καινή Διαθήκη, μερικαί εἰδήσεις τῶν ἁγίων Πατέρων, ἰδίως τά τεμάχια τοῦ Ἡγησίππου καί ἡ *Ἐκκλησιαστική Ἱστορία* τοῦ Εὐσεβίου, καί τινα ἐκ τῶν τοῦ Ἰωσήπου, τοῦ Ταλμούδ καί τῶν θύραθεν συγγραφέων.

Βοηθήματα δέ ἡ *Ἑκατονταετηρίς* Εὐγενίου τοῦ Βουλγάρεως, ἡ *Ἱερά Ἱστορία κατ' ἔκτασιν*, ὑπό Π. Ῥομπότου (Ἀθῆναι 1859) καί ἡ *Ἐκκλησιαστική Ἱστορία* τοῦ Μελετίου καί εἴτι ἄλλο. /(35)

Κεφάλαιον Αʹ.

Βίος τοῦ Κυρίου ἡμῶν Ἰησοῦ Χριστοῦ καί Προπαρασκευή τῆς βασιλείας τοῦ Θεοῦ ἐπί τῆς γῆς, ἤγουν τῆς Ἐκκλησίας.

§ 18. Ὁ Ἰησοῦς Χριστός ὁ Σωτήρ τοῦ κόσμου

Ὁ Κύριος ἡμῶν Ἰησοῦς Χριστός ἐγεννήθη ἐξ οἴκου καί πατριᾶς Δαβίδ, ἐν πόλει Βηθλεέμ, ἐπί Αὐγούστου αὐτοκράτορος τῶν Ῥωμαίων. Καθώς δέ τήν σύλληψιν οὕτω καί τήν γέννησιν αὐτοῦ πολλά καί μεγάλα παρηκολούθησαν θαύματα. Ἄγγελος οὐρανόθεν καταβάς ἐμήνυσε τήν βουλήν τοῦ Θεοῦ εἰς τήν παρθένον Μαρίαν, ἡ δέ δύναμις τοῦ Ὑψίστου ἐπραγματοποίησεν αὐτήν καί ἡ εὐλογημένη Παρθένος συνέλαβε παραδόξως ἐν τῇ ἁγιότητι καί τῇ ταπεινώσει αὐτῆς τόν υἱόν τοῦ Θεοῦ. Ὅτε δέ ὁ ἐκ Πνεύματος Ἁγίου καί Μαρίας τῆς Παρθένου σαρκωθείς εἰσήρχετο εἰς τόν κόσμον, τότε Ἄγγελοι μέν προσγειότεροι γενόμενοι ἠκούσθησαν δοξολογοῦντες τόν Ὕψιστον καί τήν εἰρήνην ἐπί γῆς ἀναγγέλλοντες καί ποιμένες εἰς προσκύνησιν αὐτοῦ προσῆγον· ἀστήρ δέ μέγας καί λαμπρός ἐν τῇ Ἀνατολῇ φανείς ὡδήγησε τούς Μάγους ἐκεῖ, οὗ ἦν τό παιδίον, ὁ βασιλεύς τῶν Ἰουδαίων, ὁ ἄρχων τῆς εἰρήνης, ὁ πατήρ τοῦ μέλλοντος αἰῶνος. Γεννηθείς δέ ὁ Κύριος καταδέχεται, ὀκταήμερος ἤδη ὤν, σαρκός τήν περιτομήν καί μετά τεσσαράκοντα ἡμέρας προσάγεται εἰς τόν ναόν καί τῷ Θεῷ ἀφιεροῦται κατά τόν νόμον τόν Ἰουδαϊκόν. Γενόμενος δέ δωδεκαετής παρίσταται ἐν τῷ ἱερῷ καί διδάσκει καί διδασκάλους καί λαόν, οἵτινες ἐκπληττόμενοι εἰς τήν πρόωρον καί παράδοξον αὐτοῦ διδαχήν, ἀμηχανοῦσι νά ἐξηγήσωσι τό φαινόμενον. Μετά ταῦτα, ποῦ καί πῶς καί τί πράττων διῆλθε τόν βίον αὐτοῦ ὁ Κύριος μέχρι τοῦ 30 ἔτους τῆς ἡλικίας, ὑπάρχει ἄγνωστον.

Τριαντακονταετής δέ γενόμενος παρῆλθεν εἰς μέσον καί ἤρξατο τοῦ ἔργου καί τῆς διδασκαλίας αὐτοῦ, παρῆλθε δέ εἰς μέσον, ἀφοῦ ὁ μέγιστος καί τελευταῖος τῶν προφητῶν τῆς Π. Διαθήκης Ἰωάννης ὁ Βαπτιστής προητοίμασε τήν ὁδόν αὐτοῦ διά τοῦ κηρύγματος καί τοῦ βαπτίσματος τῆς μετανοίας. Βαπτισθείς καί ὁ Ἰησοῦς Χριστός ὑπ' αὐτοῦ ἐξῆλθεν εἰς τήν ἔρημον καί διέμεινε αὐτοῦ τεσσαράκοντα ἡμέρας, ὡσανεί ἔμελλεν ὁ Θεάνθρωπος νά ἀρυσθῇ δυνάμεις πρός ἐκτέλεσιν τῆς ἀποστολῆς αὐτοῦ ἐν τῇ μετά τοῦ Οὐρανίου αὐτοῦ Πατρός συνεντεύξει, καί ὡσανεί ἔμελλεν νά προπαρασκευάσῃ τό σχέδιον τῆς τοῦ ἀνθρωπίνου γένους σωτηρίας. Μετά ταῦτα ἐξελέξατο 12 /(36)μαθητάς, μεθ' ὧν περιερχόμενος τήν Ἰουδαίαν προσεκάλει τούς πάντας εἰς μετάνοιαν, ἐκήρυττε τά περί τῆς βασιλείας τοῦ Θεοῦ, ἐθεράπευε τάς νόσους πάντων καί διά θαυμάτων καί σημείων καί διά τῶν λόγων καί διά τῶν ἔργων αὐτοῦ διεπιστοῦτο τήν θείαν αὐτοῦ ἀποστολήν. Καί ἀνθίσταντο μέν αὐτῷ οἱ Φαρισαῖοι καί κατεδίωκον, κατεφρόνουν δέ οἱ Σαδδουκαῖοι, ὁ δέ λαός νῦν μέν ἐπευφήμει θαυμάζων καί ἐκπληττόμενος εἰς τό μεγαλεῖον τοῦ Κυρίου· νῦν δέ πάλιν περιεφρόνει καί ἐξωνείδιζεν. Μετά τριετῆ δέ διδασκαλίαν εἰσῆλθεν ὡς βασιλεύς ἐπευφημούμενος ὑπό τοῦ λαοῦ εἰς τήν βασιλικήν πόλιν τῶν βασιλευσάντων αὐτοῦ προγόνων· ὁ αὐτός ὅμως λαός βλέπων τάς κοσμικάς περί Μεσσίου ἐλπίδας του ματαιουμένας, ἀνέκραξε μετά τινας ἡμέρας *ἆρον, ἆρον σταύρωσον αὐτόν*. Δύο ψευδομάρτυρες ἤρκεσαν πρός καταδίκην αὐτοῦ. Ἀρχιερεῖς καί Γραμματεῖς καί συμβούλια, οἱ πάντες μιᾷ φωνῇ ἄξιον θανάτου ἔκριναν αὐτόν. Τήν ἀθωότητα τοῦ Σωτῆρος τοῦ κόσμου διεῖδεν καί ἀνεκήρυξεν ὁ ἐθνικός πολιτικός ἄρχων, ὁ Πόντιος Πιλᾶτος, ἀλλ' εἰς μάτην. Ὑποστάς οὖν ἐπί τέλους κατά τοῦ Πατρός αὐτοῦ τήν εὐδοκίαν τόν σταυρικόν θάνατον, προσήνεγκεν ἑαυτόν θυσίαν ὑπέρ τῶν ἁμαρτιῶν παντός τοῦ κόσμου, καί παθών ὡς θεάνθρωπος ἐξεῦρεν ἄπειρον καί αἰώνιον λύτρωσιν εἰς πάντας τούς πιστεύοντας εἰς αὐτόν. Ἐπειδή δέ τόν ἀρχηγόν τῆς ζωῆς ἀδύνατον ἦν κρατῆσθαι ὑπό τοῦ θανάτου, συνθλάσας τάς πύλας τοῦ Ἄδου ὡς καί τάς σφραγίδας τοῦ τάφου ἀνέστη τριήμερος, φέρων δεδοξασμένην τήν ἑαυτοῦ σάρκα καί ἄφθαρτον καί οὕτω διεβεβαίωσε πάντας τούς εἰς αὐτόν πιστεύοντας, ὅτι καί αὐτοί κοινωνοί ἔσονται τῆς δόξης καί τῆς ἀφθαρσίας αὐτοῦ. Διαμείνας δέ ἐπί τῆς γῆς ἐν μορφῇ ἀνθρώπου τεσσαράκοντα ἔτι ἡμέρας μετά τήν ἀνάστασιν αὐτοῦ καί συναυλισθείς πολλάκις μετά τῶν μαθητῶν αὐτοῦ καί τήν ἀποστολήν τοῦ ἁγίου αὐτοῦ Πνεύματος ἐπαγγειλάμενος αὐτοῖς καί εὐλογήσας καί κήρυκας τοῦ Εὐαγγελίου αὐτοῦ εἰς πάντα τά ἔθνη ἀναδείξας, ἀνελήφθη εἰς τόν οὐρανόν ἐν δόξῃ, καί νῦν κάθηται ὡς θεάνθρωπος ἐν δεξιᾷ τοῦ Πατρός, ἡ παντοδύναμος καί πανταχοῦ παροῦσα κεφαλή τῆς Ἐκκλησίας, ὁ Κύριος πάντων, οὗ τό ὄνομα ἐν οὐρανῷ καί ἐπί γῆς, ἕως οὗ ἐπανέλθῃ καί πάλιν ἐν δόξῃ ἐν τῇ συντελείᾳ τοῦ κόσμου.

Σημείωσις 1. Περί τοῦ ἔτους τῆς γεννήσεως τοῦ Κυρίου ὑπάρχουσι πολλαί καί διά /(37) φοροι παρά τε τοῖς ἀρχαίοις καί παρά τοῖς νεωτέροις γνῶμαι. Ἡ πιθανωτέρα ὅμως ἐξ αὐτῶν φαίνεται ἡ δεχομένη ὡς ἔτος τῆς γεννήσεως τοῦ Κυρίου τό 750 ἀπό κτίσεως Ῥώμης, ἥτις συνάδει καί πρός τήν χρονολογίαν τοῦ εὐαγγελιστοῦ Λουκᾶ, λέγοντος (ἐν κεφ. 3,1) περί τοῦ Βαπτιστοῦ Ἰωάννου ὅτι ἐπανῆλθεν ἐκ τῆς ἐρήμου καί ἤρξατο δημοσίᾳ διδάσκειν ἐπί τοῦ *15 ἔτους τῆς βασιλείας τοῦ Τιβερίου*. Καί ἰδού πῶς· ὁ Αὔγουστος ἀπέθανε τό 767 ἀπό κτίσεως Ῥώμης, ὁ δέ Τιβέριος ἤρξατο βασιλεύων ἀπό τοῦ 765 διότι δύο ἔτη συνεβασίλευσε μετά τοῦ Αὐγούστου· εἰς τά 765, ἔτη προστιθεμένων τῶν 15 ἐτῶν τῆς βασιλείας τοῦ Τιβερίου γίνονται τά ὅλα ἔτη 780 ἀπό κτίσεως Ῥώμης· τό 15ον ἔτος λοιπόν τῆς βασιλείας τοῦ Τιβερίου ἐστί τό 780 ἀπό κτίσεως Ῥώμης. Κατά τό 780 ἔτος ἐνεφανίσθη λοιπόν εἰς τό δημόσιον ὁ Βαπτιστής Ἰωάννης. Ἐπειδή δέ ὁ Κύριος ἡμῶν παρῆλθεν εἰς μέσον μικρόν μετά τήν ἐμφάνισιν τοῦ Ἰωάννου καί ὁ εὐαγγελιστής Λουκᾶς ἐσημείωσεν (κεφ. 3, 23) *καί ἦτον ὡσεί 30 ἐτῶν ἀρχόμενος*, ἄρα ἐγεννήθη περί τό 750 ἀπό κτίσεως Ῥώμης.

Ἐπί τοῦ 15 ἔτους τῆς βασιλείας τοῦ Τιβερίου λέγων ὁ ἱερός εὐαγγελιστής δυνατόν νά μή συμπεριλαμβάνῃ τά δύο ἔτη τῆς συμβασιλείας αὐτοῦ μετά τοῦ Αὐγούστου καί, ἐν περιπτώσει τοιαύτῃ, τό γενέθλιον τοῦ Κυρίου μεταφέρεται βεβαίως ἐπί τό ἔτος 748, ἀλλά τό πρῶτον εἶναι πιθανώτερον· διότι ὑποστηρίζεταί πως καί ἀλλαχόθεν, τουτέστιν ἐξ ὧν ὁ Ἰώσηπος ἱστορεῖ. Ὁ Ἰώσηπος (*Ἀρχαιολογία Ἰουδαϊκή, βιβλ. ιζ΄, κεφ. 8 §1 καί κεφ. 9 §3 καί βιβλ. 14, κεφ. 14 §5*) ὁρίζει ἀκριβῶς τόν θάνατον τοῦ Ἡρώδου λέγων ὅτι συνέβη τό ἔαρ τοῦ 750 ἀπό κτίσεως Ῥώμης. Ἐπειδή δέ κατά τόν Εὐαγγελιστήν Ματθαῖον (κεφ. 2) ὁ Ἡρώδης φαίνεται ἀποθανών οὐ πολύ μετά τήν γέννησιν τοῦ Ἰησοῦ Χριστοῦ, ἄρα ὁ Κύριος ἐγεννήθη κατά τό 750 περίπου ἔτος.

Λέγομεν δέ ὅτι ὁ θάνατος τοῦ Ἡρώδου συνέβη μικρόν ὅ ἐστι μετά τινας μῆνας ὕστερον τῆς γεννήσεως τοῦ Ἰησοῦ Χριστοῦ, διότι ἀσπαζόμεθα τήν γνώμην, καθ' ἥν οἱ μάγοι λέγονται ὅτι ἦλθον κατά τάς πρώτας ἡμέρας τῆς γεννήσεως τοῦ Κυρίου, ἐπομένως καθ' ἡμᾶς μετά τήν προσκύνησιν ἐγένετο ἡ περιτομή τοῦ παιδίου, ἐκαθαρίσθη ἡ Κυρία Θεοτόκος καί ἔπειτα ἐγένετο ἡ εἰς Αἴγυπτον φυγή· καί ταῦτα πάντα ἠδύναντο νά γίνωσιν ἀκινδύνως, διότι οὐδείς ἦν ὁ καταδιώκων. Ὁ Ἡρώδης ἀπώλεσε τήν ὑπομονήν αὐτοῦ, ἀφοῦ εἶδεν ὅτι παρῆλθον 40 ἤ καί 50 ἡμέραι καί οἱ Μάγοι δέν ἐφάνησαν· τότε πεισθείς πλέον ὡς ἐκ τῆς βραδύτητος αὐτῶν ὅτι ἠπατήθη, διέταξεν τήν βρεφοκτονίαν, καί διέταξε νά σφαγῶσι τά ἀπό διετῆ καί κατωτέρω, διότι ἡ ἡλικία τοῦ παιδός δέν ὑπερέβαινε τά δύο ἔτη «κατά τόν χρόνον ὅν ἠκρίβωσε παρά τῶν Μάγων». Ὑποτίθεται δέ ὅτι οἱ Μάγοι εἶδον τόν ἀστέρα πρό τῆς /(38) γεννήσεως τοῦ Κυρίου (ὅρα Ἑκατονταετηρίδα Εὐγενίου τοῦ Βουλγάρεως § 20, ὅστις φαίνεται ἀποκλίνων πρός τήν ἑτέραν γνώμην, ὅτι οἱ Μάγοι ἦλθον δύο χρόνους ἔπειτα).

§ Ἀλλ' ἡ χρονολογία, ἥν κοινῶς μεταχειριζόμεθα σήμερον πάντες, ἐστίν ἡ τοῦ Διονυσίου τοῦ Μικροῦ τοῦ ἀκμάσαντος περί τάς ἀρχάς τῆς 6ης ἑκατονταετηρίδος, ἥτις τίθησιν τό γενέθλιον τοῦ Κυρίου 4 ἔτη ὀψιαίτερον, ὅ ἐστι τό 754.

Σημείωσις 2. Περί τῆς ἀειπαρθένου Μαρίας καθώς καί περί τινων ἄλλων ζητημάτων βλ. Ἑκατονταετηρίδα Εὐγενίου τοῦ Βουλγάρεως. – Περί δέ τοῦ χρόνου τῆς διδασκαλίας τοῦ Κυρίου τινές τῶν ἀρχαίων Πατέρων καί ἐκκλησιαστικῶν συγγραφέων ὥρισαν αὐτόν εἰς ἕν ἔτος, ὁρμηθέντες ἔκ τινος ῥήσεως τοῦ προφήτου Ἡσαΐου (61,1.2). Καί εἶναι μέν ἀληθές ὅτι οἱ τρεῖς πρῶτοι Εὐαγγελισταί ὁμιλοῦσι περί ἑνός μόνον Πάσχα καθ' ὅλον τό στάδιον τῆς διδασκαλίας τοῦ Κυρίου, ὁ εὐαγγελιστής ὅμως Ἰωάννης ὁμιλεῖ περί τριῶν Πάσχα (ὅρα κεφ. 2,13-6,4 καί κεφ. 12 καί 13), ὥστε κατά ταῦτα ὁ Κύριος ἐδίδαξε δημοσίᾳ τρία ἔτη καί ἔπαθε ὤν ἡλικίας 33 ἐτῶν.

§ Ὅσον ἀφορᾷ τό ἔτος τοῦ θανάτου τοῦ Κυρίου παράδοξος φαίνεται ἡ γνώμη τοῦ ἁγίου Εἰρηναίου· διότι κατ' αὐτόν ὁ Κύριος ὑπέστη τόν σταυρικόν θάνατον κατά τό 45 ἤ 50 ἔτος τῆς ἡλικίας αὐτοῦ (βλ. Contra haer. 2,22,5).

Σημείωσις 3. Περί τοῦ ἰδιωτικοῦ βίου τοῦ Κυρίου ἡμῶν σιωπᾷ παντάπασιν ἡ Κ. Δ., οἱ ἐκκλησιαστικοί ὅμως συγγραφεῖς ὁμιλοῦσι καί περί τούτου, ἀλλά χωρίς νά συμφωνοῦσι πρός ἀλλήλους· οὕτω ὁ ἅγιος Ἰουστῖνος ὁ φιλόσοφος καί μάρτυς ἐν τῷ πρός Τρύφωνα τόν Ἰουδαῖον διαλόγῳ αὐτοῦ (§88 σελ. 316 ἐκδ. Κολωνίας) νομίζει ὅτι ὁ Ἰησοῦς Χριστός «τεκτονικά ἔργα εἰργάζετο ἐν ἀνθρώ-

ποις ὤν, ἄροτρα καί ζυγά» ἐξ οὗ καί τινες τῶν νεωτέρων (ὡς ὁ Τισεντόρφιος) προτιμῶντες ἀντί τῆς κοινῆς ἀναγνώσεως «*ὁ υἱός τοῦ τέκτονος καί τῆς Μαρίας*» (Μάρκ. 6,3, Ματθ. 13,55) τήν ἑτέραν ἀνάγνωσιν τήν «*οὐχ οὗτός ἐστιν ὁ τέκτων ὁ υἱός τῆς Μαρίας;*» ἐμπεδοῦσι τό πρᾶγμα καί ἐξ αὐτῆς τῆς Ἁγίας Γραφῆς. Τοὐναντίον δέ ὁ Ὠριγένης (ἐν τῷ 6ῳ τόμῳ κατά *Κέλσου*) μή ἀποδεχόμενος τήν γνώμην ὅτι ὁ Κύριος ἐπηγγέλλετο τόν τέκτονα, ἀποφαίνεται λέγων «*ὅτι οὐδαμοῦ τῶν ἐν ταῖς Ἐκκλησίαις φερομένων Εὐαγγελίων τέκτων αὐτός ὁ Ἰησοῦς ἀναγέγραπται*». Ἀλλ' ὅπως καί ἄν ἔχῃ τό πρᾶγμα, οὐδόλως δυνάμεθα νά ὑποθέσωμεν ὅτι ὁ Κύριος ἐκάθητο ἐπί τριάκοντα ὅλα ἔτη, καθά, ὡς φαίνεται, ἰδιώτευεν, ἐν ἀεργείᾳ καί ἀπραξίᾳ· διότι αὐτός οὗτος λέγει διά τοῦ ἀποστόλου αὐτοῦ «*ὅτι εἴ τις οὐ θέλει ἐργάζεσθαι, μηδέ ἐσθιέτω*» (Β' Θεσσ. 3,10). Καθά δέ ῥητῶς σημειοῖ / (39) ἡ Ἁγία Γραφή (Λουκ. 2,5) ὅτι διετέλεσεν «*ὑποτασσόμενος*» εἰς τούς γονεῖς αὐτοῦ, οἵτινες οὔτε πλούσιοι ἦσαν οὔτε πάλιν πτωχότατοι καί παντάπασιν ἄποροι (Λουκ. 2,24. παρβλ. Λευιτ. 18,3). Ὅτι δέ ὁ Κύριος δέν εἶχεν μεγάλην περιουσίαν χρημάτων καί κτημάτων δῆλον γίνεται ἐξ ὧν αὐτός λέγει ἀποτεινόμενος πρός τινα γραμματέα «*αἱ ἀλώπεκες φωλεούς ἔχουσι καί τά πετεινά τοῦ οὐρανοῦ κατασκηνώσεις· ὁ δέ υἱός τοῦ ἀνθρώπου οὐκ ἔχει ποῦ τήν κεφαλήν κλίνῃ*» (Ματθ. 8,20). Περί τούτου διαβεβαιοῦσιν ἡμᾶς καί οἱ ἅγιοι Εὐαγγελισταί Λουκᾶς (8,2,3) καί Μάρκος (15,41) ἀναφέροντες ὅτι μεταξύ τῶν ἀκολουθούντων τόν Κύριον ἦσαν καί πολλαί γυναῖκες, «*αἵτινες διηκόνουν αὐτῷ ἀπό τῶν ὑπαρχόντων αὐταῖς*». Ἐκ τοῦ εὐαγγελιστοῦ δέ Ἰωάννου (12,6. 13,29) γίνεται φανερόν ὅτι ὑπῆρχε κοινόν τι τοῦ Ἰησοῦ Χριστοῦ καί τῶν Ἀποστόλων αὐτοῦ ταμεῖον *γλωσσόκομον* ὀνομαζόμενον, ὅπερ περιεῖχε τά βαλλόμενα καί ὅτι ἐξ αὐτοῦ ἠγοράζοντο τά πρός τό ζῆν ἀναγκαῖα (παρβ. καί Λουκ. 9,13 καί Ματθ. 14,17).

Σημείωσις 4. Περί δέ τῆς διδασκαλίας καί τοῦ τρόπου, καθ' ὅν ὁ Κύριος ἐδίδασκεν, γινώσκομεν ἱκανά ἐξ αὐτῶν τῶν ἁγίων Γραφῶν. Πᾶσαι αἱ τοῦ Κυρίου διδαχαί, αἱ εἴτε ἐν ταῖς συναγωγαῖς καί ἐν τῇ στοᾷ τοῦ ναοῦ γινόμεναι (Ματθ. 13, 54. Λουκ. 4,44 καί ἀλλαχοῦ) εἴτε κατά τάς ῥύμας, τάς ὁδούς καί τάς πλατείας ἐν ὑπαίθρῳ ἦσαν αὐτοσχέδιοι (Ἰωαν. 4,32. 7,37 καί ἑξ.), εἰς τάς ὁποίας ἀφορμάς ὡς ἐπί τό πλεῖστον παρεῖχον διάφορα περιστατικά, φυσικαί παρατηρήσεις, ἀγγελίαι, ἐρωτήσεις καί ἄλλα τοιαῦτα (Λουκ. 12,54. 13,1. Ματθ. 8,10 καί ἀλλαχοῦ). Ἔχαιρε δέ τά μέγιστα ὁ Κύριος ὁμιλῶν ἐν παραβολαῖς, τάς ὁποίας ἐπικοσμεῖ πρό πάντων ἁπλότης, καί ὡραιότης φυσική, καί ἀξιοπρέπεια θεία καί συντομία καί σαφήνεια (Ματθ. 13,11 κεξ.. Μάρκ. 4,1-34 καί ἀλλαχοῦ, Λουκ. 15 καί 16). Ἐνίοτε μετεχειρίζετο καί ἀλληγορίας ἤ μεταφοράς (Ἰωάν. 6,32 κεξ., 10 καί 15) καί γνωμικά (Ματθ. 5) καί δή καί παράδοξα ὡς λέγουσιν, ὁποῖα φερ᾽ εἰπεῖν τό «λύσατε τόν ναόν τοῦτον καί ἐν τρισίν ἡμέρας ἐγερῶ αὐτόν» (Ἰωαν. 2,15) καί τό «ἀμήν ἀμήν λέγω ὑμῖν, ἐάν μή φάγητε τήν σάρκα τοῦ υἱοῦ τοῦ ἀνθρώπου καί πίητε αὐτοῦ τό αἷμα, οὐκ ἔχετε ζωήν ἐν ἑαυτοῖς» (αὐτόθι, 6,53) καί τό «ἀμήν ἀμήν λέγω ὑμῖν πρίν Ἀβραάμ γενέσθαι ἐγώ εἰμί» (αὐτόθι, 8,58)· ἅπερ εἰς τούς ἀκούοντας καί μή θέλοντας νά κατανοήσωσιν αὐτά ἐφαίνοντο παράδοξα καί ἐσκανδάλιζον καθ᾽ ὑπερβολήν αὐτούς. Ἐν γένει δέ ὁ τρόπος, καθ᾽ ὅν ὁ Κύριος ἡμῶν Ἰησοῦς Χριστός ἐδίδασκεν, δέν ἦτον ὑψηλότερος τῆς ἀντιληπτικῆς δυνάμεως τοῦ λαοῦ (Μάρκ. 4,33, Λουκ. 13,15 κεξ., 14,5 κεξ.) διότι καί αὐτάς τάς νέας καί ἰδιαιτάτας αὐτοῦ διδασκαλίας ἐξέφερεν ὁ Κύριος ἐν τῇ συνήθει ἰουδαϊκῇ φρασεολογίᾳ, μέ τήν /(40) διαφοράν μόνον ὅτι ἐν τῷ ἁγίῳ αὐτοῦ στόματι ἡ συνήθης παρά τοῖς Ἰουδαίοις φρασεολογία ἀπέβαλλε τό τραχύν καί βάναυσον καί ἄκομψον καί ἄχαρι, μεθ᾽ οὗ αὕτη παρουσιάζεται εἰς τό Ταλμούδ. Τήν γαῦρον καί ἀγέρωχον διαλεκτικήν τῶν Φαρισαίων καί τῶν Σαδδουκαίων, τῶν πρεσβυτέρων καί τῶν γραμματέων ἀνέτρεπε καί κατέθραυε ἀναλύων καί ἐκτινάσσων εἰς μέσον τά συμπεράσματα τῶν κατηγοριῶν καί τῶν μομφῶν, ὅσας εἰς αὐτόν προσέτριβον (Ματθ. 12,25). Τάς διλημματικάς προτάσεις αὐτῶν ἀπέκρουεν ἔστιν ὅτε δι᾽ ὁμοίων ἐπίσης διλημματικῶν ἀπαντήσεων (Ματθ. 21,24. 22,20. Λουκ. 10,29 κεξ., 20,3 κεξ.), ἄλλοτε δέ διά τῶν ἐναργεστάτων ἐντολῶν τοῦ νόμου καί διά τῆς Ἱερᾶς Ἱστορίας (Ματθ. 9,13. 12,3 κεξ., 19,4, Λουκ. 6,2 κεξ., 10,26 κεξ., 20,28), ἐνίοτε δέ πάλιν δι᾽ ἀναλόγων πράξεων τοῦ συνήθους βίου (Ματθ. 12,10)· ἀλλά πολλάκις ἀφώπλιζεν αὐτούς καί διά τῶν θαυμάτων, ὅσα ἐποίει, (Λουκ. 5,24) ἀπήρχοντο δέ οἱ πειράζοντες αὐτόν κατησχυμένοι καί σιωπῶντες μή ἔχοντες τί νά ἀντιτάξωσιν αὐτῷ (Ματθ. 22,42 κεξ., Ἰωάν. 8,3 κεξ.). Μακροτέρους δογματικούς λόγους τίθησιν εἰς τό στόμα τοῦ Κυρίου μόνος ὁ εὐαγγελιστής Ἰωάννης καί οὐδόλως ἐστί παράδοξον ὅτι ὁ Ἰησοῦς Χριστός, ὅστις πρός τόν λαόν ὡμίλει ἐν παραβολαῖς καί ἐν παροιμίαις καί διά τῶν πρακτικῶν καί ἠθικῶν ἀξιωμάτων καί γνωμικῶν, ἐν μέσῳ τῶν ἱερέων καί τῶν νομοδιδασκάλων εὑρισκόμενος συνδιελέγετο περί πραγμάτων ὑψηλοτέρων καί θεωρητικωτέρων, παρηκολούθουν δέ τήν διδασκαλίαν ἐνίοτε καί πράξεις συμβολικαί (Ἰωάν. 13,1 κεξ., 20,22. Λουκ. 9,47 κεξ.). Μορφή τοῦ προσώπου ἀθωοτάτη, βλέμμα ὀξύ, ἀλλά πλῆρες ἀγάπης καί συμπαθείας καί ἐν γένει ἐξωτερικόν ἀξιοπρεπές, σεμνόν καί κόσμιον, ἐμφαίνοντα τό πνευματικόν καί ἠθικόν κάλλος καί μεγαλεῖον τῆς ψυχῆς αὐτοῦ, ἐνίσχυον βεβαίως οὐκ ὀλίγον τόν λόγον αὐτοῦ καί διεφήμιζον τό «δυνατός ἐν λόγῳ» (Ἰωάν. 7,46, Ματθ. 7,28).

Ἐκ τῶν λόγων τοῦ εὐαγγελιστοῦ Ματθαίου (13,11 κεξ. παρβ. Μάρκ. 4,34) ὁρμηθέντες τινές ἐνόμισαν ὅτι διπλῆ τις ἦν ἡ διδασκαλία τοῦ Κυρίου *ἐσωτερική καί ἐξωτερική* (ὅρα Coelln, *biblisch. Theolog.*, 11,14)· ἀλλ' ἡ διάκρισις αὕτη, ἥν φαίνονται ὑποστηρίζοντά πως καί τά ἱερά Εὐαγγέλια, ἀποδεικνύεται ἀλλαχόθεν, ἐξ αὐτῶν πάλιν τῶν θείων Εὐαγγελίων, φ α ι ν ο μ έ ν η μόνον καί παροδική.

Πρός τούτοις ἐπειδή οὐ μόνον ὁ λαός (Μάρκ. 10,51. Ἰωάν. 20,16), οὐ μόνον οἱ μαθηταί αὐτοῦ (Ἰωάν. 1,39.50. 4,31. 9,2. 11,8. Ματθ. 26,25 καί ἄλλ.), ἀλλά καί αὐτός ὁ Ῥαββί Νικόδημος (Ἰωάν. 3,2) καί αὐτοί προσέτι οἱ ἐχθροί αὐτοῦ (Ἰωάν. 6,25) ἀποδίδουσιν εἰς τόν Ἰησοῦν Χριστόν τόν τίτλον *Ῥαββί*, ἐνόμισαν πολλοί ἐκ τῶν νεωτέρων ὅτι ὁ Ἰησοῦς Χριστός ἔλαβε /(41) τόν διδασκαλικόν τοῦτον τίτλον καί βαθμόν ἔκ τινος ἰουδαϊκῆς σχολῆς. Ἀλλά καί τοῦτο ἀποδεικνύεται ἀνυπόστατον, καθότι ὁ Κύριος ἡμῶν εἰς οὐδεμίαν ῥαββινικήν σχολήν ἀνῆκε. Ἐάν τοῦτο ἦν ἀληθές, ἐξάπαντος θα ἐφαίνοντο οἱ συσπουδασταί αὐτοῦ· ἀλλ' ὅτι οὐδεμίαν ῥαββινικήν σχολήν ἐπεσκέφθη δῆλον ἐξ ὧν ὁ ἅγιος Εὐαγγελιστής Ἰωάννης ἱστορεῖ λέγων «*ἤδη δέ τῆς ἑορτῆς μεσούσης, ἀνέβη ὁ Ἰησοῦς εἰς τό ἱερόν καί ἐδίδασκε, καί ἐθαύμαζον οἱ Ἰουδαῖοι λέγοντες, πῶς οὗτος οἶδε γράμματα μή μεμαθηκώς*» (7,14,15.16)· ἀλλά καί ὁ ἱερός Λουκᾶς δι' ὧν λέγει (2,40-52) δείκνυσιν ὅτι τοιοῦτον τι δέν ἔλαβεν χώραν. Σημειωτέον δέ πρός τούτοις (καθά παρατηρεῖ καί ὁ κλεινός Νέανδρος *Das Leben Jesu*, σελ. 50.) ὅτι οὐδέ οἱ βαθμοί τῶν λογίων ἦσαν ἔτι ἐπί τῶν χρόνων τοῦ Κυρίου οὕτως ἀκριβῶς καθωρισμένοι, οὔτε ἡ διανομή αὐτῶν οὕτω δημοτελής, ὡς βλέπομεν κατά τούς ὑστέρους χρόνους [19]. Περί δέ τῆς γλώττης, ἥν ὁ Κύριος συνήθως ὡμίλει, τό βεβαιότερον εἶναι ὅτι ἦν ἡ Σ υ ρ ο χ α λ δ α ϊ κ ή (βλ. Μάρκ. 3,17. 5,41. 7,34. Ματθ. 27,47. βλ. καί χρονογραφίαν Μαλαλᾶ, σελ. 13) οὐδόλως ὅμως ἀπίθανον ὑπάρχει ὅτι ἐγίνωσκε καί ὡμίλει καί τήν Ἑλληνικήν (Ἰωάν. 7,35. 12,20). Ἄλλως τε ἐπί τῶν χρόνων τοῦ Κυρίου καί ἐκ τῶν Ἰουδαίων οἱ πλεῖστοι ἐγίνωσκον καί ὡμίλουν τήν Ἑλληνικήν· διό καί τις τῶν καθ' ἡμᾶς σοφῶν ὑπεστήριξεν ὅτι συνήθως ἑλληνιστί ὡμίλει ὁ Κύριος (Dm. Diodati, *de Christo graece loquente*, Neap. 1767) καί τήν γνώμην ταύτην ὑποστηρίζει οὐκ ὀλίγον καί ἡ ἑλληνική γλῶσσα, ἐν ᾗ π ά ν τ ε ς οἱ ἱεροί συγγραφεῖς τῆς Καινῆς Διαθήκης συνέγραψαν· (τήν γνώμην τοῦ Διοδάτου ἐπεχείρισε νά ἀνασκευάσῃ ἕτερος τῶν νεωτέρων φιλολόγων, ὁ Ἐρνέστης, Ernst. neuerte theologisch. Biblioth. 1,269 κεξ.. Ἄλλος δέ τις, Οὐερνεσδόρφιος λεγόμενος, διϊσχυρίζεται ὅτι Λ α τ ι ν ι σ τ ί ὁ Κύριος ὡμίλει, ἴσως διότι συνδιελέχθη μετά τοῦ Πιλάτου!! C. Wernsdorf pr. exam. sentent. de Christo latine loquente).

---

[19] Ἡ Ἱερά Ἱστορία κατ' ἔκτασιν ὑπό Π. Ρομπότου (Ἀθῆναι 1859) σελ. 348

§ Ὁ Κύριος διῆλθε διά ζώσης φωνῆς διδάσκων· ἐγγράφως δέ παρέδωκαν ἡμῖν τήν διδασκαλίαν αὐτοῦ οἱ ἅγιοι αὐτοῦ μαθηταί καί ἀπόστολοι, ὡς παρακατιόντες ὀψόμεθα. Τό μόνον, ὅπερ φέρεται ὡς ὑπ' αὐτοῦ τοῦ Κυρίου γραφέν, εἶναι ἐπιστολή τις πρός τινα Ἄβγαρον (ἢ Ἄγβαρον) βασιλέα τῶν ὑπέρ Εὐφράτου ἐθνῶν, ἥν φέρει εἰς μέσον κατά πρῶτον ὁ Εὐσέβιος ἐν τῇ Ἐκκλησιαστικῇ αὐτοῦ Ἱστορίᾳ μετά τινος ἐπιστολῆς αὐτοῦ τούτου τοῦ Ἀβγάρου πρός τόν Ἰησοῦν Χριστόν. Αἱ ἐπιστολαί αὗται δικαιολογοῦσιν ἀρκούντως ἑαυτάς. Ὁ Ἄβγαρος, μαθών τά θαύματα καί τάς παντοίας ἰάσεις ὅσας καθ' ἅπασαν τήν Ἰουδαίαν ἐξετέλει ὁ Κύριος εἶπε καθ' ἑαυτόν ὅτι ὁ ποιῶν ταῦτα ἢ ὁ Θεός ἐστί καταβάς ἀπό /(42) τοῦ οὐρανοῦ ἢ υἱός ὑπάρχει τοῦ Θεοῦ, καί κατατρυχόμενος ὑπό δεινοῦ σωματικοῦ πάθους ἔγραψε πρός τόν Ἰησοῦν ἐπιστολήν, δι' ἧς ἐδεήθη αὐτοῦ, ἵνα ἐλθών θεραπεύσῃ καί αὐτόν· ὁ δέ Ἰησοῦς Χριστός λαβών τήν ἐπιστολήν ταύτην ἀπήντησε διά ἄλλης ἐπιστολῆς μακαρίζων αὐτόν διά τήν πίστιν αὐτοῦ, ὅτι εἰ καί μή ἑωρακώς ἐπίστευσεν εἰς αὐτόν, καί ὑπισχιούμενος ἵνα πέμψῃ μετά τήν ἑαυτοῦ ἀνάληψιν ἕνα τῶν μαθητῶν αὐτοῦ νά θεραπεύσῃ καί διδάξῃ αὐτόν κάλλιον τά περί αὐτοῦ. Ὁ Εὐσέβιος λέγει ὅτι τά γράμματα ταῦτα εὗρεν ἐν τῷ γραμματοφυλακίῳ τῆς Ἐδέσσης συντεταγμένα εἰς γλῶσσαν συριακήν καί ὅτι, μεταγλωττίσας αὐτά πιστῶς, παρέλαβεν ἐκεῖθεν εἰς τήν Ἐκκλησιαστικήν Ἱστορίαν. Ὁ αὐτός δέ ἐπισυνάπτει ταῖς ἐπιστολαῖς ταύταις καί ὑπόμνημά τι, ἔνθα ἐξιστορεῖται ἡ ἐκπλήρωσις τῆς ὑποσχέσεως τοῦ Κυρίου. Καί τοῦτο δέ τό ὑπόμνημα παρέλαβεν ὡς διαβεβαιοῖ καί μετέφρασεν ἐκ τῶν αὐτῶν ἀρχείων τῆς Ἐδέσσης. Ταῦτα δέ πάντα ἀντιγράφων ὁ πατήρ τῆς Ἐκκλησιαστικῆς Ἱστορίας οὐδεμίαν ἀμφιβολίαν ἐκφράζει περί τῆς γνησιότητος αὐτῶν (βλ. Ἐκκλησιαστική Ἱστορία 1,13). Ἐξ αὐτοῦ δέ παρέλαβον αὐτά ὕστερον καί ἄλλοι οἷον Μωϋσῆς Χορενήσιος λεγόμενος (Moser Chorenensis περί τό 440 ἀκμάζ.) μεταφράσας εἰς τήν ἀρμενικήν γλῶσσαν κατεχώρησεν εἰς τήν Ἀρμενικήν αὐτοῦ Ἱστορίαν· καί ἕτερός τις Βαρεβαῖος (Bar hebraeus) εἰς τό συριστί γεγραμμένον αὐτοῦ Χρονικόν· ἀλλ' οἱ νεώτεροι πάντες ἐξεσύριξαν αὐτά ὡς νόθα, μόνον δύο ἐξ αὐτῶν ὑπεστήριξαν τό γνήσιον αὐτῶν, ὁ Ῥίγκιος (Rinck ὅρ. Illgens Zeitsch. 1843. H. 2) καί ὁ Οὐάλτης (Welte βλ. tuebinger quartalschr 1842), βλ. δέ καί τόν ἡμέτερον Κλεόπαν ἐν τῷ α΄ τόμ. ἔτ. 1. φυλλ. 9 τοῦ μην. 7βρ. σελ. 421 τοῦ *Εὐαγγελικοῦ Κήρυκος*, ἔνθα οὗτος ἐκτίθησι τούς ὑπέρ καί κατά τῆς γνησιότητος λόγους καί συμπεραίνων ἐπάγει «ἐκ τῶν ἐκτεθέντων λόγων βλέπει τις, ὅτι δυσκόλως ὑποστηρίζεται ἡ γνησιότης τῶν ἐπιστολῶν τούτων. Ἐπειδή δέ οὔτε δόγμα τι οὔτε ἠθικόν ἀξίωμα ὑπάρχει ἐν αὐτοῖς τεθεμελιωμένον, διά τοῦτο προτιμώτερον καί ἀσφαλέστερον νομίζομεν, ἐάν ἀκολουθῶμεν τοῖς ἴχνεσι τοσούτων πατέρων τῆς Ἐκκλησίας ἀπέχοντες πάσης καί ἀναγνωρίσεως καί φιλονεικίας. Μόνον, ἡ ἐπιστολή τοῦ Ἀβγάρου ἠδύνατο προσθῆναι ἔτι μίαν ἀπόδειξιν περί τῆς φήμης καί ἀληθείας τῶν θαυμάτων τοῦ Ἰησοῦ Χριστοῦ, ἀλλ' ἔχομεν ἀλλαχόθεν τοσαύτας βεβαίας καί τρανάς ἀποδείξεις ὥστε πολύ εὐκόλως παραιτοῦμεν τήν μίαν ταύτην».

Σημείωσις 5. Ὅσον περί τῶν θαυμάτων τοῦ Κυρίου (σελ. 71) / φέρεται δέ καί ἐπιστολή τις τῶν πρεσβυτέρων καί διακόνων τῆς Ἀχαΐας περί τοῦ μαρτυρίου τοῦ ἀποστόλου Ἀνδρέου· ἥν ἐξέδοτο ἐν Λειψίᾳ τῷ 1749 Carolus Christianus Woog, βλ. Φαβρίκιος, salutaris lux evangelii cap.V.

Ὁ Ἀπόστολος Θωμᾶς (= δίδυμος), τοῦ ὁποίου οὔτε τό γένος, οὔτε ἡ πατρίς, οὔτε τό ἐπιτήδευμα εἶναι γνωστόν, ἀναφέρεται ὅτι ἐκήρυξε τό Εὐαγγέλιον εἰς τούς Πάρθους καί ὑπό τῶν *Ἀναγνωρισμ.* τοῦ Κλήμεντος 9,29 καί ὑπό τοῦ Σωκράτους *Ἐκκλησ. Ἱστ.* 19· μεταγενέστεροι δέ ἐκκλησιαστικοί Πατέρες (οἷον Γρηγόριος ὁ Θεολόγος, *Λόγος 25 κατά Ἀρειανῶν*, σελ. 438 ἔκδοσ. Παρισίων, ὁ Ἀμβρόσιος *εἰς τόν 45 Ψαλμόν στίχ. 10*· ὁ Ἱερώνυμος *epist. 59 ad Marcellum* καί Νικηφόρορος ὁ Κάλλιστος *Ἐκκλησιαστική Ἱστορία* 2,40, ἔτι δέ καί αἱ φερόμεναι *Πράξεις τοῦ ἀποστόλου Θωμᾶ* κεφ. 1 κεξ. καί οἱ Ἀβδίου *βίοι τῶν ἀποστόλων* κεφ. 9) θέλουσι τόν Θωμᾶν διδάξαντα τό Εὐαγγέλιον καί εἰς τάς Ἰνδίας καί ἐκεῖ ὑποστάντα τόν μαρτυρικόν θάνατον· ἐξ οὗ καί οἱ κατά τάς Ἀνατολικάς Ἰνδίας εὑρισκόμενοι χριστιανοί θεωροῦσιν ὡς θεμελιωτήν τῆς Ἐκκλησίας αὐτῶν τόν ἀπόστολον Θωμᾶν (βλ. Φαβρικ. *lux evang.* p. 626. Assemani *biblioth. orient.* 3,2. 435)· εἰς τήν ἐπέκτασιν ταύτην τῆς ἀρχαίας παραδόσεως φαίνονται ἀντιπίπτοντα τά τοῦ Ῥουφίνου μόνον, ἱστοροῦντος ὅτι ὁ Θωμᾶς ἐτάφη εἰς τήν Ἔδεσσαν (Ἐκκλησ. Ἱστ. 2,5) μυθώδη δέ χαρακτῆρα φέρουσι ὅσα περαιτέρω διηγεῖται περί τῆς εἰς τό κήρυγμα ἐξόδου τοῦ ἀποστόλου Θωμᾶ ὁ ἡμέτερος Νικηφόρος ὁ Κάλλιστος, *ἔνθ. ἀνωτ.*.

Ὁ Ἀπόστολος Βαρθολομαῖος, ὁ αὐτός ἴσως καί ὁ Ναθαναήλ, ἥτον ἐν Κανᾷ τῆς Γαλιλαίας (Ἰωάν. 21,2). Τό ἐπιτήδευμα αὐτοῦ ἀγνοεῖται. Ἡ Ἰνδία, εἰς τήν ὁποίαν εὐηγγελίσατο τόν Κύριον, θεωρεῖται ὑπό τῶν νεωτέρων ὅτι ἦτο ἡ Εὐδαίμων λεγομένη Ἀραβία. Ἕτερά τινα περί αὐτοῦ ὅτι δῆθεν ἦλθεν καί εἰς Λυκαονίαν καί εἰς τήν μεγάλην Ἀρμενίαν διηγοῦνται νόθα τινά συγγράμματα τοῦ Χρυσοστόμου (τόμ. 8. σελ. 622 ἔκδ. Παρισίων νέα) καί ὁ Ἀσσαμάνιος (*Biblioth. or.* 3,2, 20). Περί τοῦ μαρτυρικοῦ αὐτοῦ θανάτου διάφοροι ἐπίσης λόγοι φέρονται· βλ. Ἀβδίαν παρά Φαβρικ. *Cod. apocryphor.* 2, p. 685 καί Baron ad *martyrol.* tom. p. 500.

Ὁ Ἀπόστολος Φίλιππος διέτριψε τάς τελευταίας ἡμέρας τοῦ βίου του ἐν Ἱεραπόλει τῆς Φρυγίας, ὅπου ἐτελεύτησε καί ἐτάφη (οἱ μεταγενέστεροι προσθέτουσι ὅτι ἀπέθανεν μέ σταυρικόν θάνατον, Νικηφ. Κάλλ. Ἐκκλ. Ἱστ. 2,39)· ἄλλας τινάς περί τοῦ κηρύγματος αὐτοῦ εἰδήσεις ὅρα παρά Ἀβδία, *Βίοι τῶν Ἀποστόλων* 10 καί *Acta Sanctorum* ad 1 Μαΐ καί 6 Jun. Οὗτος, λέγει Κλήμης ὁ Ἀλεξ. (Στρωματεῖς 3, σελ. 187) ἦτον ὁ μαθητής εἰς τόν ὁποῖον ὁ Κύριος εἶπεν «*Ἀκολούθει μοι καί ἄφες τούς νεκρούς θάψαι τούς ἑαυτῶν νεκρούς*», ἕτερον δέ συναξάριον/ (σελ. 72) προστίθησιν ὅτι ἦτον «ἐκ πατρός Φιλοσανῆς, μητρός δέ Σοφίας, ὑπό Θηβαΐδος τῆς κώμης, ἡνίοχος τό ἐπιτήδευμα» (ὅρα Winer εἰς τήν λέξιν Φίλιππος).

§ Περί τοῦ ἀποστόλου Ἰούδα τοῦ καί Θαδδαίου καί Λεββαίου ὀνομαζομένου οἱ μέν λέγουσιν ὅτι ἦλθεν εἰς τήν Περσίαν καί ἐκεῖ ἐμαρτύρησεν (βλ. Perionii *Vitae apostol.* p. 166), οἱ δέ εἰς τήν Συρίαν καί Ἀραβίαν καί ὅτι ἐτάφη ἐν Ἐδέσσῃ (Hieron. *Comment. in Matth.* c. 10 καί Νικηφ. Ἐκκλ. Ἱστ. 2,40). Περί τῆς ἐπιδημίας ταύτης τοῦ ἀποστόλου Ἰούδα ἐν Ἐδέσσῃ ὁμιλεῖ καί ἡ παράδοσις τῶν Σύρων, προστίθησιν ὅμως ὅτι ὀψιαίτερον ἐξῆλθεν ὁ ἀπόστολος εἰς τήν Ἀσσυρίαν καί ὅτι ἐν τῇ ἐπιστροφῇ αὐτοῦ ὑπέστη τόν μαρτυρικόν θάνατον ἐν Φοινίκῃ (Assemani *Biblioth. orient.* 3,2. 13 κεξ.). Σημειωτέον πρός τούτοις ὅτι ἡ ἐπιτόπιος παράδοσις τῶν Σύρων διακρίνει τόν Ἀπόστολον Ἰούδαν τόν καί Θαδδαῖον καλούμενον ὡς εἴπομεν, ἀπό τοῦ Θαδδαίου ἐκείνου ὅστις ἐπί Ἀβγάρου τοῦ βασιλέως ἦλθεν εἰς Ἔδεσσαν· τοῦτον θεωρεῖ ὡς ἕνα τῶν 70 ἀποστόλων τοῦ Κυρίου (Πρός ταῦτα δέ συνάδουσι καί τά τοῦ Εὐσεβίου Ἐκκλησ. Ἱστ. 1,13· 2,1 καί Νικηφ. Καλλ. Ἐκκλ. Ἱστ. 2,7, βλ. Winner εἰς τήν λέξιν Ἰούδας). Περί τῆς ἀποστολῆς τοῦ Ἰούδα ὅρα Εὐσεβίου Ἐκκλησ. Ἱστ. 2,33 περί τό τέλος.

Σίμων ὁ Ζηλωτής καί Κανανίτης ὑπό τινων μέν (ὑπό τοῦ Σωφρονίου) ταυτίζεται με τόν Σιμεών τόν υἱόν τοῦ Κλωπᾶ, ὅστις κατά τόν Εὐσέβιον Ἐκκλ. Ἱστ. 3,11 ἐγένετο διάδοχος Ἰακώβου τοῦ δικαίου, τοῦ πρώτου ἱεράρχου τῆς Ἰερουσαλήμ. Κατά τόν Νικηφόρον ὅμως τόν Κάλλιστον, ὅστις ὀρθῶς διακρίνει αὐτόν ἀπό τόν υἱόν τοῦ Κλωπᾶ (Ἐκκλ. Ἱστ. 2,40), λέγεται κηρύξας τό Εὐαγγέλιον εἰς τήν Αἴγυπτον, τήν Κυρήνην, τήν Μαυριτανίαν, τήν Λιβύην, ἐκεῖθεν δέ ἐλθών εἰς τήν μεγάλην Βρεττανίαν καί ἐκεῖ μαρτυρήσας διά σταυρικοῦ θανάτου· ὅρα Ἀβδιάν *Βίοι τῶν Ἀποστόλων* 6,7 κεξ. ὅστις θέλει αὐτόν ἐλθόντα εἰς Βαβυλωνίαν καί Περσίαν.

Ἰάκωβος ὁ τοῦ Ἀλφαίου, καί τοῦτον ἐν Αἰγύπτῳ κηρύξαντα τό εὐαγγέλιον καί ἐν Ὀστρακίνῃ, πόλει τῆς κάτω Αἰγύπτου σταυρωθέντα ἱστορεῖ ὁ Νικηφόρος Κάλλιστος Ἐκκλ. Ἱστ. 2,40.

§ Ἐκ τῆς Καινῆς Διαθήκης μανθάνομεν ὅτι ὁ ἀπόστολος Ματθαῖος μετήρχετο τόν τελώνην ἐν τῇ Γαλιλαίᾳ παρά τήν θάλασσαν Γενησαρέτ, ἔνθα εὑρών αὐτόν ὁ Κύριος καθήμενον ἐπί τό τελώνιον προσεκάλεσεν αὐτόν, ὁ δέ ἀναστάς ἠκολούθησεν αὐτῷ καί ἐγένετο εἷς ἐκ τῶν πλησιεστέρων καί ἀμέσων αὐτοῦ μαθητῶν ἀξιωθείς νά ὑποδεχθῇ εἰς τήν οἰκίαν του καί νά ἑστιάσῃ τόν διδάσκαλον μετά τῶν μαθητῶν αὐτοῦ /(73) (Μάρκ. 2,14). Κηρύξας δέ τό Εὐαγγέλιον εἰς τήν Αἰθιοπίαν (Σωκρ. Ἐκκλ. Ἱστ. 1,19· Rufin. Hist. Eccl. 10,9), εἰς τήν Συρίαν (Συμεών ὁ Μεταφρ.), εἰς τήν Περσίαν (Ambros. in Psalm. 45), καί τέλος εἰς τήν Μακεδονίαν (Isidor. Hispal. de sanct. c. 77) ἐτελεύτησε δέ τόν βίον μέ τί εἶδος θανάτου εἶναι ἀμφίβολον. Ἡ ἀρχαιοτέρα γνώμη εἶναι ὅτι ἀπέθανε μέ φυσικόν θάνατον, οὕτω δ' ὁ Ἡρακλέων (παρά Κλήμ. Ἀλεξ. Στρωμ. 4,9§73)· ὅστις μάλιστα προστίθησιν ὅτι καί ὁ Φίλιππος καί ὁ Θωμᾶς καί ὁ Λευίς (ὁ Θαδδαῖος) φυσικῷ θανάτῳ ἐτελεύτησαν. Οἱ μεταγενέστεροι ὅμως (Νικηφ. Κάλλ. Ἐκκλ. Ἱστ. 2,41) ἱστόρησαν καί μαρτύριον τοῦ ἀποστόλου Ματθαίου. Κλήμης ὁ Ἀλεξ. (Παιδαγ. 31, σελ. 174 ἔκδ. Pott.) λέγει ὅτι ὁ Ματθαῖος ἦτο ἐξ ἐκείνων τῶν ἰουδαίων χριστιανῶν, τῶν αὐστηρῶς ἀσκουμένων καί τῆς κρεοφαγίας ἀπεχομένων (παραβ. Ῥωμ. 14,1 κεξ.). Ὁ ἀπόστολος Ματθαῖος συνέγραψε τό εὐαγγέλιον τοῦ Κυρίου πρῶτος· πότε ὅμως καί ἐν ποίᾳ γλώσσῃ; περί τούτων δέν συμφωνοῦσιν οἱ κριτικοί· ἡ πιθανωτέρα γνώμη εἶναι ὅτι ὁ Ματθαῖος ἔγραψε τό εὐαγγέλιον του ἑλληνιστί ἐν ἔτει 67 (βλ. Hug Einl. in das N.T. Theil. β'.).

ΚΕΦΑΛΑΙΟΝ Β'.

Τελεία σύστασις τῆς Ἐκκλησίας καί οἰκοδομή ὑπό τοῦ ἁγίου Πνεύματος καί τῶν ἱερῶν Ἀποστόλων καί τῶν Μαθητῶν ἐν γένει τοῦ Κυρίου.

Γενέθλιος ἡμέρα τῆς Ἐκκλησίας καί ὅπως αὕτη ηὔξησε διά τοῦ εὐαγγελικοῦ κηρύγματος

§19. Ἐπιδημία τοῦ Ἁγίου Πνεύματος· γενέθλιος ἡμέρα τῆς Ἐκκλησίας. Καί ἀπαρχαί τοῦ ἀποστολικοῦ κηρύγματος.

(Βλεπ. Βιβλ. Παρ. Ritt. σελ. 41).

Ἀφοῦ ὁ Κύριος εὐλογήσας τούς ἑαυτοῦ μαθητάς ἀνελήφθη εἰς τόν οὐρανόν, ὑπέστρεψαν οὗτοι ἀπό τοῦ ὄρους τοῦ Ἐλαιῶνος μετά χαρᾶς εἰς Ἰερουσαλήμ καί ἦσαν πάντες προσκαρτεροῦντες ὁμοθυμαδόν τῇ προσευχῇ καί τῇ δεήσει καί ἀναμένοντες τήν ἐπιδημίαν τοῦ Ἁγίου Πνεύματος. Ἐν ταῖς ἡμέραις δέ ταύταις συνεπλήρωσαν ἐπί τῇ προτάσει τοῦ ἀποστόλου Πέτρου τόν σημαντικόν δωδεκαδικόν ἀποστολικόν ἀριθμόν, ἀποδόντες τό ἀποστολικόν ἀξίωμα τοῦ ἀποστάτου Ἰούδα τοῦ Ἰσκαριώτου εἰς ἕτερον μαθητήν (τοῦ ὁποίου ἐγένετο ἡ ἐκλογή ὡς ἑξῆς. Οἱ ἐπί τό αὐτό ὄντες μαθηταί τοῦ Κυρίου παραστήσαντες δύο ἄνδρας Ἰωσήφ, τόν καλούμενον Βαρσαβᾶν καί Ματθίαν, οἱ ὁποῖοι ἀμφότεροι ἦσαν αὐτόπται καί μάρτυρες τῶν ἔργων τοῦ Κυρίου ἀπό τῆς βαπτίσεως μέχρι τῆς ἀναλήψεως αὐτοῦ, προσηύξαντο ἵνα ὁ Κύριος, ὡς καρδιογνώστης πάντων, ἀναδείξῃ ἐκ τῶν δύο τούτων ἐκεῖνον ὅστις ἦτο ὁ ἐκλεκτός αὐτοῦ καί ἄξιος νά λάβῃ τήν διακονίαν καί τήν ἀποστολήν, ἀφ' ἧς ἐξέπεσεν ὁ Ἰούδας· ἔβαλον δέ ἔπειτα κλήρους καί ὁ κλῆρος ἔπεσεν ἐπί τόν) Ματθίαν καλούμενον καί τοιουτοτρόπως συγκατεψηφίσθη οὗτος μετά τῶν ἕνδεκα ἀποστόλων, ἵνα γένηται σύν αὐτοῖς μάρτυς τῆς ἀναστάσεως τοῦ Κυρίου.

(Παρῆσαν δέ κατά τήν ἡμέραν ταύτην εἰς τήν ἐκλογήν τοῦ Ματθίου περί τούς 120 ἐκ τῶν Μαθητῶν τοῦ Κυρίου (Πράξ. 1,12 κέ.). Ἅπαντες δέ οἱ εἰς Χριστόν πιστεύσαντες μέχρι τοῦδε ἦσαν ὑπέρ τούς 500 (α΄ Κορ. 15,6), ἐν οἷς διεκρίνοντο οἱ κατά στενωτέραν σημασίαν μαθηταί τοῦ Κυρίου καί ἀπόστολοι, οἱ δ ώ δ ε κ α, οἱ ὁρισθέντες ἰδίως διά τάς δώδεκα φυλάς τοῦ Ἰσραήλ καί οἱ 70 (Λουκ. 10 κεξ.). Ἐκ τῶν 12 ἦσαν Σίμων ὁ μετονομασθείς ὑπό τοῦ Κυρίου Κηφᾶς, ὅπερ ἐστί Π έ τ ρ ο ς (Ἰωάν. 1,43) καί Α ν δ ρ έ α ς ὁ ἀδελφός αὐτοῦ (ἀμφότεροι υἱοί τοῦ Ἰωνᾶ). Ι ά κ ω β ο ς καί Ι ω ά ν ν η ς οἱ υἱοί τοῦ Ζεβεδαίου, τούς ὁποίους ὁ Κύριος ὠνόμασε Βοανεργές, ὅ ἐστίν υἱοί βροντῆς (Μαρκ. 3,17). Φ ί λ ι π π ο ς, Θ ω μ ᾶ ς ὁ λεγόμενος δίδυμος (Ἰωαν. 20,24). Β α ρ θ ο λ ο μ α ῖ ο ς, τόν ὁποῖον τινές θέλουσι ὅτι εἶναι ὁ Ναθαναήλ (Ἰωανν. 1,46). Μ α τ θ α ῖ ο ς (Ματθ. 9,9), ὅστις παρά τῷ Εὐαγγελιστῇ Μάρκῳ (2,14) καλεῖται Λευί ὁ τοῦ Ἀλφαίου. Ἰάκωβος ὁ τοῦ Ἀλφαίου (Ματθ. 10,3) καί τῆς Μαρίας (Ματθ. 27,56), τῆς τοῦ Κλωπᾶ (ἥτις ἦν ἀδελφή τῆς μητρός τοῦ Κυρίου (Ἰωανν. 19,25). Θ α δ δ α ῖ ο ς, ὅστις πρότερον ἐκαλεῖτο Λεββαῖος (Ματθ. 10,3) καί τόν ὁποῖον ὁ Εὐαγγελιστής Λουκᾶς /(48) (6,16 καί Πραξ. 1,15) ὀνομάζει Ἰούδαν Ἰακώβου. Σ ί μ ω ν καλούμενος Ζηλωτής (καί Κανανίτης Ματθ. 10,4) καί ὁ Μ α τ θ ί α ς, ὁ ἀντικατασταθείς εἰς τόν τόπον τοῦ προδότου Ἰούδα. - Τῶν ἑβδομήκοντα τά ὀνόματα εἶναι παντάπασιν εἰς ἡμᾶς ἄγνωστα· ἄν καί ὁ ἀριθμός αὐτῶν, ἐάν λάβωμεν ὑπ' ὄψιν τήν ἰουδαϊκήν δόξαν ὅτι τά ἔθνη τοῦ κόσμου ἦσαν 70 τόν ἀριθμόν, φαίνεται σημαίνων τι παρά τῷ Εὐαγγελιστῇ Λουκᾷ, ὅστις ὡς ἀναγνώστας τοῦ Εὐαγγελίου ὅπερ ἔγραψεν, εἶχεν ἰδίως τούς ἐθνικούς. Ἡ γνώμη τῶν θελόντων ὅτι ὁ 70 ἀριθμός ἀνεφέρετο εἰς τούς 70 πρεσβυτέρους (Ἀριθμ. 11,16 κεξ.), ἤ εἰς τούς 70 συνέδρους τοῦ μεγάλου συνεδρίου εἶναι ἀπίθανος[20].

Κατά δέ τήν ἡμέραν τῆς Πεντηκοστῆς, δεκάτην μετά τήν εἰς οὐρανούς ἀνάληψιν τοῦ Κυρίου (ἐν ἔτει 34), κατῆλθεν τό Πνεῦμα τό ἅγιον, ὁ προεπαγγελθείς ὑπό τοῦ Σωτῆρος Παράκλητος, τό ἔργον τοῦ Κυρίου συνεπληρώθη καί ἡ Ἐκκλησία καταρτισθεῖσα

---

20 Nat. Alexandri, De usu sortium in sacris electionibus saeculi 1. Dissert. VI.

προσῆλθεν εἰς μέσον ἤ, ὡς ἄλλοι λέγουσιν, ἐγεννήθη ὑπό ἐξαίσια καί θαυμαστά φαινόμενα· ἦχος γενόμενος αἴφνης ἐκ τοῦ οὐρανοῦ, ὡς ἦχος φερομένου βιαίου ἀνέμου, ἐπλήρωσεν περί ὥραν τρίτην τῆς ἡμέρας ὅλον τόν οἶκον, ὅπου ἐκάθηντο οἱ Ἀπόστολοι, συγχρόνως δέ ἐφάνη ἐν εἴδει πυρίνων γλωσσῶν τό Πνεῦμα τό Ἅγιον διαμεριζόμενον καί καθίζον ἐφ' ἕνα ἕκαστον αὐτῶν καί ἅπαντες ἐπλήσθησαν Πνεύματος ἁγίου καί ἤρξαντο νά θεολογῶσι εἰς διαφόρους γλώσσας οἱ ἀπόστολοι, οἱ ὁποῖοι μέχρι τοῦδε δέν εἶχον κατανοήση σχεδόν ὁλοσχερῶς τήν φύσιν τῆς βασιλείας τοῦ Χριστοῦ· διότι μικρόν πρό τῆς ἀναλήψεώς του ἠρώτων ἔτι αὐτόν λέγοντες «Κύριε, εἰ ἐν τῷ χρόνῳ τούτῳ (τῆς ἐπιδημίας τοῦ Παρακλήτου) ἀποκαθιστάνεις τήν βασιλείαν τῷ Ἰσραήλ» (Πράξ. 1,6), ἐλλαμφθέντες νῦν ὑπό τοῦ Ἁγίου Πνεύματος, ἀποβάλλουσι πᾶσαν γεηράν περί τῆς βασιλείας τοῦ Ἰησοῦ Χριστοῦ ἰδέαν, καί μία μόνη ἐπιθυμία διαφλέγει ἤδη τάς καρδίας αὐτῶν, ἡ ἐπιθυμία τοῦ ἀνεγεῖραι ἐπί τῆς γῆς τό βασίλειον τῆς ἀληθείας καί τῆς δικαιοσύνης. Σταθείς ὁ Πέτρος μετά τῶν λοιπῶν ἕνδεκα Ἀποστόλων ἐνώπιον τοῦ ἀκούσαντος τόν παράδοξον ἐκεῖνον ἦχον καί πρός τά ἐκεῖ συρρεύσαντος πλήθους, ἐξ ὧν τινες μέν ἐθαύμαζον ἀκούοντες τούς ἀποστόλους ὁμιλοῦντας διαφόρους γλώσσας, «ἕτεροι δέ χλευάζοντες ἔλεγον ὅτι γλεύκους μεμεστωμένοι εἰσί» ὕψωσε τήν φωνήν αὐτοῦ καί εἶπε μετά παρρησίας πρός τούς περιεστῶτας «Ἄνδρες Ἰουδαῖοι καί οἱ κατοικοῦντες Ἱερουσαλήμ ἅπαντες, τοῦτο ὑμῖν γνωστόν ἔστω καί ἐνωτίσασθαι τά ῥήματά μου· οὐ γάρ ὡς ὑμεῖς ὑπολαμβάνετε, οὗτοι μεθύουσιν· ἔστι γάρ ὥρα τρίτη τῆς ἡμέρας· ἀλλά τοῦτό ἐστι τό εἰρημένον διά τοῦ προφήτου Ἰωήλ «καί ἔσται ἐν ταῖς ἐσχάταις ἡμέραις, λέγει ὁ Θεός, ἐκχεῶ ἀπό τοῦ πνεύματός μου /(49) ἐπί πᾶσαν σάρκα.... καί δώσω τέρατα ἐν τῷ οὐρανῷ ἄνω, καί σημεῖα ἐπί τῆς γῆς κάτω … καί ἔσται, πᾶς ὅς ἄν ἐπικαλέσηται τό ὄνομα Κυρίου σωθήσεται». Ἄνδρες Ἰσραηλῖται, ἀκούσατε τούς λόγους τούτους· Ἰησοῦν τόν Ναζωραῖον, ἄνδρα ἀπό τοῦ Θεοῦ ἀποδεδειγμένον εἰς ὑμᾶς δυνάμεσι καί τέρασι καί σημείοις, οἷς ἐποίησε δι' αὐτοῦ ὁ Θεός ἐν μέσῳ ὑμῶν, καθώς καί αὐτοί οἴδατε, τοῦτον τῇ ὡρισμένῃ βουλῇ καί προγνώσει τοῦ Θεοῦ ἔκδοτον λαβόντες, διά χειρῶν ἀνόμων προσπήξαντες ἀνείλετε … τοῦτον τόν Ἰησοῦν ἀνέστησεν ὁ Θεός, οὗ πάντες ἡμεῖς ἐσμέν μάρτυρες … Ἀσφαλῶς οὖν γινωσκέτω πᾶς οἶκος Ἰσραήλ ὅτι κύριον καί χριστόν αὐτόν ὁ Θεός ἐποίησε, τοῦτον τόν Ἰησοῦν, ὅν ὑμεῖς ἐσταυρώσατε» (Πράξ. 2,14 κεξ.). Ἀκούσαντες δέ οἱ περιεστῶτες κατενύχησαν τῇ καρδίᾳ καί εἶπον πρός τόν Πέτρον καί τούς λοιπούς ἀποστόλους, τί ποιήσομεν ἄνδρες ἀδελφοί; ὁ δέ Πέτρος εἶπεν πρός αὐτούς· μετανοήσατε, καί βαπτισθήτω ἕκαστος ὑμῶν ἐπί τῷ ὀνόματι Ἰησοῦ Χριστοῦ εἰς ἄφεσιν ἁμαρτιῶν· καί λήψεσθε τήν δωρεάν τοῦ ἁγίου Πνεύματος· καί προσετέθησαν τῇ ἡμέρᾳ ἐκείνῃ ψυχαί ὡσεί τρισχίλιαι (Πράξ. 2,37 κεξ.). Ἡ ταχεῖα αὕτη εἰς Χριστόν ἐπιστροφή τῶν τρισχιλίων δέν ἦτο θαῦμα μικρότερον τοῦ προηγηθέντος. Τοιοῦτον ἀμητόν δέν εἶχον φέρει οὐδ' αὐτοῦ τοῦ Κυρίου οἱ λόγοι, ὥστε κατά λέξιν ἤδη ἐπληροῦτο ὅ,τι προεῖπεν εἰς τούς μαθητάς αὐτοῦ ὁ Ἰησοῦς Χριστός, ὅτι δηλ. ἔμελλον νά ποιήσωσι θαύματα μεγαλείτερα τῶν θαυμάτων αὐτοῦ (Ἰωαν. 14,12).

(Εἰς τούς οὕτω μετανοοῦντας καί εἰς Χριστόν πιστεύοντας καί βαπτιζομένους συνέβαινε συγχρόνως ἀλλοίωσίς τις τοῦ ἔσω ἀνθρώπου καί ἐνεφανίζετο ἐξαιρέτως εἰς τήν ἁπλότητα μεθ' ἧς συνέζων, εἰς τήν ἀγάπην, μεθ' ἧς συνεδέοντο καί εἰς τήν προθυμίαν, μεθ' ἧς προσέφερον τά ὑπάρχοντα αὐτῶν, εἰς ὅ,τι ἕκαστος εἶχεν ἀνάγκην. Οὗτοι συνήρχοντο συνεχῶς ἐπί τό αὐτό εἰς τάς οἰκίας των, ἐσχόλαζον εἰς τήν προσευχήν, ἤκουον τήν διδαχήν τῶν ἀποστόλων, ἐπεμελοῦντο τῶν πτωχῶν καί ἀπόρων, ἐτέλουν τό κυριακόν δεῖπνον κλῶντες τόν ἄρτον, καί μετελάμβανον πάντες τροφῆς ἐν ἀγαλλιάσει καρδίας αἰνοῦντες καί εὐλογοῦντες τόν Θεόν.) Οἱ δέ Ἀπόστολοι ἀπό τοῦδε οὐκ ἐπαύσαντο πλέον κηρύττοντες παρρησίᾳ τόν λόγον τοῦ Θεοῦ, καί διά θαυμάτων πιστούμενοι τήν ἱεράν ἀποστολήν των καί καθημέραν ηὔξανεν ὁ ἀριθμός τῶν πιστῶν (Πρ. 2,42 κεξ.).

Κατά τά ἄλλα διετέλουν οἱ πιστοί ἐν συναφείᾳ ἔτι ὑπάρχοντες μετά τοῦ Ἰουδαϊσμοῦ, καί ἐφύλαττον εἰσέτι τά παραγγέλματα αὐτοῦ. Καί αὐτοί δέ οἱ ἀπόστολοι καθημερινῶς ἐφοίτων εἰς τόν ναόν. Οἱ εἰς Χριστόν ὅμως πεπιστευκότες ἐθεώρουν ἑαυτούς ἐν μέσῳ τῶν /(50) Ἰουδαίων καί τοῦ Ἰουδαϊσμοῦ, ὡς τούς ἐ κ λ ε κ τ ο ύ ς, καί ἁ γ ί ο υ ς, καί τόν Θ ε ό ν φ ο β ο υ μ έ ν ο υ ς, ὡς τόν κ λ ῆ ρ ο ν τοῦ Κ υ ρ ί ο υ. Καί αὐτοί μέν ἀμοιβαίως ὠνομάζοντο ἀ δ ε λ φ ο ί, πιστοί μαθηταί τοῦ Κυρίου, ὑπό δέ τῶν Ἰουδαίων Ναζωραῖοι καί Γαλιλαῖοι (Πράξ. 24,5),[21] ὑπό δέ τῶν ἐθνικῶν, ὅτε ἐγένοντο εἰς αὐτούς γνωστοί, ἐκλήθησαν

---

21 Ὁ ἱερός Ἐπιφάνιος (αἵρεσις 29.1) προστίθησιν ὅτι οἱ χριστιανοί ἐκαλοῦντο κατ' ἀρχάς Ἐσσαῖοι: «Γέγονε δέ, λέγει ὁ ἱερός οὗτος πατήρ, ἐπ' ὀλίγω χρόνω καλεῖσθαι αὐτούς Ἰεσσαίους, πρίν ἤ ἐπί τῆς Ἀντιοχείας ἀρχήν λάβωσιν οἱ μαθηταί καλεῖσθαι Χριστιανοί. Ἐκαλοῦντο δέ Ἰεσσαῖοι διά τόν Ἰεσσαί, οἶμαι. Ἐπειδήπερ ὁ Δαυίδ ἐξ Ἰεσσαί, ἐκ δέ τοῦ Δαυίδ κατά διαδοχήν σπέρματος ἡ Μαρία, πληρουμένης τῆς θείας Γραφῆς κατά τήν Παλαιάν Διαθήκην τοῦ Κυρίου λέγοντος πρός τόν Δαυίδ, Ἐκ καρποῦ τῆς κοιλίας σου θήσομαι ἐπί τοῦ θρόνου σου».

χριστιανοί (Πράξ. 11,26). Τό δέ σύνολον τῶν εἰς Χριστόν πιστευόντων ἀπετέλει τήν Ε κ κ λ η σ ί α ν τοῦ Θ ε ο ῦ, εἰς τήν ὁποίαν ὁ Κύριος προσετίθει τούς σωζομένους καθ' ἡμέραν.

§ 20. Ἐγκατάστασις καί Διορισμός τῶν Διακόνων.

Ἐν διαστήματι δέ ὀλίγου χρόνου τοσοῦτον πολυάριθμος κατέστη ἡ ἐκκλησία τοῦ Χριστοῦ ἐν Ἰερουσαλήμ, ὥστε ἄνευ ἑνός σώματος διακονικοῦ ἦτον ἀδύνατον πάντας νά διατηρηθῇ ἐν αὐτῇ ἡ πρέπουσα τάξις. Ἡ ἀνάγκη αὕτη ἐνεφανίσθη κατά πρῶτον περί τήν ἐπιμέλειαν τῶν πτωχῶν. Οἱ Ἑλληνισταί[22] τουτέστι οἱ ἑλληνιστί ὁμιλοῦντες Ἰουδαῖοι ἐγόγγυσαν ὅτι αἱ χῆραι αὐτῶν παρεβλέποντο εἰς τάς τραπέζας καί προετιμοῦντο αἱ τῶν Ἑβραίων. Οἱ Ἀπόστολοι ἀντί νά ἐξετάσωσιν κατά πόσον ἦτον δίκαιος ὁ γογγυσμός οὗτος, ἐσκέφθησαν νά διατάξωσιν τά πράγματα οὕτω, ὥστε καί τά τοιούτου εἴδους παράπονα νά ἐκλείψωσιν εἰς τό ἐξῆς καί αὐτοί νά μή περισπῶνται ἀπό τοιούτας φροντίδας. Καί προσκαλέσαντες τό πλῆθος τῶν μαθητῶν εἶπον ὅτι δέν εἶναι πρέπον οὔτε ἀρεστόν εἰς τόν Θεόν νά ἀφήσωσιν οἱ Ἀπόστολοι τό κήρυγμα τοῦ θείου λόγου καί νά φροντίζωσι περί τραπεζῶν καί σωματικῶν ἀναγκῶν, διά τοῦτο καλόν /(51) εἶναι νά ἐκλέξωσιν αὐτοί ἐκ μέσου αὐτῶν ἑπτά ἄνδρας, ἔχοντας καλήν μαρτυρίαν καί πλήρεις πνεύματος ἁγίου εἰς τούς ὁποίους νά ἀνατεθῇ ἡ περί τῶν τοιούτων φροντίς καί ἐπιμέλεια. Ὁ λόγος οὗτος ἤρεσεν εἰς τό πλῆθος τῶν πιστῶν, οἱ ὁποῖοι ἐκλέξαντες ἑπτά ἄνδρας παρέστησαν αὐτούς ἐνώπιον τῶν ἀποστόλων, οὗτοι δέ προσευξάμενοι ἐπέθηκαν αὐτοῖς τάς χεῖρας καί τοιουτοτρόπως διά τῆς εὐχῆς καί τῆς ἐπιθέσεως τῶν χειρῶν τῶν ἀποστόλων ἐγκατεστάθησαν εἰς τό ἀξίωμά των καί ἔλαβον τό ὄνομα δ ι ά κ ο ν ο ι, τουτέστιν ὑπηρέται (Πράξ. 6,1).

§ 21. Διαγωγή τῶν Συναγωγῶν πρός τήν Ἐκκλησίαν τοῦ Χριστοῦ. Πρῶτος διωγμός τῶν Χριστιανῶν.

Ἐνῷ δέ ἡ Ἐκκλησία τοῦ Χριστοῦ προέκοπτεν οὕτω ἀπό ἡμέρας εἰς ἡμέραν καί ὁ ἀριθμός τῶν πιστῶν ἐπληθύνετο, αἱ συναγωγαί τῶν Φαρισαίων καί Σαδδουκαίων ἐφαίνοντο ὅτι οὐδεμίαν γνῶσιν εἶχον περί τῆς συγκροτήσεως τῆς Ἐκκλησίας καί τῆς

---
22 Περί τοῦ τίνες ἦσαν οἱ Ἑλληνισταί βλ. J. L. v. Hug, Einleitung in die Schriften des N.T., 2. Theil.

ταχείας αὐτῆς ἐπιδόσεως ἢ τοὐλάχιστον διετέλουν ἀμέριμνοι καί ἀφρόντιδες, τοῦτο δέ, τό ὁποῖον κατά πρώτην ὄψιν φαίνεται παράδοξον, ἐξηγεῖται ἐκ τῶν ἐφεξῆς. Πρῶτον ὑπάρχει ἀρχαία τις ἀπάτη, τήν ὁποίαν πάσχουσιν συνήθως οἱ ἄνθρωποι, νομίζοντες ὅτι τό πᾶν κατώρθωσαν καί ἐπέτυχον τοῦ σκοποῦ των, ὅταν ἄρωσιν ἐκ μέσου τόν ἀρχηγόν μιᾶς νέας σχολῆς καί τοιαύτην ἀπάτην φαίνονται ἀπατηθέντες καί οἱ προεξάρχοντες τοῦ Ἰουδαϊκοῦ λαοῦ, ὅπερ τοσοῦτο πιθανώτερον καθίσταται, καθόσον οἱ ἀπόστολοι οἵτινες οὐδέν ὑπέρ τοῦ διδασκάλου αὐτῶν νά πράξωσιν ἐτόλμησαν οὐδένα φόβον νά ἐμποιήσωσιν εἰς αὐτούς ἠδύναντο. Δεύτερον, πρέπει νά λάβωμεν ὑπ' ὄψιν ὅτι οἱ Ἰουδαῖοι διεσχίζοντο εἰς πολλάς αἱρέσεις, αἱ ὁποῖαι ὅμως ἠνείχοντο ἀλλήλων, διότι εἰς τήν πρός ἕνα θεόν πίστιν καί εἰς τήν τήρησιν τῆς νομικῆς λατρείας συνεφώνουν πρός ἀλλήλους. Ταῦτα δέ εἶχον καί οἱ Χριστιανοί. Ἐάν δέ οὗτοι ἐκήρυττον μετάνοιαν καί ἐβάπτιζον τοῦτο οὐδόλως ἠδύνατο νά σκανδαλίση τούς Ἰουδαίους· τοῦτο ἔπραττε πρότερον ὁ Ἰωάννης, ὅστις ὅμως ἕνεκα τούτου οὔτε ἐμισήθη οὔτε κατεδιώχθη. Ὁ Ἰησοῦς Χριστός κατεδιώχθη ἐμπαθῶς ὑπό τῶν Ἰουδαίων τούτου κυρίως ἕνεκα· διότι ἐκήρυττεν ἑαυτόν Μεσσίαν καί υἱόν θεοῦ /(52) καί διότι ἐξήλεγχε πικρῶς τήν ὑπόκρισιν τῶν Φαρισαίων καί ἐστηλίτευε τάς καταχρήσεις αὐτῶν· τέλος οἱ ῥωμαῖοι εἶχον περιορίσει τούς Ἰουδαίους εἰς τήν ἐξάσκησιν τοῦ ποινικοῦ αὐτῶν δικαίου· ὁ δέ λαός δέν διέκειτο δυσμενῶς πρός τούς πιστούς ὡς ὁ ἱερός Λουκᾶς ἱστορεῖ (Πράξ. 2,46)· οἱ ἄρχοντες λοιπόν τοῦ Ἰουδαϊκοῦ λαοῦ οὐ μόνον ὑποστήριξιν δέν ἤλπιζον ἐκ μέρους τοῦ λαοῦ, ἀλλά καί σπουδαίαν ἀντίφασιν ἐφοβοῦντο.

Ἡ ἀφροντισία ὅμως αὕτη καί ἡ παθητική ἀνοχή ἔλαβε τέλος, ὅτε ὁ Πέτρος ἀναβαίνων μετά τοῦ Ἰωάννου εἰς τό ἱερόν ἐθεράπευσε τόν χωλόν τόν καθήμενον παρά τήν πύλην τήν λεγομένην ὡραίαν καί ὅτε ἡ διδασκαλία τοῦ Ἰησοῦ Χριστοῦ ἠκούσθη καί ἐν αὐτῷ τῷ ναῷ (Πράξ. 3 καί 4 κεφ.). «Λαλούντων δέ αὐτῶν πρός τόν λαόν ἐπέστησαν αὐτοῖς οἱ ἱερεῖς καί ὁ στρατηγός τοῦ ἱεροῦ καί οἱ Σαδδουκαῖοι διαπονούμενοι διά τό διδάσκειν αὐτούς τόν λαόν». Ὁ Πέτρος καί ὁ Ἰωάννης ἐφάνησαν προσκρούσαντες τοιουτοτρόπως εἰς τό προνόμιον, καθ' ὅ μόνη ἡ διδασκαλία ἡ ὑπό τοῦ συνεδρίου ἀναγνωρισμένη ὤφειλε νά διδάσκηται ἐν τῷ ναῷ καί ἦτο ἀνάγκη ἑπομένως νά ληφθῇ μέτρον τι, ὅπως μή ἐπαναληφθῇ πλέον τοιαύτη τις κατάχρησις, ὡς ἐνομίζετο. Οἱ ἀπόστολοι, ἐπειδή ἦτον ἑσπέρα, ἐτέθησαν ὑπό φύλαξιν· τήν δέ ἐπιοῦσαν ἠνέχθησαν ἐνώπιον τοῦ μεγάλου συνεδρίου (Πράξ. 4,5), τό ὁποῖον πανούργως ἤδη ἠρώτησεν αὐτούς «ἐν ποίᾳ δυνάμει ἤ ἐν ὀνόματι ποίου ἐποίησαν ὅσα χθές ἔπραξαν· ὁ Πέτρος ἐν τῇ ἀπαντήσει του ἀνέτρεξεν εἰς τήν αἰτίαν καί ἀφορμήν τῆς διδασκαλίας των, καί εἶπεν ὅτι ἡ εὐεργεσία ἐκείνη εἰς τόν χωλόν, διά τήν ὁποίαν ὑπήχθησαν εἰς ἀνάκρισιν, ἐγένετο ἐν τῷ ὀνόματι Ἰησοῦ Χριστοῦ τοῦ Ναζωραίου, τόν ὁποῖον αὐτοί (οἱ Ἰουδαῖοι) ἐσταύρωσαν, ὅστις ὅμως ἀνέστη ἐκ τῶν νεκρῶν καί ἐν τῷ ὁποίῳ μ ό ν ῳ ὑ π ά ρ χ ε ι σ ω τ η ρ ί α. Τό συνέδριον περιῆλθε εἰς προφανῆ ἀμηχανίαν, τό μέν διότι τό θαῦμα δέν ἠδύνατο νά διαφιλονικηθῇ καί νά διαψευσθῇ, τό δέ διότι ὁ λαός ἦτο φυσικά ὑπέρ τῶν Ἀποστόλων, καί μόλον ὅτι ἐκ τῆς ἀπαντήσεως τοῦ Πέτρου ἠδύνατο νά ἐξαχθῇ μία βλασφημία κατά τά φρονήματα τῶν ἰουδαίων, διότι πρός τοῖς ἄλλοις προσέθετο ὁ μέγας τοῦ Κυρίου ἀπόστολος καί τάδε ὅτι «οὐκ ἔστιν ἐν ἄλλῳ οὐδενί ἡ σωτηρία, οὐδέ γάρ ὄνομά ἐστιν ἕτερον ὑπό τόν οὐρανόν τό δεδομένον ἐν ἀνθρώποις ἐν ᾧ δεῖ σωθῆναι ἡμᾶς» (Πράξ. 4,12) πλήν αὕτη ἡ νομιζομένη βλασφημία δέν θά ἠδύνατο νά ἐξαλείψῃ τήν ἐντύπωσιν τήν ὁποίαν ἐνεποίησεν τό θαῦμα εἰς τόν λαόν. Ἐνόμισαν λοιπόν ὡς φρονιμώτατον νά παραγγείλωσι αὐτούς, τοῦ λοιποῦ νά μή διδάσκωσιν ἐπί τῷ ὀνόματι τοῦ Ἰησοῦ Χριστοῦ. Ἀλλ' ὁ Πέτρος καί ὁ Ἰωάννης ἀποκριθέντες εἶπον εἰς αὐτούς «κρίνατε ὑμεῖς αὐτοί ἐάν εἶναι δίκαιον ἐνώπιον τοῦ Θεοῦ νά ὑπακούωμεν μᾶλλον εἰς ὑμᾶς ἤ εἰς τόν Θεόν» (Πράξ. 4,19-20) «οἱ δέ προσαπειλήσαντες ἀπέλυσαν αὐτούς μηδέν εὑρίσκοντες τό πῶς /(53) κολάσωνται αὐτούς».

Ἐν τούτοις ἐπειδή τό πλῆθος τῶν πιστευόντων ἐπί Κύριον ἐπερίσσευεν καθ' ἑκάστην ἐπί μᾶλλον διά τῶν θαυμάτων καί τῶν σημείων τῶν ἀποστόλων καί ἠσπάζοντο τόν Χριστιανισμόν καί ἱερεῖς καί Λευΐται, ἐπλήσθησαν ζήλου οἱ Φαρισαῖοι καί οἱ Σαδδουκαῖοι καί συλλαβόντες ἐφυλάκισαν τούς ἀποστόλους. Πλήν ἄγγελος Κυρίου ἤνοιξεν ἐν καιρῷ νυκτός τάς θύρας τῆς φυλακῆς καί ἐξήγαγεν αὐτούς ἔξω, τήν δέ ἐπιοῦσαν τό μέν δεσμωτήριον εὗρον κεκλεισμένον, τούς δέ ἀποστόλους διδάσκοντας ἐν τῷ ναῷ· οὐχ ἧττον ὅμως ἔσυραν αὐτούς πάλιν ἐνώπιον τοῦ Συνεδρίου ἐνταῦθεν δέ μεταξύ ἄλλων «δέν παρηγγείλαμεν εἰς ὑμᾶς, εἶπεν ὁ ἀρχιερεύς εἰς τούς ἀποστόλους, νά μή διδάσκητε πλέον εἰς τό ἑξῆς ἐπί τῷ ὀνόματι τούτῳ; καί ἰδού ὑμεῖς ἐπληρώσατε μέ τήν διδαχήν ὑμῶν ὅλην τήν Ἰερουσαλήμ καί θέλετε νά φέρητε ἐφ' ἡμᾶς τό αἷμα τοῦ ἀνθρώπου τούτου». Πρός ταῦτα ἀποκριθέντες οἱ ἀπόστολοι εἶπον «Πειθαρχεῖν δεῖ Θεῷ μᾶλλον ἤ ἀνθρώποις· ὁ Θεός τῶν πατέρων ἡμῶν ἤγειρεν ἐκ τῶν νεκρῶν τόν Ἰησοῦν, ὅν ὑμεῖς ἐσταυρώσατε καί ἐθανατώσατε. Τοῦτον ἡ δεξιά τοῦ Θεοῦ ὕψωσε καί ἐποίησεν ἀρχηγόν καί σωτῆρα, ἵνα παράσχῃ τῷ Ἰσραήλ μετάνοιαν καί ἄφεσιν ἁμαρτιῶν καί μάρτυρες τούτων ἐσμέν ἡμεῖς καί τό ἅγιον Πνεῦμα, τό ὁποῖον ἔδωκεν ὁ Θεός εἰς πάντας τούς ὑποτασσομένους αὐτῷ». Ἡ ἀπάντησις αὕτη αὔξησε ἔτι μᾶλλον τόν θυμόν καί τήν ὀργήν τῶν συγκροτούντων τό συνέδριον καί ἦσαν ἕτοιμοι νά ψηφίσωσι θάνατον κατ' αὐτῶν, ὅτε εἷς ἐκ τῶν Φαρισαίων, Γαμαλιήλ ὀνόματι, ἀνήρ λίαν τιμώμενος παρά τῷ λαῷ καί πιστός ὀπαδός τῆς περί θείας προνοίας ἤ μᾶλλον τῆς περί θείας προγνώσεως διδασκαλίας, ἀναστάς ἐν μέσῳ τοῦ συνεδρίου συνεβούλευσεν νά ἀπολύσωσι τούς ἀποστόλους καί ἀφήσωσι τό πρᾶγμα εἰς τόν Θεόν. «διότι, προσέθηκεν, ἐάν εἶναι ἀνθρώπινον τό ἔργον θά δυνηθῶμεν νά τό καταστρέψωμεν». Οἱ λόγοι οὗτοι ἔπεισαν τά λοιπά μέλη τοῦ μεγάλου συνεδρίου, οἵτινες διέταξαν νά δείρωσι μόνον τούς Ἀποστόλους καί ἀπέλυσαν αὐτούς πάλιν μετά τῆς παραγγελίας, νά μή λαλῶσι πλέον ἐπί τῷ ὀνόματι τοῦ Ἰησοῦ. Ο ἱ ἀ π ό σ τ ο λ ο ι ὅ μ ω ς ἀ π ῆ λ θ ο ν τ ο ῦ σ υ ν ε δ ρ ί ο υ π λ ή ρ ε ι ς χ α ρ ᾶ ς , ὅ τ ι ἠ ξ ι ώ θ η σ α ν ν ά ἀ τ ι μ α σ θ ῶ σ ι ν ὑ π έ ρ τοῦ ὀ ν ό μ α τ ο ς τοῦ Κ υ ρ ί ο υ καί ἀπό τοῦδε παντάπασι πλέον δέν συνεστέλλοντο, οὐδέ ἔπαυον διδάσκοντες καί εὐαγγελιζόμενοι τόν Ἰησοῦν Χριστόν ἐν τῷ Ναῷ (Πράξ. 5,17-42).

Ἡ πλήρης ἤ ἡ ἐν μέρει ἀπάτη τῶν προϊσταμένων τοῦ Ἰουδαϊκοῦ λαοῦ ὡς πρός τήν σχέσιν τοῦ Χριστιανισμοῦ πρός Ἰουδαϊσμόν διελύθη ἐπί τέλους παντάπασιν ἐν /(54) τῇ Συναγωγῇ τῶν Λιβερτίνων[23], ἔνθα ὁ Στέφανος, εἷς τῶν ἑπτά διακόνων, ἐκήρυξε διαρρήδην καί φανερά ὅτι ὁ νόμος κατηργήθη πληρωθείς ἐν τῷ Χριστῷ· ὅπερ ἦτο ἡ μεγαλειτέρα, ὡς οἱ Ἰουδαῖοι ἐφρόνουν, βλασφημία κατά τοῦ Θεοῦ. Ὁ Στέφανος ἐγένετο παρευθύς ἀνάρπαστος, ἀπήχθη ἐνώπιον τοῦ Συνεδρίου· καί μόλον ὅτι διά μακρῶν ἀπελογήθη οὐχ ἧττον κατεδικάσθη εἰς τόν διά λιθοβολισμοῦ θάνατον, μέ τόν ὁποῖον συνήθως ἐκολάζοντο αἱ τοιούτου εἴδους βλασφημίαι[24]. Εἰς τόν λιθοβολισμόν τοῦ Στεφάνου παρευρίσκετο

---

23 Deylingii dissert de synagoga libertinorum εἰς τάς αὐτοῦ observatt. Sacr. part. II. p. 437 κεξ.
24 Περί τοῦ ποινικοῦ δικαίου τῶν Ἰουδαίων ὅρα αὐτόθι p. 414.

νεανίας τις ταρσεύς, Σαῦλος ὀνόματι ὁ μετονομασθείς ἔπειτα Παῦλος, ὅστις ἐφύλαττε τά ἱμάτια τῶν λιθοβολούντων. Οὗτος, τοῦ ὁποίου ὁ ὀξυδερκής ὀφθαλμός διέκρινε κάλλιον ἢ τό συνέδριον τόν κίνδυνον τόν ἀπαπειλούμενον κατά τοῦ Ἰουδαϊσμοῦ ἐκ μέρους τῆς νέας Σχολῆς τοῦ Ἰησοῦ Χριστοῦ, ὠφεληθείς ἐκ τοῦ ἐρεθισμοῦ καί τοῦ ἀναβρασμοῦ, εἰς τόν ὁποῖον ἐνέβαλε τόν λαόν ἡ νομιζομένη κατά τοῦ Θεοῦ βλασφημεία καί τό ἐκχυθέν αἷμα τοῦ Στεφάνου, ἤρξατο νά εἰσπηδᾷ εἰς τάς οἰκίας, νά σείρῃ ἔξω ἄνδρας καί γυναίκας, νά παραδίδῃ αὐτούς εἰς τάς φυλακάς, νά τιμωρῇ καί νά δαίρῃ αὐτούς ἐν ταῖς συναγωγαῖς καί νά συνευδοκῇ καί νά χαίρῃ εἰς τήν ἀναίρεσιν αὐτῶν.

Τό ἀποτέλεσμα τοῦ διωγμοῦ τούτου ὑπῆρξε γενική φυγή τῶν Χριστιανῶν καί διασπορά αὐτῶν καθ᾽ ὅλην τήν Ἰουδαίαν καί τάς γειτονευούσας ἐπαρχίας. Μόνοι οἱ ἀπόστολοι ἔμειναν εἰς τήν Ἰερουσαλήμ χωρίς νά πάθωσιν, ὡς φαίνεται, τι ἀπευκταῖον. Συνέβη δέ ὁ διωγμός οὗτος κατά τό 35 ἔτει (Πράξ. 8,1-3, 26,10-12. α´ Κορ. 15,9).

§ 22. Ἡ εἰς Χριστόν ἐπιστροφή τοῦ Σαύλου.
Περαιτέρω ἐξάπλωσις τοῦ Χριστιανισμοῦ ἐν Παλαιστίνῃ καί ἐν Συρίᾳ.

Ἀφοῦ ὁ Σαῦλος ἐνόμισεν ὅτι κατέστρεψε τήν ἐν Ἰεροσολύμοις Ἐκκλησίαν πνεύων ἔτι ἀπειλῆς καί φόνου κατά τῶν Χριστιανῶν, λαμβάνει παρά τοῦ Ἀρχιερέως συστατικάς ἐπιστολάς πρός τάς ἐν Δαμασκῷ συναγωγάς, ὅπως ὅσους ἐάν εὕρῃ ἐκεῖ γυναῖκας τε καί ἄνδρας Χριστιανούς ἀγάγῃ αὐτούς δεσμίους εἰς Ἰερουσαλήμ. Καθ᾽ ὁδόν ὅμως, ἐνῷ ἀπήρχετο, θαῦμα ἐξαίσιον κατέστησεν αὐτόν ἀπό τρομεροῦ δι /(55) ὤκτου καί φονέως τῶν Χριστιανῶν θερμότατον ζηλωτήν καί ὑπέρμαχον τοῦ Χριστιανισμοῦ, ἄκου φων αὐτόν κεν ἐγένετο φῶς δέ ὅλα θεῖον αὐτῷτήν διάνο καί ὁ Σαῦλος ἐγένετο ὁ ἀπόστολος Παῦλος[25]. Τό παράδοξον τοῦτο, ὅπερ συνέβη εἰς αὐτόν, ἐστέρησεν αὐτόν τάς σωματικάς ὄψεις· διό χειραγωγούμενος εἰσῆλθεν εἰς τήν Δαμασκόν καί κατέλυσε παρά τινι Ἰούδᾳ καλουμένῳ. Μετά δέ τρεῖς ἡμέρας ἀνέλαβε πάλιν δι᾽ ἐπιθέσεως τῶν χειρῶν μαθητοῦ τινος τοῦ Κυρίου ἐν Δαμασκῷ ὀνόματι Ἀνανίου, ὅν ὁ Θεός ἔστειλεν πρός αὐτόν, τήν ὅρασιν αὐτοῦ, ἐβαπτίσθη καί μετ᾽ ὀλίγον ἤρξατο κηρύττων καί εὐαγγελιζόμενος τόν Ἰησοῦν Χριστόν (Πράξ. 9,1-20).

---
25 Πράξ. 9,2 κεξ., α´ Κορ. 15,8 κεξ., φυσικῷ τινι τρόπῳ καί οὐχί ὑπερφυσικῷ ἐξηγοῦσι τήν ἐπιστροφήν τοῦ Παύλου οἱ ἑξῆς· βλ. Rit. σελ. 47.

Ευαγγελία Αμοιρίδου

Μέ τήν ἀναχώρησιν τοῦ Σαύλου ἀπό τήν Ἱερουσαλήμ, ἐκόπασεν αὐτόθι καί ὁ κατά τῶν Χριστιανῶν διωγμός, ὅστις ὅμως συνετέλεσε πολύ εἰς τήν ἐξάπλωσιν τοῦ Χριστιανισμοῦ, διότι πολλοί τῶν μαθητῶν τοῦ Κυρίου διασπαρέντες κατά τήν Παλαιστίνην καί ἐπέκεινα ταύτης μετεφύτευσαν τό Εὐαγγέλιον. Καρποφόρον ἐγένετο τό κήρυγμα ἐξαιρέτως τοῦ Φιλίππου, ἑνός τῶν ἑπτά διακόνων. Ὁ Φίλιππος κατελθών εἰς Σαμάρειαν ἐκήρυττε τόν Χριστόν καί ἐβάπτιζε πολλούς· τοῦτο ἀκούσαντες οἱ ἐν Ἱερουσαλήμ ἀπόστολοι, ἀπέστειλον ἐκεῖσε τόν Πέτρον καί τόν Ἰωάννην, ὅπως ἐπιθέσωσιν ἐπί τούς βαπτισθέντας τάς χεῖρας αὐτῶν· οὗτοι δέ καταβάντες εἰς Σαμάρειαν προσηύχοντο καί ἐπετίθουν ἐπί τούς βαπτισθέντας τάς χεῖρας ἐπ' αὐτῶν καί ἐλάμβανον οἱ βαπτισθέντες Πνεῦμα ἅγιον. Μεταξύ τῶν βαπτισθέντων ὑπό τοῦ Φιλίππου ὑπῆρχε καί τις μάγος ὀνόματι Σίμων, κεκτημένος ἤδη μέγα ὄνομα εἰς τήν χώραν ἐκείνην διά τάς μαγείας του, δι' ἅς ὁ λαός ἐθεώρει αὐτόν ὡς τήν ἀποκάλυψιν τοῦ ἀοράτου Θεοῦ, ὡς τήν μεγάλην δύναμιν αὐτοῦ (Πράξ. 8,10). Οὗτος ἰδών τά θαύματα ὅσα ἐτέλουν οἱ Ἀπόστολοι καί ὑπολαμβάνων αὐτούς ὡς μείζονας καί ἰσχυροτέρους μάγους ἤ ὅτι ἦτον αὐτός, προσελθών προσέφερεν αὐτοῖς χρήματα (ἐντεῦθεν ἡ Σιμωνία) λέγων, «δότε κἀμοί τήν ἐξουσίαν ταύτην, ἵνα ᾧ ἐάν ἐπιθῶ τάς χεῖρας λαμβάνει Πνεῦμα ἅγιον». Ὁ ἀπόστολος Πέτρος ἤλεγξεν αὐτόν καί προέτρεψεν εἰς ἀληθῆ μετάνοιαν, ἀλλ' εἰς μάτην, οὗτος ἐγένετο μετά ταῦτα ἀρχηγός τῶν αἱρετικῶν ἐκείνων, οἱ ὁποῖοι ὠνομάσθησαν γνωστικοί(§). Ὁ αὐτός δέ Φίλιππος ἐβάπτισε κατά τήν ὁδόν τήν φέρουσαν ἀπό Ἱερουσαλήμ εἰς Γάζαν καί Αἰθίοπά τινα εὐνοῦχον δυνάστην τῆς βασιλίσσης τῶν Αἰθιόπων Κανδάκης, ἄρχοντα ἐπί πάσης τῆς Γάζης (Πράξ. 8,5-40).

Ἡ βαθεῖα εἰρήνη ἐν ᾗ διῆγον ἐπί τοῦ παρόντος οἱ Χριστιανοί, προέτρεψεν τόν Ἀπόστολον Πέτρον νά ἐπισκεφθῇ μετά ταῦτα τάς ἐν Παλαιστίνῃ νεοσυστάτους Ἐκκλησίας. Καί εἰς μέν τήν Λύδδαν δι' ἑνός θαύματος αὐτοῦ, θεραπεύσαντος παραλυτικόν τινα, ἐπίστευσαν εἰς τόν Κύριον πάντες οἱ κατοικοῦντες τήν Λύδδαν καί τόν Σάρωνα. Ἐν δέ τῇ Ἰόππῃ ἀνα /(56) στήσας τήν εὐσεβῆ καί ἐλεήμονα τοῦ Κυρίου μαθήτριαν Ταβιθά ἐπέστρεψεν πολλούς εἰς τόν Χριστόν. Καταβάς δέ ἔπειτα εἰς Καισάρειαν εἰσήγαγεν εἰς τήν Ἐκκλησίαν τοῦ Χριστοῦ τῇ ἄνωθεν ἐπινεύσει τοῦ Θεοῦ τόν πρῶτον ἐξ ἐθνῶν οἶκον, βαπτίσας ἑκατόνταρχην τινα Κορνήλιον ὀνόματι καί πάντας τούς σύν αὐτῷ· χωρίς νά πρριτάμη αὐτούς. Ἡ τελευταία αὕτη πράξις ἐτάραξεν τούς ἐν Ἱερουσαλήμ Ἀποστόλους καί λοιπούς ἀδελφούς καί ὅτε ὁ Πέτρος ἀνέβη εἰς Ἱεροσόλυμα διεκρίνοντο πρός αὐτόν οἱ ἐκ περιτομῆς λέγοντες· «διατί εἰσῆλθες πρός ἀνθρώπους ἀπίστους καί συνέφαγες μετ᾽ αὐτῶν· ἀλλ᾽ ἀφοῦ ὁ Πέτρος διηγήθη εἰς αὐτούς ὅτι τοῦτο ἔπραξεν κατ᾽ ἀποκάλυψιν θείαν καί ὅτι κατῆλθε καί ἐπί τούς ἐθνικούς τό πνεῦμα τό ἅγιον, ἡσύχασαν καί ἐδόξαζον τόν Θεόν λέγοντες «Ἄρα καί τοῖς ἔθνεσιν ὁ Θεός τήν μετάνοιαν ἔδωκεν εἰς ζωήν» (Πράξ. 9,32-40 καί 11,18).

Κατά τόν αὐτόν δέ καιρόν (ἔτει 36-40) συνέστη ὑπό τινων ἐπί τοῦ διωγμοῦ διασπαρέντων χριστιανῶν καί ἡ Ἐκκλησία τῆς Ἀντιοχείας· τῆς μεγίστης τῶν κατά τήν Ἀσίαν πόλεων ἐφ᾽ ὧν ἐξουσίαζον οἱ Ῥωμαῖοι. Ἡ Ἐκκλησία αὕτη εἶναι πιθανώτατον ὅτι κατ᾽ ἀρχάς συνέκειτο ἐξ Ἰουδαίων μόνον (Πράξ. 11,9). Καί τό Χρονικόν τοῦ Εὐσεβίου λέγει ὅτι ἐπεσκέφθη αὐτήν ἤδη ἐν ἔτει 36 ὁ ἀπόστολος Πέτρος. Μετ᾽ ὀλίγον ὅμως ἐκηρύχθη ἐν Ἀντιοχείᾳ τό Εὐαγγέλιον καί εἰς τούς ἐθνικούς ὑπό τινων Κυπρίων καί Κυρηναίων καί πολύς ἀριθμός ἀνθρώπων ἐπίστευσεν εἰς τόν Κύριον (Πράξ. 11,20). Τοῦτο μαθέντες οἱ ἀπόστολοι οἱ ἐν Ἱερουσαλήμ ἀπέστειλαν ἐκεῖσε, ἕνα ἐκ τῶν μαθητῶν τοῦ Κυρίου, ἄνδρα ἀγαθόν καί πλήρη πνεύματος ἁγίου καί πίστεως, Βαρνάβα καλούμενον, ὅπως διδάξῃ τά κατά τήν Ἐκκλησίαν ἐκείνην· ὅστις ἐλθών καί εὑρών πολύν τόν θερισμόν ἐξῆλθεν εἰς ἀναζήτησιν τοῦ Σαύλου, ὅστις εἶχεν ἀποσυρθῆ εἰς τήν πατρίδα αὐτοῦ τήν Ταρσόν καί εὑρών αὐτόν ἤγαγεν μεθ᾽ ἑαυτοῦ βοηθόν εἰς Ἀντιόχειαν (ἐν ἔτει 40). Ἐνταῦθα δέ διαμείναντες ἀμφότεροι ἐνιαυτόν ἐδίδαξαν ἱκανόν ὄχλον καί τότε πρῶτον ἐκλήθησαν οἱ μαθηταί τοῦ Κυρίου καί Χριστιανοί (Πράξ. 11,22 κεξ.)· ὄνομα, τό ὁποῖον περιφρονοῦντες ἴσως καί σκώπτοντες ἀπέδωκαν εἰς τούς μαθητάς τοῦ Κυρίου οἱ ἀστεῖοι Ἀντιοχεῖς[26]. /(57).

§ 23. Πολιτικαί μεταβολαί ἐν Παλαιστίνῃ. Δεύτερος διωγμός τῶν Χριστιανῶν ἐν Ἱερουσαλήμ.

Ἀνάγ: ἑκατ: Εὐγεν: Β: σελ. 179 κεξ:

Ἡ εἰρήνη, τήν ὁποίαν ἔχαιρον οἱ Χριστιανοί κατά τό χρονικόν τοῦτο διάστημα, πρέπει νά ἀποδοθῇ εἰς τάς πολιτικάς μεταβολάς καί εἰς τά ἐκ τούτων ἐπακολουθήσαντα

---

[26] (Περί τῆς ἀστειότητος καί εὐφυΐας τῶν Ἀντιοχέων βλ. Λουκιανόν, περί ὀρχήσεως κεφ. 76 ὅστις λέγει «οἱ γάρ Ἀντιοχεῖς εὐφυεστάτη πόλις» καί Ἰουλιανόν, Μισοπώγων σελ. 344· Ἀμμιανόν Μαρκελλῖνον 22,14, Ζώσιμον 4 σελ. 258, Προκόπιον Περικ. 2,8)

εἰς τοὺς Ἰουδαίους δυστυχήματα. Τὸν αὐτοκράτορα Τιβέριον ἀποθανόντα τὴν 16 Μαρτίου τοῦ ἔτους 37 διεδέχθη Γάϊος ὁ Καλιγούλας, ὅστις εἰς τὸν φίλον αὐτοῦ Ἡρώδην τὸν Ἀγρίππαν, ἀνεψιὸν Ἡρώδου τοῦ μεγάλου ἐδώρησεν οὐ μόνον τὰς τετραρχίας τοῦ ἐν ἔτει 35 τελευτήσαντος Φιλίππου καὶ τὰς τοῦ Λυσανίου, καὶ σὺν τούτοις καὶ τὸν τίτλον βασιλέως, ἀλλὰ μετὰ τὴν ἐξορίαν ἡρώδου τοῦ Ἀντίπα (ἐν ἔτει 39) καὶ τὴν τούτου ἐπικράτειαν. Συγχρόνως ὅμως διέταξεν νὰ ἀνεγείρωσιν αὐτῷ βωμοὺς καὶ ἀνδριάντας οἱ Ἰουδαῖοι, μάλιστα ἀπήτησεν ὁ αὐτὸς νὰ στηθῇ ἡ εἰκὼν τοῦ καὶ ἐν τῷ ναῷ τῆς Ἰερουσαλήμ. Ἐντεῦθεν περιῆλθον οἱ Ἰουδαῖοι εἰς μεγάλην ἀνάγκην καὶ μόνον ὁ θάνατός του ἐκώλυσε τὴν διὰ τῆς βίας πραγματοποίησιν τοῦ σχεδίου τούτου ἐν Ἰερουσαλήμ, εἰς τὴν Ἀλεξάνδρειαν ὅμως, ὅπου ἐπίσης ἠρνήθησαν οἱ Ἰουδαῖοι νὰ ὑποταχθῶσιν εἰς τὸ αὐτοκρατορικὸν διάταγμα, ἠγέρθη φοβερὸς διωγμὸς κατὰ τῶν Ἰουδαίων ἐκ μέρους τῶν ἐθνικῶν, οἱ Ἰουδαῖοι ἀπεγυμνοῦντο τῶν ὑπαρχόντων αὐτῶν διαρπαζομένων καὶ πολλαὶ χιλιάδες ἐξ αὐτῶν διὰ σκληρῶν βασανιστηρίων κατέβαινον εἰς τὸν Ἄδην. Ἡ ἕνεκα τῶν δεινῶν τούτων εἰς Ῥώμην παρὰ τῶν Ἰουδαίων ἀποσταλεῖσα πρεσβεία, τῆς ὁποίας προΐστατο ὁ ἐπὶ παιδείᾳ καὶ σοφίᾳ διάσημος Φίλων, δὲν ἐχρησίμευσεν εἰμὴ ὡς ἀντικείμενον τοῦ γέλωτος καὶ τῶν διασυρμῶν τοῦ αὐτοκράτορος[27].

Τὸν Καλιγούλαν διεδέχθη ἐν ἔτει 41 ὁ Κλαύδιος. Ἐπειδὴ δὲ ὁ Ἡρώδης ὁ Ἀγρίππας μεγάλως συνείργησεν εἰς τὴν ἐπὶ τοῦ θρόνου ἀνάβασιν τοῦ Κλαυδίου, ἔλαβε παρ' αὐτοῦ ὡς δῶρον τὴν Ἰουδαίαν καὶ τὴν Σαμάρειαν, καὶ οὕτως εἶχε πάλιν σύμπασα ἡ Παλαιστίνη τὸν ἑαυτῆς ἡγεμόνα.

Ἐπ' αὐτοῦ δὲ τοῦ Ἡρώδου ἡσυχάσαντες μικρὸν οἱ Ἰουδαῖοι ἔστρεψαν τὰ βλέμματα αὐτῶν καὶ πάλιν κατὰ τῶν χριστιανῶν συνέβη ὁ δεύτερος ἐν Ἰερουσαλὴμ διωγμὸς κατὰ τῶν Χριστιανῶν ἐν ἔτει 44. Καὶ πρῶτον μὲν ἐκάκωσεν οὗτος πολλοὺς τῶν μαθητῶν τοῦ Κυρίου, ἀπέκτεινε δὲ μαχαίρᾳ τὸν ἀπόστολον Ἰάκωβον τὸν ἀδελφὸν τοῦ Εὐαγγελιστοῦ Ἰωάννου· ἔπειτα δὲ εἰδὼν ὅτι τοῦτο ἤρεσεν εἰς τοὺς Ἰουδαίους, συνέλαβε καὶ τὸν Πέτρον καὶ καθείρξας ἀνέμενεν νὰ θανατώσῃ καὶ τοῦτον μετὰ τὴν ἑορτὴν τοῦ Πάσχα. Ἀλλὰ τὴν νύκτα τῆς προτεραίας ἐξαγαγὼν αὐτὸν ἐκ τοῦ δεσμωτηρίου ἄγγελος Κυρίου διέσωσε (Πράξ. 12,1-23)./(58)

---

27 Φίλων Ἰουδαῖος, Περὶ ἀρετῶν.

§ 24. Κήρυγμα τοῦ Ἀποστόλου Παύλου καί αἱ περιοδεῖαι αὐτοῦ περαιτέρω διάδοσις τοῦ Χριστιανισμοῦ (ἔτη 45-64).

(βιβλ. ὅρ: Kurtz σελ. 70)

Ἀπό τοῦδε παρέρχεται πλέον εἰς τό μέσον ὁ Ἀπόστολος Παῦλος, ὁ 13ος τῶν ἀποστόλων, ὑπ' αὐτοῦ τοῦ Κυρίου ἀμέσως ἐκλεχθείς εἰς τό ἀποστολικόν ἀξίωμα ἐν ἔτει 35 ὡς ἀνωτέρω εἴδομεν, ἵνα γένηται ὁ κατ' ἐξοχήν ἀπόστολος τῶν ἐθνῶν. Ἀφοῦ ἐδίδαξεν ὁ Ἀπόστολος Παῦλος ἐπί τινα χρόνον ἐν Δαμασκῷ, ἀνῆλθεν εἰς Ἀραβίαν (Γαλατ. 1,18) ἐπί τίνι σκοπῷ εἶναι ἄγνωστον εἰς ἡμᾶς, ἐκεῖθεν δέ ἐπιστρέψας πάλιν εἰς Δαμασκόν εὐηγγελίζετο μετά τοσαύτης εὐγλωττίας καί παρρησίας τόν Κύριον, ὥστε οἱ Ἰουδαῖοι ἐγίνωσκον τόν ζῆλον, ὅν εἶχε πρότερον ἐν τῷ Ἰουδαϊσμῷ, σκανδαλιζόμενοι λίαν ἐπ' αὐτῷ ἀπεφάσισαν νά θανατώσωσιν αὐτόν καί παρετήρουν ἤδη τάς πύλας τῆς πόλεως ἡμέρας καί νυκτός ὅπως συλλάβωσιν αὐτόν· γενομένου ὅμως τοῦ σχεδίου τούτου γνωστοῦ εἰς τόν Παῦλον, λαβόντες αὐτόν οἱ Χριστιανοί κατεβίβασαν αὐτόν ἐν καιρῷ νυκτός ἀπό τείχους ἐντός σπυρίδος καί τοιουτοτρόπως ἔσωσαν αὐτόν (Πράξ. 9,19-24. β' Κορ. 11,32). Ἐκ Δαμασκοῦ τρία ἔτη μετά τήν εἰς Χριστόν ἐπιστροφήν του (Γαλ. 1,18), ὅ ἐστί περί τό ἔτος 38, ἦλθεν ὁ Παῦλος εἰς Ἰερουσαλήμ ὅπως γνωρίσῃ τόν ἀπόστολον Πέτρον. Δέν διέτριψεν ὅμως ἐνταῦθα πλέον τῶν 15 ἡμερῶν, διότι νέαι ἐνέδραι ἀπειλοῦσαι τήν ζωήν του καί δευτέρα ἀποκάλυψις γενομένη εἰς αὐτόν ἐν τῷ ναῷ ἠνάγκασεν αὐτόν νά ἐγκαταλείψῃ τήν Ἰερουσαλήμ (Πρ. 9,26 κεξ. 22,17-19). Ὑπό τῶν μαθητῶν μέχρι τῆς Καισαρείας συνοδευθείς ἀπῆλθεν πάλιν εἰς Ταρσόν, πρός τίνα σκοπόν καί ἵνα τι ποιήσῃ; ἄγνωστον. Ἐν ἔτει 41 μεταβάς ἐκεῖσε ὁ Βαρνάβας παρέλαβεν αὐτόν βοηθόν καί συνεργάτην καί ἦλθον ἀμφότεροι, ὡς εἴδωμεν (§...) εἰς Ἀντιόχειαν, ὅπου καί ἐδίδαξαν ἱκανόν πλῆθος ἀνθρώπων τήν εἰς Χριστόν πίστιν. Κατ' ἐκείνας δέ τάς ἡμέρας κατῆλθον ἀπό Ἰερουσαλήμ προφῆται εἰς Ἀντιόχειαν καί ἐξ αὐτῶν εἷς, ὀνόματι Ἄγαβος, προεφήτευσεν ὅτι ἔμελλε νά συμβῇ λιμός μέγας ἐπί τῆς γῆς. Ἐντεῦθεν οἱ ἐν Ἀντιοχείᾳ μαθηταί τοῦ Κυρίου ὥρισαν ἕκαστον ἀναλόγως τῆς περιουσίας τῶν χρηματικῶν τι ποσόν καί ἔπεμψαν τόν ἔρανον τοῦτον εἰς τούς ἐν Ἰερουσαλήμ ἀπόρους ἀδελφούς διά τοῦ Παύλου καί τοῦ Βαρνάβα. Καί αὕτη εἶναι ἡ δευτέρα τοῦ ἀποστόλου Παύλου εἰς Ἰερουσαλήμ ἔλευσις, ἡ ὁποία τίθεται εἰς τό ἔτος 43 ἤ 44 (Πράξ. 11,27-30).

Μετά τοῦτο ἐπανελθόντες εἰς Ἀντιόχειαν ἀφωρίσθησαν ἀμφότεροι κατ' ἀποκάλυψιν θείαν /(59) ὅτε Παῦλος καί ὁ Βαρνάβας εἰς τό κήρυγμα τοῦ Εὐαγγελίου καί δή προσευξαμένης τῆς Ἐκκλησίας καί προχειρισαμένης αὐτούς εἰς τό ἔργον ἐξῆλθον ἐν ἔτει 45 εἰς τήν πρώτην μεγάλην περιοδίαν καί ἐγκαταλιπόντες τήν Ἀντιόχειαν ἔφθασαν εἰς τήν Κύπρον· ἠκολούθη δέ αὐτούς καί τις Ἰωάννης, ἐπικαλούμενος Μάρκος ὁ μετά ταῦτα τό εὐαγγέλιον τοῦ Κυρίου συγγράψας, ὡς θέλομεν ἴδῃ (Πρ. 12,12.25) καί καταγγείλαντες πρῶτον τόν λόγον τοῦ Θεοῦ εἰς τάς ἐν Σαλαμῖνι συναγωγάς τῶν Ἰουδαίων διῆλθον ἔπειτα τήν νῆσον μέχρι τῆς Πάφου, ἔνθα ἐπέστρεψεν εἰς Χριστόν ὁ ἀνθύπατος Σέργιος Παῦλος, ἀφοῦ ὁ ἀπόστολος τῶν ἐθνῶν ἐπάταξεν ἀορασίᾳ Ἐλύμαν τινα μάγον ἀντιστάμενον καί ζητοῦντα νά διαστρέψῃ τόν ἀνθύπατον. Ἀπό τοῦδε ὀνομάζει πλέον ὁ ἱερός συγγραφεύς τῶν Πράξεων τῶν ἀποστόλων τόν Σαῦλον Παῦλον (Πράξ. 13,9). Ἐντεῦθεν ἀναχθέντες εἰσῆλθον εἰς τήν μικράν Ἀσίαν· ὁ Κύριος διεβεβαίου τό κήρυγμα αὐτῶν διά πολλῶν θαυμάτων καί μεθ' ὅλους τούς διωγμούς καί τήν ἀντίστασιν, τήν ὁποίαν εὕρισκον πανταχοῦ ἐκ μέρους τῶν ἰουδαίων, ἐθεμελίωσαν πλείστας ὅσας ἐκκλησίας ἐν Πισιδίᾳ, ἐν Ἰκονίῳ, ἐν Λύστροις, ἐν Δέρβῃ καί εἰς τά περίχωρα τῆς Λυκαονίας συγκειμένας τό πλεῖστον ἐξ ἐθνικῶν.

Εἰς τήν Λύδδαν, ὅτε οἱ ὄχλοι εἶδον τόν Παῦλον νά θεραπεύσῃ χωλόν τινα ἐκ γενετῆς, ἐπῆραν τήν φωνήν αὐτῶν Λυκαονιστί καί ἔκραζον «οἱ θεοί ὁμοιωθέντες ἀνθρώποις κατέβησαν πρός ἡμᾶς», ὠνόμαζον δέ τόν Βαρνάβαν Δίαν, τόν δέ Παῦλον Ἑρμῆν, ἐπειδή αὐτός ἦν ὁ ἡγούμενος τοῦ λόγου· ὁ δέ ἱερεύς τοῦ Διός, οὖτινος τό ἄγαλμα ἵστατο πρό τῆς πόλεως, συγκομίσας ταύτους καί στέμματα ἡτοιμάζετο νά θύσῃ εἰς τούς ἀποστόλους ὡς εἰς Θεούς· ἀλλ' οἱ ἀπόστολοι μαθόντες τοῦτο ἐπετίμησαν αὐτούς καί διεβεβαίωσαν ὅτι καί αὐτοί ἄνθρωποι ἦσαν ὁμοιοπαθεῖς μέ αὐτούς εὐαγγελιζόμενοι ἐπιστροφήν ἐπί τόν Θεόν τόν ζῶντα, ὅστις ἐποίησε τόν οὐρανόν καί τήν γῆν καί τήν θάλασσαν καί πάντα τά ἐν αὐτοῖς· καί ταῦτα λέγοντες μόλις ἔπεισαν τούς ὄχλους νά μή προσενέγκωσι θυσίας εἰς αὐτούς (Πράξ. 13 καί 14).

Μετά ταῦτα ἐπέστρεψαν ἀμφότεροι εἰς Ἀντιόχειαν ὅθεν ἐξῆλθον (ὁ Ἰωάννης ὁ ἐπικαλούμενος Μάρκος εἶχεν ἐπιστρέψη εἰς Ἱερουσαλήμ ἀποχωρισθείς ἀπ' αὐτῶν ἤδη ἐν Πέργῃ τῆς Παμφυλίας), ἀφοῦ δέ συγκαλέσαντες τήν Ἐκκλησίαν ἀνήγγειλον ὅσα ἐποίησεν ὁ θεός μετ' αὐτῶν, διέμεινον ἐκεῖ ἐπί τινα καιρόν, καθ' ὅσον συνέβη νά ἀναβῶσι καί πάλιν εἰς Ἱερουσαλήμ ἕνεκα μιᾶς διαφωνίας ἀναφυείσης μεταξύ τῶν Ἰουδαίων καί τῶν ἐξ ἐθνῶν Χριστιανῶν (§). Κατά τοῦτον τόν χρόνον θέλουσί τινες ὅτι ἔλαβον χώραν καί ὅσα διηγεῖ /(60)ται ὁ Παῦλος ἐν τῇ πρός Γαλάτας ἐπιστολῇ 2,11, περί τῆς μεταξύ αὐτοῦ καί τοῦ Πέτρου διενέξεως. Ἕτεροι δέ θέτουσι ταῦτα εἰς τήν τετάρτην εἰς Ἱερουσαλήμ καί Ἀντιόχειαν ἀνάβασιν τοῦ Παύλου, γενομένην ὡς κατωτέρω ὀψόμεθα τό 54 ἔτος. Μετά τήν ἐξ Ἱερουσαλήμ εἰς Ἀντιόχειαν ἐπάνοδόν των, ἐπεχείρησεν ὁ Παῦλος τήν δευτέραν περιοδείαν του διαρκέσασαν ἀπό τοῦ 50-54 ἔτους. Ὁ Βαρνάβας μετά τοῦ ἀνεψιοῦ αὐτοῦ Ἰωάννου Μάρκου ἀποχωρισθέντες νῦν τοῦ Παύλου μετέβησαν εἰς τήν Κύπρον τήν πατρίδα τοῦ Βαρνάβα, ὅπως κηρύξωσιν ἐκεῖ τό Εὐαγγέλιον. Ὁ δέ Παῦλος συμπαραλαβών μεθ' ἑαυτοῦ βοηθόν καί συνεργάτην ἕτερον τινα, Σίλαν ὀνόματι (Πρ. 15,22.32.40), ἐξῆλθεν εἰς τήν Συρίαν καί Κιλικίαν ἐπισκεπτόμενος καί ἐπιστηρίζων τάς ἐκκλησίας, ὅσας ἐθεμελίωσεν κατά τήν πρώτην περιοδείαν του (Πρ. 15,36 κεξ.). Ἐνταῦθα δέ (ἐν Λύστρᾳ) συμπαρέλαβε καί ἕτερον συνεργόν, Τιμόθεον ὀνομαζόμενον, ἐκ πατρός μέν ἕλληνος μητρός δέ ἰουδαίας. Περιοδεύσας δέ ἔπειτα τήν Φρυγίαν καί Γαλατίαν κατέβη εἰς τήν Τρωάδα, ὅπου προσετέθη αὐτῷ καί τρίτος βοηθός, ὁ μετά ταῦτα συγγραφεύς τῶν Πράξεων τῶν Ἀποστόλων καί τοῦ Εὐαγγελίου τοῦ Κυρίου, ὁ Λουκᾶς. Ἐκ τῆς Τρωάδος ἡτοιμάζετο ἤδη ὁ Παῦλος νά ἐπανακάμψῃ εἰς Ἀντιόχειαν, ὅτε θεία τις ὀπτασία προέτρεψεν αὐτόν νά καταπλεύσῃ εἰς τήν Ἑλλάδα (Πράξ. 16,1 κεξ.), ἥτις ἔμελλε νά προσενέγκῃ τό περισσότερον τοῦ ἐκχυθέντος ὑπέρ τοῦ εὐαγγελίου αἵματος καί νά φέρῃ τοῦτο διά τῶν αἰώνων ἀγνόν καί ἀκηλίδωτον. Εἰς τόν Παῦλον ἐφάνη καθ' ὕπνον «ἀνήρ τις Μακεδών παρακαλῶν αὐτόν καί λέγων διαβάς εἰς Μακεδονίαν βοήθησον ἡμῖν» (Πρ. 16,9). Ἡ Ἑλλάς, ἡ ἄλλοτε διά τοῦ Ἀλεξάνδρου αὐτῆς μεταδοῦσα τά φῶτα εἰς τήν Ἀνατολήν, ἱκέτης ἤδη ἐνώπιον ἑνός ἑβραίου ἐξῄτει τό φῶς τό ἐκ τῆς Ἰουδαίας· ὁ Παῦλος εὐθύς κατενόησεν τήν δύναμιν τοῦ ἀξιοσημειώτου τούτου ὁράματος, συμβιβάζων ὅτι ὁ Κύριος προσεκάλει αὐτόν νά εὐαγγελίσῃ τήν χώραν ἐκείνην. Μεταβάς λοιπόν εὐθύς εἰς τήν Ἑλλάδα ἐκήρυξε πρῶτος τόν λόγον τοῦ Θεοῦ, ἐφώτισε τούς ὑπό τήν σκιάν τῶν εἰδώλων καθεύδοντας ἀπογόνους τοῦ Πλάτωνος καί τοῦ Ἀριστοτέλους καί ἐθεμελίωσεν τάς Ἐκκλησίας τῶν Φιλίππων, τῆς Θεσσαλονίκης, τῆς Βεροίας, τῶν

Ἀθηνῶν καί τῆς Κορίνθου. Ἕλληνες καί Ἑλληνίδες ἀπετέλουν πανταχοῦ τό πλεῖστον μέρος τῶν πιστευόντων εἰς τόν Χριστόν (Πράξ. 16,13 κεξ. 17 καί 10). Ὅτε ὁ Ἀπόστολος Παῦλος ἔφθασεν εἰς τάς Ἀθήνας, προσῆλθον αὐτῷ οἱ Ἐπικούρειοι καί οἱ Στωϊκοί φιλόσοφοι ἐπιθυμοῦντες νά ἀκούσωσι τά δόγματα τῆς νέας αὐτοῦ διδαχῆς· «ξενίζοντα γάρ τινα, ἔλεγον αὐτῷ, εἰσφέρεις εἰς τάς ἀκοάς ἡμῶν· βουλόμεθα οὖν γνῶναι, τί ἄν θέλοι ταῦτα εἶναι» καί ὡδήγησαν αὐτόν /(61) εἰς τόν Ἄρειον Πάγον. Σταθείς δέ ὁ Παῦλος ἐν μέσῳ τοῦ Ἀρείου Πάγου ἐξεφώνησε τόν ἀξιομνημόνευτον ἐκεῖνον λόγον καί κατά πάντα ἄξιον τῆς μητροπόλεως τῶν ἐπιστημῶν, οὗτινος περίληψιν πάντως διέσωσεν εἰς ἡμᾶς ὁ ἱερός Λουκᾶς, καί ὁ ὁποῖος ἥλκυσεν εἰς τόν Χριστιανισμόν μεταξύ ἄλλων καί Διονύσιον τόν Ἀρεοπαγίτην (Πράξ. 17,16-34). Ἐν Κορίνθῳ, ὅπου ὁ Παῦλος ἐκάθισεν ἕνα καί ἥμισυ ἐνιαυτόν, κατ᾽ ἀποκάλυψιν καί πάλιν τοῦ Θεοῦ εἰπόντος αὐτῷ «Μή φοβοῦ, ἀλλά λάλει ... διότι λαός ἐστί μοι πολύς ἐν τῇ πόλει ταύτῃ» (Πράξ. 9,10)· ἔγραψε τάς δύο αὐτοῦ ἐπιστολάς πρός Θεσσαλονικεῖς, τάς πρώτας δέλτους τῆς Καινῆς Διαθήκης.

Ἐκ τῆς Κορίνθου ματαβάς εἰς Ἔφεσον, ὅπου ὀλίγιστον μόνον διέτριψεν, ἦλθεν εἰς τήν Ἱερουσαλήμ καί ἐντεῦθεν εἰς Ἀντιόχειαν. Μετά μικράν δέ ἀνάπαυσιν ἐξῆλθεν εἰς τήν τρίτην καί τελευταίαν αὐτοῦ περιοδείαν ἐν ἔτει 54 ἔχων συνοδοιπόρους καί συνεργούς τόν Λουκᾶν, τόν Τίτον καί τόν Τιμόθεον καί ἐπισκεφθείς τάς Ἐκκλησίας τῆς Γαλατίας καί τῆς Φρυγίας ἀφήχθη εἰς Ἔφεσον, ἥτις ἐγένετο τώρα ἡ ἑστία τοῦ ἀποστολικοῦ του κηρύγματος, ἐν ᾗ πολλάς ἀνήγειρον Ἐκκλησίας (Πράξ. 19) καί ἀπό τῆς ὁποίας ἀπέστειλε πρός Γαλάτας καί πρός Κορινθίους τό πρῶτον. Ἡ ἔκβασις τοῦ κηρύγματός του ἐγένετο τοσαύτη ὥστε ἡ ὕπαρξις τῆς εἰδωλολατρείας ἐκλονίζετο ἤδη ἐν τῇ Μικρᾷ Ἀσίᾳ, ὅτε στάσεως γενομένης μεγάλης καί τῆς πόλεως διαθορυβυθείσης ἠναγκάσθη ὁ Παῦλος νά ἐγκαταλείψῃ τήν Ἔφεσον, ἀφοῦ δύο ὅλα ἔτη ἐν αὐτῇ ἐδίδαξε καί νά μεταβῇ εἰς Μακεδονίαν καί μέχρι τοῦ Ἰλλυρικοῦ, ἐπισκεφθείς δέ τάς ἐκεῖ Ἐκκλησίας καί γράψας τήν πρώτην πρός Τιμόθεον καί τήν δευτέραν πρός Κορινθίους ἐπιστολήν, κατῆλθεν καί εἰς τάς λοιπάς τῆς Ἑλλάδος Ἐκκλησίας (Πράξ. 20,1-3), ὅπου διέτριψεν μῆνας τρεῖς. Διῆλθε δέ πιθανῶς τό πλεῖστον μέρος τοῦ χρόνου τούτου εἰς Κόρινθον, ὁπόθεν ἔγραψεν καί τήν πρός Ρωμαίους αὐτοῦ ἐπιστολήν. Ἐντεῦθεν ἀναχωρήσας ἐπανέκαμψεν πάλιν εἰς Ἱερουσαλήμ διά τῆς Μακεδονίας, τῆς Τρωάδος, τῆς

Μιλήτου καί τῆς Καισαρείας (Πρ. 20,4 κεξ.) ἐν ἔτει 58. Ἐν Ἱερουσαλήμ, σωθείς ὡς διά θαύματος ἐκ τῶν χειρῶν τῶν κατ' αὐτοῦ καθὼς πανταχοῦ οὕτω καί ἐνταῦθα φρυαττόντων Ἰουδαίων καί διανύσας δύο ἔτη εἰς τάς φυλακάς τῆς Καισαρείας, ἐστάλη τέλος πρός τόν αὐτοκράτορα τῆς Ῥώμης, πρός τόν ὁποῖον ἔκαμεν ἔφεσιν ὡς κεκτημένος τά δικαιώματα τοῦ ῥωμαίου πολίτου. Δέσμιος δέ νῦν ἐκ τῶν φυλακῶν τῆς Ῥώμης, ἐφ' ἧς ἀπέβη τό 61 ἔτος, ἔμεινε διετίαν ὅλην δεχόμενος πάντας τούς εἰσπορευομένους πρός αὐτόν, κηρύττων τήν βασιλείαν τοῦ Θεοῦ καί διδάσκων τά περί τοῦ Κυρίου Ἰησοῦ Χριστοῦ μετά πάσης παρρησίας ἀκωλύτως (Πράξ. 28,30-31). Ἐντεῦθεν ἔγραψε καί τάς ἐπιστολάς /(62) πρός Φιλιππησίους, πρός Ἐφεσίους, πρός Κολασσαεῖς, πρός Φιλήμονα τήν δευτέραν, τήν πρός Τίτον καί ἴσως καί τήν πρός Ἑβραίους. Τά περαιτέρω τοῦ βίου καί τῆς ἀποστολικῆς αὐτοῦ διακονίας εἶναι ἐν μέρει ἀμφίβολα. Τό πιθανώτερον εἶναι ὅτι ἡ ἐν τῇ φυλακῇ κατάστασίς του ἐχειροτέρευσεν ὀψιαίτερον ἤ διότι ὁ αὐτοκράτωρ ἤ διότι οἱ περί αὐτόν ἐχθρικῶς διετέθησαν ἐν γένει πρός τούς Χριστιανούς, ἴσως δέ κατά συνέπειαν καταμηνύσεων νέων ἐξ Ἱερουσαλήμ κατηγόρων καί ὅτι ἐν ἔτει 64 ἐπί αὐτοκρατορίας τοῦ Νέρωνος ἐκαρατομήθη.

Σημείωσις. Παρά τοῖς ἀρχαίοις ἐφέρετο λόγος ὅτι ὁ Ἀπόστολος Παῦλος, διατρίψας δύο ἔτη δέσμιος ἐν Ῥώμῃ, ὕστερον ἀπηλλάγη καί περιῆλθε κηρύττων τό εὐαγγέλιον μέχρι καί τῆς Ἱσπανίας, ἐκεῖθεν δέ ἐπανελθών τό δεύτερον εἰς Ῥώμην καί συλληφθείς ἐμαρτύρησε κατά τό ἔτος 67. «Τότε μέν οὖν ἀπολογησάμενον, λέγει ὁ Εὐσέβιος (Ἐκκλησιαστική Ἱστορία 2,22), αὖθις ἐπί τήν τοῦ κηρύγματος διακονίας, λ ό γ ο ς ἔ χ ε ι σ τ ε ί λ α σ θ α ι τόν ἀπόστολον δεύτερον δ' ἐπιβάντα τῇ αὐτῇ πόλει, τῷ κατ' αὐτόν τελειωθῆναι μαρτυρίῳ». Περί δέ τῆς εἰς Ἱσπανίαν ἀφίξεως τοῦ Παύλου λέγεται ἐν τινι κανόνι τῆς Καινῆς Διαθήκης, γενομένῳ κατά τό 170 περίπου ἔτος ἐξ οὗ τεμάχια μόνον περιῆλθον εἰς ἡμᾶς καί ταῦτα ἀτελῶς καί ἠκρωτηριασμένα (βλ. ταῦτα ἐν Muratorii antiquitt. Ital. medii aevi III. 854)· ἔχει δέ τό περί μεταβάσεως εἰς Ἱσπανίαν διαλαμβάνων τεμάχιον ὡς ἑξῆς «Αἱ δέ πράξεις τῶν Ἀποστόλων μιᾷ κατεγράφησαν βίβλῳ, ἐν ᾗ ὁ Λουκᾶς διηγεῖται εἰς τόν κράτιστον Θεόφιλον ἕν ἕκαστον τῶν ὅσα ἐπί παρουσίᾳ αὐτοῦ ἐπράττοντο καί ἰδίᾳ τό πάθος τοῦ Πέτρου σαφῶς διέξεισι (ποῦ ἐν τῷ Εὐαγγελίῳ 22,31-33; ἤ εἰς τάς Πρ. 12,17;)· ἀλλά τήν π ο ρ ε ί α ν τοῦ Π α ύ λ ο υ π ο ρ ε υ ο μ έ ν ο υ ἀπό τῆς Ῥ ώ μ η ς εἰς Ἱ σ π α ν ί α ν... "sed profectionem Pauli ab urbe Spaniam proficiscentis..." ὅπερ ἀναπληροῦσί τινες διά τοῦ omittit = παρασιωπᾷ παρατρέχει.

Ὁ συγγραφεύς τοῦ κολοβοῦ τούτου τεμαχίου, ὅστις δίδωσιν ἐν αὐτῷ συντόμως τό περιεχόμενον τῶν Πράξεων, δέν γίνεται δῆλος ἐάν ἀποδέχηται ἤ μή τήν ἐπί τῶν χρόνων αὐτοῦ κυκλοφοροῦσαν φήμην περί τοιαύτης τινός τοῦ Παύλου περιοδείας· διότι αἱ λέξεις αὐτοῦ δύνανται νά ἑρμηνευθῶσι καί οὕτω - ἀλλά τήν πορείαν τοῦ Παύλου εἰς Ἱσπανίαν (Ρωμ. 15,24), τήν ὁποίαν τινες πραγματικῶς γενομένην νομίζουν, ἀποσιωπᾷ ὁ Λουκᾶς ὡς μή γενομένην. Ἀλλ' ὁ Εὐσέβιος ἀσπάζεται τήν φήμην καί θέλει τόν Παῦλον ἀπαλλαγέντα καί πάλιν τό δεύτερον φυλακισθέντα ἐν Ῥώμη /((63) καί τούτου μάρτυρα φέρει μάλιστα αὐτόν τοῦτον τόν Παῦλον, ἐν οἷς οὗτος λέγει εἰς τήν β' πρός Τιμόθεον ἐπιστολήν 4,17 «καί ἐρρύσθην ἐκ στόματος λέοντος». Αἱ λέξεις ὅμως αὗται «ἐρρύσθην ἐκ στόματος λέοντος», ἐν αἷς ὁ ἱστορικός εὑρίσκει τήν ἀπό τῶν δεσμῶν ἀπαλλαγήν τοῦ Παύλου, «σαφῶς δή παρίστησιν διά τούτων, ὅτι δή τό πρότερον, ὅπως ἄν τό κήρυγμα τό δι' αὐτοῦ πληρωθείη, ἐρρύσθη ἐκ στόματος λέοντος τόν Νέρωνα, ταύτῃ, ὡς ἔοικε, διά τό ὁμόθυμον προσειπών» (Ἐκκλησ. Ἱστ. 2,22) δύνανται νά ἐννοηθῶσι καί οὕτω, ὅτι δέν κατεδικάσθη ἐν τῇ πρώτῃ ἀπολογίᾳ· εἶναι ἀληθές ὅτι εἰς τάς πρώτας ἀπό Ῥώμης πεμφθείσας ἐπιστολάς, οἷον τήν πρός Φιλήμονα (22), ἐκφράζεται ἐλπίς περί ταχείας ἀπαλλαγῆς, ἐν δέ τῇ β' πρός Τιμόθεον δηλοῦται ὡς βέβαιον ὅτι ὅσον οὔπω μέλλει νά ὑποστῇ τόν μαρτυρικόν θάνατον· ἐκ τούτου ὅμως δέν ἐξάγεται ὅτι ὁ Παῦλος ἀπελύθη, ἀλλά μᾶλλον ὅτι ἐν τῷ μεταξύ ἤλλαξεν ἡ ὄψις τῶν πραγμάτων καί ὅτι ἐντεῦθεν ἀπέβαλλεν ὁ ἀπόστολος τάς περί ἀπολύσεως καί ἀπαλλαγῆς ἐλπίδας του. Ὁ Εὐσέβιος ἦτο τῆς γνώμης ὅτι ὁ Παῦλος ἀπήχθη δέσμιος εἰς Ῥώμην τό 55 ἔτος καί ὅτι ἐθανατώθη τό 67 (Ἐκκλ. Ἱστορία 2,25) ὥστε μή δυνάμενος νά παραδεχθῇ δωδεκαετῆ δεσμά, ἠναγκάσθη νά ἀσπασθῇ τήν φήμην ὅτι ὁ Παῦλος ἀπελύθη τό πρῶτον καί πάλιν ἔπειτα συνελήφθη. Τινές τῶν νεωτέρων φρονοῦσιν ὅτι περί μεταβάσεως τοῦ Παύλου εἰς Ἱσπανίαν ὁμιλεῖ καί Κλήμης ὁ ρωμαῖος ἐν τῇ α' πρός Κορινθίους αὐτοῦ ἐπιστολῇ, ἔνθα οὗτος λέγει περί τοῦ ἀποστόλου Παύλου § 5: «Κῆρυξ γενόμενος ἔν τε τῇ Ἀνατολῇ καί ἐν τῇ Δύσει τό γενναῖον τῆς πίστεως αὐτοῦ ἔλαβεν. Δικαιοσύνην διδάξας ὅλον τόν κόσμον καί ἐπί τό τ έ ρ μ α τ ῆ ς Δ ύ σ ε ω ς ἐ λ θ ώ ν, καί μαρτυρήσας ἐπί τῶν ἡγουμένων, οὕτως ἀπηλλάγει τοῦ κόσμου καί εἰς τόν ἅγιον τόπον ἐπορεύθη». Ἀλλ' ὅτι ὑπό τάς λέξεις - τέρμα τῆς δύσεως – μόνον ἡ Ἱσπανία, οὐχί δέ καί ἡ Ῥώμη νά ἐννοεῖται δύναται, εἶναι τόσον ἀδέξιον καί ἄστοχον, ὥστε δύναται τό ἐναντίον νά λεχθῇ, ὅτι μόνον τήν Ῥώμην οὐχί δέ καί τήν Ἱσπανίαν ἐννοητέον. Ἡ λέξις τέρμα σημαίνει κυρίως καί κατά πρῶτον τό σημεῖον, πρός ὅ διευθύνεται, τείνει, ἤ σπεύδει τις καί οὕτω μεταχειρίζεται αὐτήν ἐνταῦθα ὁ ἱερός

Φιλοθέου Βρυεννίου Ἐκκλησιαστική Ἱστορία

Κλήμης οὐδέν ἄλλο λέγων εἰμή - ἀφοῦ ὁ Παῦλος ἔφθασεν εἰς τό τέρμα τῆς Δύσεως, ὅ ἐστί εἰς τόν τόπον ὅπου κατευθύνετο καί ἔμελλε νά τελειώση τό στάδιον τοῦ βίου, καί ἐμαρτύρησε ἐνώπιον τοῦ αὐτοκράτορος, τότε ἀπηλλάγη τοῦ κόσμου καί ἐπορεύθη εἰς τάς σκηνάς τῶν δικαίων.- Διά τῆς λέξεως λοιπόν «τέρμα» δηλοῦται ὁ τόπος ἔνθα ἦτο προωρισμένον τῷ Παύλῳ νά μαρτυρήση καί οὐχί ἡ Ἱσπανία.

Αἱ ποιμαντικαί λεγόμεναι ἐπιστολαί διηγοῦνται πράγματα, ἅπερ φαίνονται ὅτι /(64) δέν ἠδύναντο νά συμβῶσιν ἐν τῷ πρό τῆς καταβάσεως τοῦ Παύλου εἰς Ῥώμην χρόνῳ καί τά ὁποῖα ἑπομένως ὑποστηρίζουσί πως τήν περί ἧς ὁ λόγος φήμην· οὕτω φερ' εἰπεῖν ἐν τῇ πρός Τίτον ἐπιστολῇ 15 λέγει ὁ Παῦλος ὅτι κατέλιπε τόν Τίτον εἰς τήν Κρήτην, «καταλιπών σε ἐν Κρήτῃ», κατά τήν τελευταίαν τρίμηνον τοῦ Παύλου ἐν Ἑλλάδι διαμονήν (Πρ. 20,2) δέν ἠδύνατο βεβαίως νά λάβη χώραν μετάβασίς τι καί περιοδεία εἰς Κρήτην· πότε λοιπόν συνέβη τοῦτο; πότε μετέβη ὁ Παῦλος μετά τοῦ Τίτου εἰς Κρήτην; ἀλλ' ἆραγε τό «κατέλιπόν σε ἐν Κρήτῃ» σημαίνει ὅτι καί ὁ Παῦλος αὐτός μετέβη εἰς Κρήτην ἵνα κηρύξη ἐκεῖ τό εὐαγγέλιον; Εἶναι ἀνάγκη νά ὑποθέσωμεν τοιοῦτόν τι; Τοῦτο δέν ἠδύνατο νά συμβῇ ὅτε συμπλέοντες ἀμφότεροι εἰς Ῥώμην ἔφθασαν ἀπέναντι τῆς Κρήτης;)Πρ. 27). Τοῦτο αὐτό δυνάμεθα νά εἴπωμεν καί περί τοῦ Τροφίμου, περί οὗ ἡ β' πρός Τιμόθ. 4,20 λέγει «Τρόφιμον ἀπέλιπεν ἐν Μιλήτῳ ἀσθενοῦντα», ὅπερ δέν δυνάμεθα πάντως νά παραδεχθῶμεν ὅτι συνέβη καθ' ὅν χρόνον ἐπιστρέφων ὁ Παῦλος τό τελευταῖον εἰς Ἱερουσαλήμ εἰσέβη εἰς Μιλήτην (Πρ. 20,15), διότι μετ' ὀλίγον ἀπαντῶμεν τόν Τρόφιμον ἐν Ἱερουσαλήμ μετά τοῦ Παύλου (Πρ. 21,29)· δυνάμεθα ὅμως νά εἴπωμεν ὅτι συνέβη, ὅτε ὁ ἀπόστολος Παῦλος περιέπλεε τήν Μικράν Ἀσίαν, μετά τό τρομερόν ναυάγιον ὅπερ ἔπαθεν ὁ Παῦλος καί οἱ περί αὐτόν.

Ἐπειδή λοιπόν ὁ μέν συγγραφεύς τοῦ τεμαχίου τοῦ ἀνωτέρω μνημονευθέντος κανόνος τῆς Κ. Διαθήκης εἶναι ἄδηλον ἄν ἀποδέχηται ἤ μή τήν φήμην περί τῆς ἀπολύσεως καί μεταβάσεως τοῦ Παύλου εἰς Ἱσπανίαν, ὁ δέ Εὐσέβιος προάγεται εἰς τήν παραδοχήν αὐτῆς ὅπως συμβιβάση τά πράγματα χρονολογικῶς· ὁ δέ ἱερός Κλήμης οὐδέν ὑπαινίττεται περί αὐτῆς· ἐπειδή αἱ εἰς τάς ποιμαντικάς ἐπιστολάς ἀπαντῶσαι δυσκολίαι, αἱ ὁποῖαι φαίνονται ὑποστηρίζουσαι τήν φήμην ταύτην εὐκόλως διαλύονται· ἐπειδή μένει ἀκατάληπτον πῶς μία τοιαύτη περιοδεία τοῦ Παύλου τοσοῦτον περιεκτική, ὁποία ὑποτίθεται ὅτι ἐγένετο ἡ μετά τήν ἀπαλλαγήν τοῦ ἀποστόλου ἀπό τῆς Ῥώμης, νά μή ἀφήση εἰς τήν παράδοσιν ὡρισμένον τι ἴχνος δυνάμεθα νά θεωρήσωμεν τήν φήμην ταύτην ὡς ψιλόν καί ἀδέσποτον λόγον, γεννηθέντα πάντως ἐξ ὧν αὐτός ὁ ἀπόστολος

Παῦλος λέγει εἰς τήν πρός Ῥωμαίους ἐπιστολήν 15,23-24 «νυνί δέ μηκέτι τόπον ἔχων ἐν τοῖς κλίμασι τούτοις, ἐπιποθίαν δέ ἔχων τοῦ ἐλθεῖν πρός ὑμᾶς (εἰς τήν Ῥώμην) ἀπό πολλῶν ἐτῶν, ὡ ς ἐ ά ν π ο ρ ε ύ ω μ α ι ε ἰ ς τ ή ν Ἱ σ π α ν ί α ν, ἐ λ ε ύ σ ο μ α ι π ρ ό ς ὑ μ ᾶ ς».

Ὁ Παῦλος λοιπόν περιεγένετο εἰς Ῥώμην ἐν ἔτει 61, ὡς εἴρηται. Ἐνταῦθα δέ διέμεινε δύο //(65) ὅλα ἔτη διδάσκων ἀπό τῆς φυλακῆς αὐτοῦ (Λουκ. 28,30)? Μετά ταῦτα ἔλαβε χώραν ἡ πρώτη αὐτοῦ ἀπολογία ἐνώπιον τοῦ Αὐτοκράτορος, μετ' αὐτήν δέ ἀνέμενε ὁ Παῦλος νά ἀπολογηθῆ καί δεύτερον, ὁπότε ἐκραγέντος τοῦ κατά τῶν χριστιανῶν διωγμοῦ ἐν ἔτει 64 ἐθανατώθη.

Ὅτι ὁ Παῦλος ἐγεννήθη ἐν Ταρσῷ πόλει τῆς Κιλικίας μανθάνομεν ἐκ τῶν Πράξ. 22,3, παρβ. 9,11· 21,39. ὥστε ἀσύστατα εἶναι ὅλως ὅσα λέγει ὁ Ἱερώνυμος ἐν τῷ περί ἐνδόξων ἀνδρῶν καταλόγῳ του (κεφ. 5), θέλων τόν Παῦλον γεννηθέντα εἰς Γίσχαλα, μικράν πόλιν τῆς Γαλιλαίας (Ἰώσηπ., περί τοῦ Ἰουδ. Πολ. 2,20· 6,4). Καίτοι δέ τό γένος Ἰουδαῖος ἐκ φυλῆς Βενιαμίν (Φιλιπ. 3,5) καί τήν αἵρεσιν Φαρισαῖος, ἐκέκτητο ὅμως τά δικαιώματα τοῦ ῥωμαίου πολίτου καί οὐ μόνον αὐτός ἀλλά καί ὁ πατήρ αὐτοῦ, ὅστις ἐπίσης ἀνῆκεν εἰς τήν αἵρεσιν τῶν φαρισαίων (Πρ. 23,6· 22,28). Κατά τόν ἱερόν Ἐπιφάνιον (αἱρ. 30,16 καί 25) οἱ ἐβιωναῖοι βλασφημοῦντες ἔλεγον ὅτι ὁ ἡμέτερος ἀπόστολος εἷλκε τό γένος ἐξ ἐθνικῶν καί ἦτο πατρόθεν καί μητρόθεν ἕλλην· ἔπειτα δέ ἐλθών εἰς Ἱερουσαλήμ καί ἐρασθείς τῆς θυγατρός τοῦ ἀρχιερέως, ἠσπάσθη τόν ἰουδαϊσμόν καί ἐγένετο προσήλυτος, ὅπως ἔλθη μετ' αὐτῆς εἰς γάμου κοινωνίαν· «εἶτα φάσκουσιν αὐτόν εἶναι ἕλληνα, καί ἑλληνίδος μητρός καί ἕλληνος πατρός παῖδα· ἀναβεβηκέναι δέ εἰς Ἱεροσόλυμα, καί χρόνον ἐκεῖ μεμενηκέναι, ἐπιτεθυμηκέναι δέ θυγατέρα τοῦ ἱερέως πρός γάμον ἀγαγέσθαι καί τούτου ἕνεκα προσήλυτον γενέσθαι καί περιτμηθῆναι». Ὁ Παῦλος ἦτο ἐντελῶς πεπαιδευμένος τήν πάτρειον καί ἰουδαϊκήν σοφίαν, διότι προορισθείς ὑπό τοῦ πατρός αὐτοῦ διά τήν τάξιν τῶν ῥαββίνων εἶχεν ἀποσταλῆ πρωΐμως ἤδη εἰς Ἱεροσόλυμα, τήν ἑστίαν τῶν ἰουδαϊκῶν γραμμάτων καί μαθήσεων καί ἐξεπαιδεύθη παρά τῷ Γαμαλιήλ (Πρ. 22,3), δι' οὗ εἰσῆλθε καί εἰς τήν αἵρεσιν τῶν Φαρισαίων (Φιλιπ. 3,5), συγχρόνως δέ εἶχε μάθη κατά τήν τότε συνήθειαν καί μίαν τέχνην, τήν τέχνην τοῦ κατασκευάζειν σκηνάς (Πράξ. 18,3). Ἄν ὅμως ὁ αὐτός ἦτο κάτοχος καί παιδείας ἑλληνικῆς εἶναι ἀμφίβολον· διότι τά ὀλίγα χωρία τῶν Ἑλλήνων ποιητῶν (βλ. Ἱερων. Εἰς τόν Ἡσαΐαν 50), τά ὁποῖα ἀπαντῶνται εἰς τήν διδασκαλίαν του (α΄ Κορ. 15,32. Πράξ. 17,28. Τίτ. 1,12), ἐπειδή ταῦτα εἶναι γενικαί παροιμιώδεις ἴσως καταντήσασαι γνῶμαι, ἠδύνατο νά ἀποβῶσιν αὐτῷ πρόχειρα ἐκ τῆς μετά τῶν Ἑλλήνων ἐπιμιξίας καί συναναστροφῆς. Μάλιστα ἐκ τῶν λόγων του ἐκείνων «ἴδετε πηλίκοις ὑμῖν γράμμασιν ἔγραψα τῇ ἐμῇ χειρί» (Γαλ. 6,11) ἐάν τά γ ρ ά μ μ α τ α σημαίνῃ ἐνταῦθα τά στοιχεῖα τῶν γραμμάτων, φαίνεται ὅτι καί αὐτή ἡ ἑλληνική γραφή τῷ ἦτο δύσκολος.

Ὑπό τῆς φύσεως αὐτῆς ἦτο πεπροικισμένος μέ πνεῦμα ζωηρόν καί δραστήριον, μέ ψυχήν γενναίαν καί τολμηράν, μέ καρδίαν αἰσθηματικήν καί μέ εὐγλωττίαν /(66) φλογεράν, εἰ καί ἀπέναντι τῶν Ἑλλήνων ἐθεώρει αὐτός ἑαυτόν ἰδιώτην τῷ λόγῳ (β΄ Κορ. 11,6). Ταῦτα καί ἄλλα τοιαῦτα φυσικά πλεονεκτήματα εὑρίσκει τις ἀναγινώσκων τάς Πράξεις τῶν Ἀποστόλων (ἀπό του 13-28 κεφ.) καί τάς 14 αὐτοῦ ἐπιστολάς· πλήν ταῦτα δέν εἶναι τά ἀποτελοῦντα τό ἀληθές μεγαλεῖον τοῦ κορυφαίου τούτου ἀποστόλου· τό μεγαλεῖον τοῦ ἀποστόλου Παύλου κεῖται εἰς τήν πρός τόν Κύριον ἡμῶν Ἰησοῦν Χριστόν θερμοτάτην αὐτοῦ πίστιν, ἀγάπην καί ἐλπίδα, τήν ἠθικήν ταύτην τριάδα τῶν ἀρετῶν, δι' ὧν ἐθέρμανεν ἅπαντα σχεδόν τόν τηνικαῦτα γνωστόν κοσμόν· εἰς τούς ἄθλους, εἰς τούς ἀγῶνας καί εἰς τούς μόχθους, εἰς τάς θλίψεις, εἰς τάς κακουχίας καί εἰς τούς διωγμούς, εἰς τάς ἀπειλάς καί εἰς τάς περιφρονήσεις, εἰς τούς κινδύνους καί εἰς τά δεσμά, ὅσα ὑπέρ τῆς ἐξαπλώσεως τοῦ Εὐαγγελίου εἰς τόν κόσμον ὑπέστη· καί τέλος εἰς τήν τελείαν αὐτοῦ εἰς τόν Θεόν ὑποταγήν, εἰς τήν ὑπομονήν καί εἰς τήν ταπεινοφροσύνην, τῆς ὁποίας πλήρης ὤν ὁ μακάριος εἰ καί ὑπέρ πάντας τούς ἄλλους ἀποστόλους ἐκοπίασεν εἰς τό κήρυγμα τοῦ θείου λόγου, εἰ καί ἐγένετο μιμητής τῶν ἀρετῶν τοῦ Κυρίου κατά πάντα, εἰ καί πολλῷ πλείονας καί μείζονας ἀποκαλύψεις ἠξιώθη παρά τοῦ Θεοῦ, δέν ἔπαυεν κηρύττων ἑαυτόν ἔκτρωμα, ἐλάχιστον τῶν ἀποστόλων καί ἀνάξιον καλεῖσθαι ἀπόστολον (α΄ Κορ. 15,8.9). Τοιοῦτος ἦν ὁ Ἀπόστολος Παῦλος κατά τήν ψυχήν καίο τήν καρδίαν, ὡς μαρτυροῦσι αὐταί πάλιν αἱ Πράξεις τῶν Ἀποστόλων καί αἱ Ἐπιστολαί αὐτοῦ, τάς ὁποίας ἀδύνατον εἶναι νά ἀναγνώσῃ τις χωρίς νά συγκινηθῇ βαθέως, χωρίς νά θαυμάσῃ τήν αὐταπάρνησιν αὐτοῦ, χωρίς νά ἴδῃ ἐν τῷ Παύλῳ τήν θείαν τοῦ Χριστιανισμοῦ δύναμιν καί ἐνέργειαν.

Τινές τῶν μεταγενεστέρων ἐπειράθησαν νά δώσωσι καί τήν σωματικήν τοῦ ἀποστόλου Παύλου εἰκόνα· οὕτω φερ' εἰπεῖν ὁ Μ α λ α λ ᾶ ς εἰς τήν Χρονογραφίαν του, σελ. 257 ἔκδ. Βόννης περιγράφων τό ἐξωτερικόν τοῦ Παύλου λέγει ὅτι ἦτο «τῇ ἡλικίᾳ κοντοειδής· φαλακρός, μιξοπόλιος τήν κάραν καί τό γένειον, εὔρινος, ὑπόγλαυκος, σύνοφρυς, λευκόχρους, ἀνθηροπρόσωπος, εὐπώγων, ὑπογελῶντα ἔχων τόν χαρακτήρα, φρόνιμος, ἠθικός, εὐόμελος (καλός διά συναναστροφήν) γλυκύς·» τά αὐτά πού λέγει δι' ἄλλων λέξεων καί ὁ Νικηφόρος ὁ Κάλλιστος (Ἐκκλησ. Ἱστορία 2,37) περί τοῦ Παύλου ὅτι «μικρός ἦν καί συνεσταλμένος τό τοῦ σώματος μέγεθος καί ὥσπερ ἀγκύλον αὐτό κεκτημένος· σμικρόν καί κεκυφώς, τήν ὄψιν λευκός καί τό πρόσωπον προφερής (φανταχτε-

ρός)· ψιλός τήν κεφαλήν· χαρωποί δέ αὐτῷ ἦσαν οἱ ὀφθαλμοί, κάτω δέ καί τάς ὀφρῦς εἶχε νευούσας· εὐκαμπῆ καί ῥέπουσαν ὅλῳ τῷ προσώπῳ περιφέρων τήν ῥίνα, τήν ὀπήνην δασεῖαν καί καθειμένην ἀρκούντως ἔχων, /(67) φαινομένην δέ ταύτην καί τήν κεφαλήν ὑπό πολιαῖς ταῖς θριξίν».
Ἐκ τοῦ χωρίου ἐκείνου τῆς β΄ πρός Κορινθ. ἐπιστ. 10,10 «ὅτι αἱ μέν ἐπιστολαί, φησίν, βαρεῖαι καί ἰσχυραί· ἡ δέ παρουσία τοῦ σώματος ἀσθενής καί ὁ λόγος ἐξουθενομένος» οὐδέν σαφές καί βέβαιον ἐξάγεται περί τῆς σωματικῆς τοῦ Παύλου κατασκευῆς.

Σημ. β΄. Ἐκτός τῶν ἐπιστολῶν, περί ὧν ἀνωτέρω ἐγένετο μνεία, φαίνεται ὁ αΑπόστολος Παῦλος συγγράψας καί ἄλλας, μή διασωθείσας ὅμως εἰς ἡμᾶς· οἶον μίαν πρός Κορινθ. (Κορινθ. α΄ κεφ. 5) καίμίαν πρός Λαοδικεῖς (Κολας. 4,15). Περί ἐπιστολῆς τινος τοῦ Παύλου π΄ρος τάς Ἐκκλησίας τῆς Μικράς Ἀσίας γίνεται λόγος ἐν τῇ β΄ Πέτρου 3,15 τήν ὁποίαν τινές τῶν νεοτέρων θέλουσιν ἐπίσης ἀπολεσθεῖσαν. Ἀλλ΄ ἴσως ἐννοεῖται ἐνταῦθα ἡ πρός Γαλάτας ἐπιστολή.

§ 25. Περί τοῦ Εὐαγγελικοῦ κηρύγματος τῶν δώδεκα ἀποστόλων, ἐκτός τῆς Ἰουδαίας.
Περαιτέρω διάδοσις τοῦ Χριστιανισμοῦ.
Βλ. Rit. 49.
Α΄.

Μετά τη ἀποκεφάλισιν τοῦ ἀποστόλου Ἰακώβου, γενομένην ὡς εἴδομεν τό 44 ἔτος, ἔπαυσε πλέον ἡ Ἰερουσαλήμ τοῦ νά ἦναι ἡ σταθερά ἕδρα τῶν δώδεκα ἀποστόλων· τοῦτο ὑπαινίττεται ἴσως καί ἡ ἀρχαία ἐκείνη παράδοσις ἡ διασωθεῖσα παρά Ἀπολλωνίῳ (ἐκκλησιαστικῷ συγγραφεῖ τῆς 2ας ἑκατονταετηρίδος ἀκμάσαντι περί τά 190) καί Κλήμεντι τῷ Ἀλεξανδρεῖ, καθ΄ ἥν ὁ Κύριος προσέταξε τούς ἀποστόλους αὐτοῦ ἐπί δώδεκα ἔτη νά μή ἀπομακρυνθῶσι τῆς Ἱερουσαλήμ[28]. Ποῦ ὅμως ἕκαστος αὐτῶν ἐκήρυξε τό Εὐαγγέλιον ἐξελθών τῆς Παλαιστίνης καί πότε καί πῶς ἐτελεύτησε τόν βίον, περί τούτων ἔχομεν ὀλίγας καί ἀτελεῖς εἰδήσεις.

---

[28] «ὡς ἐκ παραδόσεως τόν σωτῆρα, φησί (ὁ Ἀπολλώνιος) προστεταχέναι τοῖς αὐτοῦ ἀποστόλοις ἐπί δώδεκα ἔτη μή χωρισθῆναι τῆς Ἱερουσαλήμ» (Εὐσεβ. Ἐκκλ. Ἱστ. 5,18,περί τό τέλος τοῦ κεφ.) ὁ δέ Κλήμης ὁ Ἀλεξ. Στρωμ. 6,5, § 43 «διά τοῦτό φησιν ὁ Πέτρος εἰρηκέναι τόν Κύριον τοῖς Ἀποστόλοις· ἐάν μέν οὖν θελήσῃ τοῦ Ἰσραήλ μετανοῆσαι διά τοῦ ὀνόματός μου πιστεύειν ἐπί τόν Θεόν, ἀφεθήσονται αὐτῷ αἱ ἁμαρτίαι· μετά δέ δώδεκα ἔτη ἐξέλθετε εἰς τόν κόσμον μή τις εἴπῃ οὐκ ἠκούσαμεν.». Ἡ Λατινική Ἐκκλησία συνέστησε καί ἑορτήν τοῦ χωρισμοῦ τῶν Ἀποστόλων καί τῆςδιασπορᾶς αὐτῶν εἰς τόν κόσμον, τήν ὁποίαν ἑορᾶζει τήν 15 Ἰουλίου.

Τό ἔξω τῆς Παλαιστίνης κήρυγμα τοῦ ἀποστόλου Πέτρου, τόν ὁποῖον ἀγάπη ἰδιαιτέρα καί θεία κλῆσις ἀπέδειξαν ἀπόστολον ἰδίως τῶν ἐκ τῆς περιτομῆς (Γαλάτ. 2,7-9), ἔφθασε μέχρι τῆς Βαβυλῶνος (α΄ Πέτρ. 5,13), ὁ αὐτός ἐκήρυξε τό Εὐαγγέλιον καί εἰς τούς Ἰουδαίους τούς ἐν τῷ Πόντῳ, Γαλατίᾳ, Καππαδοκίᾳ καί Βιθυνίᾳ (α΄ Πετρ. 1), μεταβάς δέ ἔπειτα εἰς Κόρινθον καί ἐκεῖθεν εἰς Ῥώμην ἐμαρτύρησεν ἐνταῦθα μετά τοῦ ἀποστόλου Παύλου ἐν ἔτει 64 ἐπί τοῦ διωγμοῦ τοῦ Νέρωνος, ἐγκαταλείψας εἰς ἡμᾶς δύο ἐπιστολάς, γραφείσας ἀμφότεραι ἴσως (Πέτρ. Α΄ 1,1. β΄ 3,1) πρός τάς ἐκκλησίας τοῦ Πόντου, τῆς Γαλα /(68) τίας, τῆς Καππαδοκίας καί τῆς Βιθυνίας[29]· ἐπίσης ἀρχαῖαι εἶναι αἱ παραδόσεις, αἱ θέλουσαι τόν Ἀνδρέαν εἰς τούς Σκύθας, τόν Θωμᾶν εἰς τούς Πάρθας[30], τόν Βαρθολομαῖον εἰς τάς Ἰνδίας[31] καί τόν Φίλιππον εἰς τήν Φρυγίαν[32]. Ἰούδας δέ καί ὁ Θαδδαῖος καί Λεββαῖος ὀνομαζόμενος λέγεται ὅτι ἐκήρυξε τό Εὐαγγέλιον εἰς τήν Συρίαν καί εἰς τήν Ἀραβίαν (Hieron. Comment. in Matth. c.10. Νικηφ. Καλλ. Ἐκκλ. Ἱστ. 2,40) παρ᾽ οὗ ἔχομεν καί μίαν βραχυτάτην ἐπιστολήν. Εἰς τήν Ἀφρικήν ἰδίως εἰς τήν Αἴγυπτον, τήν Κυρήνην, τήν Μαυριτανίαν καί τήν Αἰθιοπίαν φέρουσι μεταγενέστεραι παραδόσεις [33]τούς ἀποστόλους Σίμωνα τόν Ζηλωτήν, Ἰάκωβον τόν τοῦ Ἀλφαίου καί τόν Ματτθίαν, εἰς τήν χώραν τῶν Αἰθιόπων τῶν Σύρων καί τῶν Περσῶν λέγεται κομίσας τό φῶς τοῦ Εὐαγγελίου καί ὁ ἀπόστολος Ματθαῖος, ὅστις πρῶτος παρέδωκεν ἐγγράφως τό εὐαγγέλιον τοῦ Κυρίου.

Τοὐναντίον ἀσύστατος ὅλως ὑπάρχει ἡ ἀπό τῆς 3 ἑκατονταετηρίδος καί ἐντεῦθεν μορφωθεῖσα φήμη ὅτι ὁ Πέτρος εἶναι ὁ θεμελιωτής τῆς ἐν Ῥώμῃ ἐκκλησίας. Εἰς τήν γέννησιν καί διάδοσιν τῆς φήμης ταύτης συνετέλεσαν οὐκ ὀλίγον τά νόθα πάντως καί

---

[29] Περί τοῦ εἰς Κόρινθον κηρύγματος τοῦ Ἀποστόλου Πέτρου γράφει Διονύσιος ὁ ἐπίσκοπος τῶν Κορινθίων παρ᾽ Εὐσεβ. Ἐκκλας. Ἱστ. 2,25· ὅτι δέ ἀμφότεροι οἱ κορυφαῖοι ἀπόστολοι κατά τόν αὐτόν καιρόν ἐν Ῥώμῃ ἐδέξαντο τόν μαρτυρικόν στέφανον μαρτυροῦσιν οἱ ἀρχαιότατοι ἐκκλησιαστικοί συγγραφεῖς· οἷον Κλήμης ὁ Ῥώμης (α΄ ἐπιστ. Πρός Κορινθ. § 5.) Διονύσιος ὁ Κορίνθου, Γάϊος ὁ Ῥωμαῖος (ἀμφότεροι παρ᾽ Εὐσεβ. Ἐκκλ. Ἱστ. 2,25) ὁ Εἰρηναῖος (κατά αἱρες. 3,1), ὁ Τερτυλλιανός (κατά Μαρκίωνος, 4,5 καί ἀλλαχοῦ) ὁ Ὠριγένης (παρ᾽ Εὐσεβ. Ἀκκλ. Ἱστ. 3,1) Λακτάντιος (de morte persecut. c.2), ὁ Εὐσέβιος (Ἐκκλ. Ἱστ. 2,22) καί ὁ Ἱερώνυμος (de vir. ill. c. 1) ὁ τελευταῖος (αὐτόθι) προστίθησιν ὅτι ὁ Πέτρος ἐσταυρώθη «τήν κεφαλήν κατά γῆν ἔχων, /(69) τούς πόδας δέ ἐν Μετεώρῳ, φάσκων ἀνάξιον ἑαυτόν εἶναι τόν ὅμοιον τρόπον σταυρωθῆναι τῷ πάντων Κυρίῳ» βλ. καί Ὠριγ. (παρ᾽ Εὐσεβ. Ἐκκλ. Ἱστ. 3,1) ὅστις λέγει «ἀνεσκολοπίσθη κατά κεφαλῆς, οὕτως αὐτός ἀξιώσας παθεῖν». ἀρχαιότερός τις ὅμως ἐκκλας. Συγγραφ. ὁ Τερτυλλιανός (de praes..r haereticorum c. 36) λέγει ὅτι ὁ Πέτρος ἔπαθεν ἀπαραλλάκτως ὅπως καί ὁ Κύριος «Petrus passioni dominicae adaequatur».
[30] (Ὠριγεν. παρ᾽ Εὐσεβ. Ἐκκλ. Ἱστ. 3,1)
[31] (Εὐσεβ. Ἐκκλ. Ἱστ. 5,10)
[32] (Θεοδώρ. Εἰς τόν 116,1 ψαλμ. Καί Εὐσεβ. Ἐκκλησ. Ἱστ. 3,31. 5,24)
[33] (Νικηφ. Καλλ. Ἐκκλ. Ἱστ. 2,40)

ψευδεπίγραφα βιβλία καί ἰδίως τά Κλημέντια καί Ἀναγνωρισμοί τά ὁποῖα τοσοῦτον περισσότερα ἔμελλον νά διαθρυλήσωσι περί τοῦ Πέτρου , ὅσον ὀλιγώτερον ἔλεγε περί αὐτοῦ ἡ ἀξιόπιστος Ἱστορία· ὅτι δέ 25 ὅλα ἔτη διετέλεσεν ἐν Ῥώμῃ διδάσκων, τοῦτο εἶναι προφανής μῦθος καί πλάσμα. «Μετά τήν ἐπισκοπήν τῆς Ἀντιοχέων ἐκκλησίας,[34] καί εἶναι ὁ πρῶτος ὅστις συμβιβάζει οὕτω τά πράγματα) καί τό κήρυγμα τῶν διασπαρέντων καί ἐκ τῆς περιτομῆς πιστευσάντων ἐν Πόντῳ, Γαλατίᾳ, Καππαδοκίᾳ, Ἀσίᾳ καί Βιθυνίᾳ τῷ δευτέρῳ Κλαυδίου ἔτει (τῷ 42 ἢ 43 περίπου) … τῇ Ῥώμῃ ἐφίσταται (ὁ Πέτρος) ἔνθα εἴκοσι πέντε ἐνιαυτούς τόν θρόνον τῆς ἱερωσύνης κατέσχεν»[35] ὅπερ ἑλληνιστί εἶχεν οὕτω: «Πέτρος ὁ κορυφαῖος τήν ἐν Ἀντιοχείᾳ πρώτην θεμελιώσας Ἐκκλησίαν, εἰς Ῥώμην ἄπεισι κηρύττων τό εὐαγγέλιον[36]. Τοῦτο ὅμως εἶναι ἀδύνατον νά ἦναι ἀληθές· διότι μέχρι τοῦ 44 ἔτους εὑρίσκομεν αὐτόν κηρύττοντα τόν λόγον τοῦ Θεοῦ ἐν τῇ Ἰουδαίᾳ (Πρ. κεφ. 1-13). Κατά τό 50 ἔτος παρών ἐν τῇ ἀποστολικῇ ἐν Ἰερουσαλήμ συνόδῳ (Πρ. 15,7), ὅτε ὁ ἀπόστολος Παῦλος ἔγραψε τήν πρός Ῥωμαίους αὐτοῦ ἐπιστολήν (κατά τό 54, ὅρ. ἀνωτ. §), εἶναι ἀδύνατον νά ὑποθέσωμεν ὅτι ὁ Πέτρος, ἦτο ἐν Ῥώμῃ, διότι ἐάν ἦτο τότε μεταξύ τῶν πολλῶν ἀσπασμῶν ὤφειλεν ὁ Παῦλος νά ἔχῃ ἕνα τι πρός αὐτόν. Τό αὐτό ῥητέον καί περί τῶν δύο ἐτῶν, καθά ὁ Παῦλος εὑρίσκετο δέσμιος ἐν Ῥώμῃ (Πρ. 28,30). Ἐάν ὁ Πέτρος συμπαρῆν τότε ἐν Ῥώμῃ, θά ἐδήλου τοῦτο ἀναμφιβόλως ὁ Λουκᾶς εἰς τάς Πράξεις, ὁ δέ Παῦλος εἰς τάς ἐπιστολάς αὐτοῦ, ὅσας ἔγραψε δέσμιος ὤν ἐκεῖ, μεταξύ τῶν ἀπό Ῥώμης ἀσπαζομένων ἀδελφῶν δέν θά παρέτρεχε τόν ἀσπασμόν τοῦ Πέτρου· ἀλλ' ὅτι πρό τοῦ 63 δέν ἦλθεν ὁ Πέτρος εἰς τήν Ῥώμην, οὔτε θεμελιωτής τῆς Ῥωμαϊκῆς Ἐκκλησίας οὔτε ἐπίσκοπος αὐτῆς ἐγένετο πείθουσιν ἡμᾶς αἱ ἀρχαί, τάς ὁποίας εἶχεν ὁ ἀπόστολος Παῦλος περί τό κηρύττειν τόν λόγον τοῦ Θεοῦ (Ῥωμ. 15,20 /(70) β' Κορ. 10,16).

Τόν ἐξωτερικόν (τόν περί τάς δυσμάς τοῦ βίου) καί ἐν μέρει καί τόν ἐσωτερικόν χαρακτῆρα τοῦ ἀποστόλου Πέτρου περιγράφει ὁ Μαλαλᾶς εἰς τήν Χρονογραφίαν[37] ὡς ἑξῆς: Γέρων ὑπῆρχε τῇ ἡλικίᾳ διμοιριαῖος, ἀναφάλας, κοντόθριξ, ὁλοπόλιος τήν κάραν καί τό γένειον, λευκός, ὑπόχλωρος, οἰνοπαής τούς ὀφθαλμούς, εὐπώγων, μακρόρινος,

---

34 (λέγει ὁ Ἱερώνυμος de vir. Ill. c. 1)
35 (βλ. καί Eusebii Chronic. Ad ann. II Claudii)
36 (παραβ. Ἐκκλησ. Ἱστ. Εὐσεβ. 2,14)
37 10 σελ. 256 ἔκδ. Βονν.

σύνοφρυς ἀνακαθήμενος, φρόνιμος, ὀξύχολος, εὐμετάβλητος, δειλός»[38]. ὁ δέ ἱερός Χρυσόστομος παραλληλίζων τόν Πέτρον πρός τόν Ἰωάννην λέγει[39] «ὁ μέν (Πέτρος) θερμότερος, ὁ δέ ὑψηλότερος ἦν, καί «ὁ μέν ὀξύτερος ἦν, ὁ δέ διορατικώτερος· διά τοῦτο ὁ μέν Ἰωάννης πρῶτος ἐπέγνω τόν Ἰησοῦν, ὁ δέ Πέτρος πρῶτος ἦλθεν πρός αὐτόν» (Ἰωάν. 21,7). Ἦτο δέ ὁ Πέτρος «ἔκκριτος τῶν ἀποστόλων καί στόμα τῶν μαθητῶν καί κορυφή τοῦ χοροῦ»[40]. Ὁ Πέτρος ὁμιλεῖ ἐν ὀνόματι τῶν δώδεκα (Ματθ. 19,27. Λουκ. 12,41), ὁ Πέτρος ἀποκρίνεται ἀντ' αὐτῶν (Ματθ. 16,16. Μάρκ. 8,29), ὁ Κύριος ὁμιλῶν πρός τόν Πέτρον ἀποτείνεται πρός πάντας (Ματθ. 26,40).[41] Ἡ αἰτία ὅλων τούτων κεῖται ἔνθεν μέν εἰς τό ὅτι ἦν εἷς ἐκ τῶν πρωτοκλήτων ἀποστόλων, ἔνθεν δέ καί ἐξαιρέτως εἰς τόν φυσικόν αὐτοῦ χαρακτῆρα· ἐξ ὅλων δέ τούτων ἐξηγεῖται καί διατί ἐν τῇ ἀπαριθμήσει τῶν ἀποστόλων πάντοτε πρῶτος κατατάσσεται.

Ὁ ἀπόστολος Ἀνδρέας, ὁ πρότερον μαθητής τοῦ βαπτιστοῦ Ἰωάννου (Ἰωάν. 1,39), εἶναι ὁ κυρίως πρωτόκλητος τοῦ Κυρίου ἀπόστολος (Ἰωάν. 1,35)· ὅστις προσήγαγεν ἔπειτα εἰς Χριστόν καί τόν ἀδελφόν αὐτοῦ Σίμωνα Πέτρον (Ἰωάν. 1,40 καί ἑξ.), μόλον ὅτι οἱ Εὐαγγ. Ματθ. 4,18 κεξ. καί Μάρκ. 1,16 ἱστοροῦσιν ὅτι συγχρόνως ἀμφότεροι ἐκλήθησαν ἐπίστευσαν καί προσῆλθον τῷ «Χριστῷ[42] ἦσαν δέ πρότερον ἀμφότεροι ὅ τε Πέτρος καί ὁ Ἀνδρέας ἁλιεῖς ἐκ τῆς πόλεως τῆς Γαλιλαίας Βησθαϊδά (Ἰωάν 1,45). Λέγεται δέ ὅτι ὁ Ἀνδρέας ἐκήρυξε τό Εὐαγγέλιον οὐ μόνον εἰς τήν Σκυθίαν, ἀλλά καί εἰς τό Βυζάντιον, ἐφ' ᾧ καί πρῶτον ἐπίσκοπον τόν θεῖον Στάχυν κατέστησε πρῶτος αὐτός τήν ἐκεῖσε Ἐκκλησίαν πήξας, «ἐκεῖθεν δέ μεταβάς εἰς τήν Ἑλλάδα ἐσταυρώθη ἐν Ἀχαΐᾳ[43]. Τήν περί τῆς εἰς Ἀχαΐαν μεταβάσεως τοῦ ἀποστόλου Ἀνδρέου παράδοσιν ἀπαντῶμεν καί παρά Ἱερωνύμῳ[44] καί τῷ Θεοδωρήτῳ[45] /(71)

Σημείωση α' (σελ. 285)

---

38 παραβ. Νικηφ. Καλλ. Ἐκκλ. Ἱστ. 2,37
39 (ὁμιλ. 87 εἰς τόν Ἰωάν.)
40 (ὁ αὐτός Χρυσόοστομος ὁμιλ. 88 εἰς τόν Ἰωάννην)
41 βλ. δέ Πρ. 1,15. 2,14 κεξ. 4,8 κεξ., 5,29 κεξ., 15,7 κεξ., 2,27. 5,29
42 (βλ. Winer. Εἰς τήν λέξιν Ἀνδρέας)
43 (Νικηφ. Καλλ. Ἐκκλ. Ἱστ. 2,39)
44 (epist. 148 ad Marc.)
45 (ἑρμ. εἰς τόν 116 ψαλμόν)

Περί τοῦ Κομμόδου καί τῆς Μαρκίας, τήν ὁποίαν καί «φιλόθεον Παλλακήν» ὠνόμασαν, ὅρ. Δίωνα τόν Κάσσιον, βιβλ. 72,4, τά Φιλοσοφούμενα βιβλ. 9 σελ. 288 καί Εὐσέβιον, Ἐκκλησιαστική Ἱστορία 5,21· ὁ τελευταῖος ἱστορεῖ τήν ἐπί Κομμόδου κατάστασιν τῆς ἐκκλησίας ὧδε πως: «Κατά δέ τόν αὐτόν τῆς Κομμόδου βασιλείας χρόνον μεταβέβλητο μέν ἐπί τά πρᾷον τά καθ' ἡμᾶς, εἰρήνης σύν θείᾳ χάριτι τάς καθ' ὅλης τῆς οἰκουμένης δ ι α λ α β ο ύ σ η ς ἐκκλησίας ... οὐκ ἦν δ' ἄρα τοῦτο τῷ μισοκάλῳ δαίμονι βασκάνῳ ὄντι τήν φύσιν οἰστόν· ἀπεδύετο γοῦν αὖθις, ποικίλας τάς καθ' ἡμῶν μηχανάς ἐπιτεχνώμενος. Ἐπί γοῦν τήν ῥωμαίων πόλεως Ἀπολλώνιον ἄνδρα τῶν τότε πιστῶν ἐπί παιδείᾳ καί φιλοσοφίᾳ βεβοημένον, εἰς δικαστήριον ἄγει, ἕνα γε τινα τῶν εἰς ταῦτα ἐπιτηδείων αὐτοῦ διακόνων, ἐπί κατηγορίᾳ τἀνδρός ἐγείρας». Ὁ Ἱερώνυμος, De viris illustribus, c. 42, λέγει ὅτι ὁ καταμηνύσας τόν Ἀπολλώνιον ἦτο δοῦλος Σευῆρος ὀνομαζόμενος, a servo Severo proditus, καί οὐδέν πλέον. Κατά δέ τόν Εὐσέβιον, ὑπέστη καί οὗτος τόν θάνατον «ὅτι μή ζῆν ἐξόν ἦν κατά βασιλικόν ὅρον τούς τῶν τοιῶνδε μηνυτάς», παρά τῷ Tertulliani, Apologet. c. 5 καί Εὐσεβίῳ, ἐκκλ. ἱστ. 4,13 γίνεται λόγος περί τινος βασιλικοῦ διατάγματος καταδικάζοντος εἰς θάνατον τούς καταμηνύοντας τούς χριστιανούς, καί ἐπ' αὐτοῦ πάντως ἐρείδεται ὁ Εὐσέβιος ταῦτα λέγων· ἄλλοι ὅμως μή παραδεχόμενοι τοιοῦτόν τι διάταγμα κρίνουσιν ἄλλως, βλ. Neander K-g. 1 Band 1 Abth. σελ. 65 καί Gieseler K-g. 1 Band 1 Abth. σελ. 176 σημ. 11. Περί δέ τοῦ Ἀπολλωνίου ὁ μέν Νικηφόρος ὁ Κάλλιστος, Ἐκκλησιαστική Ἱστορία 4,26 λέγει ὅτι ἦν αὐτός ἐκεῖνος ὁ κατά /(286) τῶν Μοντανῶν ἀγωνιστής, βλ. Εὐσέβιον, Ἐκκλησιαστική Ἱστορία 5,16 καί τάς κάτωθεν σημειώσεις τοῦ Heinichen. -- Ὁ δέ Ἱερώνυμος, De viris illustribus, § 42 διακρίνει αὐτούς ὀνομάζων τόν ἐνταῦθα μαρτυρήσαντα συγκλητικόν τῆς ῥωμαίων πόλεως senatorem urbis romae καί τοῦτο εἶναι τό ἀληθέστερον. σελ. 163, σημ. 2.

Usque hodie, λέγει ὁ Ἱερώνυμος (ἐπιστολή 74 πρός τόν ἱερόν Αὐγουστῖνον, βλ. κατωτέρω σημ. 5) per totas orientis synagogas inter Judaeos haeresis est, quae dicitur M i n a e o r u m (ἑτέρα προσηγορία τῶν Ναζωραίων) et a Pharisaeis nunc usque damnatur, quos vulgo N a z a r a e o s nuncupant. Τῶν Ναζωραίων τούτων λείψανα λέγεται ὅτι σώζονται ἐν τῇ Ἀνατολῇ μέχρι τῆς σήμερον. Κατά τούς νεωτέρους περιηγητάς, οἱ Μωαμεθανοί ὀνομάζουσιν αὐτούς Ναζωραίους, αὐτοί ὅμως ἀποκαλοῦσιν ἑαυτούς Ἑβραίους ἤ καλούς ἰσραηλίτας. Ἡ γλῶσσα αὐτῶν φαίνεται ἰουδαϊκῆς καταγωγῆς. Παραδέχονται τόν ἐν Τριάδι Θεόν καί τόν Ἰησοῦν Χριστόν ὡς τήν ὁδόν, τήν ἀλήθειαν καί τήν ζωήν, χωρίς ὅμως νά συγκοινωνῶσι μήτε τῇ ὀρθοδόξῳ ἀνατολικῇ Ἐκκλησίᾳ, μήτε τῇ

Λατινική· καί συμποσοῦνται ὅλοι εἰς 10.000, βλ. Magazin für Missionsgeschichte, Basel, Jahrg. 1821, 1 Heft, Seit 117. -- Ὅσον δέ ἀποβλέπει εἰς τήν λέξιν Mineorum (Ἑβραϊκά) = μινίμ ὠνόμαζον οἱ ῥαββῖνοι πάντας τούς ἐξ ἰουδαίων χριστιανούς· σημαίνει δέ ἡ λέξις κατά τούς ἑβραϊστάς ἄνθρωπον αἱρετικόν, ὅστις διάγει ἄνευ νόμου τοῦ θεοῦ ἤ πεπλανημένως ἐννοεῖ καί διδάσκει αὐτόν. σελ. 201, σημ. β'.

§ 26. Β'. Περί τοῦ κηρύγματος τοῦ Ἀποστόλου Ἰωάννου.

Ὁ Ἀπόστολος Ἰωάννης, ὅστις ἐγένετο εἷς τῶν εὐπαῤῥησιασάντων κηρύκων τοῦ Εὐαγγελίου ἐν Ἱερουσαλήμ (Πραξ. 3,1 κεξ. 4,13.19), μετά δέ μικράν διατριβήν ἐν Σαμαρείᾳ, ὅπου, ὡς ἀνωτέρω εἴδομεν, εἶχεν ἀποσταλεῖ μετά τοῦ ἀποστόλου Πέτρου (Πραξ. 8,14 κεξ), ἐπιστρέψας εἰς Ἱεροσόλυμα, διέμεινεν ἐκεῖ οὐχί βεβαίως σταθερῶς (Γαλ. 1,18 κεξ.) μέχρι τοῦ 50 ἔτους (Γαλ.2,9. παραβ. §). Κατά τήν τελευταίαν ὅμως εἰς Ἱερουσαλήμ ἀνάβασιν τοῦ ἀποστόλου Παύλου (ἔτ. 58) δέν ἦτον ἴσως πλέον ἐν Ἱερουσαλήμ (Πρ. 21,18). Ποῦ δέ κατ' εὐθεῖαν ἦλθεν ἐγκαταλείψας τήν μητέραν Ἐκκλησίαν, εἶναι ἄγνωστον. Ὁ Γέρος Αὐγουστίνος σελ 73. Καθολική ὅμως ἐν τῇ ἀρχαιότητι παράδοσις ὑπάρχει ὅτι βραδύτερον παρεγένετο ὁ Ἰωάννης εἰς τήν Μικράν Ἀσίαν, ἐκλέξας ὡς ἕδραν τῆς ἀποστολικῆς αὐτοῦ ποιμαντορίας τήν Ἔφεσον (Εἰρην. κατά αἱρ. 3,1.3. Εὐσέβ. Ἐκκλ. Ἱστ. 3,1.23. καί ἄλλ. πολλ.), ὅπερ δέν ἐγένετο ὡς φαίνεται πρό τοῦ 64 ἔτους, ὅ ἐστί, πρό τοῦ μαρτυρικοῦ θανάτου τοῦ Ἀποστόλου Παύλου (Ρωμ. 15,20. Β' Κορ. 10,16. παραβ. Πράξ. 20,17 κεξ). Ἡ μικρά Ἀσία ἦτο κατ' ἐκείνους τούς χρόνους ἡ κυριωτέρα ἑστία καί τό κέντρον πασῶν σχεδόν τῶν τηνικαῦτα κατά τῆς Ἐκκλησίας σκευορουμένων ἐπιβουλῶν καί ἐπιθέσεων, ὅπερ ἐστίν διενέξεων καί ταραχῶν. Ἐνταῦθα ἤρξατο νά ἀναπτύσσονται, ζῶντος ἔτι τοῦ ἀποστόλου Παύλου, ἔνθεν μέν τό σύστημα ἐκεῖνο /(σ. 74) τῶν φαρισαϊζόντων, καί τῶν ἐκ τῆς τηρήσεως τοῦ νόμου τήν δικαίωσιν ἐξαρτόντων, ἐκεῖθεν δέ ἡ συμμορία τῶν Γνωστικῶν (§). Εἰς τήν κατά τοῦτο λοιπόν λίαν σημαντικήν Ἔφεσον ἦτο ἀναγκαιοτάτη ἡ παρουσία ἑνός ἀποστόλου, ἑνός στύλου τῆς Ἐκκλησίας, ὁποῖος ὑπῆρχεν ὁ Μακάριος Ἰωάννης, εἰς τοῦ ὁποίου τόν προσωπικόν χαρακτῆρα συνενοῦτο ἡ θερμοτέρα καί τρυφερωτέρα ἀγάπη καί πραότης μετά τῆς μεγαλυτέρας ἀκριβείας καί αὐστηρότητος, (ἐν δέ τῷ πνεύματι συνεκυρνῶντο καί συνεβιβάζοντο καί ἐν τῇ καθαρᾷ καὶ εὐγενεστάτῃ μορφῇ προέκυπτον αἱ ὡς βάσεις εἰς ἀμφοτέρας ἐκείνας τάς ἀντιθέσεις ὑποκείμεναι ἀλήθειαι.). Ἐντεῦθεν καί τό ἀποστολικόν αὐτοῦ ἔργον ἐν τῇ Μ. Ἀσίᾳ δέν συνέκειτο τόσον εἰς τήν ἐξάπλωσιν, ὅσον εἰς τήν ὑπεράσπισιν τῆς ἀληθοῦς καί ὀρθῆς πίστεως καί εἰς τήν ἐν ταῖς καρδίαις τῶν πιστῶν στερέωσιν καί ἐνίσχυσιν τοῦ Χριστιανισμοῦ (βλ. τάς ἐπιστολάς αὐτοῦ καί Εἰρην. κατά αἱρ. 3,3 καί 28)· ὅτι δέ μέγα καί διαρκές ὑπῆρξε τό ἀποτέλεσμα τῆς ἀποστολικῆς αὐτοῦ ἐργασίας καί διδασκαλίας γίνεται δῆλον ἐκ τῶν σποράδην μαρτυριῶν τῶν ἁγ. Πατέρων καί ἐκκλησιαστικῶν συγγραφέων καί ἐκ τῶν ἁγίων αὐτοῦ μαθητῶν, οὕς ἐγκατέλειπεν, ἐν οἷς τό πνεῦμα αὐτοῦ ἔζη καί διεσώζετο ἔπειτα ἐν τῇ Ἐκκλησίᾳ τῆς Μ. Ἀσίας. Ἐξωρισθείς ἐν τῷ μεταξύ (ἐν ἔτει 95) ὑπό τοῦ αὐτοκράτορος Δομετιανοῦ εἰς τήν κατά τό Αἰγαῖον πέλαγος κειμένην νῆσον Πάτμον (α), ἐπανῆλθεν αὖθις ἐπί Νερούα εἰς Ἔφεσον, ἔνθα προελάσας εἰς γῆρας βαθύ ἀνεπαύθη ἐν Κυρίῳ (ἐπί Τραϊανοῦ τό 100 περίπου), ποιμάνας τάς Ἐκκλησίας τῆς Μ. Ἀσίας ἐπί 40 σχεδόν ἔτη καί ἐγκαταλιπών ἡμῖν 3 ἐπιστολάς, μίαν ἀποκάλυψιν καί ἕν Εὐαγγέλιον, ἅπερ περιποίησαν εἰς αὐτόν ἔπειτα τό ὄνομα θεολόγος. Τοιοῦτον ὑπῆρξεν, εἰρηνικόν τό τέλος τοῦ εὐαγγελιστοῦ Ἰωάννου, τοῦ ἀδελφοῦ τοῦ ἀποστόλου Ἰακώβου, (περί οὗ ἐρρέθη ἤδη, §, ὅτι ἐκαρατομήθη ἐν ἔτει 44 ὑπό Ἡρώδου τοῦ Ἀγρίππα)· ὁ ἀπόστολος Ἰωάννης ἦτον πρότερον ἁλιεύς, υἱός εὐπόρου ἁλιέως Ζεβεδδαίου καί Σαλώμης (β) καί μαθητής, ὡς φαίνεται, Ἰωάννου τοῦ Βαπτιστοῦ (Ἰω. 1,35 κεξ)· προσελθών δέ τῷ Ἰησοῦ Χριστῷ ἐγένετο ὁ ἐπιστήθιος καί προσφιλέστερος αὐτοῦ μαθητής· οὗτος ἦν ὁ μαθητής ὅν ἠγάπα ὁ Ἰησοῦς ὁ διδάσκαλος αὐτοῦ καί ὁ μαθητής ὅστις ἠγάπα τόν Ἰησοῦν, τόν διδάσκαλον αὐτοῦ, τόν ὁποῖον ἔτι καί εἰς τήν ἐπί τόν θάνατον ὁδόν δέν ἐγκατέλιπεν (Ἰω. 13,23. 19,26. 21,7. 20. 18,15 Ματθ. 26,37). Εἶναι ὁ μαθητής εἰς τόν ὁποῖον συνίστησι τήν ἑαυτοῦ μητέρα ὁ Κύριος, καί ὁ μαθητής τόν ὁποῖον συνιστᾷ καί ἐγκαταλείπει ἀντ' αὐτοῦ /(75) εἰς τήν ἁγίαν αὐτοῦ μητέρα, τήν ὁποίαν περέλαβεν ὁ Ἰωάννης ἔπειτα εἰς τήν οἰκίαν αὐτοῦ καί ἐγένετο αὐτός μέν υἱός ἐκείνῃ δέ μήτηρ αὐτοῦ (γ).

Σημείωσις α΄. Τήν κατά τήν νῆσον Πάτμον ἐξορίαν τοῦ Εὐαγγελιστοῦ Ἰωάννου ἀναγράφουσιν,
   ὡς ἐξ ἑνός στόματος, ἅπαντες σχεδόν οἱ ἀρχαῖοι τῆς Ἐκκλησίας διδάσκαλοι· ἀμφισβητήσιμον
   ὅμως ὑπάρχει ἄν ἐπί Νέρωνος ἤ ἐπί τοῦ Δομετιανοῦ συνέβη. Ὁ Τερτυλλιανός (de praescr. c. 36),
   Κλήμης ὁ Ἀλεξανδρεύς (ἐν τῷ Τίς ὁ σωζόμ. πλούσ. κεφ. 42) καί ὁ Ὠριγένης (opp. p. 720) ἐξιστοροῦσι

μέν τό γεγονός, οὐδέν ὅμως λέγουσι περί τοῦ ὀνόματος τοῦ τηνικαῦτα αὐτοκρατοροῦντος. Τοῦ Δομετιανοῦ (81-96) ὡς ἐπ' αὐτοῦ γενομένης τῆς εἰς Πάτμον ἐξορίας τοῦ Ἰωάννου μνημονεύουσιν ὁ Εἰρηναῖος (adv. haer. 5,30,3 ὅστις μάλιστα προστίθησι «πρός τό τέλος τῆς Δομετιανοῦ ἀρχῆς») ὁ Εὐσέβιος (Ἐκκλ. Ἱστ. 3,18.22 καί ἐν τῷ Chron. ad annoum 13 Domit) καί ὁ Ἱερώνυμος (de viris ill. 9 καί adv. ovin. 1 p. 280)· τοὐναντίον ἐπί τοῦ Νέρωνος (54-68) θέλουσι γενομένην τήν ἔξωσιν τοῦ ἀποστόλου ἡ ἐπιγραφή τῆς συριακῆς μεταφράσεως τῆς ἀποκαλύψεως, ὁ Θεοφύλακτος (ἐν τῷ προλόγῳ τῆς αὐτοῦ ἑρμηνείας εἰς τό Εὐαγγέλιον τοῦ Ἰωάννου) καί ὁ νεώτερος Ἱππόλυτος (εἰς τό Χρονικόν του)· παραλείπομεν τόν ἱερόν Ἐπιφάνιον (αἱρ. 51,33.12) χρονοθετοῦντα τό πρᾶγμα ἐπί Κλαυδίου (41-54)· ὡς πιθανωτέραν παράδοσιν παραδεχόμεθα μετά τῶν πλείστων νεωτέρων ἱστορικῶν τήν ἀποδίδουσαν τήν ἐξορίαν εἰς τόν Δομιτιανόν· (τοῦτον παραδέχεται καί ὁ ἡμέτερος Εὐγένιος Ἑκατοντ. § 281, ἔκδοσις Ὀδησσοῦ 1857). Ἡ γνώμη, ἡ θέλουσα ὡς διώκτην τοῦ ἡμετέρου Εὐαγγελιστοῦ τόν Νέρωνα, ἥτις ἐν πολλῷ μετά ταῦτα παρουσιάζεται, ἐμορφώθη πιθανώτατα ἐκ τῆς κοινῆς παρά τοῖς ἀρχαίοις χριστιανοῖς δοξασίας, καθ' ἥν ὁ Νέρων ἐθεωρεῖτο ὡς τύπος τῶν διωκτῶν τοῦ Χριστιανισμοῦ. Δέν ἦτο δέ πολύ δύσκολον νά ἀποδοθῇ ἡ ἐξορία τοῦ Ἰωάννου εἰς ἐκεῖνον τόν τύραννον, ὅστις παρεσκεύασε τούς μαρτυρικούς στεφάνους εἰς τούς δύο κορυφαίους τῶν ἀποστόλων καί ὅστις τοσοῦτον ἀπηνῶς προσηνέχθη πρός τούς χριστιανούς· εἶναι δέ προσέτι γνωστόν ὅτι ὁ κατά τῶν χριστιανῶν διωγμός τοῦ Νέρωνος συνίστατο εἰς βασανιστήρια καί εἰς καινοτομίας, οὐχί δέ εἰς ἐξορίας· ἐνῷ τόν Δομετιανόν μεταχειριζόμενον τήν ἐξορίαν βλέπομεν καί ἀλλαχοῦ (Δίων Κάσσ. 67,14).

Σημ. β'. Ὁ ἱερός Χρυσόστομος, ὁμιλ. α' εἰς τόν Ἰωάννην, θεωρεῖ τόν Ζεβεδδαῖον ὡς πενέστατον, ὅπερ πρέπει ἴσως νά ἀποδοθῇ εἰς τήν ῥητορικήν φοράν τοῦ λόγου. Τοὐναντίον περί αὐτοῦ φρονοῦσιν ὁ Ἱερώνυμος (Comment. in Iohan. 18,15) καί Νικηφ. ὁ Κάλλ. /(σ. 76) Ἐκκλ. Ἱστ. 2,3· ἔνθα λέγει περί τοῦ Ζεβεδδαίου «ὅς ἰδιοναύκληρος λέγεται· ἐπίσημος δέ ἦν τῶν ἐν Γαλιλαίᾳ μετοικούντων ἀνδρῶν· τελευτῶν γάρ ἄμφω τοῖς υἱέσι τόν ἐν τῇ Γαλιλαίᾳ κλῆρον εἴασεν Ἰακώβῳ καί Ἰωάννῃ». Ταῦτα δέ, τά ὁποῖα λέγει ὁ Νικηφόρος ὡς ἐκ παραδόσεως, φαίνονται ἀρκούντως ὑποστηριζόμενα δι' ὧν λέγουσιν ὁ Μάρκος 1,20 ὁ Λουκᾶς 5,10 καί ὁ Ἰωάννης 19,27.

Σημ. γ'. Ὁ Νικηφόρος (Ἐκκλ. Ἱστ. 2,3 σελ. 135) λέγει ὅτι ὁ ἀπόστ. Ἰωάννης ἀγοράσας ἐν Ἱεροσολύ-μοις οἰκίαν, ἐν ᾗ εὑρίσκοντο οἱ ἀπόστολοι ἐπί τῆς καθόδου τοῦ Ἁγίου Πνεύματος, μετῴκησεν ἐκ τῆς Γαλιλαίας καί διέμεινεν ἐκεῖ μέχρι τοῦ θανάτου τῆς θεοτόκου, τόν ὁποῖον χρονολογοῦν τῷ

44 ἔτει μετά τήν γέννησιν τοῦ Κυρίου· ἑτέρα ὅμως παράδοσις[46]· λέγει ὅτι ὁ Ἰωάννης παρέλαβε μεθ' ἑαυτοῦ εἰς Ἔφεσον τήν Θεοτόκον καί ὅτι ἐκεῖ ἀπέθανεν αὕτη καί ἐτάφη, βλ. ὅμως τόν Ἐπιφάνιον αἵρ. 78 23. Ἑτέρας τινάς παραδόσεις περί τοῦ εὐαγγελιστοῦ Ἰωάννου εὑρίσκει τις παρά τῷ Τερτυλλιανῷ (de praescr. c. 36., παραβ. Hieron. Comment. in Matth. 20,23 καί adv. Joviniam lib.1, c. 14) καί τῷ ἱερῷ Αὐγουστίνῳ (Soliloquia)· ὁ πρῶτος λέγει ὅτι πρό τῆς εἰς Πάτμον ἐξορίας ἀπαχθείς ὁ Ἰωάννης εἰς Ῥώμην ἐβλήθη εἰς λέβητα πλήρη ζέοντος ἐλαίου καί ὅτι ἐξῆλθεν ἀβλαβής· ὁ δεύτερος διηγεῖται ὅτι ἔπιεν ποτήριον πλῆρες δηλητηρίου ἄνευ τινος βλάβης· ἡ τελευταία αὕτη φήμη φαίνεται ὅτι ἐμορφώθη ἐκ τῶν εὐαγγελικῶν ἐκείνων λόγων «κἄν θανάσιμόν τι πίωσιν, οὐ μή αὐτούς βλάψῃ» Μάρκ. 16,18.

Τόν τύπον ὅμως τῆς ἀληθείας φέρει τό πρῶτον διήγημα Κλήμεντος τοῦ Ἀλεξ. περί τῆς ποιμαντορικῆς τοῦ ἀποστόλου μερίμνης, περί ἐξωκείλαντά τινα νεανίαν (Εὐσεβ. Ἐκκλ. Ἱστ. 3,23), καθώς καί ὅσα ὁ ἅγιος Ἱερώνυμος (Comment in epist. ad gal. c.6) ἀναφέρει περί τοῦ ἀποστόλου, ὅτι γέρων ἤδη ὑπάρχων καί ἐκ τῆς ἡλικίας ἀσθενής καί ἀδύνατος καί μή δυνάμενος νά στηρίζῃ καλῶς τούς πόδας ἐφέρετο εἰς τάς συνάξεις τῶν χριστιανῶν βασταζόμενος, ἔνθα μετά φωνῆς πραείας ἐκεῖνο πάντοτε ἔλεγεν «τεκνία ἀγαπᾶτε ἀλλήλους»· ὁ δέ Εἰρηναῖος διηγεῖται ὅτι εἰσελθών ποτέ ὁ Ἰωάννης εἰς βαλανεῖον καί μαθών ὅτι ἔνδον ἐλούετο ὁ αἱρεσιάρχης Κήρινθος, ἐξῆλθεν παρευθύς καί ἔφυγεν, ἵνα μηδέ τοπικῶς κἄν συγκοινωνήσῃ αὐτῷ, εἰπών πρός τούς σύν αὐτῷ «φύγωμεν μή καί τό βαλανεῖον συμπέσῃ ἔνδον ὄντος Κυρίνθου τοῦ τῆς ἀληθείας ἐχθροῦ» (Εἰρην. haer. 3,3. Εὐσέβιος Ἐκκλησιαστική Ἱστορία 3,28) ὅπερ /(77) δεικνύει ὅτι ὅσα ἔγραφεν ὁ μακάριος Ἰωάννης ἐν ταῖς ἐπιστολαῖς αὐτοῦ ταῦτα καί ἔπραττε.

§27. Γ'. Ἕτεραί τινες ἀρχαῖαι παραδόσεις περί τῶν Ἀποστόλων.

Πρῶτος ὁ Ρουφῖνος τῆς ἐν Ἀκυληΐᾳ ἐκκλησίας πρεσβύτερος (περί τοῦ 410) ἀναφέρει ὡς ἐκ παραδόσεως (tradunt majores nostri) ὅτι οἱ δώδεκα ἀπόστολοι, συνελθόντες πρίν ἤ ἐξέλθωσιν εἰς τήν οἰκουμένην, ἔβαλον κλῆρον καί δι' αὐτοῦ ὥρισαν τήν χώραν, εἰς ἥν ἕκαστος ἔμελλε νά κηρύξῃ τό Εὐαγγέλιον[47] καί ὅτι οἱ αὐτοί συνέταξαν κατά τόν αὐτόν

---

46 (ὅρ. τά *Πρακτικά τῆς ἐν Ἐφέσῳ συνόδου* ἐν τῇ συλλογῇ τοῦ Σαββ. 3.547 καί Tillemont Memories etc. tom.1, la Ste Vierge art.7)

47 (*Hist. eccles.* 1,9 παραβ. Acta Sanit. ad d. 15 Jul. καί Thilo, Acta Thomae p. 87)

καιρόν καί σύμβολόν τι πίστεως, τό οὕτω καλούμενον *Ἀποστολικόν Σύμβολον* (Symbolum Apostolicum), εἰς τήν σύνταξιν τοῦ ὁποίου ἕκαστος τῶν δώδεκα ἀποστόλων συνέβαλε, δηλ. προσήνεγκε ἕν ἄρθρον πίστεως, διό καί τό σύμβολον ἐκ 12 ἀπετελέσθη ἄρθρων· σκοπός δέ τῆς συντάξεως τοῦ συμβόλου τούτου ἦτον, νά ὑπάρχῃ ὡρισμένος τις κανών καί γνώμων πίστεως, δι' οὗ καί μετά τόν ἀπ' ἀλλήλων χωρισμόν νά συνδέωνται ἐν τῇ μιᾷ πίστει καί ὁμολογίᾳ· 1) ὅλον ὅμως τοῦτο τό διήγημα, ὡς καί τό σύμβολον αὐτό, ὅπερ ἄλλως οὐδεμίαν κακοδοξίαν ἐμπεριέχει, ἐξεσυρίχθησαν ὑπό τῶν νεωτέρων (κατά πρῶτον ὑπό Λαυρεντίου Οὐάλλα ἐπί τῆς 15 ἑκατονταετηρίδος, ἔπειτα δέ καί ὑπό τοῦ Ἐράσμου) ὡς πλάσματα· καί δικαίως διότι ὡς θέλομεν ἤδη ἐπί τῶν ἀποστόλων οὐδέν τοιοῦτον σύμβολον ἀναφέρεται. Οἱ λόγοι τοῦ Ἰησοῦ Χριστοῦ (Ματθ. 28,19) «*πορευθέντες οὖν μαθητεύσατε πάντα τά ἔθνη βαπτίζοντες αὐτούς εἰς τό ὄνομα τοῦ Πατρός καί τοῦ Υἱοῦ καί τοῦ ἁγίου Πνεύματος κτλ.*» ἀπαιτοῦσι βεβαίως τήν πίστιν τοῦ βαπτιζομένου εἰς ἕνα Θεόν Πατέρα κτλ., τοιαύτη δέ τις ὁμολογία ἐγίνετο πρότερον ἀναμφιβόλως ὑπό τῶν προσερχομένων εἰς τό βάπτισμα· ἡ ὁμολογία αὕτη, ἥτις κατ' ἀρχάς θά ἦτο βραχυτάτη, ἔλαβε κατ' ὀλίγον μετά ταῦτα ὡρισμένον τινά τύπον καί περιοχήν καί ὡς ἐμπεριέχουσα διδασκαλίαν ἀποστολικήν ὠνομάσθη καί *ἀποστολική ὁμολογία, ἀποστολικόν σύμβολον* καί τοῦτο πάντως θά ἦναι τό Symbolum apostolicum· ἡ ἐκδοχή δέ ἔπειτα τῆς λέξεως σύμβολον (= signum, tessera formula confessionis = σημεῖον, σύνθημα, τύπος ὁμολογίας πίστεως) ἀντί τοῦ συμβολή (= collatio, συμφόρησις, εἰσφορά), ἡ παρεξήγησις τῆς λέξεως ἀποστολικός, ἴσως δέ καί ἡ πρόθεσις τοῦ περιποιῆσαι ἀνώτερον καί ἀναλλοίωτον κῦρος εἰς τήν ὁμολογίαν, ἐγέννησαν τό διήγημα τό περί τό *ἀποστολικόν λεγόμενον σύμβολον·* ὅπερ παντάπασιν /(78) ἀγνοοῦσι οἱ ἀρχαῖοι τῆς Ἀνατολικῆς ἐκκλησίας πατέρες καί διδάσκαλοι (2).

Σημ. 1. Rufinus in *Symbol. Apost.* - Johan. Cassianus (ἤκμασε τό 425) *De incarnatione Domini* lib. 6 c. 3. – Leo M. (ἤκμασε τό 440) *Epist. 29 ad Pulcheriam Augustam*. – Uenantius Honclem. Fortunatus (ἤκμασε τό 560) *Exposit. Symboli* opp. ed Mich. Ang. – Luchi. Rom 1786, p. 379. – Isidor Hispalens (ἤκμασε 595) *De offic. eccles.* libr. 2, cap. 22 καί *Origin* libr. 6, c. 16 καί 19· ὅρα καί τόν ψευδεπίγραφον λόγον τοῦ ἱεροῦ Αὐγουστίνου *Homolia de Symbolo* serm. 240 καί 241· παραβ. Fabricii *Cod. apocryph. N.T.* vol. 3, p. 339 καί Baron *Anal. ad ann.* 44.

Ἐκ τῶν Λατίνων ὑπερασπίζονται τό γνήσιον τοῦ διηγήματος Natalis Alex. *Hist. eccles. saec.* 1 diss. 12 – *Acta SS ad* d. 15 Jul. καί S. Chrys. Trombelus *Tract. de sacramentis*, Bonnon. 1770, tom. 2 diss. 4 quaert. 3. Ἀπορρίπτουσι δέ τοῦτο ὡς πλάσμα ὁ Tillemont εἰς τό *Memoires* καί ὁ Du Pin εἰς τό *Des auteurs ecclesiastiques* tom. 1 ed. 3 p. 10 καί ἄλλοι νεώτεροι. Παράβ. Σουϊκῇρ *Thes. eccles.* εἰς τήν λέξιν Symbolum.

§ Σημ. β'. Ἡ ἀρχαιοτάτη παράδοσις ἀναφέρει πρός τούτοις οἱ ἀπόστολοι ἦσαν ἔγγαμοι· οὕτω ὁ Ἰγνάτιος εἰς τήν πρός τούς Φιλαδελφεῖς ἐπιστολήν του μνημονεύει «*Πέτρου καί Παύλου ... καί τῶν ἄλλων ἀποστόλων τοῖς γάμοις προσομιλήσάντων*» ὁ δέ ἱερός Κλήμης ὁ Ἀλεξανδρ. (Στρωμ. 3, κεφ. 6§52 καί παρ' Εὐσεβίῳ Ἐκκλ. Ἱστ. 3,30) διαλεγόμενος πρός τούς ἀποδοκιμάζοντας τόν γάμον ἐπάγει «*ἤ καί τούς ἀποστόλους ἀποδοκιμάζουσι; Πέτρος μέν γάρ καί Φίλιππος ἐπαιδοποιήσαντο, Φίλιππος δέ καί τάς θυγατέρας ἀνδράσιν ἐξέδωκε. Καί ὅγε Παῦλος οὐκ ὀκνεῖ ἔν τινι ἐπιστολῇ τήν ἑαυτοῦ προσαγορεῦσαι σύζυγον, ἥν οὐ περιεκόμιζε διά τό τῆς ὑπηρεσίας εὐσταλές. Λέγει οὖν ἔν τινι ἐπιστολῇ* (α' Κορ. 9,5) «*οὐκ ἔχομεν ἐξουσίαν ἀδελφήν γυναῖκα περιάγειν, ὡς καί οἱ λοιποί ἀπόστολοι*», προστίθησιν ὅμως ὁ αὐτός Κλήμης εὐθύς παρακατιών «*ἀλλ' οὗτος μέν οἰκείως τῇ διακονίᾳ ἀπερισπάστῳ τῷ κηρύγματι προσανέχοντος, οὐχ ὡς γαμετάς, ἀλλ' ὡς ἀδελφάς περιῆγον τάς γυναῖκας, συνδιακόνους ἐσομένας πρός τάς οἰκουρούς γυναῖκας, δι' ὧν καί εἰς τήν γυναικωνῖτιν ἀδιαβλήτως παρεισεδύατο ἡ τοῦ Κυρίου διδασκαλία*» ἑτέραν παράδοσιν περί τῶν 4 θυγατέρων τοῦ Ἀποστόλου Φιλίππου παρθένους μέχρι τέλους διαμεινάσας αὐτάς ἱστοροῦσαν /(79) ὅρ. παρ' Εὐσεβίῳ Ἐκκλ. Ἱστ. 3,31.

§ Πρῶτος ὁ μοντανιστής Τερτυλλιανός ἀποφαίνεται περί τῆς ἀγαμίας τῶν ἱερῶν Ἀποστόλων, εὑρίσκων ἔγγαμον μόνον τόν Πέτρον. «*Petrum solum invenio maritum; caeteros cum maritos non invenio, aut spadones intelligam necesse est aut continentes*». (Τόν Πέτρον μόνον εὑρίσκω ἔγγαμον· τούς δέ λοιπούς, ἐπειδή δέν εὑρίσκω ἐγγάμους, ἡγοῦμαι αὐτούς ἀναγκαίως ἤ εὐνούχους ἤ ἐγκράτειαν ἀσκοῦντας)· διότι (προστίθησιν ὁ αὐτός περί τῆς ῥήσεως ἐκείνης τοῦ Ἀποστόλου Παύλου α' Κορ. 9,5· ἡμεῖς δέν θά ἑρμηνεύσωμεν τόν Παῦλον οὕτω ὡσανεί ἔλεγεν ὅτι οἱ ἀπόστολοι γαμετάς εἶχον) *Nec enim Paulum sic interpretabimur, quasi demonstret uxores apostolos habuisse (De monogam. c.8)*· οὕτω καί οἱ μεταγενέστεροι λατίνοι δέν εὕρισκον ἐν τῇ ἀνωτέρω ῥήσει τοῦ Παύλου γαμετάς ἀλλά διακόνους γυναῖκας,[48] ἐκ τῶν ἀνατολικῶν ὁ μέν ἱερός Χρυσόστομος παραδόξως σιωπᾷ ἐν τῇ ἑρμη-

---

48 βλ. Ambrosiast. εἰς τό περί οὗ ὁ λόγος χωρίον καί Hieron. *ad Matth.* 27,55

νεία τοῦ χωρίου τούτου· ὁ δέ ἱερός Θεοδώρητος λέγει «τό δέ ἀδελφήν γυναῖκα περιάγειν τινές οὕτως ἡρμήνευσαν ὅτι καθάπερ τῷ Κυρίῳ εἴποντο γυναῖκες πισταί, τήν ἀναγκαίαν τοῖς μαθηταῖς χορηγοῦσαν τροφήν, οὕτω καί τισι τῶν ἀποστόλων ἠκολούθουν τινές θερμοτέραν ἐπιδεικνύμεναι πίστιν καί τῆς τούτου διδασκαλίας ἐξηρτημέναι καί τῷ θείῳ σενεργοῦσαι κηρύγματι». Καίτοι δέ τινες ἀπεδέχοντο ὅτι οἱ ἀπόστολοι εἶχον συζύγους, ὡς ὁ Ἀμβροσιαστής, Εἰς τήν β΄ πρός Κορ. ἐπιστ. 11,2, «omnes apostoli, exceptis Johanne et Paulo, uxores habuerunt»· ἦσαν ὅμως τῆς γνώμης τοῦ Ἱερωνύμου ὅτι οἱ θεηγόροι ἀπόστολοι καί μετά τόν γάμον ἐν ἐγκρατείᾳ συνέζων μετ' αὐτῶν· «Apostoli vel virgines, vel post nuptias continentes, Hieron. epist. 30 (κατ' ἄλλους 50) ad Pammachium» ὅρ. Giesel K-g 1 Th. §27 παραβ. Μελετ. Ἐκκλ. Ἱστ. τόμ. α΄ σελ. 121 ἔκδ. Κωνστ. Εὐθυβ. –

§ 28. Περί τῶν 70 Ἀποστόλων τοῦ Κυρίου.

Ἐκτός τῶν 12 Ἀποστόλων ἀνέδειξεν ὁ Κύριος καί ἑτέρους 70, τούς ὁποίους ἀπέστειλεν ἀνά δύο εἰς τάς πόλεις, ὅπου αὐτός ἔμελλε νά ἔλθῃ, εἰπών πρός αὐτούς «ὑπάγετε, ἰδού ἀποστέλλω ὑμᾶς ὡς ἄρνας ἐν μέσῳ λύκων». Πρός αὐτούς δέ ἐπιστρέψαντας ἐκ τοῦ κηρύγματος μετά χαρᾶς καί διηγουμένους ὅτι τά δαιμόνια ὑπετάσσοντο αὐτοῖς, εἶπεν πάλιν ὁ Κύριος νά μή χαίρωσιν ἐν τούτῳ, ὅτι τά πνεύματα ὑποτάσσονται αὐτοῖς, ἀλλά νά χαίρωσιν /(80) μᾶλλον ὅτι τά ὀνόματα αὐτῶν ἐγράφησαν εἰς τό βιβλίον τῆς αἰωνίου ζωῆς. Ὁ εὐαγγελιστής Λουκᾶς, ὅστις διηγεῖται ταῦτα (κεφ. 10,1 κεξ.), ἀποσιωπᾷ τά ὀνόματα αὐτῶν καί οὐδαμοῦ πλέον ἀλλαχοῦ τῆς Καινῆς Διαθήκης γίνεται λόγος ἰδίᾳ περί αὐτῶν. Λέγεται ὅμως ὅτι ἐκ τοῦ χοροῦ τῶν 70 ἦσαν ὁ ἀπόστολος Βαρνάβας (Κλήμης Ἀλεξανδ. Στρωμ. 2,16 §116. Εὐσέβ. Ἐκκλ. Ἱστ. 2,1. Ἐπιφάν. περί τό τέλος. Assemani, Biblioth. orient. 3,1.319), ὁ Θαδδαῖος, ὁ μετά τήν ἀνάληψιν τοῦ Κυρίου πρός τόν βασιλέα Ἄβγαρον ὑπό τοῦ ἀποστόλου Θωμᾶ ἀποσταλείς (Ἐκκλ. Ἱστ. 1,13. 2,1) καί ἄλλοι (αὐτόθι 1,12) καί ὁ Ἰάκωβος ἴσως ὁ ἀδελφόθεος.

Ὁ Βαρνάβας, τοῦ ὁποίου τό ὄνομα μεθερμηνεύεται *υἱός παρακλήσεως*, ἦτον ἰουδαῖος τό γένος, Κύπριος τήν πατρίδα καί ἐκ τῆς φυλῆς τοῦ Λευΐ (Πραξ. 4,36) ἰδίως εἶχεν ὡς φαίνεται τό χάρισμα τῆς προφητείας (Πράξ. 13,1). Καθόλου δέ «ἦν ἀνήρ ἀγαθός καί πλήρης πνεύματος ἁγίου» παρακαλῶν πάντας τούς εἰς Χριστόν ἐπιστρέφοντας νά ἐμμένωσι σταθεροί καί ἑδραῖοι εἰς τήν ὁποίαν ἅπαξ ὡμολόγησαν πίστιν (Πράξ. 11,23.24).

Ευαγγελία Αμοιρίδου

Όποίαν δέ τιμήν καί ὑπόληψιν ἔχαιρεν παρά τοῖς ἀποστόλοις καί τοῖς μαθηταῖς τοῦ Κυρίου, γίνεται δῆλον ἐκ τοῦ ἔργου, ὅπερ ἀνετέθη αὐτῷ ὑπό τῶν Ἁγίων Ἀποστόλων, καί τό ὁποῖον ἦτο ἡ διοργάνωσις καί ἡ διάταξις τῆς νεοπαγοῦς ἐν Ἀντιοχείᾳ Ἐκκλησίας (Πραξ. 11,22). Περί τοῦ κηρύγματος αὐτοῦ καί τῶν περιοδειῶν μετά τοῦ Ἀποστόλου Παύλου, εἴπομεν ἀνωτέρω (§). Ὁ Ἀπόστολος Βαρνάβας γίνεται ἄφαντος ἐκ τῆς ἱερᾶς ἱστορίας ἀπό τοῦ 51 ἔτους καί ἐντεῦθεν, ἀφ' ὅτου δηλονότι ἀποχωρισθείς τοῦ Παύλου μετέβη εἰς τήν πατρίδα αὐτοῦ, τήν Κύπρον· διότι τά χωρία τῆς πρός Γαλ. ἐπιστ. 2,1. 9,13 καί τά τῆς α' πρός Κορ. 9,6.10, δέν ἀναφέρονται, ὡς τινες τῶν ἑρμηνευτῶν θέλουσιν, εἰς μεταγενεστέρους χρόνους, ἀλλ' εἰς τό παρελθόν. Κατ' εἰδήσεις, οὐχί ἀξιοπίστους, λέγεται ἐλθών μετά ταῦτα εἰς τήν Ἰταλίαν καί διδάξας ἐν Ῥώμῃ (Κλημέντ. ἀναγνωρ. βιβλ. 1 κεφ. 7-11) ἐκεῖθεν δέ ἀναχωρήσας καί τήν ἐν Μεδιολάνοις ἐκκλησίαν θεμελιώσας καί τελευταῖον εἰς Κύπρον ἐπενακάμψας καί ἐκεῖ τόν τοῦ μαρτυρίου θάνατον ὑποστάς (*Martyrol. Rom.* 11 Junii καί *Acta SS* vol. 2 p. 431, παραβ. Θεοδώρ. Ἀναγν. Ἐκκλ. Ἱστ. 2 σελ. 557 ἔκδ. Οὐαλεσ.). Τοῦ ἀποστόλου τούτου φέρεται μία ἐπιστολή πρός τούς ἐξ ἰουδαίων πάντας χριστιανούς γραφομένη, τῆς ὁποίας τήν γνησιότητα οἱ μέν ἀρχαῖοι (Κλήμ. ὁ Ἀλεξ. ὁ Ὠριγεν. καί ὁ Εὐσέβ.) ἀποδέχονται, οἱ πλεῖστοι ὅμως τῶν νεωτέρων κριτικῶν ἀρνοῦνται (βλ. τόν ἡμέτερον Κοντογ. εἰς τήν *Πατρολ.* τόμ. α', σελ. 72 καί Εὐγεν. ἐκατονταετηρίδος σελ. 214) (α).

Ἰάκωβον δέ τόν ἀδελφόν τοῦ Κυρίου πρωΐμως ἤδη διακρινόμενον βλέπομεν ἐν τῇ Ἐκκλησίᾳ τῆς Ἰερουσαλήμ (Γαλατ. 1,18· 19. καί Ἡγήσιπ. παρ' Εὐσεβίῳ Ἐκκλ. Ἱστ. 2,23 / (81) καί Κλήμ. Ἀλεξ. παρά τῷ αὐτῷ 2,1) (β). Ὁ Ἀπόστολος Παῦλος θεωρεῖ αὐτόν μετά τοῦ Πέτρου καί τοῦ Ἰωάννου ὡς στύλον τῆς Ἐκκλησίας (Γαλ. 2,9)· ἡ δέ ἀρχαιοτάτη παράδοσις ἀναγράφει αὐτόν ἀσκητικώτατον καί διά τήν δικαιοσύνην αὐτοῦ *Δίκαιον* ἐπικαλούμενον (Ἡγήσιπ. παρ' Εὐσέβ. 2,23) (γ). Φαίνεται δέ ὅτι οὐδέποτε ἀφῆκε τήν Ἰερουσαλήμ ὁ μακάριος οὗτος τοῦ Κυρίου ἀπόστολος, ἀλλ' ἀπ' ἀρχῆς μέχρι τέλους ἐν αὐτῇ διετέλεσε, διδάσκων τόν λόγον τοῦ θεοῦ καί τήν ἐκκλησίαν ποιμένων· διότι καί ἐν ἔτει 39 (Γαλ. 1,19) καί 44 (Πραξ. 12,17) καί 50 (Πραξ. 15,13. Γαλ. 2,9) καί 58 (Πραξ. 21,18) ἀπαντῶμεν αὐτόν ἐν τῇ ἐκκλησίᾳ τῆς Ἰερουσαλήμ ὡς προϊστάμενον αὐτῆς πνευματικῶς. Τό μαρτύριον τοῦ ἀποστόλου τούτου κατά πλάτος διηγεῖται ὁ Ἡγήσιππος (παρ' Εὐσεβίῳ Ἐκκλ. Ἱστ. 2,23). Κατ' αὐτόν ἐπειδή πολύ πλῆθος τοῦ λαοῦ καί τῶν ἀρχόντων οὐκ ὀλίγοι ἐπίστευον εἰς τόν Κύριον διά τοῦ Ἰακώβου, καί ἐπειδή οὗτος μεγάλως ἐτιμᾶτο παρά πᾶσιν διά τήν ἀρετήν του, συνελθόντες οἱ Γραμματεῖς καί οἱ Φαρισαῖοι ἐζήτησαν παρ' αὐτοῦ νά ἀρνηθῇ δημοσίᾳ τόν Κύριον ἡμῶν Ἰησοῦν Χριστόν καί πείσῃ τόν λαόν νά μή πλανᾶται ὀπίσω τοῦ Ἰησοῦ. Ἦσαν δέ τότε αἱ ἡμέραι τοῦ Πάσχα καί εἶπον αὐτῷ νά ἀναβῇ εἰς τό πτερύγιον τοῦ ναοῦ, ἵνα ἐφ' ὑψηλοῦ τόπου ἱστάμενος φαίνεται τοῖς πᾶσι καί οἱ λόγοι αὐτοῦ εὐάκουστοι ὦσι παντί τῷ λαῷ. Ἐπειδή δέ ὁ Ἰάκωβος ἀντί τοῦ ἀρνήσασθαι ὡμολόγησε παρρησίᾳ ἐνώπιον παντός τοῦ λαοῦ τήν ἀλήθειαν τοῦ Κυρίου, ἐκρημνίσθη ἀπό τοῦ πτερυγίου τοῦ ναοῦ κάτω, ἐλιθοβολήθη καί ἐν τῷ μεταξύ δεόμενος ὑπέρ τῶν φονέων του ἐπλήγη μέ ξύλον τήν κεφαλήν ὑπό τινος γναφέως καί οὕτως ἐτελεύτησε τό 63 ἔτος κατά τήν βεβαιοτέραν χρονολογίαν (Ἰωσήπου *Ἀρχαιλογία* βιβλ. 20,9§1 καί Εὐσεβ. *Χρον.*) (δ). Παρά τοῦ Ἀποστόλου τούτου, τόν ὁποῖον πρέπει νά διακρίνωμεν ἀπό τῶν δύο ἄλλων Ἰακώβων, τῶν ἐκ τῶν 12 (§ καί Ἡγήσιπ. παρ' Εὐσεβ. Ἐκκλ. Ἱστ. 2,23. *Ἀποστολ. Διαταγ.* 2,55.59. 6,12 *Ἀναγνωρ.* βιβλ. 1 περί τό τέλος. Γρηγόριος Νύσσης *λόγο 2 Περί ἀναστάσεως.* Δωρόθ. ἐν τῷ περί ἀποστ. καί μαθητῶν τοῦ Κυρίου βιβλίῳ· Μιχαήλ Γλυκᾶ εἰς τό 3 μέρος τῶν *Χρονικῶν*) ἀλλά καί ὁ Ἀπόστολος. Παῦλος διακρίνει αὐτῶν ἀπό τῶν 12 ἀποστόλων (αʹ Κορ. 15,7) καί οὕτω ἐννοεῖ τόν Παῦλον καί ὁ ἅγιος Κύριλλος ὁ Ἱεροσολύμων, *Κατηχ.* 4 καί 14 βλ. καί Εὐσεβ. Ἐκκλ. Ἱστ. 1,12) ἔχομεν μίαν ἐπιστολήν (ὅρ. Εὐσεβ. Ἐκκλ. Ἱστ. 2,23 καί Ἱερών. de vir. ill. εἰς τήν λέξιν Ἰάκωβος), τήν ὁποίαν ὁ Λούθηρος ἀπεκάλει epistolam stramineam, οἱ πλεῖστοι ὅμως τῶν καθ' ἡμᾶς ὀπαδῶν αὐτοῦ ἀποδέχονται ὡς γνησιοτάτην καί θεόπνευστον. /(82)

Σημ. αʹ. Ὁ Βαρνάβας (= υἱός τῆς παρακλήσεως, ὁ παρήγορος, ὁ παραμυθούμενος) ὅστις ἐπεκλήθη οὕτω ὑπό τῶν ἀποστόλων (Εὐγεν. *Ἑκατονταετηρίδος* §163 καί Κοντογ. *Πατρ.* τόμ. αʹ σελ. 72) πρότερον ὀνομαζόμενος Ἰωσῆς, ἦτον ἐξ ἐκείνων τῶν θείων ἀνδρῶν οἵτινες ἐμόχθησαν μεγάλως ὑπέρ τοῦ Εὐαγγελίου τοῦ Χριστοῦ, οὗτος πρῶτος εἰσήγαγεν εἰς τούς Ἀποστόλους τόν Ἀπόστολον Παῦλον μετά τήν εἰς Χριστόν ἐπιστροφήν του (Πραξ. 9,27)· τό λείψανον αὐτοῦ λέγει ὁ ἱστορικός Θεόδωρος ὁ Ἀναγνώστης (ἔνθ. ἀνωτ.) εὑρέθη ἐν Κύπρῳ ἐπί τοῦ αὐτοκράτορος Ζήνωνος τῷ 488, ἔχον ἐπί στήθους τό κατά Ματθαῖον εὐαγγέλιον ἰδιόγραφον τοῦ Βαρνάβα, ὅπερ ἀνεγινώσκετο ἐν τοῖς Παλατίοις καί τό ὁποῖον ἦτο ἑλληνιστί βεβαίως γεγραμμένον. Ἡ ἐπιστολή, ἥτις σώζεται εἰς τό ὄνομα τοῦ Βαρνάβα ἑλληνιστί γεγραμμένη, ἦτον ἄγνωστος ἀπό τῆς 9 μέχρι τῆς 17 ἑκατονταετηρίδος καί ἐθεωρεῖτο ὡς ἀπολεσθεῖσα, ἕως οὗ ἀνευρέθη ὑπό τοῦ ἰησουΐτου Συρμόνδου. Ὁ Σιναΐτης Κῶδηξ φέρει σύν ἄλλοις καί τά πρῶτα τέσσερα κεφάλαια τῆς ἐπιστολῆς ταύτης ἑλληνιστί, ὅπερ μέχρι τοῦδε ἀνεπλήρουν οἱ ἐκδόται ἐκ τινος ἀρχαίας λατινικῆς μεταφράσεως. Πρός τίνας γράφεται ἡ ἐπιστολή αὕτη εἶναι ἄγνωστον, διότι λείπει ἡ ἐπιγραφή αὐτῆς, ἐκ τοῦ περιεχομένου ὅμως γίνεται φανερόν ὅτι ἰουδαΐζοντας χριστιανούς ὑπ' ὄψιν ἔχει. Αἱ ῥήσεις τῆς Π. Διαθήκης φέρονται ἐν αὐτῇ ποῦ μέν κατά τήν μετάφρασιν τῶν Ο', ποῦ δέ κατά τό ἑβραϊκόν πρωτότυπον (ὅπερ ὅμως ἀπαναίνεται ὁ ἡμέτερος Κ. ὁ Οἰκον. ἐν τῇ *Τετραβίβλ.* τόμ. 4. σελ. 419), πανταχοῦ δέ τῆς ἐπιστολῆς διαλάμπει ἡ καθαρά εὐσέβεια καί ἡ ἁγιότης τοῦ συγγραφέως, καίτοι δέν δύναταί τις νά ἀρνηθῇ ὅτι ἀπαντῶνται ἐν αὐτῇ καίτινες μῦθοι καί ἀλληγορίαι βεβιασμέναι καί μυστικαί ἑρμηνεῖαι τῆς Π.Γρ. ἐπί τό ἰουδαϊκώτερον καί κατά τήν μέθοδον τῶν Ἀλεξανδρινῶν, ἅπερ ὅμως οὐδόλως δύνανται νά ἀναγκάσωσιν ἡμᾶς νά θεωρήσωμεν αὐτήν ὡς νόθον καί ψευδεπίγραφον. Ἐκ τῶν ἀρχαίων Κλήμ. ὁ Ἀλεξ. (*στρωμ.* 2, 7§31 καί κεφ. 15§67 καί κεφ. 20§166) καί Ὠριγένης (*Περί ἀρχ.* βιβλ. 1 κεφ. 4. *Κατά Κέλσ.* βιβλ. 1 κεφ. 63) γινώσκουσιν αὐτήν ὡς σύγγραμμα γνήσιον τοῦ Βαρνάβα καί ἐκφράζονται περί ταύτης λίαν σαφῶς. Ἀμφίβολα κατά τι φαίνονται τά τοῦ Εὐσεβίου Ἐκκλ. Ἱστ. 3,25 καί 6,13 καί τοῦ Ἱερωνύμου de vir. ill. c. 6.

Σημ. β'. Ὁ Ἀπόστολος Παῦλος ἀναφέρει αὐτόν διακρινόμενον ἤδη ἐπί τῆς Ἀναστάσεως τοῦ Κυρίου (α' Κορ. 15,7) ὁ δέ Ἡγήσιπ. σαφῶς λέγει «διαδέχεται δέ τήν ἐκκλησίαν μετά τῶν ἀποστόλων ὁ ἀδελφός τοῦ Κυρίου Ἰάκωβος ... *ἀπό τῶν τοῦ Κυρίου χρόνων μέχρι καί ἡμῶν*»· ὁ δέ ἱερός Κλήμης ὁ Ἀλεξ. προστίθησι καί ταῦτα· /(83) «*Πέτρον καί Ἰάκωβον καί Ἰωάννην μετά τήν ἀνάληψιν τοῦ Σωτῆρος, ὡς ἄν καί ὑπό τοῦ Κυρίου προτετιμημένους, μή ἐπιδικάζεσθαι δόξης, ἀλλ' Ἰάκωβον τόν δίκαιον ἐπίσκοπον Ἱεροσολύμων ἑλέσθαι*».

Σημ. γ'. «Οὗτος δέ, λέγει ὁ Ἡγήσιππος, ἐκ κοιλίας μητρός αὐτοῦ ἅγιος ἦν, οἶνον καί σίκερα οὐκ ἔπιεν, οὐδέ ἔμψυχον ἔφαγε· ξυρόν ἐπί τήν κεφαλήν αὐτοῦ οὐκ ἀνέβη, ἔλαιον οὐκ ἠλείψατο καί βαλανείῳ οὐκ ἐχρήσατο. Τούτῳ μόνῳ ἐξῆν εἰς τά ἅγια εἰσιέναι· οὐδέ γάρ ἐρεοῦν ἐφόρει, ἀλλά σινδόνας. Καί μόνος εἰσήρχετο εἰς τόν ναόν, εὑρίσκετό τε κείμενος ἐπί τοῖς γόνασι καί αἰτούμενος ὑπέρ τοῦ λαοῦ ἄφεσιν, ὡς ἀπεσκληκέναι τά γόνατα αὐτοῦ δίκην καμήλου, διά τό ἀεί κάμπτειν ἐπί γόνυ προσκυνοῦντα τῷ Θεῷ, καί αἰτεῖσθαι ἄφεσιν τῷ λαῷ. Διά γε τήν ὑπερβολήν τῆς δικαιοσύνης αὐτοῦ, ἐκαλεῖτο *Δίκαιος* καί *ὠβλίας*, ὅ ἐστίν ἑλληνιστί περιοχή τοῦ λαοῦ καί δικαιοσύνη» βλ. Giesel *K-g* 1Th. sel. 95.

Σημ. δ΄. Τό εἶδος τοῦτο τοῦ θανάτου ἐπιμαρτυρεῖ καί Κλήμ. ὁ Ἀλεξ. (παρ᾽ Εὐσεβ. Ἐκκλ. Ἱστ. 2,1.23). Γενικώτερον δέ ἱστορεῖ τό πρᾶγμα ὁ Ἰώσηπος (Ἀρχαιολογία, βιβλ. 20,9 §1 καί παρ᾽ Εὐσεβίῳ Ἐκκλησιαστική Ἱστορία, 2,23) λέγων ὅτι μετά τήν τελευτήν τοῦ ἀνθυπάτου Φήστου μήπω ἔτι ἀφιχθέντος τοῦ διαδόχου αὐτοῦ Ἀλβίνου (ἐν ἔτει 63) ὁ θρασύς καί ὠμός ἀρχιερεύς Ἄνανος καταδικάσας τόν Ἰάκωβον, «*τόν ἀδελφόν Ἰησοῦ τοῦ λεγομένου Χριστοῦ*» μετά καί ἄλλων ἐπίσης μισουμένων παρέδωκεν αὐτούς ἵνα λιθασθῶσι. Περί δέ τοῦ χρόνου, καθ᾽ ὅν ἔπαθεν ὁ Ἰάκωβος, ὁ μέν Ἡγήσιππος (ἔνθ. ἀνωτ.) φαίνεται χρονοθετῶν τό μαρτύριον τοῦ Ἀποστόλου τῷ 69, διότι μετά τήν διήγησιν τοῦ πάθους αὐτοῦ ἐπάγει ἀμέσως «*Καί εὐθύς Οὐεσπασιανός πολιορκεῖ αὐτούς*». Πρός ταῦτα συνάδουσι πως καί τά τοῦ Εὐσεβίου Ἐκκλ. Ἱστ. 3,11 «*μετά τήν Ἰακώβου μαρτυρίαν καί τήν αὐτίκα γενομένην ἅλωσιν τῆς Ἱερουσαλήμ*» καί ἡ ψευδεπίγραφη ἐπιστολή Κλήμεντος τοῦ Ῥώμης πρός τόν Ἰάκωβον (παρά Καταλοφίῳ *Patres apost.* 1,611) καθόσον αὕτη ὑποτίθησιν ὅτι ἐτελεύτησε πρό τοῦ Ἰακώβου· καί τό *Chronicon Paschale*, ed. Bonn. 1,460, ὅπερ ὡρισμένως χρονολογεῖ τόν θάνατον τοῦ Ἰακώβου εἰς τό πρῶτον ἔτος τῆς αὐτοκρατορίας τοῦ Οὐεσπασιανοῦ. - Ἀλλά βεβαιοτέρα φαίνεται ἡ χρονολογία τοῦ Ἰωσήπου, καθ᾽ ἥν ὁ Ἰάκωβος ἐμαρτύρησε τό 63 ἔτος καί ὁ Εὐσέβιος δέ εἰς τό *Χρονικόν* του ὁρίζει τοῦ «αὐτίκα», τόν χρόνον τόν θάνατον τοῦ Ἰακώβου γενόμενον λέγων τῷ 7 ἔτει τῆς βασιλείας τοῦ Νέρωνος, ὅ ἐστί 61 (;), παραβ. τοῦ αὐτοῦ Ἐκκλ. Ἱστ. 2,23. /(84).

§29. Περί τῶν ἀκολούθων καί συνεργῶν τῶν ἱερῶν Ἀποστόλων καί περί τινων ἄλλων ἁγίων ἀνδρῶν, συντελεσάντων εἰς τήν διάδοσιν τοῦ Χριστιανισμοῦ.

Οἱ ὀνομαστότεροι μεταξύ αὐτῶν ἐγένοντο οἱ ἅγιοι εὐαγγελισταί Μάρκος καί Λουκᾶς, ὁ Τιμόθεος καί ὁ Τίτος, ἐπί τούτοις δέ ὁ Σίλας, ὁ Ἄρχιππος, ὁ Ἐπαφρόδιτος (Κολασ. 1,7. 4,12 ὁ αὐτός καί ὁ Ἐπαφρᾶς, Φιλιππ. 2,25), ὁ Ἀκύλας, ὁ Φιλήμων, ὁ Σωσθένης (Πράξ. 18,17), ὁ Ἀπολλώς καί ἄλλοι. Καί περί τούτων δέ ὀλίγας ἀξιοπίστους εἰδήσεις ἔχομεν καί ταύτας εἰς τούς ἐπισημοτέρους αὐτῶν ἀναφερομένας. Ὁ ἱερός Μάρκος ἐγένετο ἀκόλουθος καί συνεργός οὐ μόνον τοῦ ἀποστόλου Παύλου (Πράξ. 12,25. 13,5 κεξ. Φιλήμ. 24, β΄ Τιμ. 4,11. Κολασ. 4,10) ἀλλά καί τοῦ Πέτρου, παρ᾽ οὗ φαίνεται διδαχθείς καί τήν εἰς Χριστόν πίστιν (α΄ Πέτρ. 5,13. παραβ. Πράξ. 12 καί Παπίαν παρ᾽ Εὐσεβίῳ Ἐκκλ. Ἱστ. 3,39 περί τό τέλος καί 7.5,8. Εἰρην. 3,10,6. Tertyll. *Contra Marcionem*, libr. 4,5). Ἡ Καινή Διαθήκη ὀνομάζει αὐτόν ποῦ μέν Ἰωάννην, Μάρκον (Πρ. 12,12.25) ποῦ δέ ἁπλῶς Ἰωάννην ὅπερ ἦν τό κύριον αὐτοῦ ὄνομα, (Πραξ. 13,5.13) καί ἀλλαχοῦ ἁπλῶς Μάρκον (Πρ. 15,39). Υἱός εὐσεβοῦς γυναικός, Μαρίας καλουμένης καί ἐν Ἱερουσαλήμ κατοικούσης, εἰς τήν οἰκίαν τῆς ὁποίας συνηθροίζοντο οἱ ἀπόστολοι μετά τήν ἀποτομήν τοῦ ἀποστόλου Ἰακώβου (Πράξ. 12,12). Πρός δέ καί ἀνεψιός τοῦ Βαρνάβα (Κολασ. 4,10). Οὗτος εἶναι ὁ συγγραφεύς τοῦ δευτέρου Εὐαγγελίου, ὅπερ ἔχομεν καί θεμελιωτής τῆς ἐν Ἀλεξανδρείᾳ Ἐκκλησίας (Εὐσεβ. Ἐκκλ. Ἱστ. 2,15. 3,39. 6,25. Εἰρην. κατά αἱρ. 3,1. Τερτυλλ. ἔνθ. ἀνωτ..- Εὐσεβ. Ἐκκλ. Ἱστ. 2,16. Ἱερώνυμ. de vir. ill. 8. Νικηφ. Κάλλ. Ἐκκλ. Ἱστ. 2,15. 43). Περί τοῦ εἴδους τοῦ θανάτου αὐτοῦ ὑπάρχουσι διάφοροι παραδόσεις· διότι οἱ μέν θέλουσιν ἀποθανόντα (τῷ 62 ἔτει) φυσικῷ θανάτῳ· οἱ δέ κατά πετρῶν συρόμενον ἐν Ἀλεξανδρείᾳ (βλ. Ἱερών. αὐτόθι καί Νικηφ. 2,43 καί Κεδρην. σελ. 212 καί Συμεῶνα τόν Μεταφρ. εἰς τόν βίον τοῦ ἁγίου Μάρκου).

Σημ. Μεταγενέστεραι παραδόσεις διακρίνουσι τόν Εὐαγγελιστήν Μάρκον οὐ μόνον τοῦ Ἰωάννου Μάρκου τῶν Πράξεων, ἀλλά καί ἀπό τοῦ ἀνεψιοῦ τοῦ Βαρνάβα καί οὕτω παράγουσιν εἰς μέσον 3 Μάρκους· βλ. Φαβρικ. *Lux evang.* p. 117 καί Coteler *ad constitution* apost. 2,56. Κατά τόν ἱερόν Ἐπιφάνιον, αἱρ. 51,6, ὁ Εὐαγγελιστής Μάρκος ἐτέλει ἐν τοῖς 70 ἀποστόλοις (βλ. Ψευδωριγεν. διάλογος περί πίστεως 1,806), ὅπερ ὅμως ἄντικρυς ἀντίκειται τῇ μαρτυρίᾳ τοῦ Παπίου λέγοντος παρ' Εὐσεβίῳ 3,39 «*Μάρκος* /(85) *μέν ἑρμηνευτής Πέτρου γενόμενος ὅσα ἐμνημόνευσεν, ἀκριβῶς ἔγραψεν ... οὔτε γάρ ἤκουσε τοῦ Κυρίου οὔτε παρηκολούθησεν αὐτῷ*» Νικηφόρος δέ πάλιν ὁ Κάλλιστος (*Ἐκκλ. Ἱστ.* 2,43) γινώσκει τόν ἡμέτερον Εὐαγγελιστήν ἀδελφιδοῦν τοῦ Ἀποστόλου Πέτρου. Ἡ ἐκκλησιαστική παράδοσις προστίθησι τέλος ὅτι ἦλθεν εἰς Ῥώμην μετά τοῦ Πέτρου (Εὐσεβ. 2,15) καί ὅτι ἐκεῖθεν ἐστάλη εἰς Αἴγυπτον (Ἐπιφ. 52,6), ἀλλά πότε τοῦτο ἐγένετο; (Φιλημ. 24. β' Τιμοθ. 4,11. Κολασ. 4,10. παρ. §).

§ Ὁ Λουκᾶς, ὁ ἀγαπητός μαθητής καί συνεργάτης τοῦ ἀποστόλου Παύλου (Φιλημ. 24. β' Τιμοθ. 4,11 Πραξ. 16,10 κεξ. 21,1 κεξ. καί κεφ. 27 καί 28), τήν μέν ἐπιστήμην ἦτο ἰατρός (Κολασ. 4,14. παραβ. Εὐσεβ. Ἐκκλ. Ἱστ. 3,4 Hieron. *ad Jes.* 6,9. *de vir. ill.* 7 καί *in epist. Philem.*) ἀντιοχεύς δέ τήν πατρίδα (Εὐσεβ. καί Ἱερών. αὐτόθι καί Νικηφ. Κάλλ. Ἐκκλ. Ἱστ. 2,43) καί τό γένος ἕλλην (Κολασ. 4,14 παραβ. ζιχ. 11), ὅτι ἐγένετο ἐκ τοῦ χοροῦ τῶν 70 ἀποστόλων (Ψευδωριγ. διάλογ. περί πίστ.

opp. 1.806 καί Έπιφαν. κατά αἱρ. 51,11. Θεοφύλακτος, *ἑρμηνεία εἰς τό Λουκ.* 24, 13. Νικηφ. Κάλλ. 1,34) δέν φαίνεται ἀληθές (Λουκ. Εὐαγγ. 1,1 κεξ.). Περί τῆς μετά ταῦτα τύχης αὐτοῦ φέρονται διάφοροι παραδόσεις· οὕτω ὁ μέν ἱερός Ἐπιφάνιος (ἔνθ. ἀνωτ.) θέλει αὐτόν κηρύξαντα τό εὐαγγέλιον εἰς τάς Γαλλίας. Νικηφόρος δέ ὁ Κάλλιστος (2,43) εἰς τήν Ἑλλάδα, ἔνθα λέγει ὁ αὐτός· «*ἐπί καρποφόρου ἐλαίας ἀναρτηθείς· οὐ γάρ ἦν ξύλον ξηρόν ὥστε εἰς σταυρόν διασκευασθῆναι· τῷ θεῷ τήν ψυχήν παρατίθησιν, 80 ἐτῶν γενόμενος*» ὁ δέ Ἰσίδωρος ὁ Ἱσπαλ. (*de ortu patr.* c. 82) θέλει αὐτόν εἰς τήν Βιθυνίαν 74 ἔτ. τελευτήσαντα· ὁ αὐτός θεωρεῖται ὑπό τῶν μεταγενεστέρων (Νικηφ. 2,43 Συμεών ὁ Μεταφραστής καί ἄλλοι) καί ὡς ἄριστος ζωγράφος. Τό βέβαιον εἶναι ὅτι οὗτός ἐστιν ὁ χαράξας ἡμῖν τό τρίτον Εὐαγγέλιον, καθά περέδωκαν αὐτῷ οἱ ἀπ' ἀρχῆς αὐτόπται καί ὑπηρέται γενόμενοι τοῦ λόγου, καί τάς Πράξεις τῶν Ἀποστόλων «*ὡς οὐκ ἔτι δι' ἀκοῆς, ὀφθαλμοῖς δέ αὐτοῖς παραλαβών συνετάξατο*» Εὐσεβ. Ἐκκλ. Ἱστ. 3,4.

§ Ἐγγύτατοι καί προσφιλέστατοι τοῦ Παύλου μαθηταί καί συστρατιῶται καί διάκονοι ἐγένοντο ὁ Τιμόθεος καί ὁ Τίτος, ἐξ ὧν ἐκεῖνος μέν τῆς ἐν Ἐφέσῳ παροικίας ἱστορεῖται πρῶτος ἐπίσκοπος, ὁ δέ Τίτος τῶν ἐπί Κρήτης ἐκκλησιῶν (Εὐσεβ. Ἐκκλ. Ἱστ. 3,4.2. *Ἀποστ. Διαταγ.* 7,46. Θεοδώρητ. *ἑρμην. εἰς τήν α' πρός Τιμόθεον* 3,1) καί ὁ μέν ἐπί Δομιτιανοῦ (81-96) μαρτυρικῷ θανάτῳ τελευτήσας λέγεται (Νικηφ. Κάλλ. 3,11. Φωτ. Μυριοβ. 254. Acta SS 2. Jan.p. 566)· ὁ δέ Τίτος ὑπέργηρος γενόμενος μετέστη /(86) πρός τάς οὐρανίους μονάς (Hieron. *ad Tit.* 2,7. Isidor *vit. et obit sanctor.* 87).

Ὁ Σίλας ὁ καί Σιλουανός λεγόμενος, οὕτω μέν ὀνομαζόμενος ἐν ταῖς ἐπιστολαῖς τοῦ Παύλου ἐκείνως δέ ἐν ταῖς Πραξ. τῶν Ἀποστόλων, ἦτον εἷς ἐκ τῶν προφητῶν τῆς ἐν Ἱερουσαλήμ ἐκκλησίας· ἔπειτα δέ προσκολληθείς τῷ Παύλῳ (Πραξ. 15,22.32) ἐγένετο ἀκόλουθος καί συνεργός αὐτοῦ κατά τήν β' αὐτοῦ περιοδείαν (Πραξ. 15,40. 16,19.25. 17,4. 18,5. παραβ. α' Θεσσαλ. 1,1. Θεοδ. 1,1, β' Κορ. 1,19). Ἐάν ὁ ἐν τῇ α' ἐπιστολῇ τοῦ Πέτρου 5,12 ἀναφερόμενος Σίλας εἶναι ὁ αὐτός, ἄγνωστον. Ἡ παράδοσις (Δωροθ. καί Ἱππολ.) θέλει αὐτόν ἐπίσκοπον τῆς Κορίνθου, διακρίνει ὅμως αὐτόν ἀπό τοῦ Σιλουανοῦ, τόν ὁποῖον καθίστησιν πρῶτον ἐπίσκοπον τῶν Θεσσαλονικέων, παραβ. Φαβρικίου *Lux evang.* p. 117.

§ Ὁ Ἄρχιππος συνεργάτης καί οὗτος τοῦ Παύλου φαίνεται, διορισθείς ἐπίσκοπος καί διδάσκαλος τῶν Κολασσαέων (Κολασσ. 4,17. Φιλήμ. 2). Κατ' ἄλλους (*Ἀποστ. Διατ.* 7,46) ἐχρημάτισε διδάσκαλος ἐν Λαοδικείᾳ, βλ. καί Θεοδώρ. εἰς τήν πρός Κολασσ. 4,17 «*τινές ἔφασαν τοῦτον Λαοδικείας γεγενῆσθαι διδάσκαλον*».

§ Ὁ Ἀκύλας καί ἡ σύζυγος αὐτοῦ Πρίσκιλλα, χριστιανοί ἐξ ἰουδαίων ἐξοσθέντες ἀπό τῆς Ῥώμης ἐπί Κλαυδίου (51 ἔτος μετά Χρ.), ἦλθον εἰς Κόρινθον· ἔνθα γνωρίσαντες τόν ἀπόστολον Παῦλον (Πράξ. 18,2) ἐγένοντο ἀκόλουθοι αὐτοῦ (Πράξ. 18,18.26)· δι᾿ αὐτῶν ἐπίστευσεν εἰς Χριστόν ἐν Ἐφέσῳ ὁ Ἀπολλώς· ἀλεξανδρεύς ἰουδαῖος. Ἀνήρ λόγιος καί δυνατός ἐν ταῖς Ἁγίαις Γραφαῖς, ὅστις μετά ταῦτα ἐδίδασκε τόν λόγον τοῦ Θεοῦ μετά πολλῆς ἐπιτυχίας ἐν Ἀχαΐᾳ καί ἐν Κορίνθῳ ἰδίως κατά τῶν ἰουδαίων (Πραξ. 18,24. 19,1 παραβ. α᾿ Κορ. 3,6. 16,12).

§ Ὁ Φιλήμων, πρός ὅν ὁ Ἀπόστολος Παῦλος γράφει μίαν ἐπιστολήν, λέγεται (Ἀποστ. Διατ. 7,46) ὅτι ἦτο διδάσκαλος καί οὗτος τῶν Κολασσαέων καί ὅτι ἡ οἰκία αὐτοῦ ἐσῴζετο μέχρι καί τῆς 5 ἑκατονταετηρίδος (ὅρ. Ψευδοδωροθ.). Μεταγενεστέρας εἰδήσεις περί ὅλων τούτων ὅρα ἐν τῷ Συναξαριστῇ τοῦ Νικοδήμου.

§ Πρός τούτοις λέγεται ὅτι ὁ ἀπόστολος Παῦλος ἀπέστειλεν εἰς τάς Γαλλίας τόν Τρόφιμον (β᾿ Τιμοθ. 4,20), βλ. *Μαρτυρολόγιον* Rom. 25 Decebr., παραβ. Petri de Marca *Dissert. de tempore, quo primum in Gallis suscepta est Christi fides* p. 415 προσηρτημένον εἰς τό σύγγραμμα αὐτοῦ *de concordia sacerdotii et imperii Franc.* 1708.- S. Leonis opp. tom. 2, pag. 226 ad Cicciarig. *epist. 51*.- καί ὅτι /(87) αὐτός ἐγένετο τῆς ἐν Ἀρελάτῃ ἐκκλησίας ὁ θεμελιωτής. Τόν Τρόφιμον πρῶτον διδάξαντα ἐν ταῖς Γαλλίαις φαίνονται ὑπαινιττόμενοι καί οἱ λόγοι τοῦ Πάπα Ζωσίμου *Metropolitanae Arelatensium urbi vetus prinilegium minime derogandum est, adquam p r i m u s ex hac cede Trofimus summus antistes, ex c u j u s f o n t e totae Galiae fidei rivalos acceperunt, directus est·* ἐνῷ Γρηγόριος ὁ Τουρόνων θέλει ὅτι ὁ Τρόφιμος οὗτος εἶναι ἕτερός τις ἀποσταλείς εἰς Ἀρελάτην κατά τό 250 βλ. §

§ Ὁ δέ πάλιν Κρήσκης (β᾿ Τιμοθ. 4,10) θεωρεῖται (*Martyrol. Rom.* 27 Junii) ὡς καθιδρύσας τήν ἐκκλησίαν τῆς Βιέννας καί τοῦ Μογοντιακοῦ (Mainz). Διονύσιος δέ ὁ Ἀρειοπαγίτης τήν τῶν Παρισίων (αὐτόθι 9 Octobr)· ὁ Λάζαρος, ἡ Μάρθα καί ἡ ἀδελφή αὐτῆς Μαρία φέρονται κηρύξαντες τό Εὐαγγέλιον εἰς Λούγδουνον (Μασσαλία) –αὐτόθι 17 Decebr.- Ὁ δέ Εὐχάριος καί ὁ Μαρτῖνος, ἀμφότεροι μαθηταί δῆθεν τοῦ ἀποστόλου Πέτρου, λέγονται κηρύξαντες, ὁ μέν Τρηνήρους (ἔθνος τῆς Βελγικῆς· ἡ πόλις αὐτῶν σήμερον Treves καί Trier) ὁ δέ ἐν Κολωνίᾳ (αὐτόθι 7 Decebr καί 14 Septebr.). Ὡσαύτως καί οἱ Ἄγγλοι ἀξιοῦσιν ὅτι πρώτην διδασκαλίαν παρ᾿ ἀποστόλων ἔλαβον, ἐπιστηρίζοντες τήν ἀξίωσιν αὐτῶν ἐπί τῶν μαρτυριῶν τοῦ Εὐσεβίου (*Εὐαγγ. Ἀπόδειξ.* 3,7) καί τοῦ Θεοδωρήτου (*λόγ.* 9 τόμ.4 σελ. 610). Τά μηναῖα τῆς Ἀνατολικῆς Ἐκκλησίας ἀναγράφουσιν ὡς ἀπόστολον τῆς Ἀγγλίας τόν Ἀριστόβουλον, οὗτινος μνείαν ποιεῖται ὁ Παῦλος εἰς τήν πρός

Ρωμαίους ἐπιστολήν 16,10 (βλ. καί *Martyr. Rom*. auct. Baron. ad 15 Martii). Τήν Πυρηναϊκήν χερσόνησον θέλει ὁ λόγος εὐαγγελίσαντα κατά πρῶτον τόν Ἰάκωβον τόν πρεσβύτερον, τόν ἀδελφόν τοῦ Ἰωάννου τοῦ Εὐαγγελιστοῦ (Πραξ. 12) *Martr. Rom*. 25 Julii.

§30. Τρόπος καί Μέθοδος τῆς διδασκαλίας τῶν Ἀποστόλων.
Κενές σελίδες. : 87 (ὑπόλοιπη), 88, 89 (μισή) (σ. 89)

§ 31. Αἴτια τῆς διαδόσεως τοῦ Χριστιανισμοῦ.
Θέσις τῶν Ἰουδαίων καὶ Ἐθνικῶν ὡς πρός αὐτόν.

Ἡ πρώτη αἰτία τῆς ἐξαπλώσεως τοῦ Χριστιανισμοῦ εἰς τόν κόσμον ἦτο ἡ ἐν αὐτῷ οἰκοῦσα θεία ἀλήθεια, ἐνώπιον τῆς ὁποίας δέν ἠδύναντο εἰμή νά ὑποκύπτωσιν οἱ ἰουδαῖοι καί οἱ ἐθνικοί, ἐκεῖνοι μέν καθοδηγούμενοι ὑπό τῶν ἱερῶν Γραφῶν τῆς Παλαιᾶς Διαθήκης (Πραξ. 2,14-38. 17,11 κεξ.)· οὗτοι δέ συναισθανόμενοι τό ψεῦδος, τήν ἀχρειότητα καί τήν σαθρότητα τῆς οἰκείας θρησκείας. Οὐχ ἧττον ὅμως ἐπενήργουν κἄν καί τά θαύματα (Πραξ. 13,12 καὶ ἄλλ. πολ.) καί ἡ παρά τοῖς ἐθνικοῖς γενική τότε κλίσις πρός τάς ξένας θρησκείας (peregrina sacra §). Συνετέλουν δέ εἰς τήν ταχείαν διάδοσιν τῆς χριστιανικῆς θρησκείας ἡ μία γλῶσσα (ἡ ἑλληνική), ἥτις καθ᾽ ἅπασαν σχεδόν τήν Ῥωμαϊκήν ἐπικράτειαν ὑπῆρχε κοινή, καί αἱ μεγάλαι εἰς τήν συγκοινωνίαν εὐκολίαι. Ὀλίγιστοι ὅμως ἦσαν ἀναλόγως οἱ εὔθετοι εἰς τήν ὑποδοχήν τοῦ Εὐαγγελίου. Προλήψεις καί παραδόσεις θρησκευτικαί καί φιλοσοφικαί ἀπεμάκρυνον τούς πλείστους ἀπ᾽ αὐτοῦ. Ἐκεῖνα τά ὁποῖα ἀνέστελλον τούς Ἰουδαίους εἰς τήν παραδοχήν τοῦ Χριστιανισμοῦ ἦσαν αἱ διάστροφοι περί ἐπαγγελθέντος Μεσσίου ἰδέαι των, ἡ εἰς τήν χριστιανικήν ἐκκλησίαν εἴσοδος οὐ μόνον Σαμαρειτῶν, ἀλλά καί ἐθνικῶν ἄνευ ὑποχρεώσεώς τινος εἰς τόν /(90) Μωσαϊκόν νόμον καί ἡ ἐν τῷ Χριστιανισμῷ φανερά ὑπό τοῦ ἀποστόλου Παύλου κηρυττομένη κατάργησις τοῦ Νόμου. Ταῦτα ἔχοντες ὑπ᾽ ὄψιν οἱ πλεῖστοι τῶν Ἰουδαίων, οὐ μόνον δέν ἠσπάζοντο τήν χριστιανικήν θρησκείαν, ἀλλά καί κατεδίωκον αὐτήν. Καί πραγματικῶς ἐκ τῆς προσδοκίας, τήν ὁποίαν εἶχον οἱ πλεῖστοι τῶν Ἰουδαίων περί τοῦ Μεσσίου ὡς ἄρχοντος πολιτικοῦ καί κατακτητοῦ τῶν ἄλλων ἐθνῶν, δέν ἠδύναντο εἰ μή νά σκανδαλίζωνται εἰς τήν ἰδέαν ἑνός Μεσσίου ἐσταυρωμένου (α Κορ. 1,23). Ἡ ἐθνική αὐτῶν ἀλαζονεία ἐπληγοῦτο καιρίως διά τῆς ἐν τῷ Χριστιανισμῷ ἰσότητος πάντων, καί Ἰουδαίων καί Σαμαρειτῶν καί ἐθνικῶν (Ρωμ. 1,16.19. 2,8. κεξ. Γαλ. 3,25). Ἡ ὑπόκρισις τῶν Φαρισαίων ἐστηλιτεύετο, ἡ δέ ἐξ ἔργων αὐτῶν δικαίωσις, εἰς ἥν ἐκαυχῶντο, ἐξηλέγχετο ὑπό τοῦ Χριστιανισμοῦ ὡς ματαία καί ἀνωφελής. Ἐπίσης ἐχθρικῶς διέκειντο πρός τήν νέαν θρησκείαν καί οἱ Σαδδουκαῖοι, ὁρῶντες τά περί μελλούσης ζωῆς δόγματα αὐτῶν καταστρεφόμενα ὑπό τοῦ Χριστιανισμοῦ (Πραξ. 4,2. 23,6).Τοιουτοτρόπως δέ ἦσαν διατεθειμένοι πρός τόν Χριστιανισμόν οὐ μόνον οἱ ἐν Παλαιστίνῃ Ἰουδαῖοι (Πραξ. 21,27. Ρωμ. 15,31) ἀλλά καί οἱ ἀπανταχοῦ ἐν τῇ διασπορᾷ εὑρισκόμενοι (Πραξ. 17,5 κεξ., 18,12 κεξ.). Περίεργοι ἦσαν οἱ λόγοι τῶν ἐν Θεσσαλονίκῃ Ἰουδαίων, οἵτινες καταδιώκοντες τούς ἀποστόλους ὡς ἔγκλημα αὐτῶν ἔφερον ὅτι «*οὗτοι ἀντέπραττον κατά τοῦ Καίσαρος βασιλέα λέγοντες ἕτερον εἶναι Ἰησοῦν*» (Πράξ. 17,7)·—Εἰς τάς ἀνωτέρας τάξεις τῶν ἐθνικῶν, ἰδίως παρά τοῖς φιλοσόφοις καί λογίοις (Α΄ Κορ. 1,18 κεξ.), πρόσκομμα ἐγίνετο ἡ ἰουδαϊκή καταγωγή τοῦ Χριστιανισμοῦ, ἡ ἁπλότης καί ἡ ἀφέλεια μεθ' ἧς ἐνεφανίζετο (Πραξ. 17,18 κεξ.) καί ἡ περί ἀναστάσεως τῶν νεκρῶν διδασκαλία του (Πραξ. ζ 32). Ὁ Χριστιανισμός κατά τό χρονικόν τοῦτο διάστημα ἐθεωρεῖτο ἔτι ὑπό τῶν ἐθνικῶν ὡς αἵρεσίς τις Ἰουδαϊκή· ἕνεκα τούτου ὀλίγον ἐφήλκυεν τήν προσοχήν αὐτῶν (Πραξ. 25,19). Ἐντεῦθεν ὅμως καθώς αἱ ἰουδαϊκαί οὕτω καί αἱ χριστιανικαί κοινότητες ἔχαιρον τήν προστασίαν τῶν τοπικῶν ἀρχῶν (Πραξ. 18,12 κεξ.) καί τά προνόμια τῶν οὕτω λεγομένων «Ἀνεγνωρισμένων ἑταιρειῶν» (sodalitia licita §). Ὅτι καί οἱ ἐθνικοί προσετίθεντο τῇ Ἐκκλησίᾳ τοῦτο διήγειρε καί νῦν ἤδη φωνάς κατά τῶν Χριστιανῶν (Πραξ. 16,20 κεξ. 17,5)· παρεβλέπετο ὅμως ὑπό τῶν Ρωμαϊκῶν ἀρχῶν, καθώς παρεθεωρεῖτο καί πρότερον ὁ προσηλυτισμός τῆς Πύλης πολλῶν ἐθνικῶν, διότι, ἕνεκα τῆς γενικῆς κλίσεως πρός τάς ξένας λατρείας, οἱ περί θρησκειῶν ἀρχαῖοι νόμοι δέν ἐν γένει αὐστηρῶς. Ὁ αὐτοκράτωρ Τιβέριος (14-37), μαθών παρά τοῦ Πιλάτου περί τοῦ Ἰησοῦ Χριστοῦ, ἠθέλησε μάλιστα νά κατατάξῃ αὐτόν μεταξύ τῶν θεῶν /(91) (Tertul. *Apologet.* c. 5., Εὐσεβίου Ἐκκλης. Ἱστ. 2,2)[49]. Ἐπί Κλαυδίου

---

49 Ἡ παρά τῷ Εὐσεβίῳ ἑλληνική μετάφρασις τοῦ χωρίου τοῦ Τερυλλιανοῦ ἔχει ὡς ἑξῆς: «Τιβέριος οὖν ἀγγελθέντος αὐτῷ ἐκ Παλαιστίνης τοῦ δόγματος τούτου ... τῇ συγκλήτῳ ἀνεκοινώσατο, δῆλος ὤν ἐκείνοις (τοῖς συγκλητικοῖς δηλονότι) ὡς τό δόγματι ἀρέσκεται. Ἡ δέ σύγκλητος, ἐπεί οὐκ αὐτή δεδοκιμάκει, ἀπώσατο· ὁ δέ ἐν τῇ αὐτοῦ ἀποφάσει ἔμεινεν, ἀπειλήσας θάνατον τοῖς τῶν Χριστιανῶν κατηγόροις». Τινές τῶν νεωτέρων κριτικῶν θεωροῦσι τό διήγημα τοῦτο τοῦ Τερτυλλιανοῦ ἀδέσποτον ὡς ἀντικείμενον α΄. εἰς τό πνεῦμα τῶν

(41-54) ἐξώσθησαν ἀπό τῆς Ῥώμης μετά τῶν ἀπίστων καί οἱ πιστοί Ἰουδαῖοι (Sueton. ἐν Βίῳ Κλαυδ. κεφ. 25, παραβ. Πραξ. 18,2). Τοῦτο ὅμως δέν δύναται νά θεωρηθῇ ὡς διωγμός κατά τοῦ Χριστιανισμοῦ, καθώς οὔτε ὑπό τοῦ Νέρωνος ἐδιώχθησαν οἱ Χριστιανοί διά τήν θρησκείαν των[50]. /(92)

§ 32. Διωγμός τοῦ αὐτοκράτορος Νέρωνος (54-68) κατά των Χριστιανῶν.

Οἱ Χριστιανοί, οἱ παντάπασιν ἀθῶοι καί ἀμέτοχοι πάσης πολιτικῆς στάσεως ἤ ἐγκλήματος, οἱ ἀξιώτεροι καί φιλανθρωπότεροι τῶν ἀνθρώπων, οἱ οὐδέν κακόν ποτέ προξενήσαντες εἰς τόν αὐτοκράτορα Νέρωνα, ὑπέστησαν ἔκτακτον καί σκληρότατον διωγμόν· διά τήν ἀκόλουθον αἰτίαν. Βουλόμενος ὁ Νέρων[51] νά ἀνοικοδομήσῃ, ὡς λέγουσιν, τήν Ῥώμην πολλῷ ὡραιοτέραν καί λαμπροτέραν παρ' ὅ,τι ὑπῆρχεν, διέταξεν ἐν ἔτει 64 τινάς τῶν περί αὐτόν νά ἐπιβάλωσι πῦρ εἰς τήν πόλιν, οἵτινες καί ἐπλήρωσαν ἄσμενοι τό ἀπάνθρωπον τοῦτο κέλευσμα· ἐπί ἐννέα ἡμέρας κατενέμετο τό πῦρ τήν πρωτεύουσαν τοῦ τότε κόσμου· ἐνῷ δέ τά πάντα ἐγίνοντο παρανάλωμα τῶν φλογῶν καί ἀπετεφροῦντο, ἡ ἀπάνθρωπος καί σκληρά καρδία τοῦ αὐτοκράτορος ἐνηδύνετο ἐπί τῷ θεάματι, ἀναπολοῦντι αὐτῷ τήν πυρπόλησιν τῆς Τρωάδος. Ἀλλ' ἡ Ῥώμη ἐκάπνιζεν

ῥωμαίων, ὅπερ περιεφρόνει πάντοτε τόν Ἰουδαϊσμόν· β΄. εἰς τόν χαρακτῆρα τοῦ Τιβερίου, ὅστις κατά τόν Σουετόνιον (Tiber. c. 36) Externus cerimonias, Aegyptios Judaïcosque ritus compescuit (c. 69) Circa deos ac religiones negligentior· quippe addictus mathematicae, plenusque persuasionis cuncta fatogi· καί γ΄ εἰς τήν σιωπήν τοῦ ῥωμαίου ἱστορικοῦ Σουετονίου, οὐδέν περί τούτου ἱστορήσαντος. Ἕτεροι δέ πάλιν ἀντέχονται τούτου ὡς ἀληθοῦς, ὁρ. J. W. J. Braun De Tiberii Christum in Deorum numerum referenti consilio comm.. Bonnae 1834· ὅθεν καί τις τῶν νεωτάτων ἐπάγει «Ἡ ἀρχαία ἐκείνη παράδοσις, καθ' ἥν ὁ Τιβέριος ὁρμηθείς ἐκ τῆς πρός αὐτόν ἐκθέσεως τοῦ Πιλάτου προέτεινεν εἰς τήν Ῥωμαϊκήν Γερουσίαν ὅπως καταταχθῇ ὁ Ἰησοῦς Χριστός μεταξύ τῶν ῥωμαϊκῶν θεῶν καί διέταξεν ἵνα οἱ διαβάλλοντες τούς χριστιανούς κολάζωνται, ὅσον ὑπερβολική καί ἄν φαίνηται, δέν εἶναι δυνατόν νά μή ἐμπεριέχῃ ἐν ἑαυτῇ καί τινα ἱστορικά καί πραγματικά στοιχεῖα. Τοὐλάχιστον τό πρᾶγμα δέν ἀντιπίπτει εἰς τόν χαρακτῆρα τοῦ Τιβερίου.» Kurtz, βλ. καί τόν ἡμέτερον Εὐγένιον Ἑκατονταετηρίς § 174.
50 Τήν αἰτίαν τῆς ὑπό τοῦ Κλαυδίου γενομένης ἐξώσεως τῶν Ἰουδαίων καί τῶν Χριστιανῶν ἐκ τῆς Ῥώμης μανθάνομεν παρά τοῦ Σουετονίου, ὅστις λέγει «Judeos impolsone Chresto assidue tum ultuuntes Roma expulit·» τούς Ἰουδαίους, οἱ ὁποῖοι ἐρεθισθέντες ὑπό τοῦ Χριστοῦ, ἐποίουν συνεχῶς ἐπιδείξεις καί ταραχάς ἐξέωσε τῆς Ῥώμης) τοῦτο ὅπερ προῆλθεν ἐκ τῆς διαφόρου πάντως ἀπαγγελίας, θέλουσί τινες ὅτι Χρηστό ἀντί Χριστό μετεχειρίσθη καί ὁ Ἰουστῖνος ὁ φιλόσοφος καί μάρτυς ἐν τῇ πρώτῃ ἀπολογίᾳ 4· ὅρα ὅμως τό σχόλ[ιον] τοῦ ὑπό /(92) Joam. Carol Theod. Otto ἐκδόσεως τῶν τοῦ Ἰουστίνου συγγραμμάτων· ὁ Τερτυλλιανός (apolog. c. 3) ἀποδοκιμάζει αὐτό, «perperam (ἡμαρτημένως) Chrestianos pronuntiatur a vobis». Ἐκ τῶν ἀνωτέρω λόγων τοῦ Σουετωνίου ἐξάγεται ὅτι οἱ Ἰουδαῖοι τῆς Ῥώμης, ἀκούσαντες κατά πρῶτον παρά τῶν χριστιανῶν τά περί ἐλεύσεως τοῦ Μεσσίου, ἐθορυβήθησαν καί προέβησαν εἰς κίνημά τι πολιτικόν. Ἡ φήμη δέ αὕτη, ἡ περί ἐλεύσεως τοῦ Μεσσίου, εὐκόλως ἠδύνατο νά παρακινήσῃ τόν δειλόν Κλαύδιον νά ἐξορίσῃ τῆς Ῥώμης τούς Ἰουδαίους, οἱ ὁποῖοι καί πρότερον ἤδη ἔκαμον ἐπιδείξεις τινάς ὁπότε ἐκηδεύετο ὁ νεκρός τοῦ Ἰουλίου Καίσαρος (Suet. Jul. Caesar. cap. 84).
51 Ἡ κυριωτέρα πηγή τοῦ νερωνείου διωγμοῦ εἶναι ὁ Τάκιτος (Annales, 15,44) καί μετ' αὐτόν ὁ Σουετώνιος (Nero, c. 16) καί ὁ Λακτάντιος (De morte persecut., c. 2). Περί τοῦ ἐμπρησμοῦ τῆς Ῥώμης ὅρα Δίωνα Κάσσιον 62,16 κεξ..

ἔτι ὅτε ἡ ὑπόνοια, ὅτι οὗτος ἦν ὁ αἴτιος τοῦ ἐμπρησμοῦ, διαδοθεῖσα καί ἐνισχυθεῖσα παρά τῷ λαῷ ἐνέβαλεν αὐτόν εἰς φόβον, ὅστις διά τοῦτο ἀποτριβόμενος τήν αἰτίαν τοῦ ἀνοσιουργήματος διεφήμισεν ὡς αἰτίους τοῦ ἐγκλήματος τούς Χριστιανούς καί ἐκίνησε φοβερόν κατ' αὐτῶν διωγμόν. Τότε τινές μέν τῶν Χριστιανῶν ἐνερράπτοντο εἰς δέρματα ἀγρίων ζώων καί κατεσπαράσσοντο ὑπό τῶν κυνῶν, ἄλλοι δέ ἐσταυροῦντο καί ἄλλους πάλιν πίσσαν καί στέαρ καί ἄλλας τοιαύτας εὐκαταφλέκτους ὕλας δι' ὅλου τοῦ σώματος ἀπαλείφοντες καί ἐφ' ὑψηλῶν πασσάλων στηρίζοντες ἤναπτον εἰς φωτοχυσίαν τῆς νυκτός καί ὡς λαμπάδας κατέφλεγον· ὅλα δέ ταῦτα συνέβαινον ἔνδον τῶν αὐτοκρατορικῶν κήπων, ἔνθα πρός τούτοις καί ἕτερα ἐδίδοντο εἰς τόν λαόν θεάματα ὑπό τοῦ Νέρωνος! Ἐπί τοῦ διωγμοῦ τούτου διαρκέσαντος 4 ἔτη, μέχρι τέλους τῆς βασιλείας τοῦ Νέρωνος, καί διαδοθέντος πιθανώτατα καί εἰς τάς πέριξ ἰταλικάς ἐπαρχίας, ἀνεδύσαντο /(93) τούς μαρτυρικούς στεφάνους καί οἱ δύο κορυφαῖοι Ἀπόστολοι, ὁ Πέτρος καί ὁ Παῦλος (§)⁵². Τόσον δέ σκληρός ἐγένετο ὁ διωγμός οὗτος, ὥστε πολλοί τῶν τότε χριστιανῶν, ἀλλά καί ἐπί τῶν μετά ταῦτα περεφέρετο τό θρύλημα ὅτι ὁ Νέρων δέν ἀπέθανε, ἀλλ' ἀποσυρθείς πέραν τοῦ Εὐφράτου μέλλει νά ἔλθη ὡς Ἀντίχριστος⁵³.

§ 33. Ἀπόπειραι θετικαί κατά τοῦ Χριστιανισμοῦ· ἀντιδράσεις παρά τῶν ἐκτός Ἐκκλησίας διατελούντων.

Τοιαῦται ἀντιδράσεως ἀπόπειραι κατά τοῦ Χριστιανισμοῦ ἐπί τῶν χρόνων τούτων ἐξεπορεύοντο ἐκ Σαμαρείας, ἀντιπροσωπευόμεναι διά τῶν οὕτω καλουμένω αἱρεσι-

---

52 Ὁ Σουετώνιος ἐν τῷ βίῳ τοῦ Νέρωνος (βλ. καί Τερτυλλ. Ἀπολογητικ. κεφ. 4) λέγει ὅτι οὗτος ἐξέδωκε καί διατάγματα ἐπίσημα περί ἐξολοθρεύσεως τῶν Χριστιανῶν, ἐξ οὗ ἠδυνάμεθά πως νά εἰκάσωμεν ὅτι ὁ διωγμός οὗτος ἐπεξετάθη καί ἐπί τῶν ἄλλων ἐπαρχιῶν τῆς Ἰταλίας· ῥητῶς δέ λέγει τοῦτο πρῶτος Παῦλος ὁ Ὀρίσιος (Hist. 7,7) «Romae Christianos suppliciis ac mortibus affecit, ac per omnes provincias persecutione excrucciari imperavit». Εἰς μίαν ἐν Ἱσπανίᾳ εὑρεθεῖσαν ἐπιγραφήν ἀναφέρεται ὅτι ὁ διωγμός ἐξηπλώθη ἕως αὐτῆ. «Neroni ob provinciam latronibus et his qui novam generi humano superstitionem inculcabant purgatam» (Νέρωνι τῷ καθάραντι τήν ἐπαρχίαν ταύτην ἀπό τῶν ληστῶν καί ἀπό τῶν ἀνθρώπων τῶν εἰσκομιζόντων εἰς τό ἀνθρώπινον γένος νέαν δεισιδαιμόνίαν), Gruteri Inscriptt. tom. I p. 238 n.9). Ἡ γνησιότης ὅμως τῆς ἐπιγραφῆς ταύτης διαμφισβητεῖται.
53 Βλ. Oracula Sibyllina 4,116. Τίθεται δέ ἡ συγγραφή τῶν στίχων τούτων τῆς Σιβύλλης τῷ 80 ἔτει. Ἡ φήμη αὕτη τροποποιηθεῖσα κατά τι μετέβη ἀπό τῶν Χριστιανῶν καί εἰς τούς ἐθνικούς. Ὁ Τάκιτος λέγει ὅτι ποικίλη τις φήμη ἐπεκράτει ἐπί τῶν χρόνων τοῦ περί τελευτῆς τοῦ Νέρωνος καί ὅτι πολλοί ἐφαντάζοντο καί ἐπίστευον ὅτι οὗτος ἔζη «varius super exita ejus rumore pluribus eum vivere fingentibus credentibusque» (Hist. 2,8,1) βλ. καί Suet. Nero c. 40· ἐντεῦθεν καί οἱ ψευδονέρωνες, Δίων Κάσσ. 64,9, Suet. c. 57. Παρά τοῖς χριστιανοῖς ἐκυκλοφόρει ἡ φήμη αὕτη ἐπί ἑκατοντάδας ἐτῶν· «Creditur, λέγει ὁ Σουλπίκιος Σεβῆρος (Hist. sacra 1,2), etiam si se gladio ipse transfixerit curato ejus servatus sub seculi finem mittendus, ut mysterium iniquitatis exerceat». καί Ἱερών. εἰς τόν Δανιήλ 11,28, εἰς τόν Ἡσαΐαν 17,13 καί ἀλλ. βλ. δέ καί Χρυσόστ. Θεοδώρ. Θεοφύλ. καί Οἰκουμ. εἰς τήν ἑρμηνείαν Β΄ Θεσσ. 2,7 καί Αὔγουστ. De vir Dei 20,19.

αρχῶν, τοῦ Δοσιθέου, Σίμωνος τοῦ Μάγου καί τοῦ Μενάνδρου· οὗτοι ἐπεχείρησαν νά ἐξωραΐσωσι καί ἐνισχύσωσι τόν Σαμαρειτικόν αὐτῶν Ἰουδαϊσμόν ἀναμίξαντες μετ' αὐτοῦ στοιχεῖα ἄλλων ξένων ἀνατολικῶν θρησκειῶν καί θεοσοφημάτων καί ἐν μέρει καί χριστιανικάς ἰδέας καί ἐγένοντο ἀρχηγοί νέων αἱρέσεων, αἱ ὁποῖαι, ἐρειδόμεναι ἐπί τῆς μαγείας καί τῆς γοητείας, πρώτιστον μέν σκοπόν εἶχον τήν κερδοσκοπίαν, ἐμμέσως ὅμως καθίσταντο πρόσκομμα καί κώλυμα εἰς τήν διάδοσιν τῆς χριστιανικῆς θρησκείας, ἀποπλανῶσαι ὀπίσω αὐτῶν πολλούς τῶν Ἰουδαίων, τῶν Σαμαρειτῶν, τῶν ἐθνικῶν, οἵτινες ἄλλως ἠδύναντο νά ἐπιστρέψωσιν εἰς τόν Κύριον Ἰησοῦν Χριστόν. Παρομοίαν αἵρεσιν ἀπετέλεσαν κατά τούτους, ὡς φαίνεται, ἤδη τούς χρόνους καί οἱ οὕτω καλούμενοι Ἡμεροβαπτισταί.

α'. Ὁ Δοσίθεος.

Ὁ Δοσίθεος, σύχρονος τοῦ Ἰησοῦ Χριστοῦ, ἐκήρυττεν ἑαυτόν ὡς τόν ὑπό Μωϋσέως προκαταγγελθέντα Μεσσίαν. Ἡ δέ ὑπ' αὐτοῦ θεμελιωθεῖσα αἵρεσις διετέλεσεν ἄσημος, ἐπέζησεν ὅμως μέχρι τῆς 6. ἑκατονταετηρίδος ὁπότε (ἔτει 588) διημφισβήτει εἰσέτι ἐν Αἰγύπτῳ μετά τῶν Σαμαρειτῶν χωρίον τι τοῦ Δευτερονομίου (Δευτερ. 18,18), ἐφ' οὗ ὁ Δοσίθεος ἐστήριζε τήν ἀξίωσιν αὐτοῦ, ὅτι ἦτο ὁ Μεσσίας (ὅρ. Εὐλόγιον παρά Φωτίου Μυριόβιβλον 230). Ὁ διακριτικός τῆς αἱρέσεως ταύτης χαρακτήρ ἦτο αὐστηρός ἀσκητικός βίος· οἷον ἀποχή τῶν ἐμψύχων καί τοῦ γάμου, νηστεῖαι συνεχεῖς καί τά τοιαῦτα. Τοσοῦτον δέ ἐβδελύττοντο οἱ περί τόν Δοσίθεον πάντα ἄνθρωπον μή ἀνήκοντα εἰς τήν αἵρεσιν αὐτῶν, ὥστε μηδέ κἄν νά ἐγγίσωσιν ἤθελον εἰς τόν ξένον (Ἐπιφα. Κατά αἱρ. 13).

Ἴδιον ὡσαύτως τῆς Σαμαρειτικῆς ταύτης αἱρέσεως ὑπῆρχε καί ὑπερβολικός τις περί τήν τήρησιν τοῦ Σαββάτου νόμος· καθ' ὅν οἱ Δοσιθεανοί παρηγγέλλοντο εἰς ὁποιανδήποτε θέσιν καί ἄν εὕρισκον τό σῶμα αὐτῶν, καθ' ἥν στιγμήν ὑπέφωσκεν ἡ ἡμέρα τοῦ σαββάτου, εἰς αὐτήν νά μείνῃ μέχρι τῆς ἑσπέρας[54]. Ὁ αὐτός Δοσίθεος /(95) ἐδογμάτιζε

---

54 Ὠριγ. Περί Ἀρχ. 4,17 "quo quisque corporis situ in principio sabbati inventus fuerit, in eo ad vesperum usque ispi permamendum esse". Περί τῆς τελευτῆς τοῦ Δοσιθέου λέγει ὁ ἱερός Ἐπιφάνιος (αἱρ. 13) «ἐν σπηλαίῳ δέ που ἀναχωρῶν δι' ὑπερβολῆς ἐθελοσοφίας ματαίως καί ὑποκριτικῶς ἐν νηστείᾳ καρτερῶν, ὡς λόγος ἔχει, οὕτως ἀπέθανε ἐν ἐνδείᾳ ἄρτου καί ὕδατος, ἑκουσίᾳ δῆθεν τῇ γνώμῃ» βλ. καί τόν ἡμέτερον Μελέτιον, ἔκδ. Εὐθυβ. τόμ. α' σελ.131 σημ.2.

τήν αἰωνιότητα τοῦ κόσμου καί ἠρνεῖτο τήν ὕπαρξιν τῶν Αἰωνίων Σίμωνος τοῦ Μάγου, οὗτινος κατ'ἀρχάς διδάσκαλος χρηματίσας ἔπειτα ἐγένετο καί μαθητής, χωρίς ὅμως νά ἀσπασθῇ καθ' ὅλα τήν διδασκαλίαν του (βλ. περί αὐτοῦ Ὠριγ. *Κατά Κέλσου* βιβλ. 1 καί 4. Ὁμιλ. Ψευδοκλημ. 2,24. Ἐπιφ. αἵρ. 13. Θεοδώρητ. αἵρ. Κατ… 1,2.).

β'. Σίμων ὁ Μάγος

Σίμων ὁ Μάγος ἐγεννήθη ἔν τινι χωρίῳ τῆς Σαμαρείας Γίττων ἤ Γιττῶν (Ἰουστ. Μάρτ. ἀπολ. α', § 26). Ἡ μετά τοῦ διακόνου Φιλίππου καί ὕστερον μετά τοῦ Πέτρου καί τοῦ Ἰωάννου συνέντευξις αὐτοῦ (ἐν ἔτει 36) ἔδωκεν ἀφορμήν εἰς τινας τῶν ἀρχαίων νά πλάσωσι πολλά περί αὐτοῦ καί νά περιποιήσωσιν εἰς αὐτόν μεγαλεῖον καί ἐπισημότητα τοιαύτην, ἧς οὗτος δέν ἦτο ἄξιος (βλ. τάς ὁμιλ. τοῦ Ψευδοκλήμ. §). Οὐχ ἧττον ὅμως εἶναι βέβαιον ὅτι ὑπῆρξεν ὁ πατήρ τῶν γνωστικῶν αἱρέσεων· καί κατά τοῦτο δικαίως ἀποκαλεῖ αὐτόν ὁ ἅγιος Εἰρηναῖος *διδάσκαλον καί ἀρχηγόν πάντων τῶν αἱρετικῶν*· magister ac progenitor omnium haereticorum (Adv. haer. 1,27) καί ἀλλαχοῦ 1,23 Simon autem Samaritanus ex quo universae haereses substiterunt.). Ὁ Σίμων ἐδίδασκεν (αὕτη εἶναι ἡ καθαρά γνωστική διδασκαλία του) ὅτι ὑπάρχει εἷς ἄγνωστος, ὕψιστος καί ἀπρόσιτος θεός, τούτου δέ διέκρινε μεγάλην τινα δύναμιν ἐκπροσωπευτικήν καί ἀποκαλυπτικήν. Διά τῆς μεγάλης ταύτης ἐκπροσωπευτικῆς δυνάμεως ἐφανερώθη ὁ ὕψιστος Θεός τρίς ἐν τῷ κόσμῳ (κατ' ἀναλογίαν τῆς περί ἁγ. Τριάδος χριστιανικῆς διδασκαλίας)· πρῶτον εἰς τούς Ἰουδαίους ὑπό τό ὄνομα υἱός, ἔπειτα εἰς τούς Σαμαρείτας ὑπό τό ὄνομα πατήρ καί τελευταῖον εἰς τά ἄλλα ἔθνη ὑπό τό ὄνομα ἅγ. Πνεῦμα (Εἰρην. adv. haer. βιβλ. 1,23,1). Οἱ τρεῖς ὅμως οὗτοι Πατήρ, Υἱός καί Πνεῦμα εἶναι τρεῖς διάφοροι μόνον προσηγορίαι ἤ ἐμφανίσεως τρόποι οὐχί τοῦ ἑνός Θεοῦ, ἀλλά τοῦ ἐκπροσωποῦντος αὐτόν, ὅ ἐστι τῆς Μεγάλης Δυνάμεως τοῦ Θεοῦ. Ἡ Μεγάλη αὕτη δύναμις (sublimissima virtus) ἔλεγεν ὁ Σίμων ὅτι ἦν αὐτός / (96) (Πραξ. 8,10 κεξ.)· ἐντεῦθεν ἐκήρυττεν ὅτι αὐτός ἦν ὁ πρό μικροῦ ἐν Ἰουδαίᾳ ὑπό τήν μορφήν τοῦ υἱοῦ ἐμφανισθείς καί ὅτι κατά τό φαινόμενον μόνον (κατά δόκησιν) ἔπαθεν· ὅτι νῦν ἐμφανίζεται μεταξύ τῶν συμπατριωτῶν του ὑπό τήν μορφήν τοῦ Πατρός, ὅτι εἰς τούς ἐθνικούς ἀπεκαλύφθη ἤδη ὡς πνεῦμα, καί ὅτι ἡ εἰς τάς φιλοσοφίας τῶν Ἐθνικῶν εὑρισκομένη, ἐν δέ τῇ διδασκαλίᾳ αὐτοῦ νῦν παραλαμβανομένη ἀλήθεια εἶναι ἀπόρροια καί προϊόν ἐκείνης αὐτοῦ τῆς προτέρας ἀποκαλύψεως. Ἡ περί τῆς ἐμφανίσεως μεγάλης θείας δυνάμεως ἐν σχήματι ἀνθρώπου πρός διάπραξιν τῆς τοῦ ἀνθρωπίνου γένους ἀπολυτρώσεως -ἰδέα- ἦτο παλαιά καί ἐπί πολύ ἐξηπλωμένη, ὥστε ὁ Σίμων ἐδανείσθη ἴσως αὐτήν ἐκ τῶν Βουδαϊστῶν. Τά τιμητικά ὀνόματα, τά ὁποῖα ἀπέδιδεν εἰς ἑαυτόν ὁ Σίμων, ἦσαν Sermo dei, Λόγος, speciosus, paracletus, omnipotens (Εἰρην. ἔνθ. ἀνωτ. καί Ἱερώνυμ. εἰς τόν Ματθ. 24) καί Ἑστώς (Κλήμ. Ἀλεξ. Στρωμ. 2,11 § 52. Ψευδοκλημ. ὁμιλ. 2,22), ὄνομα ὅπερ τηνικαῦτα φαίνεται ὅτι ἀπεδίδετο κοινῶς εἰς τόν Ἰησοῦν Χριστόν ὡς τήν μεγίστην δύναμιν τοῦ Θεοῦ ὄντα. Πρός τούτοις ἐδίδασκεν ὁ Σίμων (ταῦτα κατά τήν θεοσοφίαν ἐν μέρει τοῦ Φίλωνος) ὅτι ὑπάρχουσι διάφορα *Αἰώνων* τάγματα κατοικοῦντα τάς χώρας τοῦ οὐρανοῦ, ὅτι ἐπί κορυφῆς τῶν ταγμάτων τούτων ἵστατο ἡ ἔννοια, ἤγουν ἡ πρώτη τῆς Μεγάλης τοῦ Θεοῦ δυνάμεως ἰδέα, ὅτι διά τῆς ἐννοίας ταύτης ἐποίησεν ὁ Θεός τούς ἀγγέλους καί τούς ἀρχαγγέλους καί ὅτι ἕκαστος μεταγενέστερος τόκος τῆς ἐννοίας εἶναι κατώτερος καί ἀτελέστερος καί *τοιοῦτοι* εἶναι οἱ ἄγγελοι καί αἱ Δυνάμεις, ὑφ' ὧν ἐδημιουργήθη ἤ *ἁπλῶς μόνον ἐμορφώθη ὁ κόσμος* οὗτος (Εἰρην. κατά αἱρ. 1,23.2. Ἐπιφ. αἱρ. 21,6). Ἐκ τοῦ χοροῦ τῶν κατωτέρων τούτων πνευμάτων ὑπάρχει, ἔλεγεν ὁ Σίμων, καί ὁ θεός τῶν Ἰουδαίων (Ἐπιφ. αὐτόθ. κεφ. 5). Οἱ Ἄγγελοι καί τά πνεύματα ταῦτα φθονήσαντες τήν μεγαλυτέραν δόξαν τῆς Ἐννοίας, κρατήσαντες αὐτήν συνῆψαν μέ σῶμα ἀνθρώπινον ὅπως κωλύσωσι τήν εἰς τόν ἄνω κόσμον ἐπάνοδόν της. Ἡ κακία ἐξενίκησε τοιουτοτρόπως ἐπί τῆς ἀγαθότητος καί τῆς ἀρετῆς καί ἐτέθη ἡ ἀνάγκη τῆς ἀπολυτρώσεως· (τήν ἰδέαν τῆς ἀπολυτρώσεως παρέλαβεν ὁ Σίμων ἐκ τοῦ Χριστιανισμοῦ, διότι αὕτη ἔλειπεν εἰς τό σύστημα τοῦ Φίλωνος). Αἰχμάλωτος ἤδη ἡ *ἔννοια* ἔζη βίον σκληρότατον, λύπης καί ταλαιπωρίας καί θλίψεων μεστόν, μεταβιβαζομένη ἀπό σώματος εἰς σῶμα γυναικεῖον, ἕως οὗ τέλος εὐδοκίσαντος τοῦ ὑψίστου θεοῦ εἰς τήν ἀπολύτρωσίν της, ἐνεφανίσθη ἡ Μεγάλη αὐτοῦ Δύναμις ἐν τῷ Σίμωνι, ὅστις καταβαίνων ἐκ τῶν οὐρανῶν καί ἑκάστοτε τήν παρ' ἑκάστοις τῶν κατοίκων αὐτῶν μορφήν ὑποδυόμενος προσέλαβε τέλος τήν ἀνθρώπινον μορφήν πρῶτον εἰς τούς Ἰουδαίους καί ἔπειτα εἰς τούς Σαμαρείτας /(97) παραγενόμενος. Καταβάς δέ ἐπί τῆς γῆς εὗρε εἰς τήν Τύρον ἔν τινι δούλῃ Ἑλένη ὀνόματι, τήν ὁποίαν παραλαβών ἤδη ὁμόσκηνον καί ὁμοδίαιτον ὁ Σίμων περιεφέρετο. Ἔλεγε ὅτι ἦτον ἄλλοτε ἡ Ἑλένη, δι' ἥν ἡ Τρωάς κατεστράφη, καί ἡ Ἀθηνᾶ καί ὠνόμαζεν αὐτήν

Προύνικον, ὅπερ ἐστίν ἡ καταισχυνθεῖσα (Ἐπιφ. αἴρ. 21,2). Αὕτη ἡ ἐν τῇ Ἑλένῃ αἰχμάλωτος κρατουμένη *ἔννοια* εἶναι προφανῶς προσωποποίησις τοῦ πνεύματος, ὅπερ ἔδει νά ἐλευθερωθῇ ἐκ τῶν δεσμῶν τῆς ὕλης (τοιοῦτον τι ἦτο καί ἡ Ἀχαμέθ τοῦ Βαλεντίνου §).

Ἡ ἀπολύτρωσις τῆς ἀνθρωπότητος ἐκρέματο ἐκ μόνης τῆς γνώσεως· ὅπερ ἐστίν, ὅστις ἐπίστευε καί ἀνεγνώριζε τόν Σίμωνα ὡς τήν μεγάλην Δύναμιν τοῦ Θεοῦ, οὗτος ἐσώζετο (Εἰρην. 1,23,3) - Ὁ Μωσαϊκός νόμος μεθ' ὅλων αὐτοῦ τῶν ἐντολῶν καί τῶν παραγγελμάτων ἦτον ἔργον ἑνός τῶν κατωτέρων Αἰώνων, τοῦ θεοῦ τῶν Ἰουδαίων, διά τοῦτο ἐκήρυττεν ὁ Σίμων πάντας τούς εἰς αὐτόν καί εἰς τήν Ἑλένην πιστεύοντας ἐλευθέρους καί ἀπηλλαγμένους τοῦ ζυγοῦ τούτου (Εἰρην. αὐτόθι §3 καί Θοεδώρ. περί αἱρ. κακομ. 1,1)· ἐπί τῶν χρόνων τοῦ Ἁγίου Εἰρηναίου (περί τό 180) ἐκήρυττον οἱ Σιμωνιακοί τήν ὀλέθριον διδασκαλίαν ὅτι - ἐν τῷ ἐξωτερικῷ βίῳ οὔτε ἠθικότης οὔτε ἀνηθικότης ὑπάρχει - ἤγουν αἱ πράξεις τοῦ ἀνθρώπου οὔτε ἠθικαί οὔτε ἀνήθικαι τυγχάνουσαι. Καί καθά ἱστορεῖ ὁ Εὐσέβιος (Ἐκκλ. ἱστ. 2,13) ἦσαν οἱ αἰσχρότεροι καί μιαρώτεροι τῶν ἀνθρώπων (παραβ. Ἀποστολ. Διατ. 6,9 καί 10. Ἐπιφαν. αἵρεσ. 21,4). Εἰς τήν τοιαύτην ὅμως ἀπαρακάλυπτον αἰσχρουργίαν εἶναι πολύ πιθανόν νά ἐξώκειλαν οἱ μετά ταῦτα μαθηταί τοῦ Σίμωνος· ὅλων τούτων τῶν φαντασιοκοπημάτων τήν ἀλήθειαν καί πραγματικότητα ὑπεστήριζε ὁ Σίμων διά πολλῶν καί ἀπατηλῶν τεχνασμάτων καί τερατουργιῶν (Εἰρην. κατά αἱρ. 23.1 καί 4. Ψευδοκλημ. ὁμιλ. 2,24 καί 32). Καίτοι δέ πρωϊμώτατα κατεκερματίσθη ἡ αἴρεσις αὕτη εἰς πολλάς, οἷον εἰς τήν τῶν Κλεοβιανῶν, τῶν Μασβωθαίων, Ἀδριανιτῶν, Εὐτυχητῶν, Μενανδριανῶν (Εὐσεβ. Ἐκκλσ. Ἱστ. 4,22) ἐπέζησεν ὅμως μέχρι καί τῆς 5 ἑκατονταετηρίδος Περί τά μέσα τῆς δευτέρας ἑκατονταετηρίδος ἦσαν πολυάριθμοι ἔτι οἱ ὀπαδοί τοῦ Σίμωνος (Ἰουστ. Μαρτ. Ἀπολογ. α' 26). Ἀλλά καί μέχρι τοῦ Εὐσεβίου ἠρίθμει ἡ αἴρεσις αὕτη ἱκανούς· ἦτο δέ ὡς φαίνεται ἐξηπλωμένη μᾶλλον εἰς τήν Συρίαν, τήν Φρυγίαν καί τήν Ῥώμην.

Ὁ Σίμων παρέδωκε τήν ἑαυτοῦ διδασκαλίαν ἐν ἰδίοις συγγράμμασι, τά ὁποῖα ὅμως, ἐκτός ὀλίγων τινῶν ἀσημάντων τεμαχίων (Grabe, Spicileg. tom. I, p. 305) ἀπωλέσθησαν. Εἰς τούς μαθητάς αὐτοῦ ἀνήκει τό ἀπόκρυφον βιβλίον τό ἐπιγραφόμενον *Κήρυγμα τοῦ Πέτρου*· καί ἕν *εὐαγγέλιον* εἰς 4 διῃρημένον φέρον τήν ἐπιγραφήν «Τά τέσσαρα ἄκρα τοῦ κόσμου» /(98) (Coteler. Patre apost. ed. 2 tom. 1 p. 347, not. 19 καί τόν ἀνώνυμον συγγραφέα τοῦ De rebaptism. p.315, ὄπισθεν τῶν συγγραμμάτων τοῦ ἁγίου Κυπριανοῦ, ἔκδοσις Παρισίων 1726). Τά Φιλοσοφούμενα 1,6 ἀρύονται τήν διδασκαλίαν τοῦ Σίμωνος ἔκ τινος συγγράμματος, ὅπερ ἐφέρετο τηνικαῦτα ὡς τοῦ Σίμωνος ὑπό τόν τίτλον *Ἀπόφασις ἡ Μεγάλη*. – Καί ὁ Ἰώσηπος ἀναφέρει (Ἰουδ. Ἀρχ. βιβλ. 20,7,2.) Σίμωνά τινα Μάγον, παράσιτον τοῦ ῥωμαίου ἀνθυπάτου τῆς Παλαιστίνης Φήλικος, προστίθησιν ὅμως ὅτι οὗτος πατρίδα εἶχε τήν Κύπρον: «*Καί Σίμωνα ὀνόματι τῶν ἑαυτοῦ φίλων, ἰουδαῖον, Κύπριον δέ τό γένος, μάγον εἶναι*»· ὥστε διάφορος οὗτος τοῦ Σαμαρέως (βλ. Ἰουστ. Μαρτ. Ἀπολογητ. α΄, §26. 56. καί Διάλογ. πρός Τρύφ. ἰουδαῖον § 120· οὗτινος αἱ εἰδήσεις ἔχουσι πολλήν τήν αὐθεντίαν καί ἀξιοπιστίαν ἅτε δή Σαμαρέως).- Ὁ Ἰουστῖνος (αὐτόθι) λέγει ὅτι εἶδε καί ἄγαλμα τοῦ Σίμωνος τούτου ἐν Ῥώμῃ φέρον τήν ἐπιγραφήν Simoni Sancto deo = Σίμωνι θεῷ ἁγίῳ. Οἱ νεώτεροι ὅμως πιθανολογοῦσιν ὅτι τό ἄγαλμα, περί οὗ ὁμιλεῖ, ὁ ἅγ. Ἰουστῖνος εἶναι τό αὐτό μέ τό ἐν ἔτει 1574 ἐκ τοῦ Τιβέρεως ἀνελκυσθέν, ὅπερ φέρει ἐπιγραφήν Semoni Sanco Deo Filio Sacrum = Σέμωνι Σάγκῳ θεῷ πιστίῳ τό ἄγαλμα τόδε ἀνατέθηται· Σέμων δέ ὁ Σάγκος θεός ἦν τῶν Σαβινίων (βλ. Ouid. fast. 6, 213). Τοῦ Ἰουστίνου ὅμως ὑπεραπολογεῖται ἐκ τῶν νεωτέρων ὁ Braun, *S. Justini M.apologiae. Bonnae 1830, p. 97*. Κατά τόν Εἰρηναῖον ὁ Σίμων μετεχειρίζετο τόν ἐξορκισμόν, τήν μαγείαν, παρεῖχε μέσα ἐρωτικά καί ἔλυεν ὀνείρους.. Ὁ δέ Ψευδοκλήμης (Ὁμιλ. 2,32) ἀπαριθμεῖ πολλά θαυμάσια αὐτοῦ: «ὅτι ἀνδριάντας ἐποίει περιπατεῖν καί ἐπί πῦρ κυλιόμενος οὐκ ἐκαίετο· ἐνίοτε δέ καί ἐπέτατο, καί ἐκ λίθων ἄρτους ἐποίει· ὄφις ἐγίνετο, εἰς αἶγα μετεμορφοῦτο, διπρόσωπος ἐγίνετο εἰς χρυσόν μετεβάλλετο (καί εἰς καπνόν, ὁμιλ. 2,24) θύρας κεκλεισμένας ἤνοιγεν, σίδηρον ἔλυεν, ἐν δείπνοις εἴδωλα παντοδαπῶν εἰδέων παρίστα· τά ἐν οἰκίᾳ σκεύη ὡς αὐτόματα φερόμενα πρός ὑπηρεσίαν βλέπεσθαι ἐποίει, τῶν φερόντων οὐ βλεπομένων». Κατά τά Φιλοσοφούμενα ὁ Σίμων διέταξε τούς ὀπαδούς αὐτοῦ νά θάψωσιν αὐτόν ζῶντα, ὑποσχεθείς εἰς αὐτούς τήν τριήμερον ἀνάστασιν του. Μεταγενέστεροι δέ τινες προσθέτουσι καί ἕτερον ἀνέκδοτον, ὅτι δηλαδή παραγενόμενος τό δεύτερον εἰς Ῥώμην ὁ Σίμων περί τά τέλη τοῦ βίου αὐτοῦ κἀκεῖ συναπαντηθείς μετά τοῦ ἀποστόλου Πέτρου καί ἐπιχειρήσας νά ἀναληφθῇ εἰς τούς οὐρανούς, ὑπέστη ἱκάρειον τέλος καταπεσών δι' εὐχῆς τοῦ ἀποστόλου καί ἀποπνιγείς εἰς τά ὕδατα (*Ἀποστ. Διαταγ.* βιβλ. 6, κεφ. 9.

Arnob. *adv. gent.* libr. 2.6.12. Suplic. Sever. *Hist. sacr.* 2,28). Τινές εἰκοτολογοῦσιν ὅτι τό ἀνέκδοτον τοῦτο ἐμορ-/(99) φώθη ἐξ ὧν ὁ Σουετώνιος ἱστορεῖ (ἐν τῷ βίῳ Νέρων. κεφ. 12, ὅρ. καί Ἰουβενάλ. Σατουρ. 3, 79.80)· περίτινος ἐν Ῥώμῃ θελήσαντος νά πετασθῇ ὡς ὁ Ἴκαρος ἐπί παρουσίᾳ τοῦ Νέρωνος. Σημειωτέον ὅμως ὅτι ὁ τοῦ Σουετωνίου κατέπεσεν οὐχί ἐν τοῖς ὕδασιν, ἀλλά πλησίον τῆς σκηνῆς τοῦ αὐτοκράτορος.

γ΄. Ὁ Μένανδρος.

Ὁ Μένανδρος, μαθητής τοῦ Σίμωνος καί ἐν τοῖς κυριωτέροις τήν διδασκαλίαν αὐτοῦ ἀκολουθῶν, προέστη ἰδίας αἱρέσεως καθ' ὅσον ἐκήρυξε καί οὗτος ἑαυτόν ὡς ἐνσάρκωσιν μεγάλης θείας δυνάμεως καί ὡς τόν προσδοκώμενον Μεσσίαν· καί καθ' ὅσον εἰσήγαγε βάπτισμα ὕδατος καί πυρός εἰς τό ἑαυτοῦ ὄνομα, ἐπαγγηλάμενος δι' αὐτοῦ εἰς τήν περί αὐτόν αἰώνιον ζωήν. Ἐπίσης δέ οὗτος παρίσταται ὡς μάγος καί ἀπατεών (Ἰουστιν. Μαρτ. *ἀπολογ.* α΄ § 34. 73. Εἰρην. *κατά αἱρ.* 1,23,5. Τερτυλλ. *περί ψυχ.* κεφ. 50. Εὐσέβ. Ἐκκλ. Ἱστ. 3,26. Ἐπιφαν. αἵρ. 28).

Περί τούτων ἔγραψαν ἐκ τῶν νεωτέρων A. Neander, *Genetische Entwickelung der gnostischen Systeme*, Berlin 1818, σελ. 338 κεξ., B. J. Hilgers, *Kritische Darstellung der Hëëresen*, Bonn 1837, σελ. 133. Simson, «Leben und Lehre Simons des Mag.» ἐν τῷ Illgens hist. – theol. Zeitschr. 1841,3.

δ΄. Οἱ Ἡμεροβαπτισταί.

Ἐν τῇ Καινῇ Διαθήκῃ (Πραξ. 18,25 κεξ. 19,1 κεξ.) ἀπαντῶνταί τινες οὕτω καλούμενοι *μαθηταί τοῦ Ἰωάννου*, οἵτινες οὐδέν ἄλλο ἦσαν πάντες εἰμή Ἰουδαῖοι ἑλληνισταί, οὕς εὑρών ὁ βαπτιστής Ἰωάννης ἐν Ἰερουσαλήμ, ὅτε οὗτοι ἀνέβησαν εἰς τήν ἑορτήν, ἐδίδαξεν τά περί τοῦ Ἰησοῦ Χριστοῦ, οὗτοι δέ ἐπίστευσαν εἰς αὐτόν ὡς εἰς Μεσσίαν, χωρίς ὅμως νά λάβωσι περισσοτέρας περί τῆς χριστιανικῆς θρησκείας πληροφορίας. Ἐκ τούτων πολλοί, μή ἀξιώσαντες ὡς φαίνεται νά προσέλθωσιν ἐντελῶς εἰς τόν Χριστόν, ἀπετέλεσαν ἰδίαν αἵρεσιν καί αὕτη εἶναι ἀναμφιβόλως ἡ αἵρεσις τῶν Ἡμεροβαπτιστῶν (Εὐσεβ. Ἐκκλ. Ἱστ. 4,22. Ἀναγνωρ. Κλήμ. 1,54 καί 60). Εἰς τάς ὁμιλίας τοῦ Ψευδοκλήμεντος, ὅπου (ὁμιλ. 2,23) καί αὐτός ὁ βαπτιστής Ἰωάννης καλεῖται Ἡμεροβαπτιστής, ἀπαντῶμεν ἴχνη τῶν μαθητῶν τούτων τοῦ Ἰωάννου, οἵτινες φέρουσι τόν τύπον αἱρέσεως καί αἱρέσεως ἀποκλινούσης πρός τάς τῶν Γνωστικῶν δοξασίας (βλ. καί *Ἀποστ. Διατ.* βιβλ. 6 κεφ. 6). Πολλοί τῶν νεωτέρων θέλουσιν ὅτι λείψανα τῆς αἱρέσεως ταύτης εἶναι οἱ ἐν τῇ /(100) Ἀσίᾳ σήμερον περιφερόμενοι καί ὑπό τῶν Ὀθωμανῶν καλούμενοι Ζαβαῖοι ἤγουν Βαπτισταί, οἵτινες διισχυρίζονται ὅτι κατάγονται ἐκ τῆς Γαλιλαίας καί ἀνάγουσι τήν χριστιανίζουσαν αὐτῶν αἵρεσιν ἐπί Ἰωάννην τόν Βαπτιστήν.

Σημείωσις. Ἡ αἵρεσις αὕτη ἐγένετο γνωστή ἔκ τινων καρμηλιτῶν Ἱεραποστόλων περιφερομένων ἐν Περσίᾳ μεσούσης τῆς 17 ἑκατονταετηρίδος Οἱ ὀπαδοί αὐτῆς ὀνομάζουσι αὐτοί ἑαυτούς *Ναζωραίους*, καί *Μενδαίους* (=γινώσκοντες, κατ' ἄλλους = πλάσματα τοῦ ζῶντος). Ἐν δέ τῇ διδασκαλίᾳ αὐτῶν φέρεται ὡς σωτήρ αὐτῶν ἀνώτερός τις αἰών ὑπό τό ὄνομα Μάνδο Διχάιε (=ἄγγελος τῆς ζωῆς), περί οὗ λέγεται ὅτι κατῆλθεν εἰς τόν κόσμον ἐν μορφῇ ἀνθρώπου καί ὅτι ὁ Ἰωάννης εἰς τούτου τό ὄνομα ἐβάπτιζεν, τοὐναντίον δέ λέγεται περί τοῦ Ἰησοῦ Χριστοῦ ὅτι δηλ. ἦτο ψευδής τις Μεσσίας ἀποσταλείς ὑπό τῶν κακῶν ἀγγέλων πρός ἐξαπάτησιν τῶν ἀνθρώπων· ὅτι ἡ αἵρεσις αὕτη εἶναι λείψανον τῆς ἀρχαίας ἐκείνης τῶν Ἡμεροβαπτιστῶν δέν εἶναι ἴσως ἀπίθανον· ἡ αὐτή ὅμως φαίνεται διελθοῦσα διά πολλῶν ἄλλων αἱρέσεων καί πολυειδῶς διαμορφωθεῖσα ὑπό τῶν Γνωστικῶν τῆς Ἀνατολῆς. Αἱ πρῶται περί Ζαβαίων εἰδήσεις διεβιβάσθησαν εἰς τήν Εὐρώπην δι' ἑνός συγγράμματος τοῦ Καρμηλίτου Ἰησουίτου Ἰγνατίου: *Narratio originis rituum et errorum Christianorum S. Joannis.*, Rom 1652. Πληρεστέραν ὅμως γνῶσιν τῆς αἱρέσεως ταύτης παρέσχεν ὁ ὑπό τοῦ Ματθαίου Νορβεργίου μεταφρασθείς θρησκευτικός αὐτῶν κῶδηξ *Codex Nasaraeus, liber Adami appellatus*, Syriacae transcriptus latinique redditus a Matth. Norberg, 3. tom., Lund 1815. Περί τούτου ἀνάγν. *Les Nasoréens*, thése de theologie historique par L. E. Barckhardt, Strasbourg 1840 καί *Kirchen Lexicon* Leranig von Wetzer und W. τόμ. ἑνδέκατος εἰς τήν λέξιν Zabier.

§ 34. Πολιτική κατάστασις τῶν Ἰουδαίων. Καταστροφή τῆς Ἱερουσαλήμ.

Ἐπειδή ἡ ἰδέα ὅτι ὁ λαός τοῦ Θεοῦ δέν πρέπει νά ὑπείκῃ εἰς ξένην δύναμιν καί νά διατελῇ ὑπό ζυγόν ἀλλοφύλων δέν ἦτο ξένη εἰς τούς Ἰουδαίους[55] καί ἐπειδή αἱ προλήψεις καί ἡ ἐθνική ἀλαζονία τοῦ ὑπό τῶν ῥωμαίων περιφρονουμένου ἰουδαϊκοῦ λαοῦ

---

55 Οὕτω λέγει φερ' εἰπεῖν ὁ Ἰώσηπος ἐν τῇ *Ἰουδαϊκῇ Ἀρχαιολογίᾳ* 18,1,6 περί Ἰούδα τοῦ Γαλιλαίου καί τῶν ὀπαδῶν αὐτοῦ «μόνον ἡγεμόνα καί δεσπότην τόν Θεόν ὑπειληφότες κτλ.» καί ἀλλαχοῦ (*περί τοῦ ἰουδ. πολεμ.* 2,8,1): «Ἰούδας εἰς ἀπόστασιν ἐνῆγε τούς ἐπιχωρίους κακίζων, εἰ φόρον τε ῥωμαίοις τελεῖν ὑπομένουσι καί μετά τόν Θεόν θνητούς δεσπότας» (παραβ. Δευτερ. 17,15)

ἐνέπνεον εἰς τούς ἐπιτοπίους ἐπάρχους καί εἰς τούς ἄλλους ἀξιωματικούς ῥωμαίους μῖσος, /(101) τό ὁποῖον πολλάκις ἀπέληγεν εἰς σκώψεις καί πιέσεις ἐκ μέρους αὐτῶν· διά τοῦτο συχναί συνέβαιναν στάσεις κατά τῆς ῥωμαϊκῆς ἐξουσίας καί πάντοτε ἐζήτουν εὐκαιρίαν οἱ Ἰουδαῖοι νά ἀποτινάξωσι τόν ῥωμαϊκόν ζυγόν, ἕως οὗ εὗρεν αὐτούς ἡ ὀργή τοῦ Θεοῦ.

Μετά τόν θάνατον τοῦ βασιλέως Ἡρώδου τοῦ Ἀγρίππα (τῷ 44 ἔτει), παραγκωνισθέντος τοῦ υἱοῦ αὐτοῦ Ἀγρίππα τοῦ νεωτέρου μετεβλήθη πάλιν ἡ Παλαιστίνη εἰς ῥωμαϊκήν ἐπαρχίαν καί ἔλαβεν ἔπαρχον τόν Κούσπιον Φάδον. Ἐπί τούτου παρῆλθεν εἰς μέσον ἰουδαῖός τις ὀνόματι Θευδᾶς κηρύττων ἑαυτόν προφήτην καί πολλούς ἐξαπατῶν ἐκ τοῦ λαοῦ, τούς ὁποίους ὑπισχνεῖτο νά διαβιβάσῃ διά τοῦ Ἰορδάνου ἀβρόχοις ποσί. Τοῦτον ταράσσοντα καί εἰς στάσιν κινοῦντα τόν λαόν διά τῶν λόγων αὐτοῦ, συλλαβών ὁ Κούσπιος Φάδος ἀπέτεμε τήν κεφαλήν καί οὕτω διεσκόρπισε τό περί αὐτόν συγκεντρωμένον πλῆθος τοῦ λαοῦ[56].

Ἐν ἔτει 46 ἐγένετο τοοπάρχης προσήλυτός τις Τιβέριος Ἀλέξανδρος, ἐφ' οὗ συνέβη ἐν Παλαιστίνῃ λιμός μέγας, ἐκεῖνος πάντως ὁ ὑπό τοῦ προφήτου Ἀγάβου προφητευθείς (Πραξ. 12,28). Τόν Ἀλέξανδρον διεδέχθη τό 48 ἔτος Βεντίδιος Κούμανος· ἐπ' αὐτοῦ ἔλαβε χώραν κατά τήν ἑορτήν τοῦ Πάσχα ἡ πρώτη ἐν Ἱερουσαλήμ στάσις τῶν Ἰουδαίων, εἰς τήν ὁποίαν ἀφορμήν ἔδωκεν ἡ ῥωμαϊκή φρουρά προσενεχθεῖσα εἰς τούς Ἰουδαίους λίαν ἀναιδῶς καί εἰς τήν ὁποίαν λέγεται ὅτι ἐφονεύθησαν 20 χιλιάδες Ἰουδαῖοι· συγχρόνως δέ ἕνεκα τῆς μεροληψίας τοῦ ὑπάρχου ἦλθον οἱ Ἰουδαῖοι εἰς πόλεμον πρός τούς Σαμαρείτας. Ἡρώδης ὁ Ἀγρίππας, ὁ νεώτερος υἱός τοῦ ἀποθανόντος βασιλέως, ἐγένετο τῷ 49 ἡγεμών τῆς Χαλκιδίας καί μετά 4 ἔτη ἀντί τῆς ἐπαρχίας ταύτης ἔλαβε τήν Τραχωνίτιδα καί Γαυλωνίτιδα, τήν Βατανεάδα καί τήν Πανεάδα (Πραξ. 25,13). Ἐξωρισθέντος δέ τοῦ Κουμάνου ἀπεστάλη ἀντί αὐτοῦ κατά τό 53 ἔτος Κλαύδιος ὁ Φῆλιξ. Ἐπί τῆς δεσποτικῆς καί φιλάρπαγος αὐτοῦ διοικήσεως ἐπί τοσοῦτον ἐπερίσσευσαν αἱ λῃστεῖαι, οἱ φόνοι καί αἱ στάσεις, ὥστε καί ἐν αὐτῇ ἔτι τῇ Ἱερουσαλήμ καί ἐντός αὐτοῦ τοῦ ναοῦ δέν εἶχε τις ἀσφάλειαν ζωῆς ἕνεκα τῆς ὑπό πολλῶν διαπραττομένης

---

56 Τοιούτους ψευδοπροφήτας ἤ μᾶλλον δημεγέρτας καί τήν ὑπό τῶν ῥωμαίων ἀποστασίαν σκοποῦντας μνημονεύει καί ἡ Καινή Διαθήκη, οἷον Θευδᾶν τινα προγενέστερον πάντως τοῦ εἰρημένου· καί ἕτερον Ἰούδαν Γαλιλαῖον (Πραξ. 5,36 κεξ. Ἰώσηπ. περί ἰουδ. πολεμ. ἔνθα ἀνωτέρω).
Πηγαί. Ἰώσηπος *Περί Ἰουδ. Πολέμ*. Ψευδηγίσιππος, Τάκιτος *Annales* 5,10 κεξ. Δίων Κάσσιος 66, 4-7.

δολοφονίας. Ἡ ἀλληλοκτονία εἰσήλασε καί μεταξύ αὐτῶν τῶν ἱερέων, ἐριζόντων περί τάς δεκάτας. Ἐπ' αὐτοῦ τοῦ Φήλικος συνέβη ἐν Ἱερουσαλήμ καί ἡ μεγάλη ἐκείνη κατά τοῦ ἀποστόλου Παύλου στάσις (Πραξ. 21,17 κεξ). Τόν Φήλικα διεδέχθη ἐν ἔτει 60 ὁ Φῆστος, ὅστις ἀπέθανε μετά δύο ἔτη μικράν μόνον βελτίωσιν νά ἐπαγάγη ἠδυνήθη εἰς τήν ἀθλιεστάτην κατάστασιν τῆς Παλιστίνης. Πρίν ἤ φθάση δέ εἰς τήν Παλαιστίνην ὁ διάδοχος αὐτοῦ ὁ Ἀλβίνος, ὁ ἀρχιερεύς Ἄνανος δραξάμενος εὐκαιρίας ἐθανάτωσε Ἰάκωβον τόν ἀδελφόν τοῦ Κυρίου, τόν ἐπικαλούμενον δίκαιον (ἐν ἔτει 63. §). /(102)

Ἡ κυβέρνησις τοῦ Ἀλβίνου δέν ἦτο καλητέρα τῆς τῶν προκατόχων του· διότι, εἰ καί ἀπέκτεινε πολλούς λῃστάς, παρέβλεπεν ὅμως πολλούς ἄλλους εἴτε ὑπ' εὐνοίας εἴτε καί δωροδοκούμενος. Οἱ ἱερεῖς διετέλουν εἰσέτι ἀλληλομαχοῦντες διά τά δέκατα καί πολλοί ἐξ αὐτῶν ἀπέθνησκον ἐξ ἐνδείας. Ὁ τελευταῖος ἔπαρχος, ὁ κατά τό 65 ἔτος ἐλθών εἰς Παλαιστίνην, ἦτον ὁ Γέσσιος Φλῶρος, ὅστις κατ' οὐδένα τρόπον δύναται νά θεωρηθῇ ὡς διοικητής· διότι οὐδέν ἄλλο ἦν εἰ μή ὀλετήρ τῆς χώρας· οὗτος συνεννοούμενος μετά τῶν λῃστῶν καί τῶν δολοφόνων (σικαρίους λέγουσι τούτους αἱ Πραξ. 21,38) ἐφαίνετο ὅτι οὐδέν ἄλλο προὐτίθετο εἰ μή νά ἀναγκάσῃ τόν λαόν εἰς ἐπανάστασιν, ὅπως ἀποφύγῃ τήν εὐθύνην τῶν πράξεών του. Καί πραγματικῶς ἐν ἔτει 66 ἐξερράγη ἡ ἐπανάστασις ἐν Καισαρείᾳ λαβοῦσα ὡς ἀφορμήν τήν πρᾶξιν ἐθνικοῦ τινος, ὅστις σκώπτων τούς ἰουδαίους προσεποιεῖτο ὅτι θυσιάζει ἐγγύς τῆς συναγωγῆς. Ἐκ δέ τῆς Καισαρείας διεδόθη μετ' οὐ πολύ καί εἰς τήν Ἱερουσαλήμ. Οἱ ἐπαναστάται ἐκυρίευσαν ἐντός ὀλίγου τήν κάτω πόλιν, τόν ναόν καί τάς πέριξ ὀχυράς θέσεις. Ἡ φρουρά τῶν ῥωμαίων ἠναγκάσθη νά παραδοθῇ, ἥτις καί ἔπεσε πᾶσα ἐν στόματι μαχαίρας. Τοῦτο δέ ἔδωκεν οὕτως εἰπεῖν τό σύνθημα τῆς ἀλληλοκτονίας μεταξύ ἰουδαίων καί ἐθνικῶν εἰς ὅλας τάς πόλεις τῆς Παλαιστίνης, τῆς Φοινίκης καί τῆς Συρίας, ὅπου κατῴκουν ἰουδαῖοι καί ἐθνικοί, καί ἡ ἰσχυροτέρα μερίς ἐξολόθρευσε τήν ἀσθενεστέραν μέ τόν βιαιότερον καί ἀπανθρωπότερον τρόπον.

Μετ' ὀλίγον ἐφάνη πρό τῆς Ἱερουσαλήμ μεθ' ἱκανοῦ στρατοῦ ὁ Κάσσιος Γάλλος, ὁ ἔπαρχος τῆς Συρίας, ὅστις ἀπέκρουσε μέν τήν ἔφοδον τῶν ἐπαναστατῶν, ἀμελήσας ὅμως νά ἐπιπέσῃ εὐθύς μετά τοῦτο κατά τῆς Ἱερουσαλήμ ἔδωκε καιρόν εἰς αὐτούς νά λάβωσι θάρρος, νά συλλέξωσι τάς δυνάμεις των καί νά ἀποδιώξωσιν αὐτούς. Καί τῷ ὄντι μετ' οὐ πολύ ἐξορμήσαντες καί πάλιν οἱ ἐπαναστάται ἐκυρίευσαν τάς θέσεις τῶν ῥωμαίων καί ἠνάγκασαν αὐτούς νά ἐπιστρέψωσιν εἰς τήν Συρίαν ἄνευ τῶν πολεμοφοδίων καί τῆς λοιπῆς αὐτῶν ἐπισκευῆς, ὅπερ ἐγένετο λεία τῶν ἐπαναστατῶν. Ἀπό τοῦδε ἐκηρύχθη πλέον φανερά ἡ ἀπό τῆς Ῥώμης ἀποστασία. Πανταχοῦ εἰς ὅλας τάς ἐπαρχίας ἐστάλησαν ἐξ Ἱερουσαλήμ ἰουδαῖοι τοπάρχαι, οἱ πάντες ἐξωπλίζοντο εἰς πόλεμον καί αἱ πόλεις ὠχυροῦντο. Ὁ Ἰώσηπος, ὁ μετά ταῦτα τήν ἱστορίαν τοῦ πολέμου συγγράψας, διωρίσθη τοπάρχης τῆς Γαλιλαίας. Οἱ χριστιανοί ἐγκατέλιπον ἐν τούτοις τήν Ἱερουσαλήμ καί ἀπεσύρθησαν εἰς τά μέρη τῆς Δεκαπόλεως καί μάλιστα εἰς τήν Πέλλαν, χωρίον πέραν τοῦ Ἰορδάνου, τοῦτο δέ ἐποίησαν κατά τινα τοῦ Κυρίου προφητείαν (Ματθ. 24,16). Ὁ Νέρων, ὅστις ἔτυχε /(103) τότε διατρίβων ἐν Ἀχαΐᾳ, μαθών τήν ἰουδαϊκήν ἐπανάστασιν ἀνηγόρευσεν ἔπαρχον καί στρατηγόν συνάμα κατά τῆς Ἰουδαίας Φλάβιον τόν Οὐεσπασιανόν. Ἐν ἔτει 67 ἡνώθη [ἐν] Πτολεμαΐδι ὁ στρατός τοῦ Οὐεσπασιανοῦ μετά τῶν δύο λεγεώνων τοῦ υἱοῦ αὐτοῦ Τίτου, καταγαγόντος αὐτούς ἐκ τῆς Αἰγύπτου καί ὁ πόλεμος ἤρξατο σφοδρός. Τήν πρώτην ὁρμήν τῶν ῥωμαϊκῶν στρατευμάτων ὑπέστη ἡ Γαλιλαία, ἧς προΐστατο, ὡς προείπομεν, ὁ Ἰώσηπος· οὗτος ὀχυρωθείς καλῶς εἰς τό Ἰωταπάτ ἀντέστη ἐπί ἑπτά ἑβδομάδας. Ἡ μάχη ὑπῆρξεν ἐξ ἑκατέρων τῶν μερῶν πεισματωδεστάτη· ὅλα τά φρούρια τῆς Γαλιλαίας ἐλήφθησαν σχεδόν ἐξ ἐφόδου, τά πάντα κατηδαφίζοντο καί οἱ ἐν αὐτοῖς ἐθανατοῦντο ἤ ἐξηνδραποδίζοντο. Ἐκ τοῦ φρουρίου, ὅπερ κατεῖχεν ὁ Ἰώσηπος, μόνος σχεδόν αὐτός ἐξῆλθεν ζῶν. § Τό ἔαρ τοῦ 68 ἐνεφανίσθη ὁ Οὐεσπασιανός εἰς τά πέριξ τῆς Ἱερουσαλήμ. Μεταξύ τῶν Ἰουδαίων ἐπεκράτει ἡ μεγίστη διχόνοια, οὐχί ὅμως καί ἡ ἰδέα τῆς ὑποταγῆς.

Ἐν τούτοις ὅμως τά πράγματα τοῦ αὐτοκρατορικοῦ θρόνου τῆς Ῥώμης ἐλάμβανον ἑτέραν μορφήν. Ὁ Νέρων ἐδιώχθη καί ἀντ' αὐτοῦ ἀνέβησαν εἰς τόν θρόνον ἀλληλοδιαδόχως ὁ Γάλβας, ὁ Ὄθων καί ὁ Βιτέλλιος. Τοῦτο δέ ἐπροξένησε ἀναβολήν τινα εἰς τάς ἐπιχειρήσεις τοῦ Οὐεσπασιανοῦ, ὅστις διαχειμάσας ἐν Καισαρείᾳ ἐξῆλθεν πάλιν τό 69 ὅπως πολιορκήσῃ τήν Ἱερουσαλήμ. Δέν παρῆλθον ὅμως 30 ἡμέραι καί οἱ λεγεῶνες τῆς Αἰγύπτου, τῆς Παλαιστίνης καί τῆς Συρίας ἀνηγόρευσαν αὐτόν καίσαρα. Ὁ Οὐεσπασιανός μεταβάς εἰς Ἀλεξάνδρειαν κατῆλθεν ἐκεῖθεν εἰς Ῥώμην, ἐγκαταλείψας ἀρχιστράτηγον τοῦ ἐν Παλαιστίνῃ στρατοῦ τόν υἱόν αὐτοῦ Τίτον. Τό συμβάν τοῦτο ἀνέβαλε πάλιν τήν ἐκπολιόρκησιν, ἥτις ἤρξατο βεβαία καί φοβερά τό 70 ἔτος. Ἐν τῇ μεγάλῃ πληθύι τῶν ἀνθρώπων, οἵτινες συνέρρευσαν εἰς τήν πόλιν Ἱερουσαλήμ, ὑπῆρχον μέν ἄνδρες πολεμισταί, ἔλειπον ὅμως ἡ τάξις καί ἡ γύμνασις εἰς αὐτούς, ἔλειπον ἡ ὁμόνοια καί ἡ ἑνότης εἰς τούς ἀρχηγούς τοῦ λαοῦ καί εἰς πάντας ἐν γένει αἱ ἀναγκαῖαι ζωοτροφίαι (Ἰώσηπ. *Περί ἰουδ. πολέμου* 5,13. 6,7 καί βιβλ. 6,1,1), ἡ πεῖνα μᾶλλον κατ' αὐτῶν παρά ἡ μαχαῖρα τοῦ ἐχθροῦ· ἡ ὥρα τῆς θείας ὀργῆς παρέστη. Ἡ Ἱερουσαλήμ περιεχαρακώθη καί ἕν κατόπιν τοῦ ἄλλου ἔπιπτον ἐξ ἐφόδου εἰς τάς χεῖρας τοῦ ἐχθροῦ. Εἰς τήν 17 Ἰουλίου ἔπαυσεν ἡ καθημερινή θυσία, εἰς τήν 5 τοῦ Αὐγούστου μετεβλήθη εἰς τέφραν ὁ ναός καί εἰς τήν 2 Σεπτεμβρίου ἡλώθη καί ἡ ἄνω πόλις. Τά πάντα κατηδαφίσθησαν ἐκτός τριῶν πύργων τοῦ Φασαήλου, τοῦ Ἱππικοῦ καί τῆς Μαριάμμης (Ἰώσηπ. περί ἰουδαϊκ. πολεμ. βιβλ. 7,1,1). Οὕτω δέ ἐπληρώθη ἡ πρό 37 ἐτῶν προφητεία τοῦ Κυρίου περί τῆς Ἱερουσαλήμ. Οἱ περισωθέντες ἰουδαῖοι ὤφειλον ἀπό τοῦδε φόρον, τόν ὁποῖον πρότερον ἐτέλουν /(104) εἰς τόν ναόν τῆς Ἱερουσαλήμ, νά τελῶσιν εἰς τό καπιτώλιον καί εἰς τόν ναόν τοῦ Διός. Συνίστατο δέ ὁ φόρος οὗτος εἰς δύο κατ' ἔτος δραχμάς (Ἰώσηπ. περί ἰουδ. πολεμ. 7,6,6.).

Κεφάλαιον Γ΄.

Περί τῆς ἐσωτερικῆς μορφῆς καί καταστάσεως τῆς Ἐκκλησίας ἐπί τῶν Ἀποστόλων.

§ 35. Τό κυβερνητικόν σύστημα τῆς Ἀποστολικῆς Ἐκκλησίας.

Ὕπέρτατοι ποιμένες καί διδάσκαλοι καί διαιτηταί τῆς Ἐκκλησίας ἦσαν οἱ πνευματέμφοροι ἀπόστολοι, οὕς αὐτός ὁ Κύριος ἐξελέξατο, παρεσκεύασεν καί κατέστησεν ἐπ' αὐτῆς[57]. Οὗτοι ἦσαν οἱ συνέχοντες τήν Ἐκκλησίαν καί τά πάντα ἐν αὐτῇ διέποντες καί διεξάγοντες. Οὗτοι εἶχον τήν ἐξουσίαν τοῦ δεσμεῖν καί λύειν τάς τῶν ἀνθρώπων ἁμαρτίας, τοῦ ἐπιτιμᾶν καί κολάζειν τούς ἁμαρτάνοντας καί τοῦ ἐξωθεῖν καί ἀποκόπτειν τῆς Ἐκκλησίας τούς ἀνεπιδέκτους μετανοίας καί διορθώσεως. Οὗτοι ἔκρινον καί ἀπεφάσιζον περί τῶν παρουσιαζομένων ζητημάτων καί ὁμοῦ πάντες (Πραξ. 15,2 κεξ. Γαλ. 2,2) καί ἰδίᾳ ἕκαστος αὐτῶν αὐθεντικῶς[58]. Οὗτοι καθίστων ποιμένας καί λειτουργούς ἐν τῇ Ἐκκλησίᾳ, οἵτινες ἔφερον τά ὀνόματα πρεσβύτεροι καί διάκονοι. Οὗτοι τέλος προνοούμενοι περί τοῦ μέλλοντος, μετεδίδουν τήν ἀνωτάτην ταύτην δύναμιν, / (105) καί ἐξουσίαν αὐτῶν δι' εὐχῆς καί ἐπιθέσεως τῶν χειρῶν καί εἰς τούς ἄλλους, ὡς φερ' εἰπεῖν εἰς τόν Τιμόθεον καί εἰς τόν Τίτον, ὁ ἅγιος Παῦλος καί εἰς ἄλλους πάλιν ἕτε-

---

57 (Ματθ. 4,18 κεξ. 10,5 κεξ Ἰωάν. κεφ. 13-18, Ἰωάν 17,18. 20,21 κεξ. Ματθ. 28,19 κεξ. Πραξ. 2,1 κεξ.)
58 (ἀνάγ. τάς ἐπιστ. τῶν ἁγ. Ἀποστόλων)

ροι τῶν ἀποστόλων⁵⁹. Οἱ πρεσβύτεροι, οἱ ὁποῖοι ἐπίσης δι' εὐχῆς καί ἐπιθέσεως τῶν χειρῶν κατά πόλεις καί χώρας καθιστῶντο⁶⁰ καί οἱ ὁποῖοι ἐκαλοῦντο καί ἐπίσκοποι⁶¹, ἵσταντο ὑπό τήν ἐποπτείαν καί ἐπιτήρησιν τῶν ἀποστόλων ἤ τῶν διαδόχων αὐτῶν⁶², καί ἦσαν πεπιστευμένοι τήν ποιμαντορίαν τῶν κατά μέρους ἐκκλησιῶν, ἡγούμενοι τῶν πιστῶν, τελοῦντες τά τῆς θείας λατρείας, ἀγρυπνοῦντες ὑπέρ τῶν ψυχῶν αὐτῶν καί τήν παρακαταθήκην τοῦ Κυρίου φυλάττοντες (Πρ. 20,28. Τιτ. 1,5 κεξ. Ἑβρ. 13,17). Οἱ διάκονοι, καί οὗτοι δι' εὐχῆς καί ἐπιθέσεως τῶν χειρῶν τῶν Ἀποστόλων κατασταθέντες τό πρῶτον ἐν τῇ Ἐκκλησίᾳ τῶν Ἱεροσολύμων ἔπειτα δέ καί ἀλλαχοῦ (Α΄Τιμ. 3,8), ἐχειροτονήθησαν ἰδίως ὅπως φροντίζωσι περί τῶν σωματικῶν ἀναγκῶν τῶν πτωχῶν, τῶν ὀρφανῶν καί τῶν ἀσθενῶν, οἱ αὐτοί ὅμως ἐκήρυττον καί τόν λόγον τοῦ Θεοῦ καί ἐβάπτιζον ὡς ἄνδρες πλήρεις πνεύματος ἁγίου· πλήν τήν δευτέραν πρᾶξιν τοῦ ἁγίου βαπτίσματος, τήν ἐπίθεσιν τῶν χειρῶν, δι' ἧς ἐλάμβανον οἱ βαπτιζόμενοι τήν δωρεάν τοῦ Ἁγίου Πνεύματος, δέν ἠδύναντο νά τελέσωσι κἄν ἄλλως εἶχον τό χάρισμα τοῦ θαυματουργεῖν καί μετά ἀγγέλων συνελάλουν (Πρ. 8,5 -18. 26). Ἐπειδή δέ τά δεῖπνα τῆς ἀγάπης κατ' ἀρχάς ἦσαν συνημμένα μετά τοῦ δείπνου τοῦ Κυριακοῦ, πρωίμως βεβαίως οἱ διάκονοι ἔλαβον μέρος καί εἰς τήν ἱεράν ταύτην λειτουργίαν, ὅπερ καί ἐφύλαξαν εἰς πάντας τούς μετά ταῦτα αἰῶνας. Πρός ἐπιμέλειαν τοῦ γυνακείου φύλου ὑπῆρχον καί γυναῖκες διάκονοι (Ρωμ. 16,1), ἡ διακονία ὅμως τούτων περιωρίζετο (κατά τάς Α΄ Κορ. 14,34 καί Α΄ Τιμ. 2,12) εἰς μόνα τά ὑλικά, περί ἅ ἐστρέφετο κατ' ἀρχάς τό ἔργον τῶν ἀνδρῶν διακόνων. Προεχειρίζοντο δέ συνήθως εἰς τό ὑπούργημα τοῦτο, ὅσαι ἦσαν χῆραι, ἄγουσαι τό 60 τῆς ἡλικίας ἔτος (Α΄ Τιμ. 5,9). Ἐκκλησίαι τινές εἶχον ἰδιαιτέρως καί εὐαγγελιστάς, τῶν ὁποίων ἔργον ἦτο τό περιέρχεσθαι τάς πόλεις καί κηρύττειν τό Εὐαγγέλιον εἰς τούς μήπω φωτισθέντας (Ἐφεσ, 4,11. Πρ. 21,8). Ἦσαν δέ οἱ τοιοῦτοι ἤ διάκονοι ἤ καί ἐκ τοῦ καταλόγου ἁπλῶς τῶν πιστῶν. Πάντες οὗτοι οἱ δουλεύοντες τῇ Ἐκκλησίᾳ ἐτρέφοντο καί συνετηροῦντο, ἐάν εἶχον ἀνάγκην, ἐκ τῶν ἐλευθέρων συνεισφορῶν καί ἐπιχορηγήσεων τῶν χριστιανῶν (Α΄ Τιμ. 5,17. Α΄

---

59 (Α΄ Τιμοθ. κεφ. 5 καί 6. Β΄ Τιμοθ. 1,14. 4,2. Τιτ. 1,5 κεξ. Κλημ. Ρώμ. Ἐπιστ. α΄ πρός Κορινθ. § 44. Εἰρην. κατά αἱρέσ. 3,6)
60 (Πραξ. 14,23. 20,28. Α΄ Τιμ. 5,22. Τιτ. 1,5.)
61 (Πραξ. 20,17.28. Τιτ. 1,5.7. Φιλιπ. 1,1. Α΄ Τιμ. 3,1.8. παραβ. Θεοδωρ. Ἑρμην. εἰς τήν πρ. Φιλιπ. ἐπιστ. 1,1)
62 (Πραξ. 20,17. 18,25. Α΄Τιμ. 5,19 κεξ.)

Κορ. 9,13). Ἡ ἐκλογή αὐτῶν ἐγίνετο συνήθως ὑπό τῆς Ἐκκλησίας πάσης (Πρ. 6,1 κεξ. Β' Κορ.)· /(106) εἰς τάς ἀρτιπαγεῖς ὅμως Ἐκκλησίας φαίνεται ὅτι ἐξελέγοντο οἱ τοιοῦτοι ἀμέσως ὑπό τῶν ἱερῶν Ἀποστόλων (Πρ. 14,23). Ἐκτός τῶν ἀνωτέρω κατονομασθέντων τακτικῶν καί σταθερῶν ἐκκλησιαστικῶν ἀξιωμάτων βάσις τῶν ὁποίων ἦτο εἰδική τις τοῦ ἁγ. Πνεύματος χάρις διδομένη εἰς τούς ταῦτα περιβεβλημένους, ὑπῆρχαν ἐπί ἀποστολικῶν χρόνων καί πάμπολλοι ἄλλοι ἔχοντες διάφορα χαρίσματα τοῦ ἁγ. Πνεύματος πρός τήν τῆς Ἐκκλησίας οἰκοδομήν καί στερέωσιν. Τοιοῦτοι ἦσαν οἱ γλώσσαις λαλοῦντες, οἱ προφητεύοντες, οἱ γλώσσας ἑρμηνεύοντες, οἱ διδάσκοντες καί οἱ θαύματα καί σημεῖα ποιοῦντες. Ἡ Ἐκκλησία τῆς Ἱερουσαλήμ ὡς μήτηρ Ἐκκλησία καί ὡς μήτηρ, ἐν ᾗ εὑρίσκοντο οἱ περισσότεροι τῶν ἀποστόλων καί τῶν μαθητῶν τοῦ Κυρίου, ἦτο τό κέντρον καί τό χρηστήριον οὕτως εἰπεῖν, ἐν ᾧ ἀνεφέροντο καί ἐλύοντο τά ἀναφυόμενα ζητήματα, συνερχομένων τῶν ἀποστόλων, τῶν πρεσβυτέρων καί τῆς Ἐκκλησίας ὅλης (Πρ. 15, 1-32. Γαλ. 1,16-18. 2,1-10). Μοναρχία δέ τοιαύτη, οἵαν ἐφαντάσθησαν οἱ μετά ταῦτα ἐπίσκοποι τῆς Ῥώμης καί μέχρι τῆς σήμερον ἀντέχονται, ὡς διάδοχοι δῆθεν τοῦ ἀποστόλου Πέτρου οὐδαμῶς ἀπαντᾶται ἐν τῇ ἀποστολικῇ ἐκκλησιαστικῇ ἱεραρχίᾳ. Ὁ μακάριος Πέτρος οὐ μόνον ὑποτάσσεται εἰς τήν φωνήν τοῦ συλλόγου τῶν ἱερῶν Ἀποστόλων ἀποστελόμενος εἰς διακονίαν (Πρ. 8,14), ἀλλά καί ἐλέγχεται ὑπό τοῦ Ἀποστόλου τῶν ἐθνῶν ὡς μή ὀρθοποδῶν πρός τήν ἀλήθειαν τοῦ Εὐαγγελίου (Γαλ. 2,11 κεξ. παραβ. καί Πρ. 15,28, ἔνθα λέγεται σαφῶς ἔδοξε τῷ ἁγίῳ Πνεύματι καί ἡμῖν», τοῖς Ἀποστόλοις δηλονότι καί πρεσβυτέροις καί ὅλῃ τῇ Ἐκκλησίᾳ· ὡς γίνεται δῆλον ἐκ τῶν στίχ. 22 καί 23 τοῦ αὐτοῦ κεφ.). Ἡ Ἐκκλησία τέλος ὤφειλε νά π ε ι θ α ρ χ ῇ ε ἰ ς τ ά ς π ο λ ι τ ι κ ά ς ἀ ρ χ ά ς κ α ί ἐ ξ ο υ σ ί α ς, ἐφ' ὅσον ὅμως ἡ θρησκευτική συνείδησις αὐτῆς οὔτε παρεβιάζετο οὔτε παρεβλάπτετο (Τίτ. 3,1. Πρ. 4,19).

Σημείωσις α'. Οἱ εἰς τό ἀνώτερον ἐκκλησιαστικόν ἀξίωμα προκεχειρισμένοι, οἱ σαφῶς καί ἀριδήλως ὡς διάδοχοι τῶν Ἀποστόλων χαρακτηριζόμενοι, οὕς καί μόνους βλέπομεν ἔχοντες τό χάρισμα τοῦ χειροτονεῖν πρεσβυτέρους καί διακόνους (ἀνάγν. τάς πρός Τιμόθ. καί Τίτ. ἐπιστ.), ἰδικόν τι ὄνομα δηλωτικόν δέν φέρουσιν ἐν τῇ Κ. Διαθήκῃ, ὀνομάζονται δέ ἐν αὐτῇ συνεργοί, συστρατιῶται καί τά παρόμοια καί που καί ἀπόστολοι· διότι τό «ὑμῶν δέ ἀπόστολον», δι' οὗ χαρακτηρίζει ὁ ἅγιος Παῦλος ἐν τῇ πρός Φιλιππ. ἐπιστολῇ τόν Ἐπαφρόδιτον, οὐδέν ἄλλο δύναται νά σημαίνῃ, ἐάν λάβωμεν ὑπ' ὄψιν τάς ἀρχάς τοῦ κηρύττειν τοῦ ἀποστόλου Παύλου καί τήν ἱστορίαν λέγουσαν ὅτι ὁ Παῦλος ἦν ὁ τῶν Φιλιππισίων ἀπόστολος, εἰ μή ἄνδρα, ὁποῖοι ἦσαν ὁ Τίτος καί ὁ Τιμόθεος· οὕτως ἑρμηνεύει τήν λέξιν ἐνταῦθα /(107) καί ὁ ἱερός Θεοδώρητος (βλ. τήν αὑτοῦ *ἑρμηνείαν εἰς τήν πρός Φιλιπ. ἐπιστολή 1,1*). Ἡ ἀποκάλυψις τοῦ Εὐαγγελιστοῦ Ἰωάννου φαίνεται προσαγορεύουσα αὐτούς *Ἀγγέλους τῆς Ἐκκλησίας* (κεφ. 2 καί 3)· ἐπίσκοποι δέ οὗτοι καλοῦνται διακεκριμένως καί κατ' ἀντιδιαστολήν τῶν π ρ ε σ β υ τ έ ρ ω ν, τοῦ δευτέρου δηλονότι ἱερατικοῦ τάγματος, ἐν ταῖς ἐπιστολαῖς κατά πρῶτον τοῦ θεοφόρου Ἰγνατίου· διότι ἡ λέξις ἐπίσκοπος, ἐξαιρουμένου τοῦ χωρίου Α' Πέτρ. 2,25 ἔνθα ἐπίσκοπος ὀνομάζεται ὁ σωτήρ τῶν ψυχῶν, ὁ Κύριος ἡμῶν Ἰησοῦς Χριστός, πανταχοῦ τῆς Κ. Διαθήκης σημαίνει τόν πρεσβύτερον⁶³. Τινές τῶν ἀρχαίων καί ἐκ τῶν νεωτέρων οἱ πλεῖστοι τῶν Διαμαρτυρομένων διατείνονται ὅτι ἐν τῇ ἀποστολικῇ ἐκκλησίᾳ δύο μόνον ἐκκλησιαστικά ὑπουργήματα κατεστάθησαν τό τῶν πρεσβυτέρων δηλονότι καί τό τῶν διακόνων καί ὅτι τό ἐ π ι σ κ ο π ι κ ό ν ἀ ξ ί ω μ α ὑπάρχει ὑστερογενές καί ο ὐ χ ί θ ε ί ᾳ δ ι α τ ά ξ ε ι ἐν τῇ Ἐκκλησίᾳ. Εἰς τήν δόξαν ταύτην παρέσχεν ἴσως ἀφορμήν τοῦτο μέν ὅτι οἱ πρεσβύτεροι ὀνομάζονται ἐν τῇ Κ. Διαθήκῃ καί ἐπίσκοποι· τοῦτο δέ ὅτι οἱ διάδοχοι τῶν ἱερῶν ἀποστόλων δέν φέρουσιν, ὡς εἴρηται, ἰδίαν προσηγορίαν τοῦ ὑπουργήματος αὐτῶν σημαντικήν. Ἀρχηγός δέ τῆς γνώμης ταύτης ἐγένετο ὁ ἀρειανός Ἀ έ ρ ι ο ς, ὅστις καθά ὁ ἱερός Ἐπιφάνιος ἱστορεῖ⁶⁴ τοιάδε τινα περί τούτου ἔλεγε: «*Τί ἐστίν ἐπίσκοπος πρός πρεσβύτερον; οὐδέν διαλλάττει οὗτος τούτου· μ ί α γ ά ρ ἐ σ τ ί τ ά ξ ι ς κ α ί μ ί α τ ι μ ή κ α ί ἕ ν ἀ ξ ί ω μ α. Χειροθετεῖ ἐπίσκοπος, ἀλλά καί πρεσβύτερος* (τοῦτο ἀνέφερεν ἴσως ὁ Ἀέριος εἰς τό Α' Τιμ. 4,14)· *λουτρόν δίδωσιν ὁ ἐπίσκοπος ὁμοίως καί ὁ πρεσβύτερος· τήν οἰκονομίαν τῆς λατρείας ποιεῖ ὁ ἐπίσκοπος ἀλλά καί ὁ πεσβύτερος ὡσαύτως· καθίζεται ὁ ἐπίσκοπος ἐπί τοῦ θρόνου, καθίζεται καί ὁ πρεσβύτερος*»⁶⁵.

§ Ταῦτα ἐπρέσβευεν ὕστερον καί ὁ Ἱερώνυμος, τοῦ ὁποίου τό πολύκριτον κατά τούς νεωτέρους χρόνους τεμάχιον παραθέτομεν ἐνταῦθα ἔχον οὕτω: «*Τό αὐτό πρᾶγμα εἶναι πρεσβύτερος καί ἐπίσκοπος· καί πρίν ἤ ὁ διάβολος εἰσπείρῃ ἔριδας καί ταραχάς εἰς τήν Ἐκκλησίαν τοῦ Χριστοῦ, ὥστε νά λέγωσί τινες ἐγώ εἰμι Παύλου, ἐγώ Ἀπολλώ, ἐγώ δέ Κηφᾶ, κοινῇ τῶν πρεσβυτέρων βουλῇ τά τῶν ἐκκλησιῶν ἐκυβερνῶντο· ὅτε δέ ἤρξατο ἕκαστος τῶν πρεσβυτέρων νά θεωρῇ τούς ὑπ' αὐτοῦ βαπτιζομένους ὡς ἑαυτοῦ καί οὐ τοῦ Χριστοῦ, τότε ἔδοξε εἰς τάς ἀνά πᾶσαν τήν οἰκουμένην ἐκκλησίας νά*

---
63 (βλ. τόν ἱερόν Θεοδώρ. ἔνθ. ἀνωτ.)
64 (αἵρεσ. 77,3 σελ. 906)
65 (Ἐν τῷ τελευταίῳ τούτῳ εἶχεν ὑπ' ὄψιν, ὡς φαίνεται, ὁ Ἀέριος τά τῶν Πρ. 15,6. 22.28. βλ. πῶς ἀνασκευάζει αὐτόν ὁ πατήρ αὐτόθι σελ. 908)

Φιλόθεου Βρυεννίου Εκκλησιαστική Ιστορία

ἐκλέγωσιν ἕνα τῶν πρεσβυτέρων, νά ἐφιστῶσι τοῦτον ἐπί τῶν λοιπῶν καί εἰς αὐτόν τῆς Ἐκκλησίας τήν ὅλην ἐπιμέλειαν νά ἀναθέτωσιν, ὅπως τοιουτοτρόπως αἱ ἔριδες καί τά ἐν τῇ Ἐκκλησίᾳ σχίσματα ἐκ ποδῶν γίνωνται. Εἰ δέ τις νομίζει ὅτι δέν εἶναι γραφική, ἀλλ᾽ ἡμετέρα ἡ γνώμη αὕτη, ὅτι πρεσβύτερος καί ἐπίσκοπος ταὐτόν ἐστι καί ὅτι ἐκεῖνο μέν τῆς /(108) ἡλικίας, τοῦτο δέ τοῦ ἀξιώματος σημαντικόν ὄνομα τυγχάνει, ἀναγνώτω τά λόγια τοῦ Ἀποστόλου λέγοντος πρός τούς Φιλιππισίους» (ἕπονται αἱ ῥήσεις τῆς πρός Φιλιπ. ἐπιστ. 1,1 καί τά τῶν Πρ. 20,17.18 μετά δέ ταῦτα ἐπάγει ὁ αὐτός εὐθύς) «ταῦτα κείσθωσαν πρός ἀπόδειξιν, ὅτι παρά τοῖς ἀρχαίοις οὐδαμῶς διέφερον τῶν ἐπισκόπων οἱ πρεσβύτεροι, ἀλλ᾽ ἵνα ἐκριζωθῶσι τά ζιζάνια τῶν διχονοιῶν ἀνετέθη κατά μικρόν εἰς ἕνα πᾶσα ἡ τῆς Ἐκκλησίας μέριμνα. Ὥσπερ οὖν οἱ πρεσβύτεροι ἐπίστανται νά ὑποτάσσωνται τῷ κατ᾽ ἔθος ἐκκλησιαστικῷ προϊσταμένῳ αὐτῶν· οὕτως ἐγίνωσκον καί οἱ ἐπίσκοποι ὅτι ἐκ συνηθείας μᾶλλον ἤ κατ᾽ ἐντολήν θείαν εἶναι ἀνώτεροι τῶν πρεσβυτέρων καί ὅτι κοινῶς μετ᾽ αὐτῶν τά τῆς ἐκκλησίας νά διέπουν ὀφείλουσι» (Hieron. Comment. ad Tit. 1,7). Τά αὐτά λέγει ὁ πατήρ καί ἀλλαχοῦ: *Epist.* 82 ἤ 83 *ad Oceanum* καί *Epist.* 101 ἤ 85 *ad Evangelum*, ἔνθα φέρει καί παράδειγμα τήν ἐν Ἀλεξανδρείᾳ ἐκκλησίαν, ἐν ᾗ (λέγει) ἀπό τοῦ Εὐαγγελιστοῦ Μάρκου μέχρι τοῦ Ἡρακλῆ καί τοῦ ἁγ. Διονυσίου (ὅ ἐστί μέχρι τοῦ 240) οἱ πρεσβύτεροι ἐξηκολούθουν ἕνα ἐξ αὐτῶν ἐκλέγοντες νά ἀπονέμωσι τήν προεδρίαν καί ἐπίσκοπον αὐτόν νά ἀποκαλῶσι). Τήν γνώμην αὐτήν τοῦ Ἱερωνύμου ἀσπάζονται καί ἀντιγράφουσι καί ἄλλοι ἐκ τῶν μεταγενεστέρων Λατίνων, οἷον Ἱλάριος ὁ διάκονος περί τό 380 ὅστις *Ἀμβροσιαστής* συνήθως ὀνομάζεται Commnt. ad Tim. 3,10 ad Ephes. 4,11 καί Ἰσίδωρος ὁ Ἰσπάλεως Etymol. 7,12 καί Βερνάρδος ὁ ἐκ Κωνσταντίας (περί τό 1088) De presbyterorum offitio tract. (ἐν τῷ Monumentorum res Allemanorum illustrat. S. Blas. 1792, tom. 2 p.381) καί δή καί Πάπας Οὐρβανός ὁ Β΄ λέγων ἐπί λέξεως τάδε: «Sacros autem ordines dicimus diaconatum et presbyteratum. Hos siquidem solos primitiva legitur ecclesia habuisse super his solum praeceptum habemus apostoli» (Conc. Benevent. ann. 1091 con.1). Καί Πέτρος ὁ Λομβάρδος (Sentent. lib. 4. dist. 24 c.8) καί ἄλλοι καί ὁ Καρδινάλιος τοῦ ἁγ, Μάρκου ἐν τῇ συνόδῳ τῆς Κωνσταντίας 1414 (Harduin Conc. Const. 2,228) καί Νικόλαος Τυχέσχος ἀρχιεπίσκοπος Πανόρμου (σημερ. Παλάρμον) περί τό 1428 (Super prima parte Primi cap, 5) καί σύν αὐτοῖς καί ἕτεροι (βλ. K-g von Giesel I. Band I Abth. σελ. 115 σημ. 1)· μέχρι τῆς ἐν Τριδέντῳ συνόδου 1563 (sess.23 cap. 4) μεθ᾽ ἥν ὁ Βελλαρμῖνος ἀποκαλεῖ τήν γνώμην ταύτην λίαν ἀπερίσκεπτον sententiam valde incosideratam (De clericis lib. I c. 15). Καίτοι καί μετ᾽ αὐτήν δέν ἔλειψαν τινές ἐκ τῆς Λατινικῆς Ἐκκλησίας νά ὑπερασπισθῶσι τήν δόξαν ταύτην (βλ. Giesel ἔνθ. ἀνωτ. καί σελ. 139 /(109) τομ. 2. καί τόν ἀοίδιμ. Οἰκονομ. ἐν τῇ Τετραβιβλ. τόμ. 4 σελ. 591).

Ἡμεῖς εἴδομεν ἐν τῇ παραγράφῳ ὁποία τις ἦν ἡ ἀποστολική δύναμις καί ἐξουσία, ἥν ἀμέσως ὑπό τοῦ Κυρίου ἐνεπιστώθησαν οἱ μακάριοι ἀπόστολοι. Ἡ δύναμις αὕτη ἐφ' ὅσον ἦτο ἀναγκαία πρός συντήρησιν καί καταρτισμόν τῆς Ἐκκλησίας, ἔμελλε νά ὑπάρχῃ ἐν τῇ Ἐκκλησίᾳ μέχρι συντελείας τοῦ αἰῶνος. Ἄλλαις λέξεσι ἡ διακονία, εἰς ἥν ἐκλήθησαν οἱ ἅγιοι Ἀπόστολοι, ὤφειλε νά μεταδοθῇ μετά τῶν καθηκόντων καί τῶν δικαιωμάτων αὐτῆς καί μετά τινων τοὐλάχιστον χαρισμάτων, ἀπολύτως ἀναγκαίων εἰς τήν ὕπαρξιν καί διατήρησιν τῆς Ἐκκλησίας, εἰς νέα πρόσωπα καί ἐκ τούτων πάλιν εἰς ἕτερα. Αὕτη ἦν ἡ θέλησις τοῦ Κυρίου ὡς δηλοῦται ἐξ αὐτῶν τῶν λόγων τοῦ πρός τούς ἱερούς αὐτοῦ μαθητάς καί ἀποστόλους: «*Πορευθέντες εἰς τόν κόσμον ἅπαντα, κηρύξατε τό εὐαγγέλιον πάσῃ τῇ κτίσει, μαθητεύσατε πάντα τά ἔθνη ... καί ἰδού, ἐγώ μεθ' ὑμῶν εἰμι πάσας τάς ἡμέρας, ἕως τῆς συντελείας τοῦ αἰῶνος*» (Μαρκ. 16,15. Ματθ. 28,19.20). Ἐρωτῶμεν ἤδη εἰς ποῖον μετέδωκαν τήν ἐξουσίαν ταύτην οἱ ἱεροί ἀπόστολοι; Εἰς τάς δέλτους τῆς Κ. Διαθήκης εὑρίσκομεν τά ὀνόματα ἀπόστολοι, προφῆται, εὐαγγελισταί, ποιμένες, διδάσκαλοι, ἐπίσκοποι, πρεσβύτεροι, διάκονοι[66], δι' ὧν ὀνομάζονται οἱ ἐν τῷ ἀμπελῶνι τοῦ Κυρίου ἐργαζόμενοι ἄνδρες, ἆραγε συνέδεσαν τήν διακονίαν αὐτῶν οἱ ἱεροί ἀπόστολοι μέ ἕνα ἐκ τῶν τίτλων τούτων; ἤ τοὐλάχιστον μετέδωκαν αὐτήν καί εἰς ἄλλους, ἤ ἐπεφυλάξαντο αὐτήν δι' ἑαυτούς; Ἐκ τῶν ἁγίων Γραφῶν τοσοῦτον μόνον ἐξάγεται ἄνευ πάσης ἀντιλογίας ὅτι ὁ ἀπόστολος Παῦλος ἐγκατέλειπεν τόν Τιμόθεον εἰς τήν Ἔφεσον καί τόν Τίτον εἰς τήν Κρήτην ἐπιτρόπους αὐτοῦ ἵνα διδάσκωσιν, ἵνα καθιστῶσι κατά πόλεις καί χώρας πρεσβυτέρους καί διακόνους, ὅπως ἐλέγχωσι καί δικάζωσιν αὐτούς καί πάντας τούς ἄλλους, ὅπως ἐπιτηρῶσι τήν εὐταξίαν τῆς Ἐκκλησίας καί τέλος ὅπως φυλάττωσι σῶαν καί ἀκηλίδωτον τήν παρακαταθήκην τοῦ Κυρίου, μεταδιδόντες ὅσα ἤκουσαν καί ἔμαθον παρ' αὐτοῦ καί εἰς ἄλλους πιστούς ἀνθρώπους, ἱκανούς νά μεταγγίσωσι ταῦτα εἰς ἑτέρους, ὅτι δέ καί οἱ λοιποί ἀπόστολοι, περί τοῦ μέλλοντος φροντίζοντες κατέστησαν προεστῶτας ἐν τῇ Ἐκκλησίᾳ λέγει ῥητῶς ὁ ἱερός Κλήμης ὁ τῆς Ῥωμαίων ἐκκλησίας ἐπίσκοπος, εἷς γενόμενος τῶν ἀμέσων μαθητῶν τῶν ἁγίων ἀποστόλων καί διά τοῦτο μάρτυς ἀξιόχρεως. «*Κατά χώρας οὖν καί πόλεις κηρύσσοντες (οἱ ἀπόστολοι) καθίστανον τάς ἀπαρχάς αὐτῶν, δοκιμάσαντες τῷ πνεύματι εἰς ἐπισκόπους καί διακόνους τῶν μελλόντων*

---

[66] (Ἐφεσ. 4,11. Α΄ Κορ. 12,28. Τίτ. 1,5 κεξ. Α΄ Τιμ. 3,2.8)

πιστεύειν. Καί τοῦτο οὐ καινῶς ἐκ γάρ δέ πολλῶν χρόνων ἐγέγραπτο περί ἐπισκόπων καί διακόνων οὕτω γάρ που λέγει /(110) ἡ Γραφή (Ἡσ. 60,17) «Καταστήσω τούς ἐπισκόπους αὐτῶν ἐν δικαιοσύνῃ καί τούς διακόνους αὐτῶν ἐν πίστει» (Α΄ Κορ. § 42)· ὁ παραλληλισμός ἐνταῦθα εἶναι ταυτοσήμαντος καθ' ἡμᾶς, τό δεύτερον ἡμιστίχιον ἐμπεριέχει τήν αὐτήν ἔννοιαν, ἥν καί τό προηγούμενον μέ διαφόρους μόνον λέξεις· ὥστε ὁ ἱερός Κλήμης δέν διακρίνει ἐνταῦθα βαθμούς ὑπουργήματος διά τῶν λέξεων ἐπίσκοπος καί διάκονος, ἀλλ' ὁμιλεῖ γενικῶς περί προεστώτων ἁπλῶς καί λειτουργῶν τῆς Ἐκκλησίας, ὅπερ φαίνεται καί ἐκ τῶν ἑπομένων αὐτοῦ λόγων (Α΄ Κορ. § 44) «Καί οἱ ἀπόστολοι ἡμῶν ἔγνωσαν διά τοῦ Κυρίου ἡμῶν Ἰησοῦ Χριστοῦ ὅτι ἔρις ἔσται ἐπί τοῦ ὀνόματος τῆς ἐπισκοπῆς· διά ταύτην οὖν τήν αἰτίαν πρόγνωσιν εἰληφότες τελείαν κατέστησαν τούς προειρημένους καί μεταξύ ἐπινομήν δεδώκασι, ὅπως ἐάν κοιμηθῶσι, διαδέξονται ἕτεροι δεδοκιμασμένοι ἄνδρες τήν λειτουργίαν αὐτῶν». Τελείαν ὅμως καί πλήρη εἴδησιν περί τῆς ὑπό τῶν ἀποστόλων ὑπό τήν ὁδηγίαν τοῦ Κυρίου καί μετά προγνώσεως τελείας εἰσαχθείσης ἐκκλησιαστικῆς κυβερνήσεως δέν παρέχει εἰς ἡμᾶς εἰμή ἡ ἱστορία τῆς μετά τούς ἀποστολικούς χρόνους Ἐκκλησίας. Συνῳδά ταύτῃ οἱ ἀπόστολοι κατέστησαν ἐν τῇ Ἐκκλησίᾳ ἰδιαίτερόν τι τάγμα λειτουργῶν, τό τῶν ἐπισκόπων, εἰς τούς ὁποίους μετέδωκαν τήν ὑπερτάτην αὐτῶν ἐξουσίαν καί ὑπέταξαν αὐτοῖς τούς πρεσβυτέρους καί διακόνους. Περί τούτου μαρτυροῦσιν αἱ ἐπιστολαί τοῦ θεοφόρου Ἰγνατίου, τοῦ Ἀντιοχείας ἐπισκόπου (περί τό ἔτος 100-107 συνταχθεῖσαι), τά συγγράμματα τοῦ ἁγίου Εἰρηναίου καί πάντων σχεδόν τῶν χριστιανῶν συγγραφέων τῶν τριῶν πρώτων ἑκατονταετηρίδων τοσοῦτον ὁμόφωνον ἐναρμόνιον παράδοσιν, ὁποία εἶναι ἡ περί τούτου παράδοσις, περί οὐδενός ἄλλου πράγματος τῆς χριστιανικῆς ἀρχαιότητος ἔχομεν. Ἕνεκα δέ τοῦ αἰσθήματος καί τῆς αὐστηρότητος, μεθ' ἧς ἐφύλαττον οἱ χριστιανοί τῶν πρώτων ἑκατονταετηρίδων καί ἐπουσιώδεις ἔτι διατάξεις, ὁποία ἦτο λ.χ. ἡ περί τῆς ἑορτῆς τοῦ Πάσχα, οὐδόλως δυνάμεθα νά ὑποθέσωμεν ὅτι εὐθύς μετά τόν θάνατον τῶν ἱερῶν ἀποστόλων, τό διοικητικόν σύστημα τῆς Ἐκκλησίας ἔπαθεν τοιαύτην οὐσιώδη ἀλλοίωσιν καί μεταβολήν, ὁποίαν θέλει ὁ ἅγιος Ἱερώνυμος καί τοῦτο ἔν τε τῇ Ἀνατολῇ καί τῇ Δύσει, χωρίς οὐδέ κἄν εἰς μίαν γωνίαν νά εὕρῃ ἀντίστασιν ἡ μεταρρύθμισις καί χωρίς νά ἔχωμεν περί τῆς μεταρρυθμίσεως ταύτης καμμίαν εἴδησιν· ὁ ἅγιος Εἰρηναῖος (κατά αἱρ. 3,3) λέγει ὅτι καί αὐτῶν τῶν ὀνομάτων τῶν κατ' Ἐκκλησίας ἐπισκόπων, τῶν ὑπό τῶν ἀποστόλων προχειρισθέντων καί τῶν διαδόχων αὐτῶν μέχρι τῶν ἡμερῶν αὐτοῦ κατάλογον νά δώσῃ ἠδύνατο, ἐάν ἡ τοιαύτη ἀπαρίθμησις δέν θά παρέτεινε τόν λόγον ἐπί μήκιστον καί ἐντεῦθεν ἀρκεῖται εἰς τήν καταγραφήν τῶν τῆς Ῥώμης μόνον ἐπισκο /(111) πησάντων διαδοχικῶς ἀπό τῶν ἀποστόλων. Τό αὐτό προβάλλει καί ὁ Τερτυλλιανός[67] λέγων ὅτι αἱ ἐκκλησίαι τῶν ὀρθοδόξων δύνανται νά ἀναγάγωσι τήν διαδοχικήν σειρά τῶν ἐπισκόπων αὐτῶν ἐπί τούς ἀποστόλους ἤ τούς ἀποστολικούς ἄνδρας. Ἀπέναντι λοιπόν τοιαύτης παραδόσεως, οὕτως ὁμοθύμου καί ἠχηρᾶς καί οὕτως ἀρχαίας, ποῖον κῦρος καί ἰσχύν δύνανται νά ἔχωσι οἱ περί τό τέλος τῆς τετάρτης ἑκατονταετηρίδος κατασκεδαννύμενοι ὀλίγοι σαρκασμοί τοῦ Ἱερωνύμου, ὅστις καθώς καί ὁ Τερτυλλιανός περιετρέπετο εἰς τό ἐναντίον, καί τό μυθάριον τοῦ Εὐτυχίου τό κατά τήν δεκάτην ἑκατονταετηρίδαν; Ὁ τελευταῖος οὗτος πατριάρχης Ἀλεξανδρείας περί τό 930 ἱστορεῖ ἐν τῷ συγγράμματι αὐτοῦ[68] ὅτι δῆθεν ὁ Εὐαγγελιστής Μάρκος καταστήσας 12 πρεσβυτέρους ἐν τῇ ἐκκλησίᾳ τῆς Ἀλεξανδρείας καί ἐπί κεφαλῆς αὐτῶν ἕνα πατριάρχην, διέταξεν ὁσάκις χηρεύῃ ἡ πατριαρχική θέσις, συνερχόμενοι οἱ 12 πρεσβύτεροι νά ἐκλέγωσιν ἐξ αὐτῶν ἕνα, ὅστις διά τῆς ἐπιθέσεως τῶν χειρῶν καί τῆς εὐλογίας τῶν λοιπῶν ἕνδεκα νά ἀναγορεύηται πατριάρχης[69].

Σημείωσις β'. Περί τοῦ τρόπου τῆς ἐκλογῆς τῶν ποιμένων καί λειτουργῶν τῆς Ἐκκλησίας ἐπί τῶν ἀποστόλων ἔχομεν ἱκανάς εἰδήσεις. Κατά τούς ἀποστολικούς χρόνους ἡ ἐκλογή αὐτῶν φαίνεται ὅτι δέν ἐγίνετο πανταχοῦ κατά τόν αὐτόν τρόπον, ἀλλά ἀναλόγως τῶν περιστάσεων καί τῆς καταστάσεως τῶν ἐκκλησιῶν. Οὕτω φέρ' εἰπεῖν ὅτε ἐγένετο ἀνάγκη νά κατασταθῶσιν ἐν τῇ ἐκκλησίᾳ τῆς Ἱερουσαλήμ διάκονοι, τήν ἐκλογήν αὐτῶν ἀφῆκαν οἱ ἀπόστολοι εἰς τό πλῆθος τοῦ λαοῦ (Πρ. 6,1 κἑξ.). Τοῦτο βλέπομεν γενόμενον καί ἐπί τῶν ἀποστελλομένων ὑπό τῶν διαφόρων Ἐκκλησιῶν ἵνα ὦσι συνέκδημοι καί συνεργοί τῶν ἀποστόλων (Β' Κορ. 8,19), τουτέστιν οἱ εἰς τοῦτο τό ἔργον προχειριζόμενοι ὑπό πάσης τῆς Ἐκκλησίας ἐξελέγοντο. Ἐκ τούτων δέ δυνάμεθα νά συμπεραίνωμεν ὅτι καί ἐπί τῶν ἄλλων ἐκκλησιαστικῶν λειτουργικῶν ἀξιωμάτων τό αὐτό συνέβαινεν. Εἶναι ὅμως πιθανόν ὅτι πολλαχοῦ αὐτοί οὗτοι οἱ ἀπόστολοι ἐξέλεγον τούς ἱερούς ποιμένας καί λειτουργούς μάλιστα εἰς τάς νεοσυστάτους ἐκκλησίας, ἔνθα δέν ἠδύναντο νά ἐμπιστευθῶσιν εἰσέτι τήν τοιαύτην ἐκλογήν εἰς τό ἄθροισμα τῶν νεοφύτων πιστῶν. Ἡ δέ ἀποστολική αὕτη ἐκλογή δέν ἠδύνατο ἀναμφιβόλως νά θεωρηθῇ ὑπό τῶν πιστῶν, εἰμή ὡς ἡ καταλληλοτέρα (Πρ. 14,23.

---

67 (*De praescript. haereticorum* c. 32)
68 (Orig. eccles. Alex. ed. Soh. Selden p. XXIX)
69 (βλ. K – g von Giesel I. Band I. Abth. σελ. 141 καί Renaudot *Historia patriarcarum Alexandrinorum* Pariciis 1713 p.7 Hortig's *Kircheng. Ausg.* von J.J. Döllinger, Band 1. s. 327)

Τίτ. 1,5). Ἐν τοιαύτῃ δέ περιπτώσει τά ἐκκλησιαστικά ἀξιώματα ἀνετίθεντο, ὡς φαίνεται, κατά τό πλεῖστον εἰς τούς κατά πρῶτον ἐν τῇ πόλει πιστεύοντας, ἐάν οὗτοι ἔφερον τά ἀπαιτούμενα προσόντα. «*Παρακαλῶ δέ ὑμᾶς ἀδελφοί, λέγει ὁ ἀπόστολος Παῦλος γράφων πρός Κοριν. α' 16,15, οἴδατε τήν οἰίαν Στεφανᾶ, ὅτι* /(112) *ἐστίν ἀπαρχή τῆς Ἀχαΐας καί εἰς διακονίαν τοῖς ἁγίοις ἔταξαν ἑαυτούς*». Τό αὐτό δέ ἐπιβεβαιοῖ καί ἱερός Κλήμης ὁ Ῥώμης, (ὅρ. τό χωρίον ἐν τῇ προηγουμένῃ σημειώσει). Ἀλλ' ἐπειδή ὁ αὐτός ἅγ. Κλήμης ἀναφέρει ὡς ἀποστολικήν διαταγήν ἤ τοὐλάχιστον ὡς ἀποστολικόν ἔθιμον τήν συναίνεσιν τῆς ἐκκλησιᾶς πάσης ἐν τῇ ἀναγορεύσει τῶν λειτουργῶν αὐτῆς «*τούς οὖν κατασταθέντας ὑπ' ἐκείνων* (τῶν ἀποστόλων) *ἤ μεταξύ ὑφ' ἑτέρων ἐλλογίμων ἀνδρῶν* (Τιμοθέου τοῦ Τίτου καί ὑπό ἄλλων τοιούτων) *συνευδοκησάσης τῆς ἐκκλησίας πάσης κτλ.»* (Ἀ' Κορ. §44). Ἐπειδή εἰς τούς πρός τόν Τίτον λόγους τοῦ ἀποστ. Παύλου «*τούτου χάριν κατέλιπόν σε ἐν Κρήτῃ ἵνα τά λείποντα ἐπιδιορθώσῃ καί καί καταστήσῃς κατά πόλεις πρεσβυτέρους, ὡς ἐγώ σοι διεταξάμην»* (1,5) δέν συνεκφράζηται ὡρισμένον τι περί τοῦ τρόπου τῆς εκλογῆς οὐδ' ἀποκλείεται διά τῶν λόγων τούτων τό περί τήν ἐκλογήν δικαίωμα τῆς ἐκκλησίας καί ἐπειδή τέλος τήν ἐκκλησίαν λανβάνουσαν μέρος εἰς τήν ἐκλογήν τῶν ποιμένων καί λειτουργῶν της βλέπομεν καί εἰς τούς μετέπειτα χρόνους (§), δυνάμεθα νά εἴπωμεν μετά βεβαιότητος ὅτι τό συνήθως γινόμενον καί ἡ θέλησις τῶν ἱερῶν Ἀποστόλων ἦτο τό ἐκλέγεσθαι τούς λειτουργούς τῆς Ἐκκλησίας συναινέσει καί ἐπιδοκιμασίᾳ τοῦ λαοῦ. Σημείωσις γ'. Οἱ εἰς τόν Χριστόν πιστεύοντες, ἡ ἐκκλησία τοῦ Θεοῦ, ὤφειλον νά ἀποτελῶσιν ἕν σῶμα οὕτως ἐνόργανον καί ἐναρμόνιον, ὡς τό ὑπό τῆς σοφίας τοῦ Θεοῦ δημιουργηθέν σῶμα τοῦ ἀνθρώπου: ὅ ἐστι καθώς τά μέλη τούτου, οὕτω τά μέλη ἐκείνου ἔχοντα ἕκαστον ἰδίαν λειτουργίαν καί θάτερον τήν τοῦ ἑτέρου ἀνάγκην ὤφειλον ὑπό μίαν κεφαλήν, τόν Κύριον ἡμῶν Ἰησοῦν Χριστόν, συναρμολογούμενα νά ὑπηρετῶσιν ἄλληλα[70]. Πάντα δέ ταῦτα τά μέλη ὤφειλε νά ζωοποιῇ, νά συνέχῃ καί μετά τοῦ Ἰησοῦ Χριστοῦ καί μετ' ἀλλήλων νά συνδέῃ ἡ μία πίστις καί ἡ μία ἐλπίς εἰς τόν ἕνα Θεόν καί Πατέρα πάντων (Ἰωαν. 15,1 κεξ. 17,11. 20-26. Ἐφεσ. 4,2 κεξ.). Ἡ μετ' ἀλλήλων τῶν πιστῶν ἑνότης δέν ἔφερε μέν εἰσέτι ἐπί τῶν ἀποστόλων τήν ἀνάλογον ἐξωτερικήν μορφήν καί τόν τύπον, ὅν ἀπαντῶμεν ἐπί τῶν μετά ταῦτα χρόνων εἶχεν ὅμως μίαν ἐξωτερικήν ἀντίθεσιν ἐν τοῖς ἀπίστοις καί ἕν ἐξωτερικόν κέντρον ἐν τοῖς ἀποστόλοις· οἱ ὁποῖοι ἄν καί εἶχον ἕκαστος τόν κύκλον τῆς ἐνεργείας αὐτῶν ἐν ταῖς ὑπ' αὐτῶν θεμελιωθείσαις ἐκκλησίαις (Ῥωμ. 15,20) ἐνεπνέοντο ὅμως πάντες ὑπό ἑνός καί τοῦ αὐτοῦ Πνεύματος. /(113)

---

70 (Ῥωμ. 12,4 κεξ. Ἀ' Κορ. 12, 12-30. Ἐφεσ. 4,4-16. 1,22.23. 5,23. Κολασσ. 1,18)

§ 36. Ἡ θεία λατρεία, αἱ ἑορτάσιμοι ἡμέραι, αἱ ἱεροτελεστίαι· αἱ ἐκκλησιαστικαί ποιναί καί τά ἱερά ἔθιμα τῆς Ἀποστολικῆς Ἐκκλησίας.

Ὁ τόπος ἐν ᾧ συνήρχοντο οἱ πιστοί πρός κοινήν τοῦ θείου λατρείαν, πρός οἰκοδομήν καί ὠφέλειαν ψυχικήν καί πρός σωματικήν καί ἠθικήν ἐνίσχυσιν αὐτῶν, ἦσαν αἱ καταλληλότεραι πρός τοῦτο οἰκίαι τῶν πιστῶν[71]. Ἡ θεία λατρεία κατά τάς ἱεράς τῶν πιστῶν συνάξεις συνίστατο εἰς τήν ἀνάγνωσιν περικοπῶν ἐκ τῆς Παλ. Γραφῆς· ὀψιαίτερον καί ἐκ τῶν ἐπιστολῶν καί τῶν Εὐαγγελίων τῶν ἱερῶν ἀποστόλων (Κολασσ. 4,16. Α΄ Θεσσ. 5,27), εἰς τήν ἑρμηνείαν καί ἐξήγησιν αὐτῶν, εἰς τήν διδασκαλίαν πρός φωτισμόν καί νουθεσίαν τῶν παρόντων, εἰς τήν ψαλμωδίαν, καθ᾽ ἥν ἐψάλλοντο ψαλμοί καί ᾠδαί τῆς Π.Διαθήκης καί ὕμνοι εἰδικῶς χριστιανικοί (Κολασσ. 3,16. Ἐφεσ. 5,19. Α΄ Τιμ. 4,13)· καί εἰς τόν μυστικόν δεῖπνον, ἐν ᾧ εὐλογουμένου τοῦ παρατιθεμένου ἄρτου καί οἴνου μετελάμβανον πάντες τροφῆς ζωηφόρου. Ἡ εὐλογία τοῦ ἄρτου καί τοῦ οἴνου, ἤ ὡς αἱ ἱεραί Γραφαί συντομώτερον λέγουσιν «ἡ κλάσις τοῦ ἄρτου» καί ἡ κοινωνία τοῦ σώματος καί αἵματος τοῦ Κυρίου ἀπετέλει οὐσιῶδες καί ἀπαραίτητον συστατικόν τῆς ἐν ταῖς ἱεραῖς συνάξεσι θρησκευτικῆς λατρείας τῶν Χριστιανῶν (Πρ. 2,42. 46. 2,7. Α΄ Κορ. 10,16. 11, 17-34). Συνήθως εἰς τάς ἱεράς συνάξεις φαίνεται καί ὁ ἀσπασμός εἰς ἔκφρασιν καί παράστασιν τῆς πρός ἀλλήλους ἀγάπης καί εἰρήνης τῶν χριστιανῶν[72]. Μετά ταῦτα ἐτελοῦντο αἱ οὕτω λεγόμεναι ἀγάπαι τουτέστι τά δεῖπνα τῆς ἀγάπης, ἐν οἷς παρακαθήμενοι πάντες οἱ ἐπί τό αὐτό συνελθόντες συνέτρωγον (Α΄ Κορ. 11, 20-34).

Ἡ τακτική ἡμέρα τῆς συνάξεως τῶν πιστῶν ἦτον ἡ Κυριακή ὡς ἡμέρα τῆς ἀναστάσεως τοῦ Κυρίου (Ἰωαν. 20,26. Πρ. 20,7. Α΄ Κορ. 16,2. Ἀποκ. 1,10). Ἐκτός ταύτης ἑώρταζον οἱ χριστιανοί καί τό Σάββατον. Οἱ δέ ἐν Ἱερουσαλήμ ἐφοίτων συνεχῶς εἰς τόν ἐκεῖ ναόν τῶν Ἰουδαίων καί ἐφύλαττον τά ἰουδαϊκά ἔθιμα (Πρ. 15,21. 21,20-27) καίτοι θυσίας προσφέροντες οὐδαμοῦ αὐτούς βλέπομεν. Οἱ εἰς Χριστόν πιστεύοντες, μετανοοῦντες ἐβαπτίζοντο εἰς τό ὄνομα τοῦ Τρισυποστάτου Θεοῦ εἰς ἄφεσιν ἁμαρτιῶν (Πρ. 2,28. Ματθ. 28,19). Ὁ νηπιοβαπτισμός δέν ἀποδεικνύεται μέν ἀμέσως ἐκ τῆς

---

71 (Πρ. 2,46. παραβ. Ῥωμ. 16,5. Α΄ Κορ. 16,19. Κολασσ. 4,15. Φιλήμ. στ. 2)
72 (Ρωμ. 16,16: «ἀσπάσασθαι ἀλλήλους ἐν φιλήματι ἁγίῳ» παραβ. Α΄ Κορ. 16,20 καί Α΄ Πετρ. 5 «ἀσπάσασθαι ἀλλήλους ἐν φιλήματι ἀγάπης»)

ἀποστολικῆς πράξεως, συνάγεται ὅμως μετά τινος βεβαιότητος ἔκ τινων γραφικῶν ῥήσεων (Πρ. 2,39. 16,33. Α΄ Κορ. 7,14). Οἱ βαπτιζόμενοι ἐλάμβανον τήν δωρεάν τοῦ ἁγ. Πνεύματος διά τῆς ἐπιθέσεως τῶν χειρῶν, ἥτις ἐπήρχετο ὡς /(114) συμπληρωματική πρᾶξις τοῦ βαπτίσματος (Πρ. 8,14 κεξ.). Ὁ ἀσθενῶν τῷ σώματι ὤφειλεν νά προσκαλῇ τούς πρεσβυτέρους τῆς ἐκκλησίας· οὗτοι δέ προσευξάμενοι ἐπ᾽ αὐτόν ἤλειφον δι᾽ ἐλαίου καί ἡ εὐχή τῆς πίστεως ἐθεράπευε τόν ἀσθενοῦντα ψυχῇ τε καί σώματι (Ἰάκωβ. 5, 14). Διά τελετῆς ἰδιαιτέρας ὡσαύτως ἀνεδεικνύοντο καί καθιστῶντο εἰς τό ἀξίωμα αὐτῶν καί οἱ τήν διακονίαν τῆς ἐκκλησίας ἐμπεπιστευμένοι. Συνίστατο δέ ἡ τελετή αὕτη εἰς εὐχήν καί χειροθεσίαν (§). Τό ἐξομολογεῖσθαι ἀλλήλοις τά παραπτώματα αὐτῶν καί εὔχεσθαι ὑπέρ ἀλλήλων καί ὑπέρ πάντων καί κοινῇ καί κατ᾽ ἰδίαν συνιστᾶτο καί παρηγγέλετο εἰς τούς πιστούς ὑπό τῶν ἀποστόλων (Ἰάκωβ. 5,16. Α΄ Τιμ. 2,18). Ὅσοι ἐμπίπτοντες εἰς βαρέα ἁμαρτήματα ἤ διαφθείροντες τήν διδασκαλίαν καθίσταντο σκάνδαλον εἰς τήν ὁμήγυριν τῶν πιστῶν καί νουθετούμενοι οὐδεμίαν ἀκρόασιν παρεῖχον εἰς τάς παραινέσεις καί ἐπιτιμήσεις τῶν ποιμένων καί διδασκάλων τῆς ἐκκλησίας ἐξωθοῦντο καί ἀπεκόπτοντο τοῦ σώματος τῶν πιστῶν, μετανοοῦντες ὅμως καί διορθούμενοι παρελαμβάνοντο πάλιν εἰς τήν ποίμνην τοῦ Χριστοῦ[73]. Ἡ νηστεία ἦτον ἡ συχνοτάτη προπαρασκευή εἰς πᾶσαν ἱεράν ἐπιχείρησιν, εἰς τήν προσευχήν καί εἰς τήν ἐκτέλεσιν ἱερᾶς τινος τελετῆς (Πρ. 13,1-4. 14,23). Καί πᾶσα δέ ἄλλη σωματική ἐγκράτεια συνιστᾶτο θεωρουμένη ὡς μέσον πρός κατόρθωσιν τῆς χριστιανικῆς ἀρετῆς καί τελειότητος[74]. Συνήθεια ἦτο ὡσαύτως αἱ γυναῖκες νά ἔχωσι κεκαλυμμένην τήν κεφαλή αὐτῶν καί οὕτω νά προσείχωνται εἰς τάς ἱεράς συνάξεις, οἱ δέ ἄνδρες νά εἶναι ἀσκεπεῖς (Α΄ Κορ. 11,4. 5,16). Ἐπίσης ἀπηγορεύετο εἰς τάς γυναῖκας καί τό λαλεῖν καί τό διδάσκειν ἐν ταῖς Ἐκκλησίαις (Α΄Κορ. 14,34. Α΄ Τιμ. 2,12). Ἕκαστος ὅμως ἐκ τῶν ἀνδρῶν ἠδύνατο νά διδάσκῃ καί νά ὁμιλῇ ἐν τῇ ἐκκλησίᾳ ἀναλόγως τοῦ χαρίσματος, ὅπερ εἶχε παρά τοῦ Θεοῦ.

Σημείωσις. Περί τῆς ψαλμῳδίας τῆς πρώτης ἐκκλησίας λέγει ὁ Ἱππόλ. (*de ecclese. offic.* 1,5) Primitiva ecclesia ita psallebat, ut modico flexu vocis faceret psallentem resonare, ita ut pronuntiati vicinior esset quam canenti, βλ. Αὐγουστ. Confess. 10,32,2.

---
[73] (Α΄ Κορ. 5,2-13. Β΄ Κορ. 2,5-8. Α΄ Τιμ. 1,19. Γαλ. 1,8 κεξ. Τίτ. 3,10)
[74] (Α΄ Κορ. 7,26. Ῥωμ. κεφ. 14. Α΄Τιμ. 4,3 κεξ.)

§ 37. Τά ἤθη τῶν πρώτων Χριστιανῶν.

Ἀρχή καί βάσις τῆς χριστιανικῆς πολιτείας ἦτον κατά τήν ἐντολήν αὐτοῦ τοῦ Κυρίου (Ἰωάν. 13,34.35) ἡ ἀγάπη, ἥτις οὕτω κατ' ἀρχάς συνδέῃ μετ' ἀλλήλων τούς μαθητάς /(115) τοῦ Ἰησοῦ Χριστοῦ ὥστε «τοῦ πλήθους τῶν πιστευσάντων ἦν ἡ καρδία καί ἡ ψυχή μία· καί οὐδέ εἷς τι τῶν ὑπαρχόντων αὐτῷ ἔλεγεν ἴδιον εἶναι, ἀλλ' ἦν αὐτοῖς ἅπαντα κοινά» (Πρ. 4,32). Ἡ κοινοκτημοσύνη ὅμως αὕτη, ἥτις ἦτον ἀπαύγασμα τῆς νεαρᾶς ἀγάπης τῶν πρώτων ἐν Ἰερουσαλήμ χριστιανῶν καί ἔκφρασις τοῦ κυριεύοντος αὐτούς αἰσθήματος τῆς πνευματικῆς ἀδελφότητος, ἀποδειχθεῖσα ἔπειτα, ἕνεκα τοῦ πολλαπλασιασμοῦ τῶν πιστῶν, ἀδύνατος, κατηργήθη χωρίς ὅμως νά ὑποστῇ βλάβην τινα τό αἴσθημα τῆς ἀγάπης· ἐξ ἐναντίας αἱ πλουσιότεραι κατά τόπους Ἐκκλησίαι ἐξηκολούθουν ἀκαταπαύστως μετά προθυμίας νά δεικνύωσι τήν ἀδελφικήν αὐτῶν ἀγάπην, συναθροίζουσαι καί ἀποστέλλουσαι πάντοτε ἐλέη καί βοηθείας εἰς τήν ἐν Ἰερουσαλήμοις ἐκκλησίαν τήν ἐξ ἀπόρων τό πλεῖστον συγκειμένην καί ὑπό τῶν καιρικῶν ἀκαταστασιῶν (ὑπό λοιμῶν) ἔτι μᾶλλον κατατρυχομένην. Συγχρόνως δέ εἰσήχθησαν εἰς τάς κατά τόπους ἐκκλησίας αἱ κοιναί τράπεζαι, Ἀγάπαι καλούμεναι, τῶν ὁποίων μετεῖχον καί οἱ ἐνδεέστεροι ἐλευθέρως καί ἀνεξόδως. Αἱ τρεῖς ἐκεῖναι ἠθικαί γάγγραιναι τοῦ ἀρχαίου κόσμου, ἡ καταφρόνησις τῶν ξένων ἐθνικοτήτων, ἡ ὑποτίμησις τῶν γυναικῶν καί ἡ δουλεία, ἤρξατο διά τῆς βαθμηδόν καί κατ' ὀλίγον, ἄνευ βιαίας τινος καί φανερᾶς κατά τῶν καθεστώτων διαμαρτυρήσεως νά οὐλῶνται καί νά κυριεύῃ ἐπί τῶν καρδιῶν, καθαγιάζον πάσας τοῦ ἐπιγείου βίου σχέσεις ὑπό ἕνα ἐν οὐρανῷ κοινόν πατέρα καί θεόν, τό αἴσθημα τῆς ἀδελφότητος, τό αἴσθημα τῆς ἀνθρωπότητος (Γαλ. 3,25) «*Πάντες, λέγει ὁ ἀπόστ. Παῦλος, υἱοί Θεοῦ ἐστε διά τῆς πίστεως ἐν Χριστῷ Ἰησοῦ. Ὅσοι γάρ εἰς Χριστόν ἐβαπτίσθητε, Χριστόν ἐνεδύσασθε. Οὐκ ἔνι Ἰουδαῖος, οὐδέ Ἕλλην, οὐκ ἔνι δοῦλος οὐδέ ἐλεύθερος. οὐκ ἔνι ἄρσεν καί θῆλυ· πάντες γάρ ὑμεῖς εἷς ἐστέ ἐν Χριστῷ Ἰησοῦ*». Καί εἶναι μέν ἀληθές ὅτι καί ἐπ' αὐτῶν τῶν ἀποστολικῶν χρόνων τό καθαρόν κάτοπτρον τῆς χριστιανικῆς ἀγάπης καί ἁγιότητος δέν διετέλεσεν ὅλως ἄσπιλον καί ἀκηλίδωτον. Ἡ ὑπόκρισις (Πρ. 5) καί ὁ γογγυσμός (Πρ. 6) ἐνεφανίσθησαν λίαν πρωΐμως ἐν τῇ Ἐκκλησίᾳ τῆς Ἱερουσαλήμ· ἀλλ' ἐκείνη μέν ἐτιμωρήθη παραχρῆμα διά τοῦ τρομερωτέρου τρόπου· οὗτος δέ κατεσιγάσθη ἐν ἀγάπῃ καί ἐπιεικείᾳ. Εἰς τάς Ἐκκλησίας τῆς Κορίνθου καί τῆς Θεσσαλονίκης, τάς ἐξ ἐθνικῶν πλουσίων κατά τό πλεῖστον συγκροτουμένας, εἶχεν εἰσκωμάση τό πνεῦμα τῆς διαφθορᾶς καί ἐνεφανίσθη ὑπό ποικίλας ὄψεις ὡς ἀσωτία καί ἀσέλγεια, ὡς πολυτέλεια, ὡς φιλαυτία, ὡς ὑπερηφάνεια κτλ., πλήν καί τοῦτο καταπνίγεται διά πατρικῶν νουθεσιῶν καί παραινέσεων ἤ ἀποσοβεῖται διά αὐστηρῶν ἀποστολικῶν ἐπιτιμήσεων. Οὐκ ὀλίγον δέ συνετέλουν εἰς τοῦτο καί οἱ κατά τῶν χριστιανῶν διωγμοί, ἐπενεργοῦντες ἐπί τῶν καταδιωκο /(116) μένων λυσιτελῶς. Ἡ ἀμοιβαία λοιπόν ἀδελφική ἀγάπη, ἡ ἀγαθοεργία (Β΄ Κορ. 8,1 κεξ. Εβρ. 6,10. 13,1 κεξ.), ἡ ἁγιότης, ἡ ὑπομονή εἰς τάς θλίψεις καί τούς διωγμούς τῶν ἀπίστων (Φιλιππ. 1,29. Α΄Θες. 1,6. 2,14. Β΄ Θεσ. 1,4 κεξ. Ἑβρ. 10,32 κεξ.). καί ὁ ὑπέρ τῆς χριστιανικῆς πίστεως ζῆλος καί ἐνθουσιασμός ἦσαν οἱ χαρακτῆρες τῶν πρώτων χριστιανικῶν ψυχῶν, οἵτινες ἔδιδον εἰς τήν ἀμαυρωθεῖσαν εἰκόνα τοῦ ἀνθρώπου τό πρωτότυπον καί θεῖον κάλλος. Ἰδίως δέ ἀξιαγάπητη παρίσταται ἡ ἐκκλησία τῶν Φιλιππησίων εἰς τήν πρός τόν ἀπόστολον Παῦλον τρυφεράν ἀγάπην καί ἀφοσίωσίν της (ἀνάγνωθι τήν πρός Φιλιππησίους ἐπιστολήν). Ἐνταῦθα προσθετέον καί τά τοῦ Εὐσεβίου[75] εἰ καί ἐν μέρει ὑπερβολικά. Δυστυχῶς ὅμως πολλοί ἐκ τῶν ἰουδαίων καί ἐθνικῶν δέν ἴσχυον νά ἀπεκδυθῶσιν παντάπασιν τόν παλαιόν ἄνθρωπον, ἑπομένως ἐφ᾽ ὅσον οὗτος ἐξηκολούθη νά κυριεύῃ αὐτούς, δέν ἦσαν ἐλεύθεροι θεωρητικῶν καί πρακτικῶν πλανῶν.

§ 38. Δογματικαί καί Ἠθικαί πλάναι ἐπί τῶν Ἀποστόλων

Ὅτε ἡ χριστιανική θρησκεία διά τοῦ κηρύγματος τῶν ἱερῶν ἀποστόλων καί τῶν πρώτων διδασκάλων ἤρξατο τῆς παγκοσμίου αὐτῆς κατακτήσεως, τριχῶς εὐθύς ἐξ ἀρχῆς διετέθησαν πρός αὐτήν αἱ πνευματικαί τοῦ ἀρχαίου κόσμου δυνάμεις, ὁ Ἰουδαϊσμός καί ὁ ἐθνικισμός, οἱ δύο οὗτοι διάφοροι θρησκευτικοί κλάδοι. Οἱ ἰουδαῖοι καί οἱ ἐθνικοί ἤ διετίθεντο πρός αὐτήν ἐχθρικῶς καί κατεπολέμουν αὐτήν, ἤ ἠσπάζοντο τόν Χριστιανισμόν καί συνέτασσον ἑαυτούς ἐν τῇ Ἐκκλησίᾳ ἀποπτύοντες πάσας τάς προτέρας αὐτῶν δοξασίας, ἤ τέλος ἐνστερνιζόμενοι τήν χριστιανικήν θρησκείαν ἤθελον καί ἠξίουν ἵνα μετ᾽ αὐτῆς φυλάττωσι καί τάς προτέρας μή χριστιανικάς αὐτῶν ἰδέας. Ἡ ἀνάμιξις αὕτη καί σύγχυσις τῶν ἑτερογενῶν θρησκευτικῶν στοιχείων ἐγέννησαν ἐν

---

[75] Ἐκκλησ. Ἱστ. 2,3,

αὐτῇ ἤδη τῇ ἀποστολικῇ ἐκκλησίᾳ πολλάς δογματικάς καί ἠθικάς πλάνας, καί πολλάς φατρίας, τῶν ὁποίων τήν ἀνώμαλον καί λοξοδρομικήν ἢ ὅλως ὀπισθοδρομικήν πορείαν ἐναγωνίως ἐπολέμησαν οἱ ἀπόστολοι τοῦ Κυρίου.

Τήν πρώτην καί κυριοτέραν φατρίαν, ἥτις εὐθύς ἐξ ἀρχῆς ἀνεφύη ἐν τῷ κόλπῳ τοῦ Χριστιανισμοῦ, συνεκρότουν ἐκεῖνοι οἱ ἐξ ἰουδαίων χριστιανοί, ὅσοι εἰσελθόντες εἰς τήν Ἐκκλησίαν τοῦ Χριστοῦ δέν ἀπέστησαν τῆς λατρείας τοῦ Μωσαϊκοῦ νόμου. Ἡ φατρία αὕτη συνεκροτεῖτο ἐκ δύο τάξεων ἐκ τῶν ἁπλῶς ἰουδαϊζόντων οὕτως εἰπεῖν καί ἐκ τῶν σφόδρα ἰουδαϊζόντων· /(117) οἱ πρῶτοι ἐξηκολούθουν μέν τηροῦντες τόν ἀρχαῖον νόμον, χωρίς ὅμως νά ἐξαρτῶσιν ἀπ' αὐτοῦ τήν σωτηρίαν αὐτῶν καί χωρίς νά ἐπιβάλλωσιν ὡς καθῆκον ἀπαραίτητον τήν τήρησιν αὐτοῦ εἰς ἄλλον τινα ἐξ ἰουδαίων χριστιανόν, πολύ δέ ὀλιγότερον εἰς τούς ἐξ ἐθνικῶν· καί οἱ ὁποῖοι, ἐπειδή ὡς προεξάρχοντα τῆς μερίδος αὐτῶν ἐθεώρουν τόν ἀπόστολον Πέτρον, διά τοῦτο καί οἱ τοῦ Πέτρου ἔχαιρον καλούμενοι· καίτοι καί αὐτός ὁ τοῦ νόμου θιασώτης Ἰάκωβος ὁ Δίκαιος οὕτω διεβίωσε, οἱ αὐτοί προσέτι ἀνεγνώριζον τόν ἀπόστολον Παῦλον ὡς ἀληθῆ τοῦ Κυρίου ἀπόστολον καί τό κήρυγμα αὐτοῦ ἐτίμων καί ἐσέβοντο (Γαλάτ. 2,7,8). Οἱ δεύτεροι, οὕς ἡμεῖς πρός διάκρισιν ἀποκαλοῦμεν σφόδρα ἰουδαΐζοντας, ἦσαν οὐσιωδῶς διάφοροι αὐτῶν καί οἱ κυρίως ταράξαντες τήν Ἐκκλησίαν ἐπί τῶν Ἀποστόλων. Τό σύνθημα τούτων δέν ἦτον οὕτως εἰπεῖν ἡ χριστιανική πίστις, ἀλλ' ὁ μωσαϊκός νόμος· διότι τήν τήρησιν αὐτοῦ δέν ἐθεώρουν ὡς ἁπλοῦν τῆς προαιρέσεως ἔργον, ἀλλ' ὡς ἀναγκαίαν καί ἀπαραίτητον εἰς πάντα καί εἰς αὐτούς τούς ἐξ ἐθνῶν πιστεύοντας· οὗτοι ἐπρέσβευον ὅτι πρός σωτηρίαν τοῦ ἀνθρώπου δέην ἤρκει μόνη ἡ εἰς Χριστόν πίστις, ἀλλ' ἦτον ἀναγκαία καί ἡ τήρησις τοῦ μωσαϊκοῦ νόμου, ὅστις οὕτως ὡς ἐξ ἀρχῆς ὑπῆρχεν, ἴσχυεν κατ' αὐτούς αἰωνίως καθό θεόσδοτος· ἑπομένως οὐσιωδῶς ἀναγκαία καί ἀπαραίτητα ἦσαν πρός σωτηρίαν καί ἡ περιτομή καί ἡ τήρησις τοῦ Σαββάτου καί ἡ ἀποχή τῶν βρωμάτων καί ἐν γένει πᾶσαι αἱ τελεταί καί τά παραγγέλματα τῆς ἰουδαϊκῆς λατρείας. Οἱ σφόδρα ἰουδαΐζοντες οὗτοι χριστιανοί, ὑπέρ ὧν ἐκ πρώτης ὄψεως ἐφαίνοντο συνηγοροῦντα καί αὐτά ἐκεῖνα τά λόγια τοῦ Κυρίου «*μή νομίσητε ὅτι ἦλθον καταλῦσαι τόν νόμον ἢ τούς προφήτας· οὐκ ἦλθον καταλῦσαι, ἀλλά πληρῶσαι*» (Ματθ. 5,17), εὑρίσκοντο κατ' ἀρχήν ἐν τῇ Ἐκκλησίᾳ τῆς Ἱερουσαλήμ. Καί ἐν ὅσῳ μέν ἡ χριστιανική θρησκεία περιωρίζετο εἰς τούς ἰουδαίους καί εἰς τούς προσηλύτους οἱ ἀπόστολοι οἰκονομοῦντες φρονίμως τάς περιστάσεις οὐδεμίαν ἐπέφερον ἐπί τοῦ πράγματος παρατήρησιν· ὅτε ὅμως μετά ταῦτα κατελθόντες τινες ἐκ τῆς Ἰουδαίας (Πρ. 15), εἰς τήν νεοσύστατον τῆς Ἀντιοχείας ἐκκλησίαν συγκειμένην κατά τό πλεῖστον ἐξ ἐθνικῶ χριστιανῶν μεταβαινόντων εἰς τόν χριστιανισμόν χωρίς νά περιτμηθῶσι, ἐδίδασκον ὅτι ἐάν μή περιτέμνωνται «οὐ δύνανται σωθῆναι» καί κατηνάγκαζον αὐτούς εἰς τήν τήρησιν τοῦ μωσαϊκοῦ νόμου, τότε ταραχῆς γενομένης καί συζητήσεως οὐ μικρᾶς ἐν τῇ Ἐκκλησίᾳ τῆς Ἀντιοχείας, ἐδέησεν ἵνα ἡ ὑπόθεσις γνωστοποιηθῇ εἰς τούς ἐν Ἱεροσολύμοις ἀποστόλους καί ἀπεστάλησαν πρός τοῦτο ὑπό τῶν Ἀντιοχέων ἐν ἔτει 50 ὁ Παῦλος καί ὁ Βαρνάβας. Συναχθέντων δέ τῶν ἀποστόλων καί τῶν πρεσβυτέρων καί συζητήσεως πολλῆς γενομένης ἐλύθη τό ζήτημα ὑπέρ τῶν ἐξ ἐθνῶν χριστιανῶν. Ἡ ἀπόφασις τῆς ἐν Ἱερουσαλήμ ἐκκλησίας ἥτις ἀπήλλαττε τούς ἐξ ἐθνῶν ἐπιστρέφοντας τοῦ βάρους τοῦ /(118) μωσαϊκοῦ νόμου παραγγέλουσα εἰς αὐτούς μόνον τήν ἀποχήν τῶν εἰδωλοθύτων, τοῦ αἵματος τοῦ πνικτοῦ καί τῆς πορνείας, ἐξεδόθη καί ἐν εἴδει ἐπιστολῆς ἐπέμφθη εἰς Ἀντιόχειαν διά τοῦ Παύλου, τοῦ Βαρνάβα καί τῶν ἄλλων ἁγίων ἀνδρῶν (Πρ. 15,1-33)[76].

---

[76] Ἰδού τό ἀποστολικόν ἔγγραφον ἐν ᾧ καί τό θέσπισμα τῶν ἀποστόλων εὕρηται. «Οἱ ἀπόστολοι καί οἱ πρεσβύτεροι καί οἱ ἀδελφοί τοῖς κατά τήν Ἀντιόχειαν καί Συρίαν καί Κιλικίαν ἀδελφοῖς τοῖς ἐξ ἐθνῶν χαίρειν. Ἐπειδή ἠκούσαμεν ὅτι τινές ἐξ ἡμῶν ἐλθόντες ἐτάραξαν ὑμᾶς λόγοις ἀνασκευάζοντες τάς ψυχάς ὑμῶν, λέγοντες περιτέμνεσθαι καί τηρεῖν τόν νόμον, οἷς οὐ διεστειλάμεθα·ἔδοξεν ἡμῖν γενομένοις ὁμοθυμαδόν, ἐκλεξαμένους ἄνδρας πέμψαι πρός ὑμᾶς σύν τοῖς ἀγαπητοῖς ἡμῶν Βαρνάβᾳ καί Παύλῳ ἀνθρώποις παραδεδωκόσι τάς ψυχάς αὐτῶν ὑπέρ τοῦ ὀνόματος τοῦ Κυρίου ἡμῶν Ἰησοῦ Χριστοῦ. Ἀπεστάλκαμεν οὖν Ἰούδαν καί Σίλαν καί αὐτούς διά λόγων ἀπαγγέλλοντας τά αὐτά.- Ἔδοξε γάρ τῷ ἁγίῳ Πνεύματι καί ἡμῖν (τό θέσπισμα τῆς συνόδου) μηδέν πλέον ἐπιτίθεσθαι ὑμῖν βάρος πλήν τῶν ἐπάναγκες τούτων, ἀπέχεσθαι εἰδωλοθύτων καί αἵματος καί πνικτοῦ καί πορνείας· ἐξ ὧν διατηροῦντες ἑαυτούς εὖ πράξετε. Ἔρρωσθε.»
Ἡ ἀπόφασις τῆς ἀποστολικῆς συνόδου ἀπήλλαττε μέν τούς ἐξ ἐθνῶν τῆς ὑποχρεώσεως τοῦ περιτέμνεσθαι καί τηρεῖν τόν Νόμον καί παρήγγειλεν εἰς αὐτούς τήν τήρησιν τεσσάρων μόνον ἐντολῶν· πλήν περί τῶν φρονημάτων τῶν ἐξ ἰουδαίων Χριστιανῶν, εἰ ὀρθῶς ἤ κακῶς ἐδόξαζον περί τούτου, οὐδείς ἀπ᾽ εὐθείας ἐν αὐτῇ ἐγένετο λόγος, πλαγίως δέ μόνον καί σιωπηλῶς ἀπεδοκιμάζετο ἡ περί τῆς ἀναγκαιότητος τοῦ μωσαϊκοῦ νόμου δόξα. Ὁ Ἀπόστολος Πέτρος ἐν τῇ ὁμιλίᾳ αὐτοῦ πρός τούς συγκροτοῦντας τήν σύνοδον ἀδελφούς ἀπεδοκίμασε προφανῶς τήν δόξαν τῶν ἰουδαϊζόντων χριστιανῶν θεωρήσας τόν νόμον ὡς ζυγόν δυσβάστακτον καί ἐπήγαγε «ἀλλά διά τῆς χάριτος Κυρίου Ἰησοῦ Χριστοῦ πιστεύομεν σωθῆναι» ἄλλαις λέξεσιν ὁ Πέτρος ἀπεφάνθη ὁριστικῶς ὅτι πάντες οἱ εἰς Χριστόν πιστεύοντες ὀφείλουσι πιστεύειν ὅτι διά τῆς χάριτος μόνον τοῦ Ἰησοῦ Χριστοῦ σώζονται καί ὅτι ὁ νόμος δέν εἶναι ἀναγκαῖος πρός σωτηρίαν. Ἀλλ᾽ ὁ μετά τοῦτον ἀναστάς καί πρός τούς ἀδελφούς λαλήσας Ἰάκωβος δέν ἔκρινεν ὡς ὁ Πέτρος ἀπολύτως καί ὁριστικῶς περί τοῦ πράγματος, ἀλλά σχετικῶς καί λαβών ὑπ᾽ ὄψιν τούς καιρούς καί τάς περιστάσεις εἶπε περί τοῦ μή παρενοχλεῖν μόνον τούς ἐξ ἐθνῶν ἐπιστρέφοντας καί ὅτι ἔδει φυλάττωσιν οἱ ἐξ ἐθνῶν Χρι/(121)στιανοί τάς ἐντολάς, εἰς τάς ὁποίας ὑπεχρεοῦντο οἱ προσήλυτοι τῆς Πύλης (§). Ἐάν δέ τό φρόνημα τῶν ἐξ ἰουδαίων χριστιανῶν περί τῆς ἀναγκαιότητος τοῦ μωσαϊκοῦ νόμου ἦτον ὀρθόν ἤ μή, περί τούτου οὐδένα λόγον ἐποίησεν ὁ προϊστάμενος τῆς ἐν Ἱερουσαλήμ Ἐκκλησίας ἀπόστολος Ἰάκωβος. Ἡ ὁμιλία αὐτοῦ ἐφάνη καταλληλοτέρα διό καί κατ᾽ αὐτήν συνετάχθη τό συνοδικόν ἔγγραφον. – Αἱ ἐντολαί, τῶν ὁποίων τήν τήρησιν παραγγέλουσιν εἰς τούς ἐξ ἐθνῶν χριστιανούς οἱ ἀπόστολοι, εἶναι αἱ οὕτω καλούμεναι ὑπό τῶν μετά ταῦτα Ῥαββίνων ἐντολαί τοῦ Νῶε (Γεν. 9,4 κ.ἑξ.). Οἱ Ῥαββίνοι

Διά τοῦ ἀποστολικοῦ ὅμως τούτου θεσπίσματος οὐδόλως περιωρίσθησαν οἱ ζηλωταί τοῦ Μωυσέως, ἀλλ' ἐξηκολούθουν οὐ μόνον ἐν Ἱερουσαλήμ ἀλλά καί ἐν Γαλατίᾳ καί ἐν Κορίνθῳ καί ἐν Ῥώμῃ καί πανταχοῦ, ὅπου ἦσαν χριστιανοί, νά διισχυρίζωνται περί τῆς ἀναγκαιότητος τοῦ Μωσαϊκοῦ νόμου καί νά ἀποπλανῶσι πολλούς. Τοσαύτη δέ ἦτο ἡ πληθύς καί ἡ δύναμις αὐτῶν ἐπί τῶν ἀποστολικῶν χρόνων ὥστε καί αὐτοί οἱ θεῖοι ἀπόστολοι, οἵτινες ἄλλως κατέκρινον τήν πλάνην ταύτην, ἠναγκάζοντο νά συμμορφώνωνται πρός αὐτούς οἰκονομοῦντες τό πρᾶγμα (Γαλατ. κεφ. 2. Πρ. 21,17-28. 16,3. Α' Κορ. 9,20). Ἐκεῖνος δέ, ὅστις ἐκηρύχθη ἔξω τῆς Ἱερουσαλήμ σφοδρός πολέμιος τῶν ἰουδαϊζόντων τούτων χριστιανῶν, ἦτον ὁ ἀπόστολος τῶν ἐθνῶν, ὁ μέγας Παῦλος, τόν ὁποῖον ἕνεκα τούτου πανταχοῦ παρηκολούθουν καί κατεδίωκον οὗτοι, καθαπτόμενοι τοῦ ἀποστολικοῦ αὐτοῦ ἀξιώματος, ὑποβιβάζοντες τό εὐαγγελικόν αὐτοῦ κήρυγμα καί παντοιοτρόπως διαβάλλοντες ἐν ταῖς ὑπ' αὐτοῦ θεμελιωθείσαις ἐκκλησίαις. Εἰς τόν κατά τῶν τοιούτων ἀγῶνα τοῦ ἀποστόλου Παύλου, ἀγῶνα διαρκέσαντα ἀπ' ἀρχῆς μέχρι τέλους τοῦ εὐαγγελικοῦ αὐτοῦ κηρύγματος, ὀφείλεται ἡ συγγραφή τῶν λαμπροτέρων αὐτοῦ ἐπιστολῶν, τῆς πρός Γαλάτας, τῆς πρός Ῥωμαίους καί τῶν πρός Κορινθίους. Ἡ θεία καί ἀκαταμάχητος αὐτοῦ διαλεκτική καί ἡ οὐρανία φρόνησις αὐτοῦ καί τῶν λοιπῶν ἀποστόλων προεφύλαξαν τήν ἐκκλησίαν ἀπό τοῦ παντελοῦς σχίσματος. Ἡ καταστροφή τῆς Ἱερουσαλήμ καί τοῦ ἰουδαϊκοῦ ναοῦ καί ἡ ἐντεῦθεν συνεπαγομένη κατάπαυσις τῆς ἰουδαϊκῆς λατρείας, οὐ μην ἀλλά καί τό συνδιαλλακτικόν πνεῦμα τῆς ἀγάπης τοῦ ἐν Ἐφέσῳ Εὐαγγελιστοῦ Ἰωάννου συνετέλεσαν ὅπως ἐλαττωθῇ ὀψιαίτε-

---

προσθέτουσιν εἰς αὐτάς καί ἑτέρας τρεῖς: τό μή βλασφημεῖν κατά τοῦ ὀνόματος τοῦ Θεοῦ,τό μή ἐκχέειν αἷμα ἀνθρώπινον καί τό μή κλέπτειν (Seldenus De jure nat. et gent. lib. 1 c. 10). Τόν δέ λόγον, δι' ὅν αὗται παραγγέλλονται ὑπό τῶν ἀποστόλων δίδωσιν ὁ Ὠριγένης, λέγων: vides ergo (προηγουμένως μνημομεύει τήν ῥήσεως τοῦ Λευϊτικοῦ 17,10 κεξ.) hanc de observatione sanguinis legem, quae communiter et filiis Israel et advenis data est, observari etiam a nobis, qui ex gentiles per Jesum Cristum credimus Deo. Nos enim proselytos et advenas Scripture nominare consuevit: cum dicit (Δευτερ. 28,43) «ὁ προσήλυτος ὅς ἐστιν ἐν σοί ἀναβήσεται ἄνω ἄνω, σύ δέ καταβήσῃ κάτω κάτω ... οὗτος ἔσται κεφαλή, σύ δέ ἔσῃ οὐρά.». Ideo ergo legem de observatione sanguinis communem cun filiis Israel etiam gentium suscepit ecclesia. Haec namque ita intelligens in lege scripta, tunc beatum illud Apostolorum Concilium decernebat, dogmata et decreta gentibus scribens, ut abstinerent se non solum ab his, quae idolis immolantur, et a fornicatione, sed et a sanguine et a suffocato (Ὠριγ. Εἰς τήν Πρός Ῥωμαίους ἐπιστολήν βιβλ. 2. ἐκδ. Lommatzsch τόμ. 6 σελ 128. παραβ. Τερτυλλ. de monogam. c.5 καί Ἀποστ. Διαταγ. 6,12). Ἐάν τινές νομίζωσιν ὅτι τούτου ἕνεκα κυρίως ἀπηγόρευσαν οἱ ἀπόστολοι εἰς τούς ἐξ ἐθνῶν χριστιανούς τήν βρῶσιν τῶν εἰδωλοθύτων, τοῦ αἵματος καί τῶν πνικτῶν, διότι ταῦτα ἐξαιρέτως ἑβδελύσσοντο οἱ ἰουδαῖοι, παρατηρητέον τούτοις ὅτι ἡ μεγαλυτέρα αὕτη ἀποστροφή εἶχεν τόν λόγον αὐτῆς εἰς τήν ἰουδαϊκήν δόξαν, ὅτι ταῦτα οὐ μόνον τοῖς ἰουδαίοις ἀλλά καί πᾶσιν ἀνθρώποις ἀπηγόρευσεν ὁ Θεός, «ὅπερ καί τοῖς πάλαι νενομοθέτητο τοῖς πρό τοῦ νόμου φυσικοῖς Ἐνώς, Ἐνώχ, Νῶε κτλ.» λέγουσι καί αἱ Ἀποστολικαί Διαταγαί, ἔνθα ἀνωτέρω.

ρον ἡ φλόξ τῆς δογματικῆς ταύτης πλάνης καί κατ' ὀλίγον ἀποσβεσθῇ ἐν ταῖς καρδίαις τῶν περισσοτέρων. Οἱ δέ μετά τήν τοιαύτην τῶν πραγμάτων μεταβολήν εἰς τά φρονήματα αὐτῶν ἐμμένοντες ἀπεσχίσθησαν τοῦ λοιποῦ τῆς Ἐκκλησίας σώματος καί ἐξώκειλαν εἰς προφανῆ αἵρεσιν (§)⁷⁷.

Ἑτέρα διάφορος τῆς προειρημένης πλάνης, καί πολλῷ κινδυνωδεστέρα καί φοβερωτέρα καί εἰς τό μετά ταῦτα ἔτι μᾶλλον ἀναπτυχθεῖσα καί διαρκέσασα ἦτον εἶδός τι ἑλληνικῆς φιλοσοφίας καί ἀνατολικῆς καί ἰουδαϊκῆς θεοσοφίας ὑπό τό ὄνομα Γ ν ῶ σ ι ς,

---

77 Οἱ αὐτοί ἐξ ἰουδαίων χριστιανοί, ὁρμώμενοι ἐκ τῆς πεπλανημένης δόξης περί τοῦ κύρους τοῦ νόμου ἐν τῷ Χριστιανισμῷ, ἐνέπιπτον καί εἰς ἄλλας πρακτικάς πλάνας, /(122) αἱ ὁποῖαι πάλιν ἐγίνοντο ἀφορμαί καί αἴτια νά ἐξολισθαίνωσιν οἱ ἐξ ἐθνῶν χριστιανοί εἰς ἄλλας ἐκ διαμέτρου ἐναντίας· οὕτως οἱ αὐτοί δέν ἦσαν ἀπηλλαγμένοι παντός τύφου καί ἀλαζονείας, ἀλλ' ὑπερηφανεύοντο ὅτι ἀπετέλουν τά γνήσια τέκνα τοῦ οἴκου τοῦ Θεοῦ, καί ἐνητένιζον πρός τούς ἐξ ἐθνῶν χριστιανούς μετά τινος περιφρονήσεως. Οἱ αὐτοί ἐπαιρονεκόμπαζον καί ἐπί τῷ ὅτι εἶχον τό γένος ἀπό τοῦ Ἀβραάμ· ἐξ οὗ χριστιανοί τινες τῶν ἐξ ἐθνῶν, θέλοντες νά ἀποκρούσωσι τήν ἰουδαϊκήν ταύτην ἀλαζονείαν, ἔπιπτον εἰς τήν ἀντίθεον πλάνην μεγαλαυχοῦντες ὅτι δῆθεν ὁ Θεός αὐτούς ἐξελέξατο ἀντί τοῦ Ἰσραήλ, ὅν ἐγκατέλιπε. Τό ἀντιχριστιανικόν τοῦτο πνεῦμα ἐνεφανίσθη ἐν τῇ Ἐκκλησίᾳ τῆς Ῥώμης καί κατεπολεμήθη ὑπό τοῦ ἀποστόλου Παύλου ἐν τῇ πρός Ῥωμαίους ἐπιστολῇ. Καθώς προσέτι οἱ ἰουδαΐζοντες χριστιανοί, στενοκάρδιοι ὄντες, δέν ἤσθιον ἐκ πάντων ἀδιακρίτως τῶν βρωμάτων καί ἐσκανδαλίζοντο ἔνθα ἔβλεπον τράπεζαν ἀντιμωσαϊκήν· οὕτως ἄλλοι προβαλλόμενοι τήν χριστιανικήν αὐτῶν ἐλευθερίαν καί τήν ἰσχυράν αὐτῶν πίστιν μετεῖχον ἀδιακρίτως καί αὐτῶν τῶν εἰδωλοθύτων ἀδιαφοροῦντες παντάπασι περί τοῦ προξενουμένου εἰς τούς ἄλλους σκανδάλου (Α' Κορ. 8 κεξ.)· Ἔτεροι δέ πάλιν, παρεξηγοῦντες τήν διδασκαλίαν τοῦ ἀποστόλου Παύλου περί τῆς ἐκ πίστεως δικαιώσεως, ἐθεώρουν τά ἀγαθά ἔργα, τόν σύμφωνον δηλ. καί ἀνάλογον τῇ χριστιανικῇ πίστει βίον, ὡς περιττά καί ἐντεῦθεν ὀλίγον προσεῖχον εἰς τόν ὑπό τῆς χτιστιανικῆς θρησκείας ἀπαιτούμενον ἠθικόν βίον. Κατά τῶν τοιούτων ἔγραψεν ὁ ἀπόστολος Ἰάκωβος ὁ ἀδελφός τοῦ Κυρίου τήν ἐπιστολήν αὐτοῦ.

Προϊόν τῆς μεταξύ ἰουδαϊζόντων καί ἐξ ἐθνῶν χριστιανῶν πάλης θεωρητέον καί τήν εἰς τέσσαρας φατρίας διαίρεσιν τῶν πιστῶν τῆς ἐν Κορίνθῳ ἐκκλησίας, καθ' ὧν ἐξανίσταται σφοδρῶς ὁ ἀπόστολος Παῦλος εἰς τάς δύο αὐτοῦ πρός Κορινθίους ἐπιστολάς. Ἐκ τοῦ πρώτου κεφ. τῆς πρώτης ἐπιστολῆς (στιχ. 10 κεξ.) μανθάνομεν ὅτι οἱ ἐν Κορίνθῳ χριστιανοί εἰς τέσσαρας μερίδας διεκρίνοντο, εἰς τήν τοῦ Παύλου, εἰς τήν τοῦ Ἀπολλώ, εἰς τήν τοῦ Κηφᾶ ὅ ἐστι τοῦ Πέτρου, καί εἰς τήν τοῦ Χριστοῦ. Οἱ ὀπαδοί τῆς πρώτης καί τῆς παρατελευταίας μερίδος τίνες ἦσαν καί τί ἐφρόνουν, γίνεται δῆλον ἐξ ὧν μέχρι τοῦδε εἴπομεν περί τῶν ἰουδαϊζόντων καί τῶν ἐξ ἐθνῶν χριστιανῶν. Οἱ περί τόν Ἀπολλώ οὐδέν ἄλλο ἦσαν εἰ μή Κορίνθιοί τινες ἐνασμενιζόμενοι εἰς τήν φιλοσοφικήν καί εὔγλωττον διδασκαλίαν τοῦ Ἀλεξανδρινοῦ τούτου λογίου, τοῦ ἐξ ἰουδαίων χριστιανίσαντος (§). Ὁ Ἀπολλώς τρίβων τῆς ἑλληνικῆς φιλοσοφίας καί τῶν ἁγίων Γραφῶν ἔμπειρος, ἐνησχολεῖτο ὡς φαίνεται περί τήν θεωρητικήν ἀνάπτυξιν καί ἑρμηνείαν τῶν χριστιανικῶν /(123) δογμάτων. Τινές δέ τῶν Κορινθίων, φίλοι τῆς θεωρίας, προσκολληθέντες αὐτῷ ἤκουον αὐτοῦ μετ' εὐχαριστήσεως καί ἐντεῦθεν ὑπεβίβαζον ὡς φαίνεται τήν ἁπλουστέραν καί θετικήν τοῦ Παύλου διδασκαλίαν, καίτοι ὁ Ἀπολλώς δέν ἐσκόπει ἐν τῇ διδασκαλίᾳ αὐτοῦ τοιαύτην τινά ὑπότιμησιν. Τήν τοιαύτην τοῦ Ἀπολλώ διδασκαλίαν δέν μέμφεται μέν ὁ Ἀπόστολος Παῦλος καί τήν περί αὐτῆς κρίσιν ἀφίησι εἰς τόν ἔλεγχον τῆς ἱστορίας καί τοῦ χρόνου (Α' Κορ. 3,11-14)· ἐν τούτοις ὅμως παραινεῖ τούς Κορινθίους νά μή ἐμπιστεύωνται ὑπέρ πολύ εἰς τήν ἀνθρωπίνην σοφίαν, μηδέ νά ὑπερτιμῶσιν αὐτήν (Α' Κορ. 2,1-14). Τίνες δέ ἦσαν καί τί κυρίως ἐπρέσβευον οἱ τοῦ Χριστοῦ ὑπάρχει ζήτημα, τοῦ ὁποίου τό προβληματῶδες καί σκοτεινόν ἄλλοι ἄλλως νά ἐξηγήσωσιν ἐπεχείρησαν. Ἡ πιθανωτέρα ὅμως γνώμη εἶναι ὅτι οἱ τοῦ Χριστοῦ λεγόμενοι ἦσαν μερίς τις ἐξ ἰουδαίων χριστιανῶν συγκειμένη, τῆς ὁποίας οἱ ὀπαδοί, καυχώμενοι ἐπί ἀμέσῳ εἰς αὐτούς γενομένῃ θείᾳ ἀποκαλύψει, ἐνόμιζον ἑαυτούς ἀπροσδεεῖς ἀποστολικῆς διδασκαλίας. Ἡ γνώμη αὕτη καθίσταται σχεδόν βεβαία, ἐάν ὑποθέσωμεν ὅτι πεφυσιωμένοι τινές θέλοντες νά παρουσιασθῶσιν ἐν τῇ ἀποστολικῇ ἐκκλησίᾳ (ἐν ᾗ τά χαρίσματα τοῦ ἁγίου Πνεύματος τοσοῦτον ἀφθόνως ἐξεχέοντο) ὡς ὁ ἀπόστολος Παῦλος (Γαλ. 1,11 κεξ.), δηλ. ὡς παρά τοῦ Ἰησοῦ Χριστοῦ ἀμέσως καί οὗτοι εὐαγγελισθέντες, ἔχαιρον ἀποκαλούμενοι οἱ τοῦ Χριστοῦ.

ἥτις κατά τά τελευταῖα ἔτη τοῦ βίου τοῦ ἀποστόλου Παύλου ἤρξατο συμφυρομένη μετά τοῦ Χριστιανισμοῦ. Ἡ ψευδώνυμος αὕτη γνῶσις, τῆς ὁποίας ἑστία ἦσαν αἱ Κολασσαί /(119) καί καθόλου ἡ Μικρά Ἀσία παρουσιάζεται ὑπό πολλάς καί ποικίλας μορφάς, ἔνθεν μέν ἡ μαγεία καί γοητεία καί μαγγανεία· ἐκεῖθεν δέ ἡ αὐστηρά ἄσκησις τήν ἀποχήν ὁρίζουσα καί ἐγκράτειαν τοῦ γάμου καί τῶν βρωμάτων· ἀλλαχοῦ δέ ἐμφανίζεται ὀνειροπολοῦσα μυστηριώδεις τινάς διδασκαλίας περί τῆς οὐσίας, τῆς φύσεως καί τῆς βαθμολογικῆς τάξεως τῶν ἀγγέλων, καί τῶν οὐρανίων δυνάμεων καί πνευμάτων. Καί ὧδε μέν φαίνεται ἀρνουμένη τήν ἐνανθρώπησιν τοῦ θείου λόγου, ἐκεῖ δέ διδάσκουσα τήν ἀνηθικότητα καί τήν φιληδονίαν καί ἀλληγοροῦσα τῆς χριστιανικῆς πίστεως τά δόγματα. Οἱ ὀπαδοί τῆς τελευταίας ταύτης σκεπτικῆς πυρρωνικῆς θεωρίας, τήν ὁποίαν Σαδδουκαῖοι, ἴσως δέ καί ἐθνικοί, φέροντες μεθ᾽ ἑαυτῶν εἰσήγαγον εἰς τόν Χριστιανισμόν, ἠρνοῦντο τήν ἀνάστασιν τῶν νεκρῶν, καί οὐ μόνον τήν ἀνάστασιν τῶν σωμάτων, ἀλλά καί πᾶσαν ἐν τῇ μελλούσῃ ζωῇ μισθαποδοσίαν καί πᾶσαν ἑπομένως τιμωρίαν καί κόλασιν (Α΄ Κορ. 15,32. 58)[78]. Ἀπαντῶμεν δέ τήν πλάνην ταύτην κατά πρῶτον ἐν τῇ ἐκκλησίᾳ τῆς Θεσσαλονίκης (Α΄ Θεσ. 4,14), ἔπειτα δέ καί ἐν Κορίνθῳ (Α΄ Κορ. 15) καί ἐν Ἐφέσῳ (Β΄ Τιμ. 2,18). Ἐκ δέ τῶν κορυφαίων τῆς αἱρέσεως ταύτης γινώσκομεν τρεῖς, τόν Ἀλέξανδρον, τόν Ὑμέναιον καί τόν Φιλητόν (Α΄ Τιμ. 1,20. Β΄ Τιμ. 2,17).

Προαίσθημά τι τῆς πολυμόρφου ψευδωνύμου ταύτης γνώσεως, τῆς μετά ταῦτα τοσοῦτον ἐκτραχηλισθείσης καί τοσαῦτα δεινά εἰς τήν Ἐκκλησίαν ἐπενεγκούσης, φαίνεται ὅτι ἐκφράζει ὁ ἀπόστολος Παῦλος εἰς τούς τελευταίους αὐτοῦ λόγους καί τάς πατρικάς παραινέσεις πρός τούς πρεσβυτέρους τῆς ἐν Ἐφέσῳ καί Μιλήτῳ Ἐκκλησίας (Πρ. 20,29 κεξ., ἔτος 58). Ἐν δέ ταῖς ἐπιστολαῖς αὐτοῦ πρός Ἐφεσίους, Κολασσαεῖς, Τιμόθεον καί Τίτον καταπολεμεῖ τήν ὀλεθρίαν αὐτῶν ἐπιρροήν μετά μεγάλης ἐμβριθείας. Ὡσαύτως ἀποκρούει ἐπιρραπίζων τήν γνῶσιν ταύτην καί ὁ ἀπόστολος Πέτρος ἐν τῇ πρώτῃ αὐτοῦ ἐπιστολῇ. Ὁ δέ Εὐαγγελιστής Ἰωάννης, ἐπί τῆς εἰς τήν Μικράν Ἀσίαν ἐλεύσεως τοῦ ὁποίου (μετά τό 64 ἔτος) τά σπέρματα τῆς πολυκεφάλου ὕδρας εἶχον

---

78 Τό σύνθημα τῆς ὁμάδος ταύτης ἦτο «φάγωμεν καί πίωμεν αὔριον γάρ ἀποθνήσκομεν», διό προτρέπων ὁ Ἀπόστολος Παῦλος τούς Κορινθίους ἵνα ἑδραῖοι καί ἀμετακίνητοι ἐν τῇ πίστι μένωσιν, ἐπάγει παρακατιών, στίχ. 58 «εἰδότες ὅτι ὁ κόπος ὑμῶν οὐκ ἔστι κενός ἐν Κυρίῳ». Ἐκ τῆς Β΄ πρός Τιμ. ἐπιστ. 2,18 φαίνεται ὅτι οἱ ὀπαδοί τῆς χριστιανικῆς ταύτης αἱρέσεως ἡρμήνευον μεταφορικῶς τήν ἀνάστασιν τῶν νεκρῶν, καθότι ἔλεγον ὅτι ἐγένετο ἤδη αὕτη.

ἤδη ἀρκούντως ἀναπτυχθῇ, ἀπηύθυνε τήν πρώτην αὐτοῦ ἐπιστολήν κατ' ἐκείνης ἰδίως τῆς μορφῆς τῆς αἱρετικῆς γνώσεως, ἥτις ἠρνεῖτο τήν ἐν Χριστῷ ἐνανθρώπησιν τοῦ Θεοῦ λόγου, φάσκουσα κατά δόκησιν καί φαντασίαν αὐτήν γεγονέναι. Ἡ κεφαλή τῆς ἀντινομικῆς γνώσεως, ἥτις ἐπίσης ἐνέσπειρε τάς ὀλεθρίους εἰς τά ἤθη καί εἰς τήν κοινωνίαν ἐν γένει διδασκαλίας της ἐνισχύουσα αὐτάς διά τῆς μαγείας καί τῆς γοητείας, κατασυντρίβεται καί ἐν τῇ ἐπιστολῇ τοῦ ἀποστόλου Ἰούδα καί ἐν τῇ δευτέρᾳ τοῦ Πέτρου. Ἐνταῦθα ἀνήκουσιν καί οἱ Νικολαΐται τῆς Ἀποκαλύψεως (κεφ. 2), τῶν ὁποίων τό ὄνομα εἶναι ἀναμ /(120) μφιβόλως συμβολικόν καί οὐδέν ἄλλο εἰμή μετάφρασις τοῦ ὀνόματος Βαλααμῖται (Ἀποκ. 2,6. 14,15), ὠνομάσθησαν δέ οὕτω οἱ ἀκολουθοῦντες τό ὀλέθριον τῆς ἀνηθικότητος σύστημα τοῦ Βαλαάμ (Ἀριθμ. 31,16).⁷⁹

---

79 Οἱ «κρατοῦντες τήν διδαχήν Βαλαάμ» (Ἀποκ. 2,14) καί οἱ «κρατοῦντες τήν διδαχήν τῶν Νικολαϊτῶν», αὐτόθι στιχ. 15 φαίνεται ὅτι εἶναι οἱ αὐτοί καί ὅτι τό ὄνομα Νικολαΐται εἶναι μετάφρασις τοῦ Βαλααμῖται·διότι τό Βαλαάμ ἑβρ.בלעם παράγουσι καί αὐτοί οἱ ῥαββίνοι ἐκ τοῦ בלע עם ὅπερ ἀντιστοιχεῖ τό ἑλληνικόν νικᾶν τόν λαόν, ὅθεν τό Νικολαΐται δέν ἦτο τό ἐκ τοῦ αἱρεσιάρχου ὄνομα τῆς αἱρέσεως, ἀλλά προσηγορία, ἥν αὐτός ὁ ἱερός συγγραφεύς τῆς Ἀποκαλύψεως ἐπέθηκεν εἰς τούς τά ὅμοια τῷ Βαλαάμ πράττοντας. Ἐπειδή δέ συνήθως τά ὀνόματα τῶν αἱρέσεων ἐλαμβάνοντο ἐκ τοῦ ἀρχηγοῦ αὐτῶν, δέν ἦτο δύσκολόν τινες ἐκ τῶν ἀρχαίων νά πιστεύσωσιν ὅτι /(124) οἱ Νικολαΐται εἶχον ἀρχηγόν ἕνα τῶν 7 διακόνων τῆς ἐν Ἱερουσαλήμ ἐκκλησίας, τόν Νικόλαον καί ὅτι ἀπ' αὐτοῦ ὠνομάσθησαν Νικαλαΐται (§).

ΤΜΗΜΑ ΔΕΥΤΕΡΟΝ

Ἀπό τοῦ θανάτου τῶν περισσοτέρων ἀποστόλων καί τῆς καταστροφῆς τῆς Ἰερουσαλήμ μέχρι τοῦ θανάτου τοῦ αὐτοκράτορος Μάρκου Αὐρηλίου (70 -180).

Κεφάλαιον πρῶτον.

Σχέσεις τῆς Ἐκκλησίας πρός τούς ἔξω. Διωγμοί καί ἀντενέργειαι κατά τῆς Ἐκκλησίας παρά τῶν ἐκτός τοῦ περιβόλου αὐτῆς διατελούντων Ἰουδαίων καί ἐθνικῶν. Ἐξωτερική κατάστασις τῆς Ἐκκλησίας.

Α΄. Παθήματα τῆς Ἐκκλησίας ἐκ μέρους τῶν Ἰουδαίων.

§ 39. Ἄμεσοι ἐπιθέσεις καί ἀντενέργειαι τῶν Ἰουδαίων κατά τῶν Χριστιανῶν.
Πηγαί: Δίων Κάσσιος 48, 32. 49, 12-14. Ἰουστίνου τοῦ Μάρτυρος ἀπολογία α΄ κεφ. 31. Εὐσέβ. ἐκκλης. ἱστ. 4,2.6. Ἱερωνύμ. Κατάλογ. τῶν ἐνδόξ. ἀνδρῶν 21.

Διά τῆς καταστροφῆς τῆς Ἱερουσαλήμ καί τῆς καταλύσεως τοῦ ἐν Παλαιστίνῃ ἰουδαϊκοῦ κράτους συνετρίβη μέν ἡ δύναμις, δέν ἐξέλιπεν ὅμως καί ἡ θέλησις τῶν ἰουδαίων εἰς τό βλάπτειν καί κακοποιεῖν τούς χριστιανούς. Τήν κατά τῶν χριστιανῶν ἔχθραν ἐπειρῶντο ἤδη παντοιοτρόπως νά εὐχαριστήσωσιν οἱ ἰουδαῖοι. Ἰουστίνος ὁ φιλοσοφος καί Μάρτυς διηγεῖται, ὅτι αἱ τῆς Ἱερουσαλήμ ἰουδαϊκαί κοινότητες ἀπέστειλαν ἐπίτηδες ζηλωτάς ἰουδαίους εἰς ὅλας τάς μεγαλουπόλεις ὅπως διαβάλλωσι καί συκοφαντῶσι τόν Ἰησοῦν Χριστόν καί τούς εἰς αὐτόν πιστεύοντας[80]. Ὁ Ἡγήσιππος[81] ἱστορεῖ ὅτι οἱ ἰουδαῖοι ἦσαν οἱ παρασκευάσαντες τόν μαρτυρικόν θάνατον εἰς τόν 120ετῆ ἐπίσκοπον

---
80 (Διάλ. πρός Τρύφ. 17,108)
81 (Εὐσεβ. Ἐκκλησ. ἱστ. 3,32)

τῶν Ἱεροσολύμων, τόν ἅγιον Συμεών, τόν διάδοχον τοῦ ἀδελφοθέου Ἰακώβου (ἐν ἔτει 107 §). Μέρος ἔλαβον οἱ ἰουδαῖοι καί ἐν τῇ ἀποκεφαλίσει τοῦ ἁγ. Πολυκάρπου (Εὐσεβ. Ἐκκλης. ἱστ. 4,15)[82]. Εἰς δέ τάς σχολάς αὐτῶν ἐσφυρηλατοῦντο ἐν ἰδίοις συγ /(125) γράμμασι καί ἐκεῖθεν διεφημίζοντο αἰσχότεραι συκοφαντίαι κατά τοῦ Ἰησοῦ Χριστοῦ καί τῶν χριστιανῶν ἐν γένει[83]. Ἀλλά πολλῷ πλείω καί μεγαλείτερα ἦσαν τά δεινά, ὅσα ὑφίσταντο οἱ χριστιανοί ἐκ τῶν συνεχῶν κατά τῶν ῥωμαίων στάσεων τῶν ἰουδαίων[84]. Τοιαῦται ἦσαν ἡ ἐν Κυρήνῃ ἐν ἔτει 115, ἥτις ἐξηπλώθη μέχρι τῆς Αἰγύπτου καί τῆς Κύπρου καί ἑτέρα ἐν Μεσοποταμίᾳ συγχρόνως μέ τάς προηγουμένας ἐκραγεῖσα, εἰς τάς ὁποίας ἐξώθη τούς ἰουδαίους ἡ ἐκ τῆς καταστροφῆς τῆς Ἱερουσαλήμ ἔτι μᾶλλον αὐξηθεῖσα ἔχθρα κατά τῶν ῥωμαίων καί εἰς τάς ὁποίας συνέπασχον καί οἱ χριστιανοί, μή διακρινόμενοι τῶν ἰουδαίων. Καταστρεπτική δέ διά τούς χριστιανούς ἐγένετο ἐξαιρέτως ἡ τοῦ Βαρχιβά στάσις (ἐν ἔτει 132). Ὁ αὐτοκράτωρ Ἀδριανός (117-138), ὅστις εἶχεν ἀπαγορεύσει τήν περιτομήν εἰς στούς ἰουδαίους ἕνεκα τῶν συχνῶν ἐπαναστάσεων[85]· ἀνοικοδομήσας ἐν ἔτει 126 τήν πόλιν Ἱερουσαλήμ καί συνοικίσας αὐτήν ἐξ ἐθνικῶν μετωνόμασεν αὐτήν ἐκ τοῦ ἰδίου ὀνόματος Αἰλίαν Καπιτωλίναν, συγχρόνως δέ διέταξεν ἐπί τῶν ἐρειπίων τοῦ ναοῦ τῆς Ἱερουσαλήμ νά ἀνεγερθῇ ἕτερος ναός πρός τιμήν τοῦ Διός. Ταῦτα μή ἀνεχόμενοι οἱ ἰουδαῖοι ἐπανέστησαν κατά τῶν Ῥωμαίων ἔχοντες ἀρχηγόν ἰουδαῖον τινά ὅστις ἀνακηρυχθείς Μεσσίας (ἐπί τῇ βάσει τῶν λόγων τοῦ Δευτερ. 18,18) ὠνόμαζεν ἑαυτόν Βαρχοβά, ἤγουν *υἱόν τῶν ἀστέρων* (Ἀριθμ. 24,17)[86]· ὅτε λοιπόν ὁ Βαρχοβάς οὗτος, τεθείς ἐπί κεφαλῆς πάντων τῶν ἐν Παλαιστίνῃ ἰουδαίων, ὠχυρώθη εἰς Βεθάρ, φρούριον ἐγγύς τῶν Ἱεροσολύμων καί ἐπί τινα καιρόν αἱ ἐπιχειρήσεις αὐτοῦ ἐπετύγχανον, οἱ ἐκεῖ εὑρισκόμενοι χριστιανοί, οἵτινες μήτε τῆς ἐπαναστάσεως νά μετάσχωσι μήτε τόν ψευδομεσσίαν νά ἀναγνωρίσωσιν ἤθελον, ὑπέμειναν αἱματη-

---

[82] «Μάλιστα ἰουδαίων προθύμως ὡς ἔθος αὐτοῖς εἰς τοῦτο ὑπουργοῦντες».
[83] Τοιαῦτα ὅμως ἰουδαϊκά πολεμικά κατά τῶν χριστιανῶν συγγράμμματα δέν περιῆλθον εἰς ἡμᾶς. Ἡ πολυθρύλητος ἰουδαϊκή ἀρά, ἡ συνταχθεῖσα κατά τῶν χριστιανῶν = δέησις κατά τῶν αἱρετικῶν) ὑπάρχει κίνημα τῆς δευτέρας ἐπίσης ἑκατονταετηρίδος Τό Ταλμούδ ἀναφέρει ὅτι ἡ εὐχή αὕτη ἐσφυρηλατήθη ἐν τῇ πόλει Ἰάφνῃ, ὅπου τότε εἶχε τήν ἕδραν αὐτοῦ τό Συνέδριον, ὑπό τοῦ ῥαββί Γαμαλιήλ τοῦ νεωτέρου. Παραβ. Buxtorf. lex Talmud. p. 1202. G. Selig der Jude eine Zeitschr. Leipz. 1782, Bd. 2 S. 106.
[84] (Εὐσεβ. Ἐκκλ. ἱστ. 4,2)
[85] Spartianus in Hadriano c. 14. Moverunt ea tempestate et Judaei bellum, quod vetabantur mutilare genitalia. Ὅτι καί εἰς αὐτούς τούς Σαμαρείτας ἀπηγορεύθη τό περιτέμνεσθαι μαρτυρεῖ ὁ Ὠριγ. κατά Κέλς. 2,13. βιβλ. Gies. τόμ. 1 σελ. 158.
[86] Μετά τήν ἀποτυχίαν τῆς ἐπαναστάσεως ὠνομάσθη υἱός ψεύδους.

ρόν διωγμόν ὑπό τῶν φανατικῶν ἰουδαίων καί τοῦ ψευδομεσσίου αὐτῶν[87]· ἡττηθέντος δέ τοῦ Βαρχοβά ὑπό τοῦ ῥωμαίου στρατηγοῦ Ἰουλίου Σευήρου ἐν ἔτει 135 οἱ χριστιανοί οὐ μόνον δέν ἀπηλλάγησαν τῶν δεινῶν, ἀλλά καί χειρότερα ἔπαθον, τῶν νικητῶν μή διακρινόντων τούς ἰουδαίους ἀπό τῶν χριστιανῶν. Ὁ πόλεμος οὗτος μετέβαλε τήν χώραν εἰς καθαράν ἔρημον. Ὁ Ἀδριανός συνοικήσας ἐκ νέου τήν Αἰλίαν Καπιτωλίναν, τουτέστι τήν Ἰερουσαλήμ, ἐπέβαλε θάνατον εἰς τόν ἰουδαῖον ἐκεῖνον, ὅστις ἐτόλμα νά εἰσέλθῃ εἰς αὐτήν. Ἵνα κωλύσῃ δέ τούς χριστιανούς νά ἐπισκέπτωνται τόν τόπον, ἔνθα ὁ Κύριος ἐσταυρώθη, διέταξεν ὁ αὐτός Ἀδριανός νά ἀνεγερθῇ ἐκεῖ ναός τῆς Ἀφροδίτης, ἐπί δέ τοῦ τάφου τοῦ Κυρίου ἔστησε τό ἄγαλμα τοῦ Διός[88]. Τοιαῦτα ἔπαθον οἱ χριστιανοί ὑπό τῶν ἰουδαίων καί ἕνεκα τῶν ἰουδαίων τοῦ Ἀδριανοῦ, ἐφ' οὗ συνέβη ἡ στάσις αὕτη, ἥτις ἦτο καί ἡ /(126) τελευταία. Ἔκτοτε μάχαιρα ἰουδαϊκή δέν ἤγγισεν πλέον χριστιανικόν τράχηλον. Οὐχ ἧττον ὅμως ἔχαιρον οἱ ἰουδαῖοι λίαν βλέποντες τούς χριστιανούς καταδιωκομένους ὑπό τῶν ἐθνικῶν καί κάλων ἐκίνουν πρός ἐξόντωσιν αὐτῶν.

§ 40 Ἔμμεσος ἀντίδρασις τῶν ἰουδαίων κατά τῆς χριστιανικῆς θρησκείας.

Μετά τήν πολιτικήν πτῶσιν τοῦ ἰσραηλιτικοῦ ἔθνους ὅσον ἀφ' ἑνός καταπιεζομένη περιεστέλλετο καί ἐξέλειπεν ἡ δύναμις τῶν ἰουδαίων εἰς τό κακοποιεῖν τούς χριστιανούς δι' αἱματηρῶν διωγμῶν, τοσούτῳ μᾶλλον ηὔξανεν ἀφ' ἑτέρου ἡ κατά τοῦ Εὐαγγελίου ἔχθρα αὐτῶν, οἵτινες ἐζήτουν νά ἀντιταχθῶσιν κατά τοῦ ἀκαταπαύστως προκόπτοντος καί πανταχοῦ ἐξαπλουμένου Χριστιανισμοῦ καί δι' ἄλλου ἤδη τρόπου, συγκεντροῦντες δηλονότι ἁπάσας αὐτῶν τάς πνευματικάς δυνάμεις πρός ἀναρρίπισιν καί ζωοποίησιν τῆς ἀρχαίας αὐτῶν θρησκείας, ἐπί τῇ ἐλπίδι ὅτι διά τῆς τοιαύτης ἀναρριπίσεως θά ἐπετύγχανον νά ἀντιπερισπάσωσι τά πνεύματα καί ἀναχαιτίσωσιν

---

[87] «Ἀλλ' ἐχθρούς ἡμᾶς καί πολεμίους ἡγοῦνται ὁμοίων ὑμῖν (τοῖς ἐθνικοῖς) ἀναιροῦντες καί κολάζοντες ἡμᾶς ὁπόταν δύνανται ὡς καί πεισθῆναι δύνασθαι. Καί γάρ ἐν τῷ νῦν γεγενημένῳ ἰουδαϊκῷ πολέμῳ Βαρχοχέβας, ὁ τῆς ἰουδαίων ἀποστάσεως ἀρχηγέτης, χριστιανούς μόνους εἰς τιμωρίας δεινάς εἰ μή ἀρνοῖντο Ἰησοῦν τόν Χριστόν καί βλασφημοῖεν ἐκέλευεν ἀπάγεσθαι», Ἰουστ. ἀπολογία α', ἔνθ. ἀνωτ.
[88] «Τό πᾶν ἔθνος ἐξ ἐκείνου καί τῆς περί τά Ἰεροσόλυμα γῆς πάμπαν ἐπιβαίνειν ἤργεται· νόμου δόγματι καί διατάξεσιν Ἀδριανοῦ ὡς ἄν μήτ' ἐξ ἀπόπτου θεωροῖεν τό πατρῷον ἔδαφος ἐγκελευσαμένου» Εὐσέβ. Ἐκκλ. ἱστ. 4,6. Αὐτόθι βλ. καί περί τοῦ Βαρχοβά, ὅν ἀποκαλεῖ Ἀστερίδην, παραβ. καί Σουλπ. Σευῆρ. 2,45. Περί τούτου ἔγραψεν ἐκ τῶν νεωτέρων Christ. Erd Deylingio Aeline Capitolinae origins et historia ἐν τῷ ὑπό Salom DeylingiiObserv. Sacris tom. 5 περί τό τέλος. – F. Münter Der judische Krieg unter Trajan und Hadrian. Altona und Leipz. 1821. /(127). Gregorovius, Geschichte des römischen Kaisers Hadrian und seiner Zeit Königsberg 1851.

ἢ τοὐλάχιστον περιστείλωσιν ὅσον οἷόν τε τὴν διάδοσιν τοῦ χριστιανισμοῦ. Κατὰ τούτους λοιπὸν τοὺς χρόνους ἤρξαντο οἱ ἰουδαῖοι μετὰ μεγάλης δραστηριότητος νὰ ἐνασχολῶνται περὶ τὴν ἑρμηνείαν τῆς Π. Διαθήκης καὶ νὰ ἀγωνίζωνται παντὶ σθένει εἰς τὴν διάδοσιν ἀνθρωπίνων παραδόσεων καὶ ἐνταλμάτων. Αἱ σχολαὶ τῆς Τιβεριάδος καὶ τῆς Βαβυλῶνος ἦσαν αἱ δύο ἑστίαι, αἱ ὑποθάλπουσαι καὶ ἐμψυχοῦσαι τὰς τοιαύτας ἰουδαϊκὰς ἐπιχειρήσεις. Τὸ δὲ Ταλμούδ, οὗτινος τὸ πρῶτον μέρος κατὰ ταύτην τὴν περίοδον ἐγράφη, συνεπλήρωσε καὶ ὑπεστήριξε τὸ ἀντιχριστιανικὸν πνεῦμα τῶν ἰουδαίων ἐκείνων, οἵτινες ἀποῤῥίπτοντες τὸ ὡραιότερον καὶ ἀμάραντον ἄνθος τοῦ οἰκείου δένδρου, τουτέστιν ἀποστεροῦντες ἑαυτοὺς ἑκουσίως καὶ ἐθελοκάκως τῆς χάριτος τοῦ Θεοῦ τῆς ἐν Χριστῷ Ἰησοῦ φανερωθείσης, ἐνέμενον ὡσεὶ πεπηγότες εἰς τὴν παρακμάσασαν αὐτῶν θρησκείαν (παρβ. §).

Β'. Παθήματα τῆς Ἐκκλησίας ἐκ μέρους τῶν ἐθνικῶν.

§41. Ἰδέαι καὶ κρίσεις τῶν ἐθνικῶν περὶ τῆς χριστιανικῆς θρησκείας καὶ τῶν χριστιανῶν.

[Ὅσῳ μᾶλλον διεκρίνετο ὁ χριστιανισμὸς τοῦ ἰουδαϊσμοῦ καὶ διεγινώσκετο ἡ ἰδιάζουσα φύσις καὶ ἡ διάδοσις αὐτοῦ εἰς τὸν κόσμον, τοσούτῳ μᾶλλον ἔμελε, θεωρούμενος ἀπὸ τοῦ θρησκευτικοῦ καὶ πολιτικοῦ σημείου ἑνὸς ἐθνικοῦ ἄρχοντος ἢ ἁπλῶς ἑνὸς ἐθνικοῦ πολίτου, νὰ φανῇ ὡς μία ἔχθρα καὶ τὴν ἀνατροπὴν τῶν καθεστώτων ἀπειλοῦσα θρησκεία, /(128) διότι θρησκεία καὶ πολιτεία ἦσαν τόσον στενῶς συνδεδεμέναι παρὰ τοῖς ἐθνικοῖς, ὥστε ὁ τῆς θρησκείας κίνδυνος ἐθεωρεῖτο κίνδυνος καὶ αὐτοῦ τοῦ κράτους (§)]. Μετὰ τὴν καταστροφὴν τῆς Ἱερουσαλὴμ τοσαύτη ἦτο πανταχοῦ ἡ πληθὺς τῶν ἐξ ἐθνῶν χριστιανῶν, ὥστε δὲν ἦτο πλέον δυνατὸν νὰ παραγνωρισθῇ ἡ μεταξὺ χριστιανισμοῦ καὶ ἰουδαϊσμοῦ διαφορά· ἄλλως τε καὶ οἱ ἰουδαῖοι διέκρινον ἑαυτοὺς διαβάλλοντες καὶ συκοφαντοῦντες τοὺς χριστιανούς, καὶ οἱ χριστιανοὶ ἀπεχωρίζοντο τῶν ἰουδαίων ἕνεκα τῶν πολιτικῶν ἐγκλημάτων καὶ τῶν συχνῶν ἀνταρσιῶν αὐτῶν, δι' ἃ πολλάκις συνέπασχον αὐτοῖς (§). Ἡ χριστιανικὴ θρησκεία ἐκήρυττε φανερὰ ὅτι εἶναι ἡ θρησκεία τοῦ ἀνθρώπου, τουτέστιν ἡ μόνη θρησκεία ἐν ᾗ ἠδύνατο νὰ εὕρῃ ὁ ἄνθρωπος σωτηρίαν καί ὅτι πᾶσαι αἱ λοιπαί θρησκεῖαι ἔμελλον ῥιζηδόν νά ἐκσπασθῶσι, τά δέ γοργά βήματα τῆς ἁπανταχοῦ ἐξαπλώσεώς της ἐμαρτύρουν πόσον ἐνεργός ὑπάρχει ἡ ἐν αὐτῇ οἰκοῦσα δύναμις. Ὁ χριστιανισμός δέν περιωρίζετο εἰς ἕν μόνον ἔθνος ὡς ὁ ἰουδαϊσμός, ἀλλά τούς πάντας ἐπίσης ἐνηγκαλίζετο πολιτογραφῶν αὐτούς πολίτας μίας νέας κοινωνίας, πολλῷ διαφόρου τῆς τῶν ἐθνικῶν. Διά τοῦτο ὁ χριστιανισμός ἐφάνη ὡς δύναμις ἀντιστρατευομένη κατά τοῦ κράτους καί ὑποσκάπτουσα τά θεμέλια αὐτοῦ. Οἱ χριστιανοί ἐθεώρουν τούς θεούς τῶν ἐθνικῶν ὡς κακούς δαίμονας, ἐπειδή δέ ἡ εἰδωλολατρεία εἰσέδυεν εἰς ὅλα τά εἴδη τοῦ βίου καί πάσας τάς σχέσεις τῆς κοινωνίας συνεῖχε καί περιέβαλλεν, διά τοῦτο ἦσαν ἠναγκασμένοι νά ἀποσύρωνται τόσον τοῦ δημοσίου καί πολιτικοῦ ὅσον καί τοῦ ἰδιωτικοῦ καί οἰκιακοῦ βίου τῶν ἐθνικῶν, οἷον τῶν ἑορτῶν, τῶν διασκεδάσεων, τῶν συμποσίων, τῶν θεατρικῶν παραστάσεων καί τινων ἐπιτηδευμάτων, οἷον τῆς γλυπτικῆς, τῆς ἀγαλματοποιίας κτλ. (§). Ἐντεῦθεν ὁ χριστιανισμός ἐφαίνετο εἰς τούς ἐθνικούς ὡς δεισιδαιμονία μισάνθρωπος καί μισόκοσμος[89]. Πρός τούτοις οἱ χριστιανοί ἠρνοῦντο νά προσφέρωσι τάς εἰς τούς αὐτοκράτορας ἀποδιδομένας συνήθεις θείας τιμάς, προσέδωκον (προσεδόκουν) τήν οὐράνιον βασιλείαν καί τήν καταστροφήν πασῶν τῶν βασιλειῶν τοῦ κόσμου καί πολλοί ἀπέφευγον τά πολιτικά ἀξιώματα καί τήν στρατιωτικήν ὑπηρεσίαν, ὡς ὑποχρεοῦντα εἰς πολλά εἰδωλολατρικά ἔθιμα (§). Ἐντεῦθεν ἐθεωροῦντο ὡς κακοί πολῖται, ὡς καταφρονηταί τῶν καθεστώτων καί τοῦ αὐτοκρατορικοῦ ἀξιώματος, ὅσον δέ ἀληθής καί ἄν ὑπῆρχεν ἡ διαβεβαίωσις αὐτῶν ὅτι διά τῆς χριστιανικῆς θρησκείας ὑπεχρεοῦντο ἔτι μᾶλλον εἰς τήν πρός τάς πολιτικάς ἀρχάς ὑποταγήν καί πειθαρχίαν, πάλιν ὅμως εἰς τόν ἐθνικόν τόν συνηθισμένον εἰς θρησκείαν δούλην καί ὑπηρέτην ἁπλῶς τῆς πολιτείας καί τοῦ κράτους ἐφαίνετο ἡ διαβεβαίωσις /(129) αὕτη λίαν ἀμφίβολος, καθόσον μάλιστα οἱ χριστιανοί ὤφειλον νά προβάλλωσι πάντοτε τόν ὅρον ὅτι τά προστάγματα τῆς πολιτικῆς ἐξουσίας δέν ἔπρεπε νά ἀντιπίστωσιν εἰς τούς θείους νόμους[90]. Ἡ μετ᾽ ἀλλήλων στενή

---

[89] Οὕτω καλεῖ τούς χριστιανούς παρά τῷ Μινουκίῳ Φήλικι (Minucii Felicis Octavius c. 8) ὁ ἐθνικός Καικίλιος «ἔθνος ἀποκρυπτόμενον καί φυξήλιον εἰς μέν τάς πλατείας σιωπηλόν καί ἄφωνον, εἰς δέ τάς γωνίας φλύαρον καί λάλον».
[90] Θεόφιλ. πρός Αὐτόλυκον 1,2. Tertull. ad nations 1,17 de idolatr. c. 13-15. Ἰουστ. Μάρτ. ἀπολογ. α΄ ii «καί ὑμεῖς ἀκούσαντες βασιλείαν προσδοκῶντας ἡμᾶς, ἀκρίτως ἀνθρώπινον λέγειν ἡμᾶς ὑπειλήφατε, ἡμῶν τῶν μετά θεοῦ λεγόντων».

σχέσις τῶν χριστιανῶν καί ὁ τούτους συνδέων ἀδελφικός σύνδεσμος, καθώς προσέτι αἱ ἰδιαίτεραι καί ἐν καιρῷ τῶν διωγμῶν μυστικαί καί ἀπόκρυφοι αὐτῶν συνάξεις διεφήμιζον αὐτούς ὡς ἀποστάτας καί στασιαστικούς καί διήγειρον κατ' αὐτῶν τήν ὑπόνοιαν τῆς πολιτικῆς ἀρχῆς. Ἡ ἠθική ἐντύπωσις, τήν ὁποίαν θά ἐπροξένουν εἰς τούς ἀμερολήπτους ἡ διδασκαλία καί τά ἤθη τῶν χριστιανῶν, ἐξησθενίζετο διά τῶν προλήψεων καί τῶν συκοφαντιῶν. Οἱ ἰουδαῖοι, οἱ ὁποῖοι ὑπετίθεντο ἔχοντες ἀκριβῆ γνῶσιν τῆς χριστιανικῆς θρησκείας, συνετέλουν εἰς τήν ὑποστήριξιν τῶν προλήψεων καί τῶν διαβολῶν καί εἰς τήν ἐπαύξησιν τῆς δυσμενείας κατά τῶν χριστιανῶν. Τινές τῶν ἐθνικῶν ἀνεγνώριζον μέν ἐν τῇ χριστιανικῇ θρησκείᾳ πολλά ὡς ἀληθείας, ἐνόμιζον ὅμως ὅτι τά αὐτά εὑρίσκονται καθαρώτερα καί ἀκραιφνέστερα καί γλαφυρότερον ἐκπεφρασμένα ἐν τῇ παρ' αὐτοῖς φιλοσοφίᾳ, καί ἐσκανδαλίζοντο εἰς τά ὑψηλότερα δόγματα[91]. Ἄλλοι πάλιν εὔπιστοι καί ταχυπειθεῖς ἐξηπατῶντο πιστεύοντες εἰς γελοίας φήμας πλαττομένας περί πραγμάτων, ἅπερ ἐλάτρευον καί ἐσέβοντο οἱ χριστιανοί[92]. Οἱ δέ δεισιδαίμονες παρατηροῦντες τήν οἰκτράν καί ταλαίπωρον κατάστασιν τῶν χριστιανῶν κατεγίνωσκον τοῦ Θεοῦ αὐτῶν ἀσθένειαν καί ἀδυναμίαν. «Οἱ πλεῖστοι ἐξ ὑμῶν, λέγει ὁ ἐθνικός Κατούλης, (παρά τῷ Μινουκίῳ Φήλικι κεφ. 12) εἶναι πτωχοί καί ἄθλιοι. Ποῦ εἶναι ὁ Θεός ὑμῶν; ὁ θεός ὑμῶν δέν βοηθεῖ ἤ δέν δύναται νά βοηθήσῃ ὑμᾶς. Φαντασιοκόποι

---

91 Οὕτως ἐφρόνει ἐξαιρέτως ὁ Κέλσος «βουλόμενος τά καλά – καί βέλτιον καί τρανότερον εἰρῆσθαι παρά τοῖς φιλοσοφοῦσιν» (Ὠριγ. κατά Κέλσ. βιβλ. 5,65) «καί χωρίς ἀναστάσεως καί ἐπαγγελίας τῆς ἀπό Θεοῦ, ἤ υἱόυ Θεοῦ» (αὐτόθι 6,1)· ὁ αὐτός (7,58) /**(131)** λέγει περί τῶν λόγων ἐκείνων τοῦ Ἰησοῦ Χριστοῦ (Ματθ. 5,39) «ὅστις σέ ῥαπίσει ἐπί τήν δεξιάν σου σιαγόνα, στρέψον αὐτῷ καί τήν ἄλλην» - «ἀρχαῖον καί τοῦτο εὖ μάλα πρόσθεν εἰρημένον, ἀγροικότερον δ' αὐτό ἀπεμνημόνευται· ἐπεί καί Πλάτωνι πεποίηται Σωκράτης Κρίτωνι διαλεγόμενος τάδε κτλ.» καί βιβλ. 6,12-20 καί Tertull. apolog. c. 46. Περί τῆς ἀπορίας τῶν ἐθνικῶν εἰς τά χριστιανικά δόγματα βλ. Ἀρνόβ. βιβλ. 1,36 καί Τερτυλ. ἀπολογ. κεφ. 18 καί Μινουκίου Φήλικα κατωτέρω.
92 Οὕτω ὠνειροπόλουν, ὡς λέγει ὁ Τερτυλλιανός (Ἀπολογ. κεφ. 16), ὅτι ὁ Θεός τῶν χριστιανῶν ἔχει ὄνου κεφαλήν· ἐντεῦθεν ἀπεκάλουν αὐτούς *ὀνολάτρας*.- Ἕτεροι δέ ἐπιεικέστερον καί πιθανώτερον κρίνοντες ἐνόμιζον ὅτι ὁ θεός αὐτῶν εἶναι ἥλιος ὁ ἐξ οὗ *τό ἡλιολάτραι*. Ἰουδαῖος τις ἐν Καρχηδόνι ἐδημοσίευσεν εἰκόνα τοῦ Θεοῦ τῶν χριστιανῶν φέρουσα ἐπιγραφήν τοιάδε: Θεός τῶν χριστιανῶν *ὀνοκοίτης·* ὑπετυποῦτο δέ ἐν τῇ εἰκόνι ταύτῃ ὁ θεός τῶν χριστιανῶν ὄνου ὦτα ἔχων καί τόν ἕτερον πόδα ὁπλήν, βιβλίον ἀνά χεῖρας βαστάζων καί τήβενον φορῶν, παραβ. Μινουκ. Φήλ. κεφ. 9. Τερτυλλ. ad nations 1,14. Οἱ ἰουδαῖοι, οἵτινες ἐπίσης κατηγοροῦντο ὡς ὀνολάτραι (Ἰώσηπ. κατά ἀπιαν. λόγ. 2,9. Τάκιτ. βιβλ. 5,4. Διόδωρ. Σικελ. παρά Φωτίῳ Βιβλ. 244 σελ. 379 ἔκδ. Ἐμμαν. Βεκέρ), ἀποτριβόμενοι τήν φήμην ταύτην ἐπειρῶντο νά προσάψωσιν αὐτήν εἰς τούς Σαμαρείτας καί εἰς τούς χριστιανούς. Καί αὐτός δέ ὁ Κέλσος ὁμιλεῖ περί ὀνολατρείας τῶν χριστιανῶν καί ὀνομάζει τούτους *ὀνοκεφάλους* (Ὠριγ. Κατά Κέλ σ. 6,30). Εἰς τό σκωπτικόν τοῦτο γελιογράφημα ἔδωκεν ἴσως ἀφορμήν ζωγραφία τις, ἐξεικονίζουσα τήν πρό ἕξ ἡμερῶν τοῦ Πάσχα εἴσοδον τοῦ Κυρίου εἰς τήν Ἱερουσαλήμ. Τήν λέξιν τοῦ Τερτυλλιανοῦ onochoetes τινές μέν ἀναλύουσιν εἰς τό ὄνου χοητής, τουτέστιν ἱερεύς ὄνου, ἕτεροι δέ μεταφράζουσιν αὐτήν ἄμεινον διά τοῦ ὀνοκοίτης, ὅπερ κατά τόν μακαρίτην Εὐθυβούλην (Μελετ. Ἐκκλ. Ἱστ. τόμ. α΄, σελ. 127) σημαίνει τόν καθήμενον ἐπί ὄνου. Ἑτέρας τινάς ἐρεσχελίας τοῦ Κέλσου κατά τοῦ προσώπου τοῦ Ἰησοῦ Χριστοῦ καί τῆς Παναγίας αὐτοῦ μητρός ὅρ. Ὠριγ. Κατά Κέλς. 1,28.

τῆς ἀθανασίας αἰσθανθῆτε τό φθαρτόν τῆς φύσεως ἐν ταῖς ἀσθενείαις ὑμῶν. Ἐάν ὁ Θεός οὐδεμίαν ἐπικουρίαν παρέχει εἰς ὑμᾶς ἐνταῦθα, ὅπου τοσοῦτον ἀπεινῶς βασανίζεσθε, πῶς βοηθήσει ὑμῖν μετά θάνατον; οἱ ῥωμαῖοι καί ἄνευ τοῦ Θεοῦ τούτου κατεξουσιάζουσι τόν κόσμον καί ὑμᾶς· ὑμεῖς τοὐναντίον βιοῦτε βίον θλίψεως, ἀπέχετε πάσης διασκεδάσεως· καί οὔτε στεφάνους, οὔτε μύρα μεταχειρίζεσθε, ἀλλά περιφέρεσθε ὠχροί καί τρέμοντες· δυστυχεῖς καί ἐν τῷ νῦν καί ἐν τῷ μέλλοντι αἰῶνι ἔσεσθε». Τέλος πάντων ἡ ἰουδαϊκή καταγωγή τοῦ χριστιανισμοῦ καί ἡ εὐτέλεια καί πενιχρότης τῶν περισσοτέρων ὀπαδῶν του ἐνέπνεον εἰς πάντας καταφρόνησιν πρός αὐτόν, ἡ δέ ἰδέα ὅτι τόν χριστιανισμόν ἔμελλον νά ἀσπασθῶσι πάντες ἐξεπυρίττετο ὡς ἀνόητος καί ἀδύνατος[93]. Τήν σεμνήν καί ἁγίαν πολιτείαν τῶν χριστιανῶν δέν ἠδύναντο οἱ ἐθνικοί νά ἀρνηθῶσι[94] καί ἡ μεταξύ τῶν χρισταινῶν ἐπικρατοῦσα ἀδελφική ἀγάπη προσῆγεν εἰς τόν Χριστόν πολ /(130) λάς βεβαίως τό ἀγαθόν αἰσθανομένας καρδίας· πλήν αἱ εἰς τό κρυπτόν γενόμεναι συνάξεις τῶν χριστιανῶν, ἀνδρῶν τε καί γυναικῶν ὁμοῦ καί μάλιστα αἱ νυκτεριναί, αἵτινες αὐστηρῶς ἀπηγορεύοντο παρεῖχον ἀφορμήν εἰς τό μῖσος καί εἰς τήν ἔχθραν πολλῶν νά παρεξηγῶσι τήν ἀγάπην ταύτην, νά διαφημίζωσι ταύτην ὡς ἀκάθαρτον καί νά παραμορφώσωσι πολλάς ἄλλας χριστιανικάς συνηθείας καί τελετάς, κατ' ἀναλογίαν τῶν ὅσων ἄλλοτε συνέβαινον ἐν τοῖς μυστηρίοις καί ταῖς μυστικαῖς αὐτῶν συνάξεσι[95]. Ἡ γενναιότης καί ἡ καρτερία τέλος τῶν μαρτύρων ὤφειλον

---

93 Οὕτω ἔλεγεν λόγου χάριν ὁ Κέλσος (Ὠριγ. κατά Κέλς. 1,2) «βάρβαρον ... εἶναι τό δόγμα», τούτεστιν ὁ χριστιανισμός ὡς ὑπό τοῦ ἰουδαϊσμοῦ κατερχόμενος. Περί δέ τῆς ἀφανείας καί τῆς ποταπότητος τῶν ὀπαδῶν τοῦ χριστιανισμοῦ βλ. Μινουκ Φηλκ. κεφ. 5 καί 12 καί Κέλς. παρά τῷ Ὠριγ. κατά Κέλς. 3,54.55. Ὁ δ' αὐτός ὁ Κέλσος (αὐτόθι 8,71.72) εὐχόμενος δῆθεν νά ἐξαπλωθῇ εἰς ὅλον τόν κόσμον ἡ χριστιανική /(132) θρησκεία λέγει «Εἰ γάρ δή οἷόν τε (εἴη) εἰς ἕνα συμφρονῆσαι νόμον τούς τήν Ἀσίαν καί Εὐρώπην καί Λιβύην, ἕλληνας τε καί βαρβάρους, ἄχρι περάτων νενεμημένους» ἔπειτα ἀδύνατον τοῦτο θεωρῶν ἐπιφέρει «ὁ τοῦτο οἰόμενος οἶδεν οὐδέν».
94 Ὁ διάσημος ἰατρός Κλαύδιος ὁ Γαληνός (περί τό 160 ἀκμάζων) ἔλεγεν ἔν τινι τῶν ἀπολεσθέντων αὐτοῦ συγγραμμάτων: «οἱ πλεῖστοι τῶν ἀνθρώπων δέν δύνανται νά κατανοήσωσι λόγον θεωρητικόν (ἀποδεικτικόν demonstrativam) καί συνεχῆ, ὅθεν ἔχουν ἀνάγκην διά παραβολῶν νά διδάσκωνται· καθώς βλέπομεν εἰς τούς καθ' ἡμᾶς χρόνους τούς ἀνθρώπους, οἱ ὁποῖοι ὀνομάζονται χριστιανοί, ὅτι ἀρνούνται τήν πίστιν αὐτῶν ἐκ παραβολῶν. Οὗτοι δέ ἐνίοτε πράττουσι τοιαῦτα, ὁποῖα οἱ ἀληθῶς φιλόσοφοι· διότι ὅλοι βλέπομεν ὅτι καταφρονοῦσι τόν θάνατον· καθώς καί ὅτι ὑπ' αἰδοῦς τινος (verecandia) κινούμενοι ἀπέχουσι τῶν ἀφροδισίων· διότι ὑπάρχουσι μεταξύ αὐτῶν γυναῖκες, καί ἄνδρες, οἵτινες καθ' ὅλον τόν βίον των ἀπέχουν τῆς συνουσίας. Πρός τούτοις ὑπάρχουσι καί ἄλλοι, οἵτινες ὡς πρός τό διευθύνειν τάς ψυχάς καί ἐγκρατεύεσθαι καί ἐν τῇ αὐστηροτάτῃ σπουδῇ τῆς τιμιότητος τοσοῦτον ἐπροώδευσαν, ὥστε κατ' οὐδέν νά ἐλαττώνωνται τῶν ἀληθῶς φιλοσόφων». Τό χωρίον εὕρηται παρά τῷ Bar- Hebraei chron. syr. ed. Bruns et Kirsch. p. 55.
95 Tertull. apolog. c. 39. c.7 ad nations 1,16. Apulejus metam. 9, p. 223 ed. Elmenhorst. Οὗτοι οἱ χριστιανοί, λέγει ὁ ἐθνικός Καικίλιος παρά τῷ Μινουκίῳ κεφ. 9, γνωρίζουσιν ἀλλήλους διά τῶν μυστικῶν σημείων (ἐν τῷ 31 κεφ. § 9, διά τινος γνωρίσματος ἐπί τοῦ σώματος αὐτῶν, notaculo corporis· καί πραγματικῶς οἱ Καρποκρατιανοί ἐστιγματίζοντο κατά τό δεξιόν οὖς ὡς λέγει ὁ ἱερός Εἰρηναῖος 1,24 καί ὁ ἱερός Ἐπιφάνιος αἵρεσις 27,5 «σφραγίδι δέ

νά προτρέψωσι βεβαίως πάντα ἀμερόληπτον ἄνθρωπον εἰς ἀκριβεστέραν ἔρευναν καί γνῶσιν τῆς πηγῆς τοῦ μεγάλου ἐκείνου ἡρωισμοῦ, καί ὅμως καί οἱ περί τούτων κρίσεις αὐτῶν ἦσαν διάστροφοι καί δυσμενεῖς ἕνεκα τῆς προκαταλήψεως[96]. Οἱ ἰουδαῖοι ἕνεκα τῶν ἰδιάζοντος ἐθνικοῦ χαρακτῆρος των εὕρισκον ἔτι ὑπερασπιστάς[97]. Ἐξ ἐναντίαν εἰς τούς χριστιανούς δέν ἔβλεπον εἰ μή ἀμαθεῖς καί ἀγροίκους φανατικούς οὐδέν ἄλλο σκοποῦντας παρά τήν ἀνατροπήν τῶν καθεστώτων, οἱ πεπαιδευμένοι καί λόγιοι κατεγέλων αὐτῶν τήν πίστιν καί τήν ἀφοσίωσιν εἰς τά δόγματα τῆς θρησκείας των[98]. Οἱ ἱερεῖς, οἱ γόητες, οἱ ἀγαλματοποιοί καί ἄλλοι τοιοῦτοι ἐδυσχέραινον καί ἐμίσουν αὐτούς

ἐν καυτῆρι ἤ δι' ἐπιτηδεύσεως ξυρίου, ἤ ῥακίδος ἐπιτιθέασιν οὗτοι οἱ ὑπό Καρποκρᾶ ἐπί τόν δεξιόν λοβόν τοῦ ὠτός τοῖς ὑπ' αὐτῶν ἀπατωμένοις») καί πρίν ἤ γένηται μεταξύ αὐτῶν γνωριμία ἀγαπῶσιν ἀλλήλους. Ἡ ἀγάπη ὅμως αὐτῶν εἶναι αἰσχρά· τά παρ' αὐτοῖς συνήθη ὀνόματα τοῦ ἀδελφοῦ καί τῆς ἀδελφῆς δέν ὑποκρύπτωσιν εἰμή τάς πορνείας αὐτῶν (οἱ ἐθνικοί κατά τόν Ἀθηναγ. ἀπολ. 4 ἀπέδιδον εἰς τούς χριστιανούς «οἰδιποδείους μίξεις»). Ἀκούω πρός τούτοις ὅτι λατρεύουσι καί κεφαλήν ὄνου καί τά αἰδοῖα τῶν ἱερέων αὐτῶν (τό θρύλημα τοῦτο ἐγεννήθη ἴσως ἐκ τοῦ γονυκλιτεῖν τούς χριστιανούς ἐσταυρωμέναις χερσίν ἐνώπιον τῶν ἱερέων, ὅπως συγχωρηθῶσι καί καταταχθῶσι καί αὖθις ἐν τοῖς πιστοῖς)· καί ὅτι εἰς τάς συνάξεις /(133) αὐτῶν σφάττουσι καί ἐσθίουσι παῖδας («θυέστεα δεῖπνα» Ἀθηναγ. ἀπολογ. κεφ. 4). Τά δέ δεῖπνα αὐτῶν κατήντησαν διαβόητα· ἐν τούτοις μετέρχονται πᾶσαν ἀκολασίαν· ὅταν κατ' ὀλίγον διεγερθῶσιν αἱ κακαί αὐτῶν ἐπιθυμίαι, τότε ῥίπτουσι τεμάχιον ἄρτου εἰς τόν τῇ λυχνίᾳ προσδεδεμένον κύνα, οὗτος δέ ὁρμῶν νά λάβῃ τό ψωμίον περιτρέπει τήν λυχνίαν, τό φῶς σβέννυται καί τότε τά αἴσχιστα διαπράττονται. (Καί τοῦτο δέ ἐκ τῶν Καρποκρατιανῶν εἰς τούς χριστιανούς πάντας προστρίβη· διότι ταῦτα περιγράφει ὁ ἱερός Κλήμης ὁ Ἀλεξ. Στρωματ. 3,2,10) τά δεῖπνα τῶν ὀπαδῶν τοῦ Καρποκράτους. Ῥητῶς δέ λέγει τοῦτο ὁ Εὐσέβιος ὡς ἑξῆς «τούτοις δῆτα (τοῖς Καρποκρατιανοῖς) συνέβαινε διακόνοις χρώμενον τόν ἐπιχαιρεσίκακον δαίμονα ... τοῖς ἀπίστοις ἔθνεσι πολλήν παρέχειν κατά τοῦ θείου λόγου δυσφημίας περιουσίαν, τῆς ἐξ αὐτῶν φήμης εἰς τήν τοῦ παντός χριστιανῶν ἔθνους διαβολήν καταχεομένης. Ταύτῃ δ' οὖν ἐπί πλεῖστον συνέβαινε τήν περί ἡμῶν παρά τοῖς τότε ἀπίστοις ὑπόνοιαν δυσσεβῆ καί ἀτοπωτάτην διαδίδοσθαι, ὡς δή ἀθεμίτοις πρός μητέρας καί ἀδελφάς μίξεσι, ἀνοσίαις τε τροφαῖς χρωμένων». Ἐκκλησ. Ἱστ. 4.7. Ἄλλως τε δέν ἦτο δύσκολον εἰς τούς ἐθνικούς νά φαντάζωνται τοιαῦτα περί τῶν χριστιανῶν, ἀφοῦ καί αὐτοί ἔπραττον τοιαῦτα, βλ. Λίβιον βιβλ. 39,13, Σαλουστίου Κατιλ. 22, Δίων Κασς. 37,30.

96 Ὁ ἅγιος Ἰουστῖνος ὁ φιλόσοφος καί μάρτυς διηγεῖται ἐν τῇ β' ἀπολογίᾳ 12 ὁποίαν ἐντύπωσιν ἐπροξένησεν εἰς αὐτόν ἡ μεγαλοψυχία τῶν μαρτύρων, βλ.Τερτυλλ. apolog. c. 50. Τοὐναντίον οἱ πλεῖστοι τῶν ἐθνικῶν καί μάλιστα τῶν λογιωτέρων ἐθεώρουν τήν γενναιότητα ταύτην ὡς ἀπελπισίαν καί ἄνοιαν καί μανίαν, βλ. Τερτυλλ. apolog. c. 24 καί 50 καί Ἀρριανόν ὑπομνήμ. εἰς τόν Ἐπίκτητ. 4,7 «εἶτα ὑπό μανίας μέν δύναταί τις οὕτω διατεθῆναι πρός ταῦτα (θάνατον κτλ.) καί ὑπό ἔθους ὡς οἱ Γαλιλαῖοι, ὑπό λόγου δέ καί ἀποδείξεως οὐδείς δύναται;» ὁ δέ Μάρκος Αὐρήλιος «Εἰς ἑαυτόν» κεφ. 3 λέγει «Οἵα ἐστίν ἡ ψυχή ἡ ἕτοιμος, ἐάν ἤδη ἀπολυθῆναι δέῃ τοῦ σώματος, καί ἤτοι σβεσθῆναι ἤ σκεδασθῆναι ἤ συμμεῖναι· τό δέ ἕτοιμον τοῦτο (πρέπει) ἵνα ἀπό ἰδικῆς κρίσεως ἔρχηται, μή <u>κατά ψυχήν παράταξιν</u>, <u>ὡς οἱ χριστιανοί</u>, ἀλλά λελογισμένως καί σεμνῶς, καί ὥστε καί ἄλλον πεῖσαι, ἀτραγώδως».

97 «Εἰ μέν δή κατά ταῦτα περιστέλλοιεν Ἰουδαῖοι τόν ἴδιον νόμον, ἔλεγεν ὁ Κέλς. (Ὠριγ. κατά Κέλς. 5,41) οὐ μεμπτά αὐτῶν, ἐκείνων δέ μᾶλλον, τῶν καταλιπόντων τά σφέτερα καί τά Ἰουδαίων προσποιουμένων» καί ἀνωτ. 25 ὁ αὐτός «ἰουδαῖοι μέν ἔθνος ἴδιον γενόμενοι, καί κατά τό ἐπιχώριον νόμους θέμενοι καί τούτους ἐν σφίσιν ἔτι νῦν περιστέλλοντες, καί θρησκείαν ὁποίαν δή, πάτριον δ' οὖν, φυλάσσοντες, ὅμοια τοῖς ἄλλοις ἀνθρώποις /(134) δρῶσιν· ὅτι ἕκαστος τά πάτρια, ὁποῖα ποτ' ἄν τύχῃ καθιστηκότα περιέπουσι».

98 Ἡ πίστις τῶν χριστιανῶν (ὡς καί τῶν ἰουδαίων εἰς τά τῆς Π. Διαθήκης) εἶχε καταντήσῃ παροιμιώδης. Ὁ Γαληνός λέγει (de pulsuum differentiis lib. 2 κατ' ἄλλ. 8) «Κάλλιον δ' ἄν ἦν πολλῷ προσθῆναι τινα - ἀπόδειξιν -, ἵνα μή τις εὐθύς κατ' ἀρχάς, ὡς εἰς Μωυσέως καί Χριστοῦ διατριβήν ἀφιγμένος, νόμων ἀναποδείκτων ἀκούει» καί βιβλ. 3 «θᾶττον γάρ ἄν τις τούς ἀπό Μωυσέως καί Χριστοῦ μεταδιδάξειεν ἤ τούς ταῖς αἱρέσεσι προστετηκότας ἰατρούς τε καί φιλοσόφους».

ὡς ἐχθροὺς τῶν συμφερόντων αὐτῶν καὶ ἠρέθιζον κατ' αὐτῶν τὸν λαὸν καὶ τὰς πολιτικὰς ἀρχάς⁹⁹. Ὁ λαὸς ἠχθρεύετο αὐτοὺς ὡς καταφρονητὰς τῶν θεῶν του καὶ ὡς μήτε βωμούς, μήτε ἀγάλματα, μήτε ναοὺς ἔχοντας ἐθεώρει καὶ ἀπεκάλει αὐτοὺς ἀθέους καὶ ἀσεβεῖς. Τὰ δὲ κατὰ τόπους καὶ χώρας ἐποισυμβαίνοντα δυστυχήματα ἐνόμιζον ὡς φωνὰς τοῦ οὐρανοῦ τὴν ἐξολόθρευσιν τῶν χριστιανῶν παραινούσας¹⁰⁰.

§ 42. Διωγμοὶ κατὰ τῶν χριστιανῶν.

Ἡ χριστιανικὴ Ἐκκλησία ἐπὶ τῶν αὐτοκρατόρων Οὐεσπασιανοῦ, Τίτου, Δομιτιανοῦ καὶ Νερούα, ὅ ἐστι ἀπὸ τοῦ 70 - 98 ἔτους.

Τοιουτοτρόπως ὄντες διατεθειμένοι κατὰ τῶν χριστιανῶν οἱ πλεῖστοι τῶν ἐθνικῶν καὶ τοιαῦτα περὶ τῆς χριστιανικῆς θρησκείας φανταζόμενοι κατεδίωκον αὐτοὺς πανταχοῦ. Ἡ μανία ὅμως τῶν κατὰ τόπους διωκτῶν τοῦ χριστιανισμοῦ, ἥτις σφόδρα ἀνεφάνη κατὰ πρῶτον ἐπὶ Τραϊανοῦ (98 – 117), ἐξηρτᾶτο κατὰ μέγα μέρος ἐκ τῆς διαθέσεως τοῦ αὐτοκρατορικοῦ τῆς Ῥώμης θρόνου καὶ ηὔξανεν ἢ ἠλαττοῦτο, ἐξετείνετο ἢ περιωρίζετο ἀναλόγως τῶν αὐτοκρατορικῶν περὶ τοῦ χριστιανισμοῦ διαταγμάτων¹⁰¹. Ὁ Οὐεσπασιανὸς (70-79) καὶ ὁ υἱὸς αὐτοῦ Τίτος (79-81) δὲν κατεδίωξαν τοὺς χριστιανοὺς καὶ ἡ χριστιανικὴ Ἐκκλησία φαίνεται ὅτι διετέλει ἀτάραχος ἐπὶ τῶν

---

99 Νύξιν περὶ τούτων παρέχει εἰς ἡμᾶς αὐτὴ ἤδη ἡ ἱστορία τῶν ἀποστόλων, ἔνθα λέγει «ἐγένετο δὲ πορευομένων ἡμῶν εἰς προσευχὴν παιδίσκην τινὰ ἔχουσαν πνεῦμα πύθωνος ἀπαντῆσαι ἡμῖν, ἥτις ἐργασίαν πολλὴν παρεῖχε τοῖς κυρίοις αὐτῆς μαντευομένη. Αὕτη κατακολουθήσασα τῷ Παύλῳ καὶ ἡμῖν ἔκραζε λέγουσα, οὗτοι οἱ ἄνθρωποι δοῦλοι τοῦ θεοῦ τοῦ ὑψίστου εἰσίν ... διαπονηθεὶς δὲ ὁ Παῦλος ... τῷ πνεύματι εἶπε· παραγγέλλω σοι ἐν τῷ ὀνόματι Ἰησοῦ Χριστοῦ ἐξελθεῖν ἀπ' αὐτῆς ... ἰδόντες δὲ οἱ κύριοι αὐτῆς ὅτι ἐξῆλθεν ἡ ἐλπὶς τῆς ἐργασίας αὐτῶν, ἐπιλαβόμενοι τὸν Παῦλον καὶ τὸν Σίλαν εἵλκυσαν εἰς τὴν ἀγορὰν ἐπὶ τοὺς ἄρχοντας ... καὶ εἶπον οὗτοι οἱ ἄνθρωποι ἐκταράσσουσιν ἡμῶν τὴν πόλιν ἰουδαῖοι ὑπάρχοντες καὶ καταγγέλλουσιν ἔθη, ἃ οὐκ ἔξεστιν ἡμῖν παραδέχεσθαι οὐδὲ ποιεῖν ῥωμαίοις οὖσι» (Πρ. 16,16 κεξ.). Οὕτω καὶ ὁ ψευδόμαντις Ἀλέξανδρος ὁ ἐξ Ἀβονοτείχου ἔλεγε πρὸς τοὺς κατοίκους τοῦ Πόντου «ἀθέων ἐμπεπλῆσθαι καὶ χριστιανῶν τὸν Πόντον – οὓς ἐκέλευε λίθοις ἐλαύνειν, εἴγε ἐθέλουσιν ἴλεον ἔχειν τὸν θεόν» (Λουκιαν. Ἀλέξαν. κεφ. 25) ὁ αὐτὸς δὲ ἤρχιζε τὰς ἱεροτελεστίας του μὲ τὸ λόγιον «Εἴ τις ἄθεος ἢ χριστιανὸς ἢ ἐπικούρειος ἥκει κατάσκοπος τῶν ὀργίων φευγέτω» (κεφ.37).

100 Ἀρνοβ. βιβλ. 6, §1. – Πάσης ἰδίᾳ ἢ κοινῇ, ἐν πολέμῳ ἢ ἄλλῃ τινὶ ἐπιχειρήσει ἐπισυμβαινούσης συμφορᾶς ἢ ἀτυχίας αἰτίαν ἐνόμιζον οἱ ἐθνικοὶ τοὺς χριστιανούς. Ἐντεῦθεν ἐὰν ὁ Τίβερις συνέβαινεν ὑπερχυλίσας νὰ καταλύσῃ τὴν Ῥώμην· ἐὰν ὁ Νεῖλος δὲν ἤρδευε τὰς περὶ αὐτὸν γαίας· ἐὰν ὁ οὐρανὸς δὲν παρεῖχεν ὑετοὺς καὶ βροχάς, ἐὰν ἡ γῆ ἐσείετο, ἐὰν λομὸς ἢ λοιμὸς ἐνέσκηπτέ που, οἱ ἐθνικοὶ ἔκραζον τοὺς χριστιανοὺς εἰς τοὺς λέοντας, «Christianos ad leonem» (Τερτυλλ. ἀπολογ. κεφ. 40 καὶ 37). Ἐντεῦθεν ἡ φράσις non pluit Deus ad Christianos (August. Emar. in Ps. 80 καὶ ἐν τῷ de civ. Dei 2,3) «ὁ Θεὸς δὲν ἔδωκεν ὑετούς, ἀπόδος τὴν αἰτίαν εἰς τοὺς Χριστι /(135) ανούς» κατέστη σχεδὸν παροιμιώδης.

101 «Οἱ γὰρ ἀναιδεῖς συκοφάνται καὶ τῶν ἀλλοτρίων ἐρασταὶ τὴν ἐκ τῶν διαταγμάτων ἔχοντες ἀφορμήν, φανερῶς ληστεύουσι, νύκτωρ καὶ μεθ' ἡμέραν διαρπάζοντες τοὺς μηδὲν ἀδικοῦντας» Εὐσέβ. Ἐκκλ. ἱστ. 4,26.

χρόνων αὐτῶν· ὁ ἕτερος ὅμως υἱός τοῦ Οὐεσπασιανοῦ, ὁ Δομιτιανός (81-96) ἐκίνησε διωγμόν κατ' αὐτῶν θορυβηθείς ἐκ τῆς τηνικαῦτα περιφερομένης καί ὑπό πολλῶν παραμορφουμένης προσδοκίας τῶν χριστιανῶν περί τῆς βασιλείας τοῦ Ἰησοῦ Χριστοῦ· ἥτις τοσούτῳ μᾶλλον ὤφειλε νά ταράξῃ τόν Δομιτιανόν καθόσον καί πολλά μέλη τῆς οἰκογενείας αὐτοῦ ἦσαν χριστιανοί. Ἐπί τοῦ διωγμοῦ τούτου ἐσφαγιάσθη ἐν Ῥώμῃ ὁ ὕπατος Φάβιος Κλήμης, ἀνεψιός τοῦ αὐτοκράτορος, ἡ δέ γυνή αὐτοῦ καί συγγενής τοῦ Δομιτιανοῦ Φλαβία Δομιτίλλα ἐγένετο ὑπερόριος· ἀνῃρέθησαν δέ καί ἄλλοι πολλοί ἐκ τῶν ἐν Ῥώμῃ χριστιανῶν, ἄλλοι πάλιν ἐστερήθησαν τῆς περιουσίας αὐτῶν[102]. Ὁ αὐτός Δομιτιανός ἀποστείλας ἤγαγεν εἰς Ῥώμην δύο ἐκ τῶν συγγενῶν τοῦ Ἰησοῦ Χριστοῦ ἵνα πληροφορηθῇ τά περί τῆς διαθρυλουμένης βασιλείας τοῦ Μεσσίου, ἐρωτήσας δέ αὐτούς καί μαθών ὅπως ἀληθῶς ἐδόξαζον τά περί βασιλείας ταύτης οἱ χριστιανοί καί πένητας καί ἐργατικούς ἀνθρώπους ὄντας ἰδών ἀπέλυσεν[103]. Ἐπί τοῦ διωγμοῦ τούτου ἐξωρίσθη εἰς Πάτμον καί ὁ Εὐαγγελιστής Ἰωάννης καί ἄλλοι δέ πολλοί χριστιανοί πολλά ἀλλαχοῦ ἔπαθον, διότι ὁ διωγμός δέν περιωρίσθη μόνον

---

102 Ταῦτα ἱστορεῖ Δίων ὁ Κάσσιος (ἐπιτομ. Ξιφιλίν. 67,64) λέγων ἐπί λέξεως τάδε «Τόν Φάβιον Κλήμεντα ὑπατεύοντα, καίπερ ἀνεψιόν ὄντα καί γυναῖκα καί αὐτήν συγγενῆ αὐτοῦ Φλαβίαν Δομιτίλλαν ἔχοντα, κατέσφαξεν ὁ Δομιτιανός·ἐπηνέχθη δέ ἀμφοῖν ἔγκλημα ἀθεότητος, ὑφ' ἧς καί ἄλλοι εἰς τά τῶν ἰουδαίων ἤθη ἐξοκέλλοντες πολλοί κατεδικάσθησαν· καί οἱ μέν ἀπέθανον, οἱ δέ τῶν γοῦν οὐσιῶν ἐστερήθησαν. Ἡ δέ Δομιτίλλα ὑπερωρίσθη μόνον εἰς Πανδετέρραν». Ὁ δέ Εὐσέβιος ἐξ ἄλλης πηγῆς ἀρυόμενος (Χρονικ. βιβλ. 2 Ὀλυμπ. 218) λέγει τά αὐτά «Πολλοί δέ τῶν χριστιανῶν ἐμαρτύρησαν κατά τόν Δομετιανόν, ὡς ὁ Βρέττιος (ὁ Ἱερών. καί τό Χρονικ. Πασχ. καλεῖ αὐτόν Βρούττιον) ἱστορεῖ, ἐν οἷς καί ἡ Φλαβία Δομιτίλλα, ἐξαδέλφη Κλήμεντος Φλαβίου ὑπατικοῦ, ὡς χριστιανή εἰς νῆσον Ποντίαν φυγαδεύεται· αὐτός τε Κλήμης ὑπέρ Χριστοῦ ἀναιρεῖται», παραβ. τοῦ αὐτοῦ Ἐκκλης. ἱστ. 3,18.- Ὁ Ἱερώνυμος (epist.86 ἀλλ. 27 ad Eustochium Virg.) λέγει ὅτι ἡ ἁγία Παύλα (σύγχρονος τοῦ Ἱερωνύμου) εἶχεν ἰδῆ εἰς τήν νῆσον Ποντίαν τά κελλία, ἐν οἷς ὑπέστη ἡ Φλαβία Δομιτίλλα τό Πολυχρόνιον μαρτύριον.- Τόν ἐν Ῥώμῃ τοῦτον διωγμόν ὑπαινίττεται ἐν τῇ πρώτῃ πρός Κορινθ. ἐπιστ. αὐτοῦ Κλήμης ὁ Ῥώμης, ὅρ. κεφ. α΄.
103 Τά περί τούτων διηγεῖται πλατύτερον ὁ Ἡγήσιππος (παρ' Εὐσεβ. Ἐκκλ. ἱστ. 3,19.20) λέγων «ἔτι δέ περιῆσαν οἱ ἀπό γένους τοῦ Κυρίου υἱωνοί Ἰούδα τοῦ κατά σάρκα λεγομένου ἀδελφοῦ αὐτοῦ, οὕς ἐδηλατόρευσαν (κατεμήνυσαν) ὡς ἐκ γένους ὄντας Δαβίδ. Τούτους δέ ὁ Ἰουόκατος ἤγαγε πρός Δομετιανόν Καίσαρα· ἐφοβεῖτο γάρ τήν παρουσίαν τοῦ Χριστοῦ ὡς καί Ἡρώδης, καί ἐπηρώτησεν αὐτούς, εἰ ἐκ Δαβίδ εἰσί. Καί ὡμολόγησαν. Τότε ἠρώτησεν αὐτούς πόσας κτήσεις ἔχουσιν ἤ πόσων χρημάτων κυριεύουσιν. Οἱ δέ εἶπον, ἀμφότεροι ἐννεακισχίλια δηνάρια ὑπάρχειν αὐτοῖς μόνα, ἑκάστῳ αὐτῶν ἀνήκοντος τοῦ ἡμίσεος. Καί ταῦτα οὐκ ἐν ἀργυρίοις ἔφασκον ἔχειν, ἀλλ' ἐν διατιμήσει γῆς πλέθρων τριάκοντα ἐννέα μόνον, ἐξ ὧν καί τούς φόρους ἀναφέρειν, καί αὐτούς αὐτουργοῦντας διατρέφεσθαι. Εἶτα δέ καί τάς χεῖρας τάς ἑαυτῶν ἐπιδεικνύναι, μαρτύριον /(137) τῆς αὐτουργίας τήν τοῦ σώματος σκληρίαν καί τούς ἀπό τῆς συνεχοῦς ἐργασίας ἐναποτυπωθέντας ἐπί τῶν ἰδίων χειρῶν τύλους παριστάντας· ἐρωτηθέντας δέ περί τοῦ Χριστοῦ καί τῆς βασιλείας αὐτοῦ, ὁποία τις εἴη καί πότε καί ποῖ φανησομένη, λόγον δοῦναι, ὡς οὐ κοσμική μέν οὐδ' ἐπίγειος, ἐπουράνιος δέ καί ἀγγελική τυγχάνει, ἐπί συντελείᾳ τοῦ αἰῶνος γενησομένη, ὁπηνίκα ἐλθών ἐν δόξῃ κρινεῖ ζῶντας καί νεκρούς καί ἀποδώσῃ ἑκάστῳ κατά τά ἐπιτηδεύματα αὐτοῦ. Ἐφ' οἷς μηδέν αὐτῶν κατεγνωκότα τόν Δομιτιανόν, ἀλλά καί ὡς εὐτελῶν καταφρονήσαντα, ἐλευθέρους αὐτούς ἀνεῖναι». Τούς ἀπογόνους τοῦ Δαβίδ ἀνεζήτησεν ἤδη ὁ Οὐεσπασιανός (Εὐσεβ. Ἐκκλ. Ἱστ. 3,12).

εἰς τήν Ῥώμην ὡς γίνεται δῆλον ἐκ τῶν ἀρχικῶν λέξεων τοῦ συγγράψαντος τό μαρτύριον τοῦ θεοφόρου Ἰγνατίου, περί οὗ λέγεται «τούς πάλαι χειμῶνας μόλις παραγαγών τῶν πολλῶν ἐπί Δομιτιανοῦ διωγμῶν». Δολοφονηθέντα τόν Δομιτιανόν διεδέχθη ὁ Νερούας (96-98), ἐφ' οὗ κατέ /(136) παυσεν καί ὁ κατά τῶν χριστιανῶν διωγμός[104].

§ 43. Ἡ χριστιανική Ἐκκλησία ἐπί τοῦ αὐτοκράτορος Τραϊανοῦ (98-117).

Ἐπί τοῦ Τραϊανοῦ, τοῦ εἰσποιητοῦ υἱοῦ τοῦ Νερούα, ἐνεφανίσθη κατά πρῶτον λαῦρος ἡ κατά τῶν χριστιανῶν ἐπίθεσις τοῦ εἰδωλολατρικοῦ λαοῦ, ἐξαιρέτως ἐν Βιθυνίᾳ, ὅπου ὁ ἀριθμός τῶν χριστιανῶν ἦτο μέγιστος. Οἱ ἐθνικοί ἐπέπεσον κατά τῶν χριστιανῶν λαβόντες ἀφορμήν τήν ὑπό τοῦ Τραϊανοῦ ἀνανέωσιν τοῦ ἀρχαίου αὐστηροῦ διατάγματος κατά τῶν ἑταιριῶν (§), ὑπό τάς ὁποίας ἦτο λίαν ἑπόμενον νά ὑπαχθῶσι καί αἱ συνάξεις τῶν χριστιανῶν, αἱ ἐπί προσευχῇ καί λατρείᾳ τοῦ θεοῦ γινόμεναι. Ὁ Πλίνιος (ὁ νεώτερος) ὁ ἄρχων τῆς Βιθυνίας κατ' ἀρχάς μέν ἐκόλαζε μέ θάνατον τούς ὡς χριστιανούς κατηγορουμένους, ἐάν οὗτοι ἐνέμενον ἐν τῇ ὁμολογίᾳ αὐτῶν, καίτοι δέν ὑπῆρχεν εἰσέτι νόμος εἰδικός κατ' αὐτῶν. Ἀλλ' ἔπειτα ἡ μεγάλη πληθύς τῶν κατηγορουμένων, οἵτινες ἦσαν ἄνθρωποι πάσης τάξεως καί ἡλικίας ἐξ ἀμφοτέρων τῶν φύλων καί ἡ ἀκριβεστέρα ἔρευνα εἰς τάς καθημερινάς τῶν χριστιανῶν ἀνακρίσεις, ἐξ ὧν διεδηλοῦτο ὅτι ὁ σκοπός τῶν χριστιανῶν /(138) ἦτον ἁπλῶς θρησκευτικός καί ἠθικός καί οὐδόλως πολιτικός, μετέβαλον ἐν μέρει τήν περί τῶν χριστιανῶν ἰδέαν τοῦ Πλινίου, ὅστις ἀμφιταλαντευόμενος ἐντεῦθεν ἐζήτησεν δι' ἐπιστολῆς τάς περί τούτου διαταγάς τοῦ κυρίου του. Ἡ ἐπιστολή αὕτη, ἥτις εἶναι πολλοῦ λόγου ἀξία διά τάς περί τῶν χριστιανῶν εἰδήσεις αὐτῆς, προεκάλεσε τόν πρῶτον νόμον περί τοῦ πῶς δεῖ προσφέρεσθαι πρός τούς χριστιανούς. Ὁ Τραϊανός ἐπιδοκιμάσας τήν πρός τούς χριστιανούς διαγωγήν τοῦ Πλινίου ὥρισε μέν νά μή ἀναζητῶνται οἱ χριστιανοί καί οἱ κατ' αὐτῶν ἀνώνυμοι λίβελλοι νά μή ἰσχύωσι, διέταξεν δέ ἵνα, ὅταν ἐνάγωνται ὑπό γνωστῶν προ-

---

104 «Ὁ Νερούας τούς τε κρινομένους ἐπ' ἀσεβείᾳ ἀφῆκε, καί τούς φεύγοντας κατήγαγε· τοῖς δέ δή ἄλλοις οὔτε ἀσεβείας οὔτε ἰουδαϊκοῦ βίου καταιτιᾶσθαι τινας συνεχώρησε» Δίων Κάσσιος ἐν τῇ ἐπιτομῇ τοῦ Ξιφιλίν. 68,1. Καί ἐνταῦθα καί ἀνωτέρω ἀσέβειαν καί ἰουδαϊκόν βίον ὀνομάζει ὁ Δίων ἐκ συγχύσεως πάντως, τήν χριστιανικήν θρησκείαν. Σημειωτέον δέ ὅτι καί ὁ Λακτάντιος εἰς τόν Νερούαν ἀποδίδωσι τήν ἄρσιν τοῦ διωγμοῦ καί τήν ἐπάνοδον τῶν φυγαδευθέντων (Lactnt. de mortib. parsec. c. 3), τοὐναντίον δέ ὁ Ἡγήσιππος λέγει ὅτι μετά τήν ἀνάκρισιν τῶν ἐξ Ἱερουσαλήμ μεταπεμφθέντων ἀνεψιῶν τοῦ Ἰούδα κατέπαυσεν ὁ Δομιτιανός τόν διωγμόν (Εὐσεβ Ἐκκλ. Ἱστ. 31,20), ᾧπερ συμφάσκει καί ὁ Τερτυλλιανός (apolog. 5).

σώπων καί ἀποδεικνύονται ὡς χριστιανοί, καταδικάζωνται εἰς θάνατον ἐάν ἐνέμενον ἰσχυρογνωμοῦντες καί ἀρνούμενοι νά θυσιάσωσιν εἰς τά εἴδωλα[105]. Ὁ διωγμός οὗτος

---

[105] Ἡ ἐπιστολή τοῦ Πλινίου, τήν ὁποίαν μεταφράζομεν ἐκ τοῦ λατινικοῦ, ἔχει ὡς ἑξῆς· Plinii libr. 10 epist. 96 (κατ' ἄλλ. 97): «Γάϊος Πλίνιος Τραϊανῷ αὐτοκράτορι· ἔθος ἐμοί, Δέσποτα, τό ἀναφέρειν Σοι περί πάντων, ἐν οἷς ἀμφιβάλλω. Διότι τίς ἄλλος δύναται ἤ νά μέ ὁδηγήσῃ, ἐν οἷς ἐνδυάζω, ἤ νά μέ διδάξῃ ἐν οἷς ἀγνοῶ, ἄμεινον Σοῦ; οὐδέποτε παρευρέθην εἰς δικαστικάς ἀνακρίσεις χριστιανῶν, διό καί ἀγνοῶ πῶς γίνεται ἡ ἀνάκρισις αὐτῶν καί πῶς καί κατά πόσον τιμωροῦνται. Οὐχ ἧττον δέ ἐδύσταξα καί περί τούτων, ἐάν δηλονότι πρέπῃ νά γίνηται διάκρισις ἡλικίας ἐν τοῖς κατηγορουμένοις, τουτέστιν ἐάν πρέπῃ νά διακρίνωνται οἱ τρυφεράν ἔτι ἡλικίαν ἔχοντες ἀπό τῶν ἡλικιωμένων· ἐάν τούς μετανοοῦντας ἠδυνάμην νά ἀπολύω· ἤ ἄν οἱ ἅπαξ ἀποδειχθέντες χριστιανοί ὤφειλον νά κολάζωνται· καί ἐάν τιμωρητέοι ἦσαν οἱ τό ὄνομα μόνον χριστιανός φέροντες, ἀθῷοι δέ ὄντες· ἤ ἐκεῖνοι μόνον οἱ μετά τοῦ ὀνόματος καί ἐγκλήματα ἔχοντες. Ἐν τούτοις ἰδού τίνι τρόπῳ προσηνέχθην πρός τούς ὡς χριστιανούς παρ' ἐμοί ἐπαγομένους. Ἠρώτων αὐτούς ἄν ἦναι χριστιανοί, ἐάν δέ ὡμολόγουν ὅτι εἶναι χριστιανοί, ἠρώτων αὐτούς καί δεύτερον καί τρίτον καί ἠπείλουν αὐτοῖς θάνατον· ἐάν δέ καί οὕτω ἐνέμειναν ἐν τῇ ὁμολογίᾳ αὐτῶν, ἐκέλευον νά ἀπαχθῶσιν εἰς θάνατον· διότι ὅτι δήποτε καί ἄν ἦτο καθ' ἑαυτό τό ὑπ' αὐτῶν ὁμολογούμενον, ἔκρινον εὔλογον ὅτι πρέπει νά καταδικασθῶσιν, ἄν ὄχι δι' αὐτό, ἀλλά τοὐλάχιστον διά τό αὔθαδες, ἐπί /(139) μόνον καί ἄκαμπτον τῆς θελήσεώς των. Ἄλλους δέ τινας τήν αὐτήν ἄνοιαν πάσχοντας, ἐπειδή ἦσαν ῥωμαῖοι πολῖται, κατέγραψα ἵνα ἀπαχθῶσιν εἰς Ῥώμην. Ἐνῷ δέ τοιουτοτρόπως ἀνεκρίνοντο οἱ ἐναγόμενοι καί ἐπολλαπλασιάζοντο, ὡς συνήθως συμβαίνει, αἱ κατηγορίαι (difundere se crimine) παρουσιάσθησαν μετ' οὐ πολύ καί πολλαί ἰδιαίτεραι περιστάσεις. Ἐπεδόθη μοι δηλονότι ἀνώνυμός τις λίβελλος, ἐν ᾧ πολλοί κατηγγέλοντο ἐξ ὀνόματος ὡς χριστιανοί, ἀλλ' οἱ ὁποῖοι (προσκληθέντες ἐνώπιόν μου) ἠρνοῦντο ὅτι ἦσαν χριστιανοί ἤ ὅτι ὑπῆρξάν ποτε τοιοῦτοι. Τούτους, ἐπειδή καί τούς θεούς, ὡς ἐγώ ὑπηγόρευον αὐτοῖς, ἐπεκαλοῦντο, καί θυμίαμα καί οἶνον προσφέροντες προσεκύνουν τήν Σήν εἰκόνα, ἥτις κατά διαταγήν μου μετά τῶν ἄλλων ἀγαλμάτων τῶν θεῶν ἐστήθη εἰς τό μέσον καί εἰς τόν χριστόν δέ ἐπίσης ἐβλασφήμουν – εἰς οὐδέν τῶν ὁποίων, καθώς λέγουσιν, εἶναι δυνατόν νά ὑποβληθῶσιν οἱ ἀληθῶς χριστιανοί - ἐνόμισα δίκαιον νά ἀπολύσω αὐτούς. Ἄλλοι δέ πάλιν καταμηνυθέντες ὡμολόγησαν μέν κατ' ἀρχάς ὅτι ἦσαν χριστιανοί, ἔπειτα ὅμως ἠρνοῦντο τοῦτο διαβεβαιοῦντες ὅτι ἦσάν ποτε χριστιανοί, νῦν δέ ἔπαυσαν τοῦ εἶναι τοιοῦτοι· καί τινες μέν ἔλεγον ὅτι ἔπαυσαν τοῦ εἶναι χριστιανοί πρό τριῶν, ἕτεροι πρό περισσοτέρων καί ἄλλοι πρό εἴκοσι ἐτῶν. Πάντες οὗτοι προσεκύνουν τήν εἰκόνα Σου καί τά τῶν θεῶν ἀγάλματα καί ἐβλασφήμουν εἰς τόν Χριστόν. Διωμολόγουν δέ ὅτι τό ἔγκλημα ἤ ἡ πλάνη αὐτῶν εἰς οὐδέν ἄλλο κυρίως συνίσταται εἰμή εἰς τό συνέρχεσθαι συνήθως ἐπί τό αὐτό κατά τακτικήν ἡμέραν, πρό τῆς ἀνατολῆς τοῦ ἡλίου καί εἰς τό ψάλλειν ἀμοιβαίως ὕμνον τινά εἰς τόν Χριστόν ὡς εἰς θεόν καί εἰς τό συνδέεσθαι μετ' ἀλλήλων δι' ὅρκου ὄχι ὅπως ἀνοσιουργῶσιν, ἀλλ' ἵνα μήτε κλοπήν μήτε ληστείαν μήτε μοιχίαν μετέλθωσι, μήτε τόν λόγον αὐτῶν ἀθετήσωσι, πᾶσαν δέ παρακαταθήκην ἅμα ζητηθεῖσαν ἀποδώσωσι· καί ὅτι ἐσυνήθιζον μετά ταῦτα νά διαλύωνται καί νά ἀπέρχωνται ἕκαστος εἰς τά ἴδια καί πάλιν ὕστερον νά συνέρχωνται, ὅπως μεταλάβωσι τροφῆς κοινῆς καί ἀκάκου (innoxium). – Οἱ αὐτοί δέ ἔλεγον ὅτι τοῦτο ἔπαυσαν πλέον ποιοῦντες μετά τήν δημοσίευσιν τοῦ διατάγματός μου, δι' οὗ ἀπηγόρευον κατά τήν Σήν ἐντολήν, τάς ἑταιρίας. (Ταῦτα ἀκούσας) ἐνόμισα ὅτι ὑπάρχει ἀνάγκη νά ἐρευνήσω περί τῆς ἀληθείας τῆς ἀνωτέρω ἐκθέσεως διά βασανιστηρίων καί βασάνισας δύο κόρας, αἱ ὁποῖαι ἐκαλοῦντο διάκονοι (ancillis, que ministrae dicebantur), οὐδέν ἄλλο εὗρον εἰμή ὅτι δεισιδαιμονία ἦτο τό πρᾶγμα διάστροφος καί ὑπερβολική. Ὅθεν καί ἀνέβαλλον τέως τήν ἀνάκρισιν τῆς δίκης, ὅπως Σέ συμβουλευθῶ· διότι τό πρᾶγμα μοί ἐφάνη ἄξιον συσκέψεως ἐξαιρέτως ἕνεκα τῆς πληθύος τῶν ἀνθρώπων, οἵτινες ἐν τούτῳ κινδυνεύουσι. Τρέχουσι δέ κίνδυνον καί ἐν τῷ μέλλοντι ἔτι κινδυνεύσουσιν ἄνθρωποι πάσης ἡλικίας καί πάσης τάξεως ἐξ ἀμφοτέρων τῶν φύλων· καθότι /(140) ἡ λύμη τῆς δεισιδαιμονίας αὐτῆς ὑπάρχει διαδεδομένη οὐ μόνον εἰς τάς πόλεις, ἀλλά καί εἰς αὐτάς τάς κώμας καί εἰς αὐτά τά χωρία. Φαίνεται δέ ὅτι δέν εἶναι ἀδύνατος ἡ ἀναχαίτισις καί ἡ διόρθωσις αὐτῆς. Ὑπάρχει τοὐλάχιστον βέβαιον ὅτι καί οἱ ναοί, οἱ παρ' ὀλίγον ἤδη ἐρημωθέντες ἄρχονται καί αὖθις πληροῦμενοι καί τά δημοτελῆ καί νομιζόμενα ἱερά, τά ἐπί τινα χρόνον παραμεληθέντα, ἀνορθοῦνται καί ζῷα πρός θυσίαν ἐκ νέου ἀγοράζονται, τῶν ὁποίων μέχρι τοῦδε σπανίως εὑρίσκετο ἀγοραστής. Ἐκ τούτων δέ εὐκόλως δύναταί τις νά συμπεράνῃ πόσον πλῆθος ἀνθρώπων δύναται νά διορθωθῇ ἐάν μετανοήσῃ».
Ἰδού δέ καί ἡ πρός αὐτόν ἀπάντησις τοῦ Τραϊανοῦ.
«Τραϊανός Πλινίῳ.
§ Δικαιότατα ἐξετέλεσας, ἀγαπητέ μοι Πλίνιε, τήν ἀνάκρισιν καί διαδικασίαν τῶν παρά σοι ὡς χριστιανῶν καταμηνυθέντων. Καθότι γενικός καί ὡρισμένος κανών περί τούτων δύναται νά δοθῇ· τό ἀναζητεῖν αὐτούς εἶναι περιττόν· ὅταν δέ ἐνάγωνται καί ἀποδεικνύωνται ἔνοχοι, ὀφείλουσι νά τιμωρῶνται. Ὅστις ὅμως ἀρνεῖται

ἐξηπλώθη μέχρι τῆς Συρίας καί τῆς Παλαιστίνης. Ἐν Ἱερουσαλήμ ἐτελειώθη ὁ 120ἐτης ἐπίσκοπος Συμεών, ὁ διάδοχος τοῦ Ἰακώβου καί συγγενής τοῦ Κυρίου, πρῶτον μέν σκληρῶς μαστιγωθείς, ἔπειτα δέ σταυρωθείς (§). Ὁ δέ ἅγιος Ἰγνάτιος ὁ θεοφόρος ἀπαχθείς δέσμιος εἰς Ῥώμην διαταγῇ τοῦ Τραϊανοῦ ἐγένετο βορά τῶν ἀγρίων θηρίων[106].

§44. Ἡ χριστιανική Ἐκκλησία ἐπί τοῦ αὐτοκράτορος Ἀδριανοῦ (117-138).

Ἐπί τοῦ αὐτοκράτορος Ἀδριανοῦ οἱ ἐθνικοί ἀπέδειξαν τό κατά τῶν χριστιανῶν μῖσος αὐτῶν ἀναφανδόν πλέον καί ἀπαρακωλύστως. Ὁ εἰδωλολάτρης λαός ἤρξατο ἐπί τῶν ἑορτασίμων ἡμερῶν καί τῶν πανηγύρεων νά ἀπαιτῇ θορυβωδῶς καί στασιαστικῶς, ἄνευ ἀνακρίσεώς τινος, ἀνεξετάστως καί ἀσυζητητί τόν θάνατον τῶν χριστιανῶν καί αἱ κατά τόπους πολιτικαί ἀρχαί ἠναγκάζοντο νά ὑποχωρῶσι. Ἀλλ' ὁ γενναῖος ἀνθύπατος τῆς Μικρᾶς Ἀσίας Σερένιος Γρανιανός ὀργισθείς κατά τοῦ βιαιοπραγοῦντος λαοῦ, ἀπέδωκε περί τούτου ἀναφοράν εἰς τόν αὐτοκράτορα. Ὁ Ἀδριανός, ἀπαντῶν εἰς τόν διάδοχον τοῦ Σερενίου Μινούκιον Φουνδανόν, ἀπηγόρευσε μέν τόν βίαιον καί παράνομον τρόπον τοῦ ἐπιτίθεσθαι κατά τῶν χριστιανῶν, οὐχί ὅμως καί τήν νόμιμην ὁδόν

ὅτι εἶναι χριστιανός καί προφανῶς ἀποδεικνύει τοῦτο θυσιάζων εἰς τούς θεούς ἡμῶν. κἄν ἐν τῷ παρελθόντι χρόνῳ ὑπῆρξεν ὕποπτος ἀξιούσθω συγγνώμης διά τήν μετάνοιαν αὐτοῦ. Λίβελλοι ὅμως ἀνώνυμοι ἐπ' οὐδενί ἐγκλήματι ἰσχυέτωσαν. Καθότι τά τοιαῦτα καί παράδειγμα κάκιστον παρέχουσι καί εἰς τήν ἡμετέραν βασιλείαν ἀνοίκεια τυγχάνουσι».

Τῶν ἐπιστολῶν τούτων, αἱ ὁποῖαι θεωροῦνται συγγραφεῖσαι μεταξύ τοῦ 104-111, μνημονεύουσιν ἤδη ὁ Τερτυλλιανός (Apolog. c.2) καί ὁ Εὐσέβιος (Ἐκκλ. Ἱστ. 3,33). Ὁ Γίββων καί ἄλλοι ἐξεσφύριξαν αὐτάς ὡς νόθους· ὑπεραπολογήθησαν ὅμως τῆς γνησιότητος αὐτῶν ἐκ τῶν Γερμανῶν ὁ H. C. Haversaat, Vertheidigung der Plinischen Briefe, Göttingen 1788 καί ὁ Giering ἐν τῇ ὑπ' αὐτοῦ φιλοπονηθείσῃ ἐκδόσει τῶν τοῦ Πλινίου ἐπιστολῶν Tom. 2 p. 498 κεξ. –Εἰς δέ τά τοῦ Dr. J. Held Prolegomena ad librum epist. que mutuo sibi scripsisse Plinium jun. et Trajanum Caes. viri docti redunt (Schweidnitz 1835), ὅστις ὅλον τό δέκατον βιβλίον τῶν ἐπιστολῶν τοῦ Πλινίου νομίζει νόθον, ἀπήντησε τό περιοδικόν σύγγραμμα τοῦ Μοναχοῦ Münchener gel. Anz. Sept. 1836 N. 186.

106 Ὁ μακάριος Συμεών ἦτον υἱός τῆς Μαρίας τῆς τοῦ Κλωπᾶ, ἀδελφοῦ τοῦ μνήστορος Ἰωσήφ, ἑπομένως ἐξάδελφος τοῦ Κυρίου «λογισμῷ δ' ἄν καί τόν Συμεῶνα τῶν αὐτοπτῶν καί αὐτηκόων εἴποι ἄν τις γεγονέναι τοῦ Κυρίου, τεκμηρίῳ τῷ μήκει τοῦ χρόνου /(141) τῆς αὐτοῦ ζωῆς χρώμενος» Εὐσέβ. Ἐκκλ. Ἱστ. 3,32. Οὗτος συκοφαντηθείς ὑπό φανατικῶν ἰουδαίων καί ἐπί πολλάς ἡμέρας αἰκιζόμενος τοσαύτην καρτεροψυχίαν ἐπεδείξατο ὥστε πάντες οἱ βασανισταί αὐτοῦ ἐξεπλήσσοντο πῶς ἑκατόν εἴκοσιν ἐτῶν τυγχάνων ὑπέμενε (αὐτόθι). - Ὁ μαρτυρικός θάνατος τοῦ ἁγίου Ἰγνατίου συνεγράφη ἑλληνιστί, δέν διεσώθη ὅμως εἰς ἡμᾶς τό πρωτότυπον. Τό λατινιστί σήμερον φερόμενον μαρτύριον εἶναι ἀρχαιότερον τοῦ ἑλληνικοῦ, ὅπερ φαίνεται συνταχθέν ὑπό Συμεών τοῦ Μεταφραστοῦ, ἀμφότερα δέ εὕρηνται παρά τῷ Ruinart, Acta mart. καί Coteler part. apostol. tom. 2,171. Ὅτε ὁ Τραϊανός διήρχετο διά τῆς Ἀντιοχείας πορευόμενος κατά τῶν Πάρθων, προσῆλθεν αὐτῷ ὁ ἱερός τῆς Ἀντιοχείας ἐπίσκοπος ἐξαιτούμενος τό αὐτοκρατορικόν ἔλεος διά τήν παροικίαν του, ἀλλά ἀντί ἐλέους καί συμπαθείας εὗρεν δεσμά. Ὁ Τραϊανός ἀπέστειλεν αὐτόν νά θανατωθῇ ἐν Ῥώμῃ, τοῦτο μέν ἵνα μή διερεθίσῃ διά τῆς θέας τούς ἐν Ἀντιοχείᾳ χριστιανούς, τοῦτο δέ ἐλπίζων ὅτι, διά τῶν καθ' ὁδόν ταλαιπωριῶν μέχρις οὗ φθάσει εἰς Ῥώμην, ἠδύνατο νά ἐπέλθῃ μεταμέλειά τις εἰς τόν ἐπίσκοπον, καί ἡ πτῶσις τοιούτου ποιμένος τῆς χριστιανικῆς Ἐκκλησίας θά εἶχε μεγίστας βεβαίως συνεπείας, τρίτον τέλος ὅπως καταπλήξῃ καί φοβίσῃ τούς χριστιανούς διά τῆς θέας τοῦ πάσχοντος, βλ. Κ. Κοντου. Πατρολ. τόμ. 1.

τοῦ διώκειν αὐτούς. Εἰς τό ἑξῆς αἱ κατηγορίαι ὤφειλον νά ἦναι νόμιμοι καί ἐκεῖνοι μόνον νά κολάζωνται, ὅσοι ἀπεδεικνύοντο παραβάται των νόμων, οἱ δέ συκοφάνται ἔπρεπε νά τιμωρῶνται[107]. Τό θρύλημα ὅμως τοῦ Αἰλίου Λαμπριδίου ὅτι ὁ Ἀδριανός εἰς τοσοῦτον /(142) ἐσαγηνεύθη ὑπό τοῦ χριστιανισμοῦ ὥστε ἀπεφάσισεν νά κατατάξη τόν Χριστόν εἰς τούς deos romanos καί νά ἀνεγείρη αὐτῷ ναόν, θεωρεῖται ἀσύστατον[108].

§45. Ἡ χριστιανική Ἐκκλησία ἐπίτοῦ αὐτοκράτορος Ἀντωνίου Πίου (138-161).

Τελευτήσαντα τόν Ἀδριανόν διεδέχθη ὁ θετός αὐτοῦ υἱός Ἀντωνῖνος ὁ Εὐσεβής, ἐπί τῆς βασιλείας τοῦ ὁποίου ἔτι μᾶλλον ἐτραχύνθησαν καί ἐπερίσσευσαν οἱ κατά τῶν χριστιανῶν διωγμοί ὡς ἐκ τῶν πολλῶν τότε κατά τόπους καί πόλεις ἐπισυμβάντων δυστυχημάτων, οἷον λιμῶν, σεισμῶν, καταποντισμῶν (δι' ὧν πολλαί τῆς Μικρᾶς Ἀσίας καί τῆς νήσου Ῥόδου πόλεις κατερημώθησαν) καί ἕνεκα μεγάλων πυρκαϊῶν ἐν Ῥώμῃ, Ναρβώνῃ, Ἀντιοχείᾳ καί Καρχηδῶνι, τά ὁποῖα λίαν ἐξηγρίωσαν τόν λαόν ὑπολαμβάνοντα ὅτι ὅλα ταῦτα ἐπέμποντο παρά τῶν θεῶν διά τήν ἀπιστίαν καί τάς ἀνοσιουργίας τῶν χριστιανῶν. Ὁ ἥμερος καί εὐγενής αὐτοκράτωρ Ἀντωνῖνος ἐξέδωκε πολλά διατάγματα κατά τῶν ἀδίκως τούς χριστιανούς διωκόντων, ἀλλ' ὁ ἄπιστος λαός δυσκόλως ἐτιθασσεύετο, ὥστε ἐνίοτε καί αὐτός ὁ Ἀντωνῖνος παραπειθόμενος ὑπό τῶν μισοχρί-

---

107 Τοῦ Ἀδριανοῦ τό ἐπιστολιμαῖον διάταγμα συνῆψεν εἰς τήν πρώτην αὐτοῦ ἀπολογίαν λατινιστί, ὡς ἐν τῷ πρωτοτύπῳ εἶχεν, Ἰουστῖνος ὁ Μάρτυς, ὅπερ ὅμως δέν περιῆλθεν εἰς ἡμᾶς. Ἀντ' αὐτοῦ κεῖται σήμερον αὐτόθι ἡ ἑλληνική μετάφρασις ὡς ἔχει καί παρ' Εὐσεβ. Ἐκκλ. Ἱστ. 4,9 οὕτωσι.
§ «Μινουκίῳ Φουνδάνῳ.
§ Ἐπιστολήν ἐδεξάμην γραφεῖσάν μοι ἀπό Σερενίου Γρανιανοῦ λαμπροτάτου ἀνδρός, ὅντινα σύ διεδέξω. Οὐ δοκεῖ μοι τό πρᾶγμα ἀζήτητον καταλιπεῖν, ἵνα μήτε οἱ ἄνθρωποι διαταράττωνται, καί τοῖς συκοφάνταις χορηγία κακουργίας παρασχεθῇ. Εἰ οὖν σαφῶς εἰς ταύτην τήν ἀξίωσιν οἱ ἐπαρχιῶται δύνανται διισχυρίζεσθαι κατά τῶν χριστιανῶν ὡς καί πρό τοῦ βήματος ἀποκρίνασθαι, ἐπί τούτου μόνον τραπῶσιν, ἀλλ' οὐκ ἀξιώσεσιν, οὐδέ μόναις βοαῖς. Πολλῷ γάρ μᾶλλον προσῆκον εἴτις κατηγορεῖν βούλοιτο, τοῦτό σε διαγιγνώσκειν. Εἴ τις οὖν κατηγορεῖ καί δεικνύσί τι παρά τούς νόμους πράττοντας, οὕτως ὅριζε κατά τήν δύναμιν τοῦ ἁμαρτήματος· ὡς, μά τόν Ἡρακλέα, εἴ τις συκοφαντίας χάριν τοῦτο προτείνει, διαλάμβανε ὑπέρ τῆς δεινότητος, καί φρόντιζε ὅπως ἄν ἐκδικήσειας.» βλ. αὐτόθι 4,8. Ἰουστίνου Μάρτυρος ἀπολ. α' 69 καί Ῥουφίνου Ἐκκλ. Ἱστ. 4,9, ὅπερ παρά τινων θεωρεῖται ὡς τό πρωτότυπον.
108 Lampridius vit. Sev. Alexndri c. 43, Christo templum facere voluit (Ἀλεξανδρ. ὁ Σευῆρος βλ. §) eumque inter deos recipere. quod et Adrianus cogitasse fertur, qui templo in omnibus civitatibus sine simulacris jusserat fieri, quae ille ad hoc parasse dicebatur. Εἰς ταῦτα ὅμως ἀντίκεινται ὅσα ἄλλοι περί τοῦ Ἀδριανοῦ ἐξιστόρησαν. Ὁ Ἀδριανός ἱστορεῖται ὡς θερμός ὀπαδός τῆς ἀρχαίας εἰδωλολατρικῆς θρησκείας καί ὡς καταφρονητής πάντων τῶν ξένων θρησκευμάτων (religiones peregrinae) «Sacra romana diligentissime curavit, peregrina contempsit», Spartianus vit. Hadriani c. 22. Ὡσαύτως σώζεται ἐπιστολή τις τοῦ Ἀδριανοῦ (παρά Flav. Vopiscus vit Saturnini c. 8), ἐν ᾗ δῆλος γίνεται ὁ αὐτοκράτωρ οὗτος μεγάλως περιφρονῶν τούς χριστιανούς καί λίαν συγκεχυμένας περί αὐτῶν ἰδέας ἔχων. Ἀλλά περί τοῦ Χριστιανισμοῦ /(143) καί τοῦ Ἰησοῦ Χριστοῦ βουλάς αὐτοῦ ἐπιμαρτυροῦσιν καί αἱ προσπάθειαι αὐτοῦ ὅπως ἀτιμάσῃ καί καταχράνῃ τούς ἁγίους τόπους τῶν Χριστιανῶν.

στων ἱερέων κατεδίκαζεν εἰς θάνατον τούς χριστιανούς (Passio sanctae Felicitatis et septem filiorum ejus, Theod. Ruinart Acta Martyr. p. 22)[109].

§ 46. Ἡ Ἐκκλησία ἐπί τοῦ αὐτοκράτορος Μάρκου Αὐρηλίου (161-180).

Νέαν φάσιν ἔλαβον οἱ κατά τῶν χριστιανῶν διωγμοί ἐπί τοῦ αὐτοκράτορος Μάρκου Αὐρηλίου· διότι μέχρι μέν τούτου οἱ κατά τῶν χριστιανῶν διωγμοί, ἐκτός τοῦ ἐπί Δομιτιανοῦ ἐπήγαζον κατ' οὐσίαν ἐκ τοῦ λαοῦ, ἐπί δέ Μάρκου Αὐρηλίου ἐξεπορεύοντο ἔκ τε τοῦ λαοῦ καί ἐκ τοῦ αὐτοκράτορος, καθώς πάλιν ἐν τοῖς μετά ταῦτα χρόνοις ἡ αἰτία τῶν διωγμῶν, ἐξαιρέσει ὀλίγων τινῶν, ἔκειτο ἀποκλειστικῶς εἰς τάς πολιτικάς καί θρησκευτικάς ἀρχάς καί ἰδέας τῶν Καισάρων.

Ὁ Μάρκος Αὐρήλιος, ὅστις ἄλλως θεωρούμενος ὑπῆρξε τό εὐγενέστερον φαινόμενον τοῦ μεταγενεστέρου ἐθνικοῦ κόσμου, ἐν τῷ τύφῳ τῆς στωικῆς αὐτοῦ σοφίας ἀπηχθάνετο καί ὁλοσχερῶς περιεφρόνει τήν μεγαλοψυχίαν τῶν χριστιανῶν καί τοσοῦτον παρηνόει αὐτήν, ὥστε «ψιλήν παράταξιν», ἤγουν ἄκριτον καί ἀνόητον ἀντίστασιν καί ἐπιμονήν αὐτήν ἀπεκάλει (§). Ἕνεκα δέ τῆς μεγάλης δεισιδαιμονίας του καί τῆς ἐπιθυμίας ὅπως διατηρηθῇ τό κράτος καί ἡ τοῦ κράτους θρησκεία ἀβλαβής καί ἀνεπηρέαστος, οὐ μόνον τό κατά τῶν χριστιανῶν μῖσος τοῦ λαοῦ ἐλεύθερον ἀφῆκεν, ἀλλά καί τό περί ἐκζητήσεως τῶν χριστιανῶν καί τό περί βασανιστηρίων σύστημα εἰσήγαγε καί διά τῶν πολλῶν αὐτοῦ κατά τῶν χριστιανῶν διαταγμάτων τοσοῦτον ἀπεθηρίωσεν

---

109 Ὁ ἅγιος Διονύσιος ὁ ἐπίσκοπος Κορίνθου (παρ' Εὐσεβ. Ἐκκλ. Ἱστ. 4,23) ἀναφέρει τόν ἐν Ἀθήναις τότε συμβάντα διωγμόν, ἐν ᾧ μεταξύ ἄλλων ἐμαρτύρησαν καί ὁ ἐπίσκοπος Ἀθηνῶν Πούπλιος. Περί τῶν διαταγμάτων τοῦ Ἀντωνίνου, ἅπερ πάντα ἀπωλέσθησαν, ἀναφέρεται ὁ Μελίτων ἐπίσκοπος Σάρδεων (παρ' Εὐσεβ. Ἐκκλ. Ἱστ. 4,26) λέγων ἐν τῇ πρός Μάρκον Αὐρήλιον ἀπολεσθείσῃ αὐτοῦ ἀπολογίᾳ τάδε « ὁ δέ πατήρ σου ... τοῖς πόλεσι περί τοῦ μηδέν νεωτερίζειν περί ἡμῶν ἔγραψεν· ἐν οἷς καί πρός Λαρισσαίους, καί πρός Θεσσαλονικοῖς καί Ἀθηναίους, καί πρός πάντας Ἕλληνας». Τό πρός τό κοινόν τῆς Ἀσίας ἐπιστολιμαῖον διάταγμα ὅπερ εὕρηται περί τά τέλη τῆς α΄ ἀπολογίας τοῦ Ἰουστίνου τοῦ Μάρτυρος, καί τό ὁποῖον φέρει τό ὄνομα τοῦ Ἀντωνίνου θεωρεῖται ὑπό τῶν νεωτέρων ὡς νόθον καί ὑποβολιμαῖον. Τό αὐτό διάταγμα εὕρηται καί παρ' Εὐσεβ. Ἐκκλ. Ἱστ. 4,13 ἐν μέρει ὅμως παραλλάσσον καί κατά λάθος ἴσως εἰς Μάρκον τόν Αὐρήλιον ἀποδιδόμενον. Ὑπέρ τῆς γνησιότητος αὐτοῦ ἔγραψεν T. G. Hegelmaier comm. in edictum. Imp. Ant. P. pro **(144)** Christianis, Tubing. 1767. Κατά τῆς γνησιότητος ὁ B. Haffner de edicto Antonini Pii pro Christianis ad commune Asiae. Argentor. 1781.
Ὁ Aringhi ἐν τῷ συγγράμματι αὐτοῦ τῷ ἐπιγραφομένῳ Roma subteranea lib. 3 c. 22 ἐδημοσίευσε λαβών ἐκ τοῦ κοιμητηρίου τοῦ Καλλίστου τό ἀκόλουθον ἐπίγραμμα, ὅπερ ἀναφέρεται εἰς τούς χρόνους τοῦ Ἀντωνίνου καί ἐκφράζει ἀποχρώντως τήν κατάστασιν, ἐν ᾗ διετέλει τότε ἡ Ἐκκλησία «O tempora infausta, quibus inter sacra et vota, ne in cavernis quidem salvari possumus quid miserius vita, sed quid miserius morte, cum ab amicis et a parentibus sepeliri nequeant», (ὦ καιροί δυστυχεῖς, καθ' οὕς μεταξύ ἱερουργιῶν καί δεήσεων, οὐδ' εἰς τά ἄντρα νά ἔχωμεν ἀσφάλειαν δυνάμεθα. Τί δυστυχέστερον τῆς ζωῆς, ἀλλά τί δυστυχέστερον τοῦ θανάτου, ἀφοῦ μήτε οἱ φίλοι μήτε οἱ γεννήτορες νά ἐνταφιάζωσιν ἡμᾶς δύνανται).

τούς ἐθνικούς, ὥστε παρεσκεύασεν εἰς τούς ἥρωας τοῦ Χριστιανισμοῦ θρίαμβον /(145) ἀνήκουστον ἕως τότε. Τά κατά τῶν χριστιανῶν διατάγματα τοῦ ἡγεμόνος τούτου, ὡς ὁ λόγιος τῶν Σάρδεων ἐπίσκοπος Μελίτων ἱστορεῖ, ὠμότερα καί ἀπανθρωπότερα ἦ τά κατά τῶν ἐχθρῶν αὐτοῦ βαραβάρων[110]. Τήν σφοδρότητα τοῦ διωγμοῦ, ὅν ἔπαθεν ἡ Ἐκκλησία ἐπί τοῦ Μ. Αὐρηλίου μαρτυρεῖ ἡ πληθύς ἔνθεν μέν τῶν ἀπολογιῶν καί τῶν πρεσβεύσεων, τῶν γενομένων κατά τούτους τούς χρόνους ὑπέρ τῶν χριστιανῶν, ὁποῖαι ἦσαν αἱ τοῦ ἁγίου Ἰουστίνου τοῦ Μάρτυρος, τοῦ Μελίτωνος, τοῦ Κλαυδίου Ἀπολλιναρίου, τοῦ Ἀθηναγόρα, τοῦ Τατιανοῦ, τοῦ Ἑρμίου καί τοῦ Θεοφίλου ἐπισκό-

---

110 Εἰς τούς πανδέκτας σώζεται ἕν διάταγμα τοῦ Μάρκου Αὐρηλίου δι' οὗ οἱ διασπείροντες θρησκευτικάς δεισιδαιμονίας καί ἐμποιοῦντες εἰς τάς εὐαπατήτους ψυχάς παράλογον καί δεισιδαιμονικόν φόβον πρός τούς θεούς, ὤφειλον εἰ μέν ἦσαν ἐκ τῶν προυχόντων νά ἐξορίζωνται εἰς μίαν νῆσον, εἰ δέ ἐκ τῶν ἀφανῶν νά καταδικάζωνται εἰς θάνατον, ὅρα Modestinum Dig. lib. 48 tit.19,30· ἔνθα λέγεται Siquis aliquid fecerit, quo leves hominum animi superstitione numunis terrerentur, Divus Marcus hujusmodi homines in insulam relegari rescripsit. καί Julii Pauli sentnt. recept. lib. 5 tit. 21,2, ἔνθα λέγονται καί τάδε: qui novas, et usu vel ratione ingognitas inducunt, ex quibus animi hominum noveantur, honestiores deportantur, humiliores cupite puniurtur. Εἶναι ἀληθές ὅτι δέν δυνάμεθα νά διισχυρισθῶμεν ὅτι αἱ διατάξεις αὐταί ἀπ' εὐθείας κατά τῶν χριστιανῶν ἐξεδόθησαν, διότι ἐπί τοῦ αὐτοκράτορος τούτου πολλοί γόητες καί ἀπατεῶνες παραπείθοντες τούς ὄχλους, τῶν ὁποίων ἑπομένως αἱ γοητεῖαι ἠδύναντο νά προκαλέσωσιν αὐτάς·πλήν δυνάμεθα νά πιστεύσωμεν ὅτι ὁ αὐτοκράτωρ Μάρκος Αὐρήλιος, καθώς ὁ Κέλσος ὁ ἐπί τῶν χρόνων αὐτοῦ κατά τῶν χριστιανῶν γράψας, συνέχεε τούς γόητας μετά τῶν χριστιανῶν. Ἀλλ' ὅπως καί ἄν ἔχῃ τό πρᾶγμα, οἱ νόμοι οὗτοι μαρτυροῦσι αὐστηρά μέτρα, τά ὁποῖα ἔλαβεν ὁ αὐτοκράτωρ περί τῆς διατηρήσεως, τῆς καθεστώσης θρησκείας. Τό πρός τήν ἐπικρατοῦσαν θρησκείαν σέβας αὐτοῦ μαρτυρεῖ καί τό ἐπίγραμμα «οἱ λευκοί βόες Μάρκῳ τῷ Καίσαρι - Ἄν οὐ νικήσῃς, ἡμεῖς ἀπωλόμεθα» Ammian. Marcellin lib. 25, c. 4. Ὅτι δέ πολλά κατά τῶν χριστιανῶν ἐξέδωκε διατάγματα μαρτυροῦσι τά ὑπό τοῦ Μελίτωνος ἱστορούμενα περί τοῦ αὐτοκράτορος τούτου, ὅρα Εὐσεβ. Ἐκκλ. Ἱστ. 4,26 «τό γάρ οὐδέ πώποτε γενόμενον, νῦν διώκεται τό τῶν θεοσεβῶν γένος, καινοῖς ἐλαυνόμενον δόγμασι κατά τήν Ἀσίαν· οἱ γάρ ἀναιδεῖς συκοφάνται κτλ. βλ. §, μεθ' ἅ ἐπάγει ὁ Μελίτων «εἰ δέ καί παρά σοῦ μή εἴη ἡ βουλή αὕτη καί τό καινόν τοῦτο διάταγμα ... δεόμεθά σου μή περιειδεῖν ἡμᾶς ἐν τοιαύτῃ δημώδῃ λεηλασίᾳ»· παρά τῷ Theod. Ruinart, Acta Mar /(147) tyrum ἐν τῷ βίῳ τοῦ μάρτυρος Συμφοριανοῦ (Acta Symphoriani p. 68-69) φέρεται διάταγμά τι ὑπό τό ὄνομα τοῦ καίσαρος Αὐρηλιανοῦ (§), τό ὁποῖον ὅμως ἀνήκει, καθά οἱ πλεῖστοι τῶν νεωτέρων γνωμοδοτοῦσιν, (βλ. Neander K-g 1 B p. 59 ἔκδ.3. Gotha 1856 καί Kurtz, K-g 1 B. p.107 ἔκδ. 3, Mitau 1853 καί ἀλλ.) εἰς τόν Μάρκον Αὐρήλιον καί τό ὁποῖον ἔχει ὡς ἐξῆς «Αὐρηλιανός αὐτοκράτωρ πρός πάντας τούς ἐπάρχους καί πράκτορας αὐτοῦ ἐμάθομεν ὅτι ὑπό τῶν ὀνομαζομένων ἐν τοῖς καθ' ἡμᾶς χρόνοις χριστιανῶν ἀθετοῦντα οἱ νόμοι. Τούς τοιούτους συλλαμβάνετε καί ποικίλοις τιμωρεῖτε βασάνοις, ἐάν δέν θυσιάζωσιν εἰς τούς θεούς, οὕτω ὅμως, ὥστε μετά τῆς αὐστηρότητος νά συνδέηται δικαιοσύνη καί ἡ πρός ἐξόντωσιν τῶν ἐγκλημάτων ποινή νά παύῃ ὅταν ὁ σκοπός ἐπιτυγχάνηται».
§ Ἐάν λοιπόν παραβάλωμεν τόν ἐπί Μάρκου Αὐρηλίου διωγμόν πρός τούς πρό αὐτοῦ θέλομεν ἴδῃ ὅτι κατά δύο τινά διέφερεν οὗτος ἐκείνων. Πρῶτον κατά τό ἐκζητεῖν τούς χριστιανούς, εἰ καί ὁ ὄχλος ἔπραττε τοῦτο πολλάκις αὐθαιρέτως καί ἐπί τῶν ἄλλων αὐτοκρατόρων. Ἀνωτέρω εἴδομεν ὅτι τό ὑπό τοῦ αὐτοκράτορος Τραϊανοῦ ἐκδοθέν διάταγμα ῥητῶς διέκρινε τούς χριστιανούς ἀπό τούς ἐγκληματίας ἐκείνους, τῶν ὁποίων ἡ ἀναζήτησις καί ἡ σύλληψις ἦτο καθῆκον τῶν τοπικῶν ἀρχῶν. Ἐξεναντίας τώρα ἐζητοῦντο οἱ χριστιανοί καί πολλάκις ἔπρεπε νά κρύπτονται, ὅπως διασῴζωνται. Ὁ Κέλσος, ὅστις κατά τούς χρόνους τούτους ἔγραφε, λέγει περί τῶν χριστιανῶν ὅτι τά πάντα ἔπραττον ἐν τῷ κρυπτῷ «ἅτε διωθούμενοι τήν ἐπηρτημένην αὐτοῖς δίκην τοῦ θανάτου» (Ὠριγ. Κατά Κέλσ. 1,1) καί ἀλλαχοῦ ὁ αὐτός λέγει περί τῶν χριστιανῶν «Ἤτοι φεύγοντες καί κρυπτόμενοι ἤ ἁλισκόμενοι καί ἀπολλύμενοι» (αὐτόθι 8,41) καί «ὑμῶν δέ κἄν πλανᾶται τις ἔτι λανθάνων, ἀλλά ζητεῖται πρός θανάτου δίκην» (αὐτόθι 8,69). Δεύτερον μέχρι τοῦδε συνέβαινεν (ὡς ἐξαίρεσις δύναται νά θεωρηθῇ τό μαρτύριον τοῦ ἁγ. Συμεών §) οἱ ἐγκαλούμενοι χριστιανοί, ἐάν μετά πολλῆς προτροπῆς δέν ἠρνοῦντο τόν Χριστόν, νά κολάζωνται μέ θάνατον χωρίς νά ὑποβάλλωνται πρότερον εἰς βασάνους· νῦν ἐπειρῶντο νά καταναγκάσωσι τούς χριστιανούς εἰς τήν ἐξόμοσιν διά βασανιστηρίων.

που Ἀντιοχείας. - Ἐκεῖθεν δέ ἐκ τῶν ἐνδόξως μαρτυρησάντων καί ὑπέρ τοῦ ὀνόματος τοῦ Ἰησοῦ Χριστοῦ ἀναιρεθέντων. Τοιοῦτοι ἦσαν ἐν μέν τῇ Ῥώμῃ ὁ ἅγιος Ἰουστῖνος ὁ φιλόσοφος ἐν ἔτει 166. Εἰς δέ τήν Σμύρνην ὁ γηραιός καί σεβάσμιος ἐπίσκοπος τῆς πόλεως ταύτης, ὁ μαθητής Ἰωάννου τοῦ Εὐαγγελιστοῦ, ὁ ἅγιος Πολύκαρπος, ὅστις χαίρων ἀνέβη εἰς τήν πυράν, εἰς ἥν κατεδικάζετο οὐχί δι' ἄλλο εἰμή μόνον διότι δέν ἤθελε νά ἀρνηθῇ τόν Ἰησοῦν Χριστόν, ᾧπερ εἶχε δουλεύων 86 ἐνιαύτους. Ὁ διωγμός οὗτος ἤρξατο ἐν Σμύρνῃ περί τό ἔτος 167, εἰς δέ τό Λούγδουνον καί εἰς τήν Βιέννην, ἔνθα ἐγένετο καί καθολικώτερος καί αἱματηρότερος, κατά τό 177. Ἐνταῦθα ἐτελείωσε τόν βίον ἐν δυσώδῃ εἱρκτῇ, ἀφοῦ πρότερον ὑπέστη σκληρά βασανιστήρια, ὁ 90έτης ἐπίσκοπος Φωτεινός. Ἔτι ὠμότερα καί ἀπανθρωπότερα βασανιστήρια ὑπέστη νεάνις τις ὀνόματι Βλανδίνα φραγγελωθεῖσα, ἐπί σιδηρῶν πεπυρακτωμένων ἑδρῶν τιγανισθεῖσα τοῖς ἀγρίοις θηρίοις προσομιλήσασα καί τέλος καρατομηθεῖσα, ἥτις ὅμως καθ' ὅλας τάς βασάνους ἐνεκαρτέρει ἀνδρείως, τοῦτο μόνον ἐπιλέγουσα «*εἰμί χριστιανή καί ἐν ἡμῖν οὐδέν κακόν διαπράττεται*». Ἡρωισμόν παρόμοιον ἐπεδείξατο καί 15έτης τις νέος Ποντικός ὀνομαζόμενος. Τά σώματα τῶν μαρτύρων ἔκειντο στιβηδόν εἰς τάς ἀγυιάς, ἕως οὗ τέλος κατακαιόμενα καί εἰς κόνιν μεταβαλλόμενα, ἐρρίπτοντο εἰς τόν Ῥοδανόν[111].

§ Ὅτε ἐν ἔτει 174 ἐξεστράτευσε κατά τῶν Μαρκομάνων ὁ αὐτοκράτωρ Μάρκος Αὐρήλιος καί πολιορκηθείς περιῆλθεν εἰς μεγίστην ἀμηχανίαν ἕνεκα τῆς μεγάλης λειψανδρίας, οἱ χριστιανοί στρατιῶται μιᾶς τῶν λεγεώνων τοῦ στρατοῦ αὐτοῦ Μελιτίνης καλουμένης, ἤ ὡς ἄλλοι θέλουσιν, ἐκ Μελιτινῆς οὔσης, δεηθέντες ἐπί μέν τήν στρατιάν τοῦ αὐτοκράτορος, μέλλουσαν ὅσον οὔπω νά διαφθαρῇ ὑπό τῆς δίψης, κατήγαγον ἀπό τοῦ οὐρανοῦ ὄμβρον καί ὑετόν πολύν, ἐπί δέ τούς πολεμίους κεραυνούς καί τοιουτοτρόπως διέσωσαν ἐκ τοῦ κινδύνου καί τόν αὐτοκράτορα καί τούς συστρατιώτας αὐτῶν. Ἀλλ'

---

111 Περί τοῦ ἁγίου Ἰουστίνου βλ. Εὐσεβ. Ἐκκλ. Ἱστ. 4,16 τό δέ μαρτύριον αὐτοῦ παρά Ruinart Acta Martyrum p. 46 καί ἐν τῇ Biblioth. vett. part. gallandii tom. 1 p. 707 ἀνάγν. καί Ant. Pagi, Critica ad amm. 162.4.- Περί τοῦ ἐν Σμύρνῃ διωγμοῦ παρέχει ἡμῖν ἱκανάς εἰδήσεις ὁ Εὐσέβ. Ἐκκλ. Ἱστ. /(148) 4,15 διασώσας τεμάχια τινά μιᾶς ἐπιστολῆς τῆς ἐκκλησίας Σμυρναίων πρός τούς ἐν Πόντῳ χριστιανούς. Εἰς τά ἀποσπάσματα ταῦτα περιγράφεται ἐκτενῶς τό μαρτύριον τοῦ ἁγίου Πολυκάρπου. - Ἔτι δέ περισσότερα γινώσκομεν περί τοῦ ἐν Γαλλίαις διωγμοῦ διασώσαντος ἡμῖν τοῦ αὐτοῦ Εὐσεβίου, τήν ἔκθεσιν ἥν ποιοῦνται πρός τάς ἐν τῇ Μικρᾷ Ἀσίᾳ ἐκκλησίας αἱ ἐν Λουγδούνῳ καί Βιέννῃ ἐκκλησίαι, βλ. Εὐσεβ. Ἐκκλ. Ἱστ. 5,1-3· ὁποία ὑπῆρξεν ἡ λύσσα τῶν ἐθνικῶν ἐνταῦθα μαρτυρεῖ πρός τοῖς ἄλλοις καί ἡ ἀθέτησις τοῦ ἀρχαίου ἐκείνου νόμου de servo in dominum quaeri non licere (Cicer. pro Dejet. c.1. Tacit. annal. 2,30) καθά ἱστορεῖ ἡ προειρημένη ἔκθεσις (5,1) συνελαμβάνοντο καί οἱ ἐθνικοί οἰκέται τῶν χριστιανῶν καί ἠναγκάζοντο διά βασανιστηρίων νά καταψεύδωνται τῶν χριστιανῶν κυρίων τά θυέστεια δεῖπνα καί τά τοιαῦτα.

ὁ Μάρκος Αὐρήλιος ὡς καί οἱ περί αὐτόν ἐθνικοί ἀπέδωκαν τό θαῦμα εἰς τούς θεούς αὐτῶν, καίτοι τινές λέγουσιν /(146) ὅτι ἡ διάσωσις τοῦ αὐτοκράτορος ἀπεδόθη εἰς τήν εὐχήν τῶν χριστιανῶν καί ὅτι ἔκτοτε διέταξεν ὁ Μάρκος Αὐρήλιος νά μή ἐγκαλῶνται τοῦ λοιποῦ οἱ χριστιανοί καί ἵνα κολάζωνται οἱ τούτων κατήγοροι[112]. /(149)

§ 47. Ἀντιρρητικοί τῶν ἐθνικῶν λογίων κατά τῆς χριστιανικῆς θρησκείας.

Βιβλιογραφία: J. A. Fabricius, delectus argumentum et syllabus scriptorium, qui veritatem relig. Christ. asseruerunt, Hamb. 1725.—H.G. Tschirner, Geschichte der Apologetik, I. Band, Leipz. 1805. Ὁ αὐτός der Fall des Heidenth. Herausg von Niiedner I. Band,Leipz. 1829.—G. H. van Sanden Geschichte der Apologetik ἐκ τοῦ ὁλλανδικοῦ μεταφρασθέν ὑπό W. Guack καί R. Binder, Stuttg.1846, 2 Bde.

Ἡ χριστιανική θρησκεία ἐπολεμεῖτο κατά τούς χρόνους τούτους οὐ μόνον διά πυρός μαχαίρας ἀλλά καί διά τῆς γραφίδος. Οἱ θύραθεν ἐθνικοί συγγραφεῖς ἀρχῆθεν ἤδη ἐξέφερον δυσμενεῖς κρίσεις περί τῶν χριστιανῶν καί τῆς ἁγίας αὐτῶν θρησκείας, παριστῶντες αὐτούς τε καί αὐτήν ὑπό δυσειδεστάτην ὄψιν. Ἤδη ὁ Τάκιτος ἔγραφε περί τῶν χριστιανῶν μετά ἀγανακτήσεως καί πάθους ψυχῆς, ἴσως ἐπειδή συνέχεε μετά τῆς καθαρᾶς χριστιανικῆς θρησκείας τήν ἐπί τῶν χρόνων αὐτοῦ περιφερομένην εὔνομον καί ψευδώνυμον γνῶσιν (§)[113]. Ἀλλά καί αὐτός ὁ Πλίνιος, ὁ τοσαύτας ἄλλας ἀγαθάς

---

112 Τῆς γνώμης ταύτης ἦσαν ὁ Κλαύδιος Ἀπολλινάριος παρ' Εὐσεβίῳ Ἐκκλ. Ἱστ. 5,5 καί ὁ Τερτυλλιανός ad Scopulam c.4 καί Apolog.c.5, ἀλλ'ὅτι ὁ αὐτοκράτωρ δέν ἀπέδωσε τό θαῦμα εἰς τούς χριστιανούς, οὔτε εὐνοϊκῶς ἑπομένως διετέθη πρός αὐτούς, γίνεται φανερόν ἐκ τῶν νομισμάτων, ἅπερ τηνικαῦτα ἔκοψεν, ἐν οἷς ἀπετυποῦτο ὁ Ζεύς κεραυνοβολῶν τούς χαμαί ὑπό τοῦ φόβου βαρβάρους (Eckhel numism. 3,64) καί ὁ μετά ταῦτα ἐν ἔτει 177 ἐκραγείς δεινότατος διωγμός ἐν Γαλλίαις. Ἀλλά καί οἱ περί τόν αὐτοκράτορα ἐθνικοί ἀνέφερον τό γεγονός τοῦτο μέν εἰς τάς δεήσεις συμπάσης τῆς στρατιᾶς πρός Ὄμβριον ἤ Ὑέτιον λεγόμενον Δία, τοῦτο δέ εἰς μάγον τινα αἰγύπτιον ὀνόματι Ἀρνοῦφιν· ὡς ἱστορεῖ Δίων ὁ Κάσσιος 71,8 λέγων «Καί γάρ τοι λόγος ἔχει, Ἀρνοῦφιν τινα μάγον Αἰγύπτιον, συνόντα τῷ Μάρκῳ, ἄλλους τε τινας δαίμονας καί τόν Ἑρμῆν τόν ἀέριον ὅτι μάλιστα, μαγκανείαις τισίν ἐπικαλέσεσθαι καί δι' αὐτόν τόν ὄμβρον ἐπισπάσασθαι», παραβ. καί Σουϊδ. εἰς τήν λέξιν Ἰουλιανός· καί Καπιτωλῖναν ἐν τῷ βίῳ Μάρκ. Αὐρηλίου κεφ. 24 καί Θεμίστιον ἐν λόγῳ 15 σελ. 191 ed Harduini καί Κλαυδιανόν de sexto consulatae Honorii v. 342.- Παρόμοιά τινα γεγονότα ἄλλοτε συμβάντα διηγοῦνται Alexand. Curt. 4,7,13. Marius orosii hist. 5,15 καί Δίων Κάσσιος 60§9. Ὁ Κλαύδιος Ἀπολλιν. λέγει ἔνθ. ἀνωτ. ὅτι ἔκτοτε ἡ λεγεών ἐκείνη ἐπωνομάσθη ὑπό τοῦ αὐτοκράτορος κεραυνοβόλος (legio fulminatrix ἤ fulminea), Δίων ὅμως ὁ Κάσσιος λέγει (55,23) ὅτι ἤδη ἀπό τῶν χρόνων τοῦ Αὐγούστου ὑπῆρχε μεταξύ τῶν ῥωμαϊκῶν /(149) λεγεώνων μία, ἡ δωδεκάτη, οὕτω ὀνομαζομένη· «τό δωδέκατον (στρατόπεδον) τό ἐν Καππαδοκία τό κεραυνοφόρον», βλ. Neander, K-g- σελ. 64.

113 Ὁ ῥωμαῖος οὗτος ἱστορικός, ὅστις 70 περίπου ἔτη μετά τόν θάνατον τοῦ Κυρίου συνέγραφε, ἐχαρακτήριζε ἐν τῷ συγγράμματι αὐτοῦ (Annales 15,44) τούς χριστιανούς ὡς ἀνθρώπους μισητούς διά τά κακουργήματά των (per flagitia invisos) καί ὡς μισοῦντας τό ἀνθρώπινον γένος (odio humani generis), τήν δέ χριστιανικήν θρησκείαν ὡς ὀλεθρίαν δεισιδαιμονίαν· αὕτη, ἔγραφε ὁ αὐτός, ἀναφυεῖσα ἐπί Τιβερίου περιεστάλη μέν τότε διά τοῦ Ποντίου Πιλάτου τοῦ διοικητοῦ τῆς Ἰουδαίας καταδικάσαντος τόν ἀρχηγόν αὐτῆς τόν Χριστόν εἰς θάνατον, ἔπειτα ὅμως πάλιν ἀνεφάνη καί ἐξηπλώθη οὐ μόνον ἐν τῇ Ἰουδαίᾳ, τῇ πηγῇ τοῦ κακοῦ τούτου, ἀλλά

εἰδήσεις περί τῶν χριστιανῶν λαβών, ἀποφαινόμενος περί τῆς χριστιανικῆς θρησκείας ὠνόμαζεν αὐτήν ἄκαμπτον ἰσχυρογνωμοσύνην, διάστροφον καί ὑπερβολικήν δεισιδαιμονίαν (inflexibilis obstinatio, prava et immodica superstitio §). Εἷς στωικός φιλόσοφος, οἷον ἦτον ὁ αὐτοκράτωρ Μάρκος Αὐρήλιος, οὐδέν ἄλλο ἔβλεπεν εἰς τούς χριστιανούς μάρτυρας εἰμή ἐνθουσιασμόν μωρόν καί ἀξιοκαταφρόνητον (§). Ὁ εἴρων Λουκιανός ὁ Σαμοσατεύς, ὁ σύγχρονος τοῦ Μάρκου Αὐρηλίου, δέν ἐρράπισεν μόνο τάς δεισιδαιμονίας τῶν ἐθνικῶν, ἀλλά καί τήν χριστιανικήν θρησκείαν· ἐν τῷ διαλόγῳ αὐτοῦ τῷ ἐπιγραφομένῳ *Περεγρίνου τελευτή* διασκώπτει ὡς μωρίαν τήν περί ἀθανασίας δόξαν τῶν χριστιανῶν, ὡς ἀνόητον τήν χαράν καί τόν ἐνθουσιασμόν τῶν ἁγίων μαρτύρων καί ὡς ματαίαν καί φροῦδον τήν ἐλπίδα αὐτῶν εἰς μέλλουσαν ἀνταπόδοσιν. Πρός τούτοις διέσυρε τήν ἁπλοϊκήν ἀδελφικήν ἀγάπην τῶν χριστιανῶν ὡς γινομένην ἕρμαιον εἰς τούς ἀγύρτας καί ἐν γένει παρίστα αὐτούς ὡς λίαν εὐπίστους, ὡς θαυματομανίαν πάσχοντας καί ὡς ἀποστρεφομένους τόν κόσμον καί τάς ἀθώας αὐτοῦ τέρψεις[114]. Κακόβουλα

καί εἰς τήν Ῥώμην, εἰς τήν ὁποίαν ὅλα πανταχόθεν συρρέουσιν καί τελοῦνται τά αἰσχρά. Auctur nominis ejus Christus Tiberio imperitante, per procuratorum Pontium Pilatum supplicio affectus erat repressaque im praesens exitiabilis superstitio rursus erumpebat, non modo per Judaeam originem ejus mali, sed per urbem etiam, quo cuncta undique utrocia aut pudenda confluunt celebranturque.-- Ὁ δέ Σουετόνιος περιέγραφε τούς χριστιανούς ὡς γένος ἀνθρώπων παραδεδομένον εἰς μίαν νέαν πονηράν καί ἐπιβλαβῆ δεισιδαιμονίαν. Christiani, genus hominus superstitionis novae ac maleficae, *vita Neronis* c. 16.

114 Ἐν τῷ διαλόγῳ τούτῳ, ὅπου ὁ Λουκιανός ὡς αὐτόπτης δῆθεν διηγεῖται πρός τινα φίλον αὐτοῦ Κρόνιον τά περί τῆς αὐτολικαυτώσεως τοῦ Περεγρίνου ἐπί τῶν Ὀλυμπιακῶν ἀγώνων (τοῦ ἔτους 165), παρίσταται Περεγρῖνος ὁ Πρωτεύς ὡς κοινός καί ἀποτρόπαιος ἄνθρωπος, ὅστις διά τάς μοιχείας, παιδεραστίας, ἀσωτείας καί δή καί τήν πατροκτονίαν τοῦ ἀποδράς ἐκ τῆς πατρίδος του, ἥτις ἦν τό Πάριον, ἦλθεν εἰς τήν Παλαιστίνην, προσεκολλήθη εἰς τούς χριστιανούς, ἐξέμαθε τήν «θαυμαστήν σοφίαν» αὐτῶν, μετ' οὐ πολύ δέ ὑπερακοντίσας τόν διδάσκαλόν του, καί ἑρμηνευτής τῶν ἁγίων Γραφῶν καί συγγραφεύς πολλῶν συγγραμμάτων ἀναδειχθείς πρός τάς ἐπισημοτέρας ἑλληνικάς πόλεις ἐπιστολάς, μεστάς νέων διατάξεων καί παραγγελμάτων ἐπιστείλας, προήχθη βαθμηδόν ἀπό τῶν κατωτέρων εἰς τά ἀνώτερα ἀξιώματα, γενόμενος ἱερεύς, γραμματεύς, προφήτης, θιάσαρχος, συναγωγεύς καί προστάτης (ἐπίσκοπος) καί ὑπό πάντων ὡς θεός καί νομοθέτης ἐτιμήθη. Μετά ταῦτα συλληφθείς ἐφυλακίσθη, οἱ δέ χριστιανοί ἐδράξαντο τῆς εὐκαιρίας ὅπως δείξωσιν τώρα εἰς αὐτόν τό ἑαυτῶν σέβας μέ τόν ἐκφραστικώτερον τρόπον. Τά πάντα προσεφέροντο πρός ἀπελευθέρωσίν του, πλήν εἰς μάτην, «γραΐδια, χῆραι, (διακόνισσαι) /(152) καί παιδία ὀρφανά» ὑπηρέτουν καί περιέθαλπον αὐτόν ἀόκνως καί ἐπιμελῶς· τά δῶρα καί αἱ προσφοραί ἤρχοντο μετ' ἀφθονίας, «δεῖπνα ποικίλα καί λόγοι ἱεροί» (ἀγάπαι) ἐτελοῦντο ἐν τῇ φυλακῇ, καί ὁ πρός τό μαρτύριον ἐνθουσιασμός ἐπετείνετο εἰς ἄκρον. Καί αὐτοί οἱ ἐν τῇ Μικρᾷ Ἀσίᾳ χριστιανοί ἔπεμψαν πρός αὐτόν ἀντιπροσώπους ὅπως συμμερισθῶσι τά δεσμά αὐτοῦ. Ὁ Περεγρῖνος ἐπεθύμει τό μαρτύριον καθ' ὑπερβολήν, πλήν ὁ λόγιος ἀνθύπατος δέν τόν ἠξίωσεν αὐτοῦ ἀλλά τόν ἀπέλυσεν. Μεθ' ὀλίγας ὅμως ὕστερον ἡμέρας ὁ Περεγρῖνος ἐξεβλήθη τῆς χριστιανικῆς κοινωνίας ὡς φαγών ἀπηγορευμένα βρώματα (εἰδωλόθυτα), ἀποκηρυχθείς δέ προσεκολλήθη εἰς τούς κυνικούς φιλοσόφους (περί τῶν χριστιανῶν καί τῆς χριστιανικῆς θρησκείας οὐδείς πλέον ἀπό τοῦδε γίνεται λόγος) καί περιεφέρετο εἰς τόν κόσμον, θέαμα τοῦ ἀποτροπαιοτέρου καί ῥυπαροτέρου κυνισμοῦ, μωρᾷ δέ καί ἀνοήτῳ φιλοδοξίᾳ οἰστρηλατούμενος ἀπεφάσισε τέλος πρός δόξαν καί θρίαμβον τῆς φιλοσοφίας νά ῥιφθῇ εἰς τό πῦρ καί νά καῇ. Καί δή ἀφοῦ πρότερον πολλάκις προανήγγειλε τήν ἀπόφασίν του ταύτην, καί διά ἀγγέλων (νεκραγγέλων, νερτεροδρόμων) εἰς τούς ἑαυτοῦ ὀπαδούς διεσάλπισε, ἐπραγματοποίησεν τέλος αὐτήν ἐν ἔτει 165. Ὁ Λουκιανός παίζων ποιεῖται δεισιδαίμονάς τινας διηγουμένους, ὅτι δῆθεν καθ' ἥν ὥραν ὁ Περεγρῖνος εἰσεπήδησεν εἰς τήν πυράν, συνέβη σεισμός, ὕστερον δέ γύψ ἀναπτάς ἐκ τῆς

καί κακοήθη ἐξε /(150) τόξευσε κατά τῶν χριστιανῶν καί τοῦ ἐν Ῥώμη κυνικοῦ φιλοσόφου Κρίσκεντος ἡ ἄσεμνος γλῶσσα[115] καί ἡ τοῦ ῥήτορος Κορνηλίου Φρόντου (Minuc. Fel. c.9.31). Ἀλλ' ὁ τούς πάντας ὑπερβαλών καί κατά πρῶτον εἰδικῶς καί ἐσκεμμένως τέφρας αὐτοῦ ἠκούσθη λέγων ἐν φωνῇ ἀνθρωπίνῃ «ἐγκαταλείπω τήν γῆν καί ἀναβαίνω εἰς τόν Ὄλυμπον». Τό μυθάριον τοῦτο, προστίθησιν ὁ Λουκιανός, ἐπιστεύετο ὑπό πολλῶν καί περιεκοσμεῖτο ἐπί μᾶλλον· διότι ἔτεροι ἔλεγον ὅτι καί μετά ταῦτα εἶδον τόν Περεγρῖνον ἐν στολῇ λευκῇ περιφερόμενον ἐν τῇ στοᾷ.- Ὅτι ἐπί τῶν χρόνων τοῦ Λουκιανοῦ ὑπῆρξε Περεγρῖνός τις φιλόσοφος κυνικός, περί τούτου οὐδεμία ἀμφιβολία ὑπάρχει· ὁ Αὖλος ὅμως Γέλλιος, ὅστις μικρόν πρό τοῦ Λουκιανοῦ συνέγραφε, χαρακτηρίζει αὐτόν (Noctes Atticae 12,11). ὡς ἄνδρα ἐμβριθῆ καί σταθεροῦ χαρακτῆρος, vir gravis et constans, ἐπί δέ τούτοις προστίθησι Multa, Herde, dicere eum atiliter et honeste audivimus, πολλά μά Δία, ἠκούσαμεν αὐτοῦ λέγοντος ὠφελίμως καί εὐσχήμως. Τά δέ περί χριστιανίσεως καί αὐτοχειριάσεως αὐτοῦ ἀγνοεῖ παντάπασιν. Ὁ Τατιανός, ὅστις οὐ πολύ μετά τόν Γέλλιον ἔγραφε, διασύρων τήν φημιζομένην ὀλιγάρκειαν καί ἀνενδεές τῶν φιλοσόφων παράγει ὡς παράδειγμα καί τύπον τόν Περεγρῖνον (Λόγ. πρός Ἕλλην. κεφ. 25). Ὁ Ἀθηναγόρας, (Ἀπολογ. 26) καί ὁ Τερτυλλιανός (ad mart. c.4) ἀναφέρουσι τόν διά πυρός θάνατον, ἀλλ' εἶναι πολύ πιθανόν νά ἔλαβον τήν εἴδησιν ταύτην ἐκ τοῦ διαλόγου τοῦ Λουκιανοῦ. Ἐντεῦθεν σύμ /(153) πασα σχεδόν ἡ ἀνωτέρω ἱστορία θεωρεῖται σήμερον παρά πάντων τῶν λογίων ὡς πλάσμα ὑπ' τοῦ Λουκιανοῦ, προθεμένου νά σατυρίση ἐν τῷ προσώπῳ τοῦ Περεγρίνου τούς κυνικούς, οὕς αὐτός ὡς ἐπικούρειος διπλασίως ἀπεστρέφετο· ἐξελέξατο δέ τόν Περεγρῖνον ἴσως κατά συνέπειαν προσωπικῆς τινος συγκρούσεως· ψέγων δέ τήν χυδαιότητα, τήν ὑπερηφάνειαν καί τάς λοιπάς ἰδιότητας τῶν κυνικῶν, συγχρόνως ἠθέλησε νά χλευάσῃ καί τήν χριστιανικήν θρησκείαν, ἥτις διά τήν πρός τόν διεφθαρμένον κόσμον ἀποστροφήν καί τήν αὐταπάρνησιν, τά ὁποῖα ἐδίδασκε, ἐφάνη εἰς αὐτόν ὡς μία νέα, εὐγενεστέρα μέν πλήν ὄχι πολύ σοφωτέρα μορφή τῆς κυνικῆς φιλοσοφίας· ἐν τῇ διά πυρός αὐτοκτονίᾳ τοῦ Περεγρίνου ἴσως παρῳδοῦν καί τά μαρτύρια τῶν χριστιανῶν. Τούς χριστιανικούς χαρακτῆρας, οὕς φέρει ἡ γελοιογραφία του παρέλαβε πιθανόν ὁ Λουκιανός ἐκ τῆς βιοτῆς ἐγνωσμένων χριστιανῶν ἐπισκόπων, ἐφ' ὅσον ἦτο δυνατόν νά γνωρίσῃ τά κατ' αὐτούς, καί ἴσως θά εἴχεν ὑπ' ὄψιν τούς βίους τοῦ ἁγίου Ἰγνατίου καί τοῦ ἁγίου Πολυκάρπου (ἐν τῷ μαρτυρίῳ τοῦ τελευταίου φέρονται ἐκτός τοῦ διά πυρός θανάτου καί δύο ἕτερα παρόμοια συμβεβηκότα, οἷον ἡ περιστερά καί ἡ ἐμφάνισις τοῦ Πολυκάρπου ἐν λευκοῖς ἐνδεδυμένου εἰς ἕνα ἐκ τῶν φίλων του). Ὁ Λουκιανός δέν ἠξίωσε νά παρουσιάσῃ ἐπί τῆς σκηνῆς τάς κακοβούλους ἐκείνας διαβολάς, οἷον τά θυέστεια δεῖπνα καί τάς οἰδιποδείους μίξεις, τά ὁποῖα προσέτριβον οἱ ἄλλοι εἰς τούς χριστιανούς καί τοῦτο τιμᾷ αὐτόν. Ἐν γένει αἱ κρίσεις τοῦ Λουκιανοῦ περί τῶν χριστιανῶν εἶναι μετριώτεραι παραβαλλόμεναι πρός τάς τῶν ἄλλων ἐθνικῶν συγγραφέων τῶν χρόνων τούτων. Ὁ Λουκιανός δέν ἦτο καταγγελεύς καί δήμιος τοῦ χριστιανισμοῦ, ἄλλαις λέξεσιν οὐδόλως ἐσκόπει νά διεγείρῃ μῖσος καί διωγμόν κατά τῶν χριστιανῶν. Τούς χριστιανούς δέν ἐθεώρει ὁ Λουκιανός ὡς κακούργους, ὡς ἀξιόποινους ἀποστάτας τῆς ἀρχαίας προγονικῆς θρησκείας, ἀλλ' ὡς εὐήθεις καί ἁπλοϊκούς μωρούς καί φανατικούς ἀξίους τοῦ γέλωτος καί τῶν σκώψεων του, καί ὡς ἀνθρώπους ὄχι χείρονας τῶν λοιπῶν ἐν τῷ κόσμῳ ἀνοήτων ἀνθρώπων, τούς ὁποίους ἄφηνεν νά βαδίζωσι τήν ὁδόν αὐτῶν ἡσύχως. - Ἀνάγνωθι ἐκ τοῦ διαλόγου τούτου ἰδίως τά ἀπό τοῦ 11-16 κεφ., ὅρ. καί τόν Διάλογ. Ἀλέξανδρος κεφ. 25.38 καί τόν Ἀληθῆς Ἱστορία 1,12. 30, 2,4.11.12. - Ἕτερα βοηθήματα Ad. Planck, Lucian und das Christenth. ἐν τῷ περιοδικῷ θεολογικῷ συγγράμματι Studien und Kritiken 1851,4. καί Fabricii bibl. gr. ed. Harles, 3, 523 κεξ. – Baur Apollonius von Tyana. Tübingen 1832 p. 134 κεξ. - Ὁ διάλογος ὁ ἐπιγραφόμενος Φιλόπατρις κατά τινας μέν ἐγράφη ἐπί τῶν χρόνων τοῦ Ἰουλιανοῦ κατ' ἄλλους δέ (Νιβουρ) ἐπί Νικηφόρου τοῦ Φωκᾶ ἐν ἔτει 968. /(154).

115 Περί τοῦ Κρίσκεντος ὅρ. καί Ὠριγεν. Κατά Κέλσ. 1, σελ 53.4, σελ. 186 καί 219. Τοῦτον ἀποκαλεῖ ὁ ἅγιος Ἰουστῖνος ἀφιλόσοφον καί φιλόκομπον ἐπάγων ἐν τῇ δευτέρᾳ αὐτοῦ ἀπολογίᾳ πρός τήν ῥωμαϊκήν σύγκλητον §3. Καί Εὐσεβ. Ἐκκλ. Ἱστ. 4,16 τάδε «οὐ γάρ φιλόσοφον εἰπεῖν ἄξιον τόν ἄνδρα, ὅς γε περί ὧν μή ἐπίσταται, δημοσίᾳ καταμαρτυρεῖ, ὡς ἀθέων καί ἀσεβῶν χριστιανῶν ὄντων, πρός χάριν καί ἡδονήν πολλῶν, πεπλανημένους τοῦτο πράττων. Εἴτε γάρ μή ἐντυχών τοῖς τοῦ Χριστοῦ διδάγμασι, κατατρέχει ἡμῶν παμπόνηρός ἐστι καί ἰδιωτῶν πολλῶν χείρων, οἵ φυλάττονται πολλάκις περί ὧν οὐκ ἐπίστανται, διαλέγεσθαι καί ψευδομαρτυρεῖν. Καί εἰ ἐντυχών μή συνῆκε τό ἐν αὐτοῖς μεγαλεῖον, ἤ συνείς, πρός τό μή ὑποπτευθῆναι τοιοῦτος τοιαῦτα ποιεῖ, πολύ μᾶλλον ἀγενής καί παμπόνηρος, ἰδιωτικῆς καί ἀλόγου δόξης καί φόβου ἐλάττων ὤν. Καί γάρ προθέντα με καί ἐρωτήσαντα αὐτόν ἐρωτήσεις τινάς τοιαύτας, μαθεῖν καί ἐλέγξαι ὅτι ἀληθῶς μηδέν ἐπίσταται, εἰδέναι ὑμᾶς βούλομαι … Εἰ δέ καί ἐγνώσθησαν ὑμῖν αἱ ἐρωτήσεις μου καί αἱ ἐκείνου ἀποκρίσεις, φανερόν ὑμῖν ἐστιν, ὅτι οὐδέν τῶν ἡμετέρων ἐπίσταται». Αὐτός δέ οὗτος ὁ Κρίσκης ἦν ὁ τήν ἐπιβουλήν τῷ ἱερῷ Ἰουστίνῳ καταρτύσας καί τόν μαρτυρικόν θάνατον ἐν Ῥώμῃ παρασκευάσας ὡς πολλάκις ἐν ταῖς μετά τοῦ ἁγίου συνδιαλέξεσιν ἡττηθείς καί καταισχυνθείς. (Τατιαν. λόγος πρός Ἕλλην. κεφ. 19 ἐκδ. Παρισ. καί Εὐσεβ. Ἐκκλ. Ἱστ. ἔνθ. ἀνωτέρ.).

κατά τῆς χριστιανικῆς θρησκείας ἀγωνισθείς ἦτον ὁ ἐπικούριος φιλόσοφος Κέλσος, ὁ σύγχρονος καί κατά τόν Ὠριγένην φίλος τοῦ Λουκιανοῦ, ὁ τάς ἐπικουρείους αὐτοῦ δοξασίας μέ δόσιν τινά πλατωνισμοῦ συγκεράσας ἵνα σεμνοτέραν πως καί ἀσφαλεστέραν ἀποτελέσῃ τήν βάσιν τῆς ἀντιχρίστου ἀντιρρητικῆς αὐτοῦ. Ἔν τινι συγγράμματι, ὅπερ ἐπέγραφεν «Ἀληθής λόγος» καί ἐν ἄλλοις ἴσως πολλοῖς συνεφόρει ὁ Κέλσος πάντα, ὅσα ἠδύναντο νά εἴπωσι κατά τῶν χριστιανῶν καί τῆς χριστιανικῆς θρησκείας νοῦς κακόβουλος καί καρδία πεπυρωμένη. Τάς βλασφημίας αὐτοῦ μανθάνομεν ἐκ τῆς γενναίας ἀνασκευῆς τοῦ Ὠριγένους (§). Ὁ Κέλσος ἦτον ἀρκούντως πεπληροφορημένος τά τῶν χριστιανῶν αἱ κρίσεις ὅμως αὐτοῦ ἐστεροῦντο εἰλικρινείας καί αἰδημοσύνης καί δέν ἦσαν καθαραί σαρκασμῶν, ἐν γένει δέ ἦτο ἐπιπόλαιος καί πρός ἀπόδειξιν κείσθω ἀντί παντός ἄλλου αὐτή αὐτοῦ ἡ δόξα ὅτι ὁ Ἰησοῦς Χριστός οὐδέν ἄλλο ἦν εἰμή ἐκ τῶν πολλῶν καί τετριμμένων γοήτων![116] (Ὠριγέν. κατά Κέλσου 1,68 καί ἀλλ.).-- Κατά τῶν ἀντιπάλων τούτων τῆς χριστιανικῆς θρησκείας ὡς καί κατά τῶν διωκόντων τούς χριστιανούς ἀντιπαρετάσσοντο οἱ ποιμένες καί διδάσκαλοι τῆς ἐκκλησίας ποτέ μέν ἐμπαρόδως ποτέ δέ ἐκ τοῦ συστάδην καί διά συγγραμμάτων, ὡς ἀπολογηταί καί ὑπέρμαχοι τῆς χριστιανικῆς πίστεως καί τῶν ἀδίκως καταδιωκομένων χριστιανῶν. Καί ἔνθεν μέν ἀποκρούοντες τάς συκοφαντίας αὐτῶν ἐπεκαλοῦντο τήν δικαιοσύνην καί τήν ἔλλογον κρίσιν παντός νοήμονος ἀνθρώπου· ἐκεῖθεν δέ ποιοῦντες φανεράν τήν δογματικήν καί ἠθικήν ἀλήθειαν τοῦ χριστιανισμοῦ, διεμαρτύροντο ὅτι ταῦτα δέν ἦσαν ψιλόν τι χρῆμα εἰς τά χείλη μόνον ὑφιστάμενα, ἀλλά τοὐναντίον κτῆμα τιμαλφέστατον τοῦ νοός καί τῆς καρδίας τῶν χριστιανῶν, ἐνεργούμενα ἐν τῷ βίῳ ἀπειραρίθμων ἀνθρώπων· διεπιστοῦντο τήν θειότητα τῆς χριστιανικῆς θρησκείας παράγοντες εἰς μέσον καί τά θαύματα ὅσα καθ᾽ ἡμέραν ἐτελοῦντο, καί τήν ἀξιοπιστίαν τῶν προφητῶν καί τήν ἐν

---

116 Κατά τόν Ὠριγένην ὁ Κέλσος ἔζη «κατά Ἀδριανόν καί κατωτέρω», Κατά Κέλσ. 1§8. Τά κατά τῶν χριστιανῶν ἔγραψεν πάντως ὁ Κέλσος ἐν τῷ δευτέρῳ ἡμίσει τῆς 2. ἑκατονταετηρίδος, καθότι ἐκ τῶν λόγων του (Ὠριγέν. κατά Κέλσ. 5§62.63) φαίνεται ἔχων γνῶσιν τῶν περισσοτέρων γνωστικῶν αἱρέσεων. Ἴσως δέ εἶναι ὁ αὐτός Κέλσος, εἰς ὅν ἀνατίθησιν ὁ Λουκιανός τόν βίον Ἀλεξάνδρου τοῦ Ἀβονοτείχου· οὗτος αὐτός ὁ Κέλσος εἶναι πάντως καί ὁ «κατά μαγείας βιβλία πλείονα» γράψας «καί ὁ κατά χριστιανῶν ἄλλα δύο βιβλία συντάξας», εἰ καί ὁ Ὠριγένης δέν γινώσκει τι βέβαιον περί τούτων (Κατά Κέλσ. 1,68. 4,36). Περί τοῦ Κέλσου καί τῆς σχολῆς εἰς ἥν ἀνῆκεν ἔγραψαν ἐκ τῶν νεωτέρων J. F. Fenger, *de Celso, Christianorum adversario Epicuraeo*. Hann. 1828. – F.A. Philipp. de Celsi adversarii Christ. philosophandi genere. Berol. 1836.- C.W. J. Bindemann, über Celsus und seine Schrift. gegen die Christen ἐν τῷ περιοδικῷ θεολογικῷ συγγράμματι Illgen's Zeitschr. für die histor. Theolog. 1842,2,58.

πολλοῖς ὁμοφωνίαν πρός τάς ἐκφράσεις καί τά προαισθήματα τῶν περινουστέρων τοῦ ἐθνικοῦ κόσμου φιλοσόφων, καί ἐν γένει ἐπειρῶντο νά φέρωσι τόν ἄπιστον κόσμον εἰς συναίσθησιν τῆς τε θρησκευτικῆς πλάνης καί τῆς ἠθικῆς ἐξαχρειώσεώς του. /(151)

§48. Ἐξάπλωσις τοῦ Χριστιανισμοῦ.

Καί μεθ' ὅλους τούς διωγμούς, τάς κακουχίας, τάς θλίψεις καί τά δεινά, ὅσα ἡ Ἐκκλησία ὑπέστη κατά τήν ἐποχήν ταύτην, ὁ Χριστιανισμός οὐχ ἧττον διεδίδετο καί ἐξηπλοῦτο οὐ μόνον καθ' ἅπασαν τήν ῥωμαϊκήν ἐπικράτειαν, ἀλλά καί ἔξω τῶν ὁρίων αὐτῆς. Κατά τήν Ἀσίαν (ἐν Παλαιστίνῃ, ἐν Συρίᾳ, ἐν Βαβυλῶνι καί ἐν τῇ Μικρᾷ Ἀσίᾳ), κατά τήν Εὐρώπην (ἐν Μακεδονίᾳ μέχρι τοῦ Ἰλλυρικοῦ, ἐν Ἑλλάδι καί ἐν Ἰταλίᾳ, ἰδίως ἐν Ῥώμῃ) καί κατά τήν Ἀφρικήν (ἐν Ἀλεξανδρείᾳ) ὁ σπόρος τοῦ Εὐαγγελίου εἶχε κατασπαρεῖ ὑπ' αὐτῶν, ὡς εἴπομεν τῶν ἀποστόλων καί τῶν συνεργῶν καί ἀκολούθων αὐτῶν. Ὁ σπόρος οὗτος τοσοῦτον ἐπολλαπλασιάσθη ἐντός μιᾶς ἑκατονταετηρίδος, ὥστε ὁ ἅγιος Ἰουστῖνος ὁ φιλόσοφος καί μάρτυς ἠδύνατο νά καυχᾶται πρός τόν ἀντίπαλον αὐτοῦ Τρύφωνα τόν Ἰουδαῖον ὅτι δέν ὑπῆρχε γένος ἀνθρώπων ἐκ τοῦ τότε γνωστοῦ κόσμου, ἐν ᾧ δέν ὑμνεῖτο ὁ πατήρ τοῦ Κυρίου ἡμῶν Ἰησοῦ Χριστοῦ: *οὐδέ ἕν γάρ ὅλως ἐστί γένος ἀνθρώπων, λέγει, εἴτε βαρβάρων, εἴτε Ἑλλήνων εἴτε ἁπλῶς ὡτινιοῦν ὀνόματι προσαγορευομένων, ἤ ἁμαξοβίων, ἤ ἀοίκων καλουμένων, ἤ ἐν σκηναῖς κτηνοτρόφων οἰκούντων, ἐν οἷς μή διά τοῦ ὀνόματος τοῦ σταυρωθέντος Ἰησοῦ εὐχάς καί εὐχαριστίας τῷ πατρί καί ποιητῇ τῶν ὅλων γίνονται»* (Διάλογος πρός Τρύφωνα κεφ. 117). Ὅσον δέ ὑπερβολική καί ἄν ἤθελε φανῇ ἡ μαρτυρία αὕτη, εἶναι ὅμως βέβαιον ὅτι ὁ Χριστιανισμός ἔκαμε μεγάλας προόδους ἔν τε τῇ Ἀνατολῇ καί ἐν τῇ Δύσει κατά τό χρονικόν τοῦτο διάστημα. Ἡ Ἔδεσσα, ἡ μητρόπολις τοῦ βασιλείου τῆς Ὀσροηνῆς ἐν Μεσοποταμίᾳ, εἶχεν ἤδη περί τό 170 ἔτος βασιλέα χριστιανόν ὀνόματι Ἄβγαρον, εἰς τοῦ ὁποίου τήν αὐλήν ἔζη καί ὁ σύρος καί συγγραφεύς Βαρδεσάσης ὁ ἐκ τῆς αἱρέσεως τῶν Γνωστικῶν ὑπάρχων (§). Κατά τούς αὐτούς χρόνους εὑρίσκομεν τήν χριστιανικήν θρησκείαν καί ἐν Περσίᾳ καί Μηδείᾳ, παρά τοῖς Βακτριανοῖς καί Πάρθοις, καί κατά τάς Ἰνδίας, κατά τήν βόρειον ἤ πετραίαν καί κατά τήν εὐδαίμονα λεγομένην Ἀραβίαν), ὅπου ἦλθε διά νά κηρύξει τόν λόγον τοῦ Θεοῦ ὁ Πάνταινος, καί ὅπου ὑπῆρχον ἤδη χριστιανοί (ἴσως ἐκ τῶν ἀποστολικῶν χρόνων, Γαλατ. 1,17), διότι ὁ Πάνταινος εὗρεν ἐκεῖ τό κατά Ματθαῖον εὐαγγέλιον. Ἐκ τῆς Ἀλεξανδρείας μετεφυτεύθη ὁ χριστιανισμός εἰς τήν Κυρήνην, ἐντεῦθεν δέ εἰς τούς Κόπτας, τούς ἀπογόνους τῶν ἀρχαίων Αἰγυπτίων. Ποῖον ὅμως ἦτο τό ἀποτέλεσμα τῆς ἐπιστροφῆς τοῦ εὐνούχου τῆς τῶν Αἰθιόπων βασιλίσσης Κανδάκης (Πρ. 8) ἐν Αἰθιοπίᾳ καί Ἀβυσσινίᾳ, εἶναι ἄγνωστον. Ἡ μητρόπο /(156) λις τῆς ἀνθυπατικῆς Ἀφρικῆς, ἡ Καρχηδών ἢ Καρθαγένη, ἡ στενῶς συνδεδεμένη μετά τῆς Ῥώμης, καθώς καί ἡ Μαυριτανία καί ἡ Νουμιδεία τοσαύτας ἐκκλησίας εἶχον περί τά τέλη τῆς δευτέρας ἑκατονταετηρίδος, ὥστε ἡ ὑπό τήν προεδρίαν τοῦ Ἀγριππίνου τοῦ τῆς Καρχηδόνος ἐπισκόπου ἐν ἔτει 200 συνελθοῦσα αὐτόθι σύνοδος συνέκειτο ἐξ 70 ἀφρικανῶν ἐπισκόπων[117]· ἡ δέ πληθύς τῶν ἐκεῖ χριστιανῶν ἦτο τοσαύτη ὥστε ἐν περιπτώσει διωγμοῦ κατ' αὐτῶν ἡ Καρχηδών, ὡς ἔγραφε πρός τόν ἐθνικόν Σκάπουλαν ὁ Τερτυλλιανός, ἔμελλε νά ἀποδεκατισθῆ[118]. Ὁ αὐτός Τερυλλιανός ἔγραφε περί τάς ἀρχάς τῆς 3. ἑκατονταετηρίδος ὅτι οἱ διάφοροι τῶν Γαλλιῶν λαοί εἶχον δεχθῆ τήν χριστιανικήν πίστιν. Ὅσον δέ καί ἄν συστείλωμεν καί ταύτην τήν μαρτυρίαν, τοῦτο τοὐλάχιστον ἐξάγεται ἐξ αὐτῆς, ὅτι ὁ χριστιανισμός περί τά τέλη τῆς δευτέρας ἑκατονταετηρίδος δέν περιωρίζετο ἐν ταῖς Γαλλίαις εἰς αὐτήν ἢ εἰς ἐκείνην τήν πόλιν· διότι ἤδη μεσούσης τῆς δευτέρας ἑκατονταετηρίδος ἤκμαζον ἐν Λουγδούνῳ καί ἐν Βιέννῃ χριστιανικαί ἐκκλησίαι (§). Τά πολλά ἑλληνικά ὀνόματα τά ὁποῖα ἀπαντῶμεν κατά τούτους τούς χρόνους εἰς τά μαρτυρολόγια τῶν ἐκκλησιῶν τούτων καί αἱ σχέσεις, τάς ὁποίας εἶχον αἱ ἐκκλησίαι αὗται πρός τάς τῆς Μικρᾶς Ἀσίας, καθιστῶσιν ἐκτός πάσης σχεδόν ἀμφιβολίας ὅτι ἕλληνες κήρυκες τοῦ Εὐαγγελίου ἦσαν οἱ φωτίσαντες κατά πρῶτον τάς χώρας ἐκείνας. Ἐκ τῆς Γαλλίας φαίνεται διαδοθείς ὁ χριστιανισμός κατ' αὐτούς τούτους τούς χρόνους καί εἰς τήν Γερμανίαν καί Βρετανίαν. Πρωΐμως ὡσαύτως ἐνεφυτεύθη καί εἰς τήν Ἰσπανίαν. Καθόλου δέ τοσοῦτον πολυάριθμοι ἦσαν οἱ χριστιανοί ἔνδον τῆς ῥωμαϊκῆς αὐτοκρατορίας, ὥστε οἱ ἐθνικοί κατεκραύγαζον ὅτι αἱ πόλεις ἐπολιορκοῦντο ὑπό τῶν χριστιανῶν, ὅτι οἱ ἀγροί, τά χωρία, τά φρούρια καί αἱ νῆσοι ἔβριθον χριστιανῶν καί ὅτι ἑκατέρου φύλου καί πάσης ἡλικίας καί τάξεως ἄνθρωποι καί ἐξ αὐτῶν τῶν ἐν ἀξιώμασιν ἔτρεχον, ὅπως καταταχθῶσιν εἰς τάς φάλαγγας τῶν

---

117 (Cyprian. epist. 71 καί 73. August. de baptismo 2,13)
118 (Carthago decimanda esset. Tertull. adv. Scapul. c. 5)

χριστιανῶν (Tertull. apolog. c. 1). Ἐκ δέ τῆς Βιθυνίας ἔγραφε πρός τόν αὐτοκράτορα Τραϊανόν ὁ τοπάρχης αὐτῆς Πλίνιος, ὅτι παρ' ὀλίγον θά ἐξέλιπον παντάπασιν οἱ ἀγορασταί τῶν πρός θυσίαν ζώων, οἱ δέ ναοί τῶν εἰδώλων θα ἐκενοῦντο (§).

Σημείωσις. Ὁ Τερτυλλιανός ἐν τῇ κατά τῶν Ἰουδαίων πραγματείᾳ αὐτοῦ (Adversos Judeos, c. 7) καταδεικνύων τήν ἐκπλήρωσιν τῶν περί τοῦ Μεσσίου προφητειῶν καί μάλιστα τῆς τοῦ Ἡσαΐου περί τῆς εἰς τόν Χριστόν ἐπιστροφῆς τῶν ἐθνῶν, ποιεῖται εἶδος τι στατιστικῆς τοῦ χριστιανισμοῦ, /(157) ἀπαριθμῶν τά ἔθνη, ἐν οἷς εἶχεν εἰσχωρήσῃ ἐπί τῶν χρόνων του ἡ χριστιανική θρησκεία. Ἰδοὺ αἱ λέξεις αὐτοῦ «*Εἰς ποῖον ἄλλον ἐπίστευσαν τά ἔθνη πάντα ἀλλ' ἤ εἰς Χριστόν; ὅστις ἐλήλυθεν ἤδη; Εἰς ὅν ἐπίστευσαν καί αὐτά τά ἀλλοτριώτα τά ἔθνη, οἱ Πάρθοι, οἱ Μῆδοι, οἱ Ἐλαμῖται (Πέρσαι) καί οἱ κατοικοῦντες τήν Μεσοποταμίαν, Ἀρμενίαν, Φρυγίαν, Καππαδοκίαν, τόν Πόντον καί τήν Ἀσίαν, τήν Παμφυλίαν, τήν Αἴγυπτον καί τά μέρη τῆς Λιβύης τῆς κατά Κυρήνην καί οἱ ρωμαῖοι καί οἱ ἰθαγενεῖς τῆς Ρώμης καί ἐν Ἱεροσολύμοις οἱ Ἰουδαῖοι καί οἱ ἐπιδημοῦντες ἐξ ἄλλων ἐθνῶν;* (παραβ. Πρ. 2,9.10). *Οὐ μήν ἀλλά καί τά διάφορα τῶν Γαιτούλων φῦλα καί οἱ ἐπί πολύ ἐξηπλωμένοι Μαυριτανοί, ὅλαι αἱ ἐπαρχίαι τῆς Ἱσπανίας, οἱ διάφοροι τῆς Γαλλίας λαοί καί αἱ χῶραι τῆς Βρετανίας, αἵτινες εἰ καί ἀπρόσιτοι εἰς τούς Ρωμαίους διαμείνασαι, εἰς τόν Χριστόν ὅμως ὑπετάχθησαν. Ἔτι δέ οἱ Σαρμάται, οἱ Δάκες, οἱ Γερμανοί, οἱ Σκύθαι καί ἐκτός τούτων ἄλλα πολλά ἔθνη ἐπαρχίαι καί νῆσοι, τῶν ὁποίων ἡ γνῶσις διαφεύγει ἡμᾶς καί τά ὁποῖα δέν δυνάμεθα νά ἀπαριθμήσωμεν*». Περί δέ τῆς πληθύος τῶν χριστιανῶν ἔνδον τῆς ρωμαϊκῆς αὐτοκρατορίας, λέγει ὁ αὐτός ἐν τῷ ἀπολογητικῷ, κεφ. 37. «*Ἐάν ἠθέλομεν ἐξαναστῇ καθ' ἡμῶν (τῶν ρωμαίων ἐθνικῶν) ὡς φανεροί πολέμιοι, μή γάρ θά ἠλαττούμεθα ὑμῶν κατά τήν δύναμιν καί τό πλῆθος; … Εἴμεθα χθεσινοί, καί ὅμως πληροῦμεν πάντα τά ὑμέτερα, τάς πόλεις, τάς οἰκίας, τά φρούρια, τάς ἐλευθέρας πόλεις, τάς ἀγοράς ὑμῶν καί αὐτά τά στρατόπεδα, τάς ἑταιρίας, τά βασίλεια, τήν γερουσίαν καί τήν ἐπιφανεστάτην τῆς Ρώμης ἀγοράν. Μόνον εἰς τούς ναούς ὑμῶν δέν εὑρίσκονται χριστιανοί*».- Τήν κατά τούς χρόνους τούτους γενομένην ἐξάπλωσιν τῆς χριστιανικῆς θρησκείας τεκμαιρόμεθα καί ἐξ ἄλλων μαρτυριῶν προγενεστέρων τῶν ἀνωτέρω παρατεθειμένων, οἷον ἐκ τῶν τοῦ ἁγ. Εἰρηναίου λέγοντος (Κατά αἱρ. 1,3). «*Καί οὔτε αἱ ἐν Γερμανίαις ἱδρυμέναι ἐκκλησίαι ἄλλως πεπιστεύκασιν, ἤ ἄλλως παραδιδόασιν, οὔτε ἐν ταῖς Ἰβηρίαις, οὔτε ἐν Κελτοῖς, οὔτε κατά τάς Ἀνατολάς, οὔτε ἐν Αἰγύπτῳ, οὔτε ἐν Λιβύῃ, οὔτε αἱ κατά μέσα τοῦ κόσμου ἱδρυμέναι*» ὁ αὐτός πατήρ τῆς Ἐκκλησίας (αὐτ. 4,49) ἀναφέρει, *fideles, qui in regali aula sunt et ex iis, quae Caesaris sunt, habent utensilia*. Ἐνταῦθα ἀνήκει καί ἡ μαρτυρία τοῦ Βαρδεσάνη

(160-170) ἔχουσα ὧδε πως «οὔτε οἱ ἐν Παρθίᾳ χριστιανοὶ πολυγαμοῦσι Πάρθοι ὑπάρχοντες, οὔθ' οἱ ἐν Μηδίᾳ κυσί παραβάλλουσι τοὺς νεκρούς· οὐχ' οἱ ἐν Περσίδι γαμοῦσι τὰς θυγατέρας αὐτῶν, Πέρσαι ὄντες· οὐ παρὰ Βάκτροις καὶ Γάλλοις φθείρουσι τοὺς γάμους· οὐχ οἱ ἐν Αἰγύπτῳ θρησκεύουσιν τὸν Ἄπιν, ἢ τὸν Κύνα, ἢ τὸν Τράγον, ἢ Αἴλουρον· ἀλλ' ὅπου εἰσίν, οὔτε ὑπὸ τῶν κακῶς κειμένων νό /(158) μων καὶ ἐθῶν νικῶνται κτλ.», παρ' Εὐσεβίῳ Εὐαγγελῆ Προπαρασκευῆ 6,10.- Περὶ τῆς πρωΐμου διαδόσεως τοῦ χριστιανισμοῦ εἰς τὴν Βρετανίαν ἔχομεν μαρτυροῦντα καὶ Βέδαν τὸν Σεβαστόν (Beda Venerabilis, Historia gentis Anglorum 1,3) κατὰ τὸ λέγειν τοῦ ὁποίου ὁ βασιλεὺς τῆς Ἀγγλίας Λούκιος ἀπέστειλε κατὰ τὴν δευτέραν ἑκατονταετηρίδαν πρὸς τὸν Πάπαν Ἐλευθέριον (177-192) ζητῶν κήρυκας τοῦ Εὐαγγελίου· οὐδόλως δὲ ὑπάρχει ἀπίθανον ὅτι ἐπὶ τῶν χρόνων τοῦ Τερτυλλιανοῦ ὁ χριστιανισμὸς ἦν γνωστὸς καὶ εἰς τὴν Ἰρλανδίαν, καθότι ὑπὸ τὸ ὄνομα Brittani συμπεριελαμβάνετο κατὰ τοὺς ἀρχαιοτέρους χρόνους καὶ ἡ Ἰρλανδία (Lunigan, an ecclesiastical history of Ireland, vol.1,p.2),[119].

§ Τῆς καταπληκτικῆς ταύτης ἐξαπλώσεως τοῦ χριστιανισμοῦ αἴτια ἦσαν ἔνθεν μὲν ἡ κενότης, ἡ παρακμή, ὁ μαρασμὸς τῆς ἐθνικῆς θρησκείας (ἀρνητικὸν αἴτιον), ἐκεῖθεν δὲ ἡ θεία τοῦ Εὐαγγελίου δύναμις (θετικὸν αἴτιον), ἥτις ἐνεφανίζετο τὸ μὲν ἐν τῇ αὐταπαρνήσει, ἐν τῇ ἐνδομύχῳ ἀδελφικῇ ἀγάπῃ καὶ ἐν τῇ ἁγίᾳ πολιτείᾳ τῶν χριστιανῶν καθόλου, καὶ μάλιστα τῶν ποιμένων καὶ διδασκάλων τῆς Ἐκκλησίας· τὸ δὲ ἐν τῇ ἀκλονήτῳ πεποιθήσει, μεθ' ἧς ἀντείχοντο τῆς πίστεως αὐτῶν καὶ πρὸ πάντων ἐν τῇ χαρᾷ καὶ ἀγαλλιάσει, μεθ' ἧς ἤρχοντο εἰς τὸν θάνατον οἱ ἅγιοι μάρτυρες. Ὁ σπόρος ἦν τὸ αἷμα τῶν μαρτύρων «Semen est sanguis Christianorum» (Τερτυλλ.). Οἱ δήμιοι καὶ οἱ βασανισταὶ τῶν μαρτύρων ἐγίνοντο πολλάκις διάδοχοι αὐτῶν ἐν τῷ μαρτυρίῳ. Συνείργουν δὲ οὐκ ὀλίγον εἰς τὴν διάδοσιν τοῦ χριστιανισμοῦ καὶ τὰ εἰσέτι καὶ νῦν τελούμενα θαύματα. Τοῦτο διαπιστοῦνται ἄνδρες, οἷον Ἰουστῖνος ὁ Μάρτυς, ὁ Τερτυλλιανὸς καὶ ὁ Ὠριγένης, φέροντες μαρτυροῦντας περὶ τούτων αὐτοὺς τοὺς ἐθνικούς, οἵτινες ἐγίνοντο αὐτόπται τῶν πραγμάτων. /(159)

---

119 βλ. περὶ τῆς ἀρχῆς τῶν ἐκκλησιῶν τούτων καὶ Usserii Antiquitt. Pritt. eccls. cap. 1-4 καὶ Stillingfleet, Origg. Brit. or + antiquities of the Brit. churches. London 1685 ch. 1

Κεφάλαιον Δεύτερον

Παθήματα τῆς Ἐκκλησίας ἐκ μέρους τῶν ἐν τῷ περιβόλῳ αὐτῆς εἰσελθόντων Ἰουδαίων καί ἐθνικῶν, ἤγουν ἱστορία τῶν ἐν τῇ Ἐκκλησίᾳ αἱρέσεων καί σχισμάτων

§49. Ἐπιθεώρησις τοῦ κεφαλαίου.

Ἐνῷ ἡ Ἐκκλησία ἠγωνίζετο, ὡς εἴδομεν ἐν τῷ προηγουμένῳ κεφαλαίῳ, ἀγῶνα ζωῆς καί θανάτου κατά τοῦ ἔξω αὐτῆς διατελοῦντος ἰουδαϊκοῦ καί ἐθνικοῦ κόσμου, ἕτερος οὐχί μικρότερος κίνδυνος ἠπείλει αὐτήν ἐκ μέρους τῶν ἰουδαίων καί τῶν ἐθνικῶν ἐκείνων, οἵτινες εἰσερχόμενοι εἰς τόν κόλπον αὐτῆς συμπαρελάμβανον μεθ' ἑαυτῶν καί πολλά τοῦ προτέρου, μή χριστιανικοῦ αὐτῶν πνευματικοῦ καί ἠθικοῦ βίου στοιχεῖα. Ἀμφότεροι ἰουδαῖοι καί ἐθνικοί ἔμελλον νά λάβωσι μέρος εἰς τήν σωτήριον χάριν τοῦ θεοῦ καί φέροντες νά καταθέσωσιν ἐνώπιον τοῦ Εὐαγγελίου ὅ,τι ἀγαθόν καί θεοφιλές εἶχον, συντεῖνον εἰς τήν προαγωγήν καί στερέωσιν, εἰς τήν ἀνάπτυξιν καί διαμόρφωσιν τῆς χριστιανικῆς θρησκείας, ὅπερ καί ἐγίνετο κατά μέγα μέρος. Συγχρόνως ὅμως ὑφεῖπον εἰς τήν χριστιανικήν ἐκκλησίαν καί αἱ ἀντίθεοι δοξασίαι τῆς ἐθνικῆς δεισιδαιμονίας καί ὁ σκιώδης καί ἐκνενευρισμένος ἰουδαϊσμός. Ἀμφότερα δέ ταῦτα ἀναμιγνυόμενα μετά τοῦ καθαροῦ χριστιανισμοῦ ὑπερμάχοντο ὑπέρ τῆς ἐκ ψεύδους καί ἀληθείας συνεστηκυίας αὐτῶν ὑποστάσεως. Καί ἐκ μέν τῆς σπουδῆς καί τάσεως τοῦ κατέχειν αἰχμάλωτον τόν χριστιανισμόν ἔνδον τῶν ὁρίων τοῦ μερικοῦ καί στενοκαρδίου ἰουδαϊσμοῦ προήρχοντο αἱ ἰουδαΐζουσαι χριστιανικαὶ αἱρέσεις· ἐκ δέ τῆς ἐπιθυμίας τοῦ συμφύρειν ἑλληνικάς καί ἀνατολικάς θεοσοφίας (θρησκευτικάς ἰδέας) μετά τῆς χριστιανικῆς πίστεως ἀνεβλάστησαν αἱ αἱρέσεις τῶν Γνωστικῶν καί ὁ Μανιχαϊσμός. Τούτων οὕτως ἐχόντων ἡ ἐκκλησία ὤφειλε, συναθροίσασα πάσας αὐτῆς τάς δυνάμεις, νά ἀποκρούσῃ τόν Συγκριτισμόν τοῦτον καί νά καθαρίσῃ τόν ἀμπελῶνα αὐτῆς ἀπό τῶν ζιζανίων τούτων τά ὁποῖα φοβερά ἀνεφύοντο ἐν αὐτῇ. Ἡ ἐκκλησία κατώρθωσε τοῦτο· σπέρματα ὅμως ἐξ αὐτῶν διατελέσαντα, κεκρυμμένα καί ἀφανῆ ἐπί αἰῶνας, ἀνεβλάστησαν αἴφνης καί πάλιν ὕστερον ἀπειλήσαντα νά καταπνίξωσι τόν σῖτον. /(160)

Ἰουδαΐζουσαι αἱρέσεις

§50. Ναζωραῖοι

Ὁ χριστιανισμός ἦτο προωρισμένος νά ἐξαπλωθῇ ἐφ' ὅλου τοῦ ἀνθρωπίνου γένους καί καθαγιάσῃ ἐν ἑαυτῷ καί μόνῳ πάντα τά ἔθνη τῆς γῆς, καθώς ῥητῶς εἶπε καί ἐνετείλατο ὁ Κύριος (Ματθ. 28,19)· καί καθώς ἔπειτα ἐφανερώθη ἐπί τῆς θαυμαστῆς τοῦ Κορνηλίου ἐπιστροφῆς (Πρ. 9,10) καί ἐπί τῆς ἀποστολικῆς συνόδου, ἔνθα ἀπεφασίσθη ἵνα οἱ ἐξ ἐθνῶν πιστεύοντες εἰσέρχονται ἐν τῇ ἐκκλησίᾳ χωρίς πρότερον νά περιτέμνωνται καί εἰσελθόντες νά ἦναι ἐλεύθεροι καί ἀπηλλαγμένοι ἀπό τοῦ ζυγοῦ τοῦ μωσαϊκοῦ νόμου (Πρ. 15,1 κεξ., §). Προσέτι ἐάν διά τούς ἐξ ἰουδαίων χριστιανούς ὤφειλε νά ἔχῃ ὑποχρεωτικήν δύναμιν ὁ νόμος ἤ μή, περί τούτου οὐδέν μέν ἀπεφασίσθη ἐν τῇ ἀποστολικῇ συνόδῳ, ὁ ἀπόστολος ὅμως Παῦλος εὐθύς μετ' ὀλίγον διεκήρυξε φανερά καί ἀπαρακαλύπτως, ὅτι ὁ νόμος καταργεῖται ἐν τῷ Χριστῷ καί ὅτι πρός σωτηρίαν οὐδέν συνετέλουν τά νηπιώδη καί τυπικά αὐτοῦ παραγγέλματα. Πλήν καί μεθ' ὅλα ταῦτα οἱ πλεῖστοι τῶν ἰουδαίων χριστιανῶν ἐξηκολούθουν φυλάττοντες τόν Μωσαϊκόν νόμον καί οἱ μέν ἐξ αὐτῶν ἦσαν ἰουδαΐζοντες, οἱ δέ σφόδρα ἰουδαΐζοντες. Ἐκ τούτων λοιπόν ἐμορφώθησαν κατ' ὀλίγον αἱ ἰουδαΐζουσαι αἱρέσεις οἱ Ναζωραῖοι, οἱ Ἐβιωναῖοι καί οἱ Ἑλκισαΐται ὡς ἑξῆς.

Ἡμεῖς εἴδομεν ὅτι ἑστία τῶν ἰουδαϊζόντων καί τῶν σφόδρα ἰουδαϊζόντων χριστιανῶν ἦτο ἡ Ἰερουσαλήμ. Ἐνταῦθα ἐφ' ὅσον ὁ μακάριος Ἰάκωβος προΐστατο τῆς ἐκκλησίας ταύτης ὡς ἀπόστολος καί ὡς ἐπίσκοπος, εἰρήνευον οὗτοι πρός ἀλλήλους, τό μέν ὑπείκοντες εἰς τό μέγα κῦρος τῆς διδασκαλίας αὐτοῦ, τό δέ σεβόμενοι τήν προσωπικήν ἁγιότητα τοῦ ἀνδρός, τό δέ δυσωπούμενοι ὑπό τῆς πρός τόν νόμον ἀφοσιώσεως του. Ὅτε δέ ὁ ἀδελφόθεος Ἰάκωβος ἐτελεύτησε (ἐν ἔτει 63,§) τότε ἑκατέρα τῶν δύο τούτων μερίδων ἐζήτησε νά ἀναβιβάσῃ ἐπί τόν ἐπισκοπικόν θρόνον τόν ἑαυτῆς. Οἱ ἰουδαϊσταί ἦσαν ὑπέρ τοῦ Συμεών, ἑνός τῶν συγγενῶν τοῦ Κυρίου (§). Οἱ δέ σφόδρα ἰουδαΐζοντες ἐπρόβαλλον ἕτερόν τινα, Θέβουθιν καλούμενον. Ἀλλ' οἱ πρῶτοι ὑπερίσχυσαν, ἐπίσκοπος ἐγένετο ὁ Συμεών, οἱ σφόδρα ἰουδαϊσταί ὡς ἀποτυχόντες δέν ἠξίωσαν νά ἀναγνωρίσωσιν αὐτόν ὡς ἐπίσκοπον αὐτῶν καί οὕτω προέκυψεν σχίσμα μεταξύ αὐτῶν καί ἐκείνων, οἱ ὁποῖοι ἕως τότε κατά τό φαινόμενον τουλάχιστον διετέλουν ἡνωμένοι. Τοῦτο δέ ἐννοεῖ ὁ Ἡγήσιππος λέγων ὅτι, ἕως τότε ἡ Ἐκκλησία ἦτο παρθένος /(161) καί ὅτι ὁ Θέβουθις πρῶτος ἤρξατο, διά τό μή γενέσθαι αὐτόν ἐπίσκοπον νά διαφθείρῃ αὐτήν[120]. Ἔκτοτε ἤρξαντο οἱ ἰουδαϊσταί (§ οἱ τοῦ Πέτρου) νά ἀφίστανται τοῦ μωσαϊκοῦ νόμου καί νά συντάσσωνται κατ' ὀλίγον μετά τῶν ἄλλων χριστιανῶν (οἱ τοῦ Παύλου), καθόσον οἱ ἀρχηγοί τῶν δύο χριστιανικῶν ὁμάδων, ὁ Πέτρος καί ὁ Παῦλος, ὑπέστησαν εὐθύς μετ' ὀλίγον ἀμφότεροι συγχρόνως, ἐν τῷ αὐτῷ τόπῳ καί ὑπέρ μιᾶς καί τῆς αὐτῆς πίστεως τόν τοῦ μαρτυρίου θάνατον· μάλιστα δέ καθ' ὅσον ἡ Ἱερουσαλήμ, τό κέντρον καί ὁ τόπος τῆς μωσαϊκῆς λατρείας, μετ' οὐ πολύ (ἐν ἔτει 70) κατεστράφη. Οὐχ ἧττον δέ ἠλαττώθη ὁ ἀριθμός τῶν ἰουδαϊζόντων χριστιανῶν καί ἐπί τοῦ αὐτοκράτορος Ἀδριανοῦ (117-138), ὅστις ἀνακτίσας τήν καί αὖθις ἐπ' αὐτοῦ καταστραφεῖσαν Ἱερουσαλήμ, ἀπηγόρευσεν ἐπί ποινῇ θανάτου τήν εἰς αὐτήν εἴσοδον τῶν ἰουδαίων. Οἱ ἰουδαΐζοντες χριστιανοί ὡς φύλακες τοῦ μωσαϊκοῦ νόμου δέν ἠδύναντο εἰ μή νά ταυτίζωνται εἰς τά ὄμματα τῶν ἐθνικῶν μέ τούς καθαρούς ἰουδαίους καί ἑπομένως νά ἀποκλείωνται τῆς Ἱερουσαλήμ, τῆς Ἱερουσαλήμ ὅπου ἦσαν οἱ ἅγιοι τόποι, ὅπου ὁ Ἰησοῦς Χριστός, ὁ διδάσκαλος αὐτῶν διῆλθε τόν ἐπίγειον αὐτοῦ βίον, καί μεθ' ἧς συνεδέετο ἡ ἀνάμνησις τῆς ἀπολυτρώσεως τοῦ ἀνθρωπίνου γένους · ἐνῷ οἱ ἐξ ἐθνῶν χριστιανοί καί οἱ ἄλλοι οἱ μή τηροῦντες τά μωσαϊκά παραγγέλματα ἠδύναντο νά κατοικῶσιν ἐν Ἱερουσαλήμ

---

[120] «Καί μετά τό μαρτυρῆσαι Ἰάκωβον τ[ον δίκαιον ... πάλιν ὁ ἐκ θείου αὐτοῦ Συμεών ὁ τοῦ Κλωπᾶ καθίσταται ἐπίσκοπος ... Διά τοῦτο ἐκάλουν τήν ἐκκλησίαν παρθένον· οὔπω γάρ ἔφθαρτο ἀκοαῖς ματαίαις. Ἄρχεται δέ ὁ Θέβουθις διά τό μή γενέσθαι αὐτόν ἐπίσκοπον ὑποφθείρειν», παρ' Εὐσεβ. Ἐκκλ. Ἱστ. 4,22.

μετά τῶν ἔξωθεν ἀποικισθέντων ἐθνικῶν ἑλλήνων καί ῥωμαίων. Ἀφ' ἑνός λοιπόν ἡ στέρησις τῆς Ἱερουσαλήμ, ἀφ' ἑτέρου αἱ ἐπανειλημμέναι ἧτται τῶν ἰουδαίων, αἱ ὁποῖαι ἐνίσχυον τήν ἰδέαν ὅτι ὁ Θεός ἀπεστράφη καί ὁλοτελῶς ἐγκατέλιπεν τό ἰουδαϊκόν γένος, ἔπεισαν πολλούς τῶν ἀπογόνων τῶν ἀρχαίων ἐκείνων ἐξ ἰουδαίων χριστιανῶν νά ἀποχαιρετήσωσι διά παντός τόν ἰουδαϊσμόν αὐτῶν, νά εἰσέλθωσιν εἰς τήν Ἱερουσαλήμ καί νά ἑνωθῶσι μετά τῶν ἐκεῖ ὑπό τόν ἐπίσκοπον Μάρκον εὑρισκομένων χριστιανῶν[121].

Τοῦτο ὅμως δέν ἔπραξαν πάντες οἱ ἐν Παλαιστίνη καί ἐν τοῖς πέριξ τῆς Ἱερουσαλήμ εὑρισκόμενοι ἰουδαϊσταί, ἀλλ' ἔμειναν καί πολλοί μακράν τῆς ἁγίας Πόλεως, φυλάττοντες μετά τῆς χριστιανικῆς θρησκείας καί τόν ἀρχαῖον αὐτόν νόμον. Οὗτοι οἱ ἐναπολειφθέντες, διατελέσαντες ἀπό τοῦδε μακράν τῆς περαιτέρω ἀναπτύξεως τῆς Ἐκκλησίας, ἀπετέλεσαν μίαν ὁμάδα χριστιανῶν μᾶλλον σχισματικήν ἤ αἱρετικήν καί ἐξελέξαντο ἤ διεφύλαξαν τό ὄνομα Ναζωραῖοι, τό ὁποῖον κατ' ἀρχάς ἔφερον ἅπαντες οἱ ἐν Παλαστίνη χριστιανοί. Καί αὕτη εἶναι ἡ αἵρεσις τῶν Ναζωραίων, ἥτις ἠρίθμει κατά /(162) κατά τήν Ἀνατολήν πολλάς κοινότητας μέχρι καί τῆς 5 ἑκατονταετηρίδος καί τήν ὁποίαν οἱ δύο πατέρες τῆς Ἐκκλησίας, εἰς τούς ὁποίους ὀφείλομεν τάς περί αὐτῆς κατά πλάτος εἰδήσεις, ὁ Ἐπιφάνιος καί ὁ Ἱερώνυμος, ἐγνώρισαν καί ἐσπούδασαν ἐκ τοῦ πλησίον. Μάλιστα ὁ διδάσκαλος τοῦ ἁγίου Ἱερωνύμου εἰς τήν ἑβραϊκήν γλῶσσαν ἦτο Ναζωραῖος (Hieron. de vir. ill. c.3)[122].

Καθά δέ ἱστοροῦσιν οἱ δύο οὗτοι ἐκκλησιαστικοί πατέρες αἱ ἰδιάζουσαι τῶν Ναζωραίων δόξαι ἦσαν αἱ ἀκόλουθοι 1) καθώς οἱ ἐπί τῶν ἀποστόλων ἰουδαΐζοντες αὐτῶν πρόγονοι, οὕτω καί αὐτοί ἐφύλαττον εἰσέτι τόν νόμον, τουτέστι τήν περιτομήν, τό Σάββατον καί τά παρόμοια· διό ἔλεγε περί αὐτῶν ὁ ἅγιος Ἱερώνυμος ὅτι «ἤθελον νά ἦναι

---

121 (Sulp. Sever. hist. sacra 2,31 καί 45, Εὐσέβ. Ἐκκλ. Ἱστ. 4,6. 5,12)
122 Usque hodie, λέγει ὁ Ἱερών. (ἐπιστ. πρός τόν ἱερόν Αὔγουστ, κατωτερ. σημ. 5 (=9) per totas orientis Synagogas inter Judeos haeresis est, quae dicitur Minaeorum (ἑτέρα προσηγορία τῶν Ναζωραίων) et a Pharisaeis nunc usque damnatur, quos vulgor Nazareos nuncupant", Τῶν Ναζωραίων τούτων λείψανα λέγεται ὅτι σώζονται ἐν τῇ Ἀνατολῇ μέχρι σήμερον. Κατά τούς νεωτέρους περιηγητάς οἱ Μωαμεθανοί ὀνομάζουσιν αὐτούς Ναζωραίους, αὐτοί ὅμως ἀποκαλοῦσιν ἑαυτούς ἑβραίους ἤ καλούς ἰσραηλίτας. Ἡ γλῶσσα αὐτῶν φαίνεται ἰουδαϊκῆς καταγωγῆς. Παραδέχονται τόν ἐν τριάδι Θεόν καί τόν Ἰησοῦν Χριστόν ὡς τήν ὁδόν, τήν ἀλήθειαν καί τήν ζωήν χωρίς ὅμως νά συγκοινωνοῦσι μήτε τῇ ὀρθοδόξῳ ἀνατολικῇ ἐκκλησίᾳ μήτε τῇ λατινικῇ· καί συμποσοῦνται ὅλοι εἰς 10.000 βλ. Magazin für Missionsgeschichte. Basel Jahrg. 1821, I Heft, Seit.117.- Ὅσον δέ ἀποβλέπει εἰς τήν λέξιν Minaeorum εβρ. Μινίμ ὠνόμαζον οἱ Ῥαββῖνοι πάντας τούς ἐξ ἰουδαίων χριστιανούς, σημαίνει δέ ἡ λέξις κατά τούς ἑβραϊστάς ἄνθρωπον αἱρετικόν ὅστις ἤ διάγει ἄνευ τοῦ νόμου τοῦ Θεοῦ ἤ πεπλανημένως ἐννοεῖ καί διδάσκει αὐτόν.

συγχρόνως καί ἰουδαῖοι καί χριστιανοί», 2) διεκρίνοντο τῶν σφόδρα ἰουδαϊζόντων (τῶν Ἐβιωναίων) καί τῶν προγόνων αὐτῶν, καθόσον τήν τήρησιν τοῦ νόμου ἐνόμιζον ἀναγκαίαν μόνον εἰς τούς ἐξ ἰουδαίων, οὐχί δέ καί εἰς τούς ἐξ ἐθνῶν χριστιανούς[123]. Τούτου ἕνεκα 3) δέν ἀπεστρέφοντο, καθώς οἱ Ἐβιωναῖοι, τόν ἀπόστολον Παῦλον, ἀλλ' ἀπεδέχοντο αὐτόν ὡς ἀληθῆ ἀπόστολον καί ὡμίλουν περί αὐτοῦ μετά τοῦ δέοντος σεβασμοῦ (Hieron. ad Esai 9,1) [124]. 4) Τόν Ἰησοῦν Χριστόν ἐδόξαζον, συνωδά μέ τούς προγόνους αὐτῶν, ὡς υἱόν Θεοῦ ἐκ παρθένου γεννηθέντα· εἶναι ὅμως λίαν πιθανόν, ὡς μακράν, καθά εἴρηται, τῆς περαιτέρω ἀναπτύξεως τῆς Ἐκκλησίας διαμείναντες, τήν περί τοῦ Ἰησοῦ Χριστοῦ δογματικήν ἀνάπτυξιν, ὁποία αὕτη διετυπώθη διά καί ἀπό τῆς ἐν Νικαίᾳ συνόδου, νά μή ἀπεδέχοντο[125]. 5) Ἴσως ἐπρέσβευον καί οἱ Ναζωραῖοι, καθώς ἐν γένει πολλοί τῶν ἀρχαίων χριστιανῶν τόν χιλιοετισμόν, καίτοι οὐδείς τῶν παλαιῶν αἱρεσιογράφων ἀποδίδωσιν αὐτοῖς τοιοῦτόν τι· 6) οἱ Ναζωραῖοι, ὡς διακόψαντες πᾶσαν μετά τῆς ἐκκλησίας κοινωνίαν, ἔμελλον βεβαίως νά μή ἔχωσι καί τόν κανόνα τῶν ἁγίων Γραφῶν οὕτω τέλειον καί πλήρη, ὅπως ἐν ταῖς μετά ταῦτα χρόνοις ἀπετελέσθη καί καθωρίσθη ὑπό τῆς Ἐκκλησίας. Ἐντεῦθεν καθόσον γινώσκομεν δέν εἶχον εἰμή ἕν μόνον Εὐαγγέλιον, τό ὁποῖον, κατά τόν ἱερόν Ἐπιφάνιον, ἦτο τό ἑβραϊκόν πρωτότυπον τοῦ ἡμετέρου Ματθαίου, ἀλλ' ἐν τῷ ὁποίῳ ὁ πατήρ οὗτος ἠγνόει ἄν ἐμπεριείχοντο καί αἱ γενεαλογίαι. Ὁ ἅγιος Ἱερώνυμος, ὅστις ἔλαβεν ἀντίγραφον τοῦ Εὐαγγελίου τού-

---

123 «Audiant Hebionitarum socii (τουτέστι οἱ Ναζωραῖοι) qui Judaeis tantum et de stirpe israëlitici generis haec custodienda decerunt", Hieron. ad Esaiam 1,12.
124 Ἡ ἑρμηνεία αὐτῶν εἰς τό πρῶτον ἐδάφιον τοῦ 9 κεφ. τοῦ προφήτου Ἡσαΐου, τήν ὁποίαν διέσωσεν εἰς ἡμᾶς ὁ Ἱερώνυμος, δεικνύει ὅτι οἱ Ναζωραῖοι ἄν καί ἐφύλαττον τόν νόμον, ἐτίμων ὅμως μεγάλως τόν ἀπόστολον Παῦλον, καί τούς δι' αὐτοῦ εἰς Χριστόν ἐπιστρέψαντα ὡς ἀληθεῖς χριστιανούς εἶχον, τάς δέ διδασκαλίας τῶν Φαρισαίων καί τάς πλάνας αὐτῶν ἀπέρριπτον. Ἰδού οἱ λόγοι αὐτῶν: Adveniente christo et praecatione illius coruscante (ἀστραψάσης), prima terra Zabulon et terra Naphtali scribarum et pharisaeorum est erroribus liberata, et gravissimum traditionum judaicarum jugum excussit de cervibus suis. Postea autem per Evangelium apostoli Pauli, qui novissimus apostolorum fuit, /(164) ingravata est, id est multiplicata praedicatio, et ad terminos gentium et viam universi maris Christi Evangelium splenduit. Denique orbis omnis, qui untea ambulabat et sedebat in tenebris, et idilolatria et mortis vinculis tenebatur, clarum evangeliorum lumen adspexit".
125 Τοῦτο φαίνεται ἐννοεῖ ὁ Εὐσέβιος ἔνθα λέγει περί τῶν Ναζωραίων «οὐ μήν ἔθ' ὁμοίως καί οὗτοι προϋπάρχειν αὐτόν, Θεόν Λόγον καί Σοφίαν ὁμολογοῦντες, τῇ τῶν προτέρων (τῶν Ἐβιωναίων) περιετρέποντο δυσσεβείᾳ»., Ἐκκλησιαστική Ἱστορία 3,27, διότι ἄλλως οἱ Ναζωραῖοι, ὡς πιστεύοντες εἰς τήν θεότητα καί εἰς τήν ὑπερφυσικήν γέννησιν τοῦ Ἰησοῦ Χριστοῦ, ὁμολογοῦνται παρά τοῦ Ἐπιφανίου (αἱρ. 29,7) καί τοῦ Ἱερωνύμου, ὅστις (epist. ad August. 74 ed. Martian. t. 4 p. 623) λέγει περί τῶν Ναζωραίων ὅτι "Credunt in Christum, filium dei, natum de Virgine Maria, et eum dicunt esse, qui sub Pontio Pilato passus est et resurrexit, in quem et nos credimus· sed dum volunt et Judaei esse et Christiani, nec Judaei nec Christiani", βλ. καί Comment in Abacuc. c. 3,3 t.3 p. 1621. Τά αὐτά γράφει περί τούτων καί ὁ ἱερός Αὐγουστῖνος (de Haer. c.9) "Nazoraei Dei filium esse Christum confitentur".

του¹²⁶, λέγει (Contra Pelag. 3,2) ὅτι ἦτο γεγραμμένον συροχαλδαϊστί, ἀλλά μέ ἑβραϊκούς χαρακτῆρας· κρίνοντες δέ ἐκ τῶν παρ' αὐτῷ διασωθέντων τεμαχίων τοῦ εὐαγγελίου τούτου, βλέπομεν ὅτι δέν ἦτο τό ἡμέτερον κατά Ματθαῖον εὐαγγέλιον, ἀλλ'ἕτερον, τό οὕτω καλούμενον *Καθ' Ἑβραίους* /(163) *εὐαγγέλιον*¹²⁷.

§ 51. Ἐβιωναῖοι

Καθώς ἐκ τῶν ἰουδαϊζόντων χριστιανῶν προῆλθον οἱ Ναζωρῖοι, οὕτω ἐκ τῶν σφόδρα ἰουδαϊζόντων ἀπετελέσθη, μετά τό ἀνωτέρω δηλωθέν σχίσμα, ἡ αἵρεσις τῶν Ἐβιωναίων. Οἱ Ἐβιωναῖοι ἦσαν οὐσιωδῶς αἱρετικοί· διότι ἐκτός ὅτι ἐδόξαζον καθώς οἱ πρόγονοι αὐτῶν ἐπί τῶν ἀποστολικῶν χρόνων ὅτι ὁ μωσαϊκός νόμος εἶναι αἰώνιος καί πρός σωτηρίαν ἀπαραιτήτως ἀναγκαῖος εἰς πάντας ἀνεξαιρέτως τούς χριστιανού καί ὅτι ὁ ἀπόστολος Παῦλος καί αἱ ἐπιστολαί αὐτοῦ εἶναι ἀπορρίπτέα, ἐπρέσβευον συγχρόνως καί ὅτι ὁ Ἰησοῦς Χριστός δέν ἦτο εἰμή ψιλός ἄνθρωπος, υἱός τοῦ Ἰωσήφ καί τῆς Μαρίας ἀποσταλείς εἰς τόν κόσμον /(165) ὑπό τοῦ θεοῦ ὡς μέγας προφήτης καί ἀναδειχθείς πράγματι τοιοῦτος, ὅτε ἐπί τοῦ βαπτίσματος ἔλαβε τό ἅγιον Πνεῦμα. Ἡ τοιαύτη περί τοῦ Κυρίου ὑπόληψις αὐτῶν ἦτον ἀναγκαία οὕτως εἰπεῖν συνέπεια τῆς ἀρχικῆς περί τοῦ ἰουδαϊκοῦ νόμου ἰδέας αὐτῶν· διότι καθώς τό εὐαγγέλιον οὐσιωδῶς δέν ἵστατο, κατά τούς σφόδρα ἰουδαϊζοντας χριστιανούς, ἀνωτέρω τοῦ νόμου οὕτω οὐδ' ὁ Χριστός ἦτο οὐσιωδῶς ἀνώτερος τοῦ Μωυσέως καί τῶν προφητῶν. Ὁ Ἰησοῦς Χριστός ἦτον μέν ὁ προφητευθείς Μεσσίας, ἀλλ' ἡ πλήρης ἰδέα τοῦ Θεανθρώπου ἀντέπιπτεν εἰς τήν ἀρχικήν αὐτῶν διδασκαλίαν περί τῆς διηνεκοῦς ὑποχρεωτικῆς τοῦ νόμου δυνάμεως¹²⁸. Ἐντεῦθεν ἡ δόξα αὐτῶν ὅτι ὁ Ἰησοῦς Χριστός ἐδικαιώθη διά τῆς ἀκριβοῦς τηρήσεως τοῦ νόμου, καί ὅτι ἡ ἀποστολή αὐτοῦ ὡς Μεσσίου δέν συνίστατο εἰμή εἰς τήν ἐπέκτασιν καί τελειοποίησιν τοῦ νόμου διά νέων ἐντολῶν¹²⁹. Ἕνεκα τῆς παχυλῆς ἰδέας, ἥν εἶχον περί τοῦ Μεσσίου,

---

126 (de vir. ill. c.3)
127 Ἄριστα χαρακτηρίζει τούς Ναζωραίους ὁ ἅγιος Ἱερώνυμος, ὅταν λέγει «οἱ νέον οἶνον εἰς ἀσκούς παλαιούς βάλλοντες εἶναι οἱ Ναζωραῖοι, οἱ ὁποῖοι τοῦ παλαιοῦ νόμου τά παραγγέλματα σπουδάζουσι νά συναρμόσωσι μέ τήν εὐαγγελικήν χάριν», qui novum vinum in atres veteres mittant sunt Nazaraei, qui veteris observantiam legis evangelicae gratiae aptari conantur", Commet. in Ezech. tom. 3 p. 794. Ναζωραίους εἶχεν ἡ Βέροια, ἡ Κοίλη Συρία, ἡ Δεκάπολις καί ἡ Βασανίτις.
128 Εἰρην. κατά αἱρ. 1,26,2. Tertull. de carne Christi c. 14. de praescripit. c. 33.48. de velandis virgin. c. 6. Ὠριγ. ὁμιλ. 17 εἰς τόν Λουκ. Εὐσέβ. Ἐκκλ. Ἱστ. 3,27. Ἐπιφαν. αἱρ. 30,14.
129 Ὅρα τά εἰς τόν Ὠριγένην ἀποδιδόμενα *Φιλοσοφούμενα*

ὁ θάνατος τοῦ Ἰησοῦ Χριστοῦ ἐσκανδάλιζεν αὐτούς, παρεμυθοῦντο ὅμως διά τῶν περί τῆς δευτέρας ἐλεύσεως ἐπαγγελιῶν αὐτοῦ, ὅτε ὁ Ἰησοῦς Χριστός ἔμελλεν, ὡς ἤλπιζον νά ἀναστήση τήν ἐπίγειον βασιλείαν του[130]. Εἶχον δέ καί οὗτοι ἰδιαίτερον εὐαγγέλιον, ὅπερ διεφημίζον ὡς τό πρωτότυπον δῆθεν τοῦ ἀποστόλου Ματθαίου. Οἱ Ἐβιωναῖοι κατῴκουν εἰς τάς πόλεις Ναβαθαίαν, Πανεάδα, Μωαβίτιν, Κοκάβην καί ἐπί τῆς νήσου Κύπρου, καί ἐπέζησαν μέχρι τῆς 5 ἑκατονταετηρίδος Πόθεν δέ ἐκλήθησαν οὕτω εἶναι ἐναμφίβολον· διότι τινές μέν παρέχουσιν εἰς αὐτούς ἀρχηγόν τῆς αἱρέσεως αὐτῶν Ἐβίωνά τινα καί ἐξ αὐτοῦ θέλουσιν ὀνομασθέντας Ἐβιωναίους (οὕτω ὁ Τερτυλλ. de praescript. c. 33 καί ὁ Ἐπιφάνιος αἵρ. 30,1.2) ὁ δέ Ὠριγένης (Φιλοκ. 1,17 παραβ. εὐσεβ. Ἐκκλ. Ἱστ. 3,17) παράγει τό ὄνομα αὐτῶν ἐκ τῆς ἑβραϊκῆς λέξεως πτωχός καί νομίζει ὅτι ἐκλήθησαν οὕτω τό μέν διότι ἦσαν ἀκριβεῖς φύλακες τοῦ πτωχοῦ νόμου, τό δέ ὅτι εἶχον ποταπήν ἰδέαν περί τοῦ Ἰησοῦ Χριστοῦ[131].

---

130 Hieron. ad Matth. 12,2.
131 Ἄλλοι τῶν νεωτέρων γνωματεύουσιν ὅτι Ἐβιωναῖοι ἐκλήθησαν λαβόντες τό ἐνδόσιμον ἐκ τοῦ μακαρισμοῦ τοῦ Κυρίου «Μακάριοι οἱ πτωχοί» ἔνθα ἡ λέξις πτωχός σημαίνει τό εὐσεβής καί ὅτι ὠνόμαζον ἑαυτούς Ἐβιωναίους ὡς κατ' ἐξοχήν δῆθεν εὐσεβεῖς ὄντες. Τό πιθανώτε /(166) ρον ὅμως φαίνεται ὅτι τό ὄνομα Ἐβιωναῖοι ἀπεδόθη εἰς αὐτούς ὑπό τῶν Ἰουδαίων τόσον διά τήν πτωχίαν αὐτῶν, εἰς ἥν οὗτοι ἐκαυχῶντο, διότι κατά τόν Ἐπιφάνιον αἵρ. 30,17 οἱ Ἐβιωναῖοι ἔλεγον ὅτι ἦσαν οἱ ἐνδεεῖς καί ἄποροι ἀπόγονοι ἐκείνων, οἵτινες ἐπί τῶν ἀποστόλων πωλήσαντες τά ὑπάρχοντα αὐτῶν κατέθεντο τήν τιμήν παρά τούς πόδας τῶν ἀποστόλων· ὅσον καί διά τήν τιμήν τήν ὁποίαν προσέφερον εἰς ἕνα πτωχόν καί ἐσταυρωμένον Μεσσίαν, ἤ ἴσως πάντες οἱ ἐξ ἰουδαίων πιστεύσαντες κατ' ἀρχάς ὠνομάζοντο ὑπό τῶν ἰουδαίων χλευαστικῶς Ἐβιωναῖοι διά τούς ἀνωτέρω δύο λόγους. Ἔπειτα δέ προϊόντος τοῦ χρόνου ἐναπελείφθη τό ὄνομα εἰς αὐτούς. Ὅτι ἀπ' ἀρχῆς Ἐβιωναῖοι ἐκλήθησαν πάντες οἱ εἰς Χριστόν πιστεύσαντες ἰουδαῖοι φαίνεται πως πρεσβεύων καί ὁ Ὠριγένης, ὅστις ἁπαντῶν πρός τόν Κέλσον, ὁ ὁποῖος ἔλεγεν ὅτι ἀπατηθέντες οἱ ἰουδαῖοι ὑπό τοῦ Ἰησοῦ Χριστοῦ κατέλιπον τόν πάτριον νόμον καί ηὐτομόλησαν εἰς ἄλλο ὄνομα καί εἰς ἄλλον βίον· ἐπάγει «μηδέ τοῦτο κατανοήσας ὅτι οἱ ἀπό ἰουδαίων εἰς τόν Ἰησοῦν πιστεύοντες οὐ καταλελοίπασι τόν πάτριον νόμον· βιοῦσι γάρ κατ' αὐτόν, ἐπώνυμοι τῆς κατά τήν ἐκδοχήν πτωχείας τοῦ νόμου γεγενημένοι. Ἐβίων τε γάρ ὁ πτωχός παρά ἰουδαίοις καλεῖται· καί ἐβιωναῖοι χρηματίζουσιν οἱ ἀπό ἰουδαίων τόν Ἰησοῦν ὡς Χριστόν παραδεξάμενοι», Κατά Κέλσον 2,1. Ὁ ἅγ. Ἰουστῖνος ὁ φιλόσοφος καί Μάρτυς φαίνεται διακρίνων τρία εἴδη ἰουδαϊζόντων χριστιανῶν: 1) τούς ἁπλῶς ἰουδαΐζοντας, τούς διά τό ἀσθενές τῆς γνώμης τηροῦντας τά τοῦ νόμου μή ἀναγκάζοντας ὅμως καί τούς ἄλλους χριστιανούς εἰς τοῦτο, 2) τούς ἄγαν ἰουδαΐζοντας, τούς μηδέ ὁμιλίας ἤ ἑστίας χριστιανῶν τοῖς μή τηροῦσι τόν νόμον κοινωνεῖν τολμῶντας καί 3) τούς ἡγουμένους ἄνθρωπον ἐξ ἀνθρώπων τόν Χριστόν – χωρίς ὅμως νά διακρίνῃ αὐτούς διά χωριστῶν ὀνομάτων, Διάλογος πρός Τρύφωνα τόν ἰουδαῖον, §47.48. 49. Τό ὄνομα Ἐβιωναῖοι ἀπαντῶμεν κατά πρῶτον παρά τῷ Εἰρηναίῳ καί τῷ Τερτυλλιανῷ (ὅρ. ἀνωτ. σημ. 1). Κατά τούς ἐκκλησιαστικούς τούτους συγγραφεῖς δύο τινα ἐχαρακτήριζον τούς Ἐβιωναίους, πρῶτον ἡ τήρησις τοῦ νόμου καί δεύτερον ἡ ἄρνησις τῆς θεότητος τοῦ Ἰησοῦ Χριστοῦ. Περί ἄλλου εἴδους ἰουδαϊζόντων χριστιανῶν οὐδείς παρ' αὐτοῖς γίνεται λόγος. Κλήμης ὁ Ἀλεξανδρεύς μεταχειρίζεται ἀντί τοῦ Ἐβιωναῖοι τό *Περατικοί*, Στρωμ. 7 σελ. 900 ἔκδ. Potteri. Ὁ Ὠριγένης διακρίνει δύο εἴδη Ἐβιωναίων «διττοί Ἐβιωναῖοι, ἤτοι ἐκ παρθένου ὁμολογοῦντες ὁμοίως ἡμῖν τόν Ἰησοῦν· ἤ οὐχ οὕτω γεγενῆσθαι, ἀλλ' ὡς τούς λοιπούς ἀνθρώπους», Κατά Κέλσου 5,61 καί 65, ἐπίσης καί ὁ Εὐσέβ. Ἐκκλ. Ἱστ. 3,27. Πρῶτος ὁ Ἐπιφάνιος καί ὁ Ἱερώνυμος διακρίνουσιν ἀπ' ἀλλήλων δι' ἰδιαιτέρων ὀνομάτων τούς ἰουδαΐζοντας καί τούς σφό /(167) δρα ἰουδαΐζοντας, ἐκείνους μέν Ναζωραίους, τούτους δέ Ἐβιωναίους καλοῦντες· ὥστε δυνάμεθα νά εἴπωμεν ὅτι τά ὀνόματα αὐτῶν ὀψιαίτερον διεστάλησαν καί ὡρίσθησαν, πρότερον ἀμφιβόλου ὑπαρχούσης τῆς χρήσεως αὐτῶν.

§52. Ἐλκεσαΐται.

Μέρος τῶν Ἐβιωναίων ἑνωθέντες ἐπί Τραϊανοῦ μετά τῶν Ἐσσαίων ἀπετέλεσαν τήν αἵρεσιν τῶν οὕτω καλουμένων Ἐλκεσαϊτῶν ἢ Σαμψαίων, λείψανα τῆς ὁποίας ἐσώζωντο περί τά τέλη τῆς 4. ἑκατονταετηρίδος εἰς τήν Ναβαθαίαν, Μωαβίτιδα καί εἰς τήν Ἰτουραίαν. Ὁ ἅγιος Ἐπιφάνιος[132] λέγει ὅτι ἰουδαῖός τις ὀνόματι Ἐλξαί ἢ Ἐλκεσαί, ἐκ τῆς ἰουδαϊκῆς αἱρέσεως τῶν Ἐσσηνῶν, ἐγένετο ἀρχηγός τῆς αἱρέσεως τῶν Ἐλκεσαίων καί ὅτι ταύτην ἠσπάσθησαν πολλοί τῶν Ἐβιωναίων. Τό πιθανώτερον ὅμως φαίνεται καί ἐνταῦθα ὅτι τό Ἐλξαί ἢ Ἐλκεσαί δέν ἦτο κύριον ὄνομα τοῦ ἱδρυτοῦ τῆς αἱρέσεως ἀλλά τοῦ τάγματος, εἰς ὅν ἀνῆκεν οὗτος εὑρισκόμενος ἐν τῇ αἱρέσει τῶν Ἐσσηνῶν. Οἱ ὁποῖοι πρωίμως ἤδη εἶχον ἀναμίξει μέ τά δόγματά των καί ἰδέας χριστιανικάς καί θεοσοφίαν ἀλεξανδρινήν[133]. Τά κύρια δόγματα τῆς αἱρέσεως ταύτης ἦσαν τά ἑξῆς: ὅτι τό πνεῦμα τοῦ θεοῦ, ἡ κεκαλυμμένη δύναμις πολυμερῶς καί πολυτρόπως ἐνεφανίσθη εἰς τόν κόσμον διά τοῦ Ἀδάμ, τοῦ Ἐνώχ, τοῦ Ἀβραάμ, τοῦ Ἰσαάκ, τοῦ Μωυσέως, τοῦ Χριστοῦ καί τέλος διά τῆς βίβλου, τήν ὁποίαν ἔλεγον οὐρανοπετῆ[134]. Σκοπός τοῦ ἀποκαλυπτομένου τούτου θείου πνεύματος ἦτον ἡ διδασκαλία τῆς ἀληθείας ἤ ἡ ἀνόρθωσις ταύτης μεταξύ τῶν ἀνθρώπων. Κοινόν μετά τῶν ἰουδαίων εἶχον τήν τήρησιν τοῦ νόμου, μετά δέ τῶν Ἐσσαίων τήν ἄσκησιν καί τήν ἀποστροφήν πρός τάς θυσίας. Ἐν τούτοις ὅμως συνίστων τόν γάμον (ἐναντίον τῶν Ἐσσηνῶν). Πρός κάθαρσιν μετεχειρίζοντο καί δεύτερον βάπτισμα ἐν ὀνόματι τοῦ μεγάλου καί ὑπερτάτου θεοῦ, ὁπότε ὁ βαπτιζόμενος ἐπεκαλεῖτο ὡς μάρτυρας, ὅτι τοῦ λοιποῦ δέν ἤθελεν ἁμαρτήσῃ, τόν οὐρανόν, τό ὕδωρ, τά ἀγαθά πνεύματα, τούς ἀγγέλους τούς εὐχομένους, τό ἔλαιον, τήν θάλασσαν καί τήν γῆν. Τό ἀρνεῖσθαι τόν Χριστόν ἐν καιρῷ ἀνάγκης ἐπετρέπετο παρ' αὐτοῖς· ἤρκει μόνον νά πιστεύῃ εἰς αὐτόν ἡ καρδία αὐτῶν[135].

---

132 (αἵρ. 30,3. 19,1)
133 Ἡ ἀρχαία ἰουδαϊκή αἵρεσις τῶν Ἐσσαίων, μεθ' ἧς ἦλθον εἰς συνεπαφήν /(168) οἱ Ἐβιωναῖοι, συνίστατο ἐκ τεσσάρων τάξεων ἢ δογμάτων καί ἴσως τά ὀνόματα τῶν παρά τῷ Ἐπιφανίῳ αἱρετικῶν Ὀσσηνῶν, Σαμψαίων καί Ἐλκεσαϊτῶν ἦσαν τά ὀνόματα τῶν τριῶν ἀνωτέρων τάξεων. Οἱ Ὀσσηνοί εἶναι οἱ υἱοί τῆς δυνάμεως, οἱ καρτεροί, οἱ δοκιμασθέντες δηλονότι ἐν τῇ κατωτέρᾳ τάξει καί δεκτοί γενόμενοι εἰς τήν κοινωνίαν τῶν Ἐσσαίων, βλ. Ἰώσηπον Περί Ἰουδαϊκοῦ πολέμου 2,8,7. – Οἱ Σαμψαῖοι εἶναι κατά τόν Ἐπιφάνιον (αἵρ. 52,3) οἱ υἱοί τοῦ Ἡλίου («ἑρμηνεύονται ἡλιακοί») καί τοῦτο δέ τό ὄνομα εἶναι κατάλληλον, διότι ἡ λατρεία τῶν Ἐσσηνῶν εἶχε σχέσιν τινα καί ἀναφοράν πρός τόν ἥλιον. - Ἡ ἀνωτάτη τάξις τέλος, οἱ κατ' ἐξοχήν ταμιοῦχοι τῶν μυστηρίων, ἦσαν οἱ Ἐλκεσαῖοι υἱοί τῆς κεκαλυμμένης δυνάμεως. Ἐξ αὐτῆς λοιπόν τῆς ἀνωτάτης τάξεως τῶν Ἐσσηνῶν εἰς ἥ πολλοί ἑνωθέντες μετά μέρους τινός τῶν Ἐβιωναίων ἀπετέλεσαν τήν αἵρεσιν τῶν Ἐλκεσαϊτῶν. Περί τῶν Ἐλκεσαϊτῶν ὅρ. καί Φιλοσοφούμενα βιβλ. 9 σελ. 293. Θεοδώρ. Αἱρετικῆς κακομ. βιβλ. 2,7.
134 («ἥν ἐκ τῶν οὐρανῶν ἔφασαν πεπτωκέναι», Θεοδωρ. Αἱρετ. κακ. 2,7. Ὠριγ. παρ' Εὐσεβ. 6,38)
135 (Εὐσεβ. Ἐκκλ. Ἱστ. 6,38)

Αἱρέσεις τῶν γνωστικῶν.

§53. Περὶ τῆς ψευδωνύμου γνώσεως ἢ τοῦ Γνωστικισμοῦ καθόλου.

Ἡ ἀρχὴ καὶ αἰτία τῆς ψευδωνύμου γνώσεως ἢ τοῦ γνωστικισμοῦ ἔκειτο ἔν τινι ἰδιαζούσῃ καὶ ἰσχυρᾷ πνευματικῇ τάσει τῶν πρώτων χρόνων τοῦ Χριστιανισμοῦ καὶ ἰδίως τοῦ 2 καὶ 3 μετὰ Χριστὸν αἰῶνος. Ἀκούσιόν τι συναίσθημα, ὅτι ὁ ἀρχαῖος κόσμος ἐξηντλήθη θρησκευτικῶς καὶ δὲν ἦτο πλέον ἱκανὸς νὰ ἀναστείλῃ τὴν ἐπαπειλουμένην θρησκευτικὴν ἀποσύνθεσιν, κυριεῦσαν τὰ πνεύματα τῶν χρόνων ἐκείνων, ὤθει αὐτὰ ὅπως διὰ τοῦ τολμηροτέρου κὰ παραδοξοτέρου συγκρητισμοῦ, ἐξ ὅσων ἡ ἱστορία τοῦ κόσμου γινώσκει, τουτέστι διὰ τῆς ἀναμίξεως καὶ συγκράσεως τῶν τότε κεχωρισμένων ἀπ' ἀλλήλων καὶ ἑτερογενῶν θρησκειῶν, ἀνακαινίσωσι καὶ ὑποστηρίξωσι διὰ τελευταίαν φορὰν τὰ ἀπηρχαιωμένα. Ἐνῷ ἡ πνευματικὴ αὕτη τάσις προῆγεν εἰς μέσον ἀφ' ἑνὸς μὲν τὸν Νεοπλατωνισμόν, τὸν ἄμεσον καὶ ἀπ' εὐθείας ἀντίπαλον τοῦ Χριστιανισμοῦ, ἕτεροι ὑπὸ τοῦ αὐτοῦ πνεύματος κινούμενοι συνέφυρον καὶ τὴν χριστιανικὴν θρησκείαν ἐν τῷ κοινῷ φυράματι καὶ διὰ τῆς συγχωνεύσεως ἀνατολικῶν θρησκειῶν, ἑλληνικῶν φιλοσοφημάτων καὶ χριστιανικῶν ἰδεῶν συνεκρότουν πολυσχιδές τι σύστημα /(169) εἰς ἄκρον τερατολόγου καὶ ἀλλοκότου φιλοσοφικῆς θρησκείας, ὅπερ σήμερον ὀνομάζεται κοινῶς Γνωστικισμός.

Ὁ Γνωστικισμὸς εἶναι μία τῶν περιεργοτάτων τοῦ ἀνθρωπίνου πνεύματος ἀποπλανήσεων, ἀληθῶς γιγάντιον σύστημα πλάνης καὶ ψεύδους· ἐνώπιον τοῦ ὁποίου ἀπορεῖ τις, τί πρῶτον καὶ μᾶλλον νὰ θαυμάσῃ· τὴν τόλμην ἐκείνων, οἱ ὁποῖοι τὰ ὀνειροπολήματα τῆς ἀνθρωπίνης φαντασίας ὡς πραγματικὰς ἀληθείας νὰ ἀπεμπωλῶσιν ἐτόλμων; ἢ τὴν ἀνοησίαν καὶ πνευματικὴν μυωπίαν ἐκείνων, οἵτινες τοιαῦτα φαντασιοκοπήματα ὡς ἀληθείας οὐδεμιᾶς ἀποδείξεως χρηζούσας ἀνεξετάστως καὶ ἀδεῶς ἀπεδέχοντο; Ἀλλ' ὅμως ὁ Γνωστικισμὸς εἶναι συγχρόνως μία ἀπόδειξις τῆς ἐπαγωγοῦ δυνάμεως τοῦ Χριστιανισμοῦ, δι' ἧς οὗτος εὐθὺς ἐξ ἀρχῆς ἐφήλκυσε τὰ πνεύματα τῶν ἀνθρώπων, καὶ παράδειγμα τρανὸν τοῦ εἰς ποῖον βάθος πλάνης δύναται νὰ κατακρημνισθῇ τὸ ἀνθρώπινον πνεῦμα, ὅταν τυφλῶττον ὑπὸ τῆς ἐπάρσεως ἀρνεῖται νὰ ὑποταχθῇ μετὰ ταπεινώσεως εἰς τὴν ἄνωθεν κατερχομένην ἀλήθειαν.

Οἱ Γνωστικοί μή ἀρκεσθέντες εἰς τήν ἁπλουστάτην καί συγχρόνως ὑψηλήν καί τήν ἀνθρωπίνην καρδίαν ἐπαναπαυούσαν ἀλήθειαν τῆς χριστιανικῆς θρησκείας, ἐζήτησαν νά λύσωσι ἀπορίας καί ζητήματα τοιαῦτα, διά τά ὁποῖα ὁ Χριστιανισμός πρός τό παρόν συνιστᾷ εἰς τό ἀσθενές τοῦ ἀνθρώπου πνεῦμα τήν πίστιν· ἤ τοιαῦτα, τά ὁποῖα ἦσαν ἐκτός τοῦ κύκλου τῆς θείας ἀποκαλύψεως καί διά τά ὁποῖα ὁ Χριστιανισμός παραπέμπει εἰς τάς ἀνθρωπίνας ἐρεύνας τοῦτο μόνον ἀπαιτῶν, ὅπως τά ἐξαγόμενα μή ἀντιπίπτωσιν εἰς τόν λόγον τοῦ Θεοῦ. Τά ζητήματα ταῦτα, εἰς τήν λύσιν τῶν ὁποίων ἐναπεδόθησαν οἱ Γνωστικοί, ἦσαν αὐτά ἐκεῖνα τά ἀρχαῖα καί πάντοτε ἐπαναλαμβανόμενα ἐν τῇ φιλοσοφίᾳ, ἤγουν τά ἑξῆς: ποία εἶναι ἡ γέφυρα ἡ ἄγουσα ἀπό τοῦ ἀπείρου εἰς τό πεπερασμένον ἤ, ὅπερ ταὐτόν, πῶς ἐννοητέον τήν πρώτην δημιουργίαν τοῦ κόσμου; Πῶς δύναται ὁ Θεός, τό καθαρόν πνεῦμα, νά θεωρηθῇ ὁ αἴτιος καί δημιουργός ἑνός τόσον ἀλλοτρίου εἰς τήν φύσιν καί οὐσίαν αὐτοῦ ὑλικοῦ κόσμου; Πόθεν, ἐάν ὁ Θεός εἶναι τέλειος, αἱ ἀτέλειαι τοῦ κόσμου τούτου; πόθεν τό κακόν, ἐάν δημιουργός τοῦ ἀνθρώπου εἶναι θεός ἅγιος; Πόθεν ἡ μεταξύ τῶν ἀνθρώπων τοσαύτη τῶν φύσεων διαφορά, οἵα φερ' εἰπεῖν θεωρεῖται μεταξύ τοῦ εὐγενεστάτου καί τοῦ ἀγενεστάτου ἀνθρώπου, παρά τῷ ὁποίῳ μόλις ἀνευρίσκει τις ἴχνος καλοῦ;[136] Οἱ ταῦτα ζητοῦντες ἐπειδή δέν εὕρισκον ἐν τῇ χριστιανικῇ ἀποκαλύψει ἀπάντησιν ἀποχρῶσαν, ἐτράπησαν εἰς τήν ἑλληνικήν φιλοσοφίαν καί τάς ἀνατολικάς θεοσοφίας, αἱ ὁποῖαι πολλαχῶς συνείροντο μέ τάς θρησκείας τῶν λαῶν τῆς Ἀνατολῆς, οἷον τῶν Αἰγυπτίων, τῶν Περσῶν, τῶν Ἰνδῶν, τῶν Βαβυλωνίων, τῶν Χαλδαίων καί ἄλλων· καί ἐξ αὐτῶν παρέλαβον ὅ,τι χρήσιμον αὐτοῖς εὗρον, ἐκ τοῦ χριστιανισμοῦ δανεισθέντες τήν ἰδέαν τῆς ἀπολυτρώσεως καί τήν ἰδέαν τῆς ἀποκαταστάσεως τοῦ κόσμου.

Ἡ μέθοδος, τήν ὁποίαν οἱ γνωστικοί μετεχειρίσθησαν εἰς τήν κρηπίδωσιν καί συναρμολόγησιν τῶν καθ' ἑαυτούς συστημάτων, ἦτον αὐτή ἐκείνη, τήν ὁποίαν μετεχειρίσθη πάντοτε ἡ θεοσοφία, τουτέστι δέν ἦτο ἡ λογική, ἀλλ' ἡ ἐποπτική. Κατά τήν μέθοδον ταύτην δι' ἀμέσου ἐποπτείας (ἀντλούσης ἐκ παραθέρμου φαντασίας) εἰσδύοντες δῆθεν οἱ γνωστικοί εἰς τόν περικαλύπτοντα τήν θεότητα γνόφον καί τήν ἰδιαιτάτην

---

[136] (Σημ. Eadem materiae apud haereticos et philosophos volutantur, iidem retractatus implicantur, unde malum et quare! et ande homo et quomodo! et quod proxime Valentinus proposuit, unde /(170) deus! Tertull. de praescript. haeret. c. 7, καί Εὐσέβιος Ἐκκλ. Ἱστ. 5,27 «Πολυθρύλλητον παρά τοῖς αἱρεσιώταις ζήτημα τό πόθεν ἡ κακία»)

αὐτῆς ἀνάπτυξιν ἐνοπτριζόμενοι καί ἐπί τό φιλοσοφικώτερον τάς φαντασμαγορίας αὐτῶν διαμορφοῦντες ἐξέθετον τά πλουσιώτατα θεογονικά καί κοσμογονικά αὐτῶν ἔπη, συμπεριλαμβάνοντα τόν οὐρανόν, τήν γῆν, τόν χρόνον καί τήν αἰωνιότητα.

Καίτοι δέ ὡς βάσεις πάντων σχεδόν τῶν γνωστικῶν αἱρέσεων ὑπέκειντο αἱ αὐταί ἀρχικαί ἰδέαι, ἤγουν α) ὁ δυαδισμός, ἡ ἰδέα ὅτι ἐν ἀρχῇ οὐδέν ἄλλο ὑπῆρχεν εἰμή δυάς τις ἀρχῶν, δύο αἰωνίως συνυπάρχουσαι οὐσίαι, ἡ τοῦ ἀγαθοῦ καί ἡ τοῦ κακοῦ, β) ἡ ἀρχή τῆς ἀποῤῥοίας ἤ τῆς προβολῆς, ὅ ἐστιν ἡ θεωρία ὅτι ἐξ ἑνός ἤ δύο ὄντων προέρχονται κατ' ἀπόῤῥοιαν ἤ προβολήν ἕτερα ὁμοειδῆ ὄντα, γ) ἡ ἰδέα ὅτι δημιουργός τοῦ κόσμου τούτου δέν ἦτον ὁ ὕψιστος θεός ἀλλά ἑτέρα τις δύναμις, ὁ οὕτω καλούμενος Δημιουργός, καί δ) ἡ ἰδέα τῆς ἀπολυτρώσεως. – Οὐχ ἧττον ὅμως παρήλλαττον καί πολλαχῶς διέφερον ἀπ' ἀλλήλων ἐν τοῖς καθέκαστα καί οὐ μόνον ἐν τοῖς καθέκαστα ἀλλ' ἐν μέρει καί εἰς αὐτάς τάς ἀρχικάς ἰδέας. Ἐντεῦθεν αἱ διάφοροι καί ἑτερόμορφοι τῶν γνωστικῶν αἱρέσεις δύνανται νά καθυπαχθῶσιν ἐν πρώτοις εἰς δύο πρώτας οἰκογενείας, εἰς τήν πλατωνίζουσαν καί εἰς τήν περσίζουσαν· καθόσον τά ἐπικρατοῦντα ἐν αὐτοῖς εἶναι, ἤτοι ἡ πλατωνική φιλοσοφία, ἤ ἡ περσική δυάς, ὁ ἀγαθός καί ὁ κακός Θεός (ὁ Ὁριμάστης καί ὁ Ἀριμάνης).

Ἐπειδή δέ μετά τῆς διαιρέσεως ταύτης συμπίπτει σχεδόν καί ἡ κατά τάς πατρίδας /(171) τῶν διασημοτέρων ἀρχηγῶν τῶν αἱρέσεων τούτων, διαιροῦμεν τούς γνωστικούς εἰς Αἰγυπτίους καί εἰς Σύρους. Τήν γέφυραν μεταξύ τῆς ψευδωνύμου γνώσεως τῶν ἀποστολικῶν χρόνων καί τῶν ἐν Αἰγύπτῳ γνωστικῶν ἀποτελεῖ ὁ Κήρινθος. Μετ' αὐτόν ἔρχεται ὁ Βασιλείδης καί κατόπιν ὁ Βαλεντῖνος, φέρων σύστημα εἰς ἄκρον συγκεκροτημένον, ἔπειτα οἱ Ὀφῖται καί ὁ Καρποκράτης. Οἱ ὀπαδοί πασῶν τῶν αἱρέσεων τούτων ἐξετραχηλίσθησαν θᾶττον ἤ βράδιον εἰς τόν νομικόν ἐλευθερισμόν (libertatinismus), τουτέστιν εἰς τήν ἀκολασίαν, ἐξ αὐτῶν δέ ἀνέβρασε πλῆθος ἄλλων αἱρέσεων, αἵτινες ἐκ τῶν προτέρων ἤδη ἔφερον τόν χαρακτῆρα τοῦτον. - Ἐπί κεφαλῆς πάλιν τῶν σύρων γνωστικῶν ἵσταται ὁ Σατουρνῖνος, μετά τοῦτον ἔρχονται ὁ Τατιανός, ὁ Βαρδεσάνης, ὁ Κέρδων, ὁ Μαρκίων.

Οἱ αἰγύπτιοι ὡς καί οἱ σύροι Γνωστικοί ἐθεώρουν τόν ὕψιστον θεόν ὡς τήν πηγήν πάσης ζωῆς καί τελειότητος, ὁ θεός οὗτος κατ' ἀρχάς ἐν ἑαυτῷ κεκλεισμένος (Βαθύς ἄγνωστος ἀκατανόμαστος) ἄνευ συνειδήσεως ἑαυτοῦ καί ἄνευ ἐνεργείας, προήχθη ἔπειτα εἰς θεόν προσωπικόν συνείδησιν ἑαυτοῦ ἔχοντα, ἐκ τούτου δέ ἀπέρρευσαν ὡς τό φῶς ἐκ τῆς φλογός ἤ προεβλήθησαν δευτερεύουσαι ἐνυπόστατοι δυνάμεις ἤ πνεύματα, τουτέστιν ἀριθμός τις θεοειδῶν καί θεοεικέλων ὄντων, τά ὁποῖα οἱ γνωστικοί ὠνόμαζον Αἰῶνας, καθόσον πάντα ἦσαν αἰώνια, ὡς πρό πάντων τῶν αἰώνων ἐν τῷ ὑψίστῳ θεῷ ἐνυπάρχοντα ἤ αἱ ἐνέργειαι καί αἱ ἰδιότητες τοῦ θεοῦ ὡς νοοῦντος, λαλοῦντος, ζῶντος, σοφοῦ, δικαίου, ἁγίου, μακαρίου, παντοδυνάμου κτλ. ἐχώρησαν εἰς ὑποστάσεις χωριστάς καί οὗτοι ἦσαν οἱ λεγόμενοι Αἰῶνες, νοῦς, λόγος, ζωή, σοφία, δικαιοσύνη, εἰρήνη, δύναμις κτλ.

Τό σύνολον τῶν Αἰώνων, ἐξ ὧν οἱ μέν εἶναι ἀτελέστεροι τῶν δέ, καί τῶν ὁποίων ὁ ἀριθμός δέν εἶναι ἴσος καί ὁ αὐτός εἰς πάσας τῶν Γνωστικῶν αἱρέσεις, καλεῖται Πλήρωμα, ἅτε δή φέρουν πλῆρες τό περιεχόμενον τῆς θείας ζωῆς. Τοιουτοτρόπως συνέστη κατά τούς Γνωστικούς ὁ τῷ Θεῷ συγγενής καθαρός κόσμος τῶν πνευμάτων (ἀνάλογος πάντως κατά τι τῶν ἀγγελικῶν ταγμάτων τῆς χριστιανικῆς θρησκείας). Ὅπως ἐξηγήσωσι δέ οἱ Γνωστικοί τήν γένεσιν τοῦ αἰσθητοῦ κόσμου καί τοῦ κακοῦ ἐδογμάτιζον ὅτι ἐντός τοῦ ὑψίστου θεοῦ καί αἰωνίως αὐτῷ συνυπάρχουσα εὑρίσκετο ἡ ὕλη, ἥτις καί Κένωμα ὀνομάζεται. Ἐνταῦθα ὅμως διέφερον οἱ ἀλεξανδρινοί Γνωστικοί τῶν σύρων. Κατ' ἐκείνους ἡ ὕλη ἦτο κατ' ἀρχάς τό κενόν καί ἄμορφον, ἦτο νεκρά καί ἀκατασκεύαστος πλήν ἐπιδεικτική μορφώσεως καί ζωῆς μᾶζα (ἀπαράλλακτος μέ τό τοῦ Πλάτωνος μή ὄν)· ὅθεν οὐδ' ἀντέκειτο ἀπ' εὐθείας ἐχθρικῶς πρός τήν ὑψίστην θεότητα. Κατά τούτους δέ, τούς σύρους δηλ. Γνωστικούς, ἡ ὕλη ἐνε /(172) ψυχοῦτο ἀρχῆθεν ὑπό κακῆς τινος δυνάμεως, ἥτις ζῶσα, ἐν τῇ ὕλῃ εἶχον τήν ἕδραν αὐτήν αἰωνίως καί ἀνάρχως ὁ Σατανᾶς καί αἱ τούτου κακοποιαί Δυνάμεις, ἡ ὕλη λοιπόν ἦτο κατ' αὐτούς βασίλειον ὅλως ἀντίθετον εἰς τό βασίλειον τοῦ ἀγαθοῦ θεοῦ καί διά τοῦτο ἐκ τῶν προτέρων ἤδη δυσμενῶς καί πολεμίως πρός αὐτό διακείμενον. Κατά τούς ἀλεξανδρινούς Γνωστικούς μέρος τοῦ Πληρώματος ὑπερπήδησαν τά ὅρια του, ἤ ἕνεκα τῆς ἀτελεστέρας φύσεως του κατέπεσεν εἰς τήν ὕλην καί ἐξώσεν αὐτήν. Ἐκ τῆς ἀναμίξεως δέ ταύτης προῆλθε ζωή κατωτέρα, ἀτελεστέρα καί ἐν μέρει κακοποιός καί ἔκτοτε ἀνεφύη ἀγών καί πάλη διηνεκής μεταξύ τῆς ὕλης καί τοῦ πληρώματος. Πρός μόρφωσιν καί διάπλασιν τῆς ἀκατασκευάστου καί χαώδους ὕλης προέβαλε τότε ὁ ὕψιστος θεός (ἢ εἷς ἐκ τῶν Αἰώνων) ἕτερον νέον Αἰῶνα κατωτέρας καί ἀτελεστέρας φύσεως, τόν οὕτω λεγόμενον Δημιουργόν, ὅστις καί ἐμόρφωσε τόν αἰσθητόν τοῦτον κόσμον κατ' ἰδέας ὑψηλοτέρας, οὐχί ὅμως σαφεῖς καί ἐναργεῖς εἰς αὐτόν· καί ἀπό μέν τῆς καθαρῶς κακῆς οὐσίας ἐποίησε τόν σατανᾶν καί τούς ἀγγέλους αὐτοῦ, εἰς τά ἄλλα ὄντα διεμοίρασε τό ἀγαθόν καί τό κακόν, τούς δέ ἀνθρώπους τοιουτοτρόπως ἔπλασεν, ὥστε εἰς τούς μέν νά ὑπερέχη καί νά ἐπικρατῆ ἡ ἀγαθή φύσις, εἰς τούς δέ νά συγκερνᾶται τό ἀγαθόν μετά τοῦ κακοῦ καί εἰς ἄλλους τέλος νά ὑπερνικᾶ καί ἐξουσιάζη ἡ καινή φύσις, ἡ ὕλη. Ἐντεῦθεν αἱ κατά τούς γνωστικούς τρεῖς τάξεις τῶν ἀνθρώπων: οἱ πνευματικοί, οἱ ὁποῖοι καί μόνοι ἦσαν δεκτικοί τῆς Γνώσεως καί τοιοῦτοι ὑπῆρχον βέβαια οἱ γνωστικοί· οἱ ψυχικοί, οἵτινες δέν ἠδύναντο νά ἀνυψῶσι πέραν τῆς πίστεως καί οὗτοι ἦσαν τά τέκνα τῆς καθολικῆς καί ὀρθοδόξου ἐκκλησίας· καί τέλος οἱ ὑλικοί, τουτέστιν ὁ ὄχλος τῶν ἐθνῶν, ὅστις ὑπάρχων ἐκ φύσεως ὑποχείριος τῶν σατανικῶν δυνάμεων, διατελεῖ πάντοτε δοῦλος τῶν χαμερπῶν ὀρέξεων καί ἐπιθυμιῶν. Ὁ πλάσας τόν αἰσθητόν τοῦτον κόσμον ὤφειλε καί νά κυβερνᾷ αὐτόν ἐντεῦθεν· ὁ Δημιουργός οὗτος Αἰών εἶναι καί δοτήρ τοῦ παλαιοῦ νόμου καί κατά τούς περισσοτέρους ὁ θεός τῆς Π. Διαθήκης, ὅστις δέν διάκειται πολέμιος πρός τόν ὕψιστον θεόν ἤ τοὐλάχιστον ἐν ἐπιγνώσει δέν ἀντιμάχεται κατά τῶν ἐνεργειῶν αὐτοῦ τῶν πρός ἀπολύτρωσιν τοῦ πεσόντος μέρους τοῦ Πληρώματος γενομένων. - Ἄλλως ἔχει τό πρᾶγμα κατά τούς σύρους Γνωστικούς. Κατ' αὐτούς ἡ πτῶσις τῶν πληρωματικῶν δυνάμεων ἐγένετο διά μάχης. Τό βασίλειον τοῦ Σατανᾶ ὁρμῆσαν κατά τοῦ Πληρώματος ἀπέσπασεν μέρος αὐτοῦ καί κατήγαγεν αὐτό αἰχμάλωτον εἰς τήν ὕλην· ἤ μέρος τοῦ Πληρώματος ἀποστατῆσαν κατά τοῦ ὑψίστου θεοῦ εἰσῆλθεν εἰς τήν ὕλην καί ἔπλασε τόν αἰσθητόν τοῦτον κόσμον. Ὁ Δημιουργός λοιπόν κατά τούς σύρους Γνωστικούς εἶναι δύναμις ἐχθρά τοῦ ὑψίστου θεοῦ, ἥτις διά τῆς δημιουργίας τοῦ ὑλικοῦ κό /(173) σμου οὐδέν ἄλλο ἐσκόπει, εἰ μή τό νά κατέχη τά μέρη τῆς θείας οὐσίας ἐν τῷ βασιλείῳ τῆς ὕλης, τά μέρη τῆς θείας οὐσίας τά ἐκ τοῦ Πληρώματος καταπεσόντα εὑρίσκονται κατ' αὐτούς ἐν τοῖς ἀνθρώποις μόνον. Ὁ Δημιουργός, ὅστις καί παρ' αὐτοῖς ὑπάρχει πλάστης καί κυβερνήτης τοῦ αἰσθητοῦ κόσμου, ἔδωκεν τόν παλαιόν νόμον ὅπως κατέχη περιορισμένους καί εἰς ἄγνοιαν τοῦ ἐν αὐτοῖς ὑπάρχοντος θείου τούς ἀνθρώπους καί μάλιστα τούς εὐγενεστέρους ἐξ αὐτῶν, τουτέστι τούς πλείονα μέρη ἐκ τοῦ Πληρώματος ἔχοντας. Πρός τούτοις οἱ σύροι Γνωστικοί ἐπρέσβευον ὅτι ἐναντίον τῶν ὑπό τοῦ Δημιουργοῦ πλασθέντων ἀνθρώπων ἀντέταξεν ὁ σατανᾶς ἄλλους ἀνθρώπους, οὕς αὐτός ἔπλασεν ἐξ ὑλικῶν στοιχείων. Ἀλλ'ὅπως καί ἄν ἔχη τό πρᾶγμα ὁ αἰσθητός οὗτος κόσμος καί κατά τους ἀλεξανδρινούς καί κατά τούς σύρους Γνωστικούς ὀφείλει τήν αἰτίαν τῆς συστάσεώς του ὄχι εἰς τήν ἀγαθότητα τοῦ Θεοῦ, ἀλλ' εἰς μίαν ἀνεξαρτήτως τῆς θελήσεως αὐτοῦ ἐπισυμβᾶσαν ἀνάμιξιν τῶν κατωτέρων καί ἀτελεστέρων πνευμάτων τοῦ πληρώματος μετά τῆς ὕλης. Ἡ δέ Παλαιά Διαθήκη εἶναι ἔργον τοῦ Δημιουργοῦ. (Σημ. Εἰς τήν τελευταίαν ταύτην πλάνην παρεξετράπησαν μή κατανοήσαντες τόν νοῦν τῶν ἁγ, Γραφῶν τῆς Π. Διαθήκης· ὡς λέγει ὁ Ὠριγένης ἐν τῷ περί ἀρχῶν 4,8 «Οἵ τε ἀπό τῶν αἱρέσεων ἀναγινώσκοντες τό *Πῦρ ἐκκέκαυται ἀπό τοῦ θυμοῦ μου* (Ἱερεμ. 15,14) *καί ἐγώ θεός ζηλωτής, ἀποδιδούς ἁμαρτίας πατέρων ἐπί τέκνα ἐπί τρίτην καί τετάρτην γενεάν* (Ἔξοδ. 20,5) *καί μεταμεμέλημαι χρίσας τόν Σαούλ βασιλέα* (α΄ Βασ. 15,11) *καί ἐγώ θεός ποιῶν εἰρήνην καί κτίζων κακά* (Ἡσαΐ. 45,7) ἔτι δέ καί τό *κατέβη κακά παρά κυρίου ἐπί πύλας Ἱερουσαλήμ καί πνεῦμα πονηρόν παρά θεοῦ ἔπνιγε τόν Σαούλ* (Ἀμ. 3,6. Μιχ. 1,12. α΄ Βασ. 16,15) καί μυρία ὅσα τούτοις παραπλήσια· ἀπιστῆσαι μέν ὡς θεοῦ ταῖς γραφαῖς οὐ τετολμήκασι, πιστεύοντες δέ αὐτάς εἶναι τοῦ δημιουργοῦ, ᾧ ἰουδαῖοι λατρεύουσιν, ᾠήθησαν, ἀτελοῦς καί οὐκ ἀγαθοῦ τυγχάνοντος τοῦ δημιουργοῦ, τόν Σωτῆρα ἐπιδεδημηκέναι τελειότερον καταγγέλοντα Θεόν, ὅν φασί μή τόν δημιουργόν τυγχάνειν, διαφόρως περί τούτου κινούμενοι, καί ἅπαξ ἀποστάντες τοῦ Δημιουργοῦ, ὅς ἐστίν ἀγέννητος μόνος θεός, ἀναπλασμοῖς ἑαυτούς ἐπιδιδώκασι, μυθοποιοῦντες ἑαυτοῖς ὑποθέσεις, καθ'ἅς οἴονται γεγονέναι τά βλεπόμενα, καί ἕτερά τινα μή βλεπόμενα, ἅπερ ἡ ψυχή ἀνειδωλοποίησεν».

Ὅσον ἀποβλέπει εἰς τήν περί ἀπολυτρώσεως δόξαν τῶν Γνωστικῶν, παρά πᾶσιν ὑπῆρχε κοινή ἡ διδασκαλία ὅτι ἡ δημιουργία τοῦ κόσμου ἦτο τό πρῶτον βῆμα πρός τήν ἀπολύτρωσιν, ὅτι δια τῆς δημιουργίας τά ἀρχῆθεν διακεκριμένα ἀπ' ἀλλήλων, τό ἀγαθόν καί τό κακόν, ἔμελλον καί αὖθις νά διακριθῶσι, τά μέρη τοῦ Πληρώματος νά ἀπο /(174) λυτρωθῶσιν ἐκ τῆς αἰχμαλωσίας, εἰς ἥν περιῆλθον ἀναμιχθέντα μετά τῆς ὕλης. Ἡ ἰδέα τῆς ἀπολυτρώσεως ἐκπορεύεται ἐκ τοῦ ὑψίστου θεοῦ· οὗτος ζητεῖ, ἐνθυμούμενος τήν ὑψηλήν καταγωγήν τῶν ἀνθρωπίνων ψυχῶν, νά ἀναγάγη αὐτάς εἰς τήν πρώτην αὐτῶν πατρίδα καί ἐπειδή ὁ Δημιουργός δέν δύναται ἤ δέν θέλει νά τελέση τήν ἀπολύτρωσιν, ἀποφασίζει νά ἐξαποστείλη εἰς τόν κόσμον ἕνα ἐκ τῶν αἰώνων του πρός διάπραξιν αὐτῆς. Ὁ Αἰών οὗτος, τόν ὁποῖον διαφόρως ὠνόμαζον οἱ Γνωστικοί, Σωτῆρα, Ἰησοῦν, Χριστόν κτλ. καί ὁ ὁποῖος παρά πᾶσιν δέν ἐθεωρεῖτο ὡς εἷς τῶν ἀνωτάτων αἰώνων, παρ' οὐδενός τῶν Γνωστικῶν ἐδογματίζετο ὡς ἀληθῶς ἐνανθρωπίσας. Πλήν ἀλλά οἱ μέν ἀλεξανδρινοί καθ' οὕς ἡ ὕλη ἐνομίζετο ὥς τι ἄψυχον καί νεκρόν καθ' ἑαυτό, ὁ Αἰών σωτήρ εἰσῆλθεν εἰς πραγματικόν ἄνθρωπον, τόν Ἰησοῦν, ἐν καιρῷ τοῦ βαπτίσματος[137] καί διά τοῦ ἀνθρώπου τούτου Ἰησοῦ ἐποίησε θαυμάσια· ἐν καιρῷ δέ τοῦ πάθους ἐγκατέλιπε πάλιν αὐτόν. Κατά δέ τούς σύρους, οἱ ὁποῖοι καθ' ἅ εἴπομεν, ἐπρέσβευον τήν ὕλην ὡς τό βασίλειον ἤ τήν φωλεάν τοῦ σατανᾶ, ὁ Σωτήρ δέν προσέλαβεν ἀληθινήν σάρκα, ἀλλ' ἐνεφανίσθη κατά δόκησιν περιβεβλημένος φασματῶδες σῶμα· ἀπαραλλάκτως ὅπως θεωροῦνται σήμερον ἐμφανιζόμενα τά φαντάσματα, εἰς τά ὁποῖα ἀποδίδεται μέν μορφή καί εἶδος ἀνθρώπου, οὐχί ὅμως καί σῶμα πραγματικόν. – Τό (πραγματικόν ἤ φαινόμενον) πάθος τοῦ Σωτῆρος παρεσκευάσθη ὑπό τοῦ Δημιουργοῦ, ὅστις εἴτε ἐξ ἀγνοίας εἴτε ἐκ προθέσεως κακῆς ἤθελε δι' αὐτοῦ νά ματαιώση τό ἔργον τῆς ἀπολυτρώσεως, διά νά ἔχῃ τούς ἀνθρώπους ὑποχειρίους αὐτοῦ. Τοῦτο δέ τό πάθος οὐδεμίαν ἀξίαν ἤ σημασίαν εἶχε. Ὁ Σωτήρ κατῆλθεν ἵνα φέρῃ τήν γνῶσιν, δι' ἧς καί μόνης ὑπῆρχε σωτηρία. Ἡ ἀπολύτρωσις κατωρθοῦτο διά τοῦ φωτισμοῦ τῶν πνευματικῶν φύσεων, ἤγουν τῶν Γνωστικῶν· οὗτοι μόνοι ἦσαν δεκτικοί τῆς γνώσεως, δι' ἧς ἐμάνθανον τά περί τῆς ἐξόχου καί οὐρανίας αὐτῶν καταγωγῆς καί ἐσώζοντο ἐάν ἤθελον. Οἱ ψυχικοί εἶχον μέν ἐλπίδα σωτηρίας ἀλλά τότε μόνον, ὅτε εὐνοϊκῶς διετίθεντο πρός τήν γνῶσιν. Διά τούς ὑλικούς ἀνθρώπους δέν ὑπῆρχε σωτηρία· διότι φύσει ἦσαν οὗτοι ἀνεπίδεκτοι διορθώσεως. Ἀνάστασιν τοῦ Σωτῆρος καί κατά συνέπειαν ἀνάστασιν τῶν εἰς αὐτόν πιστευόντων, ὅπως ἡ χριστιανική θρησκεία διδάσκει περί τοῦ Κυρίου ἡμῶν Ἰησοῦ Χριστοῦ καί τῶν εἰς αὐτόν πιστευόντων, δέν ἠδύναντο ὡς εἰκός νά δογματίζωσιν οἱ Γνωστικοί· διότι ἡ ἀνάστασις τῶν σωμάτων ἀντέπιπτεν εἰς τά ἀρχικά αὐτῶν δόγματα, διότι ἡ ὕλη, ἡ πηγή παντός κακοῦ, ἦτον ἀδύνατον νά ἀναβῇ εἰ τό Πλήρωμα, /(175) ὅπου μόνον τό ἀγαθόν καί τό

---

137 (διό καί οἱ Γνωστικοί οὗτοι ἑώρταζον ἐπί τῆς δευτέρας ἤδη ἑκατονταετηρίδος τά ἐπιφάνια τοῦ Κυρίου, Κλήμης Ἀλεξ. Στρωματεῖς 1,22)

θεῖον κατῴκει. Ἡ συντέλεια τοῦ κόσμου θά ἐπέλθη ὅταν πάντα τά μέρη τοῦ Πληρώματος ἐπιστρέψωσιν εἰς τήν ἀρχαίαν αὐτῶν πατρίδα, τότε καί ἡ ὕλη, ἀπογυμνωθεῖσα τῶν πληρωματικῶν στοιχείων, θά μεταπέση εἰς τήν προτέραν νεκράν καί ἄμορφον κατάστασιν αὐτῆς, ἤτοι εἰς τό μή ὄν. Τό δέ βασίλειον τοῦ σατανᾶ περιορισθήσεται ἐν ἑαυτῷ καί μόνῳ. Τήν τοιαύτην συντέλειαν τοῦ κόσμου ὠνόμαζον οἱ Γνωστικοί ἀποκατάστασιν, περί ἧς πολύς γίνεται λόγος εἰς τά συστήματα αὐτῶν. Ἕν τῶν χαρακτηριζόντων τάς περισσοτέρας αἱρέσεις τῶν Γνωστικῶν ἦτο καί ἡ τῆς ἐξωτερικῆς λατρείας καταφρόνησις. Μυστήρια, κατά τήν χριστιανικήν τῆς λέξεως σημασίαν, δέν ἠδύναντο νά ἔχωσιν οἱ γνωστικοί διά τήν ὁποίαν εἶχον περί ὕλης δοξασίαν. Τήν ὕλην δέν ἠδύναντο βεβαίως νά θεωρήσωσιν ὡς μέσον ἤ φέρετρον τῆς θείας χάριτος. Καί τοι τινες θέλοντες νά φαίνωνται θερμότεροι καί θαυμαστότεροι εἰς τούς ψυχικούς ἐτέλουν μεγαλοπρεπῆ ἐξωτερικήν λατρείαν περικοσμοῦντες αὐτήν διά τῆς τέχνης, τῆς ζωγραφικῆς, τῆς γλυπτικῆς καί τῆς ὑμνῳδίας. Ἀλλά καί αὐτή ἡ ἰδέα τῆς θείας χάριτος ἔλειπεν εἰς αὐτούς· οἱ Γνωστικοί ἐκέκτηντο ἐκ φύσεως, ὡς εἴπομεν, ἔξοχον φύσιν καί διά τοῦτο δέν εἶχον ἀνάγκην τῆς χάριτος. Ἡ γνῶσις ὅμως, δι' ἧς ἤλπιζον νά ἀναχθῶσιν ὅπου ἦσαν πρότερον καί ὅθεν ἐξέπεσον, ἐθεωρεῖτο ἐν μέρει ὑπ' αὐτῶν ὡς δῶρον τοῦ ὑψίστου θεοῦ. – Μία τοιαύτη ἄλυσος πλανῶν δέν ἠδύνατο βεβαίως νά μείνῃ ἄνευ ἐπενεργείας ἐπί τοῦ ἠθικοῦ καί πρακτικοῦ βίου τῶν ὀπαδῶν τῆς γνώσεως. Οἱ Γνωστικοί ἤσκουν κατ' ἀρχάς ἄσκησιν αὐστηράν συμφώνως μέ τό περί ὕλης δόγμα των· θεωροῦντες αὐτήν ὡς ἕδραν τοῦ κακοῦ ἐφρόνουν καθώς περί τῆς ἀπολυτρώσεως οὕτω καί περί τῆς ἁγιότητος ὅτι αὕτη ἐξαρτᾶται ὄχι ἐκ τῆς ἠθικῆς συνειδήσεως, ἀλλά ἐκ τῆς ἀπό τῆς φύσεως καί τοῦ ὑλικοῦ τούτου κόσμου ἀπαλλαγῆς· τουτέστιν ἐδόξαζον ὅτι ἡ ἠθική καί ἡ ἁγιότης συνίστανται εἰς τόν κατά τῆς ὕλης πόλεμον, εἰς τήν ἀποχήν καί καταφρόνησιν αὐτῆς καί τῶν ἀπολαύσεων αὐτῆς. Πλήν ὡς πρός τοῦτο διέφερον οἱ ἀλεξανδρινοί Γνωστικοί ἀπό τῶν σύρων. Οἱ πρῶτοι ἐπειδή ἀνεγνώριζον τόν Δημιουργόν ὡς τό ὄργανον τοῦ ὑψίστου θεοῦ· ἐπιδή ἀπεδέχοντο αὐτόν ὡς πλάσαντα τόν κόσμον τοῦτον κατά τήν ἰδέαν τοῦ ὑψίστου θεοῦ καί τόν νόμον αὐτοῦ (τήν Παλαιάν Διαθήκην) ὡς προπαρασκευαστικόν καί προπαιδευτικόν εἰς τήν ἀπολύτρωσιν, ἦσαν μέτριοι ἐν γένει ὡς πρός τήν ἄσκησιν καί συνεμορφοῦντο μέ τόν νόμον τῆς Παλαιᾶς Διαθήκης, ἰδίως δέ κατεφρόνουν τόν γάμον· ἐξεναντίας οἱ σύροι

Γνωστικοί, κατά τήν δόξαν τῶν ὁποίων ἡ ὕλη ἦτο ἡ φωλεά τοῦ σατανᾶ καί ὁ Δημιουργός καί ὁ νομοθέτης πολέμιος τοῦ /(176) ὑψίστου θεοῦ ἔζων ἀσκητικώτατον βίον ἀπέχοντες πάσης μετά τοῦ ὑλικοῦ κόσμου συνεπαφῆς καί τοσοῦτον μόνον μετέχοντες αὐτοῦ ὅσον ἀποζῆν, τόν δέ γάμον ὡς ἀκάθαρτον καί βδελυρόν ἀπετροπιάζοντο. Ἀλλά καθώς οἱ πλεῖστοι τῶν ἀλεξανδρινῶν Γνωστικῶν οὕτω καί ἐκ τῶν σύρων πολλοί ἔπεσον ὀψιαίτερον εἰς τό ἀντίθετον ὅλως ἄκρον, ἤγουν εἰς τήν ἀσέλγειαν καί εἰς τήν ἀκολασίαν καί ἐδικαιολόγουν τόν βορβορώδη αὐτῶν βίον διά τόν λόγον, ὅτι δῆθεν τοιουτοτρόπως ἐξενευρίζετο καί ἀπενεκροῦτο ἡ ὕλη· καί ὅτι ὁ ἀληθής γνωστικός ὤφειλε νά καταφρονεῖ τόν Δημιουργόν καί τόν νόμον αὐτοῦ ἀθετῶν καί καταπατῶν αὐτόν καί μάλιστα τόν δεκάλογον, ὅστις ἐδόθη ὅπως περιορίζη καί καταδουλώνη τά εὐγενέστερα πνεύματα. Ἐντεῦθεν καί τά ὀνόματα Ἐγκρατῖται ἤ ἐγκρατευταί, καί Ἀντινομικοί ἤ ἀντιτάκται[138]. Καθ' ὅλα ταῦτα δέν δύναται νά φανῇ παράδοξον ὅτι οἱ Γνωστικοί οὐδεμίαν ἀξίαν ἀπέδιδον εἰς στο μαρτύριον. Κατ' αὐτούς ὁ Αἰών Σωτήρ ἔμενεν ὁ αὐτός, ὁ ὁποῖος ἦτο, καί ἄνευ τῆς ὁμολογίας των· καί οἱ Γνωστικοί κἄν δέν ὡμολόγουν ἐνώπιον τῶν τυράννων τήν γνῶσιν αὐτῶν ἔμενον οἱ αὐτοί, ὁποῖοι ἦσαν καί πρότερον. Τό μαρτύριον οὔτε νά προσθέση τι, γενόμενον, οὔτε νά ἀφαιρέση τι ἀπ' αὐτῶν, μή γενόμενον, ἠδύνατο. Παρά τῶν γνωστικῶν τοῦτο μόνον ἀπητεῖτο, τό νά ἦναι πεπεισμένοι περί τῆς ἀληθείας τῆς Γνώσεως.- Ἴσως θαυμάζων τις ἐρωτήσῃ, πῶς οἱ γνωστικοί ἐτόλμων τάς ἀλλοκότους αὐτῶν ὀνειρώξεις καί πωλῶσιν ὡς χριστιανικάς ἀληθείας; Πρός τοῦτο μετεχειρίζοντο διαφόρους ὁδούς· οἱ μέν ἔφερον εἰς μέσον μυστικήν τινα παράδοσιν, ἡ ὁποία ἐνεπιστεύθη δῆθεν ὑπό τῶν ἀποστόλων εἰς στενώτερον κύκλον ἐκλεκτῶν ἀνθρώπων, πλησιεστάτων αὐτῶν μαθητῶν ἐμπεριέχουσα /(177) ὡς μυστικήν διδασκαλίαν τήν Γνῶσιν αὐτῶν καί ἡ ὁποία μέχρι τῶν Γνωστικῶν ἐν σιγῇ μετεδίδετο. Ἄλλοι μετεχειρίζοντο μέν τάς Ἁγίας Γραφάς ἀλλά τήν Π. Διαθήκην ἐθεώρουν ὡς ἔργον τοῦ Δημιουργοῦ καί ἑπομένως ἤ

---

138 (Κλήμης ὁ Ἀλεξ. Στρωματεῖς 3 κεφ. 5 §40 διακρίνει τάς αἱρέσεις τῶν γνωστικῶν εἰς αἱρέσεις, αἱ ὁποῖαι «ἀδιαφόρως ζῆν διδάσκουσιν» καί εἰς αἱράσεις, αἱ ὁποῖαι «τό ὑπέρτονον ἄγουσαι ἐγκράτειαν διά δυσσεβείας καί φιλαπεχθημοσύνης καταγγέλλουσι», μεθ' ἅ ἀνασκευάζει πρῶτον τούς ἀδιαφόρως ζῶντας, ἔπειτα τούς ὑπερβαλλούσῃ ἀσκήσει προσκειμένους, παραβ. Στρωματεῖς 3,1,1 κἑξ. Περί τῶν πρώτων λέγει καί ὁ Πλωτῖνος ἐν τῷ κατά Γνωστικῶν κεφ.15 «ὁ δέ λόγος οὗτος (τῶν Γνωστικῶν) ... τήν πρόνοιαν μεμψάμενος καί πάντας τούς νόμους τούς ἐνταῦθα ἀτιμάσας, καί τήν ἀρετήν ... τό, τε σωφρονεῖν τοῦτο ἐν γέλωτι θέμενος, ἵνα μηδέν καλόν ἐνταῦθα δή ὀφθείη ὑπάρχον, ἀνεῖλε τό, τε σωφρονεῖν καί τήν ἐν τοῖς ἤθεσι σύμφυτον δικαιοσύνην, τήν τελουμένην ἐκ λόγου καί ἀσκήσεως ... ὥστε αὐτοῖς καταλείπεσθαι τήν ἡδονήν καί τό περί αὐτούς, καί τό οὐ κοινόν πρός ἄλλους ἀνθρώπους καί τό τῆς χρείας μόνον»)

παντελῶς ἀπέρριπτον ἢ μικράν ἀξίαν μόνον ἀπέδιδον εἰς αὐτήν. Ἐν δέ τῇ Καινῇ Διαθήκη διέκρινον λόγια τοῦ οὐρανίου Αἰῶνος, τοῦ Σωτῆρος καί λόγια τοῦ ἐπιγείου ἀνθρώπου Ἰησοῦ· ἐπρέσβευον ὅτι οἱ ἀπόστολοι πολλά δέν κατενόησαν ὀρθῶς καί εἰς πολλά συνεκατέβησαν εἰς τήν ἀσθένειαν τῶν συγχρόνων αὐτῶν, συμμορφωθέντες μέ τάς ἰδέας τοῦ καιροῦ των[139]. Ἀλλά καί αὐτά τά ὀλίγα, τά ὁποῖα ἀπεδέχοντο ἐκ τῆς Καινῆς Διαθήκης, μετά τήν τοιαύτην κάθαρσιν καί αὐτά ἡρμήνευον πρός τό συμφέρον τῶν συστημάτων αὐτῶν μεταχειριζόμενοι τήν ἀλληγορικήν ἑρμηνείαν. Προσεκολλῶντο δέ ἐξαιρέτως εἰς τάς παραβολάς τοῦ Εὐαγγελίου, διότι εἰς αὐτάς, ἀφοῦ ἅπαξ ἀπεσκορακίζετο ἡ κυρία ἔννοια τοῦ παραβολικοῦ λόγου, εἶχον τό ἐλεύθερον νά ἑρμηνεύωσιν αὐτάς ὅπως ἤθελον· ἕτεροι πάλιν ἔχαιρον δημιουργοῦντες τῆς ὀρέξεως καί τῆς φαντασίας αὐτῶν Γραφάς, τάς ὁποίας ψευδεπιγραφοῦντες διεφήμιζον ὡς θείας καί ἱεράς - Ἐπειδή αἱ φανταστικαί καί ἀλλόκοται θεωρίαι τῶν Γνωστικῶν δέν ἠδύναντο νά γίνωσι κτῆμα τῶν πολλῶν, τοῦ ὄχλου, δια τοῦτο ἐλάμβανον τόν χαρακτῆρα ἐσωτερικῆς θρησκείας, ὅ ἐστι θρησκείας θεωρητικῆς ὑπερβαινούσης τάς δυνάμεις τοῦ λαοῦ, ἔχοντος ἀνάγκην θετικῆς πάντοτε θρησκείας. Ἑπομένως οἱ Γνωστικοί ἀπετέλουν (ἐξαιρουμένου τοῦ Μαρκίωνος καί τῶν ὀπαδῶν αὐτοῦ) σχολάς φιλοσοφικάς μᾶλλον παρά θρησκευτικάς κοινότητας καί τά συστήματα αὐτῶν ἀκριβῶς θεωρούμενα ἀνήκουσιν εἰς τήν ἱστορίαν τῆς φιλοσοφίας. Πολλοί προθύμως ἠσπάζοντο τόν Γνωστικισμόν καθόσον δέν ἠναγκάζοντο νά ἐγκαταλείπωσι τό προσφιλές αὐτῶν παρελθόν, καθόσον ὁ Γνωστικισμός ἐμπεριεῖχε πολλά δόγματα τῶν ἀρχαίων θρησκειῶν καί καθόσον ἐκολάκευεν τήν ἔμφυτον τῷ ἀνθρώπῳ ὑπερηφάνειαν καί τήν σαρκικότητα καί τήν φιληδονίαν, τάς δύο ματρωπούς πάσης αἱρέσεως. Ἡ δυσμένεια τοῦ τότε κόσμου κατά τῆς χριστιανικῆς ἐκκλησίας καί ἡ μεγάλη ἠθική πτῶσις τοῦ πλείστου μέρους τῆς ἀνθρωπότητος, συνδεόμενα μέ τάς διδασκαλίας τῆς χριστιανικῆς πίστεως ὅτι δύο βασιλεῖαι ὑπάρχουν, ἡ βασιλεία τοῦ θεοῦ καί ἡ βασιλεία τοῦ διαβόλου, μεταξύ τῶν ὁποίων ὑφίσταται διηνεκής πόλεμος, ὅτι ὁ χριστιανός εἶναι πολίτης ἄλλου ὑψηλοτέρου κόσμου, ὅτι ὁ ἄρχων τοῦ κόσμου τούτου ἐκβληθήσεται ἔξω καί ἄλλα τοιαῦτα διέθετον σποράδην χριστιανούς τινας, μή ἔχοντας πλήρη καί ἀκριβῆ γνῶσιν τῆς πίστεως των, εὐνοϊκῶς πρός τόν Γνωστικισμόν. Ὁ Γνωστικισμός

---

[139] (Εἰρην. Κατά αἱρ. 3,12,12.13)

εἰς τάς ἐθνικάς αὐτοῦ πηγάς ἀρχαιότερος τοῦ χριστιανισμοῦ ἀνεφάνη, συγχρόνως σχεδόν /(178) μέ αὐτόν ὡς διαφθορεύς καί λυμεών αὐτοῦ. Ἤκμασε κυρίως κατά τήν δευτέραν ἑκατονταετηρίδαν προπάντων ἐν Συρίᾳ καί ἐν Αἰγύπτῳ. Ἤδη ὅμως ἐπί τῆς 3 ἑκατονταετηρίδος ἔκλινεν εἰς τήν παρακμήν του καί μάλιστα ἀφ' ὅτου ἐμφανισθείς ὁ τῇ συριακῇ γνώσει λίαν συγγενής Μανιχαϊσμός ἔσυρεν ὀπίσω αὐτοῦ τά πνεύματα διά τῶν νέων θελγήτρων του καί διά τοῦ στρογγύλου τοῦ συστήματός του.

Σημείωσις. Ἤδη ἐν τῇ ἁγ. Γραφῇ ἀναφέρονται δύο εἴδη γνώσεως, γνῶσις ἀληθής καί γνῶσις ψευδής, ἐξ ὧν ἐκείνην μέν ἐγκωμιάζουσι καί συνιστῶσιν οἱ ἅγιοι ἀπόστολοι, ταύτην δέ ἀποδοκιμάζουσιν ὡς ψευδοδιδασκαλίαν. Ἐκείνη ἦτο χάρισμα τοῦ Θεοῦ ἄμεσον ἐπί τῶν ἀποστολικῶν χρόνων (α' Κορ. 12.8) καί ὑπερεῖχε τῆς πίστεως, τῆς ἁπλῆς δηλονότι γνώσεως τῶν χριστιανικῶν δογμάτων· ὁ τό χάρισμα τοῦτο ἔχων εἶχε πληρεστέραν καί βαθυτέραν γνῶσιν τῶν ἀληθειῶν τῆς θείας ἀποκαλύψεως καί τῆς τούτων συναφείας καί δυνάμεως καί καθώς ἦν τῷ πνεύματι διορατικώτερος οὕτως ὑπῆρχεν καί κατά τόν βίον ἀκριβέστερος καί τελειότερος Ἀφοῦ τά θεῖα χαρίσματα ἤρξαντο νά καθίστανται σπανιώτερα, τήν γνῶσιν προσεκτῶντο διά τῆς χριστιανικῆς φιλοσοφίας καί ἐπιστήμης, διό καί παρά τοῖς μετά ταῦτα ἁγίοις πατράσι καί διδασκάλοις τῆς Ἐκκλησίας ἡ φωνή φιλοσοφία καί ἐπιστήμη ἱερά ἦτο ἰσοδύναμος μέ τό γνῶσις καί ἡ Ἐκκλησία εἶχε πάντοτε τούς ἑαυτῆς γνωστικούς· οὕτω καλεῖ τούς ἀληθεῖς χριστιανούς φιλοσόφους ὁ ἱερός Κλήμης, ὅστις καί ἀναπτύσσει κατά πλάτος τήν ἰδέαν τῆς Γνώσεως καί τοῦ Γνωστικοῦ πολλαχοῦ τῶν συγγραμμάτων αὐτοῦ[140]. Τό ἕτερον εἶδος τῆς γνώσεως εἶναι ἡ γνῶσις ἐκείνη, περί ἧς ὁ ἀπόστολος Παῦλος ἔλεγεν ὅτι ψευδῶς καί οὐκ ὀρθῶς ὀνομάζεται γνῶσις, Γνῶσις ψευδώνυμος (α' Τιμ. 6,20), διό καί παραινεῖ τούς χριστιανούς νά ἀπέχωσι ταύτης, καθώς τοῦτο αὐτό ποιοῦσι καί πάντες οἱ μετά τούς ἱερούς ἀποστόλους διδάσκαλοι τῆς Ἐκκλησίας. Αὕτη εἶναι ἡ Γνῶσις, ἥτις ἐγκαταλείπει τό ἔδαφος τῆς πίστεως, ἥτις αἴρει, διαφθείρει ἤ παραγνωρίζει τήν οὐσίαν τῆς θείας ἀποκαλύψεως καί πολλαχῶς εἰς αὐτήν ἀντιτίθεται. Ἡ γνῶσις αὕτη, τῆς ὁποίας τά προοίμια ἐξιστορήσαμεν ἐν τῇ ἱστορίᾳ τῶν ἀποστολικῶν χρόνων §, ἀνεπτύχθη κυρίως ἐν τῇ δευτέρᾳ ἑκατονταετηρίδι καί ἐπροξένησε μεγάλα δεινά εἰς τήν ἐκκλησίαν τοῦ Χριστοῦ.

Σημείωσις. Ἡ αἰτία ἡ παραγαγοῦσα τήν αἱρετικήν γνῶσιν τοῦ Γνωστικισμοῦ ἦτο μέν, ὡς καί εἰς πᾶσαν σχεδόν ἄλλην αἵρεσιν, ἀληθής τις πνευματική ἀνάγκη· ἀλλ' ἡ ἀνάγκη αὕτη ἐθεραπεύθη

---
[140] βλ. Στρωμ. 6,7. 54.55. καί ὅλον τό 6 καί 7 βιβλ. τῶν Στρωμ., καί Στρωμ. βιβλ. 2, 17,76,79. Παιδαγ. βιβλ. 1,6,29. Στρωμ. 3,5,43.44

διά παντελούς άποπλανήσεως. Οι άρχηγοί των γνωστικών αιρέσεων άντί νά συνείδωσι τήν άλήθειαν τοῦ χριστιανισμού καί νά άναπαύσωσι δι' αὐτῆς τήν θρησκευτικήν αὐτῶν /(179) άνάγκην, τούναντίον παραγνωρίσαντες τήν φύσιν αὐτοῦ, τόν καθολικόν αὐτοῦ χαρακτῆρα έπεχείρησαν νά συνεξυφάνωσι καί τήν χριστιανικήν θρησκείαν μέ τά δόγματα τῶν άρχαίων θρησκειῶν καί φιλοσοφημάτων. Ποῖα δέ ἦσαν ταῦτα; ὡς εἰδική καί σχεδόν ή μόνη πηγή καί βάσις τῶν γνωστικών αἱρέσεων έθεωρεῖτο έπί πολλούς αἰῶνας ή ἑλληνική φιλοσοφία καί μάλιστα ή φιλοσοφία τοῦ Πλάτωνος· οὕτω φερ' εἰπεῖν ένόμιζεν ὁ Τερτυλλιανός ὅτι οἱ γνωστικοί συνέλεξαν τάς βάσεις τῶν κατ' αὐτούς συστημάτων έκ τῶν φιλοσόφων haereticorum patriorchae philosophi·[141], τόν δέ Πλάτωνα έθεώρει ὡς τόν άρτύσαντα πάσας τάς αἱρέσεις· Plato omnium haereticorum condimentarius[142]. Τά αὐτά έφρόνει καί ὁ συγγραφεύς τῶν Φιλοσοφουμένων, ὅτι δηλ. τά συστήματα τῶν Γνωστικῶν έγεννήθησαν έκ τῶν φιλοσοφημάτων τοῦ Πυθαγόρα, τοῦ Πλάτωνος, τοῦ Ἐμπεδοκλέους καί ἄλλων. Καί αὐτός δέ ὁ Πλωτῖνος ἔλεγε περί τῶν άρχικῶν ίδεῶν τῶν Γνωστικῶν «ὅλως γάρ αὐτοῖς τά μέν παρά τοῦ Πλάτωνος εἴληπται· τά δέ ὅσα καινοτομοῦσιν, ἵνα ἰδίαν φιλοσοφίαν θῶνται, ταῦτα ἔξω τῆς άληθείας εὕρηνται»[143]. Τῆς γνώμης ταύτης ἦτον έκ τῶν νεωτέρων καί ὁ Μασσουέτιος[144]. – Καί ή γνώμη αὕτη έν μέρει δέν εἶναι λεληθασμένη. Ὡς κανών καί γνώμων οὕτως εἰπεῖν ρυθμιστικός τῆς τῶν Γνωστικῶν θεοσοφίας έξαιρέτως ἐκείνης τῆς μορφῆς, ἦν ή θεοσοφία αὕτη ἔλαβε καί ἔφερεν έν Αἰγύπτῳ ὑπέκειντο πλατωνικά θεωρήματα περί θεοῦ, περί ὕλης, περί δημιουργίας κτλ.. Ἀλλ' έπειδή ταῦτα μόνα δέν έξαρκοῦσι πρός λύσιν πάντων τῶν περί τήν γένεσιν τῶν γνωστικῶν συστημάτων άναφυομένων αἰνιγμάτων· διά τοῦτο δικαίως ἄλλοι (ὁ Βοσόβριος καί ὁ Μοσχέμιος) παραπέμπουσι καί εἰς τάς θεοσοφίας τῆς Ἀνατολῆς. Ἐκ τῶν θεοσοφημάτων δέ τῆς Ἀνατολῆς δύο έξαιρέτως φαίνονται έπηρεάσαντα τάς θεοσοφικάς ποιήσεις τῶν Γνωστικῶν, ή περσική θρησκεία μέ τήν δυάδα τῶν άρχῶν της, τοῦ άγαθοῦ καί τοῦ κακοῦ ἄρχοντος καί ὁ Βουδδαϊσμός ἢ Βουδδισμός μέ τήν πανθεϊστικήν μονάδα του[145]. – Ὅσῳ μᾶλλον ή ἰδέα τοῦ θεοῦ άνεπτύσσετο ἢ έτελειοποιεῖτο, τοσούτῳ μᾶλλον προήγετο ή φιλοσοφία νά πιστεύῃ ὅτι δημιουργός τοῦ ὑλικοῦ τούτου κόσμου δέν ἦτο αὐτός, ὅτι αἴτιος τῶν άτελειῶν τοῦ κόσμου τούτου

---

141 (adv. Hermog. c. 8)
142 (De anima c 23)
143 (Κατά γνωστ. κεφ. 6)
144 (Massuet, diss. praeviae in Irenaeum, προτέτακται δέ αὕτη έν τῇ ὑπ' αὐτοῦ γενομένῃ έκδόσει τῶν συγγραμμάτων τοῦ ἁγ. Εἰρηναίου)
145 Βλ. Ἀλεξάνδρ. Λυκούργ. ἱερομνήμ. Περί θρησκείας

ἤτο κατωτέρα καί ἀτελεστέρα τις φύσις, τοῦ δέ κακοῦ κακή τις φύσις· οὕτω π.χ. ἡ λέξις δημιουργός σημαίνει τόν πλάστην ἁπλῶς καί διαμορφωτήν τοῦ κόσμου ἤδη παρά Ξενοφῶντι Ἀπομνημ. 1,4,7 καί παρά Πλάτωνι Τιμ. Ἤδη ὁ Πλάτων ἐδόξαζεν (αὐτόθι) ὅτι τό θεῖον ἐν τῷ ἀνθρωπίνῳ ἔλαβε τήν ἀρχήν του παρά τοῦ ὑψίστου θεοῦ, ὅστις ἔπειτα ἀφῆκε «τοῖς /(180) νέοις θεοῖς (τοῖς ἀστράσι) ἀθανάτῳ θνητῷ προσυφαίνειν». Τοῦτο αὐτό ἐφρόνει καί ὁ Φίλων ὁ ἰουδαῖος, ὅτι δηλ. τό ἄλογον μέρος τῆς ψυχῆς ἡμῶν ὑπό τῶν ἀγγέλων ἐδημιουργήθη «διαλέγεται μέν οὖν ὁ τῶν ὅλων πατήρ ταῖς ἑαυτοῦ δυνάμεσιν, (τό *ποιήσωμεν ἄνθρωπον* οὕτω ἑρμηνεύει ὁ Φίλων) αἷς τό θνητόν ἡμῶν τῆς ψυχῆς μέρος ἔδωκε διαπλάττειν, μιμουμέναις τήν αὐτοῦ τέχνην ἡνίκα τό λογικόν ἐν ἡμῖν ἐμόρφου»[146], «ἵνα ταῖς μέν ἀνεπιλήστοις βουλαῖς τε καί πράξεσιν ἀνθρώπου κατορθοῦντος, ἐπιγράφηται ὁ θεός ὁ πάντων ἡγεμών· ταῖς δέ ἐναντίαις (τῇ ἀφροσύνῃ, τῇ ἀκολασίᾳ, τῇ δουλείᾳ, τῇ ἀδικίᾳ καί καθόλου τῇ κακίᾳ) ἕτεροι τῶν ὑπηκόων. Ἔδει γάρ ἀναίτιον εἶναι κακοῦ τόν πατέρα τοῖς ἐκγόνοις». Ὡσαύτως καί ἡ ἰδέα ἐκείνη τῶν Γνωστικῶν, ὅτι ὁ ὁρατός οὗτος κόσμος ἐδημιουργήθη κατά τόν τύπον τοῦ νοητοῦ κόσμου, εὕρηται παρά τῷ πλατωνίζοντι Φίλωνι «τῶν ἐκ τῶν ἰδεῶν συσταθέντα … κόσμον νοητόν, οὐκ ἔστιν ἄλλως καταλαβεῖν, ὅτι μή ἐκ τῆς τοῦ αἰσθητοῦ καί ὁρωμένου τούτου μεταναβάσεως», *Περί τοῦ θεοπέμπτου ὀνείρου* σελ. 648.649 (593) οὕτω παρά τοῖς Βαλεντινιανοῖς ἡ Σοφία εἶναι quae emittit similitudines et imagines eorum, quae sursum sunt, Εἰρην. κατά αἱρ. 2,7 καί 8 in honorem eorum, quae sursum sunt, facta sunt haec secundum illorum imaginem. Περί δέ τῶν δύο ἀρχῶν τοῦ ἀγαθοῦ καί τοῦ κακοῦ λέγει ὁ Πλούταρχος (περί Ἴσιδος καί Ὀσίριδος κεφ. 45) «οὔτε γάρ ἐν ἀψύχοις σώμασι τάς τοῦ παντός ἀρχάς θετέον, ὡς Δημόκριτος καί Ἐπίκουρος, οὔτε ἀποίου δημιουργόν ὕλης ἕνα λόγον καί μίαν πρόνοια, ὡς οἱ Στωϊκοί, περιγινομένην ἁπάντων καί κρατοῦσαν· ἀδύνατον γάρ ἤ φαῦλον ὁτιοῦν, ὅπου πάντων, ἤ χρηστόν, ὅπου μηδενός ὁ Θεός αἴτιος, ἐγγενέσθαι· (ἐντεῦθεν λέγει ὁ Πλούταρχος ὅτι ἡ ἀρχαία δόξα τῶν σοφῶν εἶναι) ἀπό δυοῖν ἐναντίον ἀρχῶν, καί δυοῖν ἀντιπάλων δυνάμεων … ὅ,τε βίος μικτός, ὅ,τε κόσμος … ἀνώμαλος καί ποικίλος γέγονε καί μεταβολάς πάσας δεχόμενος (κεφ. 46) καί δοκεῖ τοῦτο τοῖς πλείστοις καί σοφωτάτοις. Νομίζουσι γάρ οἱ μέν θεούς εἶναι δύο, καθάπερ ἀντιτέχνους, τόν μέν γάρ ἀγαθῶν τοῦ δέ φαύλων δημιουργόν· οἱ δέ τόν μέν ἀμείνονα θεόν τόν δέ ἕτερον δαίμονα καλοῦσιν· (ἐκεῖνος, ἐπάγει ὁ Πλούταρχος, ὀνομάζεται παρά τῷ Ζωροάστρῃ Ὁρι-

---

146 Περί φυγάδων, τόμ. 1 σελ. 556 ἐκδ. Thomas Mangey κατά τήν ἀρχαιοτέραν ἔκδοσιν σελ. 460, παραβ. αὐτόθι σελ. 432 (346), Περί συγχύσεως διαλέκτων καί Περί τῆς Μωϋσέως κοσμοποιίας σελ. 16, ἔνθα ἐπισυνάπτει καί τόν λόγον, δι' ὅν ὁ θεός ἀφῆκε τήν πλάσιν τοῦ ἀλόγου μέρους τῆς ψυχῆς ἡμῶν εἰς τούς ἀγγέλους

μάστης, οὗτος Ἀριμάνης) μέσον δέ ἀμφοῖν τόν Μίθραν εἶναι· διό καί Μίθρην Πέρσαι τόν μεσίτην ὀνομάζουσιν· (ὁ αὐτός Ζωροάστρης) ἐδίδαξε τῷ εὐκταῖα θύειν καί χαριστήρια, τῷ δέ ἀποτρόπαια καί σκυθρωπά (κεφ.48). Χαλδαῖοι δέ τῶν πλανητῶν /(181) τούς θεούς γενέσθαι, οὕς καλοῦσι δύο μέν ἀγαθουργούς, δύο δέ κακοποιούς, μέσους δέ τούς τρεῖς ἀποφαίνουσι καί κοινούς· (ὁ δυαδισμός οὗτος, ἐξακολουθεῖ ὁ Πλούταρχος, εὕρηται καί παρά τοῖς φιλοσόφοις, καί παρά τῷ Πλάτωνι σαφῶς περί τούτου λέγοντος ἐν τοῖς νόμοις.[147]) οὐ μιᾷ ψυχῇ κινεῖσθαι τόν κόσμον, ἀλλά πλείοσιν ἴσως, δυοῖν δέ πάντως οὐκ ἐλάττοσιν· ὅθεν τήν μέν ἀγαθουργόν εἶναι, τήν δέ ἐναντίαν ταύτῃ καί τῶν ἐναντίων δημιουργόν· ἀπολείπει δέ (ὁ Πλάτων) καί τρίτην τινά μεταξύ φύσιν, οὐκ ἄψυχον, οὐδέ ἄλογον, οὐδέ ἀκίνητον ἐξ αὐτῆς ... ἀλλ' ἀνακειμένην ἀμφοῖν ἐκείναις, ἐφιεμένην δέ τῆς ἀμείνονος ἀεί καί ποθοῦσαν καί διώκουσαν· (εἰς ταύτην τοῦ Πλάτωνος τήν διδασκαλίαν ἀντιστοιχεῖ, λέγει ὁ Πλούταρχος, ἡ διδασκαλία τῶν Αἰγυπτίων, καθ' ἥν ὁ Ὄσιρις εἶναι ἡ ἀγαθή φύσις, ὁ Τύφων ἡ κακή, ὁ δέ Ἴσις ἡ τρίτη ἡ ἐν μέσῳ ἀμφοτέρων ἱσταμένη)».- Τόν Δημιουργόν τοῦ κόσμου τούτου διέκρινε τοῦ ὑψίστου θεοῦ καί Νουμίνιος ὁ Σύρος (ὁ ἐκ τῆς ἐν Συρίᾳ Ἀπαμείας) νεοπλατωνικός ἤ ἐκλεκτικός φιλόσοφος τῆς δευτέρας μετά Χριστόν ἑκατονταετηρίδος «Καί γάρ (ἔλεγεν οὗτος) οὔτε δημιουργεῖν ἐστι χρεόν τόν πρῶτον θεόν καί τοῦ δημιουργοῦντος δέ θεοῦ χρή εἶναι καί νομίζεσθαι πατέρα τόν πρῶτον θεόν»[148].

§ Ἐκ τῶν μέχρι τοῦδε γενομένων δοκιμῶν ὅπως κατατάξωσι τά διάφορα εἴδη τῶν γνωστικῶν αἱρέσεων οὐδεμία φαίνεται κατά πάντα ἐπιτυχοῦσα· διότι ἐν πάσαις ἤ ἀποσπῶνται ἀπ' ἀλλήλων ἐν μέρει συγγενῆ ἤ συνάπτονται ἐν μέρει ἑτερογενῆ. Οὕτω φερ' εἰπεῖν οἱ μέν διακρίνουσι 1) Γνωστικούς προσκειμένους τῷ ἰουδαϊσμῷ (καί τοιούτους θέλουσι τόν Κήρινθον,τόν Βασιλείδην καί τόν Βαλεντῖνον), 2) Γνωστικούς ἀντιμαχομένους τῷ ἰουδαϊσμῷ καί ἤ α) πρός τόν ἐθνισμόν ἀποκλίνοντας (Ὀφῖται, Καρποκράτης καί οἱ Ἀντινιμικοί) ἤ β) ἐν τῷ καθαρῷ δῆθεν χριστιανισμῷ περιοριζομένους (Σατουρνῖνος, Τατιανός, Μαρκίων). Ἕτεροι διακρίνουσι 1) συστήματα γνωστικῶν, ἐν οἷς ὁ χριστιανισμός θεωρεῖται ὡς ὁ κολοφών καί ἡ τελειότης τῶν πρό Χριστοῦ γενομένων ἀποκαλύψεων (Βασιλείδης, Ὀφῖται, Βαλεντῖνος), 2) συστήματα ἐν οἷς ὁ χριστιανισμός ἀποσπώμενος τῆς πρό αὐτοῦ ἱερᾶς ἱστορίας παρουσιάζεται ὡς ἡ πρώτη ἀποκάλυψις τοῦ Θεοῦ (Μαρκίων, Σατουρνῖνος, Βαρδεσάνης, Τατιανός), 3) συστήματα ἐν οἷς ὁ καθαρός χριστιανισμός ταυτίζεται

---

147 [Νόμ. 10 σελ. 669 καί Τιμ. σελ. 528]
148 βλ. περί τούτου Ὠριγ. Κατά Κέλσ. 4,6. 5,5.7. Εὐσεβ. Εὐαγγ. Προπαρασκευή 9,6.7. 11,10.18. 13,5. 14,5. 15,17. καί Πορφυρίου ἐν τῷ βίῳ Πλωτίνου κεφ. 17. Κλ.ημ. Ἀλεξ. Στρωματεῖς 1,22 §150 θέλει αὐτόν πυθαγόρειον φιλόσοφον

ὁλοτελῶς μετά τοῦ καθαροῦ ἐθνικισμοῦ (Καρποκράτης) ἤ μετά τοῦ καθαροῦ ἰουδαϊσμοῦ (Ψευδοκλήμης) καί ἄλλοι ἄλλως. /(182)

Αὐγύπτιοι ἤ ἀλεξανδρινοί Γνωστικοί

§54. Ὁ Κήρινθος

Ὁ Κήρινθος, ἰουδαῖος τῷ γένει, ἔζη περί τάς δυσμάς τοῦ βίου τοῦ Εὐαγγελιστοῦ Ἰωάννου[149]. Ὁ αἱρεσιάρχης οὗτος διατρίψας κατ' ἀρχάς ἱκανόν χρόνον ἐν Αἰγύπτῳ καί τήν ἀλεξανδρινήν ἰουδαϊκήν (τοῦ Φίλωνος) θεοσοφίαν ὡς καί τά δόγματα τῶν Ἐβιωναίων αὐτόθι μυηθείς, ὡς ἐκ τοῦ συστήματος αὐτοῦ δηλοῦται, ἐλθών ὕστερον εἰς τήν Μικράν Ἀσίαν, ἐγένετο ἀρχηγός αἱρέσεως, ἥτις εἰ καί ἐν πολλοῖς ἐβιωνίζουσα, ἐμπεριέχει ὅμως τά οὐσιώδη στοιχεῖα τῆς ἀλεξανδρινῆς ψευδωνύμου γνώσεως ὅπως αὔτη διαμεμορφωμένη ἐπί τό τέλειον, ἐμφανίζεται ἔπειτα εἰς τά συστήματα τοῦ Βασιλείδου καί τοῦ Βαλεντίνου. Ἐπί τοῦ μεθορίου τῶν ἀποστολικῶν καί τῶν μετά τούς ἀποστόλους χρόνων ἱστάμενος, ἀποτελεῖ ὁ Κήρινθος τό μεσόζευγμα οὕτως εἰπεῖν τῶν γνωστικῶν αἱρέσεων ἀμφοτέρων τῶν ἐποχῶν. Πρός τοῖς λοιποῖς δόγμασιν, ἅπερ εἶχε κοινά ὁ Κήρινθος μετά τῶν ἄλλων ἀλεξανδρινῶν Γνωστικῶν, ἀπεδέχετο ὡς ἀποκάλυψιν θείαν καί ἑπομένως ὡς ὑποχρεωτικό καί τόν Μωσαϊκόν νόμον, τουτέστι μέρος τῆς Πεντατεύχου καί ἰδίως τήν περιτομήν (Ἐπιφ. αἴρ. 28§1 καί 2)[150]. Πρός τούτοις ἐδογμάτιζεν ἀνάστασιν νεκρῶν[151] καί τόν χιλιοετισμόν (Εὐσεβ. Ἐκκλ. Ἱστ. 3,28 καί Θοδώρ. ἐν. ἀνωτ.)[152]. Τό εὐαγγέλιον ὅπερ μετεχειρίζοντο ὁ Κήρινθος, ὁ καί Μήρινθος λεγόμενος καί οἱ ὀπαδοί αὐτοῦ οἱ Κη-

---

149 Ὁ ἱερός Ἐπιφάνιος αἴρ. 28,2 θέλει ὅτι ὁ Κήρινθος ἦτο εἷς τῶν ἐν Ἱερουσαλήμ ἀντιστάντων τῷ ἀποστόλῳ Πέτρῳ ἐπειδή εἰσῆλθεν πρός Κορνήλιον (Πρ. 11) καί ἐκ τῶν ἐξ ἰουδαίας κατελθόντων καί τήν ἐκκλησίαν τῆς Ἀντιοχείας συνταραξάντων (Πρ. 15). Τά περί τῆς ἐν βαλανείῳ συνεντεύξεως τοῦ Κηρίνθου μετά τοῦ εὐαγγελιστοῦ Ἰωάννου βλ. ἐν §. Κατά τοῦ αἱρετικοῦ τούτου λέγεται ὅτι ἔγραψε καί τό ἑαυτοῦ Εὐαγγέλιον ὁ ἀπόστολος οὗτος (Εἰρην. κατά αἱρ. 3.11).
150 Εἰ καί ἀντιπίπτει τοῦτο κατά πρώτην ἔποψιν εἰς τήν ἔκθεσιν τοῦ Εἰρηναίου (κατά αἱρ. 1,26) καί τοῦ Θεοδωρήτου (Αἱρ. κακομ. 2,3), διότι κατ' αὐτήν ὁ Δημιουργός τοῦ Κηρίνθου ἠγνόει τόν ὕψιστον θεόν, συμβιβάζεται ὅμως πάλιν καθ' ὅσον κατά τόν Κήρινθον /(183) τῆς τοιαύτης τοῦ δημιουργοῦ ἀγνοίας αἴτιον ἦτο ἡ ἀπό τοῦ ὑψίστου θεοῦ ἀπόσπασίς του καί ὄχι παράπτωμα ἤ ἄλλη τις παρεκτροπή, ὁ δέ νόμος ἦν ἀποκάλυψις ἐν μέρει τοῦ ἀγνώστου θεοῦ, οὕτινος ὄργανον ἐν ἀγνοίᾳ ἐγένετο ὁ δημιουργός.
151 (Εἰρην. κατά αἱρ. 1,26. Θεοδώρ. Αἱρετ. κακομ. 2,3. Ἐπιφ. ἐνθ. ἀνωτ. §6)
152 Λίαν παχυλόν καί ἐπομένως ἀντιφάσκοντα ὅλως εἰς τάς γνωστικάς ἀρχάς τοῦ Κηρίνθου περιγράφουσι τόν χιλιοετισμόν τοῦτον ὁ ῥωμαῖος πρεσβύτερος Γάϊος καί ὁ Θεοδώρητος (ἐνθ. ἀνωτ.)· ὁ πρῶτος μάλιστα εὑρίσκων χιλιοετιστικάς ἰδέας ἐν τῇ Ἀποκαλύψει τοῦ Εὐαγγελιστοῦ Ἰωάννου οὐδόλως ὀκνεῖ νά ἐκσυρίξῃ αὐτήν ὡς σκότιον ἔργον τοῦ Κηρίνθου.

ρινθιανοί καί Μηρινθιανοί, ἦτο τό καθ' Ἑβραίους εὐαγγέλιον, ὅπερ εἶχον ἀνά χεῖρας καί οἱ ἰουδαΐζουσαι χριστιανικαί αἱρέσεις (§), ἀλλά διασκευασμένον πάντως πρός τά δόγματα τῆς γνωστικῆς αἱρέσεώς του[153].

§ 55. Ὁ Βασιλείδης

Εἰ καί ἐκ Συρίας ὁρμώμενος ὁ Βασιλείδης, ἀνήκει ὅμως, διά τε τόν λόγον ὅτι τό πλεῖστον τῆς ζωῆς αὐτοῦ διήγαγεν ἐν Ἀλεξανδρείᾳ καί διά τό εἶδος τοῦ συστήματος του εἰς τούς αἰγυπτίους Γνωστικούς. Οὗτος ἔζη κατά τό πρῶτον ἥμισυ τῆς δευτέρας ἑκατονταετηρίδος κατά τούς χρόνους τοῦ αὐτοκράτορος Ἀδριανοῦ (ἔτ. 130). Ὡς διδάσκαλον δέ αὐτοῦ ἔφερεν Γλαυκίαν τινά ἑρμηνευτήν δῆθεν χρηματίσαντα τοῦ ἀποστόλου Πέτρου καί ἕν εὐαγγέλιον (ψευδεπίγραφον πάντως) τοῦ ἀποστόλου Ματθίου, εἰς τό ὁποῖον ἔγραψε καί ὑπομνήματα βιβλ. 24 (Ἐξηγητικά). Συγγραφεύς ἀνεδείχθη καί ὁ ὁμότροπος καί ὁμόψυχος αὐτοῦ υἱός Ἰσίδωρος γράψας «ἠθικά», «περί προσφυοῦς ψυχῆς» καί ὑπομνήματα, πλήν τόσον ἐκ τῶν συγγραμμάτων τοῦ πατρός ὅσον καί ἐκ τοῦ υἱοῦ ἀσήμαντά τινα μόνον τεμάχια ἐναπελείφθησαν εἰς ἡμᾶς[154]. Τήν αἵρεσιν αὐτῶν ἐνέσπειραν ὅτε Βασιλείδης καί ὁ Υἱός αὐτοῦ Ἰσίδωρος ἐν Αἰγύπτῳ, ὅθεν μετεφυτεύθη ἔπειτα καί εἰς τήν Δύσιν. Οἱ ὁπαδοί δέ αὐτῶν ὀνομαζόμενοι Βασιλειανοί, παρ' οἷς ὅμως ἡ αἵρεσις τῶν ἀρχηγῶν παρεμορφώθη καί διεφθάρη, ἐσώζοντο μέχρι τῆς τετάρτης ἑκατονταετηρίδος.

Κατά τήν ἔκθεσιν τῶν *Φιλοσοφουμένων*[155], ἥτις εἰ καί ἀτελής, φαίνεται ὅμως γενομένη ἐξ αὐθεντικῶν πηγῶν καί μετά τῆς ὁποίας συνάδουσι καί αἱ σποράδην εἰδήσεις Κλήμεντος τοῦ Ἀλεξανδρέως (βλ. τούς *Στρωματεῖς*) τό σύστημα τοῦ Βασιλείδου ἧττον πλατωνίζων, κλίνει μᾶλλον εἰς τάς ἀριστοτελικάς καί στωϊκάς περί χάους καί ἀρχῆς τοῦ κόσμου δοξασίας· τό περί δύο ἀρχῶν δόγμα ὡς καί ἡ περί ἀπορροίας ἤ προβολῆς δόξα λείπουσιν ἐν αὐτῷ, ἀντί δέ τούτων γίνεται χρῆσις αἰγυπτιακῆς ἀστρονομίας καί πυθαγορείου μυστικῆς ἀριθμολογίας. Κατά τήν ἔκθεσιν ταύτην ὁ Βασιλείδης ἐδογμάτιζε μίαν ὑψίστην καί ἀπόλυτον ἀρχήν πάντων, ἡ ὁποία ἐχαρακτηρίζετο

---

153 (Φιλόστρ. κατά αἱρ. κεφ. 36)
154 (Grabe Spicileg. part. sec. 2 vol. 2 p.39)
155 (ἔκδ. Miller σελ. 230-244)

κατ' αὐτόν δια τῆς φράσεως *ὁ οὐκ ὢν θεός*. /(184) Τό εἶναι πρέπει κατά τόν Βασιλείδην νά λέγηται ἐπί τῶν κτισθέντων μόνον πραγμάτων. Οὗτος ὁ οὐκ ὢν θεός ἔδωκεν ὕπαρξιν εἰς τό χάος διά μόνης τῆς θελήσεως αὐτοῦ καί διά ψιλοῦ λόγου ἐξ *οὐκ ὄντων* αὐτό παραγαγών. Ὅτι δέ ὁ θεός ἐξ οὐκ ὄντων ἐποίησε τά πάντα ἔφερεν ὁ Βασιλείδης εἰς μαρτυρίαν τό λόγιον τῆς Γενέσεως 1,3 καί μίαν ῥῆσιν ἐκ τοῦ κατά Ἰωάννην Εὐαγγελίου 1,9 «*γέγονεν, ἔλεγεν ὁ Βασιλείδης, ἐξ οὐκ ὄντων τό σπέρμα τοῦ κόσμου, ὁ λόγος ὁ λεχθείς γεννηθήτω φῶς· καί τοῦτο ἐστί τό λεγόμενον ἐν τοῖς εὐαγγελίοις ἦν τό φῶς τό ἀληθινόν, ὅ φωτίζει πάντα ἄνθρωπον ἐρχόμενον εἰς τόν κόσμον*». Εἰς τό χάος τοῦτο, ὅπερ παρά Κλήμεντι τῷ Ἀλεξανδρέᾳ ὀνομάζεται *τάραχος καί σύγχυσις ἀρχική*, εὑρίσκοντο τά σπέρματα πάσης νοητῆς καί αἰσθητῆς κτίσεως φέροντα ἐν ἑαυτῆς τήν δύναμιν καί τούς νόμους τῆς ἀναπτύξεως αὐτῶν, ἀπαραλλάκτως ὅπως ἐν τῷ σπόρῳ ἐνυπάρχει δυνάμει τό δένδρον μετά τῶν καρπῶν αὐτοῦ καί ἐν τῷ ᾠῷ ἡ ὄρνις. Ἐκ τῶν σπερμάτων τούτων, ἐφ' ὧν ἐνεργεῖ ὁ ὕψιστος θεός ὡς *ἀκίνητος κινητός*, συνέστη ὅτε νοητός καί ὁ αἰσθητός οὗτος κόσμος· ἐπί τοῦ τελευταίου, ὅστις ἀπετελέσθη ἐκ τῶν ἀτελεστέρων φύσεων, αἰχμαλωτίζων ὁ Βασιλείδης τούς λόγους τοῦ ἀποστόλου Παύλου ὅτι πᾶσα ἡ κτίσις στενάζει τήν ἀποκάλυψιν τῶν υἱῶν τοῦ θεοῦ ἀπεκδεχομένη (Ρωμ. 8,19) κατήρχετο εἰς τήν σωτηριολογίαν. Τόν νοητόν κόσμον, ἤτοι τό Πλήρωμα, ἐπλούτιζεν ὁ Βασιλείδης μέ 365 βασίλεια πνευμάτων, ἐντεῦθεν παρ' αὐτῷ ἔφερε τό ὄνομα *Ἀβρασάξ* τό σύνολον τῶν Πνευμάτων. Ἡ συμβολική δέ αὕτη λέξις ἐχρησίμευσεν ἔπειτα ὡς ἐπῳδός καί μετ' ἄλλων μαγικῶν σχημάτων ἐχαράσσετο ἐπί λίθων· ὅθεν οἱ οὕτω καλούμενοι *Ἀβραξᾶς-λίθοι* (Abraxas gemmen), οἵτινες ἀπετέλουν ἕν εἶδος φυλακτηρίων καί ἐξ ὧν μέγας ἀριθμός σώζεται μέχρι τοῦ νῦν[156].

§ 56. Ὁ Οὐαλεντῖνος.

Ὁ σημαντικότερος μεταξύ τῶν ἀρχηγῶν τῶν γνωστικῶν αἱρέσεων, ὁ ἐν πολλοῖς ἄλλοις μάλιστα δέ κατά τήν φαντασίαν πάντας τούς ἄλλους ὑπερέχων, εἶναι ὁ Οὐαλεντῖνος. Γεννηθείς ἐν Αἰγύπτῳ[157] ἐκ γονέων ἰουδαίων χριστιανῶν διεκρίθη νέος ἔτι ὤν

---
156 (ἀπεικονίσματα τοιούτων λίθων βλ. παρά Matter hist. du gnosticisme) ἀνάγν. περί τούτου καί Εἰρην. κατά αἱρ. 1,24. 2,16 καί Ἐπιφ. αἱρ. 24 τῶν ὁποίων ἡ ἔκθεσις διαφέρει οὐσιωδῶς τῆς ἀνωτέρω
157 (Ἐπιφ. αἱρ. 31,2)

διά τά μεγάλα πνευματικά πλεονεκτήματα καί μάλιστα διά τήν λαμπράν εὐγλωττίαν του[158]. Ἐντριβής δέ γενόμενος ἐν Ἀλεξανδρείᾳ τῆς τε /(185) ἑλληνικῆς καί ἰουδαϊκῆς σοφίας, ἰδίως τῆς τοῦ Φίλωνος καί τῆς τοῦ Πλάτωνος, ἐφ' ᾧ καί ὁ Τερτυλλιανός ἀποκαλεῖ αὐτόν Platonicae spectator[159] καί διδάξας αὐτόθι ἐπί τινα καιρόν ἀφῆκεν ἔπειτα τήν Ἀλεξάνδρειαν καί κατῆλθεν εἰς Ῥώμην ἐν ἔτει 140[160] ὡς ματαιωθείσης τῆς ἐλπίδος αὐτοῦ νά ἐπισκοπεύσῃ[161]. Πλήρης δέ ὀργῆς καί ἐκδικήσεως ἤρξατο ἤδη ἐν Ῥώμῃ νά διασπείρῃ τήν ἑαυτοῦ αἵρεσιν, ἐφ'ᾧ καί ἐξοσθείς τρίς τῆς ἐκκλησιαστικῆς κοινωνίας μετέβη ὕστερον εἰς Κύπρον· ὅπου ἀναπτύξας κατά πλάτος τό θεολογικόν αὐτοῦ ἔπος καί πολλούς εἰς τήν αἵρεσιν αὐτοῦ κατασπάσας, κατέτριψε τό ζῆν ἐν ἔτει 160[162]. Τό σύστημα τοῦ Οὐαλεντίνου χαρακτηρίζουσι δύο τινά πρό πάντων· πρῶτον ἡ ἰδέα τῆς κατά δυάδα προβολῆς τῶν Αἰώνων, ἥτις γίνεται κατά τινα νόμον εἰς αὐτά τά βάθη τῆς θείας φύσεως θεμελιούμενον, εἰς τό ὁποῖον καί αὐτός ὁ ὕψιστος θεός ὑπόκειται· οὕτω τήν πρώτην καί τήν ἀπόλυτον δυάδα, ἥτις συζυγία παρά τῷ Οὐαλεντίνῳ καλεῖται, ἀποτελεῖ ὁ ὕψιστος θεός (Βυθός, Προπάτωρ, Προαρχή, Αὐτοκράτωρ) καί ἡ μετ' αὐτοῦ καί ἐν αὐτῷ οὖσα ἔννοια ἥτις καί Σιγή καί Χάρις ὀνομάζεται. Ὁ Οὐαλεντῖνος λοιπόν ὁρμᾶται ἀπό τήν ἰδέαν τοῦ ὄντος καί τῆς νοήσεως. Ἐκ τῆς πρώτης ταύτης δυάδος ἀπορρέουσι 15 συζυγίαι· τό ἕτερον τῆς συζυγίας μέλος νοεῖται πάντοτε ὡς γένους θηλυκοῦ. Οἱ πρῶτοι ἐκ τῶν Αἰώνων τούτων εἶναι ὁ Νοῦς καί ἡ Ἀλήθεια, ὁ Λόγος καί ἡ Ζωή, ὁ Ἄνθρωπος (τό πρωτότυπον τοῦ ἀνθρώπου) καί ἡ Ἐκκλησία· πρός συντήρησιν ὅμως τῆς τάξεως καί τῆς ἁρμονίας ἐν τῷ Πληρώματι δημιουργεῖται καί ἕτερός τις Αἰών, ἄνευ συζύγου, ὁ Ὅρος. Τό δεύτερον χαρακτηριστικόν τοῦ συστήματος τοῦ Οὐαλεντίνου εἶναι ἡ ἰδέα ὅτι τά τρία κρίσιμα σημεῖα τῆς ἱστορίας τοῦ κόσμου ἡ δημιουργία, ἡ πτῶσις καί ἡ ἀπολύτρωσις προεδραματίσθησαν καί προετυπώθησαν ἐν τῷ Πληρώματι.

Ἡ σχολή αὐτοῦ ἐδιχάσθη εἰς τήν ἰταλικήν καί εἰς τήν ἀνατολικήν· καί ἐκείνης μέν προηγήθησαν Ἡρακλέων ὁ Ἀλεξανδρεύς, περί οὗ λέγεται ὅτι πρῶτος ὑπεμνημάτισε τό κατά Ἰωάννην Εὐαγγέλιον καί ἐκ τῶν ὑπομνημάτων τοῦ ὁποίου διέσω-

---

158 (Tertull. adv. Valentin. c. 4)
159 (de praescript. haeret. c. 30)
160 (Εἰρην. κατά αἱρ. 3,4,3.)
161 (Tertull. adv. Valentin. c. 4 Tertull. adv. Valentin. c. 4)
162 (Εἰρην. ἔνθ. ἀνωτ., Τερτυλλ. de praescript. c. 30. Ἐπιφ. αἱρ. 31,7)

σεν ἡμῖν τεμάχια ὁ Ὠριγένης[163]. Ὁ Πτολεμαῖος οὗτινος διέσωσεν εἰς ἡμᾶς ἐπιστολήν ὁ ἅγιος Ἐπιφάνιος ἐν ᾗ συζητεῖται περί τῆς θεοπνευστίας καί περί τῆς πρός ἀλλήλαις σχέσεως τῆς Π. καί Κ. Διαθήκης (Ἐπιφ. /(186) αἵρ. 33. Εἰρην. 1,12) καί Μάρκος ὁ ἐν Παλαιστίνῃ (Εἰρ. 1,13. Ἐπιφ. αἵρ. 34). Ἐκ τούτων ὁ τελευταῖος μάλιστα ἐκαλλιέργησε τήν ἐξωτερικήν λατρείαν.- Τῆς δέ ἀνατολικῆς σχολῆς προεξάρχοντας ἀναφέρουσι τά Φιλοσοφούμενα (βιβλ. 6) Ἀξιόνικόν τινα καί Ἀρδεσάνην.

§ 57. Οἱ Ὀφῖται ἤ Ὀφιανοί.

Ἡ αἵρεσις τῶν Ὀφιτῶν πλησιάζει πολύ εἰς τήν τοῦ Οὐαλεντίνου, μέ τή διαφοράν μόνο ὅτι ὁ Θεός τῶν ἰουδαίων παρά τοῖς Ὀφίταις θεωρεῖται ὡς ἄσπονδος ἐχθρός τῶν ἀνωτέρων Αἰώνων. Τά περί πτώσεως τοῦ πρωτοπλάστου ἱστορούμενα ἐν τῇ Π. Διαθήκῃ ἡρμήνευον οἱ αἱρετικοί οὗτοι ἀντιστρόφως. Κατ' αὐτούς εἰς τόν ὄφιν τόν ἐξαπατήσαντα τήν Εὔαν ἐνεκρύπτετο οὐχί κακή δύναμις ἀλλ' ἀγαθόν καί θεῖον πνεῦμα· ἐντεῦθεν ἡ πτῶσις τοῦ ἀνθρώπου ἦτο κατ' αὐτούς ἀνάστασις καί ἀρχή τῆς σωτηρίας τοῦ ἀνθρωπίνου γένους· κατ' αὐτούς ὁ ὄφις ἤ τό σχῆμα καί ἡ μορφή αὐτοῦ ἐχρησίμευσεν ὡς ὄργανον εἰς ἕνα ἐκ τῶν Αἰώνων ὅπως ἀπαλλάξῃ τήν ἀνθρωπότητα ἐκ τῶν χειρῶν τοῦ Σατανᾶ καί τοῦ Ἰαλδαβαώθ (οὕτως ἐκάλουν τόν θεόν τῶν ἰουδαίων, ὅπερ ἑρμηνεύεται υἱός Χάους). Ἡ δέ σωτηρία τοῦ ἀνθρωπίνου γένους ἐξηρτᾶτο ἐν πρώτοις ἐκ τῆς ἀθετήσεως τοῦ νόμου τοῦ Ἰαλδαβαώθ· ὅθεν διά τοῦτο καί τόν ὄφιν ἐλάτρευον[164] καί Ὀφῖται ἐκαλοῦντο. Ἡ αἵρεσις αὕτη δέν ἀνεφύη πολύ ὕστερον τοῦ 150 ἔτους, διότι μνείαν αὐτῆς ποιεῖται ἤδη ὁ ἅγιος Εἰρηναῖος[165]. Οἱ ὀφῖται ἐδιδάσκοντο πρός τοῖς ἄλλοις καί ἑπτά εὐχάς, τάς ὁποίας ὤφειλον νά κατευθύνωσι πρός τούς ἄρχοντας τῶν ἑπτά βασιλείων, ἅπερ, ἐγκαταλείποντες τόν κόσμον τοῦτον ἔμελλον νά διέλθωσιν ὅπως φθάσωσιν εἰς τήν χώραν τοῦ Πληρώματος. Εἶχον δέ καί ἕν διάγραμμα ἔνθα ἀπεικονίζοντο συμβολικῶς οἱ ἑπτά οὗτοι ἄρχοντες[166]. Συγγενεῖς μέ τήν αἵρεσιν τῶν Ὀφιτῶν

---

163 (περί τούτου ὅρ. Ὠριγ. εἰς τό κατά Ἰωάν. Εὐαγγ. τόμ. 2 §8. §48.49.59.44. τόμ. Β΄ §59. τόμ. 6 §12 §23§31. τόμ. 10§19. – Κλήμ. Ἀλεξ. Στρωμ. 4. σελ. 502. Ἐπιφ. αἵρ. 36. Εἰρην. κατά αἱρ. 2,4. Θεοδώρ. Αἱρ. κακομ. 1,8. Τερτυλλ. de praescript. c. 49.)
164 (Ἐπιφ. αἵρ. 37§5. Αὐγουστ. de vera relig. c. 5. de haer. c. 7. Θεοδώρ. Αἱρετ. κακομ. 1,14)
165 (κατά αἱρ. βιβλ. 1,30.34.35)
166 Περί ὅλων τούτων βλ. Ὠριγ. κατά Κέλ. βιβλ. 6§30. 31.24 κεξ.

ἦσαν αἱ αἱρέσεις τῶν Σηθιανῶν[167] τῶν Καϊνιτῶν[168] καί τῶν Περατικῶν[169]· εἰς τούς ὁποίους ἐπεξετείνετο καί τό ὄνομα Ὀφῖται. Οἱ Καϊνῖται ἦσαν οἱ ἀντίποδες οὕτως εἰπεῖν τῶν Σηθιανῶν. Αὐτοί ἐκήρυττον ὡς γνησίους λάτρεις τοῦ ἀληθινοῦ θεοῦ καί ὡς μάρτυρας τῆς ἀληθείας ἐτίμων πάντας τούς ἐν τῇ Π. Γραφῇ ὡς δυσσεβεῖς καί παρανόμους ἀναγραφομένους· οὕτω /(187) ὁ Κάϊν ὑπῆρξε κατ' αὐτούς ὁ πρῶτος ἀριστεύσας κατά τοῦ Θεοῦ τῶν ἰουδαίων, τελευταῖος δέ ὁ Ἰούδας ὁ Ἰσκαριώτης, ὅστις διά τῆς φρονήσεώς του προσηλώσας τῷ σταυρῷ τόν ψυχικόν Μεσσίαν κατέστρεψε, ὡς ἔλεγον, τό βασίλειον τοῦ Ἰαλδαβαώθ καί ἔσωσε τό ἀνθρώπινον γένος. Ἐντεῦθεν ἀμφότεροι ὅ,τε Κάϊν καί ὁ Ἰούδας ἐτιμῶντο παρ' αὐτοῖς μεγάλως. Εἰς τούς Καϊνίτας ἁρμόζουσιν ἰδίως ὅσα λέγει καθόλου περί τῶν Ὀφιτῶν ὁ Ὠριγένης, ὅτι δηλ. οὗτοι οὐδόλως ἠδύναντο νά ὀνομάζωνται χριστιανοί[170]. Ὀπαδοί πασῶν τῶν αἱρέσεων τούτων εὑρίσκοντο σποράδην μέχρι καί τῆς 6 ἑκατονταετηρίδος, διότι ἐν ἔτει 530 ἐξέδωκε κατ' αὐτῶν νόμους ὁ αὐτοκράτωρ Ἰουστινιανός[171].

§ 58. Ὁ Καρποκράτης καί ὁ υἱός αὐτοῦ Ἐπιφανής.

Πηγαί. Εἰρην. κατά αἱρ. 1,25. Ἐπιφαν. αἱρ.27. Θεοδώρ. Αἱρετ. κακομ. 1,5. Κλήμης Ὁ Ἀλεξ. Στρωμ. 3,2. Tertull. de praescript. 48. Εὐσέβ Ἐκκλ. Ἱστ. 4,5.7.

Ἐν τῷ συστήματι τοῦ Καρποκράτους ὁ πανθεϊσμός προκύπτει καθαρώτερος, ἐκτός δέ τούτου ἀπαντῶνται καί πλατωνικαί ἰδέαι περί προϋπάρξεως τῶν ψυχῶν, περί ἀναμνήσεως, περί μετεμψυχώσεως κτλ, εἰς δέ τήν περί ἀπολυτρώσεως θεωρίαν διαφέρει ὁ Καρποκράτης πάντων τῶν ἄλλων ἀλεξανδρινῶν Γνωστικῶν. Κατ' αὐτόν ὁ θεός εἶναι αἰωνία Μονάς, ἑνοειδής οὐσία καί πηγή ἐξ ἧς ἀνέβλυσαν τά πάντα καί εἰς ἥν τείνουσιν ἐπιστρέφοντα τά πάντα. Ὁ κόσμος οὗτος εἶναι δημιούργημα τῶν πονηρῶν ἀγγέλων (ἄγγελος κοσμοποιός), οἵτινες ἐκπεσόντες τῆς μετά τοῦ Θεοῦ ἑνότητος ἐμόρφωσαν τόν αἰσθητόν τοῦτον κόσμον, διένειμαν ἑαυτοῖς τά διάφορα μέρη αὐτοῦ καί ἔδωκαν τάς θρησκείας καί τούς νόμους. Ἐντεῦθεν τό πλῆθος καί ἡ διαφορά τῶν

---

167 (Ἐπιφ. αἱρ. 38)
168 (Εἰρην. κατά αἱρ. 1,31 Ἐπιφ. 38)
169 (Φιλοσοφούμενα βιβλ. 5 Θεοδώρ. Αἱρετ. κακομ. 1,14,17)
170 (Ὠριγ. κατά Κέλ. βιβλ. 6§28)
171 (Cod. libr. 1. tit. 5 καί ἄλλ.)

ἐπί γῆς θρησκειῶν καί νόμων· ἐντεῦθεν μόνη ἡ ἀθέτησις πασῶν τῶν θρησκειῶν καί νόμων, μή ἐξαιρουμένων μηδ' αὐτῆς τῆς ἰουδαϊκῆς καί χριστιανικῆς θρησκείας, ἠδύνατο κατά τόν Καρποκράτην νά ἐπαγάγῃ τόν ἄνθρωπον εἰς τήν μετά τοῦ θεοῦ ἑνότητα, (εἰς τό Ἕν καί τό Πᾶν). Ὡς τύπους τοιαύτης ὑπέρ τά καθεστῶτα ἀνυψώσεως ἔφερον οἱ Καρποκρατιανοί τόν Ὀρφέα, τόν Πυθαγόρα, τόν Πλάτωνα, τόν Ἀριστοτέλην καί μεταξύ τῶν ἰουδαίων τόν Ἰησοῦν Χριστόν, τούς ὁποίους καί ἐσέβοντο καί ἐτίμων ὡς ἥρωας τῆς ἀνθρωπότητος καί τάς εἰκόνας αὐτῶν εἶχον ἐν τοῖς ναοῖς αὐτῶν. Καθώς οὗτοι διεκρίθησαν καί μεταξύ τῶν ἄλλων καί ἐδίδαξαν εἰς τόν κόσμον τήν ἀληθινήν γνῶσιν ὑποδείξαντες τήν ὁδόν τήν ἄγουσαν εἰς σωτηρίαν, οὕτω ἠδύναντο καί ἄλλοι νά ποιήσωσι καί, μάλιστα, νά ὑπερακοντίσωσιν αὐτούς /(188) ἠδύναντο ἀναλόγως τῆς ἀναμνηστικῆς αὐτῶν δυνάμεως· διότι ἐπειδή αἱ ψυχαί προϋπῆρξαν ἄλλοτε ἐν τῷ θεῷ, ἠδύναντο νά ἀναμιμνήσκωνται τῆς προτέρας οὐρανίας αὐτῶν καταστάσεως καί τῆς μετά τοῦ Θεοῦ συνδιαιτήσεως (περιφορᾶς) καί οὕτω καταφρονοῦσαι τήν ποικιλίαν τοῦ κόσμου τούτου νά τείνωσι πρός τήν αἰωνίαν Μονάδα καί Ἑνότητα· ὅσοι δέ διέμενον ὑπεξούσιοι καί δοῦλοι τῶν καθεστώτων, οὗτοι μετέβαινον ἀπό σώματος εἰ σῶμα ἕως οὗ ἔλθωσιν εἰς ἐπίγνωσιν. Ἐκ τῶν εἰρημένων γίνεται δῆλον ὅτι ὁ Καρποκράτης καί οἱ ὀπαδοί αὐτοῦ, δογματίζοντες παράβασιν καί καταπάτησιν τῆς θρησκείας καί παντός ἠθικοῦ καί κοινωνικοῦ νόμου, ἐδογμάτιζον τήν καταστροφήν τῆς κοινωνίας. Μέχρι τίνος προέβη ἡ ἀκολασία καί ἡ αἰσχρολογία τῶν Καρποκρατιανῶν ὑπό τά ὀνόματα ἰσότης καί κοινοκτημοσύνη εἶναι δεινόν νά εἴπωμεν ἐνταῦθα. Οἱ ἅγιοι Πατέρες διέσωσαν εἰς ἡμᾶς τοιαύτας περιγραφάς ὡς δόγματα τῆς διαστροφῆς τοῦ πνεύματος καί τῆς καρδίας τοῦ ἀνθρώπου, καί πρός στηλίτευσιν τῶν ἀνοσίων τούτων αἱρετικῶν, οἵτινες καί μεθ' ὅλα τά σατανικά αὐτῶν δόγματα οὐδόλως ἀπώκνουν ἀποκαλοῦντες ἑαυτούς χριστιανούς[172].

Οὗτος ὁ Καρποκράτης ἔσχεν καί υἱόν Ἐπιφάνην καλούμενον, ὅστις ἐκπαιδευθείς παρά τῷ πατρί τήν ἐγκύκλιον παιδείαν καί μάλιστα τήν τοῦ Πλάτωνος φιλοσοφίαν, ἀνεδείχθη καί συγγραφεύς καί τῶν πατρικῶν δογμάτων ὑπέρμαχος καί προασπιστής. Κλήμης ὁ Ἀλεξανδρεύς, ἐπί τῶν χρόνων τοῦ ὁποίου ἐσῴζοντο ἔτι τά συγγράμματα

---

172 (βλ. Εἰρην. ἔνθ. ἀνωτ· ὅσα λέγει ὁ ἱερός Ἐπιφάνιος αἵρ, 26 περί τῶν Βορβοριανῶν ἐφαρμόζονται καί εἰς τούς Καρποκρατιανούς. Περί τῶν δείπνων αὐτῶν, τά ὁποῖα οὗτοι ὠνόμαζον Ἀγάπας βλ. Κλ. Ἀλεξ. Στρωμ. 3,2,§10)

τοῦ Ἐπιφάνους, ἀνέγνω ἕν σύγγραμμα αὐτοῦ «Περί δικαιοσύνης» ἐπιγραφόμενον, ἐξ οὗ διέσωσεν εἰς ἡμᾶς καί ἕν τεμάχιον. Ὁ Ἐπιφάνης, πρός πατρός μέν ἀλεξανδρεύς πρός μητρός δέ κεφαλληνεύς, εἰ καί ὑπό τήν ἀκολασίαν λίαν προώρως ἀπεμαράνθη τελευτήσας τό 17 τῆς ἡλικίας αὐτοῦ ἔτος, τοσαύτην ὅμως φήμην ἐκτήσατο ἐν Σάμῃ τῆς Κεφαλληνίας, τῇ πατρίδι τῆς μητρός αὐτοῦ, ὥστε μετά θάνατον ἀνήγειραν αὐτῷ οἱ κεφαλλῆνες ναόν, εἰς τόν ὁποῖον συνερχόμενοι κατά νουμηνίαν ἔθυον αὐτῷ ὡς ἀποθεωθέντι καί σπεύδοντες εὐωχοῦντο καί ὕμνους ἔψαλλον.

Σημείωσις. Κλήμης ὁ Ἀλεξανδρεύς, Στρωματεῖς 5,2 «Ἐπιφάνης ... υἱός ἦν Καρποκράτους καί μητρός Ἀλεξανδρείας τοὔνομα, τά μέν πρός πατρός ἀλεξανδρεύς, ἀπό δέ μητρός κεφαλληνεύς, ἔζησε δέ πάντα ἔτη ἑπτά καί δέκα καί θεός ἐν Σάμῃ τῆς Κεφαλληνίας τετίμηται, ἔνθα αὐτῷ ἱερόν ῥυτῶν λίθων βωμοί, τεμένη, μουσεῖον, ᾠκοδόμηται τε καί καθιέρωται, καί συνιόντες εἰς τό ἱερόν οἱ κεφαλλῆνες κατά νουμηνίαν γενέθλιον ἀποθέωσιν θύ /(189) ουσιν Ἐπιφάνει, σπένδουσί τε καί εὐωχοῦνται καί ὕμνοι λέγονται» βλ. καί Εἰρην. κατά αἱρ. 1,11. – Τά ἐσχάτως ἐν Κυρήνῃ δῆθεν ἀνευρεθέντα ἐπιγράμματα τινα καί ἕτερα πονήματα καί ὡς τοῦ Καρποκράτους ἔργα διαφημισθέντα ἀπεδείχθησαν ὡς πλαστουργήματα σφυρηλατηθέντα ὑπό νεωτέρων τινῶν τάς ἀρχάς τῆς κοινοκτημοσύνης πρεσβευόντων καί ἴσως ὑπό τοῦ ἐκδόντος αὐτά ἐν Ἀβινιώνῃ Marquis Fortia d' Urban.

§ 55. Ἕτεραί τινες αἱρέσεις τῆς αἰγυπτιακῆς Γνώσεως, διακρινόμεναι κυρίως διά τάς ἀνοσίας καί τάς ὀλεθρίας πρακτικάς αὐτῶν ἀρχάς.

Καί τοι ἐκ τῆς περί τῆς ὕλης τῶν ἀλεξανδρινῶν Γνωστικῶν θεωρίας, δογματιζόντων αὐτήν ὡς αἰτίαν τοῦ κακοῦ, ἀπέρρεον τά εἰς τήν ἐγκράτειαν καί τόν ἀσκητικόν βίον ὑποχρεοῦντα αὐτούς καθήκοντα, οὐχ ἧττον ὅμως ἐξετραχηλίσθησαν πᾶσαι αἱ μέχρι τοῦδε ἱστορηθεῖσαι αἱρέσεις εἰς τήν ἀκολασίαν καί εἰς τήν ἀθεμιτουργίαν, καί μάλιστα οἱ ὀπαδοί τοῦ Βασιλείδου. Τινές ὅμως τῶν αἱρέσεων τούτων ἐπορεύοντο τήν ὁδόν τῆς ἀνηθικότητος καί ἐκ τῶν προτέρων, τιθεῖσαι τοιαύτας πρακτικάς ἀρχάς, δι' ὧν ἐδικαιολογεῖτο καί ἐνομοθετεῖτο ἡ τοιαύτη αὐτῶν διαγωγή, καί τοιοῦτοι ἦσαν οἱ Ὀφῖται, ὡς εἴδομεν καί οἱ Καρποκρατιανοί. Τούτους δέ ὑπερέβησαν κατά τήν ἀναισχυντίαν αἱ αἱρέσεις τῶν Προδικιανῶν, τῶν Νικολαϊτῶν καί ἄλλων, τῶν ὁποίων τά ὀνόματα μόνον εἶναι εἰς ἡμᾶς γνωστά· οὗτοι προΐσταντο τῆς ἀρχῆς ὅτι τόν τέλειον δεῖ ἀντιτάσσεσθαι τῷ νόμῳ καί ἔργῳ τοῦτο δεικνύειν διά τῆς ἀθετήσεως αὐτοῦ. Ἐντεῦθεν ἡ κοινή προσηγορία, Ἀντιτάκται, (Ἀντινομικοί), τήν ὁποίαν φέρουσι πᾶσαι αἱ τοῦ εἴδους τούτου αἱρέσεις[173]. Καί αὐτήν δέ τήν περί ὕλης θεωρίαν ἔστρεφον οἱ αἱρετικοί οὗτοι ὑπέρ τῆς ἀναιδεστάτης αὐτῶν ἀκολασίας λέγοντες δεῖ παραχρῆσθαι τῇ σαρκί, τουτέστιν ἀπονεκροῦν τήν σάρκα διά τῆς ἀσελγείας καί τῆς ἀκολασίας. Οἱ Προδικιανοί, οἵτινες ὡς ἀρχηγέτην αὐτῶν ἔφερον Πρόδικόν τινα, ἐκήρυττον ὅτι ἦσαν τό βασίλειον γένος καί ὅτι ὡς τοιοῦτοι ἤγουν ὡς βασιλόπαιδες ἦσαν ἀνώτεροι καί ἐκτός παντός νόμου. Ἐκτός δέ τῆς ἀναιδείας, μεθ' ἧς ἐκυλίοντο εἰς τόν βόρβορον τῆς ἀτιμίας καί τῆς αἰσχρότητος διέκρινεν αὐτούς καί ἡ καταφρόνησις πάσης ἐξωτερικῆς λατρείας καί αὐτῆς ἔτι τῆς προσευχῆς[174]. Οἱ δέ Νκολαΐται ἦσαν οἱ τά μάλιστα διδάξαντες καί ἀνερυθριάστως διαπράξαντες τήν ἀρχήν «δεῖ παραχρῆσθαι τῇ σαρκί», τήν ὁποίαν καί ἔθεντο εἰς τό στόμα ἑνός ἐκ τῶν ἑπτά δια / (190) κόνων τῆς ἐν Ἱερουσαλήμ ἐκκλησίας, τοῦ Νικολάου (Πρ. 6,5). Ἡ εὐκρίνεια, μεθ' ἧς ἐκφράζεται ὁ Εἰρηναῖος καί ὁ Ἐπιφάνιος περί τῶν Νικολαϊτῶν ὡς Γνωστικῶν αἱρετικῶν τῆς 2 ἑκατονταετηρίδος καθίστησιν ἀναμφίβολον τήν ὕπαρξιν αὐτῶν κατά τούς λόγους τούτους[175] ὥστε ἀδίκως ἠθέλησαν νά διαμφισβητήσωσιν αὐτήν τῶν νεωτέρων τινές· ἴσως δέ καί τό ὑπό τῶν Φιλοσοφουμένων (σελ. 258), τοῦ Εἰρηναίου καί τοῦ Τερτυλλιανοῦ (de praescrpt. c. 46) ἱστορούμενον, ὅτι ἡ αἵρεσις αὕτη συνέχεται μετά τῶν Νικολαϊτῶν τῆς Ἀποκαλύψεως (§), δέν ἐρείδεται ἐπί τῶν ὑπερηφάνων καί ἀλαζονικῶν ἐκφράσεων τῆς αἱρέσεως, ὥς τινες νομίζουσιν ἀλλ' οὕτως ἀληθῶς ἔχει· ὅτι ὅμως θεμελιωτής τῆς αἱρέσεως ταύτης ἐγένετο εἷς τῶν ἑπτά διακόνων Νικόλαος ὀνομαζόμενος καί ὅτι οὗτος οὐ μόνον ἐδίδαξεν, ἀλλά καί διέπραττε πορνείας καί παρά φύσιν μίξεις εἶναι ἀπίθανον καί ἀβέβαιον· διότι ἐκτός τοῦ ὅτι ὁ ἱερός Κλήμης[176] καί ὁ Θεοδώρητος[177] διαμαρτύρονται κατά τῆς συγχύσεως ταύτης, καί πιθανότητα μεγάλην τό πρᾶγμα δέν ἔχει, ὥστε νά πιστεύσῃ τίς ὅτι ὁ διάκονος ἐκεῖνος ὑπῆρξεν ὁ εἰσηγητής καί θεμελιωτής αἱρέσεως ἐχούσης τοιαύτας ἀρχάς· διότι ἄν τό πρᾶγμα οὕτως εἶχεν, ἀναμφιβόλως θά κατήρχοντο εἰς ἡμᾶς εὐκρινέστεραι καί ἀξιοπιστότεραι περί αὐτοῦ εἰδήσεις, τοὐλάχιστον δύο λέξεις θά εἶχον

---

173 (Κλήμης Ἀλεξ. Στρωμ. 3 σελ. 526. Θεοδώρ. Αἱρετ. κακομ. 1,16)
174 (Κλήμης Ἀλεξ. Στρωμ. 3,σελ. 525. Θεοδώρ. Αἱρ. κακομ. 1,6)
175 (Εἰρην. κατά αἱρ. 1,26. 3,11. Ἐπιφ. αἱρ. 25)
176 (Στρωμ. 2, σελ. 490. 3, σελ. 522)
177 (αἱρ. κακομ. ἔνθ. ἀνωτ.)

περί τοῦ ἀντικειμένου τούτου αἱ *Πράξεις τῶν Ἀποστόλων*. Ἐντεῦθεν εἶναι λίαν πιθανόν ὅτι τό ὄνομα Νικολαΐται κεῖται ἐν τῇ Ἀποκαλύψει συμβολικῶς καί ὅτι οἱ Νικολαΐται τῆς 2 ἑκατονταετηρίδος ἤ ἐξελέξαντο αὐτό θέλοντες νά περιποιήσωσιν εἰς τήν αἴρεσιν αὐτῶν τιμήν ὡς ἀρχαιοτάτην δῆθεν καί ὡς ὑπό τοῦ ψυχικοῦ ἤδη ἀποστόλου καταπολεμηθεῖσαν ἤ ἦσαν πραγματικῶς λείψανον τῶν ἀρχαίων ἐκείνων Νικολαϊτῶν, διαμορφώσαντες τήν αἴρεσιν αὐτῶν κατά τάς ἰδέας τῶν γνωστικῶν[178].

Σύροι Γνωστικοί

§ 60. Ὁ Σατουρνῖνος

Μεταξύ τῶν σύρων Γνωστικῶν πρῶτος κατά τήν ἀκολουθίαν παρουσιάζεται ὁ ἐν Ἀντιοχείᾳ γεννηθείς καί αὐτοῦ τόν βίον διανύσας Σατουρνῖνος ἤ Σατουρνῖλος, ὅστις ἤκμαζε περί τό 115 ἔτος. Αἱ περί θεοῦ καί κόσμου θεωρίαι του εἶναι καθαρῶς αὐταί ἐκεῖναι τῆς συριακῆς σχολῆς (§). Καθώς αὐτός οὕτω καί οἱ ὁπαδοί αὐτοῦ τό πᾶν ἐξήτρων ἀπό τῆς ἀποφυγῆς πάσης συγκοινωνίας μετά τῆς ὕλης· διό καί ἤσκουν αὐστηροτάτην ἐγ /(191) κράτειαν ἀπέχοντες ἰδίως τοῦ γάμου καί τῆς κρεωφαγίας[179].

§61. Ὁ Τατιανός καί οἱ Ἐγκρατευταί ἤ Ἐγκρατῖται.

Πηγαί. Κλήμης Ἀλεξανδρεύς Σρωματεῖς, Ἀνατολ. διδασκαλία. Ὠριγεν. Περί προσευχ. κεφ. 24. Εἰρην. κατά αἱρ. 1,28. Εὐσέβ. Ἐκκλ. Ἱστ. 4,29. Θεοδώρ. αἱρ. κακομ. 1,20.

Ὁ Τατιανός κατά τινας μέν ἀσσύριος κατ' ἄλλους δέ σύρος τό γένος, ἐθνικός ὤν τό κατ' ἀρχάς περιελθών πολλάς πόλεις καί ἐκ τοῦ πλησίον δοκιμάσας τά θρησκεύματα καί τά ἤθη τῶν ἑλλήνων καί τῶν ῥωμαίων καί περί τῆς σαθρότητος αὐτῶν πεισθείς (βλ. τόν ἀπολογητικόν αὐτοῦ), κατήντησεν ἐπί τέλους εἰς Ῥώμην καί ἐκεῖ ἐπηγγέλλετο τόν ῥήτορα, ὅτε περιελθοῦσα εἰς χεῖρας αὐτοῦ ἡ ἁγία Γραφή, ἔρριψεν αὐτόν εἰς τούς κόλπους τῆς χριστιανικῆς ἐκκλησίας. Ἐν Ῥώμῃ ἐγένετο χριστιανός διδαχθείς τά περί τοῦ Ἰησοῦ Χριστοῦ ὑφ' ἑνός τῶν διασημοτέρων καί ἁγιωτέρων διδασκάλων τῆς

---
178 (Περί τοῦ Νικολ. βλ. καί Εὐσέβ. Ἐκκλ. Ἱστ. 3,29)
179 (Εἰρην. 1,24. Ἐπιφ. Αἱρ. 23)

τότε Ἐκκλησίας, ὑπό τοῦ ἁγίου Ἰουστίνου τοῦ φιλοσόφου καί μάρτυρος, εὑρισκομένου τότε αὐτοῦ. Καί ἐν ὅσῳ μέν ἔζη ὁ διδάσκαλος αὐτοῦ ἐφέρετο ὁ Τατιανός καλῶς καί τῇ πίστει ἐνέμενε πιστός καί περιβόητος ἐτύγχανεν ἐν τῇ Ἐκκλησίᾳ καί δι' ἄλλα καί διά τήν ὑπέρ τῶν χριστιανῶν ἀπολογίαν του (§). Μετά ταῦτα ὅμως φέρων ἔδωκεν ἑαυτόν εἰς τήν ψευδώνυμον Γνῶσιν, ὑπέρ ἧς καί εἰργάσθη μετά πολλοῦ ζήλου διά λόγου τε καί συγγραφῶν. Κατά τά οὐσιώδη ἡ γνωστική αὐτοῦ αἵρεσις παρίσταται ὡς παραφυάς τῆς Συριακῆς Σχολῆς καί τοι τινές τῶν ἀρχαίων[180] λέγουσιν ὅτι καί ὁ Τατιανός παρόμοια τῷ Οὐαλεντίνῳ περί Αἰώνων ἐδίδασκεν. Ἐκ τοῦ γνωστικοῦ αὐτοῦ συστήματος ὀλίγα ὑπεβιβάσθησαν εἰς ἡμᾶς, ἐξ ὧν ἄξια περιεργείας εἶναι ὅτι ἐν τῷ ἀνθρώπῳ δύο ἀπεδέχετο ὁ Τατιανός ψυχάς, μίαν *ἄλογον* καί ἑτέραν *λογικήν·* ὅτι ὁ ἄνθρωπος κατέστη ἀθάνατος ἀφ' οὗ ὁ ἀγαθός θεός μετέδωκεν αὐτῷ τό *πνεῦμα* καί ὅτι ὁ Ἀδάμ οὔτε ἐσώθη οὔτε σωθήσεται ποτέ. Τά δέ περί ἀσκητικῆς δόγματα αὐτοῦ ἦσαν ὑπερβολικώτατα. Τόν γάμον ἀπηγόρευεν αὐστηρῶς, ἔργον αὐτόν ἀποκαλῶν τοῦ Σατανᾶ· τήν δέ λοιπήν ἐγκράτειαν διώριζεν ἐν τῇ ἀποχῇ τῶν κρεῶν καί τῶν μεθυστικῶν ποτῶν. Τά δόγματα ταῦτα ἐξέθετο ἔν τινι συγγράμματι αὐτοῦ ἐπιγραφομένῳ «*Περί τοῦ κατά τόν Σωτῆρα καταρτισμόν*». Ὁ αὐτός ἔγραψε καί τό οὕτω καλούμενον «*Εὐαγγέλιον τῶν τεσσάρων*» (εἶδος τι εὐαγγελικῆς ἁρμονίας) κακοδοξήσας ἤδη ὡς εἰκάζεται ἐκ τῶν λόγων τοῦ Θεοδωρήτου[181]. Οἱ ὀπαδοί αὐτοῦ, ἐξ ὧν περιεφέροντο καί μέχρι τῆς τετάρτης ἑκατονταετηρίδος ἐκαλοῦντο διά τήν μεγάλην αὐτῶν ἐγκράτειαν «*ἐγκρατευταί καί ἐγκρατῖται καί ὑδροπαραστάται*» /(192) (Aquarii) διότι τό οἰνοποτεῖν ἐνομίζετο παρ' αὐτοῖς ἁμαρτία.

Καί τοι δέ τό ὄνομα Ἐγκρατῖται κατ' ἐξοχήν ἔφερον τοῦ Τατιανοῦ οἱ ὀπαδοί, διότι ἰδιαιτέραν ὀνομασίαν δι' αὐτούς οὐδαμοῦ ἀπαντῶμεν, οὐχ ἧττον ὅμως φαίνεται ἀποδιδόμενον καί εἰς πολλούς ἄλλους γνωστικούς, ὅσοι ὡς ἀρχήν εἶχον τήν αὐστηράν ἄσκησιν καί ἐγκράτειαν. Μεταξύ δέ τῶν διά τοῦ ὀνόματος τούτου διακρινιμένων ἦσαν Ἰουλιανός τις τοὐπίκλην Κασσιανός, ὅστις ἔγραψε καί ἐξηγητικά καί ἕτερός τις Σευῆρος, οὕτινος οἱ ὀπαδοί ὀνομάζοντο καί Σευηριανοί. Οἱ τελευταῖοι οὗτοι ἔλεγον ὅτι τό μέν ἄνω ἥμισυ τοῦ ἀνθρώπου ἐπλάσθη ὑπό τοῦ θεοῦ, τό δέ ἕτερον ὑπό τοῦ Σατανᾶ· καί αὐστηρότατα ἀπηγόρευον τήν οἰνοποσίαν, διότι κατ' αὐτούς ἡ ἄμπελος ἐβλάστησεν

---

180 (ὁ Εἰρην. ἔνθ. ἀνωτ. καί ὁ Τερτυλλ. de praescript. c. 52 καί ὁ Ἐπιφ. αἵρ. 46)
181 (ἔνθα ἀνωτ.)

ἐκ τῆς γονῆς τοῦ ὀφιοεικέλου δαίμονος, ἐξ οὗ, ἔλεγον οἱ αὐτοί, καί τό ὀφιόμορφον τῆς ἀμπέλου σχῆμα καί τά κακά τοῦ οἴνου ἀποτελέσματα· οἷον ἡ θόλωσις τοῦ νοός καί ἡ διέγερσις τῶν σαρκικῶν ἐπιθυμιῶν[182].

Σημείωσις. Ὁ ἱερός Ἐπιφάνιος, αἵρεσις 46, ἀνασκευάζων τήν πλάνην ἐκείνην τοῦ Τατιανοῦ, ὅτι ὁ Ἀδάμ οὔτε ἔτυχε οὔτε τεύξεται ποτέ σωτηρία, φέρει μεταξύ ἄλλων πρός ἀπόδειξιν ὅτι ἐσώθη ἡ ψυχή τοῦ πρωτοπλάστου καί τό εὐαγγελικόν ἐκεῖνο λόγιον *κρανίου τόπος* ἐννοεῖ δέ ὅτι ὁ σταυρός τοῦ Κυρίου ἐστήθη ἐπί τοῦ τάφου τοῦ Ἀδάμ καί μάλιστα ἐκεῖ ὅπου ἔκειτο ἡ κεφαλή αὐτοῦ. - Ἐκ τῆς παραδόσεως ταύτης ἴσως ἔχει τήν ἀρχήν καί ἡ ὑπό τούς πόδας τοῦ σταυροῦ ἐξεικόνισις τοῦ κρανίου καί τῶν ὀστέων. - Ὁ Τατιανός διέδωκε τήν αἵρεσιν αὐτοῦ ἐν Συρίᾳ ἐν Κιλικίᾳ καί ἀλλαχοῦ τελευτήσας τό 174.

§ 62. Ὁ Βαρδεσάνης καί ὁ υἱός αὐτοῦ Ἁρμόνιος.

Πηγαί. Ἐπιφ. αἵρ. 56. Εὐσεβ. Εὐαγγ. προπαρασκ. 6,9.10. Ἐκκλ. Ἱστ. 4,30. Ἐφραίμ Σύρου ἅπαντα τόμ. 2, σελ. 552.

Ὁ Βαρδεσάνης (Βαρ – Δαιζών), σύρος καί οὗτος τό γένος, ἤκμαζε περί τό 170 ἐν τῇ ἐν Ἐδέσσῃ αὐλῇ τοῦ βασιλέως Ἀβγάρου Μαάν, ὀνομαστός ὑπάρχων ἐπί τε πολυμαθείᾳ καί ποιήσει καί μουσικῇ τέχνῃ. Ὁ Βαρδεσάνης κατά τινας μέν (Εὐσέβιος) τῇ ψευδωνύμῳ γνώσει κατ' ἀρχάς προσκείμενος προσήγγισεν ὕστερον εἰς τήν ὀρθόδοξον ἐκκλησίαν, εἰ καί μή ἀποβαλών πάντα τῆς προτέρας αἱρέσεως αὐτοῦ τά δόγματα. /(193). Κατ' ἄλλους (Ἐπιφάνιος) συνέβη τό ἐναντίον. Ἀλλά, καθά ἱστορεῖ ὁ ἅγιος Ἐφραίμ ὁ Σύρος, τοῦ ὁποίου αἱ εἰδήσεις εἶναι καί αἱ μᾶλλον ἀξιόχρεοι, ὁ Βαρδεσάνης διετέλεσεν ἀπ' ἀρχῆς μέχρι τέλους ὁ αὐτός, ὅπερ ἐστί μέτριός τις γνωστικός κλίνων πρός τάς διδασκαλίας τῆς ὀρθοδόξου ἐκκλησίας καί ἐν τοῖς κυριωτέροις τόν Οὐαλεντῖνον κατακολουθῶν. Διά τῶν ὕμνων αὐτοῦ, οὕς ἐποίει ἐν τῇ συριακῇ γλώσσῃ καί οἱ ὁποῖοι διεκρίνοντο διά τήν ποιητικήν φαντασίαν καί διά τό νεοφανές τῆς μελῳδίας καί τοῦ ῥυθμοῦ, κατώρθωσεν ὁ Βαρδεσάνης νά εἰσαγάγῃ τήν γνωστικήν αὐτοῦ αἵρεσιν καί εἰς τόν λαόν καί νά παρατείνῃ οὕτω τήν ζωήν αὐτῆς μέχρι τῆς 5 ἑκατονταετηρίδος Πολύ δέ συνετέλεσεν εἰς τοῦτο καί ὁ Ἁρμόνιος, ὁ υἱός τοῦ Βαρδεσάνους ὁ διαδεχθείς αὐτόν

---

[182] (Ἐπιφ. αἵρ. 45)

εἰς τήν ἀρχηγίαν τῆς αἱρέσεως ταύτης, ὅστις ἀπομιμηθείς ἐν πᾶσι τόν ἑαυτοῦ πατέρα διεκρίθη ἐπίσης ἐν τῇ ὑμνογραφίᾳ.

Ἐναντίον τῶν αἱρετικῶν ᾀσμάτων τοῦ Βαρδεσάνους καί τοῦ υἱοῦ αὐτοῦ Ἁρμονίου, τά ὁποῖα ἐξηκολούθουν ψάλλοντες οἱ ἐν τῇ Συρίᾳ ὀπαδοί αὐτῶν μέχρι καί τῆς 5 ἑκατονταετηρίδος, ἀντέταξεν ὁ ἅγιος Ἐφραίμ ὁ Σύρος «τήν ἁρμονίαν τοῦ μέλους ἐκεῖθεν λαβών»[183] ἕτερα ὀρθόδοξα ᾄσματα, ἐξ ὧν σώζονταί τινα ἐν τοῖς 56 ὕμνοις αὐτοῦ τοῖς ἐπιγραφομένοις κατά τῶν αἱρετικῶν καί ἐξ ὧν δυνάμεθα νά δίδωμεν ἐν μέρει τάς κακοδοξίας τοῦ Βαρδεσάνου. Ἐκτός ἄλλων ἐδογμάτιζεν οὗτος ὅτι δέν ἐγεννήθη ἀλλά διῆλθε μόνον διά τῆς παρθένου Μαρίας, διότι τό σῶμα αὐτοῦ ἦτον οὐράνιον ὅμοιον τῷ τῶν ἀγγέλων, τῶν κατά καιρούς εἰς τούς ἀνθρώπους ἐμφανισθέντων.

Ὁ Βαρδεσάνης ἔγραψε καί «Περί εἱμαρμένης», ἔνθα ἐπολέμει τάς περί εἱμαρμένης καί ἀστρονομίας ἰδέας ἄλλων σύρων Γνωστικῶν· ἐξ αὐτοῦ δέ τοῦ συγγράμματος διέσωσεν ἡμῖν τεμάχιον ὁ Εὐσέβιος ἐν τῇ *Εὐαγγελικῇ* αὐτοῦ *προπαρασκευῇ*[184].

§ 63. Ὁ Μαρκίων καί ἡ σχολή αὐτοῦ.

Πηγαί. Εἰρν. κατά αἱρ. 1,27. Φιλοσοφούμενα βιβλ.7, Ἐπιφ. αἱρ. 42. Θεοδώρ. Αἱρ. κακομ.1,24 Tertull. adv. Marc. libr. 5. Ψευδωριγ. Περί τῆς εἰς Θεόν ὀρθῆς πίστεως κατά Μαρκιωνιτῶν, ἅπαντα Ὠριγ. ἔκδ. Ruaeus 1, p. 803 κεξ.

Ὁ Μαρκίων ἐγεννήθη ἐν τῇ κατά τόν Πόντον Σινώπῃ, ἧς προΐστατο ὡς ἐπίσκοπος ὁ πατήρ αὐτοῦ, πεπροικισμένος ἐκ φύσεως μέ πολλά πνευματικά προτερήματα καί κάτοχος πολλῶν γνώσεων[185], πλήν θερ /(194) μοῦ καί ἐκκεντρικοῦ χαρακτῆρος ἄνθρωπος. Ὁ Μαρκίων καταναλώσας τά ὑπάρχοντα αὐτοῦ εἰς ἔργα φιλανθρωπικά, φέρων ἔδωκεν ἑαυτόν μετ' ἐνθουσιασμοῦ εἰς τόν ἀσκητικόν βίον. Ἀλλά μετ' οὐ πολύ διακορεύσας ἱεράν τινα παρθένον, ἐξώσθη διά τοῦτο τῆς ἐκκλησιαστικῆς κοινωνίας ὑπό τοῦ ἰδίου πατρός αὐτοῦ, ἀνδρός εὐσεβεστάτου καί λίαν ζηλωτοῦ καί, ἐπειδή ὁ πατήρ ἀδυσώπητος κατ' οὐδένα τρόπον συγκατετίθετο εἰς τήν συγχώρησιν τοῦ υἱοῦ, καταλιπών ὁ Μαρκίων τόν Πόντον ἦλθεν εἰς τήν Ῥώμην (ἐν ἔτει 140-150), ὅπως τύχῃ τῆς

---
183 (Θεοδώρ. Ἐκκ. Ἱστ. 4,29 ἤ 27 καί Σωζομ. Ἐκκλ. Ἱστ. 3,15 ἤ 16)
184 (ἔνθ. ἀνωτ.)
185 (Hieron. comment. in Oseam. c. 10 v.1)

ποθητῆς ἀφέσεως. Πλὴν δηλωθέντος αὐτῷ καὶ ἐνταῦθα ὅτι ἄνευ τῆς συνευδοκήσεως τοῦ πατρός αὐτοῦ δὲν ἧτο δυνατὸν νὰ δωθῇ ἡ ἄφεσις, ὀργισθεὶς προσῆλθε πρὸς τὸν τηνικαῦτα ἐν Ῥώμῃ διατρίβοντα σύρον γνωστικὸν Κόρδωνα, ὅπως ἐπιπέσῃ μετ' αὐτοῦ κατὰ τῆς Ἐκκλησίας, ἥτις δὲν ἠξίωσε νὰ δεχθῇ αὐτὸν πάλιν εἰς τὸν ἑαυτῆς κόλπον[186]. Καὶ πραγματικῶς μυηθεὶς τὰς κακοδοξίας τοῦ Κόρδωνος καὶ ταύτας κατὰ τὸ δοκοῦν ἀναπτύξας καὶ διαπλάσας, διέδωκεν αὐτὰς ἐν βραχεῖ χρόνου διαστήματι, καὶ τοσούτους ἐξηπάτησεν ὥστε ἤδη ὁ ἅγιος Ἰουστῖνος ὁ Φιλόσοφος καὶ Μάρτυς κατὰ τὸ ἔτος 150 ἐθρήνει διὰ τὴν πληθὺν τῶν ἀπολλυμένων[187]. Λέγεται δὲ ὅτι καὶ ὁ ἅγιος Πολύκαρπος ὅτε ἦλθεν εἰς Ῥώμην ἐρωτηθεὶς ὑπὸ τοῦ Μαρκίωνος, ἐὰν γινώσκῃ αὐτόν, ἀπεκρίθη αὐτῷ «ἐπιγινώσκω τὸν πρωτότοκον τοῦ σατανᾶ»[188]. Ἡ αἵρεσις τοῦ Μαρκίωνος διεδόθη καὶ ἀλλαχοῦ καὶ διετηρήθη ἀκμαία ἐπὶ αἰῶνας οὕτως ὥστε καὶ ἐπὶ τοῦ 4 ἔτι αἰῶνος, καίτοι ὁ Μέγας Κωνσταντῖνος ἐξέδωκε κατ' αὐτῶν νόμον ἀπαγορεύοντα τόσον τὴν κοινῇ καὶ δημοσίᾳ ὅσον καὶ τὴν κατ' ἰδίαν λατρείαν αὐτῶν[189], οἱ Μαρκιωνῖται ἦσαν πολυάριθμοι οὐ μόνον ἐν Ῥώμῃ καὶ ἐν Ἰταλίᾳ ἀλλὰ καὶ ἐν τῇ βορείῳ Ἀφρικῇ ἐν Αἰγύπτῳ, ἐν Παλαιστίνῃ, ἐν Συρίᾳ, ἐν Ἀραβίᾳ, καὶ ἐν τῇ νήσῳ Κύπρῳ. Ὁ ἱερὸς Θεοδώρητος διηγεῖται[190] ὅτι ἐβάπτισε δέκα χιλιάδας Μαρκιωνίτας. Ἔκτοτε ὅμως, ἤγουν ἀπὸ τοῦ 450 καὶ ἑξῆς, ἡ αἵρεσις τῶν Μαρκιωνιτῶν διελύθη τῶν μὲν προσελθόντων εἰς τὴν ὀρθόδοξον ἐκκλησίαν· τῶν δὲ ἀσπασθέντων τὴν αἵρεσιν τῶν Μανιχαίων[191].

Τὸ σύστημα τοῦ Μαρκίωνος εἶναι ἐν πολλοῖς διάφορον τῶν ἄλλων γνωστικῶν αἱρέσεων· διότι ἐνῷ πάντες σχεδὸν οἱ ἄλλοι γνωστικοὶ οὐδὲν ἄλλο κυρίως ἐθήρευον εἰμὴ τὸ ἐπεκτεῖναι τὰ ὅρια τοῦ χριστιανισμοῦ, διὰ προλήψεως καὶ ἀναμίξεως μετὰ τοῦ χριστιανισμοῦ ἀλλοτρίων θεοσοφημάτων, τοὐναντίον ὁ Μαρκίων συστέλλει ὑπὲρ τὸ δέον καὶ αὐτὰ τὰ ὅρια τῆς /(195) χριστιανικῆς θρησκείας· οὗτος ἀποῤῥίπτων τὰς μυστικὰς καὶ ἀποκρύφους παραδόσεις, ἐν αἷς ἔχαιρον οἱ ἄλλοι γνωστικοί, ἀπεδέχετο ἓν μόνον εὐαγγέλιον, ὅπερ ἦτο τὸ ἡμέτερον κατὰ Λουκᾶν εὐαγγέλιον καὶ δέκα ἐκ τῶν ἁγίου

---

186 (Ἐπιφ. 42,1-3)
187 (Ἀπολ. α΄ 26. Εὐσεβ. Ἐκκλ. Ἱστ. 4,11)
188 (Εἰρην. 3,3§4. Εὐσεβ. Ἐκκλ. Ἱστ. 4,14. Ἱερών. de viris illustr. c. 17)
189 (Εὐσεβ. Βίος Κωνσταντ. 3,64,65.)
190 (ἐπιστολ 145 ἢ κατ' ἄλλ. 113)
191 (τοῦτο γίνεται δῆλον ἐξ ὅσων λέγει ὁ Θεοδώρητος ἐκθέτων τὰ τῆς αἱρέσεως τῶν Μαρκιωνιτῶν, Αἵρ. κακομ. 1,24)

Παύλου ἐπιστολῶν, πλήν παρακεκομμένα ἀμφότερα καί αὐθαιρέτως παραποιημένα. Συγγραφέα δέ τοῦ εὐαγγελίου αὐτῶν ἤθελον οἱ Μαρκιωνῖται τόν Ἰησοῦν Χριστόν, συμπληρωτήν δέ αὐτοῦ τόν ἀπόστολον Παῦλον[192]· ὡσαύτως ἀπεδοκίμαζεν ὁ Μαρκίων καί τήν παρά τοῖς ἄλλοις γνωστικοῖς λίαν πεφιλημένην ἀλληγορικήν ἑρμηνείαν διδάσκων «μή δεῖν ἀλληγορεῖν τήν Γραφήν»[193] καί τήν περί ἀπορροίας καί προβολῆς διδασκαλίαν αὐτῶν. Ἐάν ὁ Μαρκίων ἐδογμάτιζε δύο ἤ τρεῖς ἀρχάς, τοῦτο εἶναι ζήτημα εἰσέτι· διό καί διαφωνοῦσιν οἱ ἱστορικοί· ὅπως δήποτε ὅμως καί ἄν ἔχη τό πρᾶγμα, εἴτε δηλ. ὁ Μαρκίων εἴτε οἱ ὀπαδοί αὐτοῦ τρεῖς ἀρχάς ἀπαντῶμεν ἐν τῇ αἱρέσει ταύτῃ, τόν ἀγαθόν θεόν, τόν δίκαιον θεόν (τόν ποιητήν τοῦ κόσμου καί δοτῆρα τοῦ μωσαϊκοῦ νόμου) καί τόν ἄρχοντα τοῦ κακοῦ (τόν θεόν τῶν ἐθνικῶν). Τήν διαφοράν τῆς Π. Διαθήκης πρός τήν Καινήν ἐπεχείρησε νά ἀποδείξῃ ὁ Μαρκίων ἔν τινι συγγράμματι ἐπιγραφομένῳ «Ἀντιθέσεις». Οἱ ὀπαδοί τοῦ Μαρκίωνος διηροῦντο εἰς δύο τάξεις, εἰς τήν τάξιν τῶν ἐκλεκτῶν καί ἁγίων καί εἰς τήν τάξιν τῶν κατηχουμένων· ἐναντίον δέ τῆς πράξεως τῆς ὀρθοδόξου ἐκκλησίας ἐπέτρεπεν ὁ Μαρκίων οἱ τελευταῖοι νά συνίστανται μετά τῶν πιστῶν μέχρι τέλους τῆς θείας λειτουργίας· εἰς τοῦτο δέ προήγετο[194], παρερμηνεύων τούς λόγους τοῦ ἀποστόλου Παύλου (1) Γαλ. 6,6, «Κοινωνείτω δέ ὁ κατηχούμενος τόν λόγον τῷ κατηχοῦντι ἐν πᾶσιν ἀγαθοῖς». Τά βάπτισμα ἐπανελαμβάνετο καί δεύτερον παρά τῷ Μαρκίωνι, ἵνα ἥτις διά θανασίμου τινός ἁμαρτίας τήν ἐν τῷ πρώτῳ βαπτίσματι χάριν ἀπώλεσεν, λάβῃ αὐτήν καί αὖθις· τό βάπτισμα ἐπέτρεπε νά τελῶσι καί γυναῖκες· τούς δέ κατηχουμένους, ὅσοι πρό τοῦ βαπτίσματος ἀπέθνησκον, ἐβάπτιζε ἐπί τῇ βάσει δῆθεν τῶν λόγων τοῦ ἀποστόλου Παύλου (αʹ Κορ. 15,29)· τό ἔθιμον ὅμως τοῦτο ἀποδοτέον εἰς τούς μεταγενεστέρους Μαρκιωνίτας· διότι πρῶτος μνημονεύει αὐτοῦ ὁ ἱερός Χρυσόστομος[195]. Προσέτι ἐν τῇ ἱερᾷ μυσταγωγίᾳ μετεχειρίζετο ἀντί οἴνου ὕδωρ. Τό δέ Σάββατον (ὡς ἡμέρα ἑορτάσιμος παρά τοῖς ἰουδαίοις) ἤγετο παρά τῷ Μαρκίωνι ἐν νηστείᾳ. Παρά τῶν ἐκλεκτῶν αὐτοῦ ἀπῄτει ὁ Μαρκίων αὐστηροτάτην ἄσκησιν, ἀποχήν ἀπό πάσης γηΐνου ἡδυπαθείας, πρό πάντων δέ ἀπό τῶν κρεῶν καί τοῦ γάμου. Ἀναφέρεται πρός τούτοις ὅτι ὀψιαίτερον μετανοήσας ὁ Μαρκίων ἐζήτησε νά

---

192 (Διάλογος Περί τῆς εἰς θεόν ὀρθῆς πίστεως, ἅπαντα Ὠριγ. σελ. 801)
193 (Ὠριγ. Εἰς τόν Ματθ. τόμ. 3 σελ 655)
194 ὡς λέγει ὁ ἅγιος Ἱερώνυμος ad Galat. 6,6,
195 (ὁμιλ. 40,1 εἰς τήν αʹ Κορ. ἐπιστολήν τοῦ Παύλου)

προσέλθη εἰς τήν ἐκκλησίαν, ὅτι ἡ μετάνοια αὐτοῦ ἐγένετο δεκτή ὑπό τῆς ἐκκλησίας· ἀλλ' ὅτι ἁρπάγει ὑπό τοῦ θανάτου πρίν ἤ πράξῃ τοῦτο[196].

Ἐκ τῶν μαθητῶν τοῦ Μαρκίωνος διασημότεροι ἐγένοντο ὁ *Μάρκος*, ὁ *Λουκιανός* καί /(196) καί ὁ *Ἀπελλῆς*[197].

---

196 (Τερτυλλ. de praescript. c. 36)
197 (Εὐσέβ. Ἐκκλ. Ἱστ. 5,13. Ἐπιφ. 44,27. Τερτυλλ. de praescript. c. 30)

Κεφάλαιον Γ'.

Ἱεραί τελεταί τῶν χριστιανῶν

§64. Περί τοῦ ἁγίου βαπτίσματος καί τοῦ ἁγίου χρίσματος.

α'. Προετοιμασία εἰς τό ἅγιον βάπτισμα.

Ἡ θύρα ἡ ἐπάγουσα εἰς τήν Ἐκκλησίαν εἶναι κατά τήν ἐντολήν τοῦ Κυρίου ἡμ[βν Ἰησοῦ Χριστοῦ τό ἅγιον βάπτισμα, δι' οὗ πᾶς ἄνθρωπος ἀναγεννώμενος ἐν Χριστῷ πολιτογραφεῖται ἐν τῇ βασιλείᾳ τοῦ Θεοῦ (Ἰωαν. 3,5. Ματθ. 28,19). Κατ' ἀρχάς ἐπί τῶν ἀποστολικῶν ἔτι χρόνων οἱ πιστεύοντες εἰς Χριστόν ἰουδαῖοι τε καί ἐθνικοί ἐβαπτίζοντο παραχρῆμα, ὡς γίνεται φανερόν ἐκ τῆς εὐαγγελικῆς ἱστορίας (Πρ. 2,37-41)· ὕστερον ὅμως προϊόντος τοῦ χρόνου ἐθεωρήθη καλόν ἵνα, πρός ἀποφυγήν σκανδάλου, οἱ θέλοντες νά εἰσέλθωσιν εἰς τήν χριστιανικήν ἐκκλησίαν διδάσκωνται πρότερον τῆς χριστιανικῆς πίστεως τά δόγματα καί δοκιμαζόμενοι ἐπί τινα χρόνον, οὕτω βαπτίζωνται καί κατατάσσωνται ἐν τῷ χορῷ τῶν πιστῶν. Ἐντεῦθεν ἡ πρός τό βάπτισμα ἑτοιμασία, ἥτις ἀρξαμένη ἐπί τῆς δευτέρας ἑκατονταετηρίδος διωργανώθη ἐπί τό τελειότερον κατά τήν τρίτην. Κατά τούτους λοιπόν τούς χρόνους ὅστις παρουσιαζόμενος ἐνώπιον τοῦ ἐπισκόπου ἤ τῶν πρεσβυτέρων ἐξέφραζε τήν ἐπιθυμίαν καί τήν ἀπόφασίν του νά γίνῃ χριστιανός, οὗτος σημειούμενος διά τοῦ σημείου τοῦ σταυροῦ καί ἀνομολογῶν παρρησία ὅτι ἀποτάσσεται τῷ σατανᾷ καί τοῖς ἀγγέλοις αὐτοῦ καί τῇ πομπῇ αὐτοῦ (τῇ εἰδωλολατρείᾳ) (βλ. σημ.β´) παρεδίδετο εἰς ἕνα τῶν πρεσβυτέρων ἤ τῶν διακόνων, ἐνίοτε δέ καί εἰς ἕνα ἐκ τῶν λαϊκῶν, ὅπως διδαχθῇ τῆς χριστιανικῆς πίστεως τάς ἀληθείας καί ἐντεῦθεν ὠνομάζετο κατηχούμενος. Οἱ κατηχούμενοι διῃροῦντο ἐπί τῆς δευτέρας ἤδη ἑκατονταετηρίδος ἤ τοὐλάχιστον περί τά τέλη αὐτῆς εἰς τρεῖς τάξεις: ἐξ ὧν πρώτη μέν ἦτο ἡ τῶν ἀκροωμένων (audientes)· δευτέρα ἡ τῶν γόνυ κλινόντων ἤ γονυκλιτούντων (substrat, genuflectentes) καί τρίτη ἡ τῶν φωτιζομένων, ἡ τῶν ἐκλεκτῶν (electi, competentes). Οἱ τῆς πρώτης τάξεως ἐπεσκέπτοντο τάς ἱεράς συνάξεις τῶν χριστιανῶν καί παρίσταντο ἐν τῇ ἀναγνώσει τῶν ἁγίων Γραφῶν καί ἐν τῇ διδαχῇ τῇ γινομένῃ ὑπό τοῦ προεστῶτος (§). – Tertull. de poenitentia c. 6. Κυπριαν. epist. /(197) 13 καί 14. Οἱ τῆς δευτέρας τάξεως ἦσαν ἐκεῖνοι, οἵτινες μετά τήν ὁμιλίαν τοῦ προεστῶτος ἔκλινον τό γόνυ καί ἐλάμβανον τήν εὐλογίαν τοῦ λειτουργοῦ τῆς ἐκκλησίας, ὅστις τιθείς τάς χεῖρας ἐπ᾽ αὐτούς ἀνεγίνωσκεν ὑπέρ αὐτῶν ὡρισμένας τινάς εὐχάς. Εἰς τήν τρίτην τάξιν εἰσήρχοντο ὀλίγας ἡμέρας πρό τοῦ βαπτίσματος· οὗτοι δέ ἐλάμβανον τήν ὁμολογίαν τῆς πίστεως καί τήν Κυριακήν προσευχήν, τήν ὁποίαν ὅμως μετά τό βάπτισμα κατά πρῶτον ἠδύναντο νά λέγωσι προσευχόμενοι· καί αὐτοί δέ ὡς καί οἱ τῶν ἄλλων δύο τάξεων ὤφειλον ἀρχομένης τῆς θείας εὐχαριστίας νά ἀπομακρύνωνται τῆς συνάξεως τῶν πιστῶν. Πάντες οὗτοι ὤφειλον νά διδάσκωνται, ὡς εἴπομεν, ἰδιαιτέρως τά δόγματα καί τάς ἐντολάς τῆς χριστιανικῆς θρησκείας· ἐκτός δέ τῆς ἐν τῷ δόγματι προτελέσεως ὤφειλον οἱ κατηχούμενοι νά προετοιμάζωνται εἰς τό βάπτισμα καί διά τῆς συντόνου προσευχῆς καί νηστείας καί δι᾽ ἐξομολογήσεως[198].

---
198 Ὁ χρόνος τῆς κατηχήσεως καί τῆς ἄλλης προπαρασκευῆς διορίζεται ὑπό τῶν Ἀποστολικῶν Διαταγῶν 8,32 ἐπί τρία ἔτη· ὑπό δέ τῆς ἐν Ἰλλιβήρᾳ, συνόδου τῆς ἐν ἔτει 305 συγκροτηθείσης, καν. 42, ἐπί δύο μόνον ἔτη. Ἀλλ᾽ ἡ χρονική αὕτη προθεσμία συνετέμνετο πολλάκις ἐπί ἐξόχων καί ἐναρέτων ἀνδρῶν· ἐν περιπτώσει ἀνάγκης· τένει δέ ἦσαν αἱ διδασκαλίαι περί ἅς ἐστρέφετο ἡ κατήχησις, βλ. Ἀποστολικαί Διαταγαί 7,40 κεξ. Τινές ἔχοντες ὑπ᾽ ὄψιν τά τοῦ Ὠριγένους «τό τηνικάδε αὐτούς εἰσάγουσιν, ἰδίᾳ μέν ποιήσαντες τάγμα τῶν ἄρτι ἀρχομένων καί εἰσαγομένων καί οὐδέπω τό σύμβολον τοῦ ἀποκεκάθαρθαι ἀνειληφότων» συνάγουσιν ὅτι δύο ἦσαν αἱ τάξεις τῶν κατηχουμένων, ἡ τῶν ἄρτι ἀρχομένων καί ἡ τῶν εἰσαγομένων, ἀλλά καθ᾽ ἡμᾶς τά «καί οὐδέπω τό σύμβολον τοῦ ἀποκεκάθαρθαι ἀνειληφότων» δέν εἶναι προσθήκη εἰς τό «εἰσαγομένων» ἀλλά ἔχουσιν ὑπονοούμενον τό «τάγμα» - τάγμα τῶν ἀρχομένων, τάγμα τῶν εἰσαγομένων, τάγμα τῶν οὐδέπω τό σύμβολον κτλ. Τοῦτο μόνον δύναται νά εἴπῃ τις, ἐξ ὧν προτάσσει τῶν ἀνωτέρω λόγων ὁ Ὠριγένης, ὅτι ἡ πρώτη τάξις τῶν κατηχουμένων δέν ἐπεσκέπτετο τάς συνάξεις τῶν πιστῶν. Ἰδού ὁλόκληρον τό χωρίον τοῦ Ὠριγένους, ὅπερ λέγεται κατά τοῦ Κέλσου καί ἔνθα ὁ χριστιανός ἀπολογητής ὁμιλεῖ περί τῆς δοκιμασίας καί τῆς προπαρασκευῆς εἰς ἥν ὑποβάλλουσιν οἱ χριστιανοί τούς τά αὐτῶν δόγματα ἀσπαζομένους κατ᾽ ἀντίθεσιν τῆς πράξεως τῶν θύραθεν φιλοσόφων: «οἱ μέν γάρ δημοσίᾳ διαλεγόμενοι φιλόσοφοι οὐ φιλοκρινοῦσι τούς ἀκούοντας, ἀλλ᾽ ὁ βουλόμενος ἕστηκε καί ἀκούει· χριστιανοί δέ κατά τό δυνατόν αὐτοῖς, προβασανίσαντες

β'. Τελετή τοῦ ἁγίου βαπτίσματος. Χρόνος καί τόπος ἔνθα καί ὅτε τοῦτο ἐτελεῖτο.

Διανύσαντες τό στάδιον τῆς προετοιμασίας καί μέλλοντες νά εἰσέλθωσιν εἰς τό ὕδωρ οἱ κατηχούμενοι ὡμολόγουν καί πάλιν ἐνώπιον τοῦ ἐπισκόπου ἢ τοῦ πρεσβυτέρου ὅτι ἀποτάσσονται τῷ διαβόλῳ καί τοῖς ἀγγέλοις καί τῇ πομπῇ αὐτοῦ· ἔπειτα ἐγίνετο ὁ ἐξορκισμός, μετά δέ τοῦτον οἱ πρός τό βάπτισμα ἐποιοῦντο τήν ὁμολογίαν τῆς πίστεως, ἐχρίοντο δι' ἐλαίου καί ἁγιαζομένου τοῦ ὕδατος δι' εὐχῆς καί εὐλογίας τοῦ προεστῶτος κατήρχοντο εἰς τό ὕδωρ. Τό βάπτισμα ἐτελεῖτο διά καταδύσεως (immersio) καί μόνον ἐν καιρῷ ἀνάγκης δι' ἐπιχύσεως (infusio) ἢ διά ῥαντισμοῦ (aspersio), ὅπερ καί βάπτισμα τῶν κλινικῶν (baptismus clinicorum) ἐλέγετο, γινόμενον κατά συγκατάβασιν εἰς τούς νόσῳ ἢ παραλυσίᾳ συνεχομένους· ὁ δέ λειτουργός τῆς ἐκκλησίας βαπτίζων ἐπεφώνει τυπικήν τινα ῥήτραν, διατυπωθεῖσα κατά τά τῷ εὐαγγελίῳ περί τοῦ βαπτίσματος παραγγελόμενα (Ματθ. 28,19), αὐτήν βεβαίως ἦν καί μέχρι τοῦ νῦν κατάχει ἡ ἀνατολική ὀρθόδοξος Ἐκκλησία, τουτέστι «*βαπτίζεται ὁ δοῦλος τοῦ Θεοῦ κτλ.*», διότι τήν τῶν λατίνων *ego baptizo* ἀναφανεῖσαν ὕστερον ἐξήλεγξεν ὡς ὑπερήφανον καί ἀλαζονικήν ὁ ἅγιος Αὐγουστῖνος[199]. Ὁ τόπος καί ὁ χρόνος τοῦ βαπτίσματος ἦσαν ἐν γένει ἀόριστα· κατά τούς μετά ταῦτα χρόνους, ὅτε οἱ χριστιανοί εἶχον ναούς ἔκτιζον καί τά οὕτω καλούμενα *βαπτιστήρια* (§), συνήθως δέ ἐβαπτίζοντο κατά τό Πάσχα, ἰδίως κατά τό μέγα Σάββατον, ἀποβλέποντες εἰς τά τοῦ ἀποστόλου Παύλου λόγια «*εἰς τόν θάνατον αὐτοῦ ἐβαπτίσθημεν*» (Ρωμ. 6,3) ἀλλά καί κατά τήν Πεντηκοστήν καί ὕστερον μετά /(198) τήν ἑορτήν τῶν θεοφανείων (§)[200].

τῶν ἀκούειν σφῶν /(201) βουλομένων τάςψυχάς, καί κατ' ἰδίαν αὐτοῖς προεπάσαντες, ἐπάν δοκῶσιν αὐτάρκως οἱ ἀκροαταί, πρίν εἰς τό κοινόν εἰσελθεῖν, ἐπιδεδωκέναι πρός τό θέλειν καλῶς βιοῦν· τό τηνικάδε αὐτούς εἰσάγουσιν, ἰδίᾳ μέν ποιήσαντες τάγμα τῶν ἄρτι ἀρχομένων καί εἰσαγομένων καί οὐδέπω τόν σύμβολον τοῦ ἀποκεκαθάρθαι ἀνειληφότων», *Κατά Κέλσον* 3,51. Ὁπωσδήποτε ὅμως καί ἄν ἑρμηνευθῇ τό ἀνωτέρω χωρίον τοῦ Ὠριγένους, τό πιθανώτερον εἶναι ὅτι αἱ τάξεις τῶν κατηχουμένων ἦσαν τρεῖς. Ἀνάγν. περί τούτων Πλάτωνος μητροπ. Μόσχας, *Ὀρθόδοξος διδασκαλία ἤτοι σύνοψις τῆς χριστιανικῆς θεολογίας*, μετάφρ. Α. Κοραῆ, ἔκδ. 3 ἐν Ἀθήναις 1836, Προδιοίκησις §9 σελ. 7. – Περί τῆς προσευχῆς, τῆς νηστείας καί τῆς ἐξομολογήσεως, ἥτις ὤφειλε νά προηγῆται τοῦ βαπτίσματος βλ. Τερτυλλ. *de baptismo* c. 20. Ἐννοεῖται δέ ὅτι οὕτως ὤφειλον νά κατηχοῦνται καί νά προετοιμάζωνται καί οἱ ἐκ γονέων χριστιανῶν γεννηθέντες, ἐάν μή ἐβαπτίζοντο νήπια ἔτι ὄντες.
199 (sermo 99 κατ' ἄλλους 23. inter. 50 tom. 5 p. 524. βλ. καί ἐν τῷ Παπιστικῶν ἐλέγχων τόμ. 3 ἐκδοθείς ὑπό Ἠλία Τανταλίδου ἐν Κωνσταντινουπόλει 1853, σελ. 18 τά ἐν ὑποσημειώσει)
200 Ὅτι τό ἀποτάσσεσθαι τῷ διαβόλῳ (abrenunciatio diaboli) καί συντάσσεσθαι τῷ Χριστῷ (Ἀποστ. Διατ. 7,42) ἐν τῷ καιρῷ τοῦ βαπτίσματος ὑπῆρχε σύνηθες ἐπί τῆς δευτέρας ἤδη ἑκατονταετηρίδος δῆλον ἐξ ὦν ὁ Τερτυλλιανός λέγει ἐν τῷ *de coronu militis* κεφ. 3, ὅστις μεταξύ τῶν ἄλλων ἀναφέρει καί τοῦτο τό ἔθιμον ὡς ἀρχαίαν

γ'. Τελετή τοῦ ἁγίου Χρίσματος ἢ Μύρου.

Τήν τελετήν τοῦ ἁγίου βαπτίσματος διεδέχετο ἐπί τῶν ἀποστολικῶν χρόνων ἑτέρα, ἐπίσης μυστηριώδης καί εἰδικοῦ χαρίσματος πάροχος καί διά τοῦτο ἀπαραιτήτως ἀναγκαία, ἡ τελετή τῆς ἐπιθέσεως τῶν χειρῶν, δι' ἧς οἱ βαπτιζόμενοι

ἄγραφον παράδοσιν. Ἰδού αἱ λέξεις αὐτοῦ «ἵνα ἀπό τοῦ βαπτίσματος ἄρξωμαι, *μέλλοντες νά εἰσέλθωμεν εἰς τό ὕδωρ τότε, ἀλλά καί πρότερον ἄλλοτε ἐν τῇ Ἐκκλησίᾳ, ὑπό τήν χεῖρα τοῦ προεστῶτος* (sub antistitis manu) διομολογοῦμεν ἀποτάσσεσθαι τῷ διαβόλῳ καί τῇ πομπῇ καί τοῖς ἀγγέλοις αὐτοῦ». Ἐκ τούτων μάλιστα μανθάνομεν ὅτι δίς ἀπετάσσοντο τῷ σατανᾷ, ἅπαξ μέν πρό τοῦ βαπτίσματος, ὁπότε ἴσως ἐλάμβανον τήν ἄδειαν τοῦ φοιτᾶν εἰς τάς συνάξεις τῶν πιστῶν, ἔπειτα δέ πάλιν καιρῷ τοῦ βαπτίσματος, παραβ. Τερτυλλ. de spect. c. 24. Μετά τήν πρᾶξιν ταύτην ἐλάμβανε χώραν ὁ ἐξορκισμός ὡς εἴπομεν ἐν τῇ παραγράφῳ, ἐξορκιζομένου τοῦ διαβόλου ὅπως ἐξέλθῃ τοῦ ἀνθρώπου· καί τούτου ἡ χρῆσις ἀρχαία. Ἤδη ὁ ἅγιος Βαρνάβας ἐν τῇ ἐπιστολῇ αὐτοῦ κεφ. 16 ὑπαινίσσεται αὐτόν χαρακτηρίζων τήν καρδίαν τοῦ ἀπίστου ὡς οἶκον δαιμόνων. «Πρό τοῦ ἡμᾶς πιστεῦσαι τῷ Θεῷ, ἦν ἡμῶν τό κατηκοιτήριον τῆς καρδίας φθαρτόν καί ἀσθενές ... οἶκος δαιμόνων, διά τό ποιεῖν ὅσα ἦν ἐναντία τῷ Θεῷ». Τόν ἐξορκισμόν ῥητῶς ἀναφέρει ὁ Τερτυλλιανός ὡς ἐν χρήσει ὄντα παρά τοῖς χριστιανοῖς εἰς δύο ἐκ τῶν πραγματειῶν του, ἐν τῷ περί εἰδωλολατρείας καί ἐν τῷ περί στεφάνου de idolat. c.11, de coron milit.c.11. ἐξ ὧν δέ λέγει ἐν τούτοις φαίνεται μέν ὅτι ὁ ἐξορκισμός ἐλάμβανε χώραν ἐπί τῶν εἰς Χριστόν ἐπιστρεφόντων, ἀλλ' ἐάν καί ἐν τῷ βαπτίσματι ἦτον ἐν χρήσει, τοῦτο μένει ἄγνωστον. Ἴχνη ἐναργῆ τοῦ ἐν τῷ βαπτίσματι γενομένου ἐξορκισμοῦ ἀπαντῶμεν κα /(202) τά πρῶτον ἐν τῇ συνόδῳ τῆς Καθαγένης (ἐν ἔτει 256)·οὐχ ἧττον ὅμως ἐν τῇ *ἀνατολικῇ διδασκαλίᾳ* (σύγγραμμα τῆς 2. ἑκατ.) ἐν ᾗ τό ὕδωρ τοῦ βαπτίσματος ὀνομάζεται «ὕδωρ ἐξορκιζόμενον» βλ. Κλήμης Ἀλεξ. τόμ. 4 §82 ἔκδ. R. Klotz ἔκδ. Pott σελ. 988. - Ἡ ὁμολογία πίστεως, ἥν ἐποιοῦντο ἐν τῷ βαπτίσματι οἱ κατηχούμενοι ἐγίνετο κατ' ἐρωταπόκρισιν ὡς φαίνεται ἔκ τε τοῦ Τερτυλλιανοῦ de coron. milit. c.3 de resurrect. c. 48 καί ἐκ τοῦ ἁγίου Κυπριανοῦ epist. 70.76. οἵτινες χαρακτηρίζουσιν αὐτήν ὡς responsio καί respondere· ὁ ἅγιος Κυπριανός ἔνθα ἀνωτ. ἀναφέρει τοιαύτην τινα ἐρώτησιν ἐκ τῶν γινομένων πρός τόν μέλλοντα νά βαπτισθῇ τήν ἑξῆς Credis remissionem peccatorum et vitam aeternam per sanctum ecclesiam! πιστεύεις εἰς ἄφεσιν ἁμαρτιῶν καί εἰς ζωήν αἰώνιον διά τῆς ἁγίας Ἐκκλησίας; ὅρα καί τήν ἐπιστολήν τοῦ ἁγ. Διονυσίου τοῦ Ἀλεξανδρέως παρ' Εὐσεβίῳ Ἐκκλ. Ἰστ. 7,9, ἔνθα λέγεται «τοῖς ὑπόγειον βαπτιζομένοις παρατυχών καί τῶν *ἐπερωτήσεων καί ἀποκρίσεων* ἐπακούσας κτλ.- Περί τοῦ ἁγίου ἐλαίου δι' οὗ ἐχρίοντο πρό τοῦ βαπτίσματος βλ. κατωτ. σημ. Γ'. Ὅτι δέ καί τό ὕδωρ ἡγιάζετο, πρότερον δι' εὐχῆς καί εὐλογίας τοῦ λειτουργοῦ τῆς ἐκκλησίας βλ. Τερτυλλ. de baptismo c.4 καί Κυπριανοῦ epist. 70 ad Januarium ἔνθα ὁ πατήρ λέγει opertet Mundari et sanctificari aquum prius a sacerdote χρή δέ τόν ἱερέα καθαγνίζειν καί ἁγιάζειν πρότερον τό ὕδωρ». οὕτω καί αἱ Ἀποστ. Διατ. «εὐλογεῖται δέ τοῦτο (τό ὕδωρ) παρά τοῦ ἀρχιερέως εἰς ἄφεσιν ἁμαρτιῶν καί προπαρασκευήν τοῦ βαπτίσματος». Τό βάπτισμα ἐγίνετο διά τριῶν καταδύσεων ἐπιφωνοῦντος ἐν ἑκάστῳ τούτων τοῦ ἱερουργοῦντος τό βάπτισμα ἀνά ἕν ὄνομα τῆς Παναγίας Τριάδος ὡς εὐκόλως εἰκάζεται ἔκ τε τοῦ ἁγίου Ἰουστίνου βλ. κατωτ. σημ.Ε' καί ἐκ τοῦ Τερτυλλιανοῦ de coron. milit. c.3 καί adv. Prax. – Τό δι' ἐπιχύσεως ἤ διά ῥαντισμοῦ βάπτισμα, ὅπερ συνέβαινε ἐνίοτε ἐπί τῶν βαρέως ἀσθενούντων ὑπῆρχε κατά τούς χρόνους τούτους τοσοῦτον σπάνιον καί ἀσύνηθες, ὥστε πολλοί ἀμφέβαλλον ἐάν οἱ οὕτω βαπτιζόμενοι ἦσαν τέλειοι χριστιανοί, οὕτω λ.χ. ἐπί τῆς τρίτης ἑκατονταετηρίδος Κορνήλιος ὁ τῆς Ρώμης ἐπίσκοπος ὁμιλῶν περί τοῦ Νουάτου, ὅστις ἔλαβε τοιοῦτόν τι βάπτισμα ἐκφράζεται ὡς ἑξῆς «ὅτι (Νουᾶτος) βοηθούμενος ὑπό τῶν ἐπορκιστῶν, νόσῳ περιπεσεῖν χαλεπῇ καί ἀποθανεῖσθαι ὅσον οὔπω νομιζόμενος ἐν αὐτῇ τῇ κλίνῃ, ᾗ ἔκειτο περιχυθείς ἔλαβεν (τό βάπτισμα) *εἴγε χρή λέγειν τόν τοιοῦτον εἰληφέναι*» Εὐσεβ. Ἐκκλ. Ἰστ. 6,4. Τό αὐτό ἐξάγεται καί ἐκ τῆς ἐρωτήσεως, ἥν ποιεῖσαι τις πρός τόν ἅγιον Κυπριανόν «ἔτι δέ πυνθάνῃ τί μοι δοκεῖ περί τῶν ἐν νόσῳ ἤ παραλυσίᾳ προσερχομένων εἰς τήν τοῦ Θεοῦ χάριν, εἰ ἄρα νόμιμοι (γνήσιοι) εἰσί χριστιανοί, ὡς μή λουσθέντες τῷ σωτηρίῳ ὕδατι ἀλλά περιχυθέντες» Ὁ ἐπίσκοπος τῆς Καρχηδό/ (203) νος ἀπαντᾷ πρός τόν ἐπερωτήσαντα διά τῶν ἑξῆς «ἐν τοῖς ψυχοσωτηρίοις ἁγιάσμασιν, ἀνάγκης κατεπειγούσης, τῇ τοῦ Θεοῦ συγκαταβάσει, ἀσφαλές ἐστι προσάγειν τοῖς πιστοῖς κατ' ἐπιτομήν τά θεῖα. Μηδείς οὖν ταρασσέσθω ὁρῶν τούς νοσοῦντας ῥαντιζομένους ἤ καί περιχυμένους τό βάπτισμα·γέγραπται γάρ διά Ἰεζεκιήλ τοῦ προφήτου καί ῥανῶ ἐφ' ὑμᾶς ὕδωρ καθαρόν καί καθαρισθήσεσθε ἀπό πασῶν τῶν ἀκαθαρσιῶν ὑμῶν (κεφ. 36,25), βλ. epist. 76 ad Magn.. - Τό Πάσχα καί τήν Πεντηκοστήν ὡς ἡμέρας καθ' ἅς συνήθως ἐβαπτίζοντο οἱ κατηχούμενοι ἀναφέρει ἤδη ὁ Τερτυλλιανός de baptismo c. 19. Ὁ αὐτός ὅμως προστίθησιν αὐτόθι ὅτι πᾶσα ἡμέρα καί ὥρα καί στιγμή δύναται νά ἦναι κατάλληλος εἰς τό βάπτισμα· διότι ἡ λαμπρότης τῆς ἡμέρας οὐδέν προστίθησιν εἰς τήν χάριν

ἐλάμβανον τήν χάριν τοῦ ἁγίου Πνεύματος *νῦν δέ ἡ τελετή τοῦ ἁγίου χρίσματος ἤ τοῦ ἁγίου μύρου*, τό ὁποῖον ἐν μέν ταῖς ἀνατολικαῖς ἐκκλησίαις ἀντικατέστησεν ὁλοτελῶς τήν *ἐπίθεσιν τῶν χειρῶν*· ἐν δέ ταῖς κατά τήν Δύσιν συνήφθη μετά τῆς ἐπιθέσεως τῶν χειρῶν[201]. Ὡσαύτως ἐνῷ ἐν τῇ Ἀνατολῇ τό χρίειν ἐπετρέπετο καί εἰς τούς πρεσβυτέρους καί αἱ δύο μυστηριώδεις τελεταί, τοῦ ἁγίου βαπτίσματος καί τοῦ ἁγίου χρίσματος, οὐδέποται ἐχωρίζοντο ἀπ᾽ ἀλλήλων[202]· αἱ ἐν τῇ δύσει, ἔχοντες ὑπ᾽ ὄψιν τά τῶν Πράξεων 8,5-18, ἐθεώρουν τήν ἐπίθεσιν τῶν χειρῶν ὡς ἔργον ἀποκλειστικῶς τῶν ἐπισκόπων· διό καί ὁσάκις τό ἅγιον βάπτισμα δέν ἐτελεῖτο ὑπό ἐπισκόπου, τότε τό χρίσμα καί ἡ χειροθεσία ἀπεχωρίζοντο τῆς ἐν τῷ ὕδατι λούσεως καί μετεδίδοντο ἔπειτα ὑπό τοῦ ἐπισκόπου ὡς σφραγίς καί βεβαίωσις (confirmation, consignation)[203].

---

[201] Τῆς δυτικῆς ἐκκλησίας τήν πρᾶξιν ἀπαντῶμεν κατά πρῶτον παρά τῷ Τερτυλλιανῷ· «Ποιήσαντες, λέγει οὗτος, τό ἐν τῷ ὕδατι λουτρῷ χριόμεθα ἔπειτα μέ ἡγιασμένον ἔλαιον, κατά συνήθειαν ἀρχαίαν καθ᾽ ἥν μέ ἔλαιον φυλαττόμενον ἐντός κέρατος εἴθιστο νά χρίωνται εἰς τήν ἱερωσύνην ὡς ἐχρίσθη ὑπό τοῦ Μωυσέως ὁ Ἀαρών ... Μετά δέ τό χρίσμα ἔπεται ἡ ἐπίθεσις τῶν χειρῶν, καθ᾽ ἥν δι᾽ εὐλογίας γίνεται ἡ ἐπίκλισις τοῦ ἁγίου Πνεύματος ἐπί τόν βαπτισθέντα» (Exinde egressi de lavacro perungimur benedicta unctione de pristina disciplina, qua ungi oleo de cornu in sacerdotium solebant ...Dehinc manus imponitur, per benedictionem advocas et invitans spiritum sanctum.) *De baptismo*, c. 7 καί 8. Παρβ. *adv. Marc.* 1,14, *de resurrect. carn.* c. 8. Οὕτω καί ὁ ἅγιος Κυπριανός, ὅστις καί τήν ἀναγκαιότητα καί τήν δύναμιν τοῦ χρίσματος ἐπί τό σαφέστερον ἀναγράφει λέγων *epist.* 70: ungi quoque necesse est eum, qui baptizatus est, ut accepto chrismate esse unctus Dei et habere in se gratiam Christi posit, ἤγουν, «χρίεσθαι ἀνάγκην τόν βαπτιζόμενον, ἵνα χριόμενος τῷ χρίσματι χριστός θεοῦ γένηται καί τήν χάριν τοῦ Ἰησοῦ Χριστοῦ ἐν ἑαυτῷ λαμβάνῃ, βλ. ἑπομένην σημ. Αἱ *Ἀποστολικαί* ὅμως *Διαταγαί*, ἐν αἷς εὑρίσκομεν τῶν ἀνατολικῶν ἐξαιρέτως ἐκκλησιῶν τήν πρᾶξιν διακρίνουσαι (7,43) δύο χρίσματα, χρίσμα τοῦ μυστικοῦ ἐλαίου, διδόμενον πρό τῆς εἰς τό ὕδωρ καταδύσεως (βλ. τά ἐν τῇ παραγράφῳ ὑπό τό στοιχ β´) καί χρίσμα τοῦ μυστικοῦ μύρου διδόμενον μετά τό ἐν τῷ ὕδατι λουτρόν, μετά τό βάπτισμα δηλ. οὐδέν περί ἐπιθέσεως τῶν χειρῶν λέγουσι. Ὁ βαπτιζόμενος σφραγίζεται τῷ ἁγίῳ μύρῳ, καθ᾽ ἅ αὐταί λέγουσιν, ἵνα βεβαία καί πάγιος ἐν αὐτῷ ἡ εὐωδία τοῦ Χριστοῦ μείνει καί τοῦ ἁγίου Πνεύματος μέτοχος γένηται» ἀλλά καί ἐν τῷ 48 καν. τῆς Λαοδικεία τοπικῆς συνόδου, ἔνθα γίνεται λόγος περί τοῦ ἁγίου χρίσματος, /(204) οὐδέν λέγεται περί ἐπιθέσεως τῶν χειρῶν.

[202] (ἀποστ. Διαταγαί 7,43.44)

[203] Τοῦτο γίνεται δῆλον ἐξ αὐτοῦ τοῦ ἁγίου Κυπριανοῦ καί ἐξ ἄλλων μαρτυριῶν, ἐν αἷς μάλιστα τό πρᾶγμα ἀναφέρεται καί ὡς σύνηθες· ἤδη οὕτω μνημονεύσας πρότερον ὁ ἱερομάρτυς Κυπριανός (ἐπιστολή 73) τήν ἀποστολικήν πρᾶξιν τῆς ἐπιθέσεως τῶν χειρῶν (Πρ. 8) ἐπάγει ἀκολούθως: quod nunc apud nos geritur, ut quoque qui in ecclesia baptizantur, praepositis ecclesiae offerantur et per nostram orationem ac manus impositionem spiritum sanctum consequantur et signaculo dominico cnsummentur. τουτέστι «ὅπερ καί νῦν παρ᾽ ἡμῖν γίνεται, προσαγομένων τῶν ἐν τῇ ἐκκλησίᾳ βαπτιζομένων εἰς τούς προεστῶτας τῆς ἐκκλησίας καί τῇ παρ᾽ ἡμῶν εὐχῇ καί ἐπιθέσει τῶν χειρῶν λαμβανόντων τό ἅγιον Πνεῦμα καί τῷ σημείῳ τοῦ Κυρίου (τῷ σημείῳ τοῦ σταυροῦ) τελουμένων». Ἔτι καθαρώτερον φαίνεται τό πρᾶγμα ἐν οἷς λέγει Κορνήλιος ὁ τῆς Ῥώμης ἐπίσκοπος, γράφων περί τοῦ Νοάτου πρός Φάβιον τόν ἐπίσκοπον τῆς ἐν Ἀντιοχείᾳ ἐκκλησίας «οὐ μήν οὐδέ τῶν λοιπῶν ἔτυχε, διαφυγών τήν νόσον, ὧν χρή μεταλαμβάνειν κατά τόν ἐκκλησίας κανόνα, τοῦτε σφραγισθῆναι ὑπό τοῦ ἐπισκόπου τούτου δέ μή τυχών, πῶς ἄν τοῦ ἁγίου Πνεύματος ἔτυχε;»παρ. Εὐσεβ. Ἐκκλ. Ἱστ. 6,43. Ἐντεῦθεν οἱ ἐπίσκοποι ὤφειλον νά περιοδεύωσι τάς παροικίας αὐτῶν καί ἐπί τούτῳ, ἵνα δηλονότι σφραγίζωσι τούς ὑπό πρεσβυτέρων βαπτισθέντας.

Τά μετά τό ἅγιον Βάπτισμα καί τό ἅγιον Χρῖσμα.

Εὐθύς μετά τάς δύο ταύτας τελετάς οἱ νεοφώτιστοι ἐνεδύοντο λευκά ἱμάτια, ὡς σύμβολον τῆς ἐν τῷ βαπτίσματι γενομένης ἀποκαθάρσεως, ἐφέροντο εἰς τήν σύναξιν τῶν πιστῶν, ἔνθα μετά τινας εὐχάς ἠσπάζοντο αὐτούς πάντες οἱ χριστιανοί ἐν φιλήματι ἀδελφικῷ, ἐν φιλήματι εἰρήνης (osculum pacis) ὡς ἀποκαταστάντας πλέον μέλη τοῦ σώματος τοῦ Χριστοῦ καί τελουμένης τῆς θείας εὐχαριστίας ἐκοινώνουν τοῦ σώματος καί τοῦ αἵματος τοῦ Κυρίου. Μετά τό πέρας τούτων προσεφέρετο εἰς τούς νεοβαπτίστους πολλαχοῦ, ὡς φερ' εἰπεῖν ἐν ταῖς κατά τήν Ἀλεξάνδρειαν καί τήν λοιπήν βόρειον Ἀφρικήν ἐκκλησίαις, κρᾶμα γάλακτος καί μέλιτος, ὡς μαρτυρεῖ ὁ Τερτυλλιανός λέγων[204] «ἐκεῖθεν δέ (ἐκ τοῦ ὕδατος δηλ.) ἐξερχόμενοι γενόμεθα γάλακτος καί μέλιτος ὁμοῦ συγκεκερασμένων». Καί τοῦτο ἤ ὡς σύμβολον τῆς ἄνω Ἱερουσαλήμ, τῆς ἀληθοῦς γῆς τῆς ἐπαγγελίας, εἰς τήν ὁποίαν πλέον ἀνῆκον οἱ ἤδη βαπτισθέντες[205], ἤ ὡς σύμβολον τῆς ἐν τῇ νέᾳ ζωῇ νηπιότητος[206]. Ἀπό τῆς ἡμέρας δέ τοῦ /(199) βαπτίσματος ὤφειλον οἱ νεοφώτιστοι νά ἀπέχωσιν ἐπί μίαν ἑβδομάδα τῆς καθημερινῆς νίψεως[207].

ε'. Ἡ τελετή τοῦ ἁγίου Βαπτίσματος ὅπως ἐκτίθησιν αὐτήν ὁ ἅγιος Ἰουστῖνος ὁ Φιλόσοφος καί Μάρτυς.

Ἐκ τῶν ἐκλησιαστικῶν συγγραφέων τῆς δευτέρας ἑκατονταετηρίδος ἐκεῖνος, ὅστις περιγράφει τήν τελετήν τοῦ ἁγίου βαπτίσματος μετά τινος λεπτομερείας, εἶναι ὁ ἅγιος Ἰουστῖνος ὁ φιλόσοφος καί μάρτυς, ὅστις καί ἐξιστορεῖ τά περί αὐτοῦ ὡς ἑξῆς. - *«Ὅσοι, λέγει ὁ ἱερός οὗτος πατήρ τῆς ἐκκλησίας, πεισθῶσιν καί πιστεύουσιν ὅτι τά παρ' ἡμῶν διδασκόμενα εἶναι ἀληθῆ καί ὑπισχνοῦνται ὅτι δύνανται νά διάγωσιν εἰς τό ἑξῆς κατά τήν διδασκαλίαν τῆς ἁγίας ἡμῶν πίστεως, τούτους παραγγέλομεν ἵνα ἐν προσευχῇ καί νηστείᾳ αἰτῶσι παρά τοῦ θεοῦ τῶν προημαρτημένων τήν ἄφεσιν· ἔπειτα ἄγονται ὑφ' ἡμῶν ἔνθα ὑπάρχει ὕδωρ, καί κατά τόν αὐτόν τρόπον, καθ' ὅν καί ἡμεῖς ἀνεγεννήθημεν, ἀναγεννῶνται βαπτιζόμενοι εἰς*

---

[204] (de coron.milit. c.3)
[205] (εὐθύς ἀναγεννηθέντες, τετιμήμεθα τῆς ἀναπαύσεως τήν ἐλπίδα, τήν ἄνω Ἱερουσαλήμ εὐαγγελιζόμενοι, ἐν ᾗ μέλι καί γάλα ὀμβρεῖν ἀναγέγραπται, Κλήμης Ἀλεξ. Παιδαγωγ. 1, σελ. 103)
[206] (Τερτυλλ. adv. Marc. 1,14)
[207] (Τερτυλλ. de coron.milit. c.3)

τό ὄνομα τοῦ Πατρός τῶν ὅλων καί δεσπότου θεοῦ καί τοῦ σωτῆρος ἡμῶν Ἰησοῦ Χριστοῦ καί τοῦ ἁγίου Πνεύματος. Τοῦτο δέ τό λουτρόν, ὅπερ οὗτοι ποιοῦνται βαπτιζόμενοι ἐν τῷ ὕδατι, καλεῖται φωτισμός, καθ᾿ ὅ φωτιζομένου τοῦ νοός τῶν ταῦτα μανθανόντων. Λούσαντες δέ αὐτόν τοιουτοτρόπως φέρομεν αὐτόν εἰς τήν σύναξιν τῶν ἀδελφῶν· ἐνταῦθα δέ ποιοῦντες κοινάς εὐχάς ὑπέρ ἡμῶν τε αὐτῶν καί ὑπέρ τοῦ φωτισθέντος καί ὑπέρ τῶν ἀπανταχοῦ εὑρισκομένων χριστιανῶν δεόμεθα τοῦ Κυρίου ὅπως τήν ἀλήθειαν μαθόντες καταξιωθῶμεν καί ἐν ἔργοις ἀγαθοῖς νά πολιτευθῶμεν, καί φύλακες τῶν ἐντολῶν αὐτοῦ νά εὑρεθῶμεν καί τῆς αἰωνίου σωτηρίας νά τύχωμεν. Καταπαύσαντες δέ τάς εὐχάς ἀσπαζόμεθα ἀλλήλους ἐν φιλήματι ἁγίῳ· ἔπειτα προσφέρεται εἰς τόν προεστῶτα τῶν ἀδελφῶν ἄρτος καί ποτήριον ὕδατος καί κράματος· οὗτος δέ ἀναπέμψας αἶνον καί δόξαν τῷ πατρί τῶν ὅλων διά τοῦ ὀνόματος τοῦ υἱοῦ καί τοῦ πνεύματος τοῦ ἁγίου, εὐχαριστεῖ τῷ θεῷ τῷ καταξιώσαντι ἡμᾶς τούτων· συντελέσαντες δέ τάς εὐχάς καί τήν εὐχαριστίαν ἐπευφημεῖ πᾶς ὁ παρών λαός λέγων ἀμήν. Μετά δέ τήν εὐχαριστίαν τοῦ προεστῶτος καί τήν ἐπευφημίαν τοῦ λαοῦ οἱ καλούμενοι παρ᾿ ἡμῖν διάκονοι δίδουσιν ἑκάστῳ τῶν παρόντων νά μεταλάβῃ ἀπό τοῦ εὐχαριστηθέντος ἄρτου καί οἴνου καί ὕδατος καί οἱ αὐτοί φέρουσι καί εἰς τούς μή παρευρεθέντας». Ἀπολ. α΄ §61. 65[208]. Ἐξ ὅσων ἀνωτέρω εἴπομεν περί τῶν τελετῶν τοῦ ἁγίου βαπτίσματος καί τοῦ ἁγίου χρίσματος, εὔδηλον ὅτι ἡ περιγραφή αὕτη καί μεθ᾿ ὅλην αὐτῆς τήν λεπτομέρειαν εἶναι ἐν μέρει ἐπίτομος· ὁ λόγος δέ τῆς ἐπιτομῆς εἶναι βεβαίως ὅτι ταῦτα ἐγράφοντο πρός ξένον καί ἄπιστον, πρός τόν αὐτοκράτορα Ἀντωνῖνον τόν εὐσεβῆ, πρός ὅν περισσότερα νά γράψῃ ὁ ἱερός ἀπολογητής δέν ἦτο πάντως ἀνάγκη. /(200)

---

[208] «Ὅσοι ἄν πεισθῶσιν καί πιστεύωσιν ἀληθῆ ταῦτα τά ὑφ᾿ ἡμῶν διδασκόμενα καί λεγόμενα εἶναι, καί βιοῦν οὕτως δύνασθαι ὑπισχνῶνται, εὔχεσθαί τε καί αἰτεῖν νηστεύοντες παρά τοῦ θεοῦ τῶν προημαρτημένων ἄφεσιν διδάσκονται, ἡμῶν συνευχομένων καί συνηστευόντων αὐτοῖς. Ἔπειτα ἄγονται ὑφ᾿ ἡμῶν ἔνθα ὕδωρ ἐστί, καί τρόπον ἀναγεννήσεως, ὅν καί ἡμεῖς αὐτοί ἀνεγεννήθημεν, ἀναγεννῶνται· ἐπ᾿ ὀνόματος γάρ τοῦ πατρός τῶν ὅλων καί δεσπότου θεοῦ καί τοῦ σωτῆρος ἡμῶν Ἰησοῦ Χριστοῦ καί Πνεύματος ἁγίου τό ἐν τῷ ὕδατι τότε λουτρόν ποιοῦνται… Ἡμεῖς δέ μετά τό οὕτω λοῦσαι τόν πεπεισμένον καί συγκατατεθειμένον ἐπί τούς λεγομένους ἀδελφούς ἄγομεν, ἔνθα συνημμένοι εἰσί, κοινάς εὐχάς ποιησόμενοι ὑπέρ τε ἑαυτῶν καί τοῦ φωτισθέντος καί ἄλλων πανταχοῦ πάντων εὐτόνως, ὅπως καταξιωθῶμεν τά ἀληθῆ μαθόντες καί δι᾿ ἔργων ἀγαθοί πολιτευταί καί φύλακες τῶν ἐντεταλμένων εὑρεθῆναι, ὅπως τήν αἰώνιον σωτηρίαν ..θῶμεν??. Ἀλλήλους φιλήματι ἀσπαζόμεθα, παυσάμενοι τῶν εὐχῶν· ἔπειτα προσφέρεται τῷ προεστῶτι τῶν ἀδελφῶν ἄρτος καί ποτήριον ὕδατος καί κράματος, καί οὗτος λαβών αἶνον καί δόξα τῷ πατρί τῶν ὅλων διά τοῦ ὀνόματος τοῦ υἱοῦ καί τοῦ πνεύματος τοῦ ἁγίου ἀναπέμπει καί εὐχαριστίαν ὑπέρ τοῦ καταξιῶσθαι τούτων παρ᾿ αὐτοῦ ἐπί πολύ ποι/(205)εῖται· οὗ συντελέσαντος τάς εὐχάς καί τήν εὐχαριστίαν πᾶς ὁ παρών λαός ἐπευφημεῖ λέγων Ἀμήν. Τό δέ Ἀμήν τῇ ἑβραΐδι φωνῇ τό γένοιτο σημαίνει· εὐχαριστήσαντος δέ τοῦ προεστῶτος καί ἐπευφημήσαντος παντός τοῦ λαοῦ οἱ καλούμενοι παρ᾿ ἡμῖν διάκονοι διδόασιν ἑκάστῳ τῶν παρόντων μεταλαβεῖν ἀπό τοῦ εὐχαριστηθέντος ἄρτου καί οἴνου καί ὕδατος καί τοῖς οὐ παροῦσι ἀποφέρουσιν».

ζ'. Ὁ νηπιοβαπτισμός.

Κατά τόν αὐτόν τρόπον ἐβαπτίζοντο καί οἱ ἐκ χριστιανῶν γονέων ὑπάρχοντες· ἐβαπτίζοντο δέ οὗτοι κατά τούς χρόνους τούτους ἐν ἡλικίᾳ ὡς ἐπί τό πλεῖστον· τινές μάλιστα ἀνέβαλλον ἑκουσίως καί ἐπίτηδες τό ἑαυτῶν βάπτισμα ἐπί πλεῖστον χρόνον, πολλάκις δέ καί μέχρι τῆς παραμονῆς τοῦ θανάτου ἐπί σκοπῷ ἵνα θνήσκοντες μικρόν ὕστερον τοῦ βαπτίσματος, ὦσι καθαροί πάσης ἁμαρτίας, ὅπερ ὅμως αἱ *Ἀποστολικαί Διαταγαί* ἐντόνως ἀπεδοκίμαζον (6,15). Οὐχ ἧττον ὅμως ὑπῆρχεν ἐν χρήσει καί τό βάπτισμα τῶν νηπίων· τοῦτο δέ πρωίμως συνεπήγαγε μεθ' ἑαυτοῦ καί τούς λεγομένους ἀναδόχους (παρά τοῖς λατίνοις sponsores, susceptores, fideijussores, Tertull. de baptism. c. 18), οἵτινες ἀντί τῶν νηπίων περεῖχον τήν ὁμολογίαν τῆς πίστεως καί ἐπεῖχον τόπον ἐγγυητῶν οὕτως εἰπεῖν, ὅτι τά νήπια ἔμελλον ἐν Χριστῷ νά ἀνατραφῶσι[209]. Ἐν γένει ὁ νηπιοβαπτισμός ἦτον συνήθης κατά τήν Δύσιν, ἐν δέ τῇ Ἀνατολῇ δέν κατέστη κοινός παρά πᾶσιν εἰμή μετά τήν πέμπτην ἑκατονταετηρίδα[210].

---

[209] Ὁ μόνος καί ὁ σφοδρόν κατά τοῦ νηπιοβαπτισμοῦ πόλεμον ἐγείρας εἶναι ὁ Τερτυλλιανός· οὗτος θεωρῶν ἐν γένει ὠφέλιμον τήν ἀναβολήν τοῦ βαπτίσματος καί ἐξαίρων ταύτην πρό πάντων ὡς πρός τά βρέφη παραδοξολογεῖ τά ἑξῆς.- «Καί τίς ἡ ἀνάγκη νά ἐμβάλλωμεν εἰς κίνδυνον τούς ἀναδόχους, οἵτινες δύνανται οὐ μόνον νά ἀποθάνωσιν ἐν τῷ μεταξύ καί τήν ὑπόσχεσιν αὐτῶν ἀνεκπλήρωτον νά ἐγκαταλίπωσιν, ἀλλά καί τῶν ἐλπίδων αὐτῶν νά ψευσθῶσιν, ἐάν τυχόν ὁ παῖς ἀποβῇ κακός; Ἀληθῶς ὁ Κύριος εἶπεν *Ἄφετε τά παιδία ἔρχεσθαι πρός με*· ἄς προσέρχωνται λοιπόν προκόπτοντα τῇ ἡλικίᾳ, ἄς προσέρχωνται μανθάνοντα καί διδασκόμενα ποῦ προσέρχονται· γινέσθωσαν χριστιανοί, ὅταν μάθωσι καί γνωρίσουσι τόν Χριστόν· ἵνα τί ἐπείγεται εἰς τήν ἄφεσιν τῶν ἁμαρτιῶν ἡ ἀθῶα ἡλικία; ... ὅσοι γνωρίσωσι τήν ἀξίαν καί δύναμιν τοῦ βαπτίσματος, οὗτοι θά φοβοῦνται τήν ἐπίσπευσιν μᾶλλον ἤ τήν ὑπέρθεσιν αὐτοῦ, de baptism. c. 18. Ἀλλ' ὁ ἅγιος Εἰρηναῖος καί μάλιστα ὁ Ὠριγένης καταδεικνύουσι τό δίκαιον καί ὀρθόν καί ἀναγκαῖον τοῦ νηπιοβαπτισμοῦ, ἐκεῖνος μέν εἰπών διά τῶν ἑπομένων «ὁ Κύριος ἡμῶν Ἰησοῦς Χριστός παρεγένετο εἰς τόν κόσμον ἵνα πάντας σώσῃ· πάντας λέγω ὅσοι δι' αὐτοῦ τῷ θεῷ ἀναγεννῶνται καί νήπια καί παιδία καί παῖδας καί νέους καί ἄνδρας καί γέροντας· ἐφ' ᾧ δή καί διά πάσης ἡλικίας διῆλθε καί μετά τῶν βρεφῶν βρέφος ἐγένετο, ἁγιάζων τά βρέφη· καί μετά τῶν παιδίων παῖς κτλ.», Κατά αἱρ. 2,22,4.- Ὁ δέ Ὠριγένης ὁριστικώτερον λέγων «βαπτίζονται καί τά βρέφη· διότι διά τοῦ ἁγίου βαπτίσματος ἀποτίθενται τόν ἔμφυτον αὐτοῖς ῥύπον», ὁμιλ. 14 εἰς τόν Λουκᾶν· αὐτός δέ ἀνάγει τό τῶν νηπίων βάπτισμα ἐπ' αὐτούς τούς ἀποστόλους ἐπάγων «παρά τῶν ἀποστόλων ἔλαβεν ἡ ἐκκλησία τήν παράδοσιν τοῦ διδόναι τό βάπτισμα καί τοῖς νηπίοις», ὁμιλ. εἰς τήν πρός Ῥωμ. ἐπιστολήν, 5,9. βλ. καί ἀποστ. Διατ.- ὁ Ἄφρος ἐπίσκοπος Φίδος ἐνόμιζε πρέπον καί ἀναγκαῖον ἵνα, κατά τόν ἐν τῇ Π.Διαθήκῃ περί τῆς περιτομῆς κείμενον νόμον, μηδείς βαπτίζεται πρό τῆς ὀγδόης ἡμέρας τῆς γεννήσεως του· κατ' αὐτοῦ ὅμως ἀντέστη ὁ ἅγιος Κυπριανός ἀπολογούμενος ὑπέρ τῆς ἐπικρατούσης συνηθείας τοῦ βαπτίζειν τά νήπια ὅσον οἷόντε τάχιον, ἤγουν κατ' αὐτήν τήν δευτέραν ἤ τρίτην ἡμέραν τῆς γεννήσεώς των. /(206).

[210] Ὅσον ἀποβλέπει εἰς τό περί βαπτίσματος δόγμα βλ. Ἰουστίνου τοῦ Μάρτυρος Διάλογος πρός Τρύφωνα κεφ. 14 καί Ἀπολογία α' §61. Εἰρην. κατά αἱρ. 3,17,2. Τερτυλλ. de baptism. c. 4. Κυπριαν. ἐπιστ. 1,64. Κλήμ. Ἀλεξ. Παιδαγ. 1,6 σελ. 93. Ὠριγ. τόμ. 6,17 εἰς τόν Ἰωαν. τόμ. 15,23 εἰς τόν Ματθ.

§65. Ἡ θεία Λειτουργία ἤτοι ἡ τελετὴ τῆς θείας Εὐχαριστίας.

Ἡ τελετή, ἡ πασῶν τῶν ἄλλων ἱερωτέρα καὶ προσφιλεστέρα, τὸ ἄκρον ἄωτον καὶ τὸ κέντρον οὕτως εἰπεῖν τῆς χριστιανικῆς λατρείας, ἦτο ἄνωθεν καὶ ἐξ ἀρχῆς ἡ τελετὴ τῆς θείας εὐχαριστίας. Αὕτη συγκειμένη ἐξ ἀρχῆς ἤδη ἐκ δύο μερῶν, ἐκ τοῦ θείου λόγου καὶ ἐκ τοῦ Κυριακοῦ δείπνου (Πρ. 2,42) διεμορφώθη καὶ ἀνεπτύχθη ἐπὶ μᾶλλον περὶ τὰς ἀρχὰς ἤδη τῆς 2 ἑκατονταετηρίδος ἐὰν μὴ πρότερον, πλουτισθεῖσα μὲ εὐχὰς καὶ δεήσεις, μὲ ᾠδὰς καὶ ὕμνους καὶ ψαλμοὺς διαφόρους καὶ διαταχθεῖσα οὕτω ὥστε εἰς μὲν τὸ πρῶτον αὐτῆς μέρος συμπαρίσταντο καὶ οἱ κατηχούμενοι, διὸ καὶ λ ε ι τ ο υ ρ γ ί α ἔπειτα τ ῶ ν κ α τ η χ ο υ μ έ ν ω ν ὠνομάσθη, εἰς δὲ τὸ δεύτερον μέρος μόνον οἱ πιστοί, ὅθεν καὶ λ ε ι τ ο υ ρ γ ί α τ ῶ ν π ι σ τ ῶ ν[211]. Ἡ πρώτη λειτουργία περιελάμβανε ἀνάγνωσιν τῶν ἁγίων Γραφῶν, διδαχήν, προσευχὴν καὶ ψαλμῳδικήν· εἰς αὐτὴν ἐπετρέπετο νὰ παρευρίσκωνται οὐ μόνον οἱ κατηχούμενοι, ἀλλὰ καὶ οἱ ἐνεργούμενοι καὶ οἱ μετανοοῦντες, ἐν δὲ τῇ δευτέρᾳ, ἐν ᾗ ἐτελεῖτο ἡ εὐλογία τοῦ ἄρτου καὶ τοῦ ποτηρίου καὶ ἡ κοινωνία τοῦ σώματος καὶ αἵματος τοῦ Κυρίου, παρίσταντο μόνοι οἱ πιστοὶ ἢ ὀρθότερον εἰπεῖν μόνοι οἱ ἐν ἐνεργείᾳ χριστιανοὶ καὶ τὰ ὑγιαίνοντα τῆς Ἐκκλησίας μέλη[212]. Ἡ λειτουργία αὕτη, ἡ ἔτι μᾶλλον πλατισθεῖσα ἐπὶ τῆς τρίτης ἑκατονταετηρίδος εἰ καὶ ἐν ταῖς κατὰ τόπους ἐκκλησίαις παρήλλαττεν ἴσως ἔτι εἰς τὰ καθ' ἕκαστα καὶ ἐπουσιώδη, κατὰ τὰ κύρια ὅμως καὶ θεμελιώδη ὑπῆρχε καθ' ἕνα καὶ τὸν αὐτὸν ἀρχικὸν τύπον διατετυπωμένη καὶ

---

[211] Παρὰ τοῖς λατίνοις missa catechumenorum et fidelium, ὅπερ ἀπαντᾶται κατὰ πρῶτον παρὰ τῷ ἁγίῳ Αὐγουστίνῳ, Sermo 4, καὶ ἐν τοῖς πρακτικοῖς τῆς ἐν Καρθαγένῃ συνόδου τῆς ἐν ἔτει 398 καὶ τὸ ὁποῖον σχηματισθὲν ἐκ τῆς φράσεως ἐκείνης, δι' ἧς ἀπελύοντο οἱ κατηχούμενοι ὀλίγον πρὸ τῆς ἐνάρξεως τῆς λειτουργίας τῶν πιστῶν ἰσοδυναμεῖ μὲ τὸ missio, dimissio ἀπόλυσις. Ὀψιαίτερον ὅτε ἡ αὐστηρὰ ἐκείνη διάκρισις τῶν δύο λειτουργιῶν ἀπέβαλε τὴν ἑαυτῆς ἀξίαν ἡ λέξις missa ἐσήμαινε τὴν τελευτὴν τῆς θείας εὐχαριστίας ἐν γένει ὡς καὶ μέχρι τῆς σήμερον ἀντιστοιχοῦσα μὲ τὸ παρ' ἡμῖν λ ε ι τ ο υ ρ γ ί α.

[212] Ὁ ἅγιος Ἰουστῖνος περιγράφων τὴν λειτουργίαν τῆς ἐποχῆς τοῦ ῥητῶς μὲν δὲν ἀναφέρει τοιαύτην τινὰ διάκρισιν, ὅ ἐστι δὲν διακρίνει ἐν τῇ λειτουργίᾳ δύο μέρη· οἱ παριστάμενοι ἐν αὐτῇ εἶναι πάντες πιστοὶ διότι πάντες μεταλαμβάνουσι τοῦ σώματος καὶ αἵματος τοῦ Κυρίου, βλ. α' ἀπολ. §65 καὶ 67. Ἐκ τῶν ἐφ' ἑξῆς ὅμως λέξεων «καὶ ἡ τροφὴ αὕτη (τὸ κυριακὸν δεῖπνον) καλεῖται παρ' ἡμῖν εὐχαριστία, ἧς οὐδενὶ ἄλλῳ μετασχεῖν ἐξόν ἐστιν, ἢ τῷ πιστεύοντι … καὶ λουσαμένῳ τὸ ὑπὲρ ἀφέσεως ἁμαρτιῶν καὶ εἰς ἀναγέννησιν λουτρὸν καὶ οὕτως βιοῦντι ὡς ὁ Χριστὸς π α ρ έ δ ω κ ε ν», τὰς ὁποίας ἐπιφέρει εὐθὺς μετὰ τὴν περιγραφὴν τῆς ἱερᾶς τελετῆς (αὐτόθι §66), γίνεται δῆλος προϋποθέτων αὐτήν. Ἀλλ' ἂν καὶ ὁ Ἰουστῖνος δὲν λέγει τοῦτο ῥητῶς, οἱ λόγοι ὅμως τοῦ Τερτυλλιανοῦ ἐν τῷ de praescrpt. c.41 οὐδεμίαν ἀμφιβολίαν ἐγκαταλείπουσι περὶ τῆς ἐν τῇ δευτέρᾳ ἑκατονταετηρίδι ἐπικρατούσης ἐν τῇ Ἐκκλησίᾳ τοιᾶσδε τάξεως· ὁ Τερτυλλιανὸς μέμφεται ἐνταῦθα τοὺς αἱρετικοὺς διὰ τὴν ἐπικρατοῦσαν παρ' αὐτοῖς ἐκκλησιαστικὴν ἀταξίαν καὶ σύγχυσιν καὶ ἐξομοιάζει αὐτὴν πρὸς τὴν σύγχυσιν τῆς διδασκαλίας των. Ἐν πρώτοις, λέγει, δὲν δύναταί τις νὰ διακρίνῃ παρ' αὐτοῖς τίς ἐστιν ὁ κατηχούμενος καὶ τίς ὁ πιστός· πάντες ἐπὶ τῷ αὐτῷ συνέρχονται, πάντες τὰ αὐτὰ ἀκροάζονται καὶ ἐπίσης προσεύχονται, ὁ κατὰ τῆς διατάξεως δὲ ταύτης τῆς καθολικῆς ἐκκλησίας ἰδίως ἐξαναστὰς ἦν ὁ Μαρκίων, ὁ κατὰ τὸ πρῶτον ἥμισυ τῆς δευτέρας ἑκατονταετηρίδος ἀκμάζων (§).

ὡς τοιοῦτον ἐπικρατοῦντα ἐπί τῆς τρίτης ἑκατονταετηρίδος δυνάμεθα νά θεωρήσωμεν τόν τύπον τῆς ἐν ταῖς *Ἀποστολικαῖς Διαταγαῖς* ἀπαντώσης λειτουργίας, ἥτις καί διέμεινεν ὡς βάσις πασῶν τῶν μετά ταῦτα λειτουργιῶν.

Ἡ ἀνάγνωσις τῶν ἁγίων Γραφῶν καθώς παρά τῷ ἀρχαίῳ οὕτω καί παρά τῷ νέῳ Ἰσραήλ, τῷ λαῷ τῆς χάριτος, τῇ ἐκκλησίᾳ τοῦ Χριστοῦ ἀπετέλει ἀπαραίτητον οὕτως εἰπεῖν τῆς θείας λατρείας μέρος. Διά τῆς ἀναγνώσεως τῶν ἁγίων Γραφῶν τῆς τε Παλαιᾶς καί τῆς Καινῆς Διαθήκης ἐγίνετο ἡ ἔναρξις αὐτῆς[213]. Καθώς δέ ἡ ἄγνοια τῆς ἑβραϊκῆς γλώσσης κατέστησεν εὐχρηστοτάτην τήν μετάφρασιν τῶν Ο΄, οὕτω ἡ ἄγνοια τῆς ἑλληνικῆς γλώσσης, ἥν ἔπασχε μέγα μέρος τῶν κατά τήν Δύσιν καί τήν κατά Συρίαν ἐκκλησιῶν προεκάλεσε πρωίμως ἤδη λατινικάς καί συ /(207) ριακάς μεταφράσεις καί τοιαῦται ἐφάνησαν ἐπί τῆς δευτέρας ἤδη ἑκατονταετηρίδος, ἡ οὕτω λεγομένη Ἰτάλα καί ἡ Πεσχίτα, αἵ ἐλευθέρως μετεχειρίζοντο ἰδίᾳ τε καί κοινῇ κατά τάς ἱεράς συνάξεις[214]. Ἡ ἐκλογή τῶν πρός ἀνάγνωσιν περικοπῶν ὑπῆρχεν εἰσέτι ἐλευθέρα· φαίνεται ὅμως ὅτι ἐλαμβάνοντο ὑπ' ὄψιν καί αἱ ἀνάγκαι τῶν χριστιανῶν καί τῶν ἑορτῶν αἱ ὑποθέσεις[215]. Ἡ ἀνάγνωσις ἦτο ἔργον τῶν ἀναγνωστῶν καί τῶν διακόνων. Ἐκτός δέ τῶν κανονικῶν βιβλίων τῆς Π. καί τῆς Κ. Διαθήκης ἀνεγινώσκοντο πολλαχοῦ καί ἕτερα πρός οἰκοδομήν καί ψυχικήν ὠφέλειαν συντείνοντα, οἷον τά συγγράμματα τῶν

---

213 Οὕτω λέγει ὁ ἅγιος Ἰουστίνος, Ἀπολογία α΄ §67, ὁμιλῶν περί τῆς καθ' ἑκάστην Κυριακήν γινομένης ἀναγνώσεως τῶν ἁγίων Γαφῶν «καί τῇ τοῦ ἡλίου λεγομένῃ ἡμέρᾳ πάντων κατά πόλεις καί ἀγρούς μενόντων ἐπί τό αὐτό συνέλευσις γίνεται καί τά ἀπομνημονεύματα τῶν ἀποστόλων ἤ τά συγγράμματα τῶν προφητῶν ἀναγινώσκεται μέχρις ἐγχωρεῖ», βλ/καί Εἰρην. κατά αἱρ. 2,27,2.

214 Ἐν ταῖς ἐκκλησίαις τῆς Δύσεως ἐγένοντο ἐπί τῆς δευτέρας ἤδη ἑκατονταετηρίδος πολλαί Λα /(210) τινικαί μεταφράσεις, ἐν αὐταῖς ὅμως διακρίνεται ἐξαιρέτως ἡ Ἰτάλα. «Οἱ ἐκ τοῦ ἑβραϊκοῦ εἰς τήν ἑλληνικήν γλῶσσαν μεταφράσαντες τάς ἁγίας Γραφάς δύνανται, λέγει ὁ ἱερός Αὐγουστῖνος, νά ἀριθμηθῶσιν, οἱ εἰς τήν Λατινίδα ὅμως φωνήν μεταγλωττίσαντες αὐτάς εἶναι παντελῶς ἄγνωστοι καί οὔτε ἀριθμοῦνται· διότι κατά τούς πρώτους τῆς πίστεως χρόνους ἅμα ἑλληνικός τις τῶν ἁγίων Γραφῶν κῶδηξ ἔπιπτεν εἰς χεῖρας ἑνός καί οὗτος ἦτο κάτοχος ἀμφοτέρων τῶν γλωσσῶν τῆς τε δηλονότι ἑλληνικῆς καί τῆς λατινικῆς, οὐδόλως ἀπώκνει νά μεταφράσῃ αὐτόν», de doctrin chr. 2,11. ὁ αὐτός δέ πατήρ, αὐτόθι 2,15, ἐπάγει περί τῆς Ἰτάλας τά ἑξῆς «ἀλλ' ἐκ πασῶν τῶν μεταφράσεων τούτων προτιμᾶται ἡ Ἰτάλα διότι αὕτη καί τοῦ κατά λέξιν ἔχεται καί σαφής ὑπάρχει» (in ipsis autem interpretationibus Itala caeteris praeferatur, nam est verborum tenatior cum perspicuitate sententiae). Ἐπί τῆς 2 ἑκατονταετηρίδος ἰδίαν εἰς τήν μητρικήν αὐτῶν γλῶσσαν μετάφρασιν τῶν ἁγίων Γραφῶν εἶχον καί οἱ Σύροι, αὕτη δέ εἶναι ἡ λεγομένη Πεσχίτα, τουτέστιν ἁπλῆ καί ἀπέριττος καί εἰς τό κατά λέξιν ἐμμένουσα, ἄνευ περιφράσεων ἤ παραφράσεων. Παρά τίνος ἐγένετο ἡ μετάφρασις αὕτη εἶναι ἐπίσης ἄγνωστον· ἐπί τῶν χρόνων ὅμως τοῦ ἁγίου Ἐφραίμ τοῦ Σύρου (ἐπί τῆς 4. ἑκατονταετηρίδος) περιεφέροντο καί περί αὐτῆς διηγήματά τινα, ἅπερ φαίνονται σφυρηλατηθέντα ἐπί τοῦ τύπου τῶν ἀρχαίων περί τῆς μεταφράσεως τῶν Ο΄ διηγημάτων. Ἡ μετάφρασις αὕτη, ἥν καί μέχρι τῆς σήμερον μεταχειρίζονται οἱ κατά τήν Συρίαν (ἐκτός τῶν μονοφυσιτῶν), εὕρηται ἐκδεδομένη ἐν τῇ ἐν Παρισίοις καί ἐν Λονδίνῳ ἐκδοθείσῃ Πολυγλώττῳ.

215 Τοῦτο φαίνεται ὑπαινιττόμενος ὁ Τερτυλλιανός ἐν τῷ ἀπολογητικῷ αὐτοῦ §39, «Coimus ad divinarum literlarum commemorationem, si quit praesentium temporum qualitas aut promonere cogit aut recognoscere.»

ἀποστολικῶν πατέρων καί οἱ βίοι τῶν ἁγίων μαρτύρων· οὕτω φερ' εἰπεῖν ἀνεγίνοσκον πολλαί ἐκκλησίαι τόν *Ποιμένα τοῦ Ἑρμᾶ*[216] καί ἄλλαι τήν *Ἐπιστολήν* τοῦ ἁγίου Κλήμεντος τοῦ Ῥώμης (αὐτόθι 3,16 καί 4,23).

Διδαχή, προσευχή καί ψαλμῳδία διεδέχοντο τάς ἁγίας Γραφάς. Μετά τό πέρας τῆς ἀναγνώσεως τῶν ἁγίων Γραφῶν συνῆπτε διδακτικήν καί παραινετικήν διδασκαλίαν εἰς τά ἤδη ἀναγνωσθέντα συνήθως ὁ ἐπίσκοπος ἤ εἷς ἐκ τῶν πρεσβυτέρων, ἐν ᾗ ἑρμηνεύοντο καί ἐφηρμόζοντο ἐπί τοῦ πρακτικοῦ βίου τῶν χριστιανῶν τά λόγια τῶν ἁγίων Γραφῶν[217]. Ἐν τῇ ἑλληνικῇ ἐκκλησίᾳ ἡ διδαχή αὕτη πρωΐμως ἔλαβε τύπον τεχνικοῦ καί ῥητορικοῦ λόγου, ἐν ᾧ ἐν τῇ Δύσει καί μάλιστα ἐν Ῥώμῃ, διετήρησεν ἐπί πολλούς ἔτι χρόνους τήν ἀρχαίαν ἁπλότητα καί συντομίαν καί τόν ἴδιον καί μόνον αὐτῆς χαρακτῆρα, τουτέστι τόν παραινετικόν. Μετά τήν ἀκρόασιν τοῦ θείου λόγου καί τῆς διδαχῆς τοῦ προεστῶτος ἐπήρχοντο, ὡς ἀπάντησις οὕτως εἰπεῖν εἰς τά λόγια τοῦ Θεοῦ, αἱ ψαλμῳδίαι, αἱ δεήσεις καί αἱ εὐχαί τῆς ἐκκλησίας. Τό ᾄδειν ψαλμούς καί ὕμνους καί ἰδίᾳ κατ' οἶκον καί εἰς τάς κοινάς συνάξεις εἴθισται ἀπό τῶν ἀποστολικῶν χρόνων (§). Ἀπό τῆς δευτέρας ὅμως ἑκατονταετηρίδος καί ἐντεῦθεν ἤρξατο νά πλουτίζηται ἀκαταπαύστως ἡ ψαλμῳδία καί ἡ ὑμνολογία τῆς ἐκκλησίας, οὐ μόνον διά ψαλμῶν λαμβανομένων ἀπαραλλάκτως ἐκ τῶν ἁγίων Γραφῶν ἤ συντατομένων ἐκ διαφόρων γραφικῶν ῥήσεων ἀλλά καί δι' ὕμνων ἰδιωτικῶν πεποιημένων, ἵνα ψάλλωνται εἰς τάς κοινάς συνάξεις. Ὅτι πρωΐμως ἤδη συνετάχθησαν καί ἰδιωτικοί ὕμνοι περί τούτου ἔχομεν πολλάς μαρτυρίας ἀναμφιβόλους καί ἀναμφισβητήτους. Οἱ λόγοι τοῦ Πλινίου ὅτι οἱ χριστιανοί ἔψαλλον ὕμνους τῷ Χριστῷ ὡς θεῷ (§), τοιούτους ἀναμφιβόλως ὕμνους ὑπαινίσσονται· ἀλλά καί ὁ Εὐσέβιος ῥητῶς λέγει[218] ὅτι πολλοί ψαλμοί καί ᾠδαί ἀπ' ἀρχῆς ὑπό τῶν

---

216 (Εὐσεβ. Ἐκκλ. Ἱστ. 3,3)
217 «Εἶτα παυσαμένου τοῦ ἀναγινώσκοντος ὁ προεστώς διά λόγου τήν νουθεσίαν καί πρόκλησιν τῆς τῶν καλῶν τούτων μιμήσεως ποιεῖται», Ἰουστίνου α΄ ἀπολογία §67 παραβ. Τερτυλλ. ἀπολογητ. κεφ. 39. Αἱ ἐπί ἐκκλησίας αὗται γινόμεναι διδαχαί ὠνομάζοντο ὁμιλίαι, λόγοι καί παρά τοῖς λατίνοις sermones, tractatus τάς ὁποίας καί ἐταχύγραφόν τινες τῶν παρισταμένων χριστιανῶν, Εὐσεβ. Ἐκκλ. Ἱστ. 6,36. Τό ἐξ ὑπογυίου ὁμιλεῖν ἦτο τοσοῦτο σπάνιον ἐπί τῆς τρίτης ἤδη ἑκατονταετηρίδος ὥστε ὁ Ὠριγένης, ὅστις αὐτοσχεδίως ὡς ἐπί τό πλεῖστον ὡμίλει, ἀναφέρεται ὡς ἐξαίρεσις, βλ. Παμφίλ ἀπολογ. ἐν τοῖς συγγράμ. τοῦ Ὠριγ. Ἄν δέ καί τό διδάσκειν ἐπ' ἐκκλησίας ἐθεωρεῖτο ἴδιον τῶν ἐπισκόπων καθῆκον καί οἱ λόγοι τοῦ ἁγίου Ἀμβροσίου episcopi proprium manus docere populum (de offic. sacr. 1,1) ἔπρε /(211) σβεύοντο παρά πᾶσιν, οὐχ ἧττον ὅμως τό ὁμιλεῖν καί διδάσκειν ἐν ταῖς ἱεραῖς συνάξεσι εἶχον καί οἱ πρεσβύτεροι καί οἱ διάκονοι. Τό παράδειγμα μάλιστα τοῦ Ὠριγένους δεικνύει ὅτι τοῦτο ἠδύνατο νά δοθῇ καί εἰς λαϊκούς, ἐάν οὗτοι ἐκέκτηντο ἔξοχα πρός τοῦτο προτερήματα, Εὐσεβ. Ἐκκλ.Ἱστ. 6,19.
218 (Ἐκκλ. Ἱστ. 5,28)

χριστιανῶν συνετάχθησαν. Ὡς ποιητής δέ ὀρθοδόξων ὕμνων μνημονεύεται ἐκ μέν τῆς δευτέρας ἑκατονταετηρίδος ὁ Ἀθηναγόρας καί Ἰουστῖνος ὁ φιλόσοφος καί Μάρτυς · ἐκ δέ τῆς τρίτης ἑκατονταετηρίδος Κλήμης ὁ Ἀλεξανδρεύς, ὁ Ὠριγένης καί οἱ αἰγύπτιοι ἐπίσκοποι Νέπος καί Μεθόδιος (§). Πλήν ἐκτός ἑνός ὕμνου τοῦ ἱεροῦ Κλήμεντα τοῦ Ἀλεξανδρέως ὅστις οὐδόλως εἶναι ἀπίθανον νά ἐψάλλετο ἐν τῇ ἐκκλησίᾳ, οὐδέν /(208) ἄλλο μνημεῖον ἐκ τῆς κατά τήν περίοδον ταύτην ὑμνολογίας ἐναπελείφθη εἰς ἡμᾶς[219]. Αὕτη δέ ἡ ὑμνῳδία ὑπῆρχεν ἔτι λίαν πάντως ἀνεπιτήδευτος, ἀπλουστάτη καί κατά λογάδην (recitatif)· ἐποικίλετο δέ καί διεμορφοῦτο ἐλευθερώτερον εἰς τά δεῖπνα ἴσως τῆς ἀγάπης καί ἐν τούτοις ἔλαβε πιθανόν τεχνικωτέραν μορφήν, ἔχει δέ λόγος ὅστις δέν φαίνεται πολύ ἀξιόπιστος, ὅτι ἤδη Ἰγνάτιος ὁ Θεοφόρος ἤρξατο νά καλλωπίζῃ τήν ὑμνῳδίαν γενόμενος πρῶτος εἰσηγητής τῶν ἀντιφώνων[220].

[219] «Ὕμνος τοῦ Σωτῆρος Χριστοῦ τοῦ ἁγίου Κλήμεντος»

Στόμιον πύλων ἀδαῶν
Πτερόν ὀρνίθων ἀπλανῶν
Οἴαξ νηῶν ἀτρεκής,
Ποιμήν ἀρνῶν βασιλικῶν,
Τούς σούς ἀφελεῖ
Παῖδας ἄγειρον,
Αἰνεῖν ἁγίως
Ὑμνεῖν ἀδόλως
Ἀκάκοις στόμασιν
Παίδων ἡγήτορα Χριστόν.
Βασιλεῦ ἁγίων.
Λόγε πανδαμάτωρ
Πατρός ὑψίστου,
Σοφίας πρύτανι,
Στήριγμα πόνων,
Αἰωνοχαρές.
Βροτέας γενεᾶς
Σῶτερ Ἰησοῦ,
Ποιμήν ἀροτήρ,
Οἴαξ, στόμιον,
Πτερόν οὐράνιον·

Παναγοῦς ποίμνης
Ἁλιεῦ μερόπων
Τῶν σῳζομένων,
Πελάγους κακίας,
Ἰχθῦς ἁγνούς,
Κύματος ἐχθροῦ
Γλυκερᾷ ζωῇ δελεάζων.-
Ἡγοῦ προβάτων
Λογικῶν ποιμήν,
Ἅγιε ἡγοῦ
Βασιλεῦ παίδων ἀνεπάφων
Ἴχνια Χριστοῦ,
ὁδός οὐρανία,
Λόγος ἀέναος,
Φῶς ἀΐδιον,
Ἐλέους πηγή,
Ῥεκτήρ ἀρετῆς,
Σεμνή βιοτή,
Θεόν ὑμνούντων, Χριστέ Ἰησοῦ,
Γάλα οὐράνιον
Μαστῶν γλυκερῶν

Νύμφης χαρίτων
Σοφίας τῆς σῆς ἐκθλιβόμενον,
Οἱ νηπίαχοι,
Ἀτταλοῖς στόμασιν
Ἀτιταλλόμενοι,
Θηλῆς λογικῆς
Πνεύματι δροσερῷ
Ἐμπλάμενοι,
Αἴνους ἀφελεῖς,
ὕμνους .ὐτρενεῖς,
Βασιλεῖ Χριστῷ,
Μισθούς ὁσίους
Ζωῆς διδαχῆς,
Μέλπωμεν ὁμοῦ,
Μέλπωμεν ἁπλῶς·
Παῖδα κρατερόν
Χορός εἰρήνης
Οἱ Χριστογόνοι,
λαός σώφρων,
Ψάλλωμεν ὁμοῦ θεόν εἰρήνης.»

Εἰς τό τέλος τῆς Παιδαγωγ. τόμ. 1, σελ. 347, ἔκδ. Ποττ. σελ. 312.
§ Ἐν τῇ ποιήσει ἐκκλησιαστικῶν ὕμνων διέπρεψαν καί οἱ Γνωστικοί καί μάλιστα οἱ σύροι Βαρδεσάνης καί Ἁρμόνιος, οἵτινες καί ἐνθέρμον ἔτι μᾶλλομ τόν ζῆλον τῶν καθολικῶν πρός σύνταξιν ὀρθοδόξων ὕμνων. Ἡ ἐποχή ὅμως τῆς ἀκμῆς καί λαμπρότητος τῆς ἐκκλησιαστικῆς ἀσματολογίας ἄρχεται κατά πρῶτον μετά τήν 4 ἑκατονταετηρίδαν /(212)
[220] Τά ἀντίφωνα ἀνάγει ὁ Σωκράτης Ἐκκλ. Ἱστ. 6,8 εἰς τόν ἅγιον Ἰγνάτιον ἱστορῶν τό πρᾶγμα ὧδε πως «Ἰγνάτιος ... ὀπτασίαν εἶδεν ἀγγέλων διά τῶν ἀντιφώνων ὕμνων τήν ἁγίαν Τριάδα ὑμνούντων καί τόν τρόπον τοῦ ὁράματος τῇ ἐν Ἀντιοχείᾳ ἐκκλησίᾳ παρέδωκεν· ὅθεν καί ἐν πάσαις ταῖς ἐκκλησίαις αὕτη ἡ παράδοσις διεδόθη». Ἀλλ' ὁ ἱερός Θεοδώρητος ἐγκωμιάζει ὡς ἐφευρέτην αὐτῶν δύο μοναχούς, Φλαβιανόν καί Διόδωρον ἀκμάσαντας περί τό ἔτος 350, Ἐκκλ. Ἱστ. 2,24. Πρός τήν παράδοσιν τοῦ Σωκράτους ἀντιφθέγγεται καί ἡ Θεοδώρου τοῦ Μοψουεστίας παρά τῷ Νικήτᾳ (Θησαυρός Ὀρθοδ. 5,30) φερομένη εἴδησις, καθ' ἥν τά ἀντίφωνα λέγονται μεταβάντα διά μεταφράσεως ἐκ τῆς ἐθνικῆς συριακῆς ἐκκλησίας εἰς τήν ἑλληνικήν συριακήν ἐκκλησίαν·

Μετά ταῦτα ἀποχωρούντων πάντων, τῶν μή ἐχόντων δικαίωμα τοῦ προσέρχεσθαι καί μεταλαμβάνειν τοῦ μυστικοῦ δείπνου, ἤρχιζεν ἡ λειτουργία τῶν πιστῶν. Ἐκ τῆς ἀρχικῆς συζεύξεως τοῦ Κυριακοῦ δείπνου μετά τῶν Ἀγαπῶν (§), ἐν αἷς συνεισέφερον πάντες τό κατά δύναμιν, ἐναπελείφθη τό ἔθος ὅπως τό πρός εὐχαριστίαν ἀπαιτούμενον ὑλικόν παρασκευάζηται καί προσφέρηται ὑπό τῶν χριστιανῶν ὡς δῶρον τῷ Θεῷ. Ἡ παραδοχή τῶν δώρων τούτων ὑπό τῶν λειτουργῶν τῆς ἐκκλησίας ἦτο σημεῖον τῆς ἐντελοῦς ἐκκλησιαστικῆς κοινωνίας, ἥν ἔχαιρον οἱ προσφέροντες· τά ὀνόματα αὐτῶν ἐμνημονεύοντο δημοσίως ἐν τῷ καιρῷ τῆς λειτουργίας καί ἐν ταῖς μυστικαῖς εὐχαῖς (Κυπριανοῦ *Ἐπιστολή* 62)· ὠνομάζοντο δέ τά τοιαῦτα δῶρα προσφοραί (ollationes) καί ἦσαν κοινός τοὐτέστιν ἔνζυμος ἄρτος καί καθαρός οἶνος· διότι μόνον αἱ ἰουδαΐζουσαι αἱρέσεις ἐθεώρουν ἀναγκαῖα τά ἄζυμα. Ὁ οἶνος ἀνεμιγνύετο μέ ὕδωρ, ὅπερ κατά τόν ἅγιον Κυπριανόν παρίστα τό σῶμα τῆς Ἐκκλησίας καί τήν τούτου μυστικήν ἕνωσιν μετά τοῦ Χριστοῦ (*Ἐπιστολή* 63). Ἐκοινώνουν δέ τοῦ μυστικοῦ δείπνου κατά τά εὐαγγελικα λόγια (Ἰω. 6,53) καί τά π α ι δ ί α (ἐννοεῖται τά βεβαπτισμένα) καί τοῦτο ἐγίνετο οὐ μόνον εἰς τήν Ἀνατολήν καί εἰς τάς ἐκκλησίας τῆς Ἀφρικῆς, ἀλλά καί εἰς αὐτάς τάς ἐκκλησίας τῆς Δύσεως[221]. Μετά τό τέλος τῆς θείας εὐχαριστίας ἐκόμιζον οἱ διάκονοι σῶμα καί αἷμα Χριστοῦ καί εἰς τούς ἀσθενεῖς καί εἰς τούς ἐν φυλακῇ χριστιανούς[222]. Ἐνιαχοῦ δέ ἐσυνήθιζον νά λαμβάνωσιν οἱ χριστιανοί κοινωνίαν καί εἰς τάς οἰκίας των καί νά κοινωνῶσι πανοικί τήν πρωίαν τῆς ἐπιούσης μετά τήν ἑωθινήν προσευχήν. Τοῦτο ἐσυνηθίζετο εἰς τάς ἐκκλησίας τῆς Ἀφρικῆς τῆς Ἰσπανίας καί τῆς Ἰταλίας μέχρι τῆς 4 ἑκατονταετηρίδος[223]. Τινές νομίζοντες ὅτι εἰς τάς τοιαύτας κοινωνίας, τοὐτέστιν εἰς τάς κατ᾿ οἶκον γενομένας δέν ἐλαμβάνετο καί τό ποτήριον, ἀποφαίνονται ὅτι ἐγίνοντο ὑπό τό ἕν μόνον εἶδος καί ἐν τῷ ἐθίμῳ τούτῳ ἀνευρίσκουσι τήν μετά ταῦτα ἐν τῇ δυτικῇ ἐκκλησίᾳ ἐπικρατήσασαν communio sub /(209) una (βλ. Ἀργέντ. 264. 338.284)[224].

ἀντιπίπτει δέ ἡ εἴδησις αὕτη καθ᾿ ὅσον ὁ Θεοφόρος Ἰγνάτιος ἀνῆκεν εἰς τήν τελευταίαν καί οὐχί εἰς τήν πρώτην ἐκκλησίαν· ὅπως ὅμως καί ἄν ἔχῃ τό πρᾶγμα τό βέβαιον ἐξαγόμενον ὅλων τούτων τῶν εἰδήσεων εἶναι ὅτι ὁ τρόπος τοῦ ἀμοιβαίως ὑμνολογεῖν καί ψάλλειν ἐν ταῖς ἐκκλησίαις πατρίδα ἔχει τήν Ἀντιόχειαν· διότι καί οἱ μοναχοί τοῦ Θεοδωρήτου Ἀντιοχεῖς ἦσαν.
221 (Κυπρ. de lapr. c. 25. Ἀποστολικαί Διαταγαί 8,13 βλ. καί τόν ἡμέτερον Ἀργέντην σελ. 358 κεξ.)
222 (Ἰουστ. ἀπολ. α᾿ 65. Εἰρην. παρ᾿ Εὐσεβ. Ἐκκλ. Ἱστ. 5,24. Κυπριαν. ἐπιστ. 4)
223 (Tertull. ad uxor 2,5. deorat c. 19.Cypr. de lap.)
224 Τοῦτο εἶναι λίαν ἀπίθανον νά ἐλάμβανε χώραν ἐν τῇ ἀρχαίᾳ ἐκκλησίᾳ· τοῦτο μέν καθ᾿ ὅσον βλέπομεν ὅτι καί οἱ διάκονοι ἔφερον μεθ᾿ ἑαυτῶν ἀμφότερα τά εἴδη πρός τούς ἀπόντας·τοῦτο δέ καθ᾿ ὅσον ὑπῆρχον πολλοί

§66. Ἑορταί καί Νηστεῖαι κοιναί παρά πᾶσι τοῖς χριστιανοῖς.

Ὡς ἐκ τῶν μαρτυριῶν τοῦ ἁγίου ἀποστόλου Βαρνάβα, τοῦ θεοφόρου Ἰγνατίου, τοῦ Πλινίου, τοῦ ἁγίου Ἰουστίνου καί ἄλλων εἰς οὐδεμίαν ἀμφιβολίαν ὑπόκειται ὅτι ἐπί τῆς δευτέρας ἑκατονταετηρίδος ἡ Κυριακή ἡμέρα (παρά τοῖς Λατίνοις dies donimicus) ἡ καί ἁπλῶς Κυριακή καί ἡμέρα ἡλίου λεγομένη, ἤγετο δι'ἑορτῆς παρά πᾶσιν ἀνεξαιρέτως τοῖς χριστιανοῖς[225]. Ἡ Κυριακή ἦτο ἡμέρα κοινῆς συνάξεως, ἑωρτάζετο εἰς ἀνάμνησιν τῆς ἀναστάσεως τοῦ Κυρίου, ἦτον ἑπομένως ἡμέρα χαρᾶς καί εὐφροσύνης καί διεκρίνετο πασῶν τῶν ἄλλων ἡμερῶν τῆς ἑβδομάδος καθ' ὅσον κατ' αὐτήν οἱ χριστιανοί οὔτε γόνυ ἔκλινον οὔτε ἐνήστευον καί ἀπό τῶν ἔργων αὐτῶν ἐσχόλαζον. «Ἡμεῖς οἱ χριστιανοί, λέγει ὁ Τερτυλλιανός (de oratione c. 23, κατ' ἄλλ. 18), ὀφείλομεν καθώς παρελάβομεν (sicut acce /(213) ptimus) κατά τήν Κυριακήν ἡμέραν τῆς ἀναστάσεως τοῦ Κυρίου νά ἀπέχωμεν οὐ μόνον τῆς γονυκλισίας, ἀλλά καί παντός ἄλλου σημείου ἐκδηλωτικοῦ λύπης, καθώς ὀφείλομεν νά σχολάζωμεν καί ἀπό τῶν βιωτικῶν ἡμῶν ἔργων, ἵνα μή δίδωμεν ἀφορμήν νά πειράξη ἡμᾶς ὁ διάβολος»[226]. Καθώς δέ οἱ χριστιανοί τῶν ἀποστολικῶν χρόνων καί μάλιστα τῆς ἐν Ἰερουσαλήμ Ἐκκλησίας μετά τῆς

αἱρετικοί, οἵτινες οἶνον δέν μετεχειρίζοντο ἐν τῇ εὐχαριστίᾳ, οὕτω φερ' εἰπεῖν οἱ Μανιχαῖοι (§), οἱ Ἐγκρατῖται (Ἐπιφ. αἱρ. 46,16) καί οἱ Ἐβιωναῖοι (αὐτόθι αἱρ. 30,16).

[225] «Ὁρᾶτε πῶς λέγει, οὐ τά νῦν σάββατα ἐμοί δεκτά, ἀλλ' ἅ πεποίηκα, ἐν ᾧ καταπαύσας τά πάντα ἀρχήν ἡμέρας ὀγδόης ποιήσω, ὅ ἐστίν ἄλλου κόσμου ἀρχήν· διό καί ἔχομεν τήν ἡμέραν τῇ ὀγδόῃ εἰς εὐφροσύνην, ἐν ᾗ καί ὁ Ἰησοῦς ἀνέστη ἐκ τῶν νεκρῶν καί φανερωθείς ἀνέβη εἰς τούς οὐρανούς». Ταῦτα ὁ ἀποστολικός πατήρ Βαρνάβας ἐν τῷ 15 κεφ. τῆς Ἐπιστολῆς αὐτοῦ. Ἰγνάτιος δέ ὁ θεοφόρος πρός Μαγνησίους γράφων ἔλεγεν «Εἰ οὖν οἱ παλαιοῖς γράμμασιν ἀναστραφέντες εἰς καινότητα ἐλπίδος ἦλθον μηκέτι σαββατίζοντες, ἀλλά κατά Κυριακήν ζωήν ζῶντες, ἐν ᾗ καί ζωή ἡμῶν ἀνέτειλε δι'αὐτοῦ», κεφ. 9. Ὁ δέ Πλίνιος ἔγραφε πρός Τραϊανόν περί τῶν Χριστιανῶν, soliti stato die unte lucem convenire (§). Τά τοῦ Ἰουστίνου βλ. τήν ἑπομένην κατωτ. σημείωσιν. Ἐπί τῶν χρόνων μάλιστα τοῦ Τερτυλλιανοῦ διεβάλλοντο, καθά εἴρηται (§), οἱ χριστιανοί ὡς ἡλιολάτραι διά τήν ἑορτήν τῆς Κυριακῆς.

[226] «Καί τῇ τοῦ ἡλίου λεγομένῃ ἡμέρᾳ (γράφει ἐν τῇ α' αὐτοῦ Ἀπολογίᾳ ὁ ἅγιος Ἰουστίνος §67) πάντων κατά πόλεις ἤ ἀγρούς μενόντων ἐπί τό αὐτό συνέλευσις γίνεται» καί παρακατιών ὁ αὐτός «τήν δέ τοῦ ἡλίου ἡμέραν κοινῇ πάντες τήν συνέλευσιν ποιούμεθα· ἐπειδή πρώτη ἐστίν ἡμέρα, ἐν ᾗ ὁ Θεός τό σκότος καί τήν ὕλην τρέψας κόσμον ἐποίης, καί Ἰησοῦς Χριστός ὁ ἡμέτερος Σωτήρ τῇ αὐτῇ ἡμέρᾳ ἐκ νεκρῶν ἀνέστη». Τινές τῶν μετά ταῦτα συγκατέλεγον καί ἄλλας ὑποθέσεις εἰς τήν Κυριακήν· οὕτω λ.χ. ὁ συγγραφεύς τοῦ εἰς τόν ἅγιον Αὐγουστῖνον ἀποδιδομένου λόγου *sermo de tempore* ἀπαριθμεῖ ὡς ὑποθέσεις τῆς ἑορτῆς τῆς κυριακῆς πρός τοῖς ἄλλοις καί τήν διάβασιν διά τῆς ἐρυθρᾶς θαλάσσης, τήν βάπτισιν τοῦ Ἰησοῦ Χριστοῦ ἐν τῷ Ἰορδάνῃ, τό ἐν Κανᾷ πρῶτον θαῦμα τοῦ Κυρίου, τόν χορτασμός τῶν πέντε χιλιάδων ἀνθρώπων κ.ἄ.- Περί τῶν ἄλλων γράφουσιν ὁ ἅγιος Εἰρηναῖος «Τάς δέ κυριακάς ἁπάσας τρυφεράς ἡγεῖται ἡ ἁγία καθολική ἐκκλησία καί οὐ νηστεύει» /(215) (Fragm. de pasha) καί ὁ Τερτυλλ. de coron. milit. c.3 «Τό νηστεύειν ἤ γονυκλιτῶς προσεύχεσθαι κατά τήν κυριακήν ἡμέραν ἀθέμιτον ἡγούμεθα». Περί δέ τῆς σημασίας τοῦ ἐθίμου τούτου λέγει ὁ 20[ος] καν. τῆς πρώτης ἐν Νικαίᾳ οἰκουμ. συνόδου τά ἑξῆς «τό δέ ἐν Κυριακῇ μή κλίνειν γόνυ σύμβολόν ἐστι τῆς ἀναστάσεως ... ἐκ τῶν ἀποστολικῶν χρόνων ἡ τοιαύτη συνήθεια ἔλαβε τήν ἀρχήν», παραβ. Cassian. Collat. 21, ὅστις λέγει «οὔτε γόνυ κλίνομεν προσευχόμενοι (ἐν τῇ κυριακῇ) ὅτι τό γόνυ κλινεῖν σύμβολόν ἐστι μετανοίας καί πένθους».

Κυριακῆς ἑώρταζον καί τό σάββατον οὕτω καί εἰς πολλάς τῶν μετά ταῦτα ἐκκλησιῶν, ἰδίως ἐν ταῖς ἀνατολικαῖς, ἡ συνήθεια αὕτη διετηρήθη ἐν μέρει, κατά τοσοῦτον δηλ. καθόσον καί κατά τήν ἡμέραν τοῦ σαββάτου ἀπηγορεύετο τό νηστεύειν καί κλίνειν τό γόνυ, καί τοῦτο κατ' ἀντίθεσιν πάντως τῶν ἐχθρικῶς καί πολεμίως κατά τῆς Παλαιᾶς Γραφῆς ἐπιτεθέντων Γνωστικῶν, οἷον τῶν Μαρκιωνιτῶν (§). Τοὐναντίον δέ ἐν τῇ Δύσει καί μάλιστα ἐν Ῥώμῃ ἡ τοιαύτη πρᾶξις θεωρηθεῖσα ὡς σαββατισμός καί ἰουδαϊσμός κατεδικάζετο, ἡ δέ ἡμέρα τοῦ σαββάτου ἤγετο διά νηστείας. Ἡ διαφορά αὕτη ἐνεφανίσθη πρωΐμως ἤδη καί μεγάλας διενέξεις μεταξύ τῶν ἐκκλησιῶν ἐπήγαγεν, ὡς μανθάνομεν ἐκ τοῦ Τερυλλιανοῦ[227], ὀψιαίτερον δέ συγκατεριθμήθη καί αὕτη εἰς τάς διαφοράς τάς ἐπαγαγούσας τό μεταξύ τῆς δυτικῆς καί τῆς ἀνατολικῆς ἐκκλησίας σχίσμα (§). Ἐκ τῶν λοιπῶν ἡμερῶν τῆς ἑβδομάδος ἡ Τ ε τ ά ρ τ η (feria quarta) καί ἡ Π α ρ α σ κ ε υ ή (feria sexta) καθιερώθησαν εἰς ἀνάμνησιν τοῦ πάθους τοῦ Κυρίου· ἐκείνη μέν ὡς ἡμέρα, καθ' ἥν ἔλαβον συμβούλιον οἱ Ἰουδαῖοι ὅπως θανατώσωσι τόν Ἰησοῦν Χριστόν, ἡ δέ Παρασκευή ὡς ἡμέρα τοῦ θανάτου αὐτοῦ[228]. Ὡς ἡμέραι δέ πένθους ἤγοντο αὗται διά γονυκλισίας καί διά νηστείας, ἥτις καί διήρκει μέχρι τῆς τρίτης μετά μεσημβρίαν ὥρας· κατ' αὐτάς ἐγίνετο καί σύναξις τῶν πιστῶν καί ἐν ἑνί λόγῳ ἀπετέλουν τό ἀντίθετον οὕτως εἰπεῖν παράρτημα τῆς Κυριακῆς, ὥστε ἐν τῷ κύκλῳ τῆς ἑβδομάδος κατετέθησαν τά πρῶτα στοιχεῖα τῆς περί ἑορτῶν χριστιανικῆς ἰδέας, ἥτις ἐν τῷ κύκλῳ τοῦ ἔτους εὗρεν ὕστερον τήν ἐντελεστέραν αὐτῆς ἀνάπτυξιν καί ἐφαρμογήν[229]. Ἐκτός τούτων εἶχον οἱ χριστιανοί καί ἄλλας ἑορτάς ἐτησίους τό Πάσχα καί τήν Πεντηκοστήν, ὡς πρός τάς ὁποίας αἱ ἀντίστιχοι ἰουδαϊκαί ἑορταί δέν κατεῖχον πλέον εἰμή τύπον εἰκόνος καί σκιᾶς. Πρό τῆς ἑορτῆς τοῦ Πάσχα προηγεῖτο σειρά τις ἡμερῶν πένθους καί νηστείας ἀναλόγως τῆς συνηθείας, ἥν ἑκάστη ἐκκλησία εἶχε. Μετά πολλῆς δέ εὐλαβείας ἤγο-

---

[227] Περί τούτου λέγει ὁ Τερτυλλιανός ἐν τῷ De oratione c. 23 ἤ κατ' ἄλλους 18 τά ἑξῆς «De genu quoque ponendo varietatem observationis patitur oratio per p a u c u l o s q u o s d a m , qui sabbato abstinent genibus· quae dissensio q u u n m a x i m a apud ecclesias causam dicat, dominus dabit gratiam suam, ut aut cedant, aut sine aliorum scandalo sententia sua utuntur»

[228] Ὅρα Τερτυλλιανόν de orat. c. 4 August epist. 86, Βασιλείου τοῦ Μεγάλου ἐπιστολή 289. Σωκράτους Ἐκκλ. Ἱστ. 5,22. Οἱ Λατῖνοι ὠνόμαζον τάς ἡμέρας ταύτας καί Dies stationum κατά τά ἐπίσης συμβολικῶς λεγόμενα militia christiana (παραβ. β' Κορ. 10,3. β' Τιμοθ. 2,3)

[229] Περί τῆς νηστείας τῆς πρό τοῦ Πάσχα βλ. τόν ἅγιον Εἰρηναῖον· παρ' Εὐσεβ. Ἐκκλ. Ἱστ. 5,24 καί Κωνσταντίνου Οἰκονόμου περί τῶν τριῶν ἱερατικῶν βαθμῶν σελ. 159 καί ἑξῆς ἐκδ. Ναυπλίου 1835. Περί δέ τῆς Πεντηκοστῆς (κατά πλατυτέραν ἔννοιαν) λέγει ὁ Εἰρηναῖος «Πεντηκοστή, ἐν ᾗ οὐ κλίνομεν γόνυ, ἐπειδή ἰσοδυναμεῖ τῇ ἡμέρᾳ τῆς Κυριακῆς», παραβ. καί Τερτυλλιανοῦ de Idololat. c. 14 καί de coron. milit. c.3. (215)

ντο ἐξαιρέτως αἱ Παννυχίδες, τοῦ Πάσχα[230]. Πάντες οἱ χριστιανοί μιᾶς ἐκκλησίας συνήγοντο ἐπί τό αὐτό καί διέμενον ψάλλοντες, προσευχόμενοι καί τάς ἁγίας Γραφάς ἀναγινώσκοντες μέχρι ἀλεκτροφωνίας. Ἐν τούτοις ὅμως ἡ ἑορτή τοῦ Πάσχα δέν ἑορτάζετο συγχρόνως καί κατά τόν αὐτόν τρόπον παρά πᾶσι· διότι πολλαί ἐκκλησίαι ἑώρταζον τήν ἡμέραν τοῦ πάθους τοῦ Κυρίου, τήν ἡμέραν τῆς σταυρώσεως[231], πάντοτε κατά τήν ιδ' τοῦ Νισάν καί κατέλυον καί τήν νηστείαν μή ἀναμένοντες τήν ἡμέραν τῆς ἀναστάσεως (Πάσχα ἀναστάσιμον, ἔνθα ἀνωτ.). Μετά τό Πάσχα ἤρχετο ἡ ἑορτή τῆς Πεντηκοστῆς, ἡ ἑορτή τῆς ἐπί τούς ἱερούς ἀποστόλους καθόδου τοῦ ἁγίου Πνεύματος, ἡ ἑορτή τῆς ἐντελοῦς ἐγκαταστάσεως καί θεμελιώσεως τῆς χριστιανικῆς ἐκκλησίας. Αἱ μεταξύ τοῦ Πάσχα καί τῆς Πεντηκοστῆς πεντήκοντα ἡμέραι (quinquagesima) ἦσαν πᾶσαι ἡμέραι χαρᾶς καί ἤγοντο κατά τό τυπικόν οὕτως εἰπεῖν τῆς Κυριακῆς, διότι καθ' ὅλας ταύτας οὔτε ἐνήστευον οὔτε γόνυ ἔκλινον.

§67. Συζητήσεις περί τῆς ἑορτῆς τοῦ Πάσχα.

Ὅπως ἐννοήσωμεν καλῶς τάς περί τῆς ἑορτῆς τοῦ Πάσχα συζητήσεις, ἀνάγκη νά ἐκθέσωμεν πρότερον πλατύτερον πόσαι ἦσαν αἱ περί τήν ἑορτήν ταύτην πράξεις καί εἰς τί συνίστατο αἱ τούτων ἀπ' ἀλλήλων διαφοραί. Αἱ περί τήν ἑορτήν τοῦ πάσχα διάφοροι πράξεις, τάς ὁποίας ἀπαντῶμεν ἐπί τῆς δευτέρας ἑκατονταετηρίδος ἦσαν κατά τάς νεωτέρας ἱστορικάς ἐρεύνας τρεῖς, δύο ὑφίσταντο ἐν τῇ ἐκκλησίᾳ τοῦ Χριστοῦ καί ἡ τρίτη ἐν τῇ αἱρέσει τῶν ἐβιωναίων. Οἱ αἱρεσιῶντες ἐξ ἰουδαίων χριστιανοί, οἱ ἐβιωναῖοι οἵτινες ἐδόξαζον ὡς ἀναγκαῖα πρός σωτηρίαν πάντα καθόλου τῆς μωσαϊκῆς λατρείας τά παραγγέλματα, ἑώρταζον αὐτό τοῦτο καθαρόν τόν νομικόν πάσχα· τουτέστι κατ' αὐτούς ἡ κυρία ὑπόθεσις τοῦ σταυρωσίμου λεγομένου πάσχα δέν ἦτο ὁ θάνατος τοῦ Ἰησοῦ Χριστοῦ, ἀλλ' αὐτό τό νομικόν πάσχα· ἐτέλουν δέ τοῦτο ἀπαρεγκλίτως πάντοτε κατά τήν 14[ην] τοῦ Νισάν καί ἐπειρῶντο νά διακιολογήσωσιν ταύτην αὐτῶν τήν πρᾶξιν ἐξ αὐτῆς τῆς Καινῆς Διαθήκης, λέγοντες ὅτι τό νομικόν πάσχα ἐτέλεσε μετά τῶν μαθητῶν του τῇ προτεραίᾳ τῆς σταυρώσεως αὐτοῦ, ἤγουν τῇ 14 τοῦ Νισάν, καί αὐτός ὁ Ἰησοῦς Χριστός καί ὅτι καθαγιάσας τοῦτο ἔδωκεν ἐντολήν ἀπαράβατον ἵνα

---

230 (Τερτυλλ. ad uxor 2,4 ὅρα τό χωρίον ἐν § καί ἀποστ. Διατ. 5,19)
231 (Πάσχα σταυρώσιμον, ἀποστ. /(214) Διατ. 5,16-19)

τοῦτο αὐτό ποιῶσι καί οἱ μαθηταί αὐτοῦ. Οὗτοι λοιπόν ἐπρέσβευον ὅτι κατά τό τελευταῖον ἔτος τῆς ἐπί γῆς αὐτοῦ ζωῆς ὁ Κύριος ἐτέλεσε τό νομικόν πάσχα, ὅτι ἔφαγε τοῦτο κατά τήν 14 τοῦ Νισάν, ὅτι κατά τήν 15 ἐσταυρώθη, καί ὅτι τό πάσχα, ὅπερ ὤφειλον οἱ χριστιανοί νά τελῶσιν, ἔπρεπε νά ἦναι τό νομικόν πάσχα (βλ. σημ. α΄).

Τοὐναντίον ἡ ἐκκλησία τοῦ Χριστοῦ καθά παρέλαβεν οὕτω καί ἐδίδασκεν ὅτι δηλ. ὁ Ἰησοῦς Χριστός δέν ἐσταυρώθη τῇ 15, ὡς ἠξίουν οἱ ἐβιωναῖοι, ἀλλά τῇ 14 τοῦ Νισάν, ὅτι κατά τόν τελευταῖον χρόνον τῆς ἐπί γῆς ζωῆς αὐτοῦ πάσχα ἰουδαϊκόν δέν ἔφαγεν, διό οὐδ᾽ αὐτή τοιοῦτόν τι ἐτέλει καί ὅτι ὁ τύπος, τό ἰουδαϊκόν δηλονότι πάσχα, ἔπαυσε, πληρωθείς ἐν αὐτῷ τῷ Ἰησοῦ Χριστῷ. Ἐν τούτοις ὅμως ὑπῆρχον ἐν αὐτῇ τῇ ἐκκλησίᾳ τοῦ Χριστοῦ δύο διάφοροι πράξεις περί τήν ἑορτήν τοῦ πάσχα καί ἡ διαφωνία τῶν δύο τούτων πράξεων συνίστατο α) εἰς τόν χρόνον καί β) εἰς τόν τρόπον τοῦ ἑορτάζειν τό πάσχα.

Αἱ ἐκκλησίαι τῆς Μικρᾶς Ἀσίας καί ἄλλων τινῶν ὁμόρων ἐπαρχιῶν τῆς Κιλικίας, τῆς Μεσοποταμίας καί τῆς Συρίας[232] ἑώρταζον τήν σταύρωσιν τοῦ Κυρίου πάντοτε κατά τήν 14 τοῦ Νισάν, εἰς ὁποιανδήποτε ἡμέραν τῆς ἑβδομάδος καί ἄν ἔπιπτεν ἡ 14 τοῦ Νισάν· καί μετά δύο ἡμέρας τήν 16 τοῦ Νισάν, τήν ἀνάστασιν αὐτοῦ. Δεύτερον εὐθύς μετά τήν ὥραν τοῦ θανάτου τοῦ Ἰησοῦ Χριστοῦ, ὅ ἐστί τήν τρίτην μετά μεσημβρίαν ὥραν τῆς 14 τοῦ Νισάν, ἔλυον οἱ Χριστιανοί τῶν ἐκκλησιῶν τούτων τήν κατά τό πάσχα νηστείαν /(217) μεταλαμβάνοντες τῆς θείας εὐχαριστίας καί συγκροτοῦντες τά δεῖπνα τῆς ἀγάπης· ἑπομένως καθώς οἱ ἐβιωναῖοι οὕτω καί αὐτοί ἦσαν καί ὠνομάσθησαν ἔπειτα Τεσσαρεσκαιδεκατῖται ὡς ἑορτάζοντες πάντοτε τήν 14 τοῦ Νισάν.

Ἐξ ἐναντίας πᾶσαι αἱ λοιπαί ἐκκλησίαι τῆς Παλαιστίνης, τῆς Ῥώμης, τοῦ Πόντου, τῶν Γαλλιῶν, τῆς Ὀσροηνῆς, τῆς Κορίνθου, τῆς Φοινίκης, τῆς Ἀλεξανδρείας καί καθά ἔλεγεν ὁ Μέγας Κωνσταντῖνος ἅπασα ἡ Ἰταλία, ἡ Ἀφρική, ἡ Ἱσπανία, ἡ Βρετανία, ἡ Ἑλλάς κτλ.[233] ἐάν ἡ 14 τοῦ Νισάν δέν ἔπιπτεν εἰς ἡμέραν Παρασκευήν ἑώρταζον τό σταυρώσιμον Πάσχα τήν ἀμέσως (μετά τήν 14 τοῦ Νισάν) ἐφεπομένην Παρασκευήν, καί μετά δύο ἡμέρας, ὅπερ ἐστί, τήν Κυριακήν ἐπανηγύριζον τήν ἀνάστασιν τοῦ Κυ-

---

232 (Εὐσεβ. Ἐκκλ. Ἱστ. 5,25)
233 (Εὐσεβ. Ἐκκλ. ἱστ. 5,23 καί 29 καί ἐν τῷ Βίῳ Κωνσταντίνου 3,19)

ρίου. Δεύτερον αἱ ἐκκλησίαι αὗται κατέπαυον τήν περί τοῦ πάσχα νηστείαν πάντοτε κατά τήν ἡμέραν τῆς ἀναστάσεως.

Ὡς πρός τόν χρόνον καί ἐκεῖναι αἱ ἐκκλησίαι καί αὗται συνεφώνουν ὡς βλέπομεν κατά τοῦτο, ὅτι ἀμφότεραι ἐκανόνιζον τήν ἡμέρα τοῦ Πάσχα κατά τήν 14 τοῦ Νισάν, ὄχι βεβαίως διά τόν λόγον ὅτι ἐθεώρουν ἰσχύοντα ἔτι ἐπί τοῦτο τόν ἰουδαϊκόν νόμον, ἀλλά διότι τό πάθος τοῦ Κυρίου ἀπό τῆς 14 τοῦ Νισάν πραγματικῶς ἤρχιζεν, οὐχί ἄρα νομικῷ ἀλλά ἱστορικῷ λόγῳ, διεφώνουν δέ πάλιν καθ' ὅσον αἱ μέν ἤρχιζον νά ἑωρτάζωσι πάντοτε ἀπό τῆς 14 τοῦ Νισάν ἀκριβῶς, αἱ δέ οὐχί πάντοτε. Ὁ λόγος τῆς χρονικῆς ταύτης διαφορᾶς ἦτον ὁ ἑξῆς, ὅτι αἱ μέν (κατά τό πλεῖστον ἀσιάτιδες ἐκκλησίαι) ἔδιδον ἔμφασιν καί σημασίαν εἰς τήν ἡμέραν τοῦ ἔτους ἤ τοῦ μηνός καί ἤθελον νά ἑορτάζωσι τόν θάνατον καί τήν ἀνάστασιν τοῦ Κυρίου κατ' ἐκείνας ἀκριβῶς τάς ἡμέρας τοῦ μηνός Νισάν, καθ' ἄς πραγματικῶς ἐσταυρώθη καί ἀνέστη ὁ Κύριος· καί αὗται ἦσαν καθώς ἐνόμιζον ἡ 14 τοῦ Νισάν καί ἡ 18 (§)· ὅθεν καί ἐτέλουν τήν ἀνάμνησιν τοῦ Κυρίου πάντοτε κατά τήν 14 τοῦ Νισάν, ἀδιαφοροῦσαι ἄν αὕτη ἔπιπτε εἰς ταύτην ἤ εἰς ἐκείνην τῆς ἑβδομάδος τήν ἡμέραν καί τήν ἀνάστασιν ἐπίσης μετά δύο ἡμέρας· αἱ ἐκκλησίαι λοιπόν αὗται προετίμων τήν ἡμέραν τοῦ ἔτους ἤ τοῦ μηνός.

Αἱ ἄλλαι (κατά τό πλεῖστον δυτικαί ἐκκλησίαι) παρετήρουν τήν ἡμέρα τῆς ἑβδομάδος καί ἐπ' αὐτήν τιθεῖσαι τήν ἔμφασιν ἤθελον νά ἑρτάζωσι κατ' αὐτάς ἐκείνας τάς ἡμέρας τῆς ἑβδομάδος, καθ' ἄς ἀληθῶς ἀπέθανεν καί ἀνέστη ὁ Ἰησοῦς Χριστός· καί διά τοῦτο αὗται ἐώρταζον τήν σταύρωσιν πάντοτε κατά τήν παρασκευήν καί τήν ἀνάστασιν κατά Κυριακήν. /(218)

Ἐντεῦθεν τότε μόνον συνεώρταζον ὁμοῦ τό πάσχα καί ἐκεῖναι καί αὗται αἱ ἐκκλησίαι, ὅταν ἡ 14 τοῦ Νισάν ἔπιπτεν εἰς ἡμέραν παρασκευήν· ἄλλως συνέβαινε νά ἑορτάζωσιν αἱ μέν μίαν ἑβδομάδα πρό τῶν ἄλλων· καί ἑπομένως καθ' ὅν χρόνον αἱ μέν ἔχαιρον αἱ ἄλλαι ἐπένθουν.

Ἡ δευτέρα διαφορά ἀπέβλεπεν, ὡς εἴπομεν, εἰς τήν νηστείαν· καί ἡ διαφορά δέ αὕτη προήρχετο ὡς ἐκ τοῦ τρόπου καθ' ὅν ἐθεώρουν τήν ἡμέραν τοῦ θανάτου τοῦ Ἰησοῦ Χριστοῦ. Αἱ τῆς (κυρίως) Ἑλλάδος, τῆς Ἀλεξανδρείας καί μάλιστα αἱ τῆς δύσεως ἐκκλησίαι ἐθεώρουν αὐτήν ὡς ἡμέραν ἀποκλειστικῶς πένθους· ἡ ἡμέρα αὕτη παρίστατο εἰς αὐτάς ὑπό ἱστορικήν οὕτως εἰπεῖν ὄψιν· ἐξ ἐναντίας αἱ τῆς Ἀσίας ἐκκλησίαι ἐθεώρουν αὐτήν ἀπό τήν δογματικήν αὐτῆς ὄψιν, ὡς ἡμέραν τῆς ἀπολυτρώσεως καί διά τοῦτο δι' αὐτάς ἡ ἡμέρα αὕτη δέν ἦτο πένθους, ἀλλά χαρᾶς κυρίως ἡμέρα, χαρᾶς ἡμέρα ἀπό τῆς στιγμῆς καθ' ἥν ὁ Κύριος παραδούς τό πνεῦμα ἐτέλεσε τῆς ἀπολυτρώσεως τό ἔργον. Μόνον αἱ πρό τοῦ θανάτου τοῦ Κυρίου ὧραι τῆς ἡμέρας ἐκείνης ἤγοντο καί ἐν ταῖς ἐκκλησίαις ταύταις διά πένθους. Διά τοῦτο καί αἱ ἐκκλησίαι αὐταί ἐπέλυον τήν νηστείαν ἀπό τῆς στιγμῆς τοῦ θανάτου τοῦ Κυρίου, τρίτην μετά μεσημβρίαν ὥραν· αἱ δέ ἄλλαι, ὡς θεωροῦσαι τήν ἡμέραν ταύτην πένθους, ἀνέβαλλον τήν ἐπίλυσιν τῆς νηστείας (τοῦ σημείου τοῦ πένθους) μέχρι τοῦ χαροποιοῦ καί εὐφροσύνου τῆς ἀναστάσεως γεγονότος. Φανερόν δέ ἐκ τῶν προειρημένων ὅτι ἡ δευτέρα αὕτη διαφορά οὐδέποτε ἤρετο ἐκ μέσου ἔτι καί ὅταν συνεώρταζον ὁμοῦ πᾶσαι αἱ κατά τήν οἰκουμένην ἐκκλησίαι. Ἑκατέρα τῶν μερίδων τούτων ἐστήριζε τήν διάφορον ἑαυτῆς πρᾶξιν ἐπί παραδόσεως ἀμέσως ἀποστολικῆς. Αἱ μέν κατά τήν Ἀσίαν ἐκκλησίαι ἔφερον ὡς διδασκάλους καί εἰσηγητάς τοῦ παρ' αὐταῖς ἐπικρατοῦντος ἔθους τόν Εὐαγγελιστήν Ἰωάννην καί τόν ἀπόστολον Φίλιππον, αἱ δέ κατά τήν Δύσιν τούς δύο κορυφαίους τῶν ἀποστόλων Πέτρον καί Παῦλον καί ἄλλαι ἄλλους[234].

Ἀμφότεραι αὗται αἱ διαφοραί δέν συνίσταντο βεβαίως εἰς τήν οὐσίαν τοῦ πράγματος, ἀλλ' εἰς τόν φλοιόν οὕτως εἰπεῖν, οὐχ ἧττον ὅμως τοιαῦται διαφοραί εἰς τοιαύτην ἑορτήν, ὁποία ἦν ἡ τοῦ Πάσχα ἦσαν πάντως λίαν δυσάρεστοι, πρό πάντων δέ ἠνόχλουν καί ἐσκανδάλιζον ἐκείνους ἐκ τῶν χριστιανῶν, ὅσοι χάριν ἐμπορίου ἤ ἄλλης τινός ὑποθέσεως μετέβαινον ἀπό τόπου εἰς τόπον· οὗτοι ὤφειλον νά συμμορφωθῶσι πρός τήν ἐπικρατοῦσαν πρᾶξιν παραιτούμενοι τοῦ πατρίου αὐτῶν ἐθίμου, ἤ νά μή συνεορτάσωσι μεταξύ τῶν χριστιανῶν, μεταξύ τῶν ὁποίων κατά τύχην εὑρίσκοντο· ἐσκανδάλιζον δέ προσέτι καί διότι ἀνεφέροντο, ὡς εἴπομεν, εἰς τούς ἱερούς ἀποστόλους. /(219). Ἐν τούτοις αἱ περί τήν ἑορτήν τοῦ Πάσχα παραλλάττουσαι αὗται πράξεις ἐπεκράτουν ἐπί πολλά ἔτη μεταξύ τῶν χριστιανῶν· ἄνευ τινός ἀντιλογίας καί συγκρούσεως, ἄνευ διαταράξεως τινός τῆς ἐκκλησιαστικῆς εἰρήνης. Ἐν πρώτοις κατά τό ἔτος 160, ὅτε ὁ περιφανής τῶν Σμυρναίων ἐπίσκοπος, ὁ ἅγιος Πολύκαρπος ἕνεκεν ἄλλων τινῶν ὑποθέσε-

---

[234] (Εὐσεβ. Ἐκκλ. Ἱστ. 5,23.24.25)

ων παρεγένετο ἐν Ῥώμῃ, ἔλαβε χώραν λόγος μεταξύ αὐτοῦ καί τοῦ Ῥώμης ἐπισκόπου Ἀνικήτου καί περί τῆς διαφορᾶς ταύτης. Ἀλλ' ἐπειδή οὔτε ὁ Πολύκαρπος παρητεῖτο τοῦ κατά τάς ἀσιάτιδας ἐκκλησίας ἐπικρατοῦντος ἔθους ἐπιμαρτυρόμενος ὑπέρ τῆς ὀρθότητος αὐτοῦ τόν ἑαυτοῦ διδάσκαλον, τόν εὐαγγελιστήν Ἰωάννην· οὔτε ὁ Ἀνίκητος ἐπένευε νά ἀποστῇ τῆς πράξεως τῶν προκατόχων του, ἐχωρίσθησαν ἀπ' ἀλλήλων οἱ δύο ἐπίσκοποι ἄνευ μέν συνεννοήσεώς τινος ἐπί τοῦ πράγματος, ἐν εἰρήνῃ δ' ὅμως καί ὁμονοίᾳ, μάλιστα ὁ ἅγιος Ἀνίκητος παρεχώρησεν εἰς τόν παρ' αὐτοῦ καταλύοντα σεβάσμιον ξένον νά τελέσῃ ἐν τῇ ἐκκλησίᾳ αὐτοῦ τήν ἱεράν εὐχαριστίαν, ὅπερ ἦτο σημεῖον ἐντελοῦς πνευματικῆς καί ἐκκλησιαστικῆς ἑνότητος[235]. Τοιαύτη εἰρήνη καί ἑνότης ἐβασίλευε τότε καί μεταξύ τῶν ἄλλων ἐκκλησιῶν. Ὀλίγα ὅμως ἔτη μετά ταῦτα, περί τό ἔτος 170 ἀνεφύει ἐν Λαοδικείᾳ διένεξίς τις περί τοῦ Πάσχα. Ὅτι ἡ διένεξις ἔλαβε χώραν μεταξύ τῶν ὀπαδῶν τῆς ἐβιωνικῆς πράξεως καί τῶν «ὑπερμάχων τοῦ ἐν Ἀσίᾳ ἐπικρατοῦντος καί ἐπί τόν εὐαγγελιστήν Ἰωάννην ἀναφερομένου ἔθους. Καί ὅτι τῆς ὀρθοδόξου μερίδος προΐσταντο Μελίτων ὁ Σάρδεων ἐπίσκοπος καί ὁ τούτου σύγχρονος καί συμπολίτης καί ὁμόπιστος Ἀπολλινάριος ὁ Ἱεραπόλεως, οἵτινες συνέταξαν κατά τῶν ἐβιωναίων καί πραγματείας περί τοῦ Πάσχα, περί τούτου οὐδόλως πρέπει νά ἀμφιβάλλωμεν. Πῶς ὅμως συνέβη νά ἐκραγῇ ἡ διένεξις αὕτη, μεταξύ τῶν ὀρθοδόξων καί τῶν ἐβιωναίων καί ποία ἡ ταύτης πορεία ἀγνοοῦμεν ἕνεκα τῶν ἀτελῶν καί ἐν τεμαχίοις μόνον σωζομένων περί αὐτῆς εἰδήσεων[236]. Ἡ συζήτησις ἀπέ-

---
[235] (Εὐσεβ. Ἐκκλ. Ἱστ. 5,24)
[236] Ὅτι ὁ Μελίτων, ὅστις ἤνθη περί τό ἔτος 170, τοῦ ἐν Ἀσίᾳ κρατοῦντος ἔθους προέστη εἰς οὐδεμίαν ἀμφιβολίαν ὑπόκειται· διότι ὀψιαίτερον βλέπομεν Πολυκράτην τόν ἐπίσκοπον τῆς Ἐφέσου παράγοντα εἰς μέσον καί αὐτόν ὡς μάρτυρα καί φύλακα τοῦ ἔθους τούτου (Εὐσεβ. Ἐκκλ. Ἱστ. 5,24). Ὅτι δέ καί ὁ Ἀπολλινάριος ταύτης τῆς πράξεως καί τοῦ ἔθους ὀπαδός ἦν, τοῦτο πιθανολογεῖται μέν ἐκ τῶν περισωθέντων τεμαχίων ἐκ τῆς *Περί τοῦ πάσχα* πραγματείας αὐτοῦ, δέν ἀποδείκνυται ὅμως καί ἀναντιρρήτως. Ἀλλ' εἰ καί τοῦτο ἀμφίβολον ὑπάρχει, βέβαιον εἶναι ὅτι ὁ Ἀπολλινάριος δέν ἠγωνίσθη κατά τοῦ Μελίτωνος καί τῶν ὀρθοδόξων Τεσσαρασκαιδεκατιτῶν, ὡς τινες ὑπέλαβον ἀναχωροῦντες ἐκ τῆς ὑποθέσεως ὅτι μία μόνον τεσσαρασκαιδεκατῖτις πρᾶξις ὑπῆρχεν, ὅτι ὁ Ἀπολλινάριος ἀντέστη ὡς πολέμιος τῆς ἐν τῇ Ἀσίᾳ ἐπικρατούσης πράξεως κατά τοῦ Μελίτωνος καί τῶν ἄλλων ὑπερμάχων αὐτῆς, περί τούτου οὐδέν ἴχνος κἄν φαίνεται ἐν τῷ Εὐσεβίῳ· ἐξ ἐναντίας ὁ πατήρ τῆς ἐκκλησιαστικῆς ἱστορίας παριστᾷσιν ἀμφοτέρους τούς ἱερούς τούτους ἄνδρας ἐν ἁρμονίᾳ ὑπέρ τῶν ἐκκλησιαστικῶν πραγμάτων ἐργαζομένους. Ὁ Μελίτων καί ὁ Ἀπολλινάριος φέρονται παρ' Εὐσεβίῳ ὡς ἔνδοξοι ἀπολογηταί καί ὡς ἀστέρες ἐν μέσῳ τῶν συγχρόνων αὐτῶν λάμποντες καί ὑπέρ μιᾶς καί τῆς αὐτῆς πίστεως ἀγωνιζόμενοι (Ἐκκλ. Ἱστ. 4,26.27). Ἀλλ' ὅτι ἡ τοιαύτη πάλη δέν ἔλαβε χώραν μεταξύ τοῦ Μελίτωνος καί τοῦ Ἀπολλιναρίου καθίσταται δῆλον καί βέβαιον καί ἀλλαχόθεν, ἐκ τοῦ λόγου δῆλον ὅτι τοῦ Ἀπολλιναρίου ὅν συνέταξε περί τοῦ πάσχα καί ἐξ οὗ χωρία τινά διέσωσεν ἡμῖν τό *Χρονικόν Πασχάλαιον* (ἔκδ. Dindorf. τόμ. 1. σελ. 13 ἐν τῇ ἐκδ. τῶν βυζ. συγγραφ. τῆς Βόννης) ὁ Ἀπολλινάριος ἐπιτίθεται ἐν τῷ λόγῳ αὐτοῦ κατά τοιούτων, οἵτινες «λέγουσιν ὅτι τῇ ιδ΄. τό πρόβατον μετά τῶν μαθητῶν ἔφαγε ὁ Κύριος, τῇ δέ μεγάλῃ ἡμέρᾳ τῶν ἀζύμων αὐτός ἔπαθε, καί διηγοῦνται Ματθαῖον οὕτω λέγειν, ὡς νενοήκασιν»· ἡ δόξα αὕτη, ἐπάγει ὁ Ἀπολλινάριος, καί

ληξε στιγματισθείσης βεβαίως τῆς ἐβιωνικῆς πράξεως ὡς αἱρετικῆς, τό λυπηρόν ὅμως εἶναι ὅτι ἐκ ταύτης ἤναψε μετ' ὀλίγον ἡ μεταξύ ὀρθοδόξων περί τῆς ἑορτῆς τοῦ Πάσχα συζήτησις. Ἡ ἐν Λαοδικείᾳ συμβᾶσα διένεξις δέν περιωρίσθη μόνον αὐ-----ἐπεξετάθη καί ....σιν ὅπου φαί....μᾶς ἤδη εἶχεν εἰ....αἵρεσις τῶν ἐβιωναίων. Οἱ Δυτικοί καί ἰδίως οἱ ἐν Ῥώμῃ ὑποθερμανθέντες ἐκ τούτου ἐπέπεσον καί κατά τῆς πράξεως τῶν ὀρθοδόξων Τεσσαρεσκαιδεκατιτῶν καί οὕτω παρῆλθεν εἰς μέσον τό ζήτημα περί τῆς ἑορτῆς τοῦ Πάσχα, περί ἧς μεθ' ὅλην τήν ὑφισταμένην διαφωνίαν οὐδεμία ἕως τότε σύγκρουσις εἶχε συμβῆ ἐν τῇ ἐκκλησίᾳ. Καί δή Βίκτωρ ὁ τῆς Ῥώμης ἐπίσκοπος, ἐκδούς ἐν ἔτει 196 (κατά τό Χρονικόν τοῦ ἁγίου Ἱερωνύμου) γράμματα πρός τούς ἐπιφανεστέρους τῶν ἀπανταχοῦ παροικιῶν ἐπισκόπους, ἠξίου καί παρεκάλει αὐτούς ὅπως συγκροτήσωσι συνόδους καί διατυπώσωσι τά περί τῆς ἑορτῆς τοῦ πάσχα· πρός δέ τούς ἐν τῇ Μικρᾷ Ἀσίᾳ ὀρθοδόξους γράφων ἀπῄτει, ὡς φαίνεται, δικτατορικῶς ὅπως ἀποστῶσι τοῦ ἔθους αὐτῶν καί ἠπείλει νά ἀποκόψῃ αὐτούς τῆς ἐκκλησιαστικῆς κοινωνίας ἐάν

πρός τόν νόμον ἀντιπίπτει καί τά εὐαγγέλια αὐτά εἰς ἀντίφασιν φέρει, «ὅθεν ἀσύμφωνος τῷ νόμῳ ἡ νόησις αὐτῶν καί στασιάζειν δοκεῖ κατ' αὐτούς τά εὐαγγέλια», ἴσως διότι κατά τόν νόμον τόν Μωσαϊκόν ἡ 15 ἦτον ἡμέρα μεγάλη καί ἱερά καί τοιαύτη πρᾶξις, τό σταυρῶσαι δηλονότι ἄνθρωπον, ἦν ἀθέμιτος εἰς τούς ἰουδαίους· ἤ διότι κατά τόν νόμον τό πρόβατον τοῦ πάσχα ἔδει νά σφαγιασθῇ τῇ 14 τοῦ Νισάν, ὅθεν καί ὁ Ἰησοῦς Χριστός, ὁ ἀληθινός ἀμνός τοῦ Πάσχα, κατά ταύτην τήν ἡμέραν ἔπρεπε νά καλλιερηθῇ ὑπό τῶν ἰουδαίων.- Τό δέ πάλιν διότι ὁ Ἰωάννης φανερά λέγει τήν 14 τοῦ Νισάν ὡς ἡμέραν τοῦ θανάτου τοῦ Κυρίου. Ἐξ ὅλων τούτων βλέπομεν φανερά ὅτι ἐκεῖνοι, οὕς ἐπολέμει ἐν τῇ πραγματείᾳ αὐτοῦ ὁ Ἀπολλινάριος, δέν ἦσαν οἱ κατά τήν Ἀσίαν ὀρθόδοξοι τεσσαρασκαιδεκατῖται· διότι οὗτοι οὐδαμοῦ οὔτε φέρονται οὔτε κἄν φαίνονται δοξάζοντες τοιαῦτά τινα περί τῆς ἑορτῆς τοῦ Πάσχα. - ἀλλ' ἕτεροί τινες· ἆρα λοιπόν καί ἡ /(222) διένεξις οὐχί μεταξύ ὀρθοδόξων καί ὀρθοδόξων, ἀλλά μεταξύ ὀρθοδόξων καί ἄλλων τινῶν, τρίτην τινά καί διάφορον περί τήν ἑορτήν τοῦ πάσχα πρᾶξιν ἀκολουθούντων, οἵτινες ἦσαν, ὡς τις εὐκόλως εἰκάζει ἐκ τῶν λόγων αὐτῶν (βλ. καί τήν κατωτέρω σημείωσιν εἰς τό σύγγραμμα τοῦ Τερτυλλιανοῦ) οἱ οὕτω λεγόμενοι ἰουδαΐζοντες χριστιανοί, ἤγουν οἱ ἐβιωναῖοι. Σύμπασα λοιπόν ἡ δυσκολία αἴρεται εἰς τόν συνορῶντα ὅτι οἱ τεσσαρασκαιδεκατῖται εἰς δύο τάξεις διῃροῦντο εἰς τούς ἐβιωναίους καί εἰς τούς ὀρθοδόξους τεσσαρασκαιδεκατίτας· τούτου οὕτως ἔχοντος ὁ Μελίτων καί ὁ Ἀπολλινάριος δέν ἀπεκήρυττον εἰμή τήν δόξαν τῶν πρώτων, προβάλλοντες ὡς συνάδουσαν τῷ νόμῳ καί τοῖς Εὐαγγελίοις τήν πρᾶξιν τῆς ἐκκλησίας, ἥτις ἔκ τε τῆς ἀποστολικῆς παραδόσεως ὁρμωμένη καί δή καί ἐκ τοῦ κατά Ἰωάννην Εὐαγγελίου ἐνόει καί ἡρμήνευε τά τῶν συνοπτικῶν, τουτέστι τά τῶν τριῶν πρώτων εὐαγγελιστῶν ὅπως ἀληθῶς εἶχον, ὡς ὅτι δηλ. τό ὑπ' αὐτῶν ἱστορούμενον δεῖπνον οὐκ ἦν τό νομικόν καί σκιῶδες πάσχα, ἀλλ' ἕτερόν τι πάσχα πρωτότυπον, δι' οὗ διώριζεν ὁ Σωτήρ τῆς ἱερᾶς εὐχαριστίας τό μυστήριον, καί ὅτι ὁ Κύριος δέν ἔπαθε τήν 15 ἀλλά τήν 14 τοῦ Νισάν. Καί τοσαῦτα μέν περί τούτου. Περί δέ τοῦ αἰτίου τῆς ἐκρήξεως τῆς τοιαύτης πάλης, πῶς δηλονότι ἐνῶ ἕως τότε οὐδεμία πάλη ὡς πρός τό Πάσχα ὑπῆρχε μεταξύ τῶν ὀρθοδόξων καί τῶν ἐβιωναίων, πῶς τότε συνέβη νά ἀναφανῇ οὐδέν γινώσκομεν· ἴσως αἴτιοι εἰς τοῦτο ἐγένοντο ὀρθοδοξοί τινες ἀποσκιρτήσαντες τῆς ἐκκλησίας καί συνταχθέντες μετά τῶν ἐβιωναίων. Ἐπίσης ἄγνωστά εἰσιν ἡμῖν καί τά περί τῆς διεξαγωγῆς τοῦ ἀγῶνος. Ἐν τῷ τεμαχίῳ, τῷ ἐκ τοῦ περί τοῦ Πάσχα λόγου τοῦ Μελίτωνος παρ' Εὐσεβίῳ διασωθέντι, λέγεται ἁπλῶς μόνον - ὅτι μεγάλη συζήτησις περί τοῦ πάσχα ἐγένετο ἐν Λαοδικείᾳ ἀνθυπατεύοντος ἐν Ἀσίᾳ Σερουϊλίου Παύλου, καθ' ὅν καιρόν ἐμαρτύρησεν ὁ Λαοδικείας ἐπίσκοπος Σάγαρις, χωρίς νά προστίθεται τι μερικώτερον περί τῶν καθέκαστα τῆς συζητήσεως: «ἐπί Σερουϊλίου Παύλου ἀνθυπάτου τῆς Ἀσίας, ᾧ Σάγαρις καιρῷ ἐμαρτύρησεν, ἐγένετο ζήτησις πολλή ἐν Λαοδικείᾳ περί τοῦ Πάσχα ἐμπεσόντος κατά καιρόν ἐν ἐκείναις ταῖς ἡμέραις» (Εὐσεβ. Ἐκκλ. Ἱστ. 4,26).

ἠναντιοῦντο. Κατά συνέπειαν τῶν γραμμάτων τούτων συνῆλθον πολλαί πανταχοῦ σύνοδοι καί πᾶσαι ἀπεφάνθησαν καί διετύπωσαν ὡς ἐκκλησιαστικόν δόγ /(220) μα ὅτι εἰς οὐδεμίαν ἄλλην παρά εἰς τήν Κυριακήν ἡμέραν ἔδει νά ἑορτάζηται ἡ ἐκ νεκρῶν ἀνάστασις τοῦ Κυρίου καί ἐν ταύτῃ μόνῃ νά λύηται καί ἡ κατά τό πάσχα νηστεία καί ταῦτα ἀνεκοίνωσαν καί ἐγνωστοποίησαν διά συνοδικῶν ἐπιστολῶν καί πρός πάντας τοὺς ἄλλους. Ἀλλ' αἱ τῆς Ἀσίας ἐκκλησίαι, ἔχουσαι ὑπέρ αὐτῶν λαμπράς καί ἀξιοχρέους μαρτυρίας ἀποστόλων καί ἀποστολικῶν ἀνδρῶν, ἀντέστησαν γενναίως. Πολυκράτης ὁ τῶν Ἐφεσίων ἱεράρχης προσκαλεσάμενος πολυάριθμον σύνοδον ἐπισκόπων ἀπέκρουσε ὁμοφώνως μετ' αὐτῶν τήν ἀπαίτησιν καί τάς ἀπειλάς τοῦ ἁγίου Βίκτωρος, καί δή συντάξας καί αὐτός ἐπιστολήν ὑπό πάντων τῶν συνελθόντων ἐπισκόπως ἐπικυρωθεῖσαν ἀπήντησεν αὐτῷ τάδε «ἡμεῖς ἑορτάζομεν τήν κυρίαν καί ἀληθῆ ἡμέραν χωρίς οὔτε νά προσθέσωμεν τι, οὔτε ἀφαιρῶμεν. Τό ἔθος ἡμῶν περελάβομεν πρά τοῦ ἀποστόλου Φιλίππου, τοῦ εὐαγγελιστοῦ Ἰωάννου, τοῦ ἁγίου Πολυκάρπου καί παρ' ἄλλων, οἵτινες πάντες ἑώρταζον τό Πάσχα κατά τήν τεσσαρεσκαιδεκάτην τοῦ μηνός κατά τό Εὐαγγέλιον. Ἀλλά καί ἑπτά ἐκ τῶν συγγενῶν μου ἐπίσκοποι πρό ἐμοῦ χρηματίσαντες τῆς Ἐφέσου τήν αὐτήν πρᾶξιν ἐτήρησαν καί οὕτως ἑώρταζον τό πάσχα. Ἐγώ λοιπόν, ἔλεγεν ἐπί τέλους ὁ Πολυκράτης, ἑξήκοντα πέντε ἔτη ἔχων ἐν Κυρίῳ καί πολλούς τῶν ἀπανταχοῦ χριστιανῶν γνωρίσας καί πᾶσαν τήν ἁγίαν Γραφήν διεξελθών δέν φοβοῦμαι τάς ἀπειλάς· διότι γινώσκω ὅτι ὀφείλω νά πείθωμαι μᾶλλον εἰς τόν Θεόν παρά εἰς τούς ἀνθρώπους»[237]. Τήν ἐπιστολήν ταύτην δεξάμενος ὁ ἅγιος Βίκτωρ, μή σταθμίζων καλῶς τά πράγματα ἐπεχείρησε νά ἀποκόψῃ τῆς κοινῆς

---

237 Τήν περί τῆς ἑορτῆς τοῦ Πάσχα ὀρθήν δόξαν αὐτῶν φαίνεται ὅτι ἠσπάσθη ἐν Ρώμῃ κατά τούς χρόνους τούτους τῶν ὀρθοδόξων τις Βλάστος καλούμενος, ὅστις καί ἄλλους κατέσπασεν εἰς τήν πλάνην καί σχίσμα ἐντεῦθεν ἐν τῇ ἐκκλησίᾳ τῆς Ρώμης ἐπροξένησε. Ὁ Εὐσέβιος ἀναφέρει τόν Βλάστον τοῦτον ὡς ἐκπεπτωκότα τῆς ἐν Ρώμῃ ἐκκλησίας καί πολλούς ἐπισύραντα εἰς τό σχίσμα αὐτοῦ (Ἐκκλ. Ἱστ. 5,15)· ὁ αὐτός προστίθησιν ὅτι ὁ ἅγιος Εἰρηναῖος συνέταξε κατ' αὐτοῦ ἐπιστολήν «ἐπιγράψας πρός Βλάστον περί σχίσματος» (αὐτόθι 5,20) οὐδέν ὅμως λέγει εἰς τί συνίστατο τό σχίσμα αὐτοῦ· ὁ Θεοδώρητος (Αἱρετ. κακομ. 1,23) ἐκ τῶν λόγων τοῦ Εὐσεβίου 5,15 ἴσως ὁρμώμενος θεωρεῖ αὐτόν τοῖς γνωστικοῖς συμβαλόντα· ἀλλά ἀληθέστερα φαίνονται ὅσα περί τοῦ Βλάστου λέγονται ἐν τῷ 53 κεφ. ὅπως μεταγενέστερός τις ἐκκλησιαστικός συγγραφεύς ἐπισυνῆψεν εἰς τά συγγράμματα τοῦ Τερτυλλιανοῦ de praescriptionibus haereticorum «τούτοις δέ πᾶσι (τοῖς αἱρετικοῖς ἢ σχισματικοῖς) προστίθεται ἔπειτα καί ὁ Βλάστος, βουλόμενος παρεισάγειν λάθρα τόν ἰουδαϊσμόν· λέγει γάρ τό πάσχα οὐκ ἄλλως ποιητέον, εἰμή ὡς ὁ τοῦ Μωυσέως νόμος ἐντέλλεται τῇ ιδ' τοῦ μηνός» - est praeterea his omnibus etiam Blastus accedans, qui latenter judaismum vult introducere. Pasha enim dicit non aliter iustodiendum esse, nisi secundum legem Moysi XIIII mensis. Ταῦτα εἰσίν ἄξια λόγου καθόσον ἐξ αὐτῶν μανθάνομεν τήν ἀφορμήν τῆς ἐν τῇ ἐκκλησίᾳ περί τῆς ἑορτῆς τοῦ Πάσχα ἐπισυμβάσης διενέξεως

ἐκκλησιαστικῆς ἑνότητος ὡς ἑτεροδοξούσας πάσας τάς ἐπί τήν Ἀσίαν ἐκκλησίας καί πραγματικῶς ἐστηλίτευσεν αὐτάς διά γραμμάτων, ἀνακηρύξας ἀθρόως αὐτάς ἀκοινωνήτους[238]. Μετ' οὐ πολύ ὅμως τό πλῆθος τῶν πολλαχόθεν ἀναπηδησάντων ἐπισκοπικῶν ἐλέγχων ἠνάγκασαν αὐτόν νά ἐφησυχάσῃ καί νά εἰρηνεύσῃ μετά τῶν ἀντιπάλων του[239]. Ἐκ τῶν πολλῶν ἐπισκοπικῶν ἐπιστολῶν, ὅσαι ἐστάλησαν πρός τόν Βίκτορα περί τῆς ὑποθέσεως ταύτης, ἐν αἷς οἱ ἐπίσκοποι «πληκτικώτερον καθαπτόμενοι τοῦ Βίκτορος ἀντιπαρεκελεύοντο αὐτῷ νά φρονῇ τά τῆς εἰρήνης καί ἑνώσεως καί ἀγάπης πρός τόν πλησίον», διέσωσεν ἡμῖν ὁ Εὐσέβιος ἐλάχιστα τεμάχια τῆς ἐπιστολῆς μόνον τοῦ ἁγίου Εἰρηναίου, οὕτινος ἡ φωνή ἦν καί τά μάλιστα συντελέσασα εἰς τήν καθησύ-

---

238 Ὁ Εὐσέβιος, ἔνθα ταῦτα ἱστορεῖ, λέγει ὅτι αἱ σύνοδοι αὗται συνεκροτήθησαν κατά προτροπήν καί παράκλησιν τοῦ Ῥώμης ἐπισκόπου· ὁ Εὐσέβιος ἐκφράζεται ὡς ἑξῆς «ζητήσεως δῆτα κατά τούσδέ (τούς χρόνους) οὐ σμικρᾶς ἀνακινηθείσης... (περί τῆς μεταξύ τῶν ἐκκλησιῶν διαφορᾶς περί τήν ἑορτήν τοῦ Πάσχα) σύνοδοι καί συγκροτήσεις ἐπισκόπων ἐγίνοντο, πάντες τε μιᾷ γνώμῃ δι' ἐπιστολῶν ἐκκλησιαστικόν δόγμα τοῖς πανταχόσε διετυποῦντο, ὡς ἄν μηδ' ἐν ἄλλῃ ποτέ τῆς κυριακῆς ἡμέρᾳ τό τῆς ἐκ νεκρῶν ἀναστάσεως ἐπιτελοῖτο τοῦ Κυρίου μυ- /(223) στήριον, καί ὅπως ἐν ταύτῃ μόνῃ τῶν κατά τό πάσχα νηστειῶν φυλαττοίμεθα τάς ἐπιλύσεις. Φέρεται δέ εἰσέτι νῦν τῶν κατά τήν Παλαιστίνην τηνικάδε συγκεκροτημένων γραφή, ὧν προὐτέτακτο Θεόφιλος τῆς ἐν Καισαρείᾳ παροικίας ἐπίσκοπος καί Νάρκισσος τῆς ἐν Ἱεροσολύμοις, καί τῶν ἐπί Ῥώμης δέ ὁμοίως ἄλλη περί τοῦ αὐτοῦ ζητήματος, ἐπίσκοπον Βίκτωρα δηλοῦσα τῶν τε κατά Πόντον ἐπίσκοπον, ὧν Πάλμας ὡς ἀρχαιότατος προὐτέτακτο, καί τῶν κατά Γαλλίαν δέ παροικιῶν, ἅς Εἰρηναῖος ἐπεσκόπει. ἔτι τε τῶν κατά τήν Ὀσροηνήν καί τάς ἐκεῖσε πόλεις, καί ἰδίως Βακχύλλου τῆς Κορινθίων ἐκκλησίας ἐπισκόπου, καί πλείστων ὅσων ἄλλων, οἵ μίαν καί τήν αὐτήν δόξαν τε καί κρίσιν ἐξενηνεγμένοι, τήν αὐτήν τέθεινται ψῆφον» ἀλλ' ἐξ ὧν ὁ αὐτός ἱστορικός παρακατιών προστίθησι (βλ. τήν ἑπομένην σημείωσιν) φαίνεται ὅτι τάς συνόδους ταύτας προεκάλεσεν ὁ ἅγιος Βίκτωρ καί ὅτι πάντες ἀπέστειλαν αὐτῷ γράμματα δηλοῦντα ὅπως παρ' αὐτοῖς ἑωρτάζετο τό Πάσχα καί ὅτι οὕτω, ὅπως αὐτοί ἑώρταζον, ἐθεώρουν πρέπον νά ἑορτάζεται παρά πᾶσιν. Προεκάλεσε δέ ταῦτα ὁ τῆς Ῥώμης ἱεράρχης ἴσως ἵνα ἀσφαλέστερον ἐπιτεθῇ ὕστερον κατά τῶν ἐν τῇ Ἀσίᾳ ἐκκλησιῶν.

239 Ἰδού πῶς ταῦτα διηγεῖται ὁ Εὐσέβιος ἐπιφέρων καί αὐτάς τοῦ Πολυκράτους τάς λέξεις «Τῶν δέ ἐπί τῆς Ἀσίας ἐπισκόπων τό πάλαι πρότερον αὐτοῖς παραδοθέν διαφυλάττειν ἔθος χρῆναι διισχυριζομένων ἡγεῖτο Πολυκράτης· ὅς καί αὐτός ἐν ᾗ πρός Βίκτωρα καί τήν Ῥωμαίων ἐκκλησίαν διετυπώσατο γραφῇ, τήν εἰς αὐτόν ἐλθοῦσα παράδοσιν ἐκτίθεται διά τούτων: «ἡμεῖς οὖν ἀραδιούργητον ἄγομεν τήν ἡμέραν, μήτε προστιθέντες μήτε ἀφαιρούμενοι. Καί γάρ κατά τήν Ἀσίαν μεγάλα στοιχεῖα κεκοίμηται ἅτινα ἀναστήσεται τῇ ἡμέρᾳ τῆς παρουσίας τοῦ Κυρίου. ... Φίλιππον δέ τῶν 12 ἀποστόλων... καί δύο θυγατέρες αὐτοῦ γεγηρακυῖαι παρθένοι καί ἡ ἑτέρα αὐτοῦ θυγάτηρ ἐν ἁγίῳ πνεύματι πολιτευσαμένη... ἔτι δέ καί Ἰωάννης ὁ ἐπί τοῦ στήθους τοῦ Κυρίου ἀναπεσών... καί Πολύκαρπος ὁ ἐν Σμύρνῃ καί ἐπίσκοπος καί μάρτυς, καί Θρασέας καί ἐπίσκοπος καί μάρτυς...Τί δέ δεῖ λέγειν Σάγαριν ἐπίσκοπον καί μάρτυρα ... ἔτι δέ Παπίριον τόν μακάριον καί Μελίτωνα τόν εὐνοῦχον, τόν ἐν ἁγίῳ πνεύματι πάντα πολιτευσάμενον...οὗτοι πάντες ἐτήρησαν τήν ἡμέραν τῆς τεσσαρασκαιδεκάτης τοῦ πάσχα κατά τό εὐαγγέλιον, μηδέν παρεκβαίνοντες, ἀλλά κατά τόν κανόνα τῆς πίστεως ἀκολουθοῦντες.ἔτι δέ κἀγώ ὁ μικρότερος πάντων ὑμῶν Πολυκράτης, κατά παράδοσιν τῶν συγγενῶν μου, οἷς καί παρηκολούθησά τισιν αὐτῶν· ἑπτά μέν ἦσαν συγγενεῖς μου ἐπίσκοποι, ἐγώ δέ ὄγδοος· καί πάντοτε τήν ἡμέραν ἤγαγον οἱ συγγενεῖς μου, ὅταν ὁ λαός ἤρνυε τήν ζύμην (ἐννοεῖ τόν ἰουδαϊκόν λαόν)· ἐγώ οὖν ἀδελφοί 65 ἔτη ἔχων ἐν Κυρίῳ, καί συμβεβηκώς τοῖς ἀπό τῆς οἰκουμένης ἀδελφοῖς, καί πᾶσαν ἁγίαν Γραφήν διεληλυθώς, <u>οὐ</u> πτύρομαι ἐπί τοῖς καταπλησσομένοις. Οἱ γάρ ἐμοῦ μείζονες εἰρήκασι, πειθαρχεῖν δεῖ θεῷ μᾶλλον ἤ ἀνθρώποις· ἐδυνάμην δέ τῶν ἐπισκόπων τῶν συμπαρόντων μνημονεῦσαι, οὕς ὑμεῖς ἠξιώσατε μετακληθῆναι ὑπ' ἐμοῦ μετεκαλεσάμην· ὧν τά ὀνόματα ἐάν γράφω, πολλά πλήθη εἰσίν. Οἵ δέ εἰδότες τόν μικρόν μου ἄνθρωπον συνηυδόκησαν τῇ ἐπιστολῇ, εἰδότες ὅτι εἰκῇ πολιάς οὐκ ἤνεγκα, ἀλλ' ἐν Κυρίῳ Ἰησοῦ πάντοτε πεπολίτευμαι» (Ἐκκλ. Ἱστ. 5,24).

χασιν τοῦ Βίκτορος²⁴⁰. /(221) Οὕτω λοιπόν καί κατά ταύτην τήν φοράν διέμειναν αἱ δύο διάφοροι περί τῆς ἑορτῆς τοῦ Πάσχα πράξεις τῆς ἐκκλησίας τοῦ Χριστοῦ ἀνέπαφοι καί ἀναλλοίωτοι καί συνυφιστάμεναι παραλλήλως ἐν τῇ Ἐκκλησίᾳ ὡς ἐξ ἴσου ὀρθαί καί ἀποστολικαί, εἰ καί ἔκτοτε ἤρξατο ὡς φαίνεται, καθεκάστην ἐπί μᾶλλον κερδαίνουσα τά πνεύματα ἡ πρᾶξις τοῦ ἑορτάζειν τό πάσχα πάντοτε κατά τήν Κυριακήν. Ἡ εἰς τήν πρᾶξιν ὅμως ταύτην τό τρόπαιον τῆς νίκης ἐφ' ὅλων τῶν ἐκκλησιῶν δοῦσα δέν ἦτο εἰμή ἡ πρώτη ἁγία καί οἰκουμενική ἐν Νικαίᾳ σύνοδος, ἥτις σύν τοῖς ἄλλοις ἐξωμάλυνε καί τό ζήτημα τοῦτο (§). /(224)

§68. Μερικαί ἑορταί τῶν χριστιανῶν.
Οἱ ἅγιοι Μάρτυρες καί Ὁμολογηταί καί ἡ πρός αὐτούς ἀπονεμομένη ἀγάπη καί τιμή.

Καθώς ἑκάστη χριστιανική οἰκογένεια εἴωθε νά ἐπιτελῇ κατ' ἔτος τό μνημόσυνον τῶν ἐν Χριστῷ τελευτησάντων αὐτῆς μελῶν· οὕτω ἑώρταζον καί ὁλόκληροι ἐκκλησίαι τήν μνήμην τῶν μαρτύρων αὐτῶν, ἐκείνων δηλονότι, ὅσοι ἐπί τῶν διωγμῶν ὁμολογοῦντες παρρησίᾳ τό ὄνομα τοῦ Κυρίου Ἰησοῦ παρεδίδοντο εἰς θάνατον ὑπό τῶν ἀπίστων. Καί καθώς παντός χριστιανοῦ εὐσεβοῦς κεκοιμημένου ἡ τελευτή οὕτω καί ἡ τῶν μαρτύρων ἐθεωρεῖτο ὡς γενέθλιον εἰς τήν ἄνω δεδοξασμένην ζωήν, ὅθεν ἐπίσης γενέθλιος ἡμέρα, γενέθλια τῶν μαρτύρων (dies natales, natalia martyrum) ἐκαλεῖτο καί ἡ ἡμέρα τῆς τελειώσεως αὐτῶν. Ἀλλ' ὅμως ὅσον διαφέρει τό φυσικόν καί ἡσύχιον τέλος ἀπό τοῦ ἐν φυλακαῖς καί ἐν βασανιστηρίοις ὑπέρ τῆς ἀγάπης τοῦ Χριστοῦ τελευτᾶν, τοσούτῳ διέφερεν καί τό μνημόσυνον ἐκείνων ἀπό τῆς μνήμης τῶν ἁγίων Μαρτύρων· τοσούτῳ μείζων καί λαμπροτέρα ἦτο ἡ πρός αὐτούς ἀγάπη καί τιμή καί τοσούτῳ ἀνα-

---

240 «Ἐπί τούτοις ὁ μέν τῆς Ῥωμαίων προεστώς Βίκτωρ, ἀθρόας τῆς Ἀσίας πάσης ἅμα ταῖς ὁμόροις ἐκκλησίαις τάς παροικίας ἀποτέμνειν, ὡς ἑτεροδοξαζούσας, τῆς κοινῆς ἑνώσεως πειρᾶται, καί στηλιτεύς γε διά γραμμάτων, ἀκοινωνήτους ἄρδην πάντας τούς ἐκεῖσε ἀνακηρύττων ἀδελφούς», Εὐσέβιος, ἔνθα ἀνωτέρω.
Σημείωσις ζ'. Σύν τοῖς ἄλλοις ὅσα ἔφερεν ὁ ἅγιος Εἰρηναῖος παραινῶν τόν Βίκτορα καί τό κίνημα αὐτοῦ ἀδόκιμον καί ἄτοπον καταδεικνύων ἐπῆγε καί τήν περί τάς νηστείας τοῦ πάσχα ἐπικρατοῦσαν τότε διαφοράν μεταξύ τῶν χριστιανῶν «οὐδέ γάρ μόνον περί ἐστίν ἡ ἀμφισβήτησις, ἔλεγεν αὐτῷ ἀλλά καί περί τοῦ εἴδους αὐτοῦ τῆς νηστείας· οἱ μέν γάρ οἴονται μίαν ἡμ᾿ ραν δεῖν αὐτούς νηστεύειν, οἱ δέ δύο, οἱ δέ καί πλείονας· οἱ δέ 40 ὥρας ἡμερινάς τε καί νυκτερινάς συμμετροῦσι τήν ἡμέραν αὐτῶν... καί οὐδέν ἔλαττον πάντες οὗτοι εἰρήνευσαν τε καί εἰρηνεύομεν πρός ἀλλήλους» μετά ταῦτα ὑπεμίμνησκεν αὐτῷ καί τήν πρᾶξιν τῶν προκατόχων αὐτοῦ τοῦ Ξύστου, τοῦ Τελεσφόρου, τοῦ Ἡγίνου, τοῦ Πίου, τοῦ Ἀνικήτου, τοῦ Σωτῆρος, οἵτινες εἰρήνευον μετά τῶν διαφόρως ἑορταζόντων τό πάσχα.

γκαιοτέρα ἦτον κατά τούς χρόνους ἐκείνων τῶν διωγμῶν καί ἡ ἀνάμνησις τῶν κατορθωμάτων αὐτῶν. Ἐάν ἀναπολήσωμεν τούς σκληρούς κατά τῶν χριστιανῶν διωγμούς τῶν ἀπίστων καί τήν πρόθεσιν, ἥν εἶχον οἱ διῶκται, τοῦ ἐξολοθρεῦσαι ἐκ προσώπου τῆς γῆς τήν χριστιανικήν θρησκείαν. Ἐάν λάβωμεν ὑπ' ὄψιν ἰδίως τάς βασάνους καί τά παθήματα εἰς ὅσα κατεδικάζοντο οἱ καταδιωκόμενοι καί τήν κατά τούς χρόνους ἐκείνους θλίψιν, ἥτις ὑπερβαίνει σχεδόν πᾶν ὅ,τι ἔχει νά ἀναφέρῃ ἡ ἱστορία τῆς τυραννίας· καί συγχρόνως ἀναλογισθῶμεν τό αἴσθημα τῆς πίστεως καί τῆς ἠθικῆς, καί τήν χαράν, μεθ' ἧς οἱ μεγαλόψυχοι ἐκεῖνοι καί πολυτλήμονες τοῦ θεοῦ ἄνθρωποι ἐναπεδύοντο εἰς τόν ἱερόν τῆς πίστεως ἀγῶνα, καί ἡ ὁποία (χαρά) δέν ἦτο στωική ὑπερηφάνεια ἤ στωική ἀπάθεια, δέν δυνάμεθα βεβαίως νά μή ὁμολογήσωμεν πρῶτον μέν ὅτι ἡ μεγαλοφροσύνη καί ὁ ἡρωισμός τῶν ἁγίων μαρτύρων ὑπερακοντίζει πᾶν ἄλλο τι τοιοῦτον ἐν τῇ ἱστορίᾳ τῶν ἀνθρωπίνων πράξεων ἀναφερόμενον καί δεύτερον ὅτι διά τῆς ἡρωικῆς αὐτῶν καρτερίας καί ὑπομονῆς ὁ χριστιανισμός καί προήχετο καί ἐκρατύνετο ἐν τῷ κόσμῳ. Ἐντεῦθεν καί ἡ ἐξαιρετική τιμή καί ἀγάπη, ἥν εὐθύς ἐξ ἀρχῆς ἀπέδωκεν αὐτοῖς ἡ ἐκκλησία τοῦ Χριστοῦ. Τά σώματα αὐτῶν ἐζητοῦντο ἐπιμελῶς καί ἐθάπτοντο εὐλαβῶς ὡς ἡγιασμένα σκηνώματα ἁγίων ψυχῶν, ἅπερ ἔμελλόν ποτε νά ἀναστηθῶσι δεδοξασμένα καί ἀποκατασταθῶσι καί αὖθις οἰκητήρια αὐτῶν. Κατά δέ τήν ἐπέτειον ἡμέραν τῶν γενεθλίων αὐτῶν (καθ' ἥν ἀνωτέρω εἴπομεν σημασίαν) συναθροιζομένων πάντων τῶν χριστιανῶν περί τούς τάφους αὐτῶν, ἐγίνετο διήγησις τοῦ μαρτυρίου καί τῶν ἡρωϊ /(225) κῶν αὐτῶν ἀγώνων καί παθημάτων πρός μίμησιν καί ἐνίσχυσιν τῶν περιεστώτων, ἔπειτα ἐτελεῖτο ἡ θεία εὐχαριστία, ἐμνημονεύοντο τά ὀνόματα αὐτῶν καί πάντες ἐκοινώνουν τοῦ μυστικοῦ δείπνου. Ὁ καθαρός χριστιανικός χαρακτήρ τῆς πρός ἀνάμνησιν καί τιμήν τῶν ἀθλοφόρων μαρτύρων τελουμένης ἑορτῆς καταφαίνεται εἰς τήν ἀπάντησιν τῆς ἐκκλησίας τῶν Σμυρναίων πρός τάς κατηγορίας τῶν ἐθνικῶν, οἵτινες μετά τόν μαρτυρικόν θάνατον τοῦ ἱεροῦ Πολυκάρπου δέν ἤθελον νά παραχωρήσωσιν τά λείψανα τοῦ μάρτυρος, ἵνα μή δῆθεν οἱ χριστιανοί ἀφέντες τόν ἐσταυρωμένον προσκυνήσωσιν ἐκεῖνον. Ἀγνοοῦσιν, ἔλεγον τά γνήσια τέκνα τοῦ ἁγίου Πολυκάρπου, ἀγνοοῦσιν οἱ ἄπιστοι ὅτι ἡμεῖς οὐδέποτε θά στέρξωμεν νά ἐγκαταλείψωμεν τόν Χριστόν, τόν ὑπέρ τῆς σωτηρίας παντός τοῦ κόσμου παθόντα καί νά λατρεύσωμεν ἄλλον τινά· διότι τοῦτον μέν υἱόν ὄντα τοῦ θεοῦ προσκυνοῦμεν, τούς δέ Μάρτυρας ὡς μαθητάς τοῦ Κυρίου καί μιμητάς ἀγαπῶμεν δικαίως, ἕνεκα τῆς ἀνυπερβλήτου πρός τόν ἴδιον βασιλέα καί διδάσκαλον ἀγάπης αὐτῶν, ὦν εἴθε νά ἀξιωθῶμεν καί ἡμεῖς νά γίνωμεν συγκοινωνοί καί συμμαθηταί. Ἡ ἀπάντησις αὕτη εὕρηται ἐν τῇ ἐπιστολῇ, ἥν ἡ ἐκκλησία τῶν Σμυρναίων ἀπέστειλε πρός τάς ἐν Πόντῳ ἐκκλησίας ἐξιστοροῦσα τόν τρομερόν ἐκεῖνον διωγμόν, τόν ἐπί αὐτοκράτορος Μάρκου Αὐρηλίου ἐν ἔτει 167 ἐν Σμύρνῃ συμβάντα (§)· ἐξ αὐτῆς δέ ταύτης τῆς ἐπιστολῆς διδασκόμεθα καί τόν κύριον σκοπόν τῶν πανηγύρεων τούτων· διότι ἐξακολουθοῦσα ἡ ἐκκλησία αὕτη τόν περί τοῦ ἱερομάρτυρος αὐτῆς λόγον ἐπάγει - ἡμεῖς δέ μετά ταῦτα (μετά τό καθῆναι δηλ. τό νεκρόν σῶμα τοῦ ἁγίου Πολυκάρπου) συναθροίσαντες τά τιμιώτερα λίθων πολυτελῶν καί δοκιμώτερα χρυσίου ὀστά αὐτοῦ ἀπεθέσαμεν αὐτά ὅπου καί πρέπον ἦτον· ὁ δέ Κύριος θέλει παρέχει εἰς ἡμᾶς νά συναθροιζώμεθα μετ' ἀγαλλιάσεως καί χαρᾶς ἐν τῷ τόπῳ τούτῳ καί ἐπιτελῶμεν τήν τοῦ μαρτυρίου αὐτοῦ γενέθλιον ἡμέραν εἴς τε τῶν προηθληκότων μνήμην καί τῶν μελλόντων ἄσκησιν τε καί ἑτοιμασίαν[241]. Ἐκ τούτων δέ γίνεται συγχρόνως δῆλον ὅτι αἱ ἑορταί τῶν μαρτύρων δέν ἐτελοῦντο εἰσέτι ὑπό πάσης τῆς καθολικῆς ἐκκλησίας ὡς αἱ ἑορταί τοῦ Δεσπότου Χριστοῦ, ἀλλ' ὑπό τῶν κατά

---

[241] Ἰδού αἱ λέξεις αὐταί, τάς ὁποίας μεταχειρίζεται ἐν τῇ ἐπιστολῇ αὐτῆς ἡ ἐκκλησία τῶν Σμυρναίων περί τῆς ὑποθέσεως ταύτης «ὁ δέ ἀντίζηλος καί βάσκανος καί πονηρός ὁ ἀντικείμενος τῷ γένει τῶν δικαίων... ἐπετήδευσεν ὡς μηδέ τό σωμάτιον αὐτοῦ (τοῦ ἁγίου Πολυκάρπου) ὑφ' ἡμῶν ληφθείη, καίπερ πολλῶν ἐπιθυμούντων τοῦτο ποιῆσαι καί κοινωνῆσαι τῷ ἁγίῳ αὐτοῦ σαρκίῳ. Ὑπέβαλον γοῦν τινες Νικήτην τόν τοῦ Ἡρώδου πατέρα... ἐντυχεῖν τῷ ἡγεμόνι, ὥστε μή δοῦναι αὐτοῦ τό σῶμα, μή, φησίν, ἀφέντες τόν ἐσταυρωμένον, τοῦτον ἄρξωνται σέβειν...ἀγνοοῦντες ὅτι οὔτε τόν Χριστόν ποτε καταλιπεῖν δυνησόμεθα, τόν ὑπέρ τῆς τοῦ παντός κόσμου τῶν σωζομένων σωτηρίας παθόντα, οὔτε ἕτερόν τινα σέβειν. Τοῦτον μέν γάρ υἱόν ὄντα τοῦ Θεοῦ, προσκυνοῦμεν, τούς δέ Μάρτυρας ὡς μαθητάς τοῦ Κυρίου καί μιμητάς, ἀγαπῶμεν ἀξίως, ἕνεκα εὐνοίας ἀνυπερβλήτου τῆς εἰς τόν ἴδιον βασιλέα καί διδάσκα /(227) λον, ὧν γένοιτο καί ἡμᾶς συγκοινωνούς τε καί συμμαθητάς γενέσθαι...οὕτως τε ἡμεῖς ὕστερον ἀνελόμενοι τά τιμιώτερα λίθων πολυτελῶν καί δοκιμώτερα ὑπέρ χρυσίον ὀστά αὐτοῦ, ἀπεθέμεθα ὅπου καί ἀκόλουθον ἦν· ἔνθα ὡς δυνατόν ἡμῖν συναγομένοις ἐν ἀγαλλιάσει καί χαρᾷ παρέξει ὁ Κύριος ἐπιτελεῖν τήν τοῦ μαρτυρίου αὐτοῦ ἡμέραν γενέθλιον, εἰς τῶν προηθληκότων μνήμην καί τῶν μελλόντων ἄσκησιν τε καί ἑτοιμασίαν» Εὐσεβ. Ἐκκλ. Ἱστ. 4,15 σελ.355 ἔκδ. Heinichen. Περί τῆς εἰς τούς ἁγίους μάρτυρας ὀφειλομένης ἀγάπης καί τιμῆς ὁμιλοῦσι καί αἱ Ἀποστολικαί Διαταγαί 5,7. Ἐξ ὧν δέ λέγει ὁ ἅγιος Κυπριανός πρός τόν ἑαυτοῦ κλῆρον βλέπομεν ὅτι οἱ χριστιανοί ἐσημείουν καί τήν ἡμέραν τῆς ἐξόδου τῶν Μαρτύρων, ὅπως κατ' αὐτήν ἀκριβῶς τελεῖται ἡ σύναξις αὐτῶν, epist. 37: Denique et dies eorum quibus excedunt annotare, ut commemorationes eorum inter memorias martyrum celebrare possimus.- Περί δέ τῆς ἐν τῇ μνήμῃ τῶν μαρτύρων τελουμένης ἱερουργίας λέγει ὁ αὐτός Κυπριανός, epist. 34: Sacrificia pro martyribus semper offerimus, quodies eorum passiones et dies anniversaria commemoratione celebramus, ἤγουν, θυσίας τελοῦμεν ὑπέρ τῶν μαρτύρων πάντοτε, ὁσάκις τήν ἐπέτειον τῶν παθημάτων αὐτῶν ἡμέραν πανηγυρίζομεν», βλ. καί Ἀποστ. Διατ. 5.8.- Συνήχοντο δέ οἱ χριστιανοί ἔνθα ἦσαν τεθαμμένοι οἱ μάρτυρες, τουτέστιν εἰς τά κοιμητήρια καί πρό πάντων εἰς τάς κρύπτας (§), ἔνθα ἐναπετίθεντο τά σώματα αὐτῶν τό μέν πρός ἀποφυγήν ἐθνικῶν βεβηλώσεων τό δέ καί ὅπως ἀσφαλῶς καί ἀταράχως ἐπιτελεῖται ἡ μνήμη αὐτῶν (βλ. Εὐσεβ. Ἐκκλ. Ἱστ. 17,11 καί 9,2).

τόπους ἐκκλησιῶν, ἑκάστης ἑορταζούσης τούς ἑαυτούς μάρτυρας, ὧν καί τούς τάφους εἶχε. Ἑκάστη δέ ἐκκλησία ἐφρόντιζε νά συλλέγῃ τάς περί τοῦ πάθους ἑνός ἑκάστου τῶν μαρτύρων εἰδήσεις καί νά φυλάττῃ αὐτάς εἰς ἰδιαιτέρους κώδηκας, ἐξ ὧν ὕστερον συνετάχθησαν τά μαρτυρολόγια²⁴². Τήν ἀνάγνωσιν δέ τῶν συναξαρίων διεδέχθησαν μετά ταῦτα οἱ πανηγυρικοί καί ἐγκωμιαστικοί λόγοι²⁴³.

Τήν αὐτήν σχεδόν τιμήν καί ἀγάπην ἀπένεμον οἱ χριστιανοί καί πρός ἐκείνους, οἵτινες ὁμολογήσαντες ἐνώπιον τῶν ἐθνικῶν καί ἀπίστων τήν καλήν ὁμολογίαν τῆς πίστεως δέν ἐτελειοῦντο /(226) καί διά τοῦ μαρτυρικοῦ θανάτου, καί οἱ ὁποῖοι ὠνομάζοντο ἰδίως καί *ὁμολογηταί* (Confessores). Οἱ ὁμολογηταί διηκονοῦντο ὑπό πάντων μετά μεγίστης προθυμίας καί σχεδόν μεθ' ὑπερβολῆς. Ἕν τῶν χρεῶν τῶν ῥητῶς ἐπιβαλλομένων εἰς τούς διακόνους ἦτο καί τό φροντίζειν ἰδιαζόντως περί τῶν ὁμολογητῶν. Ἐκτός δέ τούτων ἄνδρες τε καί γυναῖκες, νέοι καί γέροντες ἔτρεχον εἰς τάς φυλακάς, ὁσάκις ἐπετρέπετο αὐτοῖς, πρός ἐπίσκεψιν αὐτῶν, κατεφίλουν τάς ἁλύσεις καί τά δεσμά, περιεποιοῦντο τάς πληγάς αὐτῶν, παρεῖχαν αὐτοῖς ἀφθόνως πᾶν, οὗτινος εἶχον χρείαν, καί ἐνίσχυον αὐτούς διά λόγων καί παραδειγμάτων τῆς πίστεως²⁴⁴, ἀλλά καί μετά τήν ἀποφυλάκισιν αὐτῶν ἀπέδιδον αὐτοῖς διά βίου μέγιστον σέβας. Τοσαύτη δέ ἦν ἐν γένει ἡ τιμή, ἧς ἀπήλαυον οἱ ἅγιοι ὁμολογηταί, ὥστε εἰ καί λαϊκοί ὄντες, ἐξήσκον ἐνίοτε μεγάλην ἐπιρροήν ἐπί τῶν ἐκκλησιαστικῶν πραγμάτων· οὕτω φέρ' εἰπεῖν πολλάκις ἐκ τῆς εἱρκτῆς αὐτῶν ἔδιδον τούς οὕτω καλουμένους λιβέλλους τῆς εἰρήνης (libelli pacis), δι' ὧν οἱ ἐπί τῶν διωγμῶν πεσόντες παρελαμβάνοντο εἰς τήν ἐκκλησιαστικήν κοινωνίαν καί πρίν ἤ διέλθωσι μέχρι τέλους τό εἰς αὐτούς ἐπιβαλλόμενον ὑπό τῆς ἐκκλησίας στάδιον τῆς μετανοίας²⁴⁵.

Τινές τῶν χριστιανῶν προσήρχοντο ἑκόντες, ὡς φαίνεται, καί αὐτόκλητοι εἰς τό μαρτύριον ἐπιθυμοῦντες νά τύχωσι τοῦ μαρτυρικοῦ στεφάνου²⁴⁶· ἀλλ' ἡ ἐκκλησία ἀπεδοκίμα-

---

242 (βλ. Κυπριανοῦ epist.37)
243 Καί ἀβάπτιστοι ἐάν ἐτύγχανον οἱ μάρτυρες ἐθεωροῦντο ὡς σεσωσμένοι καί ἅγιοι, ἅτε δή λελουσμένοι ἐν τῷ αἵματι αὐτῶν καί κεκαθαρμένοι πάσης ἁμαρτάδος, βλ. Ἑρμᾶς, Ποιμήν 3. Παραβ. 9,28 καί Κλήμης Ἀλεξανδρεύς, Στρωματεῖς 4, σελ. 596 καί Τερτυλλιακός de resurrectione carnis c.43 καί Διονύσιος Ἀλεξανδρείας παρ' Εὐσεβίῳ, Ἐκκλησιαστική Ἱστορία 6,42. Μεταγενεστέρας περί τῶν μαρτύρων ἰδέας βλ. Ὠριγένης Ὁμιλία 10,2 εἰς τούς Ἀριθμ. Κυπριαν. epist. 12,13. Εὐσεβ. Περί τῶν ἐν Παλαιστίνῃ μαρτύρων κεφ. 7.
244 (βλ. Λουκιαν. Περεγρ. τελ. Τερτλλ. de jejum. c. 12. adv. Marc. c.1. Cyprian. epist. 13)
245 (Tertull. de pudic. c. 22. Παρβ. §)
246 Ὁ Τερτυλλιανός *ad Scupulam*. c. 5 ἀναφέρει ἐκ τῶν χρόνων τοῦ αὐτοκράτορος Ἀδριανοῦ ὡς παράδειγμα

ζε τήν αὐτεπάγγελτον ταύτην εἰς τό μαρτύριον προσέλευσιν, οὕτω λόγου χάριν ἡ ἐκκλησία τῶν Σμυρναίων ἔγραφε ῥητῶς «οὐκ ἐπαινοῦμεν τούς προσιόντας ἑαυτοῖς (ὅπερ ἐστίν ἀφ' ἑαυτῶν), ἐπειδή οὐχ οὕτω διδάσκει τό εὐαγγέλιον» (Εὐσεβ. Ἐκκλ. Ἱστ. 4,15)[247].

§69. Ἤθη τῶν χριστιανῶν.

Τούς χρόνους τούτους δυνάμεθα νά χαρακτηρίσωμεν ἀνενδυάστως ὡς τήν ἀνθηροτέραν ἐποχήν τοῦ χριστιανικοῦ βίου. Οἱ προεστῶτες καί διδάσκαλοι τῆς ἐκκλησίας ἦσαν ἅπαντες σχεδόν ἀνεξαιρέτως ἄνδρες σεβάσμιοι, κατά πάντα τοῖς ἴχνεσι τῶν ἀποστόλων ἑπόμενοι, οἷος Ἰγνάτιος ὁ Θεοφόρος, Κλήμης ὁ Ῥώμης, ὁ Πολύκαρπος, ὁ Παπίας, ὁ Εἰρηναῖος καί ἄλλοι πολλοί, ὧν τά ὀνόματα μετ' ἐγκωμίων μνημονεύονται ἐν ταῖς ἐπιστολαῖς τοῦ ἁγίου Ἰγνατίου, ἐν τοῖς μαρτυρολογίοις καί ἐν τῇ Ἐκκλησιαστικῇ Ἱστορίᾳ τοῦ Εὐσεβίου. Καί πῶς ἠδύνατο νά ἔχῃ ἄλλως τό πρᾶγμα, ἀφ' οὗ ὡς ἐπίσκοποι καί ποιμένες τῆς ἐκκλησίας δέν ἐξελέγοντο εἰμή ἄνδρες ἔχοντες ἀρετήν καί ἱκανότητα ὑπό πάντων μαρτυρουμένην, ἄνδρες ἀφιερωμένοι τῷ θεῷ καί τῷ Εὐαγγελίῳ τοῦ υἱοῦ αὐτοῦ τοῦ Κυρίου ἡμῶν Ἰησοῦ Χριστοῦ; Διότι εἰσέτι δέν συνωθοῦντο περί τό ὑψηλόν καί μέγα τῆς ἐπισκοπῆς ἀξίωμα ἄνθρωποι γυμνοί τῆς θείας χάριτος, μήτε τά ἑαυτῶν καλῶς νά διεξάγωσιν εἰδότες. Ὡς τοιούτους δέ ὄντας εἶχον αὐτούς καί τῶν πιστῶν τά πλήθη ὡς πατέρας. Οὕτω φέρ' εἰπεῖν σύν τοῖς ἄλλοις ἀναφέρει ἡ ἱστορία τοῦ μαρτυρίου τοῦ ἁγίου Πολυκάρπου ὅτι οἱ χριστιανοί ἔτρεχον πάντοτε ὅπως καί τῶν ἱματίων αὐτοῦ μόνον ἅψωνται ὅτι μεγάλως αὐτόν ἐξ ἀρχῆς ἐσέβοντο καί πρό τοῦ γήρατος, νέον ἔτι ὄντα, ἐτίμων διά τό ἅγιον καί εὐαγγελικόν αὐτοῦ πολίτευμα. Ποίας δέ ὑποδοχῆς καί ποίων τιμῶν δέν ἠξιώθη ὁ ἅγιος Ἰγνάτιος καθ' ὁδόν, ὅτε δέσμιος ἐφέρετο εἰς

τό ἑξῆς: Arrius Antoninus in Asia cum persequeretur instanter, omnes illius civitatis Christiani ante tribunalia ejus se manu facta obtulerunt, cum ille, pacis duci jussis, reliquis ait, ὦ ἀδελφοί, εἰ θέλετε ἀποθνήσκειν κρημνούς ἤ βρόχους ἔχετε». Παρόμοια λέγουσιν οἱ ἐθνικοί καί παρ' Ἰουστίνῳ τῷ Μάρτυρι, ἀπολογία β' 4.
247 Μόνοι οἱ Μοντανισταί ἐθεώρουν ὡς ἔξαρνον τόν ἐν καιρῷ διωγμοῦ φεύ/(228) γοντα καί ἀποκρυπτόμενον, ὑπερεγκωμιάζοντες τοὐναντίον τούς αὐτοκλήτους εἰς τό μαρτύριον καταβαίνοντας, Τερτυλλ. de fuga in persec. Ἐν μέρει δέ καί ὁ Εὐσέβιος φαίνεται θαυμαστής τῶν ἑκουσίως εἰς τό μαρτύριον ἐφορμούντων, Ἐκκλ. Ἱστ. 7,12. καί ἐν τῷ Περί τῶν ἐν Παλαιστίνῃ μαρτυρησάντων κεφ. 3. – Ἀλλά τόν Μοντανισμόν ὡς πρός τοῦτο κατεπολέμησαν διά τοῦ παραδείγματος αὐτῶν σύν τοῖς ἄλλοις καί Κλήμης ὁ Ἀλεξανδρεύς καί ὁ τῆς Καρχηδόνος ἐπίσκοπος καί ἱερομάρτυς Κυπριανός, οἵτινες οὐδόλως ἐδίσταζον νά ἀποκρύπτωνται μικρόν ἕως οὗ λοφήσωσιν αἱ φλόγαι τοῦ διωγμοῦ. Καί αὐτή δέ ἡ ἄλλως οὐχι τοσοῦτον ἐλευθεριάζουσα Ἰλλιβαρίτις σύνοδος (ἐν ἔτει 305) ἀποφαίνεται ἐν τῷ 10 αὐτῆς κανόνι ὡς ἑξῆς «Τόν εἴδωλα συντρίψαντα καί ἐπί τούτῳ θανατωθέντα ἔδοξε μή συναριθμῆσθαι τοῖς μάρτυσιν· ἐπειδή οὐχ οὕτως ἐν τῷ Εὐαγγελίῳ γέγραπται οὔτε ἐπί τῶν ἀποστόλων εὕρηται τοιοῦτόν τι γενόμενον». –Περί τινων ἄλλων ὑποκριτῶν ὅρ. §

τήν Ῥώμην, οὐ μόνον ὑπό τῶν ἐκκλησιῶν δι' ὦν διέβη, ἀλλά καί παρά πάντων σχεδόν τῶν ἄλλων χριστιανῶν! Οὐχ ἧττον ἁγία καί θαυμαστή /(229) ἦτον καί ἡ πολιτεία τῶν ἄλλων χριστιανῶν καί μάλιστα ἡ καρτερία αὐτῶν ἐν καιρῷ τῶν διωγμῶν, ὅτε ἄνδρες τε καί γυναῖκες, νέοι καί γέροντες καί δή καί παῖδες ἀδρειοφρόνως ὡμολόγουν τόν Χριστόν. Καί εἶναι μέν ἀληθές ὅτι εἶχον καί οἱ χρόνοι οὗτοι τούς ἁμαρτάνοντας καί ἐν τοῖς διωγμοῖς λειποτακτοῦντας, πλήν ὁ ἀριθμός αὐτῶν σχετικῶς εἶναι ἐλάχιστος καί ἀσήμαντος[248]. οὐ μόνον δέ αἱ φῆμαι ἐκεῖναι αἱ προστριβόμεναι εἰς τούς χριστιανούς ὅτι δῆθεν ἦσαν αἱμομῖκται, ὅτι ἐτέλουν θυέστεια δεῖπνα καί ἄλλα τοιαῦτα ἦσαν ψευδέστατοι, ἀλλά καί τοσοῦτον μέτριοι ἐν πᾶσιν ἦσαν οἱ χριστιανοί τῶν χρόνων τούτων, ὥστε ἀσωτεία καί μέθη ἦσαν πράγματα ἀνήκουστα παρ' αὐτοῖς· «Οἱ μέν ἄλλοι ἄνθρωποι ζῶσιν, ἔλεγεν ὁ ἱερός Κλήμης[249] ἵνα ἐσθίωσιν, ὥσπερ καί τά ἄλογα ζῶα, τῶν ὁποίων βίος εἶναι ἡ γαστήρ· εἰς ἡμᾶς ὅμως ὁ διδάσκαλος καί παιδαγωγός τῶν ψυχῶν ἡμῶν παραγγέλλει νά ἐσθίωμεν ἵνα ζῶμεν· διότι παρ' ἡμῖν ἡ τροφή δέν εἶναι ἔργον οὔτε ἡδονή ὁ σκοπός αὐτῆς»· ὁ δέ Τερτυλλιανός ἔγραφε πρός τούς ἐθνικούς «ἡμεῖς οἱ χριστιανοί τοσοῦτον ἐσθίομεν ὅσον νά μετριάζηται μόνον ἡ πεῖνα καί τοσοῦτον πίνομεν ὅσον ἀπαιτεῖ ἡ σωφροσύνη»[250]. Ναί ἐν καιροῖς καθ' οὕς τό Εὐαγγέλιον τοῦ Χριστοῦ δέν ἵστατο ὡς κενή λέξις ἐπί τῶν χειλέων μόνον τῶν χριστιανῶν· καί ἐν καιροῖς καθ' οὕς τό ἄχυρον μετά τοσαύτης ἀνεπιεικείας ἐπινιάζετο ἀπό τοῦ σίτου, καθ' οὕς δηλονότι τοσοῦτον σκληρῶς καί ἀπανθρώπως κατεδιώκετο ὁ χριστιανισμός· ἔμελλεν, ὡς εἰκός, νά ἀναφανῇ καί διαλάμψῃ τῇ θείᾳ τοῦ Εὐαγγελίου δυνάμει ὑποβασταζομένη καί αὐστηροτάτῃ ἐκκλησιαστικῇ προνοίᾳ ἐπιτηρουμένη τοιαύτη τις ἐν τῷ χριστιανικῷ βίῳ καθαρότης, τοιαύτη ἠθική ἀκρίβεια καί τοσαύτη ζωῆς καί κόσμου ἀπάρνησις, οἵαν ἕως τότε ἡ ἀνθρωπότης οὔτε ἤκουσεν οὔτε εἶδεν. Ἀλλά τόν θαυμασμόν ἐξόχως διήγειρε καί θαυμασμοῦ ἀξία ὄντως ἦτο ἐν μέσῳ τοῖς οὐδέν ἕτερον παρά τόν ἐπάρατον ἐγωισμόν λατρεύοντος ἐθνικοῦ καί εἰδωλολάτρου κόσμου ἡ χριστιανική ἀγάπη· τό φιλάνθρωπον καί φιλάδελφον τῶν χριστιανῶν, ἡ ἀέναος εὐποιΐα, ἡ παντοτεινή τῶν πτωχῶν, τῶν ὀρφανῶν, τῶν χηρῶν καί τῶν ἀσθενῶν ἐπιμέλεια, ἡ εἰλικρινής καί ἐγκάρδιος φι-

---

248 (Εὐσεβ. Ἐκκλ. Ἰστ. 4,15. 5,1.)
249 (Παιδαγ. 2,1,1)
250 (Ἀπολ. κεφ.39)

λοξενεία καί ή πρός παντός εἴδους καθόλου θυσίας ἀχάλαστος προθυμία. Ἡ πρός τά ἔργα τῆς ἀγάπης καί τῆς φιλανθρωπίας ἀπαιτουμένη δαπάνη συνελέγετο εἰς τό ἐκκλησιαστικόν ταμεῖον συνεισφέροντος ἐλευθέρως ἑκάστου χριστιανοῦ κατά πᾶσαν Κυριακήν ἢ ἄλλην τινά ἡμέραν συνάξεως. Προσέτι ἡ χριστιανική ἀγαθοεργία δέν περιωρίζετο ἐντός μόνον τῶν ὁρίων ἑκάστης παροικίας, ἐλέη καί βοήθειαι παντός εἴδους ἐπέμποντο καί εἰς τή ἀλλοδαπήν, πρός ἄλλους ἀδελφούς ἢ πρός ὁλοκλήρους ἐνδεεῖς καί ἀπόρους κοινότητας. Καί κατά τοῦτο φαίνεται ὅτι διεκρίνετο /(230) ἐξόχως ἡ ῥωμαϊκή ἐκκλησία. «Ἐξαρχῆς ὑμῖν ἔθος ἐστί τοῦτο, ἔλεγεν ὁ ἱερός Διονύσιος ὁ τῶν Κορινθίων ἐπίσκοπος γράφων πρός τούς Ῥωμαίους, πάντας μέν ἀδελφούς ποικίλως εὐεργετεῖν, ἐκκλησίας τε πολλαῖς ταῖς κατά πᾶσαν πόλιν ἐφόδια πέμπειν, ὧδε μέν τήν τῶν δεομένων πενίαν ἀναψύχοντας, ἐν μετάλλοις δέ ἀδελφοῖς ὑπάρχουσιν ἐπιχορηγοῦντας... Ὅ οὐ μόνον διατετήρηκεν ὁ μακάριος ἡμῶν ἐπίσκοπος Σωτήρ, ἀλλά καί ἐπηύξησεν, ἐπιχορηγῶν μέν τήν διαπεμπομένην δαψιλείαν τήν πρός τούς ἁγίους, λόγοις δέ μακαρίοις τούς ἀνιόντας ἀδελφούς ὡς τέκνα πατήρ φιλόστοργος παρακαλῶν»[251]. Διά τοῦτο ὅμως δέν ἔπαυον οἱ χριστιανοί βοηθοῦντες καί ἐλεοῦντες ἰδιαιτέρως καί αὐτοπροαιρέτως. Μέγα δέ μέρος εἰς τά ἔργα τῆς εὐποιΐας ἐλάμβανον ἐξαιρέτως αἱ χριστιαναί γυναῖκες ἐνεργοῦσαι προθύμως τό δικαίωμα τοῦ διακονεῖν τῷ Κυρίῳ ἐν τῷ διακονεῖν καί ἐπιμελεῖσθαι τῶν ἀπόρων καί ἐνδεῶν[252]. Ἐν μέσῳ τοῦ ἐθνικοῦ κόσμου τοῦ ἠθικῶς βαθύ κατολισθήσαντος καί διαφθαρέντος, τοῦ καί αὐτήν τήν ἰδέαν τῆς σωφροσύνης τῆς ἐντός καί ἐκτός τοῦ γάμου ὀφειλομένης παντάπασι σχεδόν ἀπολέσαντος ἵστατο λάμπων ἐν τῇ ἁρμονίᾳ καί τῇ ἐν ἁγιότητι αὐτοῦ τῆς χριστιανικῆς οἰκογενείας ὁ βίος, τοῦ ὁποίου λαμπράν εἰκόνα παρέχει εἰς ἡμᾶς ὁ Τερτυλλιανός, ἔνθα ὁμιλεῖ περί τῶν ἀγαθῶν ἐκείνου ὅστις ἔχει τήν συνευδόκησιν καί τήν εὐλογίαν τῆς ἐκκλησίας «Δύο πιστοί, λέγει, ὑπό ἕναν ζυγόν, μίαν ἔχοντες ἐλπίδα, μίαν εὐχήν, ἕν ποθούμενον, μίαν δίαιταν καί τῷ δουλεύειν τῷ Κυρίῳ κοινόν· οἱ δύο ὥσπερ ἀδελφός καί ἀδελφή, ὡς σύνδουλοι, ἄνευ διακρίσεώς τινος πνεύματος καί σαρκός καί ἀληθῶς οἱ δύο εἰς σάρκα μίαν, μία σάρξ καί μία ψυχή. Ὁμοῦ προσεύχονται, ὁμοῦ κλίνουσι γόνυ, ὁμοῦ νηστεύου-

---

251 (Εὐσεβ. Ἐκκλ. Ἱστ. 4,23)
252 (Tertull. ad uxorem libr. 2,3.4.8. Ἰουστ. Μάρτ. ἀπολ. α΄§67. παραβ. Tertull. ἀπολογητι. κεφ. 39. Κυπριαν. ἐπιστ. 28 καί 34 καί 66)

σιν· ἑκάτερος διδάσκει, ἑκάτερος παραινεῖ καί ἕτερος τόν ἄλλον ἀμοιβαίως στηρίζουσι. Ἀμφότεροι εἰσίν ἐν τῇ ἐκκλησίᾳ τοῦ Θεοῦ, ἀμφότεροι ἐν τῷ δείπνῳ τοῦ Κυρίου, ἀχώριστοι ἐν ταῖς δυστυχίαις, ἐν τοῖς διωγμοῖς, ἐν ταῖς εὐπραγίαις· οὐδέν ἀλλήλους κρύπτουσιν, οὐδέν ποτ' ἀλλήλων ἐκκλίνουσιν, οὐδέποτε ἐπαχθεῖς εἰς ἀλλήλους γίνονται. Ἐλεύθεροι ἀμφότεροι εἰς τό ἐπισκέπτεσθαι τούς ἀσθενεῖς· ἐλεύθεροι εἰς τό ἐπιμελεῖσθαι τῶν πτωχῶν. Οὐδέτερος κακίζει τήν ἐλεημοσύνην τοῦ ἄλλου οὔτε τήν σπουδήν πρός τό εὐεργετεῖν ἀναστέλλει· ἔρχονται εἰς τήν θυσίαν (εἰς τόν μυστικόν δεῖπνον) οὐχί πεφοβισμένοι καί ἔντρομοι καί ἀκωλύτως τελοῦσι τήν καθημερινήν αὐτῶν δέησιν καί λατρείαν πρός τόν Θεόν. Σημειοῦνται διά τοῦ σημείου τοῦ σταυροῦ οὐχί κλοπιμαίως, οὐδ' ἐπισπεύδουσι ὑπό φόβου τήν εὐχαριστίαν καί ἡ ἐπιτραπέζιος εὐχή δέν λέγεται ἀφώνως καί σιωπηλῶς. Ἀντηχοῦσιν ἀλλήλων οἱ ψαλμοί καί ὕμνοι καί πρός ἀλλήλους ἁμιλλῶνται τίς νά ψάλλη /(231) τῷ θεῷ κάλλιον τοῦ ἄλλου. Τοιαῦτα βλέπων καί ἀκούων ὁ Χριστός εὐαρεστεῖται καί δίδωσιν αὐτοῖς τήν ἑαυτοῦ εἰρήνην[253]. Οἱ χριστιανοί τῆς ἐποχῆς ταύτης ἐνυμφεύοντο συνήθως ἅπαξ· διότι ὁ δεύτερος γάμος, ἄν καί δέν ἀπηγορεύετο, ἐθεωρεῖτο ὅμως ὡς εἶδος τι ἀσωτείας ἀπρεποῦς εἰς χριστιανούς[254]. Καίτοι τοσοῦτον ἀπανθρώπως κατεδιώκοντο ὑπό τῶν ἐθνικῶν, οὐχ ἧττον ἡ πρός τάς πολιτικάς ἀρχάς διαγωγή των ἦτον ὑποδειγματική· τόσον αἱ πρός τήν ἀπότισιν τῶν φόρων καί τῶν δασμῶν, ὅσον καί ὡς πρός τήν ἐκπλήρωσιν τῶν ἄλλων αὐτῶν καθηκόντων[255]. Καίτοι τινές τῶν χριστιανῶν ἐνόμιζον καλόν τό ἀποσύρεσθαι καί ἀπέχειν τῆς στρατιωτικῆς ὑπηρεσίας καί τῶν ἄλλων πολιτικῶν ἀξιωμάτων· τοῦτο μέν διότι δέν ἦτο εὔκολον νά ἀποφεύγῃ τις τά εἰδωλολατρικά ἔθιμα, τάς θυσίας καί τάς τελετάς, τάς ὁποίας ὤφειλον νά τελῶσι συνήθως οἱ εἰς τοιαύτας θέσεις εὑρισκόμενοι· τοῦτο δέ διότι καί αὐταί αἱ κοσμικαί τιμαί, αἵτινες παρηκολούθουν τό εἶδος αὐτό τῆς ὑπηρεσίας, ἐφαίνοντο ὀλίγον συνᾴδουσαι εἰς τόν χαρακτῆρα τῆς χριστιανικῆς τοῦ κόσμου ἀπαρνήσεως[256]. Ὡς παντάπασιν δέ ἀσύγγνωστα ἐπιτηδεύματα ἐθεωροῦντο τά ἐξυπηρετοῦντα εἰς τήν εἰδωλολατρείαν οἷον κατασκευάζειν καί

---

253 (Tertull. ad uxorem libr. 2,9)
254 Ὁ Ἀθηναγόρας ὠνόμαζε τόν δεύτερον γάμον εὔσχημον μοιχείαν «ὁ δεύτερος γάμος εὐπρεπής ἐστι μοιχεία», Ἀπολογ. κεφ. 28 βλ. ὅμως Ἑρμᾶ Ποιμ. βιβλ. 2,4 καί Κλημ. Ἀλεξ. Σρτωμ. 3,12 §82 καί Ἀμβροσ. de viduis. c. 11.
255 (Ἰουστ. Μάρτ. ἀπολογ. α´ §17)
256 (Tertull. de coron. milit. c. 2. ὅρα ὅμως §· καί Εὐσεβ. Ἐκκλ. Ἱστ. 8,1 κεξ. Lactnt. de morte persec. 10 κεξ.)

πωλεῖν εἴδωλα, τό ἐπαγγέλλεσθαι τήν μαγείαν καί ἀστρολογίαν καί τό συμπράττειν ὁτωδήποτε τρόπῳ εἰς τά θέατρα τάς μονομαχίας καί εἰς τάς θηριομαχίας[257].

§70. Συνέχεια

Ἐξ ὅλων τούτων, ὅσα περί τῶν ἠθῶν τῶν χριστιανῶν εἴπομεν, οὐδέν ἄλλο βλέπομεν, εἰμή ὅτι ὁ ἄνθρωπος κατά Χριστόν διάγων καί πολιτευόμενος ἐπανήγετο εἰς τήν προτέραν αὐτοῦ κατάστασιν, εἰς τήν κατάστασιν ἐκείνην, ἐν ᾗ διῆγε καί ἔζη, ὅτε ἐξῆλθεν τῶν χειρῶν τοῦ Δημιουργοῦ του· τουτέστι ἀπεκαθίστατο ἅγιος, φωτεινός τόν νοῦν καί τήν καρδίαν, ἱστάμενος ἐν μέσῳ τῆς περικυκλούσης αὐτόν φύσεως οὐχί ὡς δοῦλος καί ὑποχείριος, ἀλλ' ὡς Κύριος καί βασιλεύς αὐτῆς. Καί πραγματικῶς διά τῆς πίστεως εἰς τόν Ἰησοῦν Χριστόν, διά τῆς ἀγάπης τοῦ Θεοῦ καί τοῦ /(232) πλησίον καί διά τῆς ἐλπίδος εἰς μέλλουσαν ζωήν ὁ χριστιανισμός οὐδέν ἄλλο βούλεται εἰμή νά ἀναπλάσῃ τόν ἔσω ἄνθρωπον εἰς ἐκεῖνον τόν κατ' εἰκόνα καί ὁμοίωσιν τοῦ Θεοῦ ποιηθέντα, διά τοῦτο ὅμως οὐδόλως ὀλιγωρεῖ οὔτε καταφρονεῖ τόν ἔξω ἄνθρωπον· τοὐναντίον διδάσκει ἡμᾶς διά τοῦ ἀποστόλου Παύλου ὅτι πάντα ἡμέτερα εἶναι (α΄ Κορ. 3,21 παραβ. 6,12) ἐγκολῶνται καί καθαγιάζη πάντα τοῦ θεοῦ τά δημιουργήματα καί ῥυθμίζει πάσας τοῦ ἀνθρωπίνου βίου τάς σχέσεις ὑποδεικνύων τήν φυσικήν καί εὐθεῖαν καί θεοφιλῆ ὁδόν, τήν ὁποίαν ὀφείλει ὁ ἄνθρωπος νά βαδίσῃ ἐπί τῆς γῆς. Τοιαύτη ὑπάρχουσα εἰς τάς βάσεις αὐτῆς ἡ χριστιανική θρησκεία ἀπέκρουε δύο ἑτέρας πρακτικάς ἀρχάς ἐπικρατούσας τότε ἐν τῇ πορείᾳ τοῦ ἀνθρωπίνου γένους· ἔνθεν μέν τήν ἀρχήν, καθ' ἥν τό ἀνθρώπινον πνεῦμα ἐπιλανθανόμενον τῆς θείας αὐτοῦ καταγωγῆς καί ἀποστολῆς ἐθεοποίει τήν ὕλην καί τάς ἐκ ταύτης καί περί αὐτήν ἡδονάς καί εἰς τούτων μόνον τήν ἀπόλαυσιν προσηλούμενον οὐδόλως ἤθελε νά ἐνατενίσῃ εἰς τόν οὐρανόν, ἐκεῖθεν δέ τήν ἀρχήν, καθ' ἥν συναισθανόμενος ὁ ἄνθρωπος τήν πνευματικήν καί ἠθικήν αὐτοῦ χαύνωσιν καί διαφθοράν ἀνεύρισκε τήν πηγήν καί αἰτίαν ταύτης εἰς τήν ὕλην καί ἐνόμιζε τόν κόσμον τοῦτον ὥς τι μή ἐκ Θεοῦ ἤ μᾶλλον ὡς ἀντίθεόν τι καί φευκτέον· ἐντεῦθεν ὁ διηνεκής κατά τοῦ χριστιανισμοῦ πόλεμος τοῦ ἀποκτηνωθέντος παλαιοῦ ἀνθρώπου καί τοῦ ἀφύσικον ἀσκητικόν βίον ἐπαγγελομένου. Τόν νέον

---

[257] (Ἀποστ. διατ. 8,32 «εἰδωλοποιός προσιών ἤ παυσάσθω ἤ ἀποβαλλέσθω», Tertull. de idololatr. et de specta. παραβ. Cyprian. epist.61)

μέτριον καί σώφρονα βίον τῶν χριστιανῶν ἐν τῇ καθαρᾷ καί ἀληθῆ αὐτοῦ σημασίᾳ οὔτε ἐκείνη οὔτε αὕτη ἡ μερίς τῶν ἀνθρώπων ἠδύνατο νά κατανοήσῃ, ἤ τούλάχιστον δύσκολον ἦτο νά συνεννοηθῶσιν ἐν τούτῳ εὐθύς ἐξ ἀρχῆς μετά τοῦ χριστιανισμοῦ. Καθώς εἰς τόν ἐργοδιώκτην ἰουδαῖον καί εἰς τόν στωϊκόν καί κυνικόν φιλόσοφον ὁ χριστιανικός βίος ἐφαίνετο ὥς τι ἄγαν ἐλευθεριάζων καί τοῦ κατ' αὐτοῦ φιλοσοφικοῦ βίου ἀποκλίνον καί κατά πολύ ἐλαττούμενον· τοιουτοτρόπως εἰς τόν κτηνωδῶς βιοῦντα εἰδωλολάτρην ἡ χριστιανική πολιτεία προσέπιπτεν ὥς τι λίαν ἀνελεύθερον, ὡς βαρύ καί χαλεπόν πρᾶγμα νά κατορθωθῇ. Διά τοῦτο ἀποδυσπετοῦσα καί στενοχωρουμένη τοῦ ἐθνικοῦ ἡ καρδία ὅτε ἤ τόν φόβον τοῦ Θεοῦ ἐνωτίζετο ἤ πρός τήν χριστιανικήν καθόλου εὐσέβειαν ἐνατένιζεν, φρίττουσα κατετόξευε κατά τῆς θείας καί ἁγιωτάτης θρησκείας τοῦ Ἰησοῦ Χριστοῦ immodica superstitio, nimiam pietatis - ὑπέρμετρος δεισιδαιμονία, ἄκρατος εὐσέβεια - ἄλλαις λέξεσι – σκληρός ὁ λόγος οὗτος, τίς δύναται αὐτοῦ ἀκούειν.- ὁ δέ ἐθνικός ἀνήρ ἐχάραττεν ἐπί τοῦ τάφου τῆς χριστιανῆς συζύγου του – dum nimia pia fuit, fucta est impia, ὅπερ ἐστιν, ἐφ' ὅσον χρόνον ἦτον ἄγαν εὐσεβής, ἐγένετο ἀσεβής (τό ἐπιτύμβιον τοῦτο εὗρεν ἐσχάτως ἐν Λουγδούνῳ καί ἐξέδωκεν εἰς τάς ἐπιστολάς αὐτοῦ ὁ /(233) Guilbert Burnet). Ἄλλοτε δέ πάλιν ἀπεκαλοῦντο οἱ χριστιανοί natio latebrosa et lucifuga, ἤγουν ἔθνος φυξήλιον, ἀποθανῶν τῷ κόσμῳ καί διά τοῦτο ἀνεπιτήδειον καί ἄχρηστον εἰς τήν κοινωνίαν (§). Πρός τάς τοιαύτας παρεξηγήσεις τοῦ χριστιανικοῦ βίου ἀπάντων ὁ Τερτυλλιανός ἐν τῷ Ἀπολογητικῷ αὐτοῦ (κεφ. 42) ἐκφωνεῖ: «Κατηγορούμεθα οἱ χριστιανοί ὅτι ἐσμέν ἄχρηστοι εἰς τόν κοινωνικόν βίον. Πῶς εἶναι δυνατόν νά ἤμεθα τοιοῦτοι ἡμεῖς οἱ μεθ' ὑμῶν συμβιοῦντες, οἱ τῇ αὐτῇ τροφῇ καί ἐσθῆτι χρώμενοι καί τάς αὐτάς τοῦ βίου ἀνάγκας κοινάς μεθ' ὑμῶν ἔχοντες; οὔτε βραχμᾶνες οὔτε γυμνοσοφισταί τῶν ἰνδῶν εἴμεθα, δέν εἴμαθα δασόβιοι, δέν φεύγομεν τόν κοινωνικόν βίον· ἀλλ' εὐχαριστεῖν εἰδότες περί πάντων τῷ θεῷ, τῷ κυρίῳ καί πλάστῃ ἡμῶν, οὐδενός τῶν περί ἡμᾶς τοῦ θεοῦ δημιουργημάτων καταφρονοῦμεν, ἀλλά πάντων ἀπολαύομεν ὅσον δεῖ, τῆς ὑπερβολῆς καί τῆς καταχρήσεως μόνον ἀπέχοντες. Ὅθεν καί βιοῦμεν σύν ὑμῖν ἐν τῷδε τῷ κόσμῳ οὐχί ἄνευ ἀγορᾶς (sine foro) κρεοπωλείου, βαλανείου, οἰνοπωλείου (tabernis), οὐχί ἄνευ ἐργαστηρίων καί πανδοχείων, μετέχομεν τῶν ἐν ἄστει ἀγορῶν ὑμῶν καί οὐδεμιᾶς ἄλλης βιωτικῆς ἐμπορίας ἄμοιροι διατελοῦμεν. Καί ναυτιλλόμεθα, καί στρατευόμεθα, καί γεωργοῦμεν, καί ἐμπορευόμεθα μεθ' ὑμῶν καί ὡς ὑμεῖς καί τάς αὐτάς τέχνας ἐπαγγελλόμεθα καί τά ἔργα τῶν χειρῶν ἡμῶν πρόκεινται πᾶσιν ὑμῖν εἰς χρῆσιν». Ταῦτα ὁ Τερτυλλιανός· ὁ δέ ἅγιος Εἰρηναῖος ἀποβλέπων πρός ἄλλους τούς ὑποτιμῶντας τόν χριστιανικόν βίον ὡς ἀφιλόσοφον δῆθεν καί ἀπέχοντα τῆς κοινωνίας τῶν ἀνθρώπων, παρηγορεῖ τόν χριστιανόν τόν ἐν μέσῳ τοῦ κόσμου βιοῦντα καί τά πρός τό ζῆν ἀναγκαῖα ἐκ τῆς μετά τῶν ἐθνικῶν ἐπιμιξίας ποριζόμενον ὡς ἑξῆς «Ἐάν ὁ αἰτιώμενός σε ἕνεκα τούτου (ὅτι δηλ. τά πρός τόν βίον ἀναγκαιοῦντα κερδαίνεις ἐκ τῆς μετά τῶν ἐθνικῶν ἐμπορίας) εἶναι ἐξ ἐκείνων οἵτινες ἀπέχουσι τῆς μετά τῶν ἐθνῶν συγκοινωνίας καί μακράν τοῦ κόσμου οὐδέν παρά τῶν ἄλλων λαμβάνουσιν, ἀλλά γυμνοί ὅλως καί ἀνυπόδητοι καί ἄοικοι περιπλανῶνται εἰς τά ὄρη, καθώς τά ζῶα ἐκεῖνα τά ὁποῖα τροφήν ἔχουσι τήν χλόην· ὁ τοιοῦτος εἶναι ἄξιος συγγνώμης, καθ' ὅσον ἀγνοεῖ τοῦ καθ' ἡμᾶς βίου τάς ἀνάγκας»[258].

§71. Οἱ χριστιανοί ἀσκηταί.

Ἐκ τῶν εἰρημένων ἴσως θά ἐσυμπέραινέ τις ὅτι ἡ χριστιανική θρησκεία ἀποστρέφεται πᾶν εἶδος ἀσκητικοῦ βίου καί ὅτι παρά τοῖς χριστιανοῖς δέν ὑπῆρχον κατά τούς χρόνους τούτους ἀ σ κ η τ α ί. Ἀλλά τό πρᾶγμα δέν ἔχει οὕτω. Ἀποκρούων τήν ἐσφαλμένην περί ἀσκήσεως /(234) θεωρίαν τῶν ἐθνικῶν, χειραφετῶν τό ἀνθρώπινον πνεῦμα καί καθαγιάζων πάσας τῆς ἀνθρωπίνης φύσεως τάς ἀνάγκας καί πάσας τάς νομίμους τοῦ βίου σχέσεις ὁ χριστιανισμός δέν ἀπαγορεύει διά τοῦτο τήν ἄσκησιν, τοὐναντίον αὐτός ἀναγνωρίζει τό δικαίωμα καί τήν σχετικήν ὠφέλειαν τῆς ἐμφρόνου ἀσκήσεως κατά τό μέτρον τῶν φυσικῶν ἑκάστῃ ἰδιωμάτων, ἀναγκῶν καί σχέσεων, χωρίς ὅμως νά ἀπαιτῇ ἀναγκαίως τόν τοιοῦτον βίον. Ὁ Ἀπόστολος Παῦλος γράφων πρός τούς Κορινθίους ἔλεγε, πρός τούς ἐγγάμους ἀποτεινόμενος «μή ἀποστερεῖτε ἀλλήλους, εἰμή τι ἄν ἐκ συμφώνου πρός καιρόν, ἵνα σχολάζητε τῇ νηστείᾳ καί τῇ προσευχῇ· καί πάλιν ἐπί τό αὐτό συνέρχεσθε, ἵνα μή πειράξῃ ὑμᾶς ὁ σατανᾶς διά τῇ ἀκρασίαν ὑμῶν. Τοῦτο δέ λέγω κατά συγγνώμην, οὐ κατ' ἐπιταγήν, θέλω γάρ πάντας ἀνθρώπους εἶναι ὡς καί ἐμαυτόν· ἀλλ' ἕκαστος ἴδιον χάρισμα ἔχει ἐκ θεοῦ, ὅς μέν οὕτως, ὅς δέ οὕτως» (Α΄ Κορ. 7,5

---

[258] (Κατά Αἱρ. βιβλ. 4 κεφ. 30 §3)

κεξ.). Κατά τήν ἀποστολικήν δέ ταύτην περί ἀσκήσεως παραγγελίαν οἱ χριστιανοί ἐσυνήθιζον ἀπό καιροῦ εἰς καιρόν νά ἀφορίζωσιν ἡμέρας τινάς, καθ' ἅς περιορίζοντες τάς σωματικάς αὐτῶν ἀνάγκας, ὡς εἶχε δυνάμεως καί προαιρέσεως ἕκαστος, ἐσχόλαζον εἰς τήν προσευχήν δοκιμάζοντες ἑαυτούς ἐν μετανοίᾳ. Τό δέ κατά τάς ἡμέρας ταύτας τῆς ἐγκρατείας καί τῆς μετανοίας περισσεῦον μέρος τῆς οἰκιακῆς δαπάνης διένειμον εἰς τούς πτωχούς καί ἀπόρους χριστιανούς. Τοῦτο μανθάνομεν ἐκ τοῦ *Ποιμένος τοῦ Ἑρμᾶ*, ὅστις ἐν βιβλ. 3 παραβ. 5 §3 λέγει: «*Καί ἐν ἡμέρᾳ, ᾗ νηστεύεις ἀρκέσθητι ἄρτῳ καί λαχάνοις καί ὕδατι, εὐχαριστῶν τῷ Θεῷ· συμψηφίσας δέ τήν ποσότητα τῆς δαπάνης τοῦ ἀρίστου, οὗ ἔμελλες ἐσθίειν κατ' ἐκείνην τήν ἡμέραν, δός χήρᾳ ἤ ὀρφανῷ ἤ στερουμένῳ, πρός ὅν δή σαφῶν ἐμπλήσας τήν ἑαυτοῦ ψυχήν, εὔξεται ὑπέρ σοῦ πρός κύριον. Ἐάν οὖν τελέσῃς τήν νηστείαν, ὡς ἐνετειλάμην σοι ἔσται ἡ θυσία σου δεκτή ἐνώπιον Κυρίου καί ἐγγεγραμμένη ἐν τοῖς οὐρανοῖς, ἐν ἡμέρᾳ τῆς ἀνταποδόσεως τῶν ἡτοιμασμένων ἀγαθῶν τοῖς δικαίοις*». Ἄλλοι δέ πάλιν τῶν χριστιανῶν ὑπό θερμοτέρας πρός τόν Θεόν ἀγάπης φλεγόμενοι, ἔχοντες ὑπ' ὄψιν καί τά εὐαγγελικά ἐκεῖνα λόγια «*καί εἰσίν εὐνοῦχοι, οἵτινες εὐνούχισαν ἑαυτούς διά τήν βασιλείαν τῶν οὐρανῶν· ὁ δυνάμενος χωρεῖν χωρείτω*» (Ματθ. 19,12), εὐθύς μετά τό βάπτισμα κατέθετον τό μεγαλείτερον μέρος τῆς περιουσίας ἤ καί πάντα τά ὑπάρχοντα αὐτῶν εἰς τό κοινόν τῆς Ἐκκλησίας ταμεῖον ἤ εἰς τούς πτωχούς καί εἰς τό ἑξῆς διετέλουν λιτότατον διάγοντες βίον, ποριζόμενοι τά πρός τό ζῆν διά τῶν ἰδίων αὐτῶν χειρῶν καί διέμενον δι' ὅλου αὐτῶν τοῦ βίου ἄγαμοι, ὅπως ἀπηλλαγμένοι τῶν οἰκογενειακῶν φροντίδων ἀνετώτερον σχολάζωσιν εἰς τήν προσευχήν εἰς τήν μελέτην τῶν ἁγίων Γραφῶν καί εἰς τήν θεωρίαν τῶν θείων πραγμάτων καί ἐλευθερώτερον ἐργάζωνται ὑπέρ τῆς ἐξαπλώσεως καί στερεώσεως τῆς βασι /(235) λείας τοῦ Θεοῦ ἐπί τῆς γῆς. Δέν διέλειπον δέ οἱ αὐτοί νά φροντίζωσι καί περί τῶν πτωχῶν, ἐναποτιθέντες εἰς χεῖρας αὐτῶν ὅ,τι ἐναπελείπετο ἐκ τῶν ἐλαχίστων καί ἀσημάντων προσόδων αὐτῶν. Ὁ τοιοῦτος βίος ὠνομάζετο *παρθενία, ἁγνεία, ἐγκράτεια, ἄσκησις, φιλοσοφία* καί οἱ τόν βίον τοῦτον ἀσπαζόμενοι *παρθένοι, ἀσκηταί, φιλόσοφοι·* οἱ ὁποῖοι κατά τούς χρόνους τούτους δέν ἀπεχωρίζοντο τῆς κοινωνίας τῶν ἀνθρώπων, ἀλλ' ἔζων ἐν τῷ κόσμῳ μεταξύ τῶν οἰκογενειῶν αὐτῶν[259]. Τήν πρώτην περί αὐτῶν εἰδη-

---

[259] Τό ὄνομα *ἀσκητής* ἦτο πρότερον ἐν χρήσει ἐπί τῶν ἀθλητῶν, ὡς φαίνεται παρά τῷ Πλάτ. Πολιτ. 3, σελ 297· ἔπειτα δέ μετεχειρίσθη αὐτό Φίλων ὁ Ἰουδαῖος ἐπί τῶν σοφῶν τῶν περί τήν ἀρετήν ἀσκουμένων

σιν εὑρίσκομεν παρά τῷ θεοφόρῳ Ἰγνατίῳ (+160), ὅστις ἐν τῇ πρός τόν ἅγιον Πολύκαρπον ἐπιστολῇ αὐτοῦ (§5) παραινῶν πρότερον τούς ἐγγάμους ἐπάγει μετά ταῦτα «*Ἐάν τις δύναται νά μένῃ ἐν ἁγνείᾳ εἰς τιμήν τῆς σαρκός τοῦ Κυρίου (καθ᾽ ὅσον τό σῶμα ἑκάστου πιστοῦ ἀποτελεῖ μέρος τοῦ σώματος τοῦ Κυρίου) ἐν ἀκαυχησίᾳ μενέτω· διότι ἐάν καυχηθῇ ἀπώλετο*». Μαρτυρία, ἥτις οὐ μόνον τήν ὕπαρξιν ἀσκητῶν παρά τοῖς χριστιανοῖς προϋποθέτει, ἀλλά καί τό πνεῦμα τοῦ χριστιανικοῦ ἀσκητικοῦ βίου ἀποχρώντως χαρακτηρίζει. Ὁ ἀριθμός τῶν ἀσκητῶν καί ἀσκητριῶν ἤρξατο πολλαπλασιαζόμενος ἀπό τῆς δευτέρας ἑκατονταετηρίδος μεσούσης ὡς γίνεται δῆλον ἐκ τῶν λόγων τοῦ ἁγίου Ἰουστίνου τοῦ Μάρτυρος καί τοῦ Ἀθηναγόρα, ἐξ ὧν ἐκεῖνος μέν λέγει «*Καί πολλοί τινες καί πολλαί ἑξηκοντοῦται καί ἑβδομηκοντοῦται, οἵ ἐκ παίδων ἐμαθητεύσαν τῷ Χριστῷ, ἄφθοροι διαμένουσοι (παρ᾽ ἡμῖν)*» (Ἀπολ. α᾽ §15)· οὗτος δέ «*Εὕροις δ᾽ ἄν πολλούς τῶν παρ᾽ ἡμῖν καί ἄνδρας καί γυναῖκας καταγηράσκοντας ἀγάμους ἐλπίδι τοῦ μᾶλλον συνέσεσθαι τῷ θεῷ*» (ἀπολ. κεφ. 28)[260]. Εἰς τούτους συγκατελέγοντο βεβαίως καί ὅσοι ἐκ τῶν ἐθνικῶν φιλοσόφων καί ἀσκητῶν ἐπιστρέφοντες εἰς τόν Χριστόν ἐξηκολούθουν νά φυλάττωσι τοῦ προτέρου βίου αὐτῶν τήν ἄσκησιν, οἵτινες ἔφερον καί τόν φιλοσοφικόν αὐτῶν τρίβωνα, ὡς φερ᾽ εἰπεῖν Ἰουστῖνος ὁ φιλόσοφος καί μάρτυς καί ἄλλοι καί ὁ Τερτυλλιανός, ὅστις ὑπερασπιζόμενος τόν φιλοσοφικόν τρίβωνα ἀπέναντι τῶν σκώψεων τῶν Καρχηδονίων ἀνεφώνει «*ὦ τρίβων χαῖρε καί ἀγάλλον, ἀμείνωνα γάρ ἤδη φιλοσοφίαν ἠξίωσαι περιβάλλειν, ἐξ ὅτου ἱμάτιον τῶν χριστιανῶν ἐγένου*» (de Pallio §6)[261]. Πᾶσα ὅμως βεβιασμένη ἤ ἐπιτετηδευμένη ἄσκησις ἀπεδοκιμάζετο καί κατεκρί-

---

(de paem. et poen. σελ. 914-917.920). Καί οὕτω μετεχειρίσθησαν αὐτό καί οἱ μετ᾽ αὐτόν θύραθεν συγγραφεῖς, Ἀριαν. εἰς Ἐπίκτ. 3,12. Περί ἀσκήσεως. καί Ἀρτεμίδωρος (περί τό 100 μ.Χ. ἀκμάζ.), ὅστις καί λέγει περί τινος φιλοσόφου Ἀλεξάνδρου «ἔμελλε δέ αὐτῷ ὄντι ἀνδρί ἀσκητῇ οὔτε γάμου, οὔτε κοινωνίας, οὔτε πλούτου», Ὀνειροκρ. 4,33. Καί «ἐφιλοσόφησεν ἐντόνως καί τοῖς λόγοις καί τῇ ἀσκήσει χρησάμενος ἀκολούθως», Ὀνειροκρ. 5,18.
[260] Ὁ δέ Τερτυλλιανός ἐν τῷ de culta foem. c.9 μνησθείς προηγουμένως τό τοῦ ἀποστόλου «ἵνα καί οἱ ἔχοντες γυναῖκας ὡς μή ἔχοντες ὦσι» (α᾽ Κορ. 7,29) ἐπάγει «Καί δέν πράττουσι οὕτω πολλοί ἑκουσίᾳ ἐγκρατείᾳ ἑαυτούς ἐμβάλλοντες καί διά τήν βασιλείαν τοῦ Θεοῦ (Ματθ. 19,12) τήν τοσοῦτον ἰσχυράν, καί οὐχί μάλιστα ἀπαγορευμένην ὁρμήν (voluptatem) αὐτεπάγγελτοι θυσιάζοντες; τινές ἀποστεροῦσιν ἑαυτούς καί αὐτά τοῦ θεοῦ τά ποιήματα, ἀπέχοντες τοῦ οἴνου καί τῶν κρεάτων, εἰ καί ἡ ἀπόλαυσις αὐτῶν οὔτε ἐπικίνδυνος εἶναι οὔτε ἀπηγορευμένη. Οὗτοι προσφέρουσι τῷ Θεῷ τήν ταπείνωσιν τῆς ἑαυτῶν ψυχῆς ἀπονεκρούμενοι καί ὡς πρός τάς τροφάς».
[261] Οὗτοι οἱ καί τοῖς λόγοις καί τοῖς ἔργοις φιλοσοφοῦντες ἐξήρχοντο ὡς ἐπί τό πλεῖστον /(237) κατά τάς πλατείας τῆς πόλεως ὅπου συναπαντώμενοι μετά ἄλλων συνδιελέγοντο περί φιλοσοφικῶν καί θρησκευτικῶν ἀντικειμένων. Εἰκόνα τοιαύτην ἐκ τοῦ τηνικαῦτα βίου ἀναμφιβόλως εἰλημμένην παρέχει εἰς ἡμᾶς ὁ ἅγιος Ἰουστῖνος ἐν τῷ πρός Τρύφωνα τόν Ἰουδαῖον διαλόγῳ αὐτοῦ, οὗτινος τήν ἀρχήν ποιεῖται ὡς ἑξῆς «Περιπατοῦντί μοι ἔξωθεν ἐν τοῖς τοῦ ξύστου περιπάτοις, συναντήσας τις μετά καί ἄλλων· φιλόσοφε χαῖρε, ἔφη. Καί ἅμα

νετο, ὡς μανθάνομεν ἐκ τοῦ παραδείγματος ἑνός τῶν ἐκ Λουγδούνου ὁμολογητῶν, Ἀλκιβιάδου τοὔνομα. Οὗτος ἀσκητής ὤν, καθά λέγει ἡ ἐπιστολή τῶν ἐν Λουγδούνῳ καί Βιέννη χριστιανῶν, ἐπειδή ἔζη λίαν αὐστηρόν βίον, οὐδέν ἄλλο μεταχειριζόμενος εἰμή ἄρτον καί ὕδωρ, καί τοιουτοτρόπως διῆγεν καί ἐν τῇ φυλακῇ ἀπεκάλυψεν ὁ Θεός εἰς τόν Ἄτταλον, ὁμολογήν ἐπίσης καί αὐτόν ὑπάρχοντα ὅτι ὁ Ἀλκιβιάδης δέ πράττει καλῶς μή μεταλαμβάνων τῶν κτισμάτων, ἅ ὁ Θεός ἐποίησε, καί εἰς τούς ἄλλους χριστιανούς σκάνδαλον προξενῶν· τό ὁποῖον ἀκούσας Ἀλκιβιάδης καί πεισθείς ἤρξατο ἔκτοτε ἀφόβως καί ἀδιακρίτως νά μεταλαμβάνη πάντων εὐχαριστῶν τῷ Θεῷ[262].

Τοιοῦτος ἦτον ὁ ἀσκητικός βίος τῶν χριστιανῶν, πηγήν μέν ἔχων τήν πρός θεόν ὑπερβάλλουσαν /(236) ἀγάπην, σκοπόν δέ τήν ἀφιέρωσιν ὅλων τῶν δυνάμεων τοῦ ἀνθρώπου ὑπέρ τῆς ἐκκλησίας τοῦ Θεοῦ καί τῆς σωτηρίας ἐν γένει τοῦ ἀνθρωπίνου γένους, βάσιν δέ τήν ταπεινοφροσύνην, τύπον δέ καί ὑπογραμμόν τόν Κύριον ἡμῶν Ἰησοῦν Χριστόν καί τούς ἁγίους αὐτοῦ ἀποστόλους. Ἦτο λοιπόν καθαρόν προϊόν καί βλάστημα ἁγνόν τῆς χριστιανικῆς θρησκείας, ἦτο πραγματοποίησις τῆς ἰδέας τοῦ ἀληθοῦς ἀσκητικοῦ βίου, τοῦ ὁποίου τήν γελοιογραφίαν μόνον δυνάμεθα νά εἴπωμεν ὅτι κατεῖχε ὁ πρό τοῦ Χριστοῦ κόσμος. Διότι εἶναι μέν ἀληθές ὅτι ἡ τάσις καί ἡ σπουδή πρός τήν ἄσκησιν, ἤγουν πρός τήν ἑκούσιον στέρησιν τῶν αἰσθητικῶν καί σωματικῶν ἀπολαύσεων πρός ἐλευθερωτέραν πνευματικήν ζωήν καί ἐνέργειαν, εὑρίσκετο ἤδη διαδε-

---

εἰπών τοῦτο ἐπιστραφείς συμπεριπάτει μοι· συνεπέστρεφον δ' αὐτῷ καί οἱ φίλοι αὐτοῦ. Κἀγώ ἔμπαλιν προσαγορεύσας αὐτόν· Τί μάλιστα, ἔφην. - ὁ δέ ἐδιδάχθην ἐν Ἄργει, φησίν, ὑπό Κορίνθου τοῦ Σωκρατικοῦ, ὅτι οὐ δεῖ καταφρονεῖν οὐδέ ἀμελεῖν τῶν περικειμένων τόδε τό σχῆμα, ἀλλ' ἐκ παντός φιλοφρονεῖσθαι προσομιλεῖν τε αὐτοῖς εἴ τι ὄφελος ἐκ τῆς συνουσίας γένοιτο ἤ αὐτῷ ἐκείνῳ ἤ ἐμοί. Ἀμφοτέροις δέ ἀγαθόν ἐστί, ἐάν θάτερος ἦ ὠφελημένος. Τούτου οὖν χάριν ὅταν ἴδω τινά ἐν τοιούτῳ σχήματι, ἀσμένως αὐτῷ προσέρχομαι· σέ τε κατά τά αὐτά ἡδέως νῦν προσεῖπον· οὗτοι δέ συνεφέπονταί μοι, προσδοκῶντες καί αὐτοί ἀκούσεσθαί τι χρηστόν ἐκ σοῦ» ὁ ἀπαντήσας αὐτόν ἧτο Τρύφων ὁ Ἰουδαῖος. Λέγει δέ καί αὐτός ὁ Εὐσέβιος (Ἐκκλ. Ἱστ. 4,11) περί τοῦ ἁγίου Ἰουστίνου ὅτι ἧν «ἐν φιλοσόφου σχήματι πρεσβεύων τόν θεῖον λόγον».
262 Ἰδού τό διήγημα ὡς ἔχει ἑλληνιστί παρ' Εὐσεβίῳ, ὅστις καί «μνήμης ἀξίαν ἱστορίαν» αὐτό ἀποκαλεῖ. «Ἀλκιβιάδου γάρ τινος ἐξ αὐτῶν, πάνυ αὐχμηρόν βιοῦντος βίον, καί μηδενός ὅλως τό πρότερον μεταλαμβάνοντος, ἀλλ' ἤ ἄρτῳ μόνῳ καί ὕδατι χρωμένου, πειρωμένου τε καί ἐν τῇ εἱρκτῇ οὕτω διάγειν, Ἀττάλῳ μετά τόν πρῶτον ἀγῶνα, ὅν ἐν τῷ ἀμφιθεάτρῳ ἤνυσεν, ἀπεκαλύφθη, ὅτι μή καλῶς ποιοίη ὁ Ἀλκιβιάδης μή χρώμενος τοῖς κτίσμασι τοῦ θεοῦ, καί ἄλλοις τύπος σκανδάλου ὑπολειπόμενος. Προσθείς δέ Ἀλκιβιάδης πάντων ἀνέδην μετελάμβανε καί εὐχαρίστει τῷ θεῷ - οὐ γάρ ἀνεπίσκεπτοι χάριτος ἦσαν, ἀλλά τό πνεῦμα τό ἅγιον ἦν σύμβουλον αὐτοῖς», Ἐκκλ. Ἱστ. 5,3. - Ἀμφότεροι οἱ ἐνταῦθα μνημονευόμενοι, ὅ τε Ἀλκιβιάδης καί ὁ Ἄτταλος, ἦσαν ὁμολογηταί ὑποστάντες πλεῖστα ὅσα δεινά κατά τόν ἐπί Μάρκου Αὐρηλίου (161-180) κινηθέντα ἐν ταῖς Γαλλίαις διωγμόν (ἔτ. 177. βλ. §). Πόθεν καί τίνες ἦσαν οὗτοι ἄγνωστον. Τόν Ἄτταλον, εἰς τοῦ ὁποίου τήν καρδίαν τό πνεῦμα τό ἅγιον ἐλάλησε, ὀνομάζουσιν οἱ τήν ἐπιστολήν γράφοντες τῆς ἐν Γαλλίᾳ ἐκκλησίας «στῦλον καί ἑδραίωμα» καί γάρ ἦν ὀνομαστός, ἐπάγουσιν οἱ αὐτοί, ἐπειδή γνησίως ἐν τῇ χριστιανικῇ συντάξει γεγυμνασμένος ἦν, καί ἀεί μάρτυς ἐγεγόνει παρ' ἡμῖν ἀληθείας», Εὐσεβ. Ἐκκλ. Ἱστ. 5,1.

δομένη κατά τούς χρόνους τῆς ἐμφανίσεως τοῦ χριστιανισμοῦ ἔν τε τῷ ἐθνικῷ καί τῷ ἰουδαϊκῷ κόσμῳ, παρά τοῖς Στωϊκοῖς, παρά τοῖς Πυθαγορικοῖς, τοῖς Νεοπλατωνικοῖς, τοῖς Θεραπευταῖς, τοῖς Ἐσσηνοῖς καί ἄλλοις πολλοῖς· ἀλλ' ἡ ἄσκησις αὑτή ἧτον ἀπάτη καί ὑπόκρισις αὐτόχρημα, ἤ εἶχε πηγήν τήν ὑπερηφάνειαν, ἤ σκοπός αὐτῆς ἦν ἡ κερδοσκοπία ἤ ἀρχήν εἶχε τήν οὕτω λεγομένην φιλοσοφικήν ἀπάθειαν ἤ τέλος ἀπέρρεεν ἐκ θολερᾶς πηγῆς, ἐκ τῆς ἀρχῆς ὅτι ὁ αἰσθητός κόσμος εἶναι αἰτία καί ἕδρα τοῦ κακοῦ.

§ 72. Ἔθιμα τῶν χριστιανῶν – τά δεῖπνα τῆς Ἀγάπης καί τά περί τούς νεκρούς νομιζόμενα.

Τά δεῖπνα τῆς Ἀγάπης, τά καί ἁπλῶς Ἀγάπαι καλούμενα, ἔθιμον ἀποστολικόν ὡς /(238) εἴδομεν ἐτελοῦντο καί κατά τούς χρόνους τούτους, οὐχί ὅμως ὡς φαίνεται πανταχοῦ, οὐδέ ἦσαν πλέον συνδεδεμέναι, ὡς ἄλλοτε, μετά τῆς θείας εὐχαριστίας[263]. Τά αἴτια δι' ἅ κατ' ὀλίγον αἱ Ἀγάπαι ἐχωρίσθησαν τοῦ Μυστικοῦ δείπνου καί ἐν μέρει κατηργήθησαν ἦσαν πολλά καί διάφορα, οἷον ὁ πληθυσμός τῶν χριστιανῶν, αἱ τῶν ἐθνικῶν διαβολαί, οἱ διωγμοί κτλ. Ὁ Τερτυλλιανός ὑπεραπολογούμενος τούτων ἐναντίον τῶν κακολογούντων αὐτά ἐθνικῶν περιγράφει αὐτά ὧδέ πως «ποίας φύσεως εἶναι τά δεῖπνα ἡμῶν μαρτυρεῖ αὐτό τό ὄνομα αὐτῶν· τά δεῖπνα ἡμῶν καλοῦνται καθώς παρά τοῖς Ἕλλησι ἀγάπαι. Ὅσα καί ἄν δαπανῶνται εἰς ταῦτα, δαπάνη ἐν ὀνόματι τῆς εὐσεβείας γινομένη· εἶναι κέρδος διότι διά τούτων περιθάλπομεν καί βοηθοῦμεν τούς ἀπόρους, ὄχι ὅμως διά τόν αὐτόν λόγον, δι' ὅν παρ' ὑμῖν οἱ παράσιτοι χάριν τῶν βρωμάτων θυσιάζουσι τήν ἑαυτῶν ἐλευθερίαν καί πᾶν εἶδος ἐξευτελισμοῦ ὑφίστανται, ἀλλά διότι ἡ τοῦ θεοῦ πρόνοια περί τῶν πτωχῶν εἶναι μεγάλη. Ἐάν λοιπόν ὁ λόγος δι' ὅν συγκροτοῦνται τά δεῖπνα ἡμῶν εἶναι ἔντιμος, κρίνατε· περί τῆς ἄλλης τάξεως ἥτις ἐπικρατεῖ ἐν τούτοις ὁποία εἶναι, ὡς ἐκ τῶν ἀπαιτήσεων τῆς θρησκείας· οὐδέν κακόν, οὐδέν ἄσεμνον καί αἰσχρόν ἐν τούτοις λαμβάνει χώραν. Καθήμεθα εἰς τήν τράπεζαν, ἀφοῦ πρότερον προσευχηθῶμεν εἰς τόν θεόν· ἐσθίωμεν ὅσον πεινῶμεν, πίνομεν ὅσον εἰς σώφρονας πρέπει. Ἐν τῷ ἐσθίειν καί πίνειν δέν

---

[263] Κατά τόν Τερτυλλιανόν ἡ θεία εὐχαριστία ἐτελεῖτο κατά τόν ὄρθρον διό /(242) καί τήν πρός εὐχαριστίαν σύναξιν, ὀνομάζει ὀρθρίαν σύναξιν antelucanus coetus· ἐνῶ τά δεῖπνα τῆς ἀγάπης φαίνονται γινόμενα κατά τάς ἑπερινάς ὥρας βλ. Tertull. de coron. militis c. 3 παραβ. τοῦ αὐτοῦ ἀπολογ, κεφ. 39. Ἀλλά καί ὁ ἱερός Ἰουστῖνος ὁ Μάρτυς ὁμιλῶν περί τοῦ μυστικοῦ δείπνου οὐδέν περί τοιούτων δείπνων ἀναφέρει, Ἀπολ. α΄ §85.

λησμονοῦμεν, ὅτι ὀφείλομεν ἀναστάντες νυκτός νά λατρεύσωμεν τόν Θεόν·συνδιαλλεγόμεθα οὕτω, ὡς ἐάν ἦτο παρών καί ἤκουεν ἡμᾶς ὁ Θεός· νίψαντες ἔπειτα τάς χεῖρας καί τούς λύχνους ἄψαντες προσκαλούμεθα ἕκαστος νά ψάλωμεν ᾆσμα εἰς τόν Θεόν ἤ ἐκ τῶν ἁγίων Γραφῶν εἰλημένον, ἤ ὅπως ἑκάστου ἡ καρδία ὑπαγορεύει· τότε δέ γίνεται δῆλος πόσον ἕκαστος ἔπιεν. Προσευχή ἐπισφραγίζει πάλιν τόν δεῖπνον καί οὕτω ἀπερχόμεθα ἕκαστος εἰ στα ἴδια» (Ἀπολ. κεφ. 39)[264]. Μεγάλην καί θερμήν ἀγάπην ἀπέπνεον καί πλήρους εὐαγγελικοῦ πνεύματος ἦσαν καί τά περί νεκρῶν νομιζόμενα· οἱ νεκροί δέν ἐκαίοντο, ὡς συνήθως ἐγίνετο παρά τοῖς Ἕλλησι καί ἰδίως τοῖς Ῥωμαίοις, ἀλλά ἐνταφιάζοντο ὡς παρά τοῖς ἰουδαίοις καί τοῖς ἄλλοις ἀνατολικοῖς λαοῖς[265]. Ὁ νεκρός τοῦ ἐν Χριστῷ τελευτήσαντος λουόμενος καί ἀρώμασιν μυριζόμενος καί σινδόνῃ καθαρᾷ ἐντετυλιγμένος προεπέμπετο εἰς τόν τάφον οὐ μόνον ὑπό τῶν συγγενῶν καί φίλων ἀλλά καί ὑπό τῶν ἱερέων[266] καί παρεδίδετο τῇ γῇ ἐξ ἧς ἐλήφθη μετά ψαλμῳδιῶν καί δεήσεων ὡς λείψανον ναοῦ, ἐν ᾧ ἄλλοτε κατῴκει τό ἅγιον Πνεῦμα, ἤ ὥσπερ κόκκος σίτου μέλλων ποτέ νά ζωοποιηθῇ ὑπό Θεοῦ[267]. Πλή-

---

264 Ὁ ἱερός Κλήμης ὁ Ἀλεξ. φαίνεται κακίζων τούς καλοῦντας τά τοιαῦτα τῶν χριστιανῶν δεῖπνα ἀ γ ά π η «τά γάρ βρώματα (λέγει ἐν τῷ Παιδαγ. βιβλ. Η΄ κεφ. 1§4) τῇ κοιλίᾳ, ἐξ ὧν ὁ σαρκικός ὄντως οὑτοσί καί φθοροποιός ἀπήρτηται βίος, ὅν ἀγάπην τινές τολμῶσι καλεῖν ἀθύρῳ γλώττῃ κεχρημένοι … τάς μέν γάρ ἐπί τῆς εὐφροσύνης συναγωγάς ἐγκαταλεγόμενοι καί αὐτοί δειπνάριά τε καί ἄριστα καί δοχάς εἰκότως ἄν καλοῖμεν τήν συνήλυσιν ταύτην ἑπόμενοι λόγῳ, τάς τοιαύτας δέ ἑστιάσεις ὁ Κύριος ἀγάπας οὐ κέκληκεν» καί φέρει εἰς μαρτυρίαν τά τοῦ Λουκ. 14,8.10.12.13.16 καί παρακατιών ὁ αὐτός «ἡ ἐπίγειος εὐωχία δεῖπνος κέκληται, ὡς ἐκ τῆς γραφῆς ἀποδέδεικται, δι' ἀγάπην μέν γινόμενον τό δεῖπνον, ἀλλ' οὐκ ἀγάπη τό δεῖπνον, δεῖγμα δέ εὐνοίας κοινωνικῆς καί εὐμεταδότου» (§6)· ἀλλοῦ ὅμως ὁ αὐτός ὁμιλῶν περί τῶν Καρποκρατιανῶν λέγει τά ἑξῆς «τούτους φασί καί τινας ἄλλους ζηλωτάς τῶν ὁμοίων κακῶν εἰς τά δεῖπνα ἀθροιζομένους, ο ὐ γ ά ρ ἀ γ ά π η ν ε ἴ π ο ι μ ι ἄ ν ἔ γ ω γ ε τ ή ν σ υ ν έ λ ε υ σ ι ν α ὐ τ ῶ ν» κτλ, Στρωμ. βιβλ. 3 κεφ. 2 §10 – βλ. τήν σημείωσιν τοῦ *μεταφραστοῦ* τοῦ Τερτυλλιανοῦ τόμ. α΄ σελ. 96.
265 Τό ἐνταφιάζειν τούς νεκρούς παρίσταται ὡς καθεστηκός ἔθος τῶν χριστιανῶν ἤδη ἐν τῇ ἐπιστολῇ τῆς ἐκκλησίας τῆς ἐν Λουγδούνῳ καί Βιέννῃ, Εὐσεβ. Ἐκκλ.Ἱστ. 51. Παραβ. Κλήμ. Ῥωμ. ἐπιστ. α΄ πρός Κορ. κεφ. 24 κεξ. Ἰουστιν. ἀπολογ. α΄ §19. Ἀθηναγ. Περί Ἀναστ., Τατιαν. λόγ. πρός ἕλλ. κεφ 6 Τερτυλλ. ἀπολ. κεφ. 48. Εἰρην. κατά αἱρ. βιβλ. α΄ 10. Τερτυλλ. περί προγραφ. 13 καί Μινουκ. Φήλικ. Ὀκταβ. 34. Παρα. Κικερ. de legib.2, 22, ὅστις λέγει: Mihi quidem antiquissimum sepulturae genus id videtur, quod apud Xenophontem Cyrus utitur. Κατά τόν Τερτυλλιανόν (de coron. milit. c. 10) τό πῦρ δι' οὗ ἔκαιον τούς νεκρούς οἱ ἐθνικοί προεικόνιζε τό πῦρ τῆς αἰωνίου κολάσεως.
266 (Ἀποστ. Διατ. 6,30)
267 Τήν χρῆσιν τῶν ἀρωμάτων μανθάνομεν παρά τοῦ Τερτυλλιανοῦ ὅστις ἀνασκευάζων ἐν τῷ ἀπολογητικῷ αὐτοῦ κεφ. 42 τήν διαβολήν τῶν ἐθνικῶν ὅτι οἱ χριστιανοί οὐδόλως καλλιεργοῦσι τό ἐμπόριον λέγει «ἐάν ἡ Ἀραβία σχετλιάζῃ καί ὀδύρεται, οἱ Σαβαῖοι γινώσκουσιν ὅτι εἰς τόν ἐνταφιασμόν τῶν χριστιανῶν δαπανᾶται περισσότερον καί τιμώτερον ἐκ τοῦ ἐμπορεύματός των παρά εἰς τά θυμιάματα τῶν θεῶν». Τήν δέ λοῦσιν ἀναφέρει Διο /(243) νύσιος ὁ Ἀλεξανδρείας παρ' Εὐσεβ. Ἐκκλ. Ἱστ. 7,22· ὁ δέ ἱερός Κλήμης ὁ τῆς Ῥώμης ἐπίσκοπος διαπιστούμενος πρός τούς Κορινθίους τήν ἀνάστασιν τῶν νεκρῶν σύν τοῖς ἄλλοις λέγει καί τά ἀκόλουθα «ἴδωμεν, ἀγαπητοί, τήν κατά καιρόν γινομένην ἀνάστασιν. Ἡμέρα καί νύξ ἀνάστασιν ἡμῖν δηλοῦσι· κοιμᾶται ἡ νύξ, ἀνίσταται ἡ ἡμέρα … βλέπομεν τούς καρπούς· ὁ σπόρος κόκκου τίνα τρόπον γίνεται; ἐξῆλθεν ὁ σπείρων καί ἔβαλεν εἰς τήν γῆν, καί βληθέντων σπερμάτων, ἅτινα πέπτωκεν εἰς τήν γῆν ξηρά καί γυμνά,

ρης ἐλπίδος ἀναστάσεως καί ζωῆς αἰωνίου ὑπετάσσοντο οἱ χριστιανοί εἰς τό θέλημα τοῦ οὐρανίου αὐτῶν πατρός καί ἐμετρίαζον τήν φυσικήν ἕνεκα τῆς στερήσεως τῶν οἰκείων ὀδύνην τῆς ψυχῆς αὐτῶν· οὐδέ ἔκλαιον τούς νεκρούς αὐτῶν ὡς οἱ λοιποί οἱ μή ἔχοντες ἐλπίδα, οὐδέ μετε /(239)χειρίζοντο τάς θρηνωδούς γυναῖκας, ὡς συνέβαινε τότε παρά τοῖς Ῥωμαίοις. Τόν θάνατον ἐθεώρουν οἱ χριστιανοί, ὡς γέννησιν εἰς νέαν, ἀνωτέραν ζωήν ἐντεῦθεν καί τήν ἡμέραν τοῦ θανάτου ἀπεκάλουν ἡμέραν γενέθλιον. Μετά τόν ἐνταφιασμόν, ἐνίοτε δέ καί πρότερον ἐτελεῖτο ἡ θεία εὐχαριστία, καί διενέμοντο ἐλέη εἰς τούς πτωχούς, ὑπό δέ τῶν πλουσιοτέρων ἐδίδοντο ἀγάπαι, ἐν αἷς ἐχορτάζοντο οἱ πτωχοί· τό μνημόσυνον τοῦ κοιμηθέντος ἀδελφοῦ ἐτελεῖτο τοὐλάχιστον ἐν τῇ ἀνατολῇ ὡς αἱ Ἀποστολικαί Διαταγαί διαγράφουσι, τήν τρίτην, τήν ἐννάτην, καί τεσσαρακοστήν ἡμέραν τῆς τελευτῆς του καί κατά τήν ἐπέτειον· κατά ταύτας τάς ἡμέρας πάντοτε δέ κατά τήν ἐπέτειον τά μέλη ἑκάστης χριστιανικῆς οἰκογενείας τελοῦντα τήν μνήμην τῶν τεθνεώτων συγγενῶν καί οἰκείων προσέφερον εἰς ὄνομα αὐτῶν ὡσανεί ἐτύγχανον ἔτι ζῶντα μέλη τῆς ἐπί γῆς ἐκκλησίας δῶρα καί προσφοράς· τελουμένης δέ τῆς ἀναιμάκτου θυσίας ἐκοινώνουν πάντες τοῦ μυστικοῦ δείπνου μετά πεποιθήσεως ὅτι μένουσι ἀχώριστοι καί ἡνωμένοι μετά τῶν ἐν Κυρίῳ τελευτησάντων καί σύν τῷ Χριστῷ ὄντων· ἡ δέ ἐκκλησία εἰς τάς εὐχάς αὐτῆς ἐδέετο καί ὑπέρ ἀναπαύσεως τῶν ψυχῶν τῶν κεκοιμημένων. Τό ἔθος τοῦτο ἀποκαλεῖ ὁ Τερτυλλιανός ἀρχαίαν παράδοσιν[268]· ὁ αὐτός μάλιστα προστίθησιν ὅτι αἱ δεήσεις αἱ ὑπέρ τῶν κεκοιμημένων προξενοῦσιν αὐτοῖς ἀνάπαυσιν[269].

Οἱ ῥωμαϊκοί νόμοι οἱ ἐπί δώδεκα πλακῶν γεγραμμένοι διέτασσον αὐστηρῶς μήτε θάπτειν μήτε καίειν τούς νεκρούς ἐντός τῆς πόλεως[270]· ἐντεῦθεν κατά τούς τρεῖς πρώτους αἰῶνας οἱ χριστιανοί ἔθαπτον τούς ἑαυτῶν νεκρούς ἔξω τῶν πόλεων. Ἀλλ' οἱ χριστιανοί εἶχον καί ἄλλους λόγους ὅπως κατά τούς χρόνους τούτους τῶν διωγμῶν προτιμῶσι τούς μακράν τῆς πόλεως καί ὅσον οἷοντε ἀποκέντρους καί ἀποκρύφους τόπους

διαλύεται. Εἶτ' ἐκ τῆς διαλύσεως ἡ μεγαλειότης τῆς προνοίας τοῦ δεσπότου ἀνίστησιν αὐτά, καί ἐκ τοῦ ἑνός πλείονα αὔξει καί ἐκφέρει καρπόν», α' ἐπιστ. κεφ. 24 κεξ.
268 (oblationes pro defunctis, pro natalitiis annua die facimus, ὅρ. de coron. militis c. 3, de monogam. c. 10. extertat. ad cast. c.11)
269 (de monogam. c. 10.)
270 («Hominem mortuum in urbe ne sopelito neve urito.» Cicer. de leg. 2,23)

πρός ταφήν τῶν νεκρῶν αὐτῶν. Ὡς καταλληλότατοι δέ πρός τοῦτο τόποι ἐξελέγοντο ἤ ἀγροί ἔρημοι, ἤ φυσικόν τι ἄντρον, ἤ ἐγκαταλελειμένα λατομεῖα ἤ ψαμαθῶν καί ἕτερα τοιαῦτα. Τά μέρη ἔνθα ἔθαπτον νεκρούς οἱ χριστιανοί ἐκάλουν *κοιμητήρια* (dormitoria). Καί ἐάν μέν ταῦτα εὑρίσκοντο ἐν ὑπαίθρῳ τότε ἐκαλοῦντο areae τουτέστιν *ἅλωνες*, ὡς τόποι δηλονότι ἔνθα ἔκειντο οἱ καρποί, οὕς ἔμελλε νά συλλέξῃ ποτέ ὁ οὐράνιος πατήρ τῶν χριστιανῶν εἰς τάς ἀποθήκας τῆς βαιλείας τῶν οὐρανῶν· τά δέ ὑπό τήν γῆν νεκροταφεῖα ὠνομάζοντο *κρύπται*. Τά κοιμητήρια παρήγαγεν βέβαια ἡ φυσική ἐπιθυμία, ἥν συναισθάνεται πᾶς ἄνθρωπος ἵνα καί μετά θάνατον μή ἀποχωρίζηται ἐκείνου, μεθ' οὗ ἐν τῇ ζωῇ στενώτατα συνεδέετο, οὐχ ἧττον δέ καί ἡ χριστιανική πεποίθησις ὅτι καί πέραν τοῦ τάφου διαρ- /(240) κεῖ ἡ χριστιανική κοινωνία καί ἑνότης. Ἐντεῦθεν ἐξηγεῖται καί τό διατί οἱ χριστιανοί δέν ἀντείχοντο νά ἐνταφιάζωνται μετά αἱρετικῶν καί μάλιστα ἐθνικῶν, ὅπερ ὑπαινίττεται ἤδη ἴσως ὁ Τερτυλλιανός ἔνθα λέγει[271] cum ethnicis commori non licet, μετά ἐθνικῶν συναποθνήσκειν δέν πρέπει· ὁ δέ ἅγιος Κυπριανός φανερά λέγει[272]. Τοιούτων κοιμητηρίων μνημονεύει ἤδη ὁ Τερτυλλιανός (de anim. c. 51)[273]. Κρύπται ἐσχηματίζοντο πολλαχοῦ διά τῆς ἀνορύξεως καί τῆς ἐντεῦθεν μεταφορᾶς χρησίμου πρός οἰκοδομήν ἀσβέστου· καί πολλάκις μετεχειρίζοντο αὐτούς οἱ ἐθνικοί ῥίπτοντες ἐκεῖ τούς νεκρούς τῶν προλεταρίων (ἀπόρων πολιτῶν ῥωμαίων) καί τῶν κακούργων. Περιεφέροντο δέ τοιαύτης φύσεως διηγήματα περί τῶν μερῶν τούτων, ἅπερ ἐνεποίουν φόβον καί τρόμον εἰς τούς ἀκούοντας, ὥστε οὐδείς ἐπεσκέπτετο τούς τόπους τούτους. Ἕνεκα δέ τούτου τά τοιαῦτα μέρη καθίσταντο ἔτι καταλληλότερα πρός τόν σκοπόν τῶν χριστιανῶν, ἀλλ'οὐχ ἧττον ἐπιτήδεια ἦσαν καί διά τόν

---
271 (de idolol. c. 14)
272 (epist. 68 ad Cler. et pleb. Hispan.)
273 Ἐν τούτοις ὅμως ἡ παράδοσις θέλει τούς δύο κορυφαίους τῶν ἀποστόλων ἐνταφιασθέντας τόν μέν παρά τήν ὁδόν τήν λεγομένην τῆς Τριουμφαλίας ἐν τῷ τηνικαῦτα ἔτι ἔξω τῆς πόλεως Ῥώμης κειμένῳ Βατικανῷ, τόν δέ παρά τήν ὁδόν τήν λεγομένην Ὠστίαν. Ὁ Εὐσέβιος Ἐκκλ. Ἱστ. 2,25 ἐξιστορῶν ὅτι οἱ δύο κορυφαῖοι ἀπόστολοι ἐν Ῥώμῃ ὑπέστησαν τόν μαρτυρικόν θάνατον ἐπιφέρει πρός πίστωσιν τούτου τάδε «καί πιστοῦταί γε τήν ἱστορίαν ἡ Πέτρου καί Παύλου εἰς δεῦρο κρατήσασα ἐπί τῶν αὐτόθι κοιμητηρίων πρόσρησις, οὐδέν δέ ἧττον καί ἐκκλησιαστικός ἀνήρ, Γάϊος ὄνομα (περί τό 200 ἀκμ.) αὐτά δή ταῦτα περί τῶν τόπων ἔνθα τῶν εἰρημένων ἀποστόλων τά ἱερά σκηνώματα κατατέθειται φησιν - ἐγώ δέ τά τρόπαια τῶν ἀποστόλων ἔχω δεῖξαι· ἐάν γάρ θελήσας ἀπελθεῖν ἐπί τό Βατικανόν ἤ ἐπί τήν ὁδόν τήν Ὠστίαν, εὑρήσεις τά τρόπαια τῶν ταύτην ἱδρυσαμένων τήν ἐκκλησίαν»· ὁ δέ Ἱερώνυμος (de viris illustribus c. 1) περί μέν τοῦ Πέτρου λέγει «Κηδευθείς δέ ἐν Ῥώμῃ ἐν τῷ Βατικανῷ πλησίον τῆς ὁδοῦ τῆς ἐπίκλην Τριουμφαλίας μετά παντός τοῦ σεβάσματος παρά τῶν Ῥωμαίων θρησκεύεται». Περί δέ τοῦ Παύλου (αὐτόθι κεφ. 5) «τῇ αὐτῇ ἡμέρᾳ, ᾗ καί Πέτρος ἐν Ῥώμῃ ὑπέρ Ἰησοῦ Χριστοῦ ἀποκεφαλισθείς ἀπετέθη ἐν τῇ ὁδῷ τῇ λεγομένῃ Ὀστηνσίᾳ».

λόγον ὅτι ἀναλόγως τῶν ἀναγκῶν αἱ κρύπται αὗται καθὸ τῆς γῆς ἐκ πυρίνου λίθου συνισταμένης, ἠδύναντο νὰ εὐρύνωνται μετὰ ὀλιγωτέρου κόπου. Αἱ τοιαῦται κρύπται ὠνομάζοντο κατ' ἀρχὰς ὑπὸ τῶν λατίνων arenariae ἤτοι ψαμαθῶνες, ἔπειτα δὲ ἀπὸ τῆς γ΄ ἑκατονταετηρίδος ἦλθεν εἰς χρῆσιν τὸ ὄνομα κατακόμβαι (κατατύμβιον, catacumba)· ὅτι δὲ αἱ κρύπται αὗται ἐχρησίμευον ὡς νεκροταφεῖα ἤδη ἀπὸ τῆς δευτέρους καὶ τρίτης ἑκατονταετηρίδος μαρτυροῦσι τὰ ἔτι καὶ νῦν περισωζόμενα ἐπιγράμματα, ἐξόχως ἐπίσημοι ἐγένοντο αἱ κρύπται αἱ πέριξ τῆς Ῥώμης καὶ ἄλλων ἰταλικῶν καὶ σικελικῶν πόλεων. Εἰς τὰς κατακόμβας τῆς Ῥώμης, τῆς Νεαπόλεως, τῆς Νόλας, τῶν Συρακουσῶν καὶ ἄλλων ἐκεῖ πέριξ πόλεων ἀνενεοῦντο οὕτως εἰπεῖν, ἀλλ' ἐν χριστιανικῷ πνεύματι, τὰ ὑπόγεια νεκροταφεῖα τῶν ἀρχαίων Αἰγυπτίων. Εἰς τοὺς ὑπογείους δὲ τούτους τόπους εὕρισκε καὶ ἡ καταδιωκομένη χριστιανικὴ λατρεία ἀσφαλὲς καὶ ἱερὸν ἄσυλον, ἡ δὲ χριστιανικὴ τέχνη τὰ σπάργανα αὐτῆς. Ὑπερβαλλόντως ὅμως ἐτιμήθησαν κατὰ τὴν 4 καὶ 5 ἑκατονταετηρίδος ὁπότε ἤρξαντο νὰ ζητῶσιν ἐν αὐτοῖς καὶ τὰ ὀστᾶ τῶν ἀποστόλων Πέτρου καὶ Παύλου καὶ ὅτε ὑπὸ πάντων ἐν γένει τῶν ῥωμαίων χριστιανῶν ἐπιστεύετο ὅτι εἰς τὰς ἐν Ῥώμῃ κρύπτας τοῦ ἁγίου Σεβαστιανοῦ εὑρίσκοντο οἱ τάφοι τῶν εἰρημένων Ἀποστόλων. Περιγραφὴν τῶν κατατυμβίων ἢ τῶν κρυπτῶν παρέχει ὁ περὶ τὰς ἀρχὰς τῆς 5 ἑκατονταετηρίδος ἀκμάσας λατῖνος ποιητὴς Προυδέντιος[274]. Ὁ δὲ ἅγιος Ἱερώνυμος διηγεῖται[275] ὅτι ὅτε νέος ὢν ἔτι ἐποίειτο τὰς σπουδὰς αὐτοῦ ἐν Ῥώμῃ ἐσυνήθιζε μετὰ καὶ ἄλλων ὁμηλίκων αὐτοῦ νὰ περιέρχηται κατὰ τὰς Κυριακὰς τοὺς τάφους τῶν Ἀποστόλων καὶ τῶν Μαρτύρων καὶ συχνὰ νὰ καταβαίνῃ εἰς τὰς κρύπτας, αἵτινες λέγει ὁ /(241) αὐτός, ἦσαν βαθέως ὑπὸ τὴν γῆν ἐσκαμμέναι καὶ ἐν αἷς ἀμφοτέραθεν ἐντὸς τῶν τοίχων ἦσαν τεθαμμένοι οἱ νεκροί· καὶ ὅτι τοσοῦτον σκότος ἐπεπόλαζεν εἰς τὰς ὑπογείους ταύτας κρύπτας, ὥστε ὁσάκις κατέβαινεν εἰς αὐτὰς ἐνόμιζε ὅτι ἐπληροῦτο ἐπ' αὐτοῦ τὸ προφητικὸν ἐκεῖνο λόγιον «καὶ καταβάτωσαν εἰς ᾅδου ζῶντες», (Ψαλμ. 55,16).- Αἱ θύραι τοῦ τάφου αἵτινες ἦσαν ἐν εἴδει λαρνάκων ἐσκαμμέναι ἐντὸς τῶν καθέτων τοίχων, ἀφοῦ ἀπετίθετο ὁ νεκρός, ἐκλείοντο διὰ λιθίνου πλακὸς ἢ διὰ πλίνθων καὶ ἐχρίοντο καλῶς, ὥστε οὐδὲ ἀὴρ νὰ εἰσέρχηται. Εἰς τὸ μέρος ὅπου ἐτελεῖτο ἡ θεία μυσταγωγία ἦτο πεπελεκημένη ἐντὸς τῆς γῆς ἡ ἕδρα τοῦ ἐπισκόπου καὶ

---

274 (Hymn. 11, Passio s. Hippolyti 5 στιχ. 153 κεξ.)
275 (Comment. in Ezech. 40)

ή θέσις ἔνθα ἐτελεῖτο ὁ μυστικός δεῖπνος. Ὅτι πρός φωτισμόν ἠνάπτοντο λύχνοι καί λαμπάδες, τοῦτο ὑπάρχει ἀναμφίβολον. Ἐπί τῶν τοίχων καί ἐπί τῆς ἐν μέρει καμαροειδοῦς ὀροφῆς ὑπῆρχον ἐζωγραφημένα μέ χρώματα ὑδατομιγῆ (aquarelle) διάφορα χριστιανικά σύμβολα (§)· ἐπί δέ τῶν λιθίνων πλακῶν τῶν ἐπί τῶν τάφων ἐχαράσσοντο ἐπιγραφαί καί πολλάκις πέριξ τούτων σύμβολα χριστιανικά· εἰς τάς ἐπιγραφάς ταύτας ἐδηλοῦτο ὡς ἐπί τό πλεῖστον τό ὄνομα τοῦ κεκοιμημένου μετά βραχέων καί συγκινητικῶν φράσεων χριστιανικῆς λύπης καί ἐλπίδος· οἱ πλουσιότεροι ἐναπετίθουν τούς νεκρούς αὐτῶν ἐντός μαρμαρίνων σαρκοφάγων, οἵτινες πολλάκις ἐκοσμοῦντο μέ πρόστυπα ἤ ἀνάγλυφα· ὅλα ταῦτα μαρτυροῦνται καί ὑπό τῶν μέχρι σήμερον σωζομένων κατακομβῶν ἐν οἷς εὑρέθησαν καί δακτύλιοι καί ἄλλα τοιαῦτα συνεταφιαζόμενα μετά τῶν νεκρῶν, εἰς τούς τάφους τῶν παίδων εὑρέθησαν καί ἀθυρμάτια. Πολλαί δέ εἶναι αἱ ἐπί τῶν μικρῶν βάθρων ἤ ἐντός μικρῶν θυρίδων πλησίον τῶν τάφων ἐπεκλισμένων εὑρεθεῖσαι πήλιναι κατά τό πλεῖστον λυχνίαι πεποικιλμέναι μέ σύμβολα χριστιανικά. Τό ἔθιμον τοῦτο τοῦ καίειν λυχνίας καί ἀνάπτειν κηρούς ἐπί τῶν τάφων ἀπηγόρευσεν ἔπειτα ἡ ἰλλιβερίτης σύνοδος (ἐν ἔτει 305). Ἔτι μεγαλύτερος εἶναι ὁ ἀριθμός τῶν παρά τούς τάφους εὑρεθέντων ὑαλίνων ποτηρίων κεκοσμημένων καί τούτων μέ χριστιανικά σύμβολα. Ἔν τισι τούτων παρατηρεῖται ἐρυθρά τις ξηρά ὑποστάθμη, ἐντεῦθέν τινες τῶν ἀρχαιολόγων (μάλιστα οἱ τῆς ῥωμαϊκῆς ἐκκλησίας Boldetti) ἐξέλαβον αὐτά ὡς ἀγγεῖα , ἐν οἷς ἐφυλάττετο τό αἷμα τῶν μαρτύρων· ἄλλοι ὅμως ἀπέδειξαν ὡς λέγουσιν καί διά χημικῶν ἀναλύσεων ὅτι τό ὑπόστημα τοῦτο εἶναι φυτική οὐσία· διό καί θεωροῦσι ταῦτα ὡς ποτήρια καί σκεύη ἐν χρήσει ὄντα ἐν τῷ μυστικῷ δείπνῳ, ἐν ταῖς ἀγάπαις ἅπερ ἐλάμβανον χώραν ἔνδον τῶν κατατυμβίων.

§73. Συνέχεια. Σύμβολα τῶν χριστιανῶν.

Αἱ πλαστικαί τέχναι ἐν τῇ χριστιανικῇ Ἐκκλησίᾳ.

Ἐκτός τῶν ἀνωτέρω εἶχον οἱ χριστιανοί καί ἄλλα ἐπίσης ἱερά καί σεβαστά ἔθιμα, ἐν οἷς μάλιστα καταφαίνεται καί ἡ ὑποδοχή, ἧς ἔτυχον κατ᾽ ἀρχάς αἱ πλαστικαί τέχναι παρά τοῖς χριστιανοῖς. Οἱ χριστιανοί τῶν χρόνων τούτων μετεχειρίζοντο διάφορα σύμβολα ἐξ ὧν τά συνηθέστερα ἦσαν. 1) ὁ σταυρός, τό κοινότατον καί πρώτιστον σημεῖον, τό ὁποῖον ὑπε /(244) μίμνησκε τήν σωτηρίαν, ἧς ἀπήλαυσεν ὁ κόσμος διά τῆς ἐπί τοῦ σταυροῦ γενομένης μεγάλης θυσίας. Τό ἔθος τοῦ ποιεῖν τό σημεῖον τοῦ σταυροῦ ἐν παντί σχεδόν καιρῷ καί τόπῳ καί πρό οἵας δήποτε βιοτικῆς ἐπιχειρήσεως φαίνεται πρωιμώτατα κοινόν τοῖς πᾶσι. Περί τῆς χρήσεως τοῦ ἱεροῦ τούτου σημείου λέγει ὁ Τερτυλλιανός «καί ἐξερχόμενοι καί εἰσερχόμενοι καί ἱματιζόμενοι καί ὑποδηματοφοροῦντες καί λουόμενοι καί ἐσθίοντες καί φῶτα ἅπτοντες καί κατακλινόμενοι καί ἀνιστάμενοι· ἑνί λόγῳ ὅτι δήποτε καί ἄν ἐπιχειρήσωμεν ποιοῦμεν τό σημεῖον τοῦ σταυροῦ»[276]. ἔκφρασις σαφής καί καθαρά δεικνύουσα εἰς ἡμᾶς ὅτι ὅλος ὁ ἄνθρωπος καί ὅλος ὁ βίος αὐτοῦ, ὅλα τά ἔργα καί οἱ ἐπιχειρήσεις τοῦ χριστιανοῦ διά τῆς πίστεως εἰς τόν ἐσταυρωμένον Ἰησοῦν καί διά τῆς πρός αὐτόν ἐνατενήσεως καί ἀφοσιώσεως ὤφειλον νά καθαγιάζωνται καί νά ἐνισχύωνται. Χρῆσιν τοῦ σταυροῦ ἐποιοῦντο καί εἰς τάς ἱεράς τελετουργίας ἰδίως ἐν τῷ βαπτίσματι καί ἐν τῇ εὐχαριστίᾳ[277]. Ἔνεκα δέ τῆς συχνοτάτης ταύτης χρήσεως ἑπόμενον ἦτο ἵνα τό ἱερόν καί μυστηριῶδες τοῦτο σημεῖον ἐγχαραχθῇ καί ἐπί τῶν τοίχων καί ἐπί ἄλλων πραγμάτων ὡς καί τῷ ὄντι ἐγένετο· ἐχαράττετο δέ ἤ ἁπλῶς ἐξεικονίζετο ὁ σταυρός ποῦ μέν μετά τεσσάρων, ποῦ δέ, ὅπερ καί συχνότερον, μετά τριῶν κεράτων, ὁπότε ἔφερε καί τό σχῆμα τοῦ ἡμετέρου κεφαλαίου γράμματος Τ[278]. 2) Ἕτερον σύμβολον χριστιανικόν ἦτο τό μονόγραμμα τοῦ ὀνόματος τοῦ Χριστοῦ, ἤγουν τά δύο ἀρκτικά γράμματα αὐτοῦ τό Χ καί τό Ρ συμπλεκόμενα διαφόρως μετ' ἀλλήλων συνήθως οὕτω ....)[279]. 3) Ἐκτός τούτων εἶχον οἱ χριστιανοί καί ἄλλα, ἅπερ ἦσαν καί τά κυρίως σύμβολα. Ταῦτα ἦσαν ἡ περιστερά, ὁ ἰχθύς, ἡ ναῦς, ἡ λύρα, ἡ ἄγκυρα, ὁ ἁλιεύς[280]. Πρός τούτοις εὕρηνται εἰς τά ἐξαιρετικά πλούσια θησαυρο-

---

[276] (de coron. milit. c. 3)
[277] (καί Ἀποστολικαί Διαταγαί 8,12)
[278] Ἐνιαχοῦ εὕρηται ἡ βάσις τούτου διεσχισμένη εἰς δύο μέρη κυρτούμενα ἤρεμα πρός τά ἄνω, οὕτως ὥστε ἐν τῷ σημείῳ τούτῳ παρίσταται συνάμα καί ἡ μεγάλης εὐνοίας ἐμφαντική ἄγκυρα τῆς χριστιανικῆς ἐλπίδος. Πολλάκις δέ ἐτίθεντο ἀμφοτέρωθεν τοῦ σημείου τούτου τά γράμματα Α καί Ω ὑπεμφαίνοντα τόν θεμέλιον τῆς χριστιανικῆς ἐλπίδος, τόν Κύριον ἡμῶν Ἰησοῦν Χριστόν (Ἀποκ. 1,8, παραβ. Κων. Οἰκον. Τετραβ. τόμ. 4 σελ.84).
[279] Τό σύμπλεγμα τοῦτο πρός τῇ δηλώσει τοῦ ὀνόματος τοῦ σωτῆρος παρίστα συγχρόνως (διά τοῦ Χ) τόν σταυρόν, ἐν μέρει δέ (διά τοῦ Ρ) καί τήν εἰκόνα αὐτοῦ τοῦ ἐσταυρωμένου. Καί ἐν τούτῳ δέ πολλάκις τό ἄκρον τοῦ Ρ ἐσχημάτιζεν ἄγκυραν, τό δέ Χ ἔφερε μεθ' ἑαυτοῦ τό α καί ω.
[280] Ταῦτα ἦσαν καί τά συνηθέστερα ἐπί τῆς δευτέρας ἑκατονταετηρίδος τά ὁποῖα ἀναφέρει Κλήμης ὁ Ἀλεξανδρεύς ἐν τῷ Παιδαγωγῷ αὐτοῦ βιβλ. 3 κεφ. 11 §59 ἤ σελ. 106, λέγων ἐπί λέξεως τάδε «Αἱ δέ σφραγίδες ἡμῶν ἔστων πελειάς ἤ ἰχθύς ἤ ναῦς οὐριοδρομοῦσα ἤ λύρα μουσική... ἤ ἄγκυρα ναυτική ..., κἄν ἁλιεύων τις ᾖ, ἀποστόλου μεμνήσεται καί τῶν ἐξ ὕδατος ἀνασπωμένων παιδίων».- Ἡ περιστερά ἀνεφέρετο εἰς πολλά τῆς

φυλάκια τῶν ἀρχαίων χριστιανῶν, εἰς τάς κατακόμβας καί ἕτερα τοιαῦτα τυπικά καί εἰκονιστικά ἀντικείμενα οἷον ἡ ἑπτάφωτος λυχνία (Ἀποκ. 1,20. Ἰωαν. 8,12), ὁ στέφανος (ὡς σύμβολον τοῦ στεφάνου τῆς αἰωνίου ζωῆς) τό κλῆμα (Ἰωαν. 15), ἡ ἐλαία, ὁ Φοῖνιξ (Ἀποκ. 7,90, ὁ ἀλέκτωρ (ὡς σύμβολον τοῦ γρηγορεῖν ἀναφορικῶς πρός τήν ἄρνησιν τοῦ Ἀποστόλου Πέτρου), ὁ ταὼς (ὡς σύμβολον τῆς ἀναστάσεως διά τήν κατ' ἔτος ἀλλαγήν τῶν ὡραίων πτερῶν του), ἡ ἔλαφος (ψαλμ.42,1), συχνότατα δέ ὁ ἀμνός (Ἰωαν. 1,29. α' Κορ. 5,7. α' Πέτρ. 1,19. Ἀποκ. 5,12 καί ἀλλαχοῦ) καί ὁ ποιμήν εἴτε καθήμενος καί ὑπό προβάτων περιστοιχιζόμενος (Ἰω. 10) εἴτε βαστάζων ἐπί τῶν ὤμων αὐτοῦ τό ἀπολωλός πρόβατον (Λουκ. 15)· ὁ δεύτερος οὗτος συνδυασμός ἦτο συχνότερος. Ὁ Ποιμήν οὕτως ἢ ἐκείνως ἀπεικονιζόμενος σύμβολον τοῦ Σωτῆρος /(245) Χριστοῦ τοῦ σώζοντος τόν ἐπιστρέφοντα καί μετανοοῦντα ἁμαρτωλόν φαίνεται ὅτι ἐκόσμει ἐξαιρέτως τά κύπελλα τῶν χριστιανῶν.[281]

Ἐξ ὅλων τούτων βλέπομεν ὅτι ὁ χριστιανικός κόσμος ἐνεκολπώθη εὐθύς ἐξ ἀρχῆς τάς οὕτω λεγομένας πλαστικάς τέχνας. Αἱ πλαστικαί τέχναι (ἡ ζωγραφική καί ἡ γλυπτική) οὐχ ἧττον καί αἱ οὕτω καλούμεναι λογικαί τέχναι (ἡ ῥητορική καί ἡ ποίησις) εἶναι μέσα ἐπενεργοῦντα καί συντελοῦντα πρός μόρφωσιν καί ἐξευγενισμόν τοῦ πνεύματος καί τῆς καρδίας τοῦ ἀνθρώπου διά παραστάσεως περιωνύμων προσώπων, μεγάλων καί διδακτικῶν γεγονότων καί ἠθικῶν ἀληθειῶν. Ταῦτα τά πρός μόρφωσιν τῆς αἰσθητικῆς καί πνευματικῆς φύσεως τοῦ ἀνθρώπου λίαν κατάλληλα μέσα δέν ἠδύνατο βεβαίως νά ἀποκλείσῃ ἔξω τοῦ ἱεροῦ αὑτῆς περιβόλου ἡ ἐκκλησία τοῦ Χριστοῦ, τό

Παλαιᾶς καί τῆς Καινῆς Διαθήκης χωρία οἷον εἰς τά τῆς Γεν. 8,11 εἰς τά τοῦ Ἄσμ. τῶν Ἀσμ. 6,9 εἰς τά τοῦ Ματθ. 3,16, ὅπερ ἦν καί τό κυριώτερον σημαινόμενον τοῦ συμβόλου τούτου, καί εἰς τά τοῦ αὐτοῦ Εὐαγγελιστοῦ 10,16 «γίνεσθε οὖν... ἀκέραιοι ὡς ἡ περιστερά κτλ.».- Τό ὑπέρ πάντα τά ἄλλα μυστηριωδέστερον σύμβολον καί λίαν προσφιλές εἰς τούς χριστιανούς ἦτον ὁ ἰχθύς. Αὐτός ὑπενθύμιζεν τό ὕδωρ τῆς ζωῆς ἤγουν τήν θείαν τοῦ Ἰησοῦ Χριστοῦ διδασκαλίαν καί τό ὕδωρ τοῦ ἁγίου Βαπτίσματος· ἐντεῦθεν λέγει καί ὁ Τερτυλλιανός ἐν τῷ περί τοῦ βαπτίσματος αὐτοῦ συγγράμματι (de baptismo c.1) «ἡμεῖς τά ἰχθύδια κατά τόν ἰχθύν τόν Κύριον ἡμῶν Ἰησοῦν Χριστόν ἐν τῷ ὕδατι γεννώμεθα καί οὐκ ἄλλως σωζώμεθα εἰμή ἐάν διαμείνωμεν ἐν τῷ ὕδατι» (τουτέστιν ἐν τῇ χάριτι ἥν λαμβάνομεν ἐν τῷ βαπτίσματι). Τό σύμβολον τοῦ ἰχθύος ἔκρυπτε προσέτι ἐν ἑαυτῷ τό ὄνομα ἐκείνου, οὕτινος ἐνώπιον κάμπτει πᾶν γόνυ ἐπουρανίων καί ἐπιγείων καί καταχθονίων, τουτέστι τό Ἰησοῦς Χριστός Θεοῦ Υἱός Σω /(248) τήρ καί τοῦτο ἦν τό ἔξοχον σημαινόμενον τοῦ συμβόλου τούτου. – Πολλά ὡσαύτως εἶχε τά σημαινόμενα καί ἡ Ν α ῦ ς · ἐν αὐτῇ ἔβλεπον οἱ χριστιανοί τήν κιβωτόν τοῦ Νῶε· ἐν αὐτῇ εἰκονίζετο ἡ Σώτειρα ἐκκλησία, ἡ μετάγουσα τούς ἐν αὐτῇ εἰς τόν γαλήνιον λιμένα τῆς οὐρανίου μακαριότητος καί μεθ' ὅλας τάς τρικυμίας τοῦ κόσμου. Ἐκτός δέ τούτων ἔφερεν ἐν ἑαυτῇ ἡ Ναῦς διά τοῦ ἱστοῦ καί τῆς κεραίας τό σωτήριον σημεῖον τοῦ σταυροῦ.- Μετά τῆς λ ύ ρ α ς συνεδέετο καί ἡ ἰδέα τῆς ἀδιαλήπτου προσευχῆς, τῆς δοξολογίας καί τῆς παντοτινῆς χαρᾶς τῶν χριστιανῶν. Ἡ ἄ γ κ υ ρ α ἦτο τό σύμβολον τῆς ἀσφαλοῦς καί βεβαίας ἐλπίδος περί ἧς ἤδη ὁ ἀπόστολος Παῦλος ὡμίλει ἐν τῇ πρός Ἑβραίους ἐπιστολῇ 6,19.
281 (Tertull. de pudic. c.7)

ἀνώτατον τῆς μορφώσεως καί διαπλάσεως τοῦ ἀνθρώπου σχολεῖον· διό καί μετεχειρίσθη μᾶλλον ἤ ἧττον ἀρχῆθεν ἤδη πλαστικάς τέχνας, τήν ζωγραφικήν καί ἐν μέρει τήν γλυπτικήν· ἀλλ' ὅμως δέν ἤνοιξεν εἰς αὐτάς κατά τούς τρεῖς πρώτους αἰῶνας, τούς αἰῶνας τῶν διωγμῶν, τοιαύτην θύραν, οἵαν ἤνοιξεν κατά τούς μετά ταῦτα αἰῶνας διά τούς ἐφεξῆς πρό πάντων λόγους. Πρῶτον διότι αἱ χριστιανικαί ἐκκλησίαι τῶν χρόνω τούτων κατά τό πλεῖστον μέρος πτωχαί καί ὑπό διηνεκεῖς σχεδόν διωγμούς καί καταπιέσεις διατελοῦσαι, ὤφειλον αἱ πρός τά ἀποβλέποντα εἰς τήν θείαν αὐτῶν λατρείαν, νά περιορίζωνται εἰς τά ἀναγκαιότερα ἤ μᾶλλον εἰς τά ἀπολύτως ἀναγκαῖα, οὔτε ἠδύναντο νά δαπανῶσι πολλά ὅπως καλλωπίζωσι καί διακοσμῶσι τούς τόπους τῶν ἱερῶν αὐτῶν συνάξεων μέ λαμπρά τῆς τέχνης ἔργα· διότι καθ' ἑκάστην στιγμήν οὐδέν ἄλλο περιέμενον εἰμή τήν διαρπαγήν, τήν ἀπαλλοτρίωσιν ἤ τήν καταστροφήν αὐτῶν ὑπό τῶν ἐθνικῶν. Δεύτερον διότι οἱ ἐξ ἐθνῶν νεόφυτοι, οἱ προσφάτως εἰς Χριστόν ἐπιστρέφοντες, ἔπρεπε νά ἀπαλλαγῶσι κατ' ὀλίγον τῶν ἐθνικῶν καί εἰδωλολατρικῶν αὐτῶν συνηθειῶν, τουτέστι νά ἀποβάλωσι τήν διάστροφον αὐτῶν ἕξιν τοῦ νά λατρεύωσι τάς εἰκόνας καί τά ἀγάλματα ὡς θεούς· τῶν δέ ἐξ ἰουδαίων χριστιανῶν ἡ ἀρχική καί ἐθνική οὕτως εἰπεῖν ἀποβᾶσα ἀποστροφή πρός τάς εἰκόνας τοῦ Θεοῦ ἔδει νά οἰκονομηθῇ φρονίμως. Τρίτον διότι καί αὐταί αἱ τέχναι, ἕως τότε ἐθνικαί ὑπάρχουσαι, ὤφειλον, ὡς οἱ ἄνθρωποι, νά ἀναγεννηθῶσιν ἐν τῷ χριστιανισμῷ καί οὕτω νέαν ἀναπτύξεως πορείαν τέμνουσαι, ἐκ νηπίων οὕτως εἰπεῖν νά προκόψωσι καί νά ἀνδρωθῶσιν ἀνατρεφόμεναι καί παιδευόμεναι ὑπό διδασκάλῳ καί ὁδηγῷ τῷ πνεύματι τῆς χριστιανικῆς θρησκείας[282]. Διά ταῦτα πάντα καί τά πρῶτα τῆς τέχνης ἔργα τά ὁποῖα ἀπαντῶμεν παρά τοῖς χριστιανοῖς ἀπό τῆς δευτέρας ἑκατονταετηρίδος καί ἐντεῦθεν ἦσαν συμβολικαί παραστάσεις λαμβανόμεναι ὡς εἴδομεν ἀμέσως ἐξ εἰκονικῶν /(246) καί μεταφορικῶν ἐκφράσεων τῆς Ἁγίας Γραφῆς· διότι οὕτω καί κίνδυνος παρεξηγήσεως δέν ὑπῆρχε καί τό ἔργον τῆς ἔτι νεαρᾶς τέχνης διευκολύνετο καθ' ὅσον οὐδέν ἄλλο εἶχε νά πράξῃ εἰμή

---

282 Οὕτω φερ' εἰπεῖν ὑπό τοιούτου πνεύματος κινούμενος ὁ ἱερός Κλήμης ἔλεγεν ἐν τῷ τῶν στρωματ. αὐτοῦ κεφ. 5§28 «Πάλιν δ' αὖ δακτύλιον μή φορεῖν μηδέ εἰκόνας αὐτοῖς ἐγχαράσσειν θεῶν παρεγγυᾷ ὁ Πυθαγόρας, ὥσπερ Μωϋσῆς (Ἔξοδ. 20,4. Λευϊτ. 26,1. Δευτερ. 4,15,17), πρόπαλαι διαρρήδην ἐνομοθέτησε μηδέν δεῖν γλυπτόν ἤ χωνευτόν ἤ πλαστόν ἤ γραπτόν ἄγαλμά τε καί ἀπεικόνισμα ποιεῖσθαι, ὡς μή τοῖς αἰσθητοῖς προσανέχωμεν, ἐπί δέ τά νοητά μετίωμεν· ἐξευτελίζει γάρ τήν τοῦ θείου σεμνότητα ἡ ἐν τῷ ἑτοίμῳ τῆς ὄψεως συνήθεια καί τήν νοητήν οὐσίαν δι' ὕλης σεβάζεσθαι ἀτιμάζειν ἐστίν αὐτήν δι' αἰσθήσεως.

νά μεταφράση οὕτως εἰπεῖν τήν γλῶσσαν τῆς Ἁγίας Γραφῆς παριστῶσα ἐν σχήματι καί μορφῇ εἰκόνος τά διά λέξεων ἁπλῶς παριστάμενα.

Τάς πλαστικά τέχνας ὡς καί τάς λογικάς ὑπέθαλψε πάντως ἐν πρώτοις ἡ ἀκαταπαύστως ἐπί τῆς δευτέρας ἑκατονταετηρίδος αὔξουσα ἐν τῇ χριστιανικῇ ἐκκλησίᾳ ἑλληνική παιδεία καί τέχνη, τήν ὁποίαν ἔφερον μεθ' ἑαυτῶν οἱ ἐξ ἐθνῶν πιστεύοντες εἰς τόν Ἰησοῦν Χριστόν. Ἡ πρός τάς τέχνας ταύτας ἔμφυτος τῶν ἑλλήνων εὐαισθησία δέν ἠδύνατο βεβαίως νά διατελῇ ἐπί πολύ δέσμιος καί ἀδρανής. Καί πραγματικῶς ὁ σφοδρός τῶν Μοντανιστῶν πόλεμος καί ἰδία τοῦ Τερτυλλιανοῦ καθ' ἁπάντων ἐν γένει τῶν δικαιωμάτων καί ἐναντίων πάσης χρήσεως τῶν πλαστικῶν τεχνῶν δεικνύει ἀριδήλως πόσον ἰσχυρῶς συνησθάνοντο καί περιέθαλπον αὐτάς οἱ ἐπί τῆς δευτέρας ἤδη ἑκατονταετηρίδος ἐν τῷ κόλπῳ τοῦ χριστιανισμοῦ διατελοῦντες. Εἶναι ἀληθές ὅτι ὅσα προαπαντῶσιν ἡμᾶς κατά τούς χρόνους τούτους δέν εἶναι εἰμή ἀρχαί καί προοίμια τῆς τέχνης, ἅτινα ἐμφανίζονται εἰσέτι συνεσταλμένα καί μετ' εὐλαβείας οὕτως εἰπεῖν πολύ δεόμενα τοῦ νά εὐχαριστήσωσι τάς ἀπαιτήσεις τοῦ φιλοκάλου καί φιλοτέχνου αἰσθήματος· οὐχ ἧττον ὅμως εἶναι ἀρχαί νέας διαμορφώσεως τῆς τέχνης, ἀρχαί νέου σταδίου διά τήν τέχνην, εἰς τήν ὁποίαν ἡ κοσμοαναγεννητική καί δημιουργική δύναμις τοῦ χριστιανικοῦ πνεύματος ἠγγυᾶτο μέγα καί ἔνδοξον μέλλον. Χριστιανικῆς τέχνης ἔργα εὑρίσκομεν κατά πρῶτον ἐν τῷ ἰδιωτικῷ καί οἰκιακῷ βίῳ ἐπί τῶν τοίχων τῶν οἰκιῶν, ἐπί τῶν ποτηρίων, ἐπί τῶν σφραγίδων, τῶν δακτυλιδίων καί ἐπί ἄλλων τοιούτων πραγμάτων. Τοῦτο ἔλαβε πάντως ἀρχήν κατά συνέπειαν τῆς συνηθείας τῶν ἐθνικῶν, οἵτινες καί τήν εὐτελεστάτην λυχνίαν ἐπεθύμουν νά κοσμῶσι διά μιᾶς τινος εἰκόνος. Καθ' ἡμέραν ἐν τῷ βίῳ, ἐν τῇ κοινωνίᾳ ὅπου καί ἄν ἔστρεφον τά ὄμματα ἔβλεπον ἑαυτούς οἱ χριστιανοί πολιορκουμένους ὡς εἰπεῖν ὑπό ἀντικειμένων τῆς ἐθνικῆς μυθολογίας καί ἐνίοτε τοιούτων, ὑφ' ὧν τό ἠθικόν χριστιανικόν αἴσθημα δέ ἠδύνατο νά μή σκανδαλίζηται. Οἱ χριστιανοί λοιπόν ᾐσθάνοντο ἑαυτούς ὡς εἰκός βιαζομένους ταύτας τάς τό θρησκευτικόν καί ἠθικόν αἴσθημα αὐτῶν βεβηλούσας εἰκονογραφίαι, νά ἀντικαταστήσωσι δι' ἄλλων ἀπεικονισμάτων μή ἀπᾳδόντων εἰς τήν χριστιανικήν αὐτῶν συνείδησιν· καί ταῦτα ἦσαν ὡς εἴπομεν τά σύμβολα. Ἡ χρῆσις τούτων ἦτο πολλῷ μεγαλειτέρα εἰς τά κοιμητήρια καί μάλιστα εἰς τάς κατακόμβας (§). Τά ἱερά ταῦτα σύμβολα ἐκτός τοῦ ὅτι δέν ἠδύναντο οὔτε ὑπό τῶν ἐξ ἐθνῶν χριστιανῶν νά παρεξηγηθῶσιν, οὔτε πάλιν τούς ἐξ ἰουδαίων χριστιανούς νά σκαν- /(247) δαλίζωσιν ἐχρησίμευον καί ὡς μυστικά ἀναγνωρίσεως σημεῖα μεταξύ τῶν χριστιανῶν. Εἰς τοσοῦτον δέ βαθμόν ἐπεδιώχθη καί ἀνεπτύχθη ὑπό τῶν χριστιανῶν ἡ συμβολική καί μυστηριώδης αὕτη γραφή ὥστε δυνάμεθα νά εἴπωμεν καί ἐνταῦθα ὅτι τήν ἀρχαίαν τῶν Αἰγυπτίων ἱερογλυφικήν ἐφαίνετο ὅτι ἤρχετο νά ἀντικαταστήσῃ νέα τις χριστιανική.

§74. Οἱ Μοντανισταί

Καί μετά τήν τοσαύτην περί τά ἤθη καί τόν βίον ἐν γένει ἀκρίβειαν καί αὐστηρότητα, ἥν ἐπεδείκνυε κατά τούς χρόνους τούτους ἡ ἐκκλησία, ἀνέστησαν ἐν μέσῳ αὐτῆς τινες προβαλλόμενοι μείζονα ἁγιότητα καί βίον τελειότερον, ὡς προσεγγίσαντος δῆθεν τοῦ καιροῦ τῆς δευτέρας τοῦ Κυρίου ἐπί γῆς ἐπιδημίας· καί τοιοῦτοι ἦσαν ὁ Μ ο ν τ α ν ό ς καί οἱ τούτου ὀπαδοί οἱ Μ ο ν τ α ν ι σ τ α ί. Ὁ Μοντανός ὡρμᾶτο ἀπό τινος κώμης τῆς Μυσίας Ἀρδαβάν, παρά τήν Φρυγίαν κειμένης, ἦτο πρότερον εἰδωλολάτρης[283] ἔπειτα δέ προσῆλθεν εἰς τόν Χριστόν περί τό ἔτος 150), ἀφ' οὗ ὅμως ταχέως ἐξέπεσεν ἀποπλανηθείς εἴτε ἀπό φιλοδοξίας[284] εἴτε καί ὑπό τοῦ ὑπερβολικοῦ ζήλου, ὅστις ἰδιάζει εἰς τούς νεοφύτους. Τά κατά τούς χρόνους τούτους (150-180) ἔκτακτα φυσικά δυστυχήματα καί οἱ διηνεκεῖς κατά τῶν χριστιανῶν διωγμοί ἐπιτείναντα ἴσως τόν παράθερμον καί εἰς τάς ὑπερβολάς ἀποκλίνοντα Μοντανόν, ἔπεισαν αὐτόν ὅστις οὔτε παιδείας μεγάλης οὔτε ἐξόχων πνευματικῶν προτερημάτων κάτοχος μαρτυρεῖται, ὅτι ἐντός ὀλίγου ἔρχεται ὁ Ἰησοῦς Χριστός καί ἡ χιλιετής ἐπί γῆς βασιλεία του. Ἐντεῦθεν ἀναχωρῶν ὁ Μοντανός ἤρξατο λέγων καί προφητεύων παράδοξά τινα, καί κηρύττων ἑαυτόν ὡς ὑπό τοῦ Θεοῦ κεκλημένον ἵνα μεταρρυθμίσῃ ἐπί τό κρεῖττον καί βελτίον τόν πρακτικόν βίον τῆς Ἐκκλησίας, ἐγένετο ἀρχηγός νέας φατρίας ἐπί πολύ ἐξαπλωθείσης καί διαρκεσάσης, φατρίας ἥτις δέν ἐβράδυνε νά διαταράξῃ τήν ἡσυχίαν τῆς Ἐκκλησίας καί νά ἀποκηρυχθῇ ὑπ' αὐτῆς ὡς σχισματική καί αἱρετική. Ἡ θ ε ω ρ η τ ι κ ή ἀ ρ χ ή ἀφ' ἧς ἀνεχώρει καί ἐφ' ἧς ἐστηρίζετο τόσον ἡ περί προφητείας ὅσον καί ἡ περί ἠθικῆς καί πρακτικῆς τελειότητος διδασκαλία τῶν Μοντανιστῶν ἦτον ἡ ἰδέα ὅτι τῆς θείας ἀπο-

---
[283] (Δίδυμ. Περί Ἁγ. Τριάδ. βιβλ. 3 κεφ. προτελευτ. Ἱερώνυμ. ep. 27 ad Marcellam)
[284] (Εὐσεβ. Ἐκκλ. Ἱστ. 5,16)

καλύψεως, ἥτις ἀναπτύσσεται καί βαίνει προαγομένη κλιμακηδόν, τό τελευταῖον στάδιον τῆς ἀναπτύξεως δέν ἀπετερματίζετο ἐν τῷ Χριστῷ καί ἐν τοῖς ἀποστόλοις αὐτοῦ, ἀλλ' ἐν τῷ αἰῶνι τοῦ Παρακλήτου, ὅστις ἤρξατο, κατά τούς Μοντανιστάς ἀπό τοῦ Μοντανοῦ. Οἱ περί τόν Μοντανόν ἐξωμοίαζον τήν ἀνάπτυξιν τῆς ἐπί γῆς τοῦ Θεοῦ ἐκκλησίας πρός τήν ἀνάπτυξιν τοῦ ἀνθρώπου. Ἡ πατριαρχική περίοδος ἦτο ἡ νηπιώδης ἡλικία τῆς ἐκκλησίας· ἡ περίοδος τοῦ νόμου καί τῆς προφητείας ἦτον ἡ παιδική ἡλικία αὐτῆς· ἐν τῷ εὐαγγελίῳ μετέβη κατ' αὐτούς ἡ ἐκκλησία εἰς τήν νεανικήν αὐτῆς ἡλικίαν· ἐν δέ τῇ καθόδῳ τοῦ ἁγίου Πνεύματος, τοῦ Παρακλήτου, ἥτις ἐγένετο, ὡς ἐδόξαζον, ἐπί τοῦ Μοντανοῦ ἔφθασεν ἡ ἐκκλησία εἰς τήν ὥριμον καί τελείαν ἡλικίαν, εἰς τήν ἀνδρικήν. Οἱ Μοντανισταί ἔλεγον ὅτι ὁ Ἰησοῦς Χριστός καί οἱ Ἀπόστολοι αὐτοῦ /(250) συμμεθαρμοζόμενοι πρός τῇ ἀσθένειαν τῆς σαρκός τῶν συγχρόνων των, καί ὅτι ἡ ὥρα, καθ' ἥν ἡ ἠθική διδασκαλία καί ὁ πρακτικός βίος τῶν χριστιανῶν ἔμελλε νά διέλθη τό τελευταῖον τῆς τελειότητος στάδιον, ἐσήμανεν ὅτε ἐνεφανίσθη ὁ Μοντανός, ἐν ᾧ ἐπρέσβευον οἱ Μοντανισταί, ὅτι ἐπληρώθη ἡ ἐπαγγελία τοῦ Ἰησοῦ Χριστοῦ περί τοῦ Παρακλήτου, ὅστις ἔμελλε νά ὁδηγήση τήν ἐκκλησίαν τοῦ εἰς πᾶσαν τήν ἀλλήθειαν. Εἰς δέ τό ἄκρον ἄωτον τῆς τελειότητος καί τῆς ἁγιότητος ἔμελλε νά προβῇ ἡ ἐκκλησία ἐν τῇ προσεγγιζούσῃ χιλιοετῇ βασιλείᾳ τοῦ Χριστοῦ[285]. Οἱ Μοντανισταί λοιπόν ἐπρέσβευον ὅτι ἡ ἐποχή τοῦ ἁγίου Πνεύματος ἐν τῇ κυρίᾳ καί πλήρει αὐτῆς ἐννοίᾳ ἤρξατο μετά τοῦ Μοντανοῦ, ὅτι εἰς τόν Μοντανόν δηλ. ἀπεκαλύφθησαν αἱ τελευταῖαι περί τῆς ἐκκλησίας βουλαί καί ὁδηγίαι τοῦ Θεοῦ. Αἱ προφητεῖαι αὐτῶν ἐστρέφοντο περί τήν συντέλειαν τοῦ κόσμου, προέλεγον «πολέμους ἔσεσθαι καί ἀκαταστασίας», τήν ἔλευσιν τοῦ Ἰησοῦ Χριστοῦ καί τήν ἐπί γῆς χιλιοετῆ αὐτοῦ βασιλείαν[286]. Ἐπί τῶν προφητειῶν δέ τούτων ἐστήριζον τήν διδασκαλίαν αὐτῶν περί τῆς προετοιμασίας, ἥν ὤφειλον νά ποιήσωσιν οἱ χριστιανοί πρός ὑποδοχήν τοῦ Κυρίου. Καί πρῶτον μέν ἀπεδοκίμαζον τόν δεύτερον γάμον, ἀποκλείοντες τῆς κοινωνίας αὐτῶν πάντας τούς δευτέρῳ γάμῳ ὁμιλήσαντας· δεύτερον ἐπολλαπλασίαζον καί παρέτεινον τάς νηστείας· τρίτον οἱ ἅπαξ βαρέως ἁμαρτήσαντες οὐδέποτε πλέον ἠξιοῦντο νά μετάσχωσι τοῦ μυστικοῦ δείπνου· ἀλλ' ὤφειλον νά ἵστανται ἐν τῇ τάξει τῶν μετανοούντων·

---

285 (Tertull. de virginibus velandis c. 1 παραβ. de monogamia c. 14)
286 (Εὐσεβ. ἔνθ. ἀνωτ. Ἐπιφ. αἵρ. 49,1)

τοῦτο δέ ὄχι διότι ἡ ἐκκλησία δέν εἶχε τήν δύμανιν τοῦ ἀφιέναι ἁμαρτίας, ἀλλ' ἵνα μή τό κακόν χεῖρον γένηται, ἵνα μή ἡ ἁμαρτία πλεονάζῃ. Ἐντεῦθεν ἡ ἐκκλησία ὡς συγχωροῦσα καί τά βαρύτατα ἁμαρτήματα καί ὡς δεχομένη καί αὖθις ἐν τῇ κοινωνίᾳ αὐτῆς τούς μετανοοῦντας δέν ἦτο κατά τούς Μοντανιστάς ἡ καθαρά καί ἄσπιλος νύμφη τοῦ Χριστοῦ· τέταρτον τό ἀποσύρεσθαι καί φεύγειν ἐν καιρῷ τῶν διωγμῶν καί τό τελεῖν κρύφα καί ἐν παραβύστῳ τήν θείαν λατρείαν ἐθεωρεῖτο τό αὐτό καί τό ἀρνεῖσθαι τόν Χριστόν· πέμπτον αἱ παρθένοι ὤφειλον νά καλύπτωνται καί ἐν γένει εἰς τό γυναικεῖον φύλον ἀπηγορεύετο πᾶς ἐξωτερικός κόσμος καί καλλωπισμός, διότι ἔλεγον εἰς τήν γυναῖκα, δι' ἧς εἰσῆλθεν εἰς τόν κόσμον ἡ ἁμαρτία καί ὁ θάνατος, δέν ἔπρεπον εἰμή πένθιμα μόνον φορέματα· ἕκτον ὁ Μοντανισμός κατέκρινε μετά φανατισμοῦ πᾶν ὅ,τι καί μακρόθεν μόνον ἐφαίνετο ὡς ἀγάπη πρός τόν κόσμον, οὕτω π.χ. οἱ Μοντανισταί ἀπεδιοπομποῦντο οὐ μόνον τό μετέχειν θεατρικῶν παραστάσεων, ὅπερ κατεκρίνετο καί ὑπό τῶν διδα- /(251) σκάλων τῆς ἐκκλησίας, ἀλλά καί τήν θεραπείαν καί τήν καλλιέργειαν τῶν ἐπιστημῶν καί τῶν τεχνῶν, ἐξαιρέτως τῆς φιλοσοφίας. Ὅτι καί κατ' αὐτοῦ τοῦ ἀθώου συμβόλου τοῦ καλοῦ ποιμένος, ὅπερ ἔγλυφον ἤ ἐζωγράφιζον οἱ Χριστιανοί ἐπί τῶν ποτηρίων των κατεβόων οἱ Μοντανισταί[287] ὡσαύτως καί ἡ στρατιωτική ὑπηρεσία ἐκ τοῦ πονηροῦ εἶναι ἐνομίζετο[288].

Ταῦτα δέ πάντα ἦσαν κατά τούς Μοντανιστάς ἐντολαί καί νόμοι τοῦ Θεοῦ ἀπαραιτήτως ἀναγκαῖοι πρός σωτηρίαν· ὥστε ὁ Μοντανισμός ἐν τῇ οὐσίᾳ αὐτοῦ οὐδέν ἄλλο ἦτο εἰμή ἐπίτασις τῆς εὐαγγελικῆς διδασκαλίας. Οὕτω ἐπιτείνοντες οἱ Μοντανιστές καί τήν ἔννοιαν τῆς καθολικῆς ἱερωσύνης τῶν πιστῶν, ἐθεώρουν τήν μεταξύ τοῦ κλήρου καί τοῦ λαοῦ ἤ τῶν κληρικῶν καί λαϊκῶν διαφοράν καθώς καί τούς τῆς ἱερωσύνης βαθμούς οὐχί θείῳ ἐντάλματι ἀλλ' ἀνθρωπίνῳ καί ἐκκλησιαστικῷ λόγῳ καί θεσπίσματι ἐγκατασταθέντα ἐν τῇ Ἐκκλησίᾳ[289]. Κατά τά ἄλλα δέν διέφερον σχεδόν οἱ Μοντανισταί τῆς ὀρθοδόξου ἐκκλησίας, διό ἔλεγεν καί ὁ μοντανιστής Τερτυλλιανός «Μία ἡμῶν καί ἐκείνων (τῶν ὀρθοδόξων) ἡ πίστις, εἷς θεός, ὁ αὐτός Χριστός, μία ἡ ἐλπίς, ἕν τό μυστηριῶδες λουτρόν· ἁπλῶς δέ εἰπεῖν, μία ἐσμέν ἐκκλησία»[290].

287 (Tertull. de pudicitia c. 10)
288 (Tertull. de coron. milit. c. 11)
289 (Tertull. de exhort. cart. c. 7)
290 (de virg. vel. c. 2 παραβ. c.1)

Τοιαύτη ἦτον ἡ πλάνη τῶν Μοντανιστῶν, ἥτις ἀναφανεῖσα περί τό ἔτος 150 εἰς τήν Πέπουζαν πόλιν τῆς Φρυγίας ἤρξατο νά λυμαίνηται τήν ἐκεῖ ἐκκλησίαν· ὁ Μοντανός ἔσχε μετ' οὐ πολύ δύο γυναικάρια, τῇ μέν μίᾳ ὄνομα Μαξιμίλλα, τῇ δέ ἄλλῃ Πρισκίλλα, αἵτινες ἐν ἐκστάσει γενόμεναι ὡς καί ὁ Μοντανός συνεπροφήτευον αὐτῷ. Καί πολλοί μέν ἐθεώρουν αὐτόν τε καί τάς προφήτιδας αὐτοῦ ὡς δαιμονιῶντας καί μαινομένους καί ἐπειρῶντο νά θεραπεύσωσιν αὐτούς διά τοῦ ἐξορκισμοῦ· ἄλλοι δέ ἀνεγνώριζον αὐτόν ὡς προφήτην καί ἐπίστευον εἰς τάς προφητείας καί εἰς τάς διδασκαλίας του. Τέλος μετά τάς ἐπανειλημμένας προσπαθείας τοῦ ἐπισκόπου τῆς Ἀπαμείας καί ἄλλων ὅπως σωφρονήσωσιν αὐτούς διά λόγων καί παραινέσεων, συνῆλθον κατ' αὐτῶν πολλαί σύνοδοι, ἐξ ὧν αἱ πρῶται, καθώς γινώσκομεν, ἦσαν ἡ ἐν Ἱεραπόλει ὑπό τήν προεδρείαν τοῦ ἐπισκόπου τῆς πόλεως ταύτης Ἀπολλιναρίου, καί ἡ ἐν Ἀγχιάλῳ προεδρεύοντος τοῦ ἐπισκόπου Σωτᾶ περί τό ἔτος 170. Ὑπ' ἀμφοτέρων δέ τούτων τῶν ἱερῶν συνόδων κατεκρίθησαν οἱ Μοντανισταί καί ἀπεκηρύχθησαν ὡς αἱρετικοί. Ἀλλά καί οἱ ἐξοχώτεροι τῶν κατά τήν Μικράν Ἀσίαν διδασκάλων τῆς ἐκκλησίας ἐξήλεγξαν αὐτούς[291]. Κἄν δέ τοιουτοτρόπως δέν διευκολύνθη παντελῶς ἡ διάδοσις τῆς νοσώδους καί ἐξημ /(252) μένης ταύτης θρησκευτικῆς ὑπερβολῆς εἰς τάς κατά τήν Ἀσίαν ἐκκλησίας, περιεστάλη ὅμως σημαντικά, καί ὁ Μοντανισμός ἤρξατο βαθμηδόν καί κατ' ὀλίγον νά ἀποβάλλῃ τήν ἰσχύν καί τήν ἐπιρροήν αὐτοῦ κατά τάς χώρας ἐκείνας, ἀλλά δυστυχῶς ἐν τῷ μεταξύ τούτου μετεφυτεύθη καί εἰς τήν Δύσιν, ὅπου καί διήνυσε τό δεύτερον καί ἐπίσης σημαντικόν αὐτοῦ στάδιον.

Τήν καταδίκην τοῦ Μοντανισμοῦ τήν γενομένην ὑπό τῶν ἐκκλησιῶν τῆς Ἀσίας ἀνεγνώρισαν ὡς δικαίαν καί οἱ ἐν Ῥώμῃ. Οἱ ἐν Γαλλίαις ὅμως χριστιανοί οἵτινες εἶχον μητέρα τήν τῆς Μικρᾶς Ἀσίας ἐκκλησίαν καί οἱ ὁποῖοι διετέλουν πάντοτε ἐν στενωτάτῃ σχέσει καί κοινωνίᾳ μετ' αὐτῆς δέν ἐφάνησαν τόσον διατεθειμένοι καί πρόθυμοι νά δώσωσι τήν μέλαιναν ψῆφον κατά τῶν Μοντανιστῶν, καίτοι καί αὐτοί ὡς πλάνην ἐχαρακτήρισαν τό ὑπερήφανον καί ὑπερβολικόν πνεῦμα τοῦ Μοντανισμοῦ, οὗτοι ἠθέλησαν νά διαπραγματευθῶσιν εἰρηνικῶς τό πρᾶγμα· ἵνα συμβιβάσωσι λοιπόν τά διεστῶτα καί ἀποκαταστήσωσι τήν εἰρήνην ἐν τῇ ἐκκλησίᾳ ἔπεμψαν ἐπιστολάς πρός τε

---

291 (Εὐσεβ. Ἐκκλ. Ἱστ. 4,27.5, 16-19)

τούς ἐν Ἀσίᾳ ἀδελφούς, καί πρός τόν τηνικαῦτα ἐπίσκοπον τῆς Ῥώμης ἅγιον Ἐλεύθερον, σύν αὐταῖς δέ καί πολλά ἄλλα γράμματα οὐ πρό πολλοῦ τελειωθέντων μαρτύρων ἐπίσης παρακλητικά. Ἡ μετακόμησις τῶν πρός τόν ἅγιον Ἐλεύθερον ἐπιστολῶν ἀνετέθη εἰς τόν τότε πρεσβύτερον ἔτι ὄντα ἅγιον Εἰρηναῖον. Τά γράμματα ταῦτα καί ἔτι μᾶλλον ἀναμφιβόλως ἡ παρουσία τοῦ ἱεροῦ τούτου ἀνδρός κατώρθωσαν νά μετριάσωσιν ἐν Ῥώμῃ τήν πρός τούς Μοντανιστάς ἀποστροφήν. Ἀλλά μετ' οὐ πολύ καταβάς εἰς Ῥώμην ὁ Πραξέας κατώρθωσε διά ζωηρᾶς περιγραφῆς τοῦ Μοντανισμοῦ, συνεργοῦντος καί ἑτέρου τινός πρεσβυτέρου τῆς Ῥώμης Γαΐου, δεινοῦ ἀντιπάλου καί πολεμίου τῶν Χιλιοετιστῶν, νά μεταπείσῃ τόν ἐπίσκοπον τῆς Ῥώμης, ὥστε οὗτος οὐδόλως ἐδίστασε νά ἀνακαλέσῃ τά γράμματα τῆς εἰρήνης[292]. Καίτοι δέ ἔκτοτε οὐδόλως ἐπαύσατο πολεμοῦσα τούς Μοντανιστάς ἡ ῥωμαϊκή ἐκκλησία καί οὕτω ὅμως ὁ Μοντανισμός ἐφείλκυσε πολλούς ὀπαδούς ἐν τῇ Δύσει καί μάλιστα ἐν τῇ Ἀνθυπατικῇ Ἀφρικῇ· ἄλλως τε μεταναστεύσας εἰς τήν Δύσιν ὁ Μοντανισμός εἶχε μετριάσει πολύ τόν φανατικόν, ὑπερβολικόν καί αἱρεσιῶντα χαρακτῆρα του. Τήν μεγαλυτέραν καί λαμπροτέραν κατάκτησιν ἐποίησεν ὁ Μοντανισμός περί τό ἔτος 201 ζωγρήσας τόν ἐν Καρχηδόνι πρεσβύτερον Τερτυλλιανόν, τόν διασημότερον κατ' ἐκείνους τούς χρόνους διδάσκαλον τῆς λατινικῆς ἐκκλησίας. Ὁ Τερτυλλιανός ἀφιερώθη εἰς τόν Μοντανισμόν ὅλῃ ψυχῇ καί καρδίᾳ, μετεχειρίσθη ἅπαν /(253) τα τά πνευματικά αὐτοῦ προτερήματα καί ὅλη αὐτοῦ τήν δραστηριότητα ὅπως ἐξασφαλίσῃ καί καταστήσῃ τάς διδασκαλία τῶν Μοντανιστῶν ὅσον οἶοντε κοινοτέρας καί προσιτωτέρας. Ἀλλ' ἡ κηλία τοῦ σχίσματος καί τῆς αἱρέσεως, ἥτις ἐνεκολλάφθη ἅπαξ εἰς τόν Μοντανισμόν, ἀπεμάκρυνε ἀπ' αὐτοῦ τά εὐσεβῆ καί πιστά τῆς ἐκκλησίας τέκνα. Ἡ βόρειος Ἀφρική διετέλεσεν ἐπί πολλά ἔτη τό πρώτιστον στρατόπεδον τῶν Μοντανιστῶν· οἱ δέ Τερτυλλιανισταί εὑρίσκοντο ἔτι καί κατά τήν ἐπομένην περίοδον. Περί τά τέλη τῆς 4 ἑκατονταετηρίδος εὑρίσκοντο ἔτι λείψανα καί ἐν Φρυγίᾳ, Κιλικίᾳ, Γαλατίᾳ, καί ἰδίως ἐν Κωνσταντινουπόλει[293]. Οἱ χριστιανοί αὐτοκράτορες ἀπό τοῦ Μ. Κωνσταντίνου καί ἐντεῦθεν ἐξέδωκαν καί κατ' αὐτῶν πολλά διατάγματα , ἐξ ὧν τελευταῖον ἦτο τό ὑπό τοῦ αὐτοκράτορος Ἰουστινι-

---

292 (ὅλα ταῦτα ἐξάγονται ἐξ ὧν ὁ Εὐσέβιος λέγει Ἐκκλ. Ἱστ. 5,3 καί ὁ Τερτυλλιανός adv. Prax. c. 1)
293 (Ἐπιφ. αἵρ. 48 §14)

ανοῦ ἐν ἔτει 530²⁹⁴. Ἐκτός τοῦ ὀνόματος Μοντανισταί ἔφερον οἱ ὀπαδοί τοῦ Μοντανοῦ καί ἄλλα πάμπολλα, οὐχί ἴσως ἄνευ τινός χλεύης καί σκώψεως ἢ περιφρονήσεως εἰς αὐτούς προστριβόμενα. Τοιαῦτα ἦσαν ὡς ἐκ τῆς χώρας ἢ τῆς πόλεως, ἐν ᾗ διέτριβον, Καταφρύγες, Πεπουζιανοί ἢ Πεποζῖται· ὡς ἐκ τῶν ἀρχηγῶν δέ ἢ διασήμων παρ' αὐτοῖς διδασκάλων Κωϊντιλιανοί, Πρισκιλλιανοί, Τερτυλλιανισταί κτλ. καί ὡς καί τῶν διαφόρων αὐτῶν ἐθίμων Ἀρτοτυρῖται, Τασκοδρουγῖται κτλ.²⁹⁵

Τά θεολογικά γράμματα.
Πατέρες καί διδάσκαλοι τῆς Ἐκκλησίας, Συγγράμματα αὐτῶν.
βλ. Κωνστ. Κοντογόνου, Πατρολογία, τόμ. α΄.

§75. Ἐπιθεώρησις.

Ὅσῳ μᾶλλον διεδίδετο ὁ χριστιανισμός εἰς τάς τάξεις τῶν λογίων, κατά τοσοῦτον ηὔξανεν μετά τῆς διά ζώσης φωνῆς γενομένης διδασκαλίας καί ἡ διά συγγραφῆς. Οἱ πρῶτοι μετά τούς ἱερούς ἀποστόλους διδάσκαλοι τῆς Ἐκκλησίας ἦσαν ἄνδρες, οἵτινες οὐ μόνον ἐγνώρισαν αὐτούς, ἀλλά καί συνέζησαν καί ἐμαθήτευσαν παρ' αὐτοῖς· διό καί ἀποστολικοί πατέρες συνήθως καλοῦνται. Οἱ ἅγιοι τοῦτοι διδάσκαλοι προαγόμενοι τήν συγγραφήν, ὡς καί αὐτοί οἱ ἀπόστολοι, ὑπό τῶν ἀμέσων ἀναγκῶν τοῦ πρακτικοῦ βίου, ἀντικείμενον εἶχον τήν ἁπλῆν τῆς πίστεως διδασκαλίαν, τά καθήκοντα καθόλου τῶν χριστιανῶν, τήν ἐκκλησιαστικήν εὐταξίαν καί τά τοιαῦτα. Ἀρρενωπότερον καί φιλοσοφικώτερον χαρακτῆρα ἔδωκεν εἰς τήν χριστιανικήν φιλολογίαν κατά πρῶτον ὁ κατά τοῦ ἐθνικοῦ κόσμου ἀγών, εἰς τόν ὁποῖον νά καταβῇ εἶδεν /(254) ἑαυτόν μετ' οὐ πολύ ἠνηγκασμένον ὁ χριστιανικός κόσμος. Τό προϊόν τοῦ ἀγῶνος τούτου ἦτο μακρά σειρά ἀπολογιῶν, ἐξ ὧν αἱ περισσότεραι ἀνήκουσιν εἰς τήν δευτέραν ἑκατονταετηρίδαν. Καθώς δέ ἡ βάρβαρος καί ἀπάνθρωπος πρός τούς χριστιανούς διαγωγή τῶν ἐθνικῶν ἠνάγκασε τούς ἱερούς τῆς ἐκκλησίας διδασκάλους νά κατέλθωσιν εἰς τό ἀπολογητικόν στάδιον· οὕτως ἡ ἐμφάνισις καί ἡ ἐξάπλωσις τῶν αἱρέσεων καθυπεχρέωσαν αὐτούς νά ἀποδυθῶσιν εἰς τόν κατ' αὐτόν πόλεμον. Εἶναι ἀληθές ὅτι

---
294 (codex libr. I tit. 5. I, 18-21)
295 (Ἐπιφ. αἵρ. 49,2. 48,14)

ἡ κατά τῶν αἱρέσεων πολεμική ἐπιστήμη δέν ἤνθησεν εἰμή ἐπί τῆς 3 ἑκατονταετηρίδος οὐχ ἧττον ὅμως καί ἡ δευτέρα ἑκατονταετηρίδα ἔφερε πολλάς καί καλάς ἀπαρχάς τοιούτου εἴδους συγγραφῶν κατά τε τῶν γνωστικῶν καί τῶν Μοντανιστῶν καί περί ἄλλων ζητημάτων.

§ 76. Οἱ Ἀποστολικοί Πατέρες.

Οἱ ἀποστολικοί πατέρες συνήθως ἀριθμοῦνται ἑπτά καί ὡς τοιοῦτοι φέρονται ὁ Βαρνάβας, ὁ Ἑρμᾶς, Κλήμης ὁ Ῥώμης, Ἰγνάτιος ὁ Ἀντιοχείας, Πολύκαρπος ὁ Σμύρνης, Παπίας ὁ Ἱεραπόλεως καί Διονύσιος ὁ Ἀρειοπαγίτης. Εἰς τούτους δέ δυνάμεθα νά προσθέσωμεν καί τόν ἀνώνυμον συγγραφέα τῆς *πρός Διόγνητον ἐπιστολῆς*. Οἱ ἱεροί ἄνδρες εἰς οὕς ἐνεπιστεύθησαν οἱ μαθηταί τοῦ Κυρίου τήν πνευματικήν ποιμαντορίαν τῆς ἐκκλησίας καί ἁπλῶς οἱ διαπρέψαντες ἐν λόγοις τε καί ἔργοις ὡς ἄμεσοι μαθηταί καί διάδοχοι τῶν ἀποστόλων δέν ἦσαν βεβαίως ἑπτά ἤ ὀκτώ μόνον τόν ἀριθμόν· πλήν ὡς συγγραφεῖς μεταξύ ὅλων τούτων δέν ἀναφέρονται εἰμή οἱ ἀνωτέρω μόνον ὀνομασθέντες. Τά συγγράμματα τῶν ἀποστολικῶν πατέρων, τά ὁποῖα μετά τάς θεοπνεύστους τῶν ἁγίων ἀποστόλων δέλτους, εἶναι τό ἁπλούστερον καί εἰλικρινέστερον μαρτύριον τῆς ἐν Χριστῷ γενομένης θείας ἀποκαλύψεως εἰσάγουσιν ἡμᾶς εἰς γνῶσιν τῆς πνευματικῆς ἐνεργείας τοῦ ἀμέσως μετά τούς ἱερούς ἀποστόλους ἐρχομένου χριστιανικοῦ κόσμου. Τό χαρακτηρίζον τά συγγράμματα ταῦτα δέν εἶναι εἰμή ἁπλῆ, ἀφελής καί ἐγκάρδιος εὐσέβεια, ζῶσαν καί ἀκμαίαν ἀποπνέουσα συναίσθησιν τοῦ ἐν σαρκί ἐπιφανέντος Χριστοῦ. Οὐδείς βεβαία δύναται νά ἀρνηθῆ τήν προφανεστάτην διαφοράν, τήν ὑπάρχουσαν μεταξύ αὐτῶν καί τῶν ἀποστολικῶν συγγραφῶν. Εἶναι ἀληθές ὅτι καί μεθ' ὅλας τάς ἀρετάς τάς ὁποίας φέρουσι τά πονήματα τῶν ἱερῶν τούτων πατέρων, ἐλλείπονται πολύ τῶν ἀποστολικῶν κατά τε τήν δύναμιν, τό βάθος καί τήν πρωτοτυπίαν τοῦ πνεύματος· ὅπερ ὅμως δέν εἶναι καί ἀνεξήγητον. Ἡ διαφορά αὕτη μαρτυρεῖ βεβαίως τήν δι' ἀμέσου θείας ἐλλάμψεως ὑπερφυσικήν καί μοναδικήν ἱκάνωσιν τῶν ἀποστόλων εἰς τήν σύνταξιν τῶν ἱερῶν Γραφῶν τῆς Κ. Διαθήκης ὡς πηγῆς ζωηφόρου καί ἀναλλοιώτου γνώ /(255) μονος τῆς πίστεως ἁπάντων τῶν αἰώνων, καθώς αὐτάς διέκρινεν ἐξ ἀρχῆς καί ἡ Ἐκκλησία.

Περί τοῦ ἁγίου Βαρνάβα εἴπομεν τά δέοντα ἀλλαχοῦ, ἐνταῦθα λοιπόν λείπεται νά ἱστορήσωμεν συντόμως τά περί τῶν ἄλλων ἀποστολικῶν πατέρων.

Α΄. Ὁ Ἑρμᾶς εἶναι αὐτός ἐκεῖνος, ὅν ἀσπάζεται ὁ Ἀπόστολος Παῦλος ἐν τῇ πρός Ῥωμαίους αὐτοῦ ἐπιστολῇ (16,14), γνωστός εἰς ὅλην σχεδόν τήν χριστιανικήν ἀρχαιότητα ὡς συγγραφεύς τοῦ βιβλίου τοῦ ἐπιγραφομένου ὁ *Ποιμήν* (Pastor). Ἐάν ἠδυνάμεθα νά συμπεράνωμεν ἀσφαλῶς ἔκ τε τοῦ ὀνόματός του καί ἐκ τῆς γλώσσης εἰς ἥν ἔγραψεν, ἠθέλομεν κατατάξῃ αὐτόν εἰς τούς ἕλληνας· ἐξ ὧν ὅμως γράφει αὐτός ὁ Ἑρμᾶς[296] καί ἐκ τῆς πρός Ῥωμαίους ἐπιστολῆς φαίνεται ὅτι διέτριβεν ἐν Ῥώμῃ. Ὁ Ἑρμᾶς πιστεύσας εἰς τόν Ἰησοῦν Χριστόν, νέος ἔτι ὡς φαίνεται καί σφριγῶν καί μή δυνηθείς νά ποιώσῃ ἐν ἑαυτῷ τήν οὐράνιον διδασκαλίαν τοῦ εὐαγγελίου καί νά ἀφομοιωθῇ πρός αὐτήν, ἐξέκλινε μετ' οὐ πολύ τῆς κατά Χριστόν πολιτείας. Προσηλωθείς δέ ὅλως εἰς τά γήινα καί ὀλιγωρήσας τά τέκνα του, καθ' ὅσον οὔτε τόν λόγον οὔτε τόν φόβον τοῦ θεοῦ ἐδίδαξεν εἰς αὐτά, ἐπέσπασε κατ' αὐτοῦ τήν θείαν ὀργήν. Ἀλλ' ὕστερον ἐλθών εἰς ἑαυτόν καί συναισθανθείς τήν κατάστασίν του, ἤρξατο νά σκέπτηται περί αὐτῆς καί νά μετανοῇ· διό καί ὁ Θεός εὐσπλαχνισθείς ἀνήρπασεν αὐτόν ἐκ τῆς ὁδοῦ τῆς ἀπωλείας κατά τόν ἀκόλουθον τρόπον. Ἐν πρώτοις ἐνεφανίσθη αὐτῷ καθ' ὕπνον καί ἐξήλεγξε τήν διαγωγήν αὐτοῦ νεᾶνίς τις, τήν ὁποίαν ἄλλοτε εἶχεν ἀποφασίσῃ νά λάβῃ εἰς γυναῖκα· ἔπειτα δέ καί ἡ ἐκκλησία ἐν μορφῇ γυναικός πρεσβύτιδος· ἐπί τέλους δέ εἰσῆλθε πρός αὐτόν ἄγγελος ἐν μορφῇ ποιμένος, ὅστις ἀναμνήσας εἰς αὐτόν πάσας τάς προτέρας ὀπτασίας καί διδάξας αὐτόν ὅσας ὤφειλε νά τηρῇ ἐντολάς καί ἄλλας πολλάς ὑποθήκας εἰς αὐτόν δούς, εἶπεν αὐτῷ νά γράψῃ ταῦτα πάντα. Ὁ Ἑρμᾶς ἔπραξεν καθά παρήγγειλεν αὐτῷ ὁ ἄγγελος καί οὕτω ἔσωσεν οὐ μόνον ἑαυτόν ἀλλά καί τά τέκνα καί τήν σύζυγον αὐτοῦ καί ἄλλους πολλούς, ὅσοι ἀνεγίνωσκον τό βιβλίον αὐτοῦ.

Ταῦτα διηγεῖται αὐτός οὗτος ὁ Ἑρμᾶς εἰς τό σύγγραμμά του (βιβλ. α΄ καί β΄), ὅπερ ἐπέγραψεν ὁ *Ποιμήν* ὡς ἐκ τοῦ ἀγγέλου τοῦ ἐν εἴδει ποιμένος ἐμφανισθέντος αὐτῷ, καί τό ὁποῖον διαιρεῖται εἰς τρία βιβλία, ἐξ ὧν τό μέν πρῶτον ἐπιγράφεται Ὁράσεις ἤ Ἐκκλησία καί περιέχει τέσσαρας ὁράσεις· τό δεύτερον ἐπιτάγματα ἤ Ποιμήν καί περιλαμβάνει 12 ἐπιτάγματα· καί τό τρίτον π α ρ α β ο λ α ί περιέχον δέκα παραβολάς.

---

[296] (Ποιμ. βιβλ. 1, ὅρασις 1 κεφ. 1)

Τό βιβλίον τοῦτο ἐγράφη περί τό 95 καί τοσαύτης ὑποδοχῆς ἔτυχε παρά τοῖς χριστιανοῖς καί τοσοῦτον παρά πάντων ἐτιμᾶτο ὥστε πολλαχοῦ ἀνεγινώσκετο καί ἐπ' ἐκκλησίαις. Σημείωσις. Οἱ ὁμιλοῦντες περί τοῦ Ποιμένος ἐκ τῶν ἀρχαίων εἶναι ὁ ἅγιος Εἰρηναῖος κατά αἱρ. 4, 37. Παραβ. Εὐσεβ. Ἐκκλ. Ἱστ. 5,8.—Κλήμης ὁ Ἀλεξαν. στρωμ. α' κεφ. 19 §181, κεφ. 17§85 καί στρωμ. β' κεφ. 1§3.- Ὁ Ὠριγένης ὅστις ὑπολαμβάνει τοῦτο θεόπνευστον epist.ad Rom. 16,14. Περί ἀρχ. βιβλ.2 κεφ. 1 εἰς τόν Ματθ. τόμ. 3 καί ὁμιλ. 7 εἰς τούς ἀριθμ. κεφ. 11. Ὁ Εὐσεβ. ἔνθ. ἀνωτ. 3,3.- Ὁ Ἱερώνυμος de vir. ill. c. 10 καί ἐν τῷ Prologo galeato ἔνθα πρός τοῖς ἄλλοις λέγει καί τοῦτο ὅτι τό βιβλίον ὁ Ποιμήν ὑπῆρχε κατ' ἀρχάς παντάπασιν ἄγνωστον εἰς τούς Λατίνους.- Ὁ Ρουφίνος Comment. in symbolum apost. - Ὁ Μέγας Ἀθανάσιος, Λόγος περί ἐνανθρωπήσεως τοῦ Λόγου τόμ. α' σελ. 55.- Ὁ ἅγ. Μάξιμος ἐν τοῖς αὐτοῦ σχολίοις εἰς Διονύσιον Ἀρεοπαγίτην περί θείων ὀνομάτων κεφ. 4 καί ἄλλοι. Ὁ Ἑρμᾶς ἐξεδόθη ἐσχάτως ἐν Λειψίᾳ ὁλόκληρος ἑλληνιστί, ὅ ἐστιν εἰς τήν γλῶσσαν ἐν ᾗ ἐγράφη.

Β' Κλήμης ὁ Ῥώμης ἤ ὁ Ῥωμαῖος, περί οὗ ὁ ἀπόστολος Παῦλος γράφων πρός Φιλιππησίους (4,3) λέγει «Κλήμεντος καί τῶν λοιπῶν συνεργατῶν μου, ὧν τά ὀνόματα ἐν βίβλῳ ζωῆς», ἐχρημάτισε κατά τάς μαρτυρίας ἀρχαιοτάτων πατέρων καί ἄλλων ἐκκλησιαστικῶν συγγραφέων εἷς τῶν πρώτων τῆς Ῥώμης ἐπισκόπων, προστάς αὐτῆς κατά τήν πιθανωτέραν γνώμην ἀπό τοῦ 90-100 σωτηρίου ἔτους, ὅτε καί ἐτελεύτησε ἐν εἰρήνῃ καί διά φυσικοῦ θανάτου[297]. Ὅτι ὁ ἱερός Κλήμης ἐγένετο διάσημος καί περίβλεπτος τῆς ἐκκλησίας τοῦ Χριστοῦ διδάσκαλος, δυνάμεθα νά συμπεράνωμεν καί ἐκ τῶν πολλῶν συγγραμμάτων, ὅσα ἐπί τῆς 2 καί 3 ἑκατονταετηρίδος εἰς τό ὄνομα αὐτοῦ ἀνεγράφησαν (§). Παρ' αὐτοῦ ἔχομεν δύο ἐπιστολάς, τάς ὁποίας ἔγραψεν ἐπίσκοπος ἤδη ὑπάρχων πρός τούς Κορινθίους διχονοοῦντας καί διασχιζομένους περί τῶν προϊσταμένων αὐτῶν. Ἡ πρώτη, τήν ὁποίαν ὁ Εὐσέβιος[298] ἀποκαλεῖ «μεγάλην καί θαυμασίαν», σώζεται ἀκεραία καί εἶναι πολλοῦ λόγου ἀξία ἰδίως εἰς τούς ἱερούς ἑρμηνευτάς καί εἰς τούς περί τήν

---

[297] Κατά τόν Τερτυλλιανόν (de paescrip. c. 36) καί τά Κλημέντια ὁ ἅγιος Κλήμης εἶναι π ρ ῶ τ ο ς ἐπίσκοπος τῆς ῥωμαϊκῆς ἐκκλησίας· χειροτονηθείς ὑπ' αὐτοῦ τοῦ ἀποστόλου Πέτρου. – Κατά τόν ἱερόν Αὐγουστῖνον (epist. 53 ad generosum) καί Ὀπτᾶτον τόν ἐπίσκοπον Μιλένης (Opt. Mil. libr. 2) ὁ δ ε ύ τ ε ρ ο ς .- Κατά τόν ἅγιον Εἰρηναῖον (κατά αἱρ. 3,3) τόν Εὐσέβιον (Ἐκκλ. Ἱστ. 3,2.14,15) καί τόν ἱερόν Ἐπιφάνιον (αἷρ. 27,6) ὁ τ ρ ί τ ο ς . Ἄλλοι δέ τινες (βλ. Ἱερών. de vir. ill. c. 15 Φωτίου Μυριοβ. 123) ἀριθμοῦσιν αὐτόν τ έ τ α ρ τ ο ν . Ὅσα διηγοῦνται περί αὐτοῦ τά Κλημέντια καθώς καί τά περί τῆς ἐξορίας αὐτοῦ εἰς τήν Ταυρικήν χερσόννησον καί ἡ διά μαρτυρίου αὐτοῦ ἄθλησις (Rufin. de orig. tom. I p. 778, Mansi consil. nov. collect. tom. 4 column. 350, Νικηφόρου Καλλίστου Ἐκκλ. Ἱστ. 3,18) ἀγνοοῦνται παντάπασιν ὑπό τε τοῦ Εἰρηναίου καί τοῦ Εὐσεβίου βλ.τόν ἡμέτερον Εὐγένιον ἐν τῇ ἑκατονταετηρ. αὐτοῦ §278 καί Μελετίου Ἐκκλ. Ἱστ. τόμ. α' σελ. 153.
[298] (Ἐκκλ. Ἱστ. 3,16)

δογματικήν ἐνασχολουμένους· οὐχ ἧττον ὅμως ὑπάρχει πολύτιμος καί εἰς ἕκαστον χριστιανόν διά τάς λαμπράς περί ἀγάπης καί ὁμονοίας ὑποθήκας. Τό ἀρχαιότατον τοῦτο τῆς χριστιανικῆς φιλολογίας μνημεῖον, τό κατά πάντα ἄξιον ἀποστόλων μαθητοῦ, ἀπ' ἀρχῆς μέχρι τέλους βρίθει ἡδίστων καί συγκινητικῶν ἀδελφικῶν νουθεσιῶν, αἱ ὁποῖαι γίνονται μετά ἀποστολικῆς ἁπλότητος καί σχεδόν λέξεως. Ἐν αὐτῇ δέν ὀνομάζει ἑαυτόν ὁ ἅγιος Κλήμης, ἀλλ' οὐδέ ὑπερτάτη τις πνευματική κυριαρχία τοῦ ἐπισκόπου Ρώμης ἤ τῆς ἐκκλησίας αὐτοῦ ἐπί τῶν λοιπῶν χριστιανικῶν ἐκκλησιῶν ἐμφανίζεται οὐδέ κἄν ἀμυδρῶς πως. Πόση ἀληθῶς κατά τοῦτο διαφορά μεταξύ τοῦ σεβασμίου τούτου ἐγγράφου καί τῶν ἐπισκοπικῶν ἐγγράφων τοῦ μεταγενεστέρου Ῥωμαϊκοῦ θρό /(257) νου! Ἐκ τῆς δευτέρας πρός Κορινθίους ἐπιστολῆς σώζονται 12 μόνον κεφάλαια[299].

Γ'. Ἰγνάτιος ὁ Θεοφόρος, ὁ τῆς Ἀντιοχέων ἐκκλησίας ἐπίσκοπος, μαθητής καί οὗτος τῶν ἁγίων ἀποστόλων καί ἰδίως τοῦ Εὐαγγελιστοῦ Ἰωάννου, ἐμαρτύρησεν ἐν Ῥώμῃ ἐπί Τραϊανοῦ κατά τό ἔτος 107[300]. Τούτου περιῆλθον εἰς ἡμᾶς ἐπιστολαί ἑπτά συνταχθεῖσαι καθ' ὅν καιρόν δέσμιος ὤν ἐφέρετο εἰς Ῥώμην (κατά τούς χρόνους 100-107)· οἷον ἡ πρός Ἐφεσίους, Μαγνησίους, Τραλλιανούς, Ῥωμαίους, Φιλαδελφεῖς, Σμυρναίους καί ἡ πρός τόν ἅγιον Πολύκαρπον, εἰς τάς ὁποίας εὐχαριστεῖ ὁ ἅγιος Ἰγνάτιος τούς χριστιανούς τῶν ἐκκλησιῶν τούτων ἤ διά τήν ὑποδοχήν, ἧς ἔτυχε παρ' αὐτοῖς, ἤ διά τούς ἀποσταλέντας ἐκ μέρους αὐτῶν πρός ἐπίσκεψιν αὐτοῦ, συγχρόνως δέ παραινεῖ καί συμβουλεύει πολλά καί ἰδίως συνιστᾷ αὐτοῖς τήν πρός ἀλλήλους ἀγάπην, τήν ἀγάπην καί ὑπακοήν εἰς τούς πνευματικούς αὐτῶν ἀρχηγούς καί προεστῶτας. Τῶν ἐπιστολῶν τούτων, τῶν ὁποίων τήν γνησιότητα εἰς μάτην κατεπολέμησαν οἱ ἑτερόδοξοι (οἱ Πρεσβυτεριανοί καί ἄλλοι), ὑπάρχουσι δύο ἐκδόσεις, ἐξ ὧν ἡ μέν φέρει τάς ἐπιστολάς ταύτας μακροτέρας καί διεξοδικωτέρας, ἡ δέ ἐπιτομωτέρας. Κρίνεται δέ πρωτότυπος ἡ ἐπιτομωτέρα ἔκδοσις.

Σημείωσις. Ἡ γνησιότης τῶν ἐπιστολῶν τοῦ ἁγίου Ἰγνατίου διαπιστοῦται ἐκ πολλῶν ἀρχαίων /(258) μαρτυριῶν οἷον τοῦ ἁγίου Πολυκάρπου παρ' Εὐσεβ. Ἐκκλ. Ἱστ. 3,36, τοῦ ἁγίου Εἰρηναίου κατά αἱρ. 5,28,4.- Τοῦ Ὠριγ. ὁμιλία εἰς τόν Λουκ. καί Πρόλογ. εἰς τό ᾆσμ. τῶν ᾀσμ. τόμ 3.

---

299 (βλ. Εὐσεβ. Ἐκκλ. Ἱστ. 3,38. Ἱερών. de vir. ill. c. 15. Ἐπιφ, αἱρ. 30,15. Φωτ. Μυριοβ. 113 καί 126
300 (Μαρτύριον τοῦ ἁγ. ἱερομάρτυρος Ἰγνατίου τοῦ θεοφόρου §1 βλ. καί τῆς παρούσης ἱστορίας §)

Δ΄. **Πολύκαρπος** ὁ ἱερώτατος καί θαυμάσιος ἱεράρχης τῆς ἐκκλησίας τῶν Σμυρναίων ἐμαθήτευσε καί οὗτος παρά τῷ ἠγαπημένῳ μαθητῇ τοῦ Κυρίου, τῷ εὐαγγελιστῇ Ἰωάννῃ, ὑφ' οὗ καί ἐχειροτονήθη ἐπίσκοπος Σμύρνης[301]. Ἐκ τῶν πολλῶν ἐπιστολῶν τάς ὁποίας ἔγραψεν ὁ ἱερός οὗτος πατήρ τῆς Ἐκκλησίας σώζεται μία μόνον, ἡ πρός Φιλιππησίους, ἀλλά καί αὕτη ἀκεραία εἰς τήν λατινικήν μόνον μετάφρασιν. Ἡ ἐπιστολή αὕτη, ἥτις δέν ἐγράφη πολλά ἔτη μετά τόν θάνατον τοῦ θεοφόρου Ἰγνατίου, εἶναι ἀξιόλογος διά τήν ἱστορίαν τοῦ κανόνος τῆς Καινῆς Διαθήκης ἕνεκα τῶν συχνῶν μαρτυριῶν, αἵτινες λαμβάνονται ἐν αὐτῇ ἐκ τῶν βιβλίων τῆς Κ. Διαθήκης.

Ε΄. **Παπίας** ὁ ἐπίσκοπος τῆς ἐν Φρυγίᾳ Ἱεραπόλεως ὑπῆρξε μαθητής κατά τινας μέν[302] τοῦ ἀποστόλου Ἰωάννου· κατ' ἄλλους δέ[303] πρεσβυτέρου τινός Ἰωάννου καλουμένου. Ὑπέστη δέ καί οὗτος κατά τήν ἀρχαίαν παράδοσιν[304] τόν τοῦ μαρτυρίου θάνατον ἐπί τοῦ Μάρκου Αὐρηλίου. Μέγιστον ζῆλον ἐπεδείξατο ὁ Παπίας ἐξαιρέτως περί τήν συλλογήν ἀγράφων παραδόσεων ἀποβλεπουσῶν ἰδίως τούς λόγους καί τάς πράξεις τοῦ Κυρίου. Τό ἐξαγόμενον τῶν τοιούτων ἐρευνῶν καί ἀναδιφήσεών του ἦτο τό σύγγραμμα τό ἐπιγραφόμενον «*Λογίων κυριακῶν ἐξήγησις*», ἐξ οὗ σώζονται ὀλίγα μόνον τεμάχια παρά τῷ ἁγίῳ Εἰρηναίῳ (ἔνθ. ἀνωτ. 315) καί Εὐσεβίῳ (ἔνθα ἀνωτέρω 316), ἐδόξαζε δέ καί οὗτος τόν χιλιοετισμόν (§). Τοῦτο δέ ἔχων ὑπ' ὄψιν ὁ Εὐσέβιος καί δή καί τινας ἄλλας δοξασίας κρίνει τόν Παπίαν «*ὡς σφόδρα μικρόν τόν νοῦν*» (ἔνθ. ἀνωτ. 316). Ὁ αὐτός ὅμως οὐδόλως παρασιωπᾷ τήν περί τούς λόγους καί τάς ἁγίας Γραφάς ἐμπειρίαν του, ὁμολογῶν ὅτι ἦτον ἀνήρ τά πάντα ὅτι μάλιστα λογιώτατος καί τῆς Γραφῆς εἰδήμων (Ἐκκλ. Ἱστ. 3,26).

Στ΄. **Διονύσιος Ἀρεοπαγίτης** ὅστις «*ἐρρῶσθαι ἀφείς πάγον ἐκεῖνον καί σέμνωμα καί πᾶσαν ἄλλην κατ' αὐτόν περιφάνειαν, τῶν ἱερῶν ἰΰγγων ἐγένετο Παύλου*»[305]. Πρῶτος Ἀθηνῶν ἐπίσκοπος μαρτυρεῖται ὑπό Διονυσίου τοῦ Κορίνθου[306]. Περί /(259) τοῦ ἀποστολικοῦ τούτου ἀνδρός φέρονται καί πολλαί ἄλλαι παραδόσεις, ἀλλά πᾶσαι σχεδόν

---

301 (Tertull. de praecript. c. 32. Εὐσεβ. Ἐκκλ. Ἱστ. 3,36. καί Ἱερων. de vir. ill. c. 17)
302 (οἷον τόν ἅγιον Εἰρην. κατά αἱρ. 5,33. τόν Ἱερών. de vir. ill. c. 18 καί epist. 29 ad Theodotam)
303 (Εὐσεβ. Ἐκκλ. Ἱστ. 3,39)
304 (Χρονικ. Ἀλεξ. Ὀλυμπ. 235,3)
305 (Γεώργ. Παχυμ. Προοίμ. εἰς τά τοῦ ἁγίου Διονυσίου τοῦ ἀρειοπ. ἐκδ. Balt. Corderii, tom. a' σελ. XLII παραβ. πραξ. 17,34)
306 (ἐπιστ. πρός Ἀθην. παρ' Εὐσεβ. Ἐκκλ. Ἱστ. 3,4 καί 4,23)

ἀνήκουσιν εἰς μεταγενεστέρους χρόνους, καί ἢ ἀντιπίπτουσιν πρός ἀλλήλας ἢ εἶναι ἁπλαί εἰκασίαι ἢ ἐγεννήθησαν ἐξ ἀγνοίας καί συγχύσεως τῶν πραγμάτων ὥστε ἡ προμνησθεῖσα παράδοσις Διονυσίου τοῦ Κορίνθου καί ὅ,τι αἱ *Πράξεις τῶν Ἀποστόλων* διηγοῦνται περί τῆς ἐπιστροφῆς αὐτοῦ εἰς Χριστόν εἶναι τά μόνα, τά ὁποῖα μετά βεβαιότητος γινώσκομεν περί αὐτοῦ. Τά περισωζόμενα καί εἰς τό ὄνομα τοῦ ἁγίου Διονυσίου φερόμενα συγγράμματα εἶναι 1) *περί οὐρανίας ἱεραρχίας* 2) *περί ἐκκλησιαστικῆς ἱεραρχίας* 3) *περί θείων ὀνομάτων* 4) *περί μυστικῆς θεολογίας* 5) *ἐπιστολαί* ἕνδεκα τόν ἀριθμόν, ἐκτός δέ τούτων ἀναφέρονται καί ἄλλα τινά, ἅπερ ὅμως ἀπωλέσθησαν[307]. Καί αἱ μαρτυρίαι δέ αἱ ἀναφερόμεναι ὑπέρ τῆς γνησιότητος τῶν συγγραμμάτων τούτων, τά ὁποῖα πάντες οἱ καθ' ἡμᾶς ἑτερόδοξοι κρίνουσιν ὡς ψευδεπίγραφα καί νόθα – εἶναι πᾶσαι μεταγενεστέρας ἐποχῆς. Ὡσαύτως δέν δυνάμεθα νά ἀρνηθῶμεν ὅτι τῶν συγγραμμάτων τούτων ἡ θεολογική φρασεολογία καί ἡ δεινότης ἐν μέρει ὀλίγον ἁρμόζει εἰς τήν ἁπλότητα τῶν ἀποστολικῶν χρόνων.

Ζ'. Ἕτερον λαμπρόν τῆς ἀρχαιοτάτης χριστιανικῆς φιλολογίας μνημεῖον εἶναι ἡ *πρός Διόγνητον ἐπιστολή*, ἧς ὁ συγγραφεύς εἰ καί παντάπασιν ἄγνωστος εἰς ἡμᾶς, ἀνῆκεν ὅμως ἐν τῷ χορῷ τῶν ἀποστολικῶν πατέρων καί «μαθητής τῶν ἀποστόλων» ἐγένετο, ὡς αὐτός οὗτος περί ἑαυτοῦ λέγει ἐν τῷ δεκάτῳ κεφαλαίῳ τῆς ἐπιστολῆς αὐτοῦ. Ἀλλά καί περί τοῦ Διογνήτου, πρός ὅν γράφεται ἡ ἐπιστολή, οὐδέν πλέον τοῦ ὀνόματος γινώσκομεν. Τοῦτο μόνον μανθάνομεν ἐκ τῆς ἐπιστολῆς ὅτι ὁ Διόγνητος ἦτον εἷς ἐκ τῶν ἐπιφανῶν καί τῶν ἐν ἀξιώμασι ἐθνικῶν (κεφ. α' καί β'), ὅστις συνησθάνθη μέν ἐν ἑαυτῷ κλίσιν τινά πρός τήν εἰς Χριστόν πίστιν, πλήν σκανδαλιζόμενος ὑπό τῆς βραδείας ἐμφανίσεως τοῦ Χριστιανισμοῦ εἰς τόν κόσμον καί ὑπό τῆς ἀποστροφῆς τῶν χριστιανῶν πρός τε τά εἴδωλα καί πρός τόν ἰουδαϊσμόν ἐπεῖχε, καί ἐζήτει τήν λύσιν τῶν ἀποριῶν του. Ὁ συγγραφεύς τῆς ἐπιστολῆς ταύτης κατασκευάζει τήν λύσιν τῶν ἀποριῶν τούτων μετά πολλῆς τῆς ἁπλότητος καί τῆς ἀφελείας καί πρῶτον μέν ἐκτίθησιν τούς λόγους διατί οἱ χριστιανοί δέν ἀνέχονται τά τῶν ἐθνικῶν καί τά τῶν ἰουδαίων, δεύτερον δεικνύει τήν θειότητα τῆς χριστιανικῆς θρησκείας ἐκ τῶν ἀγαθῶν καρπῶν, οὕς αὕτη παράγει, ποιούμενος σύντομον πλήν ὡραίαν τῶν χριστιανικῶν ἠθῶν περι-

---

307 (βλ. Γεωρ. Παχυμέρη ἔνθ. ἀνωτ. σελ. XLII)

γραφήν, καί τρίτον λύει τήν ἐρώτησιν διατί τόσον βραδέως ἦλθεν ὁ Χριστός εἰς τόν κόσμον. Ταῦτα δέ πάντα ἐκτίθησιν εἰς γλῶσσαν ἑλληνικήν οὐ πολύ ἀπέχουσαν τῆς τοῦ Ξενοφῶντος καί μεθ' ὅσης πλείστης σαφηνείας καί καθαριότητος. Ἡ ἐπιστολή αὕτη συγγραφεῖσα περί τό 115 ἔτος ὡς πιθανῶς συνάγεται ἐκ τῶν ἐν αὐτῇ λεγομένων, σύγκειται ἐκ 12 κεφαλαίων καί ἀποτελεῖ τήν γέφυ- /(260) ραν οὕτως εἰπεῖν ἀπό τῆς πρώτης εἰς τήν δευτέραν βαθμίδα τῆς ἀναπτύξεως τῆς χριστιανικῆς φιλολογίας.

Σημείωσις. Ἡ ἐπιστολή αὕτη ἐξεδόθη κατά πρῶτον ἐν ἔτει 1592 ὑπό Ἐρρίκου Στεφάνου· ὁ περιέχων αὐτήν κῶδηξ ἔφερεν τό ὄνομα τοῦ ἁγίου Ἰουστίνου τοῦ Μάρτυρος, ὅστις καί ἐπιστεύετο ἐπί πολλά ἔτη ὡς συγγραφεύς τῆς ἐπιστολῆς. Ἀλλ' ὁ Τιλλεμόντιος[308] καί μετ' αὐτόν ἄλλοι πολλοί παρετήρησαν ὅτι συγγραφεύς δέν ἠδύνατο νά ἦναι ὁ ἱερός Ἰουστῖνος· α'. διότι ὁ συγγραφεύς λέγει ῥητῶς ὅτι ὑπῆρξε μαθητής τῶν ἀποστόλων· β'. διότι τό ὕφος καί τό λεκτικόν τῆς ἐπιστολῆς ταύτης εἶναι πολύ ἀνθηρότερον, ἀρρενωπότερον καί σαφέστερον ἤ τό τοῦ Ἰουστίνου· γ'. διότι οὐδείς ἐκ τῶν ἀρχαίων ὅσοι κατέστρωσαν κατάλογον τῶν συγγραμμάτων τοῦ Ἰουστίνου ἀναφέρει καί τήν ἐπιστολήν ταύτην καί δ'. διότι περί τῶν εἰδώλων καί περί τῆς ἰουδαϊκῆς θρησκείας παρατηρεῖται διάφορός τις ἰδέα ἐν τῇ ἐπιστολῇ ταύτῃ παρά τήν ἰδέαν ἥν εἶχεν ὁ ἅγιος Ἰουστῖνος. Καί μεθ' ὅλα ὅμως ταῦτα εἷς τῶν νεωτάτων ἐκδοτῶν τῶν τοῦ Ἰουστίνου συγγραμμάτων, ὁ dr.Otto συμπεριέλαβε καί ταύτην εἰς αὐτά ὑπερασπισθείς τήν ἀρχαίαν γνώμην· ὅρ. τήν ἐπιστολήν ταύτην ἐκδεδομ. ὑπό Hefele, Patrum apostolic. opera ed. 3 Tübing. 1847 καί τήν μονογραφήν τοῦ αὐτοῦ ἐν τῷ Kirchen - Lexicon oder Encyclopädie der Katholisch. Theolog. von Wetzer und Welte, tom. 3, σελ. 156.

§77. Ἀπολογηταί καί ἀπολογίαι αὐτῶν.

Τό ἄνθος τῆς ἐκκλησιαστικῆς φιλολογίας τῆς δευτέρας ἑκατονταετηρίδος ἀποτελοῦσι τά ἀπολογητικά συγγράμματα ἤ αἱ ἀπολογίαι, αἱ κατά τούς χρόνους τούτους ἐκδοθεῖσαι ὑπό τῶν χριστιανῶν πρός τε τούς ἐθνικούς καί πρός τούς Ἰουδαίους. Τό εἶδος τοῦτο τῶν συγγραμμάτων ἄρχεται ἀπό τῶν χρόνων τοῦ αὐτοκράτορος Ἀδριανοῦ (ἀπό τοῦ 126). Ἐνῷ ἕως τότε οἱ χριστιανοί οὐδέν ἄλλο ἀντέτατταν κατά τῶν συκοφαντιῶν καί τῶν καταδιώξεων τῶν ἐθνικῶν καί τῶν ἰουδαίων εἰμή ἁπλῆν τήν ὁμολογίαν τῆς ἀθωότητος των καί σιωπῶντες ἠνείχοντο τά δεινά, παρῆλθον ἀπό τοῦδε εἰς μέσον ἄνδρες

---

308 (Tillemont. memoires pour servir à l'histoire éccles. tom. 2, 371)

λόγιοι τῆς ἐκκλησίας ἐπιφανεῖς διδάσκαλοι ὑπεραπολογούμενοι δημοσίως καί φανερά ὑπέρ τῶν κατηχουμένων καί πολυτρόπως διαβαλλομένων ἀδελφῶν καί συγχρόνως ἐξ ἀμυντικῆς ἐπιθετικήν οὕτως εἰπεῖν τήν θέσιν τῆς ἐκκλησίας ἀπεργαζόμενοι. Ὁ κύριος σκοπός τῶν ἱερῶν ἀπολογητῶν ἦτο ἡ νομιμοποίησις καί ἡ πολιτογράφησις οὕτως εἰπεῖν τῆς χριστιανικῆς θρησκείας ἔνδον τῆς ῥωμαϊκῆς αὐτοκρα /(261) τορίας· διό καί ἡ σπουδή αὐτῶν περιωρίζετο κυρίως εἰς τό νά καταδείξωσι τό παράλογον καί ἄδικον τῆς διαγωγῆς τῶν διωκτῶν αὐτῶν, διαβεβαιοῦντες αὐτούς ὅτι αἱ διδασκαλίαι τῆς χριστιανικῆς πίστεως οὐδένα κίνδυνον ἠπείλουν κατά τοῦ κράτους καί ὅτι πᾶσαι αἱ κατά τῶν χριστιανῶν κατηγορίαι ἦσαν ἀνυπόστατοι καί ψευδεῖς. Συγχρόνως ὅμως ἐπετίθεντο κατ' αὐτῶν ἔνθεν μέν ἀνασύροντες τόν πέπλον τῆς σαθρότητος καί τῆς αἰσχρότητος τῆς εἰδωλολατρείας καί πρός τοῦτο συμπαρελάμβανον συμμαρτυροῦντας ὅτι οἱ θεοί αὐτῶν ἦσαν νεκρά καί ἄψυχα ὄντα καί αὐτούς τούς ἐθνικούς φιλοσόφους[309]. Ἔνθεν δέ πάλιν κατασκευάζοντες τήν θειότητα τῆς χριστιανικῆς θρησκείας διά τῶν προφητειῶν τῆς Π. Διαθήκης καί διά τῶν θαυμάτων τοῦ Ἰησοῦ Χριστοῦ, τῶν ἀποστόλων καί τῶν ἔτι ἐξακολουθούντων ἐν τῷ χριστιανικῷ κόσμῳ, διά τῆς ταχείας ἐξαπλώσεως τοῦ χριστιανισμοῦ, διά τοῦ ἡρωϊσμοῦ, ὅν ἀπεδείκνυον κατά τούς διωγμούς οἱ χριστιανοί καί διά τῶν νηφαλιωτέρων καί νοημονεστέρων φιλοσόφων τοῦ ἐθνικοῦ κόσμου, τούς ὁποίους θεωροῦντες ὡς ἀρυσθέντας τήν φιλοσοφίαν αὐτῶν ἀμέσως ἤ ἐμμέσως ἐκ τῶν Γραφῶν τῆς Π. Διαθήκης ἔφερον ὁμορόθους καί συμβαίνοντας ταῖς διδασκαλίαις τῆς πίστεως. - Ἐπί τέλους ἐξητοῦντο οἱ ἀπολογηταί ἵνα οἱ χριστιανοί, ἐάν οὐδέν ἄλλο τοὐλάχιστον τά αὐτά προνόμια καί τήν αὐτήν προστασίαν χαίρωσιν, οἵαν καί αἱ φιλοσοφικαί αἱρέσεις. Ἐκ τῶν ἀπολογιῶν αἱ μέν ἐπεδόθησαν εἰς τούς αὐτοκράτορας καί εἰς τούς τοπάρχας, αἱ δέ προσεφωνήθησαν εἰς τό νοῆμον καί φιλάνθρωπον κοινόν. Αἱ ἀπαρχαί καί τά πρωτόλεια οὕτως εἰπεῖν τῶν ἀπολογιῶν ἀπωλέσθησαν σχεδόν ἐξ ὁλοκλήρου, ἀλλά τήν αὐτήν τύχην ἔλαβον καί ἐκ τῶν μεταγενεστέρων ἀπολογιῶν οὐκ ὀλίγαι. Αἱ ἀρχαιότεραι ἀπολογίαι αἱ διασωθεῖσαι εἰς ἡμᾶς σῷαι καί ἐν τῷ πρωτοτύπῳ εἶναι αἱ τοῦ ἁγίου Ἰουστίνου, τοῦ Τατιανοῦ, τοῦ Ἀθηναγόρα, τοῦ Θεοφίλου καί τοῦ Ἑρμίου.

---

309 Βλ. Ἀθηναγόρα ἀπολογ. σελ. 35. Θεοφ. πρός Αὐτόλ. σελ. 75.80. καί Μινουκ. Φήλικ. oct. c. 21, ὅστις καί ἐξ ὀνόματος μνημονεύει τόν Εὐχήμερον.

§78. α'. Ἀπολογηταί τῶν ὁποίων τά συγγράμματα ἀπωλέσθησαν.

Πρῶτος συγγράψας ἀπολογίαν ὑπέρ τῶν χριστιανῶν ἱστορεῖται ὁ Κοδρᾶτος, μαθητής τῶν ἀποστόλων καί ἐπίσκοπος Ἀθηνῶν[310] καί εἷς ἐξ ἐκείνων τῶν ἁγίων ἀνδρῶν, οἵτινες διέπρεπον εἰσέτι ἐπί τῷ προφητικῷ χαρίσματι[311]. Τήν ἀπολογίαν αὐτοῦ ἐπέδωκε τῷ αὐτο /(262) κράτορι Ἀδριανῷ ἐν ἔτει 126 καί ἐξ αὐτῆς διέσωσεν ἡμῖν ὁ Εὐσέβιος[312] τεμάχιον βραχύτατον μέν ἀλλά λίαν περίεργον καί πολύτιμον· καθότι ἐν τούτῳ λέγει ὁ ἱερός Κοδρᾶτος ὅτι τινές ἐκ τῶν θεραπευθέντων καί ἀναστηθέντων ὑπ' αὐτοῦ τοῦ Κυρίου ἔζων ἔτι ἐπί τῶν χρόνων αὐτοῦ καί ὅτι καί αὐτός ἐγνώρισεν αὐτούς[313].

Σύγχρονος τοῦ ἁγίου Κοδράτου καί τῆς κατά Χριστόν εὐσεβείας ὑπέρμαχος ἀπολογίαν ὑπέρ τῆς πίστεως ἐπιφωνήσας τῷ Ἀδριανῷ ἐγένετο καί ὁ ἐκ φιλοσόφων χριστιανός Ἀριστείδης ὁ Ἀθηναῖος[314]. Οὐ πολύ δέ ὕστερον τούτων ἔγραψε τόν ἀπολογητικόν αὐτοῦ καί ὁ ἐξ ἰουδαίων χριστιανός Ἀρίστων ὁ Πελλαῖος[315]. Κατά τούτους δέ τούς χρόνους ἐγράφη ἄν παρά τοῦ Ἀρίστωνος ἤ παρ' ἄλλου τινός ἄδηλον καί ὁ ἀπολογητικός διάλογος ὁ ἐπιγραφόμενος «Ἀντιλογία Παπίσκου καί Ἰάσωνος», ἐξ οὗ ἐκτός τῆς ἐπιγραφῆς οὐδέν σχεδόν ἄλλο ἐναπολείπεται[316].

---

310 (Ἱερων. de viris ill. c. 19. Εὐσεβ. Ἐκκλ. Ἱστ. 4,23)
311 (Εὐσεβ. Ἐκκλ. Ἱστ. 3,37)
312 (Ἐκκλ. Ἱστ. 4,3)
313 (ἡ ἀπολογία αὕτη ἐσώζετο μέχρι τῆς 7 ἑκατονταετηρίδος βλ. Φωτίου Μυριόβιβλ. 162)
314 (Εὐσεβ. Ἐκκλ. Ἱστ. 4,3. Ἱερων. de viris ill. c. 20)
315 Τό χρονικόν Πασχάλ. Ὀλυμ. 228 ἔτ.2. γράφει «Ἀπελλῆς καί Ἀρίστων» κατά λάθος πάντως ἀντί ὁ Πελλαῖος Ἀρίστων.
316 Βλ. Ὠριγέν. κατά Κέλσου βιβλ. 4 σελ. 199 καί Ἱερών. in quaest. in genes. Τήν ἀντιλογίαν ἤ τήν διάλεξιν ταύτην τήν μεταξύ τοῦ ἐξ ἰουδαίων χριστιανοῦ Ἰάσωνος καί τοῦ Ἀλεξανδρινοῦ ἰουδαίου Παπίσκου - ἥν ὁ χριστομάχος Κέλσος διέσκωψεν, ὁ δέ Ὠριγένης ὑπερήσπισε, Ὠριγ. ἔνθ. ἀνωτ. καί τῆς ὁποίας σήμερον οὔτε τό ἑλληνικόν πρωτότυπον οὔτε ἡ λατινική μετάφρασις ἡ γενομένη ὑπό τινος Κέλσου περιεσώθη, εἰ μή μόνον ὁ πρόλογος τοῦ μεταφραστοῦ τοῦ προσφωνοῦντος τήν μετάφρα/ (263) σιν πρόν τινα Βιγίλιον Celsi Epistola seu Praefatio ad Vigilium in Altercationem Jasonis et Papisci de judaica incredulitate, in S. Cypriani opp. ad Maurin. tom. 2, Append. 1 p. 221-231 εἰς τόν Ἀρίστωνα ἀποδίδωσι πρῶτος ὁ ἱερός Μάξιμος (+662) ἄλλοι ὅμως τινές τῶν νεωτέρων ἱστοριογράφων θεωροῦσιν ἄλλου τινός ποίημα καί οὐχί τοῦ ἐκ Πέλλης Ἀρίστωνος· τοῦτο μέν διότι οὐδείς τῶν ἀρχαίων ἀποδίδει εἰς τόν Ἀρίστωνα τήν Ἀντιλογίαν ταύτην, τοῦτο δέ διότι ἡ ἐκ τῆς ἀντιλογίας ταύτης ὑπό τοῦ Ἱερωνύμου μνημονευομένη ῥῆσις in principio fecit Deus coelum et terram. Plerique existimant, sicut in altercatione quoque Jasonis et Papisci scriptum est – in Hebraeo haberi: in filio fecit Deus coelum et terram· quod falsum esse ipsius rei veritas comprobat. δέν δύναται, λέγουσι, νά ἀποδοθῇ εἰς ἐξ ἑβραίων χριστιανόν οἷον ὁ Ἀρίστων, καί οἱ λόγοι οὗτοι δέν φαίνονται εἰς ἡμᾶς ἀνίσχυροι· ἄλλως τε ὁ αὐτός Μάξιμος προστίθησιν (χωρίς ὅμως νά παραδέχεται) ὅτι Κλήμης ὁ Ἀλεξανδρεύς ἐν τῷ ἕκτῳ βιβλίῳ τῶν Ὑποτυπώσεων τοῦ τόν ἀπόστολον Λουκᾶν ὡς συγγραφέα τῆς ἀντιλογίας ταύτης ἀνέγραφε· ὅρ. τοῦ αὐτοῦ Σχόλ. εἰς Διονύσ. τόν Ἀρεοπαγ. Περί μυστικῆς θεολογίας κεφ. α'. σελ 17 ἐκδ. B. Cord.

Εἰς τόν αὐτοκράτορα Μάρκον Αὐρήλιον (161-180) ἐπέδωκαν ἀπολογίες ὑπέρ τῶν χριστιανῶν Μελίτων ὁ Σάρδεων ἐπίσκοπος, Κλαύδιος Ἀπολλινάριος ἐπίσκοπος Ἱεραπόλεως καί ὁ ῥήτωρ Μιλτιάδης. Οἱ ἅγιοι οὗτοι ἄνδρες καί διδάσκαλοι τῆς ἐκκλησίας, οἵτινες ἤκμαζον κατά τό δεύτερον ἥμισυ τῆς 2. ἑκατ., ἠγωνίσθησαν μεγάλως οὐ μόνον ὑπέρ τοῦ εὐαγγελίου καθόλου κατά τῶν ἐθνικῶν καί ἀπίστων ἀλλά καί ὑπέρ τῆς ὀρθῆς αὐτοῦ ἑρμηνείας καί κατανοήσεως κατά τῶν αἱρετικῶν, πλήν ἐκ τῶν πολλῶν αὐτῶν συγγραμμάτων ὀλίγα ἐπίσης τεμάχια δυστυχῶς περιῆλθον εἰς ἡμᾶς. Ἡ ἀπολογία τοῦ Μελίτωνος λέγεται ὅτι εὑρέθη ἐσχάτως ὑπό τινος ἄγγλου Tultam ὀνομαζομένου εἰς γλῶσσαν συριακήν γεγραμμένη, ἀλλ' εἰσέτι δέν ἐδόθη εἰς τό φῶς[317].

§79. Ἀπολογηταί τῶν ὁποίων αἱ ἀπολογίαι σώζονται.

Α΄. Ὁ ἀρχαιότερος μεταξύ τούτων εἶναι ὁ ἅγιος Ἰουστῖνος ὁ κατ' ἐξοχήν ὡς φιλόσοφος καί μάρτυς γνωριζόμενος· οὗτος ἐγεννήθη ἐκ γονέων ἑλλήνων εἰδωλολατρῶν εἰς μίαν τῶν πρώτων τῆς Σαμαρείας πόλεων, τήν Φλαυίαν Νεάπολιν[318]. Ἐραστής τῆς ἀληθείας ὑπάρχων ὁ Ἰουστῖνος φέρων ἔδωκεν ἑαυτόν τῇ φιλοσοφίᾳ. Ἐκ τῶν φιλοσοφικῶν δέ συστημάτων ὅσα διῆλθεν ἐθνικός ὤν καί τήν ἀλήθειαν ἐπιζητῶν τό ὑπέρ πάντα τά ἄλλα μᾶλλον ἐφελκύσαν τήν προσοχήν αὐτοῦ ἦν τό σύστημα τοῦ Πλάτωνος. Πλήν τήν ποθητήν αὐτῷ ἀνάπαυσιν τοῦ πνεύματος καί τῆς καρδίας δέν ηὗρεν εἰμή εἰς τά βιβλία τῶν προφητῶν καί τῶν ἀποστόλων, εἰς τήν ἀνάγνωσιν τῶν ὁποίων περέπεμψεν αὐτόν, ἀπαντήσας παρά τήν θάλασσαν σεβάσμιός τις γέρων ἄγνωστος ὅλως εἰς

---

317 Τεμάχιον τῆς ἀπολογίας ταύτης εὕρηται παρ' Εὐσεβίῳ Ἐκκλ. Ἱστ. 4,26, ὅστις 18 διάφορα συγγράμματα τοῦ αὐτοῦ Μελίτωνος ἀπαριθμεῖ· παραβ. Ἱερών. de vir. ill. c. 24 καί 26. Πολυκράτης ὁ τῶν Ἐφεσίων ἐπίσκοπος ἱστορεῖ παρ' Εὐσεβίῳ Ἐκκλ. Ἱστ. 5,24 ὅτι ὁ Μελίτων ἦν εὐνοῦχος καί ὅτι διῆλθε τόν ἅπαντα βίον ἐν ἁγίῳ Πνεύματι «Καί Μελίτωνα τόν εὐνοῦχον τόν ἐν ἁγίῳ Πνεύματι πάντα πολιτευσάμενον». Τούς λόγους τούτους τοῦ Πολυκράτους δέν φαίνεται ὁ θεῖος Ἱερώνυμος πιστῶς μεταφράζων, διότι ἐν τῷ vir. ill. c. 45 γράφει οὕτω «καί Μελίτωνος τοῦ ἐν ἁγίῳ Πνεύματι εὐνούχου κτλ.» ἀλλ' οὐδ' ὁ Ῥουφῖνος διότι καί οὗτος προστίθησιν ὡς ἔξωθεν ἐννοουμένας λέξεις τινάς οὕτω «Melitionem propter regnum Dei eunuchum». Ἐκ παρεξηγήσεως τῶν ἀνωτέρω λόγων τοῦ Πολυκράτους προῆλθε πάντως καί ἡ ἑτέρα γνώμη τοῦ Τερτυλλιανοῦ· ὅτι ὁ Μελίτων ἤγετο παρά πολλοῖς ὡς προφήτης, Ἱερών. de vir. ill. c. 24 καί epist. 70 ad Magnum. Πολλά ἦσαν ὡσαύτως καί τά συγγράμματα τοῦ Κλαυδίου Ἀπολλιναρίου Εὐσεβ. 4,27. Θεοδώρ. αἱρ. κακομ. 2,21 ἅπερ ἐσῴζοντο καί μέχρι τοῦ ἁγίου Φωτίου Μυριόβιβλ. 14 τεμαχ. βλ. εἰς τό Χρονικ. Πασχαλ. ἔκδ. Dindorf σελ. 13.- Περί τοῦ Μιλτιάδου, ὅν ὁ Τερτυλλιανός ἀποκαλεῖ sophistam ecclesiarum /(264) τουτέστι ῥήτορα τῶν ἐκκλησιῶν, ἄνδρα δεινόν περί τό διαλέγεσθαι ad Valent. c. 5 βλ. Ἱερών. epist. 83 ad Magnum καί de vir. ill. c. 39 καί Εὐσεβ. Ἐκκλ. Ἱστ. 5,17.
318 (Διάλογος πρός Τρύφ. 2 καί 120. Ἐπιφ. αἱρ. 42,1 ὅστις τήν πατρίδα πάντως αὐτοῦ ἔχων ὑπ' ὄψιν λέγει «ἀπό Σαμαρειτῶν εἰς Χριστόν πεπιστευκέναι» παραβ. Plin. hist. nat. 5,14)

αὐτόν. Ὁ Ἰουστῖνος εἶχεν ἤδη καί πρότερον παρατηρήσει ὀρθότατα ὅτι οἱ χριστιανοί, οἱ τοσαύτας βασάνους ἀνδρείως ὑπέρ τῆς πίστεως αὐτῶν ὑπομείναντες, δέν ἠδύναντο νά ἦναι τοιοῦτοι, οἵους διεφήμιζον αὐτούς οἱ διαβάλλοντες καί συκοφαντοῦντες[319], ἀλλ' ὡς φαίνεται τό φαινόμενον τοῦτο δέν ἐκυρίευσεν ἐπί τοῦτο τήν καρδίαν του ὥστε νά ζητήσῃ νά μάθῃ ἐκ τοῦ πλησίον τίνες ἦσαν οἱ καρτερόψυχοι ἐκεῖνοι ἥρωες· τοῦτο κατενόησε καλῶς ἀφοῦ ἀνέγνωσε τάς ἁγίας Γραφάς καί ἠσπάσθη τήν κατά Χριστόν πίστιν καί πολιτείαν. Προσῆλθε δέ εἰς τήν χριστιανικήν θρησκείαν τριακοντούτης ἤδη τήν ἡλικίαν καί χωρίς νά ἀποῤῥίψῃ τόν ὁποῖον ἔφερε πρότερον φιλοσοφικόν τρίβωνα. Καθώς δέ οὗτος εὗρεν ἐν τῷ χριστιανισμῷ τήν εἰρήνην καί τήν ἀνάπαυσιν τῆς ψυχῆς του· οὕτως εὗρεν ἐν αὐτῷ καί ὁ χριστιανισμός μέγαν καί ἀπτόητον ἀθλητήν ὑπεραγωνισάμενον αὐτοῦ διά λόγου τε καί γραφῆς μέχρι τέλους τῆς ζωῆς του. Ὁ μέγας ὑπέρ τῆς χριστιανικῆς πίστεως ἐνθουσιασμός τοῦ Ἰουστίνου ἐπέσυρεν ἐπί τέλους κατ' αὐτοῦ τό μῖσος τῶν θύραθεν φιλοσόφων καί μάλιστα τοῦ ἐν Ῥώμῃ κυνικοῦ φιλοσόφου Κρήσκεντος, ὅστις πάντα λίθον ἐκίνησε ὅπως ἀπολέσῃ αὐτόν καί ὁ ὁποῖος ἐπέτυχεν ἐπί τέλους τοῦ ποθουμένου· διότι ἐπί Μάρκου Αὐρηλίου ἐν ἔτει 165 συλληφθείς /(265) ὁ ἱερός οὗτος πατήρ τῆς ἐκκλησίας ἐν Ῥώμῃ κατά συνέπειαν τῶν διαβολῶν τοῦ Κρήσκεντος καί μαστιγωθείς ἀπεκεφαλίσθη[320].

Ὁ Ἰουστῖνος ἔγραψε δύο *ἀπολογίας*, ἐξ ὧν τήν μεγαλειτέραν, ἥτις εἶναι καί ἡ πρώτη ὑπ' αὐτοῦ συγγραφεῖσα, προσεφώνησεν εἰς τόν αὐτοκράτορα Ἀντωνῖνον τόν εὐσεβῆ ἐν ἔτει 139 ἤ κατ' ἄλλους ἐν ἔτει 148· τήν δέ ἄλλην, ἥτις εἶναι καί σύντομος, ἔγραψεν περί τό 162 ἔτος περίπου καί ἀπηύθυνε πρός τούς τότε διέποντας τό ῥωμαϊκόν κράτος Μάρκον Αὐρήλιον καί Οὐῆρον. Ἐκτός τούτων ἔγραψε καί τόν *πρός Τρύφωνα τόν Ἰουδαῖον διάλογόν* του, ὅστις ἀπολογητικόν ἐπίσης χαρακτῆρα φέρει. Μετά τοῦ λογίου δέ τούτου ἰουδαίου συνδιελέχθη ὁ ἅγιος φιλόσοφος καί μάρτυς ἐν Ἐφέσῳ. Ἀπολογητικά εἶναι καί τά ἑξῆς αὐτοῦ συγγράμματα: *Περί μοναρχίας*, *Λόγος παραινετικός πρός Ἕλληνας*, *Λόγος πρός Ἕλληνας*, καί τό *Περί ἀναστάσεως* ἐξ οὗ τεμάχιον μόνον σώζε-

---

319 (ἀπολ. β'. 12)
320 Μονογραφίαι. J.C.T. Otto, de Justini M. scriptis et doctrin. Jen. 1841. – K. Jemisch Just. der Märtyres. Bresl. 1840. Πληρεστάτην βιογραφίαν τοῦ ἁγίου Ἰουστίνου συνέταξεν ὁ βενεδικτῖνος μοναχός Προυδέντιος Μαρᾶνος ἤ Μαρανός, ἥν καί ἐν εἴδει προλόγου ἐξέδωκεν ἐν τῇ ὑπ' αὐτοῦ φιλοπονηθείσῃ ἐκδόσει τῶν συγγραμμάτων τοῦ ἱεροῦ ἀνδρός. Paris 1742, σελ. 53.

ται³²¹· τά πέντε ὅμως ταῦτα συγγράμματα δεύτερον ἐπέχουσι τόπον κατά τέ τήν ἀξίαν καί τήν γνησιότητα³²². Ἐκ τῶν ἀπολεσθέντων τοῦ Ἰουστίνου συγγραμμάτων τά σημαντικώτερα ἦσαν τό *Κατά Μαρκίωνος* καί τό *Σύνταγμα κατά πασῶν τῶν αἱρέσεων*³²³. Αἱ ἰδέαι τοῦ Ἰουστίνου εἶναι βαθεῖαι καί σοφώταται, πολλαχοῦ ὅμως ἀτάκτως ἐρριμέναι· Τό ὕφος σαφές καί ἀρρενωπόν ἄνευ ὅμως ὕψους καί ῥητορικῆς τέχνης³²⁴.

Β'. Μετά τόν ἅγιον Ἰουστῖνον ἔρχεται ὁ τούτου μαθητής Τατιανός, ὅστις ὅπως καί ὁ διδάσκαλος αὐτοῦ προσῆλθεν εἰς τήν χριστιανικήν πίστιν διά τῆς ἀναγνώσεως τῶν ἁγίων Γραφῶν, ἀλλ' ὁ ὁποῖος μεταβάς ὕστερον εἰς τήν Ἀνατολήν ἔπεσεν εἰς τόν Γνωστικισμόν καί ἐγένετο οἷος ἤδη περιεγράφη ἀλλαχοῦ³²⁵. Ἐκ τῶν πολλῶν αὐτοῦ συγγραφῶν ὅσας συνέταξεν ὀρθοδοξῶν ἔτι περιεσώθη εἰς ἡμᾶς μόνον ὁ ἀπολογητικός αὐτοῦ λόγος ὁ ἐπιγραφόμενος *Λόγος πρός Ἕλληνας*, τόν ὁποῖον συνέταξε περί τό 165. Ἐν τούτῳ τῷ λόγῳ σπουδάζει ὁ Τατιανός νά καταδείξῃ τήν ἀρχαιότητα καί τήν ὑπεροχήν τῆς χριστιανικῆς θρησκείας ἀπέναντι τῆς θεολογίας τῶν ἐθνικῶν καί τῆς ἑλληνικῆς φιλοσοφίας, ὁμιλεῖ δέ μετά τοσαύτης περιφρονήσεως περί τῶν τελευταίων ὥστε νά φαίνεται παντάπασιν ἀμβλυωπῶν εἰς ὅ,τι καλόν ἔφερε μεθ' ἑαυτοῦ ὁ ἑλληνικός κόσμος.

Γ'. Ὁ Ἀ θ η ν α γ ό ρ α ς ἦτον Ἀθηναῖος, διδάσκαλος τῆς φιλοσοφίας πρό τῆς εἰς Χριστόν ἐπιστροφῆς του καί ἔζη καί οὗτος ἐπί Μάρκου Αὐρηλίου. Περί τοῦ προσώπου αὐτοῦ δέν ἔχομεν ἄλλας βεβαίας καί ἀξιοπίστους εἰδήσεις· ἔχομεν ὅμως ἐκ τῶν συγγραμμάτων αὐτοῦ δύο, τήν πρός τόν ῥηθέντα αὐτοκράτορα ἀπολογίαν ἐπιγραφομένην «*Ἀθηναγόρου Ἀθηναίου φιλοσόφου χριστιανοῦ πρεσβεία περί χριστιανῶν* κλπ.» καί ἕτερον τοῦ αὐτοῦ εἴδους σύγγραμμα «*Περί ἀναστάσεως τῶν νεκρῶν*», τό ὁποῖον δόγμα κατεπολέμων τότε οἱ ἐχθροί τοῦ σταυροῦ. Ἡ ἀπολογία τοῦ Ἀθηναγόρου ὑπερέχει

---

321 Εἰς τό πρῶτον ἀποδεικνύει ὁ Μάρτυς τό σαθρόν καί ἀσύστατον τοῦ πολυθεϊσμοῦ λαμβάνων εἰς βοήθειαν αὐτάς τῶν φιλοσόφων καί τῶν ποιητῶν τάς μαρτυρίας.- Εἰς τό δεύτερον ἐπιχειρεῖ νά ἀποδείξῃ τόν περιορισμόν τοῦ ἀνθρωπίνου λογικοῦ καί τήν ἀναγκαιότητα τῆς ἀποκαλύψεως. /(266)
322 (κατάλογον καί τῶν ἀνωτέρω καί ἄλλων τινῶν ἀπολεσθέντων εὑρίσκει ὁ βουλόμενος παρ' Εὐσεβίῳ, Ἐκκλ. Ἱστ. 4,18. Ἱερών. de vir. ill. c.23. Φωτίου Μυριόβιβλ. 125)
323 (τό τελευταῖον καί αὐτός ὁ Ἰουστίνος, ἀπολ. α'. κεφ. 26)
324 (βλ. Φωτ. Μυριοβιβλ. 234)
325 Περί τῆς ἐντυπώσεως τήν ὁποίαν ἐπροξένησαν εἰς αὐτόν αἱ ἅγ. Γραφαί ὁμιλεῖ ὁ ἴδιος ὧδε πως «Συνέβη γραφαῖς τισιν ἐντυχεῖν βαρβαρικαῖς πρεσβυτέραις μέν ὡς πρός τά ἑλλήνων δόγματα, θειοτέρας δέ ὡς πρός τήν ἐκείνην πλάνην· καί μοι προσθῆναι ταύταις συνέβη διά τε τῶν λέξεων ἄτυφον καί τῶν εἰπόντων τό ἀνεπιτήδευτον καί τῆς τοῦ παντός ποιήσεως τό εὐκατάληπτον, καί τῶν μελλόντων τό προγνωστικόν καί τῶν παραγγελμάτων τό ἐξαίσιον, καί τῶν ὅλων τῶν μοναρχικῶν», ἐν *Λόγος πρός Ἕλληνας* §29. ὅρα τήν περί τούτου μονογραφίαν H.A. Daniel, *Tatianus der Apologet*. Hall 1837.

πασῶν τῶν ἄλλων τοῦ αὐτοῦ εἴδους συγγραφῶν τόσον διά τήν ἀταραξίαν τῆς ψυχῆς, μεθ' ἧς πραγματεύεται τό ἀντικείμενον αὐτοῦ ὁ συγγραφεύς, ὅσον καί διά τήν ποιοτικήν δύναμιν καί τό ῥέον τοῦ λόγου.

Σημείωσις. Ἐν τῇ *Ἀπολογίᾳ* καταδεικνύων ὁ Ἀθηναγόρας ὡς ψευδεῖς τάς τρεῖς κατά τοῦ χριστιανισμοῦ τότε ἐκσφενδονιζομένας διαβολάς τόν ἀθεϊσμόν, τήν αἱμομιξίαν καί τά θυέστεια δεῖπνα παρίστησι τό ἔξοχον τῶν ἠθικῶν καί δογματικῶν /(267) τοῦ χριστιανισμοῦ. Ἀλλά καί ἡ ὑπεράσπισις τοῦ περί ἀναστάσεως δόγματος δύναται νά θεωρηθῇ ὡς τό ἀξιολογώτατον μεταξύ τῶν κατ' ἐκείνους τούς χρόνους τοιούτου εἴδους συγγραμμάτων. Εἶναι δέ ἄξιον σημειώσεως τῇ ἀληθείᾳ πῶς διέφυγον τά ὄμματα τοῦ Εὐσεβίου τά δύο ταῦτα συγγράμματα. Πλήν δέν εἶναι καί ὅλως ἀμάρτυρα τά συγγράμματα τοῦ Ἀθηναγόρα διότι μνείαν ποιεῖται ἤδη ὁ Μεθόδιος ἐπίσκοπος καί μάρτυς, οὗτινος τῶν συγγραμμάτων μνημονεύει ὁ Ἱερώνυμος, ὅστις ὅμως φαίνεται ὅτι δέν ἀνέγνω τά τοῦ Μεθοδίου διότι ἄν ταῦτα ἀνεγίνωσκεν, ἤθελε μάθῃ πάντως καί περί τῶν συγγραμμάτων τοῦ Ἀθηναγόρα, περί ὧν ἐκεῖ ἐγίνετο λόγος ὡς διαβεβαιοῖ ἡμᾶς ὁ Φώτιος[326].

Δ'. Ὀλίγιστα ὡσαύτως γινώσκομεν καί περί τοῦ **Θεοφίλου** ἐπισκόπου Ἀντιοχείας, ἐξόχου ἀπολογητοῦ καί τούτου τῆς 2 ἑκατονταετηρίδος Ἐθνικός ὤν καί οὗτος τό κατ' ἀρχάς, ἐπίστευσεν ἔπειτα εἰς τόν Χριστόν ἀναγνούς τάς ἱεράς Γραφάς καί ἐτελεύτησεν ἐπίσκοπος Ἀντιοχείας ἐν ἔτει 181. Τό σύγγραμμα αὐτοῦ, ὅπερ ἐπιγράφεται *Πρός Αὐτόλυκον περί τῆς χριστιανῶν πίστεως* ἀνήκει εἰς τά λαμπρότερα ἀπολογητικά ἔργα τῶν χρόνων τούτων. Ὁ Αὐτόλυκος ἦτον λόγιος εἰδωλολάτρης, εἶχε συμφιλιωθῆ μετά τοῦ ἱεροῦ Θεοφίλου· οὗτος δέ γράφων προτρέπει αὐτόν νά ἀσπασθῇ καί οὗτος τήν εἰς Χριστόν πίστιν.

Σημείωσις. Ὁ Θεόφιλος φαίνεται ἐκ τοῦ συγγράμματος τούτου ὅτι εἶχεν ἀκριβῆ γνῶσιν τῆς ἑλληνικῆς φιλολογίας. Τήν ἀπολογίαν διαιρεῖ εἰς τρία βιβλία, χρονολογικός δέ πίναξ ἀπό κτίσεως κόσμου μέχρι τῶν χρόνων τοῦ συγγραφέως ἀπαρτίζει τόν ἐπίλογον τοῦ ὅλου. Πάμπολλα ἄλλα συγγράμματα τοῦ αὐτοῦ Θεοφίλου, ἐν οἷς καί κατηχητικά καί ἄλλα κατά Μαρκίωνος καί ἄλλων Γνωστικῶν ἀπωλέσθησαν δυστυχῶς[327].

---

[326] Μυριόβ. 234. Μονογραφίαι A.P. Leyser, diss. de Athenagora, Lips. 1736.- Th. A Clarisse, de Athenagor. vit. etc. Lugd. 1828

[327] Εὐσεβ. Ἐκκλ. Ἱστ. 4,20. 24. Ἱερών. de vir. ill. c. 25 καί epist. ad Algasiam quaert. VI

Ε΄. Τόν χορόν τῶν ἀπολογητῶν τῆς δευτέρας ἑκατονταετηρίδος κλείει ὁ Ἑρμείας, περί οὗ οὐδέν ἄλλο γινώσκομεν ἐκτός τοῦ ὀνόματος καί τοῦ συγγράμματός του, ἐξ οὗ ὅμως γίνεται δῆλον ὅτι καί οὗτος κατά τούς χρόνους τούτους ἤκμαζε. Ἡ ἀπολογία αὐτοῦ ἐπιγράφεται «*Διασυρμός τῶν ἔξω φιλοσόφων*», ἔνθα μετά πολλῆς χάριτος καί εὐφυΐας καί δυνάμεως λόγου διασκώπτει τούς συγχρόνους αὐτοῦ φιλοσόφους λαμβάνων ὡς θέμα τά τοῦ ἀποστόλου Παύλου λόγια «*ἡ γάρ σοφία τοῦ κόσμου τούτου μωρία παρά τῷ Θεῷ ἐστί*» (α΄ Κορ. 3,19). /(268).

§80. Ἕτεραι διαφόρου ὕλης θεολογικαί ἐργασίαι τῆς 2 ἑκατονταετηρίδος καί οἱ ἐν αὐταῖς διαπρέψαντες διδάσκαλοι τῆς Ἐκκλησίας.

Ἐκτός τῶν ἀπολογητικῶν ἐργασιῶν τῶν κατά τῶν ἐθνικῶν καί τῶν ἰουδαίων γενομένων πρός ὑπεράσπισιν τῆς ἐπί γῆς ὑπάρξεως τῆς Ἐκκλησίας τοῦ Θεοῦ, συνετάχθησαν κατά τούς χρόνους τούτους καί πολλά ἄλλα θεολογικά συγγράμματα πολεμικά ἐξαιρέτως κατά τῶν παρεκτρεπομένων τῆς ὀρθοδόξου διδασκαλίας, ἱστορικά, ἐξηγητικά καί παραινετικά, ἐξ ὧν ὅμως ὁ πανδαμάτωρ χρόνος οὐδέν σχεδόν ἀφῆκε εἰς ἡμᾶς, παρά τά ὀνόματα τῶν συγγραφέων καί τάς ἐπιγραφάς τῶν πονημάτων. Δικαίως δέ δυνάμεθα νά θρηνῶμεν τήν στέρησιν τῶν ἀρχαιοτάτων τούτων μνημείων τῆς ἱερᾶς ἡμῶν φιλολογίας καί μάλιστα τῶν πολεμικῶν διότι, καθόσον ἐκ τῶν συγγραμμάτων τοῦ ἁγίου Εἰρηναίου, ὅστις ἤνθη περί τά τέλη τῆς δευτέρας ἑκατονταετηρίδος καί ἐξ ἄλλων τινῶν λειψάνων δυνάμεθα νά κρίνωμεν καί νά εἰκάσωμεν, αἱ κατά τῶν αἱρετικῶν καί αἱ περί τῶν ἄλλων θεολογικῶν ζητημάτων ἐργασίαι τῶν χρόνων τούτων οὐ μόνον διδακτικώταται θά ἦσαν εἰς ἡμᾶς ἀλλά καί φῶς πολύ θά ἐπέχεον εἰς τά σκοτεινά μέρη τῆς ἱστορίας μας. Ἐκ τῶν ἀνωτέρω ὀνομασθέντων ἀπολογητῶν πολλοί (οἷον ὁ Μελίτων, Κλαύδιος ὁ Ἀπολλινάριος, ὁ Μιλτιάδης ὁ Ἰουστῖνος καί ὁ Θεόφιλος) εἰσῆλθον μετά ζήλου εἰς τήν κατά τῶν αἱρετικῶν πάλην καί συνέγραψαν οὐκ ὀλίγα καί κατ᾽ αὐτῶν. Ἐκτός δέ τούτων μνημονεύονται «ὡς τῆς ἀληθείας ὑπεραγωνισάμενοι, λογικώτερον τε τῆς ἀποστολικῆς καί ἐκκλησιαστικῆς δόξης ὑπερμαχήσαντες διά συγγραφῶν». Ὁ Ἀγρίππας ὁ ἐπονομαζόμενος Κάστωρ ἀκμάζων κατά τούς χρόνους τοῦ αὐτοκράτορος Ἀδριανοῦ, συγγραφεύς γνωριμώτατος καί πολυμαθέστατος, (vir valde doctus, Ἱερών. de vir. ill. c. 21) συντάξας «ἱκανώτατον ἔλεγχον» κατά τῶν εἰκοσιτεσσάρων εἰς τό εὐαγγέλιον βιβλίων τοῦ Βασιλείδου[328]. – Προσέτι ὁ Μ ό δ ε σ τ ο ς ὁ Μ ο υ σ α ν ό ς κ α ί Φ ί λ ι π π ο ς ὁ τῆς ἐν Γορτύνῃ ἐκκλησίας ἐπίσκοπος, ἀκμάζοντες ἐπί Μάρκου Αὐρηλίου[329]. Ἐπί τῆς δευτέρας ἑκατονταετηρίδος ἐφάνησαν καί τά πρῶτα δοκίμια τῆς ἐκκλησιαστικῆς ἱστοριογραφίας, οὕτω κατά τούς χρόνους τούτους συνέλεξε τάς ἱστορικάς παραδόσεις τῶν ἀποστολικῶν χρόνων καί τῶν μετ᾽ αὐτούς ὁ Ἡ γ ή σ ι π π ο ς, ἐν ᾧ τό θαυμάσιον καί ἱερόν τέλος τῶν ἱερῶν μαρτύρων παρώτρυνε πολλούς εἰς τήν διά γραφῆς ἔκθεσιν τῶν κατορθωμάτων αὐτῶν, καί εἰς τήν σύνταξιν τῶν Μαρτυρολογίων πρός μίμησιν καί ἐνίσχυσιν τῶν περιπομένων. Ἐκ τῶν τελευταίων τούτων κατῆλθον εἰς ἡμᾶς ἱκανά οἷον τό μαρτύριον τοῦ /(269) ἁγίου Ἰγνατίου τοῦ Θεοφόρου, τῆς ἁγίας Συμφορώσης, τῆς ἁγίας Φηλικίτας, τοῦ ἁγίου Ἰουστίνου, τοῦ ἁγίου Πολυκάρπου, ὑπόμνημα λαμπρόν εὐδιαγνώστους φέρων τούς χαρακτῆρας τῆς αὐθεντίας καί γνησιότητος, ὅπερ ἡ ἐκκλησία τῶν Σμυρναίων ἀνέθηκεν εἰς τήν μνήμην τοῦ μακαρίου αὐτῆς ἐπισκόπου, ἀποστείλασα τοῦτο καί εἰς ἄλλας ἐκκλησίας καί ἡ ἱστορία τῶν ἐν Βιέννῃ καί Λουγδούνῳ μαρτυρησάντων, τήν ὁποίαν αἱ ἐκκλησίαι αὗται ἀπέστηλαν πρός τούς ἐν Ἀσίᾳ ἀδελφούς[330]. Τά ἐξηγητικά ἔργα τῶν χρόνων τούτων, εἰς τά

---

[328] Εὐσεβίου Ἐκκλησιαστική Ἱστορία 4,7· μικρά τινα τεμάχια τοῦ ἐλέγχου τούτου εὕρηνται ἐν τῇ βιβλ. τοῦ Γαλλαντίου τόμ. α΄ ὑπό τήν ἐπιγραφήν Confutatis adversus Basilidem excerpta.

[329] Ἐκ τούτων ὁ μέν πρῶτος ἔγραψε κατά τοῦ Μαρκίωνος «καί διαφερόντως παρά τούς ἄλλους τήν τοῦ ἀνδρός ἔκδηλον τοῖς πᾶσι κατεφώρασε πλάνην», ὁ δεύτερος ἐπολέμησε τούς Ἐγκρατίτας συντάξας «ἐπιστρεπτικώτατον (ὅ ἐστί νουθετικώτατον) λόγον πρός τινας ἀδελφούς ἀποκλίναντας πρός τήν αἵρεσιν τῶν Ἐγκρατιτῶν», ὁ δέ τρίτος «πάνυ σπουδαιότατον ἐποίησε καί αὐτός κατά τοῦ Μαρκίωνος λόγον» Εὐσέβ. Ἐκκλησιαστική Ἱστορία 4,28.25. Ἱερών. de vir. ill. c. 31.32.30. – Μικρόν ὕστερον τούτων (ὁ Ἱερών. ἔνθ. ἀνωτ. c. 37 προσδιορίζει τόν χρόνον λέγων ἐπί Κομμόδου καί Σευήρου) παρῆλθεν εἰς μέσον καί ὁ ἐκ τῆς Ἀσίας ὁρμώμενος Ῥ ό δ ω ν, οὗτος μαθητής ἐν Ῥώμῃ τοῦ Τατιανοῦ γενόμενος, ἐξήλεγξεν ὕστερον ἑτεροδοξήσαντα τόν διδάσκαλον αὐτοῦ. Συνέταξε δέ καί ὁ Ῥόδων διάφορα κατά τῶν Μαρκιωνιστῶν καί τῶν Μοντανιστῶν βιβλία, ἐξ ὧν τεμάχια ἀντέγραψεν ὁ Εὐσέβιος Ἐκκλ. Ἱστ. 4,13. 5,19.- Τῷ Ῥόδωνι συνήκμασε καί ὁ ἱερός Μ ά ξ ι μ ο ς, συντάξας φιλο /(270) σοφικόν κατά τῶν Μαρκιωνιτῶν διάλογον περί ἀρχῆς τοῦ κακοῦ καί τῆς ὕλης, ἐξ οὗ μέρος διέσωσεν ἡμῖν ὁ Εὐσέβιος ἐν τῇ Εὐαγγελικῇ αὐτοῦ Προπαρασκευῇ 7,21.22. Ὠριγ. Φιλικαλ. κεφ. 24. Ἱερών. de vir. ill. c. 47 ἐπί τῶν χρόνων Μαξίμου τούτου «τῆς ἐν Ἱεροσολύμοις ἐκκλησίας ἔτι τότε τήν λειτουργίαν εἶχε ὁ παρά πολλοῖς βεβοημένος Νάρκισσος» Εὐσέβιος Ἐκκλ. Ἱστ. 5,22-5,12.- Ὥστε διακριτέον τόν ἀνωτέρω Μάξιμον Εὐσέβιος Ἐκκλ. Ἱστ. 5,27 τοῦ τῶν Ἱεροσολύμων ἐπισκόπου τοῦ ὑπό Εὐσεβίου Ἐκκλ. Ἱστ. 5,12 μνημονευομένου καί πολύ πρό τοῦ ἱεροῦ Ναρκίσσου ἐπισκοπεύσαντος.

[330] Ἐκ τούτων τά μέν συνετάχθησαν ἀμέσως ὑπό εὐσεβῶν ἀνδρῶν, ὡς φερ᾽ εἰπεῖν τό τοῦ θεοφόρου Ἰγνατίου, ὅπερ συνέταξαν δύο διάκονοι ὁ Φ ί λ ω ν καί ὁ Ἀ γ α θ ό π ο υ ς, παρακολουθήσαντες τόν ἅγιον εἰς τό ἐν Ῥώμῃ μαρτύριον. – Τά δέ κατ᾽ ἐντολήν καί ἐν ὀνόματι ὁλοκλήρων ἐκκλησιῶν ὡς τά ἀνωτέρω δύο τελευταῖα ἅπερ ἐστάλησαν καί ἐν εἴδει ἐπιστολῆς «Ἡ ἐκκλησία τοῦ Θεοῦ, ἡ παροικοῦσα Σμύρναν, τῇ ἐκκλησίᾳ τοῦ Θεοῦ τῇ παροικούσῃ ἐν Φιλομηλίῳ, καί πάσαις ταῖς κατά πάντα τόπον τῆς ἁγίας καί καθολικῆς ἐκκλησίας παροικίαις, ἔλεος, εἰρήνη καί ἀγάπη Θεοῦ πατρός καί Κυρίου ἡμῶν Ἰησοῦ Χριστοῦ πληθυνθείη» Εὐσέβ. Ἐκκλ. Ἱστ. 4,15.- «οἱ ἐν Βιέννῃ καί Λουγδούνῳ τῆς Γαλλίας παροικοῦντες δοῦλοι τοῦ Χριστοῦ, τοῖς κατά τήν Ἀσίαν καί Φρυγίαν τήν αὐτήν τῆς

Φιλόθεου Βρυέννιου Εκκλησιαστική Ιστορία

ὁποῖα ἀφορμήν ἔδωκεν κατά τό πλεῖστον ἡ στρέβλωσις τῶν ἁγίων Γραφῶν ἐκ μέρους αὐτῶν πάλιν τῶν αἱρετικῶν, φαίνεται ὅτι ἦσαν κατά τε τό ποσόν καί κατά τήν ἀξίαν μικροῦ λόγου ἄξια[331]. Ἐγγύς τῶν φιλολογικῶν τούτων θεολογικῶν ἐργασιῶν συνεπορεύοντο ἀχώριστοι πάντοτε καί ὡς τάς πρακτικάς ἀνάγκας τῆς ἐκκλησίας ἔχουσαι ὑπ' ὄψιν. Τῶν ἀποστολικῶν πατέρων ἡ ἱερά ἀπλότης καί ἀφέλεια τοῦ διδάσκειν ἀπέλαμπεν εἰσέτι ἀκμαία καί ἐν τῷ ἐνδόξῳ αὐτῶν διαδόχῳ τῷ ἀκαμάτῳ Διονυσίῳ, τῷ ἀπό τοῦ 170 ἐπισκόπῳ τῆς Κορινθίων ἐκκλησίας. Τῆς ἱερᾶς δραστηριότητος τοῦ ἁγιωτάτου τούτου πατρός τῆς Ἐκκλησίας ὀκτώ ἐπιστολαί «καθολικαί» ἔφθασαν καί εἰς τόν Εὐσέβιον, ὅστις ὅμως ὀλίγιστα μόνον ἐξ αὐτῶν παρέλαβεν εἰς τήν ἐκκλησιαστικήν του Ἱστορίαν[332].

ἀπολυτρώσεως ἡμῖν πίστιν καί ἐλπίδα ἔχουσιν ἀδελφοῖς, εἰρήνη καί χάρις καί δόξα ἀπό Θεοῦ πατρός καί Χριστοῦ Ἰησοῦ τοῦ Κυρίου ἡμῶν» Εὐσεβ. Ἐκκλ. Ἱστ. 5,1. ἰδίαν ἔκδοσιν ὅλων τούτων τῶν μαρτυρικῶν πράξεων καί κατορθωμάτων ἐφιλοπόνησεν ὁ Ruinart *Acta martyrum* Paris 1689, πολλάκις ἔπειτα μετατυπωθεῖσαν.

[331] Ἐν τῇ συλλογῇ τοῦ ἀοιδίμου Νικηφόρου τοῦ Θεοτόκη τῇ ἐν Λειψίᾳ τό 1772 εἰς τόμους δύο ἐκδοθείσῃ μέ τήν ἐπιγραφήν «Σειρά εἰς τήν Πεντάτευχον» φέρονται ἐξηγητικά τινα τεμάχια Ἀπολιναρίου τινος. Ταῦτα ἤ τινά ἐξ αὐτῶν ἀποδίδουσι τινες τῶν νεωτέρων ἱστορικῶν (Giesel K-G τόμ. α΄ σελ. 206) εἰς τόν Κλαύδιον Ἀπολινάριον τόν Ἱεραπόλεως (§). - Ὑπομνήματα εἰς τό Εὐαγγέλιον καί εἰς τάς Παροιμίας τοῦ Σολομῶντος συνέγραψε καί ὁ Θεόφιλος ὁ Ἀντιοχείας (§), ἅπερ λέγει ὅτι ἀνέγνω ὁ Ἱερώνυμος καί ὅτι δέν εὗρεν ἐν αὐταῖς τήν γραφυρότητα (elegantia) ἥν ἔφερον τά τρία πρός Αὐτόλυκον τεύχη· τοῦ αὐτοῦ Θεοφίλου ἐφέρετο καί «Συνοπτική εἰς ἕν συναρμολογία τῶν ὑπό τῶν τεσσάρων Εὐαγγελιστῶν Ἱστορηθέντων», τήν ὁποίαν ὁ Ἱερώνυμος (epist. ad Algasiani) θεωρεῖ ὡς *ingenii sui* (τοῦ Θεοφίλου) *monumenta*.- Ἐνταῦθα ἀνήκουσι καί αἱ Ἐκλογαί τοῦ Μελί /(271) τινος εἰς ἕξ βιβλία, ἐξ ὧν περιεσώθη τό προοίμιον μόνον ἐν εἴδει ἐπιστολῆς, ὅπερ ὅμως ὑπάρχει πολλοῦ λόγου ἄξιον εἰς τούς περί τήν ἐξηγητικήν θεολογίαν ἐνασχολουμένους διά τόν ἐν αὐτῷ κατάλογον τῶν κανονικῶν βιβλίων τῆς Π. Γραφῆς ὅστις εἶναι ὁ πρῶτος ὅστις ἐγένετο ὑπό ἐκκλησιαστικοῦ συγγραφέως· τό σύγγραμμα τοῦτο ἦτο προϊόν πολυχρονίου περιηγήσεως εἰς τάς ἀνατολικάς χώρας καί ἰδίως εἰς τήν Παλαιστίνην, ἥν ἀνέλαβεν ὁ Μελίτων χάριν Ὀνησίμου τινος ὅπως πληροφορήσῃ αὐτόν «ἔκ τε τοῦ νόμου καί τῶν προφητῶν περί τοῦ Σωτῆρος καί πάσης τῆς πίστεως ἡμῶν, ἔτι δέ περί τῶν παλαιῶν βιβλίων (τῆς ἁγίας Γραφῆς) πόσα τόν ἀριθμόν καί ὁποῖα τήν τάξιν». Ἐνταῦθα πρός τούτοις κατατακτέον καί τήν εὐαγγελικήν σύνοψιν τοῦ Τατιανοῦ τήν ἐπιγραφομένην «τό διά τεσσάρων» (§). Εἰς τό πρῶτον στάδιον τῆς ἀναπτύξεως τῆς ἐξηγητικῆς θεολογίας ἀνήκουσι καί τό ὑπόμνημα τοῦ Ῥόδωνος εἰς τήν Ἑξαήμερον (Εὐσεβ. Ἐκκλ. Ἱστ. 4,13)· καί ἄλλα πολλά τῆς δευτέρας ἑκατονταετηρίδος ἔργα. Οὕτω εἰς τάς ἐπιστολάς τοῦ Παύλου μνημονεύεται συντάξας ὑπομνήματα Ἡράκλειτός τις ἀκμάσας περί τά τέλη τῆς 2 ἑκατονταετηρίδος (Εὐσεβ. Ἐκκλ. Ἱστ. 5,27. Ἱερών. de vir. ill. c. 46) ἕτεροι δέ ὁ Κάνδιδος καί ὁ Ἀπίων ἀμφότεροι σύγχρονοι τῷ Ἡρακλείτῳ ὑπεμνημάτισαν τήν ἑξαήμερον (Εὐσεβ. ἔνθ. ἀνωτ. καί Ἱερών. αὐτόθι 48.49 καί Νικηφ. Κάλλ. Ἐκκλ. Ἱστ. 4,30). Κατά τούς αὐτούς χρόνους ἔγραψεν πραγματείαν περί τῶν ἑβδομήκοντα τοῦ Δανιήλ ἑβδομάδων καί ἕτερος ἐκκλησιαστικός συγγραφεύς Ἰούδας καλούμενος (Εὐσεβ. Ἐκκλ. Ἱστ. 6,7. Ἱερών. αὐτόθι 52) ὁ διασημότερος ἐξηγητής τῆς δευτέρας ἑκατονταετηρίδος ἦτον ὁ ἐν Ἀλεξανδρείᾳ Πάνταινος περί οὗ βλ. §

[332] Εὐσεβίου Ἐκκλ. Ἱστ. 4,24. Περί τά τέλη τῆς βασιλείας τοῦ Κομμόδου τῷ 191 ἤκμαζε καί ἕτερος τῆς ὀρθοδόξου διδασκαλίας καί εὐαγγελικῆς πολιτείας ἄγρυπνος φύλαξ ὁ τῆς Ἀντιοχέων ἐκκλησίας προεστώς Σεραπίων πολλάς καί οὗτος συνταξάμενος διδακτικάς καί παραινετικάς ἐπιστολάς βλ. Εὐσεβίου Ἐκκλ. Ἱστ. 6,12. 5,19.- Πρακτικοί ἁπλῶς καί κατηχητικοί φαίνονται ὅτι ἦσαν καί οἱ λόγοι τοῦ Σέξτου καί τοῦ Ἀραβιανοῦ, ἀμφοτέρων ἐπί τοῦ αὐτοκράτορος Σευήρου ἀκμασάντων, ἐξ ὧν ἐκεῖνος μέν περί ἀναστάσεως, οὗτος δέ περί τῶν χριστιανικῶν δογμάτων ἔγραψεν, Εὐσεβ. Ἐκκλ. Ἱστ. 5,27. Ἱερών. αὐτόθι c. 50.51. - Ἐπιστολάς χαρακτῆρα πρακτικόν περιβεβλημένας περί τοῦ πολυθρυλήτου ζητήματος τοῦ Πάσχα ἔγραψεν κατά τήν τελευταίαν δεκάδα τῆς 2 ἑκατονταετηρίδος καί ὁ πολύς τῶν Ἐφεσίων ἐπίσκοπος ὁ ἱερός Πολυκράτης ὁ ἐπ'

ἀρετῇ καί τῇ ἔσωθεν παιδείᾳ καί τῷ ὑπέρ τῶν ἀποστολικῶν παραδόσεων ζήλῳ παρά πᾶσι σχεδόν τοῖς ἐπισκόποις τῆς Ἀσίας γνώριμος, ὡς μαρτυρεῖ τό λαμπρόν καί ἀφελές ἐκεῖνο τεμάχιον τό ἐκ μιᾶς τῶν ἐπιστολῶν του περισωθέν (Εὐσέβ. Ἐκκλ. Ἱστ. 5,24. /(272) Ἱερών. de vir. ill. c. 45). Ὁ Θεόφιλος ὁ τῆς ἐν Παλαιστίνῃ Καισαρείας ἐπίσκοπος (Εὐσεβ. Ἐκκλ. Ἱστ. 5,25. Ἱερών. αὐτόθι c. 43) καί ὁ Βάκχυλλος τῆς Κορινθίων ἐκκλησίας ἐπίσκοπος (Εὐσεβ. Ἐκκλ. Ἱστ. 5,23. Ἱερών. αὐτόθι c. 44).

ΜΕΡΟΣ ΤΡΙΤΟΝ

Ἀπό Κομμόδου μέχρι Κωνσταντίνου τοῦ Μεγάλου ἔτ. 180-324.
Κεφάλαιον Α΄.
Ἐξωτερική κατάστασις τῆς Ἐκκλησίας.
§81. Θρησκευτική κατάστασις τοῦ ἐθνικοῦ κόσμου. Ἐμφάνισις τῆς Νεοπλατωνικῆς φιλοσοφίας. Ἔμμεσος καί ἄμεσος ἀντίδρασις κατά τοῦ Χριστιανισμοῦ.

Ἐνῷ ἡ Ῥωμαϊκή αὐτοκρατορία ἔσπευδεν εἰς τήν πτῶσιν της, ἐνῷ εἰς τόν θρόνον ἀνέβαινον οἱ στρατιῶται, αἱ ἐπαρχίαι κατεπατοῦντο λεηλατούμεναι ὑπό τῶν βαρβάρων, καί ἡ κυβέρνησις περιεβάλλετο τόν πλέον αὐθαίρετον δεσποτισμόν – τό βασίλειον τῆς δεισιδαιμονίας, ἐν ᾧ καί μόνῳ οἱ ἄνθρωποι τῶν χρόνων ἐκείνων ἐζήτουν ἀνάπαυσιν καί ἀσφάλειαν ἀπό τῶν πολιορκούντων αὐτούς κινδύνων περιεχαρακοῦτο καί ἐνισχύετο, ἡ δέ φιλοσοφία ἡ τοσαύτας πληγάς λαβοῦσα ὑπό τῶν χριστιανῶν ἀπολογητῶν συγκεντρώσασα πάσας τάς δυνάμεις αὐτῆς, ἤγειρε καί αὖθις τήν ἑαυτῆς κεφαλήν καί ἀντιπαρετάχθη ἐμμέσως τε καί ἀμέσως κατά τοῦ χριστιανισμοῦ.

Ἡ ἀπιστία ἡ μέχρι τοῦδε κυριεύουσα τάς ἀνωτέρας τάξεις τοῦ ἐθνικοῦ κόσμου ἀντικατεστάθη κατά τούς χρόνους τούτους δι' ἑνός θρησκευτικοῦ συγκρητισμοῦ, οὗτινος ὀπαδοί καί θιασῶται ἦσαν καί ἐξ αὐτῶν τῶν ῥωμαίων αὐτοκρατόρων πολλοί. Τοιοῦτος θρησκευτικός συγκρητισμός ἤ ἐκλεκτισμός ἐμφανίζεται ἤδη ἐν τῷ Ἀντωνίνῳ τῷ Καρακάλλᾳ (ἔτ. 210-217), ὅστις ἀφοσιούμενος ἀνίδρυσε ἱερόν εἰς Ἀπολλώνιον τόν Τυανέα[333],

---
[333] Περί τοῦ ὀνόματος Καρακάλλας ἤ Καράκαλλας βλ. Δίωνα τόν Κάσσιον βιβλ. 78§9· περί αὐτοῦ λέγει ὁ αὐτός αὐτόθι §18 «τοῖς δέ μάγοις καί γόησιν οὕτως ἔχαιρεν ὡς καί Ἀπολλώνιον τόν Καππαδόκην τόν ἐπί τοῦ

ἔτι δέ μᾶλλον ἐν τῷ Ἡλιογαβάλῳ (217-222)· οὗτος ἀνεγείρας εἰς τόν ὁμώνυμον αὐτοῦ θεόν, οὗτινος ἦν καί ἱερεύς, ναόν μεγαλοπρεπῆ ἐπί τοῦ παλατινοῦ ὄρους, ἐφιλοτιμή-θη νά μεταφέρῃ αὐτοῦ καί τῆς Κυβέλης τό /(273) ἄγαλμα καί τῆς Ἑστίας τό πῦρ καί τό Παλλάδιον καί τάς οὐρανοπετεῖς ἀσπίδας καί πᾶν ὅ,τι ἱερόν εἶχον οἱ Ῥωμαῖοι· ὁ αὐτός δέ διέταξε νά μεταναχθῶσιν αὐτόθι καί τά ἱερά τῶν Ἰουδαίων, τῶν Σαμαρειτῶν καί τῶν Χριστιανῶν, ἵνα, ὡς ἔλεγε, πασῶν τῶν θρησκειῶν καί τῶν μυστηρίων αὐτῶν κάτοχοι ὦσιν οἱ ἱερεῖς τοῦ Ἡλιογαβάλου[334]. Μετά ἀληθοῦς δέ θρησκευτικοῦ αἰσθήμα-τος προκύπτει ὁ συγκρητισμός οὗτος ἐν τῷ διαδόχῳ τοῦ προειρημένου αὐτοκράτορος Ἀλεξάνδρῳ τῷ Σεβήρῳ (ἔτ. 222-235)· οὗτος ἐτίμα θρησκευτικῶς εἰς τό *λαράριόν* του (ἐν τῷ ναῷ δηλ. τοῦ παλατίου του) πάντων τῶν χρόνων καί πασῶν τῶν θρησκειῶν τούς μεγάλους ἄνδρας καί τά ἠθικά αὐτῶν ἀποφθέγματα εἶχεν ὡς κανόνας καί γνώμονας εἰς τόν βίον του[335]. Ὀπαδός τῆς θρησκευτικῆς ταύτης τάσεως ἐγένετο πιθανῶς καί Φί-λιππος ὁ Ἄραψ (ἔτ. 244-249), περί δέ τῶν ὁμοίων φρονημάτων Κωνσταντίου τοῦ Χλω-ροῦ καί τοῦ υἱοῦ αὐτοῦ Κωνσταντίνου οὐδεμία ἀμφιβολία ὑπάρχει[336]. Ἡ θρησκευτική αὕτη τάσις εἰ καί εὔνους εἰς τόν χριστιανισμόν· διότι εἰς αὐτήν ἀναντιρρήτως ὀφείλεται κατά τό πλεῖστον ἡ μακρά εἰρήνη, ἡ ἔν τισι μόνον τῶν ἐπαρχιῶν διακοπτομένη εἰρήνη, ἥν ἔχαιρεν ἡ ἐκκλησία ἀπό τῶν χρόνων τοῦ Κομμόδου μέχρι τοῦ Δεκίου (§)· οὐχ ἧττον ὅμως ἐνίσχυε εἰς τά στήθη τῶν ἁπλουστέρων τῆς ἀρχαίας δεισιδαιμονίας τό κράτος, καθόσον μάλιστα παραδεδομένοι εἰς αὐτήν ἦσαν, ὡς εἴρηται, καί οἱ αὐτοκράτορες.

Δομιτιανοῦ ἀνθήσαντα ἐπαινεῖν καί τιμᾶν... καί ἡρῶων αὐτῷ κατασκευάσας».
334 Heliogabalum in Palatino monte juxta aedes imperatorias consecravit, eique templum fecit, studens et Matris typum, et Vestae ignem, et Palladium, et ancilia et omnia Romanis veneranda in illud transferre templum, et id agens, ne quis Romae Deus nisi Heliogabalus coleretur. Dicebat praeterea, Judaeorum et Samaritanorum religiones et Christianam devotionem illuc transferandam, ut omnium culturarum secretum Heliogabali sacerdotium teneret. βλ. Lampid. vita Heliogabal. c. 3 καί 7. καί Ἡρωδιαν. βιβλ. 5 καί 6. καί Δίων. Κάσ. βιβλ. 79§11.
335 Lampid. Vita Alexandri Severi c. 29. Matutinis horis in larario suo, in quo et divos Principes, sed optimos, electos, et animas sanctiores, in queis et Apollonium, et quantum scriptor suorum temporum dicit, Christum, Abraham et Orpheum et hujusmodi caeteros habebat, ac majorem /(277) effigies, rem divinam faciebat βλ. καί cap. 26.27.51.
336 Περί τοῦ Κωνσταντίου καί τοῦ Κωνσταντίνου βλ. §. Ἀνάγν. περί ὅλων τούτων P.E. Müller de hierarchia et studio vitae asceticae in sacris et mysteriis graec. et rom. latentibus Hafn. 1803, tom. 3 (μετάφρασιν τούτου εἰς τήν γερμανικήν γλῶσσαν βλ. ἐν τῇ νέᾳ βιβλιοθήκῃ τῶν ὡραίων τεχνῶν Nene Bibliotheche der schönen Wissenschaften Bd. 70§3. Περί τῆς ἐν τῷ κράματι τούτῳ ἀναμίξεως τῆς ἰουδαϊκῆς λατρείας βλ. Commodiani (περί τό 270) instructiones adv. gentium deos pro christiana disciplina (ἐν τῇ βιβλιοθ. τοῦ Γαλλανδίου τόμ. 3).
    Inter utrumque putans dubie vivendo cavere,
    Nudatus a lege decrepitus luxa procedis?
    quid in Synagoga decunsis ad Pharisaeos,
    ut tibi misericors fiat quem denegan ultro?
    Exis inde foris, iterum tu fana nequiris.

Ἀλλ' ἔτι μᾶλλον ὑπεστήριξε τά πράγματα τοῦ ἀρχαίου ἐθνικοῦ καί εἰδωλολάτρου κόσμου ἡ φιλοσοφία, ἐν ᾗ τό μειλίχιον θρησκευτικόν πνεῦμα τῶν αὐτοκρατόρων τούτων διάφορον σχεδόν ὅλως χαρακτῆρα περιεβλήθη. Ἡ φιλοσοφία ἥτις μέχρι τοῦδε περιωρίζετο εἰς τό ὑπερασπίζειν τήν λατρείαν τοῦ λαοῦ καί εἰς τό παρέχειν τοῖς σοφοῖς ἀνωτέραν καί καθαρωτέραν κἄπως θεοσέβειαν, ἀρχομένης τῆς τρίτης ἑκατονταετηρίδος ἐπεχείρησεν ὑπό τῆς πνευματικῆς ὑπεροχῆς πάντως τοῦ χριστιανισμοῦ ἐκβιαζομένη, νά δώσῃ ὑψηλοτέραν, καί πνευματικωτέραν οὐσίαν εἰς τήν λατρείαν τοῦ πλήθους ὑπό τό πρόσχημα ὅτι ἐπανάγῃ αὐτήν εἰς τήν ἀρχέτυπον καθαροτέραν αὐτῆς μορφήν· συγχρόνως δέ νά διασκευάσῃ ἑαυτήν οὕτω ὥστε νά μήν κλονῆται πλέον ὑπό τῶν προσβολῶν τοῦ χριστιανισμοῦ. Ἐπί τούτῳ τῷ σκοπῷ συνέταξε κατά τούς χρόνους τούτους (περί τό 220) ὁ ῥήτωρ Φιλόστρατος ὁ πρεσβύτερος τήν βιογραφίαν Ἀπολλωνίου τοῦ Τυανέως (§)· ἔνθα οὗτος ἐξεικονίζεται ὡς τέλειος σοφός, ὡς κατ' ἐξοχήν φίλος τῶν θεῶν, ὡς ἔξοχος θαυματουργός καί ὁ θεόπεμπτος ἀναμορφωτής τῆς λατρείας τοῦ ἐθνικοῦ κόσμου[337]· πᾶσαι δέ αἱ μέχρι τοῦδε γενόμεναι θεολογικαί ἀπόπειραι τῆς φιλοσοφίας, καθώς καί αὕτη ἐτελειοποιήθησαν ἐν τῇ σχολῇ τῶν οὕτω λεγομένων Νεοπλατωνικῶν[338].- Θεμελιωτής αὐτῆς ἐγένετο Ἀμμώνιος ὁ Σακκᾶς ὅπερ ἐστί σακοφόρος (+243) ὅστις γεννηθείς καί ἀνατραφείς ὑπό γονέων χριστιανῶν ἀπέκλινεν ὕστερον /(274) εἰς τήν φιλοσοφίαν καί ἐνεστερνίσθη τά τῶν ἐθνικῶν[339]· οὗτος ὅστις

---

337 Τήν ἰδανικήν ταύτην εἰκόνα ἐποίησεν ὁ Φιλόστρατος κατ' αἴτησιν τῆς Ἰουλίας Παμμαίας, συζύγου Σεπτιμίου τοῦ Σευήρου. Παρ' αὐτῆς λαβών τά ἀπομνημονεύματα τοῦ Δάμιδος ἑνός τῶν ἀκολούθων, καθά ἐλέγετο, τοῦ Ἀπολλωνίου, συνέταξε ἐπί τῇ βάσει καί τούτων καί δή καί ἄλλων τινῶν ὑπομνημάτων καί εἰδήσεων τήν ἀνωτέρω βιογραφίαν ἥν βλ. ἐν τοῖς Φιλοστράτου τά σωζόμενα ed. Olearius Lips. 1709.
338 Πρό πολλοῦ ἤδη συνεῖδον οἱ διορατικώτεροι τοῦ ἐθνικοῦ κόσμου ὀπαδοί ὅτι ἵνα παραταθῇ ἐπί πλέον ἡ ζωή αὐτοῦ ἔχρῃζε πολλῆς μέν μεταρρυθμίσεως ἡ εἰδωλολατρεία, ἀναρριπίσεως δέ ἐν γένει τό θρησκευτικόν συναίσθημα· καί τοιαῦται ἀπόπειραι ἐγένοντο ἤδη κατά τήν πρώτην καί δευτ. ἑκατονταετηρίδος (§). Πλήν τά πάντα εἰς μάτην ἀπέβησαν τόσον αἱ προσπάθειαι τῶν πολυαρίθμων τερατοποιῶν καί γοήτων, οἱ ὁποῖοι πανταχοῦ τῆς ῥωμαϊκῆς αὐτοκρατορίας περιήρχοντο ὅπως δελεάσωσι τόν λαόν διά τῶν ἀγυρτικῶν καί ἀπατηλῶν αὐτῶν τεχνασμάτων, ὅσον καί τά ἐπί τῆς δευτέρας ἑκατονταετηρίδος ἀναμορφωθέντα ἐλευσίνια μυστήρια, τά διονύσια, καί ἡ λατρεία τῆς συρίας θεᾶς (τῆς Ἀστάρτης) καί τοῦ Μίθρα. Τό κυρίως ζητούμενον ἦτο ἡ ἀνόρθωσις τοιούτου ἐν τῷ ἐθνικῷ κόσμῳ θρησκευτικοῦ συστήματος ὅπερ ἔνθεν μέν νά ἀναπαύῃ τάς θρησκευτικάς ἀνάγκας τοῦ ἀνθρώπου οὕτως ὡς ἀνέπαυεν αὐτάς ὁ Χριστιανισμός διά τοῦ ὑπερφυσικοῦ μονοθεϊκοῦ καί καθολικοῦ χαρακτῆρος του, ἐκεῖθεν δέ νά καθαρεύῃ τῶν ἀτοπημάτων καί τῶν αἰσχρῶν ὅσα συνώδευον τήν λατρείαν τοῦ λαοῦ. /(278). Τοῦτο κατενόησαν πρῶτοι οἱ Νεοπλατωνικοί, οἵτινες καί ἐπεχείρησαν περί τάς ἀρχάς τῆς 3 ἑκατονταετηρίδος νά δημιουργήσωσι τοιοῦτόν τι.
339 «Ἀμμώνιος μέν γάρ χριστιανός ἐν χριστιανοῖς ἀνατραφείς τοῖς γονεῦσιν, ὅτε τοῦ φρονεῖν καί τῆς φιλοσοφίας ἥψατο, εὐθύς πρός τήν κατά νόμους πολιτείαν μετεβάλετο» ταῦτα ὁ Πορφύριος ἐν τοῖς κατά χριστιανῶν λόγοις του, ἅπερ ἐντεῦθεν λαμβάνων ὁ Εὐσέβιος ἀναφέρει ἐν τῇ Ἐκκλ. Ἱστ. 6,19, φαίνεται δέ ὁ Εὐσέβιος μή παραδεχόμενος ταῦτα· διότι παρακατιών ἐπάγει «τῷ Ἀμμωνίῳ τά τῆς ἐνθέου φιλοσοφίας ἀκέραια

διήγαγε τόν βίον ἐν Ἀλεξανδρείᾳ καί ὁ ὁποῖος φαίνεται ἀπό τῶν Γνωστικῶν ἐξαιρέτως ἀρυσάμενος τόν τύπον τῆς πρός ὑπεράσπισιν τῶν πραγμάτων τοῦ ἐθνικοῦ κόσμου ὑποστηθείσης φιλοσοφίας του, ὡς μυστήριον ἁπλῶς παρέδωκε τήν διδασκαλίαν του. Περαιτέρω ἀνέπτυξε καί διεμόρφωσεν αὐτήν ὁ τούτου μαθητής, ὁ αἰγύπτιος Πλωτῖνος (γεννηθ. ἐν Λυκοπόλει τῆς Αἰγύπτου τῷ 205 + τῷ 270), ἐφ' οὗ καί δι' οὗ ὁ Νεπλατωνισμός διεδόθη μετά ἀπιστεύτου ταχύτητος· ἐν ἔτει 240 συνέστησεν οὗτος ἐν Ῥώμῃ τήν σχολήν αὐτοῦ, ἀφ' ἧς ἐξῆλθον πλεῖστοι ὅσοι ἄνδρες, ἐξ ὧν οὐχί κατώτερος τήν φήμην διεδέχθη τόν διδάσκαλον αὐτοῦ Πορφύριος ὁ ἐκ Τύρου (+304) καί τοῦτον πάλιν ὁ Ἰάμβλιχος ὁ ἐκ Χαλκίδος, εἰς ὅν ἐπέπρωτο νά ἴδῃ καί τήν ἧτταν τοῦ ἐθνικοῦ κόσμου (+333)[340].

Τά κεφαλαιοδέστερα τῆς θεολογίας τῶν φιλοσόφων τούτων ἦσαν τά ἀκόλουθα· οὗτοι ἐδογμάτιζον τήν ὕπαρξιν ἑνός ὑπερτάτου ὄντος (τό ἕν)· ἐκ τούτου δέ ἔλεγον ὅτι προῆλθεν ὁ νοῦς ὁ νοητός κόσμος, ἐξ οὗ πάλιν ἡ ψυχή. Ὁ νοῦς εἴτε ὁ νοητός κόσμος ἀπαρτίζεται ἐκ τοῦ συνόλου τῶν νοερῶν οὐσιῶν, ἤγουν εἶναι τό σύνολον τῶν θεῶν καί τῶν ἀνθρωπίνων πνευμάτων· ὑπό δέ τῆς ψυχῆς ἐμορφώθη ὁ αἰσθητός κόσμος· ἐντεῦθεν καί δημιουργός λέγεται παρ' αὐτοῖς ἡ ψυχή. Οἱ θεοί διαιροῦνται εἰς ὑπερκοσμίους (θεοί «ἄϋλοι, νοητοί, ἀφανεῖς») καί εἰς ἐγκοσμίους (θεοί «περικόσμιοι, αἰσθητοί ἐμφανεῖς»). Εἰς τούς τελευταίους εἶναι ἐμπεπιστευμένη ἡ ἐφορία καί ἡ μέριμνα ἐπί τῶν διαφόρων τοῦ κόσμου μελῶν· διό οὗτοι λέγονται καί θεοί «μερικοί ἐθνάρχαι, πολιοῦχοι» οἵτινες ἔδωκαν εἰς τά ἔθνη καί τόν ἰδιάζοντα αὐτοῖς χαρακτῆρα. Κατώτεροι τῶν θεῶν εἶναι οἱ δαίμονες, ἐκ ὧν οἱ μέν εἶναι ἀγαθοί, οἱ δέ κακοί,· ὁ λαός, «οἱ πολλοί», δύνανται νά λατρεύωσι τούς ἐπιτοπίους θεούς των καί εἰς τούτους μόνον νά περιορίζωνται· διότι ἐν τούτοις αὐτόν τόν ὑπέρτατον θεόν λατρεύουσιν· οἱ δέ σοφοί, «οἱ σπουδαῖοι», ὀφείλουσι νά τείνωσιν εἰς τήν ἄμεσον μετά τῆς ὑπερτάτης θεότητος ἕνωσιν, καί πρός αὐτόν ἀμέσως νά ἀτενίζωσιν· εἰς τήν εὕρεσιν δέ καί γνῶσιν τοῦ ὑπερτάτου ὄντος ἀφικνοῦνται οὗτοι οὐχί διά τῆς διανοήσεως

καί ἀδιάπτωτα καί μέχρις ἐσχάτης ἐσχάτης τοῦ βίου τελευτῆς διέμεινεν, ὡς που καί τἀνδρός εἰσέτι νῦν μαρτυροῦσι πόνοι, δι' ὧν κατέλιπε συγγραμμάτων παρά τοῖς πλείστοις εὐδοκημοῦντος». Ἐκτός εἰ μή συγχέει τόν Σακκᾶν μετ' ἄλλου τινός Ἀμμωνίου, οἷον ἦν ὁ τῆς Εὐαγγελικῆς ἁρμονίας συγγραφεύς περί οὗ Ἱερών. de vir. ill. c. 55.
340 Βίος Πλωτίνου ὑπό Πορφυρίου παρά Φαβρικίῳ Biblioth, graec. vol. 4.- Eunapii vitae Sophisrarum rec. et illusrt. J. F. Boissonade, Amst.1822.

ἀλλὰ διὰ τῆς θεουργίας, τῆς ἀσκήσεως καὶ τῆς θεωρίας (ὅ ἐστι τῆς ἀναβιβάσεως καὶ τῆς ἐνασχολήσεως τοῦ πνεύματος εἰς τὰ θεῖα πράγματα) διὸ καὶ τὸ ἠθικῶς ζῆν καὶ ἠθικῶς λατρεύειν τὸ θεῖον ἀπήτει ὁ Νεοπλατωνισμὸς αὐστηρῶς. Ἡ ψυχὴ τοῦ ἀνθρώπου ἁπλῆ, νοερά, καὶ ἄφθαρτος οὐσία κατέστη δυστυχὴς καὶ ἐνεδύθη τὸ ὑλικὸν τοῦτο σῶμα ἐκ τῆς κακῆς χρήσεως τῆς θελήσεως αὐτῆς· ἐμμένουσα εἰς τὴν ἁμαρτίαν μεταβαίνει μετὰ θάνατον εἰς ἕτερον ἀνθρώπινον σῶμα ἢ χωρεῖ εἰς τοὺς ἀστέρας[341], οὕτω καθιερῶν τὰς πα / (275) χυλοτάτας τοῦ λαοῦ δεισιδαιμονίας ἀφ' ἑνός, ἀφ' ἑτέρου δὲ προσλαμβάνων καὶ πρεσβεύων καθαροτέρας περὶ τοῦ ὑπερτάτου ὄντος ἰδέας καὶ εἰς αὐτὰς τὰ πάντα ἀνάγων, ἐζήτει ὁ Νεοπλατωνισμὸς νὰ παράσχῃ εἰς τὰ πράγματα τοῦ ἐθνικοῦ κόσμου χαρακτῆρα πνευματικώτερον καὶ νὰ ὑποστήριξῃ αὐτά. Οἱ Νεοπλατωνικοὶ ἀφ' ἑνὸς μὲν ἀρυόμενοι ἐξ ὅλων τῶν φιλοσόφων τοῦ παρελθόντος, ἰδίως ἐκ τῆς πλατωνικῆς, τῆς πυθαγορικῆς καὶ τῆς ἀριστοτελικῆς φιλοσοφίας διϊσχυρίζοντο ὅτι ἐν πᾶσι τοῖς φιλοσοφήμασι τοῦ παρελθόντος ἀλήθεια ἐνυπάρχει, ὅτι πάντα ταῦτα ἀμοιβαίως ἀναπληροῦσι καὶ συμπληροῦσιν ἄλληλα καὶ ὅτι οὐδαμῶς ἀντιπίπτουσιν ἀλλήλοις, ὡς ἔλεγον οἱ χριστιανοί· ἀφ' ἑτέρου δὲ πάλιν ἐναγκαλιζόμενοι πάντα τὰ εἴδη τῆς τῶν ἐθνικῶν λατρείας καὶ πάσας αὐτῶν τὰς θεότητας ὑπεστήριζον αὐτὰ ὡς οὐδὲν ἄλλον δῆθεν ὄντα, ἀλλ' ἢ ἀποκαλύψεις διαφόρους τοῦ ἑνὸς θεοῦ καὶ ὡς πρὸς ἓν καὶ τὸ αὐτὸ ὑπέρτατον ὂν ἀναφερόμενα. Οἱ μῦθοι τῶν ποιητῶν καὶ τῶν φιλοσόφων ἡρμηνεύοντο ἀλληγορικῶς καὶ ἐθεωροῦντο ὡς ἔλυτρα τῶν ὑψηλοτέρων ἀληθειῶν. Οἱ αὐτοὶ δὲ ἐτίμων καὶ αὐτὸν τὸν Χριστὸν οὐχὶ ὅμως ὡς θεόν, ἀλλ' ὡς μέγαν μόνον ἄνθρωπον λέγοντες ὅτι αἱ διδασκαλίαι αὐτοῦ παρενοήθησαν καὶ παρεξηγήθησαν ὑπὸ τῶν ὀπαδῶν αὐτοῦ[342]. Ὅτι ὁ Χριστιανισμὸς ἐπενήργησε καὶ

---

341 Τὸ σύστημα τῶν νέων τούτων φιλοσόφων ἐκ διαμέτρου ἀντίθετον τοῦ ὑλισμοῦ καὶ τοῦ σκεπτικισμοῦ καὶ αὐτοῦ τοῦ Γνωστικισμοῦ, εἰ καὶ μετὰ τοῦ τελευταίου συνεφώνει ἐν τῷ περὶ ἐποπτείας κεφαλαίῳ, ἐθεώρει τὰς ἀντιλήψεις ὡς οὐδεμίαν ἀλήθειαν περιεχούσας· ἀληθῆ καὶ πραγματικὰ ἦσαν κατὰ τοὺς Νεοπλατωνικοὺς μόνον τὰ διὰ λόγου νοούμενα καὶ γινωσκόμενα· λαμβάνει δὲ γνῶσιν τῶν ὑπὲρ αἴσθησιν πραγμάτων ὁ λόγος οὐχὶ διὰ τῆς πείρας ἢ διὰ τῶν κρίσεων καὶ τῶν συλλογισμῶν, ἀλλὰ διὰ τοῦ ἐσωτερικοῦ τῆς ψυχῆς αἰσθητηρίου, διὰ τῆς πνευματικῆς ἐποπτείας. Τὰ ἀντικείμενα παράγει αὐτὸς ἀμέσως ὁ λόγος ἐλλαμπόμενος ὑπὸ τοῦ θείου λόγου. Ὁ θεῖος δηλ. λόγος φωτίζει τὴν ψυχὴν ἐκείνην, ἥτις συνάγουσα ἑαυτὴν καὶ εἰς ἑαυτὴν ἐπιστρέφουσα ἀνίπταται πρὸς τὴν θεωρίαν τοῦ ὑπερτάτου ὄντος. Διὰ τοιαύτης ἀκαταλήπτου ἐποπτείας, ἥτις οὔτε διὰ διδασκαλίας οὔτε δι' ἄλλου τινὸς τρόπου μεταδίδοται (διὸ καὶ οὐδεὶς δύναται νὰ λάβῃ γνῶσιν τοῦ θείου, εἰμὴ δι' ἑαυτοῦ μόνου) ἐπιτυγχάνει τὸ πνεῦμα τοῦ ἀνθρώπου τὸν σκοπὸν αὐτοῦ, ἤγουν τὴν γνῶσιν τοῦ νοητοῦ καὶ ὑπὲρ αἴσθησιν, τὴν γνῶσιν τοῦ ὑπερτάτου ὄντος καὶ τῆς οὐσίας αὐτοῦ. Ὁ σκοπὸς τοῦ Νεοπλατωνισμοῦ ἦτον ἡ ἕνωσις τοῦ πεπερασμένου μετὰ τοῦ ἀπολύτου. Ἐν τῇ θεολογίᾳ ἐθεωροῦντο οἱ Νεοπλατωνικοὶ μεταξὺ τοῦ Πανθεϊσμοῦ καὶ τοῦ θεϊσμοῦ καὶ ἐν μὲν τῇ θεωρίᾳ ἔκλινον μᾶλλον πρὸς τὸν πρῶτον, ἐν δὲ τῇ πράξει μᾶλλον εἰς τὸν δεύτερον /(279).
342 Οἱ Νεοπλατωνικοὶ ἐφρόνουν ὅτι ἡ διδασκαλία τοῦ Ἰησοῦ Χριστοῦ ὅπως παρ' αὐτοῦ ἐγένετο, συνεφώνει

συνεισέφερεν εἰς τήν μόρφωσιν τοῦ καθαροτέρου μέρους τῆς νεοπλατωνικῆς θεολογίας περί τούτου οὐδεμία ἀμφιβολία ὑπάρχει, μαρτυρούσης τῆς παραδόξου ὁμοφωνίας μεταξύ νεοπλατωνικῶν τινων καί χριστιανικῶν ἰδεῶν. Τήν πηγήν ὅμως ταύτην ἠρνοῦντο οἱ νεοπλατωνικοί καί διεβεβαιοῦντο ὅτι ἡ θεολογία αὐτῶν πηγήν μόνην εἶχεν τήν ἐθνικήν φιλοσοφίαν καί μετ' αὐτῆς τήν ἀρχαιοτάτην χαλδαϊκήν καί αἰγυπτιακήν σοφίαν διό καί μετ' ὀλίγον ἐφάνησαν ὑπό Νεοπλατωνικῶν χαλκευθέντα πολλά συγγράμματα ἐν εἴδει χαλδαϊκῶν χρησμῶν καί ἐπ' ὀνόματι τοῦ Τρισμεγίστου Ἑρμοῦ[343].

Περί τά τέλη τῆς τρίτης ἑκατονταετηρίδος ὁ Νεοπλατωνισμός κατάστη κοινόν κτῆμα πάντων σχεδόν τῶν ἐν τῷ ἐθνικῷ κόσμῳ ὁπωσοῦν πεπολιτισμένων καί καλῶς ἀνατεθραμμένων. Καί αὐτῶν δέ τῶν λογίων χριστιανῶν ἡ εἰδολογική τοὐλάχιστον μόρφωσις τοῦ πνεύματος ἐν ταῖς σχολαῖς τῶν Νεοπλατωνικῶν ἐγίνετο. Καί εἰς πολλούς μέν ἀπέβαινεν ἀναντιρρήτως ὁ Νεοπλατωνισμός γέφυρα οὕτως εἰπεῖν πρός τήν χριστιανικήν θρησκείαν· τούς πλείστους ὅμως διΐστα ἀπ' αὐτοῦ καί ἀπηργάζετο φανερούς ἐχθρούς τοῦ Εὐαγγελίου. Οὐδεμία ἄλλη φιλοσοφία παρά τόν Νεοπλατωνισμόν ἐπλησίαζε μᾶλλον εἰς τόν Χριστινισμόν, πλήν καί οὐδεμία ἄλλη ἀντενήργησε κατ' αὐτοῦ ἰσχυρότερον καί διαρκέστερον. Ἐν τοῖς συγγράμμασι τοῦ Πλωτίνου ἀπαντῶνται πολλά κατά τῶν χριστιανῶν ἐκτοξευόμενα οὐχί ὅμως καί ἐξ ὀνόματος[344]. Εἰδικά ὅμως πολεμικά καί ὀνομαστί κατά τῆς χριστιανικῆς θρησκείας ἀπολυθέντα ἦσαν οἱ τοῦ Πορφυρίου *Λόγοι κατά Χριστιανῶν* εἰς βιβλία 15 /(276) καί οἱ τοῦ Ἱεροκλέους πρίν μέν Βιθυνίας ὕστερον δέ Ἀλεξανδρείας ἐπάρχου (ἐπί Διοκλητιανοῦ) *Λόγοι φιλαλήθεις πρός Χριστιανούς* εἰς βιβλία 2[345]. Ἀλλά καί

πληρέστατα μέ ὅσα αὐτοί ἐδίδασκον καί ἐπρέσβευον, ἀλλ' ὅτι ἡ διδασκαλία αὕτη ἐνοθεύθη ὕστερον ὑπό τῶν μαθητῶν αὐτοῦ, ἰδίως διά τοῦ περί τῆς θεότητος τοῦ Ἰησοῦ Χριστοῦ δόγματος καί διά τῆς ἀπαγορεύσεως τοῦ λατρεύειν τούς θεούς. Περί τῶν τοιούτων φρονημάτων τῶν Νεοπλατωνικῶν ὁμιλεῖ ὁ ἅγιος Αὐγουστῖνος ἀρυόμενος ἔκ τινος συγγράμματος τοῦ Πορφυρίου «*Περί τῆς ἐκ λογίων φιλοσοφίας*» ἐπιγραφομένου (τό ὁποῖον ὁ Φικινός –Ficinus- ἐπί τῆς 15 ἑκατονταετηρίδος ἀνέγνω. βλ. τά τούτου Comment. in Plotini 2 βιβλ.3,c. 7 p. 121 καί ἀλλαχοῦ - τό ὁποῖον πιθανῶς κεῖται εἰσέτι ἐν μιᾷ τῶν βιβλιοθηκῶν τῆς Φλωρεντίας).
343 Περί τῶν παρά τοῖς Νεοπλατωνικοῖς «Χαλδαϊκῶν λογίων» βλ. J.C. Thilo Comm. de coelo empyreo PP 3. Halae 1839. 40.4. - Ὑπό τό ὄνομα Ἑρμῆς ὁ Τρισμέγιστος συμπεριελαμβάνετο ἡ σοφία τῶν ἀρχαίων Αἰγυπτίων καί εἰς τό ὄνομα τοῦτο ἐγράφησαν διαφόρου ὕλης συγγράμματα, ἐξ ὧν τά φιλοσοφικά ἀνήκουσιν εἰς τόν Νεοπλατωνισμόν. Oper. graec. lat. ed. Adr. Turnelus Paris 1554 ed. Colon. 1630 – βλ. Tennemans Gesch. d. Philos. 6, 464.- Baumgarden – Crussius de librorum Hermeticorum origine atque insolae 1827.
344 Vogt's Noeplatonisnus und Christanthum σελ. 137 κεξ.
345 Ὁ Πορφύριος ἦτο ὁ γενναιότερος καί εὐφυέστερος τοῦ Χριστιανισμοῦ πολέμιος ὁ Σωκρ. Ἐκκλ. Ἱστ. 3,23 καί ὁ ἱερός Αὐγουστ. de civit. Dei 10,28 θέλουσι ὅτι καί οὗτος χριστιανός ὑπῆρχε τό πρότερον· περί τοῦ ζητήματος τούτου βλ. Ullmann ἐν τῷ Studien und Kritiken 1832, 2, 380.- Ὁ Πορφύριος ἐπωφελήθη ἐπιτηδείως ἐκ τῆς ἀτελείας εἰς ἥν εὑρίσκετο ἔτι τότε ἡ ἐξηγητική θεολογία τῶν χριστιανῶν καί μάλιστα ἐκ τῆς ἀλληγορικῆς ἑρμηνείας ἥτις ἐπεκράτει τότε· καί ἐζήτησε νά καταδείξη ὅτι μεταξύ τῆς διδασκαλίας τοῦ ἀποστόλου Παύλου καί τῆς

ὁ Βίος τοῦ Πυθαγόρου ὁ ὑπό ἑνός τοῦ Πορφυρίου καί τοῦ Ἰαμβλίχου συγγραφείς κατά τῶν χριστιανῶν ἀπευθύνετο[346]. Ὁ Νεοπλατωνισμός ἐπολέμει τόν χριστιανισμόν οὐχί βαρβάρως καί ἀπανθρώπως διά πυρός καί μαχαίρας, ἀλλά διά τοῦ λόγου καί τῆς φιλοσοφίας καί οὐχί τόσον ἀμέσως καί ἀπ' εὐθείας, ὅσον ἐμμέσως ἐκπνευματίζων ὡς εἴπομεν τόν ἐθνικισμόν καθ' ὅλας αὐτοῦ τάς μορφάς καί ἀρυόμενος πανταχόθεν πᾶν ὅ,τι καλόν καί εἰς τόν σκοπόν αὐτοῦ συντελεστικόν εὕρισκε καί τοιουτοτρόπως ἐφελκύων τά πνεύματα τῶν ἀνθρώπων ἐπιρρεπόντων ἀείποτε εἰς τήν τήρησιν τῶν πατροπαραδότων. Ἀπό τῆς ἐντελοῦς νίκης ἥν ἤρατο ὁ χριστιανισμός κατά τοῦ ἐθνισμοῦ ἐπί τῆς 4 ἑκατονταετηρίδος ἤρξατο ὁ Νεοπλατωνισμός, εἰ καί δραστηρίως ἔτι ἐνεργῶν, νά φθισιᾷ καί νά καταπίπτῃ, ἕως οὗ κατά τήν ἕκτην ἑκατονταετηρίδαν ἐτελεύτησε καταβληθείς ὑπό τῆς αὐταπάτης καί τοῦ ψεύδους ὅπερ ἔφερεν ἐν ἑαυτῷ (§). Εὐτύχημα ἀληθῶς ἦτον καί τῆς θείας προνοίας ἔργον ὅτι οὐδένα τῶν τότε κραταιῶν ἐκέρδησεν οὕτω ὡς κατά τήν 4 ἑκατονταετηρίδαν Ἰουλιανόν τόν Παραβάτην (§).

Διαγωγή τῶν ῥωμαίων αὐτοκρατόρων τοῦ λαοῦ καί τῶν κατά τόπους ἀρχόντων πρός τόν χριστιανισμόν ἀπό τοῦ ἔτους 180-324.

§82. Ἐπιθεώρησις.

Ἐνῶ οἱ νεοπλατωνικοί φιλόσοφοι καί μετ' αὐτῶν αἱ ἀνώτεραι τοῦ ἐθνικοῦ κόσμου τάξεις ἀπό τοῦ ἀνωτέρου προδιαγραφέντος σημείου αὐτῶν ὁρμώμενοι ἐθεώρουν τούς χριστιανούς ὡς ὁμάδα ἀνθρώπων πεπλανημένων καί ἀπομακρυνθέντων δῆθεν ἀπό τῆς καθαρᾶς τοῦ ἀρχηγοῦ αὐτῶν διδασκαλίας·ἐνῶ οὗτοι δυσανασχετοῦντες κατά τῆς

διδασκαλίας τοῦ ἀποστόλου Πέτρου ὑφίσταται ἀσυμβίβαστος ἀντίφασις. Ἐκ τῶν 15 βιβλίων ὀλίγα τεμάχια διεσώθησαν παρά τῷ Εὐσεβίῳ Ἐκκλ. Ἱστ. 6,19 βλ. καί Φαβρικ. Biblioth. gr. t. 4. p.207. Κατ' αὐτοῦ ἔγραψεν Μεθόδιος ἐπίσκοπος Τύρου, Εὐσέβιος ὁ Καισαρείας καί Ἀπολλινάριος ὁ Λαοδικείας πλήν καί ταῦτα ἀπωλέσθησαν.- Ἀλλ' ὁ Ἱεροκλῆς ὑπολείπεται πολύ τοῦ Πορφυρίου. Περί αὐτοῦ ὅστις ἐπί τοῦ γαλεριανοῦ διωγμοῦ δυνάμει τῆς ἀξιωματικῆς αὐτοῦ θέσεως δέν ὤκνησε νά ἐπιτεθῇ καί ἄλλως πως κατά τῶν χριστιανῶν βλ. Lachant. institutt. div. 5,2 καί 3. Τούς ἀνωτέρω μνημονευθέντας αὐτοῦ λόγους ἀφήρεσεν ὁ λογοκλόπος οὗτος ἐκ τῶν τοῦ Πορφυρίου συγγραμμάτων παραγεμίσας αὐτούς /(280) μέ ἀνεδέστατα κατά τοῦ Χριστοῦ ψεύδη. Κατά τῆς συγκρίσεως τοῦ Ἰησοῦ Χριστοῦ πρός Ἀπολλώνιον τόν Καππαδόκην, ἥν ἐποιεῖτο ἐν τοῖς λόγοις τούτοις ὁ Ἱεροκλῆς βλ. Εὐσεβ. ὄπισθεν τῆς Εὐαγγελικῆς Ἀποδείξεως. - Ἤδη ἐπί τῶν χρόνων τοῦ ἱεροῦ Χρυσοστόμου εἶχον ἐκλείψει τά κατά τῶν χριστιανῶν συγγράμματα τῶν ἐθνικῶν φιλοσόφων (Χρυσοστ. εἰς τόν ἅγιον Βαβύλαν opp. ed. Montf. 2,539). Οὐαλεντινιανός ὁ Γ΄ καί Θεοδόσιος ὁ Β΄ (+449) διέταξαν νά καίωνται ταῦτα. Κώδηξ Ἰουστινιαν. 1,1,3.
346 Jamblichus de vita Pythagorae gr. et lat. ed. Theoph. Kiessling Acc. Porphyrius de vita Pyth. 2 partes Lips. 1815. Παραβ. Mosheim dissert. ad hist. eccles. pert. 1,151.- Tzschirner's Fall. des Heidenth. 1, 465.

χριστιανικῆς θρησκείας ὡς ἀποκλειούσης πάντα τά λοιπά θρησκευτικά συστήματα κατεπολέμουν αὐτήν ἐμμέσως τε καί ἀμέσως, ἔνθεν προβάλλοντες τήν ἑαυτῶν φιλοσοφίαν ὡς τήν ἀλήθειαν διακατέχουσαν, ἐκεῖθεν δέ δικαιολογοῦντες τάς πεπλανημένας τῶν πολλῶν δεισιδαιμονίας - Ἐκ μέρους τῶν περισσοτέρων αὐτοκρατόρων, οἵτινες οἵτινες ἐβασίλευσαν ἀπό τοῦ 180 μέχρι τοῦ 249 ἡ χριστιανική ἐκκλησία ἀπήλαυεν εἰρήνης καί ἀνέσεως πολλῆς, ἅτε δή τῆς χριστιανικῆς θρησκείας τιμωμένης καί συμπεριλαμβανομένης καί αὐτῆς ἐν τῷ θρησκευτικῷ κράματι, ἤγουν ἐν τῷ συγκρητισμῷ ἐκείνῳ ὅστις κατά τούτους τούς χρόνους ἀνεφάνη καί τοῦ ὁποίου τά θέλγητρα ἐκυρίευσαν, ὡς εἴπομεν, πολλούς καί ἐκ τῶν ἐπί τοῦ ῥωμαϊκοῦ θρόνου καθημένων (§).
– Κατά τό ἕτερον ἥμισυ τοῦ χρονικοῦ τούτου διαστήματος (249-324) συνέβησαν οἱ μεγαλύτεροι κατά τῆς ἐκκλησίας διωγμοί, οἱ φοβερώτεροι καί κινδυνωδέστεροι ἁπάντων τῶν μέχρι τοῦδε· καθόσον καθολικοί ὄντες σχεδόν πάντες καί δι' ἐπαλλήλων /(281) αὐτοκρατορικῶν διαταγμάτων ἐπιτεινόμενοι οὐδέν ἄλλο ἐσκόπουν εἰμή τήν ἐξ ὁλοκλήρου ἐξόντωσιν τῆς χριστιανικῆς ἐκκλησίας· πλήν καί τώρα πάλιν ἀπήλαυσεν ἡ ἐκκλησία ἐκ μέρους αὐτοκρατόρων τινῶν ἱκανῆς καί διαρκοῦς εἰρήνης ἐπί 40 ὅλα ἔτη παραταθείσης (260-303). Διωγμοί κατά τῶν χριστιανῶν συνέβαινον καθ' ὅλην ταύτην τήν μίαν καί ἡμίσειαν περίπου ἑκατονταετηρίδαν καί ἐκ μέρους τοῦ λαοῦ καί τῶν ἀρχόντων, ἐπειδή οὔτε ὁ λαός εἶχεν ἀπαλλαχθῆ ἐντελῶς τῶν περί τῆς χριστιανικῆς θρησκείας προλήψεών του, οὔτε οἱ κατά πόλεις τοπάρχαι περιεφρόνουν τό ἀργύριον· πλήν οἱ διωγμοί οὗτοι ἦσαν μερικοί, ἐπιτόπιοι καί σποραδικοί. Μεταξύ τοῦ λαοῦ τῶν ἐθνικῶν ἐξηλείφθησαν μέν κατ' ὀλίγον αἱ φῆμαι ἐκεῖναι περί τῶν χριστιανῶν ὡς διαπραττόντων δῆθεν παντοίας κακίας καί αἰσχρότητας εἰς τάς ἑαυτῶν συνάξεις[347] αἱ λοιπαί ὅμως κατ' αὐτῶν προλήψεις διετηροῦντο ἔτι ζῶσαι καί ἀναλλοίωτοι· οὕτω φέρ' εἰπεῖν ἑκάστη κοινή συμφορά ὑπελαμβάνετο ὡς σημεῖον τῆς ὀργῆς τῶν θεῶν κατά τῶν χριστιανῶν, ὅθεν καί ὁσάκις ἐπισυνέβαινον τοιαῦτα κοινά δυστυχήματα οἱ χριστιανοί κατεδιώκοντο ὡς παραίτιοι δῆθεν αὐτῶν[348]. Ὡσαύτως πολλοί τῶν κατά τόπους ἀρχό-

---

347 «Ἥτις δυσφημία παραλόγως πάλαι μέν πλείστων ὅσων ἐκράτει … καί νῦν δέ ἔτι ἀπατᾷ τινάς» Ὠριγεν. κατά Κέλσ. 6 σελ. 294. «οὐκ εἰς μακρόν γε μήν αὐτῷ (τῷ δαίμονι) ταῦτα προυχώρει, τῆς ἀληθείας αὐτήν ἑαυτήν συνιστώσης, ἐπί μέγα τε φῶς κατά τόν προϊόντα χρόνον διαλαμπούσης» Εὐσεβ. Ἐκκλ. Ἱστ. 4,7;
348 Παραβ. § βλ. καί Cyprian lib. ad Demetrianum: Dixisti, per nos fieri, et quod nobis debeant imputari omnia ista, quibus nunc mundus quatitur et urgetur, quod dii vestri a nobis non colantur. καί Ὠριγεν. εἰς τόν Ματθ. κεφ. 39 Εἰς

ντων ὑπό αἰχροκερδείας κεντούμενοι κατέσφαζον χριστιανούς καί διήρπαζον τά ὑπάρχοντα αὐτῶν αὐθαιρέτως δυνάμει τῶν ὑφισταμένων ἔτι ἐναντίων αὐτῶν νόμων (§).

§83. Οἱ ἀπό τοῦ 180 - 249 βασιλεύσαντες καί ἡ ἐπ' αὐτῶν ἐξωτερική κατάστασις τῆς ἐκκλησίας.

Ὁ Κόμμοδος βασιλεύσας ἀπό τοῦ 180- 192 εἰ καί ὠμός ἄλλως ἡγεμών, πρός τούς χριστιανούς ὅμως ἐφέρετο ἠπίως ἔχων μεσιτεύουσαν ὑπέρ αὐτῶν Μαρκίαν τήν παλλακήν /(282) αὐτοῦ· ἥτις εὔνους ὑπάρχουσα τοῖς χριστιανοῖς μεγάλως αὐτοῖς εὐηργέτει, ἅτε δή τό πᾶν δυναμένη παρά τῷ Κομμόδῳ. Ἡ αὐτή δέ κατώρθωσε νά ἐλευθερώσῃ ἐκ τῶν μεταλλείων τῆς Σαρδηνίας καί πάντας τούς αὐτόθι ἐργαζομένους ὁμολογητάς. Ἐπειδή ὅμως οἱ κατά τῶν χριστιανῶν κείμενοι νόμοι δέν εἶχον εἰσέτι ἀρθῆ συνέβαινον ἔστιν ὅτε ἐνιαχοῦ καί καρατομήσεις χριστιανῶν· οὕτω φερ' εἰπεῖν ἐπί τοῦ αὐτοκράτορος τούτου λέγεται μαρτυρήσας ὁ Ἀπολλώνιος «ἀνήρ τῶν τότε πιστῶν ἐπί παιδείᾳ καί φιλοσοφίᾳ βεβοημένος»[349].

Καί αὐτοί δέ οἱ διάδοχοι τοῦ Κομμόδου ὁ Περτίναξ, ὁ Δίδιος καί ὁ Ἰουλιανός οὐδέν κατά τῶν χριστιανῶν ἐπεχείρησαν, ὀλιγοημέρου γενομένης τῆς βασιλείας αὐτῶν.

Ἐπίσης εὐνοϊκῶς διέκειτο κατ' ἀρχάς πρός τούς χριστιανούς καί Σεπτίμιος ὁ Σευῆρος αὐτοκρατορήσας ἀπό τοῦ 193-211. Οὕτος νόσῳ βαρείᾳ περιπεσών καί θερα-

---

τά τοῦ Ματθ. 24,9 καί Arnobium adversus gentes 1c.1.c.3. 3.c.36. 4. c. 37 καί Εὐσεβίου Ἐκκλ. Ἱστ. 9,7.
349 Περί τοῦ Κομμόδου καί τῆς Μαρκίας, τήν ὁποίαν καί «φιλόθεον παλλακήν» ὠνόμασαν, ὅρ. Διων. Κασς. βιβλ. 72,4. Τά φιλοσοφούμενα βιβλ. 9 σελ. 288 καί Εὐσεβ/Ἐκκλ. Ἱστ. 5,21 ὁ τελευταῖος ἱστορεῖ τήν ἐπί τοῦ Κομμόδου κατάστασιν τῆς ἐκκλησίας ὧδε πως «Κατά δέ τόν αὐτόν τῆς Κομμόδου βασιλείας χρόνον μεταβέβλητο μέν ἐπί τό πρᾷον τά καθ' ἡμᾶς, εἰρήνης σύν θείᾳ χάριτι τάς καθ' ὅλης τῆς οἰκουμένης διαλαβούσης ἐκκλησίας ... οὐκ ἦν δ' ἄρα τοῦτο τῷ μισοκάλῳ δαίμονι βασκάνῳ ὄντι τήν φύσιν οἰστόν· ἀπεδύετο γοῦν αὖθις, ποικίλας τῶν καθ' ἡμῶν μηχανάς ἐπιτεχνώμενος. Ἐπί γοῦν τήν ῥωμαίων πόλεως Ἀπολλώνιον ἄνδρα τῶν τότε πιστῶν ἐπί παιδείᾳ καί φιλοσοφίᾳ βεβοημένων, εἰς δικαστήριον ἄγει, ἕνα γε τινα τῶν εἰς ταῦτα ἐπιτηδείων αὐτοῦ διακόνων, ἐπί κατηγορίᾳ τἀνδρός ἐγείρας». Ὁ Ἱερώνυμος de vir. ill. c. 42 λέγει ὅτι ὁ καταμηνύσας τόν Ἀπολλώνιον ἦτο δοῦλος Σευῆρος ὀνομαζόμενος· a servo Severo proditus καί οὐδέν πλέον. Κατά τε τόν Εὐσέβιον ὑπέστη καί οὗτος τόν θάνατον «ὅτι μή ζῆν ἐξόν ἦν κατά βασιλικόν ὅρον τούς τῶν τοιωνδε μηνυτάς» παρά τῷ Tertull. apolog. c. 5 καί Εὐσέβ. Ἐκκλ. Ἱστ. 4,13 γίνεται λόγος περί τινος βσιλικοῦ διατάγματος καταδικάζοντος εἰς θάνατον τούς καταμηνύοντας τούς χριστιανούς, καί ἐπ' αὐτοῦ πάντως ἐρείδεται ὁ Εὐσέβιος ταῦτα λέγων· ἄλλοι ὅμως μή παραδεχόμενοι τοιοῦτον τι διάταγμα κρίνουσιν ἄλλως βλ. Neand. K-g. 1.B. 1 Abth. σελ. 65. καί Gieseler K-g. 1.B. 1Abth. σελ. 176. σημ. 11. Περί δέ τοῦ Ἀπολλωνίου ὁ μέν Νικηφ. ὁ Κάλλιστος Ἐκκλ. Ἱστ. 4,26 λέγει ὅτι ἦν αὐτός ἐκεῖνος ὁ κατά /(286) τῶν Μοντανιστῶν ἀγωνιστής βλ. Εὐσέβ. Ἐκκλ. Ἱστ. 5,16 καί τάς κάτωθεν σημειώσεις τοῦ Heinichen.- ὁ δέ Ἱερώνυμος ἐν τῷ vir. ill. c. 42 διακρίνει αὐτούς ὀνομάζων τόν ἐνταῦθα μαρτυρήσαντα συγκλητικόν τῆς ῥωμαίων πόλεως senatorem urbis romae καί τοῦτο εἶναι τό ἀληθέστερον.

πευθείς ὑπό χριστιανοῦ τινος ὀνόματι Προκούλου δι' ἐλαίου (Ἰάκωβ. καθολ. ἐπιστ. 5,4) ὑπερήσπιζε κατ' ἀρχάς τούς χριστιανούς καί πολλούς ἐξ αὐτῶν ἄνδρας τε καί γυναῖκας τῶν ἐπιφανῶν ἀνέσωσεν ἀφαρπάσας ἐκ τοῦ θανάτου[350]. Ἐν τούτοις ὅμως ἡ μανία τοῦ λαοῦ καί τό φιλάρπαγον καί πλεονεκτικόν τῶν κατά τόπους διοικητῶν παρεσκεύαζον εἰς τούς χριστιανούς τῶν ἐπαρχιῶν, ἰδίως τῆς Ἀφρικῆς, πολλά καί μεγάλα δεινά[351] ἄπερ ηὔξησαν καί ἐπολλαπλασιάσθησαν ὅτε ἐν ἔτει 203 καί αὐτός ὁ βασιλεύς εἴτε ἐπαναστατικάς ὑπονοίας λαβών κατά τῶν χριστιανῶν εἴτε καί ἐκ τοῦ ὑπερβολικοῦ ζήλου χριστιανῶν τινων παρακινηθείς, ἴσως Μοντανιστῶν, ὡς φερ' εἰπεῖν συνέβη ἐν Ἀφρικῇ ὅπου στρατιώτης τις ἐν τινι ἑορτῇ ἀπεποιήθη νά θέσῃ ἐπί τῆς κεφαλῆς αὐτοῦ τόν προσενεχθέντα αὐτῷ στέφανον, μέτεβαλε τήν πρός τούς χριστιανούς διάθεσιν καί ἀπηγόρευσεν τήν εἰς τόν ἰουδαϊσμόν καί εἰς τόν χριστιανισμόν μετάβασιν[352]. Τραχύτατοι καί ἀπανθρωπότατοι ἀπέβησαν οἱ διωγμοί ἐξαιρέτως ἐν Αἰγύπτῳ, ἐν Ἀλεξανδρείᾳ, ἐν Θηβαΐδι καί εἰς τάς δυτικάς ἐπαρχίας τῆς Ἀφρικῆς. Ἐν Ἀλεξανδρείᾳ ἀπεκεφαλίσθη ὁ πατήρ τοῦ Ὠριγένους ὁ Λεωνίδας[353]. Ἡ παρθένος Ποταμιαίνη, τήν ὁποίαν ἐκτός τῆς ἠθικῆς καλλονῆς τῆς ψυχῆς ἐξωράϊζε καί ὡραιότης φυσική, ὑποστᾶσα κατά πρῶτον πολυειδῆ καί σκληρότατα βασανιστήρια, παρεδόθη ἔπειτα εἰς τούς βασανιστάς αὐτῆς ὅπως καταισχύνωσιν αὐτήν· ἀποφυγῶσα ὅμως τήν καταισχύνην ἐβλήθη μετά τῆς μητρός αὐτῆς Μαρκέλλης, κατ' ὀλίγον βαπτιζομένη, ἐντός κοχλαζούσης πίσσης καί οὕτω ἐτελειώθησαν ἀμφότεραι. Καί τις δέ τῶν στρατιωτῶν τῶν ὑπουργούντων εἰς τά κολαστήρια τῆς μακαρίας Ποταμιαίνης Βασιλείδης ὀνόματι πιστεύσας εἰς Χριστόν ἀπετμήθη τήν κεφαλήν κατά τήν ὑστεραίαν[354]. Οὐχ ἧττον σφοδρός καί θηριώδης ἐγένετο ὁ διωγμός καί ἐν Καρ /(283) δόνι. Ἐνταῦθα ἡ ἐξ εὐγενῶν γονέων εἰκοσιδυοέτης Περπετούα, μετά πολλούς βασάνους καί καθείρξεις φέρουσα ἐν ἀγκάλαις θηλάζον βρέφος, πρό δέ τῶν ποδῶν αὐτῆς ἔχουσα τόν ἄπιστον αὐτῆς πατέρα ἐκλιπα-

---

350 Tertull. ad Scapulam c. 4.
351 Tertull. de fuga in persecut. c. 12 persecutionem ... non esse ... redimendam... redemptio nummaria fuga est. ὅρα τοῦ αὐτοῦ Ἀπολογ. (γραφέντα κατά τό 198) c. 7.12.30. 37. 49 καί Κλήμης Ἀλεξ. Στρωμ. 2,20.
352 Tertull. de corona militis ὅπου καί ὑπεραπολογεῖται τοῦ στρατιώτου τούτου ὁ Τερτυλλιανός.- Spartiam, in Severo c. 17. in itinere Palaestinis plurima jura fundavit. Judaeos fieri sub gravi poena vetuit. Idem etiam de Christianis sanxit. βλ. καί Lamprid. vit. imp. Sev. c. 17. καί Ulpian in lib. sing. de officio Praefecti urbi (Dig. lib. 1 tit. 12§5). Divus Severus rescripsit, eos etiam, qui illicitum collegium coisse dicuntur, apud Praefectum Urbis accusandos.
353 (Εὐσεβ. Ἐκκλ. Ἱστ. 6,1)
354 Εὐσεβ. Ἐκκλ. Ἱστ. 6,5.

ροῦντα αὐτήν ὅπως ἐκκλίνη καί προσκυνήση τά εἴδωλα, διέμεινε πιστή εἰς τήν εἰς Χριστόν πίστην ἐφ' ᾧ καί παρεδόθη ἐπί τέλους εἰς τούς κερατισμούς ἀγρίας δαμάλεως καί εἰς τήν μαχαίραν τοῦ δημίου. Μετά τῆς αὐτῆς γενναιότητος καί ἐπίσης χαίρουσα καί ἀγαλλομένη ἐμαρτύρησεν αὐτόθι καί ἡ Φιλικίτα. Μετά τήν καρατομίαν ἐπηκολούθη ἡ δήμευσις τῶν ὑπαρχόντων[355].

Ἐπί τοῦ υἱοῦ καί διαδόχου τοῦ Σευήρου Ἀντωνίνου τοῦ Καρακάλλου (211-217), περί οὗ λέγεται ὅτι γάλακτι χριστιανικῷ ἀνετράφη[356], ἐξηκολούθουν μέν οἱ διωγμοί, μετριώτεροι ὅμως ἕως οὗ κατ' ὀλίγον κατέπαυσαν (βλ. §)[357].

Ἐπί τοῦ Ἡλιογαβάλου (218 -222) ἐν τῷ μωρῷ καί ἀνοήτῳ κράματι τῶν θρησκειῶν τοῦ ὁποίου ὑπῆρχεν, ὡς εἴρηται, καί ἡ χριστιανική θρησκεία, ἡ ἐκκλησία διετέλεσεν ἀτάραχος καί ἀβλαβής (§).

Ἀλλ' ἐξαιρέτου εὐνοίας καί προστασίας ἔτυχον οἱ χριστιανοί ὑπό τοῦ αὐτοκράτορος Ἀλεξάνδρου τοῦ Σευήρου (222-235) καί τῆς μητρός αὐτοῦ τῆς διαβοήτου Ἰουλίας τῆς Μαμμαίας[358]. Καθώς ἡ μήτηρ οὕτω καί ὁ υἱός αὐτῆς ἐκλεκτικός ὤν εἶχεν ὡς εἴπομεν ἐν τῷ σηκῷ τοῦ παλατίου του μεταξύ τῶν προτομῶν πολλῶν ἄλλων σοφῶν καί μεγάλων τῆς ἀρχαιότητος ἀνδρῶν καί τάς προτομάς τοῦ Ἰησοῦ Χριστοῦ καί τοῦ Ἀβραάμ, πρός οὕς ἀπένεμε θρησκευτικήν λατρείαν (§). Ὁ βιογράφος τοῦ αὐτοκράτορος τούτου Αἴλιος ὁ Λαμπρίδιος ἐκτός τούτου ἀναφέρει καί ἄλλα πολλά, δι' ὧν ἀρκούντως καταφαίνεται ἡ πρός τήν χριστιανικήν θρησκείαν διάθεσις του. Ὁ Ἀλέξανδρος, λέγει οὗτος[359], ἠθέλησε καί ἱερά νά ἀνοικοδομήση εἰς τόν Χριστόν καί μεταξύ τῶν θεῶν αὐτόν

---

[355] Περί τῶν ἐν Καρχηδόνι ἀθλησάντων μαρτύρων σώζονται παρά τῷ Ruinart act. Martyr. σελ. 90 κεξ. ἀρχαιόταται εἰδήσεις, αἵτινες κατά τοσοῦτον μάλιστα εἶναι περίεργοι καθόσον συνοπτικῶς ἀναφέρουσι καί αὐτάς τάς λέξεις τῶν μαρτύρων· σημειωτέον ὅμως ὅτι τά ἱστορήματα ταῦτα φέρουσι μοντανιστικόν χαρακτῆρα.- Τοσοῦτον καθόλου σφοδρός ἐγένετο ὁ ἐπί τοῦ Σευήρου διωγμός, ὥστε εἷς ἐκ τῶν κατά τούς χρόνους τούτους ἐκκλησιαστ. συγγραφέων Ἰούδας ὀνόματι ἐπίστευσεν ὅτι ἦτον ἐγγύς ἡ παρουσία τοῦ ἀντιχρίστου «Ἰούδας συγγραφέων ἕτερος τήν θρυλλουμένην τοῦ ἀντιχρίστου παρουσίαν ἤδη τότε πλησιάζειν ᾤετο· οὕτω σφοδρῶς ἡ τοῦ καθ' ἡμῶν τότε διωγμοῦ κίνησις, τάς πολλῶν ἀνετάραξε διανοίας» Εὐσέβ. Ἐκκλ. Ἱστ. 6,7.
[356] (lacte christiano educatus, Tertull. Scupalum c. 4)
[357] Ἐπί τοῦ αὐτοκράτορος τούτου θέλουσι τινες, ἐπιστηριζόμενοι ἐπί τῶν Digest lib. 1 tit. 16.4. ὅτι ἔγραψε Δομίτιος ὁ Οὐλενιανός σύμβουλος τοῦ αὐτοκράτορος τούτου τά 10 αὐτοῦ βιβλία Libb. X de officio Proconsulis· ὁ Δομίτιος δέν διέκειτο εὐνοϊκῶς πρός τούς χριστιανούς καθότι ἐν τῷ 7 βιβλίῳ συνέλεξε πάντα τά rescripta principum, ut doceret, quibus poenis uffici oporteret eos, qui /(287) se cultores Dei confiterentur. Παταβ. Laetant. Just. lib. 5, c. II (ἤ 11?).
[358] Οὗτος εἰς μέν τούς Ἰουδαίους, λέγει ὁ Λαμπρίδιος vit. Alexandr. Sev. c. 22, ἐχάρισατο προνόμια, τούς δέ χριστιανούς ἀφῆκεν ἀνενοχλήτους Judaeos privilegia reservavit, Christianos esse passus est. Ὁ αὐτός κατά τόν Εὐσέβιον Ἐκκλ. Ἱστ. 6,28 εἶχεν ἐν τῷ παλατίῳ του ἱκανούς χριστιανούς θεράποντας.
[359] (vit, Alexandr. Sev. c. 43)

νά κατατάξῃ... ἀλλ' ἐκωλύθη παρά τῶν μάντεων εἰπόντων πρός αὐτόν ὅτι πάντες θά ἐγίνοντο χριστιανοί ἐάν τοῦτο συνέβαινε καί ὅτι οἱ ναοί θά ἠρημοῦντο· τό λόγιον ἐν τούτοις τοῦ Ἰησοῦ Χριστοῦ «Καθώς θέλετε ἵνα ποιήσωσιν ὑμῖν οἱ ἄνθρωποι καί ὑμεῖς ποιεῖτε αὐτοῖς ὁμοίως» Λουκ. 6,31 ἧτο γεγραμμένον κατά διαταγήν αὐτοῦ εἰς ὅλους τούς τοίχους τοῦ παλατίου του. Ὁ αὐτός, ὅτε μίαν φοράν οἱ χριστιανοί, κύριοι γενόμενοι πλατείας τινός δημοσίου, ἐν ᾗ ἔμελλον νά οἰκοδομήσωσι ναόν, διεφέροντο πρός τούς ὀψοπώλας διϊσχυριζομένους ὅτι ἡ πλατεία ἐκείνη ἀνῆκεν εἰς αὐτούς, διέλυσε τήν δίκην εἰπών ὅτι ἄμεινον ἧτο /(284) νά λατρεύηται ἐν αὐτῇ ὁ θεός ὁτῳδήποτε τρόπῳ παρά νά ἐγκαταληφθῇ εἰς τούς ὀψοπώλας³⁶⁰. Πόσον ἐξετίμα ὁ αὐτοκράτωρ οὗτος τά πράγματα ἐν γένει τῷ χριστιανῶν μαρτυρεῖ καί τό ἀκόλουθον.- Ὁσάκις ἔμελλε, λέγει ὁ ῥηθείς βιογράφος του, νά διορίσῃ εἰς τάς ἐπαρχίας διοικητάς ἄρχοντας ἤ ἀνθυπάτους προέτεινε τά ὀνόματα αὐτῶν καί ἐπέτρεπε τόν λαόν, ἵνα ἐάν τις εἶχε τι κατ' αὐτῶν ἐξείπῃ ἀφόβως ὑπό τόν ὅρον ὅμως ἵνα ἐάν δέν ἀπεδείκνυε τήν κατηγορίαν ὑφίσταται τήν θανατικήν ποινήν, οὕτω δέ ποιῶν ἔλεγεν ὅτι ἧτο δεινόν οἱ μέν χριστιανοί καί οἱ Ἰουδαῖοι νά ἐκλέγωσι καί προχειρίζωσι τούς πνευματικούς αὐτῶν προϊσταμένους συγκαταθέσει καί ψήφῳ τοῦ λαοῦ, ἐπί δέ τῶν διοικητῶν τῶν ἐπαρχιῶν, εἰς τούς ὁποίους ἐμπιστεύονται ἡ περιουσία καί ἡ ζωή τῶν ἀνθρώπων, νά μή γίνεται τοῦτο³⁶¹. Δι' ὅλα δέ ταῦτα σκώπτοντες αὐτόν οἱ ἐν Ἀντιοχείᾳ καί Ἀλεξανδρείᾳ ἐθνικοί ἀπεκάλουν αὐτόν Ἀρχισυνάγωγον καί Ἀρχιερέα³⁶². Ὄχι ὀλιγώτερον ἐξετίμα τά τῶν χριστιανῶν καί ἡ μήτηρ αὐτοῦ Ἰουλία Μαμμαία, ἥτις χαρακτηρίζεται ὡς γυνή θεοσεβεστάτη καί εὐλαβής τόν τρόπον, ἀκούσασα τήν φήμην τοῦ Ὠριγένους πανταχοῦ διαβοωμένην ἐπεθύμησε νά ἴδῃ τόν ἄνδρα ἐκ τοῦ πλησίον καί νά λάβῃ πεῖραν τῆς περί τά θεῖα συνέσεώς του· ὅθεν καί ἐν Ἀντιοχείᾳ ποτέ διατρίβουσα μετεπέμψατο ἐν πομπῇ καί παρατάξει στρατιωτικῇ, παρά τοῦ ὁποίου καί ἤκουσε πολλά περί τε τοῦ Κυρίου καί περί τῆς διδασκαλίας αὐτοῦ³⁶³.

---

360 (Lamprid. vit. Alex. Sev. c. 49)
361 (αὐτόθι c. 45)
362 (αὐτόθι c. 28)
363 Ἰδού αἱ λέξεις τοῦ Εὐσεβίου (Ἐκκλ. Ἱστ. 6,21) «Τοῦ δέ αὐτοκράτορος μήτηρ Μαμμαία τοὔνομα, γυνή θεοσεβεστάτη εἰ καί τις ἄλλη γεγονυῖα, καί εὐλαβής τόν τρόπον, τῆς Ὠριγένους πανταχόσε βοωμένης φήμης, ὡς καί μέχρι τῶν αὐτῆς ἐλθεῖν ἀκοῶν, περί πολλοῦ ποιεῖται τῆς τοῦ ἀνδρός θέας ἀξιωθῆναι, καί τῆς ὑπό πάντων θαυμαζομένης περί τά θεῖα συνέσεως αὐτοῦ πεῖραν λαβεῖν. Ἐπ' Ἀντιοχείας δῆτα διατρίβουσα, μετά στρατιωτικῆς δορυφορίας αὐτόν ἀνακαλεῖται. Παρ' ᾗ χρόνον διατρίψας, πλεῖστά τε ὅσα εἰς τήν τοῦ Κυρίου δόξαν καί τῆς τοῦ θείου διδασκαλείου ἀρετῆς ἐπιδειξάμενος ἐπί τάς συνήθεις ἔσπευδε διατριβάς», παραβ. Ἱερών. de vir.

Ὁ φονεύς καί διάδοχος Ἀλεξάνδρου τοῦ Σευήρου Μαξιμῖνος ὁ Θρᾴξ (235-238) ἅμα ἀναβάς εἰς τόν θρόνον ἐκηρύχθη πολέμιος τῶν χριστιανῶν, διότι οὗτοι ἦσαν φίλοι τοῦ προκατόχου του. Διέταξε δέ νά παραδίδωνται εἰς θάνατον πρό πάντων οἱ ἐπίσκοποι τῶν Ἐκκλησιῶν καί ἀφῆκε καθόλου ἐλεύθερον τό κατά χριστιανῶν μῖσος τοῦ λαοῦ, ὅπερ σφοδρότερον διά τούς ἐπισυμβάντας τότε σεισμούς ἐγένετο. Ἐν τῇ μικρᾷ Ἀσίᾳ ἐξεμάνη κατά τῶν χριστιανῶν ἐξαιρέτως ὁ τῆς Καππαδοκίας ἄρχων Σερενιανός. Ἐκ τούτου ὁ ἐπί Μαξινίνου τοῦ Θρακός κινηθείς διωγμός δέν ἦτο καθολικός, ἐπειδή οὗτος δέν ἀνεγνωρίζετο εἰς ὅλας τάς ἐπαρχίας ὡς αὐτοκράτωρ[364].

Ἐπί τοῦ διαδόχου αὐτοῦ τοῦ Γορδιανοῦ ἤ τῶν Γορδιανῶν πατρός, υἱοῦ καί ἀνεψιοῦ (238-244) ἐπανῆλθεν πάλιν ἡ γαλήνη εἰς τήν ἐκκλησίαν· ὁ δέ Φίλιππος ὁ Ἄραψ (244-249) τοσοῦτον ηὐνόει καί περιέθαλπε τούς χριστιανούς, ὥστε καί χριστιανός παρά τινων ἐλογίσθη. Κατέχει λόγος, γράφει περί αὐτοῦ ὁ πατήρ τῆς Ἐκκλησιαστικῆς Ἱστορίας /(285) ὁ Εὐσέβιος, ὅτι ἦτο χριστιανός, ὅτι θελήσας ποτέ κατά τήν ἡμέραν τῆς ὑστάτης τοῦ Πάσχα παννυχίδος νά λάβῃ μέρος εἰς τάς εὐχάς τῆς ἐκκλησίας, ἐκωλύθη ὑπό τοῦ ἐπισκόπου εἰπόντος αὐτῷ ὅτι ἦτον ἀνάγκη πρότερον ἐξομολογηθείς τάς ἁμαρτίας αὐτοῦ νά τελέσῃ τό τῆς μετανοίας στάδιον καί ὅτι τέλος ὑπακούσας προθύμως εἰς τά λόγια τοῦ ἐπισκόπου ἐπεδείξατο διά τῶν ἔργων τό γνήσιον καί εὐλαβές τῆς πρός τά θεῖα διαθέσεως του[365]. Τοῦτο, τό ὁποῖον ὁ Εὐσέβιος ὡς φήμην ἁπλῶς ἀναφέρει, ὁ Ἱερώνυμος ἱστορεῖ ὡς βέβαιον γεγονός· καί θεωρεῖ ἑπομένως τόν Φίλιππον ὡς τόν πρῶτον ἐξ ἁπάντων τῶν ῥωμαίων αὐτοκρατόρων χριστιανίσαντα. Τό πιθανώτερον ὅμως εἶναι ὅτι ὁ Φίλιππος ὡς καί οἱ πρό αὐτοῦ τιμῶν μετά τῶν ἄλλων καί τόν Ἰησοῦν Χριστόν ἐπεθύμει νά πληροφορηθῇ τά περί αὐτοῦ καί συνανεστρέφετο μετά τῶν χριστιανῶν καί

---

ill. c. 54. Ἐντεῦθεν ὁρμώμενος ὡς φαίνεται Παῦλος ὁ Ὀρόσιος ἐποίησε τήν Μαμμαίαν τελείαν χριστιανήν, ὅπερ ὅμως ὀλίγην ἔχει πιθανότητα, βλ. Schröckh. K-g. tom. 4 p. 6 κεξ.
364 Περί τοῦ διωγμοῦ τούτου βλ. Εὐσεβ. Ἐκκλ. Ἱστ. 6,28. Φιρμιλιανοῦ ἐπιστολή πρός Κυπριανόν ἐν ταῖς ἐπιστ. Cyprian. 75 καί Ὠριγεν. ὑπόμνημ. εἰς τόν Ματθ. 24,9 τόμ. 28. Εἰς τούς χρόνους τοῦ Μαξιμίνου ἀναφέρει διήγημά τι τῆς 12 ἑκατονταετηρίδος καί τό μαρτύριον τῆς ἁγ. Οὐρσούλας, ἡγεμονίδος τῆς Βρεττανίας, μαρτυρησάσης μετά τῶν ἕνδεκα χιλιάδων παρθένων κατά τά μέρη τῆς Κολωνίας ὅτε ἐπέστρεφεν ἐκ Ῥώμης ὅπου εἶχε μεταβῆ ὡς λέγεται διά νά προσκυνήσῃ. Τό διήγημα τοῦτο εἰκάζουσιν οἱ νεώτεροι θά ἐγεννήθη ἐξ ἐπιτυμβίου τινός ἐπιγραφῆς ἡ ὁποία θά εἶχεν ὡς ἑξῆς: Ursula ex xi M(artyres) V(irgines) καί τῆς ὁποίας τό Μ ἡρμηνεύθη κατά λάθος διά τοῦ Millia βλ. Rettberg K-g Deutschlands c.5 III κεξ.
365 Εὐσεβ. Ἐκκλ. Ἱστ. 6,34. Ὁ κωλύσας αὐτόν ἐπίσκοπος ἦτον κατά τό Χρονικ. Πασχαλ. Ὀλυμπ. 257 ὁ τῆς Ἀντιοχείας ἐπίσκοπος Βαβύλας· ἐποίησε δέ τό διήγημα τοῦτο κωλυθέντα τόν Φίλιππον ὑπό τοῦ προεστῶτος ἴσως διά τόν φόνον τοῦ προκατόχου του Γορδιανοῦ

τοῦτο πάντως ἐβούλετο καί ἐσκόπει ἡ ἀλληλογραφία, ἥν εἶχεν αὐτός τε καί ἡ σύζυγος αὐτοῦ ἡ Σευῆρα μετά τοῦ Ὠριγένους[366]. /(288)

§84. Ἡ Ἐκκλησία ἐπί τῶν καισάρων τῶν αὐτοκρατορησάντων ἀπό τοῦ 249 – 324.

Καθώς πολλάκις μετά μίαν εὐνοϊκήν πρός τούς χριστιανούς κυβέρνησιν ἐπήρχετο ἑτέρα πρός αὐτούς πολέμιος· καθώς μετά τόν Ἀντωνῖνον τόν Εὐσεβῆ τόν εὐμενῶς πρός τήν χριστιανικήν Ἐκκλησίαν διακείμενον ἀνέβη εἰς τόν θρόνον Μάρκος Αὐρήλιος ὁ διώκτης καί πολέμιος τῶν χριστιανῶν καί ὦν μετά τόν Ἀλέξανδρον τόν Σευῆρον ὁ Μαξιμῖνος ὁ Θρᾷξ, οὕτω καί μετά τόν Φίλιππον τόν Ἄραβα, τόν φίλον τῶν χριστιανῶν, παρῆλθεν εἰς μέσον ὁ Δέκιος ἐκθρονίσας αὐτόν ἐν ἔτει 249. Ὁ Δέκιος ἦτο ἐμβριθής καί δραστήριος ἡγεμών, ἀλλ' ἀρχαιόφρων καί θιασώτης τῶν πατρῴων· ὡς τοιοῦτος δέ βουληθείς νά ἀνορθώσῃ τήν ἑνότητα τοῦ κράτους κατά τε τήν θρησκείαν καί τά ἔθιμα, ὅπως πάλαι ποτέ ὑπῆρχον, ἀπεφάσισε νά ἐξολοθρεύσῃ τήν ἐχθράν καί πολέμιον ταύτης χριστιανικήν θρησκείαν καί ἐπί τούτῳ ἐκίνησεν τοιοῦτον κατ' αὐτῆς διωγμόν, καθόσον οὐ μόνον ὡς πρός τήν καθολικότητα καί τήν ὠμότητα, ἀλλά καί ὡς πρός τήν σκοπιμότητα ὑπερέβη πάντας τούς πρό αὐτοῦ. Καί πραγματικῶς ὅτι οἱ πρό τοῦ Δεκίου διωγμοί σχετικῶς ἦσαν μέτριοι καί μερικοί συνάγεται καί ἐκ τῶν λόγων τοῦ Ὠριγένους λέγοντος ὅτι «ὀλίγοι κατά καιρούς καί σφόδρα εὐαρίθμητοι περί τῆς χριστιανῶν θεοσεβείας τεθνήκασι»[367].

Ἐν Ἀλεξανδρείᾳ εἶχεν ἀρχίσει ὁ διωγμός ἕν ἔτος πρό τῆς ἐπί τόν θρόνον ἀναβάσεως τοῦ Δεκίου, προκαταγγείλαντος μάντεώς τινος συμφοράς συμβησομένας δῆθεν εἰς τήν πόλιν ταύτην καί ὑποκινήσαντος ἐντεῦθεν τόν ὑπέρ πάντας τούς ἄλλους μᾶλλον εὐερέθιστον λαόν τῆς Ἀλεξανδρείας κατά τῶν χριστιανῶν καί τά δεινά τοῦ διωγμοῦ τούτου, ἀπό τοῦ ὁποίου δέν ἀπηλλάγη ἡ τῶν Ἀλεξανδρέων ἐκκλησία εἰ μή ὅτε ἐμφύλιος μεταξύ τῶν διωκόντων πόλεμος ἐξεῤῥάγη, δέν ὑπῆρξαν οὔτε μικρά οὔτε ὀλίγα. Μόλις δέ ἡ ἐκκλησία τῆς Ἀλεξανδρείας σφοδρῶς διακυμανθεῖσα ἀνεκουφίσθη καί ἰδού ὁ ἅρπαξ τοῦ σκήπτρου τῆς ῥωμαίων αὐτοκρατορίας, ὁ Δέκιος, ἐξέδωκε φοβερώτατα

---

[366] Ἱερών. Chronic. ad ann. 246 Philippus primus omnium ex Romanis imperatoribus Christianus fuit.- Περί τῆς ἀλληλογραφίας τοῦ Ὠριγένους βλ. Εὐσεβ. Ἐκκλ. Ἱστ. 6,36.
[367] (Κατά Κέλσ. 3,8 ἤ σελ. 116)

κατά τῶν ἁπανταχοῦ χριστιανῶν διατάγματα, οὐδέν ἄλλο σκοπῶν εἰμή τήν παντελῆ τοῦ χριστιανικοῦ ὀνόματος ἐξάλειψιν. Ἐντός ὀλίγου προσετάχθησαν πάντες οἱ κατά πόλεις καί χώρας ἄρχοντες ὅπως παντί τρόπῳ συγκαθελκύσωσι τούς χριστιανούς εἰς τήν λατρείαν τῶν εἰδώλων καί ἤδη προσεκαλοῦντο πανταχοῦ οἱ χριστιανοί ὅπως ἐντός ῥητῆς προθεσμίας ἐμφανισθῶσιν ἐνώπιον τῶν ἐπιτοπίων ἀρχῶν, ἀρνηθῶσι τήν /(289) ἑαυτῶν πίστιν καί θυσιάσωσιν εἰς τά εἴδωλα. Ὅσοι πρό τῆς προθεσμίας ταύτης καταλιμπάνοντες τήν ἑαυτῶν πατρίδα ἔφευγον οὗτοι ὑφίσταντο δήμευσιν τῶν ὑπαρχόντων καί κατεδικάζοντο ἐπί ποινῇ θανάτου εἰς ἀειφυγίαν. Ὅσοι δέ ἀναμένοντες εὐμενεστέραν τινά μεταβολήν πραγμάτων δέν ἐνεφανίζοντο ἐντός ὡρισμένης προθεσμίας, ἀνεζητοῦντο καί ἐσύροντο εἰς τά δικαστήρια. Καί εἰ μέν ἀπεποιοῦντο νά πράξωσιν ὡς ἐκελεύοντο ἐδοκιμάζετο ἐπ' αὐτῶν πρῶτον ἡ δύναμις τῶν παρακλήσεων, τῶν ὑποσχέσεων, τῶν ἀπειλῶν καί τῶν μετριωτέρων κολάσεων, ἔπειτα δέ ἐξεβιάζοντο διά παντοίων βασάνων εἰς τήν προσκύνησιν τῶν εἰδώλων, εἰ δέ καί μεθ' ὅλα ταῦτα ἐνέμενον πάλιν σταθεροί καί ἀκράδαντοι εἰς τήν πίστιν αὐτῶν, τότε εἰ μέν ἦσαν ἐπίσκοποι ἐθανατοῦντο, εἰ δέ μή ἐρίπτοντο εἰς τάς φυλακάς, ἔνθα ἐπί χρόνον ἀόριστον ὤφειλον νά ἀγωνίζωνται πρό πάντων κατά τῆς πείνης καί τῆς δίψης. Καί δή χιλιάδες χριστιανῶν οἱ μέν ἐτελεύτων ὑπό τά βασανιστήρια, οἱ δέ ἀπέθνησκον ὑπό τῆς πείνης καί τῆς ἄλλης κακουχίας ἐν ταῖς φυλακαῖς· οἱ δέ φεύγοντες εἰς τάς ἐρήμους ἐγίνοντο ἄφαντοι. Ἐκ τῶν ἐπισκόπων συνελήφθησαν καί ἐκαρατομήθησαν μεταξύ ἄλλων Φαβιανός ὁ Ῥώμης καί Ἀχάτιος ὁ τῶν Σύρων ἐπίσκοπος· ἀπεμακρύνθησαν δέ τῶν παροικιῶν αὐτῶν οὐχί βεβαίως ὑπό δειλίας, ἀλλ' ὅπως ἐλαττώσσωσι τά δεινά τῶν παροικιῶν αὐτῶν Κυπριανός ὁ Καρχηδόνος, Διονύσιος ὁ Ἀλεξανδρείας καί ἄλλοι. Ἄν δέ ἡ πληθύς τῶν ἐπί Δεκίου μαρτυρησάντων ἦτο μεγάλη, δέν ἦτον ἐν τούτοις μικρός καί ὁ ἀριθμός τῶν πεσόντων καί ἐξομωσάντων (lapsi). Εἰς πολλάς χώρας πολλαί ἐκκλησίαι εἶχον ἀπόλαυση τριαντακονταετῆ κατά συνέχειαν εἰρήνην, εἴς τινα δέ καί μακροτέραν· ὅθεν διωγμός τοιοῦτος μετά τοσαετῆ ἀνάπαυσιν καί ἡσυχίαν ἐρχόμενος ἔμελλε βεβαίως νά ἦναι δοκιμασία διά τάς ἐκκλησίας ταύτας, ἐν αἷς πολλοί εἶχον λησμονήση τόν κατά τόν κόσμον πόλεμον, πρός ὅν οἱ χριστιανοί ἦσαν κεκλημένοι καί τάς ἀρετάς ὅσας ἀπητοῦντο καί ὤφειλον νά λάμψωσι ἐπί τοῦ ἀγῶνος τούτου. Ἐντεῦθεν πολλοί μέν προσκαλούμενοι εὐθέως ἔπιπτον καί προσεκύνουν τά εἴδωλα, πολλοί δέ ἔφευγον καί ἐκρύπτοντο δηλιῶντες, ἄλλοι ἐμφανιζόμενοι ἐνικῶντο ὑπό τοῦ φόβου τῶν ἐπικειμένων βασάνων· ἕτεροι πάλιν ὡς ἐκ τῆς μακρᾶς διαμονῆς ἐν ταῖς φυλακαῖς ὑποχαλαρουμένης τῆς πίστεως αὐτῶν, ὑπέκυπτον καί προσεκύνουν τά εἴδωλα καί ἄλλοι πάλιν ἐθισθέντες ἐν τῇ μακρᾷ ἡσυχίᾳ, ἧς ἀπήλαυον ἐν τοῖς ἔμπροσθεν χρόνοις, μετήρχοντο διάφορα μέσα πρός ἀποφυγήν τῶν κολάσεων καί τοῦ μαρτυρίου. Οὕτω πολλοί ἐκ τῶν πλουσιωτέρων συμφωνοῦντες μετά τῶν ἀρχόντων ὅσοι προσεῖχον μᾶλλον εἰς τήν ἀργυρολογίαν παρά εἰς τήν ἐκπλήρωσιν τῶν νόμων ἤ ὅσοι ἐφείδοντο τῆς ζωῆς τῶν χριστιανῶν, ἠγόραζον παρ' αὐτῶν διά χρημάτων λίβελλον ὡς ὅτι δῆθεν ἠρνήθησαν τόν Χριστόν καί ἐθυσίασαν τοῖς εἰδώλοις καί /(290) τοῦτο προβάλλοντες διέμενον ἀβλαβεῖς καί ἀνεπηρέαστοι καί οἱ τοιοῦτοι ἐκαλοῦντο λιβελλοφόροι (libellicati)· ἄλλοι δέ πάλιν μή εἰδότες τί ἐποίουν, ψευδεῖς περί ἑαυτῶν πληροφορίας δίδοντες ὡμολόγουν παρρησίᾳ ὅτι δέν ἦσαν χριστιανοί, ἐνῷ ἀληθῶς ἦσαν τοιοῦτοι· οὗτοι ἦσαν οἱ acta facientes, ἡ ἐκκλησία ὅμως κατεδίκαζε καί τούτους καί ἐκείνους ἐπίσης ὡς καί τούς πραγματικῶς ἐκπίπτοντας καί θυσιάζοντας εἰς τά εἴδωλα, οἵτινες καί λιβανισταί ἤ λιβανοφόροι ἐκαλοῦντο[368].

Τόν Δέκιον οὐδ' ὅλους βασιλεύσαντα δύο ἐνιαυτούς φονευθέντα διεδέχθη ὁ Γάλλος, ἐφ' οὗ βασιλεύσαντος ἀπό τοῦ 251-253 ὁ διωγμός ἐξηκολούθει καί σφοδρότερος μάλιστα ἕνεκα τῆς πανώλης καί τῆς σιτοδείας, τά ὁποῖα κατεμάστιζον τότε τήν ῥωμαϊκήν αὐτοκρατορίαν· συνεστέλλετο ὅμως πάλιν ἐν τῷ μεταξύ ἕνεκα τῶν βαρβαρικῶν ἐπιδρομῶν καί τῶν συνεχῶν πολέμων, οἱ ὁποῖοι οὐκ ὀλίγον ἀπησχόλουν τούς διέποντας τά πράγματα. Αὐτοκρατορήσαντος δέ τοῦ Οὐαλεριανοῦ (253-260) ἐκόπασε κατ' ἀρχάς ὁ μέγας καί φοβερώτατος οὗτος σάλος, ἡ φλόξ τῶν διωγμῶν ἐλόφησε, τό αἷμα ἔπαυσε καταρρέον καί ὁ χριστιανικός κόσμος ἀνέπνευσεν προσμειδιάσαντος αὐτῷ μικρόν τοῦ κρατοῦντος τάς ἡνίας τοῦ κράτους· τό βασιλικόν παλάτιον ἠρίθμει καί αὖθις μεταξύ τῶν κατοίκων αὐτοῦ πολλούς χριστιανούς, ἀλλ' ἡ ἀνακωχή αὕτη ἐπ' ὀλίγον παρετάθη. Ἐν ἔτει 257 παραπεισθείς ὁ Οὐαλεριανός ὑπό αἰγυπτίου τινός μάγου φίλου αὐτοῦ ἀπέβη καί οὗτος ἐξ οἰκείου δυσμενής καί πολέμιος τῶν χριστιανῶν. Ἐν

---

368 (thurificati ἤ sacrificati)

τῷ πρώτῳ ἐναντίον αὐτῶν διατάγματι ἀπηγορεύοντο μέν αἱ συνάξεις τῶν χριστιανῶν, ἐπέμποντο δέ εἰς ἐξορίαν οἱ ἐπίσκοποι. Ἀλλ' ἐπειδή τό μέτρον τοῦτο ὀλίγον συντελεστικόν ἀπεδείχθη, ἐφάνη καί δεύτερον διάταγμα ἐν ἔτει 258, κελεῦον ἵνα «ἀπαξάπαντες οἱ ἐπίσκοποι, οἱ πρεσβύτεροι καί οἱ διάκονοι ὅσον τάχος παραδοθῶσιν εἰς θάνατον· οἱ δέ σύμβουλοι τοῦ κράτους, οἱ συγκλητικοί, οἱ ἱππόται καί οἱ εὐγενεῖς ὅσοι ἐτύγχανον χριστιανοί ἀπογυμνωθῶσι τῆς ἀξίας καί τῶν ὑπαρχόντων αὐτῶν καί ἐάν μετά τήν ποινήν ταύτην ἐνεκαρτέρουν ἐν τῇ χριστιανικῇ ὁμολογίᾳ καρατομῶνται· αἱ δέ γυναῖκες αὐτῶν καταδικάζωνται εἰς ἐξορίαν καί εἰς δήμευσιν τῆς περιουσίας αὐτῶν, οἱ δέ τέλος ἐν τῷ παλατίῳ εὑρισκόμενοι ἀφαιρεθέντες τά ἀξιώματα καί ὅσα εἶχον κτήματα, δέσμιοι ἀπαχθῶσιν εἰς τούς αὐτοκρατορικούς ἀγρούς»[369]. Ἐπί τοῦ διωγμοῦ τούτου ἐπανελθών ἐκ τῆς ἐρήμου ὁ ἱερός τῆς Καρχηδόνος ἐπίσκοπος, ὁ ἅγιος Κυπριανός ὑπέστη τό μαρτύριον ἐνώπιον τῶν ὀφθαλμῶν τοῦ ποιμνίου του. Ἐπ' αὐτοῦ ἐδέξατο ὡσαύτως τόν μαρτυρικόν στέφανον καί ὁ Ῥώμης Σίξτος ὁ Β' καί ὁ τούτου διάκονος Λαυρέντιος ὅστις εἰς τόν φιλο / (291) χρυσον καί πλεονέκτην ἄρχοντα τῆς πόλεως, τόν ἀπαιτοῦντα παρ' αὐτοῦ τούς θησαυρούς τῆς ἐκκλησίας παρουσίασεν αὐτῷ τούς ἀσθενεῖς, τούς πτωχούς, τά ὀρφανά καί τάς χήρας τῆς ἐκκλησίας καί ὅστις μετέστη πρός Κύριον ὀπτηθείς ζῶν ἐπί πεπυρακτωμένης σχάρας.

Τέλος πάντων ἀνέβη εἰς τόν θρόνον εἷς βασιλεύς ὀρθότερον κάπως σκεπτόμενος, ὁ υἱός τοῦ Οὐαλεριανοῦ ὁ Γ α λ ι ῆ ν ο ς (260-268)· οὗτος στοχασθείς ὅτι ἦτο πολύ συμφερώτερον νά ἀναγνωρισθῇ πολιτικῶς ἡ χριστιανική θρησκεία παρά διά τῶν ἀκαταπαύστων σφαγῶν νά ἐξασθενίζηται ἔτι μᾶλλον τό ῥωμαϊκόν κράτος, τό ὁποῖον ἐκτός τούτου εἶχεν ἀποδεκατισθῆ ἤδη ὑπό ἐξωτερικῶν καί ἐσωτερικῶν πολέμων οὐχ ἧττον ἤ ὑπό μακροχρονίου καί καταστρεπτικοῦ λοιμοῦ· ἄρας τόν κατά τῶν χριστινιανῶν διωγμόν ἀνεκήρυξε τήν χριστιακήν θρησκείαν religio licita καί ἀφῆκεν ἐλευθέραν τήν ἐξάσκησιν αὐτῆς ἐν τῇ ῥωμαϊκῇ αὐτοκρατορίᾳ, ἐκδούς δύο ἐπί τούτῳ διατάγματα, ἐξ ὧν τό δεύτερον διαλαμβάνων ἰδίως περί τῶν κοιμητηρίων τῶν χριστιανῶν, ἐκέλευεν ἀπαρενόχλητον εἶναι τοῖς χριστιανοῖς τήν τούτων χρῆσιν. Ὁ αὐτός δέ διέταξε νά ἐπιστραφῶσιν εἰς τούς χριστιανούς οὐ μόνον τά κοιμητήρια ἀλλά καί οἱ ναοί αὐτῶν. Ἕκτο-

---

369 (Cyprian. epist. 82 ad Successum)

τε ἐπῆλθεν εἰς τήν ἐκκλησίαν τοῦ Χριστοῦ μακρά καί βαθεῖα εἰρήνη διαρκέσασα 40 ὅλα ἔτη, διότι τό κατά τῶν χριστιανῶν διάταγμα τό ὁποῖον ἐδημοσίευσεν ὁ αὐτοκράτωρ Αὐρηλιανός (270-275) ἕν ἔτος πρό τοῦ θανάτου αὐτοῦ ἔμεινεν ἀπραγματοποίητον.

Κατά τούτους δέ τούς χρόνους ἔλαβον τά πράγματα τῆς ῥωμαϊκῆς αὐτοκρατορίας διάφορον ὅλως φάσιν ἐκ τῆς γνώσεως τῆς ὁποίας ἐξαρτᾶται ἡ κατανόησις τοῦ τελευταίου καί ὠμοτάτου πάντων τῶν ἄλλων διωγμῶν, τοῦ διωγμοῦ ἐκείνου μεθ' οὗ συνάπτεται συνήθως τό ὄνομα τοῦ Διοκλητιανοῦ. Ἀναγορευθείς αὔγουστος ἐν ἔτει 284 ὁ Διοκλητιανός, ἵνα δυνηθῇ νά ἐπαρκέσῃ καί διεξαγάγῃ εὐδοκίμως τά πράγματα τῆς ἤδη καταρρεούσης μοναρχίας ἐξελέξατο κοινωνόν τῆς αὐτοκρατορίας αὐτοῦ ἐν ἔτει 285 τόν ἀγροῖκον πλήν ἀνδρεῖον Μαξιμιανόν τόν Ἑρκούλιον· τό δέ ἀκόλουθον ἔτος ἀναγορεύσας καί αὐτόν αὔγουστον παρέδωκε αὐτῷ τήν διοίκησιν τῆς Δύσεως. Ἀμφότεροι δέ πάλιν οὗτοι οἱ αὔγουστοι παρέλαβον ἀπό τοῦ 292 δύο ἄλλους ὑποβοηθούς, ὀνομάσαντες αὐτούς καίσαρας, διά μέν τήν Βρεττανίαν, τάς Γαλλίας καί τήν Ἱσπανίαν Κωνστάντιον τόν Χλωρόν· διά δέ τήν Ἰλλυρίαν τόν Γαλέριον, τούς ὁποίους καί συνέδεσαν μεθ' ἑαυτῶν διά συγγενικῶν δεσμῶν. Ὁ Διοκλητιανός ἦτον θερμός ὀπαδός καί ζηλωτής τῶν ἀρχαίων παραδόσεων τῆς εἰδωλολατρείας, ἐμίσει καί ἀπεστρέφετο τόν χριστιανισμόν θεωρῶν αὐτόν ὡς καταστροφέα τοῦ ὁμοιομόρφου καί ἑνοειδοῦς τῆς πολιτείας καί ἐπεθύμει νά ἐξαναστῇ κατ' αὐτοῦ· πλήν /(292) ἀπεῖργον αὐτόν καί ἀνεχαίτιζον οὐ μόνον τό διάταγμα τοῦ Γαλιήνου, δι' οὗ ἡ χριστιανική θρησκεία ἀνεγνωρίσθη ὡς εἴπομεν ὡς ἀνεκτή (religio licita) ἀλλά καί λόγοι πολιτικοί, ἡ μεγάλη πληθύς τῶν χριστιανῶν καί δή καί ἀσθενές τι καί ἀμυδρόν φιλανθρωπίας αἴσθημα. Ἡ σύζυγος αὐτοῦ Πρίσκα καί ἡ θυγάτηρ Οὐαλερία καθώς καί σύμπασα σχεδόν ἡ αὐλική θεραπεία, μάλιστα οἱ εὐπειθέστατοι καί πιστότατοι αὐτοῦ θεράποντες, ἦσαν χριστιανοί. Ὁ δέ Μαξιμῖνος οὐδέν ἄλλο κυρίως ὤν ἤ ἀγροῖκος, ὡς εἴπομεν, στρατιώτης ἐπεδοκίμαζεν ἐν πᾶσι τήν πρωτοβουλίαν τοῦ συντρόφου του.- Ὁ Κωνστάντιος ἐτίμα τήν ἀρετήν ὅπου δήποτε καί ἄν ἀπήντα αὐτήν. Ὁ δέ Γαλέριος ἐθνικός ἐκ τῶν φανατικωτάτων καί δή δεισιδαιμονεστάτων ἀπηχθάνετο τήν χριστιανικήν θρησκείαν οὐχί ὀλιγώτερον ἤ ἡ μήτηρ αὐτοῦ Ῥομύλα, ἥτις ἠρέθιζεν αὐτόν ἀδιαλείπτως κατά τῶν χριστιανῶν. Ἐκ τῶν τεσσάρων λοιπόν τούτων ἡγεμόνων ὁ ἐπιφοβώτερος εἰς τόν χριστιανικόν κόσμον ἦτον ὁ Γαλέριος, ὅστις καί πρωίμως ἤδη θά ἐπετίθετο κατά τῶν χριστιανῶν ἄν τοῦτο ἔκειτο εἰς τήν ἐξουσίαν του, καί ὁ ὁποῖος δέν ἀφῆκε μέχρι τέλους ἀτέλεστον τήν βούλησίν του[370]. Καί τῷ ὄντι ἐν ἔτει 298 ἐκδούς διάταγμα ἐν ἀγνοίᾳ τῶν συντρόφων του, ὅπως πάντες οἱ ἐν τῷ στρατῷ αὐτοῦ λάβωσιν μέρος εἰς τάς θυσίας, ἠνάγκασε τούς χριστιανούς ὡς μή ὑπακούσαντας νά παραιτηθῶσι. Μετ' ὀλίγον δέ μεταβάς εἰς Νικομήδειαν, ὅπου ἥδρευεν ὁ Διοκλητιανός ὁ καί πενθερός αὐτοῦ, κατώρθωσε διασκεδάσας τάς περί τούτου ἀμφιβολίας του νά πείσῃ αὐτόν ἐν ἔτει 303 νά ὑπογράψῃ διάταγμά τι περί τῶν ἱερῶν ναῶν καί τῶν βιβλίων τῶν χριστιανῶν, περί ἐκείνων μέν ὅπως κατεδαφισθῶσιν, περί δέ τούτων ὅπως παραδοθῶσιν εἰς τό πῦρ, ἔτι δέ καί περί τῶν ἐν ἀξιώμασι διατελούντων καί τῶν οἰκετῶν, ὅπως ἐκεῖνοι μέν ἐξελαύνωνται τῶν θέσεών των, οὗτοι δέ ἀποβάλωσι ὁ δικαίωμα τοῦ ἐλευθεροῦσθαι. Τοῦ διατάγματος τούτου τήν δύναμιν ἐδοκίμασε πρῶτος ὁ ἱερός ναός τῆς Νικομηδείας· χριστιανός δέ τις τολμήσας διά τοῦτο νά σχίσῃ τό διάταγμα ἀπετμήθη παρευθύς τήν κεφαλήν. Μετ' οὐ πολύ δέ πυρκαϊᾶς ἐκραγείσης ἔνδον τοῦ αὐτοκρατορικοῦ παλατίου, διαβληθέντες οἱ χριστιανοί ὡς αἴτιοι τοῦ κακοῦ προσετάχθησαν πρῶτον μέν οἱ ἐν τοῖς ἀνακτόροις ἔπειτα δέ καί οἱ καθ' ἅπασαν τήν Νικομήδειαν ὅπως ἐκλέξωσι δυοῖν θάτερον, ἤ τόν θάνατον ἤ τήν προσκύνησιν τῶν εἰδώλων. Εἰς τήν ἐντολήν ταύτην ὑπήκουσεν ἡ γυνή τοῦ Διοκλητιανοῦ Πρίσκα καί ἡ τοῦ Γαλερίου Οὐαλερίου[371]· οἱ πρώτιστοι ὅμως τῶν ἐν τῷ παλατίῳ θεραπόντων ἀντέστησαν γενναίως κατά τῶν τυράννων καταφρονήσαντες τῶν βασάνων καί τοῦ θανάτου. Ἀτρόμητος /(293) ἐδέξατο τόν τοῦ μαρτυρίου ἆθλον καί ὁ ἱερός τῆς Νικομηδείας ἐπίσκοπος Ἄνθιμος καί σύν αὐτῷ στίφη χριστιανῶν πάσης ἡλικίας καί τάξεως ἐξ ἀμφοτέρων τῶν φύλων, οἱ μέν ἐπί τῆς πυρᾶς ἀναβιβαζόμενοι καί ὀπτούμενοι, οἱ δέ εἰς τόν βυθόν τῆς θαλάσσης ῥιπτόμενοι καί ἄλλοι ἄλλως[372]. Ἐνῷ ταῦτα διεδραματίζοντο ἐν Νικομηδείᾳ, στάσεις αἴφνης ἀνηγγέλθησαν κατά τήν Συρίαν καί τήν Ἀρμενίαν, αἴτιοι δέ τούτων καί πάλιν οἱ χριστιανοί· ἐντεῦθεν ἐξεδόθη δεύτεον διάταγμα «*τούς τῶν ἐκκλησιῶν προέδρους πάντας τούς κατά πάντα τόπον, πρῶτα μέν δεσμοῖς παραδίδοσθαι, εἶθ' ὕστερον πάσῃ μηχανῇ θύειν ἐξαναγκάζεσθαι*»[373]. Μετ' οὐ πολύ δέ

---

370 (Lactant. de mortib. persecut. c. 13)
371 (Lactant. ἔνθ. ἀνωτ. 14,15)
372 (Εὐσεβ. Ἐκκλ. Ἱστ. 8,6)
373 (Εὐσεβ. Ἐκκλ. Ἱστ. 8,2)

ἐφάνη καί τρίτον βασιλικόν πρόσταγμα διακελεῦον «τούς κατακλείστους, θύσαντας μέν, ἐᾶν βαδίζειν ἐπί ἐλευθερίας, ἀνισταμένοις δέ μυρίαις καταξαίνειν βασάνοις» (αὐτόθι 8,6). Τά ἀλλεπάλληλα ταῦτα διατάγματα ὡς ἔλαιον τό πῦρ ἥναψαν ἐντός ὀλίγου τάς φλόγας τοῦ διωγμοῦ, αἱ ὁποῖαι καί ἐξηπλοῦντο ἤδη ἀνά πᾶσαν τήν ρωμαϊκήν ἐπικράτειαν ἀναπεμπόμεναι εἰς τάς οὐρανίους μονάς μυριάδες χριστιανικῶν ψυχῶν δι' ἀνηκούστων βασάνων καί κολαστηρίων, ὅσα ποτε ἠδύνατο νά ἐπινοήση καρδία ἀντίθεος καί σκληρά! Μόνον οἱ ἐν Βρεττανία, ἐν ταῖς Γαλλίαις καί ἐν Ἱσπανίᾳ χριστιανοί διετέλουν ἀνεπηρέαστοι χαίροντες τήν εὔνοιαν τοῦ ἐκεῖ καισαρεύοντος Κωνσταντίου τοῦ Χλωροῦ.- Ἐν τούτοις τό σχέδιον τοῦ Γαλερίου δέν εἶχε πραγματοποιηθῆ καθ' ὁλοκληρίαν. Τά μέχρι τοῦδε διατάγματα ἀπέβλεπον μόνον τούς ἐπισκόπους, τούς ἐν ἀξιώμασι καί τούς ἐν τῷ στρατῷ, ἡ δέ ἐξόντωσις τοῦ χριστιανικοῦ ὀνόματος τοιουτοτρόπως ἐβραδυπόρει· ἐντεῦθεν κατά τό ἔτος 304 ἐδημοσίευσεν ὁ Γαλέριος καί τέταρτον διάταγμα, ὅπερ ἦτο καί τό τελευταῖον αὐτοῦ, δι' οὗ «καθολικῷ προστάγματι *πάντας πανδημεί τούς κατά πόλιν θύειν τε καί σπένδειν τοῖς εἰδώλοις ἐκελεύετο*» (Εὐσέβ. Περί τῶν κατ' αὐτῶν μαρτυρησάντων κεφ. 3). Ἡ ὠμότης καί ἡ θηριωδία τῶν πολεμίων τοῦ Σταυροῦ ἀφέθη πλέον τώρα ἐλευθέρα καί ἀπεριόριστος. Ὁ χριστιανισμός ἐφαίνετο ὅτι ἔπνεε τήν τελευταίαν καί ἐπιθανάτιον ἐπί γῆς πνοήν καί ὁ Γαλέριος ἐκαυχᾶτο ἤδη ὅτι ἐξηλόθρευσεν ἀπό προσώπου τῆς γῆς τό ὄνομα τοῦ Χριστοῦ, ὅτε σπανία τις μεταβολή πραγμάτων ἐνεστάλαξε σταγόνας τινάς χρηστῶν ἐλπίδων εἰς τάς τεθλιμμένας καί σχεδόν ἀποθαρρυνθείσας καρδίας τῶν χριστιανῶν. Ἀμφότεροι οἱ αὔγουστοι Διοκλητιανός καί Μαξιμιανός κατέθεντο τά ἑαυτῶν διαδήματα εἰς τούς δύο ὑπ' αὐτούς καίσαρας, εἰς τόν Γαλέριον καί εἰς τόν Κωνστάντιον, οἵτινες καί ἀνηγορεύθηκαν ἐν ἔτει 305 αὔγουστοι. Καίσαρες δέ ἐγένοντο δύο ἕτεροι ὁ Μ α ξ ι μ ῖ ν ο ς καί ὁ Μ α ξ έ ν τ ι ο ς. Τόν Κωνστάντιον τελευτήσαντα ἐν ἔτει 306, διεδέχθη ὁ υἱός αὐτοῦ Κωνσταντῖνος, ὅστις μετά τῆς ἀρχῆς συνεκληρονόμησε /(294) καί τά πρός τούς χριστιανούς τοῦ πατρός εὐμενῆ αἰσθήματα, ἑπομένως οὐδεμία ἐντεῦθεν μεταβολή ὡς πρός τούς χριστιανούς ἔλαβε χώραν ἐν ταῖς ὑπ' αὐτόν ἐπαρχίαις. Ὁ Γαλέριος ἐν τούτοις ἐξηκολούθει καταδιώκων τούς χριστιανούς καί δή ἐν ἔτει 308 διέταξε νά ρἀντισθῶσι πάντα τά ἐπί τῆς ἀγορᾶς ἐδώδιμα μέ ὕδωρ θυτικόν. Ἀλλά τέλος πάντων ἐπῆλθε κατ' αὐτοῦ ὁ κεραυνός τῆς θείας ὀργῆς. Νόσος βαρεῖα, βδελυρά καί ἀποτρόπαιος ἐνσκήψασα κατ' αὐτοῦ κατέθραυσε τήν σιδηράν αὐτοῦ καρδίαν· καί ὁ Γαλέριος περιεστάλη καί αὐθόρμητος διέταξε τήν κατάπαυσιν τοῦ διωγμοῦ. Ἐν τῷ διατάγματι αὐτοῦ τῷ δημοσιευθέντι μικρόν πρό τοῦ θανάτου του κατά τό 311 ἐκέλευεν «ἵνα ὦσιν αὖθις χριστιανοί καί τούς οἴκους, ἐν οἷς συνήγοντο, ἀνεγείρωσι ... καί τόν ἑαυτόν θεόν ἱκετεύωσι περί τῆς σωτηρίας αὐτοῦ»[374].

Ἐπί τοῦ διωγμοῦ τούτου τοῦ ὀκτώ ὅλα ἔτη ἀδιακόπως διαρκέσαντος καί κατά τήν ὠμότητα καί τήν ἀπανθρωπίαν τῶν διωκτῶν σχεδόν ἀπαραδειγματίστου ἀνέπτυξεν ἡ ἐκκλησία τοῦ Χριστοῦ τήν μεγαλειτέραν αὐταπάρνησιν καί τόν λαμπρότερον ἡρωϊσμόν. Ὁ ἀριθμός τῶν ἐξομωσάντων (lapsi) σχετικός ἦτο μικρότερος ἤ ἐπί Δεκίου, τό δέ διάταγμα τό κελεῦον τήν παράδοσιν τῶν ἁγίων Γραφῶν προὐκάλεσε νέαν μεταξύ αὐτῶν τάξιν, τούς οὕτω ὀνομασθέντας traditores, τουτέστι παραδότας τῶν ἁγίων Γραφῶν. Τινές τῶν χριστιανῶν ἀντί τῶν ἁγίων Γραφῶν παρέδιδον ὡς τοιαύτας εἰς τούς ἄρχοντας συγγράμματα αἱρετικῶν· πλήν ἡ αὐστηρότης τοῦ ἐκκλησιαστικοῦ πνεύματος τοῦ αἰῶνος κατέτασσε καί τούτους μετά τῶν ἀληθῶς παραδοτῶν καί καθώς αὐτούς οὕτω καί ἐκείνους ὑπέβαλλε ὑπό μικράν καί αὐστηράν μετάνοιαν.

(Ἔτ. 311-324). Ἐν τούτοις εἰς τήν πραγματοποίησιν τοῦ ὑπέρ ἀνεξιθρησκείας διατάγματος τοῦ Γαλερίου παρεῖχε πράγματα καί παρενέβαλλε δυσκολίας οὐ μικράς ὁ Μαξιμῖνος ὁ ἐν τῇ Ἀνατολῇ βοηθός καῖσαρ παρά τῷ Γαλερίῳ. Καί νῦν μέν λάθρα καί ὑπούλως, νῦν δέ πάλιν ἀναφανδόν καί ἀσυστόλως ἐσκευωρεῖτο καί πολυμηχάνως ἀντέπραττε κατά τῶν χριστιανῶν, ἀπαγορεύων τήν οἰκοδομήν χριστιανικῶν ναῶν καί κολάζων πολλούς δι' ἀτιμώσεως, δημεύσεως καί ἔστιν ὅτε καί διά σωματικῶν βασάνων καί διά θανάτου· ὁ αὐτός μετά χαρᾶς ἐπεδοκίμασε τήν αἴτησιν πολλῶν ἐπισήμων πόλεων αἰτησαμένων ὅπως ἀπελάσωσι ἔξω τῶν τειχῶν αὐτῶν τούς χριστιανούς καί ἐτίμησε τήν πρᾶξιν ταύτην ἀναγράψας αὐτήν ἐπί χαλκίνων πλακῶν. Τά δέ οὕτω λεγόμενα Πρακτικά τοῦ Πιλάτου, ψευδεπίγραφον πλῆρες ἐθνικῆς κακοβουλίας καί ἀναιδέστατον, συκοφαντοῦν κατά τοῦ Κυρίου ἡμῶν Ἰησοῦ Χριστοῦ /(295) διαδίδων ἁπανταχοῦ διά πολυαρίθμων ἀντιγράφων εἰσῆγε καί εἰς αὐτά τά σχολεῖα τῶν πόλεων ὡς ἀναγνωσματάρια διά τήν νεολαίαν[375]. Ὁ δέ Μαξέντιος ὁ υἱός τοῦ Ἑρκουλίου

---

374 (Εὐσεβ. Ἐκκλ. Ἱστ. 8,16.17 καί Lactant. de mort. parsec. c. 13.14)
375 (Εὐσεβ. Ἐκκλ. Ἱστ. βιβλ. 9)

(τοῦ συναυγούστου τοῦ Διοκλητιανοῦ), ὁ ἐν τῇ Ἰταλίᾳ τό ἀξίωμα τοῦ καίσαρος ἀπό τοῦ 306 κατέχων, οὐδέν ἄλλο καί οὗτος ἦν ἢ ἀπειρόκαλος τῆς εἰδωλολατρείας ὀπαδός καί μᾶλλον φιλήδονος παρά ὠμός καί ἀπάνθρωπος, κατ' ἀρχάς μέν ἐφείδετο τῶν χριστιανῶν ὕστερον ὅμως παραπεισθείς ὑπό τῆς ἐχθρᾶς τῷ Κωνσταντίνῳ εἰδωλολατρικῆς μερίδος ἐκηρύχθη ἀποκλειστικῶς ὑπέρ αὐτῆς καί κατά τῶν χριστιανῶν. Ἀπ' ἐναντίας ἡ πρός τούς χριστιανούς εὔνοια τοῦ Κωνσταντίνου, ὅστις μετά τοῦ ἐκλεκτικοῦ συστήματος τοῦ πατρός συνεκληρονόμησε καί τά εἰρηνικά καί φίλα πρός αὐτούς αἰσθήματά του, ηὔξανεν ἐπί μᾶλλον καθ' ἡμέραν. Ἡ πεῖρα τήν ὁποίαν εἶχε λάβη περί τῆς σταθερότητος καί τῆς ἐνεργείας τοῦ χριστιανικοῦ φρονήματος, περί τῆς ἀδιαλείπτου ἐξαπλώσεως τῆς χριστιανικῆς θρησκείας, περί τῆς ματαιότητος καί τοῦ ἀτελεσφόρου τῶν κατ' αὐτοῖς διωγμῶν καί περί ἄλλων τούτων, οὐδόλως εἶναι ἀπίθανον νά διήγειραν ἐν αὐτῷ τό προαίσθημα ὅτι τό μέλλον δέν ἀνῆκεν πλέον εἰς τήν ἐθνικήν δεισιδαιμονίαν, ἀλλ' εἰς τόν χριστιανισμόν, ὥστε συνάμα θρησκευτικός ἐκλεκτικισμός καί πολιτική φρόνησις προῆγον ἐν αὐτῷ τήν πρός τόν χριστιανικός κόσμου εὔνοιαν. Οὕτω διατεθειμένος ὁ Κωνσταντῖνος ἐκίνησεν ἐν ἔτει 312 πόλεμον κατά τοῦ Μαξεντίου[376]. Τό θαῦμα ὅπερ συνέβη εἰς αὐτόν ἐγγύς πιθανόν τῆς Ῥώμης, καθ' ὅν χρόνον ἤλαυνε κατά τοῦ ἐχθροῦ παρεκίνησεν αὐτόν νά ἀναθέσῃ τήν ἐλπίδα αὐτοῦ εἰς τόν θεόν τῶν χριστιανῶν, ὁ πόλεμος ἐτελείωσε κατά τήν εὐχήν του, καί ὁ Μαξέντιος ἐτροπώθη· ὅλα δέ ταῦτα ἐπλησίασαν αὐτόν ἔτι μᾶλλον εἰς τόν χριστιανισμόν. Μετά δέ τήν νίκην εἰσελθών ὁ θριαμβοφόρος Κωνσταντῖνος εἰς τήν Ῥώμην διέταξε νά δοθῇ εἰς τήν χεῖρα τοῦ ἐν τῇ ἐπιφανεστάτῃ ἀγορᾷ ἀνεγερθέντος αὐτῷ ἀγάλματος σταυρός φέρων ῥωμαϊκοῖς γράμμασι τήν ἀκόλουθον ἐπιγραφήν «τούτῳ τῷ σωτηριώδει σημείῳ τῷ ἀληθεῖ ἐλέγχῳ τῆς ἀνδρείας, τήν πόλιν ὑμῶν ζυγοῦ τυραννικοῦ διασωθεῖσαν ἠλευθέρωσα»[377]. Τοῦτο δέ τό γεγονός, ἡ ἧττα δηλονότι τοῦ Μαξεντίου κατέστησε πλέον ἀσφαλές τό τρόπαιον τοῦ χριστιανισμοῦ κατά τήν Δύσιν. Κατ' αὐτό δέ τοῦτο τό ἔτος 312 συνελθόντες ἐν Μεδιολάνῳ ὅ τε Κωνσταντῖνος καί ὁ Λικίννιος ὁ τούτου κηδεστής καί αὔγουστος τῆς εὐρωπαϊκῆς Ἀνατολῆς (τοῦ Ἰλλυρικοῦ) ὁ διαδεχθείς τόν Γαλέριον, συνέθεντο καί ἐξέδωκαν διάταγμα περί ἀνεξιθρησκείας· ἀλλ' ἐπειδή τοῦτο πρηρμηνεύθη πρός βλά-

---

[376] (βλ. Schröch. τόμ. 5 σελ. 68)
[377] (Εὐσεβ. ἐν Βίῳ Κωνστ. 1,40)

βην τῶν χριστιανῶν ἐδημοσιεύθη καί δεύτερον αὐτόθεν διάταγμα ἐν ἔτει 313 τό ὁποῖον σαφῶς παρεῖχεν εἰς ἕκαστον ὑπήκοον τῆς ῥωμαϊκῆς /(296) αὐτοκρατορίας πλήρη συνειδήσεως ἐλευθερίαν καί ἐν ᾧ διαρρήδην ἐλέγετο ὅτι ὁ θέλων ἠδύνατο νά ἀσπασθῇ τήν χριστιανικήν θρησκείαν. Ὁ Μαξιμῖνος ὤφειλεν ἤδη καί ἄκων νά συμμορφωθῇ εἰ καί κατά τοσοῦτον μόνον συνεμορφώθη, καθόσον διέταξε νά μήν παρενοχλῶνται οἱ χριστιανοί· ἀλλά μετ' οὐ πολύ κατέβη καί οὗτος εἰς τόν Ἅδην.

Ἐν τούτοις αἱ φιλικαί σχέσεις τοῦ Λικινίου καί τοῦ Κωνσταντίνου ἤρξατο κατ' ὀλίγον νά ψυχραίνωνται καί ἡ ψυχρότης ἐχώρει βαθμηδόν εἰς ἔχθραν. Ὁ Κωνσταντῖνος ἐκηρύττετο ὅλος καί πανταχοῦ ὑπέρ τῶν χριστιανῶν· ἐξ ἐναντίας ὁ Λικίνιος ἐφαίνετο λίαν φειδωλός εἰς τήν πρός τούς χριστιανούς εὔνοιάν του, καί ἐπί τέλους παρεξετράπη εἰς προφανῆ κατ' αὐτῶν διωγμόν. Ἐντεῦθεν ἐξερράγη ὁ μεταξύ αὐτοῦ καί τοῦ Κωνσταντίνου πόλεμος, ὅστις ἦτο συγχρόνως ἀγών ζωῆς ἤ θανάτου μεταξύ τοῦ ἐθνικισμοῦ καί τοῦ χριστιανισμοῦ. Ὁ Λικίνιος κατετροπώθη, ὁ Κωνσταντῖνος ἐγένετο κύριος ἁπάσης τῆς αὐτοκρατορίας καί μετ' αὐτοῦ ἡ πίστις τοῦ Χριστοῦ. Τοιουτοτρόπως δέ ἐπληρώθη καί ἡ ἑτέρα τοῦ Κυρίου πρόρρησις «Καί πύλαι ᾅδου οὐ κατισχύσωσιν αὐτῆς».[378]

§85. Ἐξάπλωσις τῆς χριστιανικῆς Ἐκκλησίας.

Καί ἐν τούτῳ τῷ χρονικῷ διαστήματι δέν ὑπῆρξε μικρά ἡ ἐπίδοσις τῆς χριστιανικῆς θρησκείας· διότι καθώς μᾶς βεβαιοῖ ὁ Ὠριγένης οἱ χριστιανοί δέν ἠμέλουν νά ἐπισπείρωσι τόν λόγον τοῦ Θεοῦ πανταχοῦ τῆς οἰκουμένης. Τινές μάλιστα ἐξ αὐτῶν εἶχον κάμη ἔργον τό νά περιέρχωνται οὐ μόνον τάς πόλεις ἀλλά καί κώμας καί ἐπαύλεις πρός διάδοσιν τῆς πίστεως[379]. Ἄν δέ καί αἱ ἐκκλησίαι τοῦ Χριστοῦ ἀπεδεκατίσθησαν ἐξαιρέτως ἐπί Δεκίου καί ἐπί Διοκλητιανοῦ, ἀφ' ἑτέρου ὅμως ἡ εἰρήνη, τήν ὁποίαν κατά τό μᾶλλον καί ἧττον ἔχαιρον ἐν τῷ μεταξύ τῆς μιᾶς καί ἡμισείας ταύτης ἑκατονταετηρίδος καί αἱ εἰς τό κράτος τῶν Ῥωμαίων εἰσβολαί τῶν βαρβάρων συνετέλεσαν μεγάλως εἰς τήν προαγωγήν καί ἐξάπλωσιν τῆς πίστεως. Θεόφιλος ὁ ἐπίσκοπος Δίου ἐπισκεφθείς τάς Ἰνδίας κατά τό πρῶτο ἥμισυ τῆς 2 ἑκατονταετηρίδος εὗρεν αὐτόθι χριστιανικάς

---

378 (Ἡ ὑπόλοιπή μισή σ. 296 κενή, καθώς καί οἱ 297-299. Λείπουν οἱ σημειώσεις τοῦ κεφαλαίου.)
379 Κατά Κέλσου 3, σελ. 116. «Χριστιανούς μέν ἀμελεῖν τοῦ ἁπανταχοῦ τῆς οἰκουμένης ἐπισπείρειν τόν λόγον. Τινές οὖν ἔργον πεποίηνται ἐκπεριέρχεσθαι οὐ μόνον πόλεις ἀλλά καί κώμας καί ἐπαύλεις».

κοινότητας. Ἐν τῇ Ἀραβίᾳ προσεκλήθη ὁ Ὠριγένης κατά τήν τρίτην ἑκατονταετηρίδαν ὑπό τινος ῥωμαίου ἐπάρχου[380], ὅστις ἐπεθύμει νά πληροφορηθῇ τά περί τῆς πίστεως. Ἄλλοτε δέ πάλιν προσεκλήθη ἐκεῖ ὁ αὐτός Ὠριγένης ὅπως διαλύσῃ ἐκκλησιαστικάς ἔριδας (§)· ἐξ ὅλων αὐτῶν τεκμαιρόμεθα ὅτι ἱκανούς μαθητάς εἶχεν ἤδη κατά τά μέρη ταῦτα ὁ χριστιανισμός. Ἐν Νεοκαισαρείᾳ δέ πάλιν τῇ ἐν τῷ Πόντῳ, ὅπου μέχρι τῆς 3 ἑκατονταετηρίδος μεσούσης ὀλίγιστοι μόνον ἠριθμοῦντο οἱ χριστιανοί, εἰργάσθη Γρη-γόριος ὁ θαυματουργός, μαθητής τοῦ Ὠριγένους καί ἐπίσκοπος ὕστερον τῆς πό-λεως ταύτης, μετά τοσούτου ζήλου καί μετά τοσαύτης ἐπιτυχίας, ὥστε ἀποθανών ὁ ἅγιος οὗτος πατήρ τῆς ἐκκλησίας ἐν ἔτει 265 λέγεται ὅτι τοσούτους ἀφῆκεν ἐν τῇ πόλει ἐθνικούς (17) ὅσους εὗρε χριστιανούς ὅτε ἀνέβη εἰς τόν θρόνον τῆς Νεοκαισαρείας[381].

Κατά πόσον δέ ηὐξήθη ὁ ἀριθμός τῶν ἐν Ῥώμῃ χριστιανῶν μαρτυροῦσιν αὐτό τά πράγματα. Κατά τό 250 εἶχεν ἡ ἐν Ῥώμῃ ἐκκλησία 46 πρεσβυτέρους, 7 διακόνους καί ἄλλους τόσους ὑποδιακόνους· 42 ἀκολούθους, 52 ἐξορκιστάς, ἀναγνώστας καί θυρω-ρούς καί ἔτρεφε 1500 χήρας καί ὀρφανά. Ὅτε δέ ἐξερράγη ὁ τελευταῖος ἐπί Διοκλητι-ανοῦ διωγμός ὁ ἀριθμός τῶν αὐτόθι εὐκτηρίων οἴκων ἀνέβαινεν εἰς 40 (Εὐσέβ. Ἐκλ. Ἱστ. 5,21 καί 7,43). Ἐν δέ ταῖς Γαλλίαις συνέστησαν κατά τούς χρόνους τούτους καί αἱ ἐκκλησίαι τῶν Τουρόνων τῆς Ἀρελάτης, τῆς Ναρβῶνος, τῆς Τουλούσσης, τῶν Παρισί-ων, τῶν Ἀρουέρνων καί τῶν Λεμοβίκων[382]. Αἱ δέ ἐπιδρομαί τῶν βαρβάρων λαῶν κατά τοῦ Ῥωμαϊκοῦ κράτους εἰσήγαγον τήν χριστιανικήν πίστιν, μεσούσης ἤδη τῆς τρίτης ἑκατονταετηρίδος ἰδίως ἐπί τῆς αὐτοκρατορίας τοῦ Γάλλου, μετα /(301) ξύ τῶν Γότ-θων καί τῶν Γερμανῶν, τῶν ἐντεῦθεν τοῦ Δουνάβεως καί τοῦ Ῥήνου κατοικούντων· οἱ

---

380 (κατά τόν Εὐσέβιον ἡγουμένου τῆς Ἀραβίας, Ἐκκλ. Ἱστ. 6,19)
381 (Κωνστ. Κοντογ. φιλλογ. καί κριτκ. ἱστ. τῶν ἁγίων Πατέρων, Ἀθην. 1846 σελ. 576)
382 Ἐν τῷ μαρτυρίῳ τοῦ ἁγίου Σατουρνίνου ἐπισκόπου Τουλούσσης κεφ. 2, παρά Ruinart, ἱστοροῦντα τά ἑξῆς· ἀφοῦ ἀνεπαισθήτως καί βαθμηδόν εἰς ὅλην τήν γῆν ἐξῆλθεν ὁ φθόγγος τοῦ Εὐαγγελίου, καί ἔλαμψεν καί εἰς τάς ἡμετέρας χώρας ἡ τῶν ἀποστόλων ἡ διδαχή· διότι ὀλίγαι εἰς τινας πόλεις ἐκκλησίαι διά τῆς ἀφοσιώσεως καί τῆς εὐσεβείας ὀλίγων χριστιανῶν ἀνηγέρθησαν ... πρό ἐτῶν 50, ἤγουν ἐπί τῆς ὑπατείας τοῦ Δ ε κ ί ο υ κ α ί Γ ρ ά τ ο υ (ὅπερ ἐστί περί τό 250) ἔσχε πρῶτον καί μέγιστον τοῦ Χριστοῦ ἱερέα ἡ πόλις Τολῶσσα τόν ἅγιον Σατουρνῖνον.-Ὁ δέ Γρηγόριος ὁ Τουρόνων ἐπίσκοπος (περί τό 590) λέγει ἐν τῇ αὐτοῦ histor. Franc. 1, c. 28 «ἐπί τῶν χρόνων τοῦ Δεκίου ἀπεστάλησαν εἰς τάς Γαλλίας ἑπτά ἐπίσκοποι ὅπως κηρύξωσι τόν λόγον τοῦ Θεοῦ, καθώς ἡ ἱστορία τοῦ πατρός καί ἁγίου μάρτυρος Σατουρνίνου διηγεῖται· φησί γάρ· ἐπί Δεκίου καί Γράτου ὑπατείας (κτλ. ὡς ἀνωτ.), εἰσί δέ οἱ ἀποσταλέντες οὗτοι· Γαρδιανός ἐπίσκοπος εἰς τήν πόλιν τῶν Τουρόνων, Τρόφιμος ἐπίσκοπος εἰς Ἀρελάτην, Παῦλος ἐπίσκοπος εἰς Ναρβῶνα, Σατουρνῖνος ἐπίσκοπος εἰς Τολῶσσαν, Διονύσιος ἐπίσκοπος εἰς Παρισίους, Στρεμόνιος ἐπίκοπος εἰς τήν πόλι Ἀρουέρνην (Arverni), Μαρτάλις ἐπίσκοπος εἰς Λεμοβίκην πόλιν (Lemonices), βλ. καί Cyprian. ep. 67 ἔνθα ἐπίσκοπος Ἀρελάτης ἐν ἔτει 254 ἀναφέρεται ὁ Μαρκιανός βλ. ἐν τούτοις ὅσον ἀφορᾷ τόν Τρόφιμον.

Φιλόθεου Βρυέννιου Εκκλησιαστική Ιστορία

αἰχμαλωτιζόμενοι ἱερεῖς ἐγίνοντο εἰς αὐτοὺς κήρυκες τοῦ Εὐαγγελίου. Περί δέ τά τέλη τοῦ χρονικοῦ ἡμῶν διαστήματος εὑρίσκομεν ἐπισκόπους καί εἰς τόν Ῥῆνον καί εἰς τήν Βρεττανίαν. Καθόλου δέ ἀπό τῶν χρόνων τοῦ Γαλιήνου, ὅστις πρῶτος ἀνεγνώρισε τήν χριστιανικήν θρησκείαν ὡς religio licita, ὁ πληθυσμός τῶν χριστιανῶν ἔλαβε πανταχοῦ μεγάλην ἐπίδοσιν[383].

---

383 Ὁ Σωζόμενος ἐ τῇ Ἐκκλησιαστικῇ Ἱστορίᾳ 2,6 διηγεῖται τά περί τῆς διαδόσεως τῆς χριστιανικῆς θρησκείας κατά τούς χρόνους τούτους ὡς ἑξῆς «ἤδη γάρ τά τε ἀμφί τόν Ῥ ῆ ν ο ν φῦλα ἐχριστιάνιζον Κ ε λ τ ο ί τε καί οἱ Γ α λ α τ ῶ ν ἔνδοι τελευταῖον τόν ὠκεανόν προσοικοῦσι καί Γ ό τ θ ο ι καί ὅσοι τούτοις ὅμοροι τό πρίν ἦσαν ἀμφί τάς ὄ χ θ α ς Ἴ σ τ ρ ο υ ποταμοῦ πάλαι μετασχόντες τῆς εἰς Χριστόν πίστεως ἐπί τό ἡμερώτερον καί λογικόν μεθηρμόσαντο. Πᾶσι δέ βαρβάροις σχεδόν πρόφασις συνέβη, πρεσβεύειν τό δόγμα τῶν χριστιανῶν ο ἱ γ ε ν ό μ ε ν ο ι κ α τ ά κ α ι ρ ό ν π ό λ ε μ ο ι Ρ ω /(302) μ α ί ο ι ς κ α ί τ ο ῖ ς ἀ λ λ ο φ ύ λ ο ι ς. Ἐπεί γάρ τότε πλῆθος ἄφατον μιγάδων ἐθνῶν ἐκ τῆς Θρᾴκης περαιωθέν, τήν Ἀσίαν κατέδραμεν, ἄλλοι τε ἀλλαχῇ βάρβαροι ταὐτόν εἰργάσαντο τούς παρακειμένους Ῥωμαίους, π ο λ λ ο ί τ ῶ ν ἱ ε ρ έ ω ν τ ο ῦ Χ ρ ι σ τ ο ῦ α ἰ χ μ ά λ ω τ ο ι γ ε ν ό μ ε ν ο ι σύν αὐτοῖς ἦσαν·ὡς δέ τούς αὐτόθι νοσοῦντας ἰῶντο καί τούς δαιμονιῶντας ἐκάθαιρον, Χριστόν μόνον ὀνομάζοντες καί υἱόν Θεοῦ ἐπικαλούμενοι, προσέτι δέ π ο λ ι τ ε ί α ν ἄ μ ε μ π τ ο ν ἐ φ ι λ ο σ ό φ ο υ ν καί ταῖς ἀρεταῖς τόν μῶρον ἐνίκων, θαυμάσαντες οἱ βάρβαροι τούς ἄνδρας τοῦ βίου καί τῶν παραδόξων ἔργων εὐφρονεῖν συνεῖδον ... Προβαλλόμενοι οὖν αὐτούς τοῦ πρακτικοῦ καθηγητάς, ἐδιδάσκοντο καί ἐβαπτίζοντο, ἀκολούθως ἐκκλησίαζον» παραβ. Φιλοστόργιος Ἐκκλ. Ἱστ. 2,5. Κατά τούς χρόνους τούτους ὁ χριστιανισμός ἐφυτεύθη καί ἐν Οὐενδελικῇ (Αουσβούργη) διότι ἐν ἔτει 204 λέγεται ἐνταῦθα μαρτυρήσασα ἡ ἁγία Ἄφρα Acta Martyr. παρά Ruinart.- Ἐπισκόπους τοῦ Ῥήνου εὑρίσκομεν κατά πρῶτον ἀναφερομένους ἐν τῇ ὑπό τοῦ Μεγάλου Κωνσταντίνου ἐν ἔτει 313 προσκληθείσῃ συνόδῳ ὅπως ἀποφασίσῃ περί τῶν Δονατιστῶν βλ. Optat. Milev. de schism. Donatist 1.c. 23 ἔνθα οὗτος λέγει Dati sunt judices Maternus ex Agrippina civitate. - Ἔπειτα δέ καί ἐν ταῖς ὑπογραφαῖς τῆς ἐν Ἀρελάτῃ ἐν ἔτει 314 συγκροτηθείσης συνόδου Maternus episcopus, Macrinus diaconus de civitate Agrippinensium,- Agroecius episcopus, Felix exorcista de civitate Treverorum.- Ἐν δέ ταῖς ὑπογραφαῖς τῆς ἐν Ἀρελάτῃ συνόδου φέρονται Eborius episcopus de civitate Eboracensi, provincia Brittania.- Restitutus episcopus de civitate Londinensi, provincia suprascripta. Adelfius episcopus de civitate colonia Londinensium.- βλ. Jac. Wisserii Britanicarum eccles. antiquitt. Lond. 1687. – Bingham orig. eccles. tom. 3 p. 557.- J. E. Th. Wiltsch Hnadb. der *Kirchb.* geograph. und Statistik. 1, 32 κεξ. - M. le Quien, *Oriens christianus* tom. 1.

Κεφάλαιον β'.

Τελευταῖαι φάσεις τοῦ Γνωστικισμοῦ

§86. Ὁ Ψευδοκλήμης.

Πηγαί. – α) Τὰ *Κλημέντια* ἢ *Κλήμεντος τοῦ Πέτρου ἐπιδημιῶν κηρυγμάτων ἐπιτομή*, ἔκδ. νεωτάτη ὑπὸ τοῦ A. Schwegler, *Clementis quae feruntur homiliae*. Stuttg. 1847. β) *Recognitiones Clementinae*, ὅπερ ἐστί *ἀναγνωρισμοί*, ἐν τῇ λατινικῇ μόνον μεταφράσει τοῦ Rufin σωζόμενοι, ἔκδ. Coteler, *Patres apost*. καὶ gallandi Bibl. P. tom. 2. γ) *Ἐπιτομὴ περὶ τῶν Πέτρου πράξεων. Epitome de gestis Petri*. παρὰ Cotelerio ἔνθ. ἀνωτ.

Παρὰ τὰς αἱρέσεις τῶν ἐξ ἰουδαίων χριστιανῶν (τῶν Ἐβιωναίων καὶ τῶν Ἐλκεσαϊτῶν §) ἐνεφανίσθη ἐξ αὐτῶν τούτων προερχομένη καὶ ἑτέρα τις αἵρεσις, τὴν ὁποίαν δυνάμεθα νὰ χαρακτηρίσωμεν ὡς γνωστικίζοντα ἐβιωνιτισμὸν καὶ τὴν ὁποίαν εὐφυῶς καὶ μετὰ πολλῆς εὐφραδείας ἐξέθηκεν εἰς τὰ οὕτω καλούμενα *Κλημέντια* ἄγνωστός τις περὶ τὰ τέλη τῆς 2 ἑκατονταετηρίδος ἀκμάζων καὶ ὑπὸ τὸ ὄνομα Κλήμεντος τοῦ Ῥωμαίου ὑποκρυπτόμενος. Τὰ *Κλημέντια*, ἐμπεριέχοντα 3 προλόγους καὶ 19 ὁμιλίας (ἄλλοτε 20), εἶναι εἶδός τι θρησκευτικοδιδακτικοῦ μυθιστορήματος, τὰ ὁποῖα ὅμως ἀξιοῦσιν ὅτι ἐμπεριέχουσιν καθαρὰν ἀλήθειαν. Πατρὶς αὐτῶν θεωρεῖται ἡ Ῥώμη, αἰτία δὲ ἡ τηνικαῦτα κατάστασις τῆς χριστιανικῆς πίστεως ἐν Ῥώμῃ καὶ σκοπὸς ἡ συμφιλίωσις πασῶν τῶν περὶ τὰ τέλη τῆς β' ἑκατονταετηρίδος περιφερομένων θρησκευτικῶν ἀντιθέσεων. Καὶ τῷ ὄντι ἡ ἐκλεκτικὴ καὶ ἀντιρρητικὴ μορφὴ τῶν *Κλημεντίων* καὶ μάλιστα τὸ μυθιστορικὸν περίβλημα αὐτῶν μαρτυροῦσι προφανῶς οὕτως εἰπεῖν περί τε τοῦ τόπου, ἐν ᾧ συνεγράφησαν καθὼς καί περί τῆς ἀφορμῆς καί τοῦ σκοποῦ αὐτοῦ· διότι ὁ συγγραφεύς τῶν *Κλημεντίων* φαίνεται ἔνθεν μέν λαμβάνων τό ἐνδόσιμον καί τήν ἀφορμήν εἰς τό νέον αὐτοῦ σύστημα ἐκ τῶν δοαφόρων αἱρέσεων καί σχισμάτων, τῶν τηνικαῦτα ἐπιπολλαζόντων ἐν Ῥώμῃ καί ἐκ τῆς θέσεως, εἰς ἥν περιήρχετο ἕνεκα τούτων ὁ χριστιανισμός· ἐκεῖθεν δέ ἐπωφελούμενος καί πρός τόν σκοπόν αὐτοῦ αἰχμαλωτίζων τήν μεγάλην τιμήν καί ὑπόληψιν, ἥν προσέφερον εἰς τόν ἱερόν Κλήμεντα πάντες κοινῶς οἱ ἐν Ῥώμῃ χριστιανοί[384]. Ὁ

---

[384] Ἡ ἀφορμή καί ὁ σκοπός τῆς συγγραφῆς τῶν Κλημεντίων ἐξηγοῦνται ἀποχρώντως, ἐάν ῥίψωμεν ἕν βλέμμα ἐπί τῆς τηνικαῦτα καταστάσεως τῆς δυτικῆς ἐκκλησίας. Καθὼς κατά πρῶτον ἐκ τῆς Ἀνατολῆς ἦλθεν εἰς τήν Δύσιν ὁ Χριστιανισμός. οὕτω καί ἐπί τῆς β΄ ἑκατονταετηρίδος ἐκ τῆς ἀνατολικῆς ἐκκλησίας διετέλει ἐξηρτημένη ὅλως ἡ δυτική ἐκκλησία. Ἡ Δυτική Ἐκκλησία, μή ἔχουσα ἔτι ἰδέαν διδασκαλίας ἀνάπτυξιν καί φιλολογίαν ἱεράν, ἐλάμβανεν ἁπλῶς ὅ,τι ἡ Ἀνατολή παρῆγεν, ὅθεν καί ἐφείλκυεν εἰς ἑαυτήν τάς διαφόρους αἱρέσεις καί τά σχίσματα τῆς Ἀνατολῆς. Ἡ πόλις δέ εἰς τή ὁποίαν ἅπασαι αἱ αἱρέσεις εὕρισκον εὐρύτατον ἐνεργείας στάδιον ἦτον ἐξαιρέτως ἡ Ῥώμη, ἡ πρωτεύουσα τῆς αὐτοκρατορίας καί ἡ ἕδρα πολυπληθοῦς χριστιανικῆς κοινότητος. Αἱ διάφοροι τῶν Γνωστικῶν αἱρέσεις καθὼς καί ἡ τῶν Μοντανιστῶν εἰργάζοντο ἐν αὐτῇ ἐναγωνίως καί μεθ᾽ ἁμίλλης τίς νά κερδίσῃ τό πλεῖστον μέρος τῆς μεγάλης καί περιφήμου ταύτης ἐκκλησίας, καί πᾶσαι εὕρισκον ἐν αὐτῇ κατά τό μᾶλλον καί ἧττον ἀκρόασιν καί ὑποδοχήν. Ἐντεῦθεν ἐπί τῆς β΄ ἑκατονταετηρίδος τό ἐν Ῥώμῃ χριστιανικόν σῶμα εὑρίσκετο εἰς πολλάς ἐσωτερικάς διαιρέσεις. Αὕτη δέ ἡ κατάστασις ὅσον ἀφ᾽ ἑνός ἠδύνατο νά ἀποπλανᾷ ἤ τοὐλάχιστον εἰς ἀμφιβολίας νά ἐμβάλλῃ ἐνίους τῶν χριστιανῶν, τόσον ἀφ᾽ ἑτέρου ἐξέθετο ἐπικινδύνως τόν Χριστιανισμόν εἰς τάς ἐπιθέσεις τῶν ἀπίστων ἐθνικῶν. Οὕτως ἐχόντων τῶν πραγμάτων οὐδόλως εἶναι ἀπίθανον ὅτι χριστιανός τις ἐκ τῶν ἐν Ῥώμῃ, τρίβων τῆς φιλοσοφίας συλλαβών τήν ἰδέαν ὅτι ἡ ἀρχέτυπος τοῦ Ἰησοῦ Χριστοῦ διδασκαλία δέν διεφυλάχθη τοιαύτη εἰμή παρά τοῖς ἐξ ἰουδαίων χριστιανοῖς, τοῖς ἀπογόνοις τῆς ἀρχαιοτάτης ἐκκλησίας τῶν Ἱεροσολύμων, ἐπεχείρησε, ἀρυόμενος ἐκ τῶν αἱρέσεων τῶν Ἐβιωναίων καί τῶν Ἑλκεσαϊτῶν, νά παράσχῃ κοινάς τινας δογματικάς βάσεις ἐν αἷς νά συνέλθωσι πάντες καί συνέγραψαν ἑπομένως τά *Κλημέντια*, ὅτι περί τά τέλη τῆς β΄ ἑκατονταετηρίδος εἶχον πατήσει τόν πόδα ἐπί τοῦ ἐδάφους τῆς Ῥώμης αἱ ἰουδαΐζουσαι αἱρέσεις γίνεται δῆλον ἐκ τῶν εἰρημένων ἐν §. Περί δέ τῆς αἱρέσεως τῶν Ἑλκεσαϊτῶν ῥητῶς λέγουσι τά *Φιλοσοφούμενα* (βιβλ. 9) ὅτι εἶχε μεταφυτευθῆ ἐν Ῥώμῃ κατ᾽ ἐκεῖνον τόν καιρόν· καί ἴσως ἤτο πρώτη ὠθήσειν τήν ἰδέαν εἰς τό σύστημά του νά ἔλαβεν ἐξ αὐτῶν ἐν Ῥώμῃ ὁ συγγραφεύς τῶν *Κλημεντίων*. Πολύ πιθανόν ὅμως νά ἐπεσκέφθη καί τήν τότε κοιτίδα πασῶν τῶν αἱρέσεων, τήν Ἀνατολήν.
Διά νά δώσῃ δέ εἰς τήν διδασκαλίαν του ὁ Ψευδοκλήμης τό ἀπαιτούμενον κῦρος κατάφυγεν εἰς μέσον οὐχί σπάνιον κατά τήν ἐποχήν του, ἀνήγαγε δηλ. αὐτήν εἰς τούς ἀποστολικούς χρόνους καί παρουσίασε τό σύγγραμμα του ὡς ἀποστολικήν διδασκαλίαν περιέχον καί ὑπό ἀποστολικοῦ ἀνδρός γεγραμμένον. Ἐντεῦθεν ὡς διηγούμενος καί γράφων τά *Κλημέντια* φέρεται /(309) ὁ ἱερός ἐκεῖνος Κλήμης ὁ τῶν ῥωμαίων ἐπίσκοπος, ἐκεῖνος δέ πρός ὅν γράφει εἶναι ὁ Ἰάκωβος ὁ τῶν Ἱεροσολύμων ἐπίσκοπος, ὅστις ὀνομάζεται εἰς τά *Κλημέντια* καί Κ ε φ α λ ή τ ῆ ς ἐ κ κ λ η σ ί α ς. Κυρία δέ ὑπόθεσις τοῦ συγγράμματος αἱ περιοδεῖαι, τό κήρυγμα καί αἱ συνδιαλέξεις τοῦ ἀποστόλου Πέτρου, ἐν οἷς συνεξυφαίνονται καί αἱ περιπέτειαι τοῦ βίου τοῦ Κλήμεντος ὡς ἀκολούθου καί συνεργοῦ τοῦ Πέτρου· ὅτι ὁ Κλήμης ἐχρημάτισε συνεργός τοῦ ἀποστόλου Παύλου καθώς καί περί τοῦ ἀποστολικοῦ κηρύγματος τοῦ τελευταίου οὐδέ γρῦ λέγουσι τά *Κλημέντια*, ἐξεναντίας ὡς εἰδικός ἀπόστολος τῶν ἐθνῶν καί ὡ θεμελιωτής καί διδάσκαλος καί πρῶτος τῆς ἐν Ῥώμῃ ἐκκλησίας ἐπίσκοπος παρουσιάζεται ἐν αὐτοῖς ὁ Πέτρος, ὅστις ἔνθεν μέν δογματίζει καί διδάσκει ὅσα ἐπρεύσβευεν ὁ ἀληθής τῶν *Κλημεντίων* συγγραφεύς, ἐκεῖθεν πολεμεῖ καί ἀνασκευάζει ὅσα ὁ αὐτός ὠνόμαζε πλάνας.- Τό μυθιστορικόν μέρος τῶν *Κλημεντίων*, δι᾽ οὗ περικοσμοῦνται καί ἐν ᾧ συνείρονται αἱ δόξαι τοῦ Ψευδοκλήμεντος εἶναι τό ἑξῆς. Ὁ Κλήμης ἦτο βλαστός περιφανοῦς οἰκογενείας, συγγενοῦς μέ τόν βασιλικόν οἶκον· ὁ πατήρ αὐτοῦ ἐκαλεῖτο Φαυστιανός ἡ μήτηρ Ματθιδία καί οἱ δύο αὐτοῦ πρεσβύτεροι ἀδελφοί Φαυστῖνος καί Φαῦστος. Μόλις ἦτο πενταετής ὁ Κλήμης ὅτε ἡ μήτηρ αὐτοῦ παραλαβοῦσα τούς δύο πρεσβυτέρους αὐτοῦ ἀδελφούς ἐγκατέλιπε τήν Ῥώμην ὅπως συνοδεύσῃ αὐτούς εἰς τάς σχολάς τῶν Ἀθηνῶν· ἔκτοτε ὅμως ἐγένοντο ἄφαντοι διότι οὔτε παρά τῆς μητρός οὔτε παρά τῶν ἀδελφῶν ἦλθεν εἴδησίς τις. Τούτου ἕνεκα ἐγκαταλείπει τήν Ῥώμην καί ὁ πατήρ καί ἀπέρχεται εἰς ἀναζήτησιν αὐτῶν· πλήν καί οὗτος δέν ἐπέστρεψεν πλέον. Ὁ μικρός Κλήμης ἐγκαταλειφθείς μόνος ἐν

Ρώμῃ ἠγνόει παντελῶς τή τύχην τῶν οἰκείων του ἐπί πολλά ἔτη, ἀλλ' ἀνατραφείς καί παιδαγωγηθείς ἐπιμελῶς ὑπό τῶν ἐπιτρόπων του, διῆλθε τόν βίον του σωφρόνως καί ἐξεπαιδεύθη καλῶς. Ἀπό τῆς παιδικῆς δέ ἤδη ἡλικίας ἐπεθύμει νά ἐνασχολῆται μέ ζητήματα μεταφυσικά διανοούμενος πάντοτε καί ζητῶν ἐάν μετά θάνατον ὑπάρχῃ ἄλλη ζωή, ἐάν ὁ κόσμος οὗτος ἔχῃ ἀρχήν καί τά τοιαῦτα. Ἀέναοι ἀμφιβολίαι κατέτηκον τήν ψυχήν του, αἱ δέ φιλοσοφικαί σχολαί, τάς ὁποίας ἐπεσκέπετο διά νά πληροφορηθῇ, οὐδεμίαν πνευματικήν ἀνάπτυξιν παρεῖχον εἰς αὐτόν· ἰδού πῶς περιγράφει ὁ ἴδιος τήν ἐσωτερικήν τοῦ πνεύματος κατάστασιν, τήν ἀθυμίαν καί τήν ἀπελπισίαν του· «Συνῆν μοι λογισμός, οὐκ οἶδα πόθεν τήν ἀρχήν λαβών, περί θανάτου πυκνάς ποιούμενος ὑπομνήσεις, ὅτι ἄρα θανών οὐκ εἰμί καί οὐδέν μνήμην τις ποιήσει μού ποτε, τοῦ ἀπείρου χρόνου πάντων τά πάντα εἰς λήθην φέροντος, ἔσομαι δέ οὐκ ὤν, οὐκ ὄντως εἰδώς, οὐ γινώσκων, οὐ γινωσκόμενος, οὐ γεγονώς, οὐ γινόμενον· καί ἄρα ποτε γέγονεν ὁ κόσμος, καί πρό τοῦ γενέσθαι τί ἄρα ἦν; εἰ γάρ ἦν ἀεί, καί ἔσται· εἰ δέ γέγονε καί λυθήσεται·καί μετά τήν λύσιν τί ἄρα ἔσται πάλιν εἰ μή τάχα σιγή καί λήθη; καί τάχα ἔσται τι, ὅ νῦν νοῆσαι οὐ δυνατόν. Ταῦτά γε καί τά τούτοις ὅ/ (310) μοια οὐκ οἶδα πόθεν ἀπαύστως ἐνθυμούμενος ὀδυνηράν εἶχον λύπην τοσοῦτον, ὡς ὠχριακότα με τήκεσθαι καί τό δεινότατον, εἴποτε ἀπώσασθαι τήν φροντίδα ὡς ἀνωφελῆ ἐβουλευσάμην, ἀκμαιότερον μοι μᾶλλον τό πάθος ἐγίνετο ... Ἐκ παιδός οὖν ἡλικίας ὤν ἐν τοιαύτοις λογισμοῖς, χάριν τοῦ μαθεῖν τι βέβαιον, εἰς τάς τῶν φιλοσόφων ἐφοίτων διατριβάς· καί οὐδέν ἕτερον ἑώρων, ἢ δογμάτων ἀνασκευάς καί κατασκευάς καί ἔρεις καί φιλονεικίας καί συλλογισμῶν τέχνας καί λημμάτων ἐπινοίας. Καί ὁτέ μέν ἐπεκράτει, φέρε λέγειν, ὅτι ἀθάνατος ἡ ψυχή, ὁτέ δέ ὅτι θνητή. Εἴποτε οὖν ἐπεκράτει λόγος ὅτι ἀθάνατος, ἔχαιρον· ὁπότε δέ ὅτι θνητή, ἠνιώμην· πλέον δέ πάλιν ἠθύμουν ὅτι οὐδ' ὁπότερον εἰς τόν ἐμόν βεβαιῶσαι νῦν ἠδυνάμην ... διό ἐκ τοῦ τῆς ψυχῆς βάθους ἐστέναζον· οὔτε γάρ τι βεβαιῶσαι οἷος τε ἤμην, οὔτε τήν τῶν τοιούτων φροντίδα ἀποσείσασθαι ἠδυνάμην, καίπερ βουλόμενος, ὡς φθάσας εἶπον. Καί πάλιν ἀπορούμενος ἔλεγον ἐμαυτῷ· τί ματαιοπονῶ σαφοῦς ὄντος τοῦ πράγματος; ὅτι εἰ μέν θανών οὐκ εἰμί, νῦν ὄντα με λυπεῖσθαι οὐ προσῆκεν· διό τηρήσω τό λυπεῖσθαι εἰς τήν τότε, ὅτε οὐκ ὤν οὐ λυπηθήσομαι. Εἰ δ' ἄρα εἰμί τί νῦν ἐκ περισσοῦ μοι πρόσεστι τό λυπεῖσθαι; Καί εὐθέως μετά τοῦτο ἕτερος με εἰσῄει λογισμός· ἔλεγον γάρ εἰ μή τί γε τοῦ νῦν με λυποῦντος ἐκεῖ χεῖρον παθεῖν ἔχω, μή βεβιωκώς εὐσεβῶς, καί παραδοθήσομαι κατ' ἐνίαν φιλοσόφων λόγους Πυρωλεγέθοντι καί Ταρτάρῳ, ὡς Σίσυφος ἤ Τίτυος ἤ Ἰξίων ἤ Τάνταλος, καί ἔσομαι ἐν ᾅδου τόν αἰῶνα κολαζόμενος. Πάλιν ἀνθυπέφερον λέγων, ἀλλ' οὐκ ἔστι ταῦτα. Καί πάλιν ἔλεγον, εἰ δέ ἔστιν; Οὐ δήλου ὄντος τοῦ πράγματος, ἔλεγον, ἀκινδυνότερόν ἐστιν μᾶλλον εὐσεβῶς βιῶσαί με. Καί πῶς δυνήσομαι τοῦ δικαίου χάριν, εἰς ἀδήλου ἐλπίδα ἀφροῦς, τῶν τοῦ σώματος κρατεῖν ἡδονῶν;» (Ὁμιλία 1).- Ὑπό τοιούτων ἀμφιβολιῶν βασανιζόμενος ὁ Κλήμης εἶχεν ἀποφασίσει, πρός εὕρεσιν τῆς ἀληθείας καί τῆς ποθητῆς εἰρήνης τῆς ψυχῆς του, νά μεταβῇ εἰς Αἴγυπτον νά φιλιωθῇ μέ τούς ἐκεῖ ἱεροφάντας, νά ζητήσῃ ἐπιτήδειον μάγον καί διά τῆς νεκρομαντείας νά πληροφορηθῇ ἰδίοις ὀφθαλμοῖς περί τῆς μετά θάνατον ὑπάρξεως τῆς ψυχῆς· ὅτε ἔφθασεν αἴφνης εἰς τήν Ῥώμην ἡ φήμη τοῦ Ἰησοῦ Χριστοῦ. Ὁ Κλήμης ἀπεφάσισε νῦν νά μεταβῇ εἰς τήν Ἰουδαίαν, ὅπως πληροφορηθῇ δι' αὐτοψίας περί τοῦ νέου τούτου προφήτου καί περί τῶν θαυμάτων του· ἄνεμοι ὅμως ἐναντίοι ἔφερον αὐτόν εἰς τήν Ἀλεξάνδρειαν. Ἐνταῦθα ἅμα ἀποβάς ἠρώτησε τούς φιλοσόφους περί τῶν ἐν Παλαιστίνῃ διατρεχόντων καί μαθών ὅτι εἷς τῶν μαθητῶν τοῦ Ἰησοῦ Χριστοῦ, ὁ Βαρνάβας, εὑρίσκεται ἐν τῇ πόλει καί διδάσκει, ἔσπευσεν εὐθύς καί συγκατέταξεν ἑαυτόν μεταξύ τῶν μαθητῶν του. Τήν ἐπιοῦσαν ἀνεχώρησεν /(311) ὁ Βαρνάβας εἰς τήν Παλαιστίνην καί μετ' ὀλίγας ἡ μέρας ἠκολούθησεν αὐτῷ καί ὁ Κλήμης. Παραγενόμενον δέ εἰς Καισάρειαν ὑπεδέξατο αὐτόν ὁ Βαρνάβας καί εἰσήγαγε πρός τόν Πέτρον, τοῦ ὁποίου ἀπό τοῦδε κατέστη μαθητής καί ἀκόλουθος. Ὁ ἀπόστολος Πέτρος ἡτοιμάζετο ἤδη νά ἔλθῃ εἰς συνδιάλεξιν μετά τοῦ Σίμωνος τοῦ Μάγου. Καί πραγματικῶς ἐν Καισαρείᾳ ἔτι ὄντων ἔλαβε χώραν ἡ συνδιάλεξις. Ὁ Σίμων ὁ τοῦ πολυθεϊσμοῦ ὑπέρμαχος, παθών κατά τήν συνδιάλεξιν ταύτην ἧτταν ὁλοσχερῆ, ἐγκαταλείπει τήν Καισάρειαν, ὁ δέ Πέτρος καταδιώκει τόν φοβερόν τοῦτον ψευδοπροφήτην ἀπό πόλεως εἰς πόλιν. Κατά τάς περιοδείας ταύτας ἀπήντησε τόν Πέτρον γραῖά τις ζητοῦσα παρ' αὐτοῦ ἐλεημοσύνην. Ἡ γραῖα διηγήθη αὐτῷ τά παθήματά της, ὅτι δηλ. κατά τόν εἰς Ἀθήνας πλοῦν ὑποστᾶσα ναυάγιον εἶχεν ἀπολέσει τούς δύο αὐτῆς υἱούς· ὁ Πέτρος ἐννοεῖ ὅτι αὕτη ἦτον ἡ μήτηρ τοῦ Κλήμεντος καί οὕτω λαμβάνει χώραν ἡ πρώτη σκηνή τοῦ ἀναγνωρισμοῦ. Μετ' οὐ πολύ ἐπανῆλθον ἐκ τοῦ κηρύγματος δύο τῶν μαθητῶν τοῦ Πέτρου ὁ Νικήτας καί ὁ Ἀκύλας, οἵτινες εἶχον χρηματίσῃ πρότερον μαθηταί τοῦ Σίμωνος, μανθάνουσι τά γενόμενα καί ἀνακαλύπτεται ὅτι ἦσαν οἱ δύο πρεσβύτεροι ἀδελφοί τοῦ Κλήμεντος, οἱ ὁποῖοι μετά τό ναυάγιον νομίσαντες ὅτι ἀπωλέσθη ἡ μήτηρ αὐτῶν εἰς τά κύματα τῆς θαλάσσης ἦλθον εἰς Παλαιστίνην καί ἔλαβον ἕτερα ὀνόματα· οὕτω δέ συνέβη καί ἡ δευτέρα σκηνή τοῦ ἀναγνωρισμοῦ. Τήν ἐπιοῦσαν ἐλεοῦντο οἱ μαθηταί τοῦ Πέτρου εἰς τήν θάλασσαν, ὅτε πλησιάσας αὐτούς πολιός τις γέρων καί ἰδών αὐτούς προσευχομένους οἰκτίρει αὐτούς διά τάς ὁποίας ἐτέλουν προσευχάς, διϊσχυριζόμενος ὅτι ἡ προσευχή ἦτον ἀνωφελής διά τόν λόγον ὅτι ἑκάστου ἀνθρώπου ἡ τύχη ὁρίζεται ἀμετακλήτως καί ἀναλλοιώτως ἀπό τῆς ὥρας τῆς γεννήσεως του κατά τήν ἰδιότητα τοῦ τότε ἀστερισμοῦ. Ὁ Κλήμης ἐπιχειρεῖ τήν ἀνασκευήν τῆς τοιαύτης δοξασίας· ὁ γέρων βιάζεται, πρός ἐμπέδωσιν τῆς ἰδέας του, νά διηγηθῇ τόν βίον του καί ὁ Κλήμης ἀναγνωρίζει ἐν αὐτῷ τόν πατέρα του – τρίτη ἀναγνωρίσεως σκηνή - ἀσπάζεται δέ καί αὐτός ἔπειτα τήν χριστιανικήν θρησκείαν. Τέλος καταντῶσιν πάντες εἰς

συγγραφεύς τῶν *Κλημεντίων* καταπολεμεῖ τήν εἰδωλολατρείαν, τήν φιλοσοφίαν, τάς θυσίας τῶν Ἰουδαίων, τόν χιλιοετισμόν τῶν Ἐβιωναίων, τούς προφήτας τῶν Μοντανιστῶν, τήν περί τῶν τριῶν ὑποστατικῶν προσώπων τῆς ἁγίας Τριάδος διδασκαλίαν τῆς ὀρθοδόξου Ἐκκλησίας, τάς περί ἑνός ἰδιαιτέρου δημιουργοῦ τοῦ αἰσθητοῦ κόσμου καί τάς περί δοκήσεως ἰδέας τῶν Γνωστικῶν[385], ἀφ' ἑτέρου δέ προτιθέμενος νά συμφιλιώσῃ /(304) καί νά εἰρηνεύσῃ πρός ἀλλήλας πάσας τάς ἀντιθέσεις καί τά θρησκευτικά κόμματα τοῦ αἰῶνος του προσλαμβάνει, ἐξ ὅλων αὐτῶν, ἰδέας εἰς τό σύστημά του· οὕτω φερ' εἰπεῖν ἐκ μέν τῶν Ἐβιωναίων λαμβάνει τήν ἰδέαν ὅτι Ἰουδαϊσμός καί Χριστιανισμός κατ' οὐδέν ἀπ' ἀλλήλων διαφέρουσιν, ὅτι εἶναι ἕν καί τό αὐτό πρᾶγμα, ὅτι ὁ Χριστός οὐδέν πλέον εἶχε τοῦ Μωυσέως, ἑπομένως ἀπορρίπτει πᾶσαν ἐν τῇ ἱερᾷ τῆς ἀποκαλύψεως ἱστορίᾳ πρόοδον, ὅπερ ἀποτελεῖ καί τήν κυρίαν ἰδέαν τοῦ συστήματός του, ἐξ ἄλλων δέ πάλιν τήν ἀποχήν τῶν κρεῶν, τάς συχνάς νηστείας, τάς πολυειδεῖς λούσεις καί τήν ἑκούσιον πτωχίαν· ἀλλαχόθεν τόν γάμον, τόν ὁποῖον ἐπιβάλλει οὐ μόνον εἰς τούς νέους ἀλλά καί εἰς τούς προβεβηκότας τήν ἡλικίαν, πρός ἀποφυγήν τῆς διαφθορᾶς. Μετά τῶν γνωστικῶν δέ πάλιν ἔχει κοινήν τήν περί ἀπορροίας θεωρίαν καί μετά τῆς ὀρθοδόξου ἐκκλησίας συνομολογεῖ τήν ἀνάγκην τοῦ βαπτίσματος εἰς ἄφεσιν ἁμαρτιῶν.

Τό σύστημα τοῦ Ψευδοκλήμεντος ὑπάρχει ἐν συνόψει τό ἑξῆς. α) ὁ θεός καί ἡ ὕλη ὑφίστανται προαιωνίως ὡς δύο πράγματα διάφορα, ἑπομένως ὁ θεός δέν ἐδημιούργησεν ἐξ οὐκ ὄντων, ἀλλ' ἁπλῶς μόνον ἐμόρφωσε τόν κόσμον – ὁ θεός εἶναι οὐσία καθαρά, ἁπλοῦς, πρόσωπικός, ζῶν καί μορφήν ἔχων πρωτότυπον καί ἔξοχον κατά τήν καλλονήν,

---

Ῥώμην. Ὁ Πέτρος προαισθανθείς τήν ὥραν τοῦ θανάτου ἀναδεικνύει διάδοχον αὐτοῦ ἐν Ῥώμῃ τόν Κλήμεντα καί παραγγέλλει εἰς αὐτόν, μετά τήν ἔξοδόν του νά ἀναγγείλῃ εἰς τόν Ἱεροσολύμων Ἰάκωβον, ὡς τήν κεφαλήν τῆς ἐκκλησίας, τήν εἰς τόν θρόνον τῆς Ῥώμης ἀνάβασίν του. Πρός τούτου νά ἀποστείλῃ αὐτῷ σύντομον ἔκθεσιν τοῦ βίου του καί ὅτι ἐχρημάτισε πάντοτε ἀκόλουθος αὐτοῦ (τοῦ Πέτρου), ὅπως πληροφορηθῇ ὁ Ἰάκωβος περί τῆς ἀξίας καί τῆς δραστηριότητος του (τοῦ Κλήμεντος). Τήν ἐντολήν ταύτην ἐκπληρῶν ὁ Κλήμης ἔγραψε τά *Κλημέντια*.- Ὅτι ἐξ ὅσων διηγεῖται περί ἑαυτοῦ ὁ Κλήμης τινά καί μάλιστα ἡ κλίσις πρός τά /(312) μεταφυσικά ζητήματα καί αἱ ἀμφιβολίαι καί αἱ περιηγήσεις αὐτοῦ δύνανται νά θεωρηθῶσιν ὡς περιπέτειαι τοῦ βίου τοῦ ἀληθοῦς συγγραφέως τῶν *Κλημεντίων*, δέν εἶναι δύσκολον νά εἰκάσωμεν.
385 Ὁμιλῶν περί τῶν ξοάνων καί τό τούτων ἀδρανές καί ἄψυχον ἐμπεδῶσαι βουλόμενος ὁ συγγραφεύς τῶν *Κλημεντίων* ἐπιφέρει «Εἰ δέ τά ξόανα οἴεσθαι ὡς ἔμπνοα ὑπάρχοντα τά τοιαῦτα (τάς θαυματουργίας) ἐνεργεῖν δύνασθαι, ἐπί ζυγοῦ ἐπιστήσαντες αὐτά, ἴσου ὄντος τοῦ κανόνος, τό ἀντίρροπον ἐπί τῆς ἑτέρας πλάστιγγος θέντες, ἀξιώσατε αὐτά ἤ ὁλκότερα γενέσθαι ἤ κουφότερα καί οὕτως ἐάν γένηται ἔμπνοα ἐστίν» Ὁμιλία 15. Παρακατιών δέ λέγει ὁ αὐτός «Πόσοι δέ καί καταψεύδονται χρηματισμούς καί θεραπείας ἐξ αὐτῶν ἀποτελεσθείσας καί ταύτας βεβαιοῦνται μεθ' ὅρκων; πόσοι ἐπί μισθῷ ἑαυτούς ἐξέδωκαν δι' ἐπινοιῶν πάσχειν τινά ἀναδεξάμενοι καί οὕτω κηρύξαντες αὐτῶν τό πάθος, ἀντιπαθεία ἀποκατασταθέντες, κεχρηματίσθαι τήν θεραπείαν λέγουσιν ἵνα τό ἀναίσθητον ἐπιγράψωσι σέβασμα;» Ὁμιλία 9,18.

οὐχί ὅμως καί κατά τόν τύπον διάφορον τῆς τοῦ ἀνθρώπου[386]. β) αἱ ψυχαί τῶν ἀνθρώπων εἶναι ἀθάνατοι καθό πνοή τοῦ θεοῦ ὑπάρχουσι· καίτοι δέ ἐκ τοῦ θεοῦ προελθοῦσαι καί τῆς αὐτῆς τῷ θεῷ οὐσίας τυγχάνουσαι θεοί ὅμως δέν εἶναι (Ὁμιλία 16,16). Κατ' εἰκόνα Θεοῦ εἶναι τά σώματα τῶν ἀνθρώπων (Ὁμιλία 11,4), καθ' ὁμοίωσιν δέ ὁ ἔσω ἄνθρωπος, ὅστις ὅμως ἀποβάλλει τό καθ' ὁμοίωσιν ἐάν μή διάγη ἐν ἀληθείᾳ καί καθαρότητι βίου (Ὁμιλία 3,7. 16,10). γ) ὁ πρῶτος ἄνθρωπος ὁ Ἀδάμ ἐπλάσθη τέλειος καί ὅλος ἀγαθός οὐδ' ἡμάρτησε ποτέ, τοὐναντίον ὡς πατήρ γνήσιος ἐδίδαξεν εἰς τούς υἱούς αὐτοῦ τίνι τρόπῳ δύνανται νά εὐαρεστῶσι τῷ θεῷ καί νά διατελῶσι ἀείποτε φίλοι αὐτοῦ (Ὁμιλία 8,10)· ἀλλ' ἡ Εὔα ἡ ἐκ τοῦ Ἀδάμ ληφθεῖσα ἦτο φύσεως πονηρᾶς καί φιλαμαρτήμονος καί διέφερε τοῦ Ἀδάμ ὅσον οὐσία μετουσίας, ὅσον ἡλίου σελήνη, ὅσον φωτός πῦρ, (Ὁμιλία 3, 22), ἐντεῦθεν ἡ Εὔα, τό θῆλυ τό κατά πάντα ἀντίθετον τοῦ ἄρρενος, ἐγένετο ὁ ἀρχηγός τῆς πλάνης καί τῆς ἁμαρτίας εἰς τό ἀνθρώπινον γένος, τό ὁποῖον διαφθαρέν κατ' ὀλίγον ἀπώλεσε τήν προτέραν αὐτοῦ ἀγαθότητα καί εὐδαιμονίαν. δ) ὅτε δέ ἐπληθύνθη ἡ ἀνομία πολλοί τῶν ἀγγέλων ἐζήτουν παρά τοῦ Θεοῦ ὅπως ἐπιτρέψῃ αὐτοῖς νά ἐμφανισθῶσιν ἐπί τῆς γῆς καί ἀποτρέψωσι τούς ἀνθρώπους ἀπό τήν ἁμαρτίαν. Οἱ Ἄγγελοι οὗτοι κατελθόντες εἰς τήν γῆν μετεμορφώθησαν εἰς χρυσόν, εἰς πολυτίμους λίθους, εἰς μαργαρίτας, εἰς ζῶα καί ἄλ /(305) λα τοιαῦτα, ἐνῷ δέ οἱ ἄνθρωποι ἥρπαζον ταῦτα ἐξηλέγχοντο ὑπό τῶν ἀγγέλων ὡς πλεονέκται ἄσωτοι, ἀλλά θελήσαντες ἔπειτα οἱ ἄγγελοι οὗτοι νά παράσχωσιν εἰς τούς ἀνθρώπους καί τό καλόν παράδειγμα καί γενόμενοι τέλειοι ἄνθρωποι, ἐδελεάσθησαν ὑπό τῶν θυγατέρων τῶν ἀνθρώπων, ἀπώλεσαν τήν δύναμιν τοῦ νά μετατρέπωνται εἰς τήν προτέραν αὐτῶν φύσιν καί ἔκτοτε ἐδίδαξαν εἰς τούς ἀνθρώπους τάς διαφόρους τέχνας καί ἐγέννησαν τούς Γίγαντας, οἵτινες ἀπέβησαν θηριώδης γενεά, φονεῖς, κρεοφάγοι καί ἀνθρωποφάγοι· ἀπό τῆς καθημερινῆς ἐκχύσεως τοῦ αἵματος προῆλθον καί αἱ διάφοροι λοιμικαί ἀσθένειαι. Ὅπως ἐξολοθρεύσῃ τό καταστρεπτικόν τοῦτον γένος ἔστειλεν ὁ Θεός τέλος τόν κατακλυσμόν· δι' αὐτοῦ ἐξηφανίσθησαν μέν τά σώματα τῶν πεσόντων ἀγγέλων καί τῶν γιγάντων, ἀλλ' αἱ ψυχαί αὐτῶν διεσκορπίσθησαν εἰς τόν ἀέρα καί ἀπετέλεσαν τούς δαίμονας, οἵτινες ἐξακολουθοῦσιν

---

[386] «Ἤθελον εἰδέναι Πέτρε (ἐρωτᾷ Σίμων ὁ Μάγος) εἰ ἀληθῶς πιστεύεις ὅτι ἡ τοῦ ἀνθρώπου μορφή πρός τήν ἐκείνου (τοῦ Θεοῦ) διατετύπωται· καί ὁ Πέτρος· ἀληθῶς, ὁ Σίμων (sic), οὕτως ἔχειν πεπληροφόρημαι» Ὁμιλία 16,19. «ἀδύνατον γάρ κάλλος ἄνευ μορφῆς εἶναι καί πρός τόν αὐτοῦ ἔρωτα ἐπισπᾶσθαί τινα ἢ καί δοκεῖν θεόν ὁρῶν εἶδος οὐκ ἔχοντα» Ὁμιλία 17,10 καί 7.

αἰωνίως νά πειράζωσι τούς ἀνθρώπους καί ἐνίοτε νά εἰσέρχονται εἰς τά σώματα αὐτῶν. ε) πρός ἀναχαίτισιν τῆς διαφθορᾶς καί ἀνέγερσιν τῆς αἰωνίας καί τῆς αὐτῆς πάντοτε μενούσης ἀληθείας, ὅπως ἀπαλλάξῃ τῆς εἰδωλολατρείας καί τά λοιπά τέκνα τοῦ Ἀδάμ, τά ἔθνη καί ποιήσῃ καί ταῦτα μετόχους τῆς καθαρᾶς θείας γνώσεως, ἥτις ἐν μέρει ἐφυλάττετο ὑπό τῶν ἀξίων καί πιστῶν τοῦ Θεοῦ ἀνθρώπων ἐν τῷ ἰουδαϊκῷ λαῷ (Ὁμιλία 3,19), ἀποστέλλει ὁ Θεός (Ὁμιλία 10,4) τό πνεῦμα τοῦ Ἀδάμ, ὅπερ ὑπό διάφορα ὀνόματα καί διαφόρους μορφάς, πάντοτε ὅμως τήν αὐτήν ἀλήθειαν καταγγέλλων ἐμφανίζεται ἐπανειλημμένως εἰς τόν κόσμον. Τό πνεῦμα τοῦτο ἐνεφανίσθη ἐν τῷ Ἀδάμ, τῷ Ἐνώχ, τῷ Νῶε, Ἀβραάμ, Ἰσαάκ καί Ἰακώβ, ἐν τῷ Μωϋσῇ καί τελευταῖον ἐν τῷ Χριστῷ, οἵτινες ἐγένοντο πάντες προφῆται καί διδάσκαλοι τῆς ἀληθείας· ὁ θάνατος τοῦ Ἰησοῦ Χριστοῦ εἶχεν τοσαύτην διαλλακτικήν καί ἀπολυτρωτικήν δύναμιν, ὅσην εἶχε καί τῶν πρό αὐτοῦ προφητῶν· ἡ ἄφεσις τῶν ἁμαρτιῶν γίνεται διά τοῦ βαπτίσματος· ὅπερ διά τοῦτο εἶναι ἐκ τῶν ὧν οὐκ ἄνευ (Ὁμιλία 11,25.26)[387]. Ἐγγύς ὅμως ἑνός ἑκάστου τῆς ἀληθείας προφήτου ἐγείρεται πάντοτε ἕτερος τῆς πλάνης καί τοῦ ψεύδους προφήτης καί διδάσκαλος, εἷς ἀπόγονος τῆς Εὔας. Καθώς ὁ Θεός καί ἡ ὕλη ἀποτελοῦσι μίαν συζυγίαν ἐξ ἀντιθέτων συγκειμένην, καθώς δύο εἴδη ἀγγέλων ὑπάρχουσι, ἀγαθοί καί κακοί· οὕτω καί σύμπασα ἡ κτίσις καί μάλιστα τό τῶν ἀνθρώπων γένος ἐξ ἀντιθέτων συνίσταται καί ὑπό τόν νόμον τῆς συζυγίας διατελεῖ (Ὁμιλία 3,59). Εἰς τό θεῖον καί ἀληθές ἀντίκειται πάντοτε ἕτερόν τι ἀντίθετον καί ψευδές, εἰς τόν διδάσκαλον τῆς ἀληθείας, ὁ τῆς πλάνης μέ τήν διαφοράν ὅμως ὅτι ἐν τῷ κόσμῳ τῶν ἀνθρώπων ἐναλλάσσεται ἡ τάξις τῶν ἀποτελούντων τήν συζυγίαν οὕτως ὥστε πρῶτον ἔρχονται τά χείρω καί ἔπειτα τά κρείττονα· «*Πρῶτος ἄδικος Κάϊν δεύτερος δίκαιος Ἄβελ· καί πάλιν πρῶτος Ἰσμαήλ ἔπειτα Ἰσαάκ*» (Ὁμιλία /(306) 2,16) πρῶτος Ἰωάννης ὁ βαπτιστής (ὁ ἐν γεννητοῖς γυναικῶν, Ματθ. 11,11) ἔπειτα Χριστός, πρῶτος Συμεών ὁ Μάγος, ἔπειτα ὁ ἀπόστολος Πέτρος.- Ἐπειδή δέ ὁ ἄνθρωπος ἐκτός τῆς γνώσεως τοῦ πολιτεύεσθαι, τῆς γνώσεως τοῦ δικαίου καί τοῦ ἀδίκου, οὐδέν ἄλλο γινώσκει μετά βεβαιότητος, ἔχει ἀνάγκην τοῦ ἀληθοῦς προφήτου· ὁ ἀληθής προφήτης εἶναι ὁ μόνος ὀχετός, δι' οὗ ὁ ἄνθρωπος δύναται νά ἔχῃ γνώσεις ἀληθεῖς καί βεβαίας περί Θεοῦ καί περί δημιουργίας τοῦ κόσμου. Ἄνευ ἀληθοῦς προφήτου εἶναι ἀδύνατον νά ἔχῃ

---

[387] Περί τοῦ Ἰησοῦ Χριστοῦ ἐκφράζονται τά *Κλημέντια* ὧδε πως «*ὁ Κύριος ἡμῶν οὔτε θεούς εἶναι ἐφθέγξατο παρά τόν κτίσαντα τά πάντα, οὔτε αὐτόν θεόν εἶναι ἀνηγόρευσεν*», *Ὁμιλία* 16,15.

ὁ ἄνθρωπος βεβαιότητα περί τούτων· διότι πᾶσα περί τούτων ὑπόθεσις ἀνασκευάζεται καί κατασκευάζεται καί ἡ αὐτή ἀληθής καί ψευδής ὑπό τοῦ ἐκδικοῦντος ἀποδείκνυται (Ὁμιλία 1.19). Τό πρῶτον λοιπόν ἔργον τοῦ ἀνθρώπου, ἅμα πεπανθῇ ἐν αὐτῷ εἶναι ἡ κρίσις εἶναι ἡ ζήτησις καί ἡ εὕρεσις ἀληθινοῦ προφήτου, διδασκάλου τῆς ἀληθείας. Γνωρίζεται δέ ὁ ἀληθής προφήτης ἐκ τῶν χαρακτήρων αὐτοῦ, ἐξ ὧν πρῶτος μέν εἶναι ἡ τελεία γνῶσις τοῦ παρελθόντος, τοῦ ἐνεστῶτος καί τοῦ μέλλοντος συνηνωμένη μετά τῆς ἀναμαρτησίας καί ἐλεημοσύνης (Ὁμιλία 2.6 καί 10)· δεύτερος δέ ἡ ἁπλῆ ἡ σαφέστατα ἐκτιθεμένη καί εἰς πάντας καταληπτή διδασκαλία, πρός κατανόησιν τῆς ὁποίας νά μή γίνηται ἀνάγκη ἀλληγορικῶν τεχνασμάτων (Ὁμιλία 9 καί 3,26)· τρίτος δέ ἡ ἔμπνευσις ἡ ἀείποτε ἐν αὐτῷ οἰκοῦσα καί κατά τήν δύναμιν καί τήν τελειότητα ἡ αὐτή ἀεί διαμένουσα καί ἡ πάντοτε ἡσύχως καί ἀταράχως ἐμφανιζομένη· διότι ἡ τεταραγμένη, ἡ στιγμιαία καί ἐκστατική ἔμπνευσις καί αἱ σκοτειναί καί αἰνιγματώδεις ἐκφράσεις χαρακτηρίζουσι τόν ψευδῆ προφήτην. στ΄) τά προφητικά βιβλία τῆς Παλαιᾶς Διαθήκης, ὡς σκοτεινά καί αἰνιγματώδη καί ἑπομένως ἀντιπίπτοντα πρός ταύτην τήν περί προφητείας ἰδέαν, δέν ἐμπεριέχουσι διδασκαλίας ἀληθινῶν προφητῶν (Ὁμιλία 3,53). Μόνον ἐν τῇ Πεντατεύχῳ τοῦ Μωυσέως εὑρίσκεται ἀληθής προφητεία πλήν καί αὕτη νοθευμένη (Ὁμιλία 3,49. 10 καί 11. Ἐπειδή ὁ Ψευδοκλήμης ἀπεδοκίμαζε τήν ἀλληγορικήν ἑρμηνείαν, καίτοι πολλαχοῦ μεταχειρίζεται αὐτήν χάριν τῶν ἰδίων δοξασιῶν του, καί ἐπειδή τά ἐν τῇ Πεντατεύχῳ εἰς τάς διδασκαλίας του ἐναντιούμενα ἄλλως πως νά διακιολογήσῃ δέν ἠδύνατο, διά τοῦτο ἦτον ἀνάγκη νά καταφύγῃ εἰς τήν κριτικήν) Ὁ Μωυσῆς παρέδωκε τήν διδασκαλίαν του εἰς 70 σοφούς ἄνδρας (Ἀριθμ. 11,16.24 κἑξ.) παραγγείλας εἰς αὐτούς ὅπως παραδώσωσιν αὐτήν διά ζώσης φωνῆς εἰς τούς μεταγενεστέρους. Ἐναντίον ὅμως τῆς ῥητῆς ταύτης ἐντολῆς τοῦ Μωυσέως ἡ διδασκαλία αὐτοῦ ἐγράφη 500 ἔτη μετά ταῦτα, ἐγράφη δέ οὐχί καθαρά ὁποία ὑπῆρχεν ἐν τῇ πρώτῃ αὐτῆς μορφῇ, ἀλλά μετά πολλῶν προσθηκῶν καί σφαλμάτων (Ὁμιλία 3,47· ὁ Ψευδοκλήμης λοιπόν ὑπάρχει ὁ ἀρχηγός τῆς κατά τούς νεωτέρους χρόνους περί τήν Πεν /(307) τάτευχον κριτικῆς!). Ὡς ψεύδη παρεισφρύσαντα εἰς τήν Πεντάτευχον ἐκτός ἄλλων πολλῶν εἶναι αἱ θυσίαι καί ἡ περιτομή ἐν μέρει (Ὁμιλία 3,43.45), ἐνοθεύθη δέ ἡ βίβλος αὕτη ὅπως δοκιμάζωνται οἱ ἀληθῶς ἀγαπῶντες τόν Θεόν, ὅπως μή ἐκμανθάνωσιν οἱ ἄνθρωποι μηχανικῶς μόνον τά περί τοῦ Θεοῦ, ἀλλά καί ἰδίᾳ κρίσει ταῦτα δοκιμάζωσι (Ὁμιλία 3,50. 2,38 καί Ὁμιλία 16, καί 10) ζ΄) (ὅσον δέ καί ἄν ἐξαίρῃ ὁ συγγραφεύς τῶν Κλημεντίων τήν ἰδέαν τῆς ἀντικειμενικῆς ἀποκαλύψεως καί ἑπομένως τήν ἀνάγκην τοῦ ἀληθοῦς προφήτου, οὐχ ἧττον ὅμως ἀφ' ἑτέρου περιορίζει τό πρᾶγμα.) Πᾶσα νέα ἀποκάλυψις τήν γενικήν ἐκείνην ἀποκάλυψιν, τήν ὑπό τοῦ Ἀδάμ δοθεῖσαν, νά καθαρίσῃ καί παλινορθώσῃ προτιθεμένη, ὀφείλει νά μήν ἀντιπίπτῃ εἰς αὐτήν ἑπομένως νά μήν ἐξωθῆται ὑπό τῆς πνευματικῆς δυνάμεως τοῦ ἀνθρώπου. Πᾶσα ἀποκάλυψις συγκρουομένη καί ἀντιφάσκουσα πρός τήν γενικήν τοῦ Θεοῦ ἰδέαν, ἥν φέρει ἐν ἑαυτῷ πᾶς ἄνθρωπος, εἶναι ἀποῤῥιπτέα. «Ἐν τῇ ἐν ἡμῖν τεθείσῃ (ἀληθείᾳ), σπερματικῶς πᾶσα ἔνεστι ἡ ἀλήθεια, θεοῦ δέ χειρί σκέπτεται καί ἀποκαλύπτεται» τουτέστι δι' ἀποκαλύψεως θείας λαμβάνομεν βεβαιότητα καί σαφῆ περί αὐτῆς ἰδέαν.

Τοιαῦτα διενοεῖτο καί συνέγραφεν ὁ ἄγνωστος οὗτος συγγραφεύς τῆς δευτέρας ἑκατονταετηρίδος καί ἐπί τοιούτων δογματικῶν βάσεων προέθετο νά κατορθώσῃ τήν συμφιλίωσιν καί ἕνωσιν τῶν τηνικαῦτα θρησκευτικῶν φατριῶν, οὕτινος ὅμως δέν ἐπέτυχε. Πλείονος ἐπιδοκιμασίας παρά τό διδακτικόν στοιχεῖον τοῦ συγγράμματός του ἐπέτυχε τό μυθιστορικόν μέρος, ὅπερ καί ἐξ αὐτῶν τῶν ὀρθοδόξων πολλοί, θελγόμενοι ὑπό τῆς ζωηρᾶς καί πλαστικῆς ἐκθέσεως, ἐνησμενίζοντο νά πιστεύωσιν ὡς γνήσιον καί ἀληθές· διό καί μετ' οὐ πολύ, περί τάς ἀρχάς τῆς τρίτης ἑκατονταετηρίδος (211-231), ἐπεχείρησεν ἕτερός τις, κακόδοξος καί οὗτος, νά καθαρίσῃ τά Κλημέντια ἐκ τῶν προφανῶν καί παχυλῶν δῆθεν νοθεύσεων καί ἐξέδωκεν αὐτά ἐπισκευάσας καί περικοσμήσας ἔτι μᾶλλον τό μυθιστορικόν μέρος, ὑπό τόν τίτλον Οἱ ἀναγνωρισμοί εἰς βιβλ. 10, ἐτιτλοφόρησεν δέ αὐτά οὕτω καθόσον ἡ ἀνεύρεσις καί ἀναγνώρισις τῶν γονέων καί τῶν ἀδελφῶν τοῦ Κλήμεντος, καί καθόλου ἡ τύχη αὐτοῦ, ἀποτελοῦσι τήν κυρίαν ὑπόθεσιν αὐτῶν. Τῶν Ἀναγνωρισμῶν τούτων ἔχομεν σήμερον μόνον λατινικήν μετάφρασιν τοῦ Ῥουφίνου. Ἐπειδή δέ καί οἱ Ἀναγνωρισμοί ἔφερον οὐκ ὀλίγα ἄτοπα καί κακόδοξα, Ἕλλην τις τῆς 10 ἑκατ., Συμεών ὡς πιθανολογεῖται ὁ Μεταφραστής, ἐπεξεργασθείς αὐτούς ἐκ νέου ἐξέδωκεν ὑπό τήν ἐπιγραφήν Ἐπιτομή περί τῶν Πέτρου πράξεων· ἡ τρίτη αὕτη ἔκδοσις μεταφρασθεῖσα λατινιστί εὗρε καί ἐν τῇ Δύσει πολλούς ἀναγνώστας καί φίλους[388] /(308).

---

[388] Ἡ ἀρχαιοτέρα γνώμη (τήν ὁποίαν ἀκολουθοῦσιν ἐκ τῶν ἡμετέρων ὁ ἀοίδιμος Εὐγένιος ὁ Βούλγαρις, Ἑκατονταετηρίς. σελ. 216 καί ὁ Κωνστ. Κοντογ. Πατρολ. σελ. 29) εἶναι ὅτι οἱ Ἀναγνωρισμοί ἐγράφησαν πρῶτον

§87. Ὁ Ἑρμογένης.

Πηγαί. Tertullian. adversus Hermogenem. Θεοδώρητ. Αἱρετικ. κακομυθ. 1,19.

Ὑπό ἑτέραν πάλιν μορφήν παρουσιάσθη ὁ γνωστικισμός ἐν τῇ αἱρέσει Ἑρμογένους τοῦ Ἀφρικανοῦ, ὅστις ἔζη περί τά τέλη τῆς 2 καί τάς ἀρχάς τῆς 3 ἑκατ., μετερχόμενος τήν ζωγραφικήν καί τήν φιλοσοφίαν ἐν Καρχηδόνι. Ὁ Ἑρμογένης ἀπορρίπτων τήν περί προβολῆς θεωρίαν τῶν περισσοτέρων γνωστικῶν καί τό περί δημιουργίας δόγμα τῆς καθολικῆς ἐκκλησίας, ἐπειδή ἀμφότερα ταῦτα ἀνέφερον ἐπί τέλους, ὡς ἐνόμιζεν, τήν αἰτίαν τοῦ κακοῦ εἰς τόν θεόν, ἀπεδέχετο μέν καί οὗτος δύο ἀρχάς αἰωνίως καί συνανάρχως ὑφισταμένας, τόν θεόν καί τήν ὕλην ἤ τό χάος· ἐδογμάτιζεν ὅμως τόν θεόν ὡς ἁπλῶς μόνον μορφώσαντα τήν ὕλην καί οὐδέν ἀφ' ἑαυτοῦ ἤ ἐκ τοῦ μηδενός συνεισενεγκότα, πρός ἐμπέδωσιν δέ τοῦ συστήματός του μετεχειρίζετο οὐχί τήν ἐποπτείαν καί τήν φαντασίαν, ὡς οἱ λοιποί γνωστικοί, ἀλλά τήν διαλεκτικήν. Ὁ θεός, ἔλεγεν ὁ Ἑρμογένης, ἐδημιούργησε τό σύμπαν ἤ ἐξ ἑαυτοῦ λαβών, ἤ ἐκ τοῦ μηδενός ἤ ἔκ τινος ὑποκειμένης καί συνανάρχως αὐτῷ ὑφισταμένης ὕλης. Ἀλλά πρόσλημμα θεῖον ἤ ἀπόρροια ἐκ θεοῦ εἶναι τόν κόσμον ἀδύνατον· διότι ὁ θεός εἶναι ἀμέριστος καί ἀναλλοίωτος. Ἀλλ' οὔτε ἐκ τοῦ μηδενός νά ποιήσῃ τόν κόσμον ἠδύνατο ὁ θεός διότι ἐπειδή ὑπάρχει ἀγαθός, ἕπεται ὅτι καί πάντα ὅσα βούλεται καί ποιεῖ ἀγαθά πρέπει νά ἦναι. Ἐάν λοιπόν ὑποθέσωμεν ὅτι ἐκ τοῦ μηδενός ἐπλάσθη ὁ κόσμος, ὅτι ὁ κόσμος εἶναι ἐλεύθερον προϊόν τῆς θείας βουλήσεως, τότε ἔπρεπε νά ἦναι ἀγαθός καί αὐτός ὡς ὁ ποιητής αὐτοῦ· διότι τό μηδέν δέν ἠδύνατο νά παρεμποδίσῃ τήν ἐλευθερίαν τοῦ θεοῦ, εἰς τό νά πραγματοποιήσῃ τό ἀγαθόν. Ἀλλαμήν ὁ κόσμος δέν εἶναι ἀγαθός, ἄρα δέν ἐποίησεν ὁ θεός αὐτόν ἐκ τοῦ μηδενός κατά τήν ἐλευθέραν καί ἀνεξάρτητον αὐτοῦ βούλησιν, καθ' ἥν οὗτος μόνον τό ἀγαθόν ἐργάζεται. Ἡ αἰτία λοιπόν δι' ἥν ὁ θεός δέν ἔπλασεν ἀγαθόν τόν κόσμον, ἀνάγκη πᾶσα νά κεῖται ἐκτός αὐτοῦ, ἀνάγκη πᾶσα νά κεῖται ἐν ἐκείνῳ, ἐξ οὗ ὁ κόσμος ἐπλάσθη. Ὁ κόσμος λοιπόν ἐδημιουργήθη ἔκ τινος ὑποκειμένης ὕλης αἰωνίας καί συνανάρχου τῷ θεῷ, ἐκ τοῦ χάους, περί οὗ ἡ Γραφή

καί ἔπειτα τά Κλημέντια· ἀλλ' αἱ νεώτεραι περί τούτων ἔρευναι ἀπέδειξαν μαθηματικῶς οὕτως εἰπεῖν τό ἐναντίον, βλ. ἐν γένει περί τούτων Ad. Schliemann, Die Glementinen nebst den verwandtem Schrifften und der Ebionitismus. Hamb. 1844. τοῦ αὐτοῦ, Die Clementinen. Recognitt. eine überarbeit. der Clementinen. Kiel 1843. Τήν ἐναντίαν γνώμην ὑπερασπίσθη ἐκ τῶν καθ' ἡμᾶς ὁ A. Hilgenfeld, Die Clement. Recognitt und Homilien nach ihrem Ursprung und Inlalt dargest. Iena 1848. /(313)

(Γεν. 1,2) λέγει ὅτι ἦν κατ' ἀρχὰς ἀόρατον, ἄμορφον καί ἀκατασκεύαστον. Ἀλλά συνάναρχος ὑπάρχει τῷ θεῷ ἡ ὕλη καί διά τόν λόγον ὅτι ὁ θεός ἄλλως δέν θά ἦτο ἐξ ἀρχῆς Κύριος (Dominus) μή ἔχων τι ἐφ' οὗ νά ἐξουσιάζῃ. Ἡ ὕλη αὕτη, ἔλεγεν ἐπί τούτοις ὁ Ἑρμογένης, φέρει ἐν ἑαυτῇ δύναμίν τινα (motus) ἀντιστρατευομένην κατά τῆς διαμορφωτικῆς καί διαπλαστικῆς ἐνεργείας τοῦ θεοῦ καί ἐντεῦθεν προῆλθε καί προέρχεται τόσον τῷ ἐν τῇ ἀψύχῳ ὅσον καί τό ἐν τῇ ἐμψύχῳ καί πνευματικῇ φύσει /(314) κακόν, αἰσχρόν, καί δύσμορφον. Ἡ ἐχθρά καί ἀντίθεος αὕτη δύναμις ἐμφωλεύει καί εἰς τόν ἄνθρωπον, ὅστις κατά τε τό σῶμα καί κατά τήν ψυχήν ἀνήκει εἰς τήν ὕλην. Ἡ ἀποστολή τοῦ Ἰησοῦ σκοπόν εἶχε διά τῆς μεταδόσεως τοῦ θείου πνεύματος νά ἀπαλλάξῃ τόν ἄνθρωπον τῆς ὁρμῆς ταύτης καί καταστήσῃ αὐτόν αἰωνίως μακάριον καί εὐδαίμονα. Ἐπί τέλους θά ἐπιστρέψουσιν, ἔλεγεν ὁ Ἑρμογένης, τά πάντα ἐκτός τῶν ἐν Χριστῷ σεσωσμένων εἰς τό ἄμορφον πάλιν καί ἀκατάσκευον ἐκεῖνο χάος[389].

Περί τῶν ὀπαδῶν τοῦ Ἑρμογένους οὐδείς παρά τοῖς ἀρχαίοις γίνεται λόγος, φαίνεται ὅμως ὅτι ἡ διδασκαλία αὐτοῦ ἱκανήν ἐντύπωσιν ἐπροξένησε, διότι ἐκτός τοῦ Τερυλλιανοῦ ἔγραψαν κατ' αὐτοῦ καί ὁ Θεόφιλος Ἀντιοχείας καί ὁ Ὠριγένης, τῶν ὁποίων ὅμως τά συγγράμματα ἀπωλέσθησαν (Εὐσέβ. Ἐκκλ. Ἱστ. 4,24 καί Θεοδωρ. ἔνθ. ἀνωτ.).

---

389 Τήν περί δημιουργίας δόξαν τοῦ Ἑρμογένους ἀνασκευάζει μέ τήν συνήθη αὐτοῦ διαλεκτικήν ὁ Τερτυλλιανός ἐν τῷ ἀνωτέρῳ σημειωθέντι συγγράμματι adv. Hermog. Ἐν ἑτέρᾳ δέ πραγματείᾳ de censu animae ἐπιγραφομένην, εἰς ἡμᾶς ὅμως μή κατελθοῦσαν (Tertull. de anima 1) ἀνέτρεπε καί τήν ἑτέραν τοῦ αὐτοῦ δόξαν περί ψυχῆς ὡς τῇ ὕλῃ δῆθεν ἀνηκούσης. Ὁ Θεοδώρητος ἀναφέρει, ἔνθ. ἀνωτ., καί ἑτέραν κακοδοξίαν τοῦ Ἑρμογένους, ὡς ὅτι δηλ. ἔλεγεν ὅτι σῶμα αὐτοῦ ἀφῆκεν ὁ Ἰησοῦς Χριστός εἰς τόν ἥλιον «*οὗτος τοῦ Κυρίου τό σῶμα ἐν τῷ ἡλίῳ εἶπεν ἀποτεθῆναι*». Τήν κακοδοξίαν δέ ταύτην τοῦ Ἑρμογένους καταγράφει καί Κλήμης ὁ Ἀλεξανδρεύς λέγων «*ἔνιοι μέν οὖν φασί τό σῶμα τοῦ Κυρίου ἐν τῷ ἡλίῳ αὐτόν ἀποτίθεσθαι, ὡς Ἑρμογένης*», ἐκ τῶν προφητικῶν ἐκλογῶν, τόμ. 4§56. Ἐπειδή ὅμως ὀλίγα γινώσκομεν περί τοῦ συστήματος τοῦ Ἑρμογένους καί ἐπειδή εἶναι ἄγνωστον εἰς ἡμᾶς πῶς ἐθεώρει ὁ Ἑρμογένης τό πρόσωπον τοῦ Κυρίου, ἀγνοοῦμεν καί τήν θέσιν ἥν κατεῖχεν ἐν τῷ συστήματι αὐτοῦ ἡ δόξα αὕτη. Ἄλλως τε τήν εἴδησιν ταύτην δυνατόν νά ἔσχεν ὁ ἱερός Θεοδώρητος ἐκ τοῦ Κλήμεντος, ὁ δέ Ἑρμογένης τοῦ Κλήμεντος νά ἦναι ἕτερός τις Ἑρμογένης.
Παρά τῷ ἱερῷ Αὐγουστίνῳ αἵρεσ. 41 γίνεται μέν λόγος περί αἱρέσεώς τινος, τῶν Ἑρμογενιανῶν, ἀλλά μένει ἀμφίβολον ἐάν οἱ Ἑρμογενιανοί οὗτοι ἦσαν ὀπαδοί τούτου τοῦ Ἑρμογένους ἤ ἄλλου τινός, καθόσον μάλιστα ὁ ἱερός Αὐγουστῖνος μνημονεύει τῶν Ἑρμογενιανῶν τούτων ἔνθα ποιεῖ λόγον περί τῶν ὀπαδῶν τοῦ Πραξέου, ὅστις ἀνήκει εἰς ἄλλην τάξιν αἱρετικῶν §. Ὁ Τερτυλλιανός λέγει περί τοῦ Ἑρμογένους τούτου ὅτι οὐδέν ἄλλο ἔπραττε παρά νά ζωγραφῇ ἄσεμνα ἀντικείμενα καί συνεχῶς νά νυμφεύεται pinsit illicite, nubit /(315) assidue. adv. Hermog. 1, 2. de monog. 16. Τό illicite ἀναφέρεται πιθανόν εἰς ἀντικείμενα τῆς μυθολογίας· τό δέ assidue εἰς τήν πολυγαμίαν τοῦ ἀνδρός. Ὁ Τερτυλλιανός ὅτε ἔγραφε κατά τοῦ Ἑρμογένους ἦτο Μοντανιστής, πόσον δέ ἀπετροπιάζοντο τά τοιαῦτα οἱ Μοντανισταί εἴπομεν ἐν §. Guil. Boehmerus, Hermogenes Africanus, de moribus ejus, praecipue dogmaticis opinionibus. Sundiae 1832.

Ἡ αἵρεσις τῶν Μανιχαίων ἢ ὁ Μανιχαϊσμός.

Πηγαί. Archelai, Acta disputationis cum Manete. Gallandii bibioth. Patr. vol. 3 (ὀλίγα τεμάχια ἑλληνιστί παρ' Ἐπιφανίῳ αἵρ. 66). Τίτου ἐπισκόπου Βόστρων (ἀκμαζ. περί τό 360) βιβλ. 4 κατά Μανιχαίων· αὐτόθι vol. 5.- Ἀλεξάνδρου Λυκοπολίτου πρός τάς Μανιχαίων δόξας αὐτόθι vol. 4 p. 73. Augustini contra Furtunatum, contra Adimantum, contra Faustum libr. 33. de actis cum Felice Man. libr. 2. καί ἄλλα τοῦ αὐτοῦ συγγράμματα, ἅπερ πάντα εὕρηνται ἐν τῷ 8 τόμ. τῆς τῶν Βενεδικτινῶν ἐκδ. - Ἕτεραι πηγαί οὕτω λεγόμεναι ἀνατολικαί ἐξεδόθησαν ὑπό Herbelot bibliotheque orientale. Paris 1697 fol. ὑπό τήν λέξιν Mani βλ. καί Silv. de Sacy, Memoires sur diverses antiquités de la Perse. Par;is 1794 p. 42.

§88. Περί τοῦ ἀρχηγοῦ καί θεμελιωτοῦ τῆς αἱρέσεως τῶν Μανιχαίων.

Μόλις εἶχον διασείσει καί ἐν μέρει καταστρέψει τά φαντασιοκοπήματα τῶν Γνωστικῶν διά τῆς ἀκαμάτου καί ἀόκνου διδασκαλίας αὐτῶν οἱ ἱεροί πατέρες καί διδάσκαλοι τῆς Ἐκκλησίας· μόλις ἐξαντληθεῖσα ἤρξατο νά παρέρχηται ἡ λάμψις τῶν Γνωστικῶν αἱρέσεων, τάς ὁποίας εἶχεν ἐπισκιάση καί ὁ ἐπί τῆς τρίτης ἑκατονταετηρίδος ἀναφανείς Νεοπλατωνισμός ὅτε μεσούσης τῆς τρίτης ἑκατονταετηρίδος ἀνεφύη ἑτέρα νέα αἵρεσις τοῦ αὐτοῦ εἴδους, ἡ αἵρεσις τοῦ Μάνεντος (ἢ Μανιχαίου) καί τῶν ἀπ' αὐτοῦ ὀνομασθέντων Μανιχαίων, ἡ ὁποία ἐπέζησε πασῶν τῶν ἄλλων γνωστικῶν αἱρέσεων, παρατείνασα τόν βίον αὐτῆς μέχρι τῆς 13 ἑκατονταετηρίδος Ἡ ἱστορία τοῦ Μάνεντος καί τῆς αἱρέσεως αὐτοῦ δέν διελευκάνθη ἀλλ' οὔτε ὡρίσθη εἰσέτι ἀποχρώντως ἐν τοῖς καθ' ἕκαστα καί μεθ' ὅλας τάς μέχρι τοῦδε γενομένας ἐρεύνας, ἄν καί κατά τά κεφαλαιωδέστερα συμφωνοῦσι σχεδόν πάντες[390]. Ὁ βίος τοῦ Μάνεντος ἱστορεῖται διαφόρως, καθ' ὅσον εἰς τήν ἐξιστόρησιν αὐτοῦ προτιμῶνται αἱ ἀνατολικαί, (τουτέστιν αἱ περσικαί συριακαί /(316) καί ἀραβικαί) ἢ αἱ ἑλληνικαί καί λατινικαί

---

[390] Ἐκ τῶν περί τῆς αἱρέσεως τῶν Μανιχαίων συγγραψάντων σημειοῦνται οἱ ἑξῆς· Is. Beauserbe, hist. crit. de Manichée et de Manichéisme, Amsterd. 1734 et 1739 2 vol. 4. – Chaufepié, noyv. cictionaire hist. et crit. pour servir de supplem. ou de continuation un diction. de Mr Bayle. Amsterdam 1750 ὑπό τήν λέξιν Manichéens – K.A. v. Reichlin = Meldogg, die Theologie de Magiers Manes und ihr Ursprung. FrKf 1825. – F. Chr. Baur, des manicheisch. Religionssyst. nach. den Quellen untersucht und entwick. Tüb. 1831. Κατά τοῦ Βάουρ Schneckenburgers Recens. ἐν τῷ theolog. Studd. und. Kritt. 1833. iii – Neander K-g 1B.1Abt. § 263.

πηγαί[391]. Κατά τάς εἰδήσεις τῶν ἑλλήνων καί λατίνων συγγραφέων, ὅπερ ἐστί κατά τάς ἑλληνικάς καί λατινικάς πηγάς ἀρχηγός καί θεμελιωτής τῆς αἱρέσεως τῶν Μανιχαίων ἢ τοῦ Μανιχαϊσμοῦ ἐγένετο πολυπλάνητός τις σαρακηνός ἔμπορος ὀνόματι Σκυθιανός, ζῶν περί τά τέλη τοῦ ἀποστολικοῦ αἰῶνος (προφανής ἀναχρονισμός) καί ἐπί τέλους ἐν Ἀλεξανδρείᾳ καταλύσας. Ὁ Σκυθιανός οὗτος ἔσχε μαθητήν ἕτερόν τινα Τερέβινθον καλούμενον, ὅστις κατ' ἐντολήν τοῦ διδασκάλου αὐτοῦ ἔγραψε τέσσαρα βιβλία ὑπό τούς τίτλους: τά Μυστήρια – τά Κεφάλαια – τό Εὐαγγέλιον – ὁ Θησαυρός, μετά δέ τόν θάνατον τοῦ Σκυθιανοῦ ἀπῆλθεν εἰς τήν Βαβυλῶνα, ἡ ὁποία τότε ἦτον ἐπαρχία τοῦ περσικοῦ κράτους, κατέλυσε παρά τινι γραίᾳ ἀτέκνῳ καί μετονομάσας ἑαυτόν Βούδδαν διεφήμισεν ὅτι ἐγεννήθη ἐκ Παρθένου καί ὅτι ἀνετράφη ὑπ' ἀγγέλου ἐπάνω ἐρήμων ὀρέων. Ἤδη ἐκαυχᾶτο καί ἐσεμνύνετο ὁ νέος Βούδδας ἐπί τῇ αἰγυπτιακῇ αὐτοῦ σοφίᾳ καί ἐδίδασκε πῶς εἶχον τά τοῦ κόσμου πρό τῆς δημιουργίας καί τί ἐσήμαινον οἱ δύο φωστῆρες ἐν τῷ οὐρανῷ (ὁ ἥλιος καί ἡ σελήνη) καί πῶς αἱ ψυχαί ἐξέρχονται καί ποῦ ἀπέρχονται καί τά τοιαῦτα· ὅτε μίαν πρωΐαν, ἀναβάς ἐπί τοῦ δώματος (καθά ἐσυνήθιζον οἱ Ἀνατολικοί) ὅπως προσευχηθῇ ἔπεσεν ἀπό τῆς στέγης καί ἀπέθανεν. Ἡ γραῖα οἰκοδέσποινά του κληρονομήσασα τά βιβλία καί τά χρήματα του ὠνήσασα ἑαυτῇ ἑπταετές παιδίον Κούβρικον καλούμενον, τό ὁποῖον ἀπελευθερώσασα ἀνέθρεψε καί ἐξεπαίδευσε καλῶς καί μετά ταῦτα ἀφῆκεν εἰς αὐτό πάντα τά ὑπάρχοντά της. Ὁ νέος,

---

391 Αἱ εἰδήσεις τῶν ἑλλήνων καί λατίνων συγγραφέων οἷον Κυρίλλου τοῦ Ἱεροσολ. Κατήχ. 6 τοῦ Ἐπιφανίου αἱρ. 66 τοῦ Σωκράτους Ἐκκλ. Ἱστ. 1,22 καί τοῦ Θεοδωρήτου Αἱρετ. Κακομ. 1,26. 5,9 εἶναι προφανῶς εἰλημέναι πᾶσαι ἐκ τῶν πρακτικῶν συνδιαλέξεώς τινος ἥν λέγεται, ὡς ὀψόμεθα, ποιήσας μετά τοῦ Μάνεντος ὁ ἐπίσκοπος Κασχάρων Ἀρχέλαος. Τά πρακτικά ταῦτα (ὅρ. ἀνωτ. τάς πηγάς) συνετάχθησαν ὑπό τοῦ Ἀρχελάου εἰς γλῶσσαν συριακήν ὡς λέγει ὁ Ἱερώνυμος de vir. ill. c. 72 (ὡς συντάκτην ἀναφέρει ὁ ἱερός Φώτιος Μυριόβ. 85 ἕτερόν τινα Ἡγεμόνιον ὀνόματι). Ἔπειτα δέ μετεφράσθησαν εἰς τήν ἑλληνικήν καί ἐκ τῆς ἑλληνικῆς μεταφράσεως ἐγένετο ἑτέρα λατινική, ἥτις καί μόνη σήμερον σώζεται, ἡ ὁποία ὅμως ἐν πολλοῖς θεωρεῖται, διακεκομμένη μυθώδης καί οὐχί ἀπαλλαγμένη ἀναχρονισμῶν, ἀντιφάσεων, σφαλμάτων παρεισφρυσάντων ἐκ παρεξηγήσεως, ἀγνοίας ἤ καί αὐθαιρεσίας τοῦ ἕλληνος ἤ τοῦ λατίνου μεταφραστοῦ. Ἀλλ' ἔχουσι τό πλεονέκτημα αἱ πηγαί αὗται ὅτι εἶναι ἀρχαῖαι.- Αἱ δέ πηγαί τῆς Ἀνατολῆς εἶναι ἀληθές ὅτι εἶναι πολλῷ μεταγενέστεραι, ὅτι συνεγράφησαν κατά τήν 9 ἤ 10 ἑκατονταετηρίδαν ἔχουσιν ὅμως τήν ἀξίωσιν ὅτι ἐλήφθησαν ἐξ ἐγχωρίων εἰδήσεων, μή διαθολωθεισῶν καί ἡ ἀξίωσις αὕτη φαίνεται ἱκανῶς ἀληθεύουσα καί δι' ἐσωτερικῶν λόγων. Ὅπως ὅμως καί ἄν ἔχῃ τό πρᾶγμα οὔτε αὗται οὔτε ἐκεῖναι αἱ πηγαί εἶναι ὅλως ἀπορρίψιμαι, ἀμφότεραι συναπαντῶνται καί συνᾴδουσιν ἐν πολλοῖς δι' ἀκριβοῦς κριτικῆς, δύναται ἡ ἑτέρα νά χρησιμεύσῃ πρός συμπλήρωσιν ἤ διόρθωσιν τῆς ἄλλης. Ὁ Εὐσέβιος ἐν τῇ Ἐκκλ. αὐτοῦ Ἱστ. 7,31 γινώσκει μέν τόν Μάνεντα καί τούς Μανιχαίους, ἀλλά τόσον περί τοῦ ἀρχηγοῦ τῆς αἱρέσεως ταύτης ὅσον καί περί τῆς διδασκαλίας αὐτοῦ οὐδέ /(320) σχεδόν ἱστορεῖ. Ὁ αὐτός δέ φαίνεται ἀγνοῶν ὅλως τήν συνδιάλεξιν τοῦ ἁγίου Ἀρχελάου μετά τοῦ Μάνεντος καί τά ἐξ αὐτῆς πηγάσαντα πρακτικά.

πλούσιος καί πεπαιδευμένος κληρονόμος ἐγκύψας μετά σπουδῆς καί ζήλου εἰς τήν μελέτην τῶν περιελθόντων εἰς αὐτόν τεσσάρων βιβλίων καί ταῦτα κατά τό δοκοῦν αὐτῷ ἀναπτύξας καί ἐπεκτείνας ἦλθε μετ' οὐ πολύ εἰς τήν πρωτεύουσαν τῆς Περσίας, μετέφρασε τά βιβλία εἰς τήν ἐπιχώριον γλῶσσαν καί μετονομάσας ἑαυτόν Μάνεντα εἴλκυσεν ἐντός ὀλίγου πολλούς ὀπαδούς καί μαθητάς, ἐξ ὧν καί ἀπέστειλεν εἰς διάφορα μέρη κήρυκας τῆς νέας αὐτοῦ θρησκείας. Οἱ ἐπισημότεροι μεταξύ τῶν μαθητῶν του ἐκαλοῦντο Θωμᾶς, Ἀδδᾶς καί Ἑρμᾶς[392]. Κατ' ἐκείνας δέ τάς ἡμέρας ἠσθένησεν ὁ υἱός τοῦ βασιλέως τῆς Περσίας Σαπόρου (Sapores Schapur) ἀσθένειαν βαρυτάτην καί πανταχοῦ ἐζητεῖτο βοήθεια ὑπέρ αὐτοῦ. Ὁ Μάνης θαρρήσας ἐπί τῇ μαγικῇ αὐτοῦ τέχνῃ ἀνέλαβε τήν θεραπείαν τοῦ παιδός. Ἀλλ' ἀντί νά θεραπεύσῃ θανατώσας τό παιδίον ἐρρίφθη ἀλυσόδετος εἰς τάς φυλακάς. Ἐν τῇ εἱρκτῇ δέ αὐτοῦ εὑρισκομένου ἐπιστρέψαντες οἱ ἀπόστολοι αὐτοῦ ἀνήγγειλαν αὐτῷ τά περί τῆς μικρᾶς ἐπιτυχίας τοῦ κηρύγματός των /(317) καί ὅτι αἰτίαι τούτων ἐγένοντο ἐξαιρέτως οἱ χριστιανοί· τότε ἀπέστειλεν αὐτούς νά ἀγοράσωσιν τά βιβλία τῶν χριστιανῶν, ὅπερ καί κατώρθωσαν διά τῆς ὑποκρίσεως. Λαβών δέ ἀνά χεῖρας τάς ἁγίας Γραφάς ὁ Μάνης, ὅτε διερχόμενος αὐτάς ἔφθασεν ἐκεῖ ἔνθα γίνεται λόγος περί τῆς ἀποστολῆς τοῦ Παρακλήτου, ὅστις ἔμελλε νά ὁδηγήσῃ τούς μαθητάς τοῦ Χριστοῦ εἰς πᾶσαν τήν ἀλήθειαν, ἑρμήνευσε τήν ῥῆσιν ταύτην ὡς περί ἑαυτοῦ ῥηθεῖσαν, ἀνεκήρυξεν ἑαυτόν Παράκλητον καί ἔδωκε τοιουτοτρόπως χριστιανικήν τινα βαφήν εἰς τήν αἵρεσίν του, ὅπως διά τοῦ ὀνόματος τοῦ Χριστοῦ εὐκολωτέραν τήν διάδοσιν αὐτῆς ἀπειργάσηται. Μετά δέ ταῦτα δραπετεύσας ἐκ τῆς φυλακῆς κατέφυγεν εἰς ἀρχαῖόν τι φρούριον Ἀραβιάν λεγόμενον ἐγγύς τῆς Μεσοποταμίας καί ἐκεῖθεν ἤρξατο ἐργαζόμενος ἀόκνως πρός ἐξάπλωσιν τῆς αἱρέσεώς του. Ὑπῆρχε δέ τότε εἰς Κάσχαρα, πόλιν τῆς Μεσοποταμίας, ἄνθρωπός τις ἐκ τῶν περιφανῶν καί πλουσιωτάτων λίαν φιλάνθρωπος καί εὐεργετικός, Μάρκελλος ὀνομαζόμενος· πρός αὐτόν ἐπιστείλας ὁ Μάνης ἐπιστολήν (εἰσέτι καί νῦν σωζομένην) ἐξέφραζεν αὐτῷ τήν βαθείαν αὐτοῦ λύπην ὅτι τοιοῦτος ὤν δέν εἶχεν καί τήν ὀρθήν πίστιν, ὡς πιστεύων τόν θεόν αἴτιον τοῦ κακοῦ καί τόν Ἰησοῦν Χριστόν ὡς ἀληθῶς ἐνανθρωπήσαντα, ἐνῷ ἀμφότερα ταῦτα ἀντέπιπτον εἰς τάς ἁγίας Γραφάς. Ὠνόμαζε δέ ἑαυτόν ἐν τῇ

---

[392] (Θεοδωρ. αἱρ. κακομ. 1,26)

ἐπιστολῇ ταύτῃ «ἀπόστολον τοῦ Χριστοῦ». Ὁ Μάρκελλος, τέκνον τῆς ἐκκλησίας πιστόν, ἐφανέρωσε τήν ἐπιστολήν ταύτην εἰς τόν ἐπίσκοπον τῆς ἐκκλησίας τῶν Κασχάρων τόν Ἀρχέλαον. Οὗτος δέ συνεβούλευσεν αὐτόν νά προσκαλέσῃ τόν Μάνεντα εἰς δημοσίαν συνδιάλεξιν· ὁ Μάνης ἐνέδωκε καί ἐνεφανίσθη εἰς Κάσχαρα κατά τήν ὁρισθεῖσαν ἡμέραν, ἔνθα γενομένης δημοτελοῦς συνδιαλέξεως μεταξύ αὐτοῦ καί τοῦ ἐπισκόπου τῶν Κασχάρων Ἀρχελάου, ἡττήθη ὁ Μάνης ἀποδειχθείς μωρολόγος. Κατησχυμένος ἐπανῆλθε νῦν εἰς τό φρούριόν του ὁ αἱρεσιάρχης, ὅπου συλληφθείς μικρόν ὕστερον ἀπήχθη ἐνώπιον τοῦ βασιλέως τῆς Περσίας καί διαταγῇ αὐτοῦ ἐξεδάρη ζῶν διά καλάμου ἐν ἔτει 277. Τό δέρμα αὐτοῦ ἀνηρτήθη ὅπως θεαθῇ ὑπό πάντων. Οἱ δέ ὀπαδοί αὐτοῦ πρός ἀνάμνησιν τοῦ εἴδους τοῦ θανάτου τοῦ διδασκάλου αὐτῶν ἐσυνήθιζον νά βάλλωσιν ὑπό τήν κλίνην αὐτῶν παρόμοιον κάλαμον[393]. Διαφόρως ἐν μέρει ἱστοροῦσι τά κατά τόν Μάνεντα αἱ ἀνατολικαί πηγαί, τάς ὁποίας ὅμως ἕνεκα ἐσωτερικῶν λόγων πρέπει νά προτιμήσωμεν. Κατά ταύτας ὁ Μάνης κατήγετο ἐξ ἐπισήμου ἐν Περσίᾳ ἱερατικῆς οἰκογενείας, τουτέστιν ἐκ γονέων Μάγων (ὡς ὠνόμαζον οἱ Πέρσαι τούς ἱερεῖς αὐτῶν), ἐδιδάχθη ἐκ παιδικῆς ἡλικίας τήν διδασκαλίαν τοῦ Ζωροάστρου καί πᾶν ἄλλο εἶδος γνώσεως ὅπερ ἔφερεν ἡ πατρίς του καί ἀπέβη πολυμαθέστατος καί τῶν ὡραίων τεχνῶν κάτοχος (μαθηματικός, ἀστρονόμος, γεωγράφος, μουσικός καί πρό πάντων ζωγράφος). /(318) Ἀνδρωθείς δέ ἠσπάσατο ἔπειτα τήν χριστιανικήν θρησκείαν καί ἐγένετο πρεσβύτερος χριστιανικῆς τινος κοινότητος ἐν Ἀβάξ (Ahwaz ἤ Ehvaz) πρωτευούσῃ πόλει μιᾶς τῶν περσικῶν ἐπαρχιῶν· φέρων ὅμως μεθ' ἑαυτοῦ ἀνεξάλειπτόν τινα κλίσιν πρός τήν ἀρχαίαν πατρῴαν του θρησκείαν ἤρξατο κατ' ὀλίγον νά ἀναμιγνύῃ αὐτήν μετά τῆς χριστιανικῆς πίστεως. Τοῦτο ἐνεφανίζετο εἰς τάς συχνάς αὐτοῦ μετά τῶν ἰουδαίων συνδιαλέξεις καί τῶν ὀπαδῶν τοῦ Ζωροάστρου, ἐφ' ᾧ καί ἀπεκηρύχθη ἐπί τέλους ὑπό τῶν χριστιανῶν. Ἀποκηρυχθείς κατήντησε βαθμηδόν νά πείσῃ ἑαυτόν ὅτι αὐτός εἶναι ὁ ὑπό τοῦ Ἰησοῦ Χριστοῦ ἐπαγγελθείς Παράκλητος, ὅτι ἀπεστάλη ὑπό τοῦ θεοῦ ὅπως ἀναμορφώσῃ τήν χριστιανικήν θρησκείαν, καθαρίσῃ αὐτήν ἀπό τῶν ἰουδαϊκῶν παροραμάτων, καί τήν συμφωνίαν αὐτῆς πρός τήν καθαράν περσικήν θρησκείαν ἀποδείξῃ καί ἐν τῇ ἑνότητι ἀμφοτέρων ἀποτελέσῃ νέαν πλήρη καθαράν καί

---

[393] Βλ. S. Archelai Act. Disput. c. Man. n. 51-55. 1-6 καί 12. παρβ. Ἐπιφαν. αἵρ. 66,1-12.

καθολικήν θρησκείαν. Παρελθών λοιπόν εἰς μέσον ὡς τοιοῦτος ἐκέρδισε διά τῆς εὐγλωττίας του πολλούς ἐν Περσίᾳ ὀπαδούς καί δή καί τήν εὔνοιαν τοῦ βασιλέως Σαπόρου τοῦ Α΄. Μετ' οὐ πολύ ὅμως αἱ μηχανορραφίαι καί αἱ διαβολαί τῶν μάγων (τῶν ἱερέων) κατώρθωσαν νά παραστήσωσι τήν διδασκαλίαν αὐτοῦ ὡς αἱρετικήν καί νά ψυχράνωσι τήν πρός αὐτόν εὔνοιαν τοῦ βασιλέως, καί ὁ Μάνης εὑρέθη ἠναγκασμένος νά προτιμήσῃ τήν φυγήν. Διό καί ἐν ἔτει 270 ἐγκατέλιπε τήν χώραν τῆς γεννήσεώς του καί περιελθών τήν Ἀσίαν καί ἰδίως τάς ἀνατολικάς Ἰνδίας κατήντησε καί μέχρι τῆς Κίνας (παρακολουθῶν τά ἴχνη τοῦ Βουδδισμοῦ μέχρι τῆς κοιτίδος αὐτοῦ). Μετά ταῦτα κλεισθείς ἐπί τινα χρόνον εἰς ἕν ἄντρον τῆς ἐπαρχίας Τουρκιστάν (χωρίς δῆθεν νά μεταλαμβάνῃ ἄρτου καί ὕδατος) συνέγραψεν ἕν βιβλίον πλῆρες συμβολικῶν εἰκονογραφημάτων, ὑπό τά ὁποῖα παρίσταντο ὡς ὁ Μάνης ἔλεγεν, αἱ ἐν τῇ ἐρήμῳ ἀποκαλυφθεῖσαι ὑπό τοῦ Θεοῦ εἰς αὐτόν διδασκαλίαι. Τό βιβλίον τοῦτο ὑπό τό ὄνομα Ertonki – Mani ἐπεῖχεν ἔπειτα παρά τοῖς ὀπαδοῖς αὐτοῦ τόπον εὐαγγελίου. Μετά τόν θάνατον τοῦ βασιλέως Σαπόρου (ἔτος 271) ἐπανελθών εἰς Περσίαν ὁ Μάνης καί προσθείς πολλούς νέους ὀπαδούς εἰς τήν αἵρεσίν του κατώρθωσε νά εἰσχωρήσῃ καί πάλιν εἰς τά βασίλεια. Ὁ βασιλεύς Ὁρμίσδας (Hormuz) ἔδωκεν αὐτῷ πρός ἀσφάλειάν του τό φρούριον Daskereh. Ἀλλά μετά δύο ἔτη Βεράμ ὁ πρῶτος (Behram, Varanes), ὁ διαδεξάμενος τόν Ὁρμίσδαν, παραπεισθείς ὑπό τῶν μάγων οἱ ὁποῖοι πάντοτε κατεδίωκον τόν Μάνεντα ὡς παραχαράκτην τῆς θρησκείας, διέταξεν ὅπως συνδιαλεχθῇ ὁ Μάνης μετ' αὐτῶν. Ἐν τῇ συνδιαλέξει δέ ταύτῃ ἀποδειχθείς αἱρετικός καί μή θελήσας νά ἀποπτύσῃ τήν αἵρεσίν του κατεδικάσθη ὡς τοιοῦτος εἰς τόν (παρά τοῖς ἀνατολικοῖς λαοῖς συνήθη) σκληρόν θάνατον τῆς ἐκδορᾶς· πρός κατάπληξιν δέ τῶν ὀπα /**(319)** δῶν ἀνηρτήθη τό δέρμα του πρό τῶν θυρῶν τῆς πόλεως ἐν ἔτει 277.

Σημείωσις δ΄. Ἐκ τῶν εἰρημένων βλέπει τις ὅτι αἱ ἀνατολικαί καί δυτικαί πηγαί συμφωνοῦσιν ἐν πολλοῖς· συμφωνοῦσι καθ' ὅσον καί κατά τάς δύο ὁ Μάνης ἦτο πεπαιδευμένος τήν πάτριον αὐτοῦ σοφίαν· ἐμισεῖτο ὑπό τῶν Μάγων· κατεδιώκετο ὑπό τῶν βασιλέων τῆς Περσίας καί ἐπί τέλους ἐθανατώθη διαταγῇ αὐτῶν· ὡσαύτως αἱ μέν λέγουσιν ὅτι ἔφυγεν ἐκ τῆς πατρίδος αὐτοῦ, αἱ δέ ἐκ τῆς φυλακῆς· αἱ μέν ὅτι ἐδόθη αὐτῷ παρά τοῦ βασιλέως φρούριον Dar Kereh λεγόμενον πρός ἀσφάλειάν του, αἱ δέ ὅτι κατέφυγεν εἰς φρούριον Arabion λεγόμενον.- Κατά τοῦτο μόνον διαφέρουσιν οὐσιωδῶς ἀπ' ἀλλήλων αἱ δύο αὗται πηγαί, καθ' ὅσον αἱ ἑλληνικαί καί λατινικαί δέν ἀνάγουσιν ἀπ' εὐθείας εἰς τόν Μάνεντα τήν αἵρεσιν, ἀλλ' εἰς ἄλλους δύο εἰς τόν Σκυθιανόν καί εἰς τόν Τερέβινθον. Τινές θέλοντες νά συμβιβάσωσι τήν διαφοράν ταύτην ἀρνοῦνται τήν ἱστορικότητα τῶν δύο τούτων προσώπων, λέγουσι δέ ὅτι τό μέν ὄνομα Σκυθιανός καθίσταται ὕποπτον ὡς ἐκ τῆς γεωγραφικῆς ἤδη θέσεώς του (ἔμπορος σαρακηνός ὀνομαζόμενος Σκυθιανός εἶναι ὀλίγον πρᾶγμα ἀπίθανον)· ἐπομένως εἰκάζουσιν ὅτι τό ὄνομα τοῦτο ἀσαφῶς ἤ κατά παρεξήγησιν σχηματισθέν ὑποδεικνύει τήν πατρίδα τοῦ Μανιχαϊσμοῦ. Τό δέ ἕτερον ὄνομα Τερέβινθος προῆλθεν ἐκ παρανοήσεως ἤ μᾶλλον ἐκ μεταλλαγῆς καί συγχύσεως τοῦ ὀνόματος Βούδδας μετά τοῦ χαλδαϊκοῦ ..... ὅπερ οἱ οἱ Τερέβινθος (τσι...διά) μετεγλώτισσαν καί ἀνθ' οὗ τό ἑβραϊκόν *Ταργούμ* παρέχει τό .... = τερέβινθος ἤ δρῦς· ὅτι ἐπομένως τό Βούδδας μετεφράσθη διά τοῦ Τερέβινθος· εἰκάζουσι δέ ὅτι ὁ θεμελιωτής τοῦ Μανιχαϊσμοῦ, ἀφοῦ ἀνέμιξε εἰς τόν συγκρητισμόν αὐτοῦ καί τινα ἐκ τῆς θρησκείας τοῦ Βούδδα διεσάλπισεν ὅτι ἦτο ἐνσάρκωσις τοῦ Βούδδα, ὅπερ τοσοῦτο μᾶλλον ὑπάρχει πιθανόν (λέγουσιν) καθ' ὅσον μάλιστα μεταγενέστεροι Μανιχαῖοι ῥητῶς ἐδίδασκον ὅτι ὁ Ζωροάστρης, ὁ Βούδδας, ὁ Χριστός καί ὁ Μάνης οὐδέν ἄλλο ἦσαν εἰμή εἷς καί ὁ αὐτός, τουτέστιν ἐνσαρκώσεις τῆς μιᾶς θείας τοῦ φωτός οὐσίας. Τό δέ Κούβρικος παράγουσι .... = μέγας. Αἱ εἰκασίαι αὗται δύνανται νά ἔχωσι μεγάλην πιθανότητα· πλήν διά τοῦτο δέν ἀποβάλλει τήν πιθανότητά της καί ἡ εἴδησις ὅτι ὁ Σκυθιανός καί ὁ Τερέβινθος ὑπῆρξαν πρόσωπα ἱστορικά καί ὅτι ὁ Μάνης ἐκ τούτων ἤ ἐκ τῶν συγγραμμάτων αὐτῶν ἔλαβε τήν πρώτην ὤθησιν εἰς τήν κατ' αὐτόν αἵρεσιν.- Περί τῆς σημασίας τοῦ ὀνόματος /**(321)** Μάνης[394]. Κατά τόν Archelai act. disput. 36. σημαίνει τόν Παρήγορον, τόν Παράκλητον, τό δέ ὄνομα τοῦ εὐαγγελίου τῶν Μανιχαίων Ertenki-Mani θεωρεῖται ὡς λέξις ἀρχαίας κατά τό δυτικόν μέρος τῆς Περσίας ὁμιλουμένης γλώσσης, τῆς οὕτω καλουμένης Pehlwi ἤ huzvaresh (βλ. Brockhaus Conversations – Lexicon ὑπό τήν λέξιν ἤ τόμ. 15 μέρ. α΄ σελ. 781) καί ἑρμηνεύεται διά τοῦ τεῖχος εἰκόνων, ἄλλοι ὅμως θεωροῦσι τοῦτο ὡς λέξιν τῆς Ζενδαυέστας καί ἐξηγοῦσι = εὐαγγέλιον τοῦ Μάνεντος.

Ὅσον δέ ἀφορᾷ τήν ἀφορμήν τῆς συστάσεως τοῦ Μανιχαϊσμοῦ αὕτη ἔκειτο ἀναμφιβόλως ἐν τῇ πολιτικῇ καί θρησκευτικῇ καταστάσει, εἰς ἥν περιῆλθε κατά τούς χρόνους τούτους ἡ χώρα, ἐν ᾗ ἡ αἵρεσις αὕτη ἀνεφύη. Ἐπί τῆς δυναστείας τῶν Πάρθων Ἀρσακιδῶν ἡ ἀρχαία ἐγχώριος θρησκεία τοῦ Ζωροάστρου παραμεληθεῖσα πολλαχῶς εἶχεν

---

[394] βλ. J. A. Fabricii bibl. gr. ed. Harl. 7,310

ἀποβῇ νεκρά ἁπλῶς λατρεία. Ὅτε δέ ἐν ἔτει 227 ἐξώσθησαν οἱ Ἀρσακίδαι ὑπό τῆς αὐτοχθόνου τῶν Σασανιδῶν δυναστείας τότε διηγέρθη ἐν Περσίᾳ μετά τοῦ ἐθνικοῦ φρονήματος καί ζῆλος ἔνθερμος ὅπως ἀναγάγωσι τήν ἀρχαίαν πάτριον αὐτῶν θρησκείαν εἰς τήν πρώτην αὐτῆς καθαρότητα καί λαμπρότητα καί πρός τοῦτο συνεκρότησαν διαφόρους συλλόγους. Ἐν τοῖς συλλόγοις ὅμως τούτοις ἀνεφύη διχόνοια μεταξύ τῶν Μάγων περί τῆς πρώτης καί ἀρχεγόνου διδασκαλίας τοῦ Ζωροάστρου. Ἡ πλειοψηφία ἦτον ὑπέρ τῆς γνώμης ὅτι ἐκτός τῶν δύο ἀρχῶν, τοῦ Ὀριμάσδου καί τοῦ Ἀριμάνου, ἔπρεπε νά λατρεύωσι ἑτέραν αἰωνίαν θεότητα (Zeruane aKerena) ὑπερτέραν καί πηγήν τῶν δύο ἄλλων θεοτήτων καί κατεδίκασεν τούς φρονοῦντας ὅτι ἀπολύτως καί ἀνάρχως ὑφίσταντο αἱ δύο ἐκεῖναι ἀρχαί, οἱ κακόδοξοι, οἵτινες ἐντεῦθεν ἀπετέλεσαν τήν ἰδίαν αἵρεσιν ὑπό τό ὄνομα Μαγουσαῖοι (al thamaniah). Ὁ ζῆλος οὗτος τῶν Περσῶν ὑπέρ τῆς πατρίου αὐτῶν θρησκείας εἰσήγαγε διωγμόν καί κατά τῆς χριστιανικῆς πίστεως, ἥτις ἐπί τῆς ἀνεκτικῆς τῶν Πάρθων κυριαρχίας ἐπέβωσε καί ἐξηπλοῦτο ἀνενοχλήτως ἐν Περσίᾳ. Ἐν τοιαύτῃ πραγμάτων καταστάσει οὐδόλως εἶναι ἀπίθανον νά ἐγεννήθη εἰς τήν ζωηράν φαντασίαν ἑνός ἀνδρός εὐφυοῦς, τά τῶν Μαγουσαίων πρότερον φρονοῦντος ὕστερον δέ τήν χριστιανικήν πίστιν ἀποσπασθέντος, ἡ ἰδέα ὅπως ἑνώσῃ τόν χριστιανισμόν μετά τῆς θρησκείας τῶν Περσῶν καί οὕτω ἀποτελέσῃ μίαν νέαν εἰς πάντας προσιτήν θρησκείαν. Μάλιστα κατά τάς ἀνατολικάς πηγάς ἡ ἱερατική οἰκογένεια τοῦ Μάνεντος ἀνῆκεν εἰς τήν αἵρεσιν τῶν Μαγουσαίων, ὁ δέ Μάνης λέγεται ὅτι ἠγωνίσθη κατά τούτους τούς χρόνους ὑπέρ τῆς πολιτικοθρησκευτικῆς μεταρρυθμίσεως τοῦ ἰδίου ἔθνους διό καί ἀφοῦ ἐδέξατο τήν χριστιανικήν θρησκείαν ἔτρεφεν ἐν τῇ καρδίᾳ αὐτοῦ ἀγάπην πρός τήν /(322) τήν θρησκείαν τῶν προγόνων του[395].

---

395 Περί τῶν κατά τούς χρόνους τούτους ἀναφυεισῶν θρησκευτικῶν ἐρίδων ἐν Περσίᾳ βλ. Thom. Hyde, historia religionis vett. Resarum et Parthorum et Medorum. Lond. 1760 Silv. de Sacy ἔκδ. ἀνωτ. σελ. 42. Rhode, die H. Sage und das Religionssyst. der Zendvolkes. Frkf. 1820. – A. Hölty, die Theologie Zoroastres nach dem Zend. = Avesta ἐν τῷ Illgen's histor. = theol. Zeitschr. viii,i,i.
Περί τῶν συγγραμμάτων τῶν ἀποδιδομένων εἰς τόν Μάνεντα βλ. Cave, hist. literaria P.2 p.34 καί Fabricii bibl. gr. ed. Har. vii p. 311 κεξ. Καταλέγονται δέ εἰς τά πονήματα τοῦ Μάνεντος, ἅπερ λέγεται συγγράψας ἤ μεταφράσας εἰς τήν συριακήν γλῶσσαν, τά ἑξῆς: «βίβλος τῶν μυστηρίων» (τεμάχια παρά Τίτῳ ἐπισκόπῳ Βόστρων βιβλ. 1,14 καί παρ' Ἐπιφανίῳ αἵρ. 66,13). – «βίβλος τῶν κεφαλαίων» «Τό ζῶν εὐαγγέλιον» (ἴσως τοῦτο εἶναι τό Ertenki- Mani) – «ὁ θησαυρός τῆς ζωῆς» (τεμάχια παρ' Αὐγουστ. καί Εὐοδίῳ). Ἐκτός δέ τούτων ἀποδίδονται εἰς τόν Μάνεντα καί αἱ ἑξῆς ἐπιστολαί «Ἐπιστολή πρός Μάρκελλον», ἧς ἡ ἐπιγραφή «Μανιχαῖος ἀπόστολος Ἰησοῦ Χριστοῦ καί οἱ σύν ἐμοί πάντες ἅγιοι καί παρθένοι, Μαρκέλλα τέκνῳ ἀγαπητῷ, χάρις, ἔλεος, εἰρήνη ἀπό θεοῦ πατρός καί Κυρίου ἡμῶν Ἰησοῦ Χριστοῦ, καί ἡ δεξιά τοῦ φωτός διατηρήσει σε ἀπό τοῦ ἐνεστῶτος αἰῶνος πονηροῦ καί τῶν συμπτωμάτων αὐτοῦ καί παγίδων τοῦ πονηροῦ Ἀμήν.» ὅρ. τήν ἐπιστολήν ταύτην ὁλόκληρον

§89. Α΄. Ἡ δογματικὴ διδασκαλία τῶν Μανιχαίων.

Πρακτικὴ διδασκαλία αὐτῶν. Πηγὴ τῆς θρησκευτικῆς γνώσεως αὐτῶν. /(323). Ἐσωτερικὴ διοργάνωσις αὐτῶν ἤτοι τὸ ἐκκλησιαστικὸν αὐτῶν πολίτευμα. Μυστήρια καὶ ἑορταὶ τῶν Μανιχαίων. Τὸ μεταξὺ αὐτῶν γνωριστικὸν σημεῖον. Ἠθικὸς χαρακτὴρ αὐτῶν. Ἐξάπλωσις τῆς αἱρέσεως.

Ἡ ἀρχικὴ ἀπορία, ἀφ' ἧς ὡρμήθη εἰς τὴν αἵρεσιν αὐτοῦ ὁ Μάνης καὶ τὴν ὁποίαν τοσοῦτον φανταστικῶς ἔλυσεν, ἦτον αὐτὴ ἐκείνη ἡ ἔκπαλαι ἐπανακυκλουμένη καὶ μόνον ἐν τῷ χριστιανισμῷ λυθεῖσα, ἡ ἀπορία, πόθεν τὸ κακόν, πόθεν ἡ μεγάλη ἀντίφασις ἡ μεταξὺ τῆς ἰδέας τῆς θείας φύσεως καὶ τῆς ἰδέας τοῦ κόσμου ἐν γένει, ὅ ἐστὶ πόθεν ὁ αἰώνιος πόλεμος καὶ ἡ ἐσωτερικὴ διαμάχη ἡ τόσον ἐν τῷ ἀνθρώπῳ ὅσον καὶ ἐν ὅλῃ τῇ λοιπῇ φύσει παρατηρουμένη. Πρὸς τὴν λύσιν τοῦ μεγάλου τούτου αἰνίγματος τοῦ ἀρχαίου κόσμου προσέδραμεν ὁ Μάνης εἰς τὰ δόγματα τῶν Περσῶν καὶ εἰς τὸν πανθεϊσμὸν τῶν Βουδδαϊστῶν καὶ ἐκ μὲν τῶν δογμάτων τοῦ Ζωροάστρου ἐδανείσθη τὴν ἀρχικὴν ἰδέαν τῶν δύο αἰωνίων βασιλείων τοῦ ἀγαθοῦ καὶ τοῦ κακοῦ, ἐκ δὲ τῆς θρησκείας τοῦ Βούδδα τὴν περὶ ἐνσαρκώσεως τοῦ λυτρωτοῦ θεωρίαν, τὴν ὁποίαν ἡ πάτριος αὐτοῦ θρησκεία ἐστερεῖτο, καὶ ἐπ' αὐτῶν ἐπῳκοδόμησε τὴν δογματικὴν αὐτοῦ διδασκαλίαν, εἰς τὴν ὁποίαν ἄλλως ὑπόκεινται ὡς βάσεις τρεῖς προτάσεις καθ' ἑαυτὰς ἀληθεῖς, αἱ ἑξῆς: ὅτι σύμπας ὁ κόσμος τοῦτος τοῦ ἀνθρώπου μὴ ἐξαιρουμένου εἶναι κρᾶμά τι ἐξ ἀγαθοῦ καὶ κακοῦ, ἐντεῦθεν ὁ παντοτεινὸς πόλεμος, ὅτι ἐξ ἀρχῆς δὲν εἶχεν οὕτω τὸ πρᾶγμα καὶ ὅτι δὲν θὰ διαμείνῃ μέχρι τέλους καὶ αἰωνίως ἡ τοιαύτη τῶν πραγμάτων κατάστασις. Ἡ δὲ φαινομένη σχέσις καὶ ὁμοιότης τοῦ ἐντεῦθεν ἀποτελεσθέντος θρησκευτικοῦ κράματος πρὸς τὴν χριστιανικὴν θρησκείαν, ἤγουν ἔνθεν μὲν ἡ ἀναγνώρισις τῆς πραγματικῆς ὑπάρξεως τοῦ κακοῦ, ἐκεῖθεν δὲ ἡ περὶ ἐνανθρωπήσεως τοῦ λυτρωτοῦ θεωρία διευκόλυναν τὸν ἀρχηγὸν τῆς μανιχαϊκῆς αἱρέσεως ἵνα περιλάβῃ εἰς τὸν συγκρητισμὸν αὐτοῦ ἂν ὄχι ἐννοίας χριστιανικὰς τοὐλάχιστον ὀνόματα χρι-

---

κατελθοῦσαν εἰς ἡμᾶς εἰς τὰ Act. disput. Arch. c. Man. 5 καὶ παρ' Ἐπιφανίῳ αἵρ. 66,6. – Epistola fundamenti, ἡ σημαντικωτέρα πασῶν, ἐν ᾗ τὰ θεμέλια τίθενται τῆς Μανιχαϊκῆς κακοδοξίας, καὶ ἡ ὁποία ἄρχεται ὧδε πως «Μανιχαῖος ἀπόστολος Ἰησοῦ Χριστοῦ ἀφωρισμένος ἀπὸ θεοῦ πατρός. Τάδε εἰσὶ τὰ σωτήρια λόγια τὰ ἐκ τῆς αἰωνίου καὶ ζώσης πηγῆς, ἅ ὁ ἀκούων καὶ πιστεύων καὶ τηρῶν οὐ μὴν ἀποθάνῃ ἐν τῇ δουλείᾳ, ἀλλ' ἕξει ζωὴν αἰώνιον καὶ δόξαν ἀνεκλάλητον ἐν οὐρανοῖς κτλ.». Τὴν ἐπιστολὴν ταύτη διέσωδεν ἡμῖν ὁ ἱερὸς Αὐγουστῖνος, ἐν ᾧ ἀνασκευάζει αὐτὴν συγγράμματι. – Epistola ad filiam Menoch (τεμαχ. παρ' Αὐγουστ. opus imperf. l. 3) – ad Scythianum, ad Odam, ad Cudarum, ad Zebenam.

στιανικά, διαστρέψη πολλάς ῥήσεις τῆς Κ. Διαθήκης καί τοιουτοτρόπως δώση χροιάν τινα χριστιανικήν εἰς τήν αἵρεσιν αὐτοῦ πρός εὐχερεστέραν αὐτῆς διάδοσιν. Ἐντεῦθεν δέ ἐξηγεῖται καί τό διατί ἐν τῇ αἱρέσει τῶν Μανιχαίων οὐδείς γίνεται λόγος περί τῆς ἱστορικῆς συναφείας τοῦ χριστιανισμοῦ μετά τοῦ ἰουδαϊσμοῦ.

Κατά ταῦτα ἡ δογματική διδασκαλία τοῦ Μάνεντος ἦτον ἡ ἑξῆς. Προαιωνίως καί ἀνάρχως ὑφίσταντο δύο διάφορα καί πρός ἄλληλα δυσμενῶς διακείμενα ὑπέρτατα ὄντα (*ρίζαι ἤ ἀρχαί*) τό ἀγαθόν καί τό κακόν, ὁ ἀγαθός δαίμων καί ὁ κακός δαίμων, ἐξ ὧν ὁ μέν ἐνδιαιτᾶται ἐν τῷ βασιλείῳ τοῦ φωτός (terra lucida, στύλος τοῦ φωτός, ἀήρ τέλειος, ὅπερ ἐστί ὅμοιον τι τῷ πληρώματι τῶν Γνωστικῶν), ὁ δέ ἐν τῷ βασιλείῳ τοῦ σκότους (terra pestifera). Ἡ χώρα /(324) τοῦ φωτός ἐμπεριέχει πέντε καθαρά στοιχεῖα τό πῦρ, τό φῶς, τόν ἄνεμον, τό ὕδωρ καί τόν χοῦν, ἡ δέ λοιμοφόρος χώρα (terra pestifera) σύγκειται ἐπίσης ἐκ πέντε στοιχείων, πλήν ἀκαθάρτων καί φθοροποιῶν, ἐκ τοῦ ἀφώτου καί καυστικοῦ πυρός, ἐκ τοῦ καπνοῦ, ἐκ τῆς ὁμίχλης, ἐκ τοῦ ἀνέμου, καί ἐκ τοῦ βορβορώδους πηλοῦ. Τόν ἀγαθόν θεόν περικλείουν δώδεκα ἀνώτατα πνεύματα (Αἰῶνες, Secula) καί πλῆθος ἀναρίθμητον ἄλλων πνευμάτων κατωτέρων, τά ὁποῖα πάντα ἐξ αὐτοῦ τοῦ ἀρχεφώτου προελθόντα καί μέρος τῆς οὐσίας αὐτοῦ ὑπάρχοντα συμβασιλεύουσι μετ' αὐτοῦ εἰς τήν χώραν τοῦ φωτός, ἀνεκλαλήτου χαρᾶς καί εὐφροσύνης ἀπολαύοντα. Ὑπό ἴσου ἀριθμοῦ δαιμόνων (gens tenebrarum) περιστοιχίζεται καί ὁ Σατανᾶς, ἡ ἀρχή τοῦ κακοῦ. Τά πονηρά πνεύματα διετέλουν ἐξ ἀρχῆς εἰς διηνεκῆ μάχη καί πρός ἄλληλα καί πρός τόν ἄρχοντα αὐτῶν· ἕως οὗ αἴφνης τυφλῶς κινούμενα καί ἀλληλομαχοῦντα εὑρέθησαν ἐγγύς τοῦ βασιλείου τοῦ φωτός. Τότε ἐνατενίσαντα ἐπί τήν μαγευτικήν λάμψιν αὐτοῦ κατεγοητεύθησαν ἅμα δέ καί ἐτρώθησαν ὑπό φθόνου καί ἀπεφάσισαν ὁμονοήσαντα νά ἐπιπέσωσι κατ' αὐτοῦ. Ὁ ἄρχων τοῦ βασιλείου τοῦ φωτός, ὅπως ἐξασφαλίση τά ἐπαπειλούμενα ὅρια τῆς χώρας του ἐγέννησε τήν μητέρα τῆς ζωῆς· αὕτη δέ διά τό ὑπερέχον τῆς φύσεως αὐτῆς μή πεφυκυῖα ὅπως ἔλθη εἰς ἄμεσον ἐπαφήν μετά τῶν δαιμόνων τοῦ σκότους ἐγέννησε τόν πρῶτον ἄνθρωπον (τόν καί δεξιάν τοῦ φωτός, καί Χριστόν, καί Ἰησοῦν, καί λόγον, καί υἱόν τοῦ θεοῦ ὀνομαζόμενον) ὅστις ὁπλισθείς καλῶς διά τῶν πέντε καθαρῶν στοιχείων ἐξῆλθε εἰς τόν κατά τῶν δαιμόνων ἀγῶνα. Ἐν τῇ μάχῃ ὅμως ταύτῃ ἡττηθείς ἀπέβαλε μέρος τῆς θείας αὐτοῦ οὐσίας καί παρ' ὀλίγον θά κατεβροχθίζετο ὑπό τῶν δαιμόνων εἰμή ἐξαποστείλλετο εἰς βοήθειαν ἕτερος Αἰών, τό ζῶν Πνεῦμα, ὅστις δούς αὐτῷ δεξιάν ἐλύτρωσεν αὐτόν κακῶς ἔχοντα καί ἠκρωτηριασμένον, ὅστις ἀπό τοῦδε ὠνομάσθη υἱός ἀνθρώπου ἀπαθείς καί Ἰησοῦς ἀπαθής (Jesus impatibilis). Ἐκεῖνο δέ τό μέρος αὐτοῦ τό ἀποκοπέν ἀπ' αὐτοῦ (υἱός ἀνθρώπου παθητός, Ἰησοῦς πάσχων Jesus patibilis) καταποθέν μέρος μέν ὑπό τῶν δαιμόνων, μέρος δέ ὑπό τῶν ἀκαθάρτων στοιχείων συνανεμίχθη μετ' αὐτῶν. Τό ζῶν πνεῦμα ἐδημιούργησεν ἤδη τόν κόσμον κατά τήν θέλησιν τοῦ ἀγαθοῦ ἄρχοντος περιγενόμενον ἐν μέρει τῶν κακῶν δαιμόνων καί ἀπό τοῦδε ἤρξαντο ἀμφότερα, τό τε ζῶν πνεῦμα ἐν τῷ ἀέρι εὑρισκόμενον, καί ὁ ἀπαθής Ἰησοῦς ἐν τῷ Ἡλίῳ καθήμενος, νά ἀνελκύωσι καί νά ἀπαλλάτωσιν ἐκ τῆς ὕλης τά διασκορπισθέντα μέρη τῆς θείας οὐσίας, ἅπερ εὑρίσκονται πανταχοῦ τοῦ ἀναμίκτου τούτου κόσμου, τοῦ ἐκ πονηρᾶς δηλ. καί ἀγαθῆς φύσεως συγκειμένου, ἔν τε τῷ ἐνάστρῳ οὐρανῷ καί ἐπί τῆς γῆς ἐν τῷ βασιλείῳ τῶν φυτῶν καί τῶν ζώων, ὅπου φαίνεται ἀναπτυσσόμενον εἶδός τι ζωῆς. Ὁ ἄρχων τοῦ σκότους μαθών ὅτι ἀδιαλείπτως ἐξήρχοντο τοῦ βασιλείου αὐτοῦ τά φωτεινά ταῦτα οὐσιώματα, συνεκάλεσε πάντας τούς ὑπ' αὐτόν δαίμονας, κατέδειξεν τόν ἐπαπειλοῦντα αὐτούς κίνδυνον, /(325) κατέπεισεν αὐτούς ὅπως ἐμπιστευθῶσιν αὐτῷ τά ὑπ' αὐτῶν κατεχόμενα ἔτι μέρη τῆς θείας οὐσίας καί ἐξ αὐτῶν ἐδημιούργησε τόν Ἀδάμ ὅμοιον μέ τόν πρῶτον ἄνθρωπον, τόν Χριστόν, τόν υἱόν τοῦ Θεοῦ, οὗτινος ἡ καλλονή εἶχε καταγοητεύση πρότερον τά πανοῦργα βλέμματά του[396]. Οὕτω λοιπόν ὁ ἄνθρωπος σύγκειται ἐκ τῆς ἀπό τοῦ βασιλείου τοῦ φωτός διασπασθείσης ψυχῆς (ἐκ ψυχῆς λογικῆς), ἥτις εἶναι μέρος (particula Dei), ἀπόρροια τοῦ ἀγαθοῦ Θεοῦ, (Πανθεϊσμός) καί ἐκ τῆς ὕλης, ἐκ τοῦ σώματος τοῦ ἐκ τοῦ βασιλείου τοῦ σκότους ληφθέντος, ὅπερ γέμει χαμερπῶν καί σαρκικῶν ὁρμῶν καί ὀρέξεων ὡς ἐδρευούσης ἐν αὐτῷ καί ἑτέρας ψυχῆς, ψυχῆς ἀλόγου ἐκ τῶν στοιχείων τῆς πονηρᾶς οὐσίας διαμορφωθείσης. Ὁ ἄνθρωπος λοιπόν ἔχει κατ' ἀνάγκην δύο ψυχάς, μίαν ἀγαθήν καί ἑτέραν πονηράν, ἐντεῦθεν λοιπόν ὁ διηνεκής ἐν τῷ ἀνθρώπῳ πόλεμος, ἀφ' οὗ οὐδέποτε θά ἀπαλλαχθῇ ἐφ' ὅσον φέρει τό σῶμα. Ἐν τῷ πρώτῳ ἀνθρώπῳ, τῷ Ἀδάμ, ἡ ἀπολύτρωσις τῆς λογικῆς ψυχῆς, ἥτις εἶναι μέρος ὡς εἴπομεν τῆς θείας οὐσίας, ἠδύνα-

---

[396] (August. de natura boni 46. J. Archelai Disput. c. Man. 10)

το νά κατορθωθῇ εὐκόλως· διότι ἡ φωτεινή αὐτοῦ ψυχή, καθ' ὅ ἐκ πολλῶν φωτεινῶν μερῶν τῆς θείας οὐσίας συγκειμένη καί ἑπομένως τελειοτέρα, ἠδύνατο νά ἔλθῃ εὐκολώτερον εἰς ἐπίγνωσιν τῆς θείας αὐτῆς καταγωγῆς, ἀλλ' οἱ ἄρχοντες τοῦ σκότους ἐματαίωσαν καί τοῦτο· ἔδωκαν αὐτῷ τήν Εὔαν, ἐξέκαυσαν τάς σαρκικάς αὐτῶν ἐπιθυμίας καί διά τῆς τεκνογονίας κατεκερμάτισαν τήν ἐν τῷ Ἀδάμ θείαν οὐσίαν καί ἔτι μᾶλλον κατεδούλωσαν· διότι, ἐπειδή ἡ ψυχή ἐκ τῆς ψυχῆς ὡς τό σῶμα ἐκ τοῦ σώματος γεννᾶται (ὁ Traducianismus παρά τοῖς νεωτέροις λεγόμενος, ἤτοι ἡ δόξα ὅτι αἱ ψυχαί τῶν γονέων μεταλαμπαδεύονται ἐν τοῖς τέκνοις αὐτῶν) τά ἐν τῷ ἀνθρωπίνῳ μέρη τῆς θείας οὐσίας κατακερματιζόμενα ἀδιαλείπτως διά τοῦ πολλαπλασιασμοῦ τοῦ ἀνθρωπίνου γένους ἐμπλέκονται ἔτι μᾶλλον μετά τῆς ὕλης καί ἔτι μᾶλλον δεσμεύονται ὑπ' αὐτῆς[397]. Πρός τούτοις ἀφῆκαν οἱ ἄρχοντες τοῦ σκότους ἐλεύθερον τόν ἄνθρωπον νά ἀπολαύῃ πάντων τῶν ἐν παραδείσῳ, τουτέστι νά ἐκπληροῖ ἐλευθέρως πάσας τάς γηράς αὐτοῦ ὀρέξεις καί ἐπιθυμίας καί ἔδωκαν αὐτοῖς ψευδεῖς θρησκείας (τήν ἰουδαϊκήν καί τήν εἰδωλολατρείαν) ἀπαγορεύσαντες εἰς αὐτούς μόνους τήν βρῶσιν τῶν καρπῶν τοῦ δένδρου τοῦ γινώσκειν καλόν καί πονηρόν, τουτέστι τήν γνῶσιν τῆς μεταξύ τοῦ σκότους καί τοῦ φωτός ὑφισταμένης διαφορᾶς, τήν γνῶσιν τοῦ θείου καί ἀντιθέου στοιχείου ἐξ ὧν ἀπηρτίζετο ὁ ἄνθρωπος καί σύμπας ὁ λοιπός κόσμος. Ὁ ἐν τῷ Ἡλίῳ καθήμενος Χριστός μετασχηματισθείς ἤδη εἰς μορφήν ὄφεως[398], παρεκίνησε τόν ἄνθρωπον νά παραβῇ τήν ἐντολήν τῶν πονηρῶν δαιμόνων καί ἐγνωστοποίησεν εἰς αὐτόν τό μυστήριον τῆς καταγωγῆς του[399]. Ἀλλ' ὅτε προϊόντος τοῦ χρόνου ἡ γνῶσις αὕτη διαφθαρεῖσα ἐσβέννυτο κατ' ὀλίγον μεταξύ τοῦ ἀνθρωπίνου γένους, κατῆλθε τέλος ὁ ἐν τῷ Ἡλίῳ οἰκῶν Χριστός /(326) (ἡ ἐνσάρκωσις τοῦ ἡλίου παρά τοῖς ἀνατολικοῖς ἔθνεσι, μία τῶν προσφιλῶν μορφῶν τοῦ θρησκευτικοῦ μύθου) ἐνηνθρώπησε κατά δόκησιν μόνον καί φαντασίαν καί συναναστραφείς μετά τῶν ἀνθρώπων ἐφανέρωσεν εἰς αὐτούς τά περί τῆς θείας αὐτῶν καταγωγῆς καί περί τῶν μέσων πρός ἀπαλλαγήν ἀπό τῶν δεσμῶν τῆς ὕλης. Ἡ Καινή Διαθήκη ὁμιλεῖ περί τῆς τοιαύτης ἐμφανίσεως τοῦ Χριστοῦ καί περί τῆς ἀληθοῦς φύσεως αὐτοῦ, ἔνθα λέγει «καί τό φῶς ἐν τῇ σκοτίᾳ φαίνει, καί ἡ σκοτία αὐτό

---

397 (S. Archel. Disput. 10 S. August. de mor. Manich. 73. τοῦ αὐτοῦ op. imperfut. c. Julian. lib. 3.172)
398 (August. de genesi c. Manich. lib. 2,39)
399 (S. Archel. Disput. 10, καί Τίτου Βόστρων βιβλ. 3 ἐν τῷ προοιμίῳ)

οὐ κατέλαβε» (Ἰω. 1,5) καί ἀλλαχοῦ, ὅπου γίνεται λόγος περί τῆς μεταφορφώσεως αὐτοῦ ἐπί τοῦ ὄρους Θαβώρ καί ἔνθα λέγεται ὅτι διῆλθε ἀφανής διά μέσου τῶν Ἰουδαίων, οἵτινες ἤθελον νά λιθοβολήσωσιν αὐτόν[400], ἐπί τέλους προσκληθείς ἐπί τοῦ σταυροῦ ὑπέστη ὅσα ὑπέστη παθήματα, ἅπερ ἦσαν φαινόμενα μόνον καί οὐχί πραγματικά, παριστῶντα μόνον συμβολικῶς τάς ὀδύνας, ἃς ὑφίσταντο ὑπό τῶν πονηρῶν δαιμόνων ὁ Πάσχων Ἰησοῦς ἐν ταῖς κατά μέρος ψυχαῖς, αἵτινες ἐτύγχανον μέρη αὐτοῦ (τοῦ ἀπαθοῦς Χριστοῦ). Ἐπειδή ὅμως ἕνεκα τῆς ἀτελείας τῶν ἀποστόλων καί τοῦ δυσαναγώγου τῶν Ἰουδαίων ἐν γένει ὁ ἐπί γῆς ἐμφανισθείς Χριστός δέν ἠδυνήθη νά συμπληρώση καί προφυλάξη τό ἔργον τῆς ἀπολυτρώσεως καθαρόν καί ἀμιγές πάσης πλάνης, ἐπηγγείλατο τοῖς ἑαυτοῦ ἕτερον ἀπόστολον ἔτι μείζονα τόν Παράκλητον, ὅστις ἔμελλε νά ἐκκαθάρῃ τήν διδασκαλίαν αὐτοῦ ἀπό τῶν παρεισφθαρέντων ψευδῶν δογμάτων καί ἐνταλμάτων καί τελειοποιήσῃ τό ἔργον τῆς ἀπολυτρώσεως. Ὁ προκαταγγελθείς Παράκλητος ἐνεφανίσθη ἐν τῷ Μάνεντι, μεθ' οὗ καί ἡ βασιλεία τοῦ Θεοῦ ἤδη πρῶτον ἤγγικε· καί δι' οὗ μόνον οὐ δύνανται καί ὀφείλουσιν αἱ λογικαί ψυχαί τῶν ἀνθρώπων μυούμεναι τό μυστήριον τῆς θείας αὐτῶν καταγωγῆς (τήν ἀνωτέρω δηλ. ἐκτεθεῖσαν διδασκαλίαν τοῦ Μάνεντος) νά διαρρήξωσι τά δεσμά τῆς ὕλης. Τοῦτο συμβαίνει ἐν τοῖς ἀλόγοις ζώοις καί ἐν τοῖς φυτοῖς ἄνευ συνειδήσεως, ἐν ἐπιγνώσει δέ καί μετά συνειδήσεως ἐν τοῖς ἀνθρώποις. Αἱ ψυχαί τῶν πιστῶν ἀποχωριζόμεναι τῆς ὕλης διά τῆς ἑλκυστικῆς δυνάμεως τοῦ ἐν τῷ Ἡλίῳ διαμένοντος Χριστοῦ χωροῦσιν εἰς τά ἄνω· ἐνταῦθα δέ ἐναποτιθέμεναι ἐν τοῖς δώδεκα ζωδιακοῖς ὡς εἰς παστάδας φωτεινάς καί καθαριζόμεναι διά τοῦ ζῶντος πνεύματος, διαπορθμεύονται τέλος εἰς τήν χώραν τοῦ φωτός διά τοῦ ἡλίου καί τῆς σελήνης ὡς διά δύο πλοίων φωτεινῶν. Αἱ ψυχαί αἱ μή προφθᾶσαι νά καθαρισθῶσιν ἐντελῶς κατά τό σύστημα τῆς ἐπί γῆς ζωῆς μετενσωματοῦνται. Ἡ συντέλεια τοῦ κόσμου, ἡ ἀποκατάστασις, γενήσεται διά τῆς παντελοῦς ἀποχωρήσεως τοῦ φωτός ἀπό τοῦ σκότους, τῆς ἀγαθῆς οὐσίας ἀπό τῆς πονηρᾶς καί διά τῆς περιορίσεως τῆς τελευταίας ὡς ἑξῆς. Μετά τήν ἀπό τῆς ὕλης ἀπόκρισιν πάντων τῶν μερῶν τῆς θείας οὐσίας ἡ ὕλη καί οἱ ἄρχοντες τοῦ σκότους θά διέλθωσι διά πυρός καί ἐν τούτῳ θά ἀπολέσωσι πᾶσαν τήν δύναμιν αὐτῶν[401]. Ἅπασαι αἱ ψυχαί δύνανται δυνάμει τῆς φω-

---

400 (Fabric. Bibl. gr. ed. Harl. vol. vii p. 316 καί Φωτίου Μυριόβ. 230)
401 (Τίτ. ἐπίσκοπ. Βόστρ. 1 κεφ. 30. Ἀλέξανδρ. Λυκοπόλ. κεφ. 5)

τεινῆς αὐτῶν καί θείας /(327) φύσεως νά μετάσχωσι τῆς ἀπολυτρώσεως καί τῆς αἰωνίου μακαριότητος ἐν τῷ βασιλείῳ τοῦ φωτός· ὅσαι ὅμως ἑκουσίως θά ἐμμείνωσι μέχρι τέλους δοῦλαι τῆς πονηρᾶς καί σκοτεινῆς ὕλης καί τοῦ ἄρχοντος, αὗται μετά τήν γενικήν ἀμφοτέρων τῶν βασιλείων διάκρισιν καταδικασθήσονται πρός τιμωρίαν αὐτῶν νά διατρίβωσι πλησίον τῆς ὕλης ὡς φύλακες αὐτῆς.

Β΄. Πρακτική διδασκαλία τοῦ Μάνεντος. Διαίρεσις τῶν ὀπαδῶν αὐτοῦ.

Μέ τό ἤδη ἐκτεθέν δογματικόν σύστημα τοῦ Μάνεντος συνδέεται στενώτατα καί ἡ τούτου πρακτική διδασκαλία. Αὕτη συνίστατο εἰς τάς τρεῖς σφραγίδας τοῦ στόματος, τῶν χειρῶν καί τοῦ κόλπου (tria signacula oris, manum et sinus), δι' ὧν ἐδηλοῦτο συντόμως καί συμβολικῶς ἡ ἀπό πάσης ἁμαρτίας ἀποχή, καί ἐν αἷς, ὡς φαίνεται, ἐπέμπετο αὐτοῖς ἀοράτως δύναμις πρός κατόρθωσιν τῆς τελειότητος. Ἡ σφραγίς τοῦ στόματος παρίστα συμβολικῶς τήν ὑποχρέωσιν καί τό καθῆκον τοῦ φυλάττειν καθαρόν τό στόμα ἀπό παντός λόγου δυναμένου νά μολύνῃ, ἐξαιρέτως ἀπό πάσης βλασφημίας κατά τῆς διδασκαλίας τοῦ Παρακλήτου, καθώς καί ἀπό πάσης βρώσεως ἐμψύχων ἀπό τοῦ οἴνου, ἀπό τοῦ γάλακτος καί ἀπό τῶν ᾠῶν[402]. «Ἡ σφραγίς τῶν χειρῶν ἀπηγόρευε τό θανατώνειν τά ζῶα καί ἐκριζώνειν ἤ ἀποκόπτειν τά φυτά καί τά ἄνθη τῶν καρπῶν, ἅπερ ἐλογίζοντο πάντα ὡς φόνος διότι οὕτω διευκολύνετο βιαίως ἡ ἀνάπτυξις καί ἡ ἀπαλλαγή τῶν πανταχοῦ διεσπαρμένων καί ὑπό τῆς ὕλης κατεχομένων μερῶν τῆς θείας οὐσίας. Ἡ σφραγίς τέλος τοῦ κόλπου περιελάμβανε τό καθῆκον τοῦ ἀπέχειν τοῦ γάμου καί ἐν γένει τοῦ τεκνογονεῖν καθότι τοιουτοτρόπως τά μέρη τοῦ φωτός ἐδεσμεύοντο ἔτι μᾶλλον ὑπό τῆς ὕλης[403]. Ἐπειδή ὅμως μία τοιαύτη πρακτική διδασκαλία καθίστατο ἀδύνατος εἰς τήν ἐφαρμογήν της, διότι ἄλλως θά ἀπέθνῃσκον ὑπό τῆς πλάνης ἐντός ὀλίγου πάντες οἱ Μανιχαῖοι, τούτου ἕνεκα ἴσως ἐθεωρήθη ἀναγκαία ἡ εἰς δύο διαίρεσις τῶν ὀπαδῶν τῆς αἱρέσεως· ἐντεῦθεν οἱ ὀπαδοί τοῦ Μάνεντος διῃροῦντο εἰς δύο τάξεις· εἰς τήν τάξιν τῶν ἀκροωμένων ἤ κατηχουμένων (auditores) καί εἰς τήν τάξιν τῶν ἐκλεκτῶν ἤ τελείων (electi, perfecti). Οἱ ἀκροώμενοι, ὡς οἱ ἀτελέστεροι, ὤφειλον μέν νά φείδωνται τῆς ζωῆς παντός ἐμψύχου, ἠδύναντο ὅμως

---
402 (August. lib. de haeres. c. 46)
403 (August. de moribus Manichaeorum c. 10, καί c. 19-67 καί libr. de haeres. c.46)

νά ἐκκόπτωσι πᾶν εἶδος φυτοῦ καί νά συλλέγωσι καρπούς (καίτοι ἐντούτοις ἡμάρτανον)· ἠδύναντο δέ καί εἰς γάμου κοινωνίαν νά ἔρχωνται, χωρίς ὅμως νά τεκνογονῶσιν. Οἱ δέ ἐκλεκτοί ὤφειλον νά τελῶσιν ἀκριβῶς τήν ἀνωτέρω ἐκτεθεῖσαν πρακτικήν διδασκαλίαν τοῦ Μάνεντος. Εἰς αὐτούς ἐπετρέπετο μέν νά λαμβάνωσι τάς πρός συντήρησιν αὐτῶν τροφάς ἐκ τοῦ βασιλείου τῶν φυτῶν, μάλιστα ἡ ἐν τοῖς φυτοῖς ἅπερ οὗτοι ἤσθιον, ἐγκεκλεισμένη φωτεινή οὐσία ἐκτᾶτο τοιουτοτρόπως τήν ἐλευθερίαν αὐτῆς, ἐπειδή ὅμως ἡ παρασκευή τῶν τοιούτων /(328) τροφῶν ἀπῄτει προηγουμένως τήν ἐκρίζωσιν καί ἐκκοπήν τῶν φυτῶν, τῶν καρπῶν καί τῶν τοιούτων καί ἐπειδή τοῦτο ἦτον ἀσύγγνωστον εἰς αὐτούς ἁμάρτημα, ὤφειλον νά παρασκευάζωσι τάς τροφάς αὐτῶν οἱ ἀκροώμενοι, πρός ἀμοιβήν δέ ἐλάμβανον ἔπειτα οἱ ἀκροώμενοι τήν συγχώρησιν τῆς διαπραχθείσης ὑπ' αὐτῶν ἁμαρτίας. Ἡ ἐκ μέρους τῶν ἀκροωμένων γινομένη αὕτη προσφορά τῶν ζωοτροφιῶν εἰς τούς ἐκλεκτούς, ἐλογίζετο ὡς ἀπόδειξις τῆς πρός τούς ἐκλεκτούς ἀγάπης καί διά τοιούτων ἔργων ἀγάπης μετά μακράν δοκιμασίαν εἰσήρχοντο καί οἱ ἀκροώμενοι εἰς τό τάγμα τῶν τελείων· οὐδείς ὅμως ὀπαδός τῆς αἱρέσεως τοῦ Μάνεντος ὤφειλε νά παρέχῃ τροφάς ἤ ἄλλο τι εἰς ἄνθρωπον μή ἀνήκοντα εἰς τήν αἵρεσιν τῶν Μανιχαίων, διότι τοιουτοτρόπως ἐγίνετο αἴτιος ὅπως ἔτι μᾶλλον ὑποχείριος τῆς ὕλης καταστῇ ἡ ἐν ταῖς τροφαῖς ἐνυπάρχουσα θεία οὐσία καί ζωή[404].

Γ'. Πηγαί τῆς θρησκευτικῆς γνώσεως τῶν Μανιχαίων. Ἰδέα αὐτῶν περί τῶν ἁγίων Γραφῶν.

Ὡς ἀνωτάτην καί μόνην ἀλάνθαστον θρησκευτικῆς γνώσεως πηγήν καί ὡς μέτρον, δι' οὗ ἔδει μετρῆσθαι πάντα τά ἄλλα, εἶχον οἱ Μανιχαῖοι τάς ἀποκαλύψεις τοῦ Παρακλήτου αὐτῶν, ἤγουν τοῦ Μάνεντος. Ἀναχωροῦντες δέ ἐκ τῆς ἀρχῆς ὅτι αἱ ἀποκαλύψεις τοῦ Μάνεντος. Ἀναχωροῦντες δέ ἐκ τῆς ἀρχῆς ὅτι αἱ ἀποκαλύψεις τοῦ Μάνεντος ἐμπεριεῖχον ἀπολύτους καί εἰς τό λογικόν καταφανεῖς καί εὐδήλους ἀληθείας, ἐθεώρουν πᾶν ὅ,τι διεφώνει πρός αὐτάς ὡς ἀπᾷδον τῷ λογικῷ καί ὡς αὐτόχρημα ψεῦδος, ὅπου δήποτε τοῦτο καί ἄν εὑρίσκετο. Ὅθεν καίτοι αἰχμαλωτίζοντες τό λογικόν αὐτῶν εἰς τάς διδασκαλίας τοῦ Μάνεντος ὡς εἰς θείας ἀποκαλύψεις, οὐχ ἧττον ἡγω-

---

404 (August. de morib. Manich. 36. 52-53. 57-60.65)

νίζοντο μετά ζήλου ὑπέρ τῶν δικαιωμάτων τοῦ λογικοῦ, ἀξιοῦντες καί σεμνυνόμενοι ὅτι αὐτοί μόνοι ἦσαν λογικοί καί αὐτοί μόνοι ἐγίνωσκον νά διακρίνωσι τά τε ἐν τῇ Καινῇ Διαθήκῃ καί ἀλλαχοῦ συνάδοντα ἀπό τῶν ἀπαδόντων τῷ λόγῳ. Πόσον ἦσαν εἰς τοῦτο ὑπερήφανοι καί ὁποίαν περί ἑαυτῶν εἶχον ἰδέαν βλέπει τις εἰς τούς λόγους τοῦ Μανιχαίου Φαύστου, ὅστις ἀποτεινόμενος πρός τόν ἀκρίτως πιστεύοντα πάντα τά ἐν τῇ Καινῇ Διαθήκῃ λέγει «Σύ, ὅστις τυφλῶς πιστεύεις εἰς πάντα, σύ ὅστις ἐξορίζεις ἐκ μέσου τῆς ἀνθρωπότητος τό λογικόν, τό δῶρον τῆς φύσεως, σύ, ὅστις θεωρεῖς ὡς ἁμαρτίαν, ἐάν τις κρίνῃ περί ἀληθοῦς ἤ ψεύδους, σύ, ὅστις τρέμεις πρό τῆς διακρίσεως τοῦ ἀγαθοῦ ἀπό τοῦ κακοῦ ὄχι ὀλιγώτερον ἤ ὅσον τά παιδία πρό τῶν μορμολυκείων κτλ.[405]» Τάς ἁγίας Γραφάς τῆς Παλαιᾶς Διαθήκης ἀπέρριπτον ὁλοτελῶς· τά δέ βιβλία τῆς Καινῆς Διαθήκης ἀπεδέχοντο μέν ἐν μέρει, ἀλλ' ἐπέκρινον τό τε δογματικόν καί ἠθικόν αὐτῶν μέρος λίαν αὐθαιρέτως καί κατά τήν ἀνωτέρω ῥηθεῖσαν αὐτῶν ἀρχήν[406]. Ἐδόξαζον τοῦτο μέν ὅτι ὁ Ἰησοῦς Χριστός καί οἱ ἀπόστολοι αὐτοῦ εἶχον συμμεθαρμοσθῇ /(329) καί συμμορφωθῇ πρός τάς ἐπικρατούσας ἰουδαϊκάς δόξας συνειδόντες ὅτι βαθμηδόν καί κατ' ὀλίγον ἠδύναντο νά καταστήσωσι τούς ἀνθρώπους δεκτικούς τῆς καθαρᾶς ἀληθείας· τοῦτο δέ ὅτι καί αὐτοί οἱ ἀπόστολοι, ὅτε κατά πρῶτον ἤρξαντο διδάσκοντες ἦσαν πλήρεις προλήψεων καί ἰουδαϊκῶν πλανῶν· τοῦτο δέ πάλιν ὅτι τά πρῶτα ἔγγραφα τῆς χριστιανικῆς θρησκείας μνημεῖα διενοθεύθησαν πολυειδῶς καί πολλαχοῦ ὑπό τοῦ ἄρχοντος τοῦ σκότους, σπείροντος τά ζιζάνια μεταξύ τοῦ σίτου (παρόμοιον τι εἴδομεν φρονοῦντα ἀνωτέρω § καί τόν συγγραφέα τῶν *Κλημεντίων*). Τάς περί τῆς νέας Διαθήκης δόξας τῆς αἱρέσεως ταύτης καταγράφει ὁ μανιχαῖος Φαῦστος παρά τῷ ἱερῷ Αὐγουστίνῳ[407] ὡς ἑξῆς «ἡμεῖς ἐπιδοκιμάζομεν καί ἀποδεχόμεθα ἐκεῖνα μόνον ἐκ τῆς Κ. Διαθήκης, ὅσα ἐλέχθησαν πρός τιμήν τοῦ θεοῦ τῆς δόξης εἴτε ὑπ' αὐτοῦ τούτου εἴτε ὑπό τῶν ἀποστόλων αὐτοῦ, ὅτε ο ὗ τ ο ι ἦ σ α ν τ έ λ ε ι ο ι, ἀπορρίπτομεν δέ πάντα τά ἄλλα ὅσα ἤ τε οἱ ἀπόστολοι ἐξέφρασαν, ἤ οἱ ἐχθροί παρενέσπειραν κακοβούλως, ἤ οἱ συγγραφεῖς (οἱ εὐαγγελισταί δηλ. Μάρκος, Λουκᾶς, οἵτινες ἦσαν συνεργοί τῶν ἀποστόλων οὐχί δέ καί ἄμεσοι τοῦ Κυρίου μαθηταί) ἀπερισκέπτως ἐξιστόρησαν.

---

405 (August. contra Faustum lib. 18 καί 11)
406 (βλ. Τίτου ἐπισκόπου Βόστρ. ἐν τῇ ἀρχῇ τοῦ 3 κατά τῶν Μανιχ. βιβλ.)
407 (cont. Faust. 32)

Ταῦτα δέ εἶναι ὅτι τάχα ὁ υἱός τῆς δόξης ἔμελλεν ἐκ γυναικός νά γεννηθῇ, ὡς ἰουδαῖος, νά περιτμηθῇ, ὡς ἐθνικός θυσίαν νά προσενέγκῃ, ἐν ταπεινότητι νά βαπτισθῇ, ὑπό τοῦ διαβόλου εἰς τήν ἔρημον νά ἀναχθῇ καί ἐπί τό μοχθηρότατον νά πειρασθῇ». Ἐντεῦθεν τό συμπέρασμα τῶν Μανιχαίων ὅτι ἵνα διακρίνῃ τις τό ἀληθές ἀπό τοῦ ψευδοῦς ἐν τῇ Νέᾳ Διαθήκῃ ἀνάγκη πᾶσα νά ἀσπασθῇ τήν διδασκαλίαν τοῦ Παρακλήτου, ὅ ἐστί τοῦ Μάνεντος.

Δ΄. Ἐσωτερική διοργάνωσις τῆς αἱρέσεως ἤτοι τό ἐκκλησιαστικόν αὐτῆς πολίτευμα.

Ὁ ἐσωτερικός διοργανισμός τοῦ Μανιχαϊσμοῦ, ἤτοι τό ἐκκλησιαστικόν αὐτοῦ πολίτευμα, ἔφερεν ἐν γένει ἀνάλογόν τινα τύπον μέ ἐκεῖνον τόν ὁποῖον ἀπαντῶμεν εἰς ὅλα σχεδόν τά ἀσιατικά θρησκεύματα, τουτέστι τήν εἰς ἐσωτερικούς καί ἐξωτερικούς διαίρεσιν, ἐν τοῖς καθ' ἕκαστα ὅμως ἔφερεν τόν τύπον τῆς χριστιανικῆς ἐκκλησίας. Κατά τόν Μάνεντα δέν ὑπῆρχε εἰμή μία ἀληθινή χριστιανική ἐκκλησία καί αὕτη ἦτο ἡ ἐκ τῶν ὀπαδῶν αὐτοῦ ἀποτελουμένη, ἥτις ἔπρεπε νά σύγκειται ἐκ δύο τάξεων, ἐκ τῆς τάξεως τῶν ἀκροωμένων καί ἐκ τῆς τάξεως τῶν ἐκλεκτῶν (βλ. ἀνωτ., Β΄). Οἱ ἀκροώμενοι οἵτινες ἀπετέλουν τό πλεῖστον μέρος τῶν ὀπαδῶν τῆς αἱρέσεως ταύτης, ἦσαν οἱ ἐξωτερικοί. Εἰς αὐτούς ἀνεγινώσκοντο μέν συγγράμματα τοῦ Μάνεντος, ἐγνωστοποιοῦντο αἱ διδασκαλίαι αὐτοῦ ὡς εἶχον ἐν τῇ συμβολικομυθικῇ αὐτῶν ἐσθῆτι, ἀλλά περί τοῦ πνεύματος καί τῆς ἐννοίας αὐτῶν οὐδεμία ἐγίνετο εἰς αὐτούς ἡ διδασκαλία. Οἱ δέ ἐκλεκτοί ἦσαν οἱ ἐσωτερικοί, οἱ Βραχμᾶνες τῶν Μανιχαίων, τό ἱερατικόν γένος, ὡς ὀνομάζει αὐτούς (παρά τῷ ἁγίῳ Αὐγουστίνῳ sacerdotale genus)· οὗτοι κατεῖχαν /(330) σημαντικωτάτην θέσιν ἐν τῷ καθολικῷ τῆς καθάρσεως περιβόλῳ, οὗτοι εὑρίσκοντο εἰς τό τελευταῖον στάδιον τοῦ καθαρισμοῦ, ὅπερ ὤφειλε νά διέλθῃ τό ἀπό τῶν δεσμῶν τῆς ὕλης ἀπολυόμενον Πνεῦμα, καί ἀπετέλουν τό σημεῖον οὕτως εἰπεῖν τῆς μεταβάσεως ἐκ τοῦ ἐπιγείου κόσμου εἰς τόν οὐρανόν· ἑπομένως ἦσαν καί οἱ κάτοχοι τῶν μυστηρίων τοῦ Μανιχαϊσμοῦ. Ἐκτός τούτων, συνιδών ὁ Μάνης τήν ἀνάγκην μιᾶς ἀρχῆς θρησκευτικῆς κυβερνώσης καί διεπούσης τά πράγματα τῆς αἱρέσεως, κατέστησε καί ἀποστόλους καί ἐπισκόπους καί πρεσβυτέρους καί διακόνους καί εὐαγγελιστάς, οἵτινες πάντες ὤφειλον νά λαμβάνωνται ἐκ τῆς τάξεως τῶν ἐκλεκτῶν. Ἐντεῦθεν οἱ Μανιχαῖοι εἶχον δώδεκα ἀποστόλους, οἵτινες ἔφερον καί τό ὄνομα δ ι δ ά σ κ α λ ο ι (magistri) εἰς τούς ὁποίους ἦτο ἀνατεθειμένη συμπάσης τῆς αἱρέσεως ἡ κυβέρνησις καί οἱ ὁποῖοι ἦσαν ὑποταγεῖς εἰς τόν ἀρχηγόν τῆς αἱρέσεως, κατ' ἀρχάς εἰς τόν Μάνεντα ἔπειτα δέ εἰς τόν διάδοχον καί ἀντιπρόσωπον αὐτοῦ. Μετά τούτους καί ὑπό τάς διαταγάς αὐτῶν ἵσταντο 72 ἐπίσκοποι, εἰς τόπον τῶν 72 μαθητῶν τοῦ Ἰησοῦ Χριστοῦ καί ὑπό τούτους πάλιν πρεσβύτεροι, διάκονοι καί εὐαγγελισταί, οἵτινες ἦσαν καί οἱ κήρυκες τῆς Μανιχαϊκῆς πλάνης[408].

Ε'. Μυστήρια καί ἑορταί τῶν Μανιχαίων.

Περί τοῦ ἀριθμοῦ τῶν μυστηρίων καθώς καί περί τοῦ τρόπου καθ' ὅν ταῦτα ἐτελοῦντο ἐν τῇ αἱρέσει τῶν Μανιχαίων δέν ἔχομεν ἀκριβεῖς καί βεβαίας εἰδήσεις, καθ' ὅσον τήν λατρείαν αὐτῶν ἐτέλουν οἱ Μανιχαῖοι μυστικώτατα· καί καθ' ὅσον τῶν μυστηρίων δέν μετεῖχον εἰμή μόνον οἱ ἐκλεκτοί. Ἀμφίβολον ὑπάρχει οὐ μόνον τό ἐάν τό βάπτισμα ἐγίνετο δι' ὕδατος ἤ δι' ἐλαίου καί ἄν ἐτελεῖτο μέ τοιαύτην ἔννοιαν, ἥν εἶχεν ἐν τῇ καθολικῇ ἐκκλησίᾳ, ἀλλά καί τό ἐάν ὅλως ὑπῆρχεν παρά τοῖς Μανιχαίοις ἡ συμβολική αὕτη πρᾶξις. Τό δέ μυστήριον τῆς κοινωνίας τῶν Μανιχαίων εἶχε διάφορον ὅλως ἔννοιαν ἀνάλογον τῆς μυστικῆς περί φύσεως φιλοσοφίας των. Ἐν τῷ μυστηρίῳ τούτῳ ἐξεικονίζετο συμβολικῶς ὁ πάσχων Ἰησοῦς (Jesus patibilis), ὅστις ἐθεωρεῖτο ἐσταυρωμένος καθ' ἅπασαν τήν φύσιν καθ' ὅσον ὑπῆρχεν αἰχμάλωτος τῆς ὕλης. Ὁ ἱερός Αὐγουστῖνος εἶχεν ἀκούση ὅτε διετέλει ὡς ἀκροώμενος τῆς αἱρέσεως τῶν Μανιχαίων ὅτι οἱ ἐκλεκτοί ἐτέλουν τό μυστήριον τοῦτο, ἀλλά τίνι τρόπῳ ἐγίνετο τοῦτο, δέν τῷ ἐφανερώθη[409]. Τό βέβαιον εἶναι ὅτι τοῦ μυστηρίου τούτου μετεῖχον μόνον οἱ ἐκλεκτοί καί ὅτι ἐγίνετο ἄνευ οἴνου, καθότι εἰς τήν τάξιν τῶν ἐκλεκτῶν ἀπηγορεύετο, ὡς εἴπομεν, τό οἰνοποτεῖν. Ἐν γένει ἡ ἐξωτερική λατρεία τῶν Μανιχαίων ἀπέφευγε τάς πομπώδεις καί μεγαλοπρεπεῖς τελετάς τάς εὐαρεστούσας τήν αἴσθησιν.

Περί δέ τῶν ἑορτῶν τῶν Μανιχαίων γινώσκομεν ὅτι παρ' αὐτοῖς ἑωρτάζετο ἡ Κ υ ρ ι α κ ή /(331) ὄχι ὅμως ὡς ἡμέρα τῆς ἀναστάσεως τοῦ Χριστοῦ, ὅπερ ἀντέπιπτεν εἰς τάς περί ἐνανθρωπήσεως δόξας αὐτῶν, ἀλλ' ὡς ἡμέρα τοῦ ἡλίου, ἐν ᾧ κατῴκει ὁ Χριστός

---

408 (August. de haer. c. 32)
409 (August. contr. Faust. lib. 1 περί τάς ἀρχάς)

αὐτῶν⁴¹⁰. Τήν ἡμέραν ταύτην διήρχοντο οἱ Μανιχαῖοι ἐν νηστείᾳ ἴσως διότι ἐν αὐτῇ ἐποίουν ἀνάμνησιν τῆς ὑπό τοῦ ζῶντος πνεύματος γενομένης μεταφορᾶς τοῦ πρώτου ἀνθρώπου μετά τήν ἀπελευθέρωσιν του εἰς τόν ἥλιον· ἤ ἐναντίον τῆς καθολικῆς ἐκκλησίας, ἥτις ἐπανηγύριζε τήν ἡμέραν ταύτην εὐφροσύνως. Ἡ μεγαλειτέρα ὅμως καί ἐτήσιος τῶν μανιχαίων ἑορτή, ἡ μετά πολλῆς παρατάξεως παρ' αὐτῶν τελουμένη, ἦτον ἡ ἑορτή τοῦ βήματος, εἰς ἀνάμνησιν τῆς γενομένης εἰς αὐτόν ἄνωθεν ἐλλάμψεως συγχρόνως δέ καί τοῦ μαρτυρικοῦ αὐτοῦ θανάτου. Ἡ ἑορτή αὔτη ἐγίνετο κατά τόν μῆνα Μάρτιον. Ἐν τῷ μέσῳ μεγάλης αἰθούσης, ἔνθα συνήρχοντο πάντες οἱ Μανιχαῖοι, ἵστατο πολύτιμος θρόνος ἤ βῆμα (suggertus cathedra) μεγαλοπρεπῶς κεκοσμημένος, ὡς σύμβολον τοῦ Παρακλήτου, τοῦ θείου διδασκάλου τῶν Μανιχαίων, πρός τόν ὁποῖον θρόνον ἔφερον πέντε βαθμίδες (ὑποτυποῦσαι πιθανόν τά πέντε καθαρά στοιχεῖα). Τό βῆμα τοῦτο ἤ τόν θρόνον πίπτοντες χαμαί προσεκύνουν πάντες οἱ παρευρισκόμενοι⁴¹¹. Ὁ ἱερός Αὐγουστῖνος λέγει ὅτι οἱ Μανιχαῖοι ἑώρταζον καί τήν ἑορτήν τοῦ Πάσχα, ἥν ἐπανηγύριζε καί ἡ ὀρθόδοξος ἐκκλησία, καί ἴσως αὐτή θά ἦτον αὐτή ἡ ἑορτή τοῦ Βήματος.

Στ΄. Τό γνωριστικόν σημεῖον τῶν Μανιχαίων καί ὁ τούτων ἠθικός χαρακτήρ.

Τό γνωριστικόν σημεῖον τῶν Μανιχαίων, ὁπότε οὗτοι συνηντῶντο καθ' ὁδόν, ὑπῆρχεν ἡ δεξίωσις· τό διδόναι ἀλλήλαις τήν δεξιάν χεῖρα ἦτο σύμβολον τῆς ἀπό τοῦ βασιλείου τοῦ σκότους γινομένης ἀπαλλαγῆς αὐτῶν διά τῆς σωστικῆς αὐτῶν δεξιᾶς τοῦ ἐν τῷ ἡλίῳ διαμένοντος Χριστοῦ· διότι καθώς οὗτος ἄλλοτε διά τῆς δεξιᾶς τοῦ ζῶντος Πνεύματος ἀνεσώθη ἐν τῷ ἡλίῳ, λυτρωθείς τῶν ἀπειλούντων νά καταβροχθήσωσιν αὐτόν σκοτεινῶν δαιμόνων· οὕτω καί αὐτοί ἔμελλον νά λυτρωθῶσι διά τῆς δεξιᾶς τοῦ σωθέντος⁴¹².- Ὅσον δέ ἀφορᾷ τόν ἠθικόν χαρακτῆρα τῶν Μανιχαίων καί ἰδίως τῶν ἐκλεκτῶν Μανιχαίων, ἔχομεν τοσοῦτον ὀλίγας εἰδήσεις περί τῶν πρώτων τοῦ Μάνεντος ὀπαδῶν, ὥστε οὐδέν περί τούτου μετά βεβαιότητος δυνάμεθα νά εἴπωμεν. Ὅτι ὁ Μάνης ἐσκόπει αὐστηράν τῶν ἠθῶν διόρθωσιν, τοῦτο γίνεται σχεδόν δῆλον ἐκ τῆς

---
410 (ἐντεῦθεν ἔλεγεν ὁ Ἱερός Αὐγουστῖνος ἐν τῷ 18 βιβλ. κεφ. 5 contra Faustum, «vos in Die, quen dicunt solis, Solem colitis»)
411 (August. contra epist. fundament. c. 8 καί contra Faustum libr. 18 c. 5)
412 (S. Archelai disput. c. Man. c. 7)

διδασκαλίας αὐτοῦ· δέν ὑπάρχει ὅμως ἀμφιβολία ὅτι ἡ ὑπερβολική ἐκείνη ἄσκησις καί ἐγκράτεια ἦτο συχνότατα ἐξωτερικόν τι μόνον φαινόμενον ὑποκρύπτον παχυλήν ἀνηθικότητα. Ἐν τούτοις καί κατά τοῦτο ὀφείλομεν νά διακρίνωμεν ἐν τῇ ἱστορίᾳ ἑκάστης αἱρέσεως ἀκριβῶς ἀπ' ἀλλήλων τάς διαφόρους αὐτῆς ἐποχάς (§). /(332)

Ζ΄. Ἐξάπλωσις τῆς αἱρέσεως.

Ἄν καί ὁ θάνατος τοῦ Μάνεντος, ὅν ὑπέστη ἕνεκα τῆς νέας αὐτοῦ θρησκείας, ὑπῆρξε λίαν πρώιμος, οἱ ὀπαδοί ὅμως αὐτοῦ τοσοῦτον ἐπληθύνθησαν εὐθύς μετά τόν θάνατόν αὐτοῦ, ὥστε ἐφαίνοντο ὅτι ἔμελλον νά μολύνωσιν ὁλόκληρον τῆς γῆς τό πρόσωπον διά τῆς αἱρέσεως των. Ἐκ τῆς Περσίας ἀναδύντες ἐξαπλώθησαν εἰς τήν Μεσοποταμίαν, τήν Συρίαν, τήν Παλαιστίνην, τήν Αἴγυπτον καί καθ' ἄπασαν τήν βόρειον Ἀφρικήν, χωρήσαντες μέχρι τῆς Ἱσπανίας, τῆς Ἰταλίας καί τῶν Γαλλιῶν. Ἤδη δέ κατά τήν πρώτην διάδοσιν τοῦ Μανιχαϊσμοῦ ἐν τῇ ῥωμαϊκῇ αὐτοκρατορίᾳ σφοδρός ἐκινήθη κατ' αὐτῶν διωγμός. Ἤδη ὁ αυτοκράτωρ Διοκλητιανός ἐν ἔτει 287 ἐξέδωκε αὐστηρότατον κατά τῆς ἀνοσίου τῶν Μανιχαίων αἱρέσεως (infamis secta Manichaeorum) διάταγμα, πέμψας αὐτό πρός Ἰουλιανόν τόν ἀνθύπατον τῆς Ἀφρικῆς, δι' οὗ οἱ μέν ἀρχηγοί τῆς αἱρέσεως κατεδικάζοντο εἰς τόν διά πυρός θάνατον, οἱ δέ λοιποί ὀπαδοί αὐτῆς, ὅσοι ἐκ τοῦ ὄχλου ἐτύγχανον, εἰς τόν διά μαχαίρας θάνατον καί εἰς τήν δήμευσιν τῶν ὑπαρχόντων αὐτῶν[413]. Ἀλλά καί οἱ μετά ταῦτα χριστιανοί αὐτοκράτορες πάντες σχεδόν κατά σειράν κατεδίωξαν δι' αὐστηρῶν διαταγμάτων τούς Μανιχαίους· καί οἱ διασημότατοι τῆς ἐκκλησίας πατέρες μετ' ἀκαμάτου ζήλου κατεπολέμησαν αὐτούς διά λόγου τε καί συγγραφῆς. Πλήν πᾶσαι αὗται αἱ κατά τῶν Μανιχαίων προσπάθειαι δέν ἐξίσχυσαν νά ἐκριζώσωσιν τόν Μανιχαϊσμόν (βλ. §).

---

413 (βλ. τό διάταγμα παρά τῷ οὕτω λεγομένῳ Ambrosiarter ad 2 Tim. 3,7 καί εἰς τό Lex Dei s. Mosaicorum et Romanorum legum colatio ed. F. Blume. Bonn. 1833)

Κεφάλαιον Γ΄.

Πρώτη τάξις τῶν πολεμίων τῆς περί τῆς ἁγίας Τριάδος διδασκαλίας τῆς Ἐκκλησίας.

§ 90. Οἱ Ἄλογοι, οἱ δύο Θεόδοτοι κάι οἱ Ἀρτεμονῖται.

Οἱ Ἄ λ ο γ ο ι ἐνεφανίσθησαν ἐν τῇ Μικρᾷ Ἀσίᾳ περί τό ἔτος 170. Τήν αἵρεσιν ταύτην, περί τήν ὁποίαν πολύ σκότος ἐπιπολάζει, φαίνεται ὅτι προεκάλεσεν ὁ Μοντανισμός. Πολέμιοι τῶν Μοντανιστῶν ἀπέρριπτον οἱ Ἄλογοι οὐ μόνον τήν ἀποκάλυψιν ἀλλά καί τό εὐαγγέλιον τοῦ ἀποστόλου Ἰωάννου, ἀποκαλοῦντες αὐτά ἔργα τοῦ Κηρίνθου. Τό εὐαγγέλιον τοῦ Ἰωάννου ἀπέρριπτον οἱ ἄλογοι διά λόγους δογματικούς καί μάλιστα ἀντιτριαδικούς, ὅπερ εἰκάζομεν ἐξ αὐτοῦ τοῦ ἁγίου Ἐπιφανίου ἀποκαλοῦντος τήν αἵρεσιν τοῦ ἀντιτριαδικοῦ Θεοδότου «ἀπόσπασμα ἐκ τῆς ἀλόγου αἱρέσεως, τῆς ἀρνουμένης τό κατά Ἰωάννην εὐαγγέλιον καί τόν ἐν αὐτῷ ἐν ἀρχῇ ὄντα θεόν Λόγον»[414]. Πῶς /(333) ἐθεώρουν τό πρόσωπον τοῦ Ἰησοῦ Χριστοῦ, κατά τί καί κατά πόσον ἠρνοῦντο «τόν ἐν ἀρχῇ ὄντα θεόν λόγον» καί κατά πόσον πάλιν «τά ἴσα ἡμῖν ἐπίστευον», ὡς ἱστορεῖ περί αὐτῶν ὁ αὐτός Ἐπιφάνιος[415], ἀγνοοῦμεν. Τό δυσήμαντον ὄνομα, οἱ Ἄλογοι, ἔδωκεν εἰς αὐτούς ὁ ἱερός Ἐπιφάνιος λίαν εὐστόχως, καθό ἀθετοῦντας τόν ἐν Χριστῷ θεῖον λόγον καί τό τοῦ Λόγου Εὐαγγέλιον.

---
414 (αἱρ. 54,1)
415 (αἱρ. 54,4)

Θεόδοτος ὁ σκυτεὺς βυζάντιος τὴν πατρίδα, ἐξ οὗ οἱ θεοδοτιανοὶ ὠνομάσθησαν, ἱστορεῖται ὑπὸ τοῦ Ἐπιφανίου ὡς εἷς τῶν ὀπαδῶν τῆς αἱρέσεως τῶν Ἀλόγων. Καὶ οὗτος ψιλὸν ἄνθρωπον τὸν Χριστὸν ὠνόμαζε, ἀπεδέχετο ὅμως αὐτὸν ἐκ πνεύματος ἁγίου καὶ Μαρίας τῆς Παρθένου γεννηθέντα[416]. Περὶ τὰ τέλη τῆς 2 ἑκατονταετηρίδος ἐλθὼν εἰς Ῥώμην ὁ Θεόδοτος εὗρεν ἱκανοὺς ὀπαδοὺς τῆς πλάνης του, ἔνθα ὅμως ἀπεκήρυξεν αὐτὸν τῆς κοινωνίας τῆς ἐκκλησιαστικῆς ὁ τότε ἐν Ῥώμῃ ἐπισκοπεύων ἅγιος Βίκτωρ. Ἀποθανόντος μετ' ὀλίγον τοῦ Θεοδότου, οἱ τούτου ὀπαδοὶ δελεάσαντες διὰ χρημάτων ὁμολογητήν τινα Νατάλιον καλούμενον, προέστησαν ἐπίσκοπον τῆς κατ' αὐτοὺς αἱρέσεως ἐπὶ μισθῷ μηνιαίῳ 150 δηνάρια. Ἀλλ' ὁ Νατάλιος ἀθετήσας τὴν πίστιν αὐτοῦ τὴν ἐνισχύσασαν αὐτὸν ἄλλοτε νὰ ἀγωνισθῇ καὶ πάθῃ ὑπὲρ Χριστοῦ, ἔπεσεν, ὡς φαίνεται, εἰς δεινὸν συνειδήσεως ἔλεγχον καὶ γνωσιμαχήσας ἐπέστρεψεν εἰς τοὺς κόλπους τῆς ὀρθοδόξου Ἐκκλησίας, ἐπισκοπεύοντος ἤδη ἐν Ῥώμῃ τοῦ Ζεφυρίνου[417].

Ἕτερος μαθητὴς τοῦ Θεοδότου, Θ ε ό δ ο τ ο ς καὶ οὗτος καλούμενος, τὴν τέχνην τραπεζίτης δοξάζων ὅτι ἡ ἐν Χριστῷ θεία δύναμις ἐλάττων ἐγένετο ἢ ἐν τῷ Μελχισεδέκ, ὡς τούτου μὲν γενομένου μεσίτου μεταξὺ θεοῦ καὶ Ἀγγέλων, τοῦ δὲ Ἰησοῦ Χριστοῦ ὡς μεσιτεύοντος μεταξὺ θεοῦ καὶ ἀνθρώπων, ἐσύστησεν ἕτερον ἀπόσπασμα τῆς ἀνωτέρω αἱρέσεως ὑπὸ τὸ ὄνομα οἱ Μ ε λ χ ι σ ε δ ε κ ι α ν ο ί[418].

Παρομοίαν τινὰ αἵρεσιν ἀνίδρυσεν ἐν Ῥώμῃ περὶ τὰς ἀρχὰς τῆς τρίτης ἑκατονταετηρίδος καὶ Ἀρτέμων τις ἢ κατ' ἄλλους Ἀρτεμᾶς. Ἡ αἵρεσις αὕτη διετείνετο ὅτι σύμφωνα αὐτῇ ἐδόξαζεν καὶ ὁ ἅγιος Βίκτωρ, ὃν εἴδομεν ἀνωτέρω ἐξώσαντα τῆς ἐκκλησιαστικῆς κοινωνίας τὸν Θεόδοτον. Τοῦτο δικαιοῖ ἡμᾶς νὰ ὑποθέσωμεν ἢ ὅτι αἱ διδασκαλίαι τῶν Ἀρτεμωνιτῶν διέφερον τῶν τοῦ Θεοδότου, ἢ ὅτι οἱ Ἀρτεμωνῖται ἀπέδιδον τὴν ἔξωσιν τοῦ Θεοδότου εἰς ἄλλους τινὰς λόγους καὶ οὐχὶ εἰς τὴν κακοδοξίαν του· τὸ δεύτερον ὑπάρχει τὸ ἀληθές. Οἱ Ἀρτεμωνῖται ἐφρόνουν, ὡς φαίνεται, ὅτι ὁ Θεόδοτος ἀπεκηρύχθη ὑπὸ

---

416 Ἀνώνυμός τις ἐκκλησιαστικὸς συγγραφεύς, παρ' Εὐσεβίῳ Ἐκκλ. Ἱστ. 5,28, εἰσάγει αὐτὸν ὡς τὸν «πρῶτον εἰπόντα ψιλὸν ἄνθρωπον τὸν Χριστόν»· ὁ δὲ Τερτυλλιανὸς ἐν τῷ de praescript. c.53 λέγει ὅτι ὁ Θεόδοτος οὗτος ἐθεώρει τὸν Χριστὸν ex spiritu quidem sancto natum ex virgine, sed hominem solitarium atque nudum, nulo alio prae ceteris nisi sola justitiae auctoritate. Ὁ ἱερὸς Ἐπιφάνιος λέγει ὅτι ὁ Θεόδοτος ἠρνεῖτο τὴν ὑπερφυσικὴν γέννησιν τοῦ Κυρίου, τὸ ὁποῖον φαίνεται ὅτι ἐξήγαγεν ἐκ τῶν λόγων αὐτοῦ τοῦ Θεοδότου τῶν ἑξῆς «Καὶ αὐτὸ τὸ Εὐαγγέλιον ἔφη τῇ Μαρίᾳ πνεῦμα Κυρίου ἐπελεύσεται ἐπὶ σέ, καὶ οὐκ εἶπε πνεῦμα Κυρίου γενήσεται ἐν σοί».
417 (202-217. Εὐσεβ. Ἐκκλ. Ἱστ. 5,28)
418 (Tertull. de praescript. c. 53. Θεοδώρητ. αἱρ. κακομ. 2,6)

τοῦ ἁγίου Βίκτωρος ὡς ἀρνηθείς τόν Ἰησοῦν Χριστόν ἐν καιρῷ τοῦ διωγμοῦ καί οὐχί ὡς ἀποπλανηθείς τῆς ἀληθείας[419]. Ἐάν δέ οἱ Ἀρτεμονῖται διετείνοντο ὅτι, ὅσα οὗτοι ἐδογμάτιζον, αὐτά ταῦτα ἐδίδασκεν καί ἐπρέσβευεν καί ἡ ῥωμαϊκή ἐκκλησία μέχρι τοῦ Ζεφυρίνου (τοῦ διαδόχου τοῦ Βίκτωρος), τοῦτο οὐδέν ἄλλο σημαίνει /(334) εἰμή ὅτι οἱ αἱρετικοί οὗτοι ὡς μάρτυρας αὐτῶν παρῆγον εἰς μέσον ἐκβιάζοντες καί τούς ἀρχαιοτέρους τῆς ἐκκλησίας διδασκάλους καθώς ὁμόφρονας αὐτῶν ἔφερον καί τούς ἀποστόλους[420]. Περί τοῦ εἴδους τῆς αἱρέσεως αὐτῶν παρέχει εἰς ἡμᾶς ἱκανήν νύξιν τό παρ' Εὐσεβίῳ[421] διασωθέν τεμάχιον ἀνωνύμου τινός ἐκκλησιαστικοῦ συγγραφέως. Κατά τό λέγειν αὐτοῦ οἱ Ἀρτεμονῖται ἐνησχολοῦντο λίαν περί τάς μαθηματικάς ἐπιστήμας, τήν διαλεκτικήν, τήν κριτικήν, περί τήν φιλοσοφίαν τοῦ Ἀριστοτέλους καί περί τήν μελέτην τοῦ Θεοφράστου καί τοῦ Γαληνοῦ. Παρ' αὐτοῖς λοιπόν ἐπεκράτει ἀναμφιβόλως οὐχί τό αἴσθημα ἀλλ' ἡ σκέψις· ὁ Χριστιανισμός αὐτῶν ἦτο χριστιανισμός τοῦ διασκεπτικοῦ νοός ἀποδιοπομπούμενος πᾶν στοιχεῖον μυστικωτέρας θεολογίας, πᾶν δόγμα μή δυνάμενον νά ὑπαχθῇ εἰς τάς διαλεκτικάς κατηγορίας αὐτῶν, μή δυνάμενον νά γίνῃ λη-

---

419 (βλ. Ἐπιφάνιος ἔνθ. ἀνωτ. καί Tertull. de praescript. c. 53)
420 Ἡ ἐκκεντρική θεολογική Σχολή τῆς Τυβίγγης θέλει ὅτι πραγματικῶς τοιαύτη τις ἀρτεμόνειος δηλ. ὑπῆρχεν ἡ διδασκαλία τῆς ῥωμαϊκῆς ἐκκλησίας μέχρι τοῦ Ζεφυρίνου. Πλήν /(335) τοῦτο ἀντίκειται εἰς τήν ἱστορίαν. Ἡ στενή μετά τῆς ῥωμαϊκῆς ἐκκλησίας σχέσις τοῦ ἁγ. Εἰρηναίου, ὅστις ἀπρίξ ἀντέχεται τῆς θεότητος τοῦ Ἰησοῦ Χριστοῦ καί ὅστις ἐξόχως τήν δογματικήν παράδοσιν τῆς ῥωμαϊκῆς ἐκκλησίας ἐπικαλεῖται ἐν πᾶσιν, ἀποδεικνύει ὅλως ἐσφαλμένην καί ἀνυπόστατον τήν τοιαύτην τῆς Τυβιγγιανῆς ἱστοριογραφίας τήν ἀξίωσιν. Ἡ ἀξίωσις τῶν Ἀρτεμιτῶν ὅτι μετ' αὐτῶν συνέβαινε μέχρι τοῦ Βίκτωρος καί ἡ ῥωμαϊκή ἐκκλησία ἀποδεικνύει τοσοῦτον ὀλίγον ὅτι ἡ διδασκαλία αὐτῶν καί ἡ τῆς ῥωμαϊκῆς ἐκκλησίας μία ἦτον ἐξ ἀρχῆς, ὅσον ὀλίγον ἀποδεικνύει τήν ταυτότητα τῆς διδασκαλίας αὐτῶν καί τῆς διδασκαλίας τῆς Κ. Διαθήκης καί ἡ ἑτέρα τῶν αἱρετικῶν τούτων ἀξίωσις ὅτι δῆθεν ὁμόφρονες αὐτῶν ἦσαν καί οἱ ἀπόστολοι. Καί μᾶλλον ἦτο δύσκολον εἰς αὐτούς ἐκ τοῦ συμφέροντος τῆς δογματικῆς αὐτῶν πλάνης ὁρμωμένους νά παρερμηνεύσωσι καί νά διαστρέφωσι κατά τό δοκοῦν τά πάντα; Καί δέν σημειοῦται ῥητῶς ἡ αὐθαίρετος περί τῆς ἁγ. Γραφῆς κριτική τῶν Ἀρτεμονιτῶν; Ἀλλά πόθεν κινούμενοι οἱ Ἀρτεμονῖται διεφήμιζον ὅτι ἀπό τοῦ διαδόχου τοῦ Βίκτωρος, ἀπό τοῦ Ζεφυρίνου δηλ. καί ἐντεῦθεν, παρεχαράχθη ἡ ἀλήθεια τῆς Ῥωμαϊκῆς ἐκκλησίας. Περί τούτου δέν δυνάμεθα νά ἀποφανθῶμεν ὡρισμένως ἕνεκα τῆς ἐλλείψεως ἱστορικῶν εἰδήσεων. Πάντως ὑπῆρχεν τι ἐφ' οὗ ἐστηρίζετο ἡ πρότασις αὕτη τῶν Ἀρτεμονιτῶν καί ἴσως τοῦτο ἦτον ἡ συμπάθεια τοῦ Ζεφυρίνου περί τήν ἑτέραν τάξιν τῶν ἀντιτριαδιτῶν αἱρετικῶν, τῶν Πατροπαθητῶν, ὑπό τῆς ὁποίας συμπαθείας καί τό πλεῖστον κινούμενος ἀπεκήρυξε ὁ Ῥωμαῖος οὗτος ἐπίσκοπος τούς Ἀρτεμονίτας, καθώς ἔπειτα καί ὁ διάδοχος αὐτοῦ Κάλλιστος.
Ἄξιον σημειώσεως ὑπάρχει ὅτι τό εἶδος τῆς φιλοσοφίας ὅπερ ἠσπάζοντο οἱ Ἀρτεμονῖται ἦτον ἐξαιρέτως ἡ φιλοσοφία τοῦ Ἀριστοτέλους· ἐξετάζοντες τήν ἐπιρροήν τήν ὁποίαν ἐξήσκουν κατά τούς χρόνους τούτους ἐπί τῶν χριστιανικῶν πνευμάτων οἱ δύο κορυφαῖοι τῆς ἑλλάδος φιλόσοφοι εὑρίσκομεν ὅτι ἐνῶ ἡ πλατωνική φιλοσοφία ἐχρησίμευεν ὡς ὑποστήριγμα τῆς περί θεότητος τοῦ Ἰησοῦ Χριστοῦ διδασκαλίας, τοὐναντίον οἱ εἰς τήν ἀριστοτελικήν φιλοσοφίαν προσκείμενοι δέν ἠδύναντο νά ἐξοικειωθῶσι μέ τό δόγμα τοῦτο.
Εἰ γάρ τις θελήσει (λέγει ὁ ἀνώνυμος πολέμιος τῆς αἱρέσεως ταύτης παρ' Εὐσεβίῳ ἔνθ. ἀνωτ.) συγκομίσας αὐτῶν ἑκάστου τά ἀντίγραφα (τάς διαφόρους δηλονότι τῆς ἁγ. Γραφῆς ἐκδόσεις) ἐξετάζειν πρός ἄλληλα, κατά πολύ ἄν εὕρῃ διαφωνοῦντα … Πολλῶν δέ (ἀντιγράφων) ἐστιν εὐπορῆσαι διά τό φιλοτίμως ἐγγεγράφθαι τούς μαθητάς αὐτῶν τά ὑφ' ἑκάστου αὐτῶν ὡς αὐτοί καλοῦσι κατωρθωμένα, τουτέστιν ἠφανισμένα.
421 (Ἐκκλ. Ἱστ. 5,28)

πτόν εἰς τήν διάνοιαν. Ἵνα ἐμπεδώσωσι δέ τά ὑπ' αὐτῶν δογματιζόμενα κατέφυγον οἱ Ἀρτεμονῖται εἰς λίαν αὐθαίρετον περί τάς ἁγίας Γραφάς κριτικήν καί διώρθουν δῆθεν πολλαχοῦ τό ἱερόν κείμενον, ἀναφέρεται δέ ὅτι περιεφέροντο πλεῖστα ὅσα ἀντίγραφα τῆς Κ. Διαθήκης διαφωνοῦντα πρός ἄλληλα, τά ὁποῖα ἦσαν ἔργα τῆς αὐτοδεσπότου καί αὐτογνώμονος κριτικῆς τῶν προϊσταμένων τῆς αἱρέσεως ταύτης.

Ἡ αἵρεσις αὕτη φαίνεται ὅτι δέν ἀπεσβέσθη παρευθύς· ἔτι περί τά μέσα τῆς 3 ἑκατονταετηρίδος γράφων ὁ ἐν Ῥώμῃ Νοβατιανός περί τῆς θεότητος τοῦ Ἰησοῦ Χριστοῦ ἔβλεπε τήν ἀνάγκην νά ἀνασκευάσῃ τάς ἐναντίον τῆς διδασκαλίας ταύτης ἐνστάσεις τῶν αἱρετικῶν τούτων. Καθώς προσέτι καί εἰς τά κατά Παύλου τοῦ Σαμοσατέως γραφόμενα ἐγίνετο λόγος περί τῶν Ἀρτεμονιτῶν ὡς σωζομένων ἔτι λειψάνων τινῶν ἐκ τῆς αἱρέσεως ταύτης.

§91. Παῦλος ὁ Σαμοσατεύς καί ἡ τούτου καταδίκη ἐν Ἀντιοχείᾳ.

Ἤδη ἐφαίνοντο ὅτι ἐξηλείφοντο ἐκ μέσου τοῦ χριστιανικοῦ κόσμου μετά τῶν Ἀρτεμονιτῶν καί ὅλα τά ἀνωτέρω ἱστορηθέντα εἴδη τῶν αἱρέσεων, ὅτε παρελθών εἰς μέσον κατά τό δεύτερον ἥμισυ τῆς 3 ἑκατονταετηρίδος Παῦλος ὁ Σαμοσατεύς· ἀπό τοῦ 260 ἔτους ἐπίσκοπος τῆς Ἀντιοχείας ἅμα δέ καί πολιτικός πράκτωρ (Decenarius procurator), ἄνθρωπος εἰς ἄκρον δοξομανής καί ματαιόφρων, ἀνενέωσε τήν πλάνην αὐτῶν ἐν μορφῇ ὅμως χριστιανικωτέρᾳ οὕτως εἰπεῖν. Κυρίως καί οὐσιωδῶς οὐδέν ἕτερον ἐδίδασκεν ὁ Παῦλος ἀλλ' ἤ αὐτό τοῦτο ὅπερ καί οἱ πρό αὐτοῦ, τουτέστιν ὅτι ὁ θεός εἶναι μονοπρόσωπος καί μονοϋπόστατος καί ὅτι ὁ Χριστός ἦν ἁπλοῦς ἄνθρωπος· ὑπερηκόντιζεν ὅμως τούς πρό αὐτοῦ κατά τοσοῦτον καθόσον αὐτός «τόν ἄνθρωπον Ἰησοῦν» ἐθεώρει προσκτησάμενον διά τῆς μοναδικῆς αὐτοῦ ἀρετῆς καί ἁγιότητος ὄνομα θεῖον, τιμάς θείας καί ἐν μοίρᾳ θεοῦ ὡς εἰπεῖν γεγονότα, ἀπαραλλάκτως καθώς ἐπί τῶν νεωτέρων χρόνων οἱ Σοκιανοί ἐδόξασαν. Περί δέ τοῦ υἱοῦ καί λόγου τοῦ Θεοῦ καί περί τοῦ ἁγίου Πνεύματος ἔλεγεν ὅτι οὐδέν ἄλλο ἦσαν εἰμή ἁπλῶς ἐνέργειαι τῆς θείας φύσεως καί οὐχί πρόσωπα καί ὑποστάσεις ἴδιαι ἐν τῷ Θεῷ[422]. Δέν παρῆλθε δέ πολύς χρόνος καί οἱ ὀρθόδοξοι τῆς Συρίας ἐπίσκοποι

---
422 Ἐν τῇ διδασκαλίᾳ Παύλου τοῦ Σαμοσατέως εὕρηται μέν ἡ διάκρισις τοῦ ἐνδιαθέτου ἀπό τοῦ προφορικοῦ λόγου· ἀλλά κατ' αὐτόν ὁ προφορικός λόγος οὐκ ἔστιν ἐνυπόστατος, προσωπικός. Ὁ προφορικός λόγος ἐστί πρός τόν θεόν, κατά τόν Σαμοσατέα, ὡς ἐστι πρός τόν ἄνθρωπον ὁ λόγος αὐτοῦ· καθώς καί τό πνεῦμα ἐν τῷ θεῷ οὐκ ἔστιν ἄλλως ἤ ὡς ἐν τῷ ἀνθρώπῳ τό πνεῦμα αὐτοῦ «ἐν θεῷ ὄντα τόν αὐτοῦ λόγον καί τό πνεῦμα αὐτοῦ».

ὥσπερ ἐν ἀνθρώπου καρδίᾳ ὁ ἴδιος λόγος» (Ἐπιφ. αἵρ. 67,1)· ἄλλαις λέξεσιν ὁ λόγος καί τό πνεῦμα τοῦ Θεοῦ δέν εἶναι ἐνυπόστατα καί προσωπικά, ἀλλά ψιλαί ἐνέργειαι ἤ δυνάμεις· ὅπερ καί ῥητῶς ἔλεγεν ὁ Παῦλος διδάσκων «μή εἶναι τόν υἱόν ἐνυπόστατον, ἀλλ᾽ ἐν αὐτῷ θεῷ ὑφίστασθαι» (ἔνθ. ἀνωτ.). Διό καί οἱ πατέρες οἱ καθαιρέσαντες αὐτόν ὕστερον ἔγραφον ἐν τῇ ἐγκυκλίῳ αὐτῶν ἐπιστολῇ τήν κακοδοξίαν αὐτοῦ ὑπ᾽ ὄψιν ἔχοντες «διά τοῦ λόγου ὁ Πατήρ πάντα πεποίηκεν, οὐχ ὡς δι᾽ ὀργάνου, οὐδ᾽ ὡς ἐπιστήμης ἀνυποστάτου, γεννήσαντος μέν τοῦ Πατρός τόν υἱόν, ὡς ζῶσαν ἐνέργειαν καί ἐνυπόστατον».- Τό τήν ὑπόστασιν ἄρα ἐν τῷ Χριστῷ ἀπαρτίζον δέν ἦτο ἡ τοῦ θείου λόγου ὑπόστασις (διότι τοιαύτην τινα ὑπόστασιν ἠρνεῖτο ὁ Παῦλος ὡς ἤδη εἴπομεν, καί ἐν τῷ θεῷ καθ᾽ ἑαυτόν θεωρουμένῳ)· ἀλλ᾽ ἡ ἀνθρώπινος ὑπόστασις «λέγει Ἰησοῦν Χριστόν κάτωθεν» (Εὐσεβ. Ἐκκλ. Ἱστ. 7,30) ἐν τῷ Χριστῷ ὅμως τούτῳ τῷ κάτωθεν ὄντι ἐνήργησεν ἡ τοῦ Θεοῦ δύναμις, ὁ Λόγος, «ἐν αὐτῷ (τῷ Χριστῷ) ἐνέπνευσεν ὁ λόγος ἄνωθεν». (Ἐπιφ. αἵρ. 65,1). Ὁ λόγος λοιπόν τοῦ Θεοῦ ἁπλῶς ἐνήργησεν ἐν τῷ Χριστῷ καί ἐνήργησε μέν κατά τόν αὐτόν τρόπον ὥσπερ καί ἐν τοῖς προφήταις ἄλλοις, ἐν μέτρῳ ὅμως μείζονι «ἐνοικῆσαι ἐν αὐτῷ τήν σοφίαν ὡς ἐν οὐδενί ἄλλῳ». Τά αὐτά ὡσαύτως ἐπρέσβευεν καί ὁ Παῦλος περί τῆς ὑπερφυσικῆς γεννήσεως τοῦ Κυρίου ὁμολογῶν αὐτόν «γεννηθῆναι ἐκ πνεύματος ἁγίου καί ἐκ Παρθένου». Ἐκεῖνο ὅμως, ἐν ᾧ ἡ διδασκαλία τοῦ Σαμοσατέως διεκρίνετο τῆς διδασκαλίας τῶν πρό αὐτοῦ ὁμοδόξων αἱρετικῶν, ἦτον ἡ θεοποίησις τοῦ Ἰησοῦ Χριστοῦ. Ὁ Παῦλος ἔλεγεν «ἐκ προ /**(338)** κοπῆς τεθεοποιῆσθαι αὐτόν (τόν Χριστόν)» Ἀθανάσ. περί συνόδ. κεφ. 4 καί 26· ὅ ἐστί ἔλεγεν ὅτι δέν ἦτο μέν ἐκ φύσεως θεός, ἔτυχεν ὅμως θείων τιμῶν καί θείου ὀνόματος ὡς κατορθώσας νά προβῇ εἰς ἥν προώρισται τελειότητα. Ὁ Παῦλος ὠνόμαζε τόν Ἰησοῦν Χριστόν καί Θεόν, οὐχί ὅμως κυριολεκτικῶς, ἀλλά κατά πλατυτέραν ἔννοιαν. Δοξάζων δέ ὅτι ὁ Ἰησοῦς Χριστός ἦν προωρισμένος εἰς τήν θεοποίησιν ἤδη πρό τῶν αἰώνων ἔλεγεν αὐτόν καί θεόν ἐκ παρθένου· καί ὑπό τάς ὀρθοδόξως φθεγγομένας καί ἠχούσας ταύτας φράσεις ἠδύνατο ὁ Παῦλος νά περικρύπτῃ τήν κακοδοξίαν του (βλ. Ἀθανασ. Κατά Ἀπολλιναρ. βιβλ. 2§3). Ἔτι δέ μᾶλλον ἔπαιζεν ὁ Παῦλος μέ τήν λέξιν ὁμοούσιος ἀποκαλῶν τόν Χριστόν ὁμοούσιον τῷ Πατρί. Ἴσως ὁ πανοῦργος Παῦλος ὠφελούμενος ἐκ τῆς ἀοριστίας, εἰς τήν ὁποίαν εὑρίσκετο ἔτι τηνικαῦτα ἡ λέξις οὐσία ἐμπεριλαμβανομένην ἔτι ἐν αὐτῇ ἀμφοτέρων τῶν ἐννοιῶν τοῦ τε προσώπου καί τῆς φύσεως τῶν μετά ταῦτα ἀκριβῶς ἀπ᾽ ἀλλήλων διακριθέντων. Ὠνόμαζε δέ τόν υἱόν ὁμοούσιον τῷ Πατρί καθ᾽ ὅσον καί αὐτός ὡς ὁ Πατήρ εἶχεν ἴδιον πρόσωπον καί ἰδίαν φύσιν (ἀνθρωπίνην ἐννοεῖται). Εἰς τάς χώρας ἐκείνας, ἐν αἷς ἀνεφάνη ὁ Παῦλος, ἐξουσίαζε τότε ἡ βασίλισσα τῆς Παλμύρας ἡ Ζηνοβία, ἡ σύζυγος τοῦ ῥωμαίου στρατηγοῦ Ὀδενάτου, ὅστις ἀποκρούσας τήν κυριαρχίαν τῶν ῥωμαίων κατώρθωσε νά ἀποβῇ ἀνεξάρτητος τῆς Συρίας ἡγεμών. Λέγεται δέ ἡ Ζηνοβία αὕτη ἰουδαία οὖσα τό γένος καί τά τῶν ἰουδαίων φρονοῦσα (Ἀθανασ. πρός Μοναχ. §71). Ἐκ τούτου τεκμαίρονταί τινες ὅτι ἐπί τούτῳ ὁ Παῦλος ἐπί τό ἰουδαϊκώτερον ἐχρωμάτισε τάς περί τοῦ Ἰησοῦ Χριστοῦ δόξας του, ὅπως ἀρέσῃ τῇ Ζηνοβίᾳ καί ἐπισπάσηται τήν εὔνοιαν αὐτῆς. Ἡ εἰκασία ὅμως αὕτη δέν φαίνεται τοσοῦτον ἑδραία καί ἀσφαλής. Ὅτι τά φρονήματα τοῦ Παύλου προήρχοντο ἐξ ἀτομικῆς πεποιθήσεως μαρτυρεῖ ἡ ἐν αὐτοῖς ἐπιμονή αὐτοῦ καί μετά τήν μεταβολήν τῶν πολιτικῶν πραγμάτων. Ἄμεινον δύναταί τις εἰπεῖν ὅτι ἡ καθημερινή τοῦ Παύλου συναστροφή, καθό αὐλικοῦ, μετά τῶν ἰουδαίων τῶν περί τήν βασίλισσαν ἐπενήργησε πρός ἐπίρρωσιν τῶν τοιούτων αὐτοῦ δογματικῶν σκέψεων καί ἴσως αἱ τοιαῦται αὐτοῦ δοξασίαι περί τοῦ προσώπου τοῦ Ἰησοῦ Χριστοῦ συνετέλεσαν ἵνα προσκτήσηται τήν εὔνοιαν καί προστασίαν τῆς βασιλίσσης, ἥτις πραγματικῶς «Παύλου προέστη τοῦ Σαμοσατέως» Ἀθανασ. ἔνθ. ἀνωτ.

Ἐν τῇ ἐγκυκλίῳ ἐπιστολῇ τῶν κατά τήν Ἀντιόχειαν συνελθόντων ἐπισκόπων ἔκειτο σύν τοῖς ἄλλοις καί ἡ περιγραφή τοῦ βίου καί τῆς διαγωγῆς τοῦ Παύλου, περιγραφή ἥν διέσωσεν ἡμῖν ὁ Εὐσέβ. (Ἐκκλ. Ἱστ. 7,30) καί ἥτις καθίσταται σχεδόν ἀπίστευτος. Ἰδού αὕτη.- Πρότερον πένης ὤν καί πτωχός καί μήτε παρά πατέρων παραλαβών μηδεμίαν περιουσίαν, μήτε τι ἐκ τέχνης ἤ τινος ἐπιτηδεύματος κτησάμενος, νῦν εἰς ὑπερβάλλοντα πλοῦτον ἐλήλακεν, ἐξ ἀνομιῶν /**(339)** καί ἱεροσυλιῶν καί ὧν αἰτεῖ καί σείει τούς ἀδελφούς καταβραβεύων τούς ἀδικουμένους καί ὑπισχνούμενος βοηθήσειν μισθοῦ, ψευδόμενος δέ καί τούτους … καί πορισμόν ἡγούμενος τήν θεοσέβειαν· ὑψηλοφωνεῖ δέ καί ὑπερῆρται, κοσμικά ἀξιώματα ὑποδυόμενος καί δουκηνάριας (ducenarius procurator ἐκαλοῦντο οἱ πρώτης τάξεως τῶν ῥωμαίων, οἵτινες εἶχον μισθόν 200 σηστερτίους 50 περίπου δραχμ. βλ. Sueton. Claudius c. 24. Cyprian. ep. 68) μᾶλλον ἤ ἐπίσκοπος θέλων καλεῖσθαι, καί σοβῶν κατά τάς ἀγοράς … καί δορυφορούμενος, τῶν μέν πορευομένων, τῶν δέ ἐφεπομένων πολλῶν τόν ἀριθμόν, ὡς καί τήν πίστιν μισεῖσθαι διά τόν ὄγκον καί τήν ὑπερηφάνειαν αὐτοῦ. Τάς δέ συνεισάκτους γυναῖκας ὡς Ἀντιοχεῖς ὀνομάζουσι, τῶν περί αὐτόν πρεσβυτέρων καί διακόνων καί τά ἄλλα ἁμαρτήματα, ἀνίατα ὄντα, συγκρύπτει, συνειδώς, ὅπως αὐτούς ὑπόχρεως ἔχῃ μή τολμῶντας κατηγορεῖν τῷ καθ᾽ ἑαυτούς φόβῳ … Ἀλλά πῶς ἄν καί ἐπιπλήξειεν ἤ νουθετήσειεν ἕτερον … ὅστις μίαν μέν ἀπέστησεν ἤδη, δύο δέ ἀκμαζούσας καί εὐπρεπεῖς τήν ὄψιν ἔχει μεθ᾽ ἑαυτοῦ, κἄν ἀπίῃ που, συμπεριφέρει, καί ταῦτα τρυφῶν καί ὑπερεμπιπλάμενος; ὧν ἕνεκα στενάζουσι μέν καί ὀδύρονται πάντες καθ᾽ ἑαυτούς, οὕτω δέ τήν τυραννίδα καί δυναστείαν αὐτοῦ πεφόβηνται ὥστε κατηγορεῖν μή τολμᾶν. Ὕμνους δέ τούς εἰς τόν Κύριον ἡμῶν Ἰησοῦν Χριστόν παύσας (προφάσει μέν ὅτι ἦσαν δῆθεν νεωτερισμοί, τῇ δέ ἀληθείᾳ ὅτι ἐν τούτοις ἐξυμνεῖτο ἡ τοῦ Χριστοῦ θεότης) εἰς ἑαυτόν ἐν μέσῃ τῇ ἐκκλησίᾳ τῇ μεγάλῃ τοῦ Πάσχα ἡμέρᾳ ψαλμῳδεῖν γυναῖκας παρασκευάζει· οἱ δέ εἰς αὐτόν ψάλλοντες καί ἐγκωμιάζοντες ἄγγελον αὐτόν ἐξ οὐρανοῦ

ὑποπτεύσαντες τήν ἑτεροδοξίαν τοῦ ἀνδρός συνῆλθον πολλάκις εἰς ἐξέτασιν τῶν ὑπό τοῦ Σαμοσατέως δογματιζομένων. Οὗτος ὅμως κρυψίνους ὤν καί ἀπατηλῶς μεταχειριζόμενος τήν ἐκκλησιαστικήν φρασεολογίαν ἀπέφευγε πάντοτε τήν καταδίκην, ἕως οὗ ἐπί τῆς τρίτης ἐν Ἀντιοχείᾳ συνόδου, συνελθούσης ἐν ἔτει 269, κατορθώσας πρεσβύτερός τις Μαλχίων καλούμενος, δεινός περί τό λέγειν, ἀφεῖλεν ἀπ' αὐτοῦ τό προσωπεῖον. Ἡ σύνοδος, ἐν ᾗ παρῆσαν καί πολλοί ἄλλων ἐκκλησιῶν διάσημοι ποιμένες, καθαιρέσασα τόν Παῦλον ἀπεκήρυξεν αὐτόν τῆς ἐκκλησιαστικῆς κοινωνίας καί ἐξέδωκεν ἐγκύκλιον ἐπιστολήν πρός τούς ἁπανταχοῦ ἐπισκόπους, εἰς τή ὁποῖαν ἅπαντα συλλήβδην τά κατά τόν Παῦλον καί τήν ἑτεροδοξίαν καί καθαίρεσιν καί τόν ἀφορισμόν αὐτοῦ ἐξετίθεντο. Ἡ ἐπιστολή αὕτη, ἥτις ἐστάλη κατά πρῶτον πρός Διονύσιον τόν Ῥώμης καί Μάξιμον τόν Ἀλεξανδρείας, εἶναι ἀξία ἀναγνώσεως διά τήν ἐν αὐτῇ γινομένην περιγραφήν τῆς διαγωγῆς τοῦ αἱρεσιάρχου. Καί μεθ' ὅλα ταῦτα ὁ Παῦλος προστατευόμενος ὑπό τῆς τηνικαῦτα ἐν Συρίᾳ βασιλευούσης Ζηνοβίας, δέν ἀπέστη τῆς ἐπισκοπικῆς αὐτοῦ ἕδρας. Ἀλλά τέλος ἡττηθείσης ἐν ἔτει 272 τῆς Ζηνοβίας ὑπό τοῦ αὐτοκράτορας Αὐρηλιανοῦ, εἰσακούσας ὁ τελευταῖος τάς παρακλήσεις τῶν Σύρων ἐπισκόπων καί τῶν τῆς Ἰταλίας καί Ῥώμης ἐξέωσεν αὐτόν καί ἀπέδωκε τῇ Ἐκκλησίᾳ τόν θρόνον. Ὀπαδοί τῆς αἱρέσεως τοῦ Παύλου περιεφέροντο μέχρι τῆς 4 ἑκατονταετηρίδος ὑπό τά ἐπίθετα Παυλιανοί, Παυλιανισταί κάι Σαμοσαταῖοι. /(337)

Ἐν τοῖς ὅροις τῆς εἰρημένης συνόδου ἄξιον παρατηρήσεως ὑπάρχει ὅτι ἡ λέξις ὁμοούσιος (καί ὁμοουσία τοῦ υἱοῦ), ἥτις ἐν τῷ συμβόλῳ τῆς ὀρθοδοξίας ἀπετέλεσεν ὀψιαίτερον τό διαγνωστικόν οὕτως εἰπεῖν σημεῖον, ἀποδοκιμάζεται καί ἀποῤῥίπτεται διαρρήδην ὑπό τῶν συνελθόντων πατέρων, καίτοι ὑπέρ τῆς σημαντικότητος τῆς λέξεως ταύτης μεγάλως εἶχεν ἀγωνισθῆ Διονύσιος ὁ Ῥώμης (§). Ἡ ἔννοια, καθ' ἥν μετεχει-

---

κατεληλυθέναι λέγουσι. Καί ταῦτα οὐ κωλύει, ἀλλά καί λεγομένοις πάρεστιν ὑπερήφανος. Καί πολλήν ἐν ταῖς ἐκκλησίαις τερατείαν μηχανᾶται, δοξοκοπῶν καί φαντασιοκοπῶν καί τάς τῶν ἀκεραιοτέρων ψυχάς ἐκπλήττων. Βῆμα μέν γάρ καί θρόνον ὑψηλόν ἑαυτῷ κατασκευασάμενος οὐχ ὡς Χριστοῦ μαθητής ... παίων τε τῇ χειρί τόν μηρόν καί τό βῆμα ἀράττων τοῖς ποσί, τοῖς μή ἐπαινοῦσι μηδέ ὥσπερ ἐν τοῖς θεάτροις καταστήσουσι ταῖς ὀθόναις, μηδ' ἐκβοῶσι, μηδέ χεῖρας τε καί πόδας κροτοῦσι καθά οἱ περί αὐτόν ἄνδρες τε καί γυναῖκες ποιοῦσιν ... ἐπιτιμᾷ καί ἐνυβρίζει».-
«Ὥσπερ γάρ πρός τόν δυσσεβῆ Ἄρειον ἑτέραν οὐσίαν Πατρός καί υἱοῦ δυσφημοῦντα ἡ ἐν Νικαίᾳ σύνοδος τό ὁμοούσιος ἀντετάξατο, καίτοι τῆς λέξεως οὔπω τοῖς πατράσιν ἐπιπολαζούσης, τοὐναντίον δέ καί κεκωλυμένης ὑφ' ὧν ὁ Σαμοσατεύς Παῦλος καθαιρετικήν ἀπόφασιν ἤνεγγεν· οὕτω δή κτλ.» βλ. Εὐλόγιον παρά Φωτίῳ Μυριοβλ. 230 σελ. 213 ἐκδ. Becker. /(340)

ρίζετο τήν λέξιν ὁ Σαμοσατεύς, κατέστησεν αὐτήν ὕποπτον ὡς φαίνεται καί φευκτέαν καί ἡ τοιαύτη περί τήν λέξιν δυσμένεια διήρκεσεν ἐπί πολύ ἔτι καί μετά τούς μετά ταῦτα χρόνους, ἕως οὗ ἐξενίκησε διά παντός ἡ φρασεολογία τοῦ Μεγάλου Ἀθανασίου καθιερωθεῖσα ὑπό τῆς πρώτης οἰκουμενικῆς συνόδου (§). /(340)

Δευτέρα τάξις τῶν πολεμίων τοῦ περί τῆς Παναγίας Τριάδος δόγματος. Οἱ συναλείφοντες τά τρία πρόσωπα εἰς ἕν καί οἱ τούτων ἀντίπαλοι.

§92. Ὁ Πραξέας καί ὁ Τερτυλλιανός.

Ὡς ἀρχηγός τῆς δευτέρας τάξεως τῶν ἀντιτριαδικῶν ἤ ἀνθυποστατικῶν αἱρέσεων φαίνεται ὁ ἐκ Μικρᾶς Ἀσίας ὁρμώμενος Π ρ α ξ έ α ς, ὅστις ἐπί Μάρκου Αὐρηλίου ἐκτήσατο τό ὄνομα καί τήν τιμήν τοῦ ὁμολογητοῦ βασανισθείς ἐν τῷ διωγμῷ ὑπέρ τοῦ ὀνόματος τοῦ Χριστοῦ, ὅστις τελευτώσης ἤδη τῆς δευτ. ἑκατονταετηρίδος ἐλθών εἰς τήν Ῥώμην ἐνεφανίσθη ὡς ζηλωτής τῆς καθολικῆς πίστεως, εἰς τάς εἰσηγήσεις τοῦ ὁποίου πεισθείς ὁ τότε ἐπισκοπεύων ἐν Ῥώμῃ ἐκήρυξεν τούς Μοντανιστάς ἀκοινωνήτους - Ὁ Πραξέας ἐδίδασκεν ὅτι ὁ Πατήρ ἦν ὁ ἐν τῷ Χριστῷ ἐνανθρωπήσας, παθών, σταυρωθείς καί ἀναστάς. Ὁ Πραξέας μεταβάς εἰς Ῥώμην ἐδίδασκε ταῦτα κατ' ἀρχάς ἀκωλύτως καί ἄνευ τινος ἀντιρρήσεως εἴτε διότι οἱ ἐν Ῥώμῃ ὡς μή ὑποπτευόμενοι, ὀλίγον προσεῖχον εἰς τήν ὀρθοδοξίαν τοῦ ζηλωτοῦ καί θερμουργοῦ ὁμολογητοῦ·εἴτε διότι ὁ Πραξέας φοβούμενος, κεκαλυμμένως καί οὐχί σαφῶς καί εὐκρινῶς τήν δόξαν αὐτοῦ εἰς φῶς ἦγεν. Ἀλλ' ὁ Τερτυλλιανός, ὅστις ἔτυχε τότε ἐν Ῥώμῃ, ἰχνηλατήσας τόν Πραξέαν ἐφώρασε τήν πλάνην καί μετ' οὐ πολύ διηγέρθη κατ' αὐτοῦ γενική κατακραυγή. Ὁ Πραξέας ἐξαγορασάμενος τόν καιρόν καί τά ἐναντίον αὐτοῦ ἐξαφθέντα πνεύματα νά καταπραΰνῃ θέλων ἐξέδωκεν ἤδη πραγματείαν τινά, ἐν ᾗ ἐφαίνετο γνωσιμαχῶν πως καί ἐπιδιορθούμενος τά φρονήματα. Ἀλλά μετ' ὀλίγον ἐγκαταλείψας τήν Ῥώμην ἤρξατο καί πάλιν καί μάλιστα ἀπαρακαλύπτως νά διαδίδῃ τήν ἑαυτοῦ πλάνην καί τήν αἵρεσιν τῶν Μοντανιστῶν νά διασύρῃ· τότε ἀνέστη κατ' αὐτοῦ ὁ Τερτυλλιανός, ὅστις ὑπῆρχεν ἤδη κεκηρυγμένος ὑπέρμαχος καί θιασώτης τοῦ Μοντανισμοῦ, καί ἐξεσφενδόνισεν κατά τοῦ Πραξέου ἐκ τῆς Ἀφρικῆς τό ἔτι καί νῦν σωζόμενον γλαφυρόν ἐκεῖνο σύγγραμμα, ἐν τῷ ὁποίῳ ἡ ὀξύστομος αὐτοῦ διαλεκτική ἀνατέμνουσα τήν θεωρίαν τοῦ ἀντιμοντανισμοῦ καί ἀνθυποστατικοῦ Πραξέου καταδεικνύει τό ὑπόσαθρον αὐτῆς. Ἐν τούτοις ὅμως καί αὐτός ὁ Τερτυλλιανός, ὁ τοσοῦτον λαμπρῶς ὑπέρ τῆς τρισυποστάτου θεότητος ἀγωνισάμενος καί τα περί δευτέρου προσώπου τῆς ἁγ. Τριάδος οὐχί εὐκαταφρονήτως ἀναπτύξας, δέν ἠδυνήθη νά διαφύγῃ τόν σκόπελον· καθόσον ἀνασκευάζων τόν Πραξέαν φαίνεται ὑπαλληλίζων οὕτως εἰπεῖν καί ὑποβιβάζων τόν θεῖον λόγον μή τιθέμενος σύγχρονον καί συναΐδιον τῇ τοῦ Πα /**(341)** τρός τήν ὑποστατικήν ὕπαρξιν τοῦ υἱοῦ. Ὁ Τερτυλλιανός διέκρινε τρία στάδια οὕτως εἰπεῖν καταστάσεως ἤ ὑπάρξεως τῆς υἱότητος (Filiatio) τοῦ θείου λόγου. Ἐν τῷ πρώτῳ ὑπῆρχεν κατά τήν διδασκαλίαν τοῦ Τερτυλλιανοῦ, ὁ υἱός ἐν τῷ πατρί πρό πάντων τῶν αἰώνων ὡς ἐ ν τ ό ς (immanent) ἐνέργεια, οὐχί δηλονότι ὡς πρόσωπον χωριστά ὑφιστάμενον· ἐν τῷ δευτέρῳ ἐξῆλθεν ὁ υἱός ἐκ τοῦ πατρός καί κατέστη ὑπόστασις ἑτέρα τοῦ πατρός, ὅ ἐστί χωριστόν πρόσωπον, δι' οὗ ὁ Πατήρ ἐδημιούργησε τόν κόσμον. Ἐν τῷ τρίτῳ τέλος εἰσῆλθεν ὁ υἱός εἰς τόν κόσμον διά τῆς ἐνανθρωπήσεως.

Σημ. α΄. Περί τῆς διδασκαλίας τοῦ Πραξέου βλ. Tertull. adv. Prax. c. 1.2.16.27. Παραβ. Φιλάστριον κατά αἱρ. κεφ. 41 καί Optat. Milev. libr. 1 καί 5. Σημειωτέον ὅτι ὁ Τερτυλλιανός οὐδόλως ἀντιφάσκει ἐν οἷς λέγει περί τῆς αἱρέσεως τοῦ Πραξέου. Ὁ Πραξέας διέκρινεν ἐν τῷ προσώπῳ τοῦ Χριστοῦ τό γεγεννημένον, τήν σάρκα, τήν ἀνθρωπίνην δηλονότι φύσιν, τήν ὁποίαν καί υ ἱ ό ν ἤ Ἰ η σ ο ῦ ν ἀπεκάλει, ἀπό τῆς αἰωνίου θεότητος τῆς ἐν τῇ σαρκί ταύτῃ κατασκηνωσάσης. Τό συναμφότερον ὠνόμαζε Π α τ έ ρ α· ἐντεῦθεν ἔλεγεν ὁ Πραξέας ὅτι ὁ Πατήρ συνέπαθε τῷ υἱῷ, pater compassus est filio[423]. Ἄδικος ὡσαύτως καί ἡ εἰκασία τινῶν νεωτέρων ἱστορικῶν, ὅτι ὁ Πραξέας ἠρνεῖτο ἐν τῷ Χριστῷ τήν λογικήν ψυχήν διότι τό caro παρά τῷ Τερτυλλιανῷ ἴσον δύναται τῷ homo. Ὁ Πραξέας προσέτριβεν εἰς τούς καθολικούς τόν τριθεϊσμόν· πρός ἐμπέδωσιν δέ τῆς κακοδοξίας του παρῆγεν εἰς μέσον τά τοῦ Ἡσαΐου 45,5· καί τά τοῦ εὐαγγελιστοῦ Ἰωάννου 10,30. 14,9 κεξ. ὡσανεί, καθώς ὁ Τερτυλλιανός ὀρθότατα παρατηρεῖ, ὡσανεί ἡ ἁγία Γραφή μόνον τάς τρεῖς τοιαύτας ῥήτρας ἐμπεριεῖχε[424]. – Τινές τῶν νεωτέρων ἔχοντες ὑπ' ὄψιν τά τοῦ Τερτυλλιανοῦ[425] νομίζουσιν ὅτι ὁ ἐκεῖ ἀναφερόμενος Victorinus οὐδείς ἄλλος ἐστίν εἰμή αὐτός ὁ ἅγιος Βίκτωρ καί

---

423 (Τερτυλλ. αὐτ. κεφ 29)
424 βλ. Τερτυλλ. αὐτ. κεφ. 20
425 de praescript. c. 53

ὅτι δῆθεν καί οὗτος ὁμόφρων ἦν τοῦ Πραξέου. Ἀλλά τά *Φιλοσοφούμενα*, ἅπερ τοσοῦτον λόγον ποιοῦσι περί τῶν διαδόχων τοῦ Βίκτωρος, οὐδέν λέγουσι περί αὐτοῦ.

Σημ. β'. Τήν πρώτην προαιώνιον κατάστασιν τοῦ υἱοῦ ἐν τῷ Πατρί περιγράφει ὁ Τερτυλλιανός ἐν τῷ 5 κεφ. τοῦ *Κατά Πραξέου* συγγράμματος. Κατά τόν Τερτυλλιανόν λοιπόν ἔστι μέν ἀπ' ἀρχῆς ὁ υἱός τό ἀντικείμενον τοῦ Πατρός, οὐχί ὅμως ἐν ὑποστάσει ὤν, οὐχί ὡς πρόσωπον ὑφιστάμενος· ὁ υἱός χωρεῖ εἰς τήν ὑπόστασιν χάριν τῆς δημιουργίας, αὐτ. κεφ. 2. Oeconomia sacra mentum unitatem in trinitatem disponit, tres dirigens ... unius substantiae et unius status et unius potestatis. Ἡ εἰς τό πρόσωπον ὅμως μεταχώρησις τοῦ υἱοῦ καί τοῦ Πνεύματος δέν νοεῖται ὑπό τοῦ Τερτυλλιανοῦ ὡς διαίρεσις ἤ τομή ἀπό τοῦ Πατρός, ὡς γίνεται δῆλον ἐξ ὧν λέγει αὐτόθι, κεφ. 8. Κατά τόν Τερτυλλιανόν /(342) λοιπόν διπλῆ τις ἐγένετο ἡ Τριάς, ἑτέρα μέν ἐν ἀρχῇ, ὅτε ὁ λόγος καί τό Πνεῦμα δέν ὑφίστατο εἰσέτι ὡς ἴδιαι ὑποστάσεις καί ὡς πρόσωπα, καί ἑτέρα ἐν τῇ οἰκονομίᾳ (ἐν τῇ δημιουργίᾳ καί ἐν τῇ ἀπολυτρώσει τοῦ κόσμου), ἐμπροσωποιηθέντων ὡς εἰπεῖν τοῦ λόγου καί τοῦ Πνεύματος.

§93. Ὁ Νοητός καί ὁ συγγραφεύς τῶν *Φιλοσοφουμένων*.

Ἐν τῷ αὐτῷ κύκλῳ καί περί τό αὐτό δογματικόν σημεῖον, περί ὅ εἴδομεν περιστρεφόμενον τόν Πραξέαν, ἵστατο οὐσιωδῶς καί ὁ ἐν Σμύρνῃ φθινούσης ἤδη τῆς 2 ἑκατονταετηρίδος γεννηθείς Ν ο η τ ό ς. Καί ὁ Νοητός τά αὐτά τῷ Πραξέᾳ δοξάζων ἕ ν α π ρ ό σ ω π ο ν ἐν τῷ Θεῷ εἶναι ἔλεγεν, κατά τάς χρείας διαφόρως ἐμφανιζόμενον εἰς τόν κόσμον καί διαφόρως καλούμενον ὁτέ μέν Πατήρ, ὁτέ δέ Υἱός, ὁτέ δέ Πνεῦμα ἅγιον, καί ὅτι τοῦτο αὐτό ἐστι τό γεννηθέν καί παθόν ὑπέρ τῆς τοῦ κόσμου σωτηρίας[426]. Ἐκ τῶν λόγων τούτων φαίνεται ὅτι κατά Νοητόν καί αὐτή ἡ ἐνανθρώπησις δέν διέφερεν οὐσιωδῶς τῶν προηγηθεισῶν θεοφανιῶν, ἀλλ' ὅτι ἦν βαθμός τις μόνον θεοφανίας. Πρός σύστασιν τῆς διδασκαλίας του ἔφερε καί ὁ Νοητός, ὡς ὁ Πραξέας, τήν ἁγίαν Γραφήν μαρτυροῦσαν καί ἐξαιρέτως τόν ἀπόστολον Παῦλον λέγοντα περί τοῦ Ἰησοῦ Χριστοῦ «ὁ ὤν ἐπί πάντων θεός εὐλογητός εἰς τούς αἰῶνας» (Ρωμ. 9,5) καθώς καί τούς λόγους

---

[426] «Ἕνα, φασίν, εἶναι Θεόν καί πατέρα τῶν ὅλων δημιουργόν· ἀφανῆ μέν ὅταν ἐθέλῃ, φανόμενον δέ ἡνίκα βούλεται· καί τόν αὐτόν ἀόρατον εἶναι καί ὁρώμενον, καί γεννητόν καί ἀγέννητον, ἀγέννητον μέν ἐξ ἀρχῆς, γεννητόν δέ ἐκ παρθένου γεννηθῆναι ἠθέλησεν· ἀπαθῆ καί ἀθάνατον· καί πάλιν αὖ παθητόν καί θνητόν· ἀπαθής γάρ ὤν, φασί, τό τοῦ σταυροῦ πάθος ἐθελήσας ὑπέμεινε. Τοῦτον καί υἱόν ὀνομάζουσι καί πατέρα, πρός τάς χρείας τοῦτο κἀκεῖνο καλούμενον» Θεοδώρ. αἱρ. Κακομ. 3,3.

αὐτοῦ τοῦ Ἰησοῦ Χριστοῦ «*ἐγώ καί ὁ Πατήρ ἕν ἐσμέν*» (Ἰωαν. 10,30). Ἐκ δέ τῆς Π. Διαθήκης ἐλάμβανεν τά «*ἐγώ εἰμί ὁ Θεός τῶν πατέρων ὑμῶν ἐγώ πρῶτος, ἐγώ καί μετά ταῦτα*» καί ἄλλα[427]. Ταῦτα δογματίζοντα τόν Νοητόν ἐν τῇ πατρίδι αὐτοῦ τῇ Μικρᾷ Ἀσίᾳ καί πολλούς εἰς τήν δόξαν αὐτοῦ ἐπισπῶντα, οἱ πρεσβύτεροι τῆς ἐκκλησίας προσκαλεσάμενοι ἐξήταζον εἰ ἀληθῶς οὕτω διδάσκει, ὁ δέ ἀπολογούμενος παρρησίᾳ ἔλεγε «*τί κακόν ποιῶ δοξάζων τόν Χριστόν*» (Ἱππόλυτ. κατά Νοητ. §1). «*ἕνα θεόν δοξάζω, ἕνα ἐπίσταμαι καί οὐκ ἄλλον πλήν αὐτοῦ γεννηθέντα, παθόντα καί ἀποθανόντα*». Ὡς δέ ἐν τούτοις ἐνέμενεν ἑτεροδοξῶν καί κατ' οὐδένα τρόπον ἤθελε νά μετανοήσῃ ἐξέωσαν αὐτόν τῆς ἐκκλησίας, ὅστις καί μετ' οὐ πολύ ἐτελεύτησε. Τοσαῦτα ἱστορεῖ ὁ ἱερός Ἐπιφάνιος[428] περί τῆς τύχης, τήν ὁποίαν ἔλαβεν ἡ αἵρεσις τοῦ Νοητοῦ ἐν τῇ Μικρᾷ Ἀσίᾳ. Τίνας δέ ταραχάς προεκάλεσεν αὕτη ἐν Ἰταλίᾳ, εἰς ἥν μετ' οὐ πολύ μετεφυτεύθη, μανθάνομεν ἐκ τοῦ συγγραφέως τῶν Φιλοσοφουμένων. Κατά τά Φιλοσοφούμενα εἷς ἐκ τῶν μαθητῶν τοῦ αἱρεσιάρχου ὀνόματι Ἐ π ί γ ο ν ο ς ἤγαγε τήν διδασκαλίαν αὐτοῦ ἐν ἔτει 215 εἰς Ῥώμην· ἔνθα πολλοί ἐκ τῶν ἤδη εὐνοϊκῶς πρός τήν αἵρεσιν τοῦ Πραξέου διακειμένων ἐνεκολπώθησαν αὐτήν. Ὁ Ἐπίγονος ἥλκυσε εἰς ἑαυτόν Κ λ ε ο μ έ ν η ν τινά, τεθείς ἐπί κεφαλῆς τῶν Νοητιανῶν κατώρθωσε νά σύρῃ εἰς τήν αἵρεσιν ταύτην τόν τότε ἐπίσκοπον τῆς Ῥώμης Ζεφυρῖνον[429]. Ἔτι δέ θερμότερος ὑπερασπιστής καί ὑπέρμαχος τῶν Νοητιανῶν /(343) ἐγένετο ἐν Ῥώμῃ ὁ διάδοχος τοῦ Ζεφυρίνου Κάλλιστος[430]. Οὗτος

---

427 (Βαρούχ 3,36 βλ. Ἐπιφ. αἵρ. 57)
428 (αἵρ. 57)
429 Κατά τόν ἱερόν Θεοδώρητον ὁ Ἐπίγονος καί ὁ Κλεομένης δέν ἦσαν μαθηταί καθάπερ ἱστορεῖ τῶν *Φιλοσοφουμένων* ὁ συγγραφεύς, ἀλλά διδάσκαλοι τοῦ Νοητοῦ· ὅτι ὅμως τό ἱστόρημα τοῦ τελευταίου ὑπάρχει προτιμητέον τοσοῦτον ὀλιγώτερον δυνάμεθα νά ἀμφιβάλλωμεν, καθόσον ὁ Θεοδώρητος τάς περί τό Νοητοῦ εἰδήσεις τοῦ φαίνεται προδήλως ἀρυσάμενος ἐκ τῶν *Φιλοσοφουμένων* καί μάλιστα ἐκ τῆς περί τό τέλος τοῦ συγγράμματος τούτου γινομένης ἀνακεφαλαιώσεως, ὅπου δέν ἦτο δύσκολον νά συμβῇ παραδρομή τις ἤ παρεξήγησις.
430 Ὁ συγγραφεύς τῶν *Φιλοσοφουμένων* (βιβλ. 9) παρέχει ἐκτενῆ, ἀλλ' οὐχί βεβαίως καί ἄνευ πάθους συντεταγμένην βιογραφίαν τοῦ Καλλίστου Καλίξτου. Δοῦλος χριστιανοῦ τινος τό κατ' ἀρχάς ὑπάρχων ὁ Κάλλιστος, λέγει ὁ συγγραφεύς τῶν *Φιλοσοφουμένων*, τοσαύτην παρ' αὐτῷ πίστιν βαθμηδόν ἐκτήσατο, ὥστε ὁ Κύριος αὐτοῦ ἐνεπιστεύθη αὐτῷ ἱκανήν χρημάτων ποσότητα καί ἀφῆκεν αὐτόν /(344) νά μετέρχηται τόν τραπεζίτην. Ἀλλ' ὁ Κάλλιστος οὐ μόνον ταῦτα, ἀλλά καί ἕτερα σύν τούτοις αὐτῷ παρακατατεθέντα κεφάλαια κατασπαταλήσας ἐτράπη εἰς φυγήν· συλληφθείς δέ ἀπεστάλη νά ἐργάζηται εἰς τούς μύλους. Ἐν τούτοις δέν παρῆλθε πολύς χρόνος καί ὁ κύριος αὐτοῦ μεταπεμψάμενος αὐτόν ἐκεῖθεν, εἶχε καί αὖθις παρ' αὐτῷ καί παρεῖχεν αὐτῷ ἀφορμάς ὅπως ἱκανοποιήσῃ τούς ὑπ' αὐτοῦ πρότερον ἀδικηθέντας. Πλήν ὁ Κάλλιστος ἀδύνατον θεωρῶν τό πρᾶγμα ἐζήτει ἔκτοτε ἐν τῇ ἀπελπισίᾳ αὐτοῦ τόν μαρτυρικόν θάνατον· καί δή ὅπως τύχῃ τοῦ ποθουμένου ἤρξατο νά διαταράσσῃ τήν λατρείαν τῶν ἰουδαίων ἐξυβρίζων καί ἀτιμάζων αὐτούς, ἐφ' ᾧ συλληφθείς κατεδικάσθη εἰς τά μεταλλεῖα τῆς Σαρδηνίας, ὅπου εὑρίσκοντο ἤδη καί πολλοί ἄλλοι χριστιανοί ὁμολογηταί. Ἐν τούτοις καί ἐκ τῶν μεταλλείων ἀπηλλάγη μετ' ὀλίγον. Ἐπί παρακλήσει τοῦ ἁγίου Βίκτωρος

ὁ ὁποῖος ἦτον εἷς τῶν μάλιστα συγκαταβατικωτέρων πρός τούς μετανοοῦντας πάσης τάξεως καί παντός ἐκκλησιαστικοῦ ὑπουργήματος, κατώρθωσε διά ταύτης αὐτοῦ τῆς διαγωγῆς νά σχηματίση περί ἑαυτόν ἰσχυρόν κόμμα καί τοσοῦτον πολυάριθμον ὥστε ἡ τῶν Νοητιανῶν μερίς, ἔχουσα ὑπέρ αὐτῆς τόν ἐπισκοπικόν θρόνον, κατέστη σχεδόν ἡ ἐπικρατοῦσα ἐν Ῥώμη. Ἀλλ' ὅσον πολυπληθεστέρα καθίστατο ἀφ' ἑνός ἡ μερίς τῶν Νοητιανῶν, τοσοῦτον ἐνεργητικωτέρα καί δραστικοτέρα ἀπέβαινεν ἐκ τοῦ ἄλλου μέρους ἡ τῶν ὀρθοδόξων μερίς, ἡ τῶν τριῶν ἐν τῷ θεῷ ὑποστάσεων ἀπρίξ ἀντεχομένη, τῆς ὁποίας τήν δογματικήν ἀλήθειαν ὑπερασπίζων καί διά συγγραφῆς κρατύνων προέστη ὁ συγγραφεύς τῶν φιλοσοφουμένων· ὅτι ὁ ἀγών τῆς ὀρθοδοξίας δέν ἀπέβη μάταιος μαρτυρεῖ αὐτή τῶν πραγμάτων ἡ ἔκβασις· διότι ἀποθανόντος τοῦ Ῥώμης Καλλίστου οἱ Μοναρχικοί ἀπέβαλον πᾶσαν αὐτῶν τήν ἰσχύν καί τήν σημαντικότητα· ἅπαντες δέ οἱ κατόπιν εἰς τόν θρόνον τῆς Ῥώμης ἀναβάντες ἦσαν θερμοί ὑπέρμαχοι τῆς ὀρθοδόξου διδασκαλίας[431]. Λείψανα τῆς ἀνθυποστατικῆς καί ἀντιτριαδικῆς ταύτης αἱρέσεως ἐσώζοντο ἔτι μέχρι τῶν χρόνων τοῦ Νονάτου, ὅστις καί κατ' αὐτῆς ἔγραψεν (ἐν τῇ πραγματείᾳ αὐτοῦ τῇ ἐπιγραφομένῃ De trinitate).

§94. Ὁ Βήρυλλος καί ὁ Ὠριγένης.

Εἰς τούς Πατροπαθήτας ἤ Μοναρχικούς αἱρετικούς κατατάσσεται καί Βήρυλλος ὁ Βόστρων ἐπίσκοπος, ἄν καί ἡ γνώμη αὕτη εἰσέτι διαφιλονικεῖται. Ἡ μόνη ἀσφαλής καί

τοῦ τότε ἐπισκόπου Ῥώμης ἔτυχε μεσιτεύουσα παρά τῷ αὐτοκράτορι Κομμόδῳ ἡ τούτου παλλακή Μαρκία, ἥτις καί ἐπέτυχε. Τοῦ ὀνόματος τοῦ Καλλίστου ἐπίτηδες οὐδεμία ἐγένετο μνεία ἐν τῇ παρακλήσει τοῦ Βίκτωρος, οὐχ ἧττον ὅμως ἀπελύθη καί οὗτος μετά τῶν ἄλλων· ὁ Κάλλιστος ἐλευθερωθείς δέν ἐτόλμησε νά ἐπιστρέψῃ εἰς τήν Ῥώμην εἰμή μόνον μετά τόν θάνατον τοῦ Κυρίου του, ἐπανελθών δέ ἐκέρδισε τήν εὔνοιαν τοῦ ἐπισκόπου Ζεφυρίνου καί συνετάχθη εἰς τήν μερίδα τοῦ Κλεομένους. Εἰδώς δέ τό ὑποκρίνεσθαι καί τήν ἑτέραν ἐν Ῥώμῃ ἀντίπαλον μερίδα τῶν ὀρθοδόξων κολακεύων κατώρθωσεν ἐπί τέλους νά πραγματοποιήσῃ τήν διεγερθεῖσαν ἐν αὐτῷ ἐπιθυμίαν, τοῦ νά ἐκλεχθῇ δηλονότι διάδοχος τοῦ Ζεφυρίνου.
431 Ἐκ τῶν *Φιλοσοφουμένων* καταφαίνεται ὅτι ἡ περί τῶν θείων ὑποστάσεων θεωρία τοῦ συγγραφέως ταυτίζεται οὐσιωδῶς μέ τήν τοῦ Τερτυλλιανοῦ. Καί ὁ συγγραφεύς τῶν *Φιλοσοφουμένων* ἵσταται γενναίως ἀγωνιζόμενος ὑπέρ τῆς τριάδος τῶν ὑποστάσεων καί αὐτός ἀπαιτεῖ θείαν προσκύνησιν καί λατρείαν πρός ἕκαστον τῶν θείων προσώπων, ἀλλ' ἐνῷ ἀγωνίζεται νά φυλάξῃ τήν ἑνότητα ἐν τῷ Θεῷ, ὑποβιβάζει καί οὗτος τόν υἱόν καί πως κατώτερον τοῦ Πατρός αὐτόν ὑποδεικνύσιν· ὁ υἱός ἤ ὁ θεῖος λόγος ὀφείλει κατά τά *Φιλοσοφούμενα*, τήν ὑπόστασιν αὐτοῦ οὐχί εἰς τήν φύσιν ἀλλ' εἰς τήν θέλησιν τοῦ Πατρός· ὁ υἱός κατά τά *Φιλοσοφούμενα* οὐκ ἔστι συνάναρχος καί συναΐδιος τῷ Πατρί, ἀλλ' «ἦν καιρός ὅτε οὐκ ἦν» ὁ Πατήρ ἐντέλλεται καί ὁ υἱός ὑπακούει. Καί ἦν μέν τέλειος ὁ λόγος ἐν ἀρχῇ καί πρό τῶν αἰώνων, ἀλλ' ἐν τῷ Πατρί, οὐχί ἐν ἰδίᾳ ὑποστάσει ὑπάρχων. Τέλος υἱός ἐγένετο κατά πρῶτον ἐν τῇ ἐνανθρωπήσει· «οὔτε γάρ ἄσαρκος καί καθ' ἑαυτόν ὁ λόγος τέλειος ἦν υἱός, καίτοι τέλειος ὤν λόγος μονογενής», βλ. κατά τοῦ Νοητοῦ κεφ. 15 σύγγραμμα φέρον τό ὄνομα τοῦ Ἱππολύτου καί τό ὁποῖον πιθανῶς ὑπάρχει μέρος ἐκτενεστέρου τινός ἀντιρρητικοῦ συγγράμματος (§). /(345).

βεβαία πηγή τῆς διδασκαλίας τοῦ Βηρύλλου εἶναι ὁ Εὐσέβιος. Ἐκ τῶν λόγων αὐτοῦ[432] ὁρμώμενοι συγκαταλέγουσι τόν Βήρυλλόν τινες εἰς τή πρώτην τάξιν τῶν ἀντιτριαδιτῶν αἱρετικῶν· ἄλλοι δέ εἰς τήν δευτέραν καί ἄλλοι ὁρίζουσιν αὐτῷ ἰδίαν θέσιν μεταξύ ἀμφοτέρων. Ἀλλ' ὀρθοτέρα ὡς συνάδουσα πρός τούς λόγους τοῦ Εὐσεβίου φαίνεται ἡ γνώμη τῶν δευτέρων. Καθά ὁ πατήρ τῆς Ἐκκλησιαστικῆς Ἱστορίας λέγει, ὁ Βήρυλλος ἐφρόνει ὅτι ὁ Ἰησοῦς Χριστός π ρ ό τῆς εἰς τόν κόσμος ἐλεύσεώς του δέν ὑφίστατο κατ' ἰδίαν οὐσίας περιγραφήν, ὅ ἐστι δέν ὑπῆρχε ὡς ἐνυπόστατόν τι καί καθ' ἑαυτό (ἐκτός τῆς ὑποστάσεως τοῦ πατρός) ὑπάρχον· δέν εἶχεν ἄλλαις λέξεσι ἰδίαν θεότητα, ὥστε δέν ὑπῆρχεν εἰμή ἡ π α τ ρ ι κ ή θ ε ό τ η ς. Ἀλλά καί μετά τήν ἐνανθρώπησιν ἡ ἐν τῷ Χριστῷ φανερωθεῖσα θεότης (θεία ὑπόστασις) δέν ἧτο ἰδία τις καί χωριστή τῆς τοῦ Πατρός, ἀλλ' αὕτη ἡ πατρική, ἥτις ὅμως διά τῆς ἐνανθρωπήσεως προσέλαβεν ἰδίαν τινά οὐσίας περιγραφήν, ἥν μέχρι τῆς ἐνανθρωπήσεως δέν εἶχεν· ὅπερ ἐστίν, ἐνανθρωπήσασα ἡ θεότης εἰς ἑτέραν οὕτως εἰπεῖν κατάστασιν, εἰς ἕτερον πρόσωπον (μορφήν). Κατά ταῦτα ὁ Βήρυλλος εἶχεν ἤδη τόν ἕνα πόδα, ὡς λέγουσιν, ἐν τῷ Σαβελλιανισμῷ, ὅστις οὐδέν ἄλλο ἦν ὡς ὀψόμεθα, εἰμή ἡ αὐτή θεωρία μᾶλλον ἀνεπτυγμένη καί εἰς τό ἅγιον Πνεῦμα ἐφηρμοσμένη. Ἐν ἔτει 244 συνῆλθε κατά τοῦ Βηρύλλου σύνοδος ἐν Ἀραβίᾳ, εἰς τήν ὁποίαν προσκληθείς καί ὁ Ὠριγένης, ὁ τηνικαῦτα μέγα ὄνομα ἐν τοῖς διδασκάλοις χαίρων, κατώρθωσε νά πληροφορήσῃ τόν Βήρυλλον ὅτι πλανᾶται. Ὁ Βήρυλλος πεισθείς διά τῶν λόγων τοῦ Ὠριγένους ἀπεκήρυξεν εὐχαρίστως καί ὁλοτελῶς τήν κακοδοξίαν του· ὅτι δέ καί ἡ ἐπιστροφή αὐτοῦ ὑπῆρξε εἰλικρινής καί διαρκής, περί τούτου μαρτυρεῖ πρός τοῖς ἄλλοις καί τοῦτο, ὅτι ἐν τοῖς ὑστέροις χρόνοις συνησθάνετο ἔτι ἑαυτόν ὑπόχρεον νά εὐγνωμονῇ εἰς τόν Ὠριγένην διά τήν εἰς αὐτόν γενομένην διδασκαλίαν. Ἐπειδή δέ ἡ κατά τοῦ Βηρύλλου συγκροτηθεῖσα ἐν Ἀραβίᾳ σύνοδος πολύν λόγον ἐποιήσατο καί περί τῆς ἐν Χριστῷ ἀνθρωπίνης ψυχῆς καί δή καί ἐν τοῖς

---

[432] Ὅστις ἐν τῇ Ἐκκλησιαστικῇ αὐτοῦ Ἱστορίᾳ 6,33 λέγει περί τοῦ Βηρύλλου τά ἀκόλουθα «Ξένα τινα τῆς πίστεως παρεισφέρειν ἐπειρᾶτο (ὁ Βήρυλλος) τόν Σωτῆρα καί Κύριον ἡμῶν λέγει τολμῶν μή προϋφιστᾶναι κατ' ἰδίαν οὐσίας περιγραφήν πρό τῆς εἰς ἀνθρώπους ἐπιδημίας μηδέ τήν θεότητα ἰδίαν ἔχειν, ἀλλ' ἐμπολιτευμένην αὐτῷ μόνην τήν πατρικήν».- καί ἔκ τινος χωρίου ἐκ τῶν ὑπομνημάτων τοῦ Ὠριγένους εἰς τήν πρός Τίτον ἐπιστολήν λαμβανομένου τοῦ ἑξῆς «sed et eos qui hominem dicunt dominum Jesum praecognitum et praedestinatum, qui ante adventum carnalem substantialiter et proprie non extiterit, sed quod homo natus Patris solam in se habuerit Deitatem, ne illos quidem sine periculo esse, ecclesiae numero sociari, ἔκδ. Lommatzch v. 287, τό ὁποῖον ὅμως χωρίον εἶναι ἀμφίβολον, εἰ καί μή ὅλως ἀπίθανον ἄν εἰς τήν αἵρεσιν τοῦ Βηρύλλου ἤ ἄλλου τινός ἀναφέρεται βλ. Dorner, die Lehre von der Person Christ. ἔκδ. 2,1,557.

συνοδικοῖς γράμμασι, δι' ὧν ἀνηγγέλοντο τά κατά τόν Βήρυλλον, ἰδιαζόντως περί τούτου διέλαβε⁴³³, δυνάμεθα ἐν μέρει νά εἰκάσωμεν ὅτι ὁ Βήρυλλος δέν ἀπεδέχετο ἐν τῷ Χριστῷ ἀνθρωπίνην ψυχήν, παρεμφερῶς πως ὡς ἐδόξαζεν ἐν τοῖς μετά ταῦτα χρόνοις καί ὁ Ἀπολλινάριος καί ὅτι ἀντικαθίστα αὐτήν διά τῆς πατρικῆς θεότητος· καί ὅτι ἑπομένως ἀπήλλαξε αὐτόν καί ταύτης τῆς δοξασίας ὁ Ὠριγένης διεξηγησάμενος καί καταδείξας αὐτῷ τήν μεγάλην σημασίαν καί ἀναγκαιότητα τῆς ἀνθρωπίνης ψυχῆς τοῦ Χριστοῦ διά τό ἔργον τῆς ἀπολυτρώσεως. /(346)

Ὁ Ὠριγένης ὅστις οὐ μόνον ἐξήλεγξεν ἀλλά καί κατέπεισεν ὡς εἴπομεν τόν ἀντίπαλόν του, ἀνέπτυξε τό περί τῆς θείας μοναρχίας καί τοῦ τριαδικοῦ τῶν ὑποστάσεων αὐτῆς πολλῷ ἐπιτυχέστερον ἤ ὁ Τερτυλλιανός καί ὁ συγγραφεύς τῶν *Φιλοσοφουμένων*· πλήν καί αὐτός ὅστις ἠδύνατο νά λέγῃ μετά καυχήσεως τό εὕρηκα δέν ἠδυνήθη νά διαφύγῃ τόν σκόπελον τοῦ ὑποβιβασμοῦ (subordinatio) ἐν τῇ περί τῶν τριῶν προσώπων τῆς θεότητος διδασκαλίᾳ του, διότι καί τοῦ Ὠριγένους ἡ διάνοια κατήχετο καί ἐπηρεάζετο λίαν ὑπό τῆς περί τοῦ Θεοῦ ἰδέας τῶν θύραθεν φιλοσόφων, ὡς ὄντος παρ' αὐτοῖς θεωρουμένου μᾶλλον φυσικοῦ ἤ ἠθικοῦ τόν υἱόν ἐθεώρει καί ὁ Ὠριγένης ὡς δευτερεῦον καί ὑποταγές. Καθό γεννητός ὁ υἱός καί λόγος τοῦ Θεοῦ ἵστατο καί κατ' αὐτόν κατωτέρω τοῦ ἀγεννήτου Πατρός, καίτοι ἀφ' ἑτέρου ἐλάτρευεν ὁ Ὠριγένης ἐν τῷ υἱῷ τόν αἰώνιον καί ἀπαράλλακτον χαρακτῆρα τοῦ Πατρός⁴³⁴.

---

433 (Σωκράτους *Ἐκκλησιαστική Ἱστορία* 3,7)
434 Ὁ Τερτυλλιανός, ὁ συγγραφεύς τῶν *Φιλοσοφουμένων* καί τινες ἄλλοι ἀναπτύσσοντες τό περί τῆς τρισυποστάτου θεότητος δόγμα ἐθεώρουν τό δεύτερον πρόσωπον τῆς Παναγίας Τριάδος, τόν Υἱόν καί Λόγον τοῦ Θεοῦ ἐν χρόνῳ λαβόντα ὑπόστασιν διά τήν δημιουργίαν τοῦ κόσμου καί διά τήν ἐνανθρώπησιν. Ὁ Ὠριγένης ἐπιλαβόμενος τοῦ δόγματος τούτου κατέδειξε τήν λοξότητα ταύτην ἐν τῇ πορείᾳ τῆς ἀναπτύξεως τοῦ μυστηριωδεστάτου τούτου δόγματος, εἰπών ὅτι ὁ υἱός πρό αἰώνων ἐγεννήθη ἐκ τοῦ Πατρός, ἄρα καί πρό αἰώνων καί ἀπ' ἀρχῆς ὑπάρχει ἐνυπόστατος. Εἶναι ἀληθές ὅτι ὁ Ὠριγένης ὡς πρεσβεύων ὅτι ὁ κόσμος ἦτο αἰώνιος καί συναΐδιος τῷ θεῷ εὐκόλως ἠδύνατο νά φθάσῃ εἰς τήν προειρημένην δογματικήν ῥῆτραν· πλήν θά παρεγνωρίζωμεν τήν πορείαν τῶν θεωρημάτων τοῦ Ὠριγένους, ἐάν ἐξ αὐτοῦ ἁπλῶς καί μόνου τοῦ φρονήματός του παρήγομεν αὐτήν. Ἐξ ἐναντίας ἀμφότεραι αἱ δοξασίαι αὖται τόσον ἡ περί τῆς /(347) αἰωνιότητος τῆς ὑποστάσεως τοῦ θείου λόγου, καθώς καί ἡ περί τῆς αἰωνιότητος τοῦ κόσμου ἐπήγασαν ἀνεξαρτήτως ἐκ τῆς ἰδέας, ἥν εἶχεν ὁ Ὠριγένης περί τοῦ ὑπερτάτου ὄντος. Κατά τήν ἰδέαν τοῦ Ὠριγένους ὁ Θεός δέν δύναται νά θεωρηθῇ ἤ νά νοηθῇ ποτε ἄνευ ζωῆς, ἄνευ ἐνεργείας τῶν ἰδιοτήτων αὐτοῦ· καί ἰδού ὁ λόγος δι' ὅν, κατά τόν Ὠριγένην ἡ ἐξαντικειμένωσις (ἡ εἰς ὑπόστασιν χώρησις, ἡ ὑποστάτωσις οὕτως εἰπεῖν) ὅλων τῶν ἐννοιῶν καί τῶν θεωρημάτων τοῦ Θεοῦ παντός τοῦ πληρώματος τῆς θείας αὐτοῦ ζωῆς, ἄλλαις λέξεσιν ἡ γέννησις τοῦ υἱοῦ, ἀνάγκη νά ἦναι αἰώνιος καί συναΐδιος τῷ Πατρί. Διά τόν αὐτόν λόγον πρέπει κατά τόν Ὠριγένην καί ἡ δημιουργία, τό ἔργον τῆς παντοδυναμίας τοῦ Θεοῦ νά νοηθῇ ὡς αἰωνίως ὑπάρχουσα. Ὁ Ὠριγένης λοιπόν μή δυνάμενος νά νοήσῃ τόν Θεόν ἀπ' αἰώνων ἄεργον, καί αἴφνης ὕστερον ἀρξάμενον νά δημιουργῇ, διότι τοιουτοτρόπως ἐφαίνετο ἀλλοίωσις τις καί τροπή ἐν τῷ Θεῷ ὁμολογουμένη, ἀπεδέχετο τήν προαιώνιον καί συνάναρχον ὕπαρξιν τοῦ κόσμου. Ὡσαύτως δέ ἐσυλλογίζετο καί ἐπί τῆς αἰωνίου ὑπάρξεως τοῦ υἱοῦ καί λόγου τοῦ Θεοῦ. «Ὁ Θεός, ἔλεγεν ὁ Ὠριγένης, (βλ.

§95. Ὁ Σαβέλλιος καί οἱ δύο ἀντίπαλοι αὐτοῦ Διονύσιος ὁ Ἀλεξανδρείας καί Διονύσιος ὁ Ῥώμης.

Ὁ ὑπέρ πάντας τούς ἄλλους Μοναρχικούς διαβόητος καί πλέον τῶν ἄλλων συνταράξας τήν ἐκκλησίαν, καί ἐπί τούτῳ μεγαλείτερον ὄνομα κτησάμενος ἐν τῇ ἱστορίᾳ ἦτον ὁ Σαβέλλιος ὁ ἐκ Λιβύης. Ὁ Σαβέλλιος, ἀνήρ πνευματώδης ἦλθε κατά τήν τρί-

---

Εὐσεβίου Κατά Μαρκέλου 1,4) δέν ἠρξατο νά ἦναι πατήρ, ὡς συμβαίνει παρά τοῖς ἀνθρώποις, ὅπερ ἐστί οὐκ ἦν ποτε καιρός ὅτε ὁ Θεός οὐκ ἦν πατήρ, διότι ἐάν ὁ Θεός ἦναι πάντοτε τέλειος, ἔχει καί τήν δύναμιν νά ἦναι Πατήρ· ἐάν δέ τοῦτο τό ἔχειν υἱόν εἶναι τι ἀγαθόν καί συμπληρωτικόν τῆς τελειότητός του διατί θά ἀνέβαλλε τοῦτο καί θά ἐστέρει ἑαυτόν τῆς τελειότητος ταύτης;». Γίνεται λοιπόν ἡ γέννησις τοῦ υἱοῦ κατά τόν Ὠριγένην ὄχι ἵνα διά τοῦ υἱοῦ δημιουργηθῇ ὁ κόσμος, ἀλλά διότι καθ' ἑαυτήν ὑπάρχει ἀναγκαία. Καί καθώς τό φῶς ἀδύνατον νά ὑπάρχη ἄνευ λάμψεως, οὕτως ἀδύνατον εἶναι καί ὁ Θεός ἄνευ υἱοῦ νά ὑπάρχη· Deus lux est; splendor hujus lucis est unigenitus Filius ex ipso inseparabiliter velut splendor ex luce procedens, Περί ἀρχ. 1,2 §7 καί §4 καί §10.- Οὐκ ἐν τούτῳ δέ μόνον ὑπερακοντίζει τόν Τερτυλλιανόν ὁ Ὠριγένης, ἐν τῷ ὅτι δηλονότι τίθησι αἰωνίαν τήν ὑπόστασιν τοῦ υἱοῦ, ἀλλά καί ἐν τῷ ἑξῆς· ὅτι τήν γέννησιν ταύτην θεωρεῖ καί νοεῖ αἰωνίως καί ἀδιαλήπτως γινομένην. Ἐπειδή ἡ ζωή τοῦ Θεοῦ οὐδενί δέδεται χρόνῳ, ἀνάγκη ἵνα καί ἡ ἐν τῷ υἱῷ ἐξαντικειμένωσις τῆς ζωῆς αὐτοῦ κεῖται παντός χρόνου ἐκτός· ὥστε οὐχ ἅπαξ οὐδ' ἐν μιᾷ ἐνεργείᾳ συγκέκλεισται ἡ γέννησις τοῦ υἱοῦ, ἀλλά γίνεται αἰωνίως καί ἀδιαλείπτως ὡς τῆς θείας ζωῆς ἀείποτε ἐν ἐνεργείᾳ εὑρισκομένης· («ἀεί γεννᾷ τόν υἱόν», Ἱερεμίας «ἐγώ σήμερον γεγέννηκά σε» ψαλμ.). Διά τῆς θέσεως ταύτης προσκτᾶται ὁ Ὠριγένης νέον ἐπιχείρημα ὑπέρ τῆς θείας Μοναρχίας, νέον ὅπλον κατά τῆς ἐπί πολυθεΐᾳ κατηγορίας τῶν ἐχθρῶν τῆς πίστεως· διότι πολυθεϊκή τις διαίρεσις ἤ ἀποχώρησις τοῦ υἱοῦ ἀπό τοῦ Πατρός, ὁποίαν ἤθελέ τις παρατηρήσει ἐπί τῇ ὑποθέσει ἅπαξ γενομένης καί συντελεσθείσης γεννήσεως ἀπεσοβεῖτο καί κατέπιπτεν ἀφ' ἑαυτῆς. /(348) Ὅσον δέ ἀφορᾷ τήν περί ὑποβαθμιότητος τοῦ υἱοῦ δόξαν τοῦ Ὠριγένους εἶναι ἀληθές ὅτι αὕτη ἐξετέθη ὑπό πολλῶν ὑπερβολικωτέρα. Ὁ Ὠριγένης ἀπεδοκίμασε τήν ἔκφρασιν ὅτι ὁ υἱός «ἐκ τῆς οὐσίας τοῦ Πατρός» ἐγεννήθη· ἀλλά τοῦτο ἔπραττε (κατ' ἀντίθεσιν πρός τήν περί προβολῆς καί ἀπορροίας θεωρίαν τῶν Γνωστικῶν) ὅπως μή τυχόν ὑπολάβῃ τις τήν γέννησιν τοῦ υἱοῦ ὡς ἀπόρροιαν τῆς θείας οὐσίας, ἤ τόν υἱόν ὡς μέρος τῆς οὐσίας τοῦ Πατρός, ἑπομένως νοήσῃ ἀποκοπήν, μείωσιν ἤ ἐλάττωσιν τῆς θείας οὐσίας ἐν τῇ γεννήσει τοῦ Υἱοῦ, ἅπερ πάντα ἀποδοκιμάζει ὁ Ὠριγένης ὡς κακόδοξα - ὅν τρόπον προέρχεται ἡ θέλησις ἐκ τοῦ νοός χωρίς νά ἀποχωρίζεται ἀπ' αὐτοῦ, οὕτω πως κατά τι δυνάμεθα, ἔλεγεν ὁ Ὠριγένης, νά νοήσωμεν καί τήν γέννησιν τοῦ Υἱοῦ ἐκ τοῦ Πατρός.- Περί ἀρχῶν 1,4 καί ὑπόμν. εἰς τόν Ἰωάν. τόμ 20 κεφ. 16.- ἄλλοτε πάλιν ὁμιλῶν περί τοῦ υἱοῦ μετεχειρίζετο τήν φράσιν «ἑτερότης τῆς οὐσίας» ἤ «ἑτερότης τοῦ ὑποκειμένου» Περί προσευχῆς 15, πλήν καί τοῦτο ἔλεγε κατ' ἀντίθεσιν πρός τό «ὁμοούσιος» καθ' ἥν ἔννοιαν ἐχρῶντο τῇ λέξει καί οἱ Πατροπαθῖται. Ὁ Ὠριγένης ἐδίδασκε πρός τούτοις ὅτι ὁ υἱός γεννᾶται «ἐκ τοῦ θελήματος τοῦ Θεοῦ» ἀλλά διά τούτων τῶν λέξεων οὐδέν ἄλλο ἐννοεῖ εἰ μή ὅτι ὁ υἱός εἶναι ἡ εἰς ὑπόστασιν χωρήσασα θεία θέλησις· διότι κατά τόν Ὠριγένην ὁ υἱός, εἶναι τό ἐνυπόστατον τοῦ Πατρός θέλημα, δι' οὗ ὁ κόσμος ἐγένετο. Πρός τούτοις ὁ υἱός ὀνομάζεται παρ' αὐτῷ κτίσμα· τοῦτο δέ σημαίνει ὄχι ὅτι ὁ υἱός εἶναι ὡς τά λοιπά κτίσματα, ἀλλ' ὅτι δέν εἶναι «αὐτόθεος» ὅτι ἐξῆλθεν ἐκ τοῦ Πατρός τῆς πηγῆς τῆς θεότητος. Μόνον ἐν τούτῳ καί διά τούτῳ εἶναι ὁ Πατήρ κρείσσων ὁ δέ υἱός δεύτερος θεός. Ὁ υἱός δέν εἶναι Αὐτόθεος, καθότι ἡ θεότης αὐτοῦ πηγάζει ἐκ τοῦ Πατρός, ὅστις εἶναι «πηγή καί ῥίζα πάσης θεότητος» εἶναι ὅμως αὐτοσοφία, αὐτοαλήθεια, αὐτόλογος, (κατά Κέλσου 3,41), καθό ὤν ἡ ἀπόλυτος τοῦ Θεοῦ σοφία· καί αὐτός βαθμός, τῆς λατρείας τῆς ὀφειλομένης εἰς τόν Πατέρα ὀφείλεται εἰς τόν υἱόν, διότι μία εἶναι ἡ θεότης Πατρός καί υἱοῦ.- Ὁ Ὠριγένης λοιπόν δέν ἐδίδασκεν (ὡς ὁ Ἄρειος) ὑποβαθμιότητα οὐσίας, ἀλλ' αἰτιότητος μόνον ὑποβαθμιότητα, τήν ὁποίαν, ἀγωνιζόμενος κατά τῶν Μοναρχικῶν ἐπέτεινε βεβαίως λίαν καί ὑπέρ τό δέον. Κατά τόν Ὠριγένην ὁ Υἱός ἔχει κοινόν πρός τά κτίσματα τοῦτο, ὅτι ἡ αἰτία αὐτοῦ, ὡς ἐκείνων, κεῖται ἐν τῷ Πατρί· ὁ Υἱός ὅμως δέν εἶναι κτίσμα, ὥσπερ ἐκεῖνα, διότι αὐτός δέν εἶναι προϊόν τῆς παντοδυναμίας τοῦ Θεοῦ, ἀλλ' αὐτή ἡ παντοδυναμία ἐνυπόστατος καί προσωπική· ὁ Υἱός ἄρα εἶναι οὐ μόνον τάξει, ἀλλά καί φύσει διάφορος τῆς κτίσεως, ἱστάμενος μέσον τοῦ Πατρός καί τῆς κτίσεως, διότι καθώς ὁ Πατήρ εἶναι ἡ ἀρχή καί αἰτία τοῦ υἱοῦ, οὕτω καί ὁ υἱός εἶναι ἡ ἀρχή καί ἡ αἰτία πάντων τῶν κτισμάτων, καί κατά τοῦτο τοσοῦτον ὑπερέχει τῆς κτίσεως, ὅσον ὑπεραινέστηκεν /(349) αὐτοῦ ὁ Πατήρ. Αἰωνίαν ὑπόστασιν καί ἄχρονον ἀπέδιδεν ὁ Ὠριγένης καί εἰς τό Ἅγιον Πνεῦμα, θεωρῶν αὐτό ἐκπορευόμενον ἐκ τοῦ Πατρός διά τοῦ Υἱοῦ καί ὡς τήν ἐνυπόστατον καί προσωπικήν πηγήν τῶν θείων χαρισμάτων.

τὴν δεκαετίαν τῆς β΄ ἑκατονταετηρίδος νέος ἔτι ὤν, εἰς Ῥώμην· ἐνταῦθα δέ διατρίβων, ἀναμιχθείς εἰς τάς συζητήσεις, αἵτινες ἀπησχόλουν τότε τήν ἐκκλησίαν τῆς Ῥώμης, προσετέθη συνεργείᾳ τοῦ Καλλίστου εἰς τήν ὑπό τοῦ Κλεομένους θεμελιωθεῖσαν ἐν Ῥώμῃ Νοητιανήν Σχολήν καί μέ ὅλον τόν κατά τῆς αἱρέσεως τοῦ Νοητοῦ πόλεμον, τοῦ συγγραφέως τῶν Φιλοσοφουμένων, τοῦ ὁποίου οἱ λόγοι δέν ἐπροξένησαν ὡς φαίνεται εἰς τόν Σαβέλλιον εἰμή παροδικήν ἐντύπωσιν. Ὁ Σαβέλλιος εἶχε τάμῃ τότε ἔτι ἀναμφιβόλως νέαν ἀνεξάρτητον δογματικήν πορείαν, ἐπειδή ὁ Κάλλιστος, ὅτε ἀνέβη εἰς τόν ἐπισκοπικόν τῆς Ῥώμης θρόνον, ἀπεκήρυξεν αὐτόν τῆς ἐκκλησιαστικῆς κοινωνίας[435]. Ἐν τούτοις τόν Σαβέλλιον δέν εὑρίσκομεν ὡς αἱρετικόν, εἰμή μετά 30 ἔτη ἐν Πτελεμαΐδι, πόλει τῆς ἐν Αἰγύπτῳ Πενταπόλεως, ὅπου ἔφερε καί τόν βαθμόν τοῦ πρεσβυτέρου. Ὁ Σαβέλλιος ἦτο ὁ ἀναπτύξας καί τελειοποιήσας πάσας τάς μέχρι αὐτοῦ ἀποπείρας τῶν Μοναρχικῶν. Τό χαρακτηρίζον τήν αἵρεσιν τοῦ Σαβελλίου καί διακρῖνον αὐτήν τῶν αἱρέσεων πάντων τῶν πρό αὐτοῦ Μοναρχικῶν εἶναι ἰδίως τοῦτο, ὅτι αὐτός ἐν τῷ κύκλῳ τῆς διδασκαλίας του προσέλαβε καί τήν ἀποκάλυψιν τοῦ θεοῦ ὡς ἅγιον Πνεῦμα, συμπληρώσας καί στρογγύλας οὕτω εἰς τριαδικόν σύστημα τήν διδασκαλίαν τῶν Μοναρχικῶν. Ἡ διδασκαλία τοῦ Σαβελλίου κατά τά οὐσιώδη αὐτῆς ἦτον ἡ ἑξῆς. Ὁ θεός, ἔλεγεν ὁ Σαβέλλιος, εἶναι Μονάς καθ᾽ ἑαυτόν κατά τε τήν οὐσίαν καί τήν ὑπόστασιν· αὐτή δέ ἡ Μονάς ἔλαβε κατά καιρούς ἐν τῇ πορείᾳ τῆς ἀναπτύξεως τοῦ κόσμου (χάριν τῆς σωτηρίας αὐτοῦ) διαφόρους μορφάς «ὀνόματα, πρόσωπα»[436]. Τά ὀνόματα πατήρ, υἱός καί πνεῦμα δέν εἶναι «ὑποστάσεις» ἀλλά «πρόσωπα», τουτέστι μορφαί καί προσωπίδες οὕτως εἰπεῖν, ἐξ ὧν μίαν κατόπιν τῆς ἄλλης ἐνεδύθη ὁ εἰς τόν κόσμον ἐμφανισθείς Θεός (ἡ Μονάς) καί τοῦτο κατά τόν ἀκόλουθον τρόπον. Ἀφοῦ ἡ Μονάς ἐτελείωσε τό ἔργον, οὗ ἕνεκα ὡς Πατήρ ἐνεφανίσθη εἰς τόν κόσμον, ἐχώρησεν αὖθις εἰς ἥν πρότερον εὑρίσκετο κατάστασιν· ἐκεῖθεν δέ πάλιν /(350) ἀνέλαβε τήν μορφήν

---

[435] Ὅτι πρός τοῖς ἄλλοις καί τό θρησκευτικόν σύστημα τοῦ Ψευδοκλήμεντος ἐπηρέασε τόν Σαβέλλιον ἐν μέρει, φαίνεται ἐκ τινων συγγενῶν ἐκείνῳ ἐκφράσεων καί θεωριῶν τάς ὁοίας ἀπαντῶμεν ἐν τῇ αἱρέσει τοῦ Σαβελλίου.

[436] Παραβ. Βασίλ. τόν Μέγα ὅστις φέρει τόν Σαβέλλιον φρονοῦντα (ἐπιστολή 210) «τόν αὐτόν Θεόν ἕνα τῷ ὑποκειμένῳ (ἐπιστ. 214 «τῇ ὑποστάσει») ὄντα, πρός τάς ἑκάστοτε παραπιπτούσας χρείας μεταμορφούμενον (ἐπιστ. 235 «μετασχηματιζόμενον» - ἐπιστολ. 214 «προσωποποιούμενον») νῦν μέν ὡς πατέρα, νῦν δέ ὡς υἱόν, νῦν δέ ὡς πνεῦμα ἅγιον διαλέγεσθαι». Κατά τόν Σαβέλλιον λοιπόν τά σχήματα ταῦτα τοῦ Θεοῦ ἤ αἱ μεταμορφώσεις δέν ἠδύναντο νά συνυπάρχωσι.

τοῦ υἱοῦ, ἥν ἀπῄτει ἡ συμπλήρωσις τῆς ἀπολυτρώσεως τοῦ κόσμου· καί τελευταῖον τήν μορφήν τοῦ ἁγίου Πνεύματος[437]. Τοῦτο τό προσωποποιεῖσθαι καί πάλιν ἀποτίθεσθαι τό πρόσωπον ὠνόμαζεν ὁ Σαβέλλιος κατά τούς συνήθεις ὅρους παρά τοῖς στωικοῖς φιλοσόφοις καί τῷ Ψευδοκλήμεντι, «ἔκτασιν» ἤ πλατυσμόν καί «συστολήν»[438]. Ὁ κύκλος τῆς ἐνεργείας τοῦ Πατρός ἦτο ἡ νομοθεσία, τοῦ δέ υἱοῦ ἡ ἐνανθρώπησις, καί τοῦ ἁγίου Πνεύματος ὁ φωτισμός καί ὁ ἁγιασμός τοῦ κόσμου[439]. Τό ἑνιαῖον τῆς θείας ὑποστάσεως καί τήν ποικίλην τῶν προσώπων ἐπεξηγούμενος ὁ Σαβέλλιος ἔφερεν ὡς παράδειγμα τά διάφορα χαρίσματα καί τό ἕν καί τό αὐτό ἐνεργοῦν αὐτά ἅγιον Πνεῦμα. «Ὥσπερ, ἔλεγεν, διαιρέσεις χαρισμάτων εἰσί, τό δέ αὐτό πνεῦμα, οὕτω καί ὁ Πατήρ ὁ αὐτός μέν ἐστί, πλατύνεται δέ εἰς υἱόν καί Πνεῦμα» (Μ. Ἀθανασίου κατά Ἀρειανῶν λόγος 4,25). Καθά δέ ὁ ἱερός Ἐπιφάνιος ἱστορεῖ, (αἵρ. 62,1) μετεχειρίζετο ὁ Σαβέλλιος ὡς παράδειγμα καί τόν ἥλιον «*ὄντα μέν ἐν μιᾷ ὑποστάσει, τρεῖς δέ ἔχοντα ἐνεργείας*» τουτέστι τό τῆς περιφερείας σχῆμα ἤ τό εἶδος πάσης τῆς ὑποστάσεως, τό φωτιστικόν καί τό θάλπον. Πῶς ἐθεώρει ὁ Σαβέλλιος τήν ἐν τῷ υἱῷ (ἤ ἐν τῷ Χριστῷ) ἐνανθρώπησιν τῆς Μονάδος δέν εἶναι κατά πάντα σαφές. Ἡ ἐνανθρώπησις, ἐπειδή μετά τήν διάπραξιν τοῦ σκοποῦ αὐτῆς ἔμελλε νά ἐκλείψῃ[440] δέν ἐθεωρεῖτο πάντως ὑπό τοῦ Σαβελλίου ὡς πλήρης καί τελεία· ἄλλαις λέξεσιν ὁ Σαβέλλιος φαίνεται ὅτι δέν ἀπεδέχετο τήν ἀνθρωπίνην φύσιν τοῦ Υἱοῦ ἔχουσαν καί ψυχήν ἀθάνατον. Καθώς ὁ Πατήρ καί ὁ Υἱός οὕτω καί τό πρόσωπον τοῦ ἁγίου Πνεύματος συμπληρωθέντος τοῦ ἔργου αὐτοῦ, ὅ ἐστί τοῦ

[437] Τήν συστολήν τοῦ υἱοῦ ἤ κατά τόν Μέγαν Ἀθανάσιον τήν *παῦσιν* αὐτοῦ, τουτέστι τήν διάλυσιν τῆς ὑπό υἱόν μεταμορφώσεως τῆς Μονάδος, τινές μέν θέλουσι γενομένην μετά τήν Ἀνάληψιν, ἄλλοι δέ εὐθύς μετά τήν ἐν τῷ σταυρῷ τελεσθεῖσαν ἀπολύτρωσιν· αἱ περί τούτου ὅμως μαρτυρίαι τῶν ἀρχαίων [συνηγοροῦσι] ὑπέρ τῆς πρώτης γνώμης· οὕτω ὁ μέν Ἐπιφάνιος (αἵρ. 62,1) ὁμιλῶν περί τῆς δοξασίας ταύτης τοῦ Σαβελλίου λέγει «πεμφθέντα δέ τόν υἱόν καιρῷ ποτε ὥσπερ ἀκτίνα καί ἐργασάμενον τά πάντα ἐν τῷ κόσμῳ τά τῆς οἰκονομίας τῆς εὐαγγελικῆς καί σωτηρίας τῶν ἀνθρώπων, ἀναληφθέντα δέ αὖθις εἰς οὐρανόν ὡς ὑπό ἡλίου πεμφθεῖσαν ἀκτῖνα καί πάλιν εἰς τόν ἥλιον διαδραμοῦσαν». Ὁ δέ Γρηγόριος Νύσσης (Maji Coll. viii, 2,4) ἐκφράζεται ἐπίσης σαφῶς περί τούτου λέγων «οἱ δέ κατά Σαβέλλιον ... οἴονται διά μέν λειποταξίαν ἀνθρωπίνην προεληλυθέναι τόν υἱόν ἐκ τοῦ Πατρός προσκαίρως, αὖθις δέ μετά τήν διόρθωσιν τῶν ἀνθρωπίνων πλημμελημάτων ἀναλελυκότα ἐνδῦναι καί ἀναμεμῖχθαι τῷ Πατρί». Καί Ἀθανάσιος κατά Ἀρείου λόγος 4,12 «δι' ἡμᾶς γεγένηται καί μεθ' ἡμᾶς ἀνατρέχει, ἵνα ἤ ὥσπερ ἦν».
[438] Παραβ. Μ. Ἀθανασίου λόγ. 4,12 ἔνθα λέγει «ἡ Μονάς πλατυνθεῖσα γέγονε Τριάς» αὐτόθι 13 «συστέλλεσθαι καί πάλιν ἐκτείνεσθαι τόν Θεόν».
[439] Βλ. Θεοδώρ. Αἵρετ. κακομ. 2,9 «Ἐν μέν τῇ Παλαιᾷ ὡς πατέρα νομοθετῆσαι ἐν δέ τῇ Καινῇ ὡς υἱόν ἐνανθρωπῆσαι, ὡς Πνεῦμα δέ ἅγιον τοῖς ἀποστόλοις ἐπιφοιτῆσαι».
[440] («*ἀνάγκη δέ καί παυθήσεσθαι τό ὄνομα τοῦ υἱοῦ καί τοῦ Πνεύματος, τῆς χρείας πληρωθείσης*» Ἀθανασίου Κατά Ἀρ. λόγ. 4,25)

ἁγιασμοῦ τῆς ἐκκλησίας, μέλλει νά χωρήση, ἔλεγεν ὁ Σαβέλλιος, εἰς τήν ἀνείδεον Μονάδα καί τότε ὁ θεός ἔσεται πάλιν ὅ,τι ἦν πρό τῆς εἰς Τριάδα ἀναπτύξεώς του, καί ὁ ἄνθρωπος ὅ,τι ἦν πρό τῆς τήν Τριάδα προκαλεσάσης ἁμαρτίας, τουτέστι θέλει ἐναχθῆ εἰς τόν μακάριον βίον τοῦ παραδείσου. Περί δέ τῆς δημιουργίας τοῦ κόσμου ἐδίδαξεν ὁ Σαβέλλιος ὅτι ἡ κτίσις δέν προῆλθεν ἐξ οὐκ ὄντων, ἀλλ' ἐξ αἰωνίου τινός χάους, ἔκ τινος ὑποκειμένης ὕλης, ἐφ' ἧς ἐνήργησεν ἡ Μονάς διαμορφῶσα καί σχηματίζουσα αὐτήν, ὅπως ἡ Τριάς ἐνήργησεν ἐπί τῆς ἡμαρτηκυίας ἀνθρωπότητος σῴζουσα αὐτήν.

Κατά τοῦ Σαβελλίου, οὗτινος ἡ διδασκαλία πολλῆς ἔτυχεν ἐπιδοκιμασίας παρά τοῖς ἐπισκόποις τῆς Πενταπόλεως, ἀντέστη πρῶτος ὁ Μέγας Διονύσιος ὁ τῶν Ἀλεξανδρέων ἐπίσκοπος, ὅστις δι' ἐγκυκλίου ἐπιστολῆς πρός τινας ἐπισκόπους Ἀμμώνιον καί Εὐφράνορα, ἐξελέγξας τήν αἵρεσιν τοῦ Σαβελλίου προέτρεψε πάντας τούς ἄλλους τῆς Ἀφρικῆς ἐπισκόπους νά ἀποσοβή /(351) σωσι τήν κακοδοξίαν. Συγχρόνως δέ ἐπειράθη καί δι' ἐπιστολῶν καί αὐτοπροσώπως συνδιαλεχθείς μετά τοῦ Σαβελλίου νά ἐπιστρέψη αὐτόν ἀπό τῆς πλάνης· πλήν ὁ ἱερός Διονύσιος, ὅστις δέν εἶχε τόν θεωρητικόν καί φιλοσοφικόν νοῦν τοῦ διδασκάλου του, τοῦ Ὠριγένους, δέν ἠδυνήθη νά μετασαλεύση τήν πεποίθησιν τοῦ διαλεκτικοῦ ἀντιπάλου του· διό καί ἐν ἔτει 261 συγκαλέσας σύνοδον ἐν Ἀλεξανδρείᾳ ἀνεκήρυξεν αὐτόν τε καί τούς ὀπαδούς αὐτοῦ ἀκοινωνήτους. Ἐν τοῖς ὑπ' αὐτοῦ ὅμως κατά τοῦ Σαβελλίου γραφεῖσι εἶχε μεταχειρισθῆ ὁ ἱερός Διονύσιος, εἰ καί μή μέ ἔννοιαν κακόδοξον, ἐκφράσεις τινας καί παρομοιώσεις λίαν συμβιβαστικάς ὡς πρός τό δεύτερον πρόσωπον τῆς ἁγίας Τριάδος, ἐκφράσεις, ἐν αἷς ἐφαίνετο ὡς νά ἠρνεῖτο φανερά τήν αἰωνίαν γέννησιν καί τό ὁμοούσιον τοῦ υἱοῦ καί λόγου τοῦ θεοῦ· διότι πρῶτον μέν ὠνόμαζεν αὐτόν ποίημα καί ἔθετεν αὐτόν εἰς τοιαύτην πρός τόν πατέρα σχέσιν, εἰς ἥν ὑπάρχει ἡ ἄμπελος πρός τόν γεωργόν καί ὁ ναυπηγός πρός τό σκάφος· δεύτερον δέ μετεχειρίζετο τό μετά ταῦτα τοσοῦτον πολυθρύλητον γενόμενον «ἦν ὅτε οὐκ ἦν», ὅπερ ὁ Ὠριγένης ὁ διδάσκαλος αὐτοῦ, ἀναφανδόν εἶχε καταπολεμήσει. Εἰς τάς ἐκφράσεις ταύτας τοῦ ἁγίου Διονυσίου ἐσκανδαλίσθησαν πολλοί καί ἐκ τῶν σφόδρα ἀντιπάλων τοῦ Σαβελλίου καί τινες ἐξ αὐτῶν μεταβάντες εἰς Ῥώμην κατηγόρησαν αὐτόν παρά τῷ τότε ἐπισκόπῳ τῆς Ῥώμης, Διονυσίῳ καί αὐτῷ καλουμένῳ. Οὗτος δέ ζηλωτής ἔνθερμος τοῦ ὁμοουσίου καί τῆς αἰωνίας γεννήσεως τοῦ υἱοῦ καί λόγου τοῦ Θεοῦ, συγκαλεσάμενος σύνοδον ἐν ἔτει 268, κατέκρινε τάς ἐκφράσεις τοῦ Ἀλεξανδρείας καί ἐξέδωκεν ἴδιον ἀντιρρητικόν σύγγραμμα «Ἀνατροπή» ἐπιγραφόμενον, ἐν ᾧ ἐρράπιζε καί τόν Σαβελλιανισμόν καί τήν φρασεολογίαν τοῦ συναδέλφου του, χωρίς ὅμως νά ἀναφέρῃ αὐτόν ὀνομαστί. Ἀλλ' ἡ ἀξιάγαστος καί ὄντως παραδειγματική μετριοφροσύνη καί πραότης τοῦ ἱεροῦ τῆς Ἀλεξανδρείας ποιμένος δέν ἀφῆκε νά καταντήσῃ τό πρᾶγμα εἰς προφανῆ ῥῆξιν, ἥτις συμμεριζομένων τοῦ ἀγῶνος καί τῶν λοιπῶν τῆς ἐκκλησίας προεστώτων, ἤθελεν ἴσως προκαταλάβῃ τόν φοβερόν ἐκεῖνον δογματικόν πόλεμον τόν ἐπί Ἀρείου (§)· τοὐναντίον μετά ἀπροσδοκήτου καί σχεδόν ὑπέρ τό δέον ἀπροφασίστου ἐπιεικείας ἐνδούς ὁ μακάριος Διονύσιος καί δι' ἑτέρας συγγραφῆς ἐπιγραφομένης «Ἀπολογία καί ἔλεγχος» δικαιολογήσας, ὅσον ἐπετρέπετο, τήν προτέραν του φρασεολογίαν, ἀνεκήρυξεν ὅτι εἰς τά οὐσιώδη συμφωνεῖ ἐντελῶς μέ τήν δογματικήν ἔκθεσιν τοῦ συνεπισκόπου καί συνωνύμου του. Ἐπί δέ τούτοις ἀπεδέξατο καί τήν λέξιν «ὁμοούσιος» καίτοι ἄγνωστον, ὡς ἔλεγεν, εἴς τε τήν ἁγίαν Γραφήν καί εἰς τούς Πατέρας.

Σημ.στ'. Πρός διασάφησιν τῆς διδασκαλίας τοῦ Σαβελλίου σημειωτέον ἐνταῦθα καί τά ἑξῆς· οὐδέποτε ὠνόμαζεν ὁ Σαβέλλιος τόν υἱόν λόγον, ὅ ἐστιν οὐδέποτε ἐχαρακτήριζε μέ τό ὄνομα λόγος τό δεύτερον πρόσωπον τῆς παρ' αὐτῷ Τριάδος. Ὁ λόγος κατά τόν Σαβέλλιον ἔσχε τό ὄνομα υἱός κατά πρῶτον μετά τήν ἐνανθρώπησιν· «Ἐν ἀρχῇ μέν εἶναι λόγον ἁπλῶς, ὅτε δέ ἐνηνθρώπησε, τότε ὠνομάσθαι υἱόν· πρό γάρ τῆς ἐπιφανείας μή εἶναι υἱόν, ἀλλά λόγον μόνον· καί ὥσπερ ὁ λόγος σάρξ ἐγένετο, οὐκ ὤν πρότερον σάρξ, οὕτως ὁ λόγος υἱός γέγονεν οὐκ ὤν πρότερον υἱός», Ἀθανασίου Κατά Ἀρειανῶν λόγος 4, 22. Κατά ταῦτα λοιπόν ὁ Σαβέλλιος ἐταύτιζε τόν λόγον μετά τῆς Μονάδος. Μο /(353) νάς καί λόγος παρ' αὐτῷ ἦσαν ὀνόματα δηλωτικά διαφόρων καταστάσεων τῆς μιᾶς θείας ὑποστάσεως· τό ὄνομα λόγος ἀπέδιδεν ὁ Σαβέλλιος εἰς τήν Μονάδα ὅταν ἐθεώρει αὐτήν ἐν ἐνεργείᾳ καί κινήσει, ὅταν ἐθεώρει αὐτήν ὡς ἐνεργοῦσαν καί οὐχί ὡς ἠρεμοῦσαν· ἄλλαις λέξεσιν, ὁ Σαβέλλιος διέκρινεν ἐκτός τῆς τριπλῆς ἤ τριαδικῆς μορφῆς, ἥν ἐνεδύθη ἡ Μονάς καί δύο ἄλλας καταστάσεις τῆς Μονάδος καί εἰς μέν τήν μίαν κατάστασιν, τήν ἤρεμον καί ἀδρανῆ, εὑρισκομένην τήν Μονάδα ὠνόμαζε «θεόν σιωπῶντα», εἰς δέ τήν ἑτέραν «θεόν λαλοῦντα» ἤ λόγον (κατά τινα ἀναλογίαν πρός τά φιλώνεια ἐκεῖνα «λόγος ἐνδιάθετος καί λόγος προφορικός»). Ἐκ τῶν εἰρημένων ἐξακριβοῦται καί ἡ περί δημιουργίας διδασκαλία τοῦ Σαβελλίου· ὡς δημιουργόν τοῦ κόσμου ἐθεώρει οὗτος τόν λόγον τουτέστι τόν λαλοῦντα θεόν, τήν ἐνεργοῦσαν Μονάδα, οὐχὶ τὴν μονάδα κ α θ ᾿ ἑ α υ τ ή ν, τὸν σιωπῶντα θεόν, τὴν ἠρεμοῦσαν Μονάδα. Ἐὰν ἡ Μονὰς διετέλει καθ᾿ ἑαυτὴν καὶ ἐν τῇ ἀφαιρέσει αὐτῆς, ἐὰν ἔμενε διὰ παντὸς «θεὸς σιωπῶν» ὁ κόσμος δὲν θὰ ἐδημιουργεῖτο κατὰ τὸν Σαβέλλιον· διότι «ὁ θεὸς σιωπῶν ἀνενέργητος, ὁ λαλῶν θεὸς ἰσχύει», Ἀθανασ. κατ. Ἀρ. λόγ. 4,11. Ἐντεῦθεν ἡ Μονὰς ὡς «Θεὸς ἰσχύων», ὡς δημιουργὸς ὠνομάζετο ὑπὸ τοῦ Σαβελλίου καὶ «κοινὸς πάντων Πατήρ», αὐτόθι λόγος 4,22. Σημειωτέον ὅμως ὅτι τὴν λέξιν Π α τ ή ρ δὲν μετεχειρίζετο ἐνταῦθα ὡς ὄνομα κύριον, μὲν τὴν λέξιν Πατὴρ δὲν ἐσήμαινεν ἐνταῦθα ὁ Σαβέλλιος τὸν Π α τ έ ρ α τ ῆ ς Τ ρ ι ά δ ο ς τ ο υ, διότι ἐν τῇ σφαίρᾳ τῆς ἐνεργείας τούτου ἔκειτο ὡς εἴρηται μόνον ἡ νομοθεσία οὐχὶ δὲ καὶ ἡ δημιουργία. Ἡ Τριὰς τῶν προσώπων (Πατήρ, Υἱὸς καὶ Πνεῦμα) οὐδεμίαν σχέσιν εἶχεν κατὰ τὸν Σαβέλλιον μὲ τὴν δημιουργίαν· ὁ κόσμος ὑπῆρχεν, καὶ ἡ ἁμαρτία τοῦ κόσμου ἠνάγκασε τὴν Μονάδα νὰ λάβῃ τὰς τρεῖς ἐκείνας μεταμορφώσεις καὶ νὰ ἐμφανισθῇ εἰς τὸν κόσμον ὡς Πατήρ, ὡς Υἱὸς καὶ Πνεῦμα. Ὅτι δὲ ὁ Σαβέλλιος ἐπρέσβευεν τὴν ὕλην, ἐξ ἧς ὁ κόσμος αἰωνίως συνυπάρχουσαν τῷ θεῷ, εἰκάζεται ἐκ τῶν λόγων Διονυσίου τοῦ Ἀλεξανδρείας ἀγωνιζομένου νὰ ἀποδείξῃ ἐναντίον τοῦ Σαβελλίου τὸ ἀδύνατον τῆς αἰωνιότητος τῆς ὕλης. Εὐσεβ. εὐαγγ. Προπαρασκ. 7,19.

Σημ. ζ΄. Ἰδοὺ αἱ λέξεις τοῦ Διονυσίου «Ποίημα καὶ γεννητὸν εἶναι τὸν υἱὸν τοῦ Θεοῦ, μήτε δὲ φύσει ἴδιον, ἀλλὰ ξένον κατ᾿ οὐσίαν αὐτὸν εἶναι τοῦ Πατρός· ὥσπερ ἐστὶν ὁ γεωργὸς πρὸς τὴν ἄμπελον, καὶ ὁ ναυπηγὸς πρὸς τὸ σκάφος. Καὶ γὰρ ὡς ποίημα ὤν, ο ὐ κ ἦ ν π ρ ὶ ν γ έ ν η τ ε. Ἀθανασ. de sent. Dion. c. 4. Ἐάν τις ἐξελάμβανε τὴν φρασεολογίαν ταύτην ὡς αὐστηρὰν δογματικὴν ἔκφρασιν τοῦ ἱεροῦ Διονυσίου, θὰ εἶχε πάντως ἐν τῷ ἱεράρχῃ τούτῳ πλήρη ἤδη τὸν ἀρειανισμόν· ἀλλ᾿ ὁ Διονύσιος, οὕτινος τὸ χάρισμα δὲν ἦτο τόσον ἡ γνῶσις, ὅσον ἡ πίστις καὶ ἡ κυβέρνησις δὲν εἶχεν ἴσως σταθμίσῃ δεόντως τὰς λέξεις καὶ τὰ συμπεράσματα τῶν ἐκφράσεών του. Ὁ σκοπὸς αὐτοῦ ἐν τούτοις δὲν ἦτο ἄλλος, εἰμὴ τὸ νὰ διακρίνῃ ὑποστατικῶς τὸν υἱὸν ἀπὸ τοῦ /(354) πατρός, τὸ ὁποῖον ἐξέφρασε βέβαια ὄχι τόσον ἐπιτηδείως καὶ μετὰ τῆς προσηκούσης ἀκριβορρημοσύνης. Διότι ὁ ἱερὸς Διονύσιος ὡμολόγει τὴν ἀληθινὴν θεότητα τοῦ υἱοῦ, οὐδ᾿ ἐπῆλθε ποτε αὐτῷ εἰς νοῦν νὰ ἀρνηθῇ αὐτήν, ὡς γίνεται τοῦτο δῆλον ἐκ ἄλλων τινῶν παρομοιώσεων, τὰς ὁποίας μετεχειρίζετο ἐν τῇ πρὸς Ἀμμώνιον καὶ Εὐφράνωρα ἐπιστολῇ, ἐν ᾗ ἔκειντο καὶ αἱ ἀνωτέρω σημειωθεῖσαι φράσεις. Οὕτω λ.χ. ἐν τῇ ἐπιστολῇ ταύτῃ μετεχειρίζετο ὡς παροιμοιώσεις τὴν γέννησιν τοῦ ποταμοῦ ἐκ τῆς πηγῆς, τοῦ βλαστοῦ ἀπὸ τῆς ῥίζης, τοῦ παιδὸς ἐκ τῶν γονέων, ἐν αἷς ἐννοεῖται τὸ ὁμοούσιον τοῦ υἱοῦ.

Σημ. η΄. Ἐκ τῆς *Ἀνατροπῆς Διονυσίου τοῦ Ῥώμης* διέσωσεν εἰς ἡμᾶς ὁ Μέγας Ἀθανάσιος (τά ὑπό τῆς ἐν Νικαίᾳ συνόδου ὁρισθέντα κεφ. 26) σημαντικόν τεμάχιον, ἐξ οὗ βλέπομεν, ὅτι ὁ μακάριος ἐκεῖνος ἱεράρχης οὐ μόνον νά ἀντέχηται τῆς ἀληθείας ἐγίνωσκεν μετά μεγάλης λογικῆς ἀκριβείας καί ἀκολουθίας, ἀποφεύγων τάς δεξιόθεν καί ἀριστερόθεν ὑπερβολάς καί ἀποπλανήσεις, ἀλλά καί νά προσχεδιάσῃ, οὕτως εἰπεῖν, κατώρθωσε ἐν τοῖς οὐσιωδεστέροις τό μετά ταῦτα ἐν Νικαίᾳ γενόμενον ἱερόν τῆς πίστεως Σύμβολον. Κατά τήν φρασεολογίαν αὐτοῦ ὁ Υἱός οὔτε κτίσμα οὔτε ποίημα λέγεται, ἀλλ' ἐγεννήθη πρό πάντων τῶν αἰώνων, καί ἔστιν ὁμοούσιος τῷ Πατρί, αἱ τρεῖς ὑποστάσεις θεῖαι δέν πρέπει οὔτε κατ' οὐσίαν νά χωρίζονται, ἀλλ' οὔτε πάλιν ὡς ἀπρόσωποι ἰδιότητες τῆς μιᾶς θείας οὐσίας καί φύσεως νά θεωρῶνται. Τόν θεῖον λόγον ἀνάγκη νά νοῶμεν ἡνωμένον καί τό ἅγιον Πνεῦμα ἐμφιλοχωροῦν καί ἐνδιαιτώμενον μετά τοῦ θεοῦ τῶν ὅλων. Τήν δέ Ἁγίαν Τριάδα εἰ καί προσωπικῶς διακρινομένην «ἀνάγκη συγκεφαλαιοῦσθαι καί συνάγεσθαι εἰς ἕνα, ὥσπερ εἰς κορυφήν τινα, τόν Θεόν ὅλων, τόν Παντοκράτορα, οὕτω γάρ ἄν καί ἡ θεία Τριάς καί τό ἅγιον κήρυγμα τῆς Μοναρχίας διασώζοιτο»· ἑνί λόγῳ ὑπάρχει ἀναμφισβήτητον, ὅτι ὁ ἅγιος οὗτος Πατήρ τῆς ἐκκλησίας συνετέλεσεν οὐκ ὀλίγον εἰς τήν ἀνάπτυξιν καί ἐξακρίβωσιν τῆς περί ἁγίας Τριάδος διδασκαλίας, ὑπερασπίσας γενναίως καί ἐπιμόνως ἀπέναντι τῶν ἀντιπαραστάσεων τῶν Μοναρχικῶν τήν λέξιν ὁμοούσιος ὡς τήν καταλληλοτέραν πρός δήλωσιν τῆς ταυτότητος τῆς οὐσίας τῶν τριῶν προσώπων.

§96. Διδασκαλία καί πρᾶξις τῆς Ἐκκλησίας ἐπί τῶν βαρέως ἁμαρτανόντων καί μετανοούντων.

Ὁ Κύριος ἡμῶν Ἰησοῦς Χριστός, ὁ ἀρχηγός καί θεμελιωτής καί ἡ κεφαλή τῆς ἀπ' αὐτοῦ ὀνομασθείσης ἐκκλησίας ἔδωκε τοῖς ἀποστόλοις αὐτοῦ τήν ἐξουσίαν τοῦ ἐκκόπτειν τῆς ἐκκλησίας τούς βαρέως ἁμαρτάνοντας (Ματθ. 18,9) καί τοῦ προσλαμβάνεσθαι πάλιν αὐτούς μετα /(355) νοοῦντας ἐφ' οἷς ἔπραξαν καί διορθουμένους, ὡς τοῦ θεοῦ μή θέλοντος τόν θάνατον τοῦ ἁμαρτωλοῦ. Τό δικαίωμα τοῦτο ἐξήσκησεν ὁ ἀπόστολος Παῦλος ἐν Κορίνθῳ (α΄ Κορ. 5,1-5). Τόν τόπον τῶν ἱερῶν ἀποστόλων ἐπέχοντες οἱ ἐπίσκοποι ἔπραττον ὡς καί οἱ ἅγιοι ἀπόστολοι. Ἀπεκόπτοντο δέ τῆς ἐκκλησιαστικῆς κοινωνίας (excommunicatio) κατά τήν εὐαγγελικήν διδασκαλίαν καί πρᾶξιν οἱ ἐκκλίνοντες τῆς πίστεως, οἱ ἀποστάται, οἱ διαφθείροντες τά δόγματα τῆς χριστιανικῆς πίστεως, οἱ σχισματικοί, οἱ διαταράσσοντες τήν καθεστῶσαν τῆς ἐκκλησίας τάξιν καί οἱ βαρέως ἁμαρτάνοντες ἠθικῶς. Ἐν τούτοις κατά τούς πρώτους χρόνους, τουλάχιστον μέχρι μεσούσης τῆς τρίτης ἑκατ., φαίνεται ὅτι δέν ὑπῆρχεν εἰσέτι ὡρισμένος τις καί παρά πᾶσι κοινός κανών περί τοῦ χρόνου τῆς διαρκείας τῆς μετανοίας, καθώς οὐδέ αἱ ποιναί καί τά ἐπιτίμια τά ἐπιβαλλόμενα εἰς τούς μετανοοῦντας ἦσαν διατετυπωμένα καί ὅτι πάντα ταῦτα ἐγκατελείποντο εἰς τήν ποιμαντικήν φρόνησιν καί κρίσιν τοῦ ἐπισκόπου[441]. Ἐκεῖνο τό ὁποῖον ἐν γένει ἐφυλάττετο ἦν τό ἑξῆς: ἐάν μετά τήν πτῶσιν αὐτῶν μετενόουν (lapsi, κατ' ἀντίθεσιν πρός τούς ἱσταμένους stantes, παραβ. ῥωμ. 14,4 α' Κορ. 10,12), καί ἐξέφραζον τήν ἐπιθυμίαν νά τύχωσι τῆς ἀφέσεως, κατετάσσοντο εἰς τήν τάξιν τῶν μετανοούντων (poenitentes) καθώς οἱ κατηχούμενοι ὤφειλον καί αὐτοί νά ἀπέχωσι τῆς λειτουργίας τῶν πιστῶν (missa fidelium) καί τῆς θείας μεταλήψεως. Σύμπασα ἡ πρᾶξις αὕτη τοῦ ἐξιλασμοῦ ἐκαλεῖτο ἐξομολόγησις καί περιελάμβανε τόσον τήν μεταβολήν καί τήν συντριβήν τοῦ νοός καί τῆς καρδίας καί τήν ἐξαγόρευσιν τοῦ παραπτώματος, ὅσον καί τά ἐξωτερικά ἔργα τῆς μετανοίας, τά ὁποῖα συνήθως ἐγίνοντο δημοσίᾳ, καθώς καί τήν δι' ἀφέσεως τῶν ἁμαρτιῶν συμφιλίωσιν καί κατάταξιν αὐτῶν εἰς τόν χορόν τῶν πιστῶν (absolatio, pax, reconciliatio)[442]. Ἐνίοτε καί ἐνιαχοῦ ἐξήσκουν ὡς πρός τοῦτο ἐπιρροήν καί οἱ μάρτυρες καί ὁμολογη-

---

[441] (ὅσον ἀφορᾷ τόν χρόνον μετανοίας ὁ ἅγιος Κυπριανός κατά τό 250 ἀπαιτεῖ ἵνα ἡ ἀνάλογος «justum tempus», Epist. 11)

[442] Περί τῶν ἔργων τῆς μετανοίας, εἰς ἅ καθυπεβάλλοντο κατά τούς πρώτους χρόνους οἱ εἰς βαρέα ἁμαρτήματα ἐμπίπτοντες, ὁμιλεῖ ὁ Τερτυλλιανός ἐν τῷ περί Μετανοίας (de poenitent. c. 9) ὡς ἑξῆς.- Ὅσον βραχύ καί ἄν εἶναι τό ἔργο τῆς ... μετανοίας, τοσοῦτον ἐπίπονος εἶναι ἀναντιρρήτως ἡ κατόρθωσις αὐτοῦ, ἐπειδή ἡ μετάνοια δέν γίνεται μόνον ἐσωτερικῶς ἐν τῇ συνειδήσει, ἀλλ' ἐμφανίζεται καί εἰς ἐξωτερικήν τινα πρᾶξιν. Ἡ πρᾶξις αὕτη, ἥτις ὡς ἐπί τό πλεῖστον ἑλληνικόν ὄνομα φέρει, εἶναι ἡ ἐξομολόγησις, δι' ἧς ὁμολογοῦμεν εἰς τόν Κύριον τάς ἁμαρτίας ἡμῶν, ὄχι βεβαίως διότι ἀγνοεῖ αὐτάς ἀλλά διότι διά τῆς ἐξομολογήσεως ὁρίζεται ἡ ἱκανοποίησις, ἐκ τῆς ἐξομολογήσεως αὐξάνει ἡ μετάνοια, ἡ δέ μετάνοια πραΰνει τόν Θεόν, οὕτω ὁ ἐξομολογούμενος προσπίπτει, ταπεινοῦται, τροποποεῖ καί μεταβάλλει τόν βίον του ὅπως ἐπισπᾷ /(358) σηται τήν εὐσπλαχνίαν καί τό ἔλεος τοῦ Θεοῦ. Ἐν σάκκῳ καί σποδῷ κεῖται ἀφαιρῶν πάντα τόν κόσμον τοῦ σώματος, ὅπως λυπήσῃ τήν ψυχήν καί τοιουτοτρόπως μεταβάλλῃ αὐτήν ἐπί τό βέλτιον· ἡ τροφή καί τό ποτόν αὐτοῦ εἶναι ἁπλούστατα καί τούτων δέ μεταλαμβάνει οὐχί τῆς κοιλίας ἀλλά τῆς ψυχῆς ἕνεκα, ὅπως νηστεύων ἔτι μᾶλλον σχολάζῃ εἰς τήν προσευχήν, ἔτι μᾶλλον στενάζῃ, ἔτι μᾶλλον κλαίῃ ἡμέρας καί νυκτός πρός κύριον καί κραυγάζῃ, ἐνώπιον τῶν ἱερέων προσπίπτει, πρό τῶν ἠγαπημένων τοῦ Θεοῦ γονυκλιτῇ ἁπάντων τῶν ἀδελφῶν τάς πρός Κύριον δεήσεις ἐξαιτῆται, ἅπερ πάντα συγκροτοῦσι τήν ἐξομολόγησιν.- Ἐπειδή οἱ βαρέως ἁμαρτάνοντες καί διά τοῦτο τῆς χριστιανικῆς κοινωνίας ἀφοριζόμενοι ἐθεωροῦντο ἐν γένει ὡς ἱστάμενοι ἐπίσης ὑπό τήν κυριαρχίαν τοῦ Σατανᾶ ὡς καί οἱ ἀβάπτιστοι (οὕτω ἑρμηνεύει ὁ Ὠριγένης ὑπόμν. εἰς τούς Κριτ. ὁμιλ. 2 §2. εἰς τόν Ἱερεμ. ὁμιλ. 18§14 καί ἐν τοῖς Selesta in Jer. 29,4. τό τοῦ ἀποστόλου Παύλου α' Κορ. 5,5. α' Τιμ. 1,20 «παραδοῦναι τῷ Σατανᾷ» διά τοῦ ἐκκόπτειν καί ἀφορίζειν τῆς ἐκκλησίας), διά τοῦτο οἱ μετανοοῦντες ὤφειλον νά ὑφίστανται παρομοίαν μέν πλήν βαρυτέραν δοκιμασίαν, παρά οἱ κατηχούμενοι, πρίν ἤ εἰσέλθωσιν καί πάλιν εἰς τήν ἐκκλησίαν. παραβ. καί Cyprian. de lapsis.

ταί παρέχοντες τούς λιβέλλους τῆς εἰρήνης (libelli pacis §), δι' ὧν οἱ συνιστώμενοι ὑπ' αὐτῶν ἠξιοῦντο τῆς ἐκκλησιαστικῆς κοινωνίας ἀμέσως ἢ μετά μικράν καί ἐλαφράν δοκιμασίαν, πρᾶξις ἥτις πρό τοῦ Τερτυλλιανοῦ ὑπῆρχεν ἐν χρήσει (s. Cyprian. Epist. 10 ad Martyres et Confessores.- Tertyll. de pudicit. c. 22. Εὐσεβ. Ἐκκλ. Ἱστ. 5,2)[443]. Ἐπί τοῦ διωγμοῦ ὅμως τοῦ ἐπί Δεκίου τοσαῦται συνέβησαν ὡς πρός τοῦτο καταχρήσεις ἐν Ἀφρικῇ ὥστε ἠναγκάσθη ὁ ἅγιος Κυπριανός νά ἀντείπῃ κατά τοῦ προνομίου τούτου ὅπερ ἐκ συνηθείας ἔχαιρον οἱ Μάρτυρες καί ὁμολογηταί[444]. Ὅτι λοιπόν οἱ πίπτοντες μετά εἰλι-

---

443 Βλ. καί § οὕτω λέγει καί Διονύσιος ὁ Ἀλεξανδρείας παρ' Εὐσεβίῳ Ἐκκλ. Ἱστ. 6,42 «Οἱ θεῖοι μάρτυρες ... οἱ νῦν τοῦ Χριστοῦ πάρεδροι καί τῆς βασιλείας αὐτοῦ κοινωνοί, καί μέτοχοι τῆς κρίσεως αὐτοῦ, καί συνδικάζοντες αὐτῷ τῶν παραπεπτωκότων ἀδελφῶν ... τήν ἐπιστροφήν καί μετάνοιαν ἰδόντες ... δεκτήν τε γενέσθαι δυναμένην τῷ θεῷ ... δοκιμάσαντες εἰσεδέξαντο καί συνήγαγον καί συνέστησαν, καί προσευχῶν αὐτοῖς καί ἑστιάσεων ἐκοινώνησαν ... τί ἡμῖν πρακτέον; σύμψηφοι καί ὁμογνώμονες αὐτοῖς καταστῶμεν, καί τήν κρίσιν αὐτῶν καί τήν χάριν φυλάξωμεν καί τοῖς ἐλεηθεῖσιν ὑπ' αὐτῶν χρηστευσώμεθα; ἢ τήν κρίσιν αὐτῶν ἄδεκτον ποιησώμεθα καί δοκιμαστάς αὐτούς τῆς ἐκείνων γνώμης ἐπιστήσωμεν καί τήν χρηστότητα λυπήσωμεν καί τήν τάξιν ἀνασκευάσωμεν;
444 Ἰδού πῶς ἐκφράζεται ὁ ἱερομάρτυς Κυπριανός ἐν τῇ 29 αὐτοῦ ἐπιστολῇ δυσανασχετῶν ἐπί τῇ διαγωγῇ ὁμολογητοῦ τινος Λουκιανοῦ ὀνόματι καταχρασθέντος τό τοιοῦτον τῶν ὁμολογητῶν προνόμιον. Ἡ ἐπιστολή αὕτη γράφεται πρός τούς ἐν Ῥώμῃ πρεσβυτέρους καί διακόνους ἥν καί μεταφέρομεν ὁλόκληρον σχεδόν ἐνταῦθα ὡς ἀρκούντως ἐξιστοροῦσαν τά τηνικαῦτα ἐν τῇ ἐκκλησίᾳ συμβάντα ἕνεκα τῶν διδομένων λιβέλλων τῆς εἰρήνης.- «Μετά τά πρός ὑμᾶς, ἀγαπητοί ἀδελφοί, ὑπ' ἐμοῦ σταλέντα γράμματα, ἐν οἷς ἐξέθετον τόν τρόπον τῆς ἐνεργείας ἡμῶν καί ὁποία τις ὑπάρχει πάντοτε /(359) ἡ ἡμετέρα πρᾶξις καί μέριμνα (ὡς πρός τούς μετανοοῦντας) συνέβη τι τό ὁποῖον δέν πρέπει νά μείνῃ ἄγνωστον εἰς ὑμᾶς. Ὁ ἡμέτερος ἀδελφός Λουκιανός, εἷς καί αὐτός τῶν ὁμολογητῶν, θερμός μέν τήν πίστιν καί μέγας τήν ἀρετήν, ὀλίγον ὅμως τρίβων τῶν ἁγίων Γραφῶν, ἐπεχείρησέ τι καί πρό πολλοῦ ἤδη ἐχειροτόνησεν ἑαυτόν ὁδηγόν τοῦ ἀμαθοῦς λαοῦ γράψας τῇ ἰδίᾳ χειρί πλείστους ὅσους εἰρήνης λιβέλλους καί ἐφοδιάσας δι' αὐτῶν πολλούς ἐν ὀνόματι τοῦ Παύλου (εἷς οὗτος τῶν ὑπέρ Χριστοῦ τόν μαρτυρικόν θάνατον εἰληφότων ἐπί Δεκίου). Καίτοι ὁ Μαππάλικος συνετός καί φρόνιμος μάρτυς, μεμνημένος τοῦ νόμου καί τῆς ἐκκλησιαστικῆς πράξεως οὐδέν κατά τοῦ εὐαγγελίου συνέταξεν ἔγγραφον, ἀλλά μόνον ὑπό φίλτρου κινούμενος μητρικοῦ ἐξητήσατο νά δοθῇ εἰρήνη (ἡ ἄφεσις) εἰς τήν ἑαυτοῦ μητέρα, πεσοῦσαν ἐπί τοῦ διωγμοῦ καί ὁ Σατουρνῖνος δέ, ὅστις μετά τά βασανιστήρια ἐρρίφθη εἰς τήν φυλακήν, οὐδέν τοιοῦτον εἴδους γράμμα ἐξέδωκεν. Ὁ δέ Λουκιανός παρεῖχεν οὐ μόνον καθ' ὅν καιρόν ἔκειτο ἔτι ὁ Παῦλος ἐν τῇ εἱρκτῇ ἰδιογράφους εἰρήνης λιβέλλους ἐν ὀνόματι τοῦ Παύλου πρός πάντας, ἀλλ' ἐξηκολούθει νά πράττῃ τοῦτο καί μετά τόν θάνατον αὐτοῦ, λέγων ὅτι οὕτω νά πράττῃ διέταξεν αὐτόν ὁ μάρτυς, μή εἰδώς ὅτι πρέπει νά πειθαρχῇ τις μᾶλλον εἰς τόν Κύριον παρά εἰς τόν σύνδουλον του (ἰδού τί ἔγραφεν ὁ Λουκιανός πρός ἕτερόν τινα ὁμολογητήν Κελερῖνον ὀνόματι, τό ὁποῖον ὑπαινίττεται ἐνταῦθα ὁ ἅγ. Κυπριανός· - Ὅτε περιῆν ἔτι ἐν τῷ βίῳ ὁ μακάριος μάρτυς Παῦλος, καλέσας εἶπέ μοι «Λουκιανέ, λέγω σοι ἐνώπιον τοῦ Ἰησοῦ Χριστοῦ, δίδε, ἐάν τις μετά τήν ἐμήν ἔξοδον αἰτήσηται παρά σοῦ τήν εἰρήνην, δίδε ταύτην αὐτῷ ἐν τῷ ἐμῷ ὀνόματι» - βλ. τήν ἐπιστολήν ταύτην μεταξύ τῶν ἐπιστολῶν τοῦ ἁγίου Κυπριανοῦ τασσομένην 28 (κατ' ἄλλ. 21). Ὁ αὐτός δέ Λουκιανός διένεμε πολλούς εἰρήνης λιβέλλους καί ἐν ὀνόματι τοῦ νέου Αὐρηλίου τοῦ ὑπέρ Χριστοῦ βασανισθέντος· ἐπειδή οὗτος ἠγνόει τό γράφειν.
Ὅπως ἀναστείλω ὁπωσοῦν τό πρᾶγμα ἔπεμψα πρός αὐτούς ἐπιστολήν ἐν ᾗ δέν ἔλειψα νά παρακαλέσω καί νά συμβουλεύσω αὐτούς νά φυλάττωσιν ἀκριβῶς τόν νόμον τοῦ Κυρίου καί τό εὐαγγέλιον. Ἀφοῦ δέ ἔγραψα πρός αὐτούς ἵνα μετά πλείονος προσοχῆς χωρῶσιν εἰς τό ἔργον, ἔγραψεν ὁ Λουκιανός ἐν ὀνόματι πάντων τῶν ὁμολογητῶν ἐπιστολήν, δι' ἧς μικροῦ δεῖν ἐλύετο πᾶς σύνδεσμος τῆς πίστεως καί ὁ φόβος τοῦ Θεοῦ καί ἡ ἐντολή τοῦ Κυρίου καί ἡ Ἁγιότης καί ἡ βεβαιότης τοῦ Εὐαγγελίου ἤρετο ἐκ μέσου. Διότι ἔγραψεν ἐν ὀνόματι πάντων ὡς ὅτι τοῖς πᾶσι δέδοται ἡ εἰρήνη καί ὅτι οἱ ὁμολογηταί ἐπεθύμουν ἵνα τό γράμμα τοῦτο γνωστοποιηθῇ ὑπ' ἐμοῦ εἰς πάντας τούς ἄλλους ἐπισκόπους. Τῆς ἐπιστολῆς ταύτης ἀπό /(360) στέλλω ὑμῖν ἀντίγραφον. Ἐν αὐτῇ λέγεται μέν ὅπως προηγῆται τῆς ἀφέσεως ἐξέτασίς τις καί ἔρευνα, πλήν τοῦτο ἔτι μᾶλλον θά αὐξήσῃ τό καθ' ἡμῶν μῖσος, διότι ἐάν ἐπιχειρήσωμεν νά ἀκούσωμεν καί νά ἐξετάσωμεν ἑνός ἑκάστου τῶν ζητούντων

Φιλόθεου Βρυέννιου Εκκλησιαστική Ιστορία

κρινῇ καί διαρκῆ μετάνοιαν δύνανται καί ὀφείλουσι νά τυγχάνωσιν ἀφέσεως καί νά κατατάσσωνται καί αὖθις εἰς τόν χορόν τῶν πιστῶν, τό τοιοῦτον συνῳδᾶ πρός τήν ἁγ. Γραφήν ἀπετέλει τήν καθεστῶσαν πρᾶξιν τῆς ἐκκλησίας, /(356) ἥτις διετέλεσε πάντοτε τήν μέσην καί εὐαγγελικήν ὁδόν ὁδεύουσα· οὐχ ἧττον ὅμως ἐνεφανίσθη καί ἐνταῦθα πρωίμως ἤδη αὐστηρότης τις, ἡ ὁποία ἐπειρᾶτο νά περιορίσῃ ὅσον οἷόν τε περισσότερον τήν τοιαύτην πρός τούς μετανοοῦντας προσφοράν καί διαγωγήν τῆς Ἐκκλησίας. Καί τινες μέν τῶν αὐστηρότερον φερομένων πρός τούς μετανοοῦντας ἐπρέσβευον ὅτι μετά τό βάπτισμα ἅπαξ τις μόνον ἁμαρτήσας ἠδύνατο καί ὤφειλε νά τύχῃ συγχωρήσεως καί ὅτι δευτέρα μετάνοια δέν ἔπρεπε νά ἦναι δεκτή[445]. Ἕτεροι δέ προέβησαν καί μέχρι τοσούτου, ὥστε διισχυρίζοντο ὅτι εἰς τούς μετά τό βάπτισμα βαρέως καί θανασίμως ἁμαρτάνοντας οὐδ' ἐπ' αὐτῆς τῆς κλίνης τοῦ θανάτου κειμένους ἔπρεπε νά δίδηται ἄφεσις, ὅτι ἐπομένως οὐδέποτε οἱ τοιοῦτοι ἠδύναντο καί ὤφειλον νά γίνωνται δεκτοί ἐν τῇ κοινωνίᾳ τῶν ἁγίων (communio sanctorum) (θανάσιμα ἁμαρτήματα peccata mortalia παραβ. Ἰωαν. Ἐπιστ. Καθ. α' 5,16 ἐθεωροῦντο ἡ κλοπή, ὁ φόνος, ἡ μοιχεία, καί

τήν ἄφεσιν τά περιστατικά, εἰς πολλούς θά ἀρνηθῶμεν νά δώσωμεν ἐκεῖνο τό ὁποῖον πάντες νῦν καυχῶνται ὅτι ἔλαβον παρά τῶν μαρτύρων καί τῶν ὁμολογητῶν καί ἐπομένως θά προκύψῃ σχίσμα. Καί πραγματικῶς τό σχίσμα τοῦτο ἤρξατο ἤδη διότι εἴς τινα μέλη τῆς καθ' ἡμᾶς ἐπαρχίας ἐξανέστη ἤδη ὁ λαός κατά τῶν προεστώτων καί ἐκφοβήσαντες τούς προϊσταμένους αὐτῶν, οἵτινες δέ εἶχον τήν ἀπαιτουμένην δύναμιν τοῦ πνεύματος καί τήν ἰσχύν τῆς πίστεως ὅπως ἀντιστῶσιν, ἠνάγκασαν αὐτούς νά παράσχωσιν αὐτοῖς ἄνευ τινός ἀναβολῆς τήν εἰρήνην καί ἄφεσιν, διισχυριζόμενος μετά ἀλαλαγμῶν ὅτι ἐξαιρέτως τοῖς πᾶσιν ἔδωκαν αὐτήν οἱ μάρτυρες καί ὁμολογηταί. Καί παρ' ἡμῖν δέ τινες ἄτακτοι καί ἀνήσυχοι οὕς μόλις πρότερον ἠδυνάμεθα νά κρατῶμεν καί ἀναστέλλωμεν καί οἱ ὁποῖοι ἐπί τῇ παρουσίᾳ ἡμῶν παρηγορηθέντες ἡσύχασαν, ἀναφλεχθέντες διά τῆς ἐπιστολῆς ταύτης ὡς διά φλογός, ἤρξαντο νά γίνωνται ἰταμότεροι καί νά ἐκβιάζωσι τήν εἰς αὐτούς ὑπό τῶν ὁμολογητῶν παρεχομένην εἰρήνην. Τοῦ γράμματος, τό ὁποῖον ἕνεκα τούτων ἀπέστειλα πρός τόν κλῆρόν μου, πέμπω ὑμῖν ἀντίγραφον· ὡσαύτως πέμπω ὑμῖν πρός ἀνάγνωσιν καί ὅσα ἔγραψέ μοι ὁ εἰλικρινής καί πιστός συνεπίσκοπός μου Καλδόνιος καί τήν πρός αὐτόν ἀπάντησίν μου. Πρός τούτοις δέ ἐπιστέλλω εἰς ὑμᾶς καί ἀντίγραφον τῆς ἐπιστολῆς τοῦ Καλερίνου, τοῦ εὐσεβοῦς καί γενναίου ὁμολογητοῦ, τήν ὁποίαν ἔγραψεν οὗτος πρός αὐτόν τοῦτον τόν ὁμολογητήν Λουκιανόν, καθώς καί τήν πρός αὐτόν ἀπάντησιν τοῦ Λουκιανοῦ, ὅπως δι' ὅλων τούτων λάβητε γνῶσιν τόσον τῶν ἀγώνων καί τοῖς ἐν πᾶσι τούτοις μερίμνης ἡμῶν ὅσον καί τῆς ἀληθείας αὐτῆς, καί ἐπομένως πληροφορηθῆτε πόσον ἀφ' ἑνός μέτριος, προσεκτικός καί φρόνιμος ἐδείχθη ὁ ὁμολογητής Καλερῖνος διά τῆς ταπεινοφροσύνης καί τοῦ σεβασμοῦ πρός τήν ἡμετέραν διδασκαλίαν καί πόσον ἐξεναντίας ἄπειρος εἶναι τῶν ἁγίων Γραφῶν ὁ Λουκιανός καί ὀχληρός, ἕνεκα τῆς εὐκολίας τήν ὁποίαν ἔχει εἰς τό νά παρέχῃ ἀφέσεις καί τοιουτοτρόπως νά διεγείρῃ καθ' ἡμῶν τό μῖσος. Διότι ἐνῶ ὁ Κύριος εἶπεν ἵνα ἐν ὀνόματι τοῦ Πατρός καί τοῦ υἱοῦ καί τοῦ ἁγίου Πνεύματος βαπτίζωνται οἱ πιστεύοντες εἰς αὐτόν καί διά τοῦ βαπτίσματος τελεῖται ἡ ἄφεσις τῶν προγεγονημένων ἁμαρτιῶν· οὗτος ὁρίζει, ἄπειρος ὤν τῆς ἐντολῆς καί τοῦ νόμου, ἐν ὀνόματι τοῦ Παύλου νά δίδωνται ἡ εἰρήνην καί ἡ ἄφεσις τῶν ἁμαρτιῶν, διαβεβαιούμενος, ὅτι τοῦτο παρήγ /(361) γηλεν αὐτῷ ὁ μάρτυς καθώς θέλετε ἰδῇ ἐν τῇ ἐπιστολῇ αὐτοῦ τούτου τοῦ Λουκιανοῦ πρός τόν Καλερῖνον, ἐν ᾗ οὐδόλως συλλογίζεται ὅτι δέν ἀποτελοῦσιν οἱ μάρτυρες τό εὐαγγέλιον, ἀλλά διά τοῦ εὐαγγελίου γίνονται οἱ μάρτυρες ...».

445 (οὕτω ὁ Ἑρμᾶς Ποιμ. 2. Παραγγελ. 4-1. Κλήμ. Ἀλεξ. Στρωμ. 2,13 σελ. 459 καί ὁ Τερτυλλιανός πρό τῆς εἰς τόν Μοντανισμόν πτώσεως του βλ. de poenitentia c. 7.- Τοὐναντίον δέ ἐν τῷ de pudicit. c. 16 βλ. καί c.1)

ἡ ἀρνησιθρησκεία)[446]. Ἡ ἐκκλησία ἀποδοκιμάζουσα τάς ἀρχάς τῶν τοιαύτην αὐστηρότητα ἐπιδεικνυμένων πρός τούς μετανοοῦντας ἐνέμεινε πιστή εἰς τήν ἀποστολικήν πρᾶξιν[447]. Καί ἤδη περί τά τέλη τῆς 3 ἑκατονταετηρίδος προήχθη ὅπως ὁρίση ἀκριβέστερον τά κατά τούς μετανοοῦντας καί πρῶτον μέν διωρίσθη εἰς πρεσβύτερος, «πρεσβύτερος ἐπί τῆς μετανοίας» (presbyter poenitentiarius) καλούμενος, πρός τόν ὁποῖον ὤφειλον νά προσέρχωνται οἱ μετανοοῦντες, νά ἐξομολογῶνται καί νά διδάσκωνται τί ὤφειλον νά πράξωσι[448], δεύτερον ἵνα ἕκαστος τῶν μετανοούντων πρίν ἤ διά ἐξομολογήσεως, διά τῆς ἀφέσεως καί διά τοῦ ἀδελφικοῦ ἀσπασμοῦ ἀξιωθῇ νά γίνῃ καί πάλιν μέλος τῆς ἐκκλησίας, διέρχηται παράλληλά τινα στάδια πρός τά τοῦ τάγματος τῶν κατηχουμένων, ὁποῖα ἦσαν ἡ πρόσκλαυσις, ἡ ἀκρόασις, ἡ ὑπόπτωσις καί ἡ σύστασις· καί τρίτον ὡρίσθη ὁ χρόνος τῆς μετανοίας ἀναλόγως τοῦ παραπτώματος, ὁ προσδιορισμός ὅμως τοῦ χρόνου ἐγένετο κατ' ὀλίγον καί βαθμηδόν καί ἔπειτα δέ, ὅτε προσδιωρίσθη, ἠδύνατο ὁ ἐπίσκοπος κατά τάς περιστάσεις νά συντέμνῃ αὐτόν. Οἱ τό πρῶτον στάδιον τῆς μετανοίας ὁδεύοντες, ἤ οἱ τήν πρώτην τάξιν τῶν μετανοούντων ἀποτελοῦντες ἐκαλοῦντο «προσκλαίοντες ἤ χειμάζοντες» (flentes, hiemantes)· οὗτοι

---

[446] Οὕτως ἐπρέσβευον καί ἔπραττόν τινες τῶν ἐν τῇ Ἀφρικῇ ἐπισκόπων· Apud antecessores nostros quidam de Episcopis istis in provincia nostra dandam pacem moechis non putarerunt, et in totam poenitentiae locum contra adulteria clauserunt. Non tamen a coepiscoporum sacrorum collegio recesserunt, aut catholicae Ecclesiae anitatem vel duritiae vel censurae suae obstinatione ruperunt; ut, quia apud alias adulteris pax dabatur, qui nondabat, de ecclesia separatetur. Manente concordiae vinculo et perseverante catholicae Ecclesiae in dividuo sacramento, actum suum disponit et dirigit unusquisque Episcopus rationem propositi sui Domino redditurus. Cyprian. epist. 52. Τινές θέλουσιν ὅτι καί αὐτός ὁ Κυπριανός ἦτο τοῦ συστήματος τούτου πρό τοῦ διωγμοῦ τοῦ Δεκίου καί ἀπόδειξιν φέρουσι τά λόγια αὐτοῦ non posse in Ecclesia remitti ei, qui in Deum deliquerit. Tertim. adv. Judeos 3 c. 28. Ἀνάγνωθι ὅμως τήν 56 (κατ' ἄλλους 52) αὐτοῦ ἐπιστολήν πρός τόν Ἀντωνιανόν περί τοῦ Κορνηλίου καί τοῦ Νοουατιανοῦ. Καθά ἱστοροῦσι τά Φιλοσοφούμενα ἐν βιβλ. 9 φαίνεται ὅτι καί ἐν Ῥώμῃ εἶχε λάβη χώραν ἐπί Ζεφυρίνου καί Καλλίστου τῶν ῥωμαίων ἐπισκόπων, συζήτησίς τις, ἐάν καί κατά πόσον πρέπει νά χορηγεῖται ἄφεσις ἁμαρτιῶν μετά τό βάπτισμα, καί ὅτι ἑπομένως καί ἐν Ῥώμῃ ἦσαν διῃρημέναι ὡς πρός τοῦτο αἱ γνῶμαι καί ὁ μέν συγγραφεύς τῶν Φιλοσοφουμένων φαίνεται ὅτι ἦν ὁ προεξάρχων τῆς μερίδος τῆς ἀντεχομένης τοῦ αὐστηροῦ κανόνος, ὁ δέ Κάλλιστος χαρακτηρίζεται ὡς ὑπέρ τό δέον συγκαταβατικός. Ὁ Κάλλιστος ἤ Κάλλιξτος ὁ μετά πολυπαθῆ καί πολυπλάνητον βίον εἰς τόν ἐπισκοπικόν τῆς Ῥώμης θρόνον ἀνυψωθείς καί ἀπό τοῦ 217-223 ἀρχιερατεύσας συνεχώρει, λέγουσι τά Φιλοσοφούμενα, πάντας τούς ἐν οἱᾳδήποτε παραπτώματι ἐξεταζομένους καί οὐδένα ἀπέκλειεν τῆς ἐκκλησιαστικῆς κοινωνίας, παράγων εἰς μέσον πρός δικαιολόγησιν τῆς πράξεώς του τήν παραβολήν τῶν ζιζανίων, τῶν ἀναφυομένων μεταξύ τοῦ σίτου καί τήν κιβωτόν τοῦ Νῶε ὡς προεικονίζοντα τήν χριστιανικήν ἐκκλησίαν. Πρός τούτοις παρεῖχεν εἰς τόν κλῆρον αὐτοῦ τήν ἄδειαν τοῦ δευτέρου καί τρίτου γάμου καί ἐπρέσβευεν ὅτι καί αὐτοί οἱ ἐπίσκοποι θανασίμως ἁμαρτάνοντες δέν πρέπει νά καθαιρῶνται· καί ὅτι πολλούς εἶχεν ἐν τούτοις τούς ὀπαδούς καί ὁμογνώμονας. /(362)
[447] (ὅρ. ἀνωτ. παραβλ. καί β΄ Κορ. 2,5 καί Ἀποστ. Διατ. 2,16. 21-24)
[448] Σωκράτους Ἐκκλησιαστική Ἱστορία 5,19. «Ἀφοῦ οἱ Ναυατιανοί τῆς Ἐκκλησίας διεκρίθησαν ... οἱ ἐπίσκοποι τῷ ἐκκλησιαστικῷ κανόνι τόν πρεσβύτερον τόν ἐπί τῆς μετανοίας προσέθεσαν, ὅπως ἄν οἱ μετά τό βάπτισμα πταίσαντες ἀπό τοῦ προβληθέντος τούτου πρεσβυτέρου ἐξομολογῶνται τά ἁμαρτήματα» παραβ. Σωζομεν. Ἐκκλ. Ἱστορία 7,16.

πρό τῶν θυρῶν τοῦ ναοῦ ἱστάμενοι παρεκάλουν τούς εἰσερχομένους ὅπως μεσιτεύσωσιν ὑπέρ αὐτῶν νά γένηται δεκτή ἡ μετάνοια αὐτῶν· ὥστε οἱ προσκλαίοντες εἰσέτι δέν ἀνῆκον κυρίως εἰς τήν τάξιν τῶν μετανοούντων. Οἱ ἐν τῇ δευτέρᾳ τάξει διατελοῦντες ὠνομάζοντο «ἀκροώμενοι» (audientes). Εἰς αὐτούς συνεχωρεῖτο νά ἵστανται ἐντός τοῦ ναοῦ εἰς ἕν δι᾽ αὐτούς ὡρισμένον μέρος καί νά ἀκροῶνται τῆς οὕτω καλου /(357) μένης λειτουργίας τῶν κατηχουμένων, (missa catechumenorum §) τουτέστι νά παρίστανται εἰς τήν ἀνάγνωσιν τῶν ἁγ. Γραφῶν καί εἰς τήν ὁμιλίαν τοῦ λειτουργοῦ τῆς ἐκκλησίας. Οἱ τῆς τρίτης τάξεως ἀπετέλουν τούς κυρίως μετανοοῦντας· οὗτοι ἔκλινον γόνυ μετά τήν λειτουργίαν τῶν κατηχουμένων, ἐντεῦθεν ἐλέγοντο καί «γονυκλίνοντες ἤ ὑποπίπτοντες» (genuflectentes, substrati) καί ὁ ἐπίσκοπος ἐπιτιθείς τήν χεῖρα ἐπ᾽ αὐτῶν ηὔχετο· τέλος οἱ ἐν τῇ τετάρτῃ τάξει εὑρισκόμενοι ἔφερον τό ὄνομα «συνιστάμενοι» (consistantes) καί οὗτοι ἠδύναντο νά παρευρίσκωνται ἐν τῷ ναῷ μέχρι τέλους τῆς θείας λειτουργίας, χωρίς ὅμως μήτε δῶρα νά προσφέρουν εἰς τήν ἁγίαν τράπεζαν μήτε νά μετέχωσι τῆς θείας κοινωνίας. Ἀφοῦ ὁ μετανοῶν διήνυεν τά 4 ταῦτα στάδια, ἑκάστου τῶν ὁποίων ἡ διάρκεια ἐξηρτᾶτο ὡς ἐκ τῶν περιστάσεων καί τοῦ εἴδους τοῦ παραπτώματος καί ἦτο τό ὀλιγώτερον ἕν ἔτος ὡς ἐπί τό πλεῖστον δέ περισσότερα, ἐξωμολογεῖτο δημοσίᾳ καί φανερῶς τά ἁμαρτήματα αὐτοῦ, ἐλάμβανε παρά τοῦ ἐπισκόπου διά χειροθεσίας τήν ἄφεσιν παρά δέ τῆς κοινότητος τόν ἀδελφικόν ἀσπασμόν καί τότε μετελάμβανε τοῦ μυστικοῦ δείπνου καί τοῦ λοιποῦ ἐθεωρεῖτο ὡς μέλος ὑγιές τοῦ σώματος τοῦ Χριστοῦ[449]. Ἡ πλήρης συνδιαλλαγή (reconciliatio) καί ἡ ἀπόλαυσις πάντων τῶν πνευματικῶν ἀγαθῶν τοῦ χριστιανοῦ ἐγίνετο συνήθως εἰς τάς πρό τοῦ Πάσχα ἡμέρας. Ἐάν τινές τῶν πατέρων τῆς Λατινικῆς Ἐκκλησίας ἐπιτρέπουσιν ἐνίοτε καί εἰς τούς διακόνους τήν οὕτω καλουμένην ὑπ᾽ αὐτῶν reconciliatio δέν πρέπει νά ἐννοήσωμεν ὑπό τήν λέξιν ταύτην τήν ἄφεσιν τῶν ἁμαρτιῶν, τήν λύσιν, διότι αὕτη ἐδίδετο, ὡς εἴρηται, ὑπό

---

[449] Ὁ ἅγιος Κυπριανός ἀγνοεῖ τά ἰδιαίτερα ταῦτα τῆς μετανοίας στάδια· βλ. τήν 11 αὐτοῦ ἐπιστολήν ἔνθα οὗτος ὁμιλεῖ περί τῶν μετανοούντων τῆς ἐποχῆς του. Οὐδέν ὡσαύτως ἀναφέρουσι περί αὐτῶν καί αἱ Ἀποστολ. Διατ. 2,16. Τάς τέσσαρας ταύτας τάξεις τῶν μετανοούντων ἀπαντῶμεν κατά πρῶτον ἐν τῇ κανονικῇ ἐπιστολῇ τοῦ ἁγίου Γρηγορίου τοῦ Θαυματουργοῦ, βλ. G. Lumper, Historia theologica crit. tom. 13, p. 300 ἤ ἄν τινες θέλουσι ἡ ἐπιστολή αὕτη εἶναι νόθος, ἐν τῷ 4 κανόνι τῆς ἐν Ἀγκύρᾳ συνόδου (συγκροτηθεῖσα ἐν ἔτει 314) καί ἐν τῷ 11 τῆς ἐν Νικαίᾳ πρώτης οἰκουμενικῆς (ἐν ἔτει 325) βλ. καί τούς κανόνας τῆς ἐν Ἀρελάτῃ (ἐν ἔτει 314) καί Νεοκαισαρείας (ἐν ἔτει 314) συνόδων. Σημειωτέον δέ πρός τούτοις ὅτι ὅλως τούτων ἐξηροῦντο οἱ ἐν κινδύνῳ θανάτου περιερχόμενοι «ὥστε, εἴ τις ἐξοδεύει, τοῦ τελευταίου καί ἀναγκαιοτάτου ἐφοδίου μή ἀποστερεῖσθαι» καν. 13 τῆς ἐν Νικαίᾳ α΄ οἰκουμ. συνόδου.

τῶν ἐπισκόπων, ἀλλά τήν μετάδοσιν τῆς θείας μεταλήψεως ἥν μετέφερον οἱ διάκονοι εἰς τούς ἀσθενεῖς, ὅπως ἐν περιπτώσει θανάτου ἐπέλθωσιν ἐν πλήρει κοινωνίᾳ[450]. Καί

---

[450] Βλ. Κυπριανοῦ Ἐπιστολή 19 πρός τούς πρεσβυτέρους καί διακόνους (ἐν μεταφράσει), ἔνθα ἐν καιρῷ μόνον ἀνάγκης ἐπιτρέπει τοῖς διακόνοις τό ἀκροᾶσθαι τήν ἐξομολόγησιν τῶν ἐν ἐσχάτῳ κινδύνῳ ζωῆς εὑρισκομένων, τινές παρεξηγοῦντες τοῦτο νομίζουσιν ὅτι τό διδόναι ἄφεσιν δέν ἐθεωρεῖτο ὡς τοῦ ἐπισκοπικοῦ βαθμοῦ καί τῆς ἰδιαιτέρας χάριτος τοῦ ἀξιώματος ἔργον, ἀλλ' ὡς τῆς δικαιοδοσίας μόνον αὐτοῦ πρᾶγμα· ὡς actus juristictionis καί οὐχί ordinis ὡς λέγουσι. Ἀνάγνωθι ὅμως περί τούτου Aurel. Al, Pellicia, Politia christianae ecclesiae libr. V, c. 6§2.
Ὅτι ἐγίνετο δημοσία ἐξομολόγησις ἔχομεν τοσαύτας καί τηλικαύτας ἑλλήνων καί λατίνων ἐκκλησιαστικῶν ἀνδρῶν μαρτυρίας, ὥστε οὐδεμία περί τοὐτου ἀμφιβολία ὑπάρχει. Plerosque tamen (λέγει ὁ Τερτυλλιανός de poenit. c. 10), hoc opus ut publicationem sui aut suffugere aut de die in diem differe praesumo, pudoris magis memores quam salutis: vellut illi, qui in partibus verecundioribus corporis contacta vexatione conscientiam medentiam vetant, et ita cum crubescentia sua pereunt. – βλ. καί Ὠριγένους εἰς τόν Ματθ. 15.- Cyprian. de Lapsis. Ζητεῖται ὅμως ἄν διά πᾶν εἶδος ἁμαρτίας καί ἄν πάντοτε ὅστις δήποτε καί ἄν ἦτο ὁ βαρέως ἁμαρτάνων ὑπεβάλλετο εἰς δημοσίαν καί φανεράν ἐξομολόγησιν καί μετάνοιαν· ἐξ ὧν λέγει ὁ Ὠριγένης / **(363)** φαίνεται ὅτι οἱ ἐλαφρῶς ἁμαρτάνοντες δέν ὑφίσταντο τήν δημοσίαν ἐξομολόγησιν, ἀλλά παρεδίδοντο εἰς ἐμπείρους ἄνδρας ἱερωμένους, Ὠριγεν. εἰς τόν 37 Ψαλμόν ὁμιλ. 2§6. Opertet peccatum non colare intrinsecus. Fortassis enim sicutii, qui habent intus inclusam escum indigentam, aut humoris vel phlegmatis stomacho graviter et moleste immanentis abundantiam, si vomuerint, relevantur: ita etiam hi qui peccaverunt, si quidem occultant, et retinent intra se peccatum, intrinecus urgentur et propemodum suffocantur a phlegmate ver humore peccati: si autem ipse sui accusator fiat, dum accusat semetipsam et confitetur, simul evomit et delictum, atque omnem morbi digerit cauxam. Tantummodo circumspice diligentius, cui debeas confiteri peccatum tuum. Proba prius medicum, cui debeas causam lunguoris exponere, qui sciat infirmari cum infirmante, flere cum flente, qui condolendi et compatiendi noverit disciplinam: ut ita demum, si quid ille dixerit, qui se prius et eruditum medicum ostenderit et misericordem, si quid consilii dederit facius, et sequaris, si intellexerit et previderit, talem esse lunguorum tuum, qui in convertu totius Ecclesiae exponi debeat et curari, ex quo fortassis et cueteri aedificari, et tu ipse facile sanari: multa hoc deliberatione, et satis perito medici illius consilio procurando est.- Ὠριγ. εἰς τό Λευιτικόν ὁμιλ. 2§4. Est … per poenitentiam remissio peccatorum, cum lavat peccator in lacrymis stratum summ, - et cum non e r u b e s c i t s a c e r d o t i Domini indicare peccatum suum, et quaerere medicinam, αὐτόθι, Ὁμιλία 5§4. Discant sacerdotes Domini, qui ecclesiis praesunt, quia pars eis data est cum his, quorum delicta repropitia verint. Quid autem est repropitiare delictum? Si assumseris peccatorem, et monendo, hortando, docendo, instruendo adduxeris eum ad poenitentiam, ab errore correxeris, a vitiis emendaveris, et effeceris eam talem, ut ei conversio propitius fiat Deus pro delicto, repropitiasse deceris. Ὡς πρός τό δεύτερον ὑπῆρχον περιπτώσεις καθ' ἅς τό παράπτωμα δέν ἐφέρετο εἰς γνῶσιν τοῦ κοινοῦ. Ὁ Μέγας Βασίλειος λέγει, κανών 34, ὅτι οἱ πατέρες τῆς ἐκκλησίας εἶχον ἀπαγορεύσει τό νά δημοσιεύωνται τά γυναικάρια ἐκεῖνα, ὅσα καταπατήσαντα τήν συζυγικήν πίστιν καί τά τοῦ γάμου καθήκοντα, ὡμολόγουν τό παράπτωμα ὡς καί τόν ὑφ' οὗ ἐξηπατήθησαν ἤ μεθ' οὗ ἔπραξαν τήν ἁμαρτίαν. Ὥστε δυνάμεθα νά παραδεχθῶμεν /**(364)** ὡς ἐπικρατοῦσαν πρᾶξιν ὅτι τά ἐν τῷ φανερῷ διαπραττόμενα φανερῶς καί ἐκολάζοντο καί ὅτι ἡ γνωστοποίησις ἀποκρύφων ἁμαρτιῶν καί ἡ δημοσία στηλίτευσις αὐτῶν ἐγκατελείπετο εἰς τήν κρίσιν τῶν ἐπισκόπων καί πνευματικῶν καί ἐν μέρει καί εἰς τήν θέλησιν αὐτῶν τούτων τῶν παραπιπτόντων. Ἐκ τῶν εἰρημένων λοιπόν λύεται τό ζήτημα ἐάν πάντες οἱ ὁπωσδήποτε ἁμαρτάνοντες ὑπεβάλλοντο εἰς κοινήν καί δημοσίαν μετάνοιαν· δέν ὑπεβάλλοντο πάντες, τοῦτο μέν διότι ὑπῆρχον καί ἁμαρτίαι τοιαύτης φύσεως, αἱ ὁποῖαι συνέφερε μᾶλλον νά κεῖνται ἐν τῷ κρυπτῷ καί ἄλλαι πάλιν τάς ὁποίας ἐξωμολογοῦντο μέν ἀλλά διά τήν σμικρότητά αὐτῶν δέν ἐθεώρουν ἀναγκαίαν τήν δημοσίευσιν αὐτῶν. Ἐπί τέλους σημειωτέον ὅτι οἱ δίς ἐν τῷ αὐτῷ ἁμαρτάνοντες δέν καθυπεβάλλοντο εἰς δευτέραν μετάνοιαν. Περί τῆς δυνάμεως τοῦ δεσμεῖν καί λύειν τάς τῶν ἀνθρώπων ἁμαρτίας ἐκφράζεται ὁ ἱερομάρτυς Κυπριανός ὡς ἀκολούθως: Nemo se fallat, nemo se decipiat. Solus Dominus misereri potest: veniam peccati, quae in ipsum commissa sunt , solus potest ille largiri, qui peccat mostra portavit.- Homo Deo esse non potest major; nec remittere aut donare indulgentia sua servus potest, quod in Dominum delicto graviore commissum est.- Dominus orandus est, Dominus nostra satisfactione placundus est, qui negantem negare se dixit, qui omne judicium de parte solus accepit.- Confiteantur singuli, quaeso vos, fratres dilictissimi, delictum suum, dam ad huc qui deliquit in saeculo est, dum admitti confessio ejus potest, dum satisfactio et remissio facta per sacerdotes apud Dominum grata est.- Rogamus vos, ut pro vobis Deum rogare possimus. Preces ipsas ad vos prius vertimus, quibus Deum pro vobis, ut misercatus, oramus (ὀψιαίτερον Λέων ὁ Α' περί τό 450 ἐξεφράζετο ἐν τῇ ἐπιστολῇ 89, οὕτω sic divinae bonitatis praesidia ordinata, ut indulgentia Dei nisi

μεθ' ὅλα ὅμως ταῦτα ἐναπελείφθη ἐν τῇ καθολικῇ ἐκκλησίᾳ αὐστηροτέρα τις μερίς ἀντιδρῶσα εἰς τήν εὐαγγελικήν ἐπιείκειαν καί πρᾶξιν τῆς ἐκκλησίας[451].

Σχίσματα προελθόντα ἐκ τῆς διαφόρου πρός τούς μετανοοῦντας πράξεως.

§97. Τό ἐν Καρχηδόνι σχίσμα τοῦ διακόνου Φηλικισσίμου ἐν ἔτει 250.
Πηγαί. Cypriani Epistol. 38-40, 42-55.

Αἱ διάφοροι αὗται γνῶμαι περί τοῦ πῶς δεῖ προσφέρεσθαι πρός τούς μετανοοῦντας, αἵτινες συνυπῆρχον ἐνιαχοῦ ἐν μιᾷ καί τῇ αὐτῇ ἐκκλησίᾳ ἔχουσαι τούς ἑαυτῆς ὑπερμάχους, δέν ἔχρῃζον εἰμή ἀφορμῆς τινος μόνον, ὅπως προκαλέσωσιν ἐσωτερικάς ἐν τῇ ἐκκλησίᾳ διενέξεις καί ταραχάς· καί τοιαύτας εὗρον ἐν Καρχηδόνι καί ἐν Ῥώμῃ τόν διωγμόν τοῦ Δεκίου καί τήν προχείρησιν τοῦ ἁγίου Κυπριανοῦ καί τοῦ Κορνηλίου εἰς ἐπισκόπους. Ὁ Κυπριανός, πρεσβύτερος ὑπάρχων τῆς ἐν Καρθαγένῃ ἐκκλησίας, προεχειρίσθη ἐν ἔτει 248 ἐπίσκοπος τῆς αὐτῆς ἐκκλησίας ἀντιλεγόντων τινῶν ἐκ τῶν πρεσβυτέρων αὐτοῦ, ἐν οἷς προεξῆρχεν εἷς τις Ναυάτος καλούμενος[452]. Ἡ πρεσβυτεριακή αὕτη φατρία ἀποποιουμένη νά ἀναγνωρίσῃ τήν ἐκλογήν τοῦ ἁγίου Κυπριανοῦ ἀπέβαινεν ἑκάστοτε τολμηροτέρα καί αὐθαδεστέρα. Ὁ πρεσβύτερος Ναυάτος ἐν ἀγνοίᾳ καί ἄνευ τῆς θελήσεως τοῦ ἐπισκόπου, ἴσως ἐν ἀπουσίᾳ αὐτοῦ καί παρά τήν ἐκκλησιαστικήν θεσμοθεσίαν, ἐχειροτόνησεν αὐθαιρέτως Φηλικίσσιμόν τινα εἰς διάκονον, ὅστις ἐγένετο

---

supplicationibus sacerdotum nequeat obtineri). Cyprian. de Lapsis c. 17 καί ἑξῆς βλ. καί ἐπιστολή 52 καί 55 τοῦ αὐτοῦ καί τήν ἐπιστολήν τοῦ Φιρμιλιανοῦ, ἐπισκόπου Καισαρείας Καππαδοκίας ἐν ταῖς ἐπιστολαῖς τοῦ ἁγίου Κυπριανοῦ 75 ἀριθμουμένην.
[451] Τοιοῦτοι εὑρίσκοντο ἐν τῇ βορείῳ Ἀφρικῇ καί ἐν τῇ Ἱσπανίᾳ πρό πάντων. Πόσον δέ κοινή ὑπῆρχεν ἐν Ἱσπανίᾳ ἡ ἀρχή αὕτη μαρτυρεῖ ἡ Ἰλλιβρίτις ἤ Ἐλλιβηρίτης σύνοδος (concilium Illiberitanum seu Elliberitanum) συνελθοῦσα ἐν ἔτει 305, ἥτις τούς ἅπαξ περιπεσόντας εἰς τήν εἰδωλολατρείαν, εἰς τήν μαγείαν, εἰς τήν μοιχείαν, εἰς τήν αἱμομιξίαν κτλ. κἄν μετενόουν ἐθέσπισεν nec in fine communionem accipere, «μή δέχεσθαι εἰς /**(365)** τέλος ἐν τῇ ἐκκλησιαστικῇ κοινωνίᾳ» βλ. Can. 1.2.6.7.8.10 κτλ., παραβ. Κωνστ. Οἰκον. Ἐπιστολιμαία διατριβή περί τῶν τριῶν ἱερατικῶν τῆς ἐκκλησίας βαθμῶν σελ. 203 σημ. α'. Παρόμοια ἐπρέσβευεν καί ὁ κατά τό 370 ἔτος ἀκμάζων Πακιανός (Pacianus), ἐπίσκοπος Βαρκελώνης· ὅστις ὁμιλῶν περί τῶν peccatis capitalibus ἔλεγεν ἐν τῷ παραινετικῷ αὐτοῦ εἰς μετάνοιαν (Paraeneticus ad poenitentiam, βλ. αὐτόν ἐν τῇ Biblioth. PP. MAx. tom. IV) Reliqua peccata meliorum operum compensatione curantur.- Haec quicunque post fidem fecerit, Dei faciem non videbit. παραβ. καί Ἰννοκεντίου Epist. 6 ad Excuperium Episcop. Tolosanum (κατά τό 405 ἐκδοθεῖσαν) c. 2 Et hoc quaesitum est, quid de his observari operteat, qui post baptismum omni tempore incontinentiae voluptatibus dediti in extremo fine vitae suae poenitentiam simul et reconciliationem communionis exposcunt. De his observanto prior durior, posterior interveniente misericordia inclinatior. Nam consuetudo prior tenuit, ut concederetur poenitentia, sed communio negaretur.
[452] (Cyprian. Epist. 55)

ὕστερον /(366) καί τοῦ σχίσματος ἀρχηγός. Ἤδη ἤρξατο νά γίνετι αὐστηρά περί τούτου ἐξέτασις καί ὁ ἱεράρχης τῆς Καρχηδόνος ἀπεφάσισε νά ἐξώση τῆς ἐκκλησιαστικῆς κοινωνίας τόν Ναυᾶτον καί τούς περί αὐτόν, ὅτε ἐκραγείς ὁ διωγμός τοῦ Δεκίου ἀπήλλαξε τούς στασιαστάς τῆς ἐπικειμένης τιμωρίας. Ὁ Κυπριανός ἀποσυρθείς ἐκρύβη μικρόν, ἕως οὗ παρέλθη ἡ ὁρμή τοῦ διωγμοῦ, χωρίς ὅμως ἐν τούτοις νά παύση μεριμνῶν περί πάντων καί διέπων τά πράγματα τῆς παροικίας του. Ἀλλ' οἱ ἐχθροί αὐτοῦ δραξάμενοι δῆθεν εὐκαιρίας κατηγόρουν ἤδη αὐτόν, χαρακτηρίζοντες τήν πρᾶξιν ταύτην ὡς δειλίαν καί ὡς παράβασιν τοῦ καθήκοντος. Μικρόν δέ ὕστερον ἀποστείλαντος τοῦ ἁγίου Κυπριανοῦ ἄνδρας πιστούς, ὅπως κανονίσωσιν ἐκ νέου τά κατά τήν ἐπιμέλειαν τῶν πτωχῶν καί διανείμωσιν ἐλέη εἰς τούς ἐν τῇ παροικίᾳ αὐτοῦ ἀπόρους, τῶν ὁποίων ὁ ἀριθμός εἶχεν αὔξησιν βεβαίως ὡς ἐκ τῶν δεινοπαθημάτων τοῦ διωγμοῦ, ἀντέστη ὁ Φηλικίσσιμος κατά τῶν ἐπιτετραμμένων τό ἔργον, διατεινόμενος ὡς ὅτι ἡ ἐπιμέλεια τῶν πτωχῶν ἦτο ἔργον καί δικαίωμα ἀποκλειστικῶς τῶν διακόνων. Ταῦτα μαθών ὁ ἱεράρχης, πέμπει γράμματα πρός τόν κλῆρον καί τόν λαόν τῆς Καρχηδόνος καί ἀποκηρύττει αὐτόν τε καί τούς συνεταίρους αὐτοῦ τῆς ἐκκλησιαστικῆς κοινωνίας. Ἐν τούτοις ὅμως τινές τῶν ἐν Καρχηδόνι πρεσβυτέρων καί μάλιστα οἱ ἀντίπαλοι τοῦ ἁγίου Κυπριανοῦ, ἀπόντος τούτου, προσεδέχοντο ἄνευ τινος ἀναβολῆς καί δοκιμασίας τούς παραπεσόντας ἐν τῷ διωγμῷ καί συνδιηλλάττοντο μετ' αὐτῶν ἐπί μόνοις τοῖς εἰρηνικοῖς γράμμασι (libelli pacis) τῶν ὁμολογητῶν, τά ὁποῖα γράμματα κατεχρῶντο, ὡς εἴδομεν τινές[453]. Ὁ ἅγιος Κυπριανός ἀντέστη κατά τῆς πράξεως ταύτης, ἐζήτησε ἵνα τό πρᾶγμα ἀναβληθῇ μέχρι τῆς ἐπιστροφῆς του καί ἀπέστειλε πρός τοῦτο εἰς Καρχηδόνα ἐπιτροπήν τινα, συγκειμένην ἐκ δύο ἐπισκόπων καί δύο πρεσβυτέρων. Καίτοι δέ οἰκονομῶν τάς περιστάσεις συνεχώρησεν ὅπως τυγχάνωσιν ἀφέσεως ἐν τῷ μεταξύ τούτου τά συστατήρια γράμματα φέροντες ἐν κινδύνῳ μόνον θανάτου (in periculo mortis), οὐχ ἧττον ὅμως ὠργίσθησαν κατ' αὐτοῦ πολλοί τῶν ὁμολογητῶν, ὡς οὐδένα τάχα λόγον ποιουμένου τῶν παρ' αὐτῶν ἐπιχορηγουμένων συστατηρίων· ἡ δέ ῥηθεῖσα παραχώρησις αὐτοῦ ηὔξησε ἔτι μᾶλλον τήν αὐθάδειαν τῶν ἀντιπάλων του, οἵτινες, καί μάλιστα ὁ Φηλικίσ-

---

[453] Illi (Presbyteri) contra evangelii legem, contra vestram (Martyrum) quoque honorificam petitionem, ante actam poenitentiam, ante exomologisin gravissimi atque extremi delicti factam, ante manum ab episcopo et clero in poenitentiam impositum, offerre pro illis et eucharistiam dare, id est, sanctum Domini corpus prophanare audent. Cypriani Epist. 10 ad Martyres et Confessores.

σιμος, ἀντέστησαν κατά τῆς ἐπί τούτῳ ἀποσταλείσης ἐπιτροπῆς. Ἡ σημαία τῆς ἐπαναστάσεως ἀνεπετάσθη ἤδη πλέον φανερά. Μετά τοῦ Φηλικισσίμου συνετάχθησαν νῦν τόσον οἱ πέντε ἐκεῖνοι πρεσβύτεροι, οἱ κατά τῆς ἐκλογῆς τοῦ ἁγίου Κυπριανοῦ εὐθύς ἐξ ἀρχῆς διαμαρτυρηθέντες, καθώς καί πάντες ὅσοι εὕρισκον τήν πρός τούς πεπτωκότας πρᾶξιν αὐτοῦ λίαν σκληράν καί ἀνεπαρκῆ τούς δέ μάρτυρας καί ὁμολογητάς ὡς περιφρονηθέντας ὑπ' αὐτοῦ. Τοιου /(367) τοτρόπως ἔλαβεν ἤδη ἡ ἀντίδρασις διάφορον ὅλως χαρακτῆρα. Μέχρι τοῦδε, ἁπλῆ ἀπάθεια ὀλίγων τινῶν ἔσχεν ἤδη βάσιν τάς ἐπιεικεῖς πρός τούς ἐκπεπτωκότας τῆς πίστεως ἀρχάς· τούτου ἕνεκα προσεκολλῶντο νῦν εἰς αὐτούς οὐ μόνον lapsi, ἐκπεπτωκότες τῆς πίστεως, ἀλλά καί ὁμολογηταί ἱκανοί τόν ἀριθμόν, ὅσοι εἶχον ὑπολάβη ὡς περιφρόνησιν τήν ὑπό τοῦ Κυπριανοῦ ἀπόρριψιν τῶν λιβέλλων των. Τοιαύτην τροπήν καί φάσιν λαβόντων τῶν πραγμάτων, βλέπων ὁ Κυπριανός τό κακόν κορυφούμενον καθ' ἑκάστην σπεύσας ἦλθεν εἰς Καρχηδόνα τό Πάσχα τοῦ ἔτους 251 καί συγκροτήσας σύνοδον μεγάλην ὑπέβαλεν εἰς ἐξέτασιν τόσον τά περί τούς μετανοοῦντας ὅσον καί τά περί τῆς διαγωγῆς τοῦ Φηλικισσίμου καί τῶν ὀπαδῶν αὐτοῦ. Συνελθοῦσα δέ ἡ σύνοδος καί συνδιασκεψαμένη, περί μέν τοῦ πρώτου ἀπεφάνθη ὅτι μετά βαθυκάρδιον μόνον καί διαρκῆ μετάνοιαν καί μόνον ἐν καιρῷ ἐπικινδύνου ἀσθενείας ἠδύναντο καί ὤφειλον νά τυγχάνωσιν ἀφέσεως καί νά μεταλαμβάνωσι τῶν ἀχράντων μυστηρίων οἱ βαρύτατα ἁμαρτάνοντες[454]. Τόν δέ Φηλικίσσιμον, τόν Ναυάτον καί τούς λοιπούς στασιώτας ἐκήρυξεν ἀκοινωνήτους[455]. Μετ' ὀλίγον δέ ἐν ἔτει 252 διεγερθέντος ἐκ νέου τοῦ κατά τῶν χριστιανῶν διωγμοῦ (ἐπί τοῦ αὐτοκράτορος Γάλλου) συνελθόντες αὐτόθι 42 ἐπίσκοποι ὑπεχάλασαν καί ἐμετρίασαν ἐν μέρει τήν αὐστηρότητα τοῦ περί τῶν μετανοούντων ὅρου τῆς προτέρας συνόδου, θεσπίσαντες ἵνα πάντες οἱ ἐν μετανοίᾳ ἐξεταζόμενοι ὁσάκις ἄν κινεῖται διωγμός κατά τῆς ἐκκλησίας, ἀξιῶνται ἀφέσεως καί κοινωνίας ἀμέσως καί ἄνευ τινός περαιτέρω δοκιμασίας· «Διότι πῶς δυνάμεθα, ἔλεγον οἱ Πατέρες τῆς συνόδου ταύτης ἐν τῷ συνοδικῷ αὐτῶν γράμματι, νά παραινέσωμεν καί νά προτρέψωμεν αὐτούς εἰς τήν ὑπέρ τοῦ ὀνόματος τοῦ Χριστοῦ ἔκχυσιν τοῦ ἰδίου αὐτῶν αἵματος, ἐάν ἀρνηθῶμεν εἰς αὐτούς τό αἷμα τοῦ

---

[454] (ut poenitentium non agentibus nemo tenere pacem daret. Epist. 55. Ἐκτός τούτου ἐποιήσατο ἡ σύνοδος ἀκριβῆ διάκρισιν τῶν διαφόρων τάξεων τῶν πιπτόντων ἀναλόγως τοῦ μεγέθους τῆς ἐνοχῆς αὐτῶν, καταστρώσασα ταῦτα πάντα ἐν ἰδιαιτέρῳ βιβλίῳ καί ἐκδοῦσα ἕν εἶδος ἐξομολογηταρίου, Epist. 52)
[455] (Cypriani Epist. 52)

Χριστοῦ; ἢ πῶς θά ἐνισχύσωμεν αὐτούς εἰς τό ποτήριον τοῦ μαρτυρίου, ἐάν στερήσωμεν αὐτούς τοῦ ποτηρίου τοῦ Κυρίου;»[456]. Ἡ φρόνησις καί ἡ σταθερότης τοῦ ἁγίου Κυπριανοῦ, ἡ σύμπραξις τῶν ἐπιλοίπων ἐπισκόπων τῆς Ἀφρικῆς καί ἡ ὁμοφωνία τῆς Ῥωμαϊκῆς ἐκκλησίας συνετέλεσαν εἰς τήν ἀπόσπασιν καί σωτηρίαν πολλῶν ἐκ τῶν τῆς σπείρας τοῦ Φηλικισσίμου· πλήν καί μεθ' ὅλα ταῦτα μηδόλως συνετισθέντες οἱ πρωταίτιοι τῆς στάσεως ἀπεσχίσθησαν τῆς ὀρθοδόξου ἐκκλησίας, ἐξελέξαντο ἑαυτοῖς ἐπίσκοπον Καρχηδόνος ἕνα τινα Φορτουνάτον ὀνόματι, κατορθώσαντες νά χειροτονηθῇ οὗτος ἐπίσκοπος ὑπό /(368) τινων ἐπισκόπων τῆς Νουμηδείας καί διετέλουν νά ἦναι τό καταφύγιον ἁπάντων ἐκείνων τῶν παραπιπτόντων, τῶν lapsi, ὅσοι δέν εὐηρεστοῦντο εἰς τήν αὐστηράν μετάνοιαν καί δοκιμασίαν, εἰς ἥν καθυπέβαλλεν αὐτούς ἡ ἐκκλησία. Ποία ἡ μετά ταῦτα τύχη τοῦ σχίσματος τούτου ἀγνοοῦμεν· ἡ ζωή ὅμως αὐτοῦ φαίνεται ὅτι δέν παρετάθη μέχρι τέλους τῆς τρίτης ἑκατονταετηρίδος.

§98. Τό σχίσμα τοῦ Ναυατιανοῦ ἐν Ῥώμῃ.

Πηγαί: Cypriani Epist. 41-52. Κορνηλίου ἐπισκόπου Ῥώμης ἐπιστολή πρός Φάβιον τόν Ἀντιοχείας, παρά Εὐσεβίῳ Ἐκκλησιαστική Ἱστορία 6,43. Διονυσίου Ἀλεξανδρείας ἐπιστολή πρός Ναυατιανόν, αὐτόθι κεφ. 45 καί ἐπιστολή πρός Διονύσιον τόν Ῥώμης αὐτόθι 7,8.

Εἰς τό ἐν Ῥώμῃ περί τόν Ναυατιανόν ἀναφυέν σχίσμα ἐδόθησαν αἱ αὐταί ἀφορμαί, αἱ ὁποῖαι καί ἐν Καρχηδόνι, μέ τήν διαφοράν μόνον ὅτι ἐνταῦθα ἀντιστρόφως συνηπαντήθησαν ἡ πρός τόν ἐπισκοπικόν θρόνον ἀντιζηλία καί αἱ περί μετανοίας δοξασίαι· ὅπερ ἐστί προηγήθησαν αὗται ἐκείνης. Καθώς δέ τοῦ ἐν Καρχηδόνι οὕτω καί τοῦ ἐν Ῥώμῃ τούτου σχίσματος μεγάλως μετέσχε καί εἰς τήν σύστασιν αὐτοῦ λίαν συνετέλεσεν μεταβάς εἰς Ῥώμην αὐτός ἐκεῖνος ὁ Καρχηδόνος Ναυᾶτος, ἂν καί σχισματάρχης ἰδίως ἐγένετο ἐκείνου μέν ὁ διάκονος Φιλικίσσιμος, τούτου δέ ὁ πρεσβύτερος Ναυατιανός, ἀφ' ὧν καί τά σχίσματα ἔλαβον τά ὀνόματα. Οὗτος ὁ Ναυατιανός παρά τῶν ἑλλήνων ἐκκλησιαστικῶν ἀνδρῶν, /(369) οἷον τοῦ Εὐσεβίου καί ἄλλων, καί παρά τῶν μεταγενεστέρων λατίνων, οἷον τοῦ Ῥουφίνου, καλεῖται σταθερῶς Νονάτος ἢ Ναυά-

---

[456] Βλ. Cypriani Epist. 54. Ταῦτα τά ὁποῖα δέν συνιστῶσι βεβαίως τήν ἀρχαιότητα τοῦ παπικοῦ sub una παραλαμβάνει εἰς τήν ἐκκλησιαστικήν αὐτοῦ ἱστορίαν (τόμ. α΄ σελ. 144) καί ὁ Ritter, εἷς ἐκ τῶν καθ' ἡμᾶς ἱστοριογράφων τῆς παπικῆς ἐκκλησίας. Σημειωτέον πρός τούτοις ἐνταῦθα ὅτι τινές θέλουσιν ὅτι μία σύνοδος συνεκροτήθη ἐν Καρχηδόνι καί ὅτι ταύτης ἦν καί ὁ τελευταῖος αὐτῆς ὅρος, οὐχί δέ δύο ὡς ἡμεῖς ἱστορήσαμεν.

τος, ἀπαπαλλάκτως ὅπως ὀνομάζεται καί ὁ καρχηδόνιος ἀποστάτης· ἀλλ' ὁ Κυπριανός καί ὁ τῆς Ῥώμης ἐπίσκοπος Κορνήλιος, οἵτινες ἀκριβεστέραν ἀναμφιβόλως τῶν πραγμάτων γνῶσιν εἶχον, ἔγραφον καί ὠνόμαζον αὐτόν Ναυατιανόν ἤ Νονατιανόν καί τοῦτο βεβαίως ἦν τό ἀληθές αὐτοῦ ὄνομα, δέν εἶναι ὅμως ἀπίθανον νά ἔφερε καθώς καί πολλοί ἄλλοι ἀμφότερα τά ὀνόματα, καί τό πλῆρες Ναυατιανός καί τό συντετμημένον Ναυάτιος. Ὅπως ὅμως καί ἄν ἔχῃ τό πρᾶγμα εἶναι βέβαιον ὅτι ἐν τῇ ἱστορίᾳ τοῦ σχίσματος τούτου συνέβη, ἕνεκα τῆς ἐναλλαγῆς τοῦ ὀνόματος Ναυᾶτος καί Ναυατιανός, σύγχυσίς τις, τήν ὁποίαν δυσκόλως σήμερον δυνάμεθα νά διατάξωμεν. Ἐκ ποίας χώρας ὡρμᾶτο ὁ Ναυατιανός, εἶναι ἄγνωστον· ὁ Φιλοστόργιος ἱστορεῖ ὅτι κατήγετο ἐκ Φρυγίας, ἀλλ' ἡ εἴδησις αὐτοῦ δέν θεωρεῖται ἀξιόπιστος[457]. Ὁ Ναυατιανός νέος ἔτι ὤν ἐξεπαιδεύθη ἱκανῶς ἐν τῇ ἑλληνικῇ φιλοσοφίᾳ καί ἐπιστήμῃ, ἰδίως δέ λέγεται ὅτι προσεκολλήθη εἰς τήν στωικήν φιλοσοφίαν, ἥτις οὐκ ὀλίγον ἐπενήργησεν εἰς τήν μόρφωσιν τοῦ αὐστηροῦ χαρακτῆρος, τόν ὁποῖον ἐπεδείξατο μετά ταῦτα[458]. Ἐκτός τούτου μαρτυροῦσι περί τῆς πολυμαθείας αὐτοῦ καί τά περισωθέντα ὀλίγα ἐκ τῶν πολλῶν αὐτοῦ συγγραμμάτων[459]. Ὡσαύτως ἄγνωστον ὑπάρχει καί τό πῶς εὑρέθη ἐν Ῥώμῃ καί παρά τινος ἐδιδάχθη τά τῆς χριστιανικῆς πίστεως δόγματα. Εἶναι ὅμως γνωστόν ὅτι κατηχούμενος ἔτι ὤν ἐν Ῥώμῃ εἶχε πειρασθῆ ὑπό τοῦ Σατανᾶ ἐφ' ἱκανόν χρόνον καί διετέλει ὑπό τήν ἐπιμέλειαν τῶν ἐξορκιστῶν. Βραδύτερον δέ περιπεσών εἰς νόσον χαλεπήν ἔλαβε τό τῶν κλινικῶν βάπτισμα, «ἐν αὐτῇ τῇ κλίνῃ περιχυθείς», χωρίς ὅμως νά σφραγισθῇ, τουτέστι νά χρισθῇ διά τοῦ Ἁγίου Μύρου, ὑπό τοῦ ἐπισκόπου[460]. Ἄν δέ καί ὁ οὕτω βαπτισθείς ἀπεκλείετο τῆς ἱερωσύνης κατ' ἀρχαίαν ἐκκλησιαστικήν πρᾶξιν, ὁ Ναυατιανός ὅμως διά τά πνευματικά αὐτοῦ προτερήματα ἐχειροτονήθη πρεσβύτερος (ἄν ὑπό τοῦ Ῥώμης ἐπισκόπου Φαβιανοῦ ἤ ὑπό τινος τῶν προκατόχων του, ἄγνωστον)[461]. Ὁ Ναυατιανός λοιπόν ἦτον ἤδη πρεσβύτερος τῆς ἐκκλησίας τῆς Ῥώμης,

---

457 (βλ. Walch. Kerterhistor. bd.2,195)
458 (Cypriani epist. 52 καί 57)
459 Τά σωζόμενα τοῦ Ναυατιανοῦ συγγράμματα ἐξεδόθησαν μέχρι τοῦδε /(374) ὑπό πολλῶν. Βλ. ταῦτα ἐν τῇ ὑπό τοῦ Γαλλανδίου Biblioth. Patrum t. 3. Ἐκ τούτων δέ τά μέν εἰσί πρό, τά δέ μετά τήν ἀπό τῆς ἐκκλησίας ἀπόσχισιν τοῦ γεγραμμένα· βλ. §.
460 (Εὐσέβ. Ἐκκλ. Ἱστ.6,43)
461 Ὁ ἱερός τῆς Ῥώμης ἐπίσκοπος Κορνήλιος, ὁ μέγιστος ἐχθρός τοῦ Ναυατιανοῦ, προστίθησι περί αὐτοῦ μεταξύ ἄλλων πολλῶν ὅσα ἀνωτέρω εἴδομεν καί παρακατιόντες ἔτι ὀψόμεθα, καί τοῦτο ὅτι ἅμα ἐκραγέντος τοῦ ἐπί Δεκίου διωγμοῦ ὁ Ναυατιανός διά δειλίαν καί φιλοζωίαν ἠρνήθη τόν τοῦ πρεσβυτέρου βαθμόν, ὅν ἔφερε

ὅτε τό ζήτημα πῶς ἔδει νά προσενεχθῶσι πρός τό πλῆθος τῶν ἐπί τοῦ διωγμοῦ τοῦ Δεκίου ἐξομοσάντων ἐγένετο καί ἐν Ῥώμῃ ὡς καί ἐν Καρχηδόνι ἀντικείμενον πολλῶν συνδιαλέξεων. Ἄλλως τε εἴδομεν ἀνωτέρω ὅτι πρό πολλοῦ ἤδη ὑπῆρχον καί ἐν Ῥώμῃ οἱ ἐπιεικέστερον καί οἱ αὐστηρότερον φερόμενοι πρός τούς μετανοοῦντας. Ἡ ἐν Ῥώμῃ διεγερθεῖσα τώρα διένεξις ἦτο κατά τοσοῦτον μᾶλλον ἐπικίνδυνος, καθ' ὅσον ὁ τῆς Ῥώμης ἐπίσκοπος Φαβιανός εἶχεν ὑποστῇ τόν μαρτυρικόν θάνατον ὑπέρ τοῦ ὀνόματος τοῦ Χριστοῦ εὐθύς κατά τάς ἀρχάς τοῦ ἐπί Δεκίου διωγμοῦ (τήν 20 τοῦ Ἰανουαρίου 250), /(370) καί ἡ ῥωμαϊκή ἐκκλησία ἐστερεῖτο ποιμένος ἐπί ἕν σχεδόν καί ἥμισυ ἔτος[462], ὅπερ ἦτον ἀποτέλεσμα τῆς ἀκαταστασίας τόσον τῶν καιρῶν ὅσον καί ἀνακινηθείσης περί τῶν μετανοούντων διενέξεως. Ὁ ἅγιος Κυπριανός, εἰς τοῦ ὁποίου τήν παροικίαν τό αὐτό δρᾶμα συγχρόνως διεδραματίζετο, ἐθεώρησε καλόν καί ἀναγκαῖον νά γνωστιποιήσῃ ἤδη εἰς τόν κλῆρον τῆς Ῥώμης τό μέτρον, ὅπερ ἔκρινε καλόν διά τούς ἐν τῇ παροικίᾳ του ἐξομόσαντες, τουτέστι τό νά ἀναβληθῇ τό περί τῆς παραδοχῆς τῶν μεταμελλουμένων ἀποστατῶν ζήτημα καί νά ἐξετασθῇ συνοδικῶς ἀφοῦ καταπαύσῃ ὁ διωγμός. Ἡ ἀπόφασις αὕτη ἐφάνη εἰς ἀμφότερα τά ἐν Ῥώμῃ ἐνδιαφερόμενα μέρη, εἴς τε δηλονότι τούς ἐπιεικεστέρους καί εἰς τούς αὐστηροτέρους, ἀρεστή καί ὁ ῥωμαϊκός κλῆρος ἀπεδέξατο τό μέτρον τοῦτο τοῦ Κυπριανοῦ καί συγχρόνως μάλιστα καί τήν προσθήκην ἐκείνην, ὅτι μόνον ἐν περιπτώσει θανάτου (in articulo mortis) νά δίδεται ἄφεσις εἰς τόν ἐξομόσαντα καί μετανοοῦντα[463]. Μεταξύ δέ τῶν πρεσβυτέρων τῆς Ῥώμης, τῶν ἀποδεξαμένων τήν πρότασιν τοῦ Κυπραινοῦ, ἦτο καί αὐτός ὁ Ναυατιανός (ἔνθ. ἀνωτ.), ὅπερ μετ' ἐμφάσεως ὁ ἅγιος Κυπριανός ἐξαίρει, διότι ὁ Ναυατιανός ἤ καί τηνικαῦτα ἤδη συγκατελέγετο εἰς τούς αὐστηροτέρους, ἐγένετο ἔπειτα προεξάρχων τῆς μερίδος αὐτῶν. Συνεννοηθέντα λοιπόν ἀμφότερα τά μέρη καί συνενωθέντα

καί ἐγκατέλιπε τήν ἐκκλησίαν τοῦ θεοῦ ἀβοήθητον, κλεισθείς ἐντός ἑνός οἰκίσκου καί ἀποκρυβείς· «ὁ διά τήν δειλίαν καί φιλοζωΐαν ἐν τῷ καιρῷ τῆς διώξεως πρεσβύτερος εἶναι ἑαυτόν ἀρνησάμενος. Ἀξιούμενος γάρ καί παρακαλούμενος ὑπό τῶν διακόνων ἵνα ἐξελθών τοῦ οἰκίσκου ἐν ᾧ καθεῖρξεν ἑαυτόν, βοηθήσῃ τοῖς ἀδελφοῖς ὅσα θέμις καί ὅσα δυνατόν πρεσβυτέρῳ, κινδυνεύουσιν ἀδελφοῖς καί ἐπικουρίας δεομένοις βοηθεῖν, τοσοῦτον ἀπέσχε τοῦ πειθαρχῆσαι παρακαλοῦσι τοῖς διακόνοις, ὡς καί χαλεπαίνοντα ἀπιέναι καί ἀπαλλάτεσθαι μή γάρ ἔτι βούλεσθαι πρεσβύτερος εἶναι ἔφη· ἑτέρας γάρ εἶναι φιλοσοφίας ἐραστής» παρ' Εὐσεβίῳ Ἐκκλ. Ἱστ. 6,43. Ἕτερος ὅμως, οὐδ' αὐτός φίλος τοῦ Ναυατιανοῦ, ὁ ἀνώνυμος συγγραφεύς τῆς πραγματείας τῆς ἐπιγραφομένης Ad Novatianum, ἥτις προσαρτᾶται εἰς τά συγγράμματα τοῦ ἁγίου Κυπριανοῦ, ἐγκωμιάζει τήν ἀνδρείαν αὐτοῦ ἐν τῷ καιρῷ τοῦ διωγμοῦ τούτου.
462 (Tillemont. memoires etc. tom.3 p.346, ed. Brux.)
463 (Cyprian. epist. 54 καί 52)

προέβησαν μετ' ὀλίγον (ἐν ἔτει 251) εἰς τήν ἀπό κοινοῦ ἐκλογήν τοῦ ἐπισκόπου καί ὁ Ναυατιανός διεβεβαίωσεν νῦν δημοτελῶς καί μεθ' ὅρκων φοβερῶν, ὅτι τῷ ἐπ' αὐτῷ οὐδόλως ὀρέγεται τῆς ἐπισκοπῆς[464], προβλέπων, ὡς φαίνεται, πολεμηθησομένην τήν ἐκλογήν του. Καί δή ἐξελέχθη ἐπίσκοπος εἷς ἐκ τῶν τῆς ἐπιεικεστέρας μερίδος, ὁ ἐνάρετος καί σεβάσμιος πρεσβύτερος Κορνήλιος, ὅστις καθά λέγει ὁ ἅγιος Κυπριανός[465], εἶχε διέλθη κανονικῶς πάσας τάς κατωτέρας βαθμίδας τοῦ ἱεροῦ κλήρου. Τό πλεῖστον μέρος τοῦ κλήρου, ὁ λαός καί οἱ τῶν πέριξ ἐπαρχιῶν ἐπίσκοποι ἦσαν πάντες ὑπέρ αὐτοῦ, μάλιστα ἠνάγκασαν αὐτόν ὅπως δεχθῇ τήν ποιμαντορίαν, καί ἡ ἐκλογή ἦτο κατά πάντα κανονική (ἔνθ. ἀνωτ.). Ἀλλ' ὁ Ναυατιανός καί οἱ φίλοι αὐτοῦ δέν ἐχάρησαν βεβαίως ἐπί τῇ ἐκλογῇ τοῦ Κορνηλίου, καθ' ὅσον μάλιστα οὗτος ἅμα προχειρισθείς μεγάλην συγκατάβασιν καί ἐπιείκειαν ἐπεδείξατο πρός τούς παραπεπτωκότας, προσδεξάμενος μάλιστα εἰς τήν ἐκκλησιαστικήν κοινωνίαν καί ἕνα τινά Τρόφιμον καλούμενον[466]. Ὁ δέ Ναυᾶτος, ὁ τῆς ταραχῆς καί τοῦ σχίσματος τοῦ ἐν Καρχηδόνι παραίτιος, ὅστις διέτριβεν ἤδη ἐν Ῥώμῃ, δραξάμενος καί πάλιν τῆς εὐκαιρίας ἐπέχεεν ἔλαιον εἰς τό πῦρ, καί δή ἐξαπατήσας πολλούς διασήμους ὁμολογητάς κατέπεισεν αὐτούς, ὅπως ἀφέντες τόν Κορνήλιον συνταχθῶσι μετά τῆς αὐστηροτέρας μερίδος[467]. Ἐκτός τούτου ὁ Ναυᾶτος καί τις ἄλλος Εὐάριστος δέν ἔπαυσαν ἐνοχλοῦντες τόν Ναυατιανόν, ἕως οὗ οὗτος ἐνέδωκεν καί ἄκων, ὡς ἔλεγεν, νά χειροτονηθῇ ἐπίσκοπος Ῥώμης ἀντί τοῦ Κορνηλίου[468], διό καί τινες τῶν ἀρχαίων ὡς παραιτίους κυρίως τοῦ ῥωμαϊκοῦ σχίσματος θεωροῦσι τόν Ναυᾶτον καί τόν Εὐάριστον[469]. Ἐχειροτονήθη δέ ἐπίσκοπος ὁ

464 (Εὐσεβ. Ἐκκλ. Ἱστ. 6,43)
465 (epist. 52)
466 (Cyprian. epist. 52)
467 (τοιοῦτοι ὁμολογηταί ἦσαν ὁ πρεσβύτερος Μάξιμος, ὁ Οὐρβανός, ὁ Σηδώνιος, ὁ Καλερῖνος /(371) καί ἄλλοι βλ. Cyprian. epist. 42.49.44 καί Εὐσεβ. ἔνθ. ἀνωτ.)
468 (Εὐσεβ. Ἐκκλ. Ἱστ. 6,45)
469 Οὕτω ὁ Κυπριανός epist. 52.- Ὁ Πακιανός (Pacianus) epist. 3 ad Sympron. καί ὁ Κορνήλιος παρά τῷ Κυπριανῷ epist. 48. Ἐνταῦθα ὅμως διεγείρετα ἀπορία τις, ἡ ἑξῆς: Τό ἐν Καρθαγένῃ κόμμα τοῦ Ναυᾶτου εἶχεν ὡς εἴπομεν ἀρχάς συγκαταβατικωτέρας, πρεσβεῦον, ἐναντίον τῆς διδασκαλίας τοῦ Κυπριανοῦ, ὅτι ἔδει προσδέχεσθαι τούς παραπεπτωκότας ἄνευ τινος ἀναβολῆς καί δοκιμασίας. Τόν Ναυᾶτον ὅμως ἐλθόντα εἰς Ῥώμην βλέπομεν προσκεκολλημένον εἰς τήν μερίδα τῶν αὐστηρῶν· πῶς τοῦτο; - Ὅσον ἀποβλέπει τήν σχέσιν τοῦ Ναυᾶτου πρός τόν Φηλικίσσιμον ἕν μόνον εἶναι γνωστόν εἰς ἡμᾶς, τοῦτο, ὅτι ὁ Ναυᾶτος ἐχειροτόνησεν διάκονον τόν Φηλικίσσιμον προτοῦ βεβαίως νά ἀντιστῇ οὗτος κατά τῶν ἀπεσταλμένων τοῦ ἁγίου Κυπριανοῦ διά τά ἐλέη τῶν πτωχῶν. Ἐκτός τούτου ὁ Κυπριανός χαρακτηρίζει αὐτόν ὡς μέγαν ταραχοποιόν καί τῆς εἰρήνης ἀνατροπέα, μάλιστα ὡς τόν κυρίως προταίτιον τῆς διχονοίας καί τοῦ σχίσματος τῆς Καρχηδόνος, λέγων ἐπί λέξεως τάδε περί αὐτοῦ: qui apud nos primum discordiae et schismatis incendium seminavit, epist. 49. ὥστε δυνάμεθα κάπως νά πιστεύσωμεν ὅτι ὁ Ναυᾶτος ἦτον ὁ ὑποκινήσας τόν Φηλικίσσιμον καί ὅτι οὗτος οὐδέν

Ναυατιανός ὡς ἀκολούθως. Δύο ἐκ τῶν φίλων του κατώρθωσαν νά φέρωσιν εἰς τήν Ῥώμην τρεῖς ἐπισκόπους μικρῶν ἰταλικῶν πόλεων, ἀνθρώπους «ἀγροίκους καί ἁπλουστάτους», ἐπί τῷ λόγῳ ὅτι δῆθεν ὑπῆρχεν ἀναγκαία ἡ παρουσία των πρός ἀποκατάστασιν τῆς ἑνότητος καί τῆς εἰρήνης τῆς ἐκκλησίας· ἐλθόντες παρέλαβον [αὐτούς] εὐθύς εἰς τά ἴδια πρίν ἤ ἴδωσι καί συνομιλήσωσι μετ' ἄλλου τινός ἐν Ῥώμῃ, ἐμέθυσαν αὐτούς καλά καί τοιουτοτρόπως ἐπέτυχον ὅπως οἱ ἐπίσκοποι οὗτοι χειροτονήσωσι τόν Ναυατιανόν[470]. Ταῦτα πράττοντες οἱ περί τόν Ναυατιανόν διεθρύλλουν συγχρόνως πλεῖστα ὅσα ψεύδη κατά τοῦ Κορνηλίου, ὡς ὅτι δηλ. καί αὐτός ὑπῆρχεν libellaticus (ἐκπεπτωκώς τῆς πίστεως ἐπί τοῦ διωγμοῦ), ὅτι ἐκοινώνει μετά ἐπισκόπων ἐπιτεθυκότων τοῖς εἰδώλοις καί τά τοιαῦτα[471]. Αὕτη ἡ κατά τοῦ Κορνηλίου στάσις ἐσκευωρήθη εὐθύς μετά τήν ἐκλογήν του, ὥστε ἐν τῇ ἐπιστολῇ αὐτοῦ, δι' ἧς ἀνήγγειλε κατά τή συνήθειαν πρός τάς ἐν Ἀφρικῇ ἐκκλησίας τήν εἰς τόν ῥωμαϊκόν θρόνον ἀνάβασίν του, διεβίβασεν ὁ Κορνήλιος καί τήν εἴδησιν ὅτι ἡ ἐκλογή του εἰς ἐπίσκοπον Ῥώμης πολλήν εὗρε τήν ἀντιλογίαν καί ἀντίστασιν. Ὁ ἅγιος Κυπριανός καί οἱ ἐπίλοιποι ἀφρικανοί ἐπίσκοποι μαθόντες τά γενόμενα ἐν Ῥώμῃ, ἐδίστασαν κατ' ἀρχάς· καί ἀνεγνώσθη μέν ἐν τῇ συνόδῳ αὐτῶν τό γράμμα τοῦ Κορνηλίου, οὐχί δέ καί τό τῶν ἀντιπάλων αὐτοῦ (ἕνεκα τῆς σφοδρότητος καί ἐμπαθείας μεθ' ἧς ἦτο γεγραμμένον)· ἀφ' ἑτέρου ὅμως ἔκρινον ἀναγκαῖον νά ἀποστείλωσιν εἰς Ῥώμην δύο ἐκ τῶν παρ' αὐτοῖς ἐπισκόπων,

---

ἄλλο ἦν τό ἐν φανερῷ ὄργανον τοῦ Ναυάτου. Ἐπειδή ὅμως ἀλλαχοῦ παρασιωπᾷ παντάπασιν τόν Ναυάτον ὁ Κυπριανός, ὡς ἀρχηγόν δέ τοῦ σχίσματος δείκνυσι τόν Φηλικίσσιμον /(375) περί αὐτοῦ ὅτι ὁρμεμφύτως (instincta suo) ἐνήργησε (epist. 38), διά τοῦτο ὅπως συμβιβάσωμεν ταῦτα πρός τά ἀνωτέρω, δέν δυνάμεθα εἰμή νά παραδεχθῶμεν ὅτι ναί μέν ὁ ἐξ ἀρχῆς καί κατά τό πρῶτον κατά τοῦ Κυπριανοῦ σκευωρήσας ἦν ὁ Ναυάτος, ὅτι οὗτος ἦν ὁ διερεθίσας πολλούς κατά τῆς ἐκλογῆς αὐτοῦ, ὅτι πολλάς παρανομίας ἐτόλμησε, ὅτι ἐχειροτόνησε διάκονον τόν Φηλικίσσιμον καί ὅτι οὕτω ἐγένετο ὁ πρόξενος τοῦ κινήματος - ἀλλ' ὅτι ὁ Φηλικίσσιμος πρῶτος καί ἀφ' ἑαυτοῦ ἀντέστη κατά τῶν ἐπιτετραμμένων τά τῆς ἐλεημοσύνης καί ὅτι οὗτος ἦν ὁ ἐγκολπωθείς τούς ἐν τῷ διωγμῷ πεσόντας καί διά τοῦτο ἀποσχισθείς τῆς ἐκκλησίας τῆς Καρχηδόνος - Ὅτι Ναυάτος εἰς τό πρῶτον τοῦ Φηλικισσίμου κίνημα κατά τῶν ἐπιτετραμμένων τά τῆς ἐλεημοσύνης οὐδέν μέρος ἔλαβε τοὐλάχιστον ἐν τῷ φανερῷ, φαίνεται καί ἐκ τούτου ὅτι μετά τοῦ Φηλικισσίμου ἀπεκηρύχθησαν συγχρόνως διά τό τόλμημα τοῦτο ἕτεροί τινες καί οὐχί ὁ Ναυάτος (Cyprian. epist. 38.39), ὥστε δυνάμεθα νά εἴπωμεν, ἔχοντες ὅλα ταῦτα ὑπ' ὄψιν, ὅτι ὁ Ναυάτος δέν συνεμερίζετο ἴσως τά περί τῶν μετανοούντων φρονήματα τοῦ Φηλικισσίμου, καί ὅτι ἴσως ταῦτα ἦσαν τό αἴτιον τοῦ νά ἐγκαταλείψῃ τόν Φηλικίσσιμον καί νά μεταβῇ εἰς Ῥώμην ὁ Ναυάτος. Ἀλλ' ἐάν πιστεύσωμεν εἰς ὅσα ἀλλαχοῦ (epist. 49) λέγει περί τοῦ Ναυάτου ὁ Κυπριανός, ὅτι δηλ. οὗτος οὐ μόνον χήρας καί ὀρφανά ἐγύμνωσε τῶν ὑπαρχόντων αὐτῶν, ἀλλά καί τόν πατέρα αὐτοῦ ὑπό τῆς πείνης νά ἀποθάνῃ ἀφῆκε καί τήν γαμετήν αὐτοῦ οὕτω κακῶς μετεχειρίσθη ὥστε καί ὠμοτοκῆσαι αὐτήν –τότε οὗτος ἦτον κάκιστος καί ἀνοσιώτατος ἄνθρωπος καί ὡς τοιοῦτος δέν εἶχε βεβαίως πολλήν δυσκολίαν ἄλλα μέν ἐν Καρχηδόνι ἕτερα δέ ἐν Ῥώμῃ νά πρεσβεύῃ.
470 (Εὐσεβ. Ἐκκλ. Ἱστ. 6,43)
471 (Cyprian. epist. 52)

ὅπως ἐξετάσωσι ἀκριβῶς περί τῶν διατρεχόντων, ἰδίως δέ ἐπερωτήσωσι τούς 16 ἐπισκόπους τούς εἰς τήν ἐκλογήν τοῦ Κορνηλίου συνεργήσαντας καί πληροφορηθῶσι καλῶς περί τῆς ἀληθείας[472]. Πρός δέ τούτοις ἀπηύθυνον τό γράμμα αὐτῶν οὐχί πρός τόν Κορνήλιον, ἀλλά πρός τόν ρωμαϊκόν κλῆρον καθόλου, τό ὁποῖον δυσηρέστησε μέν τόν Κορνήλιον, ἀλλά διά τό ὁποῖον ἀπελογήθη ὁ Κυπριανός[473]. Μετά ταῦτα ἦλθον εἰς Καρχηδόνα ἀπεστασταλμένοι καί παρά τοῦ Ναυατιανοῦ· ἀλλ' ἅμα οὗτοι ἀνήγγειλαν ὅτι ὁ Ναυατιανός προεχειρίσθη ἐπίσκοπος Ῥώμης, διέκοψαν εὐθύς οἱ ἐν Ἀφρική πᾶσαν μετ' αὐτῶν τήν κοινωνίαν, καθόσον τό βῆμα τοῦτο ἦν αὔθαδες καί κακοῦργον, ὅσον παράνομος καί ἀντικανονικός καί ἄν ὑπετίθετο ἡ χειροτονία τοῦ Κορνηλίου. Ἐπί δέ τούτοις ἀνήγγειλαν ἤδη οἱ δύο εἰς Ῥώμην ἀποστελέντες ἐπίσκοποι πολλά, καλά καί ἀγαθά περί τοῦ Κορνηλίου, παρομοίως δέ εἰδήσεις ἐκόμιζον καί δύο ἕτεροι ἐπίσκοποι Πομπήϊος καί Στέφανος, ὥστε ὁ Κυπριανός καί σύμπασα ἡ ἐκκλησιαστική αὐτοῦ /(372) περιοχή ἀνεγνώρισαν ἤδη πλέον δημοτελῶς ὡς ἐπίσκοπον τῆς Ῥώμης τόν Κορνήλιον[474]. Τό αὐτό ἔπραξε καί σύμπας σχεδόν ὁ ἄλλος χριστιανικός κόσμος, καί ἰδίως ὁ Μέγας Διονύσιος ὁ τῶν Ἀλεξανδρέων ἐπίσκοπος[475]· ὁ δέ Κυπριανός ἠγωνίσθη μετά ἰδιάζοντος ζήλου, ὅπως πληροφορήση καί ἄλλους ἐπισκόπους περί τῆς ἀθέσμου διαγωγῆς τοῦ Ναυατιανοῦ καί τῶν δικαίων τοῦ Κορνηλίου (epist. 52), καί ὅπως ἀναγάγη εἰς τόν κόλπον τῆς ἐκκλησίας τούς ρωμαίους ἐκείνους ἀπολογητάς, ὅσοι εἶχον ἐνταχθῆ μετά τοῦ σχίσματος (epist. 43,44), ὅπερ καί ἐπέτυχεν, ἀφοῦ ὁ Ναυάτος ὁ παρασύρας αὐτούς, ἐγκατέλειψε τήν Ῥώμην (epist. 49), ἐφ' ᾧ καί μεγάλως ἠγαλλιάσατο ὁ Κορνήλιος, ἀπαλλαχθείς τοῦ μεγίστου τῆς ἐκκλησίας λυμεῶνος[476]. Κατά τόν αὐτόν δέ χρόνον (ἐν ἔτει 251) συνεκροτήθησαν καί αἱ δύο ἐκεῖναι ἐν Καρχηδόνι σύνοδοι, περί τῶν ἐν τῷ διωγμῷ πεσόντων καί περί τοῦ σχίσματος τοῦ Φηλικισσίμου, περί ὧν ἀνωτέρω εἴπομεν (§). Τάς ἀποφάσεις τούτων ἔπεμψεν εὐθύς ὁ Κυπριανός καί πρός τόν πάπα Κορνήλιον, ὅστις συγκροτήσας ἤδη καί αὐτός σύνοδον ἐξ ἐπισκόπων 60 καί ἐκ πολλῶν ἄλλων κληρικῶν ἐπεκύρωσε τάς ἀποφάσεις τῶν Καρχηδονίων, τόν δέ Ναυατιανόν καί τούς ὀπα-

---

472 (Cyprian. epist. 42, 57)
473 (epist. 45)
474 (Cyprian. epist. 41.42.45)
475 (Εὐσεβ. Ἐκκλ. Ἱστ. 6,45,46)
476 (epist. 46,47,50,51 καί Ευσεβ. Ἐκκλ. Ἱστ. 6,43)

δούς αὐτοῦ μή θελήσαντας νά γνωσιμαχήσωσιν, ἀκοινωνήτους ἐποίησε[477]. Τοῦτο ἐπένεγκε τήν ἐπιστροφήν εἰς τήν ἐκκλησίαν πολλῶν, οὕς εἶχεν ἐξαπατήση ὁ Ναυατιανός· ἀλλ' οὗτος ἐπενόησε ἤδη δραστικώτατόν τι μέσον πρός διακώλυσιν τῆς ἐπιστροφῆς·καί δή καθ' ἥν ὥραν ἔμελλε νά μεταδώση τῶν ἀχράντων μυστηρίων εἰς τούς ὀπαδούς του, ἐζήτει παρ' αὐτῶν ὅπως ὀμνύωσι εἰς τό σῶμα καί αἷμα τοῦ Κυρίου ὅτι δέν θά ἐγκαταλείψωσιν αὐτόν διά νά προσέλθωσιν εἰς τόν Κορνήλιον[478]. Πρός δέ τούτοις ἤρξατο νῦν πέμπων γράμματα καί ἀποστόλους εἰς τάς διαφόρους ἐπαρχίας τοῦ ῥωμαϊκοῦ κράτους, νά προσηλυτίζει πολλούς καί νά διορίζῃ ἄλλους ἐπισκόπους, ὅπου δέν κατωρθοῦτο τῶν ἐπιτοπίων ἐπισκόπων ἡ σαγίνευσις· οὕτω π.χ. διώρισαν οἱ σχισματικοί οὗτοι ἐπίσκοπον Καρχηδόνος κατά τοῦ ἀληθοῦς ἐπισκόπου αὐτῆς, τοῦ ἁγίου Κυπριανοῦ, πρεσβύτερόν τινα Μάξιμον χειροτονήσαντες αὐτόν ἐπίσκοπον[479]. Εἰς δέ τάς Γαλλίας ηὐτομόλησε πρός τό μέρος αὐτῶν ὁ ἐπίσκοπος τῆς Ἀρελάτης Μαρκιανός[480] καί αὐτός δέ ὁ τῆς Ἀντιοχείας ἐπίσκοπος Φάβιος ἦτον «ὑπό κατακλινόμενος τῷ σχίσματι», ἔν τινι ἐν Ἀντιοχείᾳ συγκροτηθείσῃ συνόδῳ ἐπεχείρησάν τινες νά ὑπερασπισθῶσι τό σχίσμα τοῦ Ναυατιανοῦ (Εὐσεβ. Ἐκκλ. Ἱστ. 6,44.46)[481]. Τοὐναντίον δέ ἄξια τῆς σοφίας καί τῆς ἁγιότητος καί τῆς ἐπωνυμίας τοῦ «μέγας» εἶναι ὅσα ἔγραψε πρός τόν Ναυατιανόν, προτρέπων /(373) αὐτόν εἰς μετάνοιαν, ὁ περίφαντος τῆς Ἀλεξανδρείας ἐπίσκοπος, ὁ ἱερός Διονύσιος[482]. Ἡ κυριωτέρα ἑστία τῶν ὀπαδῶν τοῦ Ναυατιανοῦ ἦτο καί διέμεινεν ἡ

---

[477] (Εὐσεβ. Ἐκκλ. Ἱστ. 6,43. Cyprian. epist. 52.54)
[478] Ἰδού πῶς διηγεῖται τοῦτο ὁ Κορνήλιος, παρ' Εὐσεβ. Ἐκκλ.Ἱστ. 6,43 «Ποιήσας γάρ τάς προσφοράς καί διανέμων ἑκάστῳ τό μέρος καί ἐπιδιδούς τοῦτο, ὀμνύειν ἀντί τοῦ εὐλογεῖν τούς ταλαιπώρους ἀνθρώπους ἀναγκάζει, κατέχων ἀμφοτέραις ταῖς χερσί τά τοῦ λαβόντος, καί μή ἀφείς ἔστ' ἄν ὀμνύοντες εἴπωσι ταῦτα (τοῖς γάρ ἐκείνου χρήσομαι λόγοις)· ὄμοσον μοι κατά τοῦ σώματος καί τοῦ αἵματος τοῦ Κυρίου ἡμῶν Ἰησοῦ Χριστοῦ, μηδέποτέ με καταλιπεῖν καί ἐπιστρέψαι πρός Κορνήλιον. Καί ὁ ἄθλιος ἄνθρωπος οὐ πρότερον γεύεται, εἰ μή πρότερον αὐτῷ καταράσαιτο· καί ἀντί τοῦ εἰπεῖν λαμβάνοντα τόν ἄρτον ἐκεῖνον, τό ἀμήν, οὐκέτι ἀνήξω πρός Κορνήλιον λέγει.».
[479] (Cypr. epist. 52)
[480] (Cyprian. epist. 67. παραβ. καί §)
[481] Ὁ Σωκράτης Ἐκκλησιαστική Ἱστορία 4, 28 ὁμιλεῖ καθόλου περί ἐκείνων, οἵτινες ἔκλινον πρός τόν Ναυατιανόν ἤ πρός τόν Κορνήλιον, λέγων «ὡς γάρ ἐκεῖνος (ὁ Ναυατιανός) ἐδήλου μή δεῖν ἀξιοῦσθαι τῶν μυστηρίων τούς μετά τό βάπτισμα εἰς θάνατον ἁμαρτίαν πεποιηκότας, τοῖς μέν ἐδόκει πικρά καί ἀπηνής εἶναι τοῦ τοιούτου κανόνος ἡ ἔκθεσις· /(376) οἱ δέ ὡς δίκαιον τόν κανόνα καί ὀρθοῦντα τήν πολιτείαν ἐδέχοντο· ἐν τοσούτῳ δέ τούτου κινουμένου τοῦ ζητήματος ἐπικαταλαμβάνει τοῦ ἐπισκόπου Κορνηλίου γράμματα, καί τοῖς μέν μετά τό βάπτισμα ἡμαρτηκόσιν ἐπαγγελλόμενα συγχώρησιν· οὕτω δέ ἀμφοτέρων ἐπιστελλόντων τά ἐναντία καί ἐκ τῶν θείων ὀχυρούντων ἅ ἑκάτερος ἔλεγεν, ἕκαστος κατ' ἔθος εἰς τοῦτο ἔτρεψεν εἰς ὅ καί πρότερον μᾶλλον ἐπέκλινεν· περί τῆς κλίσεως τοῦ Σωκράτους πρός τά τοῦ Ναυατιανοῦ φρονήματα βλ. §
[482] «Ἐπειδή … τῆς ἀποστασίας καί τοῦ σχίσματος πρόφασιν ἐποιεῖτο τῶν ἀδελφῶν τινάς, ὡς δή πρός αὐτῶν

Ῥώμῃ. Ἐκτός δέ ταύτης εἶχον κοινότητας καί ἐν Κωνσταντινουπόλει, ἐν Νικαίᾳ, ἐν Νικομηδείᾳ, ἐν Πόντῳ, ἐν Φρυγίᾳ, ἐν Ἀλεξανδρείᾳ, ἐν Καρηδόνι, ἐν ταῖς Γαλλίαις καί ἐν τῇ Ἱσπανίᾳ[483]. Ὁ μέγας οὗτος πληθυσμός τῶν σχισματικῶν τούτων οὐδόλως πρέπει νά ξενίζῃ ἡμᾶς. Ἡ τῶν ἠθῶν καθαρότης, εἴτε πραγματική εἶναι εἴτε φαινομένη καί ἀπατηλή, οὐδέποτε στερεῖται θαυμαστῶν καί μάλιστα τοιούτων, οἵτινες ἐν τούτῳ ἐξαιρέτως θέτουσι τόν χαρακτήρα τῆς ἀληθοῦς ἐκκλησίας. Ἐν τῇ σχισματικῇ αὐτῶν ὑπερηφανείᾳ ἀπεκάλουν ἑαυτούς οἱ περί τόν Ναυατιανόν Κ α θ α ρ ο ύ ς· ὡς οἱ κατ' ἐξοχήν δῆθεν ἅγιοι καί ἀμόλυντοι ὄντες· ὁ αὐστηρός περί τῶν μετανοούντων κανών αὐτῶν ἦτον ὁ ἀκόλουθος· ὅτι πάντες οἱ μετά τό βάπτισμα ἅπαξ ἀρνηθέντες τόν Κύριον καθώς καί οἱ βαρέως καί θανασίμως ἡμαρτηκότες δέν ἔπρεπε πλέον νά λαμβάνωσιν ἄφεσιν τῶν ἡμαρτημένων παρά τῆς ἐκκλησίας καί νά ἀξιῶνται τῆς κοινωνίας τῶν θείων μυστηρίων. Καί ὅτι ὤφειλε μέν ἡ ἐκκλησία νά προτρέπῃ αὐτούς εἰς μετάνοιαν, ἡ συγχώρησις ὅμως ἔπρεπε νά ἐγκαταλείπηται εἰς τόν θεόν, τόν μόνον δυνάμενον καί ἐξουσίαν ἔχοντα νά συγχωρῇ ἁμαρτίας[484]. Οἱ περί τόν Ναυατιανόν λοιπόν δέν ἠρνοῦντο μέν

ἐπί τοῦτ' ἐλθεῖν ἐκβεβιασμένος, ὅρα τίνα τρόπον αὐτῷ γράφει «λέγει καί ὁ Εὐσέβιος ἐν τῇ Ἐκκλησιαστικῇ Ἱστορίᾳ του καί μετά ταῦτα ἐπάγει τήν ἐπιστολήν τοῦ ἁγίου πρός τόν Ναυατιανόν «Διονύσιος Ναυάτῳ τῷ ἀδελφῷ χαίρειν. Εἰ ἄκων, ὡς φής, ἤχθης, δείξεις ἄν ἀναχωρήσας ἑκών. Ἔδει γάρ καί πᾶν ὁτιοῦν παθεῖν, ὑπέρ τοῦ μή διακόψαι τήν ἐκκλησίαν τοῦ Θεοῦ. Καί ἦν οὐκ ἀδοξοτέρα τῆς ἕνεκεν τοῦ μή εἰδωλολατρῆσαι γινομένης ἡ ἕνεκεν τοῦ μή σχίσαι μαρτυρία, κατ' ἐμέ δέ καί μείζων. Ἐκεῖ μέν γάρ ὑπέρ μιᾶς τις τῆς ἑαυτοῦ ψυχῆς, ἐνταῦθα δέ ὑπέρ ὅλης τῆς ἐκκλησίας μαρτυρεῖ. Καί νῦν δέ εἰ πείσαις ἤ βιάσαιο τούς ἀδελφούς εἰς ὁμόνοιαν ἐλθεῖν, μεῖζον ἔσται σοι τοῦ σφάλματος τό κατόρθωμα, καί τό μέν οὐ λογισθήσεται, τό δέ ἐπαινεθήσεται. Εἰ δέ ἀπειθούντων ἀδυνατοίης, σώζων σῷζε τήν σεαυτοῦ ψυχήν. Ἔρρωσθαί σε ἐχόμενον τῆς εἰρήνης ἐν Κυρίῳ εὔχομαι».
483 (βλ. Walch. Ketzerhistor. 2,209, 236.237.261)
484 Π ρ ο χ ε ι ρ ι σ θ ε ί ς, λέγει ὁ Σωκράτης περί τοῦ Ναυατιανοῦ ἐν τῇ Ἐκκλησιαστικῇ Ἱστορίᾳ βιβλ. 4 κεφ. 28 ε ἰ ς τ ή ν ἐ π ι σ κ ο π ή ν τ α ῖ ς π α ν τ α χ ο ῦ ἐ κ κ λ η σ ί α ι ς ἔ γ ρ α φ ε «μή δέχεσθαι τούς ἐπιτεθυκότας εἰς τά μυστήρια· ἀλλά προτρέπειν μέν αὐτούς εἰς μετάνοιαν· διά τήν συγχώρησιν ἐπιτρέπειν θεῷ τῷ δυναμένῳ καί ἐξουσίαν ἔχοντι συγχωρεῖν ἁμαρτήματα» καί κατωτέρω ὁ αὐτός «ὡς γάρ ἐκεῖνος ἐδήλου (ὁ Ναυατιανός) μή δεῖν ἀξιοῦσθαι τῶν μυστηρίων τούς μετά τό βάπτισμα εἰς θάνατον ἁμαρτίαν πεποιηκότας κτλ.», ἐξ αὐτῶν φαίνεται ὅτι ὁ Ναυατιανός καί οἱ περί αὐτόν ἀπέβαλλον τῆς ἐκκλησιαστικῆς κοινωνίας οὐ μόνον τούς lapsi, τούς ἀρνουμένους τόν Κύριον ἐν καιρῷ ἀνάγκης, ἀλλά καί πάντας τούς θανασίμως ἁμαρτάνοντας· ὅτι ἑπομένως δέν ἐπεξετάθη ὀψιαίτερον, ὡς θέλουσί τινες, ὁ περί τῶν μετανοούντων κανών τοῦ Ναυατιανοῦ ἐπί τῶν θανασίμως ἁμαρτανόντων, ἀλλά περιελάμβανε καί αὐτούς ὡς καί τούς lapsi εὐθύς ἐξ ἀρχῆς. Ὁ αὐτός Σωκράτης ἱστορεῖ ἐν τῇ Ἐκκλησιαστικῇ Ἱστορίᾳ του βιβλ. 1 κεφ. 10 καί εὐφυέστατόν τι ἀνέκδοτον τοῦ μεγάλου Κωνσταντίνου. Ἐν τῇ πρώτῃ οἰκουμενικῇ συνόδῳ προσεκλήθη, λέγει ὁ ἱστορικός οὗτος, καί ἐπίσκοπός τις ἐκ τῶν τοῦ Ναυατιανοῦ, Ἀκέσιος λεγόμενος· οὗτος ἐρωτηθείς ὑπό τοῦ βασιλέως ἐάν συνευδοκῇ εἰς ὅσα περί τῆς πίστεως καί τῆς ἑορτῆς τοῦ Πάσχα ἡ σύνοδος ἐθέσπισε, ἀπεκρίθη κα /(377) ταφατικῶς· ἐπερωτήσαντος δέ τοῦ βασιλέως αὐτόν «διά τί οὖν τῆς κοινωνίας χωρίζῃ» ἤρξατο ὁ Ἀκέσιος νά ἐκθέτῃ τά ὑπέρ τοῦ αὐστηροῦ αὐτῶν κανόνος «ὡς ἄρα οὐ χρεία τούς μετά τό βάπτισμα ἡμαρτηκότας ἁμαρτίαν, ἥν πρός θάνατον καλοῦσιν αἱ θεῖαι γραφαί, τῆς κοινωνίας τῶν θείων μυστηρίων ἀξιοῦσθαι· ἀλλ' ἐπί μετάνοιαν μέν αὐτούς προτρέπειν ἐλπίδα δέ τῆς ἀφέσεως μή παρά τῶν ἱερέων, ἀλλά παρά τοῦ θεοῦ ἐκδέχεσθαι τοῦ δυναμένου καί ἐξουσίαν ἔχοντος συγχωρεῖν τά ἁμαρτήματα». Ταῦτα ἀκούσας ὁ βασιλεύς, ἐπάγει ὁ ἱστορικός, εἶπε πρός τόν Ἀκέσιον «θές, ὦ Ἀκέσιε, κλίμακα καί μόνος ἀνάβηθι εἰς τόν οὐρανόν».

ὅτι εἰς τούς τοιούτους ὑπάρχει ἐλπίς σωτηρίας, διότι δέν ἠρνοῦντο ὅτι ὁ Θεός δύναται νά συγχωρήση τούς θανασίμως ἁμαρτάνοντας, ἐδόξαζον ὅμως ὅτι ἡ ἐκκλησία οὔτε ἱκανή εἶναι οὔτε τήν ἐξουσίαν καί τό δικαίωμα ἔχει νά συγχωρῇ τοιαῦτα ἁμαρτήματα καί νά εἰσδέχηται εἰς τόν κόλπον αὐτῆς τούς οὕτω ἡμαρτηκότας· ἀφ' ἑνός ἄρα ἠρνοῦντο εἰς τήν ἐκκλησίαν τό δικαίωμα τοῦ ἀφιέναι τά θανάσιμα ἁμαρτήματα καί τοῦ μεταδιδόναι εἰς τούς μετανοοῦντας τά ἄχραντα μυστήρια, ἀφ' ἑτέρου δέ ἔλεγον εἰ καί μή ῥητῶς ὅ,τι λέγει σήμερον καί ὁ προτεσταντισμός· ὡς ὅτι δέν εἶναι ἀνάγκη νά ἦναι τις μέλος τῆς ἐκκλησίας ὅπως τύχῃ παρά τοῦ Θεοῦ τῶν ἡμαρτημένων αὐτοῦ τήν ἄφεσιν· δι' ἀμφότερα δέ ταῦτα μετέπιπτον οἱ περί τόν Ναυατιανόν ἀπό τῆς κατηγορίας τοῦ σχίσματος εἰς τήν τῆς αἱρέσεως⁴⁸⁵. Πρός τούτοις μή ἀποδεχόμενοι οἱ περί τόν Ναυατιανόν ὡς ἀληθεῖς ἐκκλησίας πάσας τάς ἄλλως φρονούσας περί τούτων, ἀνεβάπτιζον πάντας τούς ἐκεῖθεν πρός αὐτούς ἐρχομένους (Cyprian. epist. 73). Μέρος δέ τούτων, οἱ ἐν τῇ Φρυγίᾳ ἔνθα πολλοί τῶν Μοντανιστῶν ἡνώθησαν μετ' αὐτῶν ἀπέρριπτον καί τόν δεύτερον γάμον (βλ. Καν. 8 τῆς α' ἐν Νικαίᾳ οἰκουμενικῆς συνόδου)⁴⁸⁶. Τό σχίσμα τοῦτο ἐπέζησε μέχρι καί τοῦ τέλους τῆς 6 ἑκατ.⁴⁸⁷. /(374)

---

485 (παραβ. Natal. Alex. hist. eccl. t. IV p. 6 et 147 ed. Venet. 1778)

486 Ἐν γένει οἱ περί τόν Ναυατιανόν ἔφερον τόν αὐτόν αὐστηρόν χαρακτῆρα, ὅν καί οἱ Μοντανισταί, οὕτως ὥστε οὐχί σπανίως συνέχεον αὐτούς μετά τῶν Μοντανιστῶν καί ἐνίοτε ὠνόμαζον αὐτούς, ὡς καί τούς συγγενεῖς αὐτῶν Δονατιστάς ὕστερον, Μοντανιστάς ἤ Μοντησίους (Montenses). Οὕτω λέγει ὁ Ἐπιφάνιος ὅτι ἐν Ῥώμῃ ἐκαλοῦντο οἱ περί τόν Ναυατιανόν Μοντήσιοι (Ἀγκυρωτός κεφ. 13). Ὁ Μοσχέμιος (Commentar. de rebus Christ. p. 500) νομίζει ὅτι τό ὄνομα Μοντήσιοι δέν ἔφερον οἱ περί τόν Ναυατιανόν, ἀλλ' οἱ ὀπαδοί τοῦ Φηλικισσίμου καί τοῦτο διότι οὗτοι εἶχον τόν ναόν αὐτῶν ἐν Καρχηδόνι ἐπάνω ὄρους. Ὁ Μοσχέμιος ἐξάγει τοῦτο ἐξ ἑνός χωρίου τῆς 38 ἐπιστολῆς τοῦ ἁγίου Κυπριανοῦ ὅπου ὅμως ἀντί monte ἀναγινώσκουσι morte· ἄλλως τε οἱ περί τόν Ναυατιανόν λέγονται καλούμενοι Μοντήσιοι ἐν Ῥώμῃ καί οὐχί ἐν Καρχηδόνι.-. Σημειωτέον πρός τούτοις ὅτι οἱ ὀπαδοί τοῦ Ναυατιανοῦ διῃρέθησαν μετ' ὀλίγον, διαφωνήσαντες περί τήν ἑορτήν τοῦ Πάσχα ὥστε μέρος αὐτῶν ἑώρταζον τοῦτο μέν μετά τῶν Τεσσαρασκαιδεκατιτῶν (§), Σωκράτους Ἐκκλησιαστική Ἱστορία 4, 28. 5,21. 7,5,12,25. Σωζομενός Ἐκκλησιαστική Ἱστορία 7,18. Καί μεθ' ὅλα ὅμως ταῦτα ἡ πρώτη ἐν Νικαίᾳ ἁγία οἰκουμενική σύνοδος ἔδειξε καί πρός αὐτούς μεγάλην συγκατάβασιν καί ἐπιείκειαν, ἀποδεξαμένη καί αὐτήν τήν χειροτονίαν αὐτῶν, βλ. τόν 8 κανόνα τῆς συνόδου ταύτης ἔνθα οἱ πατέρες λέγουσιν «Καθαρούς ... χειροθετουμένους ... μένειν οὕτως ἐν τῷ κλήρῳ» βλ. Νικοδ. Πηδάλ. σελ. 74.

487 Οἱ περί τόν Ναυατιανόν κατεδιώκοντο ὑπό τῶν ἐθνικῶν καί τῶν Ἀρειανῶν ὡς καί οἱ ὀρθόδοξοι, κατά τόν ἅγιον Κυπριανόν epist. 57 ὀλιγώτερον ἤ οἱ ὀρθόδοξοι. Ἐάν ὅμως ὁ ἀρχηγός αὐτῶν ὁ Ναυατιανός πραγματικῶς ἐμαρτύρησε ἐπί τοῦ Οὐαλεριανοῦ, ὡς ἱστορεῖ ὁ Σωκράτης Ἐκκλ. Ἱστ. 4,28, εἶναι ἀμφίβολον. - Ὁ Μέγας Κωνσταντῖνος κατ' ἀρχάς μέν ἐδείχθη πρός αὐτούς ἀνεκτικός ἐν τῷ ἐν ἔτει 326 διατάγματί του: Novatianos non adeo comperimus praedamnatus, utiis, quae petieverunt, crederamus minime Cargienda. Itaque ecclesiae suae domos et loca sepucleris apta sine inquietudine eos firmiter /(378) possidere praecipimus. Cod. Theod. I. 16, tit. 5.1.2. Ὀψαίτερον ὅμως, μετά 10 ἔτη, ἀπηγόρευσεν αὐτοῖς νά τελῶσι δημοσίᾳ τήν λατρείαν των. Εὐμενεῖς ἐφάνησαν πρός αὐτούς καί οἱ αὐτοκράτορες Ἰουλιανός ὁ Παραβάτης καί Θεοδόσιος ὁ Μέγας. Ἀλλ' ὁ Ὁνώριος καί Θεοδόσιος ὁ Μικρός ἐφάνησαν αὐστηροί κατ' αὐτῶν, ὡς καί κατά πάντων ἐν γένει τῶν αἱρετικῶν καί ἐπ' αὐτῶν τῶν αὐτοκρατόρων κατέσχον τούς ναούς αὐτῶν οἱ τῆς Ῥώμης ἐπίσκοποι Ἰννοκέντιος ὁ Α' καί Καιλεστῖνος ὁ Α'. Ἐν τούτοις τοῦ σχίσματος τούτου κοινότητες φαίνεται ὅτι εὑρίσκοντο καί μέχρι τῆς 6 ἑκατ., διότι ὁ κατά τούτους

§99. Τό σχίσμα τοῦ Μελετίου[488] ἐν Αἰγύπτῳ (κατά τό ἔτος 305).

Τό σχίσμα τοῦτο ἀνεφύη ἐν Αἰγύπτῳ πατριαρχεύοντος ἐν Ἀλεξανδρείᾳ τοῦ ἐν ἁγίοις πατρός ἡμῶν Πέτρου κατά τό ἔτος 305[489]. Ποία ὅμως ὑπῆρξε ἡ ἀληθής αὐτοῦ αἰτία, ἕνεκα τῆς διαφορᾶς ἥτις παρατηρεῖται μεταξύ τῶν πηγῶν εἶναι δύσκολον νά ὁρίσωμεν[490]. Κατά τάς μέν τῶν πηγῶν (τάς τῆς πρώτης τάξεως) αἰτία τοῦ σχίσματος ἐγένετο ἡ ἐπέμβασις τοῦ Μελετίου εἰς ξένας παροικίας καί αἱ παράνομοι αὐτοῦ χειροτονίαι, τό σχίσμα ἑπομένως ἐμορφώθη ὡς ἑξῆς. Ὅτε ἐκινήθη κατά τῆς ἐκκλησίας ὁ ἐπί τοῦ Διοκλητιανοῦ διωγμός, ὁ ἱερός Πέτρος, ὁ τῶν Ἀλεξανδρέων ἐπίσκοπος, ἀπομακρυνθείς τῆς παροικίας του εἶχεν ἀποκροβῆ[491], ὡσαύτως καί ἐκ τῶν κατά τήν Αἴγυπτον ἐπισκόπων τινές συλληφθέντες τῆς πίστεως ἕνεκα τοῦ Ἰησοῦ Χριστοῦ διετέλουν ἐν τῇ εἱρκτῇ. Ὁ Μελέτιος, ὅστις ἦτον καί αὐτός εἷς ἐκ τῶν ἐπισκόπων τῆς Αἰγύπτου, ἐπίσκοπος Λυ-

---

τούς χρόνους ἐν Ἀλεξανδρείᾳ πατριαρχεύων Εὐλόγιος ἔγραφεν εἰσέτι κατ' αὐτῶν, βλ. Φωτίου Μυριόβιβλον 182.208. 280.

488 Παρά τισι τῶν ἀρχαίων, οἷον παρά Ἀθανασίῳ, Σωκράτη καί Σωζομένῳ λέγεται Μελίτιος, παρ' Ἐπιφανίῳ Μελήτιος· παρά δέ τῷ Θεοδωρήτῳ Μελέτιος.

489 Περί τοῦ χρόνου τῆς συστάσεως τοῦ σχίσματος τῶν Μελιτιανῶν ἔχομεν τοιαύτας εἰδήσεις, ἐξ ὧν δυνάμεθα νά ὁρίσωμεν αὐτόν ὁπωσοῦν ἀκριβῶς· ὁ ἅγιος Ἀθανάσιος ἐν τῇ ἐπιστολῇ αὐτοῦ πρός τούς ἐν Αἰγύπτῳ ἐπισκόπους κεφ. 22 λέγει ὅτι τό σχίσμα τῶν Μελετιανῶν ἀνεφάνη πρό 55 ἐτῶν· τήν ἐπιστολήν ταύτην ἔγραψε ὁ Ἀθανάσιος ἐν ἔτει 356 ἤ 361 (βλ. Κ. Κοντου. Πατρολογ. τομ. σελ.), ἄρα ἡ ἀρχή τοῦ σχίσματος ἐγένετο κατά τό 301 ἤ 306. Ἀλλ' ἐπειδή καί πάντες οἱ περί τοῦ Μελετίου τούτου διαλαμβάνοντες ἱστοροῦσιν ὅτι τό σχίσμα τοῦτο ἔλαβε χώραν ἐπί τοῦ διωγμοῦ τοῦ Διοκλητιανοῦ, οὗτος δέ ὁ κατά τῆς ἐκκλησιασίας διωγμός ἐν ὅλῃ τῇ σφοδρότητι αὐτοῦ ἐμαίνετο ἐξαιρέτως ἀπό τοῦ 303-305, οὐδόλως σχεδόν πλανώμεθα ἐάν τήν ἀρχήν τοῦ σχίσματος θέσωμεν μεταξύ τοῦ 303 καί 305.

490 Αἱ πηγαί, ἐξ ὧν ἀρυόμεθα τάς περί τοῦ σχίσματος τούτου εἰδήσεις, δύνανται νά διαιρεθῶσιν εἰς δύο τάξεις· εἰς τήν πρώτην ἀνήκουσι δύο ἐπιστολαί ἐσχάτως εὑρεθεῖσαι ἐν ἔτει 1738 ὑπό Σκιπίωνος Μαφρέι, ὑφ' οὗ ἐξεδόθησαν τό πρῶτον Scipio Maffei Osservazioni letterarie tom. 3 p. 11 κἑξ., ὕστερον δέ καί ὑπό τοῦ Routh ἐν ταῖς Reliquiae sacrae t.3. p. 381 κἑξ. Ἐκ τῶν ἐπιστολῶν τούτων ἡ μέν ἀποστέλλεται ὑπό τεσσάρων αἰγυπτίων ἐπισκόπων Ἡσυχίου, Παχωμίου, Θεοδώρου καί Φιλέα ἐκ τῆς φυλακῆς, ὅπου οὗτοι ἐκρατοῦντο (κατά τόν ἐπί Διοκλητιανοῦ διωγμόν), πρός τόν Μελέτιον πρίν ἤ οὗτος ἀποσχισθῆ ὁλοτελῶς ἀπό τῆς ἐκκλησίας. Εἰς τήν ἐπιστολήν ταύτην ὑπάρχει προσηρτημένη μικρά τις σημείωσις ἀνωνύμου τινός, ἧς τό ἐμπεριεχόμενον εἶναι τό ἑξῆς· ὁ Μελέτιος οὐδεμίαν ἀκρόασιν δούς εἰς τάς προτροπάς τῶν ἐπισκόπων ἐγένετο ἀρχηγός σχίσματος ἐν Ἀλεξανδρείᾳ, ἐχειροτόνησεν ἱερεῖς κτλ. - Ἡ δέ ἑτέρα ἐπιστολή πέμπεται ὑπό τοῦ ἀρχιεπισκόπου τῆς Ἀλεξανδρείας Πέτρου πρός τήν ἐν τῇ παροικίᾳ αὐτοῦ, ὅπως προφυλάξῃ αὐτούς τῶν ῥαδιουργιῶν τοῦ Μελετίου. Ἀμφότεραι αἱ ἐπιστολαί αὗται ὡς καί ἡ σημείωσις εὑρέθησαν ἐν Λατινικῇ μόνον μεταφράσει, γενομένῃ πάντως ἐκ τῶν ἀπολεσθέντων ἑλληνικῶν πρωτοτύπων· οὐδείς μέχρι τοῦδε διημφισβήτησε τήν γνησιότητα /(382) αὐτῶν· ὑπό πάντων δέ σχεδόν ἀναγνωρίζεται ἡ σημαντικότης αὐτῶν. Καίτοι τινές τῶν καθ' ἡμᾶς ἑτεροδόξων ἱστορικῶν, οἷον ὁ Ritter, K-g 1Bd, p. 148 καί ὁ Gieseler K-g 1Bd., 1 Abth. p. 397, οὐδεμιᾶς τούτων μνείας ποιοῦνται. Εἰς τήν πρώτην τάξιν ἀνήκουσι πρός τούτοις ὅσα ὁ Μέγας Ἀθανάσιος ἱστορεῖ περί τοῦ Μελετίου ἐν τῇ ἀπολογίᾳ αὐτοῦ κατά τῶν Ἀρειανῶν κεφ. 59 καί ἐν τῇ πρός τούς ἐν Αἰγύπτῳ ἐπισκόπους ἐπιστολῇ του κεφ. 22. Ἔτι δέ ὁ Σωκράτης Ἐκκλησιαστική Ἱστορία 1,6. 1,24, ὁ Θεοδώρητος Ἐκκλησιαστική Ἱστορία 1,9· αἱρ. κακομ. 4,7 καί ὁ Σωζόμενος Ἐκκλησιαστική Ἱστορία 1,15 καί 1,24, οἵτινες πάντες ἀκολουθοῦσι τόν Ἀθανάσιον·: αἵτινες διαφόρως πως ἐξιστοροῦσι τό πρᾶγμα. Εἰς τήν δευτέραν τάξιν τῶν πηγῶν ὑπάγεται ὁ Ἐπιφάνιος αἵρ. 68, τόν ὁποῖον ἀκολουθεῖ ὁ Αὐγουστῖνος de haeres. c. 48.

491 (Σωκρ. Ἐκκλ. Ἱστ. 1,24)

κοπόλεως τῆς ἐν Θηβαΐδι, δεύτερος κατά τήν τάξιν μετά τόν Ἀλεξανδρείας[492], καί ὁ ὁποῖος πρό πολλοῦ ἤδη ὡς φαίνεται ἐπωφθαλμία ἐπί τόν θρόνον τῆς Ἀλεξανδρείας, εὖρε νῦν εὐκαιρίαν ὅπως σφετερισθῇ τό πρωτεῖον καί τά δικαιώματα αὐτοῦ. Καί δή ὠφεληθείς ἐκ τῆς ἀπουσίας αὐτοῦ τε καί τῶν λοιπῶν ἐπισκόπων ἤρξατο νά ἐπεμβαίνῃ τῶν ἀλλοτρίων ἐπισκοπῶν, νά ἐπιχειρῇ χειροτονίας παρανόμους καί πολλαχῶς ἄλλως νά οἰκειοποιῆται τά μητροπολιτικά τοῦ Ἀλεξανδρείας δικαιώματα. Ταῦτα ἔπραττεν ὁ Μελέτιος ὑπό φιλοδοξίας καί φιλαρχίας οὐχί δέ ὑπ' ἀνάγκης, οὐχί διότι αἱ ἐκκλησίαι ἔχρῃζον τῆς παρ' αὐτοῦ βοηθείας, διότι ἄν ὑπῆρχε τοιαύτη τις ἀνάγκη ὁ Μελέτιος θά ἐζήτει καί θά εἶχε εἰς ταῦτα τήν συγκατάθεσιν τῶν ἐν τῇ φυλακῇ κρατουμένων ἐπισκόπων, ἤ ἄν οὗτοι δέν ὑπῆρχον πλέον ἐπί τῆς γῆς, αὐτοῦ τοῦ ἀρχιεπισκόπου Πέτρου. Μαθόντες ταῦτα οἱ ἐν φυλακῇ διαμένοντες ἐπίσκοποι ἔγραψαν πρός αὐ /(379) τόν προτρέποντες ἵνα ἀποστῇ τῆς τοιαύτης αὐθαιρέτου καί ἀντικανονικῆς διαγωγῆς, τήν ὁποίαν μετήρχετο ἐν ταῖς παροικίαις των· ἀλλ' ὁ Μελέτιος μηδεμίαν ἀκρόασιν δούς εἰς τάς προτροπάς τῶν ἐπισκόπων, εἰσήλασε μετά τόν μαρτυρικόν θάνατον αὐτῶν καί τήν ἀπό τῆς Ἀλεξανδρείας ἀπομάκρυνσιν τοῦ ἱεροῦ Πέτρου καί εἰς αὐτήν τήν Ἀλεξάνδρειαν, ἔνθα προσλαβών εἰς τό μέρος αὐτοῦ τόν Ἄρειον καί τόν Ἰσίδωρον (τηνικαῦτα ἔτι λαϊκούς §) ἀπεκήρυξε τῆς ἐκκλησιαστικῆς κοινωνίας τούς ἐπισκοπικούς τοῦ Πέτρου περιοδευτάς καί ἀντ' αὐτῶν ἐχειροτόνησεν ἑτέρους δύο· τότε ἐπέστειλε πρός τούς χριστιανούς τῆς Ἀλεξανδρείας καί ὁ ἱερός Πέτρος ἐκ τοῦ ἀναχωρητηρίου αὐτοῦ, προτρέπων αὐτούς ὅπως ἀπέχωσι πάσης μετά τοῦ Μελετίου συγκοινωνίας. Πλήν οὐδ' αὐτά τοῦ πατριάρχου τά γράμματα ἠδυνήθησαν νά περιστείλωσι τάς αὐθαιρεσίας καί μηχανορραφίας τοῦ Μελετίου, διό ἐπανακάμψας ὁ ἱερός Πέτρος εἰς Ἀλεξάνδρειαν καί συγκροτήσας σύνοδον καθῄρεσεν αὐτόν. Ὁ δέ Μελέτιος χωρίς νά ζητήσῃ ἑτέραν σύνοδον πρός ἀπολογίαν του ἀπεσχίσθη τοῦ μητροπολίτου καί ἔκτοτε ἤρξατο νά λοιδωρῇ τούς περί αὐτόν ἐπισκόπους, ἐξαιρέτως δέ αὐτόν τόν μητροπολίτην καί πατριάρχην Πέτρον καί τούς διαδόχους αὐτοῦ Ἀχιλλᾶν καί Ἀλέξανδρον[493].

---

492 (Θεοδώρητ. αἱρ. κακομ. 4,7)
493 Αἱ ἀντικανονικαί χειροτονίαι τοῦ Μελετίου δέν ἀναφέρονται μέν ῥητῶς ὑπό τοῦ Μεγάλου Ἀθανασίου, συνυπονοοῦνται ὅμως ἴσως ἐν ταῖς «πολλαῖς παρανομίαις», τάς ὁποίας οὗτος τῷ Μελετίῳ ἀναγράφεται. Ὁ Ἀθανάσιος προστίθησι πρός τοῖς ἄλλοις ὅσα λέγει καί τό ἑξῆς, ὅτι ὁ Μελέτιος ἔθυσε τοῖς εἰδώλοις ἐπί τοῦ διωγμοῦ καί ὅτι διά τοῦτο κατεκρίθη ὑπό τῆς συνόδου, Λόγ. Κατά Ἀρειανῶν κεφ. 59. Τό διήγημα τοῦτο τοῦ

Πολύ διάφορος τῆς ἐκθέσεως ταύτης ὑπάρχει ἡ τοῦ ἱεροῦ Ἐπιφανίου. Καθά οὗτος ἱστορεῖ, ὁ Μελέτιος ἀπεσχίσθη ὡς ὑπέρμαχος αὐστηροτέρων περὶ μετανοίας ἀρχῶν, παρὰ τὰς τοῦ ἐπισκόπου Πέτρου. Ἰδοὺ δὲ πῶς διηγεῖται τὸ πρᾶγμα ὁ Ἐπιφάνιος. Ἀρχηγὸς τοῦ ἐν Αἰγύπτῳ σχίσματος τῶν Μελιτιανῶν ἐγένετο ἐπίσκοπός τις τῆς Θηβαΐδος ὀνόματι Μελέτιος (Μελήτιος), ἀφ' οὗ καὶ τὸ ὄνομα Μελετιανοί. Ὁ Μελέτιος ἦτον χριστιανὸς ὀρθόδοξος καὶ οὐδέποτε ἐξέπεσε τῆς ὀρθῆς πίστεως τῆς Ἐκκλησίας· οὗτος ἐγένετο μὲν σχισματάρχης χωρὶς ὅμως νὰ ἀλλοιώσῃ τὴν πίστιν· ἐπὶ τοῦ διωγμοῦ (τοῦ Διοκλητιανοῦ) συλληφθεὶς μετὰ τοῦ Πέτρου (τοῦ Ἀλεξανδρείας) καὶ ἄλλων ὁμοῦ ἐφυλακίσθη. Πολλοὶ δὲ τῶν χριστιανῶν ὑπὸ ἀνθρωπίνης ἀσθενείας ἡττηθέντες ἔθυσαν τοῖς εἰδώλοις ἐπὶ τοῦ διωγμοῦ, μεταμεληθέντες δὲ ὕστερον προσῆλθον εἰς τοὺς μάρτυρας καὶ ὁμολογητὰς ἐξαιτούμενοι ὅπως γένηται δεκτὴ ἡ μετάνοια των. Ἐκ τούτων οἱ μὲν ἦσαν στρατιωτικοί, ἄλλοι δὲ κληρικοὶ ἱερεῖς καὶ διάκονοι· ἐντεῦθεν ἐξερράγη οὐ μικρὰ διένεξις μεταξὺ τῶν μαρτύρων· διότι οἱ μέν, καὶ οὗτοι ἦσαν περὶ τὸν Μελέτιον, ἔλεγον ὅτι δὲν πρέπει νὰ δεχθῶσιν αὐτοὺς εὐθὺς ἐν τοῖς μετανοοῦσι ἵνα μὴ καὶ ἄλλοι ἐκπέσωσι, βλέποντες οὕτω ταχέως προσλαμβανομένους τοὺς ἀρνουμένους τὸν Κύριον καὶ ἐπιθύοντες τοῖς εἰδώλοις· ἦσαν δὲ τῆς γνώμης οὗτοι νὰ δοθῇ μὲν εἰς αὐτοὺς μετάνοια, ἀλλὰ μετὰ χρόνον ἱκανόν, μετὰ τὴν κατάπαυσιν τοῦ διωγμοῦ· ὁ δὲ μακάριος Πέτρος, συμπαθητικώτερος ὑπάρχων ἐνέμεινεν εἰς τὴν γνώμην ἵνα γένωνται δεκτοὶ οἱ μετανοοῦντες, καὶ καταταχθέντες εἰς τὴν /(380) τάξιν τῶν μετανοούντων, ὑποβληθῶσιν εἰς τὸν κανόνα τῆς μετανοίας ἵνα μὴ ἀποπεμφθέντες ἀπελπισθῶσιν. Μετὰ τοῦ Μελετίου συνέβαινον καὶ ὁμεφρόνουν οἱ περισσότεροι τῶν

Ἀθανασίου καθίσταται ἀμφίβολον, τόσον διότι οὐδεὶς τῶν λοιπῶν τῶν ἱστορησάντων τὰ κατὰ τὸν Μελέτιον ἀναφέρει τοιοῦτόν τι, ὅσον καὶ διότι ὁ Ἐπιφάνιος ἐγκωμιάζει, ὡς θέλομεν ἴδῃ, τὴν πίστιν τοῦ Μελετίου εἰς τοιοῦτον βαθμόν, ὅπως δὲν ἤθελε πράξῃ βεβαίως ἐὰν εἶχε τὴν ἐλαχίστην ὑπόνοιαν περὶ τοιαύτης τινὸς πτώσεως, Ἀλλ' ἄραγε ἀφ' ἑαυτοῦ προσέθηκε τοῦτο ὁ Ἀθανάσιος ὑπὸ πάθους κινούμενος; ὄχι, διότι τοῦτο οὐ μόνον ἡ ἠθική, ἀλλὰ καὶ αὐτὴ ἡ φρόνησις ἀπηγόρευεν. Τὸ πιθανὸν εἶναι ὅτι τοιοῦτόν τι θὰ ἐθρυλλεῖτο περὶ τοῦ Μελετίου, καθὼς παρόμοια διεφημίζοντο καὶ περὶ ἄλλων ἐπισκόπων, ὡς φερ' εἰπεῖν περὶ τοῦ Εὐσεβίου τοῦ Καισαρείας, καὶ ὅτι ὁ Ἀθανάσιος παρέλαβε τοῦτο ὡς ἀληθές.- Ὁ Σωζόμενος ἀναφέρει καὶ τοῦτο, ὅτι ὁ μακάριος Πέτρος ἀποκηρύξας τὸν Μελέτιον καὶ τοὺς περὶ αὐτὸν διέταξεν ὅπως βαπτίζονται ὅσοι τῶν Μελετιανῶν μετανοοῦντες ἐπέστρεφον, ἐφ' ᾧ καὶ κατηγόρει τοῦ Πέτρου ὁ Ἄρειος: «καὶ πάλιν αὖ παρ' αὐτοῦ (τοῦ Ἀλεξανδρείας Πέτρου) τῆς ἐκκλησίας ἐξεβλήθη (ὁ Ἄρειος), καθότι Πέτρου τοὺς Μελετίου σπουδαστὰς ἀποκηρύξαντος καὶ τὸ αὐτῶν βάπτισμα μὴ προσιεμένου, τοῖς γινομένοις ἐπέσκηπτε» Ἐκκλ. Ἱστ. 1,15· ἐνταῦθα πρέπει νὰ ὁμολογήσωμεν ὅτι ὁ ἱερὸς Πέτρος καθ' ὑπερβολὴν αὐστηρὸς ἐδείχθη πρὸς τοὺς Μελετιανούς· οὐχ ἧττον ὅμως δὲν πρέπει νὰ ξενισθῶμεν ἐπὶ τῇ αὐστηρότητι ταύτῃ, καθόσον τὸ περὶ τοῦ βαπτίσματος τῶν αἱρετικῶν καὶ /(383) σχισματικῶν ζήτημα δὲν εἶχεν εἰσέτι διατυπωθῆ, ἑπομένως αἱ περὶ τούτου γνῶμαι ἦσαν ἔτι διάφοροι καὶ ποικίλαι §

ἐπισκόπων. Ἰδών τοίνυν ὁ ἀρχιεπίσκοπος Πέτρος ὅτι ἀντέστησαν τῇ βουλῇ αὐτοῦ οἱ περὶ τὸν Μελέτιον, καταπέτασμα ἐποίησεν μέσον τῆς φυλακῆς ἐκπετάσας τὸ ληδίκιον εἴτ' οὖν τὸν τρίβονα αὐτοῦ, καὶ δι' ἑνὸς διακόνου ἐκήρυξεν ἵνα ὅσοι εἶναι τῆς αὐτοῦ γνώμης παρέλθωσιν πρὸς τὸ μέρος αὐτοῦ, ὅσοι δὲ τῆς τοῦ Μελετίου γνώμης τυγχάνουσι πρὸς τὸν Μελέτιον· καὶ διῃρέθη τὸ πλῆθος καὶ σχίσμα συνέβη, τῶν μὲν φασκόντων τοῦτο τῶν δὲ ἐκεῖνο. Καὶ λοιπὸν οὗτοι κατ' ἰδίαν ηὔχοντο καὶ οὗτοι κατ' ἰδίαν, καὶ τὰς ἄλλας ἱερουργίας ὡσαύτως ἕκαστος ἰδίᾳ ἐτέλει ἐν τῇ εἱρκτῇ. Μετ' οὐ πολὺ τελειωθεὶς διὰ τοῦ μαρτυρίου ὁ ἱερὸς Πέτρος ἐγκατέλιπε διάδοχον αὐτοῦ τὸν Ἀλέξανδρον[494], ὁ δὲ Μελέτιος γενόμενος ὑπερόριος εἰς τὰ κατὰ τὴν Παλαιστίνην μεταλλεῖα· καθὼς πρότερον ἐν τῇ εἱρκτῇ οὕτω καὶ κατὰ τὴν ὁδοιπορίαν καθ' ἑκάστην χώραν καὶ πόλιν δι' ἧς διῆλθε ἐχειροτόνησε καὶ κατέστησεν ἐπισκόπους, πρεσβυτέρους καὶ διακόνους καὶ συνέστησεν ἰδίας ἐκκλησίας οὕτως εἰς τὴν Ἐλευθερόπολιν, εἰς τὴν Γάζαν καὶ εἰς τὴν Ἱερουσαλὴμ καὶ οὔτε οἱ περὶ τὸν Μελέτιον τοῖς ἄλλοις ἐκοινώνουν, οὔτε ἐκεῖνοι τούτοις· ἀπεκάλουν δὲ ἕκαστος τὴν ἰδίαν ἐκκλησίαν, οἱ μὲν ἀπὸ τοῦ Πέτρου, ἐκκλησίαν καθολικήν· οἱ δὲ ἀπὸ τοῦ Μελετίου, ἐκκλησίαν τῶν μαρτύρων. Μετὰ δὲ πολυετῆ διατριβὴν ἐν τοῖς μεταλλείοις ἀπελύθη τέλος ὁ Μελέτιος, ἐπανῆλθεν εἰς Ἀλεξάνδρειαν καὶ ἐπέζησεν ἔτι ἐπὶ πολὺ προϊστάμενος ἰδίας σχισματικῆς ἐν Ἀλεξανδρείᾳ ἐκκλησίας. Εἶχε δὲ καὶ φιλικὰς σχέσεις μετὰ τοῦ Ἀλεξανδρείας Ἀλεξάνδρου καὶ τὸν ὑπὲρ τῆς ὀρθοδοξίας ζῆλον αὐτοῦ κατάδηλον ἐποιήσατο πρῶτος αὐτὸς καταφωράσας τὸν Ἄρειον καὶ τῷ Ἀλεξάνδρῳ τὰ περὶ αὐτοῦ ἀναγγείλας. Τοιαῦτα περὶ τῆς ἀρχῆς τοῦ σχίσματος τοῦ Μελετίου ὁ Ἐπιφάνιος[495].

---

494 (ἐνταῦθα παρασιωπᾶται ὁ ἄμεσος διάδοχος τοῦ Πέτρου ὁ Ἀχιλλᾶς, οὗ διάδοχος ἦν ὁ Ἀλέξανδρος)
495 Μεταξὺ τῆς πρώτης ἐκθέσεως καὶ τῆς ἐκθέσεως τοῦ ἱεροῦ Ἐπιφανίου σημειοῦνται, ἐκτὸς τῆς ῥηθείσης ἀρχικῆς διαφορᾶς, καί τινες ἄλλαι, α) ὅτι κατὰ τὸν Ἐπιφάνιον ὁ Μελέτιος καὶ ὁ Πέτρος εὑρίσκονται ὑπὸ τοῦ διωγμοῦ εἰς τὸ δεσμωτήριον καὶ ὅτι ἐν τῷ δεσμωτηρίῳ ἔλαβεν ἀρχὴν τὸ σχίσμα· ἐνῷ κατὰ τὴν πρώτην ἔκθεσιν, ὅτε τὸ σχίσμα συνέβη οὔτε ὁ Πέτρος οὔτε ὁ Μελέτιος ὑπῆρχον καθειργμένοι. β) ὅτι κατὰ τὸν Ἐπιφάνιον ὁ Πέτρος ὑπέστη τὸ μαρτύριον ἐν τῷ δεσμωτηρίῳ, ἐνῷ κατὰ τὴν πρώτην ἔκθεσιν ὁ Πέτρος ἐπανελθὼν ἐκ τοῦ ἀναχωρητηρίου αὐτοῦ εἰς Ἀλεξάνδρειαν ἀπεκήρυξεν ἐνταῦθα συνοδικῶς τὸν Μελέτιον· γ) κατὰ τὸν Ἐπιφάνιον τοῦ Μελετίου καὶ τοῦ Ἀλεξάνδρου οἱ σχέσεις ἦσαν φιλικαί· ἐνῷ ἐν τῇ πρώτῃ ἐκθέσει ὁ Μελέτιος παρίσταται λοιδωρῶν τὸν Ἀλέξανδρον. Ἤδη δύναταί τις νὰ ἐρωτήσῃ ποία ἐκ τῶν δύο ἐκθέσεων εἶναι ἡ ἀξιοπιστοτέρα, ἡ τοῦ ἱεροῦ Ἐπιφανίου ἢ ἡ ἑτέρα; οἱ ἀρχαιότεροι ἱστορικοὶ ἀποδέχονται τὴν τοῦ Ἐπιφανίου, τοὐναντίον δὲ οἱ περισσότεροι τῶν νεωτέρων τὴν πρώτην. Οἱ ἀποδεχόμενοι τὴν πρώτην ἔκθεσιν λέγουσι περὶ τῆς ἐκθέσεως τοῦ ἱεροῦ Ἐπιφανίου α) ὅτι αὕτη φαίνεται συντεταγμένη λίαν εὐνοϊκῶς πρὸς τοὺς Μελετιανούς, εἰκάζουσιν ἑπομένως ὅτι ταύτην ἤκουσεν ὁ ἱερὸς πατὴρ παρά τινος τῶν ὀπαδῶν τοῦ Μελετίου, εἰς τοὺς ὁποίους συνέφερε βεβαίως νὰ παρουσιάσωσι τὴν ἀρχὴν καὶ τὴν αἰτίαν τοῦ σχίσματός των οὕτω πως. Καθιστῶσι δὲ πιθανωτέραν τὴν εἰκασίαν των ταύτην λέγοντες ὅτι ἐν τῇ Ἐλευθεροπόλει, τῇ πατρίδι τοῦ ἁγίου Ἐπιφανίου, ὑπῆρχε μία

Φιλόθεου Βρυεννίου Εκκλησιαστική Ιστορία

Ἀλλ' εἴτε οὕτως εἴτε ἄλλως ἔχουσι τά περί αὐτοῦ, τό σχίσμα μετ' οὐ πολύ ἡπλώθη ἐφ' ὅλης τῆς Αἰγύπτου καί τοσαύτην ἐπισημότητα περιεβλήθη, ὥστε ἕν τῶν ζητημάτων ἐκείνων, πρός λύσιν τῶν ὁποίων μετά ἰδιαιτέρας σπουδῆς ἐνησχολήθη ἡ ἁγία πρώτη ἐν Νικαίᾳ οἰκουμενική σύνοδος (ἐν ἔτει 325) ἦτο καί τό σχίσμα τῶν Μελετιανῶν. Ἡ σύνοδος ἔδειξε μεγάλην ἐπιείκειαν πρός τε τόν Μελέτιον καί μάλιστα πρός τούς ὑπ' αὐτοῦ χειροτονηθέντας κληρικούς οἰκονομοῦσα τά πράγματα καί τοῦ σχίσματος τήν κατάπαυσιν σκοποῦσα[496], πλήν ἡ συγκατάβασις τῆς συνόδου δέν ἐπέτυχε ἐντελῶς τοῦ

ἐκκλησία τῶν Μελετιανῶν. δεύτερον, ὅτι τό συμπαθητικόν καί φιλάνθρωπον ὡς πρός τούς μετανοοῦντας, ὅπερ ἀποδίδεται εἰς τόν ἱερομάρτυρα Πέτρον ἐν τῇ ἐκθέσει τοῦ Ἐπιφανίου, δέν συνᾴδει κατά πάντα μέ τούς περί μετανοίας κανόνας τοῦ ἱεροῦ Πέτρου, εἰς τούς ὁποίους οὗτος παρίσταται ἀρκούντως αὐστηρός (βλ. τούς Κανόνας τούτους παρά Mansi Collectio Conciliorum t. 1, p. 1270). Ἡμεῖς δέν ἀρνούμεθα ὅτι ἡ ἔκθεσις τοῦ ἱεροῦ Ἐπιφανίου εἶναι εὐνοϊκή πρός τούς Μελετιανούς, ἑπομένως δεχόμεθα καί ἡμεῖς ὡς πιθανόν τό ὅτι τάς εἰδήσεις αὐτοῦ παρέλαβεν ὁ Ἐπιφάνιος παρά τινος τῶν Μελετιανῶν νέος ἔτι ὤν ἐν τῇ πατρίδι αὐτοῦ τῇ Ἐλευθεροπόλει· δέν βλέπομεν ὅμως τόν ἱερόν Πέτρον ἐν τῇ ἐκθέσει τοῦ Ἐπιφανίου παριστανόμενον συγκαταβατικώτερον καί φιλανθρωπότερον ἤ ἐν τοῖς κανόσιν αὐτοῦ. Τό ζήτημα μεταξύ τοῦ ἀρχιεπισκόπου τῆς Ἀλεξανδρείας καί τοῦ ἐπισκόπου τῆς Θηβαΐδος ἦτο τοῦτο κυρίως, ἐάν πρέπῃ νά γίνηται δεκτή ἀμέσως ἤ μετά τόν διωγμόν ἡ μετάνοια τῶν ἐπί τοῦ διωγμοῦ παραπεσόντων. Περί τούτου δέ οὐδέν διαλαμβάνουσιν οἱ κανόνες τοῦ ἱεροῦ Πέτρου. Τό ζήτημα δέ τοῦτο ἤ τοὐλάχιστον παρ /(384) ὅμοιόν τι ἀνεκινήθη, ὡς εἴδομεν ἐν τοῖς προηγουμένοις, καί κατά τούς ἀρχαιοτέρους χρόνους.

Ἀλλά τιθεμένου ὅτι ὁ ἱερός Ἐπιφάνιος ἠρύσθη ἐν μέρει τάς εἰδήσεις αὐτοῦ ἐκ τῶν Μελετιανῶν, αἱ δύο ἐκθέσεις δύνανται νομίζομεν κάπως νά συμβιβασθῶσι, ἤ τοὐλάχιστον δέν εἶναι τόσον ἀντιφατικαί ὅσον θέλουσιν αὐτάς τινες τῶν νεωτέρων. Δέν εἶναι ἀδύνατον τήν πρώτην ἀρχήν τοῦ σχίσματος νά ἀπετέλεσαν ἡ ἐπέμβασις καί αἱ παράνομοι χειροτονίαι τοῦ Μελετίου, καθ' ὅν χρόνον οἱ τέσσαρες αἰγύπτιοι ἐπίσκοποι εὑρίσκοντο ἐν τῷ δεσμωτηρίῳ, ὁ δέ Πέτρος μακρά τῆς Ἀλεξανδρείας· δέν εἶναι ἀδύνατον νά ἔγραψαν πρός τόν Μελέτιον παραινοῦντες αὐτόν νά παύσῃ ἀπό τῶν τοιούτων ἐπεμβάσεων· δέν εἶναι ἀδύνατον νά ἐπανῆλθεν εἰς Ἀλεξάνδρειαν ὁ ἱερός Πέτρος καί νά ἀπεκήρυξε τόν Μελέτιον διά τοῦτο, ἅπερ πάντα συνέφερε βεβαίως εἰς τούς ὀπαδούς τοῦ Μελετίου νά παρασιωπῶσι· δέν εἶναι ἀπίθανον ἤδη, ἐν Ἀλεξανδρείᾳ εὑρισκόμενοι τότε ὅτε Πέτρος καί ὁ Μελέτιος, νά συνελήφθησαν ἀμφότεροι καί νά ἐφυλακίσθησαν, δέν εἶναι ἀπίθανον νά προσῆλθον τότε ἐν τῇ εἱρκτῇ οἱ μετανοοῦντες καί νά διηγέρθη μεταξύ τῶν ἐν τῷ δεσμωτηρίῳ ὁμολογητῶν ἡ περί τούτων συζήτησις· καί ἑπομένως οἱ τῆς ἐναντίας γνώμης μέ τόν Πέτρον νά προσεκολλήθησαν εἰς τόν Μελέτιον, ὅστις μάλιστα εἶχεν ἤδη καί ἀφορμήν νά ὑποστηρίζῃ τήν ἐναντίαν γνώμην καί νά γίνῃ ὁ προεξάρχων αὐτῆς· ὅτι δέ ὁ Μελέτιος ἠδύνατο νά ἔχῃ φιλικάς σχέσεις μετά τοῦ Ἀλεξανδρείας Ἀλεξάνδρου καί ἔπειτα νά διέκοψεν αὐτάς ἤ νά ἦτο πρότερον ἐχθρός αὐτοῦ καί ἔπειτα νά ἐφιλιώθη ἐπί τῆς ἐμφανίσεως τοῦ Ἀρειανισμοῦ, καί τοῦτο δέν εἶναι ἀπίθανον. Ἐάν δέ οἱ μελετιανοί καί αὐτός ἴσως ὁ Μελέτιος συνηντήθησαν ὕστερον μετά τῶν ἀρειανῶν, καί τοῦτο δέν εἶναι ἀδύνατον, ἐάν λάβωμεν ὑπ' ὄψιν τά συμφέροντα καί τά πάθη τά ὁποῖα δύναται νά ἔχῃ ἕν σχίσμα ἀπέναντι τῆς ἐκκλησίας τοῦ Χριστοῦ· ἄλλως τε ὁ Μελέτιος δέν ἠξιοῦτο πλέον, ὑπό τῆς πρώτης οἰκουμενικῆς συνόδου ὡς θέλομεν ἴδῃ παρακατιῶντες, νά ἔχῃ τό ἐπισκοπικόν του ἀξίωμα ἐν ἐνεργείᾳ καί τοῦτο ἴσως θά ἐξήγειρεν αὐτόν ἐκ νέου κατά τοῦ Ἀλεξάνδρου, ὅστις παρῆν καί αὐτός ἐν τῇ πρώτῃ οἰκουμενικῇ συνόδῳ.

496 Ἰδού τίνα ἦσαν τά δόξαντα τῇ ἁγίᾳ πρώτῃ οἰκουμενικῇ συνόδῳ περί τοῦ Μελετίου καί τῶν ἀκολούθων αὐτοῦ, ἅπερ καί διεβίβασεν ἡ σύνοδος διά συνοδικῆς ἐπιστολῆς «τοῖς κατά τήν Αἴγυπτον καί Λιβύην καί Πεντάπολιν» ὀρθοδοξοῦσιν. Προτάττουσα ἡ σύνοδος ὀλίγα τινά περί τῆς καταδίκης τοῦ Ἀρείου ἐπάγει: «Ἐλείπετο δέ τό κατά τήν προπέτειαν Μελετίου (παρά τῷ Θεοδωρήτῳ Μελιτίου) καί τῶν ὑπ' αὐτοῦ χειροτονηθέντων· καί περί τούτου τοῦ μέρους ἅ ἔδοξε τῇ συνόδῳ, ἐμφανίζομεν ὑμῖν ἀγαπητοί ἀδελφοί. Ἔδοξεν οὖν Μελέτιον μέν, φιλανθρωπότερον κινηθείσης τῆς συνόδου· κατά γάρ τόν ἀκριβῆ λόγον οὐδεμιᾶς συγγνώμης /(385) ἄξιος ἦν· μένειν ἐν τῇ πόλει ἑαυτοῦ καί μηδεμίαν ἐξουσίαν ἔχειν αὐτόν, μήτε χειροθετεῖν μήτε προχειρίζεσθαι, μήτε ἐν χώρᾳ μήτε ἐν πόλει ἑτέρᾳ φαίνεσθαι ταύτης τῆς προφάσεως ἕνεκα· ψιλόν δέ τό ὄνομα τῆς τιμῆς κεκτῆσθαι. Τούς δέ ὑπ' αὐτοῦ κατασταθέντας μυστικωτέρᾳ χειροτονίᾳ βεβαιωθέντας (ὅπερ ἐστί χειροθεσίας ἁγιαστικωτέρας ἐνισχυθέντας·

σκοποῦ. Τό σχίσμα δέν ἐξηλείφθη ὁλοτελῶς· μάλιστα ἐξηγριώθη ἔτι μᾶλλον ὁ Μελέτιος ἰσχυρογνωμῶν, ἐνέμεινε ἐν τῷ σχίσματι αὐτοῦ, ὀψιαίτε /(381) ρον δέ συνετάχθη αὐτός τε καί ἡ φατρία αὐτοῦ μετά τῶν Ἀρειανῶν[497]. Λείψανα τοῦ σχίσματος τῶν Μελιτιανῶν εὑρίσκοντο ἔτι καί περί τά μέσα τῆς 5 ἑκατονταετηρίδος ἔκτοτε ὅμως γίνονται πλέον ἄφαντοι ἐκ τῆς ἱστορίας οἱ Μελετιανοί[498].

διότι τό «μυστικωτέρα χειροτονία» δέν σημαίνει νά χειροτονήσωσιν αὐτούς ἐκ νέου) κοινωνῆσαι ἐπί τούτοις· ἐφ' ᾧ τε ἔχειν μέν αὐτούς τήν τιμήν καί τήν λειτουργίαν, δευτέρους δέ εἶναι ἐξάπαντος πάντων τῶν ἐν ἑκάστῃ παροικίᾳ τε καί ἐκκλησίᾳ ἐξεταζομένων, τῶν ὑπό τοῦ τιμιωτάτου καί συλλειτουργοῦ ἡμῶν Ἀλεξάνδρου προκεχειρισμένων, ὡς πρός τούτοις δέ μηδεμίαν ἐξουσίαν εἶναι τούς ἀρέσκοντας αὐτοῖς προχειρίζεσθαι, ἤ ὑποβάλλειν ὀνόματα, ἤ ὅλως ποιεῖν τι χωρίς γνώμης τῶν τῆς καθολικῆς ἐκκλησίας ἐπισκόπων, τῶν ὑπό Ἀλέξανδρον· τούς δέ χάριτι θεοῦ καί εὐχαῖς ταῖς ὑμετέραις ἐν μηδενί σχίσματι εὑρεθέντας, ἀλλά ἀκηλιδώτως ἐν τῇ καθολικῇ ἐκκλησίᾳ ὄντας, καί ἐξουσίαν ἔχειν προχειρίζεσθαι καί ὀνόματα ἐπιλέγεσθαι τῶν ἀξίων τοῦ κλήρου, καί ὅλως πάντα ποιεῖν κατά νόμον καί θεσμόν τόν ἐκκλησιαστικόν. Εἰ δέ ποτε τινά συμβαίη ἀναπαύσασθαι τῶν ἐν τῇ ἐκκλησίᾳ τηνικαῦτα προσαναβαίνειν εἰς τήν τιμήν τοῦ τετελευτηκότος τούς ἄρτι προσληφθέντας, μόνον εἰ ἄξιος φαίνοιτο, καί ὁ λαός αἱροῖτο, συνεπιψηφίζοντος αὐτοῖς καί ἐπισφραγίζοντος τοῦ Ἀλεξανδρείας ἐπισκόπου. Τοῦτο δέ τοῖς μέν ἄλλοις πᾶσι συνεχωρήθη· ἐπί δέ τοῦ Μελετίου προσώπου οὐκέτι τά αὐτά ἔδοξεν διά τήν ἀνέκαθεν αὐτοῦ ἀταξίαν καί διά τό πρόχειρον καί προπετές τῆς γνώμης, ἵνα μηδεμία ἐξουσία ἤ αὐθεντία αὐτῷ δοθείη, ἀνθρώπῳ δυναμένῳ πάλιν τάς αὐτάς ἀταξίας ἐμποιῆσαι» Σωκράτους Ἐκκλ. Ἱστ. 1,9. Θεοδωρ. Ἐκκλ. Ἱστ. 1,8. παραβ. καί Σωζόμεν. Ἐκκλ. Ἱστ. 1,24. Ἴσως τήν ἐπέμβασιν τοῦ Μελετίου καί τάς παρανόμους αὐτοῦ χειροτονίας ἔχουσα ὑπ' ὄψιν ἡ σύνοδος αὕτη ἐξέδωκε καί τόν 6[ον] αὐτῆς κανόνα, ὅστις ἄρχεται ὡς ἀκολούθως: «Τά ἀρχαῖα ἔθη κρατείτω τά ἐν Αἰγύπτῳ καί Λιβύῃ καί Πενταπόλει, ὥστε τόν Ἀλεξανδρείας ἐπίσκοπον πάντων τούτων ἔχειν τήν ἐξουσίαν κτλ.», βλ. Νικοδ. Πηδαλ. σελ. 72.- Ἐκ τοῦ Ἀθανασίου μανθάνομεν ὅτι ὁ ἅγιος Ἀλέξανδρος, ὁ τῶν Ἀλεξανδρέων ποιμενάρχης, ἅμα μεταβάς εἰς Ἀλεξάνδρειαν μετά τό πέρας τῆς ἐν Νικαίᾳ οἰκουμενικῆς συνόδου ἐζήτησε παρά τοῦ Μελετίου κατάλογον τῶν ὑπ' αὐτόν ἐπισκόπων, πρεσβυτέρων καί διακόνων, ὅπως μή ὁ Μελέτιος καταχρώμενος τῆς ἐπιεικείας τῶν ἐν Νικαίᾳ πατέρων πολλαπλασιάσῃ τούς κληρικούς αὐτοῦ διά νέων χειροτονιῶν καί ἐπιφορτίσῃ οὕτω τήν ἐκκλησίαν διά νέων ἀναξίων κληρικῶν καί ὅτι κατά τόν ὑπό τοῦ Μελετίου δοθέντα κατάλογον τό σχίσμα ἠρίθμει ἐν Αἰγύπτῳ 29 ἐπισκόπους, συμπεριλαμβανομένου καί αὐτοῦ τοῦ Μελετίου. /(386)
497 Ἐπιφανίου αἱρ. 68,9.- Θεοδωρ. Ἐκκλ. Ἱστ. 1,25. Ἀθανασίου ἀπολογ. κατά Ἀρειανῶν κεφ. 59 καί 71. Πότε ἀπέθανεν ὁ Μελέτιος οὗτος εἶναι ἄγνωστον· ὁ φίλος καί διάδοχος αὐτοῦ Ἰωάννης ἀνεγνωρίσθη μέν ὑπό τῶν Εὐσεβιανῶν κατά τήν ἐν Τύρῳ σύνοδον ἐν ἔτει 335, ἐξωρίσθη ὅμως μετ' ὀλίγον ὑπό τοῦ Μ. Κωνσταντίνου, Σωζόμεν. Ἐκκλ. Ἱστ. 2,31. Ἕτεροι μεταξύ τῶν Μελετιανῶν διῶκται καί συκοφάνται τοῦ Μ. Ἀθανασίου ἐγένοντο ὁ Ἀρσένιος, τοῦ ὁποίου κατηγορήθη ὁ ἱερός Ἀθανάσιος ὅτι ἀπέκοψε τήν χεῖρα, ὁ Καλλίνικος, ὁ Παφνούτιος (ἕτερος οὗτος τοῦ ἐν τῇ συνόδῳ τῆς Νικαίας διαπρέψαντος §) καί τις ἄλλος Ἰσχύρας.
498 Βλ. Σωκράτους Ἐκκλησιαστική Ἱστορία 1,8. Θεοδωρήτου Ἐκκλησιαστική Ἱστορία 1,9 καί αἱρ. κακομ. 4,7.

Κεφάλαιον Δ'.

Ἕτεραι τινές ἀμφισβητήσεις ἀναφυεῖσαι κατά τούς χρόνους τούτους.

§100. Οἱ Χιλιοετῖται ἤ Χιλιασταί.

Ὁ Χιλιοετισμός εἰς τάς ἰουδαϊζούσας αἱρέσεις. Ἐν τῇ Ἐκκλησίᾳ. Πόλεμος κατά τοῦ Χιλιοετισμοῦ. Σχίσμα τῶν Χιλιοετιτῶν ἐν Αἰγύπτῳ. Ἀπόσβεσις τοῦ χιλιετισμοῦ.

Πρός κατανόησιν τῶν συζητήσεων, ὅσαι ἔλαβον χώραν περί τοῦ ἀντικειμένου τούτου, εἶναι ἀνάγκη καί ἐνταῦθα ἀνατρέχοντες εἰς τήν ἀρχήν νά ἴδωμεν πότε καί πόθεν ἐγεννήθη καί παρεισέφρυσεν ἐν τῇ ἐκκλησίᾳ ὁ Χιλιετισμός καί πῶς προσηνέχθησαν πρός αὐτόν οἱ διδάσκαλοι τῆς ἐκκλησίας. Χ ι λ ι ε τ ῖ τ α ι ἤ Χ ι λ ι α σ τ α ί ἐκαλοῦντο ὅσοι ἐπίστευον ὅτι ὁ Ἰησοῦς Χριστός ἐντός ὀλίγου θά ἔλθῃ ἐπί τῆς γῆς ἐν δόξῃ, θά καταβάλει τά ἀσεβῆ ἔθνη, θά ἀναστήσει τούς ἁγίους καί δικαίους καί μετ' αὐτῶν θά βασιλεύσει χίλια ἔτη κυβερνῶν καί διέπων πάντας τούς ἐπί γῆς ἀπό τῆς Ἱερουσαλήμ, ἡ ὁποία θά ἀνεγείρετο ἐκ νέου καί θά καθίστατο ἡ ἕδρα αὐτοῦ· καί τοιοῦτοι χιλιοετῖται ὑπῆρχον πάμπολλοι κατά τήν 2 καί 3 ἑκατονταετηρίδα μεταξύ τόσον τῶν ἐξ ἰουδαίων ὅσον καί τῶν ἐξ ἐθνῶν χριστιανῶν, τόσον τῶν λογίων ὅσον καί τῶν ἁπλουστέρων καί τῶν ἀγραμμάτων. Ἡ δόξα αὕτη δέν ὑπάρχει ἀμφιβολία ὅτι ὑπό τῶν ἰουδαϊζόντων χριστιανῶν κατά πρῶτον ἐκυοφορήθη, καί ἐξ αὐτῶν μετέβη εἰς τούς ἄλλους[499]· ὅτι οἱ

---

[499] Εἶναι γνωστόν ὅτι κατά γράμμα λαμβάνοντες τάς περί τοῦ Μεσσίου προρρήσεις τῶν προφητῶν τῆς Παλαιᾶς Διαθήκης πάντες σχεδόν οἱ ἀμέσως πρό ἤ ἐπί τῶν χρόνων τοῦ Ἰησοῦ Χριστοῦ ἰουδαῖοι, προσεδόκουν τ ο ι ο ῦ τ ο ν Μεσσίαν, ὅστις ἔμελλε νά ἀναστήσῃ ἐπίγειόν τινα βασιλείαν, πλήρη δόξης καί εὐδαιμονίας κοσμικῆς διά τούς εἰς αὐτόν πιστεύοντας, ὅτι ἑπομένως τήν ἀνέγερσιν τοιούτου ἐνδόξου καί πανευδαίμονος βασιλείας ἐθεώρουν οἱ πεπλανημένοι ἰουδαῖοι ὡς τήν κυρίαν ἀποστολήν τοῦ προκαταγγελθέντος Μεσσίου. Ἐπίσης εἶναι βέβαιον ὅτι τινές τουλάχιστον ἐκ τῶν κατά /(**393**) πρῶτον πιστευσάντων εἰς τόν Κύριον ἰουδαίων ἐπίστευσαν μέ τοιαύτην ἐλπίδα. Παράδειγμα ἔστωσαν αὐτοί οἱ ἀπόστολοι Ἰάκωβος καί Ἰωάννης, οἵτινες

ἰουδαΐζοντες χριστιανοί ἦσαν οἱ πρῶτοι διδάξαντες τόν χιλιοετισμόν βεβαιοῖ ἡμᾶς καί τοῦτο, ὅτι πάντες σχεδόν οὗτοι ἐπρέσβευον καί εἶχον τήν πλάνην ταύτην. Χιλιοετῖται ἦσαν, ὡς εἴδομεν, οἱ Ἐβιωναῖοι καί οἱ Ναζωραῖοι[500]. Χιλιοετῖται ἦσαν ὁ Κήρινθος καί οἱ Κηρινθιανοί καί μεταξύ δέ τῶν ἐξ ἐθνῶν χριστιανῶν εἰς ἐκείνας τάς χώρας ἐνεφανίσθησαν χιλιαστικαί δοξασίαι πρωϊμώταται καί ἐν ὅλῃ αὐτῶν τῇ σφοδρότητι, ὅπου ἀνεφάνησαν καί ἐπί πλεῖστον διετηρήθησαν καί ἄλλα ἔθιμα ἰουδαΐζουσαν χροιάν φέροντα, οἷον φερ' εἰπεῖν ἦτον ἡ μετά τῶν ἰουδαίων ἑόρτασις τοῦ Πάσχα (§). Ὁ Χιλιοετισμός τῶν ἐξ ἰουδαίων αἱρετικῶν ἤ σχισματικῶν χριστιανῶν ἦτον ὑλικός καί παχυλός, ἀνάλογος πρός τήν ὁποίαν εἶχον περί τοῦ Ἰησοῦ Χριστοῦ ἰδέαν καί τοιοῦτος διέμεινε μέχρι τέλους. Ἐν τῇ Ἐκκλησίᾳ ὅμως μεταβάς ἔλαβεν κατά τό μᾶλλον ἤ ἧττον φύσιν πνευματικωτέραν. Ὁ Χιλιοετισμός, ὅπως εὑρίσκομεν αὐτόν παρά τισι τοὐλάχιστον τῶν ἐκκλησιαστικῶν πατέρων, οὐδεμίαν ἀντιχριστιανικήν ἰδέαν ἐμπεριεῖχε. Ἡ εὐδαιμονία τῶν χιλίων ἐτῶν τῆς ἐπί γῆς βασιλείας τοῦ Χριστοῦ ἐθεωρεῖτο εὐδαιμονία πνευματική, οὐδόλως ἀντιστρετευομένη πρός τήν φύσιν τοῦ ἱεροῦ Εὐαγγελίου· διότι ὑπό τήν εὐδαιμονίαν ταύτην οὐδέν ἄλλο ἐννοοῦν εἰμή τήν ἐπί πάντων κυριαρχίαν τῆς θείας θελήσεως, τήν ἀτάραχον καί μακαρίαν συμβίωσιν τῶν ἁγίων, ἑνί λόγῳ, τήν ἀποκατάστασιν τῆς ἁρμονίας μεταξύ τῆς ἐν τῷ Ἰησοῦ Χριστῷ ἡγιασμένης ἀνθρωπότητος καί τῆς εὐλογημένης φύσεως. Ὡς βάσεις δέ τοῦ Χιλιοετισμοῦ ὑπῆρχον αἱ προφητεῖαι τῆς Παλαιᾶς Διαθήκης, ἐν αἷς ἀλληγορικῶς προδιεγράφετο ἡ δόξα καί ἡ μεγαλοπρέπεια τῆς βασιλείας τοῦ Μεσσίου. Πρός τούτοις τόν Χιλιοετισμόν εὕρισκον καί ἐν τῇ Ἀποκαλύψει τοῦ Εὐαγγελιστοῦ Ἰωάννου (κεφ. 13 καί 21 καί 20,6)[501]. Ὑπέθαλπον δέ καί ἐνίσχυον τόν χιλιοετισμόν ἐν ταῖς καρδίαις τῶν πιστῶν ἔνθεν μέν ἡ ἠ θ ι κ ή ἐ ξ α χ ρ ε ί ω σ ι ς τ ῶ ν

ἀκούσαντες τοῦ Κυρίου περί τῆς εἰς Ἱεροσόλυμα ἀναβάσεως τοῦ ὁμιλοῦντος, παρεκάλουν αὐτόν ἵνα, ὅταν ἀποκατασταθῇ βασιλεύς, ἀξιώσῃ αὐτούς νά καθίσωσιν ὁ εἷς ἐκ δεξιῶν καί ὁ ἕτερος ἐξ εὐωνύμων αὐτοῦ (Μαρκ. 10,35. Ματθ. 20,20). Ἀλλά καί ἐκ τῶν μετά ταῦτα ἀσπασαμένων τήν χριστιανικήν πίστιν ἰουδαίων πολλοί καί μάλιστα οἱ σφόδρα ἰουδαΐζοντες δέν ἠδύναντο βεβαίως νά ἐγκαταλίπωσιν τήν ἰδέαν, ὅτι δηλ. ὁ Ἰσραηλιτικός λαός ἦτο προωρισμένος νά κυριαρχήσῃ μίαν ἡμέραν ἐφ' ὅλων τῶν ἐθνῶν τῆς γῆς καί νά εὐδαιμονήσῃ ὑπό τήν ἐπίγειον βασιλείαν τοῦ Μεσσίου· ὅτι δέ πάλιν πολλοί τῶν ἐξ ἰουδαίων χριστιανῶν καί μάλιστα οἱ αἱρεσιῶντες, βλέποντες ὅτι δέ ἡ ἰδέα των αὕτη δέν ἐπραγματοποιήθη ἐν τῇ πρώτῃ τοῦ Κυρίου παρουσίᾳ, ἀνέθηκαν τάς ἐλπίδας εἰς τήν δευτέραν, τήν ὁποίαν καί αὐτός ὁ Ἰησοῦς Χριστός ὡς ἔνδοξον προκατήγγειλεν ἐμάθομεν ἐν τῇ ἱστορίᾳ τῶν ἰουδαϊζουσῶν αἱρέσεων, ἐν αἷς εὕρομεν κατά πρῶτον καί τόν χιλιοετισμόν (§).
500 (Hieron. /(387) ad Isaiam c. 54,7 καί 56,20. παραβ. ἐν τούτοις §)
501 (ἴσως δέ ἐλαμβάνοντο κακῶς ἐξηγούμενα καί τά λόγια ἐκεῖνα τῶν ἁγίων Ἀποστόλων, ἐν οἷς οὗτοι προέτρεπον τούς χριστιανούς νά ὦσιν ἕτοιμοι εἰς τήν ἐγγίζουσαν τοῦ Κυρίου ἔλευσιν· α' Θεσσ. 5,1-23. β' Θεσσ. 2,1. – β' Πέτρ. 13,10 κεξ. Ἰακώβ. 5,8)

χρόνων ἐκείνων, καθ' οὕς ἐφαίνετο ἀναγκαία ταχεῖά τις ἀναχαίτισις καί τιμωρία τοῦ κακοῦ· ἐκεῖθεν δέ οἱ διωγμοί καί ἐν γένει τά μύρια δεινά, ὅσα ἀδιαλείπτως σχεδόν ἔπασχον οἱ χριστιανοί καί τῶν ὁποίων προσεδοκᾶτο ταχεῖά τις λυσις πρός ἐπικράτησιν τῆς χριστιανικῆς πίστεως.

Ἡ χώρα, ἐν ᾗ κατά πρῶτον ἀνεφάνη ὁ Χιλιοετισμός ἐν τῇ Ἐκκλησίᾳ, ἦτον ἡ Φρυγία. Πρῶτος δέ διάσημος αὐτοῦ ὑπέρμαχος ἐγένετο ὁ Παπίας, ἐπίσκοπος τῆς ἐν Φρυγίᾳ Ἱεραπόλεως, οὗτινος ἡ παρά τῷ εὐαγγελιστῇ Ἰωάννῃ φημιζομένη μαθητεία οὐκ ὀλίγον ἐβάρυνεν εἰς τήν πλάστιγγα ὑπέρ τῆς ὀρθότητος τῆς δοξασίας ταύτης καί δή καί τῆς διαδόσεως αὐτῆς εἰς πολλούς ἄλλους[502]. Ἐκ τῶν πατέρων τῆς 2 ἑκατονταετηρίδος προσέκειντο τῷ χλιοετισμῷ μετά πολλῆς καί μεγάλης τῆς πε /(388) ποιθήσεως καί ὁ ἅγιος Ἰουστῖνος ὁ φιλόσοφος καί μάρτυς καί ὁ ἅγιος Εἰρηναῖος. Ἡ κατά πλάτος ἔκθεσις τῆς διδασκαλίας ταύτης ὅπως γίνεται ὑπό τοῦ τελευταίου δύναται νά θεωρηθῇ ὡς ὁ πληρέστερος τύπος, ὅν εἶχον περί τοῦ Χιλιοετισμοῦ οἱ μετριώτεροι τῶν διδασκάλων τῆς ἐκκλησίας. Ἰδού δέ ἐν συντόμῳ τί ἐφρόνει ὁ ἅγιος Εἰρηναῖος περί τῆς χιλιοετοῦς βασιλείας τοῦ Ἰησοῦ Χριστοῦ.- Τῆς χιλιοετοῦς βασιλείας τοῦ Ἰησοῦ Χριστοῦ προηγηθήσεται, ἔλεγεν, ἡ πτῶσις τῆς ῥωμαϊκῆς αὐτοκρατορίας καί ἡ τέσσαρα καί ἥμισυ ἔτη διαρκέσουσα βασιλεία τοῦ ἀντιχρίστου. Ἐν τῷ Ἀντιχρίστῳ συγκεντρωθήσεται ὅλη ἡ κακία, ἥτις μέχρις αὐτοῦ ἐνεφανίσθη σποράδην ἐν τοῖς ὀπαδοῖς αὐτοῦ, ἄλλαις λέξεσιν ὁ Ἀντίχριστος ἔσεται ἀθρόα ἡ κακία. Τήν λατρείαν τῶν εἰδώλων θέλει καταργήσει, ἀντ' αὐτῆς δέ θέλει εἰσάξει ἐν τῷ ναῷ τῆς Ἱερουσαλήμ τήν ἑαυτοῦ προσκύνησιν καί λατρείαν. Μετά ἀνηκούστου καί ἀπαραδειγματίστου σκληρότητος θέλει καταδιώξει τούς πιστούς, ἐξ ὧν μικρά τις μόνον ὁμάς μένουσα πιστή εἰς τόν σωτῆρα Χριστόν θά ἐκφύγῃ τήν ἀπώλειαν. Μετά ταῦτα θά καταβῇ ἐν δόξῃ εἰς τήν γῆν ὁ Κύριος, θά ἀνατρέψει τήν βασιλείαν τοῦ Ἀντιχρίστου, θά δευσμεύσει τόν Σατανᾶν καί θά βασιλεύσει 1000 ἔτη ἐπί τῶν ἐθνῶν, ἔχων μεθ' ἑαυτοῦ πάντας τούς διαμείναντας εἰς αὐτόν πιστούς

---

502 Εὐσέβ. Ἐκκλ. Ἱστ. 3,39 «Καί ἄλλα δέ ὁ αὐτός συγγραφεύς (ὁ Παπίας) ὡς ἐκ παραδόσεως ἀγράφου εἰς αὐτόν ἥκοντα παρατέθειται, ξένας τινάς παραβολάς τοῦ Σωτῆρος καί διδασκαλίας αὐτοῦ καί τινα ἄλλα μυθικώτερα. Ἐν αἷς καί χιλιάδα τινα φησίν ἐτῶν ἔσεσθαι μετά τήν ἐκ νεκρῶν ἀνάστασιν, σωματικῶς τῆς τοῦ Χριστοῦ βασιλείας ἐπί ταυτησί τῆς γῆς ὑποστησομένης· ἅ καί ἡγοῦμαι τάς ἀποστολικάς παρεκδεξάμενον διηγήσεις ὑπολαβεῖν, τά ἐν ὑποδείγμασι πρός αὐτῶν μυστικῶς εἰρημένα μή συνεωρακότα ... Πλήν καί μετ' αὐτόν πλείστοις ὅσοις τῶν ἐκκλησιαστικῶν, τῆς ὁμοίας αὐτῷ δόξης παραίτιος γέγονε, τήν ἀρχαιότητα τἀνδρός προβεβλημένοις, βλ. καί §.

καί δή καί ἄλλους πολλούς δικαίους τε καί μάρτυρας, οὕς αὐτός ἀναστήσει τότε. Ἕδρα τοῦ βασιλείου τούτου ἔσεται ἡ λαμπρῶς ἀνοικοδομηθησομένη Ἱερουσαλήμ. Οἱ πιστοί θά πανηγυρίζουσι καθ' ὅλον τό διάστημα τῆς χιλιοετοῦς ταύτης βασιλείας συνεχές καί ἀδιάκοπον Σάββατον ἐν Ἱερουσαλήμ, οἱωνεί προγευόμενοι ἐν τῇ ἐπιγείῳ ταύτῃ μακαριότητι τοῦ αἰωνίου Σαββάτου. Ἡ γῆ τῆς Ἱερουσαλήμ ἀπαλλαχθεῖσα τῆς κατάρας, ἥτις ἀπό τῆς πτώσεως τοῦ πρωτοπλάστου καταμαστίζει αὐτήν, θα ἀναδίδει εἰς αὐτούς τούς καρπούς αὐτῆς λίαν καλούς καί ὡραίους, αὐτομάτως καί ἄνευ τινός κόπου καί μόχθου. Συμπληρωθείσης δέ τῆς χιλιοετηρίδος ταύτης ὁ Σατανᾶς θά λυθῇ καί αὖθις, θά ἀναστατώσει τά ὑπό τήν κυριαρχίαν τῶν ἁγίων ἕως τότε διατελοῦντα ἔθνη καί τεθείς ἐπί κεφαλῆς αὐτῶν θά πολιορκήσει τήν ἁγίαν πόλιν Ἱερουσαλήμ· ἀλλ' ὁ Θεός θά ἐξολοθρεύσει τέλος αὐτόν διά σεισμοῦ τε καί πυρός οὐρανίου. Ὁ οὐρανός καί ἡ γῆ θα ἀνακαινισθῶσι, θά γίνει ἡ δευτέρα κοινή ἁπάντων τῶν ἀνθρώπων ἀνάστασις καί ἡ φοβερά κρίσις τοῦ Θεοῦ θά ὁρίσει ἑκάστῳ τόν τόπον τῆς αἰωνίου μονῆς του. Ἐκεῖνοι ἐκ τῶν ἐκλεκτῶν, ὅσοι διά τήν ἁγιότητα καί τήν καθαρότητα τῆς ψυχῆς αὐτῶν εἶναι ἄξιοι τῆς οὐρανίου μακαριότητος, θά ἀνέλθωσιν ἀμέσως εἰς τόν οὐρανόν, οἱ δέ λοιποί θά ἀπολαύσουσι τῶν ἀγαθῶν τοῦ παραδείσου ἤ θά κατοικήσωσιν εἰς τήν νέαν Ἱερουσαλήμ, ἡ ὁποία θα κατέλθῃ ἀπό τοῦ /(389) οὐρανοῦ εἰς τήν γῆν. Πάντες ὅμως θά ἀπολαύσωσι τῆς θεωρίας τοῦ Θεοῦ. Οἱ ἄπιστοι καί οἱ ἐν ἁμαρτίαις διαβιώσαντες θά κρημνισθῶσιν εἰς τήν κόλασιν[503].-

[503] Τήν ἐπαγγελίαν τῆς χιλιοετοῦς βασιλείας εὕρισκεν ὁ ἅγιος Εἰρηναῖος εἰς τό 13-20 καί 21 κεφ,. τῆς Ἀποκαλύψεως, τά ὁποῖα ἦσαν αἱ κλασσικαί μαρτυρίαι ἁπάντων τῶν χιλιαστῶν. Ἐκτός δέ τούτων εἰς τούς προφήτας Ἡσ. 11,6 κεξ. 30,25-27. 31,9 κεξ. 54,11 κεξ. 58,14κεξ. 65,17 κεξ.- Ἱερεμ. 23,7-9. 31,10 κεξ. . Ἰεζεκ. 37,12 κεξ. 28,25 κεξ. –Δανιήλ 7,8 κεξ. 12,13 κεξ. –Βαρούχ 4,36. Πρός ἐμπέδωσιν τῆς δόξης ταύτης ἐπεκαλεῖτο ὁ ἱερός πατήρ τῆς ἐκκλησίας καί τήν μήπω ἐκπληρωθεῖσαν ἐπαγγελίαν τοῦ Θεοῦ, ὅτι ὁ Ἀβραάμ καί τό σπέρμα αὐτοῦ (ὑπό τό ὁποῖον σπέρμα κατά τά ὑπό τοῦ εὐαγγ. Λουκᾶ 3,8 καί τῆς πρός Γαλάτ. ἐπιστ. 4.28 τούς χριστιανούς ὁ Εἰρηναῖος ἐννοεῖ) ἐγκατασταθήσονται εἰς γῆν Χαναάν Γεν 13,14,15 καί 15,18 - Ἐπίσης καί τήν μήπω πληρωθεῖσαν /(394) εὐλογίαν τοῦ Ἰσαάκ Γεν. 27,27. Καί δή τάς ἐπαγγελίας τοῦ Ἰησοῦ Χριστοῦ πρός τούς ἑαυτοῦ μαθητάς, Λουκ. 14,12-14. Ματθ. 19.29 – καί Λουκ. 22,18. Μάρκ. 14,29. βλ. τό κατά αἱρέσεων σύγγραμμα adv. Haeres. lib. 5,24-36.- Ὁ δέ ἅγιος Ἰουστίνος ὁ φιλόσοφος καί μάρτυς ὁμολογεῖ ὅτι πρεσβεύει τό δόγμα τοῦτο ἐν τῷ πρός Τρύφωνα τόν ἰουδαῖον διαλόγῳ αὐτοῦ §80 καί 81. Ὁ Ἰουστίνος φέρει πρῶτον τόν Τρύφωνα λέγοντα πρός αὐτόν τάδε «Εἶπον πρός σέ, ὦ ἄνθρωπε, ὅτι ἀσφαλής ἐν πᾶσι σπουδάζεις εἶναι, ταῖς γραφαῖς προσπλεκόμενος. Εἰπέ δέ μοι, ἀληθῶς ὑμεῖς ἀνοικοδομηθῆναι τόν τόπον Ἱερουσαλήμ τοῦτον ὁμολογεῖτε, καί συναχθήσεσθαι τόν λαόν ὑμῶν καί εὐφρανθῆναι σύν τῷ Χριστῷ ἅμα τοῖς πατριάρχαις καί τοῖς προφήταις καί τοῖς ἀπό τοῦ ἡμετέρου γένους ἤ καί τῶν προσηλύτων γενομένων πρίν ἐλθεῖν ὑμῶν τόν Χριστόν προσδοκᾶτε - ἤ ἵνα δόξῃς περικρατεῖν ἡμῶν ἐν ταῖς συζητήσεσι, πρός τό ταῦτα ὁμολογεῖν ἐχώρησας;». Πρός ταῦτα ἀπαντῶν ὁ ἅγιος Ἰουστίνος λέγει «οὐχ οὕτω τάλας ἐγώ, ὦ Τρύφων, ὡς ἕτερα λέγειν παρ' ἅ φρονῶ· Ὡμολόγησα οὖν σοι καί πρότερον ὅτι ἐγώ μέν καί ἄλλοι πολλοί ταῦτα φρονοῦμεν, ὡς καί πάντως ἐπίστασθε (ὑμεῖς οἱ Ἰουδαῖοι δηλ.) τοῦτο γενησόμενον· πολλούς δ' αὖ καί τῶν τῆς καθαρᾶς καί εὐσεβοῦς ὄντων χριστιανῶν γνώμης τοῦτο μή

Τόν Χιλιετισμόν ἐνεκολπώθησαν, διαδοθέντα ἤδη ὡς εἴρηται παρά τοῦ Παπίου εἰς τήν Φρυγίαν, καί ὁ Μοντανός καί οἱ ὀπαδοί αὐτοῦ, ἐν τούτοις δέ εὗρεν κατά πρῶτον ἐναντίους ἡ πλάνη αὕτη, ἥτις μέχρι τοῦδε ἐπέβωσκεν ἐν τῇ ἐκκλησίᾳ ἀνενοχλήτως. Ὁ Χιλιετισμός τῶν Μοντανιστῶν δέν ἦτο μέν παχυλός, τουλάχιστον ὁ Τερτυλλιανός τήν μακαριότητα τῆς χιλιετοῦς βασιλείας ἔθετεν ἐν τῇ ἀπολαύσει παντοίων πνευματικῶν ἀγαθῶν (spiritalia bona), ἀνήχθη ὅμως ὑπ' αὐτῶν εἰς κύριον καί θεμελιῶδες δόγμα πίστεως· πρός δέ τούτοις συνωδεύετο ὑπό τινων ἄλλων ἰδεῶν, ὡς ὅτι δηλ. ἡ νέα Ἰερουσαλήμ ἔμελλε νά κατέλθῃ εἰς τήν Πέπουζαν. Ἐντεῦθεν δέν εἶναι διόλου ἀπίθανον νά προσέβαλον καί ταύτην αὐτῶν τήν δόξαν αὐτοί ἤδη οἱ πρῶτοι τοῦ Μοντανισμοῦ πολέμιοι, μεταξύ ὅμως αὐτῶν γνωστός ἐξ ὀνόματος ἀντίπαλος τοῦ χιλιετισμοῦ τῶν Μοντανιστῶν ἐγένετο ὁ περί τά τέλη τῆς 2 ἑκατονταετηρίδος τῆς ἐν Ῥώμῃ ἐκκλησίας πρεσβύτερος Γάϊος· ὅστις ἐν τῇ παραφορᾷ, μεθ' ἧς ἐπετέθη ἐν Ῥώμῃ κατά τοῦ μοντανιστοῦ Πρόκλου (Proculus), οὐδόλως ἐδίστασε νά ἀνακηρύξῃ τόν χιλιετισμόν καί αὐτήν τήν κατά τό φαινόμενον εὐνοῦσαν αὐτόν Ἀποκάλυψιν τοῦ ἀποστόλου Ἰωάννου ὡς ἐπινοήματα τοῦ ἀπονενοημένου Κηρίνθου. Ὅτε δέ μετ' ὀλίγον ἡ λογία φωνή τοῦ ἤδη μοντανιστοῦ Τερτυλλιανοῦ ὑψώθη βροντώδης ὑπέρ τῶν ἀποκαλύψεων τοῦ Μοντανισμοῦ· ὅτε ὁ Τερτυλλιανός συγκεντρώσας ἅπασαν τήν ἐνεργητικότητα τοῦ ἰσχυροῦ πνεύματός του εἰς τήν ὑπεράσπισιν αὐτῶν συνέταξε τήν περί τοῦ Χιλιετισμοῦ πραγματείαν του, ἐπιγραφομένην De ipse fidelium[504] ἤρξατο βαρύς ὁ κατ' αὐτοῦ πόλεμος, οὐδέν ἄλλο σκοπῶν εἰμή τήν παντελῆ αὐτοῦ ἐκρίζωσιν ἀπό τοῦ περιβόλου τῆς ἐκκλησίας. Ὁ Χιλιετισμός εὗρεν νῦν ἀντίδρασιν καί μάλιστα ἰσχυροτάτην καί διαρκεστάτην ἐν τῇ ἐκκλησίᾳ τῆς Ἀλεξανδρείας· καί τοῦτο βεβαίως διότι ἡ φιλοσοφική καί ἐκπνευματιστική οὕτως εἰπεῖν τάσις τῆς Ἀλεξανδρινῆς Σχολῆς, ἥτις εἰς πάντα σχεδόν πνευματικωτέραν ἔννοιαν νά ἐμβάλῃ ἐσπούδαζε

γ ν ω ρ ί ζ ε ι ν ἐσήμανά σοι. Τούς γάρ λεγομένους μέν χριστιανούς, ὄντας δέ ἀθέους καί ἀσεβεῖς αἱρεσιώτας, (ἐννοεῖ τούς γνωστικούς οἵτινες ἠρνοῦντο καί τήν χιλιετῆ βασιλείαν) ὅτι κατά πάντα βλάσφημα καί ἄθεα καί ἀνόητα διδάσκουσιν, ἐδήλωσά σοι ... Εἰ γάρ καί συνεβάλετε ὑμεῖς τισί λεγομένοις χριστιανοῖς καί τοῦτο μή ὁμολογοῦσιν, ἀλλά καί βλασφημεῖν τολμῶσι τόν θεόν Ἀβραάμ καί τόν θεόν Ἰσαάκ καί τόν θεόν Ἰακώβ, οἵ καί λέγουσι μή εἶναι νεκρῶν ἀνάστασιν, ἀλλά ἅμα τῷ ἀποθνήσκειν τάς ψυχάς αὐτῶν ἀναλαμβάνεσθαι εἰς τόν οὐρανόν, μή ὑπολάβητε αὐτούς χριστιανούς ... Ἐγώ δέ καί εἴ τινες εἰσίν ὀρθογνώμονες κατά πάντα χριστιανοί καί σαρκός ἀνάστασιν γενήσασθαι ἐπιστάμεθα καί χίλια ἔτη ἐν Ἰερουσαλήμ οἰκοδομηθείσῃ καί κοσμηθείσῃ καί πλατυνθείσῃ, ὡς οἱ προφῆται Ἰεζεκιήλ (37,12 κεξ.) καί Ἠσαΐας (65,17 κεξ.) καί οἱ ἅγιοι ὁμολογοῦσιν».
504 (ἡ πραγματεία αὕτη ἀπωλέσθη· ὑπέρ τοῦ Χιλιετισμοῦ ὅμως ὁμιλεῖ ὁ Τερτυλλιανός καί ἐν τῷ 3 βιβλίῳ τοῦ κατά Μαρκίωνος συγγράμματός του), τότε ἠκούσθησαν καί ἀλλαχόθεν φωναί κατά τοῦ Χιλιετισμοῦ καί ἔκτοτε (ἀρχομένης δηλ. τῆς 3 ἑκατ.)

διά τῆς ἀλληγορικῆς ἑρμηνείας τῶν Ἁγίων Γραφῶν, ὀλίγον ἠδύνατο νά συμφιλιωθῆ μέ τήν κατά γράμμα παχυλήν ἑρμηνείαν τῶν προφητειῶν καί τῆς Ἀποκαλύψεως, τήν ὁποίαν ἔδιδον εἰς αὐτάς οἱ Χιλιοετῖται. Ἐχθρός δέ τῶν χιλιοετιτῶν καί μάλιστα τῶν παχυλοτέρων ἐγένετο ἐνταῦθα /(390) πρό πάντων ὁ Ὠριγένης, καταπολεμήσας τήν πλάνην διά φιλοσοφικῶν τε καί ἐξηγητικῶν λόγων[505]. Μεταχειριζόμενος ὁ Ὠριγένης τήν ἀλληγορικήν ἑρμηνείαν ἔδιδεν ὅλως διάφορον ἔννοιαν εἰς ἐκείνας τάς μεταφορικάς ἤ εἰκονικάς ἐκφράσεις τῆς Παλαιᾶς καί Καινῆς Διαθήκης, δι' ὧν ἐκράτυνον τήν πλάνην αὐτῶν οἱ Χιλιοετῖται ἑρμηνεύοντες αὐτάς ὅλως κατά γράμμα. Οἱ ἀλεξανδρινοί ὅμως θεολόγοι δέν ἀπέρριπτον, καθώς ὁ τῆς Ῥώμης πρεσβύτερος Γάϊος, ὡς νόθον βιβλίον τήν Ἀποκάλυψιν, ἀλλά μόνον ἐπετίθεντο κατά τῆς κατά γράμμα ἑρμηνείας αὐτῆς. Καθώς δέ ὁ Ὠριγένης, οὕτω καί οἱ μαθηταί τῆς Σχολῆς αὐτοῦ, ἦσαν ἀντιχιλιασταί· ἀλλά τό πνεῦμα τῆς Ἀλεξανδρινῆς Σχολῆς δέν ἠδύνατο βεβαίως νά ἐξαπλωθῆ εὐκόλως ἀπό τῆς Ἀλεξανδρείας καί εἰς τάς λοιπάς χώρας τῆς Αἰγύπτου, αἱ ὁποῖαι κατά τήν πνευματικήν μόρφωσιν ὑπελλείποντο πολύ τῆς ἀνθούσης ταύτης ἕδρας τῶν θεολογικῶν μαθήσεων. Ἐντεῦθεν ἐνεφανίσθη καί ἐν Αἰγύπτῳ ἰσχυρά καί πολυπληθύς φατρία Χιλιοετιτῶν, προεξάρχοντος τοῦ ἐπισκόπου τῆς Ἀρσινόης Νέπωτος. Ὁ ἄλλως εὐσεβής καί λόγιος οὗτος ἐπίσκοπος συντάξας κατά τῶν ἀλεξανδρινῶν θεολόγων βιβλίον ἐπιγραφόμενον «Ἔλεγχος τῶν ἀλληγοριστῶν» (τό ὁποῖον ἀξηφάνισε ἔπειτα ὁ χρόνος ὡς καί ἄλλα πολλά), ἀπέκρουεν ἐν αὐτῷ τήν παρά τῶν ἀλεξανδρινῶν γινομένην τῆς Ἀποκαλύψεως ἀλληγορικήν ἑρμηνείαν καί κατεσκεύαζε τό περί χιλιοετισμοῦ δόγμα. Τό βιβλίον τοῦτο ἅμα ἀναφανέν ἐθεωρήθη ὡς ὅπλον καί τεῖχος ἀκαταμάχητον τοῦ Χιλιοετισμοῦ καί ἔτυχεν οὐ μικρᾶς ὑποδοχῆς παρά τε τῶν κληρικῶν καί λαϊκῶν τῆς ἐπαρχίας του. Πολλοί καί ἐξ αὐτῶν τῶν διδασκάλων ἐνόμισαν ὅτι εὗρον ἐν αὐτῷ μεγάλα μυστήρια καί ἀποκαλύψεις περί τοῦ μέλλοντος καί ἐνησχολοῦντο μᾶλλον εἰς τοῦτο καί εἰς τάς θεωρίας τοῦ Νέπωτος, παρά εἰς τήν Ἁγίαν Γραφήν καί εἰς τήν διδασκαλίαν αὐτῆς[506]. Πρός δέ τοῖς ἄλλοις ἤρξαντο μετ' ὀλίγον νά ἀποκαλῶσιν αἱρετικούς πάντας ἐκείνους, ὅσοι δέν συνεμερίζοντο τάς ἰδέας τοῦ βιβλίου

---

505 (ἐν τῷ περί Ἀρχῶν βιβλ. 2 κεφ. 11 καί ἐν τοῖς ἑρμηνευτικοῖς αὐτοῦ ὑπομνήμασι σποράδην)
506 Εὐσεβ. Ἐκκλ. Ἱστ. 7,24 «καί τίνων διδασκάλων τόν μέν νόμον καί τούς προφήτας (τήν πρός τόν Θεόν καί τόν πλησίον ἀγάπην) τό μηδέν ἡγουμένων, καί τό τοῖς εὐαγγελίοις ἕπεσθαι παριέντων, καί τάς τῶν ἀποστόλων ἐπιστολάς ἐκφαυλισάντων, τήν δέ τοῦ συγγράμματος τούτου (τοῦ συγγράμματος τοῦ Νέπωτος) διδασκαλίαν ὡς μέγα δή τι καί κεκρυμμένον μυστήριον κατεπαγγελλομένων κτλ.». /(395)

ἐκείνου καί εἰς τοσοῦτον προέβη τό κακόν, ὥστε ὁλόκληροι κοινότητες ἀπεσχίσθησαν ἕνεκα τούτου ἀπό τῆς ἐν Ἀλεξανδρείᾳ μητρός ἐκκλησίας, ἦτο δέ ὁ Χιλιοετισμός ὅλων τούτων ἰουδαϊκώτερος, ὑλικός δηλ. παχυλός· διότι οἱ Χιλιασταί οὗτοι οὐδέν ἄλλο ἐφαντάζοντο εἰμή τρυφάς σωματικάς ἐν τῇ χιλιοετῇ βασιλείᾳ τοῦ Κυρίου καί τοιαῦτα μικρά καί θνητά ἤλπιζον, ὁποῖα τά τοῦ παρόντος βίου[507]. Μετ' οὐ πολύ τελευτήσαντος τοῦ Νέπωτος προέστη τῶν Χιλιαστῶν τούτων πρεσβύτερός τις τῶν μερῶν ἐκείνων, Κορακίων λεγόμενος. Τόν θρόνον τῆς Ἀλεξανδρείας κατεκόσμει τότε ὁ ἱερώτατος Διονύσιος, εἷς ὤν καί αὐτός τῶν μαθητῶν /(391) τοῦ Ὠριγένους. Ἐάν ὁ Διονύσιος δέν προσεφέρετο πρός τό σχίσμα ὅπως προσηνέχθη· ἐάν μετεχειρίζετο τήν αὐθεντίαν τοῦ πατριαρχικοῦ θρόνου του, ἐάν διά μιᾶς δεσποτικῆς ῥήτρας κατέκρινε καί ἀπέκοπτε τῆς ἐκκλησίας τούς πεπλανημένους, τό ἀρτιγενές σχίσμα θά ἀπέβαινεν ἐξάπαντος πολυχρόνιον, καί ἡ πλάνη, τήν ὁποίαν θά ἐπεχείρη νά καταπνίξῃ δι' ἐντολῶν καί προσταγμάτων, θά ἀπέβαινεν ἴσως ἀγριωτέρα καί φανατικωτέρα. Πλήν ὁ μέγας μαθητής τοῦ μεγάλου Ὠριγένους, ὁ φρόνιμος καί συνετός ποιμήν τῆς ἐκκλησίας κατέδειξε κατά τήν περίστασιν ταύτην τί δύνανται νά κατορθώσωσιν ἡ ἀγάπη, ἡ μετριοφροσύνη, καί ἡ τοῦ πνεύματος ἐλευθερία, ἥτις ἐν τῇ ἀγάπῃ μόνον ἔνεστι· κατέδειξεν ὅτι δύνανται νά ἐπιτύχωσιν ὅ,τι δέν ἐπιτυγχάνουσι πλειστάκις ἡ βία καί οἱ νόμοι. Ἐπειδή ἐπίσκοπος γενόμενος ὁ ἅγιος Διονύσιος δέν ἐλησμόνησε ὅτι εἶναι χριστιανός, πλήρης ἀγάπης ἔδραμεν αὐτός πρός τάς πεπλανημένας ψυχάς, συνεκάλεσεν ἐπί τῷ αὐτῷ τούς πρεσβυτέρους καί διδασκάλους τῶν ἐν ταῖς κώμαις ἐκκλησιῶν, ὅσοι ἦσαν τῆς γνώμης τοῦ Νέπωτος πρός δέ καί πάντας ἐκείνους ἐκ τοῦ λαοῦ, ὅσοι ἐπεθύμουν νά διδαχθῶσι περί τοῦ ἀντικειμένου τούτου· ἔθηκε τό βιβλίον τοῦ Νέπωτος ἐν τῷ μέσῳ, ἀφῆκεν ἐλευθέρα τήν ἐξέτασιν αὐτοῦ τρεῖς ἡμέρας ἀπό πρωΐας μέχρι ἑσπέρας, συνεκάθητο συζητῶν μετά τῶν πρεσβυτέρων ἐπί τοῦ ἐμπεριεχομένου τοῦ βιβλίου, ἀκούων ἀταράχως πᾶσαν πρός αὐτόν γενομένην ἔνστασιν καί διερμηνεύων αὐτοῖς κατά πλάτος τάς ἁγίας Γραφάς ἐξ αὐτῶν τῶν ἁγίων Γραφῶν καί οὕτω ὁ Διονύ-

---

507 /(395) Οὕτω μέν ὁ Νέπως φέρεται ὑπό τοῦ Εὐσεβίου (ἔνθ' ἀνωτ.) «Ἰουδαϊκώτερον τάς ἐπηγγελμένας τοῖς ἁγίοις καί ταῖς θείαις Γραφαῖς ἐπαγγελίας ἀποδοθήσεσθαι διδάσκων, καί τινα χιλιάδα ἐτῶν τ ρ υ φ ῆ ς σ ω μ α - τ ι κ ῆ ς ἐπί τῆς ξηρᾶς ταύτης ἔσεσθαι ὑποτιθέμενος», ὁ δέ ἅγιος Διονύσιος ὁ Ἀλεξανδρείας λέγει παρά τῷ Εὐσεβίῳ (αὐτόθι) περί τῶν ὀπαδῶν τοῦ Νέπωτος «καί τούς ἁπλουστέρους ἀδελφούς ἡμῶν οὐδέ ἐῶντων ὑψηλόν καί μεγαλεῖον φρονεῖν, οὔτε περί τῆς ἐνδόξου καί ἀληθῶς ἐνθέου τοῦ Κυρίου ἡμῶν ἐπιφανείας, οὔτε τῆς ἡμετέρας ἐκ νεκρῶν ἀναστάσεως καί τῆς πρός αὐτόν ἐπισυναγωγῆς καί ὁμοιώσεως, ἀλλά μικρά καί θνητά καί οἷα τανῦν ἐλπίζειν ἀναπειθόντων ἐν τῇ βασιλείᾳ τοῦ Θεοῦ».

σιος κατώρθωσε διά τῆς ἀξιαγάστου γλυκύτητος καί ἀνοχῆς, τῆς φρονήσεως καί τῆς σοφίας αὐτοῦ νά διαφωτίση καί νά πείση τούς ἀντιπάλους αὐτοῦ εἰς τοιοῦτον βαθμόν, ὥστε οὐ μόνον δημοσίᾳ καί παρρησίᾳ νά γνωσιμαχήσωσιν, ἀλλά καί μετά τιμῆς νά προπέμψωσιν αὐτόν πάντες, μηδ' αὐτοῦ τοῦ Κορακίωνος ἐξαιρουμένου, εὐχαριστοῦντες καί εὐγνωμονοῦντες αὐτῷ ἐπί τῇ διδασκαλίᾳ. Τοιαύτη ἦτον ἡ ἔκβασις καί τό ἀποτέλεσμα τῆς συνδιαλέξεως, ἐξ ἐκείνων τά ὁποῖα σπανίως ἐπακολουθοῦσι τάς θεολογικάς συζητήσεις, ἐγένοντο δέ ταῦτα ἐν ἔτει 255. Ἀποκαταστήσας τοιουτοτρόπως ὁ Διονύσιος τήν ἑνότητα τῆς πίστεως ἐν ταῖς ὑπ' αὐτῶν παροικίαις καί ἐπανελθών οἴκαδε ἔγραψε πρός ἐνίσχυσιν τῶν ὑπ' αὐτοῦ μεταπεισθέντων καί πρός διδασκαλίαν τῶν ἄλλων, ὅσοι ἐνέμενον ἔτι εἰς τήν διδασκαλίαν τοῦ Νέπωτος καί μίαν πραγματείαν ἐπιγράψας αὐτήν «Περί ἐπαγγελιῶν», ἀξιομνημόνευτος δέ εἶναι καί ἐν τῷ συγγράμματι τούτῳ ἡ ἀγάπη καί ἡ μετριότης, μεθ' ἧς ἐξεφράζετο περί τοῦ Νέπωτος ὁ διδάσκαλος οὗτος τῆς Ἐκκλησίας. «Κατά τά ἄλλα, ἔλεγε, σέβομαι καί ἀγαπῶ τόν Νέπωτα διά τε τήν πίστιν αὐτοῦ καί τήν φιλοπονίαν καί τήν περί τάς ἁγίας Γραφάς σπουδήν του /(392) καί δή καί διά τά πολλά ἐκκλησιαστικά αὐτοῦ ᾄσματα, τά ὁποῖα καί νῦν ἔτι πολλοί τῶν ἀδελφῶν εὐχαρίστως ψάλλουσιν. Ἔτι δέ μᾶλλον μακαρίζω τόν ἄνδρα ὡς τετελευτηκότα. Ἀλλά προσφιλεστέρα καί τιμιωτέρα πάντων τῶν ἄλλων εἶναι εἰς ἐμέ ἡ ἀλήθεια. Ναί ἐκεῖνο ὀφείλομεν νά ἐπαινῶμεν καί ἀπαθῶς νά ἀποδεχόμεθα, ὅσα ὀρθῶς λέγονται· ὅσα δέ δέν φαίνονται ὀρθῶς καί ὑγιῶς ἔχοντα νά ἐξετάζωμεν καί νά διορθώνομεν»[508].

Ἐν τούτοις οἱ θιασῶται τοῦ Χιλιοετισμοῦ δέν ἐξέλιπον ἔτι παντελῶς. Τήν φωνήν ὑπέρ τοῦ Χιλιοετισμοῦ, εἰ καί μή τοῦ παχυλοῦ, ἦρε μετ' οὐ πολύ Μεθόδιος ὁ Τύρου (ἤ Ὀλύμπου) ἐπίσκοπος καί μάρτυς[509]. Τοῦ Χιλιοετισμοῦ ὀπαδοί ἦσαν καί ὁ ἅγιος μάρτυς Βικτωρῖνος ἐπίσκοπος Πεταβίου[510] καί ὁ Λακτάντιος (ἐν τῷ Instit. lib. 7,14-25) καί ὁ Κομμοδιανός (ἐν τῷ Instr. 43,44,80. βλ. καί §), οἱ δύο μάλιστα τελευταῖοι τοῦ πα-

---

[508] Παρ' Εὐσεβίῳ, ἔνθ' ἀνωτ., «Ἐν ἄλλοις μέν πολλοῖς ἀποδέχομαι καί ἀγαπῶ Νέπωτα τῆς τε πίστεως καί τῆς φιλοπονίας καί τῆς ἐν ταῖς γραφαῖς διατριβῆς καί τῆς πολλῆς ψαλμῳδίας, ἥ μέχρι καί νῦν πολλοί τῶν ἀδελφῶν εὐθυμοῦντες, καί πάνυ δι' αἰδοῦς ἄγω ἄνθρωπον ταύτῃ μᾶλλον, ἤ προανεπαύσατο· ἀλλά φίλη γάρ καί προτιμωτάτη πάντων ἡ ἀλήθεια· ἐπαινεῖν τε χρή καί συναινεῖν ἀφθόνως εἴ τι ὀρθῶς λέγοιτο, ἐξετάζειν δέ καί διευθύνειν εἴτι μή φαίνοιτο ὑγιῶς ἀναγεγραμμένον».
[509] Περί τῆς χιλιετοῦς βασιλείας ὁμιλεῖ καί Μεθόδιος ἐν τῷ συγγράμματι αὐτοῦ, τῷ ἐπιγραφομένῳ «Συμπόσιον παρθένων» λόγ. 9 σελ 143 ἐκδ. *Petri Possini Parisiis* 1657. Περί τοῦ Μεθοδίου καί τῶν περί αὐτοῦ γραψάντων ὅρ. §.
[510] (Hieron. de vir. ill. 18 βλ. καί §)

χυλοτάτου⁵¹¹. Ἐπὶ τῆς τετάρτης ἑκατονταετηρίδος καίτοι ὁ Χιλιοετισμὸς ὑπῆρχεν οὐκ ὀλίγον ἐξηπλωμένος μεταξὺ τοῦ λαοῦ, οὐδεὶς ὅμως πλέον διδάσκαλος τῆς ἐκκλησίας ἢ χριστιανὸς συγγραφεὺς ἔγραψεν ὑπὲρ αὐτοῦ, ἐκτὸς μόνον τοῦ αἱρετικοῦ Ἀπιλλιναρίου, ὅστις ἐπὶ τοσοῦτον ἐξέτεινε τὴν πλάνην ταύτην, ὥστε πρὸς τοῖς ἄλλοις ὠνειρεύετο καὶ τὴν ἀνέγερσιν τοῦ ἰουδαϊκοῦ ναοῦ ἐν Ἰερουσαλὴμ καὶ τὴν ἀποκατάστασιν τῆς λατρείας καὶ τῶν νομικῶν θυσιῶν⁵¹². Τὰ αἴτια τῆς ἐξαλείψεως τῆς πλάνης ταύτης ἔκειντο μὲν καὶ ἐν τῇ ἀντιστάσει, ἣν αὕτη εὗρε πολλαχοῦ ἐν τῇ ἐκκλησίᾳ, ἰσχυρότατος ὅμως ἐχθρὸς αὐτῆς ἦν ἡ ἐπὶ τοῦ Μ. Κωνσταντίνου γενομένη μεταβολὴ τῶν πραγμάτων. Βασιλεύσαντος τοῦ χριστιανισμοῦ οἱ χιλιοετῖται ἐπελάθοντο οὕτως εἰπεῖν τῆς χιλιοετοῦς ἐπὶ γῆς βασιλείας τοῦ Κυρίου, συνιδόντες καὶ οὗτοι κατ' ὀλίγον ὅτι ἡ ἐκκλησία τοῦ Χριστοῦ ἦτο προωρισμένη εἰς μακρὰν ἐπὶ γῆς βιοτήν⁵¹³.

511 Τοσοῦτον ὑλικὴν φαντάζονται τὴν χιλιοετῆ ἐπὶ γῆς βασιλείαν τοῦ Χριστοῦ ἀμφότεροι οὗτοι, ὥστε δύναται νὰ καταταχθῶσιν εἰς τὴν αὐτὴν τάξιν, εἰς ἣν καὶ οἱ Ἐβιωναῖοι τοῦ Ἱερωνύμου. Κατ' αὐτοὺς ἡ ἐκ τοῦ διωγμοῦ τοῦ Ἀντιχρίστου ἐναπολειφθησομένη μικρὰ μερὶς τῶν χριστιανῶν θέλει πολλαπλασιασθῆ διὰ τοῦ γάμου εὐθὺς ἀρχομένης τῆς χιλιοετοῦς βασιλείας εἰς ἄπειρον πλῆθος· οἱ δὲ ἅγιοι οὐ μόνον θὰ κατεξουσιάζουσι, ἀλλὰ καὶ ὡς δούλους καὶ ἀχθοφόρα ζῶα θὰ μεταχειρίζονται τοὺς ἐθνικούς.
512 (Hieron. Proem. in lib. 18 in Isaiam)
513 Ἀπὸ τοῦδε μάλιστα ἤρξατο πολλαπλασιαζομένη ἡ κατὰ τοῦ χιλιασμοῦ δυσμένεια καίτοι ὁ ἅγιος Ἱερώνυμος ἔχων ὑπ' ὄψιν πολλὰς ἀρχαίων καὶ ἐπισήμων τῆς ἐκκλησίας ἀνδρῶν φωνάς, δὲν ἐτόλμα νὰ ῥίψῃ ἔτι τὴν μέλαιναν κατ' αὐτοῦ ψῆφον l i b r. 4 i n I e r e m.- Ὅπως ἔτι μᾶλλον ἐμπεδώσαμεν τὴν καὶ ἐκ τῶν μέχρι τοῦδε εἰρημένων εὐκόλως συναγομένην ἱστορικὴν ἀλήθειαν, ὅτι ὁ χιλιασμὸς δὲν ἦτο κ ο ι ν ὴ γ ν ώ μ η τῆς ἐκκλησίας τῶν πρώτων χρόνων, ὥς τινες φρονοῦσι καὶ λέγουσι ἐπισυνάπτομεν τελευτῶντες καὶ τὰ ἑξῆς. Περὶ τοιαύτης βασιλείας οὔτε τὰ εὐαγγέλια οὔτε αἱ ἐπιστολαὶ τῶν ἁγίων ἀποστόλων λέγουσί τι· μάλιστα ῥήσεις τινὲς τοῦ /(396) ἀποστόλου Παύλου (α' Θεσσαλ. 4,16.17. β' Κορ. 5,12. Φιλιπ. 1,25.) ἀποδιοπομποῦνται φανερὰ τὴν τοιαύτην δόξαν. Ξένη ὡσαύτως ὑπάρχει ἡ κακοδοξία αὕτη καὶ εἰς πολλοὺς τῶν ἀρχαιοτάτων τῆς ἐκκλησίας πατέρων· τοὐλάχιστον οὐδὲν αὐτῆς ἴχνος ἀπαντῶμεν οὔτε εἰς τὰς ἐπιστολὰς τοῦ ἁγίου Κλήμεντος τοῦ Ῥώμης, οὔτε εἰς τὴν ἐπιστολὴν τοῦ Διογνήτου, οὔτε εἰς τὰς ἑπτὰ ἐπιστολὰς τοῦ θεοφόρου Ἰγνατίου· μάλιστα τὸ χωρίον τῆς πρὸς Ῥωμαίους ἐπιστολῆς τοῦ θεοφόρου Ἰγνατίου (κεφ. 6) ἀποκλείει τὸν Χιλιοετισμόν.- Ἐν ἐπιστολῇ τοῦ ἁγίου Βαρνάβα, ἐν κεφ. 15, εἶναι μὲν ἀληθὲς ὅτι γίνεται ἡ σύζευξις τῶν λόγων τοῦ ψαλμῳδοῦ (ψαλμ. 90,4) μετὰ τῶν λόγων τῆς Γενέσεως (κεφ. 1)· ὅ ἐστιν, εἶναι μὲν ἀληθὲς ὅτι αἱ ἓξ ἡμέραι τῆς ἐργασίας τοῦ Θεοῦ (ἐπὶ τῆς δημιουργίας τοῦ κόσμου) θεωροῦνται ὡς τύπος καὶ εἰκὼν ἓξ χιλιάδων ἐτῶν, ἅπερ θὰ διανύσῃ τὸ ἀνθρώπινον γένος ἐν μόχθῳ καὶ θλίψει καὶ ἀνάγκῃ. «Προσέχετε, τέκνα, τί λέγει τὸ συνετέλεσεν ἐν ἓξ ἡμέραις. Τοῦτο λέγει, ὅτι συντελεῖ ὁ Θεὸς Κύριος ἐν ἑξακισχιλίοις ἔτεσι τὰ πάντα· ἡ γὰρ ἡμέρα παρ' αὐτῷ χίλια ἔτη, αὐτὸς δὲ μαρτυρεῖ λέγων ἰδοὺ σήμερον ἡμέρα ἔσται ὡς χίλια ἔτη. οὐκοῦν, τέκνα, ἐν ἓξ ἡμέραις ἐν τοῖς ἑξακισχιλίοις ἔτεσι, συντελεσθήσεται τὰ πάντα». Πλὴν ἡ ἑ β δ ό μ η ἡ μ έ ρ α, ἡ ἡμέρα τῆς καταπαύσεως τοῦ θεοῦ ἀπὸ τῶν ἔργων τῆς δημιουργίας, καθ' ἣν συντελεσθήσονται τὰ πάντα, δὲν φαίνεται παρὰ τῷ ἀποστολικῷ τούτῳ ἀνδρὶ ὡς χιλιετῆ περίοδον προτυποῦσα, ἀλλ' ὡς τὸν ἄπειρον χρόνον τὸν μετὰ τὴν συντέλειαν τοῦ κόσμου ἐπακολουθήσοντα περιλαμβάνουσα· διότι μετὰ τὸ τέλος τῶν ἓξ χιλιάδων ἐτῶν, μέχρι τοῦ ὁποίου θὰ παρατείνῃ τὸν βίον τοῦ ὁ κόσμος οὗτος, τίθησιν ὁ ἱερὸς συγγραφεὺς τὴν ἔλευσιν τοῦ υἱοῦ τοῦ Θεοῦ, τὴν κατάργησιν τῆς ἀνομίας, τὴν κρίσιν τῶν ἀσεβῶν, καὶ τὴν ἀλλαγὴν τοῦ ἡλίου, τῆς σελήνης καὶ τῶν ἀστέρων.- Οὐδεμία ὡσαύτως μνεία γίνεται τῆς χιλιοετηρίδος ταύτης καὶ ἐν τῷ Ποιμένι τοῦ Ἑρμᾶ, τοῦ ὁποίου ἄλλως τὸ πνεῦμα συγγενεύει πρὸς τὸ τῶν Χιλιαστῶν. Ἐκ τούτων ἄρα βλέπει τις ὅτι ὁ χιλιασμὸς ὄχι μόνον καινὴ δόξα καὶ πίστις τῆς ἐκκλησίας δὲν ἦτο, ἀλλὰ καὶ ὅτι ὑπῆρχον πολλοὶ εἰς τοὺς ὁποίους ἡ ἰδέα αὕτη ἦτον τελείως ξένη· ὅτι δὲ πραγματικῶς ὑπῆρχον πολλοὶ ἐκ τῶν ὀρθοδόξων μὴ συμμεριζόμενοι τὸν χιλιασμὸν εἴδομεν ἀνωτέρω σημ. 3 λέγοντα ῥητῶς τοῦτο τὸν ἱερὸν Ἰουστῖνον. Καὶ αὐτὸς δὲ ὁ ἅγιος Εἰρηναῖος, κατὰ αἱρ. 5,31, προβλέπει ὅτι θὰ ἐγερθῶσι πολλοὶ

§101. Ἀμφισβήτησις περί τοῦ βαπτίσματος τῶν σχισματικῶν καί αἱρετικῶν.

Ἡ ἀμφισβήτησις αὕτη περιεστρέφετο εἰς τό πῶς πρέπει νά δέχηται ἡ ἐκκλησία τούς αἱρετικούς καί τούς σχισματικούς, ἐκείνους ὅσοι βαπτισθέντες ἐν τῇ αἱρέσει αὐτῶν μετανοοῦντες ἐπέστρεφον εἰς τόν κόλπον αὐτῆς· ἐάν δηλονότι πρέπει νά βαπτίζῃ ἤ μή τούς τοιούτους· ἄλλαις λέξεσιν ἐζητεῖτο, εἰ κύριον καί ἀληθές τό τῶν αἱρετικῶν καί σχισματικῶν βάπτισμα. Ἤδη πρίν ἤ ἀναφανῇ ἔτι διένεξίς τις ἐν τῇ ἐκκλησίᾳ περί τῆς ὑποθέσεως ταύτης, ἐφρόνουν καί ἔπραττον διαφόρως αἱ κατά τήν οἰκουμένην ἐκκλησίαι ἐκ διαφόρων ὁρμώμεναι ἀρχῶν. Ἐν ταῖς ἐκκλησίαις τῆς Μικρᾶς Ἀσίας, τῆς Καππαδοκίας, τῆς Κιλικίας, τῆς Γαλατίας καί ἄλλων ἀνατολικῶν ἐπαρχιῶν, οἷον τῆς Συρίας καί ἐν ταῖς ἐκκλησίαις τῆς Αἰγύπτου καί τῆς Ἀφρικῆς ἐπεκράτει ἡ θεωρία ὅτι μόνον ἐν τῇ ὀρθοδόξῳ ἐκκλησίᾳ, ἐν ᾗ καί τά λοιπά μυστήρια καί αἱ τελεταί ἀληθῶς καί ἐναργῶς τελοῦνται, ἔχει δύναμιν καί κῦρος τό βάπτισμα, καί ὅτι τό βάπτισμα τῶν αἱρετικῶν καί σχισματικῶν δέν εἶναι βάπτισμα. Ὅθεν δή καί ἀβαπτίστους θεωροῦσαι αἱ ἐκκλησίαι αὗται τούς ἐκ τῶν αἱρέσεων καί σχισμάτων προσερχομένους, ἐβάπτιζον αὐτούς ἀπαραλλάκτως ὅπως καί τούς ἐθνικούς καί τούς ἰουδαίους. Ἐξεναντίας ἡ ῥωμαϊκή ἐκκλησία ἔβλεπεν ἄλλως τό πρᾶγμα. Ἐνταῦθα ὑπῆρχεν ἡ θεωρία ὅτι διά τῆς ἐπικλήσεως τοῦ ὀνόματος τῆς ἁγίας Τριάδος καί διά τοῦ σκοποῦ τοῦ ἱερουργοῦντος τό μυστήριον, μεταδίδοται τό βάπτισμα πράγματι καί ἀληθῶς· ἀδιάφορον τίς καί ποῖος ὁ τοῦτο ἐνεργῶν, ἀδιάφορον δηλονότι ἄν ἀποτελῇ οὗτος μέλος ἤ μή τῆς ἐκκλησίας. Διό καί ἐδέχετο ἡ ἐκκλησία αὕτη τούς ἐπιστρέφοντας αἱρετικούς ἤ σχισματικούς ὡς βεβαπτισμένους δι' ἐπιθέσεως μόνον χειρῶν μεταδιδοῦσα οὕτως εἰς αὐτούς τήν χάριν τοῦ ἁγίου Πνεύματος. Τοιουτοτρόπως ἐφρόνουν καί ἔπραττον πιθανῶς καί αἱ πλεῖσται τῶν δυτικῶν ἐκκλησιῶν, ὅσαι μητέρα ἐκκλησίαν εἶχον τήν ἐκκλησίαν τῆς Ῥώμης[514].

ἐν τῇ ἐκκλησίᾳ ἀρνούμενοι τόν χιλιοετισμόν. ὅτι δέ ἡ τῆς Ῥώμης ἐκκλησία δέν προσέκειτο τῷ χιλιασμῷ, ὀρθῶς δυνάμεθα νά συμπεράνωμεν ἐκ τῆς σφοδρᾶς πάλης τοῦ πρεσβυτέρου τῆς ἐκκλησίας ταύτης Γαΐου, ὅστις ὡς πρῶτον εὑρέτην καί ἀρχηγόν τῆς κακοδοξίας ταύτης ἐκήρυττεν, ὡς εἴρηται, τόν αἱρεσιάρχην Κήρινθον. Πλήν δέν πρέπει νά παρασωπήσωμεν ὅτι /(**397**) καί ἐνταῦθα ἐνεφανίσθη εἷς ἐπίσημος συγγραφεύς καί πατήρ τῆς ἐκκλησίας, ὁ ἅγιος Ἱππόλυτος, ὑπερμαχῶν τοῦ χιλιασμοῦ κατά τάς ἀρχάς τῆς 3 ἑκατονταετηρίδος (ἐν τῷ συγγράμματι αὐτοῦ Περί Χριστοῦ καί ἀντιχρίστου βλ. §). Περί τινος ἄλλου Ἰούδα, ἐκκλησιαστικοῦ συγγραφέως χιλιαστοῦ καί τούτου ἀκμάζοντος κατά τάς ἀρχάς τῆς 3 ἑκατ., βλ. Εὐσεβίου Ἐκκλησιαστική Ἱστορία 6,7.

514 Ἀνάγνωθι τήν ἐπιστολήν τοῦ Φιρμιλιανοῦ παρά Δοσιθέῳ Δωδεκάβ. σελ 55 κεξ. Διονύσιον τόν Ἀλεξ. παρ' Εὐσεβίῳ Ἐκκλ. Ἱστ. 7,7. - Ἀποστολ. Διαταγ. 6,15. Κλήμεντα τόν Ἀλεξανδρέα λέγοντα «Τό βάπτισμα τό αἱρετικῶν οὐκ οἰκεῖον καί γνήσιον ὕδωρ» Στρωμ. 1, σελ. 375. Διον. τόν Ἀλεξ. παρ' Εὐσεβίῳ Ἐκκλ. Ἱστ. 7,5 (παραβ. Hieron.

Αἱ δύο διάφοροι αὗται περὶ τοῦ βαπτίσματος τῶν αἱρετικῶν θεωρίαι καὶ πράξεις, ἀνεξαρτήτως ἀπ' ἀλλήλων βλαστήσασαι, συνυπῆρχον ἐν τῇ ἐκκλησίᾳ παραλλήλως καὶ ἀσυγκρούστως, ὅτε αἴφνης περὶ τὰ τέλη τῆς δευτέρας ἑκατονταετηρίδος ἀνεφύη ἐν ταῖς ἐκκλησίαις /(398) τῆς Μικρᾶς Ἀσίας συζήτησίς τις περὶ αὐτῶν. Ἂν αἰτία τῆς συζητήσεως ταύτης ἦσαν οἱ Μοντανισταὶ εἰκάζεται μὲν πιθανώτατα, ῥητῶς ὅμως οὔτε μαρτυρεῖται, οὔτε διαβεβαιοῦται. Ἡ πλειοψηφία ἐν τῇ συζητήσει ταύτῃ εὑρέθη ὑπὲρ τῆς κατ' ἐκείνας τὰς χώρας ἐπικρατούσης πράξεως, τοῦ βαπτίζειν δηλονότι τοὺς ἔξωθεν ἐρχομένους· ὅθεν καὶ κατεκυρώθη αὕτη ὑπὸ δύο μεγάλων συνόδων κατὰ τούτους τοὺς χρόνους γενομένων ἐν Ἰκονίῳ καὶ ἐν Συνάδοις[515]. Ἐν τούτοις ἡ περὶ τοῦ ἀντικειμένου τούτου συζήτησις ἠκούσθη καὶ εἰς ἄλλας χώρας καὶ ὁ Τερτυλλιανός, μέλος ἔτι τότε ὑπάρχων πιθανώτατα τῆς ἐκκλησίας, λαβὼν ἐντεῦθεν ἀφορμὴν συνέταξεν ἰδίαν περὶ τούτου πραγματείαν ἑλληνιστὶ (διὰ τὸν λόγον βέβαια ὅτι εἰς τὰς χώρας ἐκείνας, ἔνθα συνεζητεῖτο περὶ τούτου, οὐδεμία ἄλλη γλῶσσα κατενοεῖτο παρὰ τὴν ἑλληνικήν). Οἱ ἐναντίοι, οἱ τῆς γνώμης ὄντες, ὅτι δὲν ὤφειλον νὰ βαπτίζωνται οἱ ἐξ αἱρέσεων καὶ σχισμάτων προερχόμενοι, ἐπερειδόμενοι εἰς τὰ ἀποστολικὰ λόγια «εἷς Κύριος, μία πίστις, ἓν βάπτισμα, εἷς θεὸς καὶ πατὴρ πάντων» (Ἐφεσ. 4,5), συνῆγον ἐκ τούτων ὅτι ἐν οἷς εὑρίσκετο ἡ ἐπίκλησις τοῦ ἑνὸς θεοῦ καὶ τοῦ ἑνὸς Κυρίου, τῶν τοιούτων πρέπον ἦτο καὶ δίκαιον νὰ ἀναγνωρίζηται τὸ βάπτισμα ὡς τέλειον. Ὁ Τερτυλλιανός, ὅστις ἡγεῖτο νόθον καὶ ἄκυρον τῶν τοιούτων τὸ βάπτισμα, ἀπέκρουσε τοῦτο αὐτῶν τὸ ἐπιχείρημα ὡς ἀνεπιτήδειον καὶ σαθρόν. «Τὰ λόγια ταῦτα, ἔλεγεν ἁπάντων πρὸς αὐτούς, ἐφαρμόζονται μόνον εἰς ἡμᾶς τοὺς γινώσκοντας καὶ ἔχοντας τὸν ἀληθινὸν θεὸν καὶ τὸν Σωτῆρα Χριστόν· διότι οἱ αἱρετικοὶ δὲν ἔχουσι τὸν αὐτὸν ἡμῖν θεὸν οὔτε ἕνα Χριστόν, τουτέστι τὸν αὐτόν, ἄρα οὔτε ἓν βάπτισμα· ἐπειδὴ οὔτε τοῦτο εἶναι τὸ αὐτό· μάλιστα οὔτε ἔχουσιν ὅλως βάπτισμα, ἀφοῦ τοῦτο δὲν τελεῖται παρ' αὐτοῖς ὡς δεῖ· ὅθεν οὔτε δύνανται νὰ λάβωσιν οὗτοι ὅ,τι δὲν ἔχουσι»[516].

---

de vir. ill. c. 69). Tertull. de baptismo c. 15 de praescrp. c. 12 de pudicit. c. 19. – Cyprian. epist. 71 καὶ 73. Παραβ. Οἰκ. Ἐπιστ. Διατρ. σελ. 130 κἑξ.

515 Τινὲς θέλουσι συγκροτηθείσας τὰς συνόδους ταύτας ἐν ἔτει 235· ἄλλοι ὅμως, τῶν ὁποίων τὴν γνώμην ἀσπαζώμεθα καὶ ἡμεῖς, εἰς ἀρχαιοτέρους αὐτὰς ἀνάγουσι χρόνους βλ. τὸν Frid. Adolf. Heinichen ἐν τῇ ὑπ' αὐτοῦ γενομένῃ ἐκδόσει τῆς Ἐκκλησιαστικῆς Ἱστορίας τοῦ Εὐσεβίου ἐν τόμῳ 2 σελ. 312 σημ. 7.

516 (de baptism. c. 15)

Παρόμοια φρονῶν περὶ τούτων καὶ ὁ τῆς καθολικῆς καὶ ὀρθοδόξου ἐκκλησίας τῆς Καρχηδόνος ἐπίσκοπος, ὁ ἱερὸς Ἀγριππῖνος, ἐβάπτιζε τοὺς αἱρετικοὺς καὶ τοὺς ἐκ τῶν Μοντανιστῶν ἐπιστρέφοντας, καὶ δὴ καὶ σύνοδον συγκαλέσας μεγάλην ἐν Καρχηδόνι περὶ τὸ 200 ἢ κατ' ἄλλους 215 ἐξ 70 ἐπισκόπων, ἐκύρωσε τὴν περὶ τούτου δόξαν. Ἐν τούτοις δὲ πᾶσιν οὐδεμία τῶν διαφερομένων μερίδων ἤθελε νὰ ἐπιβάλη εἰς τὴν ἄλλην τὴν ἑαυτῆς θεωρίαν καὶ πρᾶξιν· καὶ αἱ ἐκκλησίαι τοῦ Χριστοῦ, καίτοι διχοφρονοῦσαι ὡς πρὸς τοῦτο, διετέλουν συνδεδεμέναι τῷ συνδέσμῳ τῆς εἰρήνης καὶ τῆς ἀμοιβαίας ἀγάπης.

Ἀλλὰ τὸ σχίσμα τοῦ Νοβατιανοῦ, ὅπερ ὡς εἴδομεν ἀνεφύη ἐν ἔτει 251 κατήγαγε καὶ αὖθις εἰς τὴν σκηνὴν τὸ τέως αἰωρούμενον ζήτημα, τὸ ὁποῖον καὶ ἐγένετο /(399) τώρα ὑπόθεσις σφοδροτάτης καὶ οὐχὶ παντὸς πάθους ἀμιγοῦς πάλης καὶ διαμάχης μεταξὺ τῶν ἐκκλησιῶν ἢ τοὐλάχιστον τῶν προϊσταμένων αὐτῶν. Οἱ περὶ τὸν Νοβατιανόν, οἱ οὕτω λεγόμενοι Κ α θ α ρ ο ί, ὡς βαπτίζοντες καὶ οὗτοι τοὺς ἐκ τῆς ἐκκλησίας αὐτομολοῦντας, ἔδωκαν διὰ τούτου, ὡς φαίνεται, ἀφορμήν, ὅπως ζητηθῇ ἐὰν καὶ οἱ ἐκ τῶν σχισματικῶν τούτων εἰς τὴν ἐκκλησίαν προσφοιτῶντες ὤφειλον ἀμοιβαίως νὰ βαπτίζονται ἢ μή. Ἐπίσκοπος τῆς Ῥώμης ἦτο ὁ τοῦ μακαρίου Κορνηλίου διάδοχος Σ τ έ φ α ν ο ς (ἀπὸ τοῦ 253-257). Οὗτος, μὴ ἀνεχόμενος ἄλλην τινὰ πρᾶξιν παρὰ τὴν ῥωμαϊκήν, ἀπηγόρευσεν εἰς τὸν ἐν ἁγίοις Φ ι ρ μ ι λ ι α ν ό ν, ἐπίσκοπον Καισαρείας Καππαδοκίας, τὸ βαπτίζειν τοὺς ἐκ τῶν αἱρέσεων καὶ τῶν σχισμάτων προσερχομένους, ἐπερειδόμενος εἰς τὸ ἀρχαῖον ἔθος τῆς ἐκκλησίας αὐτοῦ, τὸ ὁποῖον καὶ ἀνέφερεν εἰς τοὺς δύο κορυφαίους τῶν ἀποστόλων Πέτρον καὶ Παῦλον. Τοῦ δὲ Φιρμιλιανοῦ μηδεμίαν ἀκρόασιν δόντος εἰς τὴν παράδοσιν ταύτην, παροξυνθεὶς ὁ Στέφανος ἐποίησεν ἐν ἔτει 254 αὐτόν τε καὶ ἄλλους ὁμόφρονας αὐτῷ ἐπισκόπους τῆς Γαλατίας καὶ τῆς Κιλικίας ἀκοινωνήτους, ἀποκαλέσας αὐτοὺς ἀ ν α β α π τ ι σ τ ά ς· καίτοι κατὰ τὴν θεωρίαν αὐτῶν δὲν ἠδύναντο οὗτοι νὰ ὀνομασθῶσιν οὕτω[517].

Ἐκ τῆς Ἀσίας μετέβη ἡ συζήτησις εἰς τὴν βόρειον Ἀφρικήν, ἔνθα ἐπεκράτει ὡς εἴπομεν, ἡ αὐτὴ πρᾶξις, ἥτις καὶ ἐν ταῖς ἐκκλησίαις τῆς Ἀσίας, ἀντίθετος δηλ. τῆς ῥωμαϊκῆς, καὶ τῆς ὁποίας προΐστατο ἤδη ἐξ ὅλης ψυχῆς ὑπερασπιζόμενος, ὁ περίφανος τῆς Καρχηδόνος ἐπίσκοπος, ὁ ἅγιος Κυπριανός. Ἡ μεγάλη παρρησία τοῦ πάπα Στεφάνου

---

[517] (βλ. Διον. Ἀλεξανδρ. παρ' Εὐσεβίῳ Ἐκκλ. Ἱστ. 7,5. Φιρμιλιαν. ἐπιστ. ἐν ταῖς τοῦ ἁγίου Κυπριανοῦ, ἐπιστ. 75 καὶ παρὰ Δοσιθ. ἔνθ' ἀνωτ. ἑλληνιστί)

φαίνεται ὅτι ἐνέβαλε δισταγμόν εἰς τινας τῶν ἀφρικανῶν ἐπισκόπων· ἐντεῦθεν 18 ἐξ αὐτῶν, ποιήσαντες ἔγγραφον ἐπερώτησιν περί τούτου, ἐπέδωκαν τῷ ἀρχιεπισκόπῳ τῆς Καρχηδόνος· οὗτος δέ ἐπί τῇ ἐγγράφῳ αἰτήσει τῶν 18 ἐπισκόπων ἐπερωτώντων, πῶς ὀφείλουσι νά δέχωνται εἰς τήν ἐκκλησίαν τούς ἐκ τῶν αἰρετικῶν καί σχισματικῶν προσερχομένους, συγκαλέσας σύνοδον ἐν Καρχηδόνι κατά τό ἔτος 255, ἐκ 30 περίπου ἐπισκόπων, καθυπέβαλε τό πρᾶγμα εἰς ἐξέτασιν. Ἡ σύνοδος προεδρευομένη ὑπ' αὐτοῦ ἀπεφάνθη ὑπέρ τῆς ἐπικρατούσης πράξεως, ἀνακηρύξασα ὁμοθύμως κίβδηλον τό βάπτισμα τῶν αἰρετικῶν καί σχισματικῶν. Πέμψασα δέ ἔπειτα γράμμα συνοδικόν πρός τούς ἐπερωτήσαντας ἐπισκόπους ἔγραψεν αὐτοῖς σύν τοῖς ἄλλοις τάδε· «οὐδείς δύναται ἔξω τῆς ἐκκλησίας βαπτίζεσθαι διότι ἕν ἐστι τό βάπτισμα, τό βάπτισμα τῆς ἐκκλησίας. Τό ὕδωρ ἀνάγκη ἵνα καθαρίζηται καί ἁγιάζεται πρότερον ὑπό τοῦ ἱερέως, ὅπως προσγένηται αὐτῷ ἡ δύναμις τοῦ ἀποσμῆξαι καί καθαρίσαι ἐν τῷ βαπτίσματι τάς ἁμαρτίας τοῦ βαπτιζομένου. Ἀλλά πῶς δύναταί τις νά καθαρίση καί ἁγιάση τό ὕδωρ, /(400) αὐτός ἀκάθαρτος ὤν καί ἄμοιρος τοῦ ἁγίου Πνεύματος; Ἤ πῶς δύναται νά παράσχῃ εἰς ἄλλον ἄφεσιν ἁμαρτιῶν ὁ βαπτίζων, ὅστις ἔξω τῆς ἐκκλησίας εὑρισκόμενος μήτε τῶν ἑαυτοῦ ἁμαρτιῶν ἄφεσιν νά τύχῃ δύναται; Ἀνάγκη πρός τούτοις ἵνα χρίεται ὁ βεβαπτισμένος ὅπως διά τοῦ χρίσματος Χριστοῦ Κυρίου γένηται καί τήν χάριν τοῦ ἁγίου Πνεύματος ἐν ἑαυτῷ λάβῃ, ἀλλά νά ἁγιάσῃ τό ἔλαιον δέν δύναται ὁ μήτε θυσιαστήριον μήτε ἐκκλησίαν ἔχων ... ὁ δυνάμενος νά βαπτίζῃ δίναται νά μεταδίδῃ καί τό ἅγιον Πνεῦμα· ἀλλ' ἐάν τις δέν δύναται νά μεταδίδῃ τό ἅγιον Πνεῦμα ἐπειδή ἔξω τῆς ἐκκλησίας εὑρισκόμενος Πνεῦμα ἅγιον δέν ἔχει· οὗτος μήτε νά βαπτίζῃ δύναται ἐπειδή ἕν βάπτισμα ὑπάρχει, ἕν ἅγιον Πνεῦμα, Μία ἐκκλησία ἡ ἐπί τοῦ Πέτρου, τῆς ἀρχῆς καί τοῦ θεμελίου τῆς ἑνότητος τεθεμελιωμένη. Τά δέ τῶν αἰρετικῶν πάντα ψευδῆ καί κενά καί ἀνίσχυρα»[518]. Ἡ αὐτή σύνοδος ἀποσοβοῦσα τήν ἰδέαν τοῦ ἀναβαπτισμοῦ προσέθετεν «Πάντες οἱ ἐκεῖθεν ἐκ τῶν αἱρετικῶν καί σχισματικῶν ἐρχόμενοι καί χρείαν ἔχοντες τοῦ βαπτισθῆναι τῷ ἀληθινῷ βαπτίσματι, δέν ἀναβαπτίζονται ἀλλά βαπτίζονται ὑφ' ἡμῶν». Τά αὐτά σχεδόν ἔγραψε καί ὁ ἅγιος Κυπριανός πρός ἕτερόν τινα ἐπίσκοπον τῆς Μαυριτανίας, Κόϊντον λεγόμενον, ὅστις ἐπίσης καί αὐτός δι' ἐπιστολῆς ἐπυνθά-

---

518 (Cyprian. Epist. 70 ad Januarium et caeteros episcopos Numidiae)

νετο παρ' αὐτοῦ τά περί τῆς ὑποθέσεως ταύτης. Ἀλλά γινώσκων ἤδη ὁ ῥωμαῖος ἐπίσκοπος διεφήμιζε τό ἔθος αὐτοῦ ὡς ἀποστολικήν παράδοσιν καί ὅτι εἰς τοῦτο μεγάλην σημασίαν ἔδιδε, γράφων πρός τόν εἰρημένον ἐπίσκοπον ἐπισυνῆπτε ὁ ἀρχιεπίσκοπος τῆς Καρχηδόνος καί τά ἀκόλουθα· «Δέν πρέπει νά προβάλλωμεν πρός δικαιολογίαν τήν συνήθειαν, ἀλλά πρέπει νά καταβάλλωμεν τόν ἀντίπαλον ἡμῶν διά λόγων· διότι καί ὁ ἀπόστολος Πέτρος, εἰς ὅν ὁ Κύριος ἔδωκε τό πρωτεῖον καί ἐφ' οὗ ἐθεμελίωσε τήν ἐκκλησίαν του, ὅτε μετά ταῦτα συνεζήτει μετά τοῦ Παύλου περί τῆς περιτομῆς (Γαλατ. 2) δέν ἠξίωσεν ὑπερηφάνως καί ἀλαζονικῶς νά ἀντιτάξη ὡς λόγον τό πρωτεῖον του, οὔτε ἀπήτησε νά ταπεινωθῇ καί νά ὑπακούσῃ εἰς αὐτόν ὁ νεώτερος ἐπίσκοπος, οὔτε περιεφρόνησε τόν Παῦλον διότι ὑπῆρξε ποτε διώκτης τῆς ἐκκλησίας, ἀλλ'ἠσπάσθη τήν φωνήν τῆς ἀληθείας καί συνεμορφώθη μέ τά ὑπό τοῦ Παύλου λεγόμενα. Διά τούτου δέ τοῦ τρόπου ἔδωκεν εἰς ἡμᾶς τό παράδειγμα τῆς ὑπομονῆς, ὅπως καί ἡμεῖς μή ζητῶμεν πάντοτε τά ἴδια ἐμμένοντες ἰσχυρογνωμόνως ἐν οἷς ἀξιοῦμεν, ἀλλ' ἐάν ἐνίοτε συμβουλεύσωσιν ἡμᾶς οἱ ἀδελφοί ὠφέλιμόν τι καί σωτήριον, ἀσπαζώμεθα αὐτό καί ὡς οἰκεῖον ἀποδεχώμεθα» (epist. 71).

Ἵνα περιβάλῃ πλείονα αὐθεντίαν καί ἰσχύν εἰς τόν ὅρον τῆς προμηνυθείσης συνόδου συνεκάλεσε ὁ Κυπριανός μετ' ὀλίγον (κατά τό 255-256) καί δευτέραν σύνοδον ἐν Καρχη /(401) δόνι, συγκειμένην ἐξ ἑνός καί ἑβδομήκοντα ἐπισκόπων ἀφρικανῶν. Ἀφοῦ δέ ἐκυρώθησαν καί ὑπ' αὐτῆς τά ὑπό τῆς πρώτης ὁρισθέντα, ἀπεστάλη συνοδική ἐπιστολή διαδηλοῦσα τά δόξαντα ἐν ἀμφοτέραις ταύταις ταῖς συνόδοις εἰς τόν ἐπίσκοπον τῆς Ῥώμης Στέφανον. Ἐν τῇ συνοδικῇ ταύτῃ ἐπιστολῇ, τῆς ὁποίας συγγραφεύς ἦτον ἀναμφιβόλως ὁ ἅγιος Κυπριανός, ἐξέφραζον οἱ πατέρες τόσον τόν λόγον δι' ὅν ἀπέστελλον αὐτῷ ταῦτα καθώς καί τήν πρόθεσιν αὐτῶν, ὅτι αὕτη δέν ἦτο νά ἐπιβάλωσιν αὐτῷ τό φρόνημά των. «Πέμπομεν πρός σέ τήν ἐπιστολήν ταύτην, ἀγαπητέ ἀδελφέ, ἔλεγον οἱ πατέρες πρός τόν Πάπα, τόσον ὅπως λάβῃς γνῶσιν τῶν πραγμάτων, ὅσον καί διά τήν τιμήν, ἥν ἀμοιβαίως ὀφείλομεν πρός ἀλλήλους καί δή καί ὡς τεκμήριον εἰλικρινοῦς ἀγάπης καί κοινωνίας ... Ἀλλ' οὐδένα βιάζομεν, οὔτε νομοθετοῦμεν διότι ἕκαστος τῶν ἐπισκόπων εἶναι ἐλεύθερος ἐν τῇ διοικήσει αὐτοῦ νά ἀκολουθῇ τήν ἰδίαν αὐτοῦ κρίσιν, καί λόγον ἀποδώσει εἰς τόν Κύριον δι' ὅσα ἔπραξεν· ἄλλως τε γινώσκομεν καλῶς ὅτι ἐκεῖνο τό ὁποῖον τινες ἅπαξ ἐθήλασαν, δέν εἶναι εὔκολον νά ἀποπτύσωσιν» (epist. 72). Κομισάμενος καί ἀναγνούς τό γράμμα ὁ Στέφανος διετέθη εὐθύς ἐξ ἀρχῆς, παρά τήν προσδοκίαν τοῦ ἁγίου Κυπριανοῦ καί τῶν λοιπῶν ἐπισκόπων τῆς συνόδου, δυσμενῶς πρός τούς ἀφρικανούς. Ἡ θέσις τήν ὁποίαν ἔλαβε πρός τάς ἐκκλησίας τῆς Ἀφρικῆς δέν ἦτο διόλου κατάλληλος καί ἐπιτηδεία πρός εἰρηνοποίησιν τῶν πραγμάτων, ἐξεναντίας μάλιστα ἠρέθισε καί ἀνέφλεξεν ἔτι μᾶλλον τά πνεύματα. Πρός τήν ἐπιστολήν ἀπήντησεν ὁ Πάπας μέ ὕφος ἐπιτακτικόν. «Κατ' οὐδέν ὀφείλετε νά νεωτερίζητε, ἀλλά νά ἀκολουθῆτε τήν παράδοσιν καί τῇ δι' ἐπιθέσεως μόνον τῶν χειρῶν εὐχῇ νά προσλαμβάνητε τόν πρός ὑμᾶς ἐρχόμενον, ἐξ οἵας δήποτε αἱρέσεως οὗτος ἔρχεται· διότι καί αὐτοί οἱ αἱρετικοί τούς ἐκ μιᾶς εἰς ἄλλην αἵρεσιν μεταπηδῶντας δέν βαπτίζουσιν, ἀλλ' ἁπλῶς λαμβάνουσιν αὐτούς εἰς τήν ἑαυτῶν κοινωνίαν»[519]. Οὕτω δέ καταφρονήσας καί καταπατήσας ὁ μακάριος Στέφανος καί ὅρους καί ἀποφάσεις δύο συνόδων ἠπείλησε συγχρόνως εἰς τάς κατά τήν Ἀφρικήν ἐκκλησίας ἀποκοπήν ἀπό τῆς ἐκκλησιαστικῆς κοινωνίας, ἐάν διαμείνωσιν εἰς τάς ἀποφάσεις των. Ἀλλ' ὁ ἅγιος Κυπριανός καί οἱ περί αὐτόν ἐπίσκοποι ἀπεῖχον πολύ ἀπό τοῦ νά ὑποτάξωσι τήν ἑαυτῶν πεποίθησιν εἰς τό ἔθος καί τήν ἀξιωματικήν ἀπόφασιν τοῦ ῥωμαίου ἐπισκόπου. «Τοιαύτην παράδοσιν, ἀπήντησεν ὁ ἱεράρχης τῆς Καρχηδόνος, δέν εὑρίσκομεν οὔτε εἰς τά εὐαγγέλια, οὔτε εἰς τάς ἐπιστολάς, οὔτε εἰς τάς Πράξεις τῶν Ἀποστόλων», καί πάλιν ὁ αὐτός «Εἰς μάτην ἀντιτάσσουσιν ἡμῖν τινες, ἡττώμενοι ὑπό τῶν λογικῶν ἀποδείξεων, τήν συνήθειαν ὡσανεί ἡ συνήθεια νά ἦναι ἀνωτέρα τῆς ἀληθείας ἤ ὡσάν ἐν τοῖς πνευματικοῖς πράγμασι δέν πρέ /(402) πει νά ἀκολουθοῦμεν ἐκεῖνο, τό ὁποῖον ὡς ἄμεινον ὑπό τοῦ ἁγίου Πνεύματος ἀπεκαλύφθη». (epist. 73). Ἐν τούτοις οἱ ἀφρικανοί ἔγρα-

---

[519] Ὁ Φλωρύ ἐν τῇ Ἐκκλησιαστικῇ αὐτοῦ Ἱστορίᾳ 7,28 λέγει: ὁ Πάπας ἐπικαλούμενος ἐνταῦθα τό παράδειγμα τῶν αἱρετικῶν οὐδέν ἄλλο βούλεται εἰμή τό καταδεῖξαι ἐξ αὐτοῦ εἰς τούς ἀντιπάλους του, ὅτι τοσοῦτον βαθέως ἐρριζωμένη ὑπῆρχεν ἡ παράδοσις τῆς ῥωμαϊκῆς ἐκκλησίας, ὥστε ἀνεξαλείπτως ἐφυλάττετο καί παρ' αὐτοῖς τοῖς αἱρετικοῖς. - ὑπό τό «a quacumque haeresi» (ἐξ οἱασοῦν αἱρέσεως) ὁ μέν ἅγιος Κυπριανός, epist. 74 καί ὁ σύγχρονος αὐτοῦ Φιρμιλιανός παρά Δοσιθ. ἔνθ' ἀνωτ. σελ. 56-57.Οἷς φαίνεται παρακολουθοῦντες καί ὁ Δοσίθεος ἐν τῇ Δωδεκαβίβλῳ καί ὁ Οἰκονόμ. βλ. ἔνθ. ἀνωτ. - ἐννοῦσι πᾶσαν οἱανδήποτε καί καθ' ὁποιονδήποτε τρόπον τελοῦσαν τό βάπτισμα αἵρεσιν· ἄλλοι ὅμως, οἷον ὁ ἅγιος Αὐγουστῖνος de Baptism. 6,25 καί ὁ συγγραφεύς τῶν Παπιστικῶν ἐλέγχων (Στεφαν. Καραθεοδωρ.) ἐν τόμῳ 3 σελ. 38 σημ. α΄ περιορίζουσι τήν ἔννοιαν τῆς φράσεως καί ἔξαι /(404) ροῦσι πάντας ἐκείνους τούς αἱρετικούς, παρ' οἷς δέν ἐτελεῖτο τό ἅγιον βάπτισμα ἀπαραλλάκτως ὡς καί ἐν τῇ ὀρθοδόξῳ ἐκκλησίᾳ. Ἐνταῦθα ὅμως πρέπει νά σημειώσωμεν ὅτι αἱ αἱρέσεις, αἱ μή βαπτίζουσαι κατά τόν τύπον ἤ τήν διατύπωσιν τῆς ὀρθοδόξου ἐκκλησίας, τηνικαῦτα ἦσαν σπανιώτεραι ἤ αἱ ὅλως μή βαπτίζουσαι.

ψαν καί πάλιν πρός τόν Στέφανον, πειρώμενοι νά ὑποστηρίξωσι τήν ἑαυτῶν θεωρίαν καί πρᾶξιν. Ἀλλά νῦν φαίνεται ὅτι ἐποίησεν καί αὐτούς ἀκοινωνήτους ὁ Πάπας, διότι τοσοῦτον ἐπιλήσμων ἑαυτοῦ ἐγένετο, ὥστε οὐδόλως ὤκνησε νά ἀποκαλέσῃ τόν ἱερομάρτυρα Κυπριανόν «ψευδαπόστολον καί δόλιον ἐργάτην»[520]· πρός δέ τούς ἐπισκόπους καί τήν πρεσβείαν τῆς ἀφρικανικῆς ἐκκλησίας ἀποτελοῦντας καί ἐπί τούτῳ εἰς Ῥώμην ἀποσταλέντας ἀντί εὐμενοῦς ὑποδοχῆς τοσαύτην ἔδειξε περιφρόνησιν, ὥστε οὐ μόνον ἀκροάσεως αὐτούς δέν ἠξίωσεν, ἀλλ' οὐδέ καταλύματος, διατάξας ὅπως μηδείς αὐτούς τῶν πιστῶν παρ' ἑαυτῷ δέξηται[521]. Ταῦτα ἀκούσαντες οἱ κατά τήν Ἀφρικήν ἔσπευσαν νά συνενωθῶσι στενώτερον μετά τῶν Ἀσιανῶν. Ὁ Κυπριανός διεβίβασεν ὅλα ταῦτα πρός τόν προεξάρχοντα τῆς Ἀσίας ἐπισκόπων, τόν ἐπίσκοπον τῆς ἐν Καππαδοκίᾳ Καισαρείας Φιρμιλιανόν, ὅστις καί ἐκηρύχθη ἤδη ἀναφανδόν ἔνθερμος σύμμαχος τοῦ ἱεράρχου τῆς Καρχηδόνος, ἐπιστείλας αὐτῷ καί μίαν λίαν ἀξιομνημόνευτον ἐπιστολήν[522]. Ὁ δέ Κυπριανός συγκαλέσας καί τρίτην ἐν Καρχηδόνι σύνοδον (τόν Σεπτέμβριον τοῦ 256) ἐξ 87 ἐπισκόπων παντοχόθεν τῆς Ἀφρικῆς, τῆς Νουμιδίας καί τῆς Μαυριτανίας συνελθόντων, ἔτι δέ καί ἐκ πλείστων ἄλλων πρεσβυτέρων, διακόνων καί λαϊκῶν ἐπεβεβαίωσε καί κατεκύρωσε καί αὖθις ὁμοφώνως μετ' αὐτῶν τά πρότερον ὁρισθέντα· ἀνεκήρυξεν ὅμως συγχρόνως ὁ τῆς ἐκκλησιαστικῆς ἑνότητος ἔνθερμος ἐραστής Κυπριανός ὅτι ἡ κατά τοῦτο διαφορά τῶν γνωμῶν οὐδόλως παραβλάπτει, οὐδέ αἴρει τήν ἑνότητα τῆς πίστεως, οὔτε τόν τῆς κοινωνίας τῶν ἐκκλησιῶν σύνδεσμον διαλύει.

Τό σχίσμα ἐφαίνετο ὅτι ἔμελλε νά ἀποβῇ χαλεπώτερον καί διαρκέστερον, ἀλλά χάρις καί πάλιν εἰς τόν ἤπιον καί μειλίχιον ἱεράρχην τῆς Ἀλεξανδρείας, τόν λαμπρόν ἐκεῖνον Διονύσιον, τοῦ ὁποίου οἱ ἀγάπην καί μετριοφροσύνην ἀποστάζοντες λόγοι ἐπενήργησαν οὐκ ὀλίγον πρός κατάπαυσιν τῆς ἔριδος καί ἐπ' αὐτοῦ μέν τοῦ Στεφάνου, ἔτι δέ ἀποτελεσματικώτερον ἐπί τοῦ διαδόχου αὐτοῦ Σίξτου (ἤ Ξύστου) τοῦ Β΄. Ὁ Μέγας Διονύσιος συνεφώνει μέν ταῖς ἐκκλησίαις τῆς Ἀφρικῆς καί τῆς Ἀσίας κατά τήν ἀρχήν, ὅτι ἀποβλητέον τό τῶν αἱρετικῶν βάπτισμα, μέ τήν διαφοράν μόνον ὅτι ἐδέ-

---

520 (non pudet Stephanum... Cyprianum pseudochristum et pseudapostolum et dolosum operarium dicere. epist. 75)
521 (βλ. τήν ἐπιστολήν τοῦ ἐν ἁγίοις Φιρμιλιανοῦ ἐν ταῖς τοῦ ἁγίου Κυπριανοῦ epist. 75)
522 Αὕτη εἶναι ἡ πολλάκις ἤδη ἀνωτέρω μνημονευθεῖσα ἐπιστολή τοῦ ἱεροῦ Φιρμιλιανοῦ, ἧς μετάφρασις λατινική εὕρηται ἐν ταῖς ἐπιστολαῖς τοῦ ἁγίου Κυπριανοῦ epist. 75 ἐκ τοῦ λατινικοῦ δέ μετάφρασις εἰς τό ἑλληνικόν παρά τῷ Δοσιθέῳ ἔνθ. ἀνωτ.

χετο ἐξαιρέσεις τινας τούτου τοῦ κανόνος ὡς πρός τά σχίσματα, ἐλαφρῶς ἐν τοῖς δόγμασι παραλλάσοντα τῆς καθόλου /(403) ἐκκλησίας⁵²³. Οὐχ ἧττον ὅμως ἐραστής ὑπάρχων καί οὗτος τῆς εἰρήνης καί τῆς ἑνότητος τῶν ἐκκλησιῶν, οὐ μόνον δέν διέκοψεν ἕνεκα τούτου τάς μετά τῆς Ῥωμαϊκῆς ἐκκλησίας σχέσεις του, ἀλλ' ἐξεναντίας καί ἐσπούδασεν ὅπως διαθέσῃ εἰρηνικώτερον πρός τάς ἄλλας ἐκκλησίας τούς ῥωμαίους ἐπισκόπους⁵²⁴. Ἐπελθών δέ μικρόν ὕστερον καί ὁ ἐπί Οὐαλεριανοῦ διωγμός συνετέλεσεν καί οὗτος τό ἐπ' αὐτῷ εἰς τήν κατάπαυσιν τῶν διενέξεων καί τοῦ σχίσματος. Αἱ τῆς Ἀφρικῆς καί τῆς (μικρᾶς) Ἀσίας ἐκκλησίαι διεφύλαττον τήν πρᾶξιν αὐτῶν ἐπί πολλούς χρόνους⁵²⁵ ἕως οὗ ἡ ἐν Ἀρελάτῃ σύνοδος (συνελθοῦσα τῷ 314)⁵²⁶, ἡ ἐν Νικαίᾳ πρώτη οἰκουμενική (325) καί ἐξαιρέτως ἡ ἐν Κωνσταντινουπόλει δευτέρα οἰκουμενική (τῷ 381) ὥρισεν καί ἐθέσπισεν τά περί τούτου ἀκριβέστερον.

§102. Ἕτεραι περί τήν ἑορτήν τοῦ Πάσχα διαφοραί.
Ἡ περί τῆς ἑορτῆς ταύτης ἀπόφασις τῆς ἐν Νικαίᾳ πρώτης οἰκουμενικῆς συνόδου. Διαφωνίαι ὑφιστάμεναι μεταξύ τῶν Ἀνατολικῶν καί Δυτικῶν ἐκκλησιῶν καί μετά τήν σύνοδον ταύτην.
Τό σχίσμα τῶν Τεσσαρασκαιδεκατιτῶν ἐν τῇ Ἀνατολῇ.

Μέχρι τοῦδε ἡ περί τῆς ἑορτῆς τοῦ Πάσχα συζήτησις περί δύο, ὡς εἴπομεν, ἐστρέφετο ἀντικείμενα· α') Ἐάν πρέπῃ νά λαμβάνηται ὑπ' ὄψιν ἡ ἡμέρα τῆς ἑβδομάδος ἤ ἡ

---

523 Οὕτω λ.χ. ὁ Διονύσιος ἐδέχετο τό βάπτισμα τῶν Μοντανιστῶν, κρίνων ἴσως περί τῆς σχέσεως αὐτῶν πρός τήν ὀρθόδοξον ἐκκλησίαν οὐχί τοσοῦτον αὐστηρῶς ὡς ἄλλοι βλ. Βασιλ. Μ. ἐπιστ. 188 ἤ κανον. α' πρός Ἀμφιλοχ. βλ. καί Εὐσεβ. Ἐκκλ. Ἱστ. 7,9.
524 Εὐσεβίου Ἐκκλησιαστική Ἱστορία 5,5. 7,9.
525 Ἐάν ὁ ἱερομάρτυς Κυπριανός μετέβαλε γνώμην πρό τῆς τελευτῆς δέν γινώσκομεν μετά βεβαιότητος «fortasse factum est, sed nescimus» λέγει ὁ ἱερός Αὐγουστῖνος de bapt. 2,4 «Cyprianus (λέγει ὁ αὐτός ep. 43 §38) sensisse uliter de baptismo quam forma et consuetudo habebat Ecclesiae, non in canonicis, sed in suis et concilii literis invenitur corexisse autem istum sententiam non invenitur, non incogruenter tamen de tuli viro existimandum est, quod correxerit, et fortasse suppressum sit ad eis, qui hoc errore nimium delectati sunt, et tanto veluti patrocinio carere noluerunt».
526 Σημείωσ. η'. Ἡ πρός κατάπαυσιν τοῦ σχίσματος τῶν Δονατιστῶν ἐν Ἀρελάτῃ συγκροτηθεῖσα σύνοδος, ἐν ᾗ παρῆσαν καί πολλοί ἀφρικανοί ἐπίσκοποι, ἐπελήφθη καί τοῦ περί βαπτίσματος ζητήματος θεσπίσασα ἐν τῷ 28 αὐτῆς κανόνι, ἀναφορικῶς πρός τάς ἐκκλησίας τῆς Ἀφρικῆς τά ἑξῆς «Περί δέ τῶν ἐν Ἀφρικῇ ἐπειδή οὗτοι ἰδίῳ ἑπόμενοι νόμῳ, ἀναβαπτίζουσιν, ἔδοξεν ἵνα οἱ ἐξ αἱρέσεώς τινος εἰς τήν καθολικήν ἐκκλησίαν προσερχόμενοι ἐρωτῶνται τό σύμβολον τῆς πίστεως, καί εἰ μέν εὑρίσκονται βεβαπτισμένοι εἰς τό ὄνομα τοῦ Πατρός καί τοῦ Υἱοῦ καί τοῦ Ἁγίου Πνεύματος οὐδέν πλέον λαμβάνωσιν ἐκτός τῆς χειροθεσίας ὅπως κοινωνοί γένωνται καί μέτοχοι τοῦ ἁγίου Πνεύματος· εἰ δέ ἀγνοοῦσι τήν ἁγίαν Τριάδα μή ὄντες βεβαπτισμένοι ἐν ὀνόματι αὐτῆς, βαπτίζωνται» (Mansi tom. 2 p. 474). Τῆς ἐν Νικαίᾳ Α' καν. 8 καί 19. Μέγας Βασίλειος πρός Ἀμφιλόχιον καν. α'. παραβ. Παπιστ. ἔλεγχ. τομ. 3 σελ. 50 κεξ. – Τῆς Β' οἰκουμενικῆς κανών 7 παραβ. κατωτ. καί Παπιστ. ἔλεγχ. τόμ. 3 σελ 40 σημ. α' καί σελ. 57§40. /(404)

ἡμέρα τοῦ μηνός· καί β) πότε πρέπει νά ἐπιλύηται ἡ πρό τοῦ Πάσχα νηστεία· νῦν δέ ἐπί τῆς τρίτης δηλ. ἑκατοντ. παρουσιάσθη καί ἕτερον ἐπίσης σημαντικόν ζήτημα, τό οὕτω λεγόμενον ἀ σ τ ρ ο ν ο μ ι κ ό ν. Σύμπας ὁ χριστιανικός κόσμος προσδιώριζε μέχρι τοῦδε συμφώνως τήν ἡμέραν τοῦ Πάσχα ἐκ τῆς 14 τοῦ Νισάν· διότι, καθά εἴπομεν, οἱ μέν, ὡς οἱ κατά τήν Ἀσίαν χριστιανοί, ἤρχιζον νά ἑορτάζωσιν αὐτό ἀπ' αὐτῆς ταύτης τῆς 14 τοῦ Νισάν· οἱ δέ, ὡς οἱ κατά τήν Ἀλεξάνδρειαν, τήν Ἑλλάδα, τήν Ῥώμην καί ἀλλαχοῦ, ἐπάσχαζον κατά τήν ἀμέσως προσεχῆ Κυριακήν. Νῦν δέ ἀνεφύη καί ἐν τούτῳ τό ζήτημα: Πότε γίνεται π ρ α γ μ α τ ι κ ῶ ς ἡ 14 τοῦ Νισάν ἤ πῶς συμβιβαστέον τήν σεληνιακήν ταύτην ἐποχήν μετά τοῦ ἡλιακοῦ ἔτους.-Τό ἐκκλησιαστικόν τῶν Ἰουδαίων ἔτος, τοῦ ὁποίου ὁ πρῶτος μήν Νισάν ὀνομάζεται, ἤρχιζε κατά τό ἔαρ καί ἡ 14 τοῦ Νισάν, καθ' ἥν οὗτοι ἑώρταζον τό Πάσχα, συνέπιπτε σχεδόν με τήν πανσέληνον τήν μετά τήν ἐαρινήν ἰσημερίαν. Μέχρι τῆς ἁλώσεως τῆς Ἰερουσαλήμ οἱ ἰουδαῖοι παρετήρουν πάντοτε ὅπως ἡ 14 τοῦ Νισάν πίπτῃ εἰς τήν πρώτην μετά τήν ἐαρινήν ἰσημερίαν πανσέληνον· ἔκτοτε ὅμως, ὀλιγωρήσαντες παντελῶς τοῦ τοιούτου, οὐδόλως ἐλάμβανον ὑπ' ὄψιν τήν ἰσημερίαν, ὥστε τώρα συνέβαινε νά ἑορτάζωσι τό πάσχα τῶν πολλάκις καί πρό τῆς ἰσημερίας. Καί οἱ χριστιανοί λοιπόν, οἱ ὁποῖοι καθά προείπομεν, ὡς ὁδηγόν εἰς τήν ἑορτήν τοῦ Πάσχα εἶχον ἁπλῶς τήν 14 τοῦ Νισάν τῶν Ἰουδαίων, συνέβαινε ἐπίσης νά πασχάζωσι πρό τῆς ἰσημερίας. Τοῦτο παρατηρήσαντες πολλοί τῆς ἐκκλησίας πατέρες ἀνέστησαν λέγοντες ὅτι, ἐπειδή ἡ ἡμέρα τοῦ θανάτου τοῦ Κυρίου κατά τό παλαιόν τῶν ἰουδαίων πασχάλιον ὡρίσθη, διά τοῦτο πρέπον ἐστί ἵνα κατ' ἐκεῖνο κανονίζηται ἡ ἡμέρα τοῦ Πάσχα τῶν χριστιανῶν, ἄλλαις λέξεσιν, ὅτι οἱ χριστιανοί ὀφείλουσι νά ἑορτάζωσι τό Πάσχα πάντοτε μετά τήν ἐαρινήν ἰσημερίαν. Κατά τήν παρατήρησιν ταύτην τότε μόνον ἠδύναντο οἱ χριστιανοί νά κανονίζωσι τήν ἡμέραν τοῦ Πάσχα κατά τήν 14 τοῦ Νισάν /(406) τῶν ἰουδαίων, ὅταν αὕτη (ἡ 14) ἔπιπτε μετά τήν ἰσημερίαν, ὅταν ὅμως αὕτη ἔκειτο πρό τῆς ἰσημερίας, τότε ὤφειλον νά λέγωσιν - οἱ ἰουδαῖοι ἑορτάζουσι κατά τό ἔτος τοῦτο ἐσφαλμένως τήν 14 τοῦ Νισάν ἕνα μῆνα πρότερον (ἐπειδή ἕκαστος μήν τῶν ἰουδαίων ἄρχεται μέ τήν νέαν σελήνην, διά τοῦτο πάντοτε εἰς τήν δεκάτην τετάρτην ἐγίνετο πανσέληνος), διότι ἡ ἀληθής πανσέληνος τοῦ Νισάν δέν εἶναι ἡ πρό τῆς ἰσημερίας ἀλλ' ἡ μ ε τ ά τ ή ν ἰσημερίαν – καί ἐν τοιαύτῃ περιπτώσει νά ἑορτάζωσι τό πάσχα των ἕνα μῆνα μετά τούς ἰουδαίους, προσδιορίζοντες τήν ἡμέραν αὐτοῦ ἐκ τῆς πρώτης πανσελήνου τῆς μετά τήν ἐαρινήν ἰσημερίαν[527].

Ἀφοῦ λοιπόν ἅπαξ ἐγνώσθη ὡς ἡμαρτημένον τό ἰουδαϊκόν ἡμερολόγιον, ἠναγκάσθησαν οἱ χριστιανοί νά ἐνασχοληθῶσιν εἰς τήν ἐξακρίβωσιν καί εἰς τόν προσδιορισμόν τῆς ἡμέρας τοῦ Πάσχα των. Καί καθόσον γινώσκομεν πρῶτος ἐπιχειρήσας τοιοῦτόν τι ἦτον ὁ ἅγιος Ἱππόλυτος[528], οὗτος ἐξέδωκεν ἐκκαιδεκαετῆ κύκλον σελήνης, κατά τό ὁποῖον ἀνά πᾶσαν ἐκκαιδεκαετηρίδα ἔμελλε νά πίπτῃ ἡ τοῦ Πάσχα πανσέληνος ἐπί τήν αὐτήν ἡμέραν τοῦ μηνός, ἀνά πᾶν δέ 12ον ἔτος ἐπί τήν αὐτήν ἡμέραν τοῦ μηνός καί τῆς ἑβδομάδος. Ἐκτός τούτου ὁ Ἱππόλυτος ἐπρέσβευεν περί τῆς ἑορτῆς τοῦ Πάσχα τά ἑξῆς 1) ὅτι ἡ πρό τοῦ Πάσχα νηστεία πρέπει νά καταπαύῃ κατά τήν Κυριακήν ἡμέραν τῆς ἀναστάσεως· 2) (καί τοῦτο συνάγεται εὐκόλως ἐκ τοῦ προηγουμένου) ὅτι ἐν Κυριακῇ ἡμέρᾳ πρέπει νά ἑορτάζηται ἡ τῆς ἀναστάσεως τοῦ Κυρίου ἀνάμνησις, κατά Παρασκευήν δέ ἡ τοῦ θανάτου αὐτοῦ· 3) ὅτι ἡ ἐαρινή ἰσημερία γίνεται κατά τήν 18 τοῦ Μαρτίου (ἐπειδή τήν 14 τοῦ Νισάν οὐδέποτε ἔθετε πέραν τῆς 18 τοῦ Μαρτίου) καί 4) ὅτι, ὁσάκις ἡ 14 τοῦ Νισάν πίπτει εἰς ἡμέραν Παρασκευήν, τότε πρέπει κατ' αὐτήν νά τελῆται ἡ ἀνάμνησις τοῦ θανάτου τοῦ Κυρίου· ὁσάκις ὅμως πίπτει εἰς σάββατον ἤ εἰς Κυριακήν, τότε πρέπει ἡ προσεχής ἑβδομάς νά ἦναι ἡ τοῦ πάθους ἑβδομάς· ὅ ἐστί, τήν προσεχή Κυριακήν νά ἑορτάζηται τό πάσχα.- Ἐπειδή ὁ Ἱππόλυτος ὑπῆρχεν μαθητής τοῦ Εἰρηναίου καί ἐπίσκοπος εἰς τά πέριξ τῆς Ῥώμης δυνάμεθα νά θεωρήσωμεν τό Πασχάλιόν του ὡς τό αὐθεντικόν μνημεῖον τῆς πράξεως τῆς ἐπικρατούσης ἐπί τῆς 3 ἑκατονταετηρίδος ἐν ταῖς ἐκκλησίαις τῆς Δύσεως καί ἐξαιρέτως ἐν τῇ ἐκκλησίᾳ τῆς Ῥώμης[529]. Καθώς δέ ὁ Ἱππόλυτος ἐν τῇ Δύσει οὕτω καί ἄλλοι ἀλλαχοῦ ἐπεχείρησαν κατά τούς χρόνους τούτους νά κανονίσωσι τό Πάσχα των κατά τήν ἐαρινήν ἰσημερίαν. Οὕτω

---

[527] Ἀνάγνωθι ὅλον τό 32 κεφ. τοῦ 7 βιβλ. τῆς Ἐκκλησιαστικῆς Ἱστορίας τοῦ Εὐσεβίου καί Ἐπιφανίου αἱρ. 70 κεφ. 10 καί 11 καί τάς παρά πόδας σημειώσεις.
[528] Εὐσέβιος Ἐκκλησιαστικὴ Ἱστορία 6,22 «Τότε δῆτα καί Ἱππόλυτος συντάττων, μετά πλείστων ἄλλων ὑπομνημάτων, καί τό περί τοῦ Πάσχα πεποίηται σύγγραμμα, ἐν ᾧ τῶν χρόνων ἀναγραφήν ἐκθέμενος, καί τινα κανόνα ἐκκαιδεκαετηρίδος περί τοῦ Πάσχα προθείς, ἐπί τό πρῶτον ἔτος αὐτοκράτορος Ἀλεξάνδρου τούς χρόνους περιγράφει» παράβ. καί §
[529] Εὐσέβιος Ἐκκλησιαστική Ἱστορία 7,20 «Ὅ γε μήν Διονύσιος ... καί τάς φερομένας ἑορταστικάς (ἐπιστολάς) τό τηνικαῦτα συντάττει, πανηγυρικωτέρους ἐν αὐταῖς περί τῆς τοῦ Πάσχα ἑορτῆς ἀνακινῶν λόγους. Τούτων τήν μέν Φλαυΐῳ προσφωνεῖ, τήν δέ Δομετίῳ καί Διδύμῳ, ἐν ᾗ καί κανόνα ἐκτίθεται ὀκταετηρίδος, ὅτι μή ἄλλοτε ἤ μετά τήν ἐαρινήν ἰσημερίαν προσήκει τήν τοῦ Πάσχα ἑορτήν ἐπιτελεῖν παριστάμενος»

Ευαγγελία Αμοιρίδου

περί τά μέσα τῆς 3 ἑκατονταετηρίδος κατέστρωσεν ἴδιον Πασχάλιον ὁ πατριάρχης τῆς Ἀλεξανδρείας Διονύσιος ὁ μέγας, δι' οὗ συνίστα ἵνα μή ἄλλο ἤ μετά τήν ἐαρινήν ἰση / (407) μερίαν ἑορτάζηται τό Πάσχα[530]. Τοῦτον δέ ὑπερηκόντισε ὕστερον ἀλεξανδρινός πολλῷ δεινότερος περί τά τοιαῦτα, ὁ Ἀνατόλιος, ὁ ἀπό τοῦ 270 ἐπίσκοπος Λαοδικείας. Οὗτος παρέλαβε πρῶτος ἐν τῇ ἐκκλησίᾳ τόν ὑπό τοῦ Μέτωνος εὑρεθέντα 19ετῆ κύκλον τῆς σελήνης· ὡς ἡμέραν δέ ἰσημερίας ἔθετο τήν 19 Μαρτίου[531]. Ἀλλά μετ' οὐ πολύ συνιδοῦσα ἡ ἀστρομαθής Ἀλεξάνδρεια καί τούτου τοῦ κανόνος τάς ἐλλείψεις, ἐτροποποίησεν αὐτόν πολλαχῶς· μία ἐκ τῶν πρωτίστων τροποποιήσεων ἦτον ὅτι ἡ ἰσημερία ἐτέθη κατά τήν 21 Μαρτίου, ὅπερ ἀστρονομικῶς ἐτύγχανε τότε ἀρκούντως ἀκριβές, ἐτροποποιήθη δέ προσέτι καί κατά τοῦτο, καθ' ὅσον ἐάν ἡ 14 ἔπιπτεν εἰς ἡμέραν Σάββατον ἔπρεπε νά ἑορτάζηται τό Πάσχα τήν ἐπομένην ἡμέραν, ὅπερ οὔτε ὁ Ἀνατόλιος οὔτε ὁ Ἱππόλυτος ἐδέχετο. Οὕτω τροποποιηθέν τό Πασχάλιον τοῦ Ἀνατολίου ἐγένετο κοινόν ἤδη ἐπί τῶν χρόνων τοῦ Διοκλητιανοῦ παρά πᾶσιν ἐν Ἀλεξανδρείᾳ. Ὡς διασκευάσας ἔπειτα τό πασχάλιον τοῦτο ἐπί τό τελειότερον λέγεται Εὐσέβιος ὁ Παμφίλου[532].

Ἐκ τῶν εἰρημένων γίνεται δῆλον ὅτι ἐκτός τῶν ἀρχαίων διαφορῶν, αἵτινες ὑφίσταντο ἔτι ἐν τῇ ἐκκλησίᾳ ὡς πρός τήν ἑορτήν τοῦ Πάσχα, ἀνεφύησαν τώρα καί ἄλλαι ὡς ἐκ τῆς παρατηρήσεως τῆς ἰσημερίας. Διότι οὐ μόνον οἱ κατά τήν Μικράν Ἀσίαν, τοὐλάχιστον ἐν μέρει, ἐφύλαττον τό τηνικαῦτα ἐσφαλμένον ἰουδαϊκόν ἡμερολόγιον καί ἑώρταζον ὡς καί ἄλλοτε μετά τῶν ἰουδαίων, ὅ ἐστι πολλάκις πρό τῆς ἰσημερίας· ἀλλά καί ἐκ τῶν ἄλλων τινές, τῶν κατά τήν δύσιν καί ἀλλαχοῦ, παρημέλουν τάς νέας ἀστρονομικάς παρατηρήσεις καί ἐπάσχαζον πρό τῆς ἰσημερίας. Πάντες δέ οὗτοι ὡς μή παρατηροῦντες τόν ἐαρινῆς ἰσημερίας καιρόν καί ὡς ἑορτάζοντες τό Πάσχα πρό

---
530 Βλ. ἀνωτ. σημ. α'. (= 81).
531 Περί τούτων λέγει καί ὁ ἱερός Ἐπιφάνιος, αἵρ. 70 κεφ. 9 «Ἔκπαλαι γάρ καί ἀπό τῶν πρώτων χρόνων διέστη ἐν τῇ ἐκκλησίᾳ διαφόρως ἀγόμενον (τό Πάσχα), χλεύην ἐμποιοῦν καθ' ἕκαστον ἔτος, τῶν μέν πρό ἑβδομάδος ποιούντων καί φιλονικούντων πρός ἀλλήλους, τῶν δέ μετά ἑβδομάδα· καί τῶν μέν προλαμβανόντων, τῶν δέ μεσαζόντων, ἄλλων δέ μετ' ἔπειτα ἐπιτελούντων. Καί ἦν ἁπλῶς φύρσις πολλή καί κάματος ὡς πολλοῖς φιλολόγοις οὐκ ἄγνωστον ἐν πόσοις καιροῖς θόρυβος ἐκινεῖτο ἐν τῷ ἐκκλησιαστικῷ κηρύγματι περί τοῦ τῆς ἑορτῆς ταύτης ζητήματος. Ἔν τε χρόνοις Πολυκάρπου καί Βίκτωρος, ὡς ἡ Ἀνατολή πρός τήν Δύσιν διαφερομένη, εἰρηνικά παρ' ἀλλήλων οὐκ ἐδέχοντο· ἐν ἄλλοις δέ ὅσοις καιροῖς, ἔν τε χρόνοις Ἀλεξάνδρου ἐπισκόπου Ἀλεξανδρείας καί Κρισκεντίου, ὡς πρός ἀλλήλους εὑρίσκοντο ἕκαστος αὐτῶν γράφοντες καί διαμαχόμενοι ἕως τῶν ἡμετέρων χρόνων, ἐξότου ἐταράχθη μετά τόν χρόνον τῶν ἐμπεριτόμων ἐπισκόπων (βλ. κατωτ. κεφ. 10), οὕτως ἐφέρετο»· ὁ αὐτός παρακατιών, κεφ. 14 «Ἐπειδή δέ πρό τοῦ Κωνσταντίνου τά σχίσματα ἦν, καί ἦν χλεύη, Ἑλλήνων λεγόντων καί χλευαζόντων τήν ἐν τῇ ἐκκλησίᾳ διαφωνίαν κτλ.».
532 (Hieron. de vir. ill. c. 16. παραβ. K-g von Schöchk c. Th. S. 373)

τοῦ ἄλλου χριστιανικοῦ κόσμου ἐκαλοῦντο Πρωτοπασχῖται[533]. Ὅσοι δέ πάλιν ἐκ τῶν κατά τήν μικράν Ἀσίαν χριστιανῶν ἀπεδέχοντο τόν τῆς ἰσημερίας λόγον, οὗτοι ἑώρταζον τό πάσχα πάντοτε ἀπαρεγκλίτως κατ' αὐτήν ταύτην τήν ἡμέραν τῆς Πανσελήνου, τῆς μετά τήν ἐαρινήν ἰσημερίαν, ὁποιαδήποτε ἡμέρα τῆς ἑβδομάδος καί ἄν ἦτο αὕτη, ἐπιλύοντες συγχρόνως καί τήν πρό τοῦ Πάσχα νηστείαν, ὅπως δηλ. ἐτέλουν τό πάσχα των καί πρότερον. Ὅσαι δέ ἐκκλησίαι ἐκ τῶν κατά τήν Δύσιν, τήν Αἴγυπτον, τήν Ἑλλάδα, τόν Πόντον καί ἀλλαχοῦ ἐκολούθουν τήν ἰσημερίαν, αὗται ἐπάσχαζον πάντοτε ἐν τῇ Κυριακῇ τῇ μετά τήν πρώτην πανσέληνον τήν μετά τήν ἰσημερίαν. Ἐάν ἡ πανσέληνος αὕτη ἔπιπτεν εἰς ἡμέραν Κυριακήν, τότε ἐποίουν πάσχα τήν ἐπομένην Κυριακήν διά τόν λόγον ὅτι ἡ τῆς ἀναστάσεως ἡμέρα ἔπρεπε νά ἑορτασθῇ οὐχί κατά τήν 14 (ἡ ὁποία ἦτον ἡμέρα τοῦ θανάτου τοῦ Κυρίου) ἀλλά μετά τήν 14. Ἀλλά καί μεταξύ αὐτῶν τοὐλάχιστον τῶν Ἀλεξανδρινῶν καί τῶν Δυτικῶν ὑπῆρχε πάλιν ἡ διαφορά, ὅτι ἐκεῖνοι μέν ἑώρταζον τό Πάσχα /(408) ἔχοντες 19ετῆ κύκλον καί ἰσημερίαν τήν 21 Μαρτίου· οἱ δέ κατά τήν Δύσιν, ἐφ' ὅσον οὗτοι ἠκολούθουν τόν Ἱππόλυτον, ἐπάσχαζον κατά τόν 16ετῆ, ὀψιαίτερον τόν 84ετῆ κύκλον, ἔχοντες ἰσημερίαν τήν 18 Μαρτίου. Ἐντεῦθεν ὁσάκις συνέβαινε νά γίνῃ πανσέληνος κατά τήν 19 Μαρτίου, θεωροῦντες αὐτήν οἱ δυτικοί ὡς πανσέληνον μετά τήν ἐαρινήν ἰσημερίαν, ἐπάσχαζον, ἐνῷ ἡ πανσέληνος αὕτη κατά τούς Ἀλεξανδρινούς ἔκειτο πρό τῆς ἰσημερίας, ἑπομένως οἱ Ἀλεξανδρεῖς ἀνέμενον νέαν πανσέληνον καί ἑώρταζον τότε τό Πάσχα ἕνα μῆνα μετά τούς Δυτικούς.

Ἡ μεγάλη αὕτη περί τήν ἑορτήν τοῦ Πάσχα ἀσυμφωνία οὐ μόνον ταραχάς ἐπροξένει ἀλλά καί τήν χλεύην τῶν ἐθνικῶν ἐπέσυρε[534]· διό συνελθοῦσα ἐν ἔτει 314 ἡ ἐν

---

[533] (J. Bingham, Origenes ecclesiasticae vol. 5 p. 93 κεξ.)
[534] «Κωνσταντῖνος σεβαστός ταῖς ἐκκλησίαις ...» ἔνθα (ἐν τῇ πρώτῃ ἁγίᾳ οἰκουμενικῇ ἐν Νικαίᾳ συνόδῳ) καί περί τῆς τοῦ Πάσχα ἁγιωτάτης ἡμέρας γενομένης ζητήσεως, ἔδοξε κοινῇ γνώμῃ καλῶς ἔχειν ἐπί μιᾶς ἡμέρας πάντας τούς ἁπανταχοῦ ἐπιτελεῖν. Τί /(414) γάρ ἡμῖν κάλλιον, τί δέ σεμνότερον ὑπάρξαι δυνήσεται, τοῦ τήν ἑορτήν ταύτην παρ' ἧς τάς τῆς ἀθανασίας εἰλήφομεν ἐλπίδας, μιᾷ τάξει καί φανερῷ λόγῳ (ὁμοίως δηλονότι κατά μίαν ὡρισμένην διατύπωσιν) παρά πᾶσιν ἀδιαπτώτως φυλάττεσθαι; Καί πρῶτον μέν ἀνάξιον ἔδοξεν εἶναι, τήν ἁγιωτάτην ἐκείνην ἑορτήν τῇ τῶν Ἰουδαίων ἑπομένους συνηθείᾳ πληροῦν ... Ἔξεστι γάρ τοῦ ἐκείνου ἔθους ἀποβληθέντος, ἀληθεστέρᾳ τάξει, ἥν ἐκ πρώτης τοῦ πάθους ἡμέρας ἄχρι τοῦ παρόντος ἐφυλάξαμεν καί ἐπί τούς μέλλοντας αἰῶνας τήν τῆς ἐπιτηρήσεως ταύτης συμπλήρωσιν ἐκτείνεσθαι ... Εἰλήφαμεν γάρ παρά τοῦ Σωτῆρος ὁδόν ἑτέραν, πρόκειται δρόμος τῇ ἱερωτάτῃ ἡμῶν θρησκείᾳ καί νόμιμος καί πρέπων. Τούτου συμφώνως ἀντιλαμβανόμενος, τῆς αἰσχρᾶς ἐκείνης ἑαυτούς συνειδήσεως ἀποσπάσωμεν, ἀδελφοί τιμιώτατοι. Ἔστι γάρ ὡς ἀληθῶς ἀτοπώτατον, ἐκείνους (τούς ἰουδαίους) αὐχεῖν, ὡς ἄρα παρεκτός τῆς αὐτῶν διδασκαλίας ταῦτα φυλάττειν οὐκ εἴημεν ἱκανοί. Τί δέ φρονεῖν ὀρθόν ἐκεῖνοι δυνήσονται, οἵ μετά τήν κυριοκτονίαν τε καί πατροκτονίαν ἐκείνην

Ἀρελάτη σύνοδος τῶν δυτικῶν ἐθέσπισεν ἐν τῷ πρώτῳ αὐτῆς κανόνι, ὅπως εἰς τό ἑξῆς πάντες οἱ κατά τήν οἰκουμένην χριστιανοί ἑορτάζωσι τό Πάσχα κατά τήν αὐτήν ἡμέραν καί κατά τόν αὐτόν καιρόν[535]. Ἡ σύνοδος αὕτη ἀπεδέξατο καί ἐκύρωσε τῆς ῥωμαϊκῆς ἀναμφιβόλως τό Πασχάλιον καί τοῦτο ἦν ὅπερ εἰς πάντας συνίστα. Ἀλλ' ἐπειδή ὁ κανών τῆς τοπικῆς ταύτης συνόδου πολλοῦ ἔδει, ὡς εἰκός, ὅπως ἀξιωθῇ γενικῆς παρά πᾶσιν ἀκροάσεως καί ὑποδοχῆς, τούτου ἔνεκα ἐδέησεν ὅπως τά περί τῆς ἑορτῆς τοῦ πάσχα ὁρισθῶσιν ὑπό οἰκουμενικῆς συνόδου· καί τοῦτο ἐποίησεν ἡ ἐν Νικαίᾳ πρώτη ἁγία οἰκουμενική σύνοδος ἐν ἔτει 325 (§)· ἧς τήν περί τοῦ πάσχα ἀπόφασιν καί τά μετ' αὐτήν ὡς πρός τήν ἑορτήν ταύτην ἐν τῇ ἐκκλησίᾳ συμβάντα θεωροῦμεν καλόν νά ἐκθέσωμεν ἐνταῦθα καί οὕτω κλείσαντες τήν περί τοῦ Πάσχα ἱστορίαν νά ἐπανέλθωμεν εἰς αὐτήν πάλιν κατά τήν 16 ἑκατ., ὅτε ὁ Γρηγόριος ὁ ΙΓ΄ πάπας Ῥώμης εἰσήγαγεν τό νέον λεγόμενον ἡμερολόγιον.

ἐκστάντες τῶν φρενῶν. ἄγονται οὐ λογισμῷ τινι ἀλλ' ὁρμῇ ἀκατασχέτῳ ὅποι ἄν αὐτούς ἡ ἔμφυτος αὐτῶν ἀγάγῃ μανία; Ἐκεῖθεν τοίνυν κἄν τούτῳ τῷ μέρει τήν ἀλήθειαν οὐχ ὁρῶσιν, ὡς δή κατά τό πλεῖστον αὐτούς πλανωμένους τῆς προσηκούσης ἐπανορθώσεως, τῷ αὐτῷ ἔτει δεύτερον τό πάσχα ἐπιτελεῖν. Τίνος οὖν χάριν τούτοις ἑπόμεθα, οἵ δεινήν πλάνην νοσεῖν ὁμολόγηνται; Δεύτερον γάρ τῷ ἑνί ἐνιαυτῷ οὐκ ἄν ποτε ποιεῖν τό Πάσχα ἀνεξόμεθα ... Πρός τούτοις κἀκεῖνο παρεστι συνορᾶν, ὡς ἐν τηλικούτῳ πράγματι καί τοιαύτῃ θρησκείας ἑορτῇ διαφωνίαν ἄρχειν, ἐστίν ἀθέμιτον. Μίαν γάρ ἑορτήν τήν τῆς ἡμέτερας ἐλευθερίας ἡμέραν, τουτέστι τήν τοῦ ἁγιωτάτου πάθους, ὁ ἡμέτερος παρέδωκε Σωτήρ, καί μίαν εἶναι τήν καθολικήν αὐτοῦ ἐκκλησίαν βεβούληται, ἧς εἰ καί τά μάλιστα εἰς πολλούς καί διαφόρους τόπους τά μέρη διῄρηται, ἀλλ' ὅμως ἑνί πνεύματι, τουτέστι τῷ θείῳ βουλήματι, θάλπεται. Λογισάσθω δέ ἡ τῆς ὑμέτερας ὁσιότητος ἀγχίνοια, ὅπως ἐστί δεινόν τε καί ἀπρεπές κατά τάς αὐτάς ἡμέρας ἑτέρους μέν ταῖς νηστείαις σχολάζειν, ἑτέρους δέ συμπόσια συντελεῖν, καί μετά τάς τοῦ πάσχα ἡμέρας ἄλλους μέν ἐν ἑορταῖς καί ἀνέσεσιν ἐξετάζεσθαι, ἄλλους δέ ταῖς ὡρισμέναις ἐκδεδόσθαι νηστείαις· διά τοῦτο γοῦν τῆς προσηκούσης ἐπανορθώσεως τυχεῖν καί πρός μίαν διατύπωσιν ἄγεσθαι τοῦτο ἡ θεία πρόνοια βούλεται, ὡς ἔγωγε ἄπαντας ἡγοῦμαι συνορᾶν. Ὅθεν ἐπειδή τοῦθ' οὕτως ἐπανορθοῦσθαι προσῆκεν, ὡς μηδέν μετά τοῦ τῶν πατροκτόνων τε καί κυριοκτόνων ἐκείνων ἔθους εἶναι κοινόν, ἔστι δέ τάξις εὐπρεπής, ἥν πᾶσαι αἱ τῶν δυτικῶν τε καί μεσημβρινῶν καί ἀρκτῴων τῆς οἰκουμένης μερῶν παραφυλάττουσιν ἐκκλησίαι, καί τινες τῶν κατά τήν ἕῳαν τόπων, τούτου ἕνεκεν ἐπί τοῦ παρόντος καλῶς ἔχειν ἅπαντες ἡγήσαντο ... /(415) ἵν' ὅπερ ἄν κατά τήν ῥωμαίων πόλιν, Ἰταλίαν τε ἅπασαν καί Ἀφρικήν, Αἴγυπτον, Σπανίας, Γαλλίας, Βρεττανίας, Λιβύαν, ὅλην Ἑλλάδα, Ἀσιανήν τε διοίκησιν καί Ποντικήν καί Κιλικίαν, μιᾷ καί συμφώνῳ φυλάττεται γνώμῃ, ἀσμένως τοῦτο καί ἡ ὑμέτερα προσδέξηται σύνεσις, λογιζομένη ὡς οὐ μόνον πλείων ἐστίν ὁ κατά τούς προειρημένους τόπους ἐκκλησιῶν ἀριθμός, ἀλλά καί τοῦτο μάλιστα κοινῇ πάντας ὁσιώτατόν ἐστι βούλεσθαι ... οὐδεμίαν μετά τῆς Ἰουδαίων ἐπιορκίας ἔχειν κοινωνίαν. Ἵνα δέ τό κεφαλαιωδέστερον συντόμως εἴπω, κοινῇ πάντων ἤρεσε κρίσει, τήν ἁγιωτάτη τοῦ Πάσχα ἑορτήν μιᾷ καί τῇ αὐτῇ ἡμέρᾳ συντελεῖσθαι. Τούτων οὖν οὕτως ἐχόντων, ἀσμένως δέξεσθε τήν τοῦ θεοῦ χάριν καί θείαν ὡς ἀληθῶς ἐντολήν. πᾶν γάρ ἔτι ἄν ἐν τοῖς ἁγίοις τῶν ἐπισκόπων συνεδρίοις πράττεται, τοῦτο πρός τήν θείαν βούλησιν ἔχει τήν ἀναφοράν. Διό πᾶσι τοῖς ἀγαπητοῖς ἡμῶν ἀδελφοῖς ἐμφανίσαντες τά πεπραγμένα ... ὑποδέχεσθαι τε καί διατάττειν ὀφείλετε, ἵν' ἐπειδάν πρός τήν πάλαι μοι ποθουμένην τῆς ὑμέτερας διαθέσεως ὄψιν ἀφίκωμαι, ἐν μιᾷ καί τῇ αὐτῇ ἡμέρᾳ τήν ἁγίαν μεθ' ἡμῶν ἑορτήν ἐπιτελέσαι δυνηθῶ ... ἀκμαζούσης πανταχοῦ τῆς ἡμέτερας πίστεως τῆς εἰρήνης καί ὁμονοίας· ὁ Θεός ὑμᾶς διαφυλάξαι, ἀδελφοί ἀγαπητοί.», Σωκράτους, Ἐκκλησιαστική Ἱστορία 1,9. Θεοδωρήτου Ἐκκλησιαστική Ἱστορία 1,9 Εὐσεβίου ἐν Βίῳ Κωνσταντίνου 3,17,18,19,20. Σωζομένου Ἐκκλησιαστική Ἱστορία 1,21.
535 («uno die et eodem tempore per omnem orbem» Can. 1 βλ. περί τῆς συνόδου ταύτης Εὐσεβίου Ἐκκλησιαστική Ἱστορία 10,5 σελ. 259 τόμ. 3 ἐκδ. Heinich).

Ποῖα ἦσαν τά καθέκαστα τῆς περί τοῦ Πάσχα συζητήσεως ἐν Νικαίᾳ εἶναι ἄγνωστα εἰς ἡμᾶς. Ἐκεῖνο τό ὁποῖον γινώσκομεν εἶναι τό ἀποτέλεσμα μόνον τῆς συζητήσεως, ὅπως τοῦτο ἐξετέθη ἐν τῇ ἐγκυκλίῳ τῆς συνόδου[536] καί εἰς τήν ἐπιστολήν τοῦ Μεγάλου Κωνσταντίνου. Ἡ συνοδική ἐπιστολή, ἡ ὁποία ἀπεστέλλετο πρός τήν ἐκκλησίαν τῆς Ἀλεξανδρείας καί πρός τούς ἀδελφούς τούς ἐν Αἰγύπτῳ καί Λιβύῃ καί Πενταπόλει ἐξεφράζετο περί τούτου ὡς ἑξῆς «Εὐαγγελιζόμεθα δέ ὑμῖν περί τῆς συμφωνίας τοῦ ἁγιωτάτου Πάσχα, ὅτι ὑμετέραις εὐχαῖς κατωρθώθη καί τοῦτο τό μέρος, ὥστε πάντας τούς ἐν τῇ Ἑῴᾳ ἀδελφούς, τούς μετά τῶν Ἰουδαίων πρότερον ποιοῦντας, συμφώνως ῥωμαίοις καί ἡμῖν καί πᾶσι τοῖς ἐξ ἀρχαίου μεθ' ἡμῶν φυλάττουσι τό πάσχα, ἐκ τοῦ δεῦρο ἄγειν». Ὁ δέ Μέγας Κωνσταντῖνος, ἐπιστέλλων πρός πάντας τούς παρευρεθέντας εἰς τήν /(409) σύνοδον τῆς Νικαίας, ἐδήλου αὐτοῖς τήν ἀπόφασιν τῆς συνόδου ὅτι τό Πάσχα εἰς τό ἑξῆς πρέπει νά τελεῖται ἐν μιᾷ καί τῇ αὐτῇ ἡμέρᾳ ὑπό πάντων τῶν χριστιανῶν· ὅτι πάντες ὀφείλουσι νά συμμορφωθῶσι πρός τήν ἐπικρατεστέραν πρᾶξιν, τήν πρᾶξιν ἐκείνην καθ' ἥν τό Πάσχα τῶν χριστιανῶν οὐδεμίαν σχέσιν εἶχε μετά τοῦ Πάσχα τῶν ἰουδαίων· καί ὅτι πρέπει νά παύσωσι τοῦ πασχάζειν μετά τῶν ἰουδαίων, τοῦτο μέν ἵνα μή καυχῶνται πλέον οἱ Ἰουδαῖοι, ὅτι ὡς πρός τοῦτο εἶναι διδάσκαλοι καί ὁδηγοί τῶν χριστιανῶν καί δεύτερον ἵνα μή συνεορτάζοντες μετά τῶμ ἰουδαίων, ἡμαρτημένον ἀκολουθούντων ἡμερολόγιον, πασχάζωσι καί οὗτοι δίς ἐν τῷ αὐτῷ ἔτει. Συγχρόνως δέ κατεδείκνυεν εἰς τούς χριστιανούς πόσον ἄτοπον καί ἀνάξιον τοῦ χριστιανικοῦ ὀνόματος εἶναι ἡ περί τήν ἑορτήν τοῦ Πάσχα διαφωνία τῶν Ἐκκλησιῶν[537]. Ἐκ τῶν εἰρημένων γίνεται δῆλον ὅτι ἐν τῇ περί τοῦ Πάσχα ἀποφάσει αὐτῶν ἐκεῖνο τό πασχάλιον ἀπεδέξαντο καί ἐκύρωσαν οἱ πατέρες τῆς πρώτης οἰκουμενικῆς συνόδου, ὅπερ ἦν καί τό κοινότερον τότε παρά τοῖς ὀρθοδόξοις, τουτέστιν ἐκεῖνο τό ὁποῖον ὥριζε τό Πάσχα εἰς τήν πανσέληνον τήν μετά τήν ἐαρινήν ἰσημερίαν καί εἰς τήν Κυριακήν τήν μετά τήν πανσέληνον ταύτην· διότι οὕτω μόνον δέν θά συνέβαινε τοῖς χριστιανοῖς εἰς ἕν ἔτος (ἡλιακόν) δίς ἑορτάζειν Πάσχα. Πρός τούτοις ἐκ τῆς συνοδικῆς ἀπαγορεύσεως τοῦ πασχάζειν μετά τῶν ἰουδαίων συνάγομεν καί ἕτερον τι ἐπίσης σημαντικόν, ὅπερ ῥητῶς μέν δέν διετυπώθη ἐν Νικαίᾳ, τό ὁποῖον ὅμως ἐμπεριέχεται ἐν τῇ ἀποφάσει τῆς

---

536 (Σωκράτους Ἐκκλησιαστική Ἱστορία 1,9)
537 Οὕτω δοξάζει ἐκ τῶν νεωτέρων ὁ Ἴδελερ (Ideler Handb. der Chronolog. 2,238).

συνόδου καί τό όποῖον βραδύτερον ἐθεσπίσθη καί ῥητῶς· τοῦτο δέ ἦν τό ἀκόλουθον· ἐάν ἡ 14 ἤτοι ἡ πανσέληνος πέσῃ ἐν ἡμέρᾳ Κυριακῇ μή πασχάζειν ἐν ταύτῃ, ἀλλά ἐν τῇ ἀμέσως ἑπομένῃ Κυριακῇ, ὅ ἐστι μεθ' ἡμέρας ὀκτώ, καί τοῦτο διά τούς ἐφεξῆς λόγους α) διότι ἐν τῇ 14 ὁ θάνατος τοῦ Κυρίου ἐγένετο καί οὐχί ἡ ἀνάστασις καί β) διότι τότε, κατά τό ἔτος δηλαδή, καθ' ὅ ἡ 14 θά ἔπιπτεν εἰς Κυριακήν, οἱ Χριστιανοί θά ἐπάσχαζον πάλιν μετά τῶν ἰουδαίων, ὅπερ ἡ σύνοδος ἀπηγόρευσεν. Ἡ πρώτη λοιπόν ἐν Νικαίᾳ οἰκουμενική σύνοδος τρία τινα περί τῆς ἑορτῆς τοῦ Πάσχα ἐθέσπισε· α) τό ἑορτάζειν τό πάσχα πάντοτε κατά Κυριακήν ἡμέραν β) κατά τήνΚυριακήν μετά τήν 14, τουτέστι τήν μετά τήν πανσέληνον καί γ) τήν πανσέληνον τήν μετά τήν ἐαρινήν ἰσημερίαν.

Ἀμφίβολον τινες θεωροῦσιν ἐάν ἡ ἐν Νικαίᾳ πρώτη οἰκουμενική σύνοδος ὡς ἡμέραν ἰσημερίας ἐδείξατο τήν 21 Μαρτίου (ἥν εἶχον οἱ κατά τήν Ἀλεξάνδρειαν) ἤ τήν 18 Μαρτίου(ἥν ἠσπάζοντο οἱ Ῥωμαῖοι), διό καί θέλουσιν ὅτι εἰς τή διαφοράν ταύτην οὐδόλως ἀπέβλεψεν ἡ σύνοδος[538]. Ἐάν ὅμως βαθύτερον ἐγκύψωμεν εἰς τήν ἱστορίαν, θά εὕρωμεν ὅτι τήν σημαντικωτάτην ταύτην διαφοράν δέν παρέδραμον οἱ ἅγιοι πατέρες· διότι καθά ἱστοροῦσιν ὁ ἅγιος Ἀμβρό /(410) σιος ἐπίσκοπος Μεδιολάνων (γεν. 340 +397) καί ὁ ἱερός Κύριλλος ὁ Ἀλεξανδρείας πατριάρχης ἡ σύνοδος ὥρισε πρός τοῖς ἄλλοις καί τοῦτο, ἵνα ἡ τῆς Ἀλεξανδρείας ἐκκλησία, ἐπειδή προέχει κατά τάς τοιαύτας γνώσεις, ἐξετάζει καί προσδιορίζῃ τήν ἡμέραν τοῦ Πάσχα καί ταύτην ἀγγέλλῃ ἔπειτα εἰς τούς ἁπανταχοῦ μητροπολίτας[539]. Ἡ σύνοδος ἄρα ἐξελέξατο καί ἠσπάσθη τήν ἰσημερίαν τῶν Ἀλεξανδρέων· συγχρόνως βλέπομεν ἐν τῷ θεσπίσματι τούτῳ καί τή σοφωτάτην καί ὄντως θείαν πρόνοιαν τῶν ἁγίων πατέρων εἰς προκατάληψιν πάσης μετά καιρόν ἀνωμαλίας καί διαφορᾶς· διότι τοιουτοτρόπως οἱ κατά τήν Ἀλεξάνδρειαν (ἐν ἄλλοις δέ καιροῖς ἄλλη τις πόλις εὐμοιροῦσα ἀστρονόμων καί περί τά τοιαῦτα ἐμπείρων ἀνδρῶν) θά ὥριζε τήν ἡμέραν τῆς ἰσημερίας πάντοτε κατά τούς ὅσον τε ἀκριβεστέρους ἀστρο-

---

[538] Βλ. τόν πρόλογον τοῦ Πασχαλίου τοῦ ἐν ἁγίοις Κυρίλλου παρά Petav. Doctrina tempor. t. 2 Append. p. 502 καί 64 ἐπιστολή τοῦ αὐτοῦ πρός Μαρκιανόν. Καί Ambros. ep. 83 ad episcopum Aemil. - Ὁ τελευταῖος προστίθησιν ὅτι ἡ ἐν Νικαίᾳ σύνοδος συσκεφθεῖσα μετά πολλῶν μαθηματικῶν ἐξελέξατο καί ἐκύρωσε τόν 15ετῆ κύκλον, τοῦτον δέ εἶχον, ὡς εἴδομεν, οἱ Ἀλεξανδρεῖς· ὥστε καί ἐκ τούτου τεκμαιρόμεθα ὅτι ἡ σύνοδος τά τῶν Ἀλεξανδρινῶν ἠσπάσθη καί καθιέρωσε καί οὐχί τά τῶν Ῥωμαίων.
[539] Ἐντεῦθεν βλέπομεν ὅτι ἔργον τῶν κατά τήν Δύσιν δίς τοῦ ἔτους συνερχομένων ἐπαρχιακῶν συνόδων ἧτο καί τό ὁρίζειν τήν ἡμέραν τοῦ Πάσχα, βλ. τῆς ἐν Καρθαγένῃ 3. τοπικῆς συνόδου καν. α' καί μα' (ἐν τῷ Πηδαλίῳ καν. 60) τῆς Βρακαρ. β' καν. καί τῆς ἐν Τολήτ. δ'καν. 5.

νομικούς ὑπολογισμούς, καί ἄν τοῦτο ἐξηκολούθη γινόμενον, δέν θά συνέβαινεν ὅ,τι συνέβη ἐπί πάπα Γρηγορίου τοῦ ΙΓ. Ταῦτά εἰσι τά δόξαντα καί διατυπωθέντα ἐν τῇ ἁγίᾳ πρώτῃ οἰκουμενικῇ συνόδῳ.

Ἀλλ' ἆραγε ἤρθη ἀμέσως μετά τήν σύνοδον ταύτην πᾶσα ἐν τῇ ἐκκλησίᾳ διαφορά περί τῆς ἑορτῆς τοῦ Πάσχα; ὄχι βεβαίως. Ἐν πρώτοις ἡ Ῥώμη δέν ἠκολούθει τήν Ἀλεξάνδρειαν εἴτε διότι ὁ ὅρος ἐκεῖνος τῆς ἐν Νικαίᾳ συνόδου δέν ἐτηρήθη ὑπό τῶν Ἀλεξανδρινῶν, εἴτε ὅπερ καί τό πιθανώτερον, οἱ ὑπολογισμοί τῶν Ἀλεξανδρινῶν δέν εὗρον τήν πρέπουσαν ὑποδοχήν παρά τοῖς Ῥωμαίοις ἐπισκόποις[540]. Εἶναι ἀληθές καί τό ἀρχαῖον τῆς Ῥώμης πασχάλιον δεικνύει[541], ὅτι ἐν Ῥώμῃ καί μετά ταῦτα ὡς καί πρότερον ἦτον ἐν χρήσει ὁ 84ετής κύκλος, ὅστις διέφερεν ἔν τισιν τοῦ ἀλεξανδρινοῦ καί διά τοῦτο ἐνίοτε ἔφερεν εἰς ἄλλας ἡμέρας τό Πάσχα[542]. Ἐντεῦθεν συνέβαινεν οὐχί σπανίως ὥστε οἱ κατά τήν Δύσιν νά πασχάζωσιν ἄλλοτε καί ἄλλοτε οἱ κατά τήν Ἀνατολήν καί οἱ ἐν Μεδιολάνοις (διότι οὗτοι ἠκολούθουν τήν ἐν Ἀλεξανδρείᾳ ἐκκλησίαν). Ἡ διαφορά αὕτη ἔδωκεν ἀφορμήν ἐν ἔτει 387, ὅταν οἱ μέν Ῥωμαῖοι ἑώρταζον πάσχα κατά τήν 21 Μαρτίου, οἱ δέ κατά τήν Ἀνατολήν καί Ἀλεξάνδρειαν (ὡς τιθέντες τήν ἰσημερίαν εἰς τήν 21 Μαρτίου) πέντε ἑβδομάδας μετά ταῦτα, ὅ ἐστί κατά τήν 25 Ἀπριλίου, ἔδωκεν ἀφορμήν εἰς διαπραγματεύσεις. Θεοδόσιος ὁ Μέγας παρακινηθείς ἐντεῦθεν ἐζήτησεν ἐξηγήσεις περί τῆς διαφορᾶς ταύτης παρά τοῦ πατριάρχου τῆς Ἀλεξανδρείας Θεοφίλου καί ὁ Θεόφιλος, ἐπιληφθείς τοῦ πράγματος, κατέστρωσε ἐπί τῶν γνωστῶν τῶν ἀλεξανδρινῶν ἀρχῶν πασχάλιον 418 ἐτῶν, τό ὁποῖον ὅμως δέν ἐδέχθη καί πάλιν ἡ Δύσις[543]. Ἀλλ' ἐπειδή οἱ μέν Ἀνατολικοί οἱ ὁποῖοι ἠκολούθουν τό πασχάλιον τοῦτο ἔμελλον νά ἑορτάσωσι τό Πάσχα ἐν ἔτει 444 /(411) κατά τήν 23 Ἀπριλίου, τῶν δέ Δυτικῶν

---

540 Ἐν πρώτοις ὁ κύκλος οὗτος προσδιώριζε τό πάσχα κατά ἐπακτάς καί κατά τήν πρώτην feria τοῦ Ἰανουαρίου, ἑπομένως ἄλλως παρ' ὅτι οἱ Ἀλεξανδρινοί· δεύτερον τήν νέαν σελήνην ἔθετεν κατά τι πρωϊμότερον, ἐνῶ παρά τοῖς Ἀλεξανδρινοῖς ἐτίθετο ὑστερότερον· /(**416**) τρίτον τήν ἰσημερίαν ἐτοποθέτει εἰς τήν 18 καί ὄχι ὡς οἱ Ἀλεξανδρινοί εἰς τήν 21 Μαρτίου καί τέλος ἀνεχώρει ἐκ τῆς ἀρχῆς, ὅτι ὁσάκις ἡ πανσέληνος πέσῃ ἡμέραν Σαββάτου νά μή γίνεται πάσχα τήν ἑπομένην ἀμέσως ἡμέραν, καθώς ἐποίουν οἱ ἐν τῇ Ἀνατολῇ.
541 (βλ. τοῦτο ἐκδεδομένον ἐν τῇ Χρονολογίᾳ τοῦ Ἴδελερ 2. σελ. 249)
542 Fragm. ep. S. Cyrill. ad Leon. p. 601, tom. 1 opp. 3 Leon. ed. Ball. «Περίεργον εἶναι ἐξαιρέτως, ὅτι κατά τούτους τούς χρόνους ἤρξατο διαφόρως ἤ μᾶλλον κατ' ἀντίθεσιν πρός τούς ἀρχαίους τῆς ἐκκλησίας πατέρας νά ἐνισχύηται ὅλον ἕν καί νά ἐπικρατῇ ἡ ἰδέα ὅτι ὁ Κύριος ἡμῶν Ἰησοῦς Χριστός ἔφαγε τό ἰουδαϊκόν πάσχα κατά τήν 14 τοῦ Νισάν, ὅτι ἐσταυρώθη κατά τήν 15, ὅτι κατά τήν 16 ἐτάφη καί τήν 17 ἀνέστη. Τοῦτο ἀνέπτυξεν ἰδίως ὁ πατριάρχης τῆς Ἀλεξανδρείας Π ρ ο τ έ ρ ι ο ς περί τά μέσα τῆς 5 ἑκατ.» Höfele ἐν τῷ Kirchen – Lexicon von Wetzer und Welte, tom. 7, σελ. 880 βλ. καί Idel. αὐτ. 2,265.
543 (ἐκ τοῦ πασχαλίου τούτου σήμερον δέν σώζεται εἰμή μόνον ὁ πρόλογος βλ. Ἴδελερ 2,254)

τό πάσχα έπιπτε κατά τό έτος τούτο τήν 26 Μαρτίου, έπέστειλε περί τούτου Λέων ό Α΄, πάπας Ρώμης (άπό τοϋ 440-461), πρός Κύριλλον τόν Αλεξανδρείας (πατριαρχεύσαντα άπό τοϋ 412-444 όπότε καί άπέθανεν). Ό Κύριλλος, ποιήσας έπιτομήν τοϋ πασχαλίου τοϋ θείου τοϋ Θεοφίλου, άπέστειλε πρός τόν πάπαν πασχάλιον 95 έτών (άπό τοϋ 436-531), συγχρόνως δέ καί έπιστολήν έν ή καταδεικνύων τά σφάλματα τοϋ ρωμαϊκού πασχαλίου έδικαιολόγει τό Αλεξανδρινών. Έντεύθεν μεθήρμοζε πολλάκις ό Λέων τό ρωμαϊκόν πρός τό άλεξανδρινόν πασχάλιον[544]. Έτέραν άπόπειραν τοϋ προσεγγίσαι τό ρωμαϊκόν πασχάλιον είς τό τών Αλεξανδρινών έκαμε περί τό 457 έπί τή προτάσει τοϋ άρχιδιακόνου τής Ρώμης, έπειτα δέ καί πάπα Ίλαρίου, Βικτόριος τις έξ Άκουϊτανίας. Είς τόν κύκλον αύτοϋ αί νέαι σελήναι προσδιωρίζοντο ὀρθότερον καί αί μεγαλύτεραι διαφοραί αί μεταξύ τών Δυτικών καί τών Ανατολικών άφηροϋντο, ώστε τό τών λατίνων Πάσχα πολλάκις ούδόλως καί πολλάκις όλίγον μόνον άφίστατο τοϋ τών Αλεξανδρινών. Κατά τάς περιπτώσεις, καθ' άς ή πανσέληνος έπιπτεν είς Σάββατον, ό Βικτόριος άφηνεν είς τήν διάθεσιν τοϋ πάπα νά όρίση έάν πρέπει νά έορτασθή τό πάσχα τήν άμέσως έπομένην ήμέραν Κυριακήν (όπως έποίουν καί οί κατά τήν Ανατολήν)[545]. Άλλά καί τοϋ Βικτορίου αί έργασίαι δέν κατώρθωσαν νά άρωσι πάσαν διαφοράν. Πρώτος Διονύσιος ό Μικρός (έν έτει 525), θείς ώς βάσιν τόν 19ετή κύκλον τών Αλεξανδρινών, έδωκεν είς τούς Λατίνους πασχάλιον καθόλα σύμφωνον μέ τό άλεξανδρινόν καί ούτω έπήγαγε τήν άρμονίαν έν τή τοϋ Πάσχα έορτή. Ή Ρώμη καί άπασα σχεδόν ή Ιταλία έδέχθη τό πασχάλιον τοϋ Διονυσίου· άλλ' έν ταίς Γαλλίαις, πανταχού σχεδόν έφυλλάτετο ό κανών τοϋ Βικτορίου, οί δέ πάλι Βρεττανοί ήκολούθουν τόν άρχαίον 84ετή κύκλον, τόν όποίον έν τώ μεταξύ τούτου είχεν έπισκευάση Σουλπίκιος ό Σευήρος[546]. Ότε μετ' όλίγον έχριστιάνισεν ή Επταρχία τών Αγγλοσαξώνων, διά τών έκ Ρώμης έκεί άποσταλέντων ίεροκηρύκων έλαβον οί νεωστί είς Χριστόν έπιστρέψαντες τοϋ Διονυσίου τό Πασχάλιον· άλλ' οί άρχαίοι Βρεττανοί χριστιανοί (τής Wales) διέμειναν καί πάλιν πιστοί είς τό άρχαίον αύτών κανόνιον, έξ ού έγεννήθησαν καί αί περί τοϋ Πάσχα διενέξεις τών Βρεττανών πρός τήν Ρωμαϊκήν έκκλησίαν, αί όποίαι διά τοϋ Κολουμβά-

---

[544] Τό όνομα Τεσσαρεσκαιδεκατίται ώς όνομα σχίσματος εύρίσκομεν κατά πρώτον έν τώ 7 κανόνι τής έν Λαοδικεία τοπικής συνόδου, συγκροτ. τώ 360 περίπου· έπειτα καί έν τώ 7 καν. τής Β' οίκουμ. συν.
[545] (βλ. Ίδελερ αύτόθι 2,283)
[546] (βλ. Ίδελερ αύτόθι 2,296)

νου μετεφυτεύθησαν καί είς τάς Γαλλίας (§). Τό πλεῖστον μέρος τῶν Βρεττανῶν δέν ἠσπάσθη τόν 19ετῆ κύκλον εἰμή κατά τό 729· οὕτω καί ἀλλαχοῦ, ἕως οὗ τέλος ἐπί τῶν χρόνων Καρόλου τοῦ Μεγάλου εἰσήχθη καθ' ἅπασαν τήν Δύσιν καί τότε /(412) κ α τ ά π ρ ῶ τ ο ν συνεφώνησεν ὁ χριστιανικός κόσμος τῆς Δύσεως καί πρός ἑαυτόν καί πρός τήν Ἀνατολήν ἐν τοῖς περί τοῦ Πάσχα.

Καθώς δέ ἐν τῇ Δύσει οὕτω καί ἐν τῇ Ἀνατολῇ δέν ἤρθησαν εὐθύς μετά τήν ἐν Νικαίᾳ οἰκουμενικήν σύνοδον αἱ διαφοραί αἱ περί τήν ἑορτήν τοῦ Πάσχα· διότι πολλοί ἐξηκολούθουν νά ἑορτάζωσι τό Πάσχα καθώς καί πρότερον, μετά τῶν Ἰουδαίων. Ἐντεῦθεν ὁρμηθεῖσα ἡ ἐ ν Ἀ ν τ ι ο χ ε ί ᾳ τ ο π ι κ ή σ ύ ν ο δ ο ς ἐν ἔτει 341 ἀπηγόρευσε τήν πρᾶξιν ταύτην ἐπί βαρυτάτοις ἐπιτιμίοις[547]. Πλήν καί ταύτης τῆς συνόδου αἱ ἀπειλαί ὀλίγον κατά δυστυχίαν εἰσακούσθησαν· διότι ἐκ τοῦ ἱεροῦ Ἐπιφανίου (αἵρ. 50) μανθάνομεν ὅτι τοιοῦτοι ὑπῆρχον πολλοί καί ἐπί τῶν χρόνων αὐτοῦ, τουτέστι κατά τό 400, ἀποτελοῦντες ἴδιον πλέον σχίσμα ἐν τῇ ἐκκλησίᾳ ὑπό τό ὄνομα Τ ε σ σ α ρ ε σ κ α ι δ ε κ α τ ῖ τ α ι. Ἀπεσχίσθησαν δέ οὗτοι ἀπό τῆς ἐν Ἀντιοχείᾳ, ὡς φαίνεται, συνόδου καί ἐντεῦθεν[548]. Κατά τήν πίστιν διετέλουν οὗτοι, καθά ὁ ἱερός Ἐπιφάνιος ἱστορεῖ[549], ὀρθόδοξοι, μέ τήν διαφοράν μόνον ὅτι ἦσαν προσηλωμένοι εἰς ἰουδαϊκούς μύθους, τουτέστι παρηκολούθουν τό ἰουδαϊκόν πάσχα ἐρειδόμενοι εἰς τό χωρίον εἰς τό χωρίον ἐκεῖνο τῆς Πεντατεύχου τό λέγον «ἐπικατάρατος ὅς οὐ ποιήσει τό Πάσχα τῇ τεσσαρεσκαιδεκάτῃ ἡμέρᾳ τοῦ μηνός» (Ἀριθμ. 12,15). Ὅσα περί τούτων γινώσκομεν εἶναι τά ἑξῆς· 1) οὗτοι ἑώρταζον μ ί α ν μόνον ἡμέραν πάσχα, ἐνῶ τό Πάσχα τῆς ὀρθοδόξου ἐκκλησίας ἐξετείνετο ἐπί μίαν ὅλην ἑβδομάδα, 2) κατά τήν ἡμέραν ταύτην, τήν 14 τοῦ Νισάν, ἐνήστευον μέχρι τῆς 3 μετά μεσημβρίαν ὥρας καί ἀκολούθως ἔλυον τήν νηστείαν καί ἐτέλουν

---

547 (βλ. καν. α' ἐν τῷ Πηδαλίῳ σελ. 235)
548 Περί τῶν Τεσσαρεσκαιδεκατιτῶν λέγει καί ὁ Θεοδώρ. Αἱρ. κακομ. 3,4 «Ἡ δέ τῶν Τεσσαρεσκαιδεκατιτῶν αἵρεσις ταύτην τήν ὑπόθεσιν ἔχει· Φασί τόν εὐαγγελιστήν Ἰωάννην, ἐν τῇ Ἀσίᾳ κηρύξαντα, διδάξαι αὐτούς ἐν τῇ Τεσσαρεκαιδεκάτῃ τῆς σελήνης ἐπιτελέσαι τοῦ Πάσχα τήν ἑορτήν· κακῶς δέ τήν ἀποστολικήν νενοηκότες παράδοσιν, τήν τῆς Κυριακῆς ἀναστάσεως οὐκ ἀναμένουσιν ἡμέραν ἀλλά ποτέ μέν τρίτῃ, ποτέ δέ πέμπτῃ, ποτέ δέ καί σαββάτῳ ἤ ὅπως τύχῃ πανηγυρίζουσι τοῦ πάθους τήν μνήμην. Κέχρηνται δέ καί ταῖς πεπλανημέναις τῶν ἀποστόλων Πράξεσι καί τοῖς ἄλλοις νόθοις, μᾶλλον δέ ἀλλοτρίοις τῆς χάριτος, ἅ καλοῦσιν ἀπόκρυφα. Συμφέρονται δέ καί τοῖς Ναυάτου (Νοβατιανοῦ)· καί οὗτοι γάρ τόν περί τῆς μετανοίας ἀποστρέφονται λόγον». Τοῦτο τοῦ Νοβατιανοῦ τό δόγμα ἠσπάσθησαν οἱ Τεσσαρεσκαιδεκατῖται, ἤ τουλάχιστον μέρος αὐτῶν, μετά τούς χρόνους ἐξάπαντος τοῦ ἱεροῦ Ἐπιφανίου. Περί τοῦ Πάσχα τῶν Αὐδιανῶν βλ. τόν ἱερόν Ἐπιφάνιον αἱρ. 70.
549 (αὐτόθι κεφ. 1)

τό Πάσχα⁵⁵⁰ μέρος τούτων, οἱ ἐν Καππαδοκίᾳ ἑώρταζον τό Πάσχα πάντοτε κατά τήν 25 Μαρτίου (ὁποία ἄν ἐτύγχανεν ἡμέρα τῆς ἑβδομάδος), ἀκολουθοῦντες εἰς τοῦτο τά *Πρακτικά τοῦ Πιλάτου* 4) ἕτεραι δέ πάλιν ἐξ αὐτῶν πρός τῇ 25 Μαρτίου ἐφύλαττον καί τήν 14 τοῦ Νισάν καί ἑπομένως ἐπάσχαζον τήν πανσέληνον, ἥτις ἐπήρχετο ἀμέσως μετά τήν 25 Μαρτίου. Οἱ Τεσσαρεσκαιδεκατῖται λοιπόν ἀπετέλουν τρεῖς φατρίας, ἐξ ὧν ἡ μία δέν ἐφύλαττε πλέον τήν 14 τοῦ Νισάν καί κατά τοῦτο ἑπομένως ἀφίστατο τῶν ἰουδαίων. Ὅτι δέ πάντες οὗτοι δέν ἦσαν Ἐβιωναῖοι, οὐδέ εἶχε παρ' αὐτοῖς τό πάσχα τοιαύτην σημασίαν, ἥν εἶχε παρά τοῖς Ἐβιωναίοις, ἀλλ' ἠκολούθουν τήν ἐν Μικρᾷ Ἀσίᾳ ἀρχαίαν ἐκείνην πρᾶξιν τήν εἰς τόν Εὐαγγελιστήν Ἰωάννην ἀναφερομένην γίνεται δῆλον ἐκ τῶν λόγων τοῦ ἁγίου Ἐπιφανίου, ὅστις οὐδέν τῆς πίστεως αὐτῶν εὗρεν ἀφιστάμενον τῆς ἐκκλησιαστικῆς πίστεως. /(413)

---

550 (Ἐπιφανίου αὐτόθι κεφ. 2, 3)

/(417)Πίναξ τῶν ἐμπεριεχομένων

Εἰσαγωγή εἰς τήν ἐκκλησιαστικήν ἱστόριαν   25
§ 1. Ἀναγκαιότης καί περιεχόμενον τῆς εἰσαγωγῆς εἰς τήν ἐκκλησιαστικήν ἱστορίαν.   25
§ 2. Ἔννοια τῆς Χριστιανικῆς Ἐκκλησίας.   25
§ 3. Ἐκκλησιαστική Ἱστορία. Ὑπόθεσις καί σκοπός αὐτῆς.   27
§ 4. Πηγαί τῆς Ἐκκλησιαστικῆς Ἱστορίας   28
§ 5. Χαρακτῆρες τῆς Ἐκκλησιαστικῆς Ἱστορίας   31
§ 6. Βοηθητικαί ἐπιστῆμαι τῆς Ἐκκλησιαστικῆς Ἱστορίας   32
§ 7. Κριτήριον τῆς Ἐκκλησιαστικῆς Ἱστορίας.   33
§ 8. Ἀξία τῆς Ἐκκλησιαστικῆς Ἱστορίας, ὠφέλεια καί σκοπός τῆς σπουδῆς αὐτῆς.   34
§ 9. Ἱστορία τῆς Ἐκκλησιαστικῆς Ἱστορίας.   35
§ 10. Συνέχεια (ἀπό τῆς 7ης -15ης ἑκατονταετηρίδος)   39
§ 11. Συνέχεια (ἀπό τῆς 15ης ἑκατονταετηρίδος μέχρι τῶν ἡμερῶν ἡμῶν)   40
§ 12. Συναρμολόγησις τῆς Ἐκκλησιαστικῆς Ἱστορίας   42

ΠΕΡΙΟΔΟΣ ΠΡΩΤΗ   45
    Ἀπό τῆς γεννήσεως τοῦ Ἰησοῦ Χριστοῦ μέχρι τοῦ Μεγάλου Κωνσταντίνου, τοῦτ' ἔστι μέχρι τῆς καταστροφῆς τοῦ Λικινίου καί τῆς ἐξασφαλήσεως τῆς χριστιανικῆς ἐκκλησίας ἔνδον τῆς Ῥωμαϊκῆς αὐτοκρατορίας   45
    Τμῆμα πρῶτον   45
    Ἀπό τοῦ Ἰησοῦ Χριστοῦ μέχρι τοῦ θανάτου τῶν περισσοτέρων ἀποστόλων, ἤτοι μέχρι τῆς καταστροφῆς τῆς πόλεως Ἰερουσαλήμ, 1-70 ἔτη.   45

ΕΙΣΑΓΩΓΗ   47
    Κατάστασις τοῦ κόσμου ἐπί τῆς γεννήσεως τοῦ Κυρίου ἡμῶν Ἰησοῦ Χριστοῦ καί ἐπί τῆς πρώτης ἑκατονταετρίδος.   47
    § 13. Κατάστασις τοῦ ἐθνικοῦ κόσμου.   47
    Κατάστασις τῶν Ἰουδαίων   51
    § 14. Θρησκευτική κατάστασις τῶν Ἰουδαίων ἐν Παλαιστίνη·   52

Φαρισαῖοι Σαδδουκαῖοι καί Ἐσσαῖοι. 52
§ 15. Πολιτική κατάστασις τῶν Ἰουδαίων ἐν Παλαιστίνῃ. 55
§ 16. Κατάστασις τῶν Ἰουδαίων ἐκτός τῆς Παλαιστίνης. 58
§ 17. Χαρακτήρ, πηγαί καί βοηθήματα τῆς Ἱστορίας τοῦ πρώτου τμήματος. 60
Κεφάλαιον Α΄. 63
Βίος τοῦ Κυρίου ἡμῶν Ἰησοῦ Χριστοῦ καί Προπαρασκευή τῆς βασιλείας τοῦ Θεοῦ ἐπί τῆς γῆς,
ἤγουν τῆς Ἐκκλησίας. 63
§ 18. Ὁ Ἰησοῦς Χριστός ὁ Σωτήρ τοῦ κόσμου 63
Κεφάλαιον Β΄. 75
Τελεία σύστασις τῆς Ἐκκλησίας καί οἰκοδομή ὑπό τοῦ ἁγίου Πνεύματος καί τῶν ἱερῶν Ἀποστό-
λων καί τῶν Μαθητῶν ἐν γένει τοῦ Κυρίου. 75
Γενέθλιος ἡμέρα τῆς Ἐκκλησίας καί ὅπως αὕτη ηὔξησε διά τοῦ εὐαγγελικοῦ κηρύγματος 75
§19. Ἐπιδημία τοῦ Ἁγίου Πνεύματος· γενέθλιος ἡμέρα τῆς Ἐκκλησίας. Καί ἀπαρχαί τοῦ ἀποστο-
λικοῦ κηρύγματος. 75
§ 20. Ἐγκατάστασις καί Διορισμός τῶν Διακόνων. 79
§ 21. Διαγωγή τῶν Συναγωγῶν πρός τήν Ἐκκλησίαν τοῦ Χριστοῦ. Πρῶτος διωγμός τῶν Χριστιανῶν. 79
§ 22. Ἡ εἰς Χριστόν ἐπιστροφή τοῦ Σαύλου. 83
Περαιτέρω ἐξάπλωσις τοῦ Χριστιανισμοῦ ἐν Παλαιστίνῃ καί ἐν Συρίᾳ. 83
§ 23. Πολιτικαί μεταβολαί ἐν Παλαιστίνῃ. Δεύτερος διωγμός τῶν Χριστιανῶν ἐν Ἱερουσαλήμ. 85
§ 24. Κήρυγμα τοῦ Ἀποστόλου Παύλου καί αἱ περιοδεῖαι αὐτοῦ περαιτέρω διάδοσις τοῦ Χρι-
στιανισμοῦ (ἔτη 45-64). 87
§ 25. Περί τοῦ Εὐαγγελικοῦ κηρύγματος τῶν δώδεκα ἀποστόλων, ἐκτός τῆς Ἰουδαίας. 96
Περαιτέρω διάδοσις τοῦ Χριστιανισμοῦ. 96
§ 26. Β΄. Περί τοῦ κηρύγματος τοῦ Ἀποστόλου Ἰωάννου. 101
§27. Γ΄. Ἕτεραί τινες ἀρχαῖαι παραδόσεις περί τῶν Ἀποστόλων. 104
§ 28. Περί τῶν 70 Ἀποστόλων τοῦ Κυρίου. 107
§29. Περί τῶν ἀκολούθων καί συνεργῶν τῶν ἱερῶν Ἀποστόλων καί περί τινων ἄλλων ἁγίων
ἀνδρῶν, συντελεσάντων εἰς τήν διάδοσιν τοῦ Χριστιανισμοῦ. 111
§30. Τρόπος καί Μέθοδος τῆς διδασκαλίας τῶν Ἀποστόλων. 115
§ 31. Αἴτια τῆς διαδόσεως τοῦ Χριστιανισμοῦ. 115
Θέσις τῶν Ἰουδαίων καί Ἐθνικῶν ὡς πρός αὐτόν. 115
§ 32. Διωγμός τοῦ αὐτοκράτορος Νέρωνος (54-68) κατά τῶν Χριστιανῶν. 117
§ 33. Ἀπόπειραι θετικαί κατά τοῦ Χριστιανισμοῦ· ἀντιδράσεις παρά τῶν ἐκτός Ἐκκλησίας διατελούντων. 118
α΄. Ὁ Δοσίθεος. 119
β΄. Σίμων ὁ Μάγος. 120
γ΄. Ὁ Μένανδρος. 124
δ΄. Οἱ Ἡμεροβαπτισταί. 124
§ 34. Πολιτική κατάστασις τῶν Ἰουδαίων. Καταστροφή τῆς Ἱερουσαλήμ. 125
Κεφάλαιον Γ΄. 131
Περί τῆς ἐσωτερικῆς μορφῆς καί καταστάσεως τῆς Ἐκκλησίας ἐπί τῶν Ἀποστόλων. 131
§ 35. Τό κυβερνητικόν σύστημα τῆς Ἀποστολικῆς Ἐκκλησίας. 131
§ 36. Ἡ θεία λατρεία, αἱ ἑορτάσιμοι ἡμέραι, αἱ ἱεροτελεστίαι· αἱ ἐκκλησιαστικαί ποιναί καί τά
ἱερά ἔθιμα τῆς Ἀποστολικῆς Ἐκκλησίας. 140
§ 37. Τά ἤθη τῶν πρώτων Χριστιανῶν. 142
§ 38. Δογματικαί καί Ἠθικαί πλάναι ἐπί τῶν Ἀποστόλων 143
ΤΜΗΜΑ ΔΕΥΤΕΡΟΝ 151
Κεφάλαιον πρῶτον. 153
Σχέσεις τῆς Ἐκκλησίας πρός τούς ἔξω. Διωγμοί καί ἀντενέργειαι κατά τῆς Ἐκκλησίας παρά τῶν
ἐκτός τοῦ περιβόλου αὐτῆς διατελούντων Ἰουδαίων καί ἐθνικῶν. Ἐξωτερική κατάστασις τῆς Ἐκκλησίας. 153
Α΄. Παθήματα τῆς Ἐκκλησίας ἐκ μέρους τῶν Ἰουδαίων. 153

§ 39. Ἄμεσοι ἐπιθέσεις καί ἀντενέργειαι τῶν Ἰουδαίων κατά τῶν Χριστιανῶν. 153
§ 40 Ἔμμεσος ἀντίδρασις τῶν ἰουδαίων κατά τῆς χριστιανικῆς θρησκείας. 155
Β΄. Παθήματα τῆς Ἐκκλησίας ἐκ μέρους τῶν ἐθνικῶν. 156
§41. Ἰδέαι καί κρίσεις τῶν ἐθνικῶν περί τῆς χριστιανικῆς θρησκείας καί τῶν χριστιανῶν. 156
§ 42. Διωγμοί κατά τῶν χριστιανῶν. 161
§ 43. Ἡ χριστιανική Ἐκκλησία ἐπί τοῦ αὐτοκράτορος Τραϊανοῦ (98-117). 163
§44. Ἡ χριστιανική Ἐκκλησία ἐπί τοῦ αὐτοκράτορος Ἁδριανοῦ (117-138). 165
§45. Ἡ χριστιανική Ἐκκλησία ἐπίτοῦ αὐτοκράτορος Ἀντωνίου Πίου (138-161). 166
§ 46. Ἡ Ἐκκλησία ἐπί τοῦ αὐτοκράτορος Μάρκου Αὐρηλίου (161-180). 167
§ 47. Ἀντιρρητικοί τῶν ἐθνικῶν λογίων κατά τῆς χριστιανικῆς θρησκείας. 170
§48. Ἐξάπλωσις τοῦ Χριστιανισμοῦ. 174
Κεφάλαιον Δεύτερον 179
Παθήματα τῆς Ἐκκλησίας ἐκ μέρους τῶν ἐν τῷ περιβόλῳ αὐτῆς εἰσελθόντων Ἰουδαίων καί ἐθνικῶν, ἤγουν ἱστορία τῶν ἐν τῇ Ἐκκλησίᾳ αἱρέσεων καί σχισμάτων 179
§49. Ἐπιθεώρησις τοῦ κεφαλαίου. 179
Ἰουδαΐζουσαι αἱρέσεις 180
§50. Ναζωραῖοι 180
§ 51. Ἐβιωναῖοι 184
§52. Ἐλκεσαῖται. 186
Αἱρέσεις τῶν γνωστικῶν. 187
§53. Περί τῆς ψευδωνύμου γνώσεως ἤ τοῦ Γνωστικισμοῦ καθόλου. 187
Αἰγύπτιοι ἤ ἀλεξανδρινοί Γνωστικοί 201
§54. Ὁ Κήρινθος 201
§ 55. Ὁ Βασιλείδης 202
§ 56. Ὁ Οὐαλεντῖνος. 203
§ 57. Οἱ Ὀφῖται ἤ Ὀφιανοί. 205
§ 58. Ὁ Καρποκράτης καί ὁ υἱός αὐτοῦ Ἐπιφανής. 206
§ 55. Ἕτεραί τινες αἱρέσεις τῆς αἰγυπτιακῆς Γνώσεως, διακρινόμεναι κυρίως διά τάς ἀνοσίας καί τάς ὀλεθρίας πρακτικάς αὐτῶν ἀρχάς. 208
Σύροι Γνωστικοί 210
§ 60 . Ὁ Σατουρνῖνος 210
§61. Ὁ Τατιανός καί οἱ Ἐγκρατευταί ἤ Ἐγκρατῖται. 210
§ 62. Ὁ Βαρδεσάνης καί ὁ υἱός αὐτοῦ Ἁρμόνιος 212
§ 63. Ὁ Μαρκίων καί ἡ σχολή αὐτοῦ. 213
Κεφάλαιον Τρίτον 217
Ἱεραί τελεταί τῶν χριστιανῶν 217
§64. Περί τοῦ ἁγίου βαπτίσματος καί τοῦ ἁγίου χρίσματος. 217
α΄. Προετοιμασία εἰς τό ἅγιον βάπτισμα. 217
β΄. Τελετή τοῦ ἁγίου βαπτίσματος. Χρόνος καί τόπος ἔνθα καί ὅτε τοῦτο ἐτελεῖτο. 219
γ΄. Τελετή τοῦ ἁγίου Χρίσματος ἤ Μύρου. 220
Τά μετά τό ἅγιον Βάπτισμα καί τό ἅγιον Χρῖσμα. 222
ε΄. Ἡ τελετή τοῦ ἁγίου Βαπτίσματος ὅπως ἐκτίθησιν αὐτήν ὁ ἅγιος Ἰουστῖνος ὁ Φιλόσοφος καί Μάρτυς. 222
ζ΄. Ὁ νηπιοβαπτισμός. 224
§65. Ἡ θεία Λειτουργία ἤτοι ἡ τελετή τῆς θείας Εὐχαριστίας. 225
§66. Ἑορταί καί Νηστεῖαι κοιναί παρά πᾶσι τοῖς χριστιανοῖς. 230
§67. Συζητήσεις περί τῆς ἑορτῆς τοῦ Πάσχα. 232
§68. Μερικαί ἑορταί τῶν χριστιανῶν. 240
Οἱ ἅγιοι Μάρτυρες καί Ὁμολογηταί καί ἡ πρός αὐτούς ἀπονεμομένη ἀγάπη καί τιμή. 240
§69. Ἤθη τῶν χριστιανῶν. 244
§70. Συνέχεια 248

§71. Οἱ χριστιανοί ἀσκηταί. 250
§ 72. Ἔθιμα τῶν χριστιανῶν – τά δεῖπνα τῆς Ἀγάπης καί τά περί τούς νεκρούς νομιζόμενα. 254
§73. Συνέχεια. Σύμβολα τῶν χριστιανῶν. 259
Αἱ πλαστικαί τέχναι ἐν τῇ χριστιανικῇ Ἐκκλησίᾳ. 259
§74. Οἱ Μοντανισταί 264
Τά θεολογικά γράμματα. 269
Πατέρες καί διδάσκαλοι τῆς Ἐκκλησίας, Συγγράμματα αὐτῶν. 269
βλ. Κωνστ. Κοντογόνου, Πατρολογία, τόμ. α΄. 269
§75. Ἐπιθεώρησις 269
§ 76. Οἱ Ἀποστολικοί Πατέρες. 270
§77. Ἀπολογηταί καί ἀπολογίαι αὐτῶν. 276
§78. α΄. Ἀπολογηταί τῶν ὁποίων τά συγγράμματα ἀπωλέσθησαν. 278
§79. Ἀπολογηταί τῶν ὁποίων αἱ ἀπολογίαι σώζονται. 279
§80. Ἕτεραι διαφόρου ὕλης θεολογικαί ἐργασίαι τῆς 2 ἑκατονταετηρίδος καί οἱ ἐν αὐταῖς διπρέψαντες διδάσκαλοι τῆς Ἐκκλησίας. 283

ΜΕΡΟΣ ΤΡΙΤΟΝ 287
Ἀπό Κομμόδου μέχρι Κωνσταντίνου τοῦ Μεγάλου ἔτ. 180-324. 287
Κεφάλαιον Α΄. 287
Ἐξωτερική κατάστασις τῆς Ἐκκλησίας. 287
§81. Θρησκευτική κατάστασις τοῦ ἐθνικοῦ κόσμου. Ἐμφάνισις τῆς Νεοπλατωνικῆς φιλοσοφίας. Ἔμμεσος καί ἄμεσος ἀντίδρασις κατά τοῦ Χριστιανισμοῦ. 287
Διαγωγή τῶν ῥωμαίων αὐτοκρατόρων τοῦ λαοῦ καί τῶν κατά τόπους ἀρχόντων πρός τόν χριστιανισμόν ἀπό τοῦ ἔτους 180-324. 293
§82. Ἐπιθεώρησις. 293
§83. Οἱ ἀπό τοῦ 180 - 249 βασιλεύσαντες καί ἡ ἐπ' αὐτῶν ἐξωτερική κατάστασις τῆς ἐκκλησίας. 295
§84. Ἡ Ἐκκλησία ἐπί τῶν καισάρων τῶν αὐτοκρατορησάντων ἀπό τοῦ 249 – 324. 300
§85. Ἐξάπλωσις τῆς χριστιανικῆς Ἐκκλησίας. 309
Κεφάλαιον Β΄. 313
Τελευταῖαι φάσεις τοῦ Γνωστικισμοῦ 313
§86. Ὁ Ψευδοκλήμης. 313
§87. Ὁ Ἑρμογένης. 321
Ἡ αἵρεσις τῶν Μανιχαίων ἤ ὁ Μανιχαϊσμός. 323
§88. Περί τοῦ ἀρχηγοῦ καί θεμελιωτοῦ τῆς αἱρέσεως τῶν Μανιχαίων. 323
§89. Α΄. Ἡ δογματική διδασκαλία τῶν Μανιχαίων. 330
Β΄. Πρακτική διδασκαλία τοῦ Μάνεντος. Διαίρεσις τῶν ὀπαδῶν αὐτοῦ. 335
Γ΄. Πηγαί τῆς θρησκευτικῆς γνώσεως τῶν Μανιχαίων. Ἰδέα αὐτῶν περί τῶν ἁγίων Γραφῶν. 336
Δ΄. Ἐσωτερική διοργάνωσις τῆς αἱρέσεως ἤτοι τό ἐκκλησιαστικόν αὐτῆς πολίτευμα. 338
Ε΄. Μυστήρια καί ἑορταί τῶν Μανιχαίων. 339
Στ΄. Τό γνωριστικόν σημεῖον τῶν Μανιχαίων καί ὁ τούτων ἠθικός χαρακτήρ. 340
Ζ΄. Ἐξάπλωσις τῆς αἱρέσεως. 341
Κεφάλαιον Γ΄. 343
Πρώτη τάξις τῶν πολεμίων τῆς περί τῆς ἁγίας Τριάδος διδασκαλίας τῆς Ἐκκλησίας. 343
§ 90. Οἱ Ἄλογοι, οἱ δύο Θεόδοτοι καί οἱ Ἀρτεμονῖται. 343
§91. Παῦλος ὁ Σαμοσατεύςκαί ἡ τούτου καταδίκη ἐν Ἀντιοχείᾳ. 346
Δευτέρα τάξις τῶν πολεμίων τοῦ περί τῆς Παναγίας Τριάδος δόγματος. Οἱ συναλείφοντεςτά τρία πρόσωπα εἰς ἕν καί οἱ τούτων ἀντίπαλοι. 349
§92. Ὁ Πραξέας καί ὁ Τερτυλλιανός. 349
§93. Ὁ Νοητός καί ὁ συγγραφεύς τῶν *Φιλοσοφουμένων*. 351

§94. Ὁ Βήρυλλος καί ὁ Ὠριγένης. 353
§95. Ὁ Σαβέλλιος καί οἱ δύο ἀντίπαλοι αὐτοῦ Διονύσιος ὁ Ἀλεξανδρείας καί Διονύσιος ὁ Ῥώμης. 356
§96. Διδασκαλία καί πρᾶξις τῆς Ἐκκλησίας ἐπί τῶν βαρέως ἁμαρτανόντων καί μετανοούντων. 362
Σχίσματα προελθόντα ἐκ τῆς διαφόρου πρός τούς μετανοοῦντας πράξεως. 369
§97. Τό ἐν Καρχηδόνι σχίσμα τοῦ διακόνου Φηλικισσίμου ἐν ἔτει 250. 369
§98. Τό σχίσμα τοῦ Ναυατιανοῦ ἐν Ῥώμῃ. 372
§99. Τό σχίσμα τοῦ Μελετίου ἐν Αἰγύπτῳ (κατά τό ἔτος 305). 381
Κεφάλαιον Δ΄. 387
Ἕτεραι τινές ἀμφισβητήσεις ἀναφυεῖσαι κατά τούς χρόνους τούτους. 387
§100. Οἱ Χιλιοετῖται ἤ Χιλιασταί. 387
§101. Ἀμφισβήτησις περί τοῦ βαπτίσματος τῶν σχισματικῶν καί αἱρετικῶν. 396
§102. Ἕτεραι περί τήν ἑορτήν τοῦ Πάσχα διαφοραί. 403
Ἡ περί τῆς ἑορτῆς ταύτης ἀπόφασις τῆς ἐν Νικαίᾳ πρώτης οἰκουμενικῆς συνόδου. 403
Διαφωνίαι ὑφιστάμεναι μεταξύ τῶν Ἀνατολικῶν καί Δυτικῶν ἐκκλησιῶν καί μετά τήν σύνοδον ταύτην. 403
Τό σχίσμα τῶν Τεσσαρασκαιδεκατιτῶν ἐν τῇ Ἀνατολῇ. 403
/(417)Πίναξ τῶν ἐμπεριεχομένων 415

www.ingramcontent.com/pod-product-compliance
Lightning Source LLC
Chambersburg PA
CBHW060453300426
44113CB00016B/2574